Europäisches Wirtschaftsrecht

Begründet von

Prof. em. Dr. Dr. h.c. Jürgen Basedow
Prof. em. Dr. Dr. Dr. h.c. Klaus Hopt
Prof. em. Dr. Wulf-Henning Roth

Herausgegeben von

Prof. Dr. Thomas Ackermann, LL.M.
Prof. Dr. Christian Heinze, LL.M.
Prof. Dr. Patrick C. Leyens, LL.M.
Prof. Dr. Rupprecht Podszun
Prof. Dr. Wolfgang Wurmnest, LL.M.

Band 70

Patrick Grüner

Das Vollzugsverbot in der EU-Fusionskontrolle

Grundlagen, Anwendungsbereich
und Verbotsinhalt des Art. 7 FKVO

Nomos

C.H.BECK

Onlineversion
Nomos eLibrary

Die Deutsche Nationalbibliothek verzeichnet diese Publikation in der Deutschen Nationalbibliografie; detaillierte bibliografische Daten sind im Internet über http://dnb.d-nb.de abrufbar.

Zugl.: München, LMU, Diss., 2021

ISBN 978-3-8487-7169-1 (Print)
ISBN 978-3-7489-1216-3 (ePDF)

1. Auflage 2021

Vorwort

Die vorliegende Arbeit wurde von der Juristischen Fakultät der Ludwig-Maximilians-Universität München im Wintersemester 2020/21 als Dissertation angenommen. Für die Druckfassung wurden Rechtsprechung und Literatur bis April 2021 berücksichtigt.

Den erfolgreichen Abschluss dieser Arbeit verdanke ich auch der Unterstützung mehrerer Personen. Besonderer Dank gilt meinem Doktorvater, Herrn Prof. Dr. Thomas Ackermann, der mir bei meinem Vorhaben jederzeit mit Rat und Tat zur Seite stand. Für die Erstattung des Zweitgutachtens danke ich Herrn Prof. Dr. Martin Burgi. Weiterer Dank gilt Herrn Rechtsanwalt Dr. Thomas Wessely für die Anregung zu dem in hohem Maße praxisrelevanten Thema.

Erheblich zum Gelingen der Arbeit beigetragen haben schließlich das Stipendium des Cusanuswerks und die Unterstützung durch das Max-Planck-Institut für Innovation und Wettbewerb in München, in dessen Räumlichkeiten die Arbeit größtenteils entstanden ist.

Widmen möchte ich die Arbeit meinen Eltern Friedrich und Hildegard Grüner und meiner Frau Monika Grüner, die mich bei meinem Vorhaben immer unterstützt haben.

Stuttgart, im August 2021 Patrick Grüner

Inhaltsübersicht

Inhaltsverzeichnis

Abkürzungsverzeichnis[1]

Acad. Manage. Rev.	Academy of Management Review.
AEUV	Vertrag über die Arbeitsweise der Europäischen Union in der Fassung des Vertrags von Lissabon, ABl. C 306/1 vom 17. Dezember 2007.
Antitrust Bull.	Antitrust Bulletin.
Antitrust L.J.	Antitrust Law Journal.
BB	Betriebs-Berater.
BeckOK BGB	Beck'scher Online-Kommentar BGB (Literaturverzeichnis bei Hau, Wolfgang/Poseck, Roman).
BFuP	Betriebswirtschaftliche Forschung und Praxis.
Bull. EG	Bulletin der Europäischen Gemeinschaften.
Bus. Law.	The Business Lawyer.
CCZ	Corporate Compliance Zeitschrift.
CFL	Corporate Finance Law.
C.M.L.Rev.	Common Market Law Review.
DB	Der Betrieb.
DÖV	Die öffentliche Verwaltung.
Duke L.J.	Duke Law Journal.
DVBl.	Deutsches Verwaltungsblatt.
E.C.L.R.	European Competition Law Review.
EGV 1997	Vertrag zur Gründung der Europäischen Gemeinschaft in der Fassung des Vertrags von Amsterdam, ABl. C 340/1 vom 10. November 1997.
EGKSV	Vertrag über die Gründung der Europäischen Gemeinschaft für Kohle und Stahl, BGBl. 1952 II, 447.
E.L. Rev.	European Law Review.
EMRK	Konvention zum Schutz der Menschenrechte und Grundfreiheiten („Europäische Menschenrechtskonvention") vom 4. November 1950.

1 Allgemein gebräuchliche und ohne Weiteres verständliche Abkürzungen wurden nicht aufgenommen.

EUV	Vertrag über die Europäische Union in der Fassung des Vertrags von Lissabon, ABl. C 306/1 vom 17. Dezember 2007.
EuZW	Europäische Zeitschrift für Wirtschaftsrecht.
EWGV	Vertrag zur Gründung der Europäischen Wirtschaftsgemeinschaft, BGBl. 1957 II, 753.
EWRA	Abkommen über den Europäischen Wirtschaftsraum, ABl. L 1/3 vom 3. Januar 1994.
EWS	Europäisches Wirtschafts- und Steuerrecht.
FK-KartR	Frankfurter Kommentar zum Kartellrecht (Literaturverzeichnis bei Jaeger, Wolfgang/Kokott, Juliane/Pohlmann, Petra/Schroeder, Dirk).
FKVO	Verordnung (EG) Nr. 139/2004 des Rates vom 20. Januar 2004 über die Kontrolle von Unternehmenszusammenschlüssen, ABl. L 24/1 vom 29. Januar 2004.
FKVO 1989	Verordnung (EWG) Nr. 4064/89 des Rates vom 21. Dezember 1989 über die Kontrolle von Unternehmenszusammenschlüssen, ABl. L 395/1 vom 30. Dezember 1989, berichtigt ABl. L 257/13 vom 21. September 1990.
FKVO 1997	FKVO 1989 in der Fassung der Verordnung (EG) Nr. 1310/97 des Rates vom 30. Juni 1997 zur Änderung der Verordnung (EWG) Nr. 4064/89 des Rates über die Kontrolle von Unternehmenszusammenschlüssen, ABl. L 180/1 vom 9. Juli 1997.
FKVO-DVO	Verordnung (EG) Nr. 802/2004 der Kommission vom 21. April 2004 zur Durchführung der Verordnung (EG) Nr. 139/2004 des Rates über die Kontrolle von Unternehmenszusammenschlüssen, ABl. L 133/1 vom 30. April 2004 in der Fassung der Durchführungsverordnung (EU) Nr. 1269/2013 der Kommission vom 5. Dezember 2013 zur Änderung der Verordnung (EG) Nr. 802/2004 zur Durchführung der Verordnung (EG) Nr. 139/2004 des Rates über die Kontrolle von Unternehmenszusammenschlüssen, ABl. L 336/1 vom 14. Dezember 2013.
GK-GWB/EuKartR	Gemeinschaftskommentar Gesetz gegen Wettbewerbsbeschränkungen und Europäisches Kartellrecht (Literaturverzeichnis bei Müller-Henneberg, Hans/Schwartz, Gustav).
GRC	Charta der Grundrechte der Europäischen Union vom 7. Dezember 2000 in der am 12. Dezember 2007 in Straßburg angepassten Fassung, ABl. C 83/389 vom 30. März 2010.
GWB	Gesetz gegen Wettbewerbsbeschränkungen in der Fassung des Zehnten Gesetzes zur Änderung des Gesetzes gegen Wettbewerbsbeschränkungen vom 18. Januar 2021, BGBl. 2021 I, 2.

GWB 1973	Gesetz gegen Wettbewerbsbeschränkungen in der Fassung des Zweiten Gesetzes zur Änderung des Gesetzes gegen Wettbewerbsbeschränkungen vom 3. August 1973, BGBl. 1973 I, 917.
GWB 1989	Gesetz gegen Wettbewerbsbeschränkungen in der Fassung des Fünften Gesetzes zur Änderung des Gesetzes gegen Wettbewerbsbeschränkungen vom 22. Dezember 1989, BGBl. 1989 I, 2486.
GWR	Gesellschafts- und Wirtschaftsrecht.
ICN	International Competition Network.
JA	Juristische Arbeitsblätter.
JECLAP	Journal of European Competition Law and Practice.
J.L. & Econ.	Journal of Law and Economics.
JuS	Juristische Schulung.
KK-KartR	Kölner Kommentar zum Kartellrecht (Literaturverzeichnis bei Busche, Jan/Röhling, Andreas).
MK-EuWettbR	Münchener Kommentar zum Wettbewerbsrecht (Literaturverzeichnis bei Säcker, Franz Jürgen/Meier-Beck, Peter/Bien, Florian/Montag, Frank bzw. Hirsch, Günter/Montag, Frank/Säcker, Franz Jürgen).
NVwZ	Neue Zeitschrift für Verwaltungsrecht.
NZKart	Neue Zeitschrift für Kartellrecht.
RabelsZ	Rabels Zeitschrift für ausländisches und internationales Privatrecht.
RIW	Recht der internationalen Wirtschaft.
RTDE	Revue trimestrielle de droit européen.
Strat. Mgmt. J.	Strategic Management Journal.
U. Ill. L. Rev.	University of Illinois Law Review.
WM	Wertpapier-Mitteilungen.
WRP	Wettbewerb in Recht und Praxis.
WuW	Wirtschaft und Wettbewerb.
ZHR	Zeitschrift für das Gesamte Handels- und Wirtschaftsrecht.
ZWeR	Zeitschrift für Wettbewerbsrecht.

Einleitung

Für Unternehmen, die einen Zusammenschluss anstreben, gehen mit der Anwendbarkeit der Europäischen Fusionskontrollverordnung („FKVO") vor allem zwei Risiken einher. Auf der einen Seite besteht das Risiko, dass das Vorhaben die Genehmigungsvoraussetzungen nicht erfüllt und daher von der Kommission untersagt oder nur unter Bedingungen oder Auflagen genehmigt werden kann. Auf der anderen Seite besteht das Risiko, dass durch das Verfahren erhebliche Ressourcen gebunden und wichtige Abläufe verzögert werden. Das erste Risiko kann als „materielles", das zweite als „formelles" Fusionskontrollrisiko bezeichnet werden.

Das formelle Fusionskontrollrisiko ergibt sich im Wesentlichen aus den Vorschriften über die Anmeldepflicht (Art. 4 Abs. 1 FKVO) und das Vollzugsverbot (Art. 7 Abs. 1 FKVO). Mit der Anmeldepflicht zwingt der Unionsgesetzgeber die beteiligten Unternehmen in ein Verwaltungsverfahren mit umfangreichen Informationsobliegenheiten. Parallel hierzu untersagt die Vorschrift des Art. 7 Abs. 1 FKVO den Vollzug des Zusammenschlusses bis zur Genehmigung durch die Kommission. Während sich die Anmeldepflicht für die am Zusammenschluss beteiligten Unternehmen unmittelbar als ein Kostenfaktor darstellt, ist das Vollzugsverbot zunächst einmal ein Verzögerungsfaktor, der mittelbar aber ebenfalls die Transaktionskosten erhöhen und unter bestimmten Umständen sogar zum Abbruch des Vorhabens führen kann.

Als Instrument der Fusionskontrolle steht das Vollzugsverbot in einem Spannungsverhältnis zwischen dem Allgemeininteresse des Wettbewerbsschutzes und den Individualinteressen der beteiligten Unternehmen an einem ungehinderten, insbesondere verzögerungsfreien, Zusammenschlussmanagement. Den Unternehmen ist daran gelegen, den Anwendungsbereich und die inhaltliche Reichweite des Vollzugsverbots auf ein unvermeidliches Minimum zu begrenzen und dort, wo das Verbot eingreift, im Einzelfall flexible Lösungen zu ermöglichen. Hinzu kommt wegen der hohen Kosten, die sowohl mit der Beachtung als auch mit der Nichtbeachtung[2] des Vollzugsverbots verbunden sein können, ein starkes

2 Insoweit genügt zunächst der Hinweis auf die Befugnis der Kommission, nach Art. 14 Abs. 2 Buchst. b FKVO Bußgelder zu verhängen oder nach Art. 8 Abs. 4 FKVO die Entflechtung anzuordnen.

Bedürfnis nach Rechtssicherheit. Für die Unternehmen ist es wichtig, konkret zu wissen, welche Maßnahmen im Zeitraum vor der Genehmigungserteilung bereits erlaubt und welche noch verboten sind.

Insofern ist es problematisch, dass noch heute, über 30 Jahre nach dem Inkrafttreten der ersten FKVO zum 21. September 1990, wichtige Fragen des Anwendungsbereichs und der inhaltlichen Reichweite des Vollzugsverbots ungeklärt sind. Zwar ist klar, dass Maßnahmen des Zusammenschlussprozesses bei genehmigungspflichtigen Zusammenschlüssen am Vollzugsverbot zu messen sind, das Vollzugsmaßnahmen grundsätzlich verbietet und andere Maßnahmen grundsätzlich erlaubt. Allerdings bestehen oft Zweifel, ob eine konkrete Maßnahme schon eine (verbotene) Vollzugsmaßnahme oder noch eine (zulässige) Planungs- oder Vorbereitungsmaßnahme darstellt. Außerdem fragt sich, in welchem Verhältnis das fusionskontrollrechtliche Vollzugsverbot zum Kartellverbot des Art. 101 AEUV und zum Missbrauchsverbot des Art. 102 AEUV steht. Ist die einzelne Maßnahme des Zusammenschlussprozesses immer – d.h. im Sinne einer doppelten oder gar dreifachen Schranke – auch an diesen Vorschriften zu messen oder sind die Anwendungsbereiche des Vollzugsverbots als Vorschrift der Strukturkontrolle und der Art. 101 und 102 AEUV als Vorschriften der Verhaltenskontrolle so voneinander abzugrenzen, dass bestimmte Maßnahmen – z.B. wegen ihres engen Zusammenhangs mit dem Zusammenschluss – von vornherein nur am Vollzugsverbot zu messen sind?

Diese Unsicherheiten sind auch der Kommission bekannt.[3] Sie haben ihren Ursprung darin, dass das Vollzugsverbot letztlich eine Art „Grenzgänger“ zwischen der Struktur- und der Verhaltenskontrolle darstellt und der europäische Gesetzgeber beim Erlass der FKVO die Konkretisierung

---

3 Vgl. Global Competition Review, Artikel vom 7. September 2017 („DG Comp official acknowledges gun-jumping uncertainty“, im Internet abrufbar unter https://globalcompetitionreview.com/article/1147180/dg-comp-official-acknowledges-gun-jumping-uncertainty, zuletzt abgerufen am 22. April 2021): “A European Commission antitrust official today said that the EU’s gun-jumping rules lack certainty, and she wished there was more clarity on the issue. [...] Speaking at a conference today, Hanna Anttilainen, the head of the EU antitrust enforcer’s mergers, energy and environment unit, said there is no ‘black or white list’ of what companies can or cannot do in relation to gun-jumping. She said the enforcer’s analysis is conducted on a case-by-case basis. [...] Anttilainen today admitted that the uncertainty is not a satisfactory situation for companies, and that it is an ‘issue’ for the commission. She said that while novel issues arise in gun-jumping, a list of acceptable practices for merging companies would make their assessment much easier.”

des Konzepts des „Vollzugs eines Zusammenschlusses“ im Sinne des Art. 7 FKVO der Praxis überlassen hat, die sich mit einer umfassenden Lösung immer schwer getan hat. Letzteres dürfte auch daran liegen, dass eine Auseinandersetzung mit den Grundlagen des Vollzugsverbots lange vernachlässigt wurde. Dieses Defizit reicht im Grunde bis in das Gesetzgebungsverfahren zurück, in dem das „präventive“ Modell der Fusionskontrolle mit vorläufigem Vollzugsverbot eher aus praktischen Erfahrungen als aus einer vertieften oder gar wissenschaftlichen Auseinandersetzung heraus dem „repressiven“ Modell vorgezogen wurde. In gewisser Weise kann man die ursprüngliche Entscheidung für ein vorläufiges Vollzugsverbot daher als eine „Flucht in die Prävention“ bezeichnen.

Dabei zeigt ein kurzer Blick über den „Tellerrand“ der FKVO hinaus, dass es sich bei den genannten Unsicherheiten nicht um ein spezifisches Problem des EU-Fusionskontrollrechts, sondern der präventiven Regelungstechnik als solcher handelt.[4] Dieselben Unsicherheiten bestanden schon in den 1950er Jahren im Zusammenhang mit der Fusionskontrolle nach Art. 66 EGKSV und bestehen bis heute in anderen Rechtsordnungen, die eine präventive Fusionskontrolle eingeführt haben. So bemängelte Blumenthal schon vor über 25 Jahren die – damals wie heute gegebenen – Unsicherheiten bei der Anwendung des Vollzugsverbots des amerikanischen Hart-Scott-Rodino Antitrust Improvement Acts („HSR Act“) aus dem Jahr 1976:

> „Such issues arise regularly. They materially affect the course of hundreds of transactions every year. Despite their legal and practical significance, though, the issues are squarely addressed by surprisingly little authority – some of which is dubious, much of which is inconsistent, and none of which articulates clear legal standards.”[5]

Ungeachtet dieser Umstände sind die Fusionskontrollbehörden vieler Rechtsordnungen in den letzten Jahren dazu übergegangen, Verstöße gegen das Vollzugsverbot mit hohen Bußgeldern zu ahnden. Eine Verschärfung dieser Praxis ließ sich etwa ab dem Beginn der 2000er Jahre in den USA beobachten, was unternehmens- und beraterseitig nicht ohne Kritik blieb.

---

4 Vgl. für einen internationalen Überblick Hatton/Comtois/Hamilton, Gun Jumping in Merger Control (2019); Benedikt-Buckenleib/Haag, NZKart 2021, 21 f.

5 Blumenthal, 63 Antitrust L.J. 1, 2 (1994-1995).

> "Federal officials have put the 'fear of god' into merging entities through speeches raising the spectre of even more aggressive enforcement actions. At the same time, there is tremendous pressure on business officials to make deals work by proceeding quickly to integrate operations and gain efficiencies from transactions."[6]

Etwa seit der Mitte der 2000er Jahre hat die Diskussion zur Reichweite fusionskontrollrechtlicher Vollzugsverbote und den damit verbundenen Unsicherheiten auch in Europa an Dynamik gewonnen. Seither wurde in der Literatur nicht an prägnanten Formulierungen gespart. So ist die Rede von einem „Graubereich"[7], innerhalb dessen die Behörden oft ihrem reinen „Bauchgefühl"[8] folgten, während die Unternehmen „in der Luft"[9] hingen und eine „Gratwanderung"[10] begingen, ja im „Fegefeuer des Wettbewerbsrechts"[11] stünden. Darüber hinaus wurde beiderseits des Atlantiks die Befürchtung geäußert, dass seitens der Unternehmen und ihrer Berater verunsicherungsbedingt eine über die rechtlichen Vorgaben hinausgehende, „überschießende" Selbstbeschränkung erfolge.[12]

Neuen Auftrieb erhielt die europäische Diskussion zum „hot topic"[13] Vollzugsverbot in den letzten Jahren durch die Entscheidungen der Kommission in den Fällen *Electrabel/Compagnie Nationale du Rhône*, *Marine Harvest/Morpol*, *Altice/PT Portugal* und *Canon/Toshiba Medical Systems Corporation*, mit denen Bußgelder in zwei- bzw. dreistelliger Millionenhöhe wegen Verstößen (u.a.) gegen das Vollzugsverbot verhängt wurden, und die teils daran anschließenden Gerichtsverfahren. Zu einem ersten grundlegenden Urteil zum Verbotsinhalt kam der EuGH im Jahr 2018 im Fall *Ernst & Young/Konkurrenceradet*. Mehrfach haben die Kommission und die Unionsgerichte bei diesen Anlässen den besonderen Stellenwert des Vollzugsverbots für die EU-Fusionskontrolle herausgestellt. So bezeichnete das EuG das Vollzugsverbot als eines der „Grundprinzipien"[14] der FKVO.

---

6 Morse, 57 Bus. Law. 1463 (2001-2002).

7 Reysen/Jaspers, WuW 2006, 602, 606.

8 Bosch/Marquier, EWS 2010, 113, 115.

9 Berg/Nachtsheim/Kronberger, RIW 2003, 15, 20.

10 Gottschalk, RIW 2005, 905.

11 Gottschalk, ebenda, 911.

12 So z.B. von amerikanischer Seite Blumenthal, The Rhetoric of Gun-Jumping (2005), 3 und 6; von europäischer Seite Schubert, ZWeR 2013, 54, 55.

13 Wilson in: Dauses/Ludwigs, Handbuch des EU-Wirtschaftsrechts (47. EL 2019), Kap. H. I. § 4 Rn. 140.

14 EuG, Urteil vom 6. Juli 2010, Rs. T-411/07, *Aer Lingus/Kommission*, ECLI:EU:T:2010:281, Rn. 80.

Kommissionsseitig wurde seine hohe Bedeutung auch durch die Wettbewerbskommissarin VESTAGER persönlich betont:

> "The same goes for companies that 'jump the gun', by putting a merger into effect before they get our approval. If they do that, any damage to competition might already be done before we can take our decision. So we keep a very close eye on whether companies are complying with the procedural rules. And I won't hesitate to take action if we suspect that they haven't. Because we cannot allow companies to undermine a successful system by breaking the most basic rules."[15]

Ziel der vorliegenden Untersuchung ist es, ein systematisch und teleologisch kohärentes Konzept zur Konkretisierung des Phänomens des „Vollzugs eines Zusammenschlusses" und damit der Reichweite des Vollzugsverbots der FKVO zu entwickeln. Es geht also nicht darum, die bestehende Literatur um einen weiteren Katalog von „Do's & Don'ts" zu bereichern.[16] Dennoch richtet sich die Arbeit auch an Praktiker. Dies gilt nicht nur wegen der umfassenden Erschließung der bestehenden Literatur und Praxis zum Vollzugsverbot der FKVO, sondern auch wegen des Versuchs einer grundlegenden Strukturierung des unübersichtlichen Diskussionsstands.

Gegenstand der Untersuchung ist ausschließlich das Vollzugsverbot der FKVO. Damit gehen in doppelter Hinsicht Beschränkungen einher. Zum einen wird auf die fusionskontrollrechtlichen Vollzugsregelungen anderer (mitglieds- oder drittstaatlicher) Rechtsordnungen nur eingegangen, sofern dies in dem konkreten Zusammenhang einen Erkenntnisgewinn im Hinblick auf das Vollzugsverbot der FKVO verspricht. Zum anderen werden sonstige wettbewerbsrechtliche Vorschriften, aus denen sich Verhaltensvorgaben für die Zeit vor der Genehmigung eines Zusammenschlusses ableiten lassen, nur insoweit behandelt, als es um die Bestimmung des Verhältnisses dieser Vorschriften zum Vollzugsverbot geht. Das Thema der vorliegenden Untersuchung lautet also bewusst auf das „Vollzugsverbot der FKVO" und nicht etwa auf die „EU-kartellrechtlichen Verhaltensvorgaben für M&A-Transaktionen" insgesamt.

Im Allgemeinen Teil werden die wettbewerbsrechtlichen, betriebswirtschaftlichen und unionsverfassungsrechtlichen Grundlagen für die Unter-

---

15 VESTAGER, Refining the EU Merger Control System, Rede bei der Studienvereinigung Kartellrecht am 10. März 2016 in Brüssel.

16 Vgl. hierzu z.B. die hilfreichen Empfehlungen bei BENEDIKT/BUCKENLEIB/HAAG, NZKart 2021, 89 ff.

suchung gelegt. Darauf aufbauend wird im Besonderen Teil der Anwendungsbereich des Vollzugsverbots in sachlich-zeitlicher, persönlicher und räumlicher Hinsicht konkretisiert und ein Konzept für die Bestimmung der inhaltlichen Reichweite des Vollzugsverbots der FKVO erarbeitet. Abschließend werden die wesentlichen Ergebnisse in Thesenform zusammengefasst.

Allgemeiner Teil

Im Allgemeinen Teil werden die wettbewerbsrechtlichen, betriebswirtschaftlichen und unionsverfassungsrechtlichen Grundlagen für die Untersuchung gelegt.

Das 1. Kapitel gilt den wettbewerbsrechtlichen Grundlagen. Hier werden zunächst die denkbaren Verfahrensmodelle der Fusionskontrolle – von strikt „präventiv“ bis strikt „repressiv“ – identifiziert und auf ihre Vollzugsregelung hin untersucht. Dabei wird gezeigt, dass das Vollzugsverbot untrennbar mit der präventiven Regelungstechnik verbunden ist. In die ermittelte Bandbreite der Modelle wird das Verfahrensmodell der FKVO eingeordnet. Schließlich wird die Regelung des Art. 7 FKVO einer ersten, eingehenden Analyse unterzogen.

Im 2. Kapitel werden die betriebswirtschaftlichen Grundlagen für die Untersuchung gelegt. Zunächst werden die typischen Zusammenschlussziele und -abläufe dargestellt. Dann wird die Bedeutung des Zeitmanagements für die Erreichung der Zusammenschlussziele beleuchtet. Schließlich wird das Vollzugsverbot der FKVO als potenzielle Störungsquelle für das Zeitmanagement und die Zielerreichung identifiziert und die Störungsmechanik anhand der unbestrittenen Kernfunktion des Vollzugsverbots als „Verbot der Bewirkung einer dauerhaften Kontrolländerung“ im Sinne des Art. 3 Abs. 1 FKVO abstrakt aufgezeigt.[17]

Die Ausführungen des 1. und 2. Kapitels werden ein Spannungsfeld zwischen den Interessen des Wettbewerbsschutzes und den Interessen der beteiligten Unternehmen an einem möglichst verzögerungsfreien Zusammenschlussprozess offenlegen. Da beide Interessen primärrechtlich verankert bzw. geschützt sind, hat das Spannungsfeld eine unionsverfassungsrechtliche Dimension, die im 3. Kapitel skizziert wird. Dabei wird das Vollzugsverbot der FKVO in seiner bereits erwähnten Kernfunktion auf die Vereinbarkeit mit den Unionsgrundrechten überprüft.

17 Im Übrigen wird der Verbotsinhalt dann im 5. Kapitel behandelt.

Kapitel 1 – Wettbewerbsrechtliche Grundlagen

Bei der Einführung eines Fusionskontrollsystems hat der Gesetzgeber wichtige formelle und materielle Weichenstellungen zu treffen.[18] In materieller Hinsicht ist ein geeigneter Verbotsmaßstab zu entwickeln. In formeller Hinsicht ist ein institutioneller und prozessualer Rahmen zu schaffen, der die effektive Durchsetzung des materiellen Maßstabs gewährleistet. Wichtige Weichenstellungen liegen hier in der Bestimmung der Akteure der Durchsetzung (Stichworte: „public enforcement" und „private enforcement") und der konkreten Ausgestaltung des Verfahrens, z.B. in Bezug auf den Eingriffszeitpunkt und die gerichtliche Nachprüfbarkeit.

Das Vollzugsverbot fällt in den Themenkomplex der formellen Fusionskontrolle.[19] Im 1. Kapitel wird zunächst gezeigt, dass das Vollzugsverbot systemprägenden Charakter hat, weil es das Kernelement der sogenannten „präventiven" Regelungstechnik darstellt (A.). Sodann wird die Vorschrift des Art. 7 FKVO einer ersten, grundlegenden Analyse im Hinblick auf ihre Struktur, ihren Zweck und ihre sonstigen wesentlichen Merkmale unterzogen (B.).

A. Das Vollzugsverbot als Kernelement der präventiven Regelungstechnik

I. Terminologische Abgrenzungen

1. „Vollzug", „Zusammenschluss" und „Zusammenschlussvorhaben"

Soweit sich nicht ausdrücklich oder aus dem Zusammenhang etwas anderes ergibt, werden die Begriffe „Zusammenschluss" und „Vollzug" im Allgemeinen Teil systemneutral, d.h. unabhängig vom Begriffsverständnis der FKVO, verwendet. Sie stehen für abstrakte Konzepte, die in den Rechtsordnungen, die sich dieser Konzepte bedienen, konkretisiert werden müssen. So wird unter einem „Zusammenschluss" nachfolgend jede Form der Unternehmenskonzentration, die von der Fusionskontrolle erfasst wird, und unter „Vollzug" ganz unspezifisch die Umsetzung eines Zusammenschlusses in die Realität verstanden. In bestimmten Zusammenhängen, auf die jeweils hingewiesen wird, ist mit dem „Vollzug" spezifisch die dingli-

18 Instruktiv dazu Whish/Bailey, Competition Law (2018), 846 f. ("Designing a system of merger control").

19 Vgl. bereits die Abgrenzungen im Rahmen der Einleitung.

che Rechtsänderung gemeint, d.h. im Falle des Erwerbs von Anteilsrechten (engl.: „share deal") die Übertragung der Anteilsrechte, im Falle des Erwerbs von Vermögensgegenständen (engl.: „asset deal") die Übertragung des Eigentums an den Gegenständen auf den Erwerber.

Unter einem „Zusammenschlussvorhaben" (auch schlicht: „Vorhaben") wird im Rahmen dieser Untersuchung ein noch nicht in das Vollzugsstadium eingetretener Zusammenschluss verstanden. Ein Vorhaben kann sich z.B. im Planungs- oder Vorbereitungsstadium befinden. Bis zum Vollzug werden die Begriffe „Zusammenschluss" und „Vorhaben" synonym gebraucht.[20]

2. „Präventive" und „repressive" Systeme der Fusionskontrolle

Im deutschsprachigen Schrifttum werden traditionell „präventive" und „repressive" Systeme der Wettbewerbsaufsicht unterschieden. Die Unterscheidung ist zeitbezogen und richtet sich nach dem Zeitraum der Kontrolltätigkeit. Als Abgrenzungszeitpunkt dient im Bereich der Verhaltenskontrolle die Vornahme der wettbewerbsbeschränkenden Handlung durch das oder die betreffende(n) Unternehmen und in der Fusionskontrolle der Vollzug des betreffenden Zusammenschlusses. Die vor diesem Zeitpunkt stattfindende Kontrolle wird als „präventive" (auch: „vorbeugende" oder „ex ante"-Kontrolle), die nachfolgende als „repressive" (auch: „nachträgliche" oder „ex post"-Kontrolle), bezeichnet. Entsprechende Begrifflichkeiten finden sich im englisch- und französischsprachigen Schrifttum.[21]

---

20 Vgl. insoweit die deutsche Sprachfassung der FKVO, in der der Begriff des „Vorhabens" in Art. 2 Abs. 4 sowie im 12. Erwägungsgrund statt des Zusammenschlussbegriffs Verwendung findet; vgl. auch Art. 4 Abs. 1 Unterabs. 3 FKVO, wonach der Ausdruck „angemeldeter Zusammenschluss" im Sinne der FKVO auch „beabsichtigte Zusammenschlüsse" umfasst, die nach Art. 4 Abs. 1 Unterabs. 2 FKVO frühzeitig angemeldet werden.

21 In der englischsprachigen Literatur haben sich insoweit die Begriffe „ex ante control" und „ex post control" eingebürgert; vgl. Wils, (1999) 24 E.L.Rev. 1999, 139. Im französischsprachigen Schrifttum wird meist das Begriffspaar „contrôle a priori" und „contrôle a posteriori" benutzt; vgl. Blaise, Le statut juridique des ententes économiques dans le droit français et le droit des Communautés Européennes (1964), Rn. 229; Frison-Roche/Payet, Droit de la concurrence (2006), Rn. 327; Decocq/Decocq, Droit de la concurrence (2008), Rn. 156; Brunet/Canivet, Le nouveau droit communautaire de la concurrence (2008), Rn. 1117.

Im Bereich der Fusionskontrolle erklärt sich die Bedeutung des Eingriffszeitraums mit der Strukturbezogenheit der Wettbewerbsaufsicht. Fusionskontrolle ist nach traditionellem Verständnis Strukturkontrolle.[22] Die Erfahrung zeigt, dass Strukturveränderungen in Zusammenschlusssituationen regelmäßig mit Maßnahmen eintreten, die im Deutschen mit Begriffen wie „Umsetzung“, „Durchführung“, „Realisierung“, „Implementierung“ oder „Vollzug“ umschrieben werden.[23] Für die Fusionskontrolle markiert der Vollzug deshalb einen zentralen Zeitpunkt. Dient die Kontrolltätigkeit in präventiven Systemen noch der Verhütung[24] unerwünschter Strukturveränderungen und damit dem Erhalt der bestehenden Marktverhältnisse, so zielt sie in repressiven Modellen auf die Beseitigung[25] bereits eingetretener Veränderungen und damit im Regelfall auf die Wiederherstellung der früheren Strukturen ab.

Die in der wettbewerbsrechtlichen Literatur übliche, am Zeitraum der Kontrolltätigkeit orientierte Einteilung in präventive und repressive Systeme gibt immer wieder Anlass zu Unsicherheiten. Auf zwei mögliche Unsicherheitsquellen sei bereits hier hingewiesen:

- Erstens kommen auch präventive Fusionskontrollsysteme aus praktischen Gründen nicht ohne repressive Kontrollmittel aus. Typische Beispiele sind Sanktions- und Entflechtungsmechanismen. Wie im Abschnitt A.II. dieses Kapitels zu sehen sein wird, sind diese Mechanismen selbst in einem System vorhanden, das als Idealtypus der präventiven Fusionskontrolle gelten kann und nachfolgend als präventives „Grundmodell“ vorgestellt wird. Solche Mechanismen ändern nach herrschender Begrifflichkeit aber nichts am präventiven Charakter des betreffenden Systems.
- Zweitens sind bei der Klassifizierung von Fusionskontrollsystemen nach dem Eingriffszeitraum präventive *Zielsetzungen* unerheblich. So sollen sich auch in einem unter zeitlichen Gesichtspunkten als (strikt) repressiv einzustufenden Fusionskontrollsystem die unerwünschten Marktstrukturen gar nicht erst einstellen. Das zentrale Erkennungs-

---

22 Vgl. für die FKVO den 3. bis 6. und 20. Erwägungsgrund. Mit der Einführung des „SIEC“-Tests mit der zweiten FKVO-Revision 2004 wurde der Strukturbezug abgeschwächt, aber nicht aufgegeben. Vgl. zur Differenzierung zwischen Struktur- und Verhaltenskontrolle allgemein unten Kapitel 5 D.II.4.b.aa.

23 Vgl. Mestmäcker in: FS Coing/II (1982), 373, 382.

24 Vgl. Duden, Das Fremdwörterbuch (2010), 837: „präventiv“ für „vorbeugend“, „verhütend“.

25 Vgl. Duden, ebenda, 899: „repressiv“ für „hemmend“, „unterdrückend“.

merkmal repressiver Fusionskontrollsysteme besteht vielmehr darin, dass es an einem speziellen Instrumentarium zur frühzeitigen Verhinderung unerwünschter Marktstrukturen fehlt; präventive Effekte sollen, wie noch zu zeigen sein wird, allein durch Abschreckung erzielt werden. Auf der Zielsetzungsebene dient damit jedes repressive Kontrollsystem auch präventiven Zwecken.

3. „Verbot mit Anzeige"-, „Erlaubnis"- oder „Befreiungsvorbehalt"

Die Einteilung in präventive und repressive Fusionskontrollsysteme ermöglicht eine grundlegende Klassifizierung der denkbaren Verfahrensmodelle unter zeitlichen Gesichtspunkten. Zur Abbildung des ganzen Spektrums möglicher Konzepte erweist sie sich allerdings als zu starr. Zwischen einer streng präventiven und einer streng repressiven Gestaltungsform sind verschiedenste Mischformen möglich, die Merkmale beider Verfahrensmodelle aufweisen. Zur näheren Betrachtung der zeitlichen Dimension der Verfahrensgestaltung sind deshalb weitere Systematisierungsbemühungen erforderlich. Hierzu bietet sich ein Rückgriff auf hergebrachte Begriffe des deutschen Verwaltungsrechts an.

II. Typologie der zeitlichen Regelungstechniken

Auf einer abstrakten Ebene lassen sich, ausgehend von der Terminologie der wettbewerbsrechtlichen Literatur, nach dem Zeitraum der Kontrolltätigkeit ein repressives und ein präventives „Grundmodell" skizzieren.[26] Zwischen beiden Modellen sind verschiedene Mischformen denkbar. Beide Grundmodelle und die wichtigsten Mischformen werden im Folgenden dargestellt. Zur besseren Komplexitätsbewältigung wird dabei von einem System ausgegangen, in dem die Rechtsdurchsetzung allein staatlichen Hoheitsträgern obliegt; Möglichkeiten der privaten Rechtsverfolgung bleiben also ausgeklammert.

---

26 Ähnlich Holzwarth, Vollzugsverbot (2014), 74.

1. Grundmodell der repressiven Fusionskontrolle

Repressive Systeme der Fusionskontrolle zeichnen sich nach hier verwendeter Terminologie durch ihr dem Vollzug nachgeschaltetes Kontrollinstrumentarium aus. Als Grundmodell einer streng repressiv ausgestalteten Fusionskontrolle kann die im deutschen Verwaltungsrecht sprachlich etwas unglücklich als „Erlaubnis mit Verbotsvorbehalt"[27] bezeichnete Regelungstechnik angesehen werden. In einem solchen Modell hängt die Legalität eines Zusammenschlussvorhabens allein von seiner Vereinbarkeit mit den materiellen Vorgaben ab. Stimmt es mit diesen überein, ist auch sein Vollzug erlaubt; anderenfalls ist er verboten. Dieses „Vollzugsverbot" beruht allein auf den materiellrechtlichen Vorgaben und bedarf daher keiner besonderen Regelung. Ebenso wenig besteht eine Notwendigkeit, über den materiellen Verbotstatbestand hinaus spezielle „Aufgreifkriterien"[28] zu definieren. Den Sachverhalt zu ermitteln und zu bewerten, liegt in der Verantwortung der Zusammenschlussparteien.[29] Vorgesehen sind weder die vorherige Anzeige des Vorhabens noch die vorherige Erlaubniseinholung.[30]

In einem solchen System erfährt der zuständige Hoheitsträger von einem Zusammenschluss unter Umständen erst geraume Zeit nach dessen Vollzug, sei es durch die Medien, Dritte, eigene Ermittlungen oder eine gesetzlich vorgesehene Vollzugsmeldung.[31] Zur Erfüllung seiner Aufgaben kann er typischerweise auf Befehls- und Zwangsmittel zurückgreifen, deren Verfügbarkeit auf die Parteien bereits im Vorfeld des Vollzugs abschreckend wirken soll. Wird eine Untersagungsentscheidung erlassen, begründet diese in der Regel unmittelbar oder mittelbar eine Verpflichtung, den Zusammenschluss wieder aufzulösen („Entflechtung"[32]). Straf-, buß-

---

27 Dazu Maurer/Waldhoff, Allgemeines Verwaltungsrecht (2020), § 9 Rn. 55.

28 Dazu unten Kapitel 1 A.II.2.b.

29 Die Kommission bezeichnete dieses Modell in ihrem Weißbuch „Eine wirksamere EU-Fusionskontrolle" vom 9. Juli 2014 (COM(2014) 449 final, Rn. 43) daher als „Selbstbeurteilungssystem". Vgl. zur Risikoverteilung auch Schlussanträge des Generalanwalts Wahl vom 18. Januar 2018, Rs. C-633/16, *Ernst & Young/Konkurrenceradet*, ECLI:EU:C:2018:23, Rn. 35.

30 Vgl. Hitzler, Systeme der Fusionskontrolle (1979), 155 Tz. 6, der bei seiner Übersicht allerdings nicht hinreichend zwischen Fragen des materiellen Zulässigkeitsmaßstabs und solchen der Verfahrenswahl trennt.

31 Vgl. Frankus, Fusionskontrolle bei Konglomeraten (1972), 114; Kommission, Weißbuch „Eine wirksamere EU-Fusionskontrolle" vom 9. Juli 2014 (oben Fn. 29), Rn. 43.

32 Zum Begriff unten Kapitel 1 B.I.1.b.bb.(1)(a).

geld- und zivilrechtliche Konsequenzen wie Nichtigkeits- und Schadensersatzfolgen können weiter zur Abschreckung beitragen. Die Entscheidungsdichte ist im repressiven Grundmodell vergleichsweise gering, weil das Kontrollverfahren nur in konkreten Verdachtsfällen eingeleitet und – je nach Ausgestaltung – meist nur dann mit einer förmlichen Entscheidung abgeschlossen werden muss, wenn sich die materielle Illegalität des betreffenden Vorhabens herausstellt.[33] Sonderprobleme bestehen im Hinblick auf den richtigen Beurteilungszeitpunkt und die Geltungsdauer der hoheitlichen (d.h. behördlichen bzw. gerichtlichen) Untersagungsbefugnis. Letztere kann, muss aber nicht zeitlich befristet sein.[34]

Das Prinzip der Repression hat sich in der wettbewerbsrechtlichen Verhaltenskontrolle bewährt. Im EU-Recht gilt es seit der Reform im Jahr 2004 und dem damit verbundenen Wechsel zum „Prinzip der Legalausnahme" auch für das Kartellverbot (Art. 101 AEUV).[35] In der Fusionskontrolle ist es meist dort anzutreffen, wo die Notwendigkeit einer Kontrolle von Unternehmenszusammenschlüssen erkannt wurde, aber (noch) keine speziellen Verfahrensregelungen bestehen. So erfolgte die Fusionskontrolle in den USA und der EWG lange nach den Vorschriften über die Verhaltenskontrolle und dem dazugehörigen Verfahrensrecht, obwohl sich dies bereits früh in formeller und materieller Hinsicht als unzureichend erwiesen hatte.[36]

2. Grundmodell der präventiven Fusionskontrolle

Präventive Fusionskontrollsysteme zeichnen sich also durch ihr dem Vollzug zeitlich vorgeschaltetes Kontrollinstrumentarium aus. In Reinform ist der Präventionsgrundsatz indes nur verwirklicht, wo die Kontrolle nicht

---

33 Vgl. Hitzler, Systeme der Fusionskontrolle (1979), 160.

34 Vgl. Hitzler, ebenda, 155 Tz. 6. Interessant ist insoweit die Entscheidung des *Supreme Court* der Vereinigten Staaten vom 3. Juni 1957, *U.S. v. E.I. du Pont de Nemours and Co. et al.*, 353 U.S. 586, also aus der Zeit vor Einführung der präventiven Fusionskontrolle in den USA. Darin bestätigte der Gerichtshof die Untersagung eines Zusammenschlusses, der bei Klageerhebung über 30 und im Zeitpunkt der abschließenden Entscheidung bereits 40 Jahre zurücklag. Entgegen der dissenting opinion des Richters Burton (ebenda, 608 ff.) wurden die Wettbewerbsverhältnisse im Zeitpunkt der Klageerhebung und nicht im Zeitpunkt des Zusammenschlusses zu Grunde gelegt; dazu auch Mestmäcker in: FS Coing/II (1982), 373, 375 f.

35 Instruktiv dazu Mäger in: Mäger, EuKartR (2011), Kap. 1 Rn. 25 ff.

36 Zu den Gründen im Einzelnen unten Kapitel 1 B.I.1.a.bb.

nur vor dem Vollzug einsetzt, sondern auch ihren Abschluss findet. Dies ist in einem System gewährleistet, in dem die Legalität des Vorhabens von einer förmlichen „Erlaubnis“ oder „Genehmigung“ im Einzelfall abhängt. Nach hergebrachter Auffassung in der deutschen verwaltungsrechtlichen Literatur lassen sich solche Systeme weiter in Verbotsgesetze „mit Erlaubnisvorbehalt“ und solche „mit Befreiungsvorbehalt“ unterteilen. Diese Begrifflichkeiten haben teilweise Eingang in die wettbewerbsrechtliche Literatur gefunden.[37] Auf europäischer Ebene haben sich ihrer mehrere Generalanwälte[38] und die Unionsgerichte selbst[39] bedient. Da auch mit der Verwendung dieser Begriffe Unsicherheiten einhergehen können, werden sie hier kurz erklärt.

a. Begriffsbestimmung: „Erlaubnis“- und „Befreiungsvorbehalte“

Im deutschen Verwaltungsrecht werden traditionell zwei Regelungstechniken unterschieden, die der Verhütung unerwünschter Betätigungen oder Vorhaben dienen sollen. Im Vordergrund stehen die Begriffe „Verbot mit Erlaubnisvorbehalt“ und „Verbot mit Befreiungsvorbehalt“. Die Unterscheidung zwischen beiden Konzepten setzt am Grad der Sozialschädlichkeit der zu kontrollierenden Vorhaben an. Danach lassen sich diese generell in zwei Fallgruppen einteilen.[40] Auf der einen Seite sollen die grundsätzlich sozial wertvollen oder zumindest neutralen Vorhaben stehen. Macht der Gesetzgeber die Legalität solcher Vorhaben von einer

---

37 Vgl. allgemein Hitzler, Systeme der Fusionskontrolle (1979), 155; speziell zur EU-Fusionskontrolle Koch in: MK-EuWettbR (2020), Grundlagen der europäischen Fusionskontrolle Rn. 93; Montag/Wolfsgruber in: Baudenbacher, Neueste Entwicklungen im europäischen und internationalen Kartellrecht (2003), 289, 327.

38 Vgl. aus jüngerer Zeit Schlussanträge des Generalanwalts Bobek vom 15. Dezember 2016, Rs. C-672/15, *Procureur de la République/Noria Distribution*, ECLI:EU:C:2016:961, Fn. 24 zu Rn. 57; der Generalanwältin Kokott vom 6. September 2012, Rs. C-206/11, *Köck u.a.*, ECLI:EU:C:2012:543, Rn. 3, 34 und 52 ff.

39 Vgl. aus jüngerer Zeit EuGH, Urteil vom 19. Januar 2017, Rs. C-282/15, ECLI:EU:C:2017:26, *Queisser Pharma/Deutschland*, Rn. 58 und 65 f.; EuG, Urteil vom 16. März 2016, Rs. T-100/15, *Dextro Energy/Kommission*, ECLI:EU:T:2016:150, Rn. 82. Hinzu kommt eine kaum überschaubare Anzahl von Fällen, in denen sich die Unionsgerichte mit den entsprechenden Regelungstechniken befasst, in der deutschen Urteilsfassung jedoch andere Begrifflichkeiten verwendet haben.

40 Friauf, JuS 1962, 422, 423.

Genehmigungsentscheidung abhängig, bezweckt er damit nach klassischer Sicht kein grundsätzliches Verbot, sondern nur die Gewährleistung einer wirksamen Kontrolle. Diese Konstellation bezeichnet die h.M. in der deutschen verwaltungsrechtlichen Literatur als „Verbot mit Erlaubnisvorbehalt".[41] Auf der anderen Seite sollen die grundsätzlich sozialschädlichen Vorhaben stehen, die der Gesetzgeber nach traditioneller Sichtweise prinzipiell verbieten möchte. Ordnet er dennoch einen Genehmigungsvorbehalt an, dann nur, weil ein absolutes Verbot auf Grund der geltenden Rahmenbedingungen nicht in Frage kommt. Um die zweite Fallgruppe begrifflich von der ersten abzugrenzen, wird der Genehmigungsvorbehalt in der zweiten Fallgruppe als „Befreiungsvorbehalt" bezeichnet.[42]

Gelegentlich werden diese Begrifflichkeiten in der verwaltungsrechtlichen Literatur mit den Begriffen „präventives Verbot" (mit Erlaubnisvorbehalt) bzw. „repressives Verbot" (mit Befreiungsvorbehalt) kombiniert,[43] was zu weiteren Unsicherheiten führen kann.[44] Denn anders, als es ihrem natürlichen Wortsinn entspräche, werden die Begriffe „präventiv" und „repressiv" dann in keinem zeitbetonten, sondern in einem soziokulturellen Sinn verstanden, und zwar als Indikator für den Grad der Sozialschädlichkeit des betreffenden Vorhabens.[45] So soll das Verbot mit Befreiungsvorbehalt „repressiven" Charakter haben, weil der Gesetzgeber damit nach traditioneller Ansicht sozial schädliche Vorhaben unterdrücken will. Da aber auch solche Vorhaben bis zur Befreiungsentscheidung formell verboten und danach erlaubt sind, stellt sich das „repressive Verbot mit Befreiungsvorbehalt" in einem zeitbetonten Sinne als „präventives" dar. Deshalb sei klargestellt, dass das Begriffspaar „präventiv" – „repressiv" im Rahmen dieser Untersuchung ausschließlich in einem zeitbetonten Sinne verstanden wird.

Die Klassifizierung der verwaltungsrechtlichen Literatur in „Erlaubnis"- und „Befreiungsvorbehalte" sieht sich seit einigen Jahren zunehmender Kritik ausgesetzt, die sowohl an der Abgrenzung selbst[46] als auch an den

---

41 Vgl. Maurer/Waldhoff, Allgemeines Verwaltungsrecht (2020), § 9 Rn. 52; Ehlers in: Ehlers/Pünder, Allgemeines Verwaltungsrecht (2016), § 1 Rn. 50.

42 Vgl. Maurer/Waldhoff, ebenda, § 9 Rn. 56; Ehlers, ebenda.

43 Vgl. Ehlers, ebenda.

44 Vgl. bereits oben Kapitel 1 A.I.2.

45 Vgl. die Kritik bei Pietzner, JA 1973, 197, 201.

46 Insoweit wird kritisiert, dass manche Autoren zwar dieselben Begrifflichkeiten verwenden, den Unterschied zwischen den beiden Instituten jedoch unterschiedlich definieren; dazu Schwabe in: FS Folz (2003), 305.

nach h.M. daran zu knüpfenden Rechtsfolgen[47] ansetzt. Auf diesen Streit muss hier nicht näher eingegangen werden. Für die Zwecke dieser Untersuchung genügt die Feststellung, dass fusionskontrollrechtliche Entscheidungsvorbehalte nach hergebrachter verwaltungsrechtlicher Terminologie stets als Erlaubnisvorbehalte zu klassifizieren sind, da Unternehmenszusammenschlüsse nirgends als grundsätzlich sozialschädlich eingestuft werden. Auf die Entscheidung zwischen „Erlaubnis"- und „Befreiungsvorbehalten" kommt es daher in der Fusionskontrolle nicht an.

b. Typisches Kontrollinstrumentarium und Vollzugsregelung

In einem nach den Grundsätzen des „Verbots mit Erlaubnisvorbehalt" ausgestalteten Fusionskontrollsystem ist ein Zusammenschlussvorhaben bereits aus formellen Gründen illegal, bis es im Einzelfall geprüft und genehmigt wurde. Solange die formelle Illegalität besteht, darf das Vorhaben – unabhängig von der materiellen Rechtslage – nicht vollzogen werden.

Die Vorschaltung eines Erlaubnisverfahrens macht es aus gesetzgeberischer Sicht zunächst erforderlich, diejenigen Zusammenschlüsse, die unter den Vorbehalt fallen sollen, abstrakt zu definieren. Damit ist die Frage der „Genehmigungspflichtigkeit" angesprochen. In der gesetzgeberischen Praxis hat es sich insoweit bewährt, Tatbestandskataloge zu entwickeln, die im Regelfall an bestimmte Umsatz-, Marktanteils- oder Vermögenswertschwellen anknüpfen.[48] Diese sogenannten „Aufgreifkriterien" gewährleisten, dass der für die Durchsetzung der materiellen Vorgaben zuständige Hoheitsträger ab einer bestimmten Größenordnung Kontrolle über strukturelle Veränderungen auf den relevanten Märkten hat.[49] Gleichzeitig dienen sie der Verfahrensökonomie: Mit der Festsetzung der Aufgreifkriterien stellt der Gesetzgeber sicher, dass sich der zuständige Hoheitsträger nicht mit Vorhaben beschäftigen muss, denen schon unter abstrakten Gesichtspunkten die erforderliche wettbewerbliche Relevanz fehlt. Für die übrigen Vorhaben ist mit der Kontrollpflicht eine Einordnung als potenziell, wenn auch nicht grundsätzlich,[50] wettbewerbsschädlich verbunden. Die Beurtei-

---

47 Dazu GROMITSARIS, DÖV 1997, 401, 408 f.

48 Dazu allgemein MÄGER in: Mäger, EuKartR (2011), Kap. 8 Rn. 4 ff.; DECOCQ/DECOCQ, Droit de la concurrence (2008), Rn. 156 f.

49 BERG/NACHTSHEIM/KRONBERGER, RIW 2003, 15, 16.

50 Sonst läge nach hergebrachter Terminologie kein „Erlaubnis"-, sondern ein „Befreiungsvorbehalt" vor; vgl. nochmals die vorstehende Begriffsbestimmung.

lung, ob ein Vorhaben die Aufgreifkriterien des betreffenden Systems erfüllt und somit genehmigungspflichtig ist, obliegt in erster Linie den Zusammenschlussparteien.

Kernelement jedes Erlaubnisvorbehalts ist ein eigenständiges Vollzugsverbot, welches von der Frage der materiellen Legalität des Vorhabens entkoppelt ist. Die Besonderheit eines Systems mit Erlaubnisvorbehalt besteht nämlich darin, dass der Gesetzgeber zunächst einen über die materiellen Vorgaben hinausgehenden, generellen Betätigungsstopp ausspricht, der durch eine Entscheidung im Einzelfall aufgehoben werden kann.[51] Im Gegensatz zu den materiellen Vorgaben, die im präventiven Grundmodell in Gestalt des sogenannten „Eingreifkriteriums" überdauern, hat dieses Verbot formellen, verfahrensrechtlichen Charakter, weshalb es meist in systematischem Zusammenhang mit anderen Verfahrensvorschriften und separat vom Eingreifkriterium geregelt ist.[52] Hervorzuheben ist auch seine vorläufige Natur. Das formelle Vollzugsverbot entfällt jedenfalls mit der Genehmigung des Vorhabens. Je nach Ausgestaltung ist es denkbar, dass das Vollzugsverbot generell vorläufigen Charakter hat, d.h. auch mit einer Untersagung erlischt. Dies wird in der Regel anzunehmen sein, wenn aus der Untersagungsentscheidung ein eigenständiges, endgültiges Vollzugsverbot folgt.

Damit im Einzelfall eine Genehmigung erlassen werden kann, trifft die beteiligten Unternehmen im präventiven Grundmodell eine Obliegenheit zur Anmeldung ihres Vorhabens. Diese Obliegenheit kann sich bei entsprechender Ausgestaltung zu einer echten Rechtspflicht verdichten; zwingend ist dies allerdings nicht. Nach der Anmeldung prüft der zuständige Hoheitsträger das Vorhaben am Maßstab der materiellen Kriterien und trifft eine Prognoseentscheidung, die vorbehaltlich einer Nachprüfung im Rechtsbehelfsverfahren endgültigen Charakter hat.[53] Ergeht eine Untersagungsentscheidung, begründet diese dagegen meist ein endgültiges Vollzugsverbot.[54] Die Anmeldeobliegenheit bzw. -pflicht führt zu einer wesentlichen Verbesserung der Informationsbasis des zuständigen

---

51 Pietzner, JA 1973, 197, 198.

52 Denkbar ist auch, dass das Vollzugsverbot den Verfahrensvorschriften im Wege der Auslegung zu entnehmen ist. So unterstellte die Bestimmung des Art. 66 § 1 EGKSV bestimmte Zusammenschlüsse im Montansektor der „vorherigen Genehmigung der Hohen Behörde" und damit implizit einem verfahrensrechtlichen Vollzugsverbot; dazu näher unten Kapitel 1 B.I.1.a.aa.

53 Sonst läge nach hier angewandter Terminologie kein strikt präventives System der Fusionskontrolle vor.

54 Vgl. Mestmäcker in: FS Coing/II (1982), 373, 381.

Kontrollorgans[55] und verringert die Notwendigkeit einer intensiven Dauerüberwachung der Wettbewerbsverhältnisse, die in repressiven Systemen ganz erhebliche personelle und sachliche Mittel bindet.[56] Durch die höhere Entscheidungsdichte entstehen allerdings an anderer Stelle Mehrkosten. In der Literatur ist daher umstritten, welches System für die Verwaltung kostengünstiger ist.[57] Eine Schlüsselrolle dürfte insoweit der Fassung der Aufgreifkriterien zukommen.

Da die Kontrolle im präventiven Grundmodell vor dem Vollzug des Vorhabens zum Abschluss kommt, sind Maßnahmen zur Wiederherstellung gesunder Marktstrukturen, namentlich durch „Entflechtung" des betreffenden Zusammenschlusses, bei ordentlichem Verfahrensablauf entbehrlich. Solche Maßnahmen sind in der Regel jedoch – neben weiteren Befehls- und Zwangsmitteln – für den Fall rechtswidrigen Handelns vorgesehen.[58]

Rechtswidrige Vollzugshandlungen gefährden nicht nur im repressiven, sondern auch im präventiven Grundmodell das Leitbild des Gesetzgebers. Daher werden Verstöße gegen die Pflicht zur vorherigen Erlaubniseinholung – mit anderen Worten: das bis zur Genehmigung bestehende Vollzugsverbot – in präventiven Systemen regelmäßig mit Sanktionen belegt,[59] welche die Handlungsalternative, einen Zusammenschluss ohne die Genehmigung des zuständigen Hoheitsträgers zu vollziehen, verteuern.[60] Wils spricht diesbezüglich von „ergänzender Abschreckung" im an sich präventiven System.[61] Anders als im repressiven Grundmodell wird hier freilich nicht der Verstoß gegen die materiellen Vorgaben, sondern die Missachtung der Pflicht zur vorherigen Genehmigungseinholung sanktioniert. Daher können die Sanktionen, z.B. Bußgelder, auch in Fällen verhängt werden, in denen der Zusammenschluss keine Wettbewerbsbedenken aufwirft und das eigentliche Fusionskontrollverfahren mit einer Genehmigung endet.

---

55 Möschel in: ORDO 52 (2001), 63, 67.

56 Hitzler, Systeme der Fusionskontrolle (1979), 157; Wils, (1999) 24 E.L.Rev. 139, 144.

57 Dazu Möschel in: ORDO 52 (2001), 63, 70.

58 Vgl. Fountoukakos, Competition Policy Newsletter 1/2004, 63, wonach „[...] a provision empowering the competition authority concerned to order the dissolution of a merger is an essential complementary mechanism in a merger control system which is based on the principle of ex ante control."

59 Vgl. Berg/Nachtsheim/Kronberger, RIW 2003, 15, 19 und 21.

60 Holzwarth, Vollzugsverbot (2014), 28.

61 Wils, (1999) 24 E.L.Rev. 139, 148 („supplementary deterrence").

Zum Zwecke der „ergänzenden Abschreckung", aber auch zur Vereinfachung der Entflechtung, kann die zivilrechtliche Wirksamkeit von Rechtsgeschäften, die gegen das Vollzugsverbot verstoßen, in Systemen mit Erlaubnisvorbehalt eingeschränkt sein. Ist die Einschränkung umfassender und endgültiger Natur, sind die betreffenden Rechtsgeschäfte nach deutschem Rechtsverständnis nichtig und es bedarf einer Neuvornahme, um die gewünschte Rechtswirkung zu erzielen. Denkbar und in der gesetzgeberischen Praxis verbreitet sind aber auch Gestaltungsformen, in denen die Unwirksamkeit an das Vollzugsverbot gebunden und demnach – zumindest im Genehmigungsfall – selbst vorübergehender Natur ist. In der deutschen Rechtswissenschaft wird ein solcher Zustand als „schwebende Unwirksamkeit" bezeichnet. In beiden Fällen kann die Sicherheit des Rechtsverkehrs, insbesondere bei Drittbeteiligung, unter der Unwirksamkeit zusammenschlussbezogener Rechtsgeschäfte leiden. Neben Nichtigkeitskommen für die beteiligten Unternehmen auch Schadensersatzfolgen in Betracht.

3. Gemischt präventiv-repressive Modelle der Fusionskontrolle

Zwischen den vorstehend skizzierten Regelungstechniken sind verschiedenste Mischformen denkbar und weltweit verbreitet. Gemischt präventiv-repressive Systeme zeichnen sich nach hier zugrunde gelegter Terminologie dadurch aus, dass die Kontrolle schon nach der gesetzgeberischen Konzeption, d.h. bei ordnungsgemäßem Verfahrensablauf, ggf. auch erst nach dem Vollzug des Vorhabens, zum Abschluss kommen kann. Entflechtungen können daher auch bei ordnungsgemäßem Verfahrensgang angezeigt sein. Die theoretische Bandbreite solcher Konzeptionen ist groß. Im Folgenden werden die gängigsten Varianten anhand ihrer prägenden Strukturmerkmale vorgestellt.

- *„Schlichte" vorherige Anzeigepflicht*: Eine stark repressiv geprägte Mischform der Fusionskontrolle liegt vor, wenn der Gesetzgeber eine „schlichte" Anzeigepflicht im Sinne einer echten Rechtspflicht vorsieht, von deren Erfüllung aber nicht die Legalität des betreffenden Vorhabens abhängt. Die Anzeigepflicht dient hier vor allem der Information des zuständigen Hoheitsträgers. Zwar können Verstöße gegen die Anzeigepflicht mit Sanktionen belegt sein. Allerdings kann der Hoheitsträger dann typischerweise nicht gegen das Vorhaben als solches vorgehen.[62]

- *„Einfacher" Anzeigevorbehalt*: Eine in der Praxis bedeutsame Mischform bilden Fusionskontrollsysteme, deren Ausgestaltung nach hergebrachter Terminologie der Logik des „Verbots mit Anzeigevorbehalt" folgt. Von einem „Verbot mit Anzeigevorbehalt" ist in der deutschen verwaltungsrechtlichen Literatur die Rede, wenn ein Vorhaben ohne vorherige Anzeige beim zuständigen Hoheitsträger schon aus formalen Gründen illegal ist.[63] Durch die Anzeige wird der zuständige Hoheitsträger in die Lage versetzt, das betreffende Vorhaben zu prüfen und dagegen einzuschreiten. Im Vergleich zum repressiven Grundmodell bestehen wegen der Anzeigepflicht Vorteile bei der Informationsbeschaffung. Unterbleibt die Anzeige, kann das Vorhaben allein schon wegen seiner formellen Illegalität zum Gegenstand von Eingriffsmaßnahmen gemacht werden. Beim „Verbot mit Anzeigevorbehalt" besteht bis zur Vornahme der Anzeige ein formelles Vollzugsverbot. Anders als beim Erlaubnisvorbehalt entfällt dieses aber bereits in dem Moment, in dem der Anzeigepflicht ordnungsgemäß nachgekommen wird. Von der ordnungsgemäßen Anzeige unberührt bleibt die materielle Rechtslage, die Grundlage für eine spätere Untersagungsentscheidung sein kann. Im Gegensatz zum präventiven Grundmodell ist die Prävention in diesem Modell nicht zwingend gewährleistet, weil das Vollzugsverbot noch vor dem Erlass einer Sachentscheidung wieder erlischt.
- *„Verlängerter" Anzeigevorbehalt*: Eine bereits stark dem Prinzip des „Verbots mit Erlaubnisvorbehalt" angenäherte Abwandlung liegt vor, wenn die Anzeige eine weitere, zeitlich befristete Wartepflicht auslöst, deren Ablauf dem Vorhaben die formelle Illegalität nimmt.[64] Trifft der zuständige Hoheitsträger die erforderlichen Entscheidungen innerhalb der vorgesehenen Frist, ist der Grundsatz der Prävention gewahrt; anderenfalls bleibt nur die Möglichkeit eines repressiven Tätigwerdens.
- *Verbotsvorbehalt mit Anmeldeoption*: Vor allem in den Commonwealth-Ländern verbreitet[65] sind Systeme der Fusionskontrolle, die dem Prinzip der „Erlaubnis mit Verbotsvorbehalt" folgen, gleichzeitig aber schon im Vorfeld des Vollzugs Möglichkeiten der Anrufung des zustän-

---

62 Vgl. PIETZNER, JA 1973, 197, 200.

63 Dazu MAURER/WALDHOFF, Allgemeines Verwaltungsrecht (2020), § 9 Rn. 55.

64 Vgl. PIETZNER, JA 1973, 197, 199.

65 Vgl. BERG/NACHTSHEIM/KRONBERGER, RIW 2003, 15, 16; HOLZWARTH, Vollzugsverbot (2014), 168 ff.

digen Kontrollorgans zwecks verbindlicher Klärung der materiellen Rechtslage vorsehen (sogenannte „fakultativ-präventive Fusionskontrolle“[66]; engl.: „optional prescreening“[67]). Da die Anzeige hier auf freiwilliger Basis erfolgt, kann von ihr nicht die Legalität des Vorhabens abhängen; daher löst sie in der Regel auch kein formelles Vollzugsverbot aus.[68] Auch in einem solchen System ist eine vorbeugende Kontrolle zwar theoretisch möglich, nach der gesetzgeberischen Konstruktion aber nicht zwingend gewährleistet.[69]

- *Verbotsvorbehalt mit einstweiliger Aussetzungsanordnung*: Als gemischt präventiv-repressiv sind auch Fusionskontrollsysteme einzuordnen, in denen zwar kein automatisches Vollzugsverbot gilt, der zuständige Hoheitsträger aber die Möglichkeit hat, die beteiligten Unternehmen im Einzelfall durch den Erlass einstweiliger Anordnungen zur Aussetzung des Vollzugs zu verpflichten. Zur besseren Information des zuständigen Hoheitsträgers kann dieses Modell mit einer vorherigen Anzeigepflicht kombiniert werden.
- *Anzeige- oder Erlaubnisvorbehalt mit beschränktem bzw. beschränkbarem Vollzugsverbot*: Denkbar sind auch Modelle, die grundsätzlich der Logik des Verbots mit Anzeige- oder Erlaubnisvorbehalt folgen und daher ein automatisches Vollzugsverbot aufweisen, hiervon jedoch Ausnahmen zulassen. Solche Ausnahmen können in unmittelbar anwendbaren Vorschriften normiert sein („Legalausnahme“), aber auch unter dem Vorbehalt einer Entscheidung durch den zuständigen Hoheitsträger stehen („Freistellung im Einzelfall“). In letzterem Fall kommt es zu einem Freistellungsverfahren vom Vollzugsverbot innerhalb des eigentlichen Fusionskontrollverfahrens. Hier hat es der zuständige Hoheitsträger selbst in der Hand, ob die Präventivkontrolle vor dem Vollzug zum Abschluss kommt.
- *Erlaubnisvorbehalt mit Legalitäts- oder Genehmigungsfiktion*: Letzteres gilt auch in Systemen, in denen die materielle Legalität eines Zusammenschlusses, zumindest aber die Genehmigungsentscheidung, fingiert wird und das Vollzugsverbot endet, wenn innerhalb einer bestimmten Frist keine Entscheidung ergangen ist. Solche Systeme sind in zwei

---

66 Mestmäcker in: FS Coing/II (1982), 373, 381.

67 Wils, (1999) 24 E.L.Rev. 139, 149.

68 Berg/Nachtsheim/Kronberger, RIW 2003, 15, 20.

69 Vgl. Klaue/von Lampe/Markert/Petry/Reiniger, Zur Problematik der Fusionskontrolle (1971), 65, wonach hier „nicht von präventiver Fusionskontrolle gesprochen werden [kann].“

Unterarten denkbar: Auf der einen Seite stehen Modelle, in denen die Entscheidung des Hoheitsträgers Widerspruchscharakter hat, das Vorhaben also mit dem Verstreichen der Frist ipso iure als legal gilt, sofern kein Widerspruch eingelegt wurde.[70] Hier könnte man von einem „Widerspruchsvorbehalt" sprechen. Auf der anderen Seite stehen Konzeptionen, in denen der Entscheidungsvorbehalt mit einer Pflicht zur fristgerechten Entscheidung verbunden ist, letztere aber fingiert wird, wenn der zuständige Hoheitsträger unter Verstoß gegen diese Bestimmungen keine rechtzeitige Entscheidung trifft. Hier kommt der Fiktion sanktionsähnlicher Charakter zu. In beiden Fallgruppen können wiederum Möglichkeiten der Fristverlängerung bestehen.

- *Fortdauernder Verbotsvorbehalt*: Während Entscheidungen im präventiven Grundmodell begriffsnotwendig endgültig sind,[71] können in gemischt präventiv-repressiven Systemen im Anschluss an eine positive Prognoseentscheidung weiterhin Untersagungsmöglichkeiten bestehen. Dies kann so weit gehen, dass

> „[i]n the most extreme, the status of the clearance decision could be reduced to that of a private legal opinion, which neither precludes any later prosecution or litigation nor has any authoritative value."[72]

In solchen Modellen kommt der Vorabprüfung und damit auch dem Vollzugsverbot zwangsläufig eine geringere Bedeutung zu.[73]

Die dargestellten Mischformen sind untereinander praktisch frei kombinierbar. Kombinationen sind dabei auch dergestalt möglich, dass innerhalb ein- und desselben Fusionskontrollregimes für verschiedene Zusammenschlusskategorien jeweils unterschiedliche Verfahrenskonzeptionen zur Anwendung kommen.

III. Einordnung des Modells der FKVO

Vor dem Hintergrund der vorstehenden Ausführungen stellt sich das Modell der FKVO in einem zeitbetonten Sinne als überwiegend, wenngleich nicht strikt präventives System der Fusionskontrolle dar. Zwar weist das

70 Vgl. Klaue/von Lampe/Markert/Petry/Reiniger, ebenda, 65.

71 Vgl. oben Kapitel 1 A.II.2.b.

72 Wils, (1999) 24 E.L.Rev. 139, 150.

73 Vgl. Mestmäcker in: FS Coing/II (1982), 373, 379.

System sowohl die konstituierenden als auch viele begleittypische Merkmale eines Verbots mit Erlaubnisvorbehalt auf (1.). Bei genauerer Betrachtung sind diese allerdings so modifiziert, dass eine präventive, dem Vollzug vorgreifliche Kontrolle nicht lückenlos gewährleistet ist (2.).

1. Grundsatz der präventiven Fusionskontrolle

In der europäischen Fusionskontrollliteratur und -praxis wird der Grundsatz der Prävention meist aus dem Zusammenspiel der Anmeldepflicht des Art. 4 Abs. 1 FKVO mit dem Vollzugsverbot des Art. 7 Abs. 1 FKVO hergeleitet, dessen Bedeutung schon der Gesetzgeber im 34. Erwägungsgrund zur FKVO betont hat. Exemplarisch sei hier FOUNTOUKAKOS zitiert:

> „The system put in place under the original Merger Regulation is a system of ex ante control based on two basic, intertwined principles: mandatory notification of all concentrations with Community dimension (Article 4(1) of the original Merger Regulation); and a stand-still obligation (also known as 'suspensive effect' or 'bar on closing' obligation) prohibiting the implementation of concentrations prior to an authorisation decision (Article 7(1) of the original Merger Regulation)."[74]

Die Kommission selbst charakterisiert die FKVO in ihrem Weißbuch „Eine wirksamere EU-Fusionskontrolle"[75] und dem begleitenden Arbeitspapier[76] vom 9. Juli 2014 in verfahrenstechnischer Hinsicht als „Anmeldesystem" (engl.: „notification system"), welches sich durch die Anmeldepflicht und das Vollzugsverbot bis zur Genehmigung auszeichne, und grenzt dieses Modell u.a. vom „Selbstbeurteilungssystem" (engl.: „self-assessment system") ab, das dem Grundmodell der repressiven Fusionskontrolle entsprechen dürfte. Auch die Kommission unterstreicht das Zusammenspiel zwischen der Anmeldepflicht und dem Vollzugsverbot, so z.B. in ihrer Bußgeldentscheidung im *Altice/PT Portugal*:

---

74 FOUNTOUKAKOS, Competition Policy Newsletter 1/2004, 63. Vgl. auch Kommission, Vorschlag für eine Verordnung des Rates über die Kontrolle von Unternehmenszusammenschlüssen, KOM(2002) 711 endg., ABl. C 20/4 vom 28. Januar 2003, Rn. 61 und 65.

75 Oben Fn. 29 (dort Rn. 43).

76 SWD(2014) 221 final, Rn. 73.

"Indeed, the provisions of Article 4(1) and Article 7(1) of the Merger Regulation lie at the heart of the Union merger review system as they form the fundamental pillars on which the Union system of ex ante review of concentrations is based. The critical nature of Articles 4(1) and 7(1) of the Merger Regulation is set out in Recital 34 of the Merger Regulation, which provides that the obligation to notify a concentration and suspend its implementation pending clearance is essential 'to ensure effective control' by the Commission.
While both Articles 4(1) and 7(1) of the Merger Regulation are fundamental to the ex ante Union merger control system structure, they enshrine distinct legal principles and thereby play distinct and complementary roles within the context of the control of concentrations exercised by the Commission.
On the one hand, Article 4(1) of the Merger Regulation relates to the act of bringing the existence of a proposed transaction with a Union dimension to the Commission's attention by way of a formal notification before such transactions are implemented. It constitutes a positive obligation to notify the Commission of a concentration before its implementation and following the conclusion of the agreement, the announcement of the public bid, or the acquisition of a controlling interest (as the case may be). By providing for the mandatory notification of concentrations, Article 4(1) of the Merger Regulation safeguards the Commission's ability to detect and investigate concentrations.
On the other hand, the standstill obligation enshrined in Article 7(1) of the Merger Regulation establishes that a concentration falling within the remit of the Merger Regulation shall not be implemented prior to its notification or prior to its clearance, thereby preventing the potential detrimental impact of those transactions on the competitive structure of the market pending the outcome of the Commission investigation. Article 7(1) of the Merger Regulation therefore constitutes a negative obligation not to implement a concentration until it has been notified and cleared. Article 7(1) of the Merger Regulation therefore goes beyond Article 4(1) of the Merger Regulation by safeguarding against the risk of the proposed concentration impeding effective competition in the internal market pending the conclusion

> of the Commission's review. Such safeguards cannot be achieved by notification alone."[77]

Dagegen betonen andere den Zusammenhang zwischen dem Vollzugsverbot und der materiellrechtlichen Zusammenschlussprüfung nach Art. 2 FKVO.

> „Die Fusionskontrollverordnung stellt in Art. 2 Abs. 1 iVm Art. 7 Abs. 1 Zusammenschlüsse von gemeinschaftsweiter [heute: EU-weiter[78]] Bedeutung unter einen allgemeinen Entscheidungsvorbehalt."[79]

Wieder andere lösen das Vollzugsverbot weiter aus dem Zusammenhang und stellen es als *das* prägende Merkmal der präventiven Fusionskontrolle in den in den Vordergrund.

> „Le contrôle a priori auquel sont soumises les concentrations de dimension européenne [...] implique la suspension de la réalisation de l'opération jusqu'à l'autorisation donnée par l'autorité de concurrence compétente, et, corrélativement l'obligation de lui notifier cette opération."[80]

Und speziell zum Vollzugsverbot der FKVO:

> „C'est la clé de voûte du système de contrôle a priori."[81]

Tatsächlich ergibt sich der präventive Charakter der FKVO aus einem grundsätzlichen Erlaubnisvorbehalt (a.), der im Vollzugsverbot (Art. 7 Abs. 1 FKVO) zum Ausdruck kommt und durch weitere Institute, darunter die Anmeldepflicht (Art. 4 Abs. 1 FKVO), ergänzt wird (b.).

---

77 Kommission, Entscheidung vom 24. April 2018, COMP/M.7993, *Altice/PT Portugal*, Rn. 38 bis 41. Zu dieser Entscheidung ausführlich unten Kapitel 5 D.I.2.a.aa. (1)(p).

78 Zu den veralteten Begrifflichkeiten der FKVO unten Fn. 131.

79 Hacker in: Schröter/Jakob/Klotz/Mederer, EuWettbR (2014), Art. 2 FKVO Rn. 3.

80 Decocq/Decocq, Droit de la concurrence (2008), Rn. 175.

81 Decocq/Decocq, ebenda, Rn. 176. Ähnlich Mäger in: Mäger, EuKartR (2011), Kap. 8 Rn. 289, der das Vollzugsverbot als „Dreh- und Angelpunkt" der Konzeption der FKVO charakterisiert, und Gassner/Mohnen, jurisPR-Compl 5/2018 Anm. 4 („zentrale Durchsetzungssäule des Fusionskontrollrechts").

a. Prinzip des Erlaubnisvorbehalts

Den Kern der präventiven Regelungstechnik bildet der in Art. 7 Abs. 1 FKVO zum Ausdruck kommende Genehmigungsvorbehalt, der besagt, dass die in den sachlichen Anwendungsbereich[82] der Vorschrift fallenden Zusammenschlüsse nicht ohne Genehmigung vollzogen werden dürfen. Sieht man von den sogleich darzustellenden Durchbrechungen ab, ist dieser Vorbehalt nach hergebrachter deutscher Terminologie[83] als *Erlaubnis*vorbehalt zu qualifizieren.[84] Entscheidend hierfür ist, dass der Unionsgesetzgeber Unternehmenszusammenschlüsse nicht als grundsätzlich sozialschädlich einstuft, sondern im 4. und 29. Erwägungsgrund zur FKVO erkennbar davon ausgeht, dass von Zusammenschlüssen auch positive Effekte auf die Wettbewerbsfähigkeit der europäischen Industrie, die Wachstumsbedingungen und den Lebensstandard in der Union ausgehen können. Der Genehmigungsvorbehalt der FKVO beruht damit nicht auf einer grundsätzlichen Missbilligung von Unternehmenszusammenschlüssen,[85] sondern – wie auch der 34. Erwägungsgrund zur FKVO deutlich macht – auf dem Erfordernis einer wirksamen Überwachung im Einzelfall.[86] Er ist damit sowohl in einem zeitbetonten als auch in einem soziokulturellen Sinne[87] präventiver Natur.

Dem Grundsatz der Präventivkontrolle[88] entsprechend haben die Entscheidungen der Kommission über die materielle Legalität vorbehaltlich einer Nachprüfung durch die Unionsgerichte endgültigen Charakter. Spätere Änderungen dieser Entscheidungen setzen entweder ein Fehlverhalten[89] oder die Zustimmung[90] der beteiligten Unternehmen voraus.

---

82 Dazu ausführlich unten Kapitel 4 A.
83 Vgl. oben Kapitel 1 A.I.3.
84 Vgl. auch Rudowicz, Gun-Jumping (2016), 136.
85 Umgekehrt besteht keine allgemeine Vermutung für die Vereinbarkeit eines Zusammenschlusses mit dem Binnenmarkt; dazu EuGH, Urteil vom 10. Juli 2008, Rs. C-413/06 P, *Bertelsmann u.a.*, ECLI:EU:C:2008:392, Rn. 48 und 175.
86 So auch Koch in: MK-EuWettbR (2020), Grundlagen der europäischen Fusionskontrolle Rn. 93.
87 Vgl. oben Kapitel 1 A.I.3.
88 Vgl. oben Kapitel 1 A.II.2.b.
89 Siehe die Widerrufstatbestände in Art. 6 Abs. 3 bzw. Art. 8 Abs. 6 FKVO.
90 Dazu Käseberg in: Langen/Bunte, EuKartR (2018), Art. 8 FKVO Rn. 118.

b. Ergänzende Prinzipien

Der grundsätzliche Erlaubnisvorbehalt wird durch weitere verfahrensrechtliche Elemente ergänzt. So statuiert die FKVO ausdrücklich eine Pflicht zur vorherigen Anmeldung (aa.). Daneben sind Mechanismen der Verfahrensbeschleunigung (bb.), der Sanktionierung von Verfahrensverstößen (cc.) und der Auflösung vollzogener Zusammenschlüsse (dd.) zu nennen.

aa. Pflicht zur vorherigen Anmeldung

Da die Unterscheidung zwischen präventiver und repressiver Kontrolle am Vollzug und nicht an der Anmeldung ansetzt, ist das Vorliegen einer Anmeldepflicht kein denklogisch zwingender Bestandteil der Präventionstechnik.[91] Dennoch kommen der Anmeldung im verfahrensrechtlichen System der FKVO wichtige Funktionen zu.

Wie in präventiven Systemen der Fusionskontrolle üblich, liegt es auch im System der FKVO an den Unternehmen, die Initiative zu ergreifen, um einen Zusammenschluss durchführen zu können, der nicht nur formell, sondern auch materiell legal sein soll. Nach Art. 4 Abs. 1 Unterabs. 1 FKVO sind alle Zusammenschlüsse von EU-weiter Bedeutung im Sinne der Art. 1 und 3 FKVO „nach Vertragsabschluss, Veröffentlichung des Übernahmeangebots oder Erwerb einer die Kontrolle begründenden Beteiligung und vor ihrem Vollzug bei der Kommission anzumelden". Die Vorschrift gewährleistet, dass die Kommission von genehmigungspflichtigen Zusammenschlüsse erfährt und diese im präventiven Verfahren prüfen kann.[92] Die Vorschrift begründet nach h.M. eine echte Rechtspflicht zur Anmeldung[93] und regelt den Zeitpunkt, in welchem die Anmeldung erfolgen muss.[94] Zu beachten ist, dass die drei ersten in Art. 4 Abs. 1 Unterabs. 1 FKVO genannten Zeitpunkte für die Frage der Anmeldepflicht bedeutungslos geworden sind, da sie ihre ursprüngliche Funktion, das

---

91 Vgl. oben Kapitel 1 A.II.2.b.

92 Vgl. Kommission, Entscheidung vom 24. April 2018, COMP/M.7993, *Altice/PT Portugal*, Rn. 40.

93 Vgl. Schütz in: KK-KartR (2013), Art. 4 FKVO Rn. 6; zur Gegenansicht unten Fn. 104.

94 Von der Frage der „Anmeldepflicht" ist die Frage des frühestmöglichen Anmeldezeitpunkts („Anmeldefähigkeit") zu unterscheiden. Die Anmeldefähigkeit ist in Art. 4 Abs. 1 Unterabs. 2 FKVO normiert.

Auslösen einer Wochenfrist für die Anmeldung, im Zuge der zweiten FKVO-Revision 2004 eingebüßt haben.[95] Der Zeitpunkt, zu dem eine Anmeldung spätestens erfolgt sein muss, wurde durch die Streichung der Wochenfrist nach hinten verschoben. Weitere Vorgaben wurden nicht gemacht. Insbesondere besteht im Normalfall keine Pflicht zur „unverzüglichen“ Anmeldung, wie der Umkehrschluss aus Art. 7 Abs. 2 Buchst. a FKVO zeigt. Es genügt daher, wenn die Anmeldung vor dem Vollzug erfolgt; zuvor besteht zu keinem näher bestimmten oder bestimmbaren Zeitpunkt eine Anmeldepflicht. Dazu die Kommission:

> „Nach der neuen Fusionskontrollverordnung sind die Beteiligten nicht länger zur Anmeldung innerhalb eines bestimmten zeitlichen Rahmens verpflichtet (sofern die Beteiligten den geplanten Zusammenschluss nicht vor der Anmeldung vollziehen).“[96]

Schroeder bringt die Problematik wie folgt auf den Punkt:

> „Die Anmeldepflicht konkretisiert sich vielmehr (mit Rückwirkung) erst dann, wenn ohne Anmeldung vollzogen wird, denn ohne den Vollzug hätte noch gar nicht angemeldet werden müssen.“[97]

Die Themenkreise des Vollzugs (-verbots) und der Anmeldepflicht weisen noch andere Berührungspunkte auf. Wie noch im Einzelnen gezeigt wird,[98] gilt das Vollzugsverbot für sämtliche nach der FKVO anmelde- und genehmigungspflichtigen Vorhaben. Die Frage, ob und ggf. wann eine Anmeldung tatsächlich eingereicht wird, kann die Vollzugsregelung beeinflussen, z.B. in den Fällen des Art. 7 Abs. 1 i.V.m. Art. 10 Abs. 6 FKVO (Anmeldung als Voraussetzung für das Erlöschen des Vollzugsverbots durch Genehmigungsfiktion) oder des Art. 7 Abs. 2 Buchst. a FKVO (unverzügliche Nachholung der Anmeldung als Voraussetzung für eine Ausnahme vom Vollzugsverbot). Umgekehrt können sich die Vollzugsregelungen der FKVO auf die Anmeldepflicht auswirken, z.B. in den Fällen des Art. 7

---

95 Nach Auffassung der Kommission kommt den genannten Zeitpunkten noch Bedeutung als „Stichtag“ für die Feststellung der Zuständigkeit der Kommission zu; vgl. Konsolidierte Mitteilung der Kommission zu Zuständigkeitsfragen gemäß der Verordnung (EG) Nr. 139/2004 des Rates über die Kontrolle von Unternehmenszusammenschlüssen, ABl. C 95/1 vom 16. April 2008, berichtigt ABl. C 43/10 vom 21. Februar 2009, Rn. 156. Darüber hinaus soll ihnen zu entnehmen sein, wann ein Zusammenschluss spätestens anmeldefähig sein muss.

96 Kommission, ebenda, Rn. 155.

97 Schroeder in: MK-EuWettbR (2020), Art. 4 FKVO Rn. 9.

98 Dazu unten Kapitel 4 A.

Abs. 2 und 3 FKVO, die Ausnahmen von der Verpflichtung zur Anmeldung vor Vollzug enthalten.[99] Im Übrigen stehen die Regelungskomplexe der Anmeldung und des Vollzugsverbots aber eher nebeneinander, als dass es zu einer echten Verzahnung käme. Wie die Befugnis der Kommission zum Erlass einer endgültigen Untersagungsentscheidung setzt auch die Geltung des vorläufigen Vollzugsverbots keinen angemeldeten Zusammenschluss voraus.[100] Dies zeigt schon der Wortlaut des Art. 7 Abs. 1 FKVO, wonach ein Zusammenschluss „weder vor der Anmeldung noch so lange" vollzogen werden darf, bis er genehmigt wurde oder als genehmigt gilt. Umgekehrt kann die Anmeldung den durch den Vollzug herbeigeführten Zustand nicht beenden.[101] Die prinzipielle Unabhängigkeit beider Regelungskomplexe findet auch in den getrennten Bußgeldtatbeständen der Art. 14 Abs. 2 Buchst. a und b FKVO ihren Ausdruck. Besondere Fragen wirft, wie zu zeigen sein wird,[102] die Anmeldung eines nicht in den Anwendungsbereich der FKVO fallenden Zusammenschlusses bei der Kommission auf.

Soweit Art. 4 Abs. 1 Unterabs. 1 FKVO eine Pflicht zur Anmeldung vor dem Vollzug und Art. 7 Abs. 1 FKVO ein Vollzugsverbot vor der Anmeldung statuieren, handelt es sich um zwei Kehrseiten ein- und derselben Verpflichtung, einen Zusammenschluss nicht ohne Anmeldung zu vollziehen.[103] Vor dem Hintergrund dieser Betrachtung wird in der Literatur vertreten, dass die FKVO streng genommen gar keine Anmeldepflicht, sondern nur ein Vollzugsverbot vorsehe.[104] Praktische Relevanz hat diese Meinung für die Sanktionierung von Doppelverstößen. Der EuGH hat die Frage mittlerweile dahingehend entschieden, dass es sich um zwei unterschiedliche Verstöße handelt, von denen keiner den anderen verdrängt.[105]

---

99 Vgl. Art. 14 Abs. 2 Buchst. a FKVO; Schroeder in: MK-EuWettbR (2020), Art. 4 FKVO Rn. 10.

100 Maass in: Langen/Bunte, EuKartR (2018), Art. 7 FKVO Rn. 4.

101 EuG, Urteil vom 12. Dezember 2012, Rs. T-332/09, *Electrabel/Kommission*, ECLI:EU:T:2012:672, Rn. 185 und 205.

102 Dazu unten Kapitel 4 A.II.4.

103 Freilich geht die Verpflichtung nach Art. 7 Abs. 1 FKVO weiter, da der Vollzug grundsätzlich bis zur Genehmigung verboten bleibt.

104 So Mäger in: Mäger, EuKartR (2011), Kap. 8 Rn. 289. Die Argumentation Mägers läuft damit auf die Annahme einer bloßen Anmelde*obliegenheit* hinaus; vgl. insoweit bereits oben Kapitel 1 A.II.2.b.

105 EuGH, Urteil vom 4. März 2020, Rs. C-10/18 P, *Mowi/Kommission*, ECLI:EU:C:2020:149, Rn. 66 ff.; dazu unten Kapitel 5 D.I.2.b.ee.(2); zuvor EuG, Urteil vom 26. Oktober 2017, Rs. T-704/14, *Marine Harvest/Kommission*, ECLI:EU:T:2017:753, Rn. 297 ff.; dazu unten Kapitel 5 D.I.2.b.ee.(1).

bb. Beschleunigung des Verfahrensablaufs

Als Ausgleich für die mit dem präventiven Kontrollverfahren einhergehenden Belastungen[106] hat der Unionsgesetzgeber die von der Kommission zu treffenden Entscheidungen in ein starres Fristenkorsett eingebunden. Nach Art. 6 Abs. 1 S. 1 FKVO beginnt die Kommission unmittelbar nach dem Eingang einer Anmeldung mit der Prüfung des Zusammenschlusses. Diese Prüfung gliedert sich nach Art. 6 und 8 FKVO in zwei Phasen, das Vorverfahren („Phase I") und das Hauptverfahren („Phase II"), wobei Phase II nur bei konkreten wettbewerbsrechtlichen Bedenken eingreift. Praktisch bedeutsam ist die Möglichkeit, bestimmte Fälle einem vereinfachten Verfahren zu unterwerfen,[107] in welchem das vereinfachte Formblatt CO[108] benutzt werden kann. Das vereinfachte Verfahren führt in der Regel zu einer Entscheidung in Kurzform. In der Praxis wird es mittlerweile in den meisten Fällen praktiziert.[109]

Für Entscheidungen in Phase I hat die Kommission nach Art. 10 Abs. 1 Unterabs. 1 und 2 FKVO i.V.m. Art. 7 ff., 24 FKVO-DVO normalerweise 25, in bestimmten Fällen 35, für Entscheidungen in Phase II nach Art. 10 Abs. 3 Unterabs. 1 FKVO i.V.m. Art. 7 ff., 24 FKVO-DVO weitere 90, in bestimmten Fällen weitere 105 Arbeitstage Zeit. Die Fristen im Hauptverfahren können nach Art. 10 Abs. 3 Unterabs. 2 FKVO auf Antrag der Anmelder oder mit deren Zustimmung verlängert werden. Umgekehrt sind Genehmigungsentscheidungen in Phase II nach Art. 10 Abs. 2 FKVO umgehend zu erlassen, sobald offenkundig ist, dass ernsthafte Bedenken ausgeräumt sind. Ausnahmen von der Fristbindung sind in Art. 6 Abs. 4 und Art. 8 Abs. 7 FKVO vorgesehen.

Das Fusionskontrollverfahren – und mit ihm das vorläufige Vollzugsverbot – sollte damit in der Regel spätestens 125 Arbeitstage nach Einleitung von Phase II und insgesamt 150 bzw. 160 Arbeitstage nach Anmeldung

---

106 Dazu im Einzelnen unten Kapitel 2 und 3.

107 Bekanntmachung der Kommission über ein vereinfachtes Verfahren für bestimmte Zusammenschlüsse gemäß der VO (EG) Nr. 139/2004 des Rates, ABl. C 366/5 vom 14. Dezember 2013.

108 Anhang II der Durchführungsverordnung (EU) Nr. 1269/2013 der Kommission vom 5. Dezember 2013 zur Änderung der Verordnung (EG) Nr. 802/2004 zur Durchführung der Verordnung (EG) Nr. 139/2004 des Rates über die Kontrolle von Unternehmenszusammenschlüssen, ABl. L 336/1 vom 14. Dezember 2013.

109 Vgl. die fortlaufende Statistik der Kommission unter https://ec.europa.eu/competition/mergers/statistics.pdf (zuletzt abgerufen am 22. April 2021).

beendet sein.[110] Dennoch sind in der Praxis schon Verfahrenslängen von über einem Jahr vorgekommen.[111] Gerade in solchen Fällen kann das Vollzugsverbot zu einer erheblichen Belastung für die beteiligten Unternehmen werden.

cc. Sanktionierung von Verfahrensverstößen

Aus Gründen, auf die noch näher einzugehen sein wird,[112] hat der Unionsgesetzgeber sich entschlossen, den Erlaubnisvorbehalt mit repressiven, dem Vollzug nachfolgenden Mechanismen abzusichern. Bereits bei der Vorstellung des präventiven „Grundmodells" wurde gezeigt, dass solche zusätzlichen Mechanismen nichts am präventiven Charakter eines Fusionskontrollsystems ändern, solange sie sich auf rechtswidrige Verhaltensweisen beziehen.

Unabhängig vom Ausgang des Fusionskontrollverfahrens, d.h. auch im Genehmigungsfall, kann die Kommission vorsätzliche oder fahrlässige Verstöße gegen die Anmeldepflicht bzw. das Vollzugsverbot nach Art. 14 Abs. 2 Buchst. a, b FKVO mit Geldbußen von bis zu 10 Prozent des von den beteiligten Unternehmen erzielten Gesamtumsatzes ahnden. Dabei handelt es sich um Mittel der „ergänzenden Abschreckung",[113] von denen im Vorfeld der Entscheidung über die materielle Legalität des Vorhabens Disziplinierungseffekte auf die Entscheidungsträger in den Unternehmen ausgehen sollen. Wie für präventive Modelle typisch,[114] ändert eine spätere Genehmigung auch im System der FKVO nichts am Vorliegen eines bereits vollendeten Verstoßes gegen das Vollzugsverbot,[115] so dass dieser auch nach der Genehmigung noch mit einer Geldbuße geahndet werden

---

110 Instruktiv dazu Mäger in: Mäger, EuKartR (2011), Kap. 8 Rn. 314.

111 So vergingen in der Sache COMP/M.3796, *Omya/J.M.Huber PCC*, zwischen der Verweisung des Falles an die Kommission und der abschließenden Genehmigungsentscheidung mehr als 14 Monate, weil die Kommission zwei Auskunftsverlangen nach Art. 11 Abs. 3 FKVO gestellt hatte, die jeweils zu einer Fristhemmung nach Art. 10 Abs. 4 FKVO führten.

112 Dazu unten Kapitel 1 B.I.1.b.

113 Zum Begriff oben Kapitel 1 A.II.2.b; vgl. auch Dittert, WuW 2004, 148, 153 f.; Kellerbauer in: Berg/Mäsch, Deutsches und Europäisches Kartellrecht (2018), Art. 14 FKVO Rn. 1; Meyer in: FK-KartR (97. EL 2020), Art. 14 FKVO Rn. 2.

114 Vgl. wiederum oben Kapitel 1 A.II.2.b.

115 Modrall/Ciullo, (2003) E.C.L.R. 424, 425.

kann.[116] Umgekehrt kann die Genehmigung nicht wegen eines Verstoßes gegen das Vollzugsverbot abgelehnt oder widerrufen werden.[117]

Für die Zusammenschlussparteien ungünstige und damit potenziell disziplinierende Wirkungen gehen auch von den Bestimmungen der Art. 7 Abs. 4 und 8 Abs. 5 Buchst. a FKVO aus. Art. 7 Abs. 4 Unterabs. 1 FKVO enthält eine den Erlaubnisvorbehalt flankierende Regelung zur Frage der zivilrechtlichen Wirksamkeit vollzugsverbotswidrig abgeschlossener Rechtsgeschäfte, welche die schwebende Unwirksamkeit solcher Geschäfte bis zur endgültigen Sachentscheidung festschreibt.[118] Die im Zuge der zweiten FKVO-Revision zum 1. Mai 2004 in den Verordnungstext aufgenommene Vorschrift des Art. 8 Abs. 5 Buchst. a FKVO ermächtigt die Kommission bei Verstößen gegen das Vollzugsverbot noch vor Abschluss des eigentlichen Verfahrens zur Anordnung einstweiliger Maßnahmen mit dem Ziel der Wiederherstellung oder Aufrechterhaltung wirksamen Wettbewerbs.

dd. Entflechtung des Zusammenschlusses

Schließlich wird der Erlaubnisvorbehalt durch die Vorschriften des Art. 8 Abs. 4 Unterabs. 1 Buchst. a FKVO ergänzt. Nach Art. 8 Abs. 4 FKVO kann die Kommission die Rückabwicklung eines nach Art. 8 Abs. 3 FKVO untersagten, bereits vollzogenen Zusammenschlusses oder, sollte dies nicht möglich sein, die weitestmögliche Wiederherstellung des vorherigen Zustands auf andere Weise anordnen.[119] In beiden Fällen können zudem flankierende Maßnahmen getroffen werden. Die Regelung setzt eine Untersagungsentscheidung der Kommission voraus, die nach Art. 8 Abs. 4 Unterabs. 2 FKVO jedoch gleichzeitig mit der Entflechtungsanordnung ergehen kann. Da die Regelung nicht danach unterscheidet, ob der untersagte Zusammenschluss unter Verstoß gegen das Vollzugsverbot oder in

---

116 So geschehen in den Fällen IV/M.920, *Samsung/AST*; IV/M.969, *A.P. Møller*; COMP/M.4994, *Electrabel/Compagnie Nationale du Rhône*; COMP/M.7184, *Marine Harvest/Morpol*; COMP/M.7499, *Altice/PT Portugal*; COMP/M.8179, *Canon/Toshiba Medical Systems Corporation* (dazu unten Kapitel 5).

117 EuG, Urteil vom 13. Dezember 2010, Rs. T-279/04, *Éditions Odile Jacob/Kommission*, ECLI:EU:T:2010:384, Rn. 160.

118 Dazu näher unten Kapitel 1 B.III.

119 Zur Bedeutung der Entflechtung in der präventiven Fusionskontrolle allgemein oben Kapitel 1 A.II.2.b.

formell rechtmäßiger Weise vollzogen wurde,[120] gehen von ihr – anders als von den im vorangegangenen Abschnitt genannten Vorschriften – zwar keine direkten Anreize zur Wahrung des präventiven Verfahrens aus. Wie noch gezeigt werden soll, erhöht die Vorschrift jedoch das Bedürfnis der Parteien nach Rechtssicherheit und kann so zur vorherigen Erlaubniseinholung beitragen.[121]

Für die vorliegende Untersuchung ist Art. 8 Abs. 4 FKVO von besonderer Bedeutung, weil die Vorschrift, wie Art. 7 Abs. 1 FKVO, auf der Tatbestandsseite an den „Vollzug" eines Zusammenschlusses anknüpft. Angesichts der bestehenden Entscheidungspraxis zu Art. 8 Abs. 4 FKVO stellt sich daher die Frage, ob darunter im Rahmen des Art. 7 FKVO dasselbe zu verstehen sein könnte wie in Art. 8 Abs. 4 FKVO.[122] Methodisch geht es dabei um eine Konkretisierung der Anforderungen des Vollzugsverbots im Wege der systematischen Auslegung.

2. Durchbrechungen des Grundsatzes der Präventivkontrolle

Anders als im präventiven „Grundmodell"[123] sind im System der FKVO nicht nur bei rechtswidrigem, sondern auch bei rechtmäßigem Verfahrensgang Fälle denkbar, in denen die Kontrolle erst nach dem Vollzug des Zusammenschlusses zum Abschluss kommt. Wie bereits dargestellt, liegt deshalb streng genommen nur ein eingeschränkter Erlaubnisvorbehalt – und damit auch kein streng präventives System der Fusionskontrolle – vor.[124] Dabei können zwei Gruppen von Durchbrechungen unterschieden werden.[125]

Auf der einen Seite stehen die Vorschriften des Art. 7 Abs. 2 und 3 FKVO, die Ausnahmen vom Vollzugsverbot des Art. 7 Abs. 1 FKVO vorsehen. Diese Ausnahmen sind in Zusammenhang mit den geschützten Interessen der beteiligten Unternehmen zu sehen. In der Praxis kaum von

---

120 Vgl. Bechtold/Bosch/Brinker, EU-KartR (2014), Art. 8 FKVO Rn. 23; Körber in: Immenga/Mestmäcker, WettbR/Bd. 3 (2020), Art. 8 FKVO Rn. 199; von Koppenfels in: MK-EuWettbR (2020), Art. 8 FKVO Rn. 144; Käseberg in: Langen/Bunte, EuKartR (2018), Art. 8 FKVO Rn. 120.

121 Dazu unten Kapitel 1 B.I.1.b.cc.(3)(a).

122 Dazu unten Kapitel 5 D.II.3.b.cc.

123 Dazu oben Kapitel 1 A.II.2.b.

124 Anders Wils, (1999) 24 E.L.Rev. 139, 150: „a pure system of ex ante enforcement".

125 Ähnlich Fountoukakos, Competition Policy Newsletter 1/2004, 63 f.

Bedeutung,[126] in diesem Zusammenhang aber gleichwohl zu nennen, ist die Fiktionsregelung[127] des Art. 10 Abs. 6 FKVO, die i.V.m. Art. 7 Abs. 1 FKVO das Vollzugsverbot auflösen kann.[128] Da die Kommission nach Art. 10 Abs. 1 bis 3 FKVO verpflichtet ist, ihre Entscheidungen fristgemäß zu treffen, dient der Mechanismus im Falle der FKVO freilich nicht der Arbeitsentlastung der Kommission, sondern deren Disziplinierung.

Auf der anderen Seite stehen Durchbrechungen des Präventionsgrundsatzes, die dem Verweisungsregime geschuldet sind. Wie im Einzelnen noch gezeigt wird,[129] kann es in den Fällen der Art. 4 Abs. 5 und Art. 22 FKVO vorkommen, dass ein Zusammenschluss teilweise oder vollständig in Übereinstimmung mit den mitgliedstaatlichen Vollzugsregelungen vollzogen wurde, bevor das Vollzugsverbot der FKVO eingreift.

In beiden Fallgruppen können Maßnahmen zur Wiederherstellung des vorherigen Zustands, insbesondere Entflechtungsanordnungen, erforderlich werden, da die Vorschrift des Art. 8 Abs. 4 Unterabs. 1 Buchst. a FKVO eben nicht danach unterscheidet, ob mit dem Vollzug ursprünglich gegen das Verbot des Art. 7 Abs. 1 FKVO verstoßen wurde oder nicht.[130]

B. Einführung in die Vorschrift des Art. 7 FKVO

I. Der Grundtatbestand des Vollzugsverbots (Art. 7 Abs. 1 FKVO)

Die Vorschrift des Art. 7 Abs. 1 FKVO trifft grundlegende Regelungen zum Anwendungsbereich („Ein Zusammenschluss"), zur Dauer („weder vor der Anmeldung noch so lange") und zum Inhalt („vollzogen") des Vollzugsverbots. Gleichzeitig spiegelt sie wesentliche Merkmale des Erlaubnisvorbehalts („bis er aufgrund einer Entscheidung [...] für verein-

---

126 Vgl. Wagemann in: Wiedemann, Handb KartR (2020), § 17 Rn. 58.

127 In Art. 7 Abs. 1 FKVO ist von einer „Vermutung" die Rede; nach deutschem Rechtsverständnis handelt es sich indes um eine Fiktion, weil die Regelung ja nur eintritt, wenn eine Genehmigung tatsächlich nicht vorliegt.

128 Das Modell der FKVO stellt sich insoweit als „Erlaubnisvorbehalt mit Zulässigkeits- oder Genehmigungsfiktion" dar; vgl. oben Kapitel 1 A.II.3.

129 Dazu unten Kapitel 4 A.II.2.

130 Unzutreffend ist daher die Annahme von Schild in: MK-EuWettbR (2020), Art. 22 FKVO Rn. 54, dass eine Entflechtung ohne Verstoß gegen das Vollzugsverbot einzig in den Fällen des Art. 22 FKVO denkbar sei.

bar mit dem Gemeinsamen Markt [Binnenmarkt[131]] erklärt worden ist"), durch die Bezugnahme auf Art. 10 Abs. 6 FKVO aber auch eine der genannten Durchbrechungen, wider.

Nachfolgend wird zunächst der Regelungszweck des Art. 7 Abs. 1 FKVO bestimmt (1.). Anschließend werden zentrale Regelungsmerkmale, die der Vorschrift ihr charakteristisches Gepräge geben und im Laufe der Untersuchung immer wieder von Bedeutung sein werden, in die Untersuchung eingeführt (2.). Die speziellen Problemkreise des Anwendungsbereichs und des Inhalts des Vollzugsverbots werden dann im Besonderen Teil (Kapitel 4 und 5) behandelt.

1. Regelungszweck

Aus dem 34. Erwägungsgrund zur FKVO ergibt sich, dass der Unionsgesetzgeber ein System mit vorheriger Anmeldepflicht und einstweiligem Vollzugsverbot geschaffen hat, „um eine wirksame Überwachung zu gewährleisten" (engl.: „to ensure effective control"; franz.: „pour assurer un contrôle efficace"). Die Formulierung geht auf den ersten Kommissionsvorschlag für eine europäische Fusionskontrollverordnung vom 20. Juli 1973[132] zurück und wurde in den nachfolgenden Entwürfen[133] bzw. Verordnungstexten[134] praktisch unverändert übernommen. Zu den Hin-

---

131 Mit Inkrafttreten des Vertrags von Lissabon am 1. Dezember 2009 wurde der Begriff des „Gemeinsamen Markts" im Unionsprimärrecht durch den Begriff des „Binnenmarkts" ersetzt. Gleichzeitig endete die Existenz der EG, deren Rechtsnachfolgerin die EU wurde. Die FKVO 2004 befindet sich begrifflich noch auf dem Stand vor Inkrafttreten dieser Änderungen. In der vorliegenden Untersuchung werden, wie auch in der Praxis der Kommission zur FKVO üblich, die neuen Begriffe verwendet. Statt vom „Gemeinsamen Markt" wird vom Binnenmarkt, statt von „gemeinschaftsweiter Bedeutung" wird von „EU-weiter Bedeutung" gesprochen.

132 Kommission, Vorschlag einer Verordnung (EWG) des Rates über die Kontrolle von Unternehmenszusammenschlüssen vom 20. Juli 1973, ABl. C 92/1 vom 31. Oktober 1973, 14. Erwägungsgrund.

133 Vgl. z.B. Kommission, Geänderter Vorschlag für eine Verordnung (EWG) des Rates über die Kontrolle von Unternehmenszusammenschlüssen vom 25. April 1988, ABl. C 130/4 vom 19. Mai 1988, 19. Erwägungsgrund; Geänderter Vorschlag für eine Verordnung (EWG) des Rates über die Kontrolle von Unternehmenszusammenschlüssen vom 30. November 1988, ABl. C 22/14 vom 28. Januar 1989, 19. Erwägungsgrund.

134 FKVO 1989, 17. Erwägungsgrund; Verordnung (EG) Nr. 1310/97 des Rates vom 30. Juni 1997 zur Änderung der Verordnung (EWG) Nr. 4064/89 des Rates über

tergründen schweigt die FKVO. Immerhin lässt sich der Vorschrift des Art. 7 Abs. 3 S. 3 FKVO[135] entnehmen, dass das Vollzugsverbot am Ende dem Wettbewerbsschutz dienen solle.

Konkretere Hinweise auf den Sinn und Zweck des Art. 7 Abs. 1 FKVO lassen sich der Entscheidungspraxis der Kommission und der wettbewerbsrechtlichen Literatur entnehmen. So hat die Kommission darauf hingewiesen, dass die Pflicht zur vorherigen Anmeldung und der Vollzugsaufschub der Vermeidung einer nicht wiedergutzumachenden und dauerhaften Beeinträchtigung des Wettbewerbs dienten.[136] In der Literatur wird immer wieder angemerkt, dass das Vollzugsverbot die mit einer nachträglichen Entflechtung bereits vollzogener Zusammenschlüsse verbundenen praktischen Schwierigkeiten vermeiden solle.[137] Vereinzelt wird auch darauf hingewiesen, dass das Vollzugsverbot die volle Wirksamkeit bzw. Durchsetzbarkeit der späteren Sachentscheidung sichere.[138] Zweifellos ist der Regelungszweck des Vollzugsverbots auch eng mit den Zwecken der präventiven Fusionskontrolle „als solcher" verbunden, wobei an dieser Stelle dahinstehen muss, ob und ggf. inwiefern sich die Zwecksetzung des Vollzugsverbots als (Kern-) Element präventiver Fusionskontrollsysteme von deren – vermutlich übergeordneter – Zwecksetzung unterscheidet.

---

die Kontrolle von Unternehmenszusammenschlüssen, ABl. L 180/1 vom 9. Juli 1997, 9. Erwägungsgrund.

135 Danach hat die Kommission über einen Antrag auf ausnahmsweise Freistellung vom Vollzugsverbot unter besonderer Berücksichtigung „der möglichen Gefährdung des Wettbewerbs durch den Zusammenschluss" zu befinden und kann ihre Entscheidung mit Bedingungen und Auflagen verbinden, „um die Voraussetzungen für einen wirksamen Wettbewerb zu sichern."

136 Kommission, Entscheidung vom 10. Februar 1999, IV/M.969, *A.P. Møller*, ABl. L 183/29 vom 16. Juli 1999, Rn. 12; ähnlich bereits Entscheidung vom 18. Februar 1998, IV/M.920, *Samsung/AST*, ABl. L 225/12 vom 26. August 1999, Rn. 15. Zu beiden Fällen ausführlich unten Kapitel 5 D.I.2.a.aa.(1)(e) bzw. (f).

137 Vgl. Körber in: Immenga/Mestmäcker, WettbR/Bd. 3 (2020), Art. 7 FKVO Rn. 1; Birmanns in: FK-KartR (93. EL 2019), Art. 7 FKVO Rn. 7; Wessely in: MK-EuWettbR (2020), Art. 7 FKVO Rn. 4; Ablasser-Neuhuber in: Loewenheim u.a., KartR (2020), Art. 7 FKVO Rn. 1; Maass in: Langen/Bunte, EuKartR (2018), Art. 7 FKVO Rn. 1; Mestmäcker/Schweitzer, EuWettbR (2014), § 24 Rn. 4; Kellerbauer in: Berg/Mäsch, Deutsches und Europäisches Kartellrecht (2018), Art. 7 FKVO Rn. 1; Rudowicz, Gun-Jumping (2016), 143.

138 Jones/González Díaz, The EEC merger regulation (1992), 200; in Anlehnung daran Wessely in: MK-EuWettbR (2020), Art. 7 FKVO Rn. 4; der Sache nach auch Rudowicz, Gun-Jumping (2016), 144 f. („Hoheit der Kommission über das Fusionskontrollverfahren").

Letztere wird bisweilen mit Sprichwörtern wie „Vorsicht ist besser als Nachsicht“[139] oder „Mieux vaut prévenir que guérir“[140] umschrieben.

Warum aber ist Vorsicht besser als Nachsicht und welchen genauen Zweck erfüllt dabei das Vollzugsverbot? Diesen Fragen wird in den folgenden Abschnitten nachgegangen. Zur Bestimmung des Regelungszwecks des Art. 7 Abs. 1 FKVO werden dessen historische Hintergründe näher beleuchtet (a.) und zu den Erkenntnissen der jüngeren Forschung zur optimalen zeitlichen Kontrolltechnik in Bezug gesetzt (b.). So können die verschiedenen Begründungsansätze konkretisiert und letztlich zu einer einheitlichen Formel kombiniert werden (c.).

a. Historischer Hintergrund

Die Problematik einer Fusionskontrolle im System der damaligen EWG bestand bis zum Inkrafttreten der FKVO 1989 zum 21. September 1990 darin, dass der EWGV, anders als der EGKSV,[141] keinerlei – d.h. weder präventive noch repressive – spezifisch fusionskontrollrechtlichen Regelungen enthielt. Als Mitte der 1960er Jahre die Rufe nach einer Fusionskontrolle im Rahmen der EWG lauter wurden, konnten die europäischen Institutionen dennoch auf erste Erfahrungen mit präventiven Kontrollinstrumenten zurückgreifen (aa.). Für die Umsetzung der EWG-Fusionskontrolle standen prinzipiell zwei Wege zur Wahl: die Anwendung der allgemeinen Wettbewerbsregelungen, also der damaligen Art. 85 und 86 EWGV i.V.m. mit der Verordnung Nr. 17/62[142] auf Unternehmenszusammenschlüsse oder die Einführung speziell fusionskontrollrechtlicher Vorschriften im Wege der Sekundärrechtsetzung. Die Kommission entschied sich zunächst dafür, beide Pfade parallel zu beschreiten (bb. und cc.). In der besonders heiklen Frage des Eingriffszeitraums waren es am Ende vor allem die

---

139 Referat des Wettbewerbskommissars Borschette in der Sitzung des Wirtschafts- und Sozialausschusses am 28. Februar 1974, Punkt 6 e) der Tagesordnung, abgedruckt im Bericht über die Beratungen des Wirtschafts- und Sozialausschusses über den „Vorschlag für eine Verordnung des Rates über die Kontrolle von Unternehmenszusammenschlüssen“ vom 26. März 1974, 5 ff. = Historische Archive der Europäischen Kommission, Dokument BAC 71/1988, Nr. 13, 95 ff. (100 ff.).

140 Frison-Roche/Payet, Droit de la concurrence (2006), Rn. 327.

141 Dazu sogleich.

142 Erste Durchführungsverordnung zu den Artikeln 85 und 86 des Vertrages vom 6. Februar 1962, ABl. 13/204 vom 21. Februar 1962.

negativen Erfahrungen, die in der Bundesrepublik Deutschland mit der nachträglichen Kontrolle von Unternehmenszusammenschlüssen gemacht worden waren, die zur Aufnahme eines vorläufigen Vollzugsverbots in den Verordnungstext führten und so das verfahrensrechtliche Regime der FKVO 1989 bestimmen sollten (dd.).

aa. Präventive Fusionskontrolle nach Art. 66 EGKSV

Mit der Montanunion war auf europäischer Ebene bereits im Jahr 1952 ein präventives Fusionskontrollregime eingeführt worden, das bis zum Auslaufen des EGKSV die europäische Fusionskontrolle im Kohle- und Stahlbereich regelte. Die Vorschrift des Art. 66 EGKSV hatte Pioniercharakter, denn sie begründete eines der ersten präventiven Fusionskontrollmodelle überhaupt.[143] Art. 66 § 1 S. 1 Hs. 1 EGKSV unterwarf „jedes Vorgehen, das unmittelbar oder mittelbar seiner Natur nach und infolge der Tätigkeit einer Person oder eines Unternehmens, einer Gruppe von Personen oder Unternehmen zu einem Zusammenschluß zwischen Unternehmen" führte, von denen mindestens eines ein Montanunternehmen im Sinne des Art. 80 EGKSV war, der vorherigen Genehmigung durch die Hohe

143 Das weltweit erste präventive System war 1947 unter Federführung des Oberkommandos der Alliierten Streitkräfte in Japan installiert worden. Das japanische Antimonopolgesetz (Gesetz Nr. 54/1947 über das Verbot privater Monopolisierung und über Methoden zur Aufrechterhaltung des lauteren Wettbewerbs vom 20. Juli 1947) hatte Unternehmenszusammenschlüsse einem strikten Erlaubnisvorbehalt unterworfen. Mit der Regelung hatten die Besatzungsmächte das Ziel verfolgt, die mit der Entflechtung der kriegswichtigen Familienkonzerne geschaffene Wettbewerbsordnung vor einem Rückfall in frühere Verhältnisse zu bewahren. Da die Zusammenschlusskontrolle im japanischen Rechts- und Wirtschaftssystem einen Fremdkörper darstellte, dessen Akzeptanz durch eine allein auf Abschreckung beruhende Regelungstechnik gefährdet gewesen wäre, hatte man ein nach damaligen Maßstäben außerordentlich rigides – präventives – Modell gewählt; Seita/Tamura, 1994 U. Ill. L. Rev. 115, 165 (1994). Auf Grund der sich eintrübenden Wirtschaftslage und der Tatsache, dass die Mehrzahl der Fusionspläne unbeanstandet geblieben war, wurde der strenge Erlaubnisvorbehalt allerdings wenig später durch eine umfassende Pflicht zur vorherigen Anzeige von Unternehmenszusammenschlüssen, verbunden mit einer befristeten Widerspruchsmöglichkeit der Fair Trade Commission, ersetzt (§ 15 Antimonopolgesetz in der Fassung des Gesetzes Nr. 214/1974 vom 18. Juni 1949); dazu Zerdick, Die präventive Fusionskontrolle in Japan (1970), 77 ff. und 109.

Behörde (Kommission[144]). Die als „Genehmigung" bezeichnete Nichtuntersagung war formelle Rechtmäßigkeitsvoraussetzung des Vollzugs.[145] Die Hohe Behörde (Kommission) hatte in diesem Zusammenhang schon früh darauf hingewiesen, dass die Genehmigung grundsätzlich erteilt sein müsse, bevor ein Vorgehen im Sinne des Art. 66 § 1 EGKSV erfolgen könne.[146] Implizit war damit in Art. 66 § 1 S. 1 Hs. 1 EGKSV ein vorläufiges Vollzugsverbot enthalten. Jedoch war der Erlaubnisvorbehalt nach der Konzeption der Vertragsparteien kein absoluter, da die Hohe Behörde (Kommission) nach Art. 66 § 3 EGKSV einzelne Gruppen von Vorhaben vom Erfordernis der vorherigen Genehmigung freistellen konnte.

In Anwendung des Art. 66 § 6 S. 1 Spiegelstrich 2 EGKSV konnte „gegen die natürlichen oder juristischen Personen, die sich den in Art. 66 § 1 EGKSV vorgesehenen Verpflichtungen entzogen" hatten, eine Geldbuße festgesetzt werden, deren Höchstbetrag zunächst 10% des Wertes der erworbenen oder zusammengefassten Vermögenswerte betrug, sich aber „nach dem auf die Herstellung des Zusammenschlusses folgenden zwölften Monat um ein Vierundzwanzigstel für jeden bis zur Feststellung der Zuwiderhandlung durch die Hohe Behörde [Kommission] abgelaufenen weiteren Monat" erhöhte. Soweit es sich um ein Montanunternehmen im Sinne des Art. 80 EGKSV handelte, enthielt Art. 66 § 6 S. 1 Spiegelstrich 4 EGKSV einen Sondertatbestand,[147] nach dem Geldbußen von bis zu 15% des Wertes der erworbenen oder zusammengefassten Vermögenswerte verhängt werden konnten, „die an der Herstellung der zu den Vorschriften dieses Artikels im Widerspruch stehenden Zusammenschlüsse beteiligt waren oder mitgewirkt haben." Die zivilrechtlichen Wirkungen eines Zusammenschlusses blieben von Art. 66 EGKSV unberührt. Den Verzicht der Vertragsparteien auf eine Unwirksamkeitsregelung erklärt Krawielicki folgendermaßen:

---

144 Durch den Vertrag zur Einsetzung eines gemeinsamen Rates und einer gemeinsamen Kommission der Europäischen Gemeinschaften („Fusionsvertrag") vom 8. April 1965, ABl. 152/2 vom 13. Juli 1967, wurde die Hohe Behörde mit der Kommission der EWG bzw. EAG fusioniert. Durch den Amsterdamer Vertrag vom 2. Oktober 1997, ABl. C 340/1 vom 10. November 1997, wurde der Begriff „Hohe Behörde" im EGKSV durch den Begriff „Kommission" ersetzt.

145 Mestmäcker in: FS Coing/II (1982), 373, 379.

146 Hohe Behörde, Mitteilung über die Anwendung von Artikel 66 des Vertrages, ABl. vom 14. November 1958, 490.

147 Zum Verhältnis beider Tatbestände zueinander Krawielicki, Das Monopolverbot im Schumanplan (1952), 95 ff. sowie Kern, Das Recht der Unternehmenszusammenschlüsse in der Montanunion (1955), 164 f.

> „Ein Zusammenschluß kann das Ergebnis rechtsgeschäftlicher Vorgänge sein, die eindeutig und für alle Beteiligten ersichtlich erkennen lassen, daß sie ausschließlich dem Zweck dienen, Unternehmen unter gemeinsame Kontrolle zu bringen. Dazu gehört als wichtigster Fall die Fusion. Die meisten Zusammenschlüsse werden sich dagegen nicht in dieser eindeutig erkennbaren Form vollziehen; sie werden vielmehr durch Rechtsgeschäfte zustandekommen, die als solche hinsichtlich einer Konzentrationswirkung neutral sind, mindestens aber einem oder einzelnen der Beteiligten den geschäftlichen Hintergrund nicht ohne weiteres offenbaren. Dazu gehört z.B. der Erwerb von Aktien oder von sonstigen Anteilsrechten, die Hingabe eines Darlehens, der Erwerb von Betriebsteilen oder von einzelnen Vermögenswerten (Maschinen, Grundstücke, Patente), Wahl einer Person in den Vorstand oder Aufsichtsrat. Das sind im Gegensatz zur Fusion keine außergewöhnlichen Geschäfte. [...]
> Würde der Vertrag bestimmen, daß diese Rechtsgeschäfte [...] zivilrechtlich unwirksam wären, so würde damit eine Unsicherheit in den allgemeinen Rechtsverkehr hineingetragen werden, die die Kreditfähigkeit aller Montan-Unternehmen erheblich beeinträchtigen würde. Bei jeder Veräußerung oder Verpfändung von Aktien oder Kuxen eines Montan-Unternehmens bestände die Gefahr, daß sich diese Geschäfte später als unwirksam herausstellen, weil sie Teil eines Konzentrationsvorgangs gewesen sind. [...] Wären diese Vorgänge der Gefahr der Unwirksamkeit ausgesetzt, so würde schon eine derartige Vorschrift das Publikum von dem Erwerb und dem Handel mit derartigen Papieren zurückschrecken. Montanwerte wären Wertpapiere minderen Rechts.“[148]

Im Fall eines Verstoßes gegen das Vollzugsverbot hatte die Hohe Behörde (Kommission) die Genehmigung nach Art. 66 § 5 Abs. 1 S. 1 EGKSV von der Zahlung der Geldbuße gemäß Art. 66 § 6 S. 1 Spiegelstrich 2 EGKSV abhängig zu machen. Bei Nichtvorliegen der Genehmigungsvoraussetzungen hatte nach Art. 66 § 5 Abs. 2 S. 1 EGKSV eine nachträgliche Entflechtungsanordnung zu ergehen. Nach Art. 66 § 5 Abs. 3 S. 1 EGKSV konnte die Hohe Behörde (Kommission) schließlich jederzeit, also auch schon vor Erlass der endgültigen Sachentscheidung,[149] „die einstweiligen

---

148 Krawielicki, ebenda, 75 f. (Hervorhebungen weggelassen).

149 Vgl. EuGH, Beschluss vom 11. Oktober 1973, verb. Rs. 160 und 161/73 R, *Miles Druce/Kommission*, ECLI:EU:C:1973:106, Rn. 8/12. Bis zu dieser Entscheidung war die Hohe Behörde (Kommission) davon ausgegangen, erst nach Erlass einer

Maßnahmen ergreifen oder veranlassen, die sie zum Schutze der Interessen von Konkurrenzunternehmen und Dritten sowie zur Verhinderung jeder Handlung für erforderlich" hielt, „durch welche die Ausführung ihrer Entscheidung behindert werden könnte." Die Vorschrift gibt Aufschluss über die wettbewerbspolitischen Ziele, welche die Vertragsparteien mit der präventiven Ausgestaltung der EGKS-Fusionskontrolle verfolgt hatten: den umfassenden Schutz der Interessen von Wettbewerbern und Dritten, insbesondere Kunden und Lieferanten, sowie die Ausführbarkeit der späteren Entscheidung der Hohen Behörde (Kommission).[150] Der letztgenannte Aspekt deutet auf einen der größten Nachteile repressiver Fusionskontrollsysteme hin, nämlich das Problem, dass eine dem Vollzug nachfolgende Untersagung sich im Einzelfall als ganz oder teilweise wirkungslos erweisen kann, weil sich Zusammenschlüsse und ihre Folgen nach dem Vollzug oft nicht oder nicht vollständig rückgängig machen lassen (im Folgenden: „Rückabwicklungsproblematik").

bb. Repressive Fusionskontrolle nach Art. 85 und 86 EWGV

Der erste von der Kommission in Richtung einer EWG-Fusionskontrolle beschrittene Weg führte über die Anwendung des Art. 86, später auch des Art. 85 EWGV, i.V.m. der Verordnung Nr. 17/62. Die Rechtmäßigkeit und die praktische Durchführbarkeit einer hierauf gestützten Fusionskontrolle waren vor allem in der Anfangsphase umstritten. Nach Konsultation einer Professorengruppe hatte die Kommission in ihrem viel beachteten „Konzentrationsmemorandum" aus dem Jahr 1965 eine Kontrolle auf Basis des Missbrauchsverbots des Art. 86 EWGV für möglich gehalten, entgegen der Meinung der Experten aber eine solche am Maßstab des Kartellverbots des Art. 85 EWGV prinzipiell abgelehnt.[151]

Ihren Standpunkt setzte die Kommission im Fall *Continental Can*[152] erstmals in die Praxis um, als sie entschied, dass der Erwerb einer Mehrheitsbeteiligung an einem konkurrierenden Unternehmen durch ein marktbeherrschendes Unternehmen eine missbräuchliche Ausnutzung der domi-

---

Entscheidung einstweilige Maßnahmen nach Art. 66 § 5 Abs. 3 vornehmen zu können.

150 Vgl. Mestmäcker in: FS Coing/II (1982), 373, 380.

151 Kommission, Das Problem der Unternehmenskonzentration im Gemeinsamen Markt (1966), Teil 3; ein Abdruck findet sich in WuW 1966, 330, 341 ff.

152 Kommission, Entscheidung vom 9. Dezember 1971, IV/26811, *Continental Can*, ABl. L 7/25 vom 8. Januar 1972 (WuW/E EV 353).

nanten Stellung darstellen könne. Der EuGH billigte diese Auslegung im Grundsatz.[153] Fortan verfügte die EWG über ein erstes Fusionskontrollregime, das sich jedoch in verschiedener Hinsicht als Notlösung darstellte.[154] Als problematisch wurde u.a. der Eingriffszeitraum der Missbrauchskontrolle angesehen. So wurde mit Recht kritisiert, dass der Verbotstatbestand des Art. 86 EWGV das Bestehen einer marktbeherrschenden Stellung voraussetzte und lediglich deren Verstärkung durch Zusammenschluss mit einem anderen Unternehmen als missbräuchliche Verhaltensweise unter das Verbot fallen konnte, während die bedeutsame Fallgruppe der erstmaligen Entstehung einer marktbeherrschenden Stellung durch externes Wachstum überhaupt nicht erfasst war.[155] Die Rechtslage stellte sich nach h.M. wie folgt dar: War vor dem Zusammenschluss keines der beteiligten Unternehmen marktbeherrschend, konnte die Kommission den Zusammenschluss selbst, d.h. den die dominante Stellung begründenden Vorgang, weder mit präventiven noch mit repressiven Mitteln kontrollieren; möglich war lediglich eine Missbrauchskontrolle des auf den Zusammenschluss folgenden Marktverhaltens. Hatte dagegen eines der beteiligten Unternehmen bereits eine marktbeherrschende Stellung inne, war eine Kontrolle am Maßstab des Art. 86 EWGV zwar möglich und wurde von der Kommission auch praktiziert; welche Maßnahmen die Kommission in Anwendung des Instrumentariums der Verordnung Nr. 17/62 in Bezug auf solche Zusammenschlüsse ergreifen konnte, war aber nicht abschließend geklärt. Die h.M. in der Literatur sah die Kommission jedenfalls nach Art. 3 Abs. 1 der Verordnung Nr. 17/62 als ermächtigt an, vollzogene Zusammenschlüsse nachträglich wieder zu entflechten.[156] Schwieriger war die Rechtslage im präventiven Bereich. Hier war zwar unbestritten,

---

153 EuGH, Urteil vom 21. Februar 1973, Rs. 6/72, *Continental Can u.a./Kommission*, ECLI:EU:C:1973:22 (WuW/E EWG/MUV 296), Rn. 18 ff. Dass es dennoch zur Aufhebung der Entscheidung vom 9. Dezember 1971 kam, lag daran, dass der Kommission bei der Marktabgrenzung Fehler unterlaufen waren.

154 Dies belegen schon die Ausführungen der Kommission in ihrem Konzentrationsmemorandum (oben Fn. 151), Teil 3 Rn. 16 ff. Dazu auch Körber in: Immenga/Mestmäcker, WettbR/Bd. 3 (2020), Einl. FKVO Rn. 9 ff.; Koch in: MK-EuWettbR (2020), Grundlagen der europäischen Fusionskontrolle Rn. 16.

155 Hefermehl in FS Nipperdey/II (1965), 771, 792; Kommission, ebenda, Teil 3 Rn. 21; Mestmäcker in: FS Coing/II (1982), 373, 380; Monopolkommission, Sondergutachten 17 (1989), Rn. 27.

156 So z.B. Fikentscher, DB 1966, 689, 691; Möschel, Entflechtungen im Recht der Wettbewerbsbeschränkungen (1979), 31 ff. Vgl. auch Korah, (1987) E.C.L.R. 239, 252 (dort Fn. 35). Im Fall *Continental Can* hatte die Kommission die beteiligten Unternehmen zwar zur Vorlage eines Entflechtungsplans

dass die Kommission in Anwendung des Art. 3 Abs. 3 der Verordnung Nr. 17/62 Empfehlungen an die beteiligten Unternehmen richten konnte, das betreffende Vorhaben nicht durchzuführen.[157] Teilweise wurde sie in Anlehnung an die Beschlussfassung im Fall *Camera Care*[158] sogar als befugt angesehen, im Einzelfall unter bestimmten Voraussetzungen nach Art. 3 Abs. 1 der Verordnung Nr. 17/62 ein bindendes, vorläufiges Vollzugsverbot zu erlassen.[159] Da die Verordnung Nr. 17/62 aber keine Pflicht zur vorherigen Anmeldung vorsah, hing der Erfolg eines solchen Vorgehens davon ab, ob es der Kommission gelang, rechtzeitig, d.h. noch vor dem Vollzug, auf das betreffende Vorhaben aufmerksam zu werden und innerhalb kurzer Zeit entsprechende Anordnungen zu treffen. Gelang ihr dies nicht, stand der Kommission mit Art. 3 Abs. 1 der Verordnung Nr. 17/62 zwar ein Entflechtungsinstrument zur Verfügung, das aber – unabhängig von der allgemeinen „Rückabwicklungsproblematik" – schon wegen seiner generalklauselartigen Formulierung keine optimale Lösung bot.[160] Praktisch hat die Kommission, soweit ersichtlich, in keinem nach Art. 86 EWGV geführten Fusionskontrollverfahren einen förmlichen Vollzugsaufschub angeordnet.[161] Immerhin veranlasste die *Continental Can*-Entscheidung viele Unternehmen dazu, geplante Zusammenschlüsse vor ihrem Vollzug mit der Kommission zu erörtern,[162] was in einigen Fällen auch

---

aufgefordert, wegen der Aufhebung der Untersagungsentscheidung aber keine Entflechtung durchgeführt.

157 Darauf hatte die Kommission bereits in Teil 3 Rn. 19 ihres Konzentrationsmemorandums (oben Fn. 151) hingewiesen.

158 EuGH, Beschluss vom 17. Januar 1980, Rs. 792/79 R, *Camera Care/Kommission*, ECLI:EU:C:1980:18, Rn. 18; vgl. dazu Korah, (1980) 5 E.L.Rev. 137 ff.; Temple Lang, 18 C.M.L.Rev. 49 ff. (1981); Focsaneanu, RTDE 1980, 284 ff.

159 Mestmäcker in: FS Coing/II (1982), 373, 380; Wyatt/Dashwood, The substantive law of the EEC (1987), 429; zu diesem sogenannten „Anordnungsmodell" bereits oben Kapitel 1 A.II.3.

160 Vgl. Koch in: MK-EuWettbR (2020), Grundlagen der europäischen Fusionskontrolle Rn. 16.

161 In einem Zusammenschlussfall (*Fortia/Wright Scientific*) wurden einstweilige Maßnahmen auf Grundlage der *Camera-Care*-Rechtsprechung beantragt, nach Aufgabe des Vorhabens aber nicht verhängt; dazu Kommission, XI. Bericht über die Wettbewerbspolitik 1981 (1982), Rn. 112.

162 Vgl. Kommission, IX. Bericht über die Wettbewerbspolitik 1979 (1980), Rn. 130 ff.; Wyatt/Dashwood, The substantive law of the EEC (1987), 429; Cook/Kerse, EC Merger Control (2009), Rn. 1-003. Die Anreize hierzu waren freilich begrenzt, weil die in Art. 2 der Verordnung Nr. 17/62 vorgesehenen „Negativatteste" lediglich für die Kommission, nicht aber für Dritte oder für die mitgliedstaatlichen Gerichte und damit insgesamt nur eingeschränkte

zur Aufgabe der Transaktionspläne führte.[163] Die Fusionskontrolle nach Art. 86 EWGV und der Verordnung Nr. 17/62 praktizierte die Kommission bis zum Inkrafttreten der FKVO im Jahr 1990.

Entgegen der noch im „Konzentrationsmemorandum" vertretenen Auffassung[164] beanstandete die Kommission Anfang der 1980er Jahre dann erstmals einen Beteiligungserwerb auf der Grundlage des Kartellverbots des Art. 85 EWGV.[165] Mit zwei Konkurrentenklagen gegen die von der Kommission schließlich gebilligte, weil geänderte Beteiligungsvereinbarung befasst, bejahte daraufhin auch der EuGH in einer für viele überraschenden Entscheidung die grundsätzliche Anwendbarkeit des Art. 85 EWGV auf Unternehmenszusammenschlüsse.[166] Das Urteil im Fall *Philip Morris*, dessen genaue Tragweite immer umstritten geblieben ist,[167] hatte zur Folge, dass die Kommission bis zum Inkrafttreten der FKVO in einer ganzen Reihe von Zusammenschlusssituationen Einwände nach Art. 85 EWGV erhob.[168] Da aber auch insoweit die Verordnung Nr. 17/62 galt, war eine Fusionskontrolle auf dieser Grundlage in zeitlicher Hinsicht mit ähnlichen Problemen verbunden wie im Bereich der Missbrauchskontrolle.[169]

cc. Der Präventionsgrundsatz in den Vorbereitungen zur FKVO

Der zweite von der Kommission eingeschlagene Pfad bestand im Vorantreiben der Entwicklung einer systematischen europäischen Fusionskon-

---

Bindungswirkung entfalteten; vgl. Monopolkommission, Sondergutachten 17 (1989), Rn. 27.

163 Wyatt/Dashwood, ebenda, 428.

164 Kommission, Konzentrationsmemorandum (oben Fn. 151), Teil 3 Rn. 14.

165 Fall *Philip Morris und Rembrandt*; Mitteilung über die Beschwerdepunkte am 19. Mai 1982; dazu Bellamy in: Hawk, Annual proceedings of the Fordham Corporate Law Institute 1988 (1989), Kap. 22, 6 f.

166 EuGH, Urteil vom 17. November 1987, Rs. C-142 und C-156/84, *British American Tobacco u.a./Kommission („Philip Morris")*, ECLI:EU:C:1987:490 (WuW/E EWG/MUV 815), Rn. 36 ff.

167 Koch in: MK-EuWettbR (2020), Grundlagen der europäischen Fusionskontrolle Rn. 34 f.; Bechtold/Bosch/Brinker, EU-KartR (2014), Einf. FKVO Rn. 6.

168 Nachweise bei Niemeyer, Die europäische Fusionskontrollverordnung (1991), 9 f.

169 Vgl. Simon in: Loewenheim u.a., KartR (2020), Einf. FKVO Rn. 8.

trolle im Gemeinschaftssekundärrecht.[170] Was den Eingriffszeitraum betraf, hatte sich in den Jahren 1971 und 1973 zunächst das Europäische Parlament geäußert und ein System mit vorheriger Anmeldung und zeitlich befristetem Widerspruchsrecht empfohlen.[171] In einer an den Rat gerichteten Mitteilung hatte sich die Kommission daraufhin für eine Meldepflicht für Konzentrationen von größerer Bedeutung ausgesprochen, um ggf. schon vor deren Durchführung intervenieren zu können.[172]

(1) Überblick über die Entwicklungen der Jahre 1973 bis 1989

Der erste förmliche Kommissionsvorschlag für eine europäische Fusionskontrollverordnung vom 20. Juli 1973[173] sah ein System vorheriger Kontrolle mit Anmeldepflicht und Vollzugsverbot vor. In den Erwägungsgründen führte die Kommission dazu aus, dass Art. 86 EWGV zwar auf Unternehmenszusammenschlüsse anwendbar sei, die entsprechenden Befugnisse es der Kommission aber nicht erlaubten, den Vollzug von vornherein zu verhindern.[174] Um eine wirksame Überwachung zu gewährleisten, sei es geboten, eine Pflicht zur vorherigen Anmeldung der wichtigsten Zusammenschlüsse einzuführen und die Unternehmen zum zeitweiligen Aufschub des Vollzugs zu verpflichten.[175] Die Aufgabe, die zur Verhinderung bzw. Rückabwicklung des Vollzugs der betreffenden Zusammenschlüsse

---

170 Auf eine umfassende Darstellung der Entstehungsgeschichte der FKVO wird hier verzichtet; nachfolgend wird auf die Beiträge von Caspari/Schwarz in: FS Benisch (1989), 383 ff. und Sauter in: FS Quack (1991), 657 ff. verwiesen. Vorliegend wird ausschließlich der Aspekt der Prävention beleuchtet.

171 Parlament, Entschließung über die Wettbewerbsregeln und die Stellung der europäischen Unternehmen auf dem Gemeinsamen Markt und in der Weltwirtschaft vom 7. Juni 1971, ABl. C 66/11 vom 1. Juli 1971 (WuW 1971, 522), Rn. 9; Entschließung über den Ersten Bericht der Kommission der Europäischen Gemeinschaften über die Wettbewerbspolitik, ABl. C 14/8 vom 27. März 1973, Rn. 13; zu diesem sogenannten „Widerspruchsmodell" allgemein oben Kapitel 1 A.II.3.

172 Kommission, Mitteilung zum Programm für eine Industrie- und Technologiepolitik vom 7. Mai 1973, Bull. EG Beilage 7/73, Rn. 30.

173 Kommission, Vorschlag einer Verordnung (EWG) des Rates über die Kontrolle von Unternehmenszusammenschlüssen vom 20. Juli 1973, ABl. C 92/1 vom 31. Oktober 1973.

174 Kommission, ebenda, 5. und 6. Erwägungsgrund.

175 Kommission, ebenda, 15. Erwägungsgrund; vgl. auch 7. Erwägungsgrund.

erforderlichen Entscheidungen zu treffen, sei der Kommission zu übertragen.[176]

Der Entwurf sah in Art. 4 eine Anmeldepflicht für Großfusionen, verbunden mit einer Anmeldemöglichkeit für Vorhaben mittlerer Bedeutung, vor. Gemäß Art. 6 Abs. 2, 17 Abs. 1 Buchst. a hätte die Kommission im Regelfall innerhalb von drei Monaten das Hauptverfahren eröffnen und nach neun weiteren Monaten eine Sachentscheidung treffen müssen. Für den Fall der Versäumung der Eröffnungsfrist war in Art. 6 Abs. 4 eine Vereinbarkeitsfiktion vorgesehen. Während der Dreimonatsfrist sollte nach Art. 7 Abs. 1 ein Vollzugsverbot gelten, das im Falle einer vorzeitigen Genehmigung geendet hätte und nach Art. 7 Abs. 2 im Falle einer fristgemäßen Verfahrenseröffnung bis zur endgültigen Sachentscheidung bzw. Einstellung hätte verlängert werden können.[177] In Art. 13 Abs. 2 und 3 des Entwurfs war vorgesehen, dass die Kommission Verstöße gegen die Anmeldepflicht und das Vollzugsverbot mit hohen Geldbußen ahnden konnte. Für den Fall, dass ein untersagter Zusammenschluss trotz aller Vorkehrungen bereits vollzogen sein sollte, enthielt Art. 3 Abs. 3 eine Entflechtungsregelung. In einem internen Memorandum der Kommission vom 13. März 1974 wurde die präventive Ausgestaltung mit Vorteilen sowohl für die Wirksamkeit der Kontrolle als auch für die beteiligten Unternehmen begründet:

> „Dans le but tant d'assurer le caractère effectif du contrôle des concentrations que dans le souci de donner le maximum de sécurité juridique aux entreprises concernées, aux travailleurs concernés et aux entreprises tierces intéressées, la Commission a choisi un système de contrôle a priori des concentrations.
>
> Elle estime en effet qu'un contrôle a posteriori qui ne pourrait qu'aboutir, le cas échéant, à des mesures de déconcentration, comporte des inconvénients majeurs tant au regard des objectifs poursuivis par ce contrôle qu'au regard des inconvénients de tous ordres liés à des mesures de déconcentrations intervenant plusieurs années après la réalisation de la concentration.
>
> La longueur des procédures aboutissant à une déconcentration a pour effet de maintenir, quelquefois pendant plusieurs années, des struc-

176 Kommission, ebenda, 14. Erwägungsgrund.

177 Der erste Kommissionsvorschlag zielte demnach auf ein Modell mit „verlängertem Anzeigevorbehalt“ (vgl. oben Kapitel 1 A.II.3). Durch die Möglichkeit einer weiteren Fristverlängerung im Einzelfall kam die Lösung einem Erlaubnisvorbehalt freilich schon sehr nahe.

tures concurrentielles incompatibles avec le fonctionnement de l'économie de marché et qui, dans bien des cas, s'avèreront irréversibles. La Commission estime dès lors préférable de tant dans l'intérêt général que dans l'intérêt des entreprises directement concernées d'être en mesure d'intervenir avant la réalisation effective d'une concentration."[178]

Dem Bericht über die Beratungen des Wirtschafts- und Sozialausschusses zufolge erklärte der damalige Wettbewerbskommissar BORSCHETTE den präventiven Ansatz des Entwurfs daraufhin dem Wirtschafts- und Sozialausschuss wie folgt:

> „Die vorherige Kontrolle in der im Verordnungsvorschlag vorgesehenen Form wurde einer rein nachträglichen Kontrolle aus den drei folgenden Hauptgründen vorgezogen:
>
> – Erstens ist nach dem Sprichwort ‚Vorsicht ist besser als Nachsicht' bei Zusammenschlüssen bedeutender Unternehmen so weit wie möglich zu vermeiden, dass den schädlichen Auswirkungen auf den Wettbewerb bis zum Zeitpunkt eines späteren Dazwischentretens und sogar bis nach einem derartigen Dazwischentreten – solange die eventuell erforderliche Entflechtung nicht vollzogen wird – freier Lauf gelassen wird.
> – Zweitens sind die Schwierigkeiten und die Langwierigkeit der Entflechtungsverfahren allgemein bekannt. In den Vereinigten Staaten können sich diese Verfahren leicht bis zu sieben Jahren, und im Extremfall sogar bis zu neun Jahren hinziehen.
> – Drittens geben die Bestimmungen über das Verfahren und die Fristeneinhaltung im Zusammenhang mit der obligatorischen oder fakultativen vorherigen Anmeldung den Unternehmen Rechtssicherheit, die somit im voraus die Vereinbarkeit ihrer Zusammenschlussvorhaben mit dem Gemeinsamen Markt feststellen können.
>
> Jede vorbeugende Kontrolle kann Nachteile aufweisen, aber die Kommission war der Ansicht, dass das Schwergewicht der Vorzüge bei dem System der vorherigen Anmeldung liegt [...]."[179]

---

178 Kommission, Contrôle des concentrations dans le marché commun (1974).

179 Bericht über die Beratungen des Wirtschafts- und Sozialausschusses über den „Vorschlag für eine Verordnung des Rates über die Kontrolle von Unternehmenszusammenschlüssen" vom 26. März 1974, 8 = Historische Archive der Europäischen Kommission, Dokument BAC 71/1988, Nr. 13, 95 ff. (103).

Mit den ersten beiden Gesichtspunkten deutete Borschette zwei grundlegende Probleme an, nämlich (i.) die Gefahr des Eintritts wettbewerblicher Schäden zwischen dem Vollzug eines Zusammenschlusses und dem repressiven Eingreifen des zuständigen Hoheitsträgers (im Folgenden: „Schadensproblematik") sowie (ii.) die Schwierigkeiten der Wiederherstellung der ursprünglichen, durch den Vollzug veränderten Marktstrukturen (im Folgenden: „Entflechtungsproblematik"). Dabei stellt sich die Entflechtungsproblematik als Ausprägung der bereits erwähnten Rückabwicklungsproblematik dar.

In seinen weiteren Ausführungen vor dem Wirtschafts- und Sozialausschuss stellte Borschette die Entflechtungsproblematik in den Vordergrund. Im Bericht über die Beratungen des Wirtschafts- und Sozialausschusses heißt es hierzu:

> „Zu dem Problem der vorherigen oder nachträglichen Kontrolle war Herr BORSCHETTE der Ansicht, eine vorherige Fusionskontrolle sei vorzuziehen, denn die Entflechtung sei äusserst kompliziert. Dies sei auch am Beispiel eines besonderen Falles deutlich erwiesen, in den die Kommission wegen Missbrauchs einer marktbeherrschenden Stellung gegen einen Zusammenschluss eingeschritten sei und in dem der Gerichtshof nur in den grundsätzlichen Fragen zu ihren Gunsten entschieden habe. Hätte die Kommission mit ihrer Beurteilung des Zusammenschlusses selbst recht bekommen, hätten sich derartige soziale und wirtschaftliche Implikationen ergeben, dass die Kommission höchst ungern eine Entflechtung gefordert hätte. Sie hätte höchstwahrscheinlich auf einer Sonderform der Entflechtung bestanden. Die vorherige Kontrolle sei folglich viel angemessener. Außerdem sei die vorherige Genehmigung in dem EGKS-Vertrag vorgesehen, ohne dass diese Bestimmung den Unternehmen, die sich zusammenschließen wollten, Schwierigkeiten bereitet habe. Fälle aus jüngster Zeit bewiesen dies, bei denen ferner kurze Fristen hätten eingehalten werden können."[180]

Die Entschlossenheit der Kommission zur Einführung einer Präventivkontrolle mit Anmeldepflicht und Vollzugsverbot entsprach einer sich damals weltweit verstärkenden Tendenz hin zu präventiven Modellen der Fusionskontrolle. Die Hinweise des Wettbewerbskommissars Borschette auf die Erfahrungen in der EGKS bzw. die Schwierigkeiten der Entflechtungsverfahren in den USA sind vor dem damaligen historischen Hintergrund zu

---

180 Ebenda, 21 = Historische Archive der Europäischen Kommission, ebenda, 116.

sehen. Wie oben gezeigt,[181] hatten sich solche Systeme in der EGKS und in Japan bereits bewährt. Die europäische Fusionskontrolle im Montansektor wurde von der Kommission selbst praktiziert, seit sie zum 1. Juli 1967 mit der Hohen Behörde der EGKS fusioniert[182] worden war. Im Vereinigten Königreich, das zum 1. Januar 1973 den Europäischen Gemeinschaften beigetreten war, bestand seit 1965 eine präventive Fusionskontrolle im Pressesektor.[183] Im Jahr 1969 hatte der kanadische Wirtschaftsrat ein präventiv geprägtes Modell vorgeschlagen, wobei der entsprechende Gesetzentwurf der Regierung im Parlament zurückgewiesen worden war.[184] Dagegen stand in der Bundesrepublik die Einführung eines (teilweise) präventiven Systems unmittelbar bevor. Hinzu kam die in den USA seit langem geführte Diskussion über die Wirksamkeit der repressiven Fusionskontrolle nach Sec. 1 und 2 Sherman Act und (später) Sec. 7 Clayton Act,[185] die sich zum Ende der 1960er Jahren verschärfte[186] und 1976 in der

---

181 Oben Kapitel 1 B.I.1.a.aa mit dazugehöriger Fn. 143.

182 Dazu oben Fn. 144.

183 Sec. 8 (1) Monopolies and Mergers Act 1965, abgedruckt in WuW 1972, 300, 318 ff.

184 Dazu TREBILCOCK/WINTER/COLLINS/IACOBUCCI, The law and economics of Canadian competition policy (2002), 18 f.

185 15 U.S.C. §§ 1, 2 und 18; abgedruckt bei BLECHMANN/PATTERSON, FK-KartR (66. EL 2008), Ausland USA Rn. 156 und 158. Die Diskussion reicht mindestens in das frühe 20. Jahrhundert zurück. So hatte es bereits im Jahr 1908 eine Initiative zur Einführung präventiver Mechanismen der Fusionskontrolle gegeben (sogenannte „Hepburn Bill“); dazu LETWIN, Law and Economic Policy in America (1965), 247 ff. Später, im Zuge der Verhandlungen zum Clayton Act, hatte sich US-Präsident WILSON für die Einführung sogenannter „declaratory judgments“ ausgesprochen; Nachweise hierzu in Temporary National Economic Committee Hearings, Pt. 5, 1789; zitiert nach MESTMÄCKER in: FS Coing/II (1982), 373, 377. US-Senator CUMMINS hatte ein verwaltungsrechtliches Vorabprüfungsverfahren empfohlen, an dessen Ende eine bindende Entscheidung stehen sollte. Dabei hatte er die Ansicht vertreten, dass ein Verwaltungsorgan die gesetzgeberischen Ziele wirksamer verwirklichen könne als die Gerichte, die in vielen Fällen erst Kenntnis von Gesetzesverletzungen erlangten, wenn die Schwierigkeiten, Wiedergutmachung zuzusprechen, unüberwindbar geworden seien; dazu LETWIN, ebenda, 272 f. Auch dem zwischen 1938 und 1941 bestehenden Temporary National Economic Committee war ein Vorschlag für eine vorherige Anzeigepflicht unterbreitet worden; dazu MESTMÄCKER in: FS Coing/II (1982), 373, 377. In den 1950er und 1960er Jahren gab es weitere Gesetzesinitiativen zur Einführung einer präventiven Fusionskontrolle; Nachweise hierzu im Report of the House Committee on the Judiciary, H.R. Rep. No. 1373, 94th Cong., 2d Sess. (1976), abgedruckt in 1976 U.S.C.C.A.N. 2572, 2645. Im Jahr 1969 war dann durch die Federal Trade Commission tatsächlich ein „schlichtes“ Anzeigeverfahren (zum Begriff oben Kapitel 1 A.II.3) eingeführt worden, das den

Verabschiedung des Hart-Scott-Rodino Antitrust Improvements Act (kurz: „HSR Act") münden sollte.[187]

In seiner Stellungnahme zum Kommissionsvorschlag unternahm der Wirtschafts- und Sozialausschuss den Versuch, die Vor- und Nachteile einer Präventivkontrolle gegeneinander abzuwägen. Im Ergebnis trat er für dieses Konzept ein. Als Hauptargument hierfür diente ihm die Entflechtungsproblematik:

> „Der Ausschuß räumt ein, dass jedes System der vorherigen Anmeldung und Kontrolle Verzögerungen verursachen und weitere Nachteile für die betroffenen Unternehmen mit sich bringen könnte. Die Unsicherheit darüber, ob eine beabsichtigte Fusion stattfinden kann, würde sich ungünstig auf eine leistungsfähige Unternehmensplanung auswirken, und die Aussicht, dass die Untersuchung Mittel und Zeit beanspruchen wird, könnte womöglich wünschenswerte Fusionen unterbinden. Der Ausschuß ist sich ferner der beachtlichen Schwierigkeiten bei der Beurteilung bewusst, ob eine beabsichtigte Fusion einen wirksamen Wettbewerb verhindern würde.
> Der Ausschuß ist der Ansicht, dass der Aufrechterhaltung des Wettbewerbs in der Gemeinschaft absoluter Vorrang gebührt. Es ist schwierig und könnte sogar unmöglich sein, eine Fusion, die sich nachteilig auf den Wettbewerb auswirken kann, nach ihrem Vollzug wieder zu entflechten. Der Ausschuss ist daher der Auffassung, daß das Schwergewicht der Vorzüge bei dem System der vorherigen Anmeldung liegt. Er weist allerdings auf die Notwendigkeit hin, dass die Kommission eine rasche und angemessene Untersuchung der einzelnen Fälle sicherstellt und so die unvermeidliche Wartezeit auf ein Mindestmaß beschränkt."[188]

Vollzug der betreffenden Zusammenschlüsse jedoch nicht effektiv verhindern konnte; dazu Titus, 28 Duke L.J. 355, 357 f. (1979).

186 Dazu Elzinga, 12 J.L. & Econ. 43 (1969); Pfunder/Plaine/Whittemore, 17 Antitrust Bull. 19 (1972).

187 Title II des HSR Act (15 U.S.C. § 18a, Sec. 7A Clayton Act) ergänzt die in Sec. 7 Clayton Act enthaltenen bundesrechtlichen Fusionskontrollbestimmungen der USA um Vorschriften über eine Präventivkontrolle. Das vorbeugende Verfahren wird bis heute durch ein gesetzliches Vollzugsverbot gewährleistet. Die Vorschriften sind abgedruckt bei Blechmann/Patterson, FK-KartR (66. EL 2008), Ausland USA Rn. 162.

188 Anhörung des Wirtschafts- und Sozialausschusses zu dem Vorschlag für eine Verordnung (EWG) des Rates über die Kontrolle von Unternehmenszusammenschlüssen vom 28. Februar 1974, ABl. C 88/19 vom 26. Juli 1974, 21. Die

Im Anschluss an den Kommissionsvorschlag vom 20. Juli 1973 dauerte es über 16 Jahre, bis sich die Mitgliedstaaten im Rat auf einen Kompromiss einigen konnten. In der Zwischenzeit wurden in weiteren Ländern, darunter mit der zweiten GWB-Novelle in Deutschland (1973), dem HSR Act in den USA (1976), dem Mergers, Take-Overs and Monopolies (Control) Act in Irland (1978) und dem Competition Act in Kanada (1987) Fusionskontrollsysteme präventiver Prägung eingeführt. In den Jahren 1981, 1984 und 1986 präsentierte die Kommission jeweils Änderungsentwürfe,[189]tastete dabei aber die Grundsätze der vorherigen Anmeldung und des dreimonatigen Vollzugsaufschubs nicht an. Neuerungen brachte insoweit der Vorschlag vom 25. April 1988.[190] Aus praktischen Überlegungen und zur Verbesserung der Rechtssicherheit wurden der Anwendungsbereich der Verordnung, die Anmeldepflicht und das Vollzugsverbot insofern aufeinander abgestimmt, als nach Art. 1 Abs. 3 n.F. ein einheitliches Umsatzkriterium gelten sollte. Die fakultativ-präventive Fusionskontrolle für mittelgroße Vorhaben wurde fallen gelassen. Die Frist für die Einleitung des Hauptverfahrens (Art. 6 Abs. 3 n.F.) und das mit ihr korrespondierende Vollzugsverbot (Art. 7 Abs. 1 n.F.) wurden auf zwei Monate, die Frist für den Abschluss des Hauptverfahrens auf vier Monate nach Verfahrenseröffnung (Art. 19 Abs. 1 n.F.) verkürzt. Anders als im Ursprungsentwurf (Art. 7 Abs. 2 a.F.) war im Vorschlag vom 25. April 1988 vorgesehen, dass sich das Vollzugsverbot im Falle der Verfahrenseröffnung automatisch bis zur Genehmigung bzw. Einstellung verlängern sollte (Art. 7 Abs. 3 n.F.).[191]

Stellungnahme überrascht insoweit, als der Ausschuss das Bedürfnis der beteiligten Unternehmen nach Rechtssicherheit, anders als die Kommission, als Argument gegen und nicht für eine präventive Fusionskontrolle nennt. Dieses Verständnis dürfte heute überholt sein.

189 Kommission, Änderung des Vorschlags für eine Verordnung (EWG) des Rates über die Kontrolle von Unternehmenszusammenschlüssen vom 16. Dezember 1981, ABl. C 36/3 vom 12. Februar 1982; Geänderter Vorschlag einer Verordnung (EWG) des Rates über die Kontrolle von Unternehmenszusammenschlüssen vom 7. Februar 1984, ABl. C 51/8 vom 23. Februar 1984; Geänderter Vorschlag für eine Verordnung (EWG) des Rates über die Kontrolle von Unternehmenszusammenschlüssen vom 2. Dezember 1986, ABl. C 324/5 vom 17. Dezember 1986.

190 Kommission, Geänderter Vorschlag für eine Verordnung (EWG) des Rates über die Kontrolle von Unternehmenszusammenschlüssen vom 25. April 1988, ABl. C 130/4 vom 19. Mai 1988.

191 Vorbehaltlich der Hypothese, dass die Kommission keine fristgemäße Entscheidung über die Verfahrenseröffnung treffen würde (Art. 6 Abs. 5 des April-Entwurfs), stellte sich das Modell damit als echtes „Verbot mit Erlaubnisvorbehalt“ dar.

Neu waren die Bestimmungen des Art. 7 Abs. 2 bzw. Abs. 4 n.F., in denen besondere Vorschriften für öffentliche Übernahmeangebote sowie Einzelfreistellungen vom Vollzugsverbot enthalten waren. Nachdem auch dieser Entwurf nicht die Zustimmung des Rates gefunden hatte, unterbreitete die Kommission am 30. November 1988 einen weiteren Verordnungsvorschlag,[192] der sich in formeller Hinsicht durch eine weitere Verkürzung der Entscheidungsfristen von zwei auf einen Monat für die Vorprüfung (Art. 6 Abs. 3 n.F.) und von vier auf ein bis vier Monate für die Hauptprüfung (Art. 9 Abs. 1 und 2 n.F.) auszeichnete. Die Regelung des Art. 7 n.F. orientierte sich inhaltlich weitgehend am April-Vorschlag, enthielt für den Fall der Eröffnung des Hauptverfahrens in Abs. 3 n.F. aber eine Abkehr von der automatischen Verlängerung des Vollzugsverbots und eine Rückkehr zum Prinzip der Verlängerung im Einzelfall.

Die Frage des Vollzugsaufschubs hatte sich mittlerweile zu einem der umstrittensten Problemkreise im Rat entwickelt.[193] Die am weitesten voneinander entfernten Positionen vertraten die deutsche Bundesregierung auf der einen und die Regierung des Vereinigten Königreichs auf der anderen Seite. Während die deutsche Regierung das Modell des Erlaubnisvorbehalts mit automatischem Vollzugsverbot bis zum Abschluss des Hauptverfahrens befürwortete, weil sie Entflechtungsmaßnahmen aus nationalen Erfahrungen heraus für schwer durchführbar hielt,[194] lehnte die britische Regierung jeden Vollzugsaufschub ab, obwohl das Institut des Erlaubnisvorbehalts dem britischen Fusionskontrollrecht, wie gesehen, keineswegs fremd war. Dazwischen lagen die Positionen Belgiens, der Niederlande, Portugals und Griechenlands, die ein automatisches Vollzugsverbot während des Vorverfahrens mit optionaler Verlängerung durch die Kommission befürworteten, und die Positionen Frankreichs und Italiens, die ein reines Anordnungsmodell ohne Automatismen favorisierten.[195] Aus diesen

---

192 Kommission, Geänderter Vorschlag für eine Verordnung (EWG) des Rates über die Kontrolle von Unternehmenszusammenschlüssen vom 30. November 1988, ABl. C 22/14 vom 28. Januar 1989.

193 Vgl. Monopolkommission, Sondergutachten 17 (1989), Rn. 60.

194 Dazu sogleich mehr.

195 Unter den zuletzt genannten Mitgliedstaaten verfügte damals nur Frankreich über eine nationale Zusammenschlusskontrolle (Loi n° 77-806 relative au contrôle de la concentration économique et de la répression des ententes illicites et des abus de position dominante vom 19. Juli 1977, J.O. vom 20. Juli 1977; Originaltext mit Übersetzung von Grauel in WuW 1978, 758 ff.), die wegen ihrer praktischen Bedeutungslosigkeit (vgl. die wenigen Entscheidungsnachweise bei Schroeder, RIW 1986, 15, 17 ff. sowie Monopolkommission, Sondergutachten 17 (1989), 17), trotz späterer Reformen aber kaum als Vorbild dienen konnte.

und anderen Gründen wurde schließlich auch der November-Vorschlag vom Rat verworfen.

Die entscheidenden Impulse für die Annahme der Verordnung gingen von einer am 30. März 1989 durch den neuen Wettbewerbskommissar BRITTAN ergriffenen Initiative aus.[196] Um die Mitgliedstaaten im Rat zu einem Kompromiss zu bewegen, hatte BRITTAN sogar die bis dahin von der Kommission konsequent verfolgte Linie verlassen, die Prävention als zwingenden Bestandteil der europäischen Fusionskontrolle festzuschreiben und einen Änderungsvorschlag vorgelegt, der keinen zwingenden Vollzugsaufschub mehr beinhaltete.[197] Eine solche Ausgestaltung war für die deutsche Seite jedoch schlichtweg inakzeptabel. Nachdem die deutsche Monopolkommission im Sommer 1989 ein Sondergutachten zur europäischen Fusionskontrolle[198] vorgelegt und angesichts der „negativen Erfahrungen mit Entflechtungen in der Bundesrepublik" die Forderung nach einem umfassenden Vollzugsverbot bekräftigt hatte, welches automatisch, nämlich „unabhängig vom Ermessen der Wettbewerbsaufsicht" und „bis zur endgültigen Entscheidung im förmlichen Verfahren" bestehen müsse,[199] machte das Bundeskabinett die Zustimmung zu einer europäischen Fusionskontrollverordnung mit Beschluss vom 9. November 1989 von der Einhaltung bestimmter Grundsätze abhängig, zu denen auch das Prinzip der Präventivkontrolle gehörte.[200] Daraufhin gelang es den deutschen Vertretern im Rat, die Prävention gegen den Widerstand aller anderen Delegationen sozusagen stellvertretend für die Kommission wieder „zurückzuverhandeln" und so in ganz erheblichem Maße deutsche Ordnungsvorstellungen durchzusetzen.[201]

(2) Zwischenzeitliche Erfahrungen mit Entflechtungen in Deutschland

Die Verwirklichung einer präventiven Fusionskontrolle auf EWG-Ebene ist damit einerseits dem langen Atem der Kommission, die bis ins Jahr 1989 hinein konsequent für ein Präventivmodell eingetreten war, andererseits aber der Entschlossenheit der deutschen Regierung geschuldet, die im

---

196 Dazu SAUTER in: FS Quack (1991), 657, 664 f.
197 Zu den Eckpunkten dieses Vorschlags SAUTER, ebenda, 664.
198 Monopolkommission, Sondergutachten 17 (1989).
199 Monopolkommission, ebenda, Rn. 162.
200 Dazu JANICKI, WuW 1990, 195.
201 JANICKI, ebenda; SAUTER in: FS Quack (1991), 657, 665.

entscheidenden Moment auf einem vorläufigen Vollzugsverbot bestand. Der Grund für die Beharrlichkeit der Deutschen lag in den bereits angeklungenen, negativen Erfahrungen, welche in der Bundesrepublik bis zum Jahr 1989 mit der nachträglichen Auflösung von Unternehmensverbindungen gemacht worden waren. Die Regelung des Art. 7 Abs. 1 FKVO ist nicht zuletzt vor diesem Hintergrund zu sehen.[202]

In der Bundesrepublik war mit der zweiten GWB-Novelle zum 5. August 1973[203] ein teilweise präventives Fusionskontrollregime eingeführt worden.[204] Danach waren bestimmte Großfusionen vor ihrem Vollzug beim Bundeskartellamt anzumelden und durften bis zum Ablauf der Entscheidungsfristen nur im Genehmigungsfall vollzogen werden.[205] Verstöße gegen das Vollzugsverbot waren mit einer Geldbuße bedroht[206] und verbotswidrig abgeschlossene Rechtsgeschäfte vorbehaltlich bestimmter Ausnahmen[207] schwebend unwirksam. Kleinere Vorhaben konnten vor ihrem Vollzug freiwillig beim Bundeskartellamt angemeldet werden, um innerhalb der für die Präventivkontrolle geltenden Fristen eine abschließende Beurteilung zu erreichen.[208] Verpflichtend war für solche Vorhaben aber nur eine nachträgliche Vollzugsmeldung.[209] Wurde eine bereits vollzogene Transaktion vom Bundeskartellamt untersagt und erteilte der zuständige Minister keine Sondererlaubnis,[210] trat ein endgültiges Vollzugsverbot ein[211] und der Zusammenschluss war aufzulösen.[212]

---

202 Vgl. Miersch, Kommentar zur EG-Verordnung Nr. 4064/89 (1991), 116.

203 Zweites Gesetz zur Änderung des GWB vom 3. August 1973, BGBl. 1973 I, 917.

204 Zwar hatte für bestimmte Zusammenschlüsse schon nach altem Recht eine Anzeigepflicht bestanden (§§ 23 und 24 des Gesetzes gegen Wettbewerbsbeschränkungen vom 27. Juli 1957, BGBl. 1957 I, 1081, in Kraft getreten zum 1. Februar 1958), doch war diese lediglich nachträglicher Natur gewesen und hatte auch nicht der Fusionskontrolle, sondern allgemeinen Informationszwecken und der Erleichterung der nachfolgenden Missbrauchsaufsicht gedient; dazu Bartholomeyczik in: GK-GWB (1963), Rn. 3 vor §§ 22-24 GWB.

205 § 24a Abs. 1 S. 2, Abs. 4 Teilsatz 1 GWB 1973. Dieser Aspekt wurde durch die vierte GWB-Novelle vom 26. April 1980, BGBl. 1980 I, 458 ausdrücklich klargestellt.

206 § 38 Abs. 1 Nr. 8 GWB 1973.

207 § 24a Abs. 4 GWB 1973.

208 § 24a Abs. 1 S. 1 GWB 1973.

209 § 23 Abs. 1 S. 1 GWB 1973.

210 Dazu § 24 GWB 1973.

211 § 24 Abs. 2 S. 4 GWB 1973.

212 § 24 Abs. 2 S. 5 GWB 1973. Das Verfahren für die Auflösung war in § 24 Abs. 6 und 7 GWB 1973 näher geregelt.

Bis zum Jahr 1989 waren in der Bundesrepublik vier Zusammenschlüsse in das Stadium eines förmlichen Auflösungsverfahrens gelangt,[213] nämlich die Verfahren *Thyssen/Hüller-Hille*, *ANZAG/Holdermann*, *Springer/Elbe Wochenblatt* und *Alsen-Breitenburg/Klöckner*. Die drei erstgenannten Verfahren waren mit überwiegend unbefriedigenden Ergebnissen abgeschlossen worden; das Verfahren *Alsen-Breitenburg/Klöckner* hatte gar ergebnislos eingestellt werden müssen. Daneben hatte es eine Reihe von Fällen gegeben, in denen nach der Untersagung kein förmliches Auflösungsverfahren eingeleitet worden war, weil Abhilfemaßnahmen zumindest nach der Ansicht des Bundeskartellamts nicht mehr in Frage kamen, so z.B. in der Sache *Springer/Haupt & Koska*. Die Schwierigkeiten, mit denen sich das Bundeskartellamt bei der Entflechtung vollzogener Zusammenschlüsse konfrontiert sah, waren vor allem praktischer Natur. Als besonders kritisch hatte sich die Suche nach einem geeigneten Erwerber für abgespaltene Unternehmensteile erwiesen.

Im Fall des 1976 vollzogenen und vom Bundeskartellamt 1978 bestandskräftig untersagten Zusammenschlusses der beiden Pharmagroßhändler *Andreae-Noris Zahn AG* (*ANZAG*) und *Holdermann*[214] erwies sich eine Entflechtung weder im Wege des Rückerwerbs durch den Veräußerer noch durch Weiterveräußerung des Transaktionsobjekts an Dritte als möglich, weil der Veräußerer den Rückerwerb nicht finanzieren konnte und ein Weiterverkauf an der mangelnden Rentabilität des Akquisitionsobjekts scheiterte. Das Bundeskartellamt sah deshalb von Entflechtungsmaßnahmen ab und bestand an Stelle der „Auflösung“ des Zusammenschlusses durch Veräußerung des Akquisitionsobjekts auf dessen gesellschaftsrechtlicher Liquidation bei Übernahme des Personals und sämtlicher Aktiva und Passiva von *Holdermann* durch *ANZAG*. Gleichzeitig äußerte das Amt sein Missfallen über den Verfahrensabschluss. Der Fall zeige die Schwierigkeiten auf, die entstünden, wenn vollzogene Zusammenschlüsse im Nachhinein wieder aufgelöst werden sollten und offenbare die Grenzen der (repressiven) Fusionskontrolle.[215]

Im Verfahren *Alsen-Breitenburg/Klöckner-Werke* hätte die Rückübertragung der im Jahr 1973 erworbenen Anlage an den Veräußerer nach rechts-

---

213 Siehe die Statistik bei Harms in: GK-GWB (1990), § 24 GWB Rn. 1308.

214 Bundeskartellamt, Beschluss vom 31. März 1978, B 8 – 711510 – U 170/77 (WuW/E BKartA 1747).

215 Bundeskartellamt, Tätigkeitsbericht 1978, BT-Drucksache 8/2980, 75 f.; Monopolkommission, Hauptgutachten III, 1978/1979 (1980), Rn. 693 ff.

kräftiger Untersagung des Zusammenschlusses im Jahr 1979[216] die eingetretene Wettbewerbsbeschränkung nicht beseitigt, weil der Veräußerer das Zementgeschäft inzwischen endgültig aufgegeben hatte und eine Wiederaufnahme der Zementproduktion und der Neuaufbau der Vertriebsorganisation nicht in Frage kamen. Allerdings hatte sich für die Anlage trotz intensiver Bemühungen des Bundeskartellamts und eines eingeschalteten Unternehmensmaklers auch kein anderer Erwerber gefunden, so dass das Entflechtungsverfahren Anfang der 1980er Jahre ausgesetzt wurde.[217]

Neben den Schwierigkeiten bei der Suche nach einem geeigneten Erwerber war das Bundeskartellamt verschiedentlich auch mit dem Problem konfrontiert, dass das Transaktionsobjekt im Laufe der Zeit als übertragungsfähige Einheit untergegangen bzw. die Tätigkeit am Markt aufgegeben worden war. Im Fall *Springer/Haupt & Koska*[218] konnte nach rechtskräftiger Untersagung des Erwerbs einer Beteiligung an dem Berliner Anzeigenblattverlag durch eine Tochter des *Springer*-Verlags kein Auflösungsverfahren durchgeführt werden, weil das Unternehmen *Haupt und Koska* inzwischen liquidiert und das Erscheinen des Anzeigenblatts eingestellt worden war.[219] Ähnliche Erfahrungen machte das Amt auch in anderen Fällen.[220]

Als erschwerender Faktor kristallisierte sich in vielen deutschen Fusionskontrollverfahren auch die lange Verfahrensdauer heraus.[221] Anders als im zwingend-präventiven Verfahren meldeten die Parteien im Bereich der fakultativ-präventiven Fusionskontrolle ihr Vorhaben oft nicht an und leisteten gegen die nachträgliche Untersagung und Auflösung dann erbit-

---

216 BGH, Beschluss vom 23. Oktober 1979, KVR 3/78 (WuW/E BGH 1655); vorausgegangen Bundeskartellamt, Beschluss vom 22. Dezember 1976, B 7 – 253100 – U 24/76 (WuW/E BKartA 1667) sowie KG, Beschluss vom 15. März 1978, KArt. 1/77 (WuW/E OLG 1989).

217 Bundeskartellamt, Tätigkeitsbericht 1981/1982, BT-Drucksache 10/243, 46.

218 Bundeskartellamt, Beschluss vom 23. Oktober 1980, B 6 – 745100 U – 125/79 (AG 1981, 260); KG, Beschluss vom 3. Juli 1981, KArt. 22/80 (WuW/E OLG 2527); BGH, Beschluss vom 28. September 1982, KVR 8/81 (WuW/E BGH 1954).

219 Bundeskartellamt, Tätigkeitsbericht 1981/1982, BT-Drucksache 10/243, 76 f.

220 So z.B. im Verfahren *Contact/Ammerland Echo*: Bundeskartellamt, Entscheidung vom 1. September 1981, B 6 – 745100 – U – 8/81 (WuW/E BKartA 1931). Das anschließende Beschwerdeverfahren vor dem KG (KArt. 47/81) wurde wegen Veränderung der Marktverhältnisse eingestellt. Zu einem dritten Fall („*Rheinische Anzeigenblatt Köln GmbH & Co.*") Monopolkommission, Hauptgutachten IV, 1980/1981 (1982), Rn. 667.

221 Monopolkommission, Hauptgutachten IV, 1980/1981 (1982), Rn. 668 und 674.

terten Widerstand. Das bereits erwähnte Verfahren *Alsen-Breitenburg/Klöckner-Werke* ging zweimal durch alle Instanzen,[222] mit dem Ergebnis, dass zwischen dem Erwerb der Anlage und dessen rechtskräftiger Untersagung durch den BGH am Ende mehr als sechs Jahre vergingen. Ähnliches war im Fall *Springer/Elbe Wochenblatt* zu beobachten, in dem die Untersagung des im Jahr 1976 abgeschlossenen Zusammenschlusses durch das Bundeskartellamt nach Rückweisung von Beschwerde und Rechtsbeschwerde im Jahr 1979 unanfechtbar geworden war,[223] gegen die anschließende Auflösungsentscheidung dann aber erneut bis zum BGH prozessiert wurde, der die Auflösungsanordnung 1982 schließlich aufhob.[224] Eine Verzögerungstaktik verfolgten auch die Beteiligten in der Sache *Thyssen/Hüller-Hille*. Nachdem das Bundeskartellamt den im Jahr 1975 erfolgten Anteilserwerb untersagt, der Bundeswirtschaftsminister eine Teilerlaubnis erteilt hatte und Beschwerden hiergegen erfolglos geblieben waren,[225] einigten sich *Thyssen* und das Bundeskartellamt im Jahr 1981 durch öffentlich-rechtlichen Vertrag über die Modalitäten der teilweisen Trennung von *Hüller-Hille*. In einem Begleitschreiben äußerte *Thyssen* die Erwartung, dass sich die Wettbewerbslage ändern und die Untersagung und der Entflechtungsvertrag dadurch hinfällig werden könnten,[226] was später tatsächlich eintrat, weshalb das Bundeskartellamt schließlich ganz auf die Auflösung verzichtete.[227]

---

222 Der Sache „*Zementmahlanlage II*" war das Verfahren „*Zementmahlanlage I*" vorausgegangen, in dem es um die Anzeigepflichtigkeit des Vorhabens gegangen war; siehe KG, Beschluss vom 25. Oktober 1974, KArt. 40/74 (WuW/E OLG 1534) sowie BGH, Beschluss vom 20. November 1975, KVR 1/75 (WuW/E BGH 1377).

223 BGH, Beschluss vom 18. Dezember 1979, KVR 2/79 (WuW/E BGH 1685); vorausgegangen Bundeskartellamt, Beschluss vom 18. Januar 1978, B 6 – 745100 – U – 62/77 (WuW/E BKartA 1700) sowie KG, Beschluss vom 1. November 1978, KArt. 4/78 (WuW/E OLG 2109).

224 BGH, Beschluss vom 4. Oktober 1982, KVR 2/82 (WuW/E BGH 2031); vorausgegangen Bundeskartellamt, Beschluss vom 9. Juni 1981, B 6 – 745100 – U – 45/80 (WuW/E BKartA 1888) sowie KG, Beschluss vom 2. Juli 1982, KArt. 28/81 (WuW/E OLG 2753); dazu Monopolkommission, Hauptgutachten V, 1982/1983 (1984), Rn. 504 ff.

225 KG, Beschluss vom 7. Februar 1978, KArt. 2/77 (WuW/E OLG 1921); vorausgegangen Bundeskartellamt, Beschluss vom 17. Dezember 1976, B 7 – 321100 – U – 36/76 (WuW/E BKartA 1657) sowie Bundeswirtschaftsminister, Verfügung vom 1. August 1977, I B 6 – 220840/20 (WuW/E BWM 159).

226 Vgl. Bundeskartellamt, Tätigkeitsbericht 1981/1982, BT-Drucksache 10/243, 49.

227 Bundeskartellamt, Tätigkeitsbericht 1983/1984, BT-Drucksache 10/3550, 15.

Die dargestellten Schwierigkeiten hatten in Deutschland die Skepsis an der Wirksamkeit einer repressiven Fusionskontrolle wachsen lassen. Zwar sahen einige Autoren das Gros der Probleme de lege lata, zumindest aber de lege ferenda als überwindbar an.[228] Dies änderte allerdings nichts an der Entschlossenheit der Monopolkommission und der Bundesregierung, auf Gemeinschaftsebene für eine präventive Fusionskontrolle einzutreten, die Entflechtungen im Regelfall überflüssig machen sollte.

dd. Der Präventionsgrundsatz im System der FKVO 1989

Mit dem im Dezember 1989 unter französischer Präsidentschaft gefundenen Globalkompromiss wurde dann auf europäischer Ebene der Weg für eine präventive Fusionskontrolle geebnet. Die FKVO 1989 sah in Art. 4 Abs. 1 für Zusammenschlüsse von gemeinschaftsweiter Bedeutung im Sinne der Art. 1 und 3 eine Anmeldepflicht vor, der – je nachdem, welches Ereignis zuerst eintrat – „innerhalb einer Woche nach dem Vertragsabschluß, der Veröffentlichung des Kauf- oder Tauschangebots oder des Erwerbs einer die Kontrolle begründenden Beteiligung“ nachzukommen war. Nach Art. 7 Abs. 1 FKVO 1989 galt sowohl vor der Anmeldung als auch während der anschließenden drei Wochen ein automatisches Vollzugsverbot,[229] welches im Einzelfall nach Art. 7 Abs. 2 FKVO 1989 durch eine Entscheidung der Kommission ganz oder teilweise verlängert werden konnte. In der letztgenannten, mittlerweile aufgehobenen Bestimmung wurde der Zusammenhang mit der Rückabwicklungs- bzw. Entflechtungsproblematik besonders deutlich. Danach war die Befugnis zur Verlängerung des Vollzugsverbots davon abhängig, dass die Kommission die weitere Aussetzung für erforderlich hielt, „um die volle Wirksamkeit jeder späteren Entscheidung nach Artikel 8 Absätze 3 und 4 zu gewährleisten.“[230] War es den anderen Mitgliedstaaten mit der Regelbefristung auf drei Wochen gelungen, der deutschen Regierung Zugeständnisse bei

---

228 So z.B. Möschel, Entflechtungen im Recht der Wettbewerbsbeschränkungen (1979), 114 ff.

229 Die FKVO 1989 folgte damit der Logik des „verlängerten“ Anzeigevorbehalts (zum Begriff. oben Kapitel 1 A.II.3) und noch nicht dem Prinzip des Erlaubnisvorbehalts.

230 Beachte insoweit die Parallele zu Art. 66 § 5 Abs. 3 EGKSV („durch welche die Ausführung ihrer Entscheidung behindert werden könnte“).

der Länge des automatischen Vollzugsverbots abzuringen,[231] hatte sich die Bundesregierung an anderer Stelle mit ihren Vorstellungen durchgesetzt und die Aufnahme einer – bis dahin in keinem offiziellen Vorschlag enthaltenen – zivilrechtlichen Unwirksamkeitsregelung in Art. 7 Abs. 5 FKVO 1989 (nunmehr nach Änderung Art. 7 Abs. 4 FKVO 2004) erreicht.

b. Theoretisches Fundament

Die historische Betrachtung zeigt, dass die Vorschrift des Art. 7 Abs. 1 FKVO in der Tradition des Art. 66 § 1 EGKSV und in Abkehr vom stark repressiv geprägten Modell der Art. 85 und 86 EWGV vor allem Entflechtungen vermeiden und so die mit ihnen verbundenen Schwierigkeiten und die daraus resultierende Gefahr einer dauerhaften Beeinträchtigung der Wettbewerbsstruktur von vornherein unterbinden soll. Daneben bestehen Anhaltspunkte, dass das Vollzugsverbot den zwischenzeitlichen Eintritt wettbewerblicher Schäden verhindern und die Rechtssicherheit für die beteiligten Unternehmen verbessern soll.

aa. Systematisierung

Bevor näher auf die genannten Aspekte eingegangen werden kann, macht es Sinn, bestimmte Zusammenhänge zu verdeutlichen, die in den vorbereitenden Materialien nur ansatzweise zum Ausdruck kommen.[232] So lassen sich bei abstrakter Betrachtung zwei Themenkreise unterscheiden: (i.) die Marktstruktur als Zustand und (ii.) wettbewerbliche Schäden bei den Marktteilnehmern. Innerhalb des ersten Themenkreises lassen sich die

---

231 Eine solche Befristung war zuvor in keinem Entwurf enthalten gewesen. Sie war im Übrigen ein Fremdkörper im Fristenregime der FKVO 1989 und hatte eine unpraktische Konsequenz: Da die Frist für den Abschluss des Vorverfahrens nach Art. 6 Abs. 1 FKVO 1989 (ein Monat) und die Wartefrist des Art. 7 Abs. 1 FKVO 1989 (drei Wochen) divergierten, musste die Kommission regelmäßig eine Verlängerungsentscheidung treffen, wenn sie die Frist zur Vorprüfung voll ausschöpfen wollte. Die Problematik wurde mit der ersten FKVO-Revision zum 1. März 1998 behoben.

232 Vgl. im Ansatz auch Kommission, Entscheidung vom 24. April 2018, COMP/M.7993, *Altice/PT Portugal*, Rn. 472 ("difficult for the Commission to restore the prior competitive situation because [...] the harm to competition has already been done").

Strukturveränderung als solche (im Folgenden: „Strukturproblematik") und die Schwierigkeiten ihrer Rückabwicklung (vorstehend bereits als „Entflechtungsproblematik" bezeichnet) unterscheiden. Entsprechendes gilt für die wettbewerblichen Schäden. Insoweit lassen sich der Eintritt der wettbewerblichen Schäden (vorstehend bereits als „Schadensproblematik" bezeichnet) und die Schwierigkeiten ihrer nachträglichen Regulierung (im Folgenden: „Schadensregulierungsproblematik") differenzieren. Dabei stellen die Schadensregulierungsproblematik und die Entflechtungsproblematik Teilaspekte der oben erwähnten Rückabwicklungsproblematik dar.

In Anbetracht dieser Unterscheidungen ist festzustellen, dass aus den vorbereitenden Materialien nicht klar wird, was mit der präventiven Kontrolle unterbunden werden soll. In Betracht kommen auf einer vorgelagerten Ebene der Eintritt der Strukturveränderung bzw. der wettbewerblichen Schäden und auf einer nachgelagerten Ebene die Schwierigkeiten der Entflechtung bzw. der Schadensregulierung. Offen ist auch das Verhältnis zwischen der Strukturveränderung und dem Schadenseintritt. Insoweit fragt sich, ob nur Schäden vermieden werden sollen, die auf der Strukturveränderung beruhen, oder auch solche, die unabhängig von dieser, beispielsweise schon aufgrund von Vorfeldmaßnahmen, eintreten. Sollte das erstgenannte Verständnis zutreffen, würde es genügen, die Strukturveränderung aufzuschieben.

Auf dieser Basis werden nun die theoretischen Hintergründe der Rückabwicklungsproblematik in ihren beiden Teilaspekten verdeutlicht (bb.). Sodann werden die verschiedenen Instrumente, die in präventiven bzw. repressiven Fusionskontrollsystemen der Vermeidung von Entflechtungs- bzw. Schadensregulierungsschwierigkeiten dienen, miteinander verglichen und die Vorteile der präventiven Regelungstechnik aufgezeigt (cc.). Wie zu zeigen sein wird, kann hier auch der Gesichtspunkt der Rechtssicherheit funktional verortet werden. Hingegen ist mit der folgenden Darstellung ausdrücklich keine umfassende Abwägung aller vermuteten oder erwiesenen Vor- und Nachteile der verschiedenen zeitlichen Regelungstechniken (präventiv, repressiv, gemischt präventiv-repressiv) in Bezug auf den Wettbewerbsschutz verbunden. Ziel ist es nicht, das optimale oder effizienteste Verfahrensmodell zu ermitteln.[233] Vielmehr geht es darum, die vom

233 Vgl. insoweit die Ansätze in den älteren Beiträgen von KLAUE/VON LAMPE/MARKERT/PETRY/REINIGER, Zur Problematik der Fusionskontrolle (1971), 62 ff.; FRANKUS, Fusionskontrolle bei Konglomeraten (1972), 109 ff.; HITZLER, Systeme der Fusionskontrolle (1979), 154 ff., MIERSCH, Kommentar zur EG-Verordnung Nr. 4064/89 (1991), 115 f. und in den neueren Beiträgen von WILS, (1999) 24

Gesetzgeber angenommene Überlegenheit des präventiven Modells zu untermauern. Soweit andere Gesichtspunkte wie Kosten-, Informations- oder Rechtssicherheitsaspekte erwähnt werden, geschieht dies daher in Abhängigkeit von der Zielsetzung, die bei der Entflechtung und Schadensregulierung auftretenden Probleme zu vermeiden.

bb. Hintergrund: Die Rückabwicklungsproblematik

Eingangs dieses Kapitels wurde die konzeptionelle Bedeutung, die dem Vollzug von Zusammenschlüssen für die Strukturkontrolle zukommt, hervorgehoben. So treten nach allgemeinem Verständnis Strukturveränderungen typischerweise mit dem Vollzug ein.[234] Die geänderte Marktstruktur wiederum hat Auswirkungen auf die anderen Marktteilnehmer wie Lieferanten, Kunden und Wettbewerber. Bei diesen kann die gesteigerte Marktmacht des neu formierten Unternehmens wirtschaftliche Schäden hervorrufen. Solange die neue Struktur vorliegt, können solche Schäden immer neu entstehen; einmal eingetretene Schäden können sich vertiefen.

Die Rückabwicklung der Strukturveränderung durch Entflechtung des Zusammenschlusses kann theoretisch wieder eine funktionierende Marktstruktur herstellen und so den Eintritt weiterer Schäden verhindern. Allerdings treten bei Entflechtungen immer wieder Schwierigkeiten auf, die den Erfolg schmälern oder zunichte machen können (1). Durch eine Entflechtung ohnehin kaum zu beheben sind bereits eingetretene wirtschaftliche Schäden. Hierzu bedarf es besonderer Mechanismen, deren Wirksamkeit wiederum Grenzen gesetzt sind (2).

(1) Rückabwicklungsproblematik I: Wiederherstellung funktionierender Strukturen

(a) Begriffsbestimmung: „Entflechtung“

Unter einer Entflechtung versteht man im Allgemeinen „die Auflösung von Konzernen oder die Aufhebung von Unternehmenszusammenschlüssen durch rechtl. oder wirtschaftl. Verselbstständigung ihrer Teile, um

---

E.L.Rev. 139 ff., Möschel in: ORDO 52 (2001), 63 ff., Holzwarth, Vollzugsverbot (2014), 172 ff. und Rudowicz, Gun-Jumping (2016), 33 ff.

234 Dazu oben Kapitel 1 A.I.2.

ökonom. Machtstellungen abzubauen und einen funktionsfähigen Wettbewerb wiederherzustellen (Dekonzentration).“[235] Nach diesem Verständnis, das im Folgenden zugrunde gelegt wird, sind Entflechtungen ein strukturelles Mittel der Wettbewerbsaufsicht. In der Fusionskontrolle, die nach traditionellem Verständnis selbst strukturbezogenen Charakter hat,[236] dienen sie der Auflösung bereits vollzogener, mit den materiellen Vorgaben unvereinbarer Zusammenschlüsse. Da sie nach dem Vollzug eingreifen, gehören sie zum repressiven Kontrollinstrumentarium.

Wie bereits gezeigt wurde, sind Entflechtungen regelmäßig auch in präventiven Systemen der Fusionskontrolle vorgesehen, ohne dass sich hierdurch etwas an deren präventivem Charakter ändern würde.[237] Während Entflechtungen im präventiven Grundmodell nur bei materiell und formell rechtswidrigem Vollzug eingreifen, sind sie in gemischt präventiv-repressiven Systemen wie dem der FKVO[238] auch nach materiell rechtswidrigem, formell rechtmäßigem Vollzugshandeln, beispielsweise nach einer Freistellung vom Vollzugsverbot, denkbar.[239]

Das Interesse der folgenden Abschnitte gilt den Schwierigkeiten, die bei der Entflechtung bereits vollzogener Zusammenschlüsse auftreten können. Diese Schwierigkeiten unterscheiden sich in präventiven und repressiven Systemen nur unwesentlich voneinander. Im Hinblick auf die typischen Entflechtungsschwierigkeiten ist die Fallgruppe der Auflösung vollzogener Zusammenschlüsse (in präventiven oder repressiven Fusionskontrollsystemen) abzugrenzen

- von Veräußerungen von Unternehmensteilen infolge von Vorfeldzusagen, die in präventiven Kontrollsystemen von den Parteien zum Zwecke der Herbeiführung der Genehmigungsvoraussetzungen abgegeben werden können,[240] sowie
- von Entflechtungen außerhalb der Fusionskontrolle.

---

235 Brockhaus Enzyklopädie (2006), Band 8, 127.
236 Dazu oben Kapitel 1 A.I.2.
237 Dazu oben Kapitel 1 A.II.2.b.
238 Dazu oben Kapitel 1 A.III. Zu den wichtigsten Mischformen allgemein oben Kapitel 1 A.II.3.
239 Dazu oben Kapitel 1 A.III.1.b.dd.
240 Vgl. zur EU-Fusionskontrolle Art. 6 Abs. 2 und 8 Abs. 2 FKVO i.V.m. Art. 19 ff. FKVO-DVO; dazu Mitteilung der Kommission über nach der Verordnung (EG) Nr. 139/2004 des Rates und der Verordnung (EG) Nr. 802/2004 der Kommission zulässige Abhilfemaßnahmen, ABl. C 267/1 vom 22. Oktober 2008.

Der Grund hierfür besteht in den in diesen Fallgruppen abweichenden Rahmenbedingungen, die sich auf die praktische Durchführbarkeit der Entflechtung auswirken können.

- *Beispiel 1*: Während es bei der Auflösung bereits vollzogener Zusammenschlüsse typischerweise um die Trennung einer künstlichen Unternehmensverbindung anhand vordefinierter Bruchlinien geht, beziehen sich Veräußerungen nach Vorfeldzusagen und Entflechtungen außerhalb der Fusionskontrolle zumeist auf organisch gewachsene Strukturen. In der Literatur wird daher angenommen, dass Veräußerungen nach Vorfeldzusagen und Entflechtungen außerhalb der Fusionskontrolle tendenziell größere Probleme aufwerfen.[241]
- *Beispiel 2:* Während die Parteien in der Fallgruppe der Auflösung vollzogener Zusammenschlüsse und bei Entflechtungen außerhalb der Fusionskontrolle oft mit allen Mitteln gegen die Entflechtung vorgehen, laufen Veräußerungen nach Vorfeldzusagen insgesamt schneller und einvernehmlicher ab. Der Grund hierfür dürfte in der abweichenden Interessenlage bestehen, die sich daraus ergibt, dass für die beteiligten Unternehmen mit der Zusage Anreize in Form höherer Genehmigungschancen und einer schnelleren Umsetzung einhergehen.

Die bei Entflechtungen auftretenden Schwierigkeiten sind in einer Vielzahl von Veröffentlichungen untersucht worden. Für die vorliegende Untersuchung wurden primär solche Beiträge ausgewertet, die sich gezielt mit der *Auflösung vollzogener Zusammenschlüsse* befassen. Bei der Untersuchung stellte sich heraus, dass deren Anzahl sehr überschaubar ist. Die meisten Studien beziehen sich auf die M&A-Fallgruppe der „Akquisitionen",[242] sind US-amerikanischen Ursprungs und relativ alt.[243] So stammen die vielzitierten Analysen von Elzinga[244] und Pfunder et al.[245] aus den 1960er und 1970er Jahren, als die Diskussion über die Defizite der repressiven Fusionskontrolle nach Sec. 7 Clayton Act auf ihrem Höhepunkt war. Eine weitere Studie von Rogowsky[246] datiert aus dem Jahr 1986. Mit

241 Vgl. Oehler, Entflechtung und Kontrahierungszwang (1976), 101 ff.; Posner, Antitrust Law (2001), 105; kritisch Koch, Eingriffe in die Struktur beherrschender Unternehmen (2008), 291 ff.

242 Zur Terminologie in der M&A-Literatur unten Kapitel 2 A.

243 Letzteres bemängelt auch Posner, Antitrust Law (2001), 105 (dort Fn. 7).

244 Elzinga, 12 J.L. & Econ. 43 ff. (1969).

245 Pfunder/Plaine/Whittemore, 17 Antitrust Bull. 19 ff. (1972).

246 Rogowsky, 31 Antitrust Bull. 187 ff. (1986).

der Einführung des HSR Act im Jahr 1976 und dem damit verbundenen Rückgang nachträglicher Entflechtungen verlagerte sich das Interesse der Untersuchungen erkennbar auf die Fallgruppe der Vorfeldzusagen.[247]

Bezieht man diese Fallgruppe in die Analyse mit ein, rücken weitere Veröffentlichungen ins Bild. Zu nennen sind hier insbesondere die jüngeren Studien der Federal Trade Commission,[248] der Europäischen Kommission,[249] des International Competition Network (ICN)[250] und der Organisation für wirtschaftliche Zusammenarbeit und Entwicklung (OECD)[251] zu Abhilfemaßnahmen bei Zusammenschlüssen. Zwar beziehen sich diese Studien ihrem Gegenstand nach typischerweise auf organisch gewachsene Strukturen. Dennoch sind sie für die eigene Untersuchung nützlich, da angenommen werden kann, dass sich bei vielen Zusammenschlüssen die beteiligten Unternehmen im Laufe der Zeit zu einer homogenen Einheit entwickeln.

(b) Entflechtungszielsetzungen

Die mit der Entflechtung eines Zusammenschlusses verfolgten Ziele lassen sich idealtypisch aus dem übergeordneten Leitbild des betreffenden Fusionskontrollsystems ableiten. Technisch gesprochen, dienen Entflechtungen der Schaffung der strukturellen Voraussetzungen für eine bestimmte wettbewerbliche Situation. Eine erste Begrenzung der möglichen Entflechtungsziele ergibt sich meist daraus, dass mit der Fusionskontrolle nur die Verschlechterung der unmittelbar vor dem Vollzugszeitpunkt gegebenen wettbewerblichen Situation verhindert, aber keine darüber hinausgehende „positive Strukturpolitik" verfolgt werden soll. Mögliche Entflechtungsziele sind danach insbesondere

247 Vgl. Posner, Antitrust Law (2001), 104 ff.

248 Federal Trade Commission, A study of the Commission's divestiture process (1999); dies., The FTC's Merger Remedies 2006-2012 (2017).

249 Europäische Kommission, Generaldirektion Wettbewerb, Merger Remedies Study (2005); dazu auch Papandropoulos/Tajana, (2006) E.C.L.R. 443 ff.

250 ICN Merger Working Group, Analytical Framework Subgroup, Merger Remedies Review Project, Report for the fourth ICN annual conference (2005).

251 OECD, Remedies in Merger Cases (2011).

- die Herstellung der strukturellen Voraussetzungen für die wettbewerbliche Situation, die vor dem Vollzug bestand („Status quo ante")[252] oder
- die Herstellung der strukturellen Voraussetzungen für die wettbewerbliche Situation, die im Entflechtungszeitpunkt bestünde, wenn der Zusammenschluss nicht vollzogen worden wäre („hypothetischer Status quo").

Bei der zuletzt genannten Zielsetzung handelt es sich um ein dynamisches Konzept, das auch zwischenzeitliche Entwicklungen bei den beteiligten Unternehmen oder und in deren wettbewerblichem Umfeld berücksichtigt. Danach kann es z.B. erforderlich werden, vor der Auflösung des Zusammenschlusses Änderungen an den beteiligten Unternehmen durchzuführen oder zwischenzeitlich vorgenommene Änderungen nicht wieder rückgängig zu machen.[253]

Aber auch der zuerst genannten Zielsetzung wohnt ein dynamisches Element inne. Denn die Zielsetzung besteht auch hier in der Herstellung einer bestimmten *wettbewerblichen* Situation, namentlich des wettbewerblichen Status quo ante. Obwohl dies in einem konkreten Fusionskontrollsystem natürlich vorgegeben sein kann, bedarf es hierzu nicht zwingend der Wiederherstellung der früheren Verhältnisse im gegenständlichen Sinne. Dennoch wird der Weg zum wettbewerblichen Status quo ante in vielen Fällen nur über die gegenständliche Rückabwicklung des Zusammenschlusses führen. Dies impliziert im Fusionsfall die Wiederverselbstständigung der fusionierten Unternehmen, im Akquisitionsfall die Rückübertragung des akquirierten Unternehmens auf den ursprünglichen Veräußerer und im Falle der Gründung eines Gemeinschaftsunternehmens dessen Auflösung und die Rückübertragung der eingebrachten Vermögensgegenstände auf die Mutterunternehmen.

Die tatsächlichen und rechtlichen[254] Rahmenbedingungen können dazu führen, dass das in einem konkreten System bestehende Leitbild durch eine Entflechtung nicht (wieder) hergestellt werden kann. In diesem Fall können Ersatzzielsetzungen wie die Herstellung eines mit dem Status quo

---

252 Vgl. KLAUE/VON LAMPE/MARKERT/PETRY/REINIGER, Zur Problematik der Fusionskontrolle (1971), 77; PFUNDER/PLAINE/WHITTEMORE, 17 Antitrust Bull. 19, 56 ff. (1972).

253 Dazu bereits ELZINGA, 12 J.L. & Econ. 43, 59 (1969).

254 Beispielhaft sei hier der Verhältnismäßigkeitsgrundsatz genannt, der in vielen Rechtsordnungen Verfassungsrang genießt; zu den Rahmenbedingungen des EU-Rechts unten Kapitel 3 A.

ante oder dem hypothetischen Status quo „vergleichbaren", „gerade noch akzeptablen" oder „bestmöglichen" Zustands an die Stelle des eigentlichen Leitbilds treten. An die Stelle einer vollständigen Rückabwicklung des Zusammenschlusses kann in solchen Fällen dessen teilweise Entflechtung (engl.: „partial divestiture") treten. Dieser Ansatz zeigt sich in den USA in der „offending assets"-Theorie und hat dort in einer Reihe von Fällen zur Abspaltung ausschließlich solcher Vermögenswerte unter Belassung der sonstigen durch den Zusammenschluss kombinierten Gegenstände geführt, die als eigentlicher „Grund" für die festgestellten wettbewerblichen Probleme identifiziert wurden.[255] Dies macht freilich nur Sinn, wenn die abzuspaltenden Vermögenswerte anschließend dauerhaft einer wettbewerblichen Nutzung zugeführt werden. Hierzu müssen sie aus dem geschaffenen Unternehmensverbund herausgelöst und dann entweder zu einem überlebens- und wettbewerbsfähigen Unternehmen (engl.: „going concern") geformt oder an einen geeigneten Käufer veräußert werden. Im Kern geht es praktisch bei allen Entflechtungen darum, aus dem durch den Zusammenschluss geformten Unternehmen eine dauerhaft überlebens- und wettbewerbsfähige Einheit herauszulösen:

> „Effective remedy reestablishes the [...] firm (1) independently of the parent, (2) viable in the long run, and (3) adequately structured to be an effective competitor."[256]

(c) Typologie der Entflechtung

Entflechtungen sind komplexe Vorgänge, zu deren Umsetzung sich der zuständige Hoheitsträger unter Berücksichtigung der rechtlichen und tatsächlichen Rahmenbedingungen verschiedener Formen und Methoden bedienen kann. Nach ihrem Gegenstand lassen sich mit der Auflösung von Kapitalbeteiligungen und der Abspaltung von Vermögensgegenständen zwei Grundformen der Entflechtung unterscheiden. Methodisch lassen sich Veräußerungslösungen, bei denen die Geschäftsanteile oder Vermögensgegenstände an einen Dritten übertragen werden, und Verselbstständigungslösungen, bei denen aus dem zusammengeschlossenen Unterneh-

---

255 Dazu Elzinga, 12 J.L. & Econ. 43, 54 ff. (1969); Rogowsky, 31 Antitrust Bull 187, 200 ff. (1986).

256 Rogowsky, ebenda, 190. Dies gilt auch bei Entflechtungen nach Vorfeldzusagen; vgl. Mitteilung der Kommission über zulässige Abhilfemaßnahmen (oben Fn. 240), Rn. 7, 10 und 22 ff.

men eine künftig eigenständige Einheit herausgelöst wird, differenzieren. Aufgrund der vielen denkbaren Kombinationen und graduellen Variationen von Zielen, Typen und Methoden lassen sich Entflechtungen darüber hinaus nur schwer allgemeingültig klassifizieren.[257]

Der Bereich der Entflechtung im strukturellen Sinne wird verlassen, wenn der zuständige Hoheitsträger neben strukturellen auch verhaltensbezogene Maßnahmen anordnet. Solche Maßnahmen sind in der Praxis von Bedeutung, wenn sich das Entflechtungsziel nicht allein durch strukturelle Maßnahmen erreichen lässt. Grund für diese Entflechtungsmaßnahmen „im weiteren Sinne" sind die bei Entflechtungen häufig auftretenden Schwierigkeiten.

(d) Typische Entflechtungsschwierigkeiten

Im Zeitpunkt der Entflechtung liegen in der Praxis häufig Umstände vor, die die Wiederherstellung des wettbewerblichen Status quo ante, hypothetischen Status quo oder sonstigen Entflechtungsziels erschweren oder gar unmöglich machen können. Diese Umstände sind teils rechtlicher, teils tatsächlicher Natur. Wie zu zeigen sein wird, bestehen nicht nur die faktischen, sondern auch viele rechtliche Schwierigkeiten trotz der Unwirksamkeitsregelung des Art. 7 Abs. 4 FKVO.[258] Ihre Überwindung bereitet sowohl auf der Ebene der Rechtsetzung als auch auf der Ebene der Rechtsanwendung Schwierigkeiten.

In gesetzgeberischer Hinsicht besteht die Herausforderung vor allem darin, unter Berücksichtigung der verfassungsrechtlichen und tatsächlichen Rahmenbedingungen ein möglichst flexibles Entflechtungsregime zu formen, welches dann im Einzelfall optimale Lösungen ermöglicht. Auf der Rechtsanwendungsebene zeigen die Erfahrungen mit Entflechtungen in Europa und den USA, dass die zuständigen Hoheitsträger oft keine optimalen Entflechtungsanordnungen trafen oder sich die Anordnungen nicht

---

257 Koch, Eingriffe in die Struktur beherrschender Unternehmen (2008), 287. Zur praktischen Durchführung von Entflechtungen Koch, ebenda, 287 ff.; Oehler, Entflechtung und Kontrahierungszwang (1976), 93 ff.; Möschel, Entflechtungen im Recht der Wettbewerbsbeschränkungen (1979), 114 f.; für die Fallgruppe der Entflechtungen nach Vorfeldzusagen Kommission, Mitteilung über zulässige Abhilfemaßnahmen (oben Fn. 240).

258 Nicht überzeugend daher Niemeier, WuW 2008, 255, der annimmt, dass in Europa schon die Unwirksamkeitsfolge des Vollzugsverbots rechtlich die Entflechtung von „scrumbled eggs" erübrige.

umsetzen ließen, so dass sie selbst in Fällen, in denen sie das Verfahren zum Abschluss brachten, letztlich „Pyrrhussiege“ davontrugen.[259] Die wesentlichen Schwierigkeiten fasste Assistant Attorney General Kauper im Rahmen des Gesetzgebungsverfahrens zum HSR Act wie folgt zusammen:

> „[D]ivestiture of stock or assets after an illegal merger is consummated is frequently an inadequate remedy for a variety of reasons: Assets may be scrambled, making re-creation of the acquired firm impossible. Key employees may be lost. The goodwill of the acquired firm may be dissipated, making it a weaker competitive force after divestiture. Moreover, divestiture is normally a painfully slow process, and in some cases might never occur. Locating an appropriate buyer willing to purchase at a reasonable price is frequently difficult. Firms under divestiture orders may deliberately delay to reap the benefits of the unlawful merger. During these delays, anticompetitive consequences grow.“[260]

Ähnlich äußerte sich das Committee on the Judiciary des US House of Representatives:

> „[E]xperience has shown that after consummation occurs, many large mergers become almost unchallengeable. The government may well file suit, and ultimately win the subsequent litigation on the merits of its Clayton Act case, by gaining a final judicial declaration of the merger's illegality. Yet by the time it wins the victory – and the government is successful in the vast majority of its litigated merger cases – it is often too late to enforce effectively the Clayton Act, by gaining meaningful relief. During the course of the post-merger litigation, the acquired firm‘s assets, technology, marketing systems, and trademarks are replaced, transferred, sold off, or combined with those of the acquiring firm. Similarly, its personnel and management are shifted, restrained, or simply discharged. In these ways, the acquiring and acquired firms are, in effect, irreversibly ‘scrambled’ together. The

---

259 Vgl. die oben (Kapitel 1 B.I.1.a.cc.(2)) dargestellten deutschen Fälle; zu den Problemen der amerikanischen Entflechtungspraxis vor Einführung des HSR Act instruktiv Elzinga, 12 J.L. & Econ. 43, 53 ff. (1969); Pfunder/Plaine/Whittemore, 17 Antitrust Bull. 19, 42 ff. (1972); Purrucker, Probleme der Durchführung der Fusionskontrolle (1974), 83 ff.; Oehler, Entflechtung und Kontrahierungszwang (1976), 91 ff. und 195 ff.

260 Report of the Senate Committee on the Judiciary to accompany S. 1284, S. Rep. No. 803, Pt. 1, 94th Cong., 2d Sess. (1976), 65.

independent identity of the acquired firm disappears. 'Unscrambling' the merger, and restoring the acquired firm to its former status as an independent competitor is difficult at best, and frequently impossible."[261]

Die Entflechtungsschwierigkeiten speziell bei vollzogenen Zusammenschlüssen betont schließlich auch die Federal Trade Commission in der vorzitierten Studie aus dem Jahr 2017:

> "When a merger is consummated prior to antitrust review, the Commission may face significant challenges in crafting a remedy to resolve competitive concerns, depending on the status of the assets already combined into a single entity. It may be particularly difficult to restore the pre-merger state of competition if the merging parties have commingled, sold, or closed assets; integrated or dismissed employees; transferred customers to the merged entity; or shared confidential information. In these situations, remedial options may be severely limited, irrespective of whether the Commission accepts a consent order or seeks a remedy in court or in an administrative proceeding."[262]

Im Folgenden wird ein Überblick über die typischen Entflechtungsschwierigkeiten gegeben. Für eine ausführlichere Analyse wird auf die jeweils zitierte Literatur verwiesen. Rechtliche Hindernisse werden weitgehend von der Darstellung ausgeklammert, da sie sich in jeder Rechtsordnung in anderer Weise stellen und, soweit sie nicht verfassungsrechtlicher Natur sind, vom Gesetzgeber häufig überwunden werden können.[263]

(aa) Untergang als Rechtssubjekt

In vielen Fällen endet mit dem Vollzug eines Zusammenschlusses – gemeint ist die dingliche Rechtsänderung[264] – oder in engem zeitlichem Zusammenhang mit diesem die eigenständige rechtliche Existenz eines oder mehrerer beteiligter Unternehmen. Dies gilt zwangsläufig bei Fusionen im

---

261 Report of the House Committee on the Judiciary, H.R. Rep. No. 1373, 94th Cong., 2d Sess. (1976), abgedruckt in 1976 U.S.C.C.A.N. 2572, 2640.

262 Federal Trade Commission, The FTC's Merger Remedies 2006-2012 (2017), 18.

263 Vgl. MÖSCHEL, Entflechtungen im Recht der Wettbewerbsbeschränkungen (1979), 114. Zu den primärrechtlichen Rahmenbedingungen des EU-Rechts unten Kapitel 3 A.

264 Vgl. oben Kapitel 1 A.I.1.

Rechtssinne,[265] bei denen zwei oder mehr bislang voneinander unabhängige Rechtssubjekte zu einer neuen rechtlichen Einheit verschmelzen, wobei – je nachdem, ob es sich um eine Fusion durch Aufnahme oder durch Neubildung handelt – mindestens ein beteiligtes Unternehmen seine eigene Rechtspersönlichkeit verliert. Zum Verlust der Rechtspersönlichkeit kann es aber auch bei anderen Zusammenschlussarten kommen, beispielsweise, wenn nach einem Anteilserwerb das übernommene Unternehmen als eigenständiges Rechtssubjekt liquidiert und sein Vermögen auf das erwerbende Unternehmen übertragen wird.

Der Verlust der Rechtspersönlichkeit eines beteiligten Unternehmens kann die Entflechtung des betreffenden Zusammenschlusses erschweren. Vor der Rückübertragung, Weiterveräußerung oder Wiederverselbstständigung des ursprünglichen Rechtssubjekts mittels Share Deal muss dieses zunächst wiederhergestellt werden. Zwar steht mit dem Asset Deal grundsätzlich eine Alternative offen;[266] diese ist aber in ihrer Abwicklung meist komplizierter.

(bb) Umgestaltung und Integration

Gravierender sind die Schwierigkeiten, die durch tatsächliche Umgestaltungen bei den beteiligten Unternehmen auftreten können. Der Grund für diese Umgestaltungen liegt in der wirtschaftlichen Eigenart von Unternehmenszusammenschlüssen. So genügt es zur Erreichung der mit einem Zusammenschluss verfolgten Zielsetzungen[267] regelmäßig nicht, die beteiligten Unternehmen nach dem Abschluss des dinglichen Übertragungsakts unverändert fortzuführen.[268] Hierzu sind meist gewisse Veränderungen bei den beteiligten Unternehmen erforderlich, die durch Maßnahmen wie die folgenden erreicht werden:

- Stilllegung oder Umgestaltung (Verkleinerung, Vergrößerung, Modernisierung, Umstellung) von Betrieben, Betriebsteilen, Anlagen oder Produktlinien;
- Einverleibung von Vermögensgegenständen oder Verteilung auf andere Konzerngesellschaften;

---

265 Vgl. im EU-Recht Art. 3 Abs. 1 Buchst. a FKVO.

266 Vgl. Möschel, Entflechtungen im Recht der Wettbewerbsbeschränkungen (1979), 115.

267 Dazu unten Kapitel 2 B.I.

268 Dazu näher unten Kapitel 2 C.I.1.b.aa.

- Weiterveräußerung von Betrieben, Betriebsteilen oder Anlagen;
- Weiterveräußerung oder Lizensierung gewerblicher Schutzrechte;
- Verarbeitung oder Vermischung von Vermögensgegenständen;
- Versetzung oder Entlassung von Arbeitnehmern, insbesondere Know-how-Trägern oder anderen Personen in Schlüsselfunktionen;
- Veränderung oder Einstellung von Betriebsabläufen oder Systemen.

Soweit solche und ähnliche Maßnahmen der engeren Verflechtung der Ressourcen der beteiligten Unternehmen dienen, wird in der Betriebswirtschaft von „Integration" gesprochen.[269] In vielen Fällen lassen sich Umgestaltungs- oder Integrationsmaßnahmen erst nach der dinglichen Rechtsänderung umsetzen; in anderen Fällen kann diese die Durchführung solcher Maßnahmen erleichtern. Der Grund liegt darin, dass mit der dinglichen Rechtsänderung üblicherweise die unternehmerische Leitungsmacht auf die neue, einheitliche Führung des zusammengeschlossenen Unternehmens übergeht.

Die am Zusammenschluss beteiligten Unternehmen bestehen in einer „Gesamtheit von Menschen sowie von materiellen und immateriellen Rechtsgütern und Geschäftswerten [...], die in einer Organisation zusammengefasst und einem einheitlichen wirtschaftlichen Zweck dienstbar gemacht werden."[270] Umgestaltungs- und Integrationsmaßnahmen verändern diese Gesamtheit in ihrem Bestand bzw. ihrer inneren Zuordnung und können die spätere Entflechtung von Zusammenschlüssen erschweren oder unmöglich machen. So zeigen die Erfahrungen mit Entflechtungen in Europa und den USA, dass sich stillgelegte Vermögenswerte oft nicht wieder aktivieren,[271] weiterveräußerte Werte oder entlassene Arbeit-

269 Vgl. ebenda.

270 Semler in: Hölters, Handb Unternehmenskauf (2015), Rn. 7.1.

271 Vgl. die oben (Fn. 218 und 220) genannten Fälle *Springer/Haupt & Koska* und *Rheinische Anzeigenblatt Köln GmbH & Co.*, in denen die übernommenen Anzeigenblätter jeweils eingestellt worden waren; ein ähnlicher Fall hatte sich bereits in den 1950er Jahren in den USA ereignet; dazu Report of the House Committee on the Judiciary, H.R. Rep. No. 1373, 94th Cong., 2d Sess. (1976), abgedruckt in 1976 U.S.C.C.A.N. 2572, 2641: „To illustrate, in 1955, the nation's leading agricultural magazine, Farm Journal, acquired its chief rival, Country Gentlemen. Essentially what was acquired – except for several printing presses – was the list of Country Gentleman's subscribers. After consummation, the publication of Country Gentlemen was halted by its new owners, who, not surprisingly, quickly and successfully solicited new subscriptions to Farm Journal from most of the former Country Gentleman readers. When the FTC subsequently ruled the merger illegal, nothing was left to divest [...]." Ein

nehmer nicht zurückholen oder adäquat ersetzen,[272] verarbeitete oder vermischte Vermögenswerte nicht individualisieren oder trennen[273] und komplexe Betriebsabläufe nicht wiederherstellen[274] ließen. Schwierigkeiten traten selbst bei vergleichsweise geringen Integrationsgraden auf. Dazu ELZINGA:

> „One of the greatest problems in relief is restoring the assets of a firm after they have been consumed by a merger. Whenever one firm absorbs another, even if their locations are geographically separate, the personnel remain separate and unchanged, and the assets involved continue in their general premerger usage, separating the two firms will present problems. At the minimum, certain financial functions will have been centralized such as the firm's billing or its payroll; more than likely, various marketing activities will have been coordinated or some centralized direction taken as to the dispersal of sales personnel or the shipment of goods. The promotional program might be combined or centrally developed. All of these present some obstacle to removing the acquired firm in one viable part."[275]

In extremen Fällen können Umgestaltungs- und Integrationsmaßnahmen dazu führen, dass ein am Zusammenschluss beteiligtes Unternehmen in seinen personellen, materiellen und immateriellen Bestandteilen praktisch nicht mehr individualisierbar ist. Hierzu ELZINGA weiter:

---

weiteres Beispiel beschreibt die Federal Trade Commission, A study of the Commission's divestiture process (1999), 2: „Some mergers result in the destruction of productive resources: for example, a glass making furnace, if turned off because it was redundant in the merged entity, must be reconstructed before a divestiture remedy can be effective because the furnace immediately becomes inoperable as a result of cooling."

272 Vgl. Report of the House Committee on the Judiciary, H.R. Rep. No. 1373, 94th Cong., 2d Sess. (1976), abgedruckt in 1976 U.S.C.C.A.N. 2572, 2640; MÖSCHEL, Die Auflösung vollzogener Unternehmenszusammenschlüsse (1982), 23; Federal Trade Commission, The FTC's Merger Remedies 2006-2012 (2017), 18; Mitteilung der Kommission über zulässige Abhilfemaßnahmen (oben Fn. 240), Rn. 55.

273 Vgl. die Stellungnahme von Assistant Attorney General KAUPER (oben Kapitel 1 B.I.1.b.bb.(1)(d)) sowie Federal Trade Commission, The FTC's Merger Remedies 2006-2012 (2017), 18.

274 Vgl. Federal Trade Commission, A study of the Commission's divestiture process (1999), 2.

275 ELZINGA, 12 J.L. & Econ. 43, 53 (1969).

„But the problems mentioned above are minor compared to those so often encountered in trying to restore a once viable firm. In fact, in a merger falling within the pattern outlined in the preceding paragraph, the obstacles are only procedural. In some cases the firm to be restored, quite literally, no longer exists.“[276]

Dass die Problematik seither nichts an Aktualität eingebüßt hat, unterstrich die Federal Trade Commission in ihrer Studie zu Abhilfemaßnahmen aus dem Jahr 2017:

"Factors that contributed to the success of some remedies in consummated mergers included the lack of integration of the assets post-merger and the ability to alter contracts to facilitate the buyer's entry. In contrast, resurrecting a business when the assets were commingled post-merger was much more difficult and the remedy often failed."[277]

(cc) Verlust von Stakeholderbeziehungen

Mitarbeiter und Geschäftspartner der beteiligten Unternehmen wie Kunden oder Lieferanten reagieren auf Zusammenschlüsse immer wieder mit dem Abbruch ihrer Beziehungen zu der neuen wirtschaftlichen Einheit. Mitarbeiter kündigen, Kunden suchen sich andere Lieferanten, Lieferanten andere Kunden. Der unfreiwillige Verlust bestehender Beziehungen zu wichtigen Interessengruppen (engl.: „stakeholder“) kann im Entflechtungsfall Schwierigkeiten bereiten.

Die Auswirkungen von Zusammenschlüssen auf die Mitarbeiter der beteiligten Unternehmen und deren Verhaltensreaktionen werden in der betriebswirtschaftlichen Literatur unter dem Stichwort „Merger-Syndrom“ behandelt.[278] Dabei wird angenommen, dass Zusammenschlüsse bei den Mitarbeitern – insbesondere des kleineren Fusionspartners oder Akquisitionsobjekts[279] – verunsicherungs- und stressbedingte Anpassungsreaktionen hervorrufen, die sich u.a. in höheren Fluktuationsraten niederschlagen können.[280] Hauptgründe für diese Reaktionen sollen reale oder befürchte-

---

276 Elzinga, ebenda.

277 Federal Trade Commission, The FTC's Merger Remedies 2006-2012 (2017), 19.

278 Dazu Gut-Villa, Human Resource Management bei Mergers & Acquisitions (1997), 120 ff.; Vogel, M&A (2002), 237 ff.

279 Gerpott, Integrationsgestaltung (1993), 108.

280 Gerpott, ebenda, 106 ff.; Gut-Villa, Human Resource Management bei Mergers & Acquisitions (1997), 125 ff.; Pribilla in: Picot/Nordmeyer/Pribilla, Ma-

te Nachteile in Bezug auf den Fortbestand des Arbeitsverhältnisses, den Arbeitsort, die fachlichen Anforderungen, Karrierechancen, Entgelt- und Sozialleistungen und interpersonale Beziehungen im Arbeitsumfeld (Kollegen, Vorgesetzte) sein.[281]

Häufig kommt es zusammenschlussbedingt auch zu einem Verlust von Kundenbeziehungen. Als Gründe hierfür werden im Schrifttum vor allem Leistungs-, Qualitäts-, Preis- und Beziehungsunsicherheiten,[282] das Bestreben, Abhängigkeiten von nur einem Lieferanten zu vermeiden,[283] durch den Zusammenschluss entstehende Wettbewerbsverhältnisse[284] und bestehende Beziehungen eines Transaktionspartners zu Dritten, insbesondere Wettbewerbern,[285] genannt. Dabei sollen Wechselwirkungen zwischen der Verunsicherung von Mitarbeitern einerseits und der Abwanderung von Mitarbeitern und Kunden andererseits bestehen.[286] Spiegelbildliche Gefahren werden im Bereich der Lieferantenbeziehungen angenommen.[287]

Ergänzt wird dieses Modell durch die Einbeziehung aktiver Verhaltensreaktionen im wettbewerblichen Umfeld. Erfahrungsgemäß nutzen die Konkurrenten der beteiligten Unternehmen die Verunsicherung der Mitarbeiter, Kunden und Lieferanten sowie die Konzentration auf den Zusammenschlussprozess nämlich gezielt dazu aus, Führungskräfte und Know-how-Träger abzuwerben oder bestehende Geschäftsbeziehungen aufzubrechen.[288]

---

nagement von Akquisitionen (2000), 63, 67 f.; Vogel, M&A (2002), 237 ff.; vgl. auch Blumenthal, 36 Antitrust Bull. 745, 807 f. (1991); Rudowicz, Gun-Jumping (2016), 50.

281 Gerpott, ebenda, 108 f.

282 Homburg in: Picot/Nordmeyer/Pribilla, Management von Akquisitionen (2000), 169, 174 f.; vgl. auch Blumenthal, 36 Antitrust Bull. 745, 806 f. (1991); Federal Trade Commission, A study of the Commission's divestiture process (1999), 2.

283 Küting, BFuP 1981, 175, 183; Homburg, ebenda, 175; Vogel, M&A (2002), 36; Lechner, Negative Synergien (2007), 119.

284 Küting, ebenda; Lechner, ebenda.

285 Homburg in: Picot/Nordmeyer/Pribilla, Management von Akquisitionen (2000), 169, 175.

286 Homburg, ebenda; Jansen, Management von Unternehmenszusammenschlüssen (2004), 385; Lechner, Negative Synergien (2007), 119.

287 Lucks/Meckl, Internationale M&A (2002), 38; Blumenthal, 36 Antitrust Bull. 745, 806 (1991).

288 Lucks/Meckl, ebenda, 37 f.; Vogel, M&A (2002), 240; Bekier/Shelton, McKinsey Quaterly 4/2002, 106, 108; Lucks in: Hölters, Handb Unternehmenskauf (2015), Rn. 9.7; Homburg in: Picot/Nordmeyer/Pribilla, Management von Akquisitionen (2000), 169, 176.

Besonders akut wird die Gefahr des zusammenschlussbedingten Verlusts von Stakeholderbeziehungen mit dem Eintritt der dinglichen Rechtsänderung. Die Gefahr tritt allerdings in vielen Fällen bereits mit dem Zeitpunkt des Bekanntwerdens des Vorhabens ein. Sie endet, wenn sich das zusammengeschlossene Unternehmen dauerhaft in seinem wettbewerblichen Umfeld etabliert hat. Aus fusionskontrollrechtlicher Sicht besteht die Problematik darin, dass sich eine einmal beendete Stakeholderbeziehung nicht ohne Weiteres wiederherstellen lässt. Wandern verunsicherte oder gestresste Mitarbeiter ab, sind diese für das am Zusammenschluss beteiligte Unternehmen oft dauerhaft verloren.[289] Auch beendete Kunden- und Lieferantenbeziehungen lassen sich nicht einfach „reaktivieren“, auch deshalb, weil in vielen Rechtsordnungen der Heranziehung nicht am Zusammenschluss beteiligter Dritter Grenzen gesetzt sind.

(dd) Änderung der Marktverhältnisse

Neben den beteiligten Unternehmen und ihren Beziehungen zu wichtigen Stakeholdergruppen können sich zwischen dem Vollzug und der Entflechtung eines Zusammenschlusses auch die Marktverhältnisse ändern.[290] Typische Beispiele für solche Änderungen sind Erhöhungen oder Rückgänge bei Angebot oder Nachfrage, das Hinzutreten oder der Wegfall eines Wettbewerbers und neue technische Entwicklungen. Änderungen wie diese können dazu führen, dass die Wiederherstellung des wettbewerblichen Status quo ante allein durch die Entflechtung des Zusammenschlusses unmöglich wird, z.B., weil das ursprüngliche Unternehmen in dem neuen Marktumfeld nicht mehr wettbewerbsfähig wäre. Aber auch wenn die Zielsetzung der Entflechtung im Einzelfall in der Herstellung des hypothetischen Status quo liegt, können Schwierigkeiten auftreten. Um diesen Zustand zu erreichen, kann in der Praxis die Anordnung und Durchsetzung ergänzender Maßnahmen erforderlich werden.

---

289 Vgl. oben Fn. 272.

290 So z.B. im Fall *Contact/Ammerland Echo* (oben Fn. 220); vgl. allgemein Pfunder/Plaine/Whittemore, 17 Antitrust Bull. 19, 58 (1972); zur Fallgruppe der Entflechtungen nach Vorfeldzusagen Mitteilung der Kommission über zulässige Abhilfemaßnahmen (oben Fn. 240), Rn. 9 a.E.

(ee) Offenlegung wettbewerblich sensibler Informationen

Bei Zusammenschlüssen kommt es zwischen den Parteien früher oder später zur Offenlegung vertraulicher Informationen. Sind diese Informationen wettbewerblich sensibler Natur, d.h. kann das empfangende Unternehmen sie im Wettbewerb für sich nutzbar machen, verändert dies zwar nicht die Marktstruktur, kann dem Unternehmen aber einen Wettbewerbsvorsprung verschaffen und wettbewerbsbeschränkende Koordinierungen erleichtern. Für die Wettbewerbsaufsicht besteht das Problem darin, dass die einmal erfolgte Kenntnisnahme von wettbewerblich sensiblen Informationen weder durch eine Entflechtung im strukturellen Sinne noch auf andere Art und Weise rückgängig gemacht, sondern – wenn überhaupt – nur die Weiterverbreitung der Information im empfangenden Unternehmen gehemmt werden kann.

> „For instance, [...] in the context of a hostile takeover, the bidder acquires sensitive commercial information or business secrets of the target company. In this case, the adoption of a divestiture decision requiring the undertakings to be separated would not be in all probability sufficient to remedy the likely weakening of the target company *vis-à-vis* the bidder."[291]

(ff) Fehlen geeigneter Erwerbsinteressenten

Besondere Schwierigkeiten können sich bei Veräußerungslösungen ergeben. Bestand der zu entflechtende Zusammenschluss in einer Akquisition, liegt es nahe, die Rücknahme des ehemaligen Akquisitions- und jetzigen Entflechtungsobjekts durch den ursprünglichen Veräußerer anzuordnen. Die Entflechtungspraxis in Europa und den USA zeigt, dass dies in vielen Fällen schwierig oder unmöglich sein kann. Die Gründe hierfür sind vielfältig. Sie können in der Sphäre des Entflechtungsobjekts,[292] in den geänderten Marktverhältnissen[293] oder in der Sphäre des ursprünglichen

291 Jones/González Díaz, The EEC merger regulation (1992), 200 (dort Fn. 13); vgl. auch Federal Trade Commission, The FTC's Merger Remedies 2006-2012 (2017), 18. Ähnlich zuletzt auch Kommission, Entscheidung vom 24. April 2018, COMP/M.7993, *Altice/PT Portugal*, Rn. 472.

292 Vgl. oben (aa) bis (cc).

293 Vgl. oben (dd).

Veräußerers liegen. Typische Rücknahmehindernisse beim ursprünglichen Veräußerer sind:

- finanzielle Schwierigkeiten (bis hin zur Insolvenz), die es dem ursprünglichen Veräußerer unmöglich machen, den Kaufpreis zurückzuzahlen;[294]
- zwischenzeitliche Veränderungen, z.B. Liquidation oder Aufgabe des Geschäfts bei gleichzeitiger Unmöglichkeit der Wiederaufnahme;[295]
- bei natürlichen Personen persönliche Gründe wie Alter, Krankheit oder Tod;[296]
- fehlende Eignung aus wettbewerblicher Sicht, z.B. zwischenzeitlicher Erwerb eines konkurrierenden Geschäfts, das die Marktstellung des Veräußerers stärkt.

Aber auch die Alternative zur Rückübertragung des Entflechtungsobjekts, seine Veräußerung an einen oder mehrere Dritte, kann sich als schwierig oder unmöglich erweisen. Der Grund hierfür liegt in der spezifischen Eigenart von Veräußerungslösungen, deren Funktionieren sowohl vom Erwerbswillen eines Dritten als auch von dessen wirtschaftlicher und wettbewerblicher Eignung abhängen.[297] So konnte in der europäischen und US-amerikanischen Fallpraxis in vielen Fällen überhaupt kein bzw. kein geeigneter Neuerwerber gefunden werden.[298]

In der Regel muss ein Neuerwerber mehrere Kriterien erfüllen, damit das Entflechtungsziel erreicht werden kann. In der Fallgruppe der Vorfeldzusagen stellt die Kommission in ständiger Praxis die folgenden „Standardanforderungen" an den Neuerwerber,[299] die grundsätzlich auch auf Entflechtungen vollzogener Zusammenschlüsse übertragen werden können:

- Der Neuerwerber muss von den beteiligten Unternehmen unabhängig sein und darf nicht mit ihnen verbunden sein.

---

294 Vgl. den Fall *ANZAG/Holdermann* (oben Kapitel 1 B.I.1.a.cc.(2)).

295 Vgl. den Fall *Alsen-Breitenburg/Klöckner-Werke* (ebenda).

296 Vgl. Möschel, Die Auflösung vollzogener Unternehmenszusammenschlüsse (1982), 23 f.

297 Vgl. Möschel, Entflechtungen im Recht der Wettbewerbsbeschränkungen (1979), 115.

298 Vgl. wiederum den Fall *ANZAG/Holdermann* (oben Kapitel 1 B.I.1.a.cc.(2)) sowie Elzinga, 12 J.L. & Econ. 43, 62 (1969); Oehler, Entflechtung und Kontrahierungszwang (1976), 226 ff. (jeweils mit Nachweisen aus der US-Praxis).

299 Mitteilung der Kommission über zulässige Abhilfemaßnahmen (oben Fn. 240), Rn. 48.

- Der Neuerwerber muss über die finanziellen Mittel, die ausgewiesenen Fachkenntnisse und das Interesse und die Fähigkeit verfügen, die notwendig sind, um das zu veräußernde Geschäft als lebensfähigen, aktiven Wettbewerber in Konkurrenz zu den beteiligten Unternehmen und den anderen Mitbewerbern weiterzuführen und auszubauen.
- Der Erwerb des Geschäfts darf aller Wahrscheinlichkeit nach weder neue Wettbewerbsprobleme aufwerfen noch das Risiko mit sich bringen, dass sich die Umsetzung der Verpflichtungen verzögert. Von dem Neuerwerber wird daher erwartet, dass er alle für den Erwerb des zu veräußernden Geschäfts erforderlichen Genehmigungen der zuständigen Regulierungsbehörden einholt.

Ganz ähnliche Anforderungen stellen die Wettbewerbsbehörden in anderen Rechtsordnungen, z.B. in den USA.[300] Die Schwierigkeiten liegen in der Realität darin, einen Neuerwerber zu finden, der diese oder ähnliche Kriterien kumulativ erfüllt[301] und zu den vom ursprünglichen Erwerber bzw. der Wettbewerbsbehörde festgelegten Konditionen Interesse am Erwerb des Entflechtungsobjekts hat. Wie in der Hypothese der Rücknahme des Entflechtungsobjekts durch den einstigen Veräußerer können die Gründe hierfür in der Sphäre des Entflechtungsobjekts oder den geänderten Marktverhältnissen liegen. Hinzu kommen Ursachen aus der Sphäre des Neuerwerbers. Hierzu einige Beispiele:

- Die Unabhängigkeit des Neuerwerbers kann durch bereits bestehende oder im Hinblick auf eine erfolgreiche Entflechtung neu zu schaffende Bindungen zu den beteiligten Unternehmen beeinträchtigt sein. Die Schaffung neuer Bindungen kommt z.B. in Betracht, wo die für die Entwicklung des Entflechtungsobjekts zu einer lebens- und wettbewerbsfähigen Einheit erforderlichen Maßnahmen nur mit Hilfe des ursprünglichen Erwerbers durchführbar sind, der Erwerb mit Aktien

300 Federal Trade Commission, Negotiating Merger Remedies (2012), 10 ff.; Department of Justice, Antitrust Division Policy Guide to Merger Remedies (2011), 7 ff.

301 Dazu Elzinga, 12 J.L. & Econ. 43, 61 (1969), für den die Anforderungen, das Unternehmen unabhängig und erfolgreich zu führen, oft im Widerspruch zueinander stehen. Er merkt deshalb etwas überspitzt an, dass der „ideal buyer for the divested assets would be a man in his middle forties, the possessor of substantial liquid wealth unlinked to corporate ties, having a sound knowledge of financial principles, a streak of ‚business maverick' in him, and the go to sense to hire the most able of management to operate the divested facilities."

finanziert wird oder Sicherungsrechte am Entflechtungsobjekt eingeräumt werden.[302]

- Die Fähigkeit des Neuerwerbers, das zu veräußernde Geschäft als lebens- und wettbewerbsfähige Einheit zu führen, kann durch seine finanzielle Lage oder fehlendes Branchenwissen beeinträchtigt sein. Aus Kostengründen werden insbesondere der unter wettbewerblichen Gesichtspunkten attraktiven Entflechtungsform des Management Buyouts, d.h. des Erwerbs des Entflechtungsobjekts durch das bisherige Management, Grenzen gesetzt.[303] Im Übrigen gilt: Je höher der Wert des Entflechtungsobjekts, desto geringer die Chance, einen Neuerwerber zu finden, der in der Lage ist, die Transaktion zu finanzieren.[304] So reduziert sich der potenzielle Erwerberkreis häufig bereits durch die Höhe des erforderlichen Kapitalbedarfs.[305]
- Unter wettbewerblichen Gesichtspunkten sehen sich die zuständigen Hoheitsträger oft mit der Schwierigkeit konfrontiert, dass sich die unter wirtschaftlichen Gesichtspunkten geeigneten Interessenten aus dem aktuellen oder potenziellen Kunden-, Lieferanten- oder Wettbewerberkreis oder aus dem Umfeld benachbarter Tätigkeitsfelder rekrutieren, so dass der Neuerwerb, der eigentlich wettbewerbliche Schwierigkeiten ausräumen soll, selbst neue aufwirft.[306] Besonders häufig tritt dieses Problem in Fällen der Teilentflechtung, d.h. der Abspaltung einzelner Vermögenswerte, auf. Der Grund besteht darin, dass die abzuspaltenden Vermögenswerte vielfach nur bei aktuellen oder potenziellen Wettbewerbern ein Erwerbsinteresse hervorrufen.[307] Aber auch in anderen

302 Vgl. jeweils m.w.N. Elzinga, ebenda, 63 f.; Oehler, Entflechtung und Kontrahierungszwang (1976), 123 ff.; Federal Trade Commission, A study of the Commission's divestiture process (1999), 27 f.; zusammenfassend Koch, Eingriffe in die Struktur beherrschender Unternehmen (2008), 305.

303 Oehler, ebenda, 221 f.

304 Oehler, ebenda, 224.

305 Koch, Eingriffe in die Struktur beherrschender Unternehmen (2008), 305.

306 Vgl. Elzinga, 12 J.L. & Econ. 43, 62 f. (1969); Pfunder/Plaine/Whittemore, 17 Antitrust Bull. 19, 55 (1972); Oehler, Entflechtung und Kontrahierungszwang (1976), 220 ff.; Möschel, Entflechtungen im Recht der Wettbewerbsbeschränkungen (1979), 116; Rogowsky, 31 Antitrust Bull. 187, 196 (1986); Koch, ebenda.

307 Vgl. Pfunder/Plaine/Whittemore, ebenda; dazu auch Report of the House Committee on the Judiciary, H.R. Rep. No. 1373, 94th Cong., 2d Sess. (1976), abgedruckt in 1976 U.S.C.C.A.N. 2572, 2641: „In other cases, the acquiring firm may compete in several different markets, which may be distinct or closely related; and the same may be true of the acquired firm. It thus commonly happens that these two companies are direct or potential competitors only in

Fällen können Entflechtungen wettbewerblich problematische Interessenten anlocken.[308]

Die Auswahl eines geeigneten Neuerwerbers hängt von einer Reihe von Faktoren ab, die in gewissem Umfang von dem zuständigen Hoheitsträger gesteuert werden können.

> „It is the relationship of the purchaser to the market and to the assets to be divested that largely determines post-divestiture market structure and market behavior. The 'choice' of a divestiture purchaser is, however, itself largely the result of other variables – the assets selected to be sold, the time required for divestiture, the price of the divested assets, and the allocation of both responsibility and discretion for the specific application of those decisions in the particular case. These factors coalesce to make the package of offered assets and the terms on which they are offered attractive to a group of potential purchasers."[309]

(gg) Zeitdauer als „Querschnittsfaktor"

Eine wesentliche Rolle bei der Einführung präventiver Fusionskontrollsysteme in Europa und den USA spielte die vom Gesetzgeber in vielen Fällen als überlang wahrgenommene Verfahrensdauer. Wie bereits gesehen,[310] hatte der Wettbewerbskommissar der Europäischen Gemeinschaften im Jahr 1974 zur Begründung des Entwurfs der FKVO ausdrücklich auf die

---

one or a few of their different product lines. Since their merger illegally lessens competition only in these 'overlapping' or shared markets, the government can often win only a 'partial divestiture' order, limited to the area of overlap. Yet only the established, existing competitors in this narrow product market will generally have the interest, experience, and funds to purchase and successfully operate the narrow class of divested assets."

308 Dazu Pfunder/Plaine/Whittemore, ebenda, 46: "Broadly speaking, any choice of assets will tend to attract the anticompetitive purchaser. Given equally efficient potential purchasers, a particular collection of assets can often be operated at a somewhat lower cost by competitors, suppliers, or customers of the company being divested, than by other purchasers. The purchaser who is able to derive an anticompetitive advantage in the market may look forward to the monopoly profits he can earn by taking advantage of his position in the market. This in turn enables him to offer the defendant a higher price than a procompetitive purchaser with no prospect of obtaining such an advantage could afford."

309 Pfunder/Plaine/Whittemore, ebenda, 45.

310 Dazu oben Kapitel 1 B.I.1.a.cc.(1).

langen Verfahren in den USA hingewiesen, die sich „leicht bis zu sieben Jahren, und im Extremfall sogar bis zu neun Jahren hinziehen“ konnten. Ähnliche Zahlen wurden in den USA im Gesetzgebungsverfahren zum HSR Act genannt.[311] Sie stimmen mit den Ergebnissen von Elzinga überein, der zuvor 39 Entflechtungsfälle der Federal Trade Commission und der Antitrust Division des Department of Justice untersucht hatte und in dessen Stichprobe in den Fällen, in denen es überhaupt zu „some form of divestiture“ gekommen war, zwischen dem Vollzug (der dinglichen Rechtsänderung) und der Entflechtung ein Zeitraum von durchschnittlich fünfeinhalb Jahren lag.[312] Im *El Paso*-Fall,[313] der im Gesetzgebungsverfahren zum HSR Act als Paradebeispiel für die Schwierigkeiten einer Entflechtung herangezogen wurde, dauerte es insgesamt 17 Jahre, bis die Entflechtung abgeschlossen war. Im *Pillsbury*-Fall,[314] den die Federal Trade Commission nach Jahren der juristischen Auseinandersetzung aufgegeben hatte, waren zwischen der dinglichen Rechtsänderung und der Einstellung des Verfahrens ca. 14 Jahre vergangen. Auf die negativen Erfahrungen mit langwierigen Entflechtungsverfahren in Deutschland in den 1970er und 1980er Jahren wurde bereits eingegangen.[315]

Die spezifische Problematik der Zeitdauer bis zur Entflechtung liegt darin, dass sich die Schwierigkeiten einer Entflechtung im Laufe der Zeit vertiefen und Folgeprobleme hervorrufen können.[316] Die Zeitdauer bis zur Entflechtung stellt daher eine Art „Querschnittsfaktor“ dar, wobei davon ausgegangen werden kann, dass mit zunehmender Zeitdauer die ursprünglich vorhandenen Bruchlinien zwischen den beteiligten Unternehmen verschwinden und der Unterschied zwischen der Entflechtung vollzogener Zusammenschlüsse und der Entflechtung gewachsener Strukturen kleiner wird.[317] Bei genauerer Betrachtung kann man drei verschiedene Zeiträume

---

311 Report of the Senate Committee on the Judiciary to accompany S. 1284, S. Rep. No. 803, Pt. 1, 94th Cong., 2d Sess. (1976), 61: „Once a merger is consummated, the average case takes 5-6 years to resolve, during which time the acquiring entity retains the illegal profits and other fruits of the transaction.“

312 Elzinga, 12 J.L. & Econ. 43, 52 (1969).

313 Dazu Baer 65 Antitrust L.J. 825, 826 ff. (1997).

314 Dazu Elzinga, 12 J.L. & Econ. 43, 73 (1969).

315 Dazu oben Kapitel 1 B.I.1.a.cc.(2).

316 Pfunder/Plaine/Whittemore, 17 Antitrust Bull. 19, 87 ff. (1972); Oehler, Entflechtung und Kontrahierungszwang (1976), 212 ff.

317 Dazu bereits oben Kapitel 1 B.I.1.b.bb.(1)(a) sowie Monopolkommission, Hauptgutachten III, 1978/1979 (1980), Rn. 695: „Wenn die Auflösung von Unternehmenszusammenschlüssen innerhalb eines kurzen Zeitraums bereits schwerwiegende Probleme aufwirft, ist mit noch größeren Schwierigkeiten bei

unterscheiden, deren Verlängerung sich jeweils negativ auf den Entflechtungserfolg auswirkt und die nachfolgend in umgekehrter Reihenfolge aufgezählt werden:

- der Zeitraum zwischen der Entflechtungsanordnung und der Durchführung der Entflechtung,
- der Zeitraum zwischen dem Vollzug (der dinglichen Rechtsänderung) und der Entflechtungsanordnung und
- der Zeitraum vor dem Vollzug (der dinglichen Rechtsänderung).

Während die an erster und zweiter Stelle genannten Zeiträume und die Folgen ihrer Verlängerung für eine spätere Entflechtung in der Literatur ausführlich untersucht worden sind,[318] ist dem Zeitraum vor dem Vollzug, soweit ersichtlich, bislang unter Entflechtungsgesichtspunkten kein großes Interesse geschenkt worden. Dies dürfte vor allem damit zusam-

---

der Entflechtung von Unternehmen zu rechnen, die seit längerem integriert sind. [...] Es zeigt sich, daß der Vollzug Fakten schafft, die eine Wiederauflösung des Zusammenschlusses erheblich erschweren können."

318 Dies gilt insbesondere für die Umgestaltungs- bzw. Integrationsproblematik. Vgl. für den Zeitraum zwischen der Entflechtungsanordnung und der Durchführung der Entflechtung statt vieler PFUNDER/PLAINE/WHITTEMORE, 17 Antitrust Bull. 19, 90 ff. (1972): „Another respect in which the passage of time seems to affect the relief obtained is that the length of time between the order of divestiture and the consummation of a divestiture sale may contribute to an atrophy of the assets to be divested. Physical assets may be allowed to depreciate where there is little possibility that further investment will be recouped by the divesting company. Especially where the company to be divested is a losing operation, there is little incentive for the divesting company to continue to advance operating funds. In some cases permission has been obtained to close down losing operations, and the longer plants remain closed or assets remain unused, the more difficult it may be to reactivate them to a profitable status. Management is also subject to atrophy; uncertainties as to the future, both of the company and of the individuals involved, may make it particularly difficult to keep executives and other management personnel. The result is a declining likelihood that the package of assets to be divested will constitute a viable economic entity of value to a prospective purchaser." Für den Zeitraum zwischen dem Vollzug des Zusammenschlusses und der Entflechtungsanordnung ELZINGA, 12 J.L. & Econ. 43, 54 (1969): "The one factor which works against asset restoration in all antimerger cases is the time factor. As a general rule, one could safely say that the unscrambling problem is a function of the time span from the time of the acquisition to the time of the relief order. The longer this span, the less likely are the chances for unscrambling. Industries which are especially dynamic present greater problems than those less dynamic in their production and marketing technology."

menhängen, dass eine Entflechtung nach allgemeinem Verständnis den vorherigen Vollzug des Zusammenschlusses im Sinne der Herbeiführung der dinglichen Rechtsänderung voraussetzt, weil ansonsten nichts da sei, das entflochten werden könnte.[319] Für die Zwecke dieser Untersuchung erweist sich eine solche Betrachtung indes als zu eng, da sie ein bestimmtes Vollzugsverständnis voraussetzt, das für die FKVO ja gerade entwickelt werden soll. Wie gesehen, können sich insbesondere der Verlust von Stakeholderbeziehungen und die Offenlegung wettbewerblich sensibler Informationen schon vor der dinglichen Rechtsänderung ereignen. Für den Verlust von Stakeholderbeziehungen dürfte gelten: Je länger der Zeitraum zwischen dem Bekanntwerden des Vorhabens und der dinglichen Rechtsänderung, desto höher erscheint ceteris paribus die Gefahr, dass sich Mitarbeiter, Kunden oder Geschäftspartner von den beteiligten Unternehmen abwenden.[320] Mit dieser Gefahr korreliert ein Bedürfnis, die Verunsicherung interner und externer Stakeholder durch geeignete Gegenmaßnahmen so gering und den Zeitraum zwischen dem Bekanntwerden des Vorhabens und der dinglichen Rechtsänderung so kurz wie möglich zu halten. Dieses Bedürfnis besteht sowohl aus der Sicht der beteiligten Unternehmen, für die der unfreiwillige Verlust von Stakeholderbeziehungen wirtschaftliche Nachteile mit sich bringen kann, als auch unter Entflechtungsgesichtspunkten.

(hh) Widerstand durch die beteiligten Unternehmen

Ein häufiger Grund insbesondere für die lange Verfahrensdauer, aber auch für das Ausmaß anderer Entflechtungsschwierigkeiten, liegt schließlich darin, dass die beteiligten Unternehmen gegen die geplanten Entflechtungsmaßnahmen Widerstand leisten. Der Widerstand richtet sich sowohl gegen den Erlass der Entflechtungsanordnung als auch später gegen deren Durchführung. Entsprechende Tendenzen sind beispielsweise aus der deutschen und der US-amerikanischen Praxis bekannt. Viele Unternehmen versuchen, das Entflechtungsverfahren durch taktische Manöver immer weiter hinauszuzögern.

---

319 Vgl. zum EU-Recht EuG, Urteil vom 6. Juli 2010, Rs. T-411/07, *Aer Lingus/Kommission*, ECLI:EU:T:2010:281, Rn. 61 ff.

320 Blumenthal, 36 Antitrust Bull. 745, 806 ff. (1991).

> „Selbst Unternehmen, die eine – rechtlich einwandfrei begründete – Versagung der Fusionserlaubnis akzeptieren würden, werden bei bereits vollzogenem Zusammenschluß [...] immer versucht sein, durch Ausschöpfung sämtlicher gegebener Rechtsmittel zunächst eine möglichst lange Verzögerung der Wiederauflösung des Zusammenschlusses anzustreben, um schließlich unter Hinweis auf die durch Zeitablauf immer mehr gewachsenen tatsächlichen Auflösungshindernisse ein Nachgeben der Kartellbehörde zu erreichen."[321]

Die Unternehmen können die Entflechtung erschweren, indem sie den zuständigen Hoheitsträger durch eine schnelle Integration gezielt vor vollendete Tatsachen stellen. Sie können die Auswahl eines geeigneten Neuerwerbers behindern, indem sie prohibitive Preisforderungen stellen oder die Suche gezielt auf schwache Interessenten lenken, von denen für sie aus wettbewerblicher Sicht keine Gefahr droht.[322] Ein Beispiel, das im Gesetzgebungsprozess zum HSR Act wiederholt vorgebracht wurde, war der *Papercraft*-Fall:

> "The most recent unfortunate example is the Papercraft litigation. There, the illegal merger was consummated in 1967, with Papercraft's purchase of CPS Industries, Inc. In 1968 the FTC filed a challenge to the merger, won on the merits, and gained a divestiture order in 1971. Yet more than four years later, Papercraft had still not managed to divest CPS, because it had been unable to find a 'suitable buyer.' The reason: Papercraft refused to sell CPS for less than $37.5 million-- even though CPS was purchased for only $5 million, had a book value of only $7 million, and an appraised value of $14.9 million. Thus, simply by rejecting repeated offers of $13 million, $15 million, $20 million (in cash), and $25.5 million Papercraft managed to retain CPS Industries for almost a decade after the illegal acquisition. And Papercraft's strategy of delay has been amply rewarded: In the years since 1967, CPS contributed more than $11 million in profits to Papercraft's treasury."[323]

---

321 Klaue/von Lampe/Markert/Petry/Reiniger, Zur Problematik der Fusionskontrolle (1971), 71. Vgl. auch Elzinga, 12 J.L. & Econ. 43, 73 (1969); Frankus, Fusionskontrolle bei Konglomeraten (1972), 115.

322 Vgl. Elzinga, ebenda, 64 ff.; Pfunder/Plaine/Whittemore, 17 Antitrust Bull. 19, 48 (1972); Federal Trade Commission, A study of the Commission's divestiture process (1999), 17.

323 Report of the House Committee on the Judiciary, H.R. Rep. No. 1373, 94th Cong., 2d Sess. (1976), abgedruckt in 1976 U.S.C.C.A.N. 2572, 2642.

Wird ein geeigneter Neuerwerber gefunden, ist dieser – insbesondere in der Startphase – oftmals auf kurz- oder mittelfristige Unterstützungsmaßnahmen des Veräußerers angewiesen. Solche Unterstützungsmaßnahmen werden vom zuständigen Hoheitsträger als entflechtungsbegleitende oder -sichernde Regelungen angeordnet. Insoweit zeigt die Erfahrung, dass die zu entflechtenden Unternehmen vielfach keine hinreichende Hilfestellung gewähren oder den Erfolg des Erwerbers gar aktiv torpedieren.[324] Ein weiteres Problem besteht darin, dass die Verfahrensbeteiligten – teilweise unter Berufung auf Verhältnismäßigkeitsgesichtspunkte – meist auf einen geringeren Entflechtungsumfang (Stichwort: „Teilentflechtung") dringen, der häufig jedoch die wettbewerblichen Bedenken nicht vollständig ausräumen kann.[325]

Der Grund für solche und ähnliche Behinderungsmaßnahmen liegt in der für Entflechtungen vollzogener Zusammenschlüsse typischen Interessenlage. Anders als bei freiwilligen Veräußerungen, bei denen sich ein Unternehmen aus wirtschaftlichen Gründen von bestimmten Teilen trennt, und anders als bei Entflechtungen nach Vorfeldzusagen, bei denen sich das den Zusammenschluss betreibende Unternehmen durch die Entflechtungszusage und ihre Befolgung Vorteile in einem bereits laufenden Fusionskontrollverfahren verspricht, bestehen für das zusammenschlussbedingt entstandene Unternehmen keine positiven Anreize, sich dem Druck des Hoheitsträgers zu beugen. Vielmehr liegt es normalerweise im Unternehmensinteresse, die Entflechtung ganz zu verhindern oder so gelinde wie möglich zu gestalten und die wirtschaftlichen Vorteile des Zusammenschlusses möglichst lange auszuschöpfen.[326]

Vor diesem Hintergrund liegt es nahe, den Einfluss des zu entflechtenden Unternehmens auf die Modalitäten der Entflechtung weitestgehend einzuschränken. Auch diesem wirtschaftspolitischen Anliegen sind jedoch

---

324 Dazu Federal Trade Commission, A study of the Commission's divestiture process (1999), 18 f.

325 Dazu Federal Trade Commission, ebenda, 16 f.

326 Vgl. wiederum Report of the House Committee on the Judiciary, H.R. Rep. No. 1373, 94th Cong., 2d Sess. (1976), abgedruckt in 1976 U.S.C.C.A.N. 2572, 2641: "Rarely will the acquiring firm swiftly attempt to sever its own illegal acquisition – which has generally become an integral part of its operations by the time a divestiture is entered. […] The prospect of such profits [gemeint ist der *Papercraft*-Fall], and the strong probability that the government will ultimately win only a partial or 'token' divestiture order, unfortunately provide clear incentives for speedily consummating suspect mergers, and then protracting the ensuing litigation."

Grenzen gesetzt. Denn in gewissem Maße sind die zuständigen Hoheitsträger auf die Beteiligung des zu entflechtenden Unternehmens angewiesen. Damit ist das schwierige Spannungsfeld zwischen notwendiger Einbindung einerseits bei erforderlicher Führung und kontinuierlicher Überwachung andererseits angesprochen.

> „Die ganze Problematik liegt in dem Dilemma, daß das Unternehmen zu einem Geschäft gezwungen ist, das ihm als Nachteil oder Strafe vorkommen muß, das schnell und erfolgreich aber nur bei aktiver, engagierter Beteiligung, wie sie geschäftliches Eigeninteresse hervorruft, zu bewältigen ist."[327]

Die Gründe für die erforderliche Einbindung liegen auf der Hand. Häufig fehlen dem zuständigen Hoheitsträger die erforderlichen Kenntnisse, Fähigkeiten und Kontakte, um die Entflechtung eigenständig zu einem erfolgreichen Abschluss zu bringen.[328]

(2) Rückabwicklungsproblematik II: Behebung zwischenzeitlich eingetretener Schäden

In den vorbereitenden Materialien zur FKVO wird nicht nur auf die Entflechtungsproblematik, sondern auch auf die Schadensregulierungsproblematik hingewiesen.[329] Auch insofern besteht eine Parallele zur Gesetzgebungsgeschichte des HSR Act. Hierzu wiederum die Federal Trade Commission:

> „The legislative history of the HSR Act identifies two types of problems that were addressed by the HSR Act: interim harm to competition and the inability to fully restore competition. Rogowsky's studies of merger orders issued prior to the HSR Act found that divestitures typically occurred more than five years after the anticompetitive merger transaction. In such cases, a lawsuit successfully challenged the transaction and relief was ordered and obtained, but consumers and

327 Oehler, Entflechtung und Kontrahierungszwang (1976), 227.

328 Dazu Pfunder/Plaine/Whittemore, 17 Antitrust Bull. 19, 96 f. (1972): "It is the defendant who knows the business, knows the value of the assets, understands the technology of manufacture and the dynamics of the market, and is in the best position to know who might be interested in purchasing the assets ordered sold."

329 Dazu oben Kapitel 1 B.I.1.a.cc.(1).

> the market were damaged by the loss of competition until the remedy became fully effective. This interim competitive harm is likely to occur as a result of any unlawful transaction and therefore the public cannot be fully protected unless the transaction is prevented."[330]

Die durch den Vollzug geänderte Marktstruktur hat Auswirkungen auf die anderen Marktteilnehmer wie Lieferanten, Kunden und Wettbewerber sowie auf die Endverbraucher. Bei den genannten Personengruppen kann die gesteigerte Marktmacht des neu formierten Unternehmens, z.B. über die Verringerung von Wettbewerbsdruck, Preiserhöhungen oder die Verringerung der Produktqualität, Schäden hervorrufen. Solange die geänderte Struktur vorliegt, können immer neue Schäden entstehen oder eingetretene Schäden vertieft werden.[331] Die Gefahr nachteiliger Auswirkungen nimmt mit zunehmender Dauer der Strukturveränderung zu.[332]

Die Regulierung zwischenzeitlich eingetretener Schäden ist typischerweise eine Frage der zivilen Rechtsdurchsetzung. Sofern in einer Rechtsordnung Ansprüche der geschädigten Kreise gegen die am Vollzug beteiligten Unternehmen auf Schadensersatz bestehen,[333] müssen diese von den Anspruchsinhabern zunächst einmal durchgesetzt werden. Hierbei kann insbesondere die Beweislastverteilung Schwierigkeiten bereiten.

---

330 Federal Trade Commission, A study of the Commission's divestiture process (1999), 1 f.

331 Vgl. Report of the House Committee on the Judiciary, H.R. Rep. No. 1373, 94th Cong., 2d Sess. (1976), abgedruckt in 1976 U.S.C.C.A.N. 2572, 2641: „Thus, divestiture cases are rarely successful. Even worse, they are staggeringly expensive and seemingly interminable. The average divestiture case lasts more than five years, and all the while, the acquiring firm retains the illegal profits and other fruits of the acquisition, and its anticompetitive effects pervade the marketplace, injuring competitors and consumers alike." Vgl. auch Pfunder/Plaine/Whittemore, 17 Antitrust Bull. 19, 90 (1972): "Thus, the relevant concerns are the adverse impact upon the market by reason of a prolonged ownership which violates Section 7, and the particular benefits derived from the anticompetitive relationship which flow to the acquiring company during the period of ownership."

332 So auch die Kommission, Entscheidung vom 10. Februar 1999, IV/M.969, *A.P. Møller*, Rn. 19; vom 10. Juni 2009, COMP/M.4994, *Electrabel/Compagnie Nationale du Rhône*, Rn. 217.

333 Vgl. zum EU-Recht oben Kapitel 1 B.III.3.

(3) Zwischenergebnis

Die in der Literatur zum Vollzugsverbot häufig erwähnte „Entflechtungsproblematik“ stellt sich bei genauer Betrachtung als eine Gesamtheit von Faktoren dar, die sich gegenseitig beeinflussen und allein oder in ihrem Zusammenwirken die spätere Auflösung eines Zusammenschlusses und damit die Herstellung funktionierender Wettbewerbsstrukturen erschweren oder unmöglich machen können. Während das Gros der Schwierigkeiten regelmäßig erst mit der dinglichen Rechtsänderung oder im Anschluss an diese eintritt, können manche Schwierigkeiten bereits mit dem Bekanntwerden des Vorhabens[334] oder noch früher[335] entstehen.

In der Literatur wurde darauf hingewiesen, dass sich für viele Schwierigkeiten Lösungen finden ließen, ohne ein präventives System der Fusionskontrolle einführen zu müssen. Vorgetragen wurde dies vor allem im Hinblick auf Entflechtungen nach Vorfeldzusagen und auf Entflechtungen außerhalb der Fusionskontrolle. Letztere sind tendenziell die schwierigsten Fälle, da es bei ihnen einerseits an der für Entflechtungen nach Vorfeldzusagen typischen Anreizsituation, andererseits an den für Entflechtungen bereits vollzogener Zusammenschlüsse typischen Bruchlinien fehlt. Unterstellt man die Richtigkeit dieser in der Literatur verbreiteten Einschätzung, müssten die Schwierigkeiten bei der Entflechtung vollzogener Zusammenschlüsse eigentlich erst recht überwindbar sein. Ebenso dürfte der Ersatz zwischenzeitlich eingetretener Schäden ein beherrschbares Problem darstellen.

Ausschlaggebend für die vom Unionsgesetzgeber getroffene Entscheidung für ein präventives System mit Vollzugsverbot waren offensichtlich die negativen Erfahrungen mit Entflechtungen in europäischen Ländern, darunter insbesondere in Deutschland, sowie in den USA. Demgegenüber scheint die theoretische Befassung mit den Fragen der optimalen Regelungstechnik und der Überwindbarkeit der Entflechtungsproblematik untergeordneten Einfluss gehabt zu haben. In ihrem Zustandekommen kann man die gesetzgeberische Lösung daher in gewisser Weise als „Flucht in die Prävention“ charakterisieren. Dem Verfahrenskonzept der FKVO liegt wohl ab einem bestimmten Punkt die schlichte Erkenntnis zugrunde, dass Strukturveränderungen und wettbewerbliche Schäden regelmäßig zu einem Zeitpunkt – oder Zeitraum – eintreten, der sich als „Vollzug“ beschreiben lässt. Insoweit besteht eine (weitere) Parallele zur Einführung

---

334 So z.B. das Problem des Verlusts von Stakeholderbeziehungen.

335 So z.B. das Problem des Austauschs wettbewerblich sensibler Informationen.

der präventiven Fusionskontrolle in den USA im Jahr 1976. Hierzu die Federal Trade Commission rückblickend im Jahr 1999:

> „The Congressional committees did not try to grapple with the difficulties posed by divestiture orders. Rather, their solution – offered by the HSR Act – was 'to detect and prevent illegal mergers prior to consummation.' Thus, the Senate Report suggests that problems associated with divestiture – interim competitive harm and reconstituting competition – might disappear as a result of prior notice under the Act."[336]

Die Frage der Überwindbarkeit der Entflechtungsproblematik soll auch hier nicht weiter vertieft werden. Dies würde den Rahmen dieser Untersuchung übersteigen. Auf die Wirksamkeit von Entflechtungen wird hingegen noch zurückzukommen sein.[337]

cc. Lösung des Gesetzgebers: Vermeidung von Entflechtung bzw. Schadensregulierung

In den vorangegangenen Abschnitten wurde den Hintergründen der gesetzgeberischen Entscheidung für ein präventives System der Fusionskontrolle mit Vollzugsverbot nachgegangen. Dabei wurden die Entflechtungs- und die Schadensregulierungsproblematik beleuchtet. Anders als man meinen könnte, stand der Gesetzgeber bei seiner Entscheidung indes nicht vor der Wahl zwischen einem verbesserten Entflechtungsregime auf der einen und sonstigen Modellen der Fusionskontrolle auf der anderen Seite. Das Institut der Entflechtung stellt nämlich kein eigenständiges Modell der Fusionskontrolle, sondern lediglich einen möglichen Bestandteil eines solchen Modells dar. Der Gesetzgeber hatte vielmehr die Wahl zwischen verschiedenen, teils eher repressiven, teils eher präventiven Modellen der Fusionskontrolle.

Wie bereits zu Beginn dieses Kapitels erklärt wurde, unterscheiden sich präventive und repressive Modelle zwar in ihrem Eingriffszeitraum, nicht aber in ihrer Zielsetzung. Auch in einem strikt „repressiven" Fusionskontrollsystem sollen sich unerwünschte Wettbewerbsbeeinträchtigungen gar

---

336 Federal Trade Commission, A study of the Commission's divestiture process (1999), 3, unter Hinweis auf Report of the Senate Committee on the Judiciary to accompany S. 1284, S. Rep. No. 803, Pt. 1, 94th Cong., 2d Sess. (1976), 65.

337 Dazu unten Kapitel 1 B.I.1.b.cc.(2)(a).

nicht erst einstellen, sollen materiell illegale Zusammenschlüsse nicht vollzogen werden und daher später auch nicht wieder – mit den dargestellten Schwierigkeiten – entflochten werden müssen.[338] Entflechtungsregelungen gehören zum typischen Ergänzungsinstrumentarium sowohl repressiver als auch präventiver Fusionskontrollsysteme.[339] Der wesentliche Unterschied zwischen der präventiven und der repressiven Ausgestaltung liegt im jeweiligen Konzept zur Vermeidung der Schwierigkeiten, die bei der Entflechtung bzw. Regulierung zwischenzeitlich eingetretener Schäden auftreten. Während das repressive Grundmodell konsequent auf die materiellen Vorgaben ausgerichtet ist und allein mit Abschreckungsmitteln auf deren Einhaltung hinwirkt, darf ein Zusammenschluss im strikt präventiven Grundmodell im Einzelfall erst nach dem Erhalt der Genehmigung vollzogen werden.

Erkennbar ging der Unionsgesetzgeber von der Erwartung aus, dass die genannten Schwierigkeiten in präventiven Systemen eher zu vermeiden seien als in repressiven. Da viele Entflechtungsschwierigkeiten, wie auch viele wettbewerbliche Schäden, wie gesehen, mit dem Übergang der unternehmerischen Leitungsmacht eintreten, die in der Regel mit der Strukturveränderung zusammenfällt, liegt es nahe, dass die Strukturveränderung als solche aufgeschoben werden soll. Mit dem letztlich gefundenen Kompromiss war freilich keine Absage an eine verbesserte Entflechtungspraxis verbunden, denn Entflechtungen konnten und können in ihrer typischen Ergänzungsfunktion nach Art. 8 Abs. 4 FKVO weiterhin erforderlich werden. Die Fortentwicklung sollte fortan jedoch im präventiven Rechtsrahmen der FKVO stattfinden.

Die in der FKVO zutage tretende präventive Regelungstechnik mit automatischem Vollzugsverbot hat sich in den letzten Jahrzehnten weltweit zu einem anerkannten Standard der Fusionskontrolle entwickelt, dem in immer mehr Rechtsordnungen gefolgt wird.[340] Erhebt man die Entflechtungsquote zum Wirksamkeitskriterium, scheint die Kontrollpraxis der EU dies eindrucksvoll zu rechtfertigen. So weist die fortlaufende Statistik der Kommission zur Fusionskontrolle[341] seit dem Inkrafttreten der „ersten“ FKVO zum 21. September 1990 lediglich vier Fälle aus, in denen die Kommission Entflechtungsanordnungen nach Art. 8 Abs. 4 Buchst. a

338 Vgl. erstmals oben Kapitel 1 A.I.2.
339 Dazu oben Kapitel 1 A.II mit Unterabschnitten.
340 Zu den jüngeren Entwicklungen Holzwarth, Vollzugsverbot (2014), 168 f.
341 Oben Fn. 109.

FKVO für nötig erachtet hat.[342] Berücksichtigt man ferner, dass alle vier Anwendungsfälle Konstellationen betrafen, in denen das Vollzugsverbot des Art. 7 Abs. 1 FKVO ausnahmsweise nicht galt,[343] scheint von der Regelung eine überragende Disziplinierungswirkung auszugehen.[344]

Warum aber wird das formelle und aus der Sicht der beteiligten Unternehmen eingriffsintensivere Verbot, Zusammenschlüsse vor dem Erhalt der Genehmigung im Einzelfall zu vollziehen, in der Praxis offenbar eher befolgt als das in repressiven Modellen bestehende, rein materielle „Vollzugsverbot"? Die Antwort auf diese Frage ist in den unterschiedlichen Vermeidungskonzepten zu finden. Diese werden nunmehr genauer untersucht.

(1) Einführung in die Literatur zur optimalen zeitlichen Regelungstechnik

Im Schnittbereich zwischen Rechts- und Wirtschaftswissenschaften hat sich in den vergangenen Jahren ein spezieller Wissenschaftszweig herausgebildet, dessen Vertreter sich mit der ökonomischen Analyse des Rechts („Economic Analysis of Law" oder kurz „Law and Economics") und speziell mit der Effizienz juristischer Regelungstechniken bei der Durchsetzung materiellrechtlicher Verbotssätze befassen.[345] Besondere Beachtung verdienen für die Zwecke der vorliegenden Untersuchung die Untersuchungen von Shavell und Wils.[346] Shavell unterscheidet in seiner – nicht spezifisch wettbewerbsrechtlichen – Abhandlung in Abhängigkeit vom Eingriffszeitraum drei unterschiedliche Verfahrenstechniken:

---

342 In einem weiteren Fall (M.9076 – *Novelis/Aleris*) wurde jüngst eine Entflechtungsanordnung wegen Verstoßes gegen die Bedingungen einer vorangegangenen Genehmigungsentscheidung nach Art. 8 Abs. 4 Buchst. b FKVO angeordnet.

343 Dazu unten Kapitel 5 D.I.2.a.aa.(3)(a).

344 Der Eindruck wird nur teilweise dadurch relativiert, dass in einigen weiteren Fällen Verstöße gegen das Vollzugsverbot begangen wurden, auf die – zumeist wegen der materiellen Legalität des jeweiligen Vorhabens – aber keine Entflechtung folgte; dazu im Einzelnen unten Kapitel 5 D.I.2.a.aa mit Unterabschnitten.

345 Zur Bedeutung für die Fusionskontrolle allgemein Holzwarth, Vollzugsverbot (2014), 40 ff.

346 Shavell, 36 J.L. & Econ. 255 ff. (1993); Wils, (1999) 24 E.L.Rev. 139 ff.; ders., The Optimal Enforcement of EC Antitrust Law (2002), 82 ff.

- die Technik der Prävention („prevention"),
- die Technik der tätigkeitsbezogenen Sanktionen („act-based sanctions") und
- die Technik der erfolgsbezogenen Sanktionen („harm-based sanctions").[347]

Sanktionen sind bei SHAVELL alle geldwerten und sonstigen Maßnahmen, von denen Abschreckungseffekte ausgehen können – im Wettbewerbsrecht neben Bußgeldern also auch Entflechtungen. Unter Prävention versteht er im Einklang mit dem wettbewerbsrechtlichen Schrifttum[348] die Intervention im Vorfeld der betreffenden Betätigung, während sich die Technik der tätigkeitsbezogenen Sanktionen durch ein Eingreifen nach dem Beginn der Betätigung und die der erfolgsbezogenen Sanktionen durch ein Eingreifen nach dem Schadenseintritt auszeichnen. Die beiden letztgenannten Techniken sind nach dem tätigkeitsbezogenen Begriffsverständnis der wettbewerbsrechtlichen Literatur repressiver Natur, weil sie nach der Konzeption des Gesetzgebers erst nach dem Beginn der Betätigung eingreifen. Nach SHAVELL kann jede der zeitlichen Regelungstechniken in Ansehung eines konkreten Gesetzesvorhabens die „richtige" sein. Die Frage, welcher Gestaltung im Einzelfall der Vorzug zu geben ist, soll insbesondere von den folgenden Faktoren abhängen:

- Höhe der in der betreffenden Rechtsordnung verfügbaren Sanktionen;
- Wahrscheinlichkeit, mit der die Beteiligten im Einzelfall mit Maßnahmen der Rechtsdurchsetzung zu rechnen haben;
- Umfang der Informationen, die dem zuständigen Kontrollorgan im Einzelfall und unter Berücksichtigung des Verwirklichungsstadiums zur Verfügung stehen;
- Fähigkeit der Beteiligten, die Sach- und Rechtslage richtig einzuschätzen;
- Kosten der Rechtsdurchsetzung.[349]

WILS hat die Erkenntnisse SHAVELLS und anderer auf das Wettbewerbsrecht übertragen und gleichsam weiterentwickelt. Als weitere Faktoren nennt er:

---

347 SHAVELL, ebenda, 257 f.

348 Vgl. oben Kapitel 1 A.I.2.

349 SHAVELL, 36 J.L. & Econ. 255, 261 ff. (1993).

- das Risiko systematischer (absehbarer) und unsystematischer (nicht absehbarer) Fehleinschätzungen des zuständigen Kontrollorgans;[350]
- das Interesse der Beteiligten an einer zeitnahen Durchführung ihres Vorhabens.[351]

Aus wettbewerbspolitischer Sicht muss die Effizienz des Wettbewerbsschutzes das zentrale Kriterium bei der Verfahrenswahl sein.[352] Erhebt man die Vermeidung nachträglicher Entflechtungen zum Wirksamkeitsmaßstab, lässt sich anhand der dargestellten Faktoren plausibel erklären, warum ein System mit Erlaubnisvorbehalt als „Grundmodell" einer präventiven Fusionskontrolle dem strikt repressiven Gegenentwurf überlegen ist.

(2) Problematik einer allein auf Abschreckung aufbauenden Fusionskontrolle

Die mit dem Vollzug eines materiell illegalen Vorhabens eintretenden Wettbewerbsbeeinträchtigungen sollen im repressiven „Grundmodell" allein mit Mitteln der Abschreckung verhindert werden. Dabei zeigt die Erfahrung, dass es in der Realität oft an einer optimalen Abschreckungswirkung fehlt. Wils hat in Anlehnung an die Beiträge Shavells und anderer die wesentlichen Faktoren herausgearbeitet, die einer wirksamen Abschreckung im Wettbewerbs- und insbesondere im Fusionskontrollrecht entgegenstehen können[353] und damit den eigentlichen Grund für die Schwäche des repressiven Modells bilden. Sind diese Faktoren ausgeschaltet, spricht er von perfekter Abschreckung („perfect deterrence"). Die drei zentralen Gesichtspunkte werden hier kurz vorgestellt.[354]

---

350 Wils, (1999) 24 E.L.Rev. 139, 144 f.

351 Wils, ebenda, 147.

352 Vgl. Möschel in: ORDO 52 (2001), 63, 67.

353 Wils, (1999) 24 E.L.Rev. 139, 143 ff.; ders., The Optimal Enforcement of EC Antitrust Law (2002), 88 ff.

354 Inhaltlich weisen die Überlegungen von Wils Parallelen zum traditionellen Modell der Verhaltensökonomie auf, das einen Abschreckungseffekt prognostiziert, sofern das Produkt aus der Aufdeckungswahrscheinlichkeit und den im Falle eines Regelverstoßes zu erwartenden Sanktionen größer ist als die Vorteile der Nichteinhaltung der Norm; dazu m.w.N. Holzwarth, Vollzugsverbot (2014), 190 f.

(a) Begrenztheit der möglichen Sanktionen nach Art und Höhe

Die abschreckende Wirkung von Sanktionen hängt in erster Linie von deren Art und Höhe ab. Ein grundsätzliches Problem repressiver Kontrolltechniken besteht darin, dass die für eine perfekte Abschreckung erforderlichen Sanktionen für den Gesetzgeber bzw. den im Einzelfall zuständigen Hoheitsträger aus rechtlichen oder tatsächlichen Gründen entweder von vornherein nicht verfügbar oder aber nicht effektiv einsetzbar sind, so dass keine optimale Abschreckungswirkung gewährleistet ist.[355] In fusionskontrollrechtlicher Hinsicht sind dabei insbesondere die folgenden Aspekte bedeutsam:

- In qualitativer Beziehung kann sich vor allem die mangelnde Verfügbarkeit strafrechtlicher Sanktionen abschreckungsmindernd auswirken. Da die beteiligten Unternehmen die Entscheidung über den Vollzug eines materiell illegalen Vorhabens nicht selbst, sondern durch natürliche Personen treffen, wäre es unter Abschreckungsgesichtspunkten vorteilhaft, neben dem jeweiligen Unternehmensträger auch die im Einzelfall Handelnden zu sanktionieren.[356] Im Fusionskontrollrecht stoßen solche Überlegungen jedoch in den meisten Rechtsordnungen an kulturelle, wenn nicht sogar an rechtliche Grenzen.
- In quantitativer Beziehung sind im Fusionskontrollrecht wegen des hohen wirtschaftlichen Nutzenpotenzials von Zusammenschlüssen bedeutende Sanktionshöhen erforderlich, um einen optimalen Abschreckungseffekt zu erzielen. Geht man davon aus, dass die Entscheidungsträger in den Unternehmen wirtschaftlich denken, müssen die durch die Sanktionierung zu erwartenden Kosten die voraussichtlichen Gewinne erreichen oder überschreiten.[357] Da das Höchstmaß der verfügbaren Sanktionen in der Realität durch rechtliche und tatsächliche Faktoren begrenzt wird,[358] besteht in repressiven Fusionskontrollsystemen die Gefahr, dass die in Aussicht gestellten Nachteile nicht gravierend genug sind, um die gewünschte Wirkung auszulösen, d.h. die Parteien vom Vollzug eines materiell illegalen Vorhabens abzuhalten.

---

355 Shavell, 36 J.L. & Econ. 255, 261 f. (1993); Wils, (1999) 24 E.L.Rev. 139, 144; ders., The Optimal Enforcement of EC Antitrust Law (2002), 89.

356 Dazu Kerber/Schwalbe in: MK-EuWettbR (2020), Grundlagen Rn. 702.

357 Wils, (1999) 24 E.L.Rev. 139, 143; vgl. auch Rudowicz, Gun-Jumping (2016), 34.

358 Dazu allgemein Shavell, 36 J.L. & Econ. 255, 262 (1993).

Einer der tatsächlichen Faktoren, die die Abschreckungswirkung eines – materiellen wie formellen – Vollzugsverbots begrenzen können, ist neben dem Bußgeld- vor allem das Entflechtungsrisiko. Hier wirken sich die oben beschriebenen Entflechtungsschwierigkeiten abschreckungsmindernd aus. Die beteiligten Unternehmen (genauer: deren Entscheidungsträger) stellen die praktischen Schwierigkeiten, mit denen der zuständige Hoheitsträger im Falle einer Entflechtung zu kämpfen hat, in ihre Kosten-Nutzen-Rechnung ein.[359] Die Möglichkeit, dass der betreffende Zusammenschluss infolge dieser Schwierigkeiten nicht, nicht vollständig oder erst nach Jahren rückabgewickelt werden kann und den Beteiligten hierdurch wirtschaftliche Vorteile verbleiben, mindert die abschreckende Wirkung des Entflechtungsszenarios.[360] Hierin zeigt sich einmal mehr, dass

> „[...] das Eigeninteresse der Unternehmen, das Entflechtungsrisiko zu vermeiden, nicht mit dem öffentlichen Interesse übereinstimmt, den Vollzug des Zusammenschlusses zu verhindern."[361]

Um trotzdem eine optimale Abschreckungswirkung zu erreichen, müsste das Entflechtungsrisiko eigentlich durch andere Faktoren wie höhere Bußgelder kompensiert werden. Die Möglichkeiten hierzu sind jedoch oft ebenso begrenzt.

---

359 Zum Verhaltensmodell des „homo oeconomicus" m.w.N. HOLZWARTH, Vollzugsverbot (2014), 41 ff.

360 Dazu PURRUCKER, Probleme der Durchführung der Fusionskontrolle (1974), 120: „Neben der entflechtungshemmenden Integrationswirkung langer Verfahrensdauern wirkt die Zeit auch negativ auf den [...] notwendigen Abschreckungseffekt einer wirksamen Fusionskontrolle. Bei den untersuchten Fällen war ein Bestreben der beklagten Unternehmen, Verfahren in die Länge zu ziehen, immer dann zu beobachten, wenn die zur Entflechtung anstehenden Unternehmensteile gute Gewinne erwarten ließen. Diese Wirkung der Zeit, die den Beklagten die Möglichkeit gewährt, noch über Jahre Vorteile aus dem illegalen Zusammenschluß zu ziehen und es dann, was keinesfalls selten der Fall zu sein scheint, noch mit erheblichen Gewinnen zu verkaufen, erscheint geeignet, die Wirksamkeit des Antitrustrechts nachhaltig zu untergraben und verschafft wettbewerbsverletzenden Unternehmen rechtswidrige Vorteile gegenüber legal handelnden Firmen."

361 MESTMÄCKER in: FS Coing/II (1982), 373, 381.

(b) Unsicherheiten bei der Beurteilung der Sach- und Rechtslage

Als weitere Voraussetzung für die Effizienz einer auf Abschreckung aufgebauten Regelungstechnik ist die Fähigkeit der Rechtsunterworfenen zu nennen, die Sach- und Rechtslage richtig einzuschätzen und die Beurteilung durch den zuständigen Hoheitsträger vorherzusehen.[362] Die abschreckende Wirkung möglicher Sanktionen ist gefährdet, wenn die Entscheidungsträger in den Unternehmen sich nicht oder nicht hinreichend darüber im Klaren sind, dass ihr Vorhaben unter das sanktionsbewehrte Verbot fällt.

Die Fähigkeit zur richtigen Einschätzung der Sach- und Rechtslage kann in der fusionskontrollrechtlichen Realität aus unterschiedlichen Gründen vermindert sein. Mit Blick auf die Sachlage ist zu berücksichtigen, dass den Zusammenschlussparteien oft genaue Marktdaten fehlen und sie, anders als hoheitliche Stellen, über keine besonderen Ermittlungsbefugnisse verfügen.[363] Ähnliche Probleme wirft die Einschätzung der Rechtslage auf. Hier fehlt im repressiven „Grundmodell" die Möglichkeit einer verbindlichen Vorabklärung durch den zuständigen Hoheitsträger. Auch die besondere Sach- und Rechtskunde spezialisierter Berater kann die genannten Probleme nur lindern, weil die theoretisch nach objektiven Gesichtspunkten bestimmbare Rechtslage praktisch durch die subjektive Beurteilung des in letzter Instanz entscheidenden Hoheitsträgers ersetzt wird.[364] Erforderlich wäre daher eine verlässliche Fallpraxis, deren Herausbildung in repressiven Systemen aber durch die vergleichsweise niedrige Entscheidungsdichte[365] gebremst wird. Die Gefahr, dass sich die Entscheidungsträger in den Unternehmen auch durch vergleichsweise hohe Sanktionen nicht von der Umsetzung materiell illegaler Vorhaben abhalten lassen, liegt damit auf der Hand.[366]

---

362 Shavell, 36 J.L. & Econ. 255, 264 f. (1993); Wils, (1999) 24 E.L.Rev. 139, 145; ders., The Optimal Enforcement of EC Antitrust Law (2002), 91; vgl. auch Rudowicz, Gun-Jumping (2016), 38.

363 Möschel in: ORDO 52 (2001), 63, 68.

364 Vgl. Wils, (1999) 24 E.L.Rev. 139, 144 f.

365 Vgl. oben Kapitel 1 A.II.1.

366 Umgekehrt besteht die Gefahr, dass strukturell wünschenswerte Konzentrationsprozesse nicht weiter verfolgt werden, weil die Parteien die Risiken einer nachfolgenden Kontrolle zu hoch einschätzen. Eine solche „überschießende" Abschreckung löst zwar keine Rückabwicklungsschwierigkeiten aus, kann unter gesamtwirtschaftlichen Gesichtspunkten jedoch ebenso wenig als „perfekt" bezeichnet werden; dazu Wils, (1999) 24 E.L.Rev. 139, 144 f.

(c) Begrenztheit des Erkennungs- und Verfolgungsrisikos

Ein dritter wesentlicher Faktor für den Erfolg der Abschreckung ist die Wahrscheinlichkeit, mit der die Rechtsunterworfenen mit einer Entdeckung und Sanktionierung ihres Verhaltens zu rechnen haben.[367] Je schwieriger sich die betreffenden Verhaltensweisen bzw. deren Auswirkungen im Nachhinein erkennen und verfolgen lassen, umso geringer fällt ceteris paribus die abschreckende Wirkung der drohenden Sanktionen aus, da die beteiligten Unternehmen die Erkennungs- und Verfolgungswahrscheinlichkeit in ihre Kosten-Nutzen-Rechnung einstellen.

Eine hundertprozentige Erkennungs- und Verfolgungswahrscheinlichkeit ist in der Realität schon deshalb kaum zu erreichen, weil der zuständige Hoheitsträger zum Zwecke der Erkennung und Sanktionierung materieller Verstöße nicht auf unbegrenzte personelle und materielle Ressourcen zurückgreifen kann. Im Bereich der Erkennung entstehen im repressiven „Grundmodell“ erhebliche Kosten, weil die Märkte wegen des eigenverantwortlichen Handelns der beteiligten Unternehmen dauerhaft auf Zusammenschlüsse überwacht werden müssen.[368] Auch die nachträgliche Sanktionierung festgestellter Verstöße kann mit erheblichem Aufwand verbunden sein. Zwar muss das Kontrollverfahren im repressiven „Grundmodell“ nur in Ausnahmefällen eingeleitet und oft nur dann mit einer förmlichen Entscheidung beendet werden, wenn das Vorhaben die Untersagungsvoraussetzungen erfüllt.[369] Wegen der dargestellten Schwierigkeiten kann jedoch insbesondere bei Entflechtungen ein erheblicher Aufwand entstehen. Hinzu kommt, dass sich die Beteiligten in repressiven Verfahren meist wenig kooperationsbereit zeigen.[370]

Die Begrenztheit der personellen und materiellen Ressourcen kann dazu führen, dass das zuständige Kontrollorgan nur einen bestimmten Prozentsatz materieller Verstöße ermitteln und bestrafen kann, was die abschreckende Wirkung der drohenden Sanktionen relativiert. Ein vorausschauender Gesetzgeber wird daher versuchen, das begrenzte Erkennungs- und Verfolgungsrisiko durch andere Faktoren wie höhere Sanktionen zu kom-

---

367 Shavell, 36 J.L. & Econ. 255, 262f. (1993); Wils, ebenda, 145; ders., The Optimal Enforcement of EC Antitrust Law (2002), 90.

368 Vgl. Hitzler, Systeme der Fusionskontrolle (1979), 157.

369 Dazu oben Kapitel 1 A.II.1.

370 Vgl. zu den Entflechtungsschwierigkeiten nochmals oben Kapitel 1 B.I.1.b.bb.(1)(d).

pensieren.[371] Wie oben dargestellt, besteht hier aber oft nur ein begrenzter Gestaltungsspielraum.

(3) Entschärfung im präventiven Modell

Das Problem der unzureichenden Abschreckungswirkung wird im präventiven „Grundmodell" durch das Erfordernis einer vorherigen Genehmigung weitgehend entschärft. Hierfür sind im Wesentlichen zwei Gründe entscheidend.

(a) Anreize zur vorherigen Erlaubniseinholung

Ein Erlaubnisvorbehalt vermittelt jenseits der auch hier vorhandenen Abschreckungskomponente[372] echte Anreize, das vorgeschriebene Verfahren einzuhalten, d.h. genehmigungspflichtige Vorhaben anzumelden und mit dem Vollzug bis zur förmlichen Genehmigung zuzuwarten. Mit dem relativen Bedeutungsverlust der Abschreckung steigt die Wahrscheinlichkeit, dass die für den Gesetzgeber nach Art und Höhe verfügbaren Sanktionen die Zusammenschlussparteien effektiv vom Vollzug wettbewerbsschädlicher Vorhaben abhalten.

Der wichtigste Anreiz dürfte insoweit in der Erlangung von Rechtssicherheit liegen.[373] Im Bereich der Fusionskontrolle kommt dem im Wettbewerbsrecht ohnehin stark ausgeprägten Bedürfnis nach Rechtssicherheit wegen des langfristigen Investitionscharakters von Unternehmenszusammenschlüssen überragende Bedeutung zu.[374] Durch die vorherige und end-

---

371 Wils, (1999) 24 E.L.Rev. 139, 144.

372 Dazu allgemein oben Kapitel 1 A.II.2.b; zum Modell der FKVO oben Kapitel 1 A.III.1.b.cc.

373 Vgl. insofern nochmals die Ausführungen des Wettbewerbskommissars Borschette vor dem Wirtschafts- und Sozialausschuss im Jahr 1974 (oben Kapitel 1 B.I.1.a.cc.(1)). Neben der erhöhten Rechtssicherheit wird in der Literatur auf die in präventiven Systemen typischerweise bestehenden Feinsteuerungsmöglichkeiten hingewiesen, die insbesondere dort bestehen, wo Erlaubnisse an Bedingungen oder Auflagen geknüpft werden können; dazu Klaue/von Lampe/Markert/Petry/Reiniger, Zur Problematik der Fusionskontrolle (1971), 70 f. sowie Hitzler, Systeme der Fusionskontrolle (1979), 159.

374 Möschel in: ORDO 52 (2001), 63, 66 und 68; Hatje in: Terhechte, Internationales Kartell- und Fusionskontrollverfahrensrecht (2008), Rn. 5.9.

gültige[375] Entscheidung des zuständigen Hoheitsträgers wird das Risiko, einen bereits vollzogenen Zusammenschluss wieder auflösen zu müssen, ausgeräumt. Auf diese Weise können sich die Unternehmen doppelt sinnlose Kosten ersparen. Zu den Kosten der Rückabwicklung und des vorausgehenden Kontrollverfahrens kommen im Entflechtungsfall nutzlose Aufwendungen für die bis zu diesem Zeitpunkt vorangetriebene Planung und Implementierung. Der in Systemen mit Erlaubnisvorbehalt vergleichsweise hohe Grad an Rechtssicherheit dient im Ergebnis also auch der Wirksamkeit der Kontrolle.

Aus Gründen, die im 2. Kapitel näher beleuchtet werden, sind die an einem Zusammenschluss beteiligten Unternehmen in der Regel daran interessiert, ihr Vorhaben möglichst rasch in die Tat umzusetzen. Um die Anreize zur Einhaltung des Verfahrens auch vor diesem Hintergrund aufrecht zu erhalten, wird der Erlaubnisvorbehalt in vielen Rechtsordnungen von Mechanismen zur Verfahrensbeschleunigung flankiert. Dies kann – wie im Falle der FKVO – so weit gehen, dass die hoheitliche Kontrollbefugnis – und mit ihr das vorläufige Vollzugsverbot – in dem Moment erlöschen, in welchem das zuständige Organ eine ihm eingeräumte Entscheidungsfrist ungenutzt verstreichen lässt. Auch die bereits vorgestellten Beschleunigungsmechanismen der FKVO dienen damit indirekt der Effizienz der Fusionskontrolle.[376]

Wäre es lediglich der Aspekt der zusätzlichen Anreize, der die hohe Effizienz des Prinzips des Erlaubnisvorbehalts begründete, müsste man fragen, warum der Unionsgesetzgeber nicht auf ein weniger einschneidendes Modell wie das der fakultativ-präventiven Fusionskontrolle[377] gesetzt hat, in dem zwar weder ein formelles Vollzugsverbot noch eine Verpflichtung zur vorherigen Anmeldung, dafür aber ein sanktionsbewehrtes, materielles

---

375 Dazu allgemein oben Kapitel 1 A.II.2.b; zum Modell der FKVO oben Kapitel 1 A.III.1.a. Hier zeigt sich, warum das in Kapitel 1 A.II.3 angesprochene, gemischt präventiv-repressive Modell des „fortdauernden Verbotsvorbehalts“ keine optimale Wirkung zeigen kann: Der vorläufige Charakter der Genehmigung verringert die Anreize, die vorgeschriebene Erlaubnis abzuwarten, weil im Gegenzug nur begrenzte Rechtssicherheit erlangt werden kann, und führt so zu den genannten Rückabwicklungsschwierigkeiten.

376 Vgl. EuG, Beschluss vom 15. Dezember 1992, Rs. T-96/92 R, *CCE de la Société Générale des Grandes Sources u.a./Kommission*, ECLI:EU:T:1992:118, Rn. 30; Urteil vom 28. Oktober 1993, Rs. T-83/92, *Zunis Holding u.a./Kommission*, ECLI:EU:T:1993:93, Rn. 26; Hirsbrunner/König in: Schröter/Jakob/Klotz/Mederer, EuWettbR (2014), Art. 10 FKVO Rn. 1; Ohlhoff in: MK-EuWettbR (2020), Art. 10 FKVO Rn. 6.

377 Dazu oben Kapitel 1 A.II.3.

„Vollzugsverbot", verbunden mit der Möglichkeit besteht, im Zweifelsfall eine vorherige und definitive Entscheidung über die Vereinbarkeit mit dem materiellen Prüfungsmaßstab zu erlangen. Die Entscheidung des Gesetzgebers lässt sich indes theoretisch nachvollziehen, wenn man den Gesichtspunkt der Entkopplung der Sanktionen von der materiellen Beurteilung berücksichtigt.

(b) Trennung von materieller Beurteilung und Sanktion

Anders als in einem strikt repressiv oder fakultativ-präventiv konzipierten System kann der Vollzug eines Vorhabens vor dem Abschluss des Kontrollverfahrens im präventiven „Grundmodell" unabhängig von der materiellen Rechtslage zu Nachteilen für die beteiligten Unternehmen führen. Zwar setzt eine Entflechtung in der Regel die materielle Illegalität des betreffenden Zusammenschlusses voraus. Allerdings besteht für die Unternehmen nicht mehr die Möglichkeit, sich gegen die anstehende Auflösung und die drohenden Sanktionen in einem einheitlichen Verfahren mit einer einheitlichen, materiellrechtlichen Begründung zur Wehr zu setzen. Berücksichtigt man zusätzlich, dass die Erfolgschancen eines juristischen Vorgehens gegen verfahrensrechtlich begründete Sanktionen deutlich geringer ausfallen, weil sich solche Verstöße in der Regel einfacher feststellen lassen als Verletzungen der materiellen Vorgaben,[378] sinken für die Unternehmen die Anreize, den Vollzug eines materiell problematischen Vorhabens zu riskieren und anschließend gegen eine Entflechtung anzukämpfen. Das wegen des offensichtlichen Verfahrensverstoßes hohe Sanktionsrisiko wirkt sich sehr negativ auf die Kosten-Nutzen-Rechnung aus.

c. Zusammenfassung und Ergebnis

Die historische Analyse hat gezeigt, dass das Vollzugsverbot der FKVO, anders als es zuvor auf der Basis der Vorschriften über die Verhaltenskontrolle möglich war, Entflechtungen vermeiden und so die mit ihnen verbundenen Schwierigkeiten und die daraus resultierende Gefahr einer dauerhaften Wettbewerbsbeeinträchtigung von vornherein unterbinden soll. Die These erhält ein theoretisches Fundament, wenn man davon ausgeht,

---

378 Vgl. Wils, (1999) 24 E.L.Rev. 139, 147.

dass die Entscheidungsträger in den Unternehmen wirtschaftlich denken und die Vor- und Nachteile ihres Verhaltens in eine handlungsleitende Gesamtabwägung einstellen. Die zur Begründung des Vollzugsverbots oft herangezogene „Rückabwicklungsproblematik" stellt sich bei genauerer Betrachtung als Folge eines viel grundlegenderen Problems, nämlich der im Fusionskontrollrecht oft nur schwer zu erreichenden Abschreckung, dar. Die Unzulänglichkeit repressiver Modelle wird im System mit Erlaubnisvorbehalt überwunden, indem der Gesetzgeber neben die auch hier unverzichtbaren Mittel der Abschreckung echte Anreize zur vorherigen Erlaubniseinholung treten lässt.[379] Der wichtigste Anreiz liegt in der Erlangung von Rechtssicherheit durch eine vorherige, bindende Entscheidung des zuständigen Kontrollorgans. Verstärkt wird er durch eine zeitliche Begrenzung der Untersagungsbefugnis.

Sieht man vom Wettbewerbsschutz als genereller Zielsetzung der FKVO ab, steht hinter der Regelung des Art. 7 Abs. 1 FKVO das gesetzgeberische *Motiv (Oberziel)*, die mit der Rückabwicklung von Unternehmenszusammenschlüssen verbundenen Schwierigkeiten zu überwinden. Der Erreichung dieses Oberziels dient das *Zwischenziel*, die Notwendigkeit für eine Rückabwicklung (Entflechtung und Schadensregulierung) als solche von vornherein zu beseitigen. Das spezifische *Unterziel* des Art. 7 Abs. 1 FKVO liegt im Aufschub des Eintritts von Marktstrukturveränderungen und zwischenzeitlicher wettbewerblicher Schäden.

Die vorstehenden Betrachtungen erlauben es, die eingangs dargestellten Begründungsansätze zum Regelungszweck des Art. 7 Abs. 1 FKVO[380] zueinander in Bezug zu setzen und gleichsam zu präzisieren. Demnach soll das Vollzugsverbot *Marktstrukturveränderungen sowie den Eintritt zwischenzeitlicher wettbewerblicher Schäden*, wie sie durch den Vollzug von Unternehmenszusammenschlüssen eintreten und durch nachfolgende Restitutions- oder Kompensationsmaßnahmen oft nicht, nur unvollständig oder nur mit erheblichem Aufwand wieder behoben werden können, *einstweilen verhindern.* Auf diese Weise soll das Vollzugsverbot die Durchsetzbarkeit der späteren Sachentscheidung und, wie es der Gesetzgeber im 34. Erwägungsgrund zur FKVO ausgedrückt hat, eine wirksame Überwachung, gewährleisten.

379 Vgl. andeutungsweise den 4. Erwägungsgrund zur FKVO-DVO.
380 Oben Kapitel 1 B.I.1.

2. Regelungsmerkmale

Als Kernelement des Erlaubnisvorbehalts der FKVO weist das Vollzugsverbot des Art. 7 Abs. 1 FKVO die folgenden, charakteristischen Merkmale auf.

a. Formeller Charakter

Wie gesehen, hat die Legalität eines Vorhabens in Systemen mit Erlaubnisvorbehalt nicht nur eine materielle, sondern auch eine formelle Seite. Ein Zusammenschluss, der nach dem SIEC-Test („Significant Impediment to Effective Competition") des Art. 2 Abs. 2 FKVO mit dem Binnenmarkt vereinbar ist, mag materiell legal sein; formell ist er bis zur Genehmigung nach Art. 6 Abs. 1 Buchst. b bzw. Art. 8 Abs. 1, 2 FKVO oder dem Eintritt der Fiktion des Art. 10 Abs. 6 FKVO illegal. Die formelle Illegalität wird durch den Erlaubnisvorbehalt, der sich im Vollzugsverbot des Art. 7 Abs. 1 FKVO ausdrückt, begründet. Auf die Frage der Vereinbarkeit des Vorhabens mit dem Binnenmarkt kommt es dabei nicht an. Berücksichtigt man, dass den für die Beurteilung zuständigen Stellen, also der Kommission und der Gerichte, Fehler unterlaufen können, führt das Erfordernis einer vorherigen Genehmigung letztlich zu einem Vorrang des Formellen über das Materielle. Ihrem Anknüpfungspunkt nach ist die Vorschrift des Art. 7 Abs. 1 FKVO damit formeller, verfahrensrechtlicher Natur.[381]

Die grundsätzliche Zuordnung des Vollzugsverbots zum formellen Fusionskontrollrecht wird auch durch die Erkenntnisse zum Normzweck gestützt. Wie gesehen, besteht der unmittelbare Zweck des Art. 7 Abs. 1 FKVO in der Gewährleistung einer wirksamen Kontrolle. Dass dadurch

381 In diesem Sinne auch EuGH, Urteil vom 31. Mai 2018, Rs. C-633/16, *Ernst & Young/Konkurrencerådet*, ECLI:EU:C:2018:371, Rn. 50, der das Vollzugsverbot von der „materiell-rechtlichen Prüfung des Zusammenschlusses" abgrenzt; Schütz in: KK-KartR (2013), Art. 14 FKVO Rn. 2, der darauf hinweist, dass es materiellrechtliche Verstöße „im eigentlichen Sinn" in der FKVO gar nicht gebe; Holzwarth, Vollzugsverbot (2014), 210, der darlegt, dass das Vollzugsverbot des GWB die „formelle Absicherung der Zusammenschlusskontrolle" bezwecke; Rudowicz, Gun-Jumping (2016), 145; Benedikt-Buckenleib/Haag, NZKart 2021, 21 („Verfahrensvorschrift[...]"; vgl. zur verfahrensrechtlichen Einordnung des Vollzugsverbots nach Sec. 7A Clayton Act Blumenthal, 63 Antitrust L.J. 1, 35 (1994-1995); Morse, 57 Bus. Law. 1463 (2001-2002).

am Ende auch der Wettbewerb geschützt wird,[382] kann für die Einordnung nicht entscheidend sein, weil man auf diese Weise praktisch jede verfahrensrechtliche Bestimmung der FKVO als materiellrechtlich qualifizieren müsste. Stattdessen kann auf die fortlaufende Statistik der Kommission zur Fusionskontrolle[383] verwiesen werden. Für die Jahre 1990 bis einschließlich 2020 lässt sich feststellen, dass die ganz überwiegende Anzahl der mit einer Sachentscheidung abgeschlossenen Fälle, nämlich 7.118, in Phase I oder Phase II ohne Einschränkungen genehmigt wurde, während es in 468 Fällen zu einer Genehmigung unter Bedingungen oder Auflagen und in nur 30 Fällen zu einer Untersagung kam. Damit betrifft das Vollzugsverbot auch statistisch gesehen größtenteils Vorhaben, deren Vollzug unter materiellen Gesichtspunkten legal wäre.[384]

Der Klassifizierung des Art. 7 Abs. 1 FKVO als Norm des Verfahrensrechts steht nicht entgegen, dass diesbezügliche Verstöße im Tatbestandskatalog des Art. 14 *Abs. 2* FKVO verzeichnet sind. Entgegen einer verbreiteten Ansicht[385] unterteilt Art. 14 FKVO Verstöße gegen die Verordnung nämlich nicht in formelle und materielle, sondern nur in minder schwere (Abs. 1) und schwere (Abs. 2).[386] Das zeigt auch die im Zuge der zweiten FKVO-Revision erfolgte Herauslösung des Verstoßes gegen die Anmeldepflicht aus Art. 14 Abs. 1 (Buchst. a) FKVO 1989/1997 und seine Aufnahme in den Kanon des Art. 14 Abs. 2 (Buchst. a) FKVO 2004. Die Vorschrift des Art. 7 Abs. 1 FKVO ist eine Bestimmung des Verfahrensrechts, als solche aber so wesentlich, dass der Gesetzgeber jeden Verstoß als schwerwiegend genug erachtet, um die Geltung des erhöhten Bußgeldrahmen des Art. 14 Abs. 2 FKVO zu rechtfertigen.[387]

Trotz seines grundsätzlich formellen Charakters hat das Vollzugsverbot der FKVO selbstredend auch materiellrechtliche Bezüge. Mit den Aufgreifkriterien der Art. 1 und 3 FKVO hat der Unionsgesetzgeber bestimmte Arten von Vorhaben auf Grund bestimmter Merkmale, die aus wettbewerbspolitischer Sicht ein Überprüfungsbedürfnis durch eine zentrale Stel-

---

382 Vgl. insoweit Baches Opi/Boitos, (2019) 10 JECLAP 269, 270.

383 Oben Fn. 109.

384 Vgl. wiederum Schütz in: KK-KartR (2013), Art. 14 FKVO Rn. 10: „Bei einem Verstoß gegen Art. 7 geht es aber nicht um einen materiellrechtlichen Verstoß, denn die große Mehrzahl aller Fälle ist erlaubt und wird nicht untersagt.“

385 Kellerbauer in: Berg/Mäsch, Deutsches und Europäisches Kartellrecht (2018), Art. 14 FKVO Rn. 6; Meyer in: FK-KartR (97. EL 2020), Art. 14 FKVO Rn. 4, 25; Rudowicz, Gun-Jumping (2016), 145.

386 So auch Fleischmann in: MK-EuWettbR (2020), Art. 14 FKVO Rn. 3.

387 Zeise in: Schulte, Handb FusK (2020), Fn. 3156 zu Rn. 2192.

le innerhalb der EU begründen, einer Kontrollpflicht unterstellt. Dabei dienen die Aufgreifkriterien der Art. 1 und 3 FKVO, an deren Erfüllung das Vollzugsverbot des Art. 7 Abs. 1 FKVO gekoppelt ist, als eine Art „Vorfilter“, der neben vielen materiellrechtlich unproblematischen Vorhaben die problematischen Vorhaben so umfassend wie möglich erfassen soll. Das formelle Vollzugsverbot hat damit sozusagen einen *materiellen Nexus*, indem es „der Umsetzung der maßgeblichen Regeln des materiellen Rechts“[388] dient.[389]

Betont sei an dieser Stelle, dass die grundsätzliche Zuordnung des Art. 7 Abs. 1 FKVO zum formellen Fusionskontrollrecht nur klassifikatorische Bedeutung hat. In der Praxis hat sie, soweit ersichtlich, keine Folgen. Dies gilt auch für die Verjährungsfrage.[390]

b. Automatischer Charakter

Als Element des Erlaubnisvorbehalts greift das Vollzugsverbot der FKVO automatisch ein, wenn sein Anwendungsbereich eröffnet ist, und muss nicht im Einzelfall durch die Kommission angeordnet werden.[391] Es kann daher – im Einklang mit den Verträgen, in denen nunmehr von „Gesetzgebungsakten“ die Rede ist – als „gesetzliches Verbot“[392] bezeichnet werden. Soweit verbotswidrigen Vollzugsmaßnahmen Rechtsgeschäftscharakter zukommt, ordnet Art. 7 Abs. 4 Unterabs. 1 FKVO als unmittelbare Folge deren schwebende Unwirksamkeit an.[393]

---

388 Holzwarth, Vollzugsverbot (2014), 210; ähnlich Rudowicz, Gun-Jumping (2016), 145, der das Vollzugsverbot als „verfahrensrechtliche Vorschrift“ charakterisiert, die „einem materiellrechtlichen Zweck“ diene.

389 Vgl. insoweit die umgekehrte Sichtweise des EuG, Urteil vom 12. Dezember 2012, Rs. T-332/09, *Electrabel/Kommission*, ECLI:EU:T:2012:672, Rn. 206, das aus der möglichen Veränderung der Wettbewerbsbedingungen infolge des Vollzugs folgert, dass ein Verstoß gegen Art. 7 Abs. 1 FKVO „nicht als rein formeller Verstoß oder Verfahrensverstoß anzusehen“ sei; ähnlich Baches Opi/Boitos, (2019) 10 JECLAP 269, 270 f.

390 Vgl. EuG, ebenda, Rn. 207, wonach Verstöße gegen das Vollzugsverbot jedenfalls nicht zu den in Art. 1 Abs. 1 Buchst. a der Verordnung Nr. 2988/74 genannten Verfahrensverstößen gehören und schon deshalb unter die fünfjährige Verjährungsfrist des Buchst. b fallen; anders Baches Opi/Boitos, (2019) 10 JECLAP 269, 271.

391 Zum Gegenentwurf des „Anordnungsmodells“ oben Kapitel 1 A.II.3.

392 Schütz in: KK-KartR (2013), Art. 7 FKVO Rn. 2.

393 Dazu unten Kapitel 1 B.III.1.

c. Vorläufiger Charakter

Das Vollzugsverbot der FKVO dient, wie sich aus dem 34. Erwägungsgrund ergibt, der Wirksamkeit der Überwachung. Es endet daher mit jeder finalen Entscheidung der Kommission zur Frage der Vereinbarkeit des betreffenden Vorhabens mit dem Binnenmarkt. Wie im Einzelnen noch zu zeigen sein wird,[394] gilt dies unabhängig davon, ob der Zusammenschluss genehmigt[395] oder untersagt wird. Im Untersagungsfall ist das Verbot des Art. 7 Abs. 1 FKVO von dem endgültigen „Vollzugsverbot" zu unterscheiden, das aus der Untersagungsentscheidung nach Art. 8 Abs. 3 FKVO folgt und auf einer Überprüfung des Vorhabens am Maßstab der materiellen Kriterien des Art. 2 FKVO beruht.[396] Dem entspricht es, dass der Unionsgesetzgeber in Art. 14 Abs. 2 Buchst. b und c FKVO verschiedene Bußgeldtatbestände für Verstöße gegen Art. 7 FKVO einerseits und Art. 8 Abs. 3 FKVO andererseits vorgesehen hat.

d. Abstrakter Charakter

Das für ein System mit Erlaubnisvorbehalt charakteristische „Stufenverhältnis" ist nicht nur ein solches zwischen vorläufiger und endgültiger, formeller und materieller, sondern auch zwischen abstrakter und konkreter Betrachtung.

> „Charakteristisch für das als präventives Kontrollinstrument eingesetzte Verbot ist, daß der Gesetzgeber mit einem ‚Verbotsüberschuß' arbeitet, indem er die Verbotsfront in einer vergröbernden, pauschalierenden Betrachtungsweise aus Gründen der Prävention absichtlich zunächst weiter vorschiebt, als es der später von der Verwaltung im Kontrollverfahren punktuell festgestellten wirklichen Gefahrenlinie entspricht."[397]

---

394 Dazu unten Kapitel 4 A.II.1.b.dd.

395 Vgl. den ausdrücklichen Hinweis in Art. 7 Abs. 1 FKVO auf die Fälle des Art. 6 Abs. 1 Buchst. b FKVO und des Art. 8 Abs. 1 und 2 FKVO sowie die Genehmigungsfiktion des Art. 10 Abs. 6 FKVO.

396 Wie hier Körber in: Immenga/Mestmäcker, WettbR/Bd. 3 (2020), Art. 7 FKVO Rn. 1; Schütz in: KK-KartR (2013), Art. 7 FKVO Rn. 4 und Art. 14 FKVO Rn. 10. Vgl. bereits oben Kapitel 1 A.II.2.b.

397 Pietzner, JA 1973, 197, 198.

Während der endgültige Maßstab des Art. 2 FKVO den einzelnen Zusammenschluss im Blick hat und die Kommission zum Zwecke der Sachentscheidung eine abschließende Bewertung des konkreten Falls am Maßstab des SIEC-Tests vorzunehmen hat, ist mit dem vorläufigen Maßstab des Art. 7 Abs. 1 FKVO jedenfalls in Phase I noch keine konkrete wettbewerbliche Beurteilung verbunden. Vielmehr ist der Vollzug der von Art. 7 Abs. 1 FKVO erfassten Zusammenschlüsse zunächst ausschließlich wegen der sich aus der Erfüllung der Aufgreifkriterien ergebenden, potenziellen Gefährlichkeit solcher Vorhaben für den Wettbewerb im Binnenmarkt verboten.[398] Auf die konkrete Gefährlichkeit oder gar auf den Nachweis schädlicher Auswirkungen kommt es nicht an.[399] Insoweit lässt sich die Vorschrift des Art. 7 Abs. 1 FKVO als „abstrakter Gefährdungstatbestand" bezeichnen.[400] Nach der gesetzgeberischen Konstruktion müssen die beteiligten Unternehmen grundsätzlich selbst beurteilen, ob ihr Vorhaben einen genehmigungspflichtigen Zusammenschluss darstellt und sie diesen durch ihr Verhalten ggf. vorzeitig im Sinne des Art. 7 Abs. 1 FKVO vollziehen.[401] Denn das Risiko, dass ein genehmigungspflichtiger Zusammenschluss ohne Genehmigung vollzogen wird, hat der Unionsgesetzgeber in Art. 14 Abs. 2 Buchst. b FKVO den beteiligten Unternehmen zugewiesen. Dagegen obliegt die Beurteilung der *Folgen* des Vollzugs für den Wettbewerb ausschließlich der Kommission. Die Kommission prüft diese Folgen

398 Zu beachten ist, dass mit der Einstufung eines Vorhabens als „potenziell gefährlich" keine Vermutung für dessen Wettbewerbsschädlichkeit im Einzelfall verbunden ist. Will die Kommission ein Vorhaben untersagen oder von Bedingungen oder Auflagen abhängig machen, hat sie die wettbewerblichen Auswirkungen im konkreten Fall nachzuweisen. Dazu von Koppenfels in: MK-EuWettbR (2020), Art. 8 FKVO Rn. 4 ff.

399 Vgl. Global Competition Review, Artikel vom 5. Juli 2017 ("DG Comp official resists need for effects in gun-jumping", im Internet abrufbar unter https://globalcompetitionreview.com/dg-comp-official-resists-need-effects-in-gun-jumping, zuletzt abgerufen am 22. April 2021): „A European Commission antitrust official today stressed the importance of being able to punish gun-jumping without having to prove that the misconduct caused real harm. [...] Simon Genevaz, an official in the information, communication and media unit of the European Commission's Directorate-General for Competition, said: 'Gun-jumping, I think, can arise without effects on the market – at least immediately.' Genevaz, who spoke in his personal capacity, added that holding otherwise 'would defeat the purpose of the standstill obligation' [...]."

400 Wessely in: MK-EuWettbR (2020), Art. 7 FKVO Rn. 43.

401 Vgl. York von Wartenburg/Titze, GWR 2014, 364, 366; Rudowicz, Gun-Jumping (2016), 35.

ggf. vorläufig nach Art. 7 Abs. 3 FKVO und endgültig nach Art. 2 i.V.m. Art. 6, 8 FKVO.

Der abstrakte Gefährdungscharakter des Vollzugsverbots kann sich im Laufe des Verfahrens ändern, z.B. wenn die Kommission im Einzelfall wegen wettbewerblicher Bedenken eine Freistellung nach Art. 7 Abs. 3 FKVO ganz oder teilweise ablehnt oder nach Art. 6 Abs. 1 Buchst. c FKVO das Hauptverfahren (Phase II) einleitet. Denn nach Art. 7 Abs. 3 S. 3 FKVO beschließt die Kommission über Freistellungsanträge „unter besonderer Berücksichtigung [...] der möglichen Gefährdung des Wettbewerbs durch den Zusammenschluss." Voraussetzung für die Einleitung von Phase II ist nach Art. 6 Abs. 1 Buchst. c FKVO, dass der Zusammenschluss nach Einschätzung der Kommission „Anlass zu ernsthaften Bedenken hinsichtlich seiner Vereinbarkeit mit dem Gemeinsamen Markt [Binnenmarkt[402]] gibt", wobei das vorläufige Vollzugsverbot nach Art. 7 Abs. 1 FKVO von der Entscheidung nach Art. 6 Abs. 1 Buchst. c FKVO grundsätzlich unberührt bleibt.[403] In beiden Fällen verdichtet sich die abstrakte Gefahr zu einer konkreten, im Einzelfall bestehenden, ohne dass hiermit bereits feststehen würde, dass die Untersagungsvoraussetzungen des Art. 2 Abs. 3 FKVO erfüllt sind.

II. Die Ausnahmetatbestände vom Vollzugsverbot (Art. 7 Abs. 2 und 3 FKVO)

Die Vorschriften des Art. 7 Abs. 2 und 3 FKVO (ex-Art. 7 Abs. 3 und 4 FKVO 1989/1997) sehen vor dem Hintergrund der geschützten Interessen der beteiligten Unternehmen[404] Ausnahmen vom Vollzugsverbot des Art. 7 Abs. 1 FKVO vor. Wie schon erläutert wurde, begründen bzw. ermöglichen sie Durchbrechungen des Präventionsgrundsatzes.[405] Wird eine der Ausnahmen in Anspruch genommen, geht damit aus unternehmerischer Sicht das Risiko einher, den Zusammenschluss später wieder auflösen zu müssen. Realisiert hat sich dieses Risiko in der Verwaltungs-

402 Zu den Begrifflichkeiten oben Fn. 131.

403 Körber, RIW 1998, 910, 911.

404 Zu den typischen Interessen näher unten Kapitel 2; zu deren Grundrechtsschutz unten Kapitel 3.

405 Dazu oben Kapitel 1 A.III.2. Nach der in Kapitel 1 A.II.3 vorgenommenen Klassifizierung stellt sich das System der FKVO insoweit als ein Modell des „Erlaubnisvorbehalts mit beschränktem und beschränkbarem Vollzugsverbot" dar.

praxis der Kommission bislang in den Fällen *Schneider/Legrand* und *Tetra Laval/Sidel*.[406] Im Folgenden werden die einzelnen Ausnahmetatbestände kurz vorgestellt.

1. Ausnahme für öffentliche und „schleichende" Übernahmen (Art. 7 Abs. 2 FKVO)

a. Regelungsstruktur

Die Vorschrift des Art. 7 Abs. 2 FKVO lautet wie folgt:

> „Absatz 1 steht der Verwirklichung von Vorgängen nicht entgegen, bei denen die Kontrolle im Sinne von Artikel 3 von mehreren Veräußerern entweder im Wege eines öffentlichen Übernahmeangebots oder im Wege einer Reihe von Rechtsgeschäften mit Wertpapieren, einschließlich solchen, die in andere zum Handel an einer Börse oder an einem ähnlichen Markt zugelassene Wertpapiere konvertierbar sind, erworben wird, sofern
>
> a) der Zusammenschluss gemäß Artikel 4 unverzüglich bei der Kommission angemeldet wird und

---

406 Beide Vorhaben wurden zunächst auf der Grundlage des Art. 7 Abs. 3 FKVO 1997 (nunmehr Art. 7 Abs. 2 FKVO 2004) vollzogen, anschließend von der Kommission untersagt (Kommission, Entscheidung vom 10. Oktober 2001, COMP/M.2283, *Schneider/Legrand*; vom 30. Oktober 2001, COMP/M.2416, *Tetra Laval/Sidel*) und zum Gegenstand einer Entflechtungsanordnung gemacht (Kommission, Entscheidung vom 30. Januar 2002, COMP/M.2283, *Schneider/Legrand*, ABl. L 101/134 vom 6. April 2004; vom 30. Januar 2002, COMP/M.2416, *Tetra Laval/Sidel*, ABl. L 38/1 vom 10. Februar 2004). *Schneider* musste auf die Entflechtungsentscheidung hin seinen Anteil an *Legrand* auf 5% reduzieren. Obwohl die Entflechtungsentscheidung später wegen Nichtigkeit der zugrunde liegenden Untersagungsentscheidung aufgehoben wurde (EuG, Urteil vom 22. Oktober 2002, Rs. T-77/02, *Schneider Electric/Kommission*, ECLI:EU:T:2002:255), ging *Legrand* letztlich an einen anderen Käufer. Auch *Tetra Laval* musste sich zunächst von den erworbenen Anteilen trennen, konnte den Zusammenschluss nach erfolgreicher Nichtigkeitsklage (EuG, Urteil vom 25. Oktober 2002, Rs. T-80/02, *Tetra Laval/Kommission*, ECLI:EU:T:2002:265) und nachfolgender Genehmigung seitens der Kommission (Kommission, Entscheidung vom 13. Januar 2003, COMP/M.2416, *Tetra Laval/Sidel*) dann aber endgültig vollziehen. Zum Ganzen COOK/KERSE, EC Merger Control (2009), Rn. 5-022; LEVY/COOK, European Merger Control Law (Rel. 14-10/2017), § 17.03[1][a].

b) der Erwerber die mit den Anteilen verbundenen Stimmrechte nicht ausübt oder nur zur Erhaltung des vollen Wertes seiner Investition aufgrund einer von der Kommission nach Absatz 3 erteilten Freistellung ausübt."

Im ersten Teil (bis „sofern") wird der sachliche Anwendungsbereich der Ausnahme definiert. Danach gilt die Ausnahme nur für öffentliche Übernahmen und Übernahmen im Wege einer Reihe von Rechtsgeschäften mit Wertpapieren (sogenannte „schleichende" Übernahmen[407]). Im zweiten Teil werden die tatbestandlichen Voraussetzungen für das Eingreifen der Ausnahme genannt. Danach ist die Ausnahme dadurch bedingt, dass der Erwerber den Zusammenschluss a) unverzüglich nach Art. 4 FKVO bei der Kommission anmeldet und b) die mit den Anteilen verbundenen Stimmrechte entweder überhaupt nicht oder aber in Übereinstimmung mit einer Einzelfreistellung durch die Kommission nach Art. 7 Abs. 3 FKVO zur Erhaltung des vollen Wertes seiner Investition ausübt. Die Ausnahme entfällt ex nunc[408] mit dem Nichtvorliegen einer Anmeldung bei Ablauf der hierfür geltenden Frist sowie mit jeder unerlaubten Ausübung der Stimmrechte. Soweit Art. 7 Abs. 2 Buchst a FKVO eine unverzügliche Anmeldung nach Vollzug genügen lässt, enthält die Vorschrift auch eine Ausnahme von der Pflicht zur Anmeldung vor Vollzug (Art. 4 Abs. 1 Unterabs. 1 FKVO).[409]Soweit die Ausnahmevorschrift des Art. 7 Abs. 2 FKVO eingreift,

---

407 Aufschluss über den Begriff gibt das Grünbuch der Kommission über die Revision der Verordnung (EWG) Nr. 4064/89 des Rates vom 11. Dezember 2001, KOM(2001) 745 endg., Rn. 134: „‚Schleichende Übernahmen' über die Börse sind ein weiteres Beispiel für Zusammenschlüsse, die durch mehrere Erwerbsvorgänge vollzogen werden. Die Transaktionen können auf mehr oder weniger komplizierte Art und Weise vonstattengehen; sie reichen vom relativ offenen und direkten Erwerb von Aktien von verschiedenen Aktionären bis hin zur Einschaltung von Finanzmittlern, die sich unterschiedlicher Finanzinstrumente bedienen. Diese Art des Erwerbs ist häufig bei sogenannten ‚feindlichen Übernahmen', d.h. wenn das zu übernehmende Unternehmen und/oder einige der Anteilseigner der Übernahme alles andere als positiv gegenüberstehen. In solchen Fällen wäre es in der Regel nicht nur unpraktisch, sondern auch widernatürlich, davon auszugehen, dass der Zusammenschluss mit dem Erwerb der Aktie oder des Aktienpaketes erfolgt, mit dem der Erwerber die (de facto-)Kontrolle über das anvisierte Unternehmen erhält. Für alle Beteiligten ist in der Regel klar, dass die in mehreren rechtlich voneinander unabhängigen Schritten erworbenen Rechte aus wirtschaftlicher Sicht eine Einheit bilden, deren Zweck darin besteht, die Kontrolle über das anvisierte Unternehmen zu erwerben."

408 A.A. offenbar Schütz in: KK-KartR (2013), Art. 7 FKVO Rn. 7 a.E.

409 Vgl. bereits oben Kapitel 1 A.III.1.b.aa mit dazugehöriger Fn. 99.

liegt für die Zwecke der Bußgeldvorschrift des Art. 14 Abs. 2 Buchst. a FKVO ein Rechtfertigungsgrund vor.[410]

b. Regelungszweck

Hinsichtlich des Regelungszwecks des Art. 7 Abs. 2 FKVO ist zwischen öffentlichen und „schleichenden" Übernahmen zu unterscheiden. Die Ausnahme für öffentliche Übernahmen wurde in die Verordnung aufgenommen, um die Möglichkeit und die Erfolgsaussichten öffentlicher Übernahmeangebote zu wahren.[411] Weil öffentliche Übernahmeangebote nach vielen mitgliedstaatlichen Wertpapiergesetzen nicht unter einer Bedingung (z.B. der fusionskontrollrechtlichen Genehmigung) abgegeben werden dürfen und ihre Abwicklung an kurze Fristen gebunden ist, wären Konflikte zwischen der EU-Fusionskontrolle und den nationalen Wertpapiergesetzen vorprogrammiert, die schon aufgrund ihrer Zahl den Freistellungsmechanismus des Art. 7 Abs. 3 FKVO überstrapazieren würden. Zu der Regelung dürfte außerdem die vergleichsweise leichte Reversibilität von Börsentransaktionen[412] sowie der Umstand beigetragen haben, dass bei Massengeschäften über die Börse nicht ohne Weiteres feststellbar ist, mit welchem Erwerbsvorgang die Kontrollschwelle überschritten wird.[413] Dagegen beruht die Ausnahme für „schleichende" Übernahmen auf Anregungen aus Unternehmenskreisen, die bis zur zweiten FKVO-Revision nur für öffentliche Übernahmen geltende Ausnahmeregelung aus praktischen Gründen auf bestimmte gestufte Wertpapiertransaktionen auszudehnen, obwohl diese nicht denselben Beschränkungen wie öffentliche Übernahmen unterliegen.[414] In ihrer Begründung des Verordnungsvorschlags aus dem Jahr 2002 weist die Kommission darauf hin, dass die Ausdehnung auf

410 Vgl. deren Wortlaut: „[...] es sei denn, dies ist ausdrücklich gemäß Artikel 7 Absatz 2 [...] zulässig."

411 Instruktiv dazu Wessely in: MK-EuWettbR (2020), Art. 7 FKVO Rn. 89 f. Vgl. auch Zeise in: Schulte, Handb FusK (2020), Rn. 1930.

412 Kritisch dazu Wessely, ebenda, Rn. 90, der allerdings verkennt, dass es insoweit nicht auf die Sicht der Unternehmen, sondern nur der Wettbewerbsaufsicht ankommen kann.

413 Vgl. Miersch, Kommentar zur EG-Verordnung Nr. 4064/89 (1991), 116.

414 Vgl. Kommission, Grünbuch über die Revision der Verordnung (EWG) Nr. 4064/89 des Rates vom 11. Dezember 2001, KOM(2001) 745 endg., Rn. 188; Wessely in: MK-EuWettbR (2020), Art. 7 FKVO Rn. 95 f.; Zeise in: Schulte, Handb FusK (2020), Rn. 1930.

„schleichende“ Übernahmen die Rechtsunsicherheit in Bezug auf solche Wertpapiergeschäfte beseitigen solle.[415] Ihrem ersten Anschein entgegen bezweckt die Regelung allerdings wohl nicht den Vertrauensschutz Dritter, weil deren Interessen über Art. 7 Abs. 4 Unterabs. 2 FKVO bereits hinreichend berücksichtigt werden.[416]

In jüngerer Zeit haben sich die Kommission[417] und im Anschluss das EuG[418] und der EuGH[419] im Fall *Marine Harvest/Morpol* mit dem Regelungszweck des Art. 7 Abs. 2 FKVO auseinandergesetzt und das Tatbestandsmerkmal „von mehreren Veräußerern“ in den Vordergrund gerückt. Danach soll die Regelung die Rechtssicherheit erhöhen, weil bei öffentlichen und „schleichenden“ Übernahmen wegen der Mehrzahl der Erwerbsvorgänge und der Veräußerer Zweifel bestehen können, mit welchem Erwerbsvorgang die Kontrollschwelle überschritten und somit gegen das Vollzugsverbot verstoßen wird.

Mit der Schaffung der Ausnahmevorschrift des Art. 7 Abs. 2 FKVO hat es der Unionsgesetzgeber bewusst hingenommen, dass die Kontrolle über das Zielunternehmen bereits erworben wird. Durch die Beschränkung der Stimmrechtsausübung soll der Regelungszweck des Vollzugsverbots nach Art. 7 Abs. 1 FKVO[420] indes so weit wie möglich gewahrt bleiben. So soll unterbunden werden, dass der Erwerber die Kontrolle tatsächlich ausübt und dadurch „vollendete Tatsachen“[421] schafft, die durch spätere Restitutions- oder Kompensationsmaßnahmen nicht, nur unvollständig oder nur mit erheblichem Aufwand wieder behoben werden könnten.

---

415 Kommission, Vorschlag für eine Verordnung des Rates über die Kontrolle von Unternehmenszusammenschlüssen, KOM(2002) 711 endg., ABl. C 20/19 vom 28. Januar 2003, Rn. 66: „Entsprechend den im Grünbuch gemachten Vorschlägen soll die Ausnahme vom Vollzugsverbot in Artikel 7 Absatz 2 (ex-Artikel 7 Absatz 3) über öffentliche Übernahmeangebote hinaus auf sämtliche Erwerbsvorgänge ausgedehnt werden, die über die Börse unter Beteiligung einer Vielzahl von Veräußerern erfolgen („creeping takeovers“). Auf diese Weise wird die Rechtsunsicherheit in Artikel 7 Absatz 1 in Bezug auf solche Erwerbsvorgänge beseitigt.“

416 Wessely in: MK-EuWettbR (2020), Art. 7 FKVO Rn. 95 f.

417 Kommission, Entscheidung vom 23. Juli 2014, COMP/M.7184, *Marine Harvest/Morpol*, Rn. 102; dazu im Einzelnen unten Kapitel 5 D.I.2.a.aa.(1)(o).

418 EuG, Urteil vom 26. Oktober 2017, Rs. T-704/14, *Marine Harvest/Kommission*, ECLI:EU:T:2017:753; dazu im Einzelnen unten Kapitel 5 D.I.2.b.ee.(1).

419 EuGH, Urteil vom 4. März 2020, Rs. C-10/18 P, *Mowi/Kommission*, ECLI:EU:C:2020:149; dazu im Einzelnen unten Kapitel 5 D.I.2.b.ee.(2).

420 Dazu oben Kapitel 1 B.I.1.

421 Birmanns in: FK-KartR (93. EL 2019), Art. 7 FKVO Rn. 20.

c. Sachlicher Anwendungsbereich der Ausnahme

aa. Öffentliche Übernahmen

Der Ausnahmetatbestand gilt in erster Linie für öffentliche Übernahmeangebote, wie sie nach den Wertpapiergesetzen der Mitgliedstaaten, in Deutschland nach den Regelungen des WpÜG und der WpÜG-Angebotsverordnung, vorgesehen sind.

bb. „Schleichende" Übernahmen („Reihe von Rechtsgeschäften mit Wertpapieren")

(1) Begriffsbestimmung: Wertpapiere

Die Ausnahme für „schleichende" Übernahmen setzt zunächst Rechtsgeschäfte mit Wertpapieren voraus. Für den Wertpapierbegriff kann auf die Definition in Art. 2 Abs. 1 Buchst. e der Übernahmerichtlinie 2004/25/EG[422] zurückgegriffen werden,[423] so dass die Ausnahme für alle Urkunden gilt, die Rechte verbriefen, „die Stimmrechte in einer Gesellschaft verleihen". Ausweislich des Wortlauts des Art. 7 Abs. 2 FKVO schließt dies Wertpapiere ein, „die in andere zum Handel an einer Börse oder an einem ähnlichen Markt zugelassene Wertpapiere konvertierbar sind", wodurch neben Aktien auch z.B. Wandel- und Optionsanleihen erfasst werden, die den Erwerb von Aktien ermöglichen.[424]

(2) Erfordernis mehrerer Erwerbsvorgänge und Veräußerer

Im Hinblick auf „schleichende" Übernahmen setzt der Tatbestand des Art. 7 Abs. 2 FKVO voraus, dass „die Kontrolle […] von mehreren Veräußerern […] im Wege einer Reihe von Rechtsgeschäften mit Wertpapieren" erworben wird. Die Regelung wurde im Jahr 2004 in die Verordnung

422 Richtlinie 2004/25/EG des Europäischen Parlaments und des Rates vom 21. April 2004 betreffend Übernahmeangebote, ABl. L 142/12 vom 30. April 2004, in ihrer aktuellen Fassung.

423 Körber in: Immenga/Mestmäcker, WettbR/Bd. 3 (2020), Art. 7 FKVO Rn. 21.

424 Körber, ebenda; Birmanns in: FK-KartR (93. EL 2019), Art. 7 FKVO Rn. 19; Bechtold/Bosch/Brinker, EU-KartR (2014), Art. 7 FKVO Rn. 9.

aufgenommen. Die Kommission orientiert sich in ihrer Entscheidungspraxis eng am Wortlaut der Norm, was – zumindest aus ihrer Sicht – bereits in mindestens zwei Fällen zu Verstößen gegen das Vollzugsverbot geführt hat. So verlangt die Kommission bei „schleichenden" Übernahmen nicht nur eine gestufte *Transaktion*, sondern im Einklang mit dem Verordnungswortlaut auch, dass die *Kontrolle* im Wege mehrerer Wertpapiergeschäfte von mehreren Veräußerern erlangt wird. Die Ausnahme soll deshalb nicht einschlägig sein, wenn die Kontrolle schon mit dem ersten Erwerbsvorgang erlangt wird oder an sämtlichen Erwerbsvorgängen vor dem Kontrollerwerb jeweils derselbe Veräußerer teilgenommen hat.

Relevant wurde dies in den Fällen *Yara/Kemira GrowHow* und *Marine Harvest/Morpol*, denen aus der Sicht der beteiligten Unternehmen jeweils eine gemischte „öffentliche und schleichende" Übernahme[425] zugrunde lag. In beiden Fällen ging die Kommission von einem Verstoß gegen das Vollzugsverbot aus, weil die dauerhafte Kontrolländerung im Sinne des Art. 3 Abs. 1 FKVO bereits mit dem ersten Erwerbsvorgang, nämlich jeweils mit dem außerbörslichen Erwerb von Anteilen von einem einzigen Veräußerer, dem das öffentliche Übernahmeangebot folgte, erworben worden war. Jedoch verhängte sie nur im Fall *Marine Harvest/Morpol*, später bestätigt durch das EuG und den EuGH, ein Bußgeld. Beide Fälle werden im 5. Kapitel im Zusammenhang mit dem Inhalt des Vollzugsverbots näher behandelt.[426]

(3) Anwendbarkeit auf außerbörsliche Erwerbsvorgänge

Nicht abschließend geklärt ist, ob die Ausnahmevorschrift des Art. 7 Abs. 2 FKVO auch für außerbörsliche „schleichende" Übernahmen gilt. Während der Wortlaut keine Begrenzung auf Börsentransaktionen aufweist,[427] scheint die Entstehungsgeschichte[428] eher für eine solche zu sprechen. Da

---

425 Vgl. zur Kombination beider Institute WESSELY in: MK-EuWettbR (2020), Art. 7 FKVO Rn. 97.

426 Siehe zum Fusionskontrollverfahren *Yara/Kemira GrowHow* (Fall M.4730) unten Kapitel 5 D.I.2.a.aa.(1)(k); zum Fusionskontrollverfahren im Fall *Marine Harvest/Morpol* (Fall M.7184) unten Kapitel 5 D.I.2.a.aa.(1)(o); zum EuG-Verfahren in der Sache *Marine Harvest/Kommission* (T-704/14) unten Kapitel 5 D.I.2.b.ee.(1); zum EuGH-Verfahren in der Sache *Mowi/Kommission* (C-10/18 P) unten Kapitel 5 D.I.2.b.ee.(2).

427 Anders insoweit § 41 Abs. 1a GWB.

428 Dazu oben Fn. 407 und 415.

es sich bei Art. 7 FKVO um eine bußgeldbewehrte Norm handelt und eine Einschränkung nicht aus dem Wortlaut – dort ist in Zusammenhang mit den konvertiblen Wertpapieren auch von einem „ähnlichen Markt" die Rede – erkennbar ist, sollte die Norm indes dahingehend ausgelegt werden, dass sie auch außerbörsliche Vorgänge privilegiert.[429]

d. Inhalt und Umfang der Ausnahme

aa. Vollzugserlaubnis in Abweichung von Art. 7 Abs. 1 FKVO

Die wesentliche Rechtsfolge des Art. 7 Abs. 2 FKVO besteht darin, dass das Vollzugsverbot des Art. 7 Abs. 1 FKVO nicht eingreift. Das bedeutet, wie sich schon aus dem Wortlaut ergibt, dass jedenfalls der Erwerb eines kontrollierenden Anteilspakets nicht gegen das Vollzugsverbot verstößt.[430] Im Übrigen hängen die Rechtsfolgen davon ab, welchen Inhalt man dem Vollzugsverbot nach Art. 7 Abs. 1 FKVO beimisst. Sofern man den Erwerb nicht kontrollierender Minderheitsbeteiligungen, wenn er Bestandteil eines auf den Kontrollerwerb gerichteten, „einzigen" Zusammenschlusses ist, als (Teil-) Vollzug ansieht,[431] muss die Vorschrift des Art. 7 Abs. 2 FKVO auch hiervon eine Ausnahme gewährleisten.

Soweit die Ausnahme des Art. 7 Abs. 2 FKVO eingreift, kann mangels Verstoßes gegen das Vollzugsverbot nach Art. 14 Abs. 2 Buchst. b FKVO kein Bußgeld verhängt werden.

bb. Verbleibende Beschränkungen

Wie bereits gesehen, ist die Ausnahme nach Art. 7 Abs. 2 FKVO an gesetzliche Bedingungen gekoppelt, die den Erwerber in der Ausübung der

429 Wie hier Ablasser-Neuhuber in: Loewenheim u.a., KartR, 2. Auflage (2009), Art. 7 FKVO Rn. 7; mittlerweile wohl zum Gegenteil tendierend Ablasser-Neuhuber in: Loewenheim u.a., KartR (2020), Art. 7 FKVO Rn. 14a; Körber in: Immenga/Mestmäcker, WettbR/Bd. 3 (2020), Art. 7 FKVO Rn. 20; a.A. offenbar Wessely in: MK-EuWettbR (2020), Art. 7 FKVO Rn. 95; Birmanns in: FK-KartR (93. EL 2019), Art. 7 FKVO Rn. 19; König in: Schröter/Jakob/Klotz/Mederer, EuWettbR (2014), Art. 7 FKVO Rn. 6; Bechtold/Bosch/Brinker, EU-KartR (2014), Art. 7 FKVO Rn. 9.

430 Wessely, ebenda, Rn. 91.

431 Dazu ausführlich unten Kapitel 5.

Kontrolle beschränken. Die Vorschrift weist zwei Tatbestandsalternativen auf, die sich jeweils im Maß der Beschränkung unterscheiden.

(1) Art. 7 Abs. 2 Buchst. a, b Alt. 1 FKVO („Verbot der Stimmrechtsausübung“)

Nach Art. 7 Abs. 2 Buchst. a, b Alt. 1 FKVO besteht bei öffentlichen und „schleichenden“ Übernahmen eine Ausnahme vom Vollzugsverbot, sofern (i.) der Zusammenschluss unverzüglich angemeldet wird und (ii.) die mit den Anteilen verbundenen Stimmrechte nicht ausgeübt werden. Die Kommission[432] und Teile der Literatur[433] bezeichnen diese Regelung als „Legalausnahme“ vom Vollzugsverbot. Damit wird zutreffend zum Ausdruck gebracht, dass die Rechtsfolge in den Fällen des Art. 7 Abs. 2 Buchst. a, b Alt. 1 FKVO, anders als in den Fällen des Art. 7 Abs. 3 FKVO, automatisch eintritt. Es handelt sich sozusagen um eine automatische Ausnahme vom automatischen Vollzugsverbot. Nach anderer Sichtweise modifiziert Art. 7 Abs. 2 Buchst. a, b Alt. 1 FKVO das Vollzugsverbot für die Fälle öffentlicher und „schleichender“ Übernahmen zu einem „Verbot der Stimmrechtsausübung“.[434] Solche Verbote sind seit langem als Mittel der repressiven Fusionskontrolle anerkannt.[435] Praktische Auswirkungen hat dieser Perspektivwechsel indes wohl keine, schließlich führt die Ausübung der Stimmrechte nach jeder Betrachtung zu einem Verstoß gegen das Vollzugsverbot.[436]

Die Vorschrift des Art. 7 Abs. 2 Buchst. a, b Alt. 1 FKVO kann zur Folge haben, dass ein Unternehmen vorübergehend durch seine Minderheitsge-

---

432 Kommission, Grünbuch über die Revision der Verordnung (EWG) Nr. 4064/89 des Rates vom 11. Dezember 2001, KOM(2001) 745 endg., Rn. 187.

433 Wessely in: MK-EuWettbR (2020), Art. 7 FKVO Rn. 88; Kellerbauer in: Berg/Mäsch, Deutsches und Europäisches Kartellrecht (2018), Art. 7 FKVO Rn. 2.

434 Wessely in: MK-EuWettbR (2020), Art. 7 FKVO Rn. 98; Körber in: Immenga/Mestmäcker, WettbR/Bd. 3 (2020), Art. 7 FKVO Rn. 18 a.E.; König in: Schröter/Jakob/Klotz/Mederer, EuWettbR (2014), Art. 7 FKVO Rn. 5; Berlin, Contrôle des concentrations (2009), Rn. 330 („plutôt […] un aménagement de la règle, même si le texte parle de conditions“); kritisch Koch in: Grabitz, Kommentar zum EWG-Vertrag (4. EL 1990), Rn. 27 nach Art. 86 EG.

435 Im EU-Fusionskontrollrecht kann es nach Art. 8 Abs. 5 FKVO angeordnet werden, dazu von Koppenfels in: MK-EuWettbR (2020), Art. 8 FKVO Rn. 154.

436 Streiten lässt sich allenfalls darüber, ob der Verstoß mit Wirkung ex tunc oder ex nunc eintritt. Nach hier vertretener Auffassung hat der Eintritt stets Wirkung ex nunc; zur Gegenansicht oben Fn. 408.

sellschafter kontrolliert wird oder gar keine Gesellschafterbeschlüsse gefasst werden können.[437]

(a) Grundsatz: Geltung nur für Stimmrechte aus Neuanteilen

In der aktuellen Diskussion ist es, soweit ersichtlich, unstrittig, dass das „Verbot der Stimmrechtsausübung“ (Art. 7 Abs. 2 Buchst. a, b Alt. 1 FKVO) nur für die im Zuge der öffentlichen bzw. „schleichenden“ Übernahme erworbenen Anteile (sogenannte „Neuanteile“), nicht aber für bereits zuvor gehaltene Anteile (sogenannte „Altanteile“), gilt.[438] Die Gegenauffassung wäre wohl nur schwer mit dem Eigentumsrecht des Art. 17 Abs. 1 GRC[439] vereinbar, da für einen Eingriff in Positionen des Erwerbers, die außerhalb des Zusammenschlusses rechtmäßig erworben wurden, keine Rechtfertigung erkennbar ist.

Fraglich ist, ob das „Verbot der Stimmrechtsausübung“ die Stimmrechte aller Neuanteile oder nur derjenigen betrifft, durch die rechnerisch die Kontrollschwelle überschritten wird. Die Antwort hängt wiederum davon ab, welchen Inhalt man dem Vollzugsverbot nach Art. 7 Abs. 1 FKVO beimisst.[440] Wenn man den Erwerb nicht kontrollierender Minderheitsbeteiligungen im Rahmen eines einheitlichen Zusammenschlusses als (Teil-) Vollzug ansieht, von dessen Verbotswidrigkeit Art. 7 Abs. 2 FKVO eine Ausnahme gewährt, ist es konsequent, die Stimmrechtsausübung auch für diese Anteile zu suspendieren. Versteht man unter „Vollzug“ im Sinne des Art. 7 Abs. 1 FKVO hingegen ausschließlich die Bewirkung einer dauerhaften Kontrolländerung im Sinne des Art. 3 Abs. 1 FKVO, besteht kein Grund, das Vollzugsverbot auf Stimmrechte unterhalb der Kontrollschwelle zu erstrecken, selbst wenn diese im Rahmen ein- und desselben Vorhabens erworben wurden.[441]

---

437 Schütz in: KK-KartR (2013), Art. 7 FKVO Rn. 10.

438 Vgl. Schütz, ebenda, Rn. 8; Wessely in: MK-EuWettbR (2020), Art. 7 FKVO Rn. 92; Körber in: Immenga/Mestmäcker, WettbR/Bd. 3 (2020), Art. 7 FKVO Rn. 27; Birmanns in: FK-KartR (93. EL 2019), Art. 7 FKVO Rn. 20; König in: Schröter/Jakob/Klotz/Mederer, EuWettbR (2014), Art. 7 FKVO Rn. 5.

439 Vgl. unten Kapitel 3 B.III.1.b.

440 Dazu ausführlich unten Kapitel 5.

441 Vgl. Wessely in: MK-EuWettbR (2020), Art. 7 FKVO Rn. 98 a.E.

(b) Ausnahme: Kontrollerwerb durch Altanteile

In besonderen Fällen kann ein Unternehmen durch den Erwerb von Neuanteilen in die Situation gelangen, ein anderes Unternehmen mit Altanteilen zu kontrollieren. Auf dieses Problem haben JONES/GONZÁLEZ DÍAZ bereits früh hingewiesen.[442] Die von ihnen vorgeschlagene Lösung, das „Verbot der Stimmrechtsausübung" dann ausnahmsweise auf die Altanteile auszudehnen, überzeugt vor dem Hintergrund des eingangs erläuterten Regelungszwecks des Art. 7 Abs. 1 und 2 FKVO und wird daher in der neueren Literatur überwiegend geteilt.[443]

(2) Art. 7 Abs. 2 Buchst. a, b Alt. 2 FKVO (Einzelfreistellung vom „Verbot der Stimmrechtsausübung")

Nach Art. 7 Abs. 2 Buchst. a, b Alt. 2 FKVO besteht bei öffentlichen und „schleichenden" Übernahmen eine Ausnahme vom Vollzugsverbot, sofern (i.) der Zusammenschluss unverzüglich angemeldet wird und die mit den Anteilen verbundenen Stimmrechte (ii.) nur zur Erhaltung des vollen Wertes der Investition des Erwerbers (iii.) aufgrund einer von der Kommission nach Art. 7 Abs. 3 FKVO erteilten Freistellung ausgeübt werden. Anders als in den Fällen des Art. 7 Abs. 2 Buchst. a, b Alt. 1 FKVO bedürfen die beteiligten Unternehmen hier im Einzelfall einer Entscheidung der Kommission, um einen Verstoß gegen das Vollzugsverbot abzuwenden. Es handelt sich daher nicht um eine Legalausnahme. Die Kommission spricht in den Fällen des Art. 7 Abs. 3 FKVO, auf den in Art. 7 Abs. 2 Buchst. b FKVO Bezug genommen wird, von einer „Einzelfreistellung" vom Vollzugsverbot.[444] Auf Art. 7 Abs. 2 Buchst. b FKVO übertragen, liegt demnach eine Einzelfreistellung vom „Verbot der Stimmrechtsausübung" vor.

Nach Art. 7 Abs. 2 Buchst. b Alt. 2 FKVO setzt die ausnahmsweise Erlaubnis zur Ausübung der mit den erworbenen Anteilen verbundenen

---

442 JONES/GONZÁLEZ DÍAZ, The EEC merger regulation (1992), 202.

443 KÖRBER in: Immenga/Mestmäcker, WettbR/Bd. 3 (2020), Art. 7 FKVO Rn. 27; ABLASSER-NEUHUBER in: Loewenheim u.a., KartR (2020), Art. 7 FKVO Rn. 13 mit dazugehöriger Fn. 46; KÖNIG in: Schröter/Jakob/Klotz/Mederer, EuWettbR (2014), Art. 7 FKVO Fn. 4 zu Rn. 5; a.A. WESSELY in: MK-EuWettbR (2020), Art. 7 FKVO Rn. 92.

444 Kommission, Grünbuch über die Revision der Verordnung (EWG) Nr. 4064/89 des Rates vom 11. Dezember 2001, KOM(2001) 745 endg., Rn. 187.

Stimmrechte neben der unverzüglichen Anmeldung zum einen eine Freistellung durch die Kommission „nach Absatz 3" voraus; dies wird in Art. 7 Abs. 3 S. 1 FKVO aufgegriffen („Freistellung von den in Absatz 1 oder Absatz 2 bezeichneten Pflichten"). Zum anderen darf der Erwerber die Stimmrechte in den Fällen des Art. 7 Abs. 2 Buchst. b Alt. 2 FKVO selbst bei Vorliegen einer Freistellung „nur zur Erhaltung des vollen Wertes seiner Investition" ausüben. Damit stellt sich die Frage, ob die an einer öffentlichen oder „schleichenden" Übernahme beteiligten Unternehmen direkt nach Art. 7 Abs. 3 FKVO, d.h. ohne den „Umweg" des Art. 7 Abs. 2 Buchst. a, b FKVO, eine umfassende Freistellung vom Vollzugsverbot des Art. 7 Abs. 1 FKVO beantragen können, die auch die Beschränkung der Stimmrechtsausübung auf den Zweck des Werterhalts überwindet. Da keine Anhaltspunkte dafür bestehen, dass für Freistellungen vom Vollzugsverbot in den Fällen öffentlicher und „schleichender" Übernahme generell strengere Anforderungen gelten sollen – diese sollen ja im Gegenteil besonders privilegiert werden –, ist davon auszugehen, dass das Merkmal den beteiligten Unternehmen diese Möglichkeit nicht verschließt.[445] Die Verweisung auf Art. 7 Abs. 3 FKVO macht vor diesem Hintergrund trotzdem Sinn, wenn man annimmt, dass das Merkmal den Prüfungsmaßstab des Art. 7 Abs. 3 S. 3 FKVO ergänzt, ohne öffentliche und „schleichende" Übernahmen gegenüber anderen Zusammenschlussarten zu benachteiligen. Zustimmung verdient insoweit der Vorschlag, die Kommission in den Fällen des Art. 7 Abs. 2 Buchst. b Alt. 2 FKVO als verpflichtet anzusehen, die Freistellung zu erteilen, soweit die Stimmrechtsausübung ausschließlich der Werterhaltung dient und nicht eindeutig überwiegende Interessen Dritter oder des Wettbewerbsschutzes dagegen sprechen,[446] daneben aber auch Freistellungen nach pflichtgemäßem Ermessen der Kommission in direkter Anwendung des Art. 7 Abs. 3 FKVO ohne Beschränkung des Stimmverhaltens zuzulassen.

In der Praxis haben diese Fragen bislang, soweit ersichtlich, keine große Rolle gespielt.[447] Als rein werterhaltend anerkannt sind z.B. Beschlussfas-

---

445 So auch Schütz in: KK-KartR (2013), Art. 7 FKVO Rn. 7.

446 Körber in: Immenga/Mestmäcker, WettbR/Bd. 3 (2020), Art. 7 FKVO Rn. 25. Ähnlich Maass in: Langen/Bunte, EuKartR (2018), Art. 7 FKVO Rn. 22; Wessely in: MK-EuWettbR (2020), Art. 7 FKVO Rn. 93. Anders Jones/González Díaz, The EEC merger regulation (1992), 206 (dort Fn. 19), die den materiellen Maßstab des Abs. 3 S. 3 vollständig durch das Merkmal „zur Erhaltung des vollen Wertes seiner Investition" ersetzen wollen.

447 Beispielhaft können die öffentlichen Übernahmen von *Perrier* durch *Nestlé* (Kommission, Entscheidung vom 22. Juli 1992, IV/M.190, *Nestlé/Perrier*; zitiert

sungen zur Genehmigung des Jahresabschlusses, zur Entlastung des Vorstands[448] oder zum Umfang von Ausschüttungen, nicht aber zu Eingriffen in die Struktur oder die strategische Ausrichtung des Unternehmens.[449]

e. Eintritt und Dauer der Anmeldefrist

In Art. 7 Abs. 2 des Kommissionsentwurfs für eine Fusionskontrollverordnung vom 25. April 1988,[450] der erstmals eine Ausnahme für öffentliche Übernahmen vorsah, war geregelt, dass die Anmeldung am Tag der Eintragung des Übernahmeangebots erfolgen müsse. Diese Regelung wurde später verworfen; stattdessen wurde in Art. 4 Abs. 1 FKVO 1989 der Anmeldezeitpunkt generell wie folgt konkretisiert:

> „Zusammenschlüsse von gemeinschaftsweiter Bedeutung im Sinne dieser Verordnung sind innerhalb einer Woche nach dem Vertragsabschluß, der Veröffentlichung des Kauf-oder Tauschangebots oder des Erwerbs einer die Kontrolle begründenden Beteiligung bei der Kommission anzumelden. Die Frist beginnt mit der ersten der vorgenannten Handlungen.“

Bis zur zweiten FKVO-Revision war in Art. 7 FKVO 1989/1997 für öffentliche Übernahmen gar keine Regelung zum Anmeldezeitpunkt enthalten. Nach Art. 7 Abs. 2 Buchst. a FKVO 2004 müssen die beteiligten Unternehmen, um von der Ausnahme für öffentliche Übernahmen zu profitieren, den Zusammenschluss seither „gemäß Artikel 4 unverzüglich bei der Kommission“ anmelden. In Art. 7 Abs. 2 FKVO 2004 weiterhin nicht geregelt ist das Ereignis, das die Anmeldefrist auslöst. Nach Art. 4 Abs. 1 Unterabs. 1 FKVO 2004 sind Zusammenschlüsse von EU-weiter Bedeutung „nach Vertragsabschluss, Veröffentlichung des Übernahmeangebots oder Erwerb einer die Kontrolle begründenden Beteiligung und vor ihrem

---

nach DRAUZ/SCHROEDER, Praxis der europäischen Fusionskontrolle (1995), 201; die Freistellungsentscheidung selbst ist nicht öffentlich verfügbar) und *Aker Yards* durch *STX* (Kommission, Entscheidung vom 19. März 2008, COMP/M.4956, *STX/Aker Yards*) genannt werden.

448 So im vorzitierten Fall *Nestlé/Perrier*.

449 BECHTOLD/BOSCH/BRINKER, EU-KartR (2014), Art. 7 FKVO Rn. 9; ABLASSER-NEUHUBER in: Loewenheim u.a., KartR (2020), Art. 7 FKVO Rn. 13. Im vorzitierten Fall *Nestlé/Perrier* lehnte die Kommission eine Freistellung der Stimmrechtsausübung zur Einsetzung eines neuen Vorstands ab.

450 Vgl. bereits oben Kapitel 1 B.I.1.a.cc.(1).

Vollzug bei der Kommission anzumelden." Der letzte Satz in Art. 4 Abs. 1 FKVO 1989/1997 („Die Frist beginnt mit der ersten der vorgenannten Handlungen") wurde gestrichen.

Wegen der typischen Unterschiede zwischen öffentlichen und „schleichenden" Übernahmen – bei ersteren gibt es keinen Vertragsschluss im eigentlichen Sinn – könnte daraus der Schluss zu ziehen sein, dass öffentliche Übernahmeangebote regelmäßig unverzüglich nach ihrer Veröffentlichung und „schleichende" Übernahmen unverzüglich nach Vertragsabschluss bei der Kommission anzumelden seien. Allerdings bestehen insoweit erhebliche Unsicherheiten. Generell fragt sich, in welchem Verhältnis die verschiedenen Zeitpunkte zueinander stehen, seit der letzte Satz aus dem Verordnungstext gestrichen wurde. Im Hinblick auf die „schleichenden" Übernahmen bleibt zudem offen, auf welchen Vertragsabschluss es ankommen soll, da hier definitionsgemäß von mehreren Veräußerern Anteile erworben werden, die zusammen die Kontrolle gewähren. Eine weitere generelle Frage lautet, worin der Unterschied zwischen dem „Erwerb einer die Kontrolle begründenden Beteiligung" und dem „Vollzug" besteht.

Auf die generellen Fragen wird im Besonderen Teil zurückzukommen sein. An dieser Stelle sei aber bereits erwähnt, dass es sich bei der Formulierung „nach Vertragsabschluss, Veröffentlichung des Übernahmeangebots oder Erwerb einer die Kontrolle begründenden Beteiligung und vor ihrem Vollzug" um ein Rudiment handelt, welches seine ursprüngliche Funktion, das Auslösen der Wochenfrist für die Anmeldung, verloren hat. Der besonderen Eigenart öffentlicher und „schleichender" Übernahmen entsprechend sollte nach hier vertretener Auffassung daher auf die Erwerbsvorgänge und nicht auf Vertragsabschlüsse oder die Veröffentlichung des Übernahmeangebots abgestellt werden.

Als relevanter Zeitpunkt für den Beginn der Anmeldefrist nach Art. 7 Abs. 2 Buchst. a FKVO kommt der erste oder der die Kontrolle begründende Erwerbsvorgang in Betracht. Für den letztgenannten Zeitpunkt scheint die Formulierung des Art. 7 Abs. 2 FKVO („Kontrolle im Sinne von Artikel 3 [...] erworben") zu sprechen.[451] Den Zeitpunkt des Kontrollerwerbs hält grundsätzlich auch Wessely[452] für entscheidend, der argumentiert, dass im Zeitpunkt des ersten Erwerbsvorgangs weder ein

451 Zu der Frage, ob unter „Vollzug" im Sinne des Art. 7 FKVO eher ein Vorgang oder ein Zustand zu verstehen ist, im Einzelnen unten Kapitel 5 D.II.2.b mit Unterabschnitten.

452 Wessely in: MK-EuWettbR (2020), Art. 7 FKVO Rn. 98.

Zusammenschluss im Sinne des Art. 3 FKVO noch die Anmeldevoraussetzungen des Art. 4 FKVO gegeben seien und Art. 4 Abs. 1 FKVO erkennbar Situationen für möglich halte, in denen die Anmeldepflicht erst mit dem Kontrollerwerb ausgelöst werde.[453] Dagegen legen Äußerungen der Kommission im Verfahren zur zweiten FKVO-Revision nahe, dass es für den Beginn der Anmeldefrist auf den ersten Erwerbsvorgang ankommen soll.[454] Richtig dürfte es sein, den Beginn der Anmeldefrist, wie das „Verbot der Stimmrechtsausübung", auf den ersten Vorgang zu beziehen, von dem Art. 7 Abs. 2 FKVO einen Dispens vom Vollzugsverbot erteilt, so dass auch die Antwort auf diese Frage vom Vollzugsbegriff des Art. 7 Abs. 1 FKVO abhängt.[455] Sofern man den Dispens bereits für den Erwerb einer Minderheitsbeteiligung für erforderlich hält, weil man diesen wegen der Umstände des Einzelfalls als (Teil-) Vollzug qualifiziert, ist es konsequent, die Anmeldefrist ab diesem Zeitpunkt zu berechnen. Anderenfalls läuft sie vom Kontrollerwerb an.

Offen ist, wann eine Anmeldung als „unverzüglich" im Sinne des Art. 7 Abs. 2 Buchst. a FKVO gelten kann. In der Literatur werden insoweit unterschiedliche, meist wenig zur Konkretisierung beitragende Formeln wie z.B. „sehr rasch",[456] „ohne schuldhaftes Verzögern"[457] oder „unmittelbar zusammen"[458] mit dem fristauslösenden Ereignis, gebraucht. Letztlich handelt es sich um eine Frage des Einzelfalls.[459] Im Fall *Marine Harvest/Morpol* wurde sie von der Kommission mangels Entscheidungserheblichkeit ausdrücklich offen gelassen.[460]

2. Einzelfreistellung vom Vollzugsverbot (Art. 7 Abs. 3 FKVO)

Die Vorschrift des Art. 7 Abs. 3 FKVO verleiht der Kommission eine Befugnis zum Erlass von Entscheidungen, mit denen im Einzelfall Ausnahmen vom Vollzugsverbot erteilt werden können. Wie bereits erwähnt, hat

---

453 Damit spielt er auf das Tatbestandsmerkmal „nach […] Erwerb einer die Kontrolle begründenden Beteiligung" des Art. 4 Abs. 1 FKVO an.

454 Vgl. oben Fn. 407.

455 Dazu ausführlich unten Kapitel 5.

456 Ablasser-Neuhuber in: Loewenheim u.a., KartR (2020), Art. 7 FKVO Rn. 14.

457 Wessely in: MK-EuWettbR (2020), Art. 7 FKVO Rn. 92.

458 Bechtold/Bosch/Brinker, EU-KartR (2014), Art. 7 FKVO Rn. 9.

459 Wessely in: MK-EuWettbR (2020), Art. 7 FKVO Rn. 92.

460 Kommission, Entscheidung vom 23. Juli 2014, COMP/M.7184, *Marine Harvest/Morpol*, Rn. 107.

die Kommission den Begriff der „Einzelfreistellung“ geprägt, um die Fälle des Art. 7 Abs. 3 FKVO von denjenigen der „Legalausnahme“ nach Art. 7 Abs. 2 Buchst. a, b Alt. 1 FKVO abzugrenzen. Die Vorschrift des Art. 7 Abs. 3 FKVO dient dem Schutz der Interessen der am Zusammenschluss beteiligten Unternehmen[461] und ermöglicht eine Feinsteuerung der Vollzugsregelung. Damit leistet sie einen Beitrag zur Verhältnismäßigkeit der Gesamtregelung des Art. 7 FKVO.[462]

Die Erkenntnis, dass ein automatisches Vollzugsverbot schon aus praktischen Gründen einer Feinsteuerung im Einzelfall bedarf, hat sich bereits früh entwickelt. Obwohl im EGKSV nicht vorgesehen, erteilte die Hohe Behörde schon im Jahr 1965 im Fall *ARBED/HADIR*[463] der Sache nach eine Einzelfreistellung vom Vollzugsverbot des Art. 66 § 1 EGKSV. Dennoch enthielt der erste Vorschlag für eine europäische Fusionskontrollverordnung vom 20. Juli 1973[464] keine entsprechende Befugnisnorm. Eine solche war erst in Art. 7 Abs. 4 des Vorschlags vom 25. April 1988 vorgesehen. Die „Gesetz“ gewordene Fassung des Art. 7 Abs. 4 FKVO 1989 sah dann eine „Befreiung“ vom Vollzugsverbot vor, „um schweren Schaden von einem oder mehreren an dem Zusammenschluß beteiligten Unternehmen oder von Dritten abzuwenden.“ Die Regelung wurde mit der ersten FKVO-Revision, insbesondere im Hinblick auf die materiellen Freistellungsvoraussetzungen, überarbeitet (Art. 7 Abs. 4 FKVO 1997). Mit der zweiten FKVO-Revision wurde die Regelung in Art. 7 Abs. 3 FKVO 2004 versetzt und in der deutschen Fassung der Begriff der „Befreiung“ durch den Begriff der „Freistellung“ ersetzt, ohne dass hierdurch inhaltliche Veränderungen erfolgen sollten.

Art. 7 Abs. 3 S. 1 FKVO sieht Freistellungen vom allgemeinen Vollzugsverbot des Art. 7 Abs. 1 FKVO wie auch vom „Verbot der Stimmrechtsausübung“ nach Art. 7 Abs. 2 Buchst. b FKVO vor. Das Verhältnis zwischen beiden Varianten wurde bereits beleuchtet. Jenseits des förmlichen Freistellungsverfahrens duldet die Kommission in der Praxis manchmal auch bestimmte Vollzugshandlungen, ohne eine Freistellungsentscheidung zu erlassen.[465]

---

461 Zu diesen Interessen im Einzelnen unten Kapitel 2.
462 Dazu im Einzelnen unten Kapitel 3.
463 Dazu im Einzelnen unten Kapitel 5 D.I.1.c.aa.
464 Dazu oben Kapitel 1 B.I.1.a.cc.(1).
465 Vgl. Wessely in: MK-EuWettbR (2020), Art. 7 FKVO Rn. 104.

a. Formelle Freistellungsvoraussetzungen

Freistellungen vom Vollzugsverbot werden nach Art. 7 Abs. 3 S. 1 FKVO ausschließlich auf Antrag erteilt. Obwohl weder in der FKVO noch der FKVO-DVO geregelt, wird in der Praxis ein schriftlicher Antrag erwartet.[466] Die Begründungspflicht nach S. 2 betrifft zum einen das Vorliegen der materiellen Freistellungsvoraussetzungen nach S. 3, insbesondere der negativen Auswirkungen des vorläufigen Vollzugsaufschubs auf die beteiligten Unternehmen oder Dritte und der Nichtgefährdung des Wettbewerbs, zum anderen – soweit noch nicht mittels einer Anmeldung geschehen – das Vorliegen der Kommissionszuständigkeit, normalerweise nach Art. 1 und 3 FKVO.[467] Der Antrag kann auf eine vollständige oder teilweise[468] Freistellung vom Vollzugsverbot gerichtet sein[469] und nach S. 5 „jederzeit, auch vor der Anmeldung oder nach Abschluss des Rechtsgeschäfts" (engl.: „at any time, be it before notification or after the transaction"; franz.: „à tout moment, que ce soit avant la notification ou après la transaction") gestellt werden. Um möglichst bald mit dem (Teil-) Vollzug beginnen zu können, sind in der Praxis Antragstellungen im Zuge der regelmäßig stattfindenden informellen Vorgespräche,[470] und damit vor Anmeldung, verbreitet.[471] Voraussetzung für solch frühzeitige Anträge dürfte allerdings die Anmeldefähigkeit des Vorhabens sein.[472] Demgegenüber dürfte es „nach hinten" keine strikte Grenze für Freistellungsanträge geben. So hat die Kommission im vorzitierten Fall *Schneider/Legrand* nach Art. 7 Abs. 4 FKVO 1997 eine Freistellung nach Untersagung des Zusammenschlusses u.a. mit der Zielsetzung gewährt, die Entflechtung zu gewährleisten.[473] Ein einmal gestellter Antrag kann jederzeit zurückgenommen werden[474] und erledigt sich, sobald das Vollzugsverbot anderwei-

466 Wessely, ebenda, Rn. 102.
467 Wessely, ebenda.
468 Dies betrifft die Freistellung von einzelnen Vollzugsmaßnahmen im Sinne des Art. 7 Abs. 1 FKVO.
469 Maass in: Schulte/Just, KartR (2016), Art. 7 FKVO Rn. 18.
470 Dazu Kommission, Best Practices on the conduct of EC merger control proceedings (2004).
471 So geschehen z.B. in den Fällen COMP/M.3450, *Macquarie Bank Limited/Crown Castle UK Holdings Limited*; COMP/M.3471, *Apax/Candover/The Telegraph Group*; COMP/M.3488, *3i/The Telegraph Group*; COMP/M.5518, *Fiat/Chrysler*.
472 Körber in: Immenga/Mestmäcker, WettbR/Bd. 3 (2020), Art. 7 FKVO Rn. 37.
473 Kommission, Entscheidung vom 30. Januar 2002, COMP/M.2283, *Schneider/Legrand*, Rn. 7.
474 Maass in: Schulte/Just, KartR (2016), Art. 7 FKVO Rn. 34 f.

tig, z.B. durch die Genehmigung des Vorhabens oder den Eintritt der Fiktionswirkung des Art. 10 Abs. 6 FKVO, erlischt.[475] In einem solchen Fall muss die Kommission nicht mehr darüber entscheiden.

Die Antragsberechtigung ist weder in der FKVO noch der FKVO-DVO geregelt. Sie fällt naturgemäß den am Zusammenschluss beteiligten Unternehmen,[476] in Fusionsfällen nach Art. 3 Abs. 1 Buchst. a FKVO also den Fusionspartnern, in Fällen des Kontrollerwerbs nach Art. 3 Abs. 1 Buchst. b FKVO dem Erwerber, dem Zielunternehmen[477] und dem Veräußerer[478] und in Fällen der Gründung eines Gemeinschaftsunternehmens nach Art. 3 Abs. 1 Buchst. b i.V.m. Abs. 4 FKVO den künftigen Mutterunternehmen, zu. Dagegen dürfte eine Antragsberechtigung Dritter, wie z.B. von privaten Gläubigern oder von Staaten,[479] abzulehnen sein. Ihnen bleibt nur die Möglichkeit, bei den beteiligten Unternehmen einen Antrag anzuregen.

b. Materielle Freistellungsvoraussetzungen

Die materiellen Freistellungsvoraussetzungen sind in Art. 7 Abs. 3 S. 3 FKVO angesprochen. Danach beschließt die Kommission über den Freistellungsantrag „unter besonderer Berücksichtigung der möglichen Auswirkungen des Aufschubs des Vollzugs auf ein oder mehrere an dem Zusammenschluss beteiligte Unternehmen oder auf Dritte sowie der möglichen Gefährdung des Wettbewerbs durch den Zusammenschluss.“ Die Aufzählung der Abwägungsgesichtspunkte ist, wie sich auch aus dem 34. Erwägungsgrund zur FKVO ergibt,[480] nicht abschließend. Weitere Faktoren können je nach Einzelfall z.B. der Umfang der beantragten Freistellung, die voraussichtliche Restdauer des vorläufigen Vollzugsverbots, die Umkehrbarkeit der beantragten Maßnahmen im Einzelfall sowie

475 Maass, ebenda. Zu den einzelnen Erlöschenstatbeständen unten Kapitel 4 A.II.1.b.

476 Vgl. den 34. Erwägungsgrund zur FKVO sowie unten Kapitel 4 B.

477 Bürger/Lehmann, BB 2011, 2243, 2245.

478 Körber in: Immenga/Mestmäcker, WettbR/Bd. 3 (2020), Art. 7 FKVO Rn. 37.

479 Dazu unten Kapitel 4 C.III.4.b.cc.

480 Danach soll die Kommission bei Ihrer Entscheidung „alle relevanten Faktoren“ berücksichtigen.

grundrechtliche, insbesondere verhältnismäßigkeitsbezogene, Erwägungen sein.[481]

Anders als nach Art. 7 Abs. 4 FKVO 1989 setzt eine Freistellung nicht mehr voraus, dass ein schwerer Schaden für die beteiligten Unternehmen oder Dritte droht.[482] In der Praxis verlangt die Kommission aber, dass die zu erwartenden Nachteile des Vollzugsaufschubs für die beteiligten Unternehmen oder Dritte diejenigen Nachteile übersteigen, die typischerweise mit dem Vollzugsverbot verbunden sind. Das gilt insbesondere für das Verzögerungsrisiko,[483] das daher nur in besonderen Fällen Berücksichtigung finden kann.[484] Die besonderen Nachteile müssen konkret und unmittelbar bevorstehend („a real threat to the business, an not merely a hypothetical one“[485]) sein und von den Antragstellern substantiiert dargelegt werden.[486] Gleiches gilt für den Kausalzusammenhang mit dem Vollzugsverbot.[487] Zu den Dritten, deren Interessen in die Abwägung einzustellen

---

481 Dazu Wessely in: MK-EuWettbR (2020), Art. 7 FKVO Rn. 110 f.; Körber in: Immenga/Mestmäcker, WettbR/Bd. 3 (2020), Art. 7 FKVO Rn. 31. Zur Verhältnismäßigkeit der Vorschrift des Art. 7 FKVO als solcher unten Kapitel 3 B.III.3.b.

482 Vgl. Wessely, ebenda, Rn. 106.

483 Dazu ausführlich unten Kapitel 2 C und D.

484 Dazu Kommission, Entscheidung vom 11. Februar 2011, COMP/M.5659, *SC Johnson/Sara Lee*, Rn. 34: „Ultimately, the effects claimed by the Applicant due to uncertainty as to when the proposed transaction can be consummated do not appear to differ from those that may be expected in any other concentration subject to the standstill obligation. In particular, the principle of ex ante merger control as laid down in the Merger Regulation has as a consequence that the financial loss caused by the simple delay of implementation of the transaction, such as lost profits or synergy gains or administrative costs related to the transaction, cannot be regarded as exceptional circumstance as such.“ Und weiter in Rn. 61: „Moreover, SCJ did not substantiate the exceptional harm which SCJ, the target company or third parties would suffer due to the standstill obligation. Indeed, the reasons given for the alleged need for a derogation cannot be regarded as extraordinary or circumstantial, compared with the normal uncertainty that affects all merger transactions that fall within the Merger Regulation and hence subject to the principle of suspension. Such uncertainty is part of any preventive merger control system.“

485 Kommission, ebenda, Rn. 31. Vgl. auch Maass in: Schulte/Just, KartR (2016), Art. 7 FKVO Rn. 31 f.

486 Vgl. Kommission, ebenda, Rn. 26 ff.

487 Vgl. Kommission, ebenda, Rn. 32.

sind, können im Einzelfall z.B. die Anteilseigner, Mitarbeiter, Gläubiger, Kunden oder Lieferanten der beteiligten Unternehmen zählen.[488]

Auf der anderen Seite nimmt die Kommission auf der Basis der von den Antragstellern übermittelten und sonstigen verfügbaren Informationen eine kursorische Prüfung der Auswirkungen des Vollzugs auf den Wettbewerb im Binnenmarkt vor. Dabei orientiert sie sich im Rahmen des zeitlich Möglichen an den in Art. 2 FKVO genannten Faktoren. Berücksichtigung finden auch mögliche positive Auswirkungen des Vollzugs, wie sie beispielsweise durch einen raschen Markteintritt eines zusätzlichen Wettbewerbers oder die Auflösung eines Gemeinschaftsunternehmens (Stichwort: „Dekonzentration") entstehen können.[489]

c. Entscheidung der Kommission

Entscheidungen nach Art. 7 Abs. 3 FKVO sind zugleich Prognose-[490] und Ermessensentscheidungen. Ausgangspunkt für die Ermessensausübung ist der gesetzliche Regelfall des Art. 7 Abs. 1, 2 Buchst. b Alt. 1 FKVO, d.h. das Vollzugs- bzw. Stimmrechtsausübungsverbot.[491] Davon ausgehend nimmt die Kommission eine Gesamtschau anhand aller Umstände des Einzelfalls vor, wobei sie im Kern die zu erwartenden Auswirkungen des vorläufigen Vollzugsaufschubs auf die beteiligten Unternehmen und Dritte einerseits und die zu erwartenden Folgen des Vollzugs für den Wettbewerb im Binnenmarkt gegeneinander abwägt.

aa. Entscheidungsmöglichkeiten

Sieht man von der Erledigung des Antrags und der Praxis der informellen Duldung ab, hat die Kommission folgende Entscheidungsmöglichkei-

---

488 Wessely in: MK-EuWettbR (2020), Art. 7 FKVO Rn. 108; Maass in: Langen/Bunte, EuKartR (2018), Art. 7 FKVO Rn. 16; Körber in: Immenga/Mestmäcker, WettbR/Bd. 3 (2020), Art. 7 FKVO Rn. 35.

489 Vgl. Maass in: Langen/Bunte, EuKartR (2018), Art. 7 FKVO Rn. 21; Wessely in: MK-EuWettbR (2020), Art. 7 FKVO Rn. 116 und 119; Körber in: Immenga/Mestmäcker, WettbR/Bd. 3 (2020), Art. 7 FKVO Rn. 36.

490 Vgl. Maass in: Schulte/Just, KartR (2016), Art. 7 FKVO Rn. 27.

491 Wessely in: MK-EuWettbR (2020), Art. 7 FKVO Rn. 107; Körber in: Immenga/Mestmäcker, WettbR/Bd. 3 (2020), Art. 7 FKVO Rn. 31.

ten:[492] Sie kann dem Antrag vollständig stattgeben, d.h. je nach Antragsinhalt eine umfassende Freistellung vom Vollzugsverbot des Art. 7 Abs. 1 FKVO oder eine Freistellung von den beantragten Vollzugshandlungen gewähren. Alternativ kann sie dem Antrag teilweise stattgeben, d.h. nur einen Teil der beantragten Maßnahmen erlauben. Jede dieser Alternativen kann sie nach Art. 7 Abs. 3 S. 4 FKVO mit Bedingungen und/oder Auflagen verbinden, deren Einhaltung eigenständig nach Art. 14 Abs. 2 Buchst. d FKVO bußgeldbewehrt ist. Schließlich kann sie die Freistellung ganz versagen.

bb. Überblick über die bisherige Praxis

Die fortlaufende Statistik der Kommission zur Fusionskontrolle[493] zeigt, dass die Kommission von der Freistellungsbefugnis bislang sehr zurückhaltend Gebrauch gemacht hat. So wurden seit dem Inkrafttreten der FKVO im Jahr 1990 bis einschließlich 2020 nur 129 Freistellungen nach Art. 7 Abs. 4 FKVO 1989/1997 bzw. Art. 7 Abs. 3 FKVO 2004 gewährt. Vollständige Versagungen kommen in der Praxis selten vor,[494] weil die beteiligten Unternehmen ihren Antrag in solchen Fällen auf Hinweis der Kommission hin meist zurückziehen.[495]

Entscheidungen nach Art. 7 Abs. 3 FKVO werden mangels Erwähnung im Kanon des Art. 20 FKVO nicht im Amtsblatt veröffentlicht. Lange Zeit hatte die Kommission Freistellungsentscheidungen auch nicht im Internet veröffentlicht, was in der Literatur zu Recht bemängelt wurde, da der Öffentlichkeit damit ein wesentliches Element der Kommissionspraxis zum Vollzugsverbot weitgehend verborgen blieb. Von dieser Praxis hat sie erfreulicherweise Abstand genommen und mittlerweile zumindest die in Anwendung der FKVO 2004 erlassenen Entscheidungen – teils rückwirkend – im Internet veröffentlicht.[496] Der Inhalt älterer Entscheidungen ergibt sich vereinzelt aus Kommentierungen von Praktikern. Soweit ersichtlich, hat die Kommission in der überwiegenden Anzahl der Fälle ganz bestimmte Maßnahmen vom Vollzugsverbot freigestellt; dies geschah

---

492 Körber, ebenda.

493 Oben Fn. 109.

494 Siehe z.B. Kommission, Entscheidung vom 11. Februar 2011, COMP/M.5659, *SC Johnson/Sara Lee*.

495 Vgl. Kommission, ebenda, Fn. 8 zu Rn. 59.

496 Die Entscheidungen sind abrufbar unter https://ec.europa.eu/competition/elojade/isef/index.cfm (zuletzt abgerufen am 22. April 2021).

teils antragsgemäß, teils blieb die Kommission hinter dem Antrag der Unternehmen zurück. In vielen Fällen hat sie die Freistellung nach Art. 7 Abs. 3 S. 4 FKVO mit Bedingungen oder Auflagen verknüpft.

Dem Untersuchungszweck entsprechend werden die öffentlich verfügbaren Entscheidungen zu Art. 7 Abs. 3 FKVO im 5. Kapitel[497] auf das Vollzugsverständnis der Kommission und die in den Entscheidungen formulierten Bedingungen bzw. Auflagen hin untersucht. Für weitere Aspekte, insbesondere für die Abwägung als solche, wird dagegen auf die Zusammenfassungen in der Literatur verwiesen.[498] An dieser Stelle seien die wesentlichen Gesichtspunkte der Abwägung daher nur kurz skizziert. So hat die Kommission in der Vergangenheit im Einzelfall die folgenden Nachteile für die beteiligten Unternehmen als relevant erachtet:

- das Vorliegen ernster finanzieller Schwierigkeiten bis hin zur Insolvenz;
- die drohende Benachteiligung von Unternehmen, die dem Vollzugsverbot des Art. 7 Abs. 1 FKVO unterliegen, im Bieterverfahren;
- das Vorliegen von Konflikten mit gesetzlichen Vorgaben;
- die Notwendigkeit eines raschen Markteintritts;
- sonstige gravierende finanzielle Risiken.

Nicht ohne Weiteres akzeptiert wurde hingegen die Erwartung einer anstehenden Verweisung an die Kommission nach Art. 22 FKVO.[499] Tendenziell lässt sich feststellen, dass eine (insbesondere: unbedingte und vollständige) Freistellung umso unwahrscheinlicher ist, je unwahrscheinlicher eine unbedingte Genehmigung erscheint.[500] Bei zu erwartender oder bereits begonnener Phase II ist ein Freistellungsantrag daher ceteris paribus mit größeren Unsicherheiten behaftet als in anderen Verfahren; dies bedeutet aber nicht, dass eine Freistellung ausgeschlossen wäre.[501] Umge-

---

497 Kapitel 5 D.I.2.a.aa.(2).

498 Siehe insbesondere Maass in: Langen/Bunte, EuKartR (2018), Art. 7 FKVO Rn. 20 ff.; Wessely in: MK-EuWettbR (2020), Art. 7 FKVO Rn. 112 ff.; Birmanns in: FK-KartR (93. EL 2019), Art. 7 FKVO Rn. 27 ff.; Ortiz Blanco, EU Competition Procedure (2013), Rn. 16.12; Fotis/Polemis/Zevgolis, (2009) E.C.L.R. 216, 217 f. (speziell zum Aktienkursrisiko).

499 Kommission, Entscheidung vom 11. Februar 2011, COMP/M.5659, *SC Johnson/Sara Lee*, Rn. 39; vom 11. April 2006, COMP/M.4151, *Orica/Dyno*, Rn. 27.

500 Vgl. Birmanns in: FK-KartR (93. EL 2019), Art. 7 FKVO Rn. 27; Maass in: Langen/Bunte, EuKartR (2018), Art. 7 FKVO Rn. 18; Körber in: Immenga/Mestmäcker, WettbR/Bd. 3 (2020), Art. 7 FKVO Rn. 33.

501 Vgl. den Nachweis bei Körber, ebenda, Rn. 34.

kehrt stehen die Vorzeichen für eine Freistellung tendenziell gut, wenn es keine oder nur geringfügige horizontale Überschneidungen gibt[502] oder trotz solcher Überschneidungen prima facie keine wettbewerblichen Bedenken bestehen. Ein Anhaltspunkt hierfür kann das Vorliegen der Voraussetzungen für das vereinfachte Verfahren sein.[503] Voraussichtliche Bedingungen oder Auflagen einer späteren Genehmigungsentscheidung können durch eine Teilfreistellung oder die Anordnung von Bedingungen oder Auflagen in der Freistellungsentscheidung (Art. 7 Abs. 3 S. 4 FKVO) antizipiert werden.

cc. Verfahren der Freistellung

Anders als für Genehmigungsentscheidungen in Phase I und II besteht für Entscheidungen nach Art. 7 Abs. 3 FKVO keine Fristbindung. Die Kommission muss ihre Entscheidung also nicht bis zu einem konkreten Zeitpunkt, bei Beachtung des Grundrechts auf eine gute Verwaltung (Art. 41 Abs. 1 GRC) aber „innerhalb einer angemessenen Frist", treffen.[504] In der Praxis dauert das Verfahren von der Antragstellung bis zur Entscheidung regelmäßig einige Tage oder Wochen, kann in Eilfällen aber auch innerhalb weniger Tage abgeschlossen werden.[505] Wenn die Kommission dem Antrag vollumfänglich entspricht, erlässt sie die Freistellungsentscheidung ohne vorherige Anhörung nach Art. 18 FKVO. Kommt sie dem Antrag hingegen nur teilweise nach oder verbindet sie ihn nach Art. 7 Abs. 3 S. 4 FKVO mit Bedingungen oder Auflagen, handelt es sich um eine den bzw. die Antragsteller beschwerende Entscheidung, deren Erlass eine Anhörung nach Art. 18 FKVO i.V.m. Art. 12 FKVO-DVO erforderlich macht. Dabei steht es im Ermessen der Kommission, ob sie eine vorherige Anhörung nach Art. 18 Abs. 1 FKVO i.V.m. Art. 12 Abs. 2 FKVO-DVO durchführt und auf dieser Basis eine endgültige Entscheidung trifft oder ohne eine Anhörung eine vorläufige Entscheidung erlässt und die Anhörung nach

---

502 Maass in: Langen/Bunte, EuKartR (2018), Art. 7 FKVO Rn. 17, Wessely in: MK-EuWettbR (2020), Art. 7 FKVO Rn. 109.

503 Maass in: Schulte/Just, KartR (2016), Art. 7 FKVO Rn. 26 und 29.

504 Vgl. unten Kapitel 3 B.III.1.d; Wessely in: MK-EuWettbR (2020), Art. 7 FKVO Rn. 103.

505 Vgl. Maass in: Langen/Bunte, EuKartR (2018), Art. 7 FKVO Rn. 19 und 25; Bürger/Lehmann, BB 2011, 2243, 2245.

Art. 18 Abs. 1 FKVO i.V.m. Art. 12 Abs. 2 FKVO-DVO nachholt.[506] Bei jeder Entscheidung nach Art. 7 Abs. 3 FKVO handelt es sich um einen Beschluss im Sinne des Art. 288 Abs. 4 AEUV, der nach Art. 297 Abs. 2 Unterabs. 3 AEUV durch Bekanntgabe gegenüber den Adressaten, d.h. den Antragstellern, wirksam wird.

Soweit Entscheidungen nach Art. 7 Abs. 3 FKVO den oder die Antragsteller beschweren oder Dritte unmittelbar und individuell von ihnen betroffen sind, kann gegen sie nach Art. 263 Abs. 4 AEUV (ex-Art. 230 Abs. 4 EGV 1997) Nichtigkeitsklage erhoben werden.[507]

dd. Inhalt und Umfang der Freistellung

Inhalt und Umfang der Freistellung ergeben sich aus der Entscheidung der Kommission. Solange und soweit eine Freistellung nach Art. 7 Abs. 3 FKVO vorliegt, kann wegen der betreffenden Maßnahmen mangels Verstoßes gegen das Vollzugsverbot kein Bußgeld nach Art. 14 Abs. 2 Buchst. b FKVO verhängt werden. Die Freistellung wirkt ex nunc, kann also bereits eingetretene Verstöße nicht rückwirkend heilen.[508] Im Übrigen hat sie auch keinen Einfluss auf einen parallel vorliegenden Verstoß gegen das Kartellverbot nach Art. 101 AEUV.[509]

ee. Sonderproblem: Freistellung in Verweisungsfällen

Die Kommission hat die Auffassung vertreten, dass eine Freistellung in der Regel nur möglich sei, wenn der Zusammenschluss EU-weite Bedeutung im Sinne des Art. 1 FKVO habe. Sie hat daher in einem Fall, in dem die beteiligten Unternehmen einen Antrag auf Verweisung nach Art. 4 Abs. 5 FKVO gestellt hatten, die Frage der Parteien nach den Chancen auf eine Freistellung nach Art. 7 Abs. 3 FKVO negativ beantwortet.[510] Allerdings

---

506 Zu den Einzelheiten Körber in: Immenga/Mestmäcker, WettbR/Bd. 3 (2020), Art. 7 FKVO Rn. 38 ff.

507 Dazu im Einzelnen Wagemann in: Wiedemann, Handb KartR (2020), § 17 Rn. 217; Körber, RIW 1998, 910, 911; Motyka, EuZW 2007, 463, 464.

508 Kommission, Entscheidung vom 18. Februar 1998, IV/M.920, *Samsung/AST*, Rn. 7c.

509 Wessely in: MK-EuWettbR (2020), Art. 7 FKVO Rn. 101; zum Verhältnis zwischen Art. 7 FKVO und Art. 101 AEUV ausführlich unten Kapitel 5.

510 Dazu Ryan, Competition Policy Newsletter 3/2005, 38, 41.

entbehrt diese Rechtsauffassung, sollte sie von der Kommission allgemein vertreten werden, jeder rechtlichen Grundlage. So ist ein Antrag auf Freistellung nach Art. 7 Abs. 3 S. 5 FKVO jederzeit, sogar vor Anmeldung, möglich. Angesichts des frühen Eintritts des Vollzugsverbots in den Fällen des Art. 4 Abs. 5 FKVO[511] wäre die praktische Wirksamkeit des Art. 7 Abs. 3 S. 5 FKVO ohne eine frühe Freistellungsmöglichkeit beeinträchtigt. Auch bestehen keinerlei Anhaltspunkte dafür, dass in Verweisungsfällen das Vollzugsverbot nach Art. 7 Abs. 1 FKVO, nicht aber die Freistellungsmöglichkeit nach Art. 7 Abs. 3 FKVO gelten soll. Schließlich wäre die Annahme verfehlt, dass sich die die Verweisung beantragenden Unternehmen freiwillig einem unbeschränkten und unbeschränkbaren Vollzugsverbot unterwerfen.[512]

Dies bedeutet nicht, dass die Kommission in Verweisungssituationen nicht die Interessen der Wettbewerbsaufsicht an einer präventiven Prüfung von Zusammenschlüssen berücksichtigen könnte. Sofern beispielsweise eine Verweisung an die Mitgliedstaaten nach Art. 4 Abs. 4 oder Art. 9 FKVO im Raum steht, dürfte sie eine Freistellung tendenziell ablehnen.[513]

III. Teilregelung der zivilrechtlichen Folgen eines Verstoßes (Art. 7 Abs. 4 FKVO)

Art. 7 Abs. 4 FKVO trifft – ähnlich wie Art. 101 Abs. 2 AEUV[514] – eine unvollständige Teilregelung der zivilrechtlichen Folgen eines Verstoßes gegen das Vollzugsverbot. Die weiteren Folgen sind dem jeweils anwendbaren nationalen Recht zu entnehmen.

1. Anordnung schwebender Unwirksamkeit (Art. 7 Abs. 4 Unterabs. 1 FKVO)

Nach Art. 7 Abs. 4 Unterabs. 1 FKVO hängt die zivilrechtliche Wirksamkeit von Rechtsgeschäften, die unter Verstoß gegen Art. 7 Abs. 1 FKVO

511 Dazu unten Kapitel 4 A.II.2.c.aa.(1).

512 Ablehnend i.E. auch Maass in: Langen/Bunte, EuKartR (2018), Art. 7 FKVO Rn. 23.

513 Vgl. Kommission, Mitteilung über die Verweisung von Fusionssachen, ABl. C 56/2 vom 5. März 2005, Fn. 46 zu Rn. 55 und Fn. 51 zu Rn. 64; Maass in: Schulte/Just, KartR (2016), Art. 7 FKVO Rn. 21.

514 Dazu Säcker in: MK-EuWettbR (2020), Art. 101 AEUV Rn. 903.

abgeschlossen wurden, vom Ausgang des Fusionskontrollverfahrens ab.[515] Dies bedeutet nach allgemeiner Auffassung,[516] dass Rechtsgeschäfte, die gegen Art. 7 Abs. 1 FKVO verstoßen, also auch nicht von einer Ausnahme nach Art. 7 Abs. 2 oder 3 FKVO profitieren,

- bis zum Erlass einer Genehmigungsentscheidung nach Art. 6 Abs. 1 Buchst. b oder Art 8 Abs. 1 oder 2 FKVO oder dem Eintritt der Genehmigungsfiktion nach Art. 10 Abs. 6 FKVO einstweilen zivilrechtlich unwirksam sind;
- mit dem Vorliegen einer solchen Entscheidung oder Fiktionswirkung rückwirkend zivilrechtlich unwirksam werden;
- mit dem Vorliegen einer Untersagungsentscheidung nach Art. 8 Abs. 3 FKVO endgültig zivilrechtlich unwirksam bleiben.

Die Konstruktion des Unionsgesetzgebers entspricht damit in der Sache dem Institut der „schwebenden Unwirksamkeit“ nach deutschem Rechtsverständnis.[517]

a. Begriffsbestimmung: Vollzugs- und sonstige Rechtsgeschäfte

Art. 7 Abs. 4 FKVO betrifft ausschließlich Rechtsgeschäfte, die gegen das Vollzugsverbot des Art. 7 Abs. 1 FKVO, ggf. auch in der Form des „Verbots der Stimmrechtsausübung“ nach Art. 7 Abs. 2 Buchst. a, b Alt. 1 FKVO,[518] verstoßen.[519] Welche Rechtsgeschäfte gegen das Vollzugsverbot verstoßen, hängt vom Vollzugsbegriff des Art. 7 FKVO ab. Dieser wird ausführlich im 5. Kapitel erörtert. Wie dort zu zeigen sein wird, verläuft die Grenze zwischen Vollzugs- und sonstigen Rechtsgeschäften in weiten Teilen entlang der Abgrenzung zwischen dinglichen Verfügungs- und schuldrechtlichen Verpflichtungsgeschäften deutschen Rechtsverständnisses, wobei aber, insbesondere in den Fällen des Kontrollerwerbs durch Vertrag nach Art. 3 Abs. 1 und 2 FKVO, Ausnahmen bestehen können. Um einen Verstoß

---

515 Vgl. auch EuGH, Urteil vom 6. November 2012, Rs. C-551/10 P, *Éditions Odile Jacob/Kommission*, ECLI:EU:C:2012:681, Rn. 39.

516 Vgl. Birmanns in: FK-KartR (93. EL 2019), Art. 7 FKVO Rn. 45; Schlussanträge der Generalanwältin Kokott vom 13. Dezember 2007, Rs. C-413/06 P, *Bertelsmann u.a.*, ECLI:EU:C:2007:790, Rn. 77.

517 Vgl. statt vieler Schütz in: KK-KartR (2013), Art. 7 FKVO Rn. 17.

518 Dazu oben Kapitel 1 B.II.1.d.bb.(1).

519 Vgl. Körber in: Immenga/Mestmäcker, WettbR/Bd. 3 (2020), Art. 7 FKVO Rn. 47.

gegen das Vollzugsverbot und die Rechtsfolge der schwebenden Unwirksamkeit zu vermeiden, können daher z.B. bei Unternehmensakquisitionen die schuldrechtlichen Verpflichtungen regelmäßig ohne eine aufschiebende Bedingung eingegangen werden,[520] während die dingliche Übertragung der verkauften Anteile oder Vermögensgegenstände unter eine aufschiebende Bedingung gestellt oder anderweitig (insbesondere faktisch) verhindert werden muss. Der anglo-amerikanischen Rechtspraxis entsprechend ist es üblich, die Vornahme dinglicher Übertragungsakte im Rahmen eines „Closings“ vorzunehmen, wobei die Durchführung des Closings selbst vom vorherigen Eintritt bestimmter Bedingungen (engl.: „closing conditions“) abhängig gemacht wird.[521] In diesen Fällen hat die Vereinbarung der aufschiebenden Bedingung fusionskontrollrechtlich keine Relevanz, weil sie, wie Mäger zutreffend ausführt,

> „[…] zur Vermeidung eines Verstoßes gegen das Vollzugsverbots weder notwendig noch hinreichend ist: Vollziehen die Parteien das Rechtsgeschäft erst nach Wegfall des Vollzugsverbots, liegt unabhängig von der Vereinbarung einer aufschiebenden Bedingung kein Verstoß gegen Art. 7 Abs. 1 FKVO vor. Umgekehrt ist im Falle eines vorzeitigen Vollzugs unter Missachtung der aufschiebenden Bedingung ein Verstoß gegeben.“[522]

Begründet dagegen ausnahmsweise schon eine schuldrechtliche Verpflichtung einen Vollzug im Sinne des Art. 7 Abs. 1 FKVO, ist deren Wirksamkeit von einer aufschiebenden Bedingung abhängig zu machen. Wurde mit einem Rechtsgeschäft gegen das Vollzugsverbot verstoßen, können die beteiligten Unternehmen die schwebende Unwirksamkeit nur dadurch beheben, dass sie den Zusammenschluss nachträglich bei der Kommission anmelden und genehmigen lassen. Die Genehmigung macht das Geschäft dann rückwirkend wirksam, ändert aber nichts an der Befugnis der Kommission, nach Art. 14 Abs. 2 Buchst. a, b FKVO ein Bußgeld wegen Verstoßes gegen die Anmeldepflicht und das Vollzugsverbot zu verhängen.[523]

---

520 In der Praxis empfiehlt sich zur Herstellung von Rechtsklarheit zwischen den Parteien für bestimmte Vereinbarungen dennoch die Stellung unter eine Bedingung; dazu Schütz in: KK-KartR (2013), Art. 7 FKVO Rn. 3.

521 Dazu näher unten Kapitel 2 B.II.1.a.ff.

522 Mäger in: Mäger, EuKartR (2011), Kap. 8 Rn. 320; ders. in: Rotthege/Wassermann, Unternehmenskauf bei der GmbH (2020), Kap. 11 Abschnitt B Rn. 110.

523 So geschehen in den Fällen IV/M.920, *Samsung/AST*; IV/M.969, *A.P. Møller*; COMP/M.4994, *Electrabel/Compagnie Nationale du Rhône*; COMP/M.7184, *Marine Harvest/Morpol*; COMP/M.7499, *Altice/PT Portugal*; COMP/M.8179, *Ca-*

b. Weitere Folgen nach anwendbarem nationalem Recht

Die einzelnen Folgen der (schwebenden) Unwirksamkeit richten sich nach dem im Einzelfall anwendbaren Zivilrecht.[524] Dies gilt auch für die Reichweite der Unwirksamkeit, also deren mögliche Erstreckung auf andere Rechtsgeschäfte.[525] Die von den zuständigen mitgliedstaatlichen Gerichten anzuwendenden Kollisionsnormen finden sich, soweit das Schuldvertragsstatut betroffen ist, in der Rom-I-Verordnung („Rom-I-VO").[526] Soweit das Sachenrechtsstatut betroffen ist, haben deutsche Gerichte auf Art. 43 ff. EGBGB und, soweit das Gesellschaftsstatut betroffen ist, mangels Kodifizierung auf die hierzu entwickelte Lehre und Rechtsprechung zurückzugreifen.[527]

Das Schuldvertragsstatut umfasst nach Art. 12 Abs. 1 Rom-I-VO die Vertragsauslegung, die Vertragserfüllung, die Folgen der Nichterfüllung, das Erlöschen und die Verjährung der Verpflichtungen sowie die Folgen der Nichtigkeit des Vertrags.[528] Zusammenschlussverträge enthalten regelmäßig eine Rechtswahlklausel im Sinne des Art. 3 Abs. 1 S. 1 Rom-I-VO;[529] anderenfalls hat eine objektive Anknüpfung nach Art. 4 Rom-I-VO zu erfolgen.[530] Nach Art. 9 Abs. 2 Rom-I-VO bleibt hierdurch die Anwendung von Eingriffsnormen des Rechts des angerufenen Gerichts unberührt. Eine Eingriffsnorm ist nach Art. 9 Abs. 1 Rom-I-VO

> „[...] eine zwingende Vorschrift, deren Einhaltung von einem Staat als so entscheidend für die Wahrung seines öffentlichen Interesses, insbesondere seiner politischen, sozialen oder wirtschaftlichen Organisation, angesehen wird, dass sie ungeachtet des nach Maßgabe dieser

---

non/Toshiba Medical Systems Corporation; dazu näher unten Kapitel 5; vgl. auch Zeise in: Schulte, Handb FusK (2020), Fn. 2869 zu Rn. 1950.

524 Birmanns in: FK-KartR (93. EL 2019), Art. 7 FKVO Rn. 45; Meessen/Funke in: Loewenheim u.a., KartR (2020), IntKartR Rn. 131.

525 Mäger in: Mäger, EuKartR (2011), Kap. 8 Rn. 331.

526 Verordnung (EG) Nr. 593/2008 des Europäischen Parlaments und des Rates vom 17. Juni 2008 über das auf vertragliche Schuldverhältnisse anzuwendende Recht („Rom I"), ABl. L 177/6 vom 4. Juli 2008. Die Verordnung gilt nicht in Dänemark, vgl. deren 46. Erwägungsgrund.

527 Wetzler in: Hölters, Handb Unternehmenskauf (2015), Rn. 15.18.

528 Zum Umfang des Schuldvertragsstatuts näher Göthel in: Göthel, Grenzüberschreitende M&A-Transaktionen (2015), § 7 Rn. 1 ff. (speziell zu den Nichtigkeitsfolgen Rn. 45 ff.).

529 Dazu näher Göthel, ebenda, § 6 Rn. 45 ff.

530 Dazu näher Göthel, ebenda, § 6 Rn. 111 ff.

Verordnung auf den Vertrag anzuwendenden Rechts auf alle Sachverhalte anzuwenden ist, die in ihren Anwendungsbereich fallen."

Derartige Eingriffsnormen setzen sich also gegen das mittels Art. 3 oder 4 Rom-I-VO ermittelte Schuldvertragsstatut durch.[531] In den vorangegangenen Abschnitten wurde deutlich, dass die Vorschrift des Art. 7 FKVO einen zentralen Eckpfeiler der EU-Fusionskontrolle darstellt. Wie im 4. Kapitel noch näher zu zeigen sein wird, enthält sie für den Fall der Erfüllung der Aufgreifkriterien der FKVO einen zwingenden Rechtsanwendungsbefehl. Sie ist daher zusammen mit anderen Bestimmungen des EU-Wettbewerbsrechts[532] als Eingriffsnorm einzustufen. Da sie in jedem Mitgliedstaat der EU unmittelbar anwendbar ist, stellt sich die Frage letztlich aber nur in Fällen, in denen grundsätzlich drittstaatliches Recht anwendbar wäre.

Soweit auf einen Zusammenschlussvertrag deutsches Recht zur Anwendung gelangt und eine schuldrechtliche Klausel des Vertrags als solche gegen das Vollzugsverbot des Art. 7 Abs. 1 FKVO verstößt, ergibt sich ihre schwebende Unwirksamkeit aus Art. 7 Abs. 4 Unterabs. 1 FKVO. Diese Vorschrift ist als anderweitiges Verbotsgesetz im Sinne des § 134 BGB zu verstehen,[533] welches nicht die Nichtigkeit, sondern die schwebende Unwirksamkeit des Rechtsgeschäfts verlangt.[534] Die unwirksamen Klauseln erzeugen keine Rechtswirkungen, können also nicht gerichtlich durchgesetzt werden. Das rechtliche Schicksal des Restvertrags und die weiteren zivilrechtlichen Folgen richten sich nach den allgemeinen Regeln; im Zweifel ist der Restvertrag daher analog § 139 BGB insgesamt schwebend unwirksam.

Regelmäßig wird sich die Frage der Wirksamkeit allerdings nicht im Hinblick auf das schuldrechtliche Verpflichtungsgeschäft, sondern ein zu dessen Erfüllung vorgenommenes dingliches Verfügungsgeschäft, stellen. In solchen Fällen haben deutsche Gerichte das anwendbare Recht wie folgt zu bestimmen: Die Wirksamkeit einer Verschmelzung oder Gründung eines Gemeinschaftsunternehmens richtet sich nach dem Ge-

---

531 Dazu näher Göthel, ebenda, § 7 Rn. 60 ff.

532 Vgl. Meessen/Funke in: Loewenheim u.a., KartR (2020), IntKartR Rn. 134 ff.

533 So auch Bechtold/Bosch/Brinker, EU-KartR (2014), Art. 7 FKVO Rn. 12; Schütz in: KK-KartR (2013), Art. 7 FKVO Rn. 17. § 134 BGB wird nicht durch Art. 7 Abs. 4 FKVO verdrängt, da kein Konflikt besteht.

534 Vgl. Ellenberger in: Palandt, Bürgerliches Gesetzbuch (2021), § 134 BGB Rn. 11a.

sellschaftsstatut.[535] Gleiches gilt bei Unternehmensakquisitionen, die die Form eines Share Deals annehmen, in der Regel für die dingliche Übertragung der verkauften Anteile.[536] Bei Asset Deals ist hingegen nach der Natur der Vermögensgegenstände zu unterscheiden:[537] Während die dingliche Übertragung körperlicher Gegenstände unter das Sachenrechtsstatut fällt und damit nach Art. 43 Abs. 1 EGBGB grundsätzlich das Recht des Staates anwendbar ist, in dem die Sache belegen ist, richtet sich die Wirksamkeit einer Forderungsabtretung nach Art. 14 Abs. 1 Rom-I-VO grundsätzlich nach dem Recht, das auf den Vertrag zwischen dem Zedenten und dem Zessionar anwendbar ist. Für die dingliche Übertragung von Immaterialgüterrechten gilt nach der Rechtsprechung das Recht desjenigen Staates, für dessen Territorium der Schutz beansprucht wird.

Soweit auf ein solches Verfügungsgeschäft deutsches Recht zur Anwendung kommt und das Geschäft gegen Art. 7 Abs. 1 FKVO verstößt, ergibt sich die schwebende Unwirksamkeit aus Art. 7 Abs. 4 Unterabs. 1 FKVO. Dies hat regelmäßig keine Auswirkung auf die Wirksamkeit des zugrunde liegenden Verpflichtungsgeschäfts;[538] anderes kann ausnahmsweise bei abweichendem Parteiwillen gelten.[539] Sofern das schuldrechtliche Verpflichtungsgeschäft wirksam bleibt, gilt für die weiteren Folgen das Schuldvertragsstatut (Art. 12 Abs. 1 Buchst. c Rom-I-VO),[540] bei Anwendbarkeit deutschen Rechts also das Leistungsstörungsrecht des BGB.[541]

---

535 Siehe für Verschmelzungen Beisel in: Beisel/Klumpp, Der Unternehmenskauf (2016), § 7 Rn. 20; für Gründungen von Gemeinschaftsunternehmen Wetzler in: Hölters, Handb Unternehmenskauf (2015), Rn. 15.81. Zum aktuellen Stand der Lehre und Rechtsprechung in diesem – in Deutschland nicht kodifizierten – Bereich des Internationalen Privatrechts näher Wetzler, ebenda, Rn. 15.58 ff.; Göthel in: Göthel, Grenzüberschreitende M&A-Transaktionen (2015), § 8 Rn. 1 ff. Ein seltener Anwendungsfall des Art. 7 Abs. 4 Unterabs. 1 FKVO durch ein deutsches Gericht wird in Kapitel 5 D.I.2.c.aa dargestellt.

536 Wetzler, ebenda, Rn. 15.82 f. und 15.96; Göthel, ebenda, § 8 Rn. 74 ff.

537 Dazu näher Wetzler, ebenda, Rn. 15.98 ff.; Göthel, ebenda, § 8 Rn. 85 ff. Eine Rechtswahl scheidet aus.

538 Vgl. Birmanns in: FK-KartR (93. EL 2019), Art. 7 FKVO Rn. 45; Wagemann in: Wiedemann, Handb KartR (2020), § 17 Rn. 49; Mäger in: Mäger, EuKartR (2011), Kap. 8 Rn. 331; Cook/Kerse, EC Merger Control (2009), Rn. 5-025.

539 Dazu im Einzelnen Ellenberger in: Palandt, Bürgerliches Gesetzbuch (2021), § 139 BGB Rn. 7 ff.

540 Dazu näher Göthel in: Göthel, Grenzüberschreitende M&A-Transaktionen (2015), § 7 Rn. 35 ff.

541 Vgl. König in: Schröter/Jakob/Klotz/Mederer, EuWettbR (2014), Art. 7 FKVO Rn. 16.

2. Ausnahme von der schwebenden Unwirksamkeit (Art. 7 Abs. 4 Unterabs. 2 FKVO)

Art. 7 Abs. 4 Unterabs. 2 FKVO enthält eine automatische Ausnahme („Legalausnahme") von der Anordnung der schwebenden Unwirksamkeit in Art. 7 Abs. 4 Unterabs. 1 FKVO. Danach bleibt die Wirksamkeit von Rechtsgeschäften mit Wertpapieren unberührt, wenn die Wertpapiere zum Handel an einer Börse oder an einem ähnlichen Markt zugelassen sind, es sei denn, dass sowohl die Käufer als auch die Verkäufer wussten oder hätten wissen müssen, dass das Rechtsgeschäft unter Missachtung des Art. 7 Abs. 1 FKVO geschlossen wurde. Wie in Art. 7 Abs. 2 FKVO gilt die Regelung auch für Wertpapiere, die in andere konvertierbar sind.

3. Keine Regelung zu außervertraglichen Ansprüchen Dritter

Keine Regelung enthält die FKVO zu den Rechtsschutzmöglichkeiten Dritter, deren Interessen durch den verbotswidrigen Vollzug beeinträchtigt werden können. Ansprüche aufgrund von Verstößen gegen Art. 7 Abs. 1 FKVO werden auch nicht von der Kartellschadensersatzrichtlinie erfasst.[542] Zivilrechtliche Ansprüche Dritter wegen Verletzung des Vollzugsverbots der FKVO und ihre Durchsetzung richten sich daher grundsätzlich nach dem jeweils anwendbaren nationalen Zivilrecht. Die von den zuständigen mitgliedstaatlichen Gerichten anzuwendenden Kollisionsnormen finden sich in der Rom-II-Verordnung („Rom-II-VO").[543] Nach der Grundregel des Art. 4 Abs. 1 Rom-II-VO gilt für Ansprüche aus unerlaubter Handlung das Recht des Erfolgsorts, d.h. „des Staates [...], in dem der Schaden eintritt, unabhängig davon, in welchem Staat das schadensbegründende Ereignis oder indirekte Schadensfolgen eingetreten sind." Diese Grundregel wird speziell für wettbewerbsdeliktsrechtliche Ansprüche in Art. 6 Abs. 3 Rom-II-VO präzisiert. Diese Kollisionsnorm gilt für alle Vorschriften, die das Ziel verfolgen, den Wettbewerbsprozess, die Offenheit

---

542 Siehe dazu Art. 1 Abs. 1 i.V.m. Art. 2 Nr. 1 der Richtlinie 2014/104/EU des Europäischen Parlaments und des Rates vom 26. November 2014 über bestimmte Vorschriften für Schadensersatzklagen nach nationalem Recht wegen Zuwiderhandlungen gegen wettbewerbsrechtliche Bestimmungen der Mitgliedstaaten und der Europäischen Union, ABl. L 349/1 vom 5. Dezember 2014.

543 Verordnung (EG) Nr. 864/2007 des Europäischen Parlaments und des Rates vom 11. Juli 2007 über das auf außervertragliche Schuldverhältnisse anzuwendende Recht („Rom II"), ABl. L 199/40 vom 31. Juli 2007.

der Märkte und die marktrelevante Handlungsfreiheit des Unternehmers zu schützen,[544] und damit sowohl für Vorschriften der Verhaltenskontrolle (wie Art. 101 und 102 AEUV) als auch der Strukturkontrolle (Fusionskontrolle). Sie erhebt das Auswirkungsprinzip[545] zum Abgrenzungskriterium. Anwendbar ist nach Art. 6 Abs. 3 Buchst. a Rom-II-VO das Recht des Staates, dessen Markt beeinträchtigt ist oder wahrscheinlich beeinträchtigt wird, wobei bei mehreren betroffenen Staaten nach Art. 6 Abs. 3 Buchst. b Rom-II-VO mehrere Rechtsordnungen berufen sein können.

Soweit hiernach deutsches Recht zur Anwendung gelangt, sucht man freilich vergeblich nach einer Regelung von Ansprüchen wegen Verletzung des Art. 7 Abs. 1 FKVO. § 33 Abs. 1 und 33a Abs. 1 GWB in der Fassung der 9. GWB-Novelle regeln ihrem Wortlaut nach nur Beseitigungs-, Unterlassungs- und Schadensersatzansprüche wegen Verstößen gegen das GWB oder die Art. 101 oder 102 AEUV. Sie gelten zwar für Verstöße gegen das Vollzugsverbot des § 41 Abs. 1 S. 1 GWB,[546] nicht aber gegen Art. 7 Abs. 1 FKVO.

Dass Dritte, wie z.B. Wettbewerber, Kunden oder Lieferanten der am Zusammenschluss beteiligten Unternehmen, im Falle eines Verstoßes gegen Art. 7 Abs. 1 FKVO Ansprüche, insbesondere auf Ersatz des entstandenen Schadens (sogenannter „interim competitive harm“[547]), gegen die Verbotsadressaten[548] geltend machen können, ist indes ein Gebot der praktischen Wirksamkeit des Vollzugsverbots. So wäre die Nichtigkeitsfolge nach Art. 7 Abs. 4 Unterabs. 1 FKVO kaum ausreichend, um betroffenen Dritten effektiven Rechtsschutz zu gewähren. Diese würden durch den Vollzug ggf. individuelle Schäden erleiden, durch die Nichtigkeitsfolge aber noch keinen Ausgleich erlangen. Dass das Vollzugsverbot auch individualschützenden Charakter hat, ergibt sich insbesondere aus Art. 7 Abs. 3 S. 3 FKVO. Damit besteht eine Parallele zur Rechtsprechung des EuGH in den Fällen *Courage* und *Manfredi*,[549] in denen der Gerichtshof entschieden hat, dass aus Gründen der praktischen Wirksamkeit des Kartellverbots

---

544 Spickhoff in: BeckOK BGB, VO (EG) 864/2007 (56. Edition 2020), Art. 6 Rn. 3.

545 Dazu unten Kapitel 4 C.III.3.b.

546 Bechtold/Bosch, GWB (2018), § 33 Rn. 5; Bornkamm/Tolkmitt in: Langen/Bunte, DKartR (2018), § 33 GWB Rn. 55 f.; differenzierend Kühnen/Kizil, ZWeR 2010, 268 ff. (m.w.N.).

547 Vgl. oben Kapitel 1 B.I.1.b.bb.(2) und (3).

548 Dazu unten Kapitel 4 B.

549 EuGH, Urteil vom 20. September 2001, Rs. C-453/99, *Courage u.a.*, ECLI:EU:C:2001:465, Rn. 25 ff.; vom 13. Juli 2006, Rs. C-295/04, *Manfredi u.a.*, ECLI:EU:C:2006:461, Rn. 58 ff.

(nunmehr Art. 101 AEUV) jedermann ein Recht auf Ersatz des ihm durch einen Verstoß entstandenen Schadens zustehen muss. Die zentrale Bedeutung des Vollzugsverbots für die Wirksamkeit der präventiven Fusionskontrolle und die schwerwiegenden Schäden, die durch eine unerlaubte Strukturveränderung hervorgerufen werden können, sprechen dafür, Dritten einen Schadensersatzanspruch zuzuerkennen.

Fraglich ist, woraus sich dieser Schadensersatzanspruch bei Anwendbarkeit deutschen Zivilrechts ergibt. Dabei kann die Streitfrage, ob es sich um einen genuin unionsrechtlichen Anspruch oder einen solchen des nationalen Rechts handelt, hier nicht vertieft werden. Insoweit wird mit der h.M.[550] von einer nationalen Rechtsgrundlage ausgegangen. Da §§ 33 Abs. 1 und 33a Abs. 1 GWB nicht auf Art. 7 Abs. 1 FKVO verweisen, muss, wie bis zur 7. GWB-Novelle 2005 für Art. 81 EGV 1997,[551] auf § 823 Abs. 2 BGB (i.V.m. Art. 7 Abs. 1 FKVO als „Schutzgesetz") zurückgegriffen werden.[552] Weiter wird entsprechend der Urteile des EuGH in den Fällen *Courage* und *Manfredi* die Einhaltung des unionsrechtlichen Effektivitäts- und Äquivalenzgebots zu fordern sein. Das bedeutet, dass Schadensersatz-, aber auch Beseitigungs- und Unterlassungsansprüche wegen Verletzung des Art. 7 Abs. 1 FKVO nicht ungünstiger ausgestaltet sein dürfen als solche wegen Verletzung des § 41 Abs. 1 S. 1 GWB, und die Durchsetzung nicht unmöglich gemacht oder übermäßig erschwert werden darf.[553] Grundsätzlich kann daher auf die Literatur zum deutschen Recht verwiesen werden.

Kapitel 2 – Betriebswirtschaftliche Grundlagen

Positiv formuliert, gebietet das Vollzugsverbot den Aufschub bestimmter Maßnahmen des Zusammenschlussprozesses, die man als „Vollzugsmaßnahmen" bezeichnen kann. Im 2. Kapitel wird die Mechanik dieses Aufschubs untersucht, um das Verständnis für die wirtschaftliche Bedeutung des Vollzugsverbots für die am Zusammenschluss beteiligten Unterneh-

550 Zum Meinungsstand Säcker in: MK-EuWettbR (2020), Art. 101 AEUV Rn. 904 ff.

551 Dazu Bornkamm/Tolkmitt in: Langen/Bunte, DKartR (2018), § 33 GWB Rn. 25.

552 So auch Bechtold/Bosch, GWB (2018), § 33 Rn. 5.

553 Vgl. Urteil *Courage* (oben Fn. 549), Rn. 29; Urteil *Manfredi* (ebenda), Rn. 62.

men zu schärfen. An dieser Stelle erfolgt also ein Perspektivwechsel. So wird nach der makroökonomisch geprägten Betrachtung des 1. Kapitels eine mikroökonomische Betrachtung angestellt, deren Gegenstand der Zusammenschluss *als Prozess* unter dem Gesichtspunkt des *optimalen Zeitmanagements* ist. Um der Konkretisierung des Vollzugsbegriffs des Art. 7 FKVO nicht vorzugreifen, wird dabei vom Vollzugsverbot der FKVO in seiner unstreitigen Kernfunktion als „Verbot der Bewirkung einer dauerhaften Kontrolländerung" im Sinne des Art. 3 FKVO ausgegangen. Die sehr umstrittene Frage der Verbotswidrigkeit von Maßnahmen unterhalb der Schwelle zur dauerhaften Kontrolländerung (Stichwort: „Teilvollzug") wird ebenso ausgeblendet wie das Verweisungsregime der FKVO, das zu einer Verlängerung des Zeitraums führen kann, in dem die beteiligten Unternehmen den Vollzug aufschieben müssen.

Trotz der hohen Praxisrelevanz wettbewerbsrechtlicher Vollzugsverbote hat im rechtswissenschaftlichen Schrifttum, soweit ersichtlich, bislang keine vertiefte Auseinandersetzung mit der Mechanik solcher Vorschriften und deren Bedeutung für die den Zusammenschluss betreibenden Unternehmen stattgefunden. Teilweise wird darauf hingewiesen, dass Vollzugsverbote den Zusammenschlussprozess verzögern und sich so negativ auf die angestrebten Synergien auswirken bzw. die Transaktionskosten erhöhen können.[554] Bisweilen werden Wirkungsbeziehungen zwischen der Dauer derart begründeter Verzögerungen und der Intensität verunsicherungsbedingter Anpassungsreaktionen von Mitarbeitern, Lieferanten und Kunden hergestellt.[555] Einige Autoren stützen sich zur Begründung ihrer Annahmen auf die Ergebnisse praxisnaher Studien, welche die Bedeutung zügiger Planung und Implementierung betonen.[556]

Für die Zwecke dieser Untersuchung erscheint eine genauere Betrachtung angezeigt. Die Darstellung gliedert sich in vier Abschnitte. Da in weiten Teilen auf wirtschaftswissenschaftliche Erkenntnisse zurückgegrif-

---

554 Blumenthal, 63 Antitrust L.J. 1, 30 (1994-1995); Reysen/Jaspers, WuW 2006, 602; Wessely in: MK-EuWettbR (2020), Art. 7 FKVO Rn. 5; Depoortere/Lelart, (2010) 33 World Competition 103, 116; Rudowicz, Gun-Jumping (2016), 47.

555 Reysen/Jaspers, ebenda; Wessely, ebenda; vgl. auch Schnelle/Wyrembek, DB 2019, 2226, 2227 sowie zu Verzögerungen durch „Second Requests" in den USA Blumenthal, 36 Antitrust Bull. 745, 805 ff. (1991).

556 Reysen/Jaspers, ebenda (dort Fn. 1); vgl. auch Pautler, The Effects of Mergers and Post-Merger Integration (2003), 4 ff.; darauf Bezug nehmend Blumenthal, The Rhetoric of Gun-Jumping (2005), 4 ff.; Rudowicz, Gun-Jumping (2016), 49 f.

fen wird, bedarf es im Ausgangspunkt einer kurzen Gegenstandsbestimmung (A.). Danach werden die Grundlagen, namentlich die typischen Zielsetzungen und Abläufe des Zusammenschlussprozesses, in die Untersuchung eingeführt (B.). Sodann wird der Stand der betriebswirtschaftlichen Forschung zur Bedeutung des Prozessmanagements für den Zusammenschlusserfolg dargestellt. Unter Berücksichtigung der typischen Hauptzielsetzung bei Zusammenschlussvorhaben, der Steigerung des Gesamtwerts der beteiligten Unternehmen, wird gezeigt, dass neben allgemeinen Einflussfaktoren vor allem das Zeitmanagement erfolgskritisch sein kann (C.). Abschließend wird die Mechanik des Vollzugsverbots mit Schwerpunkt auf seiner Kernfunktion als „Verbot der Bewirkung einer dauerhaften Kontrolländerung" und seine daraus folgende wirtschaftliche Bedeutung kurz zusammengefasst (D.).

A. Gegenstandsbestimmung: Fusionskontrollrechtlicher Zusammenschlussbegriff versus „M&A"

Unternehmenszusammenschlüsse können verschiedenen Zwecken dienen und verschiedene Formen annehmen. Entsprechend vielfältig sind die in der Rechts- und Wirtschaftswissenschaft verwendeten Konzepte und Begrifflichkeiten. Das EU-Fusionskontrollrecht basiert auf dem Konzept des „Zusammenschlusses von gemeinschaftsweiter Bedeutung" (heute: „EU-weiter Bedeutung"; engl.: „concentration with a community dimension"; heute: „EU dimension[557]), das in Art. 3 i.V.m. Art. 1 Abs. 2 und 3 FKVO niedergelegt ist.

Während nach Art. 3 FKVO grundsätzlich Fusionen (engl.: „mergers") und Fälle des Kontrollerwerbs (engl.: „acquisition of control") einschließlich der Gründung von Vollfunktionsgemeinschaftsunternehmen (engl.: „full-function joint ventures") unterschieden werden,[558] haben sich im betriebswirtschaftlichen Schrifttum keine einheitlichen Konzepte und Begrifflichkeiten herausgebildet.[559] Zwar hat sich dort, bedingt durch den starken angloamerikanischen Einfluss, das Begriffspaar „mergers and ac-

557 Zu den veralteten Begrifflichkeiten der FKVO oben Fn. 131.

558 Zum Zusammenschlussbegriff der FKVO im Einzelnen Konsolidierte Mitteilung der Kommission zu Zuständigkeitsfragen (oben Fn. 95), Rn. 7 ff.

559 Zu den gängigsten deutschen und englischen Begriffen Gerpott, Integrationsgestaltung (1993), 18 und 20.

quisitions" (kurz: „M&A") weitgehend durchgesetzt.[560] Allerdings vermittelt auch dieses keinen eindeutigen Sinngehalt. Die Problematik besteht darin, dass die Betriebswirtschaftslehre, anders als das Fusionskontrollrecht mit Art. 3 FKVO, bei der Systematisierung der verschiedenen Zusammenschlussformen und -grade auf kein vorgegebenes Raster zurückgreifen kann. Die dadurch entstehenden Unklarheiten und Ungenauigkeiten in Bezug auf die Gegenstandsfrage erschweren nicht nur die Verzahnung der betriebswirtschaftlichen Beiträge untereinander,[561] sondern am Ende auch deren Einbeziehung in die vorliegende, wettbewerbsrechtliche Arbeit.

In dieser wird vom Vorliegen eines Zusammenschlusses im Sinne des Art. 3 FKVO und, soweit nicht ausdrücklich etwas anderes erklärt wird, von dessen EU-weiter Bedeutung im Sinne des Art. 1 FKVO ausgegangen. Soweit ersichtlich, liegen bislang keine betriebswirtschaftlichen Abhandlungen vor, deren Untersuchungsgegenstand sich mit dem sachlichen Anwendungsbereich der FKVO decken würde. Sofern im Folgenden auf betriebswirtschaftliche Beiträge Bezug genommen wird, ist eine gewisse Unschärfe daher hinzunehmen. An dieser Stelle ergeht deshalb vorsorglich der Hinweis, dass das M&A-Verständnis der zitierten Autoren sich nicht vollständig mit dem Anwendungsbereich der FKVO decken muss.[562]

---

560 Dazu Vogel, M&A (2002), 3; Picot/Picot in: Picot, Handb M&A (2012), 25.

561 Vgl. die Kritik bei Gerpott, Integrationsgestaltung (1993), 18 ff.

562 Zu Abweichungen kommt es zunächst aufgrund des Merkmals der „EU-weiten Bedeutung", welches den Wirtschaftswissenschaften fremd ist. Während unter die FKVO nur Zusammenschlüsse besonders umsatzstarker Unternehmen fallen, beziehen die meisten wirtschaftswissenschaftlichen Autoren auch Vorhaben kleiner und mittlerer Unternehmen in ihre Betrachtung ein. Aber auch aus dem Zusammenschlussbegriff als solchem ergeben sich Abweichungen. Hier einige Beispiele aus der nachfolgend zitierten Literatur: So sehen Lucks/Meckl in ihrem Lehrbuch „reine Finanzinvestitionen", die „ohne strategische Absicht" erfolgen, nicht als von ihrem M&A-Verständnis umfasst an (Lucks/Meckl, Internationale M&A (2002), 24). Gerpott klammert in seiner Abhandlung zur Integrationsgestaltung „Erwerbungen von industriellen Akquisitionsobjekten durch Finanzdienstleistungsunternehmen" (Gerpott, Integrationsgestaltung (1993), 23), „Fusionen durch Neugründung" (ebenda, 33 f.) und Gründungen von „Gemeinschaftsunternehmen" (ebenda, 37 ff.) aus. Bei seiner empirischen Untersuchung konzentriert er sich auf Akquisitionen von Unternehmen mit Sitz in Deutschland (ebenda, 25 ff.). Von Hoyningen-Huene baut seine Arbeit weitgehend auf dem Begriffsverständnis von Gerpott auf (Von Hoyningen-Huene, Integration nach Unternehmensakquisitionen (2004), 1 f.), untersucht abweichend von diesem aber auch internationale Transaktionen (ebenda, 57 ff.). Die Beiträge Gerpotts und von Hoyningen-Huenes stehen stellvertretend für die große Zahl betriebswirtschaftlicher Veröffentlichungen, die den praktisch bedeutsamen M&A-Teilbereich der Akquisitionen zum Gegenstand haben. Lech-

B. Grundlagen des Zusammenschlussprozesses

Aus betriebswirtschaftlicher Sicht stellt der Zusammenschlussprozess eine „logische Abfolge notwendiger inhaltlicher Tätigkeiten, die in ihrer Gesamtheit zu einer ökonomisch und rechtlich abgeschlossenen Transaktion führen“, dar.[563] Bevor gezeigt wird, welche „inhaltlichen Tätigkeiten“, d.h. Maßnahmen, für eine erfolgreiche Transaktion notwendig sein können und welche Bedeutung deren „logischer Abfolge“ zukommt, ist auf die Zielsetzungen der beteiligten Unternehmen in Zusammenschlussfällen einzugehen.

I. Typische Ziele von Zusammenschlüssen

1. Systematisierung

Ein Zusammenschluss berührt die Belange zahlreicher unternehmensinterner und -externer Interessengruppen (engl.: „stakeholders“).[564] Zu den wichtigsten internen Interessengruppen zählen neben den jeweiligen Eigentümern die Führungskräfte und „einfachen“ Mitarbeiter. Bedeutende externe Interessengruppen sind Wirtschaftspartner wie Kunden, Lieferanten und Kreditgeber. Hinzu kommen die Wettbewerber und – je nach Einzelfall – weitere interessierte Dritte wie Gewerkschaften, Verbände oder Berater. Die Belange der einzelnen Gruppen können sich stark unterscheiden, da jede Gruppe mit ihrer Beziehung zum Unternehmen unterschiedliche Interessen verfolgt. Zentrale Bedeutung kommt den von den Akteuren des Zusammenschlusses, typischerweise also den Eigentümern und Führungskräften der beteiligten Unternehmen,[565] verfolgten Zielen zu. Andere Stakeholder können durch den Zusammenschluss in ihren Interessen betroffen sein, mit diesem aber keine echten „Ziele“ verfolgen.

NER nimmt in seiner Arbeit zwar Bezug auf die Zusammenschlussdefinition des Art. 3 FKVO, weicht dann aber von dieser ab, indem er nur „Fusionen im engeren Sinne“ betrachtet (LECHNER, Negative Synergien (2007), 24).

563 LUCKS/MECKL, ebenda, 54.

564 Dazu ausführlich LUCKS/MECKL, ebenda, 29 ff.

565 Bei Akquisitionen kommt vor allem dem Management des erwerbenden Unternehmens und den Eigentümern des Zielunternehmens Bedeutung zu; vgl. GERPOTT, Integrationsgestaltung (1993), 62. Allerdings können auch die Eigentümer des akquirierenden Unternehmens Einfluss auf die Akquisitionsentscheidung nehmen; vgl. LUCKS/MECKL, ebenda.

Die betriebswirtschaftliche Literatur zu den typischen Zielsetzungen bei Zusammenschlüssen ist in ihrem Umfang kaum überschaubar. Eine Vielzahl von Veröffentlichungen enthält katalogartige Aufstellungen von Einzelzielen.[566] Zwar beziehen sich die meisten Darstellungen auf Akquisitionen, jedoch unterscheiden sich die Ziele bei Fusionen, wo es oft eine federführende Partei gibt, und bei Gründungen von Gemeinschaftsunternehmen kaum.[567]

Eine Systematisierung der möglichen Einzelziele wird durch die Unterscheidung von Zielen, die den Unternehmenswert steigern und daher vor allem im Interesse der Eigentümer liegen (2.) und persönlichen Zielen der Eigentümer bzw. Führungskräfte (3.) erreicht.[568]

2. Gesamtwertsteigerung als wirtschaftliches „Oberziel“

Idealtypisch lassen sich die mit einem Zusammenschluss verfolgten Ziele aus einer übergeordneten, allgemeinen Unternehmensstrategie ableiten.

> „Indeed, mergers and acquisitions may be seen as a special case of a strategy or perhaps more realistically as an important component of a company’s corporate and business strategies.“[569]

Die Entscheidung für einen Zusammenschluss impliziert, dass die allgemeine Unternehmensstrategie in einem bestimmten Bereich auf Wachstum und nicht auf Rückzug angelegt ist und dass der externe Pfad des Zusammenschlusses internen Möglichkeiten des Wachstums vorgezogen wur-

566 Vgl. aus der betriebswirtschaftlichen Literatur Gerpott, ebenda, 63; Jansen, Management von Unternehmenszusammenschlüssen (2004), 197; Knott in: Knott, Unternehmenskauf (2017), Rn. 4 f.; aus der wettbewerbsrechtlichen Literatur Whish/Bailey, Competition Law (2018), 833 ff. Dabei bereiten immer wieder Ungenauigkeiten und Überschneidungen von Einzelzielen Probleme; vgl. die Kritik bei Gerpott, ebenda, 62 ff. und von Hoyningen-Huene, Integration nach Unternehmensakquisitionen (2004), 125 f.

567 Vgl. Vogel, M&A (2002), 223 (zu Fusionen); Funk/Sigle in: FS Mann (1993), 143, 145 ff.; Probst/Rüling in: Schaumburg, Internationale Joint Ventures (1999), 7 f. (jeweils zu Gemeinschaftsunternehmen).

568 Vgl. Gerpott, Integrationsgestaltung (1993), 64 m.w.N.; Vogel, ebenda, 32 f.; Lucks/Meckl, Internationale M&A (2002), 9 f.

569 Rappaport, Shareholder Value (1998), 138.

de.[570] In der Praxis wird dieses theoretische Konzept allerdings nicht immer eingehalten. Insbesondere ist zu beobachten, dass Zusammenschlüsse als solche zur Strategie erhoben oder einfach günstige Gelegenheiten genutzt werden.[571]

Im Zuge der Kapitalmarktorientierung hat sich in der betriebswirtschaftlichen Theorie und Praxis ein am Unternehmenswert (engl.: „shareholder value") orientierter Erklärungsansatz durchgesetzt.[572] Danach können die meisten wirtschaftlichen Einzelziele, die in Zusammenhang mit Zusammenschlüssen genannt werden, auf das Oberziel der Steigerung bzw. Erhaltung des Gesamtwerts der beteiligten Unternehmen zurückgeführt werden, das natürlich vorrangig im Interesse der Eigentümer liegt.[573] Während dies bei Fusionen in der Regel für alle Eigentümer gilt, liegen Gesamtwertsteigerungen bei Akquisitionen vor allem im wirtschaftlichen Interesse der Eigentümer des erwerbenden Unternehmens. Die bisherigen Eigentümer des Akquisitionsobjekts beabsichtigen in solchen Fällen, eine möglichst hohe Prämie auf den isolierten Wert ihres Unternehmens zu realisieren. Die Chancen, eine solche zu erlangen, hängen freilich vom Wertschöpfungspotenzial des Zusammenschlusses ab.

3. Bedeutung persönlicher Ziele

In der betriebswirtschaftlichen Literatur werden Unternehmenszusammenschlüsse zu einem gewissen Grad auch mit persönlichen Zielen der Eigentümer und Führungskräfte der beteiligten Unternehmen erklärt. Dabei ist die Bedeutung, die den persönlichen Zielen der Führungskräfte[574] im Verhältnis zu den Wertschöpfungszielen der Eigentümer zukommt,

570 Vgl. LUCKS in: Hölters, Handb Unternehmenskauf (2015), Rn. 9.32 f.; LUCKS/MECKL, Internationale M&A (2002), 76 ff.; VON HOYNINGEN-HUENE, Integration nach Unternehmensakquisitionen (2004), 121.

571 JANSEN, Management von Unternehmenszusammenschlüssen (2004), 197; DYROFF in: Schwaab/Frey/Hesse, Fusionen (2003), 235.

572 LUCKS/MECKL, Internationale M&A (2002), 18; vgl. auch RAPPAPORT, Shareholder Value (1998), 138: „The basic objective of making acquisitions is identical to any other investment associated with a company's overall strategy, namely, to add value."

573 GERPOTT, Integrationsgestaltung (1993), 62 ff. und 70 f.; LUCKS/MECKL, Internationale M&A (2002), 9; VOGEL, M&A (2002), 32; AUSTMANN, ZGR 2009, 277.

574 Besondere Beachtung wird auch hier der Fallgruppe der Akquisitionen zuteil. Die vermuteten persönlichen Motive des Managements der Erwerberseite lassen sich in wirtschaftliche Eigeninteressen und Selbstbestätigungsmotive untertei-

betriebswirtschaftlich weitgehend ungeklärt.[575] Im Rahmen dieser Untersuchung bleiben erstere daher ausgeklammert. Dasselbe gilt für etwaige persönliche Motive der Eigentümer.[576] Diese dürften bei Zusammenschlüssen, die in den Anwendungsbereich der FKVO fallen, eine zu vernachlässigende Rolle spielen. Die Betrachtung kann sich somit, wie in der betriebswirtschaftlichen Literatur üblich, auf die große Fallgruppe der „Wertschöpfungsziele“ beschränken.

II. Typischer Ablauf des Zusammenschlussprozesses

Für den Ablauf des Zusammenschlussprozesses existieren nur wenige rechtlich bindende Vorgaben. Dem „verständlichen Wunsch von M&A-Beratern nach einem Mindestmaß an Standardisierung“ folgend, haben sich in der Praxis dennoch einige Verhaltensmuster herausgeprägt, die die Besonderheiten bestimmter Fallgestaltungen und die unterschiedlichen Interessenlagen der Beteiligten zu berücksichtigen versuchen.[577] Da jeder Zusammenschluss anders liegt, kommt den Umständen des Einzelfalls großes Gewicht zu.[578] Während bestimmte Reihenfolgen rechtlich oder denklogisch zwingend sind, wird auf andere primär zurückgegriffen, weil sie sich bewährt haben. Die in der M&A-Literatur und -Praxis verbreiteten Ablaufpläne sind vor diesem Hintergrund als Orientierungshilfen zu verstehen, die jeweils an die Anforderungen des Einzelfalls anzupassen sind.

Für die vorliegende Untersuchung stellt sich auch die Frage, ob mit den typischen Ablaufplänen nicht bestimmte rechtliche Wertungen vorweggenommen werden, die vorliegend erst entwickelt werden sollen. Derartige Pläne orientieren sich immer an bestimmten Kontextbedingungen. Zu diesen Bedingungen können auch wettbewerbsrechtliche Vorschriften

---

len; dazu Gerpott, ebenda, 64; Lucks/Meckl, Internationale M&A (2002), 9 f.; Vogel, M&A (2002), 41 f.

575 Dazu Albrecht, Zusammenschlussstrategien (1994), 22 ff.; Ebers/Gotsch in: Kieser/Ebers, Organisationstheorien (2006), 258 ff.

576 So wird vermutet, dass sich die Eigentümer des erwerbenden Unternehmens von einem Zusammenschluss oft auch mehr Einfluss und Ansehen versprechen. Persönliche Motive der Eigner des Akquisitionsobjekts können in der Lösung von Nachfolgeproblemen oder der Beilegung persönlicher Streitigkeiten im Gesellschafterkreis liegen; vgl. Gerpott, Integrationsgestaltung (1993), 63 Abb. 3-1.

577 Vogel, M&A (2002), 209.

578 Hölters in: Hölters, Handb Unternehmenskauf (2015), Rn. 1.132.

wie Vollzugsverbote zählen. Soweit solche Vorschriften in den Plänen berücksichtigt werden, dürften letztere die subjektiven Vorstellungen der Autoren vom Wesen und Inhalt dieser Vorschriften widerspiegeln. Für die eigene Untersuchung wird daraus die Konsequenz gezogen, dass aus den Ablaufplänen selbst nicht darauf geschlossen werden darf, dass eine bestimmte Maßnahme aus kaufmännischer Sicht idealerweise zu dem im Plan vorgesehenen Zeitpunkt erfolgen sollte.

Eine ausführliche Darstellung der typischen Abläufe würde den Rahmen dieser Untersuchung übersteigen. Für sie besteht auch kein Bedürfnis, da es für viele Maßnahmen unbestritten ist, dass sie nicht vom Vollzugsverbot erfasst werden. Im Folgenden werden die wichtigsten Abläufe anhand der Fallgruppen des Art. 3 FKVO aufgezeigt. Für eine umfassendere Darstellung wird auf die einschlägige M&A-Literatur verwiesen.

Sieht man von den seltenen und in ihrem Ablauf nicht verallgemeinerungsfähigen Fällen der wirtschaftlichen Fusion[579] und des Kontrollerwerbs durch Vertrag[580] oder in sonstiger Weise[581] ab, bleiben mit dem Erwerb von Anteilsrechten oder Vermögenswerten[582] (1.), der rechtlichen Fusion[583] (2.) und der Gründung eines Gemeinschaftsunternehmens[584] (3.) drei Fallgruppen mit jeweils charakteristischen Ablaufmustern.

---

579 Art. 3 Abs. 1 Buchst. a FKVO; dazu Konsolidierte Mitteilung der Kommission zu Zuständigkeitsfragen (oben Fn. 95), Rn. 10; Wessely/Wegner in: MK-EuWettbR (2020), Art. 3 FKVO Rn. 18 ff.

580 Art. 3 Abs. 1 Buchst. b FKVO; dazu Kommission, ebenda, Rn. 18. Beispielhaft können Beherrschungsverträge, Betriebsführungs-, Betriebspacht- oder Betriebsüberlassungsverträge sowie Stimmbindungsverträge genannt werden; vgl. im Einzelnen Wessely/Wegner, ebenda, Rn. 60 ff.

581 Art. 3 Abs. 1 Buchst. b FKVO; dazu Kommission, ebenda, Rn. 19 ff. Ein Kontrollerwerb „in sonstiger Weise“ wird u.a. in Fällen extremer wirtschaftlicher Abhängigkeit angenommen, wie sie durch strukturelle Verflechtungen i.V.m. langfristigen Verträgen entstehen können. Weitere Beispiele sind Erwerbsvorgänge von Todes wegen oder durch Anwachsung oder Veränderungen in der Kontrollstruktur, die ohne Zutun der die Kontrolle erwerbenden Partei erfolgen; dazu im Einzelnen Wessely/Wegner, ebenda, Rn. 65 ff.

582 Art. 3 Abs. 1 Buchst. b FKVO; dazu Kommission, ebenda, Rn. 17.

583 Art. 3 Abs. 1 Buchst. a FKVO; dazu Kommission, ebenda, Rn. 9.

584 Art. 3 Abs. 1 Buchst. b, Abs. 4 FKVO; dazu Kommission, ebenda, Rn. 62 ff.

1. Erwerb von Anteilsrechten oder Vermögenswerten (Art. 3 Abs. 1 Buchst. b FKVO)

Die in der M&A-Literatur und -Praxis als „Akquisition" bezeichnete, vollständige oder teilweise Übernahme eines oder mehrerer Unternehmen durch ein oder mehrere andere Unternehmen kann prinzipiell entweder durch den Erwerb von Anteilsrechten (engl.: „share deal") oder Vermögensgegenständen (engl.: „asset deal") erfolgen. Nach Art. 1 i.V.m. Art. 3 Abs. 1 Buchst. b FKVO fallen beide Erwerbsformen in den sachlichen Anwendungsbereich der FKVO, wenn die geltenden Umsatzschwellen erfüllt sind und mit dem Erwerb eine dauerhafte Veränderung der Kontrolle über das Akquisitionsobjekt stattfindet. Beim Vermögenserwerb muss hinzukommen, dass die erworbenen Gegenstände eine selbstständige Einheit, z.B. einen eigenen Geschäftsbereich, bilden.

Sowohl für den Share Deal als auch für den Asset Deal stehen mit dem Verhandlungsverfahren (a.) und dem Bieterverfahren (b.) jeweils alternative prozessuale Gestaltungswege offen. Ein Share Deal kann darüber hinaus als Anteilserwerb über die Börse (c.) erfolgen.

a. Verhandlungsverfahren

Im klassischen Verhandlungsverfahren[585] (engl.: „negotiated deal") stehen sich mit dem Verkaufs- und dem Kaufinteressenten von Beginn an zwei Parteien gegenüber.

aa. Vorgespräche und Abschluss einer Geheimhaltungsvereinbarung (NDA)

In der Regel wird zwischen den Parteien zunächst eine Geheimhaltungsvereinbarung (engl.: „non-disclosure agreement", kurz: „NDA") abgeschlossen. Sie dient in erster Linie der vorläufigen Geheimhaltung der Zusammenschlusspläne, deren frühzeitiges Bekanntwerden den wirtschaftlichen Erfolg des Vorhabens gefährden kann. Aus der Verkäufersicht soll sie außerdem verhindern, dass der Kaufinteressent die im Laufe der Ver-

585 Dazu Vogel, M&A (2002), 210 ff.; Hölters in: Hölters, Handb Unternehmenskauf (2015), Rn. 1.132 ff.

handlungen erlangten Informationen im Fall eines Projektabbruchs zum eigenen Vorteil nutzen kann.

bb. Abgabe von Absichtserklärungen (LoI, MoU)

Sind die Vorgespräche abgeschlossen und die Parteien sich über deren Weiterführung einig, werden die Absicht der Parteien, einen Unternehmenskaufvertrag abzuschließen, und der Stand der Verhandlungen üblicherweise in schriftlichen Erklärungen (engl.: „letter(s) of intent“; kurz: „LoI“) oder in einem gemeinsamen Memorandum (engl.: „memorandum of understanding“; kurz: „MoU“) festgehalten. Solche Erklärungen entfalten in der Regel keine rechtliche Bindungswirkung. Hiervon zu unterscheiden sind verbindliche Vereinbarungen, die häufig in Zusammenhang mit dem LoI oder MoU getroffen werden und typischerweise die (ggf. befristete) Verhandlungsexklusivität, die Art, Dauer und den Ablauf der Unternehmensprüfung (engl.: „due diligence“) und die Folgen des Scheiterns der Verhandlungen, z.B. Fälligkeit einer Vertragsstrafe (engl.: „break-up fee“) betreffen.

cc. Durchführung der Due-Diligence-Prüfung

In der Regel ist die Käuferseite daran interessiert, möglichst früh eine Due-Diligence-Prüfung[586] beim Akquisitionsobjekt vorzunehmen. So kann der nicht öffentlich verfügbare Teil der entscheidungs- und planungsrelevanten Informationen gesichtet werden. Gegenständlich handelt es sich dabei meist um die Bereiche Betriebswirtschaft, Steuern, Recht und Personal; hinzu kommen können z.B. kulturelle, technische oder umweltbezogene Aspekte. Der Due-Diligence-Prüfung kommen dabei folgende Funktionen zu:

- *Strategie- und Risikoermittlungsfunktion*: Der Kaufinteressent wird in die Lage versetzt, das Vorhaben auf die Erreichbarkeit der verfolgten Zielen zu überprüfen.

586 Dazu ausführlich Becker/Voss in: Knott, Unternehmenskauf (2017), Rn. 32 ff.; Greitemann/Funk in: Holzapfel/Pöllath, Unternehmenskauf (2017), Rn. 685 ff.

- *Wertermittlungs- und Gewährleistungsfunktion*: Die Ergebnisse der Due-Diligence-Prüfung sind Grundlage für die Festsetzung des Kaufpreises und die Ausgestaltung der Gewährleistungsbedingungen.
- *Dokumentations- und Beweissicherungsfunktion*: Die wesentlichen Vorgänge und Ergebnisse der Due-Diligence-Prüfung werden schriftlich niedergelegt. Die Dokumentation dient den Verhandlungspartnern als Nachweis über die Art der ausgetauschten Informationen und kann für die Entlastung der Entscheidungsträger von Bedeutung sein.

Zum Zweck der Unternehmensprüfung wird in der Praxis meist ein virtueller Datenraum eingerichtet, der wesentliche Informationen über das Akquisitionsobjekt enthält und für den bestimmte Zugangs-, Nutzungs- und Vertraulichkeitsregularien gelten. Sollen besonders sensible, insbesondere datenschutz- oder wettbewerbsrechtlich relevante Informationen zugänglich gemacht werden, entspricht es gängiger Praxis, neben dem herkömmlichen einen zweiten Datenraum zu schaffen, der nur einem internen oder externen „Clean Team" des Erwerbsinteressenten zugänglich gemacht wird, dessen Mitglieder die erlangten Informationen nur in anonymisierter und aggregierter Form weiterleiten dürfen. Ergänzend zur Due-Diligence-Prüfung können Managementbefragungen, Betriebsbesichtigungen und – wettbewerbsrechtlich heikler – Kundengespräche zur Information der Erwerberseite beitragen.

dd. Strukturierung und Bewertung

Üblicherweise wird noch während der Due-Diligence-Prüfung, spätestens aber im Anschluss an diese, mit der Strukturierung der Transaktion und der Bewertung des Zielunternehmens begonnen. Sollen nur bestimmte Vermögensgegenstände oder Teile des Akquisitionsobjekts veräußert werden, bietet sich grundsätzlich ein Asset Deal an.[587] Wird in solchen Fällen dennoch ein Share Deal favorisiert, kann die vorzeitige Abspaltung bestimmter Unternehmensteile oder Vermögensgegenstände die Transaktion vereinfachen.[588] Stehen die grundsätzlichen Positionen der Parteien fest, wird der Stand der Verhandlungen oft in Form eines MoU dokumentiert, das den materiellen Rahmen für die anschließenden Detailverhandlungen vorgibt.

---

587 Dazu näher Becker/Voss in: Knott, Unternehmenskauf (2017), Rn. 122 ff.

588 Dazu näher Becker/Voss in: Knott, Unternehmenskauf (2017), Rn. 121.

ee. Kontaktaufnahme mit den Wettbewerbsbehörden

Vor dem Signing können informelle Gespräche mit den zuständigen Wettbewerbsbehörden angezeigt sein, um deren Standpunkte zu Fragen der formellen und materiellen Fusionskontrolle zu ergründen und gemeinsame Lösungen zu suchen. Dabei können auch Fragen des Vollzugsverbots erörtert werden. Sofern die Anwendbarkeit der FKVO im Raum steht, empfiehlt es sich, den „Best Practices“ der Kommission zu folgen und das informelle Gespräch mit dieser zu suchen.[589] Unabhängig hiervon kann nach Art. 7 Abs. 3 S. 5 FKVO jederzeit auf formellem Weg eine Freistellung vom Vollzugsverbot beantragt und erteilt werden.[590] Auch kann die Fusionskontrollanmeldung nach Art. 4 Abs. 1 Unterabs. 2 FKVO schon vor dem Vertragsschluss erfolgen. Hierbei gilt es zu beachten, dass die Kommission die Tatsache der Anmeldung nach Art. 4 Abs. 3 FKVO unter Angabe der Namen der beteiligten Unternehmen und weiterer Informationen im Amtsblatt veröffentlicht.

ff. Signing, Closing und wirtschaftlicher Stichtag

Die Vertragsgestaltung orientiert sich in der Rechtspraxis meist an angloamerikanischen Mustern und ist dann stark case-law-orientiert. Der angloamerikanischen Tradition folgend hat sich in der internationalen M&A-Praxis die Trennung zwischen der Vertragsunterzeichnung (engl.: „signing“) und Vertragsabwicklung (engl.: „closing“) durchgesetzt.

Um das Ergebnis der Verhandlungen festzuschreiben, kommt es nach der Einigung über die offenen Punkte meist zeitnah zum Signing. Bei deutschem Recht unterliegenden Verträgen wird das dingliche Übertragungsgeschäft häufig in derselben Urkunde vorgenommen („Kauf- und Übertragungsvertrag“). Da im Zeitpunkt des Signings oft noch bestimmte, zur Vertragsabwicklung notwendige oder von einer Partei geforderte Voraussetzungen fehlen, ist es üblich, die Wirksamkeit der dinglichen Übertragung vom Eintritt aufschiebender Bedingungen („Closing-Bedingungen“) abhängig zu machen.[591] Eine typische Closing-Bedingung unter

589 Kommission, Best Practices on the conduct of EC merger control proceedings (oben Fn. 470), Rn. 5 ff.

590 Dazu oben Kapitel 1 B.II.2.

591 Dazu näher MATZEN in: Knott, Unternehmenskauf (2017), Rn. 76 ff.

vielen ist die Genehmigung der Transaktion durch die zuständigen Wettbewerbsbehörden.

Mit dem Signing erfolgt meist die Bekanntgabe der Transaktion gegenüber den Beschäftigten und der Öffentlichkeit. Der Folgezeitraum dient vor allem der Herbeiführung der Closing-Bedingungen und der Vorbereitung der Integration.

Das Closing steht in seiner klassischen Form für einen zentralen Abwicklungstermin, bei dem insbesondere der Transaktionspreis beglichen und der Käufer in die formale Eigentümerstellung des Verkäufers eingesetzt wird, nach deutschem Recht also die Geschäftsanteile bzw. Vermögensgegenstände dinglich an den Käufer übertragen werden.[592] Mit der dinglichen Übertragung geht üblicherweise auch die unternehmerische Leitungsmacht über.[593]

Regelmäßig wird im Kaufvertrag zudem ein wirtschaftlicher Stichtag (engl.: „effective date") festgesetzt, der mit dem Signing oder Closing zusammenfallen kann, aber nicht muss. Der wirtschaftliche Stichtag markiert den Zeitpunkt, zu dem die Nutzungen und Lasten der zu übertragenden Vermögensgegenstände oder Geschäftsanteile – und damit die Chancen und Risiken – auf den Erwerber übergehen.[594] Risiken können sich z.B. aus der möglichen Verschlechterung von Vermögensgegenständen oder der wirtschaftlichen Situation des Akquisitionsobjekts ergeben.[595] Der wirtschaftliche Stichtag dient damit auch der zeitlichen Abgrenzung des wirtschaftlichen Ergebnisses des Akquisitionsobjekts und der Risikoverteilung zwischen dem Veräußerer und dem Erwerber.

gg. Einweisung und Integrationsbeginn

Mit dem Closing und dem damit verbundenen Übergang der unternehmerischen Leitungsmacht auf den Käufer erfolgt üblicherweise dessen Einweisung in den Tätigkeitsbereich des Akquisitionsobjekts; gleichzeitig beginnt die eigentliche Integration.

---

592 Instruktiv zum Ganzen LAPPE/SCHMITT, DB 2007, 153.

593 Vgl. oben Kapitel 1 B.I.1.b.bb.(1)(d)(bb).

594 Dazu MUELLER-THUNS in: Rödder/Hötzel/Mueller-Thuns, Unternehmenskauf (2003), § 7 Rn. 1 ff.

595 Zu den Einzelheiten MUELLER-THUNS, ebenda; vgl. auch LAPPE/SCHMITT, DB 2007, 153.

b. Bieterverfahren

Im Gegensatz zum Verhandlungsverfahren ist das Bieterverfahren dadurch gekennzeichnet, dass im Zeitpunkt seines Beginns mehrere Kaufinteressenten vorhanden sind. Während das Verhandlungsverfahren typischerweise Platz greift, wenn der Verkaufsinteressent von Anfang an einen bestimmten Käufer im Auge hat, steht beim Bieterverfahren nicht die Identität des Käufers, sondern die zu erzielende Prämie auf den Kaufpreis im Vordergrund.

Bieterverfahren sind insbesondere bei größeren Zusammenschlüssen und bei solchen mit Auslandsbezug anzutreffen. Sie werden meist durch Investmentbanken oder andere M&A-Berater gesteuert. Nach dem Umfang der für die Bieter geltenden Zugangsbeschränkungen lassen sich kontrollierte Auktionen mit offenem Teilnehmerfeld und selektive Auktionen mit begrenztem Teilnehmerfeld unterscheiden. Charakteristisch für jedes Bieterverfahren ist dessen gestufter Verlauf, der sich durch eine schrittweise abnehmende Anzahl von Bietern bei gleichzeitiger Konkretisierung der diesen zur Verfügung gestellten Informationen und Intensivierung der erreichten Bindungsgrade auszeichnet. Trotz dieser Besonderheiten finden sich viele Elemente des klassischen Verhandlungsverfahrens im Bieterverfahren wieder, weshalb auf eine ausführlichere Darstellung verzichtet wird.[596]

c. Anteilserwerb über die Börse

Das Verfahren des Anteilserwerbs über die Börse ist komplex und stark durch die Vorgaben des jeweils anwendbaren Wertpapiergesetzes geprägt. Für eine überblicksmäßige Darstellung wird deshalb auf die einschlägige Literatur verwiesen.[597]

---

596 Dazu VOGEL, M&A (2002), 212 ff.; HÖLTERS in: Hölters, Handb Unternehmenskauf (2015), Rn. 1.149 ff.

597 Dazu beispielsweise BOUCHON/MÜLLER-MICHAELS in: Hölters, Handb Unternehmenskauf (2015), Teil 11.

2. Rechtliche Fusion (Art. 3 Abs. 1 Buchst. a FKVO)

Fusionen unterscheiden sich in Fragen der wirtschaftlichen Zielsetzung nur unwesentlich von den Fällen des Anteils- oder Vermögenserwerbs.[598] Der Hauptunterschied liegt in den angestrebten Ordnungsverhältnissen. Während Akquisitionen von einem Über- bzw. Unterordnungsverhältnis geprägt sind, zeichnen sich Fusionen durch die Gleichordnung der beteiligten Unternehmen oder Unternehmensteile aus.[599] Aufgrund dessen ist ein vergleichsweise hohes Maß an Einvernehmlichkeit zu beobachten.[600] Dies gilt besonders für Fusionen unter gleich starken Partnern (engl.: „mergers of equals").[601]

Sofern die nach Art. 1 FKVO erforderlichen Umsatzschwellen erfüllt sind, gelten die Vorschriften der FKVO nach Art. 3 Abs. 1 Buchst. a FKVO auch für Fusionen. Der Begriff der Fusion wurde vom Unionsgesetzgeber nicht näher definiert, soll aber ganz offensichtlich Zusammenschlüsse erfassen, die ohne die dem Kontrollerwerb typische Über- bzw. Unterordnung erfolgen.[602] Dabei gilt die FKVO nach der Auffassung der Kommission[603] und der wohl h.M. in der Literatur sowohl für „rechtliche" als auch für „wirtschaftliche" Fusionen.

Eine rechtliche Fusion ist die im Wege der Verschmelzung vollzogene Übertragung des Vermögens eines Unternehmens als Ganzes auf das Vermögen eines anderen Unternehmens.[604] Unter Berücksichtigung der europarechtlichen Vorgaben zum innerstaatlichen Umwandlungsrecht[605] lassen sich zwei Unterarten der rechtlichen Fusion unterscheiden: die Verschmelzung durch Neugründung und die Verschmelzung durch Aufnahme. Bei der Verschmelzung durch Neugründung übertragen mehrere Gesellschaften ihr gesamtes Aktiv- und Passivvermögen im Wege der Auflösung ohne Abwicklung dergestalt auf eine neu zu gründende Gesellschaft,

---

598 Vgl. hierzu und zum Folgenden ausführlich Vogel, M&A (2002), 223 ff.

599 Vogel, M&A (2002), 223.

600 Vogel, ebenda.

601 Vogel, ebenda, 224.

602 Wessely/Wegner in: MK-EuWettbR (2020), Art. 3 FKVO Rn. 14.

603 Konsolidierte Mitteilung der Kommission zu Zuständigkeitsfragen (oben Fn. 95), Rn. 9 f.

604 Kuhn in: FK-KartR (98. EL 2020), Art. 3 FKVO Rn. 36.

605 Richtlinie 2011/35/EU des Europäischen Parlaments und des Rates vom 5. April 2011 über die Verschmelzung von Aktiengesellschaften, ABl. L 110/1 vom 29. April 2011, in ihrer aktuellen Fassung (im Folgenden: „Verschmelzungsrichtlinie").

dass alle bisherigen Rechtspersönlichkeiten untergehen.[606] Im Falle der Verschmelzung durch Aufnahme überträgt mindestens eine Gesellschaft ihr gesamtes Aktiv- und Passivvermögen im Wege der Auflösung ohne Abwicklung dergestalt auf eine andere Gesellschaft, dass die eine Gesellschaft in der anderen aufgeht und die andere ihre Rechtspersönlichkeit beibehält.[607] Für den Tatbestand der rechtlichen Fusion ist es mithin entscheidend, dass die beteiligten Unternehmen nach dem Zusammenschluss ein einheitliches Rechtssubjekt bilden.

Demgegenüber soll nach der Auffassung der Kommission eine wirtschaftliche Fusion vorliegen, „wenn zuvor unabhängige Unternehmen ihre Aktivitäten so zusammenlegen, dass eine wirtschaftliche Einheit entsteht, ohne dass rechtlich von einer Fusion gesprochen werden kann."[608] Als Grundvoraussetzung bezeichnet die Kommission die Existenz einer „dauerhaften gemeinsamen wirtschaftlichen Leitung", wie sie z.B. für einen Gleichordnungskonzern nach deutschem Recht typisch sei. Weitere Anhaltspunkte sollen sich aus den Umständen des Einzelfalls wie z.B. der Gewinn-, Verlust-, Risiko- und Haftungsverteilung ergeben.[609]

Da der Tatbestand der wirtschaftlichen Fusion auf ganz unterschiedliche Weise erfüllt werden kann, lassen sich deren Abläufe nur schwer typisieren. Anderes gilt für die rechtliche Fusion, deren Prozess mit den wesentlichen Elementen des oben beschriebenen Verhandlungsverfahrens (Strategiefindung, Geheimhaltungsvereinbarung, Absichtsbekundung mittels LoI oder MoU, Due-Diligence-Prüfung, Fusionskontrolle, Signing und Closing, Integration) üblicherweise starke Parallelen zum Akquisitionsprozess aufweist. Unterschiede ergeben sich vor allem durch den abweichenden Transaktionsgegenstand, der bei der Fusion nicht im Erwerb von Geschäftsanteilen oder Vermögenswerten, sondern in der Vereinigung der Vermögen der beteiligten Unternehmen besteht. An die Stelle des Kauf- und Übertragungsvertrags tritt der Verschmelzungsvertrag; der Kaufpreis wird funktional durch das Wertverhältnis der beteiligten Unternehmen ersetzt.[610] Bei Verschmelzungen sind die besonderen Vorgaben des Umwandlungsrechts, in Deutschland also die Bestimmungen des UmwG, zu beachten. Viele Prozessschritte finden in modifizierter Form statt. So

606 Art. 4 Abs. 1 der Verschmelzungsrichtlinie.
607 Art. 3 Abs. 1 der Verschmelzungsrichtlinie.
608 Konsolidierte Mitteilung der Kommission zu Zuständigkeitsfragen (oben Fn. 95), Rn. 10.
609 Kommission, ebenda.
610 Vogel, M&A (2002), 223.

erfolgt bei Fusionen oft nur eine knappe Due-Diligence-Prüfung.[611] Erforderliche Fusionskontrollanmeldungen sind in vielen Rechtsordnungen, darunter der EU,[612] von den beteiligten Unternehmen gemeinsam einzureichen. Trotz solcher Unterschiede entsprechen sich die Fragestellungen, die sich im Fusions- und Akquisitionsprozess im Hinblick auf das Vollzugsverbot stellen, in vielerlei Hinsicht.

3. Gründung eines Gemeinschaftsunternehmens (Art. 3 Abs. 1 Buchst. b, Abs. 4 FKVO)

Auch die mit der Gründung eines Gemeinschaftsunternehmens verbundenen Zielsetzungen[613] lassen sich bei genauerer Betrachtung auf das gemeinsame Oberziel der Steigerung des Gesamtwerts der beteiligten Unternehmen zurückführen.

Nach Art. 3 Abs. 1 Buchst. b FKVO stellt der Erwerb gemeinsamer Kontrolle durch mehrere Unternehmen über die Gesamtheit oder Teile eines oder mehrerer anderer Unternehmen einen Zusammenschlusstatbestand dar, der bei Erreichen der Umsatzschwellen des Art. 1 Abs. 2 oder 3 FKVO in den Anwendungsbereich der FKVO fällt. Art. 3 Abs. 4 FKVO bestimmt weiter, dass die Gründung eines Vollfunktionsgemeinschaftsunternehmens einen Zusammenschluss im Sinne von Art. 3 Abs. 1 Buchst. b FKVO darstellt.

Viele Abläufe des Gründungsprozesses eines Gemeinschaftsunternehmens entsprechen denen des Verhandlungsverfahrens bei Akquisitionen, so dass grundsätzlich auf die obigen Ausführungen verwiesen werden kann. Gemeinschaftsunternehmen werden in den meisten Fällen dadurch gegründet, dass die künftigen Mutterunternehmen eine neue Gesellschaft gründen und, sofern vorhanden, ihre jeweiligen Aktivitäten in dem betreffenden Geschäftsfeld in das Gemeinschaftsunternehmen einbringen.[614] Verbreitet sind auch Gestaltungen, bei denen sich ein Partner an einem bereits in einer Tochter- oder sonstigen Konzerngesellschaft des anderen Partners gebündelten Geschäftsbereich beteiligt, indem er Geschäftsanteile an dieser Gesellschaft durch eine Sacheinlage oder eine Barkapitalerhö-

611 Vogel, ebenda, 225.
612 Siehe Art. 4 Abs. 2 S. 1 FKVO.
613 Dazu Schulte/Pohl, Joint-Venture-Gesellschaften (2012), Rn. 7 f.
614 Schulte/Pohl, Joint-Venture-Gesellschaften (2012), Rn. 98.

hung erhält.[615] Während die Vertragsstruktur und die Vertragsinhalte in der letztgenannten Fallgruppe weitgehend denen einer Akquisition entsprechen (Stichwort: „Kauf- und Übertragungsvertrag“[616]), treten bei der Gründung einer neuen Gesellschaft einige signifikante Modifizierungen auf. Das Rückgrat eines solchen Gemeinschaftsunternehmens bildet in der Regel eine Grundlagenvereinbarung, die häufig als „Konsortialvertrag“ oder „Joint Venture Agreement“ bezeichnet wird und die zentralen Regelungen über die Errichtung des Gemeinschaftsunternehmens und das Konsortialverhältnis enthält.[617] Daneben tritt in vielen Fällen der Gesellschaftsvertrag (Satzung) des künftigen Gemeinschaftsunternehmens. Hinzu kommen je nach den Umständen des Einzelfalls Nebenvereinbarungen wie beispielsweise Finanzierungs-, Lizenz-, Dienstleistungs-, Liefer- oder Bezugsverträge.[618] Dem Closing, das üblicherweise die dingliche Rechtsänderung und den Erwerb gemeinsamer Kontrolle über das Gemeinschaftsunternehmen mit sich bringt, gehen häufig Maßnahmen der internen Reorganisation wie z.B.

- die Gründung oder der Erwerb eines Transaktionsvehikels, d.h. einer Gesellschaft, die später als Rechtsträgerin des Gemeinschaftsunternehmens fungieren und von den Mutterunternehmen gemeinsam gehalten werden soll,
- Formwechsel und andere umwandlungsrechtliche Maßnahmen oder
- der Abzug von Wirtschaftsgütern, die in das Gemeinschaftsunternehmen eingebracht werden sollen, bei Tochter- oder sonstigen Konzerngesellschaften

voraus.[619] Wird mit der Transaktion ein neues Unternehmen gebildet, kann es sein, dass dieses mit dem Closing noch über keine aktive Geschäftstätigkeit verfügt. In solchen Fällen können sich weitere rechtliche oder tatsächliche Maßnahmen anschließen, die der Entfaltung des Geschäfts dienen.

---

615 SCHULTE/POHL, ebenda.
616 Dazu oben Kapitel 2 B.II.1.a.ff.
617 Dazu im Einzelnen SCHULTE/POHL, Joint-Venture-Gesellschaften (2012), Rn. 80 ff.
618 Dazu näher SCHULTE/POHL, ebenda, Rn. 99 f.
619 SCHULTE/POHL, ebenda, Rn. 44.

4. Phasenmodell

In der M&A-Literatur und -Praxis wird der Zusammenschlussprozess häufig in drei Abschnitte eingeteilt:[620]

- die „Premerger-Phase“ (auch: „Vorfeldphase“),
- die „Merger-Phase“ (auch: „Transaktionsphase“) und
- die „Postmerger-Phase” (auch: „Integrationsphase“).

Dabei lassen sich jeder Phase typische Teilprozesse zuweisen. Grafisch lassen sich die einzelnen Phasen und Teilprozesse wie folgt darstellen:

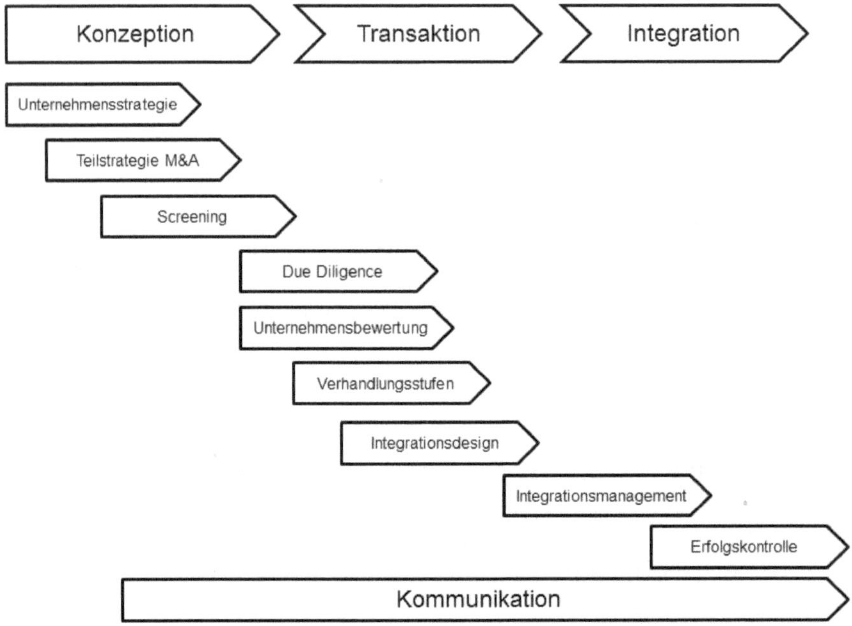

Abbildung 1: Prozessübersicht bei M&A-Transaktionen; nach Vogel, M&A (2002), 114.

Das Phasenmodell ermöglicht eine Grobstrukturierung der Abläufe des Zusammenschlussprozesses. Durch seinen hohen Abstraktionsgrad gilt es gleichermaßen für Fusionen, Akquisitionen und Gründungen von Gemeinschaftsunternehmen. Mit dem Phasenmodell ist eine bewusste Pau-

620 Vgl. statt vieler Picot/Picot in: Picot, Handb M&A (2012), 21.

schalierung verbunden. So dürfte eine Abgrenzung der einzelnen Phasen in der Realität nicht trennscharf möglich sein.[621] Gleiches gilt für die scheinbare Linearität der Teilprozesse und Einzelmaßnahmen, die in der Praxis teilweise in Feedbackschleifen durchlaufen werden.[622] Wie alle Ablaufschemata ist das Phasenmodell daher als Orientierungshilfe anzusehen, die an die Anforderungen des Einzelfalls angepasst werden muss.[623]

Im Phasenmodell beginnt die Premerger-Phase mit der internen Strategiefindung, d.h. mit dem Entwurf der allgemeinen Unternehmensstrategie und der daraus abzuleitenden M&A-Teilstrategie.[624] Sie endet nach überwiegendem Verständnis[625] mit der Abgabe der konkreten Absichtserklärungen (Stichworte: „LoI", „MoU"). In die Merger-Phase fallen wichtige Teilprozesse wie die Durchführung der Due-Diligence-Prüfung, die Ausarbeitung der Transaktionsstruktur, die Unternehmensbewertung sowie die Integrationsplanung. Häufig erfolgen hier auch Maßnahmen der Integrationsvorbereitung (Stichwort: „interne Restrukturierung"), die teilweise schwer von der Integration selbst abzugrenzen sind. Die Merger-Phase endet mit der dinglichen Rechtsänderung, in der Regel also mit dem Closing. In die Postmerger-Phase fallen vorrangig Maßnahmen der Umgestaltung und Integration, die regelmäßig den Übergang der unternehmerischen Leitungsmacht voraussetzen.[626] Für sie hat sich das Schlagwort „Postmerger-Integration" eingebürgert.[627]

Die wettbewerbsrechtlichen Fragestellungen, die Gegenstand des Besonderen Teils dieser Untersuchung sind, betreffen in zeitlicher Hinsicht vor allem die Merger- und Postmerger-Phase. Dagegen werfen die Teilprozesse und Einzelmaßnahmen der Premerger-Phase nur selten Bedenken auf. Wie im 5. Kapitel zu sehen sein wird, geht es dann meist um Fragen des Informationsaustauschs zwischen im Wettbewerb stehenden Zusammenschlussparteien.

---

621 LUCKS/MECKL, Internationale M&A (2002), 54.
622 SCHUMANN, Integrationsgeschwindigkeit (2005), 16.
623 Vgl. bereits oben Kapitel 2 B.II; dort auch zur Problematik der Vorwegnahme rechtlicher Wertungen durch solche Schemata.
624 Vgl. oben Kapitel 2 B.I.2 sowie MATZEN in: Knott, Unternehmenskauf (2017), Rn. 7 ff.
625 Vgl. statt vieler LUCKS/MECKL, Internationale M&A (2002), 54 f.
626 Vgl. AUSTMANN, ZGR 2009, 277, 280.
627 Kritisch hierzu LUCKS, Finance 10/2003, 23.

C. *Erfolgsrelevanz des Prozessmanagements*

Nachdem die Zielsetzungen und Abläufe des Zusammenschlussprozesses vorgestellt wurden, soll nun genauer beleuchtet werden, wie sich durch externes Unternehmenswachstum Werte generieren lassen. Neben strategischen Fragen wie der Wahl des richtigen Zusammenschlusspartners ist in der betriebswirtschaftlichen Literatur seit Mitte der 1980er Jahre die Gestaltung des Zusammenschlussprozesses in den Fokus der Betrachtung gerückt. Als wegweisend dürfte in diesem Zusammenhang der Beitrag von JEMISON/SITKIN anzusehen sein, in dem die Autoren vorschlagen, das traditionell strategisch orientierte Zusammenschlussmanagement („choice perspective") um eine prozessuale Sichtweise („process perspective") zu bereichern:

> „Historically, acquisition scholars and practitioners have adopted a choice perspective which portrays the corporate executive analyzing acquisition opportunities as a rational decision maker. This paper suggests that the choice perspective be supplemented with a process perspective which recognizes the acquisition process itself as a potentially important determinant of activities and outcomes."[628]

Nach heute h.M. kann erst eine kombinierte Sichtweise das Scheitern vieler strategisch sinnvoll erscheinender Zusammenschlüsse erklären.[629] Ein empirisches Fundament erhält dieser Ansatz durch die Ergebnisse der empirischen M&A-Erfolgsforschung. So kommt eine von HUNT durchgeführte Untersuchung von 40 Zusammenschlüssen in Großbritannien zu dem Ergebnis, dass der Erfolg einer Transaktion vom Zusammenspiel strategischer Faktoren und prozessualer Abläufe abhängt.[630]

Ausgehend von der Annahme, dass sich Vollzugsverbote auf den Zusammenschluss *als Prozess* auswirken, wird vorliegend eine prozessuale Sichtweise eingenommen. Zunächst werden die zentralen in der betriebswirtschaftlichen Literatur beschriebenen Zielerreichungsfaktoren und die zu ihrer Steuerung erforderlichen Maßnahmen typisiert (I.). Anschließend wird mit dem Zeitmanagement eine Art „Querschnittsfaktor", d.h. ein mit allen anderen Faktoren korrelierender Aspekt der Zielerreichung, beleuchtet (II.).

---

628 JEMISON/SITKIN, 11 Acad. Manage. Rev. 145 (1986).
629 Vgl. AUSTMANN, ZGR 2009, 277, 278 m.w.N.
630 HUNT, 11 Strat. Mgmt. J. 69, 73 ff. (1990).

I. Allgemeine Zielerreichungsfaktoren

Bei wertorientierter Unternehmensführung ist ein Zusammenschluss erfolgreich, wenn das anvisierte Oberziel der Gesamtwertsteigerung erreicht wird. Ein Zusammenschluss erhöht den Wert der beteiligten Unternehmen, wenn die Summe der Barwerte der zu erwartenden Zahlungsströme an die Eigner im Zusammenschlussfall höher ist als in der Hypothese eines Alleingangs.[631] Ob dies gelingt, hängt im Wesentlichen von drei Faktoren ab:

- Identifizierung, Bewertung und Realisierung von Wertschöpfungspotenzialen,
- Identifizierung, Bewertung und Unterdrückung von Wertvernichtungspotenzialen und
- Minimierung der Transaktionskosten.

Als weiterer Gesichtspunkt kommt mit der

- Höhe des Transaktionspreises

ein Faktor hinzu, dessen optimale Ausprägung in der Sichtweise des Betrachters liegt. Dies sei am Beispiel einer Akquisition erklärt: Hier wird ein Erwerber daran interessiert sein, den Kaufpreis so niedrig wie möglich anzusetzen, während es im Verkäuferinteresse liegt, einen möglichst hohen Preis zu erzielen. Wie bereits angedeutet,[632] hängen die Chancen der Verkäuferseite, dies zu erreichen, zumindest im Regelfall wieder vom Gesamtwertschöpfungspotenzial des Zusammenschlusses – und damit von den drei erstgenannten Faktoren – ab. Vereinfacht lässt sich die Wertschöpfung in Zusammenschlusssituationen daher folgendermaßen skizzieren:

---

631 Vogel, M&A (2002), 32; ähnlich Gerpott, Integrationsgestaltung (1993), 65. Zu den Schwierigkeiten bei der Erfolgsmessung Gerpott, ebenda, 188 ff. sowie Lucks/Meckl, Internationale M&A (2002), 15 ff.

632 Dazu oben Kapitel 2 B.I.2.

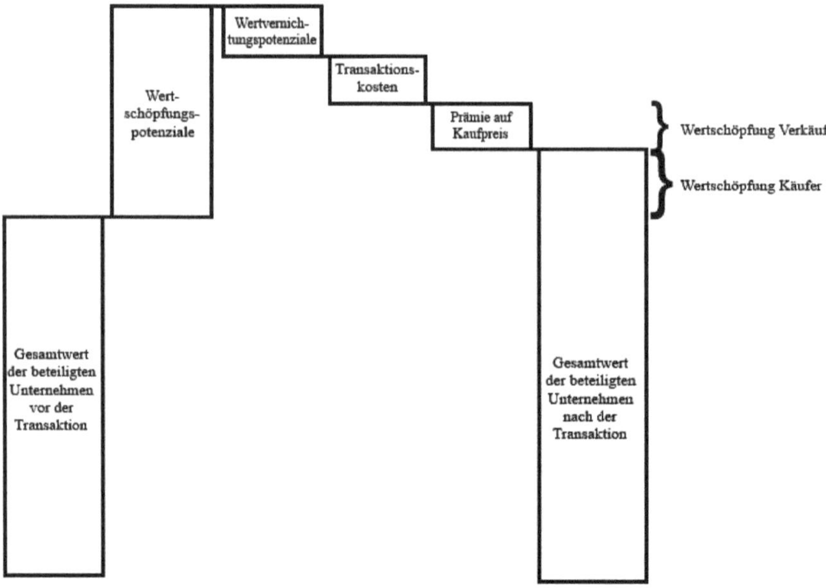

Abbildung 2: Faktoren der Zielerreichung bei Akquisitionen; in Anlehnung an LUCKS in: Hölters, Handb Unternehmenskauf (2015), Rn. 9.267; COENENBERG/SCHULTZE, DBW 2002, 597, 611.

Vor dem Hintergrund des Untersuchungszwecks sollen die einzelnen Zielerreichungsfaktoren nun näher betrachtet werden. Dabei werden Systematisierungsansätze, die in der betriebswirtschaftlichen Literatur Verbreitung gefunden haben, nutzbar gemacht.

1. Identifizierung, Bewertung und Realisierung von Wertschöpfungspotenzialen

a. Begriffsbestimmung: „Wertschöpfungspotenziale“

Unter „Wertschöpfungspotenzialen“ werden im Folgenden sämtliche in Zusammenhang mit Unternehmenszusammenschlüssen auftretenden wertsteigernden Effekte verstanden.

b. Systematisierungskriterien

Die große Anzahl betriebswirtschaftlicher Beiträge, die sich mit Wertschöpfungspotenzialen in Zusammenschlusssituationen befassen, und die oftmals mangelnde Trennschärfe bei der Einzelzielformulierung begründen ein Systematisierungsbedürfnis, das im Schrifttum erkannt und aufgegriffen wurde. Im Folgenden wird auf die Typologie GERPOTTS zurückgegriffen, die wichtige Berührungspunkte zwischen der Wertschöpfungsthematik und den Problemkreisen des Vollzugsverbots offenlegt. GERPOTT klassifiziert zusammenschlussbedingte Wertschöpfungspotenziale nach ihrer organisatorischen Reichweite, dem Zeitpunkt ihrer Realisierung und ihrem funktionalen Schwerpunkt.[633] Für die Thematik fusionskontrollrechtlicher Vollzugsverbote sind vor allem die beiden erstgenannten Kriterien von Bedeutung. Sie werden daher kurz erläutert.

aa. Organisatorische Reichweite

Nach ihrer organisatorischen Reichweite lassen sich Wertschöpfungspotenziale in Zusammenschlusssituationen danach einteilen, ob die angestrebte Wertsteigerung

- durch isolierte, auf die Sphäre eines beteiligten Unternehmens begrenzte Effekte oder
- durch (positive) Synergieeffekte, die im Zusammenwirken mehrerer bisher getrennter Unternehmen, Geschäfts- oder Funktionsbereiche begründet liegen,

eintreten soll.[634] Isolierte Effekte können z.B. durch die Mitnahme von Bewertungsvorteilen, den Austausch des Managements eines beteiligten Unternehmens durch externe Kräfte, die Schließung bestimmter Abteilungen oder Betriebsstätten oder die Einstellung defizitärer Produktlinien erzielt werden.[635] Während insbesondere bei Akquisitionen durch Finanzinvestoren[636] oft keine oder nur minimale Grade des Zusammenwirkens

---

633 GERPOTT, Integrationsgestaltung (1993), 72ff.; in Anlehnung daran VON HOYNINGEN-HUENE, Integration nach Unternehmensakquisitionen (2004), 133ff.

634 GERPOTT, ebenda, 74ff.; BIBERACHER, Synergiemanagement und Synergiecontrolling (2003), 54; VON HOYNINGEN-HUENE, ebenda, 134f.

635 Vgl. unten Tabelle 1.

636 Dazu sogleich mehr.

zwischen den beteiligten Unternehmen, ihren Geschäfts- oder Funktionsbereichen zu beobachten sind, weil das Zusammenschlussziel hier typischerweise durch die Mitnahme von Bewertungsvorteilen oder Leistungsverbesserungen allein beim Akquisitionsobjekt eintreten soll, beschreiben die meisten im Schrifttum genannten Wertschöpfungsquellen Synergiepotenziale, deren Realisierung ein Zusammenwirken innerhalb des Gesamtunternehmens voraussetzt und dieses werthaltiger werden lässt als die Einzelunternehmen zuvor.[637]

Synergiepotenziale[638] lassen sich weiter danach klassifizieren, ob sie sich bereits durch bloßes Nebeneinanderlegen („Kombination") der Ressourcen der beteiligten Unternehmen oder erst durch deren Verflechtung („Integration") erschließen lassen.[639] In letzterem Falle genügt es nicht, die beteiligten Unternehmen unverändert weiterzuführen. Hier sind spezielle Maßnahmen („Integrationsmaßnahmen") nötig, um Werte zu schaffen.[640] Integrationsmaßnahmen können die Strukturen und Prozesse innerhalb der beteiligten Unternehmen („interne Integration") und damit vor allem die Mitarbeiter, aber auch die Außensphäre, also das Verhältnis der beteiligten Unternehmen zu den externen Interessengruppen wie den Lieferanten, Kreditgebern oder Kunden („externe Integration"), betreffen.[641] Die denkbaren Integrationsgrade reichen von einer weitgehenden Erhaltung der rechtlichen und organisatorischen Autonomie über teilweise Verflechtungen bis hin zur völligen Absorption eines oder mehrerer beteiligter Unternehmen.[642] Welcher Integrationsgrad im Einzelfall der „richtige" ist, hängt von einer Vielzahl von Faktoren ab. Neben den mit dem Zusammenschluss verfolgten Einzelzielsetzungen werden in der Literatur vor allem marktbezogene, strukturelle, geographische und kulturelle Aspekte genannt.[643] Obwohl sich generelle Festlegungen verbieten, soll die Erfahrung zeigen, dass hohe Integrationsgrade typischerweise bei horizontalen

---

637 Ansoff, Corporate Strategy (1988), 79 nennt dies den „2+2=5"-Effekt.

638 Vom Griechischen „synergo" für „Zusammenarbeit", „Zusammenwirken". Die eigene Untersuchung lehnt sich an das Synergiekonzept von Gerpott, Integrationsgestaltung (1993), 78 ff., an, schließt dabei aber Effekte mit ein, die durch das bloße „Nebeneinanderlegen" der Ressourcen beider Unternehmen entstehen können (dazu sogleich).

639 Biberacher, Synergiemanagement und Synergiecontrolling (2003), 80; vgl. auch Lucks in: Hölters, Handb Unternehmenskauf (2015), Rn. 9.9.

640 Vgl. bereits oben Kapitel 1 B.I.1.b.bb.(1)(d)(bb).

641 Gerpott, Integrationsgestaltung (1993), 115; Vogel, M&A (2002), 236 f.

642 Haspeslagh/Jemison, Akquisitionsmanagement: Wertschöpfung durch strategische Neuausrichtung des Unternehmens (1992), 173 ff.; Vogel, ebenda, 248 f.

643 Vgl. statt vieler Vogel, ebenda, 246 ff.

oder vertikalen Zusammenschlüssen erforderlich werden, während bei komplementaritätsgetriebenen Vorhaben oft eine begrenzte Ressourcenverflechtung ausreichen soll.[644]

bb. Realisierungszeitpunkt

In zeitlicher Hinsicht lassen sich Wertschöpfungspotenziale danach einteilen, in welchem Abschnitt des Zusammenschlussprozesses sie sich schwerpunktmäßig verwirklichen lassen. Bei Zugrundelegung des klassischen Phasenmodells[645] lassen sich Wertschöpfungspotenziale danach einteilen, ob sie überwiegend

- bereits in der Premerger- oder Merger-Phase,
- in unmittelbarem Zusammenhang mit dem Closing oder
- erst in der Postmerger-Phase

umgesetzt werden.[646] Sind zur Wertsteigerung Integrationsmaßnahmen erforderlich, kommen diese unabhängig von der Frage ihrer wettbewerbsrechtlichen Legalität oft erst im Anschluss an das Closing in Betracht, weil es bis dahin, wie schon gesehen, meist an der unternehmerischen Leitungsmacht über die materiellen und immateriellen Ressourcen und am unbeschränkten Zugang zu den Geschäftsdaten des anderen Zusammenschlusspartners fehlt.

Dennoch ist eine Realisierung bestimmter Wertschöpfungspotenziale schon in der Premerger- oder Merger-Phase denkbar. Bereits mit dem Bekanntwerden eines Vorhabens können die Aktienkurse beteiligter Unternehmen sprunghaft steigen.[647] Außerdem kann es den beteiligten Unternehmen unter Umständen, z.B. durch einseitige Maßnahmen innerhalb der eigenen Kontrollsphäre, durch Ausübung vertraglich eingeräumter Rechte in der noch fremden Kontrollsphäre oder durch freiwillige Koordinierungen möglich sein, frühe Gesamtwertsteigerungen (sogenannte „ear-

644 Vgl. Vogel, ebenda; Lucks in: Hölters, Handb Unternehmenskauf (2015), Rn. 9.71.

645 Dazu oben Kapitel 2 B.II.4.

646 Vgl. Gerpott, Integrationsgestaltung (1993), 73 f. und von Hoyningen-Huene, Integration nach Unternehmensakquisitionen (2004), 133 f., die – bedingt durch ihre Schwerpunktsetzung auf den Aspekt der Integration – lediglich beiden letztgenannten Fallgruppen unterscheiden.

647 Semler in: Semler/Volhard, Arbeitshandb Unternehmensübernahmen (2001), § 1 Rn. 117.

ly wins") zu realisieren.[648] Der Spielraum für freiwillige Koordinierungen hängt freilich von den Rahmenbedingungen des konkreten Zusammenschlusses ab; bei feindlichen Übernahmen kann er sich „auf null" reduzieren.

In zeitlichem Zusammenhang mit dem Closing können Wertzuwächse dann z.B. durch Abschöpfung einer bisherigen Unterbewertung, Optimierung des Verschuldungsgrads, Reduktion des Absatz-, Beschaffungs- oder Wechselkursrisikos, verbesserte Finanzierungsmöglichkeiten oder steuerliche Effekte eintreten. Der Abschöpfung von Bewertungsvorteilen kommt vor allem bei Akquisitionen durch die bereits erwähnten Finanzinvestoren Bedeutung zu. Während die Arbitrageure unter den Investoren sogar ausschließlich auf Gewinne aus einer vermuteten oder tatsächlichen Unterbewertung des Akquisitionsobjekts spekulieren und daher in der Regel nicht in dessen Geschäftsführung eingreifen, sind die meisten Finanzinvestoren auch an Wertsteigerungen durch Leistungsverbesserungen interessiert.[649]

Wertsteigerungen durch Leistungsverbesserungen lassen sich in der großen Zahl der Fälle nur durch längerfristig angelegte Integrationsprozesse erreichen. Die Umsetzung dieser Prozesse beginnt normalerweise mit dem Übergang der Leitungsmacht, d.h. am „Tag eins" nach dem Closing.

Der Realisierung eines Wertschöpfungspotenzials vorgelagert sind Maßnahmen zur Identifizierung solcher Potenziale sowie Maßnahmen der Transaktions- bzw. Integrationsplanung. Sie wirken sich zwar nicht unmit-

---

648 Vgl. Austmann, ZGR 2009, 277, 280.

649 Vogel, M&A (2002), 39 f. Für die vorliegende Untersuchung gilt es insoweit zu beachten, dass Art. 3 Abs. 5 Buchst. c FKVO i.V.m. Art. 5 Abs. 3 der Richtlinie 78/660/EWG den Kontrollerwerb durch Gesellschaften, „deren einziger Zweck darin besteht, Beteiligungen an anderen Unternehmen zu erwerben sowie die Verwaltung und Verwertung dieser Beteiligungen wahrzunehmen, ohne dass diese Gesellschaften unmittelbar oder mittelbar in die Verwaltung dieser Unternehmen eingreifen […]", vom sachlichen Anwendungsbereich der FKVO ausnimmt, vorausgesetzt, „dass die mit den erworbenen Anteilen verbundenen Stimmrechte […] nur zur Erhaltung des vollen Wertes der Investitionen und nicht dazu benutzt werden, unmittelbar oder mittelbar das Wettbewerbsverhalten dieser Unternehmen zu bestimmen". Während klassische Arbitrageure also in der Regel nicht von den Vorschriften der europäischen Fusionskontrolle betroffen sind, findet die FKVO auf typische Private Equity- und Venture Capital-Transaktionen Anwendung, soweit die Aufgreifschwellen des Art. 1 Abs. 2 und 3 FKVO erfüllt sind; dazu Mäger in: Mäger, EuKartR (2011), Kap. 8 Rn. 70; Zinsmeister/Held in: Schulte, Handb FusK (2020), Rn. 1163.

telbar wertsteigernd aus, sind in der Regel aber für eine optimale Zielerreichung unverzichtbar.[650]

c. Typologie der Wertschöpfungspotenziale

Wendet man die vorstehenden Systematisierungskriterien auf besonders häufig genannte Wertschöpfungspotenziale an, entsteht die folgende Tabelle:

	Realisierungszeitpunkt/ -phase			Reichweite	
Wertschöpfungspotenzial	Premerger/ Merger	Closing	Postmerger	Isoliert	Synergetisch
Umsatzsteigerung durch neue Kundensegmente / geographische Diversifikation			■		■
Umsatzsteigerung durch Verkauf eigener Produkte an die Kunden des Transaktionspartners und umgekehrt („Cross-Selling")			■		■
Verringerung des Absatzrisikos durch neue Kundensegmente / geographische Diversifikation / Vorwärtsintegration		■			
Umsatzsteigerung / Kostensenkung durch Transfer von Know-how			■	■	
Umsatzsteigerung / Kostensenkung durch Nutzung der F&E-Ressourcen des Transaktionspartners			■		■
Kostensenkung durch Konsolidierung gleichartiger Abteilungen / Betriebsstätten			■		■
Kostensenkung durch gemeinsames Marketing			■		■
Wertsteigerung durch Abschöpfen von Bewertungsvorteilen		■			
Kostensenkung durch effizientere Nutzung von Produktionskapazitäten			■		■

650 Vgl. Austmann, ZGR 2009, 277, 280 ff.; Rudowicz, Gun-Jumping (2016), 49 ff. m.w.N.

	Realisierungszeitpunkt/ -phase			Reichweite	
Wertschöpfungspotenzial	Premerger/ Merger	Closing	Postmerger	Isoliert	Synergetisch
Kostensenkung durch erhöhte Einkaufsmacht			■		■
Umsatzsteigerung durch erhöhte Verkaufsmacht			■		■
Kostensenkung durch Vorteile bei der Besteuerung / Kapitalbeschaffung		■			
Verringerung des Wechselkursrisikos / der eigenen Cash-Flow-Volatilität		■			
Kostensenkung durch Einstellung von Produkten / Serviceleistungen			■	■	
Kostensenkung durch Schließung von Abteilungen / Betriebsstätten			■	■	
Kostensenkung durch Verlagerung von Abteilungen / Betriebsstätten			■		■
Erhöhung der Beschaffungssicherheit		■			
Umsatzsteigerung / Kostensenkung durch Austausch des Managements beim anderen Transaktionspartner			■	■	

Tabelle 1: Bedeutende Wertschöpfungspotenziale bei Unternehmenszusammenschlüssen; in Anlehnung an von Hoyningen-Huene, Integration nach Unternehmensakquisitionen (2004), 139 ff.

Aus der nicht abschließenden Übersicht geht hervor, dass es zur Verwirklichung zusammenschlussbedingter Wertschöpfungspotenziale in der Regel einer Kombination oder Verflechtung der Ressourcen der beteiligten Unternehmen bedarf und dass sich erstrebte Wertsteigerungen aufgrund der noch fehlenden Leitungsmacht über die neu hinzutretenden Unternehmensteile regelmäßig erst im Anschluss an das Closing realisieren lassen. Was die Premerger- bzw. Merger-Phase betrifft, kann keine der genannten Wertsteigerungsarten schwerpunktmäßig einem so frühen Prozessstadium zugeordnet werden. Allerdings ist insoweit an die Bedeutung einer frühen Transaktions- und Integrationsplanung sowie daran zu erinnern, dass durch einseitige Maßnahmen, die Ausübung vertraglicher Rechte oder freiwillige Koordinierungen im Einzelfall auch schon vor dem Closing Gesamtwertsteigerungen erzielt werden können.[651]

2. Identifizierung, Bewertung und Unterdrückung von Wertvernichtungspotenzialen

Den Wertschöpfungspotenzialen stehen in der Zusammenschlusspraxis immer auch Wertvernichtungspotenziale entgegen. Solche Potenziale können – allein oder im Zusammenspiel mit anderen Negativposten – nicht nur die anvisierte Wertsteigerung schmälern oder neutralisieren, sondern bei entsprechendem Umfang auch bestehende Werte gefährden und den betreffenden Zusammenschluss so zu einem „Verlustgeschäft" werden lassen.

a. Begriffsbestimmung: „Wertvernichtungspotenziale"

Anders als das Konzept der Wertschöpfungspotenziale, das alle in Zusammenhang mit Zusammenschlüssen möglichen wertsteigernden Effekte abdeckt, bedarf das Konzept der Wertvernichtungspotenziale einer genaueren Begriffsbestimmung. Zwar wäre es möglich, darunter alle in Zusammenhang mit Unternehmenszusammenschlüssen denkbaren wertvernichtenden Effekte zu verstehen. Um die Wirkungsbeziehungen zwischen den verschiedenen negativen Effekten deutlicher zu machen, erscheint es jedoch vorzugswürdig, zwischen

- den Transaktionskosten im engeren Sinne, d.h. Aufwendungen für konkrete Maßnahmen des Zusammenschlussmanagements,
- einer möglichen Prämie auf den Transaktionspreis und
- solchen Wertverlusten zu differenzieren, die sich weniger leicht quantifizieren lassen und denen daher – spiegelbildlich zu den Faktoren auf der Wertschöpfungsseite – echter Potenzialcharakter zukommt.

Negativposten der letztgenannten Art werden nachfolgend als Wertvernichtungspotenziale bezeichnet.[652] Anders als Wertschöpfungspotenziale,

---

651 Dazu bereits oben Kapitel 2 C.I.1.b.bb.

652 Die vorliegende Untersuchung lehnt sich damit an die von Biberacher, Synergiemanagement und Synergiecontrolling (2003), 55 f. und Lechner, Negative Synergien (2007), 100 ff. vorgenommene Einteilung an, schließt dabei aber

deren Auswirkungen überwiegend durch Maßnahmen des Integrationsmanagements erarbeitet werden müssen, realisieren sich Wertvernichtungspotenziale in der Regel von selbst.[653] Für den Erfolg eines Zusammenschlusses ist es deshalb von Bedeutung, ob und inwieweit es den beteiligten Unternehmen gelingt, entsprechende Effekte zu unterdrücken.

b. Systematisierungskriterien

aa. Organisatorische Reichweite

Überträgt man die bereits bekannten Systematisierungskriterien auf die Wertvernichtungspotenziale, lassen sich diese zunächst danach unterscheiden, ob der Wertverlust

- durch isolierte Effekte bei einem beteiligten Unternehmen oder
- durch (negative) Synergieeffekte, die durch das Zusammenwirken mehrerer bisher getrennter Unternehmen, Geschäfts- oder Funktionsbereiche entstehen,

eintritt. Der ersten Fallgruppe wird im betriebswirtschaftlichen Schrifttum nur wenig Aufmerksamkeit zuteil. Beispielhaft können hier Effekte genannt werden, wie sie durch die Beibehaltung einer erfolglosen Geschäftsleitung beim Akquisitionsobjekt entstehen können.

Weitaus größere Bedeutung wird der Fallgruppe der negativen Synergieeffekte beigemessen,[654] die sich in Anlehnung an PORTER[655] weiter in Koordinations-, Kompromiss- und Inflexibilitätskosten einteilen lassen.[656] Während Koordinationskosten durch die komplexer gewordenen Strukturen und Abläufe und Kompromisskosten dadurch entstehen, dass ge-

---

isolierte wertvernichtende Effekte mit ein, die diese aus ihrer Betrachtung ausklammern (vgl. BIBERACHER, ebenda, 54), und nicht oder mit Verzögerung realisierte wertsteigernde Effekte aus, die diese zu den Wertvernichtungspotenzialen zählen (vgl. BIBERACHER, ebenda, 56 bzw. LECHNER, ebenda, 101). Die Verzögerungsproblematik wird hier als eigenständiger, alle andere Faktoren beeinflussender „Querschnittsfaktor" verstanden; dazu unten Kapitel 2 C.II.

653 VOGEL, M&A (2002), 35.

654 Vgl. VOGEL, M&A (2002), 35 ff.; BIBERACHER, Synergiemanagement und Synergiecontrolling (2003), 52 ff. sowie LECHNER, Negative Synergien (2007).

655 PORTER, The competitive advantage of nations (2004), 331 ff.

656 GERPOTT, Integrationsgestaltung (1993), 104 f.; LECHNER, Negative Synergien (2007), 111 ff.

meinsam genutzte Ressourcen nicht optimal an die Bedürfnisse aller zusammenwirkenden Unternehmen, Geschäfts- und Funktionsbereiche angepasst werden können, kommt es zu Inflexibilitätskosten, wenn sich die Marktaustrittsbarrieren oder Reaktionsmöglichkeiten auf Marktherausforderungen erhöhen. Diese „überwiegend sachlogisch“[657] bedingte Sichtweise wird seit einigen Jahren durch einen verhaltensorientierten Ansatz ergänzt, dessen Vertreter die in Zusammenschlusssituationen zu beobachtenden Wertverluste mit Anpassungsreaktionen der internen und externen Stakeholder auf das Bekanntwerden und die Implementierung des betreffenden Vorhabens erklären.[658] Im Kern geht es dabei um Umsatzeinbußen und Kostensteigerungen durch Leistungsabfälle und höhere Fehlzeiten der Mitarbeiter sowie um den Verlust von Mitarbeiter-, Kunden- und Lieferantenbeziehungen, die sich im operativen Geschäft als „Fusionsdelle“ bemerkbar machen. Das Ausmaß des Wertvernichtungspotenzials soll insbesondere von den verfolgten Einzelzielsetzungen und vom Grad der Integration abhängen. Je weitgehender die Eigenständigkeit des betreffenden Unternehmens gewahrt bleibt, desto geringer sollen ceteris paribus die negativen Auswirkungen ausfallen.[659]

bb. Realisierungszeitpunkt

Wie Wertschöpfungspotenziale lassen sich Wertvernichtungspotenziale in zeitlicher Hinsicht danach einteilen, ob sie ihre Wirkungen schwerpunktmäßig

- in der Premerger- oder Merger-Phase,
- in unmittelbarem Zusammenhang mit dem Closing oder
- erst in der Postmerger-Phase

entfalten.[660] Während sich Wertschöpfungspotenziale in der Regel nicht vor dem Closing erschließen lassen, realisieren sich viele Wertvernichtungspotenziale häufig schon während der Premerger- oder Merger-Phase.[661] Dies gilt insbesondere für die verhaltensbezogenen negativen Syner-

---

657 Gerpott, Integrationsgestaltung (1993), 105.
658 Dazu bereits oben Kapitel 1 B.I.1.b.bb.(1)(d)(cc).
659 Homburg in: Picot/Nordmeyer/Pribilla, Management von Akquisitionen (2000), 169, 173 f.
660 Vgl. Lechner, Negative Synergien (2007), 122 und 125.
661 Biberacher, Synergiemanagement und Synergiecontrolling (2003), 61.

gieeffekte, da die Verunsicherung der Mitarbeiter, Kunden und Lieferanten und die Angriffe der Wettbewerber im Anschluss an das Bekanntwerden des Vorhabens einsetzen.[662] Zu beachten ist auch, dass das Bekanntwerden eines Zusammenschlussvorhabens bei börsennotierten Unternehmen zu spekulativen Kursbewegungen führen kann, die – am Beispiel einer Akquisition – nicht nur zu einer Verteuerung des Akquisitionsobjekts, sondern auch zu einem Verfall der „Fusionswährung" des Käufers beitragen können.[663]

Daneben besteht eine große Zahl negativer Synergiepotenziale, die sich typischerweise erst in der Postmerger-Phase wertmindernd auswirken. Für diese gilt – ähnlich wie für die meisten Wertschöpfungspotenziale – das Gebot einer frühen, dem Closing vorangehenden Identifizierung, Bewertung und Maßnahmeplanung.

c. Typologie der Wertvernichtungspotenziale

Anhand der genannten Kriterien lassen sich wichtige transaktionsbedingte Wertvernichtungspotenziale wie folgt klassifizieren:

	Realisierungszeitpunkt/ -phase			Reichweite	
Wertvernichtungspotenzial	Premerger/ Merger	Closing	Postmerger	Isoliert	Synergetisch
Umsatzeinbußen / Kostensteigerungen durch Beibehaltung eines schlechten Managements beim anderen Transaktionspartner			■	■	
Umsatzeinbußen / Kostensteigerungen durch Leistungsabfälle, Fehlzeiten und Fluktuationen im Mitarbeiterbereich	■		■		■
Umsatzeinbußen durch Verlust von Kunden	■		■		■
Kostensteigerungen durch Verlust von Lieferanten	■		■		■
Kostensteigerung durch Nachteile bei der Besteuerung / Kapitalbeschaffung		■			

662 Dazu SCHUMANN, Integrationsgeschwindigkeit (2005), 155 f.; BEKIER/SHELTON, McKinsey Quaterly 4/2002, 106, 108 f.

663 JANSEN, Management von Unternehmenszusammenschlüssen (2004), 308.

	Realisierungszeitpunkt/ -phase			Reichweite	
Wertvernichtungspotenzial	Premerger/ Merger	Closing	Postmerger	Isoliert	Synergetisch
Kostensteigerungen durch unterschiedliche Produkteigenschaften in Bezug auf Technik / Servicebedarf[664]			■		■
Fehleinschätzung des Unternehmenswerts des Transaktionspartners		■		■	
Umsatzeinbußen / Kostensteigerungen wegen mangelnder Branchenerfahrung des Managements[665]			■		■
Umsatzeinbußen / Kostensteigerungen wegen Erfüllung fusionskontrollrechtlicher Auflagen			■		■

Tabelle 2: Bedeutende Wertvernichtungspotenziale bei Unternehmenszusammenschlüssen; in Anlehnung an LECHNER, Negative Synergien (2007), 125.

3. Minimierung der Transaktionskosten

Einen weiteren Negativposten der Erfolgsbilanz bilden die Transaktionskosten,[666] die in jeder Phase des Zusammenschlussprozesses entstehen. Sie lassen sich bei generalisierender Betrachtungsweise in zwei Arten unterteilen.[667] Auf der einen Seite stehen die Kosten, die in direktem Zusammenhang mit der Transaktion als solcher stehen und daher schwerpunktmäßig vor oder mit dem Closing anfallen („Transaktionskosten im engeren Sinne"). Hierzu zählen z.B. anfallende Steuern, Beratungs-, Finanzierungs-, Notariats-, Eintragungs- und Hauptversammlungskosten sowie Kosten etwaiger Kapitalerhöhungen. Auf der anderen Seite stehen die Kosten, die zur Realisierung der mit der Transaktion verbundenen Wertschöpfungspotenziale und zur Unterdrückung der bestehenden Wertvernichtungspotenziale aufgewandt werden müssen. Dazu gehören z.B. Kosten für Abfindungen oder die Angleichung der Lohnniveaus, für Sozialpläne, Trainings-

664 Vgl. VOGEL, M&A (2002), 36.
665 Vgl. LECHNER, Negative Synergien (2007), 60.
666 Vgl. nochmals oben Abbildung 1.
667 VOGEL, M&A (2002), 238. Die dort als dritte Gruppe genannten Widerstände wurden hier als „Wertvernichtungspotenziale" eingeordnet.

oder Werbemaßnahmen, die Anpassung der IT-Systeme, den Umzug von Abteilungen oder Betriebsstätten und für Berater.[668]

Da es sich bei den Transaktionskosten um einen Abzugsposten handelt, muss das Prozessmanagement grundsätzlich darauf angelegt sein, diese Kosten so gering wie möglich zu halten. Soweit diese Kosten zur zweiten Fallgruppe gehören, sind sie freilich zu den Vorteilen in Bezug zu setzen, die durch die Realisierung positiver bzw. die Eindämmung negativer Potenziale erzielt werden. Erhöhte Transaktionskosten können daher hinzunehmen sein, wenn die gewünschten Effekte den Aufwand der notwendigen Maßnahmen übersteigen.

In der folgenden, nicht abschließenden Tabelle werden bedeutende Transaktionskostenarten beispielhaft nach dem Zeitpunkt bzw. Zeitraum systematisiert, in welchem sie schwerpunktmäßig anfallen:

	Zeitpunkt/ -raum des Anfalls		
Kostenart	Premerger/ Merger	Closing	Postmerger
Transaktionskosten im engeren Sinne	■	■	
Kosten für die Transaktions- und Integrationsplanung einschließlich Due-Diligence-Prüfung, Management Audits usw.	■		
Beraterkosten	■	■	■
Mitarbeiterbezogene Einstellungs-, Versetzungs- und Trennungskosten (einschließlich Abfindungskosten)			■
Kosten für die Angleichung der Lohnniveaus			■
Kosten für Sozialpläne			■
Kosten für Mitarbeiterschulungen			■
Kosten für Marketingmaßnahmen			■
IT-Konsolidierungskosten			■
Umzugskosten			■
Verwertungskosten (z.B. für Immobilien)			■

668 Vgl. die Fallgruppe „Kosten für Maßnahmen des Ressourcentransfers“ bei VOGEL, ebenda und die Fallgruppe der „Integrationskosten“ bei LECHNER, Negative Synergien (2007), 107.

	Zeitpunkt/ -raum des Anfalls		
Kostenart	Premerger/ Merger	Closing	Postmerger
Kommunikationsaufwand	■	■	■

Tabelle 3: Bedeutende Transaktionskosten bei Unternehmenszusammenschlüssen; in Anlehnung an LECHNER, Negative Synergien (2007), 125.

4. Optimierung des Transaktionspreises

Einen weiteren Faktor der Zielerreichung[669] stellt die Höhe des Transaktionspreises dar, der sich bei Akquisitionen im Kaufpreis, bei Fusionen in der relativen Bewertung der beteiligten Unternehmen und im Falle der Gründung eines Gemeinschaftsunternehmens im Beitragsverhältnis der Muttergesellschaften ausdrückt. Anders als bei den zuvor dargestellten Faktoren handelt es sich hierbei um einen Aspekt, der im Auge des Betrachters liegt, da seine Minimierung für die eine Partei einer Erhöhung für die andere Partei gleichkommt.

Die Preisbildung steht in einem engen Zusammenhang zu den vorgenannten Faktoren, weil sie Ausfluss einer Einschätzung ist, in welchem Umfang sich durch den Zusammenschluss Werte generieren lassen.[670] Darüber hinaus hängt die Preisbildung von einer Reihe weiterer Kontextfaktoren ab, die die relative Verhandlungsposition der Parteien bestimmen. Dazu gehören z.B. die wirtschaftliche Situation der beteiligten Unternehmen (Stichwort: „Sanierungsfusion“) sowie etwaige Informationsvorsprünge der einen oder anderen Partei. Am Ende dürfte auch dem Verhandlungsgeschick Bedeutung zukommen.

II. Zeitmanagement als „Querschnittsfaktor“

Das Zeitmanagement ist einer der komplexesten und umstrittensten Problemkreise des Zusammenschlussprozesses. Im Grunde handelt es sich um ein „Querschnittsproblem“,[671] da alle Gesichtspunkte des Zusammenschlussprozesses auch unter Zeitaspekten betrachtet werden können. Dies

---

669 Vgl. nochmals oben Abbildung 1.

670 Zum Bewertungsprozess näher LUCKS/MECKL, Internationale M&A (2002), 171 ff.

671 GERPOTT, Integrationsgestaltung (1993), 161.

betrifft sowohl den Gesamtprozess als auch die einzelnen Teilprozesse und Einzelmaßnahmen. Seit den frühen 1990er Jahren hat die Anzahl betriebswirtschaftlicher Veröffentlichungen, die sich mit den Zeitaspekten des Zusammenschlussmanagements befassen, stetig zugenommen. Zu erwähnen ist, dass die einzelnen Beiträge große Unterschiede im Hinblick auf ihren akademischen Anspruch,[672] ihre Schwerpunktsetzung[673] und die (teils fehlende) Differenzierung zwischen Geschwindigkeits- und Timingaspekten[674] aufweisen, die ihre Einbeziehung in die vorliegende, wettbewerbsrechtliche Untersuchung erschweren.

1. Ausgangspunkt

Grundsätzlich ist die Zusammenschlusspraxis an einer möglichst raschen Erreichung der anvisierten Wertsteigerungsziele interessiert.

---

672 So handelt es sich überwiegend um Praktikerbeiträge, die aus wissenschaftlicher Sicht teilweise kritisch zu sehen sind, da die angewandte Methodik selten anerkannten Standards genügt und die Autoren zu pauschalen Empfehlungen und Vereinfachungen neigen; vgl. die Kritik bei Gerpott/Schreiber, Die Unternehmung 1994, 99, 102: „Plausibilitätserwägungen und plakative Empfehlungen“; Dicken, BFuP 2000, 358, 364: „diffuse Kombination von Allgemeinplätzen, simplifizierten Handlungsempfehlungen und praktischen Beispielen“ Zudem sind nur wenige Veröffentlichungen empirisch fundiert. Dies gilt insbesondere für die Studien großer Unternehmensberatungsgesellschaften; vgl. die Kritik bei Homburg/Bucerius, 27 Strat. Mgmt. J., 347, 348 (2006): „However, although based on large samples, these studies do not meet basic requirements on empirical academic research in terms of sampling, construct measurement, and data analysis.“ Dicken, ebenda, 364 äußert nicht nur Zweifel an der Wissenschaftlichkeit solcher Studien, sondern auch die Vermutung, dass manche Autoren dem Leser „ein nicht publiziertes Restwissen für die Beratungspraxis“ vorenthalten wollen.

673 So bezieht sich ein Großteil der existierenden Beiträge auf Zeitaspekte des *Integrations*managements. Die diesbezüglichen Erkenntnisse sind für die vorliegende Untersuchung zwar relevant, da die Vornahme von Integrationsmaßnahmen im Zeitraum vor der fusionskontrollrechtlichen Genehmigung als besonders kritisch gilt. Mit Blick auf die Zielsetzung dieser Untersuchung ist eine solche Sichtweise aber zu eng, da außer Zweifel steht, dass der Vollzugsbegriff des Art. 7 FKVO über Integrationsmaßnahmen hinausgeht.

674 Kritisch hierzu Gerpott, Integrationsgestaltung (1993), 161 f. und Gerpott/Schreiber, Die Unternehmung 1994, 99, 101 f.

„Je schneller die Umsetzung, desto schneller die Ergebnisverbesserung, desto höher der Barwert der Maßnahmen."[675]

Aus einer frühen Zielerreichung resultieren Zinsgewinne und niedrigere Opportunitätskosten, da die Ressourcen der beteiligten Unternehmen früher – und auf die Gesamtzeit gerechnet länger – zur Gewinnerzielung eingesetzt werden können.[676] Die beteiligten Unternehmen sind daher prinzipiell bestrebt, den Zusammenschlussprozess so früh wie möglich zum Abschluss zu bringen.

2. Die beiden „Hebel" des Zeitmanagements

Ein früher Abschluss des Prozesses kann zum einen durch eine hohe Prozessgeschwindigkeit und zum anderen durch einen frühen Prozessbeginn erreicht werden.[677]

a. Prozessgeschwindigkeit

Die Geschwindigkeit des Zusammenschlussprozesses wird vom Umfang der zu treffenden Maßnahmen und dem zur Verfügung stehenden Zeitintervall bestimmt.[678] Berücksichtigt man, dass ein Zusammenschlussprozess aus einer Vielzahl von Teilprozessen und konkreten Maßnahmen besteht, lassen sich mit dem Gesamtprozess, den Teilprozessen und den Einzelmaßnahmen drei Betrachtungsebenen unterscheiden. Innerhalb des Gesamtprozesses kommen die folgenden Möglichkeiten der Geschwindigkeitserhöhung in Betracht:[679]

---

675 Lucks in: Hölters, Handb Unternehmenskauf (2015), Rn. 9.72; ähnlich Veil, Der Zeitfaktor im Change Management (1999), 179; PricewaterhouseCoopers, Speed makes the difference (2000), 9; aus der kartellrechtlichen Literatur Rudowicz, Gun-Jumping (2016), 54 f.

676 Schumann, Integrationsgeschwindigkeit (2005), 10 f.; vgl. zum Gesichtspunkt der Opportunitätskosten auch Lucks/Meckl, Internationale M&A (2002), 69 a.E.

677 Gerpott, Integrationsgestaltung (1993), 162; Vogel, M&A (2002), 249.

678 Gerpott/Schreiber, Die Unternehmung 1994, 99, 101; Schumann, Integrationsgeschwindigkeit (2005), 46.

679 Schumann, Integrationsgeschwindigkeit (2005), 63 ff.

- Abstandsoptimierung;
- Parallelisierung von Abläufen;[680]
- Intensivierung von Abläufen.

Die Aussichten, die anvisierten Ziele durch eine Steigerung der Prozessgeschwindigkeit früher zu erreichen, sind nach h.M. dennoch begrenzt. Während viele Praktiker zu einer generell hohen Prozessgeschwindigkeit tendieren[681] und sich dabei auf eine Reihe praxisnaher Studien berufen können, haben sich in den vergangenen Jahren die Stimmen in der betriebswirtschaftlichen Literatur und Praxis gemehrt, die für ein differenzierteres, den jeweiligen Kontextbedingungen angepasstes Modell der Prozess- und insbesondere der Integrationsgeschwindigkeit eintreten.[682] So weist GERPOTT darauf hin, dass zur Festlegung der richtigen Geschwindigkeit die Zielsetzungen des akquirierenden Unternehmens und die Interessen der Mitarbeiter des Akquisitionsobjekts im Rahmen einer Kosten-Nutzen-Rechnung in Ausgleich gebracht werden müssten.[683] VEIL kritisiert, dass pauschale Empfehlungen zur Geschwindigkeit von Wandlungsprozessen die Reihenfolgen der Maßnahmen und die verschiedenen Orte des Wandels nicht berücksichtigten, obwohl sich in der

> „[…] komplexen Realität eines Unternehmenswandels […] je nach situativer Gegebenheit revolutionäre und evolutionäre Elemente zu verschiedenen Zeiten an verschiedenen Orten mit verschiedenen Inhalten gleichzeitig oder sequentiell abspielen.“[684]

---

680 Dazu ausführlich LUCKS/MECKL, Internationale M&A (2002), 60 ff. sowie LUCKS in: Hölters, Handb Unternehmenskauf (2015), Rn. 9.16 und 9.206 f.

681 Vgl. statt vieler FELDMAN/SPRATT, Speedmanagement für Fusionen (2000), 57 ff.; tendenziell auch DICKEN, BFuP 2000, 358, 360 ff.; weitere Nachweise bei GERPOTT, Integrationsgestaltung (1993), 162 (dort Fn. 90).

682 In diesem Sinne BRAGADO, M&A Europe 3-4/1992, 24, 27 ff.; GERPOTT, Integrationsgestaltung (1993), 163 ff.; GERPOTT/SCHREIBER, Die Unternehmung 1994, 99, 104; BOWER, 79 Harv. Bus. Rev., März 2001, 92 ff.; SCHUMANN, Integrationsgeschwindigkeit (2005), 65 ff.; LUCKS in: Hölters, Handb Unternehmenskauf (2015), Rn. 9.210; JONK/VALLERIEN, Executive Agenda 2/2005, 5 ff.; HOMBURG/BUCERIUS, 27 Strat. Mgmt. J. 347, 349 ff. (2006).

683 GERPOTT, Integrationsgestaltung (1993), 163. Ähnliches dürfte im Falle einer Fusion für die Zielvorstellungen des stärkeren Fusionspartners und die Interessen der Mitarbeiter des schwächeren Fusionspartners gelten. Für eine Kosten-Nutzen-Rechnung plädiert auch VEIL, Der Zeitfaktor im Change Management (1999), 178.

684 VEIL, ebenda, 180.

Ausgangspunkt dieses differenzierten Ansatzes ist die Annahme, dass sowohl mit einer höheren als auch mit einer niedrigeren Prozessgeschwindigkeit Vorteile einhergehen können. Manche Autoren gehen auch von einem bestimmten Zeitfenster („window of opportunity") aus, in welchem die Akzeptanz der Mitarbeiter für bestimmte Maßnahmen besonders hoch sein soll und das es deshalb zu nutzen gelte. Einige besonders häufig genannte Aspekte einer höheren versus niedrigeren Prozessgeschwindigkeit werden in der folgenden Tabelle veranschaulicht, wobei sich die Vorteile der einen Vorgehensweise als Nachteile der anderen interpretieren lassen und umgekehrt:

Vorteile einer höheren Prozessgeschwindigkeit	Vorteile einer niedrigeren Prozessgeschwindigkeit
– Rasche Realisierung von Wertschöpfungspotenzialen und Verringerung von Opportunitätskosten. – Zeitliche Begrenzung des Risikos spekulativer Kursschwankungen und daraus resultierender Steigerungen des Transaktionspreises. – Schaffung des für Veränderungen notwendigen Handlungsdrucks und Nutzung der zeitlich begrenzten Veränderungsbereitschaft der Mitarbeiter (Stichwort: „window of opportunity"). – Rasche Überwindung der mit einem Zusammenschluss einhergehenden Phase abfallender Produktivität, wie sie durch verunsicherungs- und stressbedingte Anpassungsreaktionen der Mitarbeiter entstehen kann (Stichwort: „Merger-Syndrom"). – Rasche Überwindung der mit einem Zusammenschluss einhergehenden Phase erhöhter Gefährdungen im Außenverhältnis, wie sie durch Anpassungsreaktionen der Kunden und Lieferanten und ein offensiveres Auftreten der Wettbewerber entstehen kann.	– Besseres Kennenlernen von Strukturen und Kulturen. – Geringere Überforderung und bessere Einbindung der Mitarbeiter der beteiligten Unternehmen; dadurch Stressreduktion, Motivationseffekte und bessere Nutzung des Erfahrungsschatzes der Mitarbeiter. – Möglichkeit einer fundierteren Strategieentwicklung auf Basis vertiefter Analysen; dadurch sachgerechtere Prioritätensetzung, bessere Komplexitätsbewältigung, verringertes Fehlerrisiko und geringere Gefahr der Verselbstständigung des Prozesses.

Tabelle 4: Aspekte einer höheren versus niedrigeren Prozessgeschwindigkeit; in Anlehnung an Gerpott, Integrationsgestaltung (1993), 164; Gerpott/Schreiber, Die Unternehmung 1994, 99, 104; Schumann, Integrationsgeschwindigkeit (2005), 58 ff. und 66 ff. sowie Veil, Zeitfaktor (1999), 177 ff.

Der differenzierte Ansatz zur Prozessgeschwindigkeit, der die Vor- und Nachteile beider Vorgehensweisen unter Berücksichtigung der jeweiligen Kontextbedingungen in Ausgleich bringt, dürfte der komplexen M&A-

Wirklichkeit am ehesten gerecht werden. Er wird auch durch jüngere akademische Studien gestützt. So zeigte der Faktor „Integrationsgeschwindigkeit“ in der empirischen Studie von HOMBURG/BUCERIUS in Abhängigkeit von bestimmten Situationsvariablen eine erhebliche, je nach Modell positive bzw. negative Erfolgsrelevanz.[685] Die Autoren kommen daher zu dem Schluss, dass

> „[...] there is no simple answer to the question whether PMI [post-merger integration] should take place quickly or not and that many managerial statements in this context are far too simplistic.“[686]

Ähnliche Erwägungen dürften für die Prozessgeschwindigkeit in der Premerger- und Merger-Phase gelten. Folgt man dem differenzierten Ansatz, stellt sich die Frage nach den Faktoren der optimalen Prozessgeschwindigkeit. In der betriebswirtschaftlichen Literatur werden vor allem die folgenden Aspekte genannt:

- *Projekttyp*: Konsolidierungsgetriebene Vorhaben, bei denen Wertsteigerungen vor allem durch die Realisierung von Größenvorteilen und den Abbau von Überkapazitäten erzielt werden, sollen grundsätzlich schneller durchgeführt werden als komplementaritätsgetriebene Zusammenschlüsse, bei denen Wertsteigerungen primär durch die Ausschöpfung von Verbundvorteilen oder die Erschließung neuer geographischer Märkte erreicht werden.[687]
- *Betroffene Funktionsbereiche*: „But if different parts of the value chain have different characteristics, then obviously speed cannot mean the same thing for all.”[688] Vorgeschlagen wird ein dem jeweiligen Bereich angepasstes Vorgehen: „Different parts of the company should have a different integration timetable based on their needs. By allowing each part to pursue consolidation and integration at its own speed, or not at all, you unlock greater potential, creating a richer, more value-creating merger.“[689]
- *Betroffene Ressourcen*: Grundsätzlich soll der Transfer materieller Ressourcen mit höherer Geschwindigkeit möglich sein als der Wissens-

---

685 HOMBURG/BUCERIUS, 27 Strat. Mgmt. J. 347, 358 f. (2006).

686 HOMBURG/BUCERIUS, ebenda, 360 (Klammerzusatz vom Verfasser).

687 LUCKS in: Hölters, Handb Unternehmenskauf (2015), Rn. 9.10; BOWER, 79 Harv. Bus. Rev., Mar. 2001, 92, 97 ff.; GERPOTT, Integrationsgestaltung (1993), 166; GERPOTT/SCHREIBER, Die Unternehmung 1994, 99, 107.

688 JONK/VALLERIEN, Executive Agenda 2/2005, 11.

689 JONK/VALLERIEN, ebenda, 6.

und Fähigkeitstransfer, der „einen sozialen Lehr- und Lernprozess“ voraussetze.[690]

- *Situation des Akquisitionsobjekts*: Je prekärer die wirtschaftliche Lage des Akquisitionsobjekts bzw. kleineren Fusionspartners, desto größer soll die Wahrscheinlichkeit sein, dass mit einer hohen Prozessgeschwindigkeit positive Effekte für die Zielerreichung verbunden sind (Stichwort: „Sanierungsfusion“).[691]
- *Produktzyklen*: Je weiter sich die Produktzyklen eines oder mehrerer beteiligter Unternehmen ihrem Ende zuneigen, desto vorteilhafter soll sich eine schnelle Substitution und damit eine hohe Prozessgeschwindigkeit auf den Zusammenschlusserfolg auswirken.[692]
- *Ähnlichkeitsgrad*: Insoweit wird angenommen, dass sich die optimale Prozessgeschwindigkeit mit zunehmender innerer Ähnlichkeit der beteiligten Unternehmen erhöht und mit zunehmender äußerer, d.h. marktbezogener, Ähnlichkeit verringert.[693]
- *Börsennotierung*: Bedingt durch die schwierige Geheimhaltung eines Zusammenschlussvorhabens soll im Fall der Börsennotierung eines oder mehrerer beteiligter Unternehmen ein Interesse an einer schnellen Durchführung der notwendigen Prozesse bestehen.[694] So soll sich das Zeitfenster, in dem Spekulanten den Transaktionspreis in die Höhe treiben können, begrenzen lassen.
- *Ressourcenverfügbarkeit*: Eine hohe Prozessgeschwindigkeit lässt sich – vor allem bei hohen Integrationsgraden – überhaupt nur realisieren, wenn die beteiligten Unternehmen über die zur Identifizierung und Erschließung von Wertschöpfungspotenzialen bzw. zur Identifizierung und Eindämmung von Wertvernichtungspotenzialen erforderlichen personellen und materiellen Ressourcen verfügen.[695]

690 Gerpott/Schreiber, Die Unternehmung 1994, 99, 107 f.; Vogel, M&A (2002), 250; ähnlich schon Gerpott, Integrationsgestaltung (1993), 166.

691 Gerpott, Integrationsgestaltung (1993), 166; Vogel, ebenda, 251.

692 Lucks in: Hölters, Handb Unternehmenskauf (2015), Rn. 9.69 und 9.203.

693 Homburg/Bucerius, 27 Strat. Mgmt. J. 347 ff. (2006).

694 Jemison/Sitkin, 11 Acad. Manage. Rev. 145, 155 (1986).

695 Gerpott, Integrationsgestaltung (1993), 166 f.; Vogel, M&A (2002), 250; Lucks in: Hölters, Handb Unternehmenskauf (2015), Rn. 9.72.

b. Timing von Maßnahmen

Der zweite „Hebel" des Zeitmanagements besteht im Timing der verschiedenen Teilprozesse und Einzelmaßnahmen des Zusammenschlussprozesses. Der Begriff „Timing", für den es im Deutschen keine vollständige Entsprechung gibt, beschreibt die bewertete Zeitlage von Ereignissen in einem Gesamtkontext.[696] Die Bewertung trifft eine Aussage über deren Rechtzeitigkeit,[697] wobei der richtige Zeitpunkt und die richtige Reihenfolge der Ereignisse die zentralen Timingaspekte darstellen.[698] Vorliegend geht es um den richtigen Zeitpunkt und die richtige Reihenfolge der verschiedenen Teilprozesse und Einzelmaßnahmen.

Zusammenschlussprozesse sind Wandlungsprozesse. In der betriebswirtschaftlichen Literatur ist es unbestritten, dass das Timing einen wichtigen Faktor für den Erfolg eines Wandlungsprozesses darstellt.[699] Auch zu Timingaspekten sind – vor allem in diversen Praktikerbeiträgen – oft pauschale Empfehlungen anzutreffen, die regelmäßig in Richtung einer möglichst frühen Vornahme von Integrationsmaßnahmen weisen.[700] Dabei scheinen viele Anhänger einer hohen Prozessgeschwindigkeit zugleich Anhänger einer frühen Terminierung zu sein.

Demgegenüber wird in wissenschaftlich geprägten Beiträgen, ähnlich wie zur Frage der Prozessgeschwindigkeit, überwiegend eine Sichtweise vertreten, die die Vor- und Nachteile eines frühen versus späten Beginns von Teilprozessen bzw. Einzelmaßnahmen im Lichte der jeweiligen Kontextbedingungen betrachtet. Kernthese dieses differenzierten Ansatzes ist die Annahme, dass im Einzelfall sowohl die eine als auch die andere Vorgehensweise bestimmte Vorteile mit sich bringen kann. Zwar wird in der Literatur häufig nicht zwischen Geschwindigkeits- und Timingaspekten unterschieden. Die damit verbundene Unschärfe dürfte allerdings weitgehend unschädlich sein, da sich viele Vorteile einer höheren Prozessgeschwindigkeit ceteris paribus als Vorteile eines früheren Prozessbeginns darstellen lassen.

Letzteres dürfte auch auf die oben in Tabelle 4 dargestellten Aspekte zutreffen. So dürfte ein früherer Prozess- oder Maßnahmebeginn bei ansons-

---

696 Veil, Der Zeitfaktor im Change Management (1999), 29 und 182.

697 Zeyer, zfo 1995, 283.

698 Gerpott/Schreiber, Die Unternehmung 1994, 99, 101.

699 Veil, Der Zeitfaktor im Change Management (1999), 182 m.w.N.

700 Vgl. De Noble/Gustafson/Hergert, 21 (4) Long Range Planning 82, 84 (1988): „Earlier is Better than Later".

ten gleichbleibenden Bedingungen ähnlich positive Effekte auf die Realisierung von Wertschöpfungspotenzialen und die Verringerung von Opportunitätskosten haben wie eine höhere Prozessgeschwindigkeit. Denn in beiden Fällen stehen die Ressourcen früher und somit auf die Gesamtzeit länger für die Gewinnerzielung bereit. Ähnliches dürfte für die dort genannten Aspekte der Begrenzung des Risikos spekulativer Kursschwankungen, der Nutzung des „window of opportunity" und der raschen Überwindung der „Fusionsdelle" gelten. Hinsichtlich dieser „psychologischen" Aspekte ist anzunehmen, dass durch ein frühzeitiges Handeln nach Bekanntwerden des Zusammenschlussvorhabens vergleichbare Effekte erzielt werden können wie später durch eine hohe Prozessgeschwindigkeit.

Diese Annahme wird durch die Ergebnisse empirischer Studien zur Integrationsgestaltung untermauert. So zeichneten sich Akquisitionen, bei denen die Erwerber erst sechs Monate oder mehr nach der offiziellen Bekanntgabe des Vorhabens mit der Umsetzung von Integrationsmaßnahmen begonnen hatten, in der Untersuchung von Gerpott[701] durch signifikant schlechtere Erfolgswerte aus als solche, bei denen ein früherer Umsetzungsbeginn gewählt worden war.[702] Interessanterweise war die Beziehung zwischen dem Zeitpunkt des Integrationsbeginns und dem Integrationserfolg jedoch nicht linear:

> „Während Akquisiteure, die erst sechs und mehr Monate nach der offiziellen Akquisitionsbekanntgabe mit der Umsetzung von Integrationsmaßnahmen begannen, das schlechteste Integrationsniveau verzeichneten, wiesen Erwerber, die typischerweise nicht länger als zwei Monate bis zum Umsetzungsbeginn verstreichen ließen, keine besseren sondern eher etwas schlechtere Integrationswerte auf als Akquisiteure, die die Implementierung von Integrationsmaßnahmen etwa 3 - 5 Monate nach der Akquisitionsbekanntgabe in Angriff nahmen."[703]

Gerpott zieht daraus den Schluss, dass sich im Anschluss an die Bekanntgabe der Zusammenschlusspläne mit einem frühen, wenngleich nicht sofortigen Integrationsbeginn optimale Ergebnisse erzielen lassen:

> „Zusammenfassend ist festzuhalten, dass sich nach unseren Befunden ein langsamer Beginn der Umsetzung von Integrationsmaßnahmen frühestens sechs Monate nach der offiziellen Akquisitionsbekanntgabe

701 Zum Untersuchungsgegenstand Gerpotts oben Fn. 562.

702 Gerpott, Integrationsgestaltung (1993), 452 ff.

703 Gerpott, ebenda, 453.

> gegenüber einem schnelleren Umsetzungsstart innerhalb des ersten halben Jahres negativ auf den Erfolg einer Transaktion auswirkt. Insbesondere zur Maximierung des *Integrations*erfolges könnte es geboten sein, mit der Umsetzung von Integrationsmaßnahmen nicht direkt, sondern erst zwei bis fünf Monate nach der Akquisitionsbekanntgabe zu beginnen, wobei die Zeitspanne bis zum Umsetzungsbeginn für vorbereitende Detailanalysen zur Spezifikation von Ressourcentransfermöglichkeiten zu nutzen ist. Insgesamt kommt der Geschwindigkeit des Integrationsbeginns eine zwar nicht zu vernachlässigende, aber – abweichend von dem in der präskriptiven Literatur teilweise vermittelten Eindruck – relativ zu anderen IG- [Integrationsgestaltungs-] Teilbereichen keineswegs herausragende Relevanz als Akquisitionserfolgsdeterminante zu."[704]

Für einen frühen Prozess- bzw. Maßnahmebeginn spricht grundsätzlich auch, dass dieser ceteris paribus ein Absenken der Prozessgeschwindigkeit erlaubt. Sofern eine hohe Geschwindigkeit im Einzelfall nachteilhaft ist, kann dies weiter zur Erfolgsoptimierung beitragen.[705] So kann auch der Gefahr begegnet werden, dass der Prozess aus dem Takt gerät und versucht wird, die Kohärenz des Plans durch unkontrollierten Aktionismus wiederherzustellen.[706]

Umgekehrt können auch mit einer späteren Terminierung von Teilprozessen oder Einzelmaßnahmen Vorteile einhergehen. In Veröffentlichungen zum „Change Management" wird häufig die Bedeutung eines ausreichenden Leidensdrucks hervorgehoben, den es vor Prozess- bzw. Maßnahmebeginn aufzubauen gelte.[707] Zudem wird auf mögliche Opportunitätsvorteile hingewiesen, die sich im Laufe der Zeit durch das Ergreifen „günstiger Gelegenheiten" ergeben können.[708] Hinsichtlich der in Tabelle 4 genannten Vorteile einer niedrigeren Prozessgeschwindigkeit liegt der Schluss nahe, dass durch einen späteren Prozess- bzw. Maßnahmebeginn ähnlich positive Effekte erzielt werden können. Dies dürfte beispielsweise für die Möglichkeit einer fundierteren Strategieentwicklung auf Basis vertiefter Analysen gelten. Dementsprechend besteht in der betriebswirt-

---

704 Gerpott, ebenda, 455 (Hervorhebung im Original; Klammerzusatz vom Verfasser).

705 Zeyer, zfo 1995, 283, 288.

706 Veil, Der Zeitfaktor im Change Management (1999), 2 und 184 f.

707 Dazu m.w.N. Veil, ebenda, 182.

708 Veil, ebenda, 2 und 188.

schaftlichen Literatur Einigkeit darüber, dass eine möglichst frühe Transaktions- und Integrationsplanung die Erfolgschancen verbessert.[709]

Wie die Geschwindigkeit des Zusammenschlussprozesses wird das Timing von Teilprozessen und Einzelmaßnahmen durch bestimmte Kontextbedingungen beeinflusst, deren angemessene Berücksichtigung eine Optimierung des Gesamtprozesses erlaubt. Neben den bei der Bestimmung der optimalen Prozessgeschwindigkeit bedeutsamen Faktoren (Projekttyp, Funktionsbereiche, betroffene Ressourcen, Situation des Akquisitionsobjekts, Produktzyklen, Ähnlichkeitsgrad, Börsennotierung, Ressourcenverfügbarkeit), denen auch für das Timing Bedeutung zukommt, sind hier insbesondere die beiden folgenden Faktoren zu nennen:

- *Prozessuale Interdependenzen:* In vielen Fällen hängt der mögliche Prozess- oder Maßnahmebeginn vom Eintritt bestimmter Voraussetzungen, z.B. der Änderung der konjunkturellen Rahmenbedingungen, der Verfügbarkeit ausreichender materieller oder immaterieller Ressourcen[710] oder dem Implementierungsstand anderer Teilprozesse oder Einzelmaßnahmen ab. Die Festlegung der Reihenfolge richtet sich dann nicht nur nach der allgemeinen Prioritätensetzung, sondern muss auch die bestehenden Abhängigkeitsbeziehungen berücksichtigen, um eine optimale „Verzahnung" zu gewährleisten.[711] Die Abhängigkeiten können ein- oder wechselseitiger Natur sein. Während für manche Schritte eine zwingende Reihenfolge vorgegeben ist, können auch zwischen zeitgleich ablaufenden Teilprozessen oder Einzelmaßnahmen (Stichwort: „Parallelisierung von Abläufen") Interdependenzen bestehen.
- *Rechtliche Kontextbedingungen:* Vor dem Hintergrund des Untersuchungszwecks sind hier zunächst die im Einzelfall anwendbaren kartell- und fusionskontrollrechtlichen Vorschriften zu nennen. Soweit z.B. das Kartellverbot des Art. 101 Abs. 1 AEUV, das Vollzugsverbot des Art. 7 Abs. 1 FKVO und funktionsgleiche Vorschriften anderer Rechtsordnungen die Vornahme bestimmter Maßnahmen des Zusammenschlussprozesses aufschieben, stellen sie einen wichtigen Faktor des Zeitmanagements dar. Weitere rechtliche Kontextbedingungen sind z.B. die häufig zwischen den Parteien vereinbarten Closing-Bedingun-

---

709 Vgl. statt vieler Gerpott, Integrationsgestaltung (1993), 166.
710 Veil, Der Zeitfaktor im Change Management (1999), 188.
711 Vogel, M&A (2002), 251; Lucks in: Hölters, Handb Unternehmenskauf (2015), Rn. 9.8 und 9.24.

gen, welche zu einem zeitlichen Aufschub des Kontrollwechsels – und damit des Übergangs der unternehmerischen Leitungsmacht – führen.

3. Besondere „Maßnahmentreiber“

Neben allgemeinen Kontextbedingungen hängt das optimale Zeitmanagement insbesondere von der zeitlichen Lage bestimmter Stichtage ab, die als „Maßnahmentreiber“ über die Notwendigkeit, das Timing und die Geschwindigkeit von Teilprozessen und Einzelmaßnahmen entscheiden. Einige dieser Treiber sind für die Zwecke dieser Untersuchung besonders wichtig. Sie wurden bereits aufgeworfen und werden hier nochmals zusammengefasst.

a. Bekanntwerden des Vorhabens

Die Bedeutung, die dem öffentlichen Bekanntwerden für die Wertbildung und – damit für das wertorientierte Zusammenschlussmanagement – zukommt, wurde bereits verschiedentlich unterstrichen. Zusammenfassend ist festzuhalten, dass das Bekanntwerden eines Zusammenschlussvorhabens die Rahmenbedingungen des Prozessmanagements nachhaltig verändert. Die in vielen Fällen zu erwartenden Verhaltensreaktionen interner und externer Stakeholdergruppen sowie des wettbewerblichen Umfelds[712] treten in der Erfolgskalkulation als Wertvernichtungspotenziale in Erscheinung und können Gegenmaßnahmen erfordern, die wiederum die Transaktionskosten erhöhen. Es liegt daher regelmäßig im Interesse der beteiligten Unternehmen – zumindest derer, die das Vorhaben unterstützen – das Bekanntwerden möglichst lange zu verhindern. Sofern dies im Einzelfall nicht mehr möglich sein sollte, ist den Unternehmen daran gelegen, die drohenden Verhaltensreaktionen durch Gegenmaßnahmen so weit wie möglich einzudämmen und den Zeitraum zwischen der Bekanntgabe und dem Vollzug so kurz wie möglich zu halten. Allerdings kann im Einzelfall auch ein frühes Bekanntwerden im Unternehmensinteresse liegen, z.B. wegen des zu erwartenden Anstiegs des eigenen Aktienkurses. Ebenso kann das Interesse an einer möglichst kurzen Phase der Unsicherheit gegenläufigen Interessen unterzuordnen sein, die eine längere Prozessdauer

712 Dazu oben Kapitel 1 B.I.1.b.bb.(1)(d)(cc) und Kapitel 2 C.I.2.b.aa.

erfordern. Die Folgen des Bekanntwerdens sind also im Einzelfall sehr genau abzuwägen.

b. Signing und Closing

Das Signing ist insbesondere von Bedeutung, weil die einem Zusammenschluss zugrunde liegende schuldrechtliche Vereinbarung, also beispielsweise der Kauf- und Übertragungsvertrag, der Verschmelzungsvertrag oder der Konsortialvertrag, in der Praxis häufig nicht nur die bereits erwähnten Closing-Bedingungen,[713] sondern darüber hinaus einen zwingenden zeitlichen Rahmen für deren Erfüllung festschreibt. Dies bedeutet, dass das Closing innerhalb eines bestimmten Zeitraums, der in der Regel mehrere Monate umfasst, erfolgen muss. Wird die vereinbarte Frist überschritten, kann dies je nach vertraglicher Gestaltung die Unwirksamkeit des Vertrags oder die Berechtigung einer oder mehrerer Parteien zur Folge haben, sich einseitig vom Vertrag zu lösen. In solchen Fällen führt das Signing zu erheblichem Zeitdruck.

Demgegenüber ist das Closing der entscheidende Treiber für sie sogenannte „Postmerger-Integration". Wie bereits angeführt,[714] kommen Integrationsmaßnahmen unabhängig von der Frage ihrer wettbewerbsrechtlichen Zulässigkeit oft erst mit dem Closing und dem damit verbundenen Übergang der unternehmerischen Leitungsmacht sowie dem unbeschränkten Zugang zu den Geschäftsdaten der „anderen" Partei in Betracht. Vorher ist dies in der Regel nur durch vertraglich eingeräumte Sonderrechte oder freiwillige Koordinierungen möglich.[715]

c. Wirtschaftlicher Stichtag

Wie schon gezeigt, dient der wirtschaftliche Stichtag der zeitlichen Risikoabgrenzung zwischen dem Veräußerer und dem Erwerber. Die Bedeutung des wirtschaftlichen Stichtags als Maßnahmentreiber ergibt sich aus dem folgendem Zusammenhang: Anders als für das Closing, dessen Zustandekommen die Parteien regelmäßig von Bedingungen abhängig machen, besteht für die Terminierung des wirtschaftlichen Stichtags in der Regel ein

---

713 Dazu oben Kapitel 2 B.II.1.a.ff.
714 Dazu oben Kapitel 1 B.I.1.b.bb.(1)(d)(bb) und Kapitel 2 B.II.1.a.ff.
715 Dazu oben Kapitel 2 C.I.1.b.bb.

hohes Sicherheitsbedürfnis.[716] Meistens wird der wirtschaftliche Stichtag daher in der dem Zusammenschluss zugrunde liegenden Vereinbarung, z.B. im Kauf- und Übertragungsvertrag, exakt festgelegt. Da die Closing-Bedingungen häufig erst zu einem späteren Zeitpunkt erfüllt werden, kommt es vor, dass der wirtschaftliche Stichtag vor der dinglichen Rechtsänderung eintritt.

Die Problematik besteht nun darin, dass sich das Risikoprofil eines beteiligten Unternehmens, z.B. des Akquisitionsobjekts, zwischen dem wirtschaftlichen Stichtag und dem Closing verschlechtern kann.[717] Solche Verschlechterungen können interne oder externe Ursachen haben. Soweit sie sich im Rahmen üblicher Risikoparameter halten, sind sie meist in der zugrunde liegenden Vereinbarung berücksichtigt und werden daher vom anderen Transaktionspartner hingenommen.[718] Für außergewöhnliche Risiken oder Geschäftsverläufe hat dieser hingegen ein Interesse an weiteren Absicherungen. Insoweit bestehen in der Praxis verschiedene Regelungsmodelle. Hierzu gehören insbesondere Garantien auf den Closing-Termin, die bereits erwähnten MAC-Klauseln, die insbesondere zu einem Rücktrittsrecht führen können, sowie Preisanpassungsklauseln auf der Basis von Stichtagsbilanzen.[719]

Als interne Ursachen für zwischenzeitliche Verschlechterungen kommen insbesondere Fehlleistungen bei der Geschäftsführung in Betracht. Diese können in der Vornahme fehlerhafter oder der Unterlassung erforderlicher Maßnahmen liegen. Besonders gut lässt sich dies am Beispiel einer Akquisition verdeutlichen. Da es dem Erwerber vor dem Closing regelmäßig noch an der unternehmerischen Leistungsmacht und am Zugang zu den Geschäftsinformationen des Akquisitionsobjekts fehlt, die wirtschaftlichen Risiken aber bereits auf den Erwerber übergegangen sind, führt der Veräußerer das Akquisitionsobjekt in dieser Zeit sozusagen „auf Rechnung“ des Erwerbers. In dieser Situation liegt es regelmäßig im Interesse beider Parteien, den Zeitraum zwischen dem wirtschaftlichen Stichtag und dem Closing so kurz wie möglich zu halten, sowie im Interesse des

---

716 Mueller-Thuns in: Rödder/Hötzel/Mueller-Thuns, Unternehmenskauf (2003), § 7 Rn. 34.

717 Lappe/Schmitt, DB 2007, 153.

718 Mielke/Welling, BB 2007, 277.

719 Zu den genannten Instrumenten ausführlich Lappe/Schmitt, DB 2007, 153, 154 ff.

Erwerbers, dass der Veräußerer das Akquisitionsobjekt bis zur dinglichen Rechtsänderung in seinem Interesse führt.[720]

In der vertraglichen Praxis haben sich hierzu mehrere Arten sogenannter „conduct of business"-Klauseln herausgebildet, denen gemeinsam ist, dass sie der einen Zusammenschlusspartei noch vor der dinglichen Rechtsänderung Einfluss auf die Geschäftsführung einer anderen Partei, im Akquisitionsfall des Akquisitionsobjekts, vermitteln, oder eine solche Einflussnahme ermöglichen oder erleichtern. Typische Erscheinungsformen solcher Klauseln sind:[721]

- *Informationsklauseln:* Klauseln, die einer Partei unmittelbar oder mittelbar Einblick in die Geschäftsführung einer anderen Partei ermöglichen. So kann die andere Partei verpflichtet sein, auf Nachfrage der einen oder von sich aus auf bestimmte Umstände hinzuweisen. Eine Informationsklausel als solche vermittelt noch keinen Einfluss.
- *Verhaltensklauseln:* Klauseln, die mehr oder weniger abstrakte Ge- oder Verbotstatbestände in Bezug auf die Geschäftsführung enthalten. In Akquisitionsfällen weit verbreitet sind Klauseln, die den Veräußerer verpflichten, im Falle eines Asset Deals bestimmte Geschäftsführungsmaßnahmen bis zum Closing zu unterlassen oder im Falle eines Share Deals dafür Sorge zu tragen, dass das Zielunternehmen solche Maßnahmen unterlässt. Die zu unterlassenden Maßnahmen können im Einzelnen benannt werden. Häufig anzutreffen sind auch abstrakte Formulierungen wie z.B. die Verpflichtung zur Beschränkung der Geschäftsführungsmaßnahmen auf den „gewöhnlichen Geschäftsbetrieb", eine „ordentliche Geschäftspraxis" oder „zuvor übliche" Maßnahmen.
- *Weisungsklauseln:* Klauseln, die einer Partei unter bestimmten Umständen das Recht verschaffen, durch Weisungen im Einzelfall unmittelbar oder mittelbar auf die Geschäftsführung einer anderen Partei Einfluss zu nehmen.
- *Zustimmungsklauseln:* Klauseln, die die Vornahme von Geschäftsführungsmaßnahmen durch eine Partei unter bestimmten Umständen im Einzelfall vom Vorliegen der Zustimmung einer anderen Partei abhängig machen.

720 Vgl. Engelhardt/Farkas in: Holzapfel/Pöllath, Unternehmenskauf (2017), Rn. 1182; Zeise in: Schulte, Handb FusK (2020), Rn. 1923; Rudowicz, Gun-Jumping (2016), 46 f. („moral hazard"-Problem).

721 Dazu ausführlich Mielke/Welling, BB 2007, 277, 278.

Die verschiedenen Konzepte sind frei miteinander kombinierbar. In der Praxis sind Weisungs- oder Zustimmungsklauseln oft i.V.m. Informationsklauseln anzutreffen. Zu beobachten sind auch Regelwerke, nach denen Geschäftsführungsmaßnahmen grundsätzlich auf den gewöhnlichen Geschäftsbetrieb zu beschränken sind, wobei Ausnahmen möglich sein sollen, die dann aber im Einzelfall der Zustimmung einer anderen Partei bedürfen.

Neben den genannten Gestaltungsformen kommen spontane Koordinierungen ohne vertragliche Grundlage, z.B. in der Form einer spontanen Weisung durch eine Partei und deren Akzeptanz durch eine andere Partei, in Betracht.

D. Zusammenfassung: Mechanik und Folgen eines Maßnahmenaufschubs

Ausgehend vom typischen Oberziel eines Zusammenschlusses, der Steigerung des Gesamtwerts der beteiligten Unternehmen, wurde in den vorangegangenen Abschnitten gezeigt, wie sich durch Zusammenschlüsse Werte generieren lassen. Dabei wurde deutlich, dass neben strategischen Entscheidungen dem Zusammenschlussprozess als solchem, insbesondere unter dem Gesichtspunkt eines optimalen Zeitmanagements, große Bedeutung zukommt. In dieses Zeitmanagement greift der Gesetzgeber ein, wenn er – wie mit der Anordnung eines Vollzugsverbots – die Vornahme bestimmter Maßnahmen auch nur vorübergehend untersagt.

In manchen Fällen wären die betreffenden Maßnahmen ohnehin noch nicht durchführbar, weil sie aus weiteren rechtlichen oder tatsächlichen Gründen aufgeschoben werden müssen. Hieran zeigt sich zunächst, dass Vollzugsverbote eine *potenzielle* Störungsquelle darstellen.

> Beispiel: Der Veräußerer und der Erwerber eines Anteilspakets haben vereinbart, dass die verkauften Anteilsrechte an einem zentralen Abwicklungstermin (Closing) auf den Erwerber übertragen werden. Das anwendbare Fusionskontrollrecht enthält ein vorläufiges Vollzugsverbot, welches die dingliche Übertragung der Anteilsrechte bis zur Genehmigungserteilung untersagt.
> Das Vollzugsverbot wirkt in diesem Beispiel wie ein „bar on closing“. Wurden im Kauf- und Übertragungsvertrag über das Vorliegen der fusionskontrollrechtlichen Genehmigung hinaus weitere Closing-Bedingungen festgeschrieben, wirkt sich die fehlende Genehmigung – und mit ihr das Vollzugsverbot – nicht (eigenständig) aus, bis diese Bedingungen erfüllt sind.

Wären die Maßnahmen dagegen im Einzelfall bereits durchführbar, zwingt das Vollzugsverbot die beteiligten Unternehmen zu einer Änderung des Ablaufplans. Im einfachsten Fall besteht diese Änderung im Aufschub und der späteren Nachholung der vom Vollzugsverbot erfassten Maßnahmen. Größer kann der Anpassungsbedarf sein, wenn man die Wirkungsbeziehungen und Abhängigkeiten zwischen den Maßnahmen des Zusammenschlussprozesses berücksichtigt. Dann kann der Aufschub einer Maßnahme dazu führen, dass bestimmte Folge- oder Parallelmaßnahmen ebenfalls nicht durchgeführt werden können. Auf diese Weise können – gerade, wenn es sich bei den aufgeschobenen Maßnahmen um Meilensteine des Zusammenschlussprozesses handelt – ganze Teilprozesse aufgehalten werden.

Besonders virulent wird dieses Problem beim Meilenstein des Closings, bei dem es üblicherweise zivilrechtlich zur dinglichen Übertragung der verkauften Anteile bzw. Vermögensgegenstände und fusionskontrollrechtlich zur Erfüllung des die Genehmigungspflichtigkeit auslösenden Zusammenschlusstatbestands kommt. Da sich die meisten Wertschöpfungspotenziale erst mit dem oder im Anschluss an das Closing realisieren lassen, kann selbst ein im engsten Sinne, nämlich ausschließlich als „bar on closing", verstandenes Vollzugsverbot schwerwiegende Nachteile für die Zusammenschlusszielerreichung mit sich bringen.

Zusätzliche Nachteile können durch ein Vollzugsverbot entstehen, das bereits Maßnahmen im Vorfeld des Closings erfasst, von denen positive Effekte für die Zielerreichung, wie etwa die Realisierung von Wertschöpfungspotenzialen oder die Eindämmung der in diesem Zeitraum bereits virulenten Wertvernichtungspotenziale, ausgehen würden. Kritisch erscheint z.B. der Aufschub von Maßnahmen,

- deren rasche Vornahme wichtig wäre, um nach dem Erhalt der Genehmigung unverzüglich das Closing durchführen zu können oder
- die der Verunsicherung von Mitarbeitern, Kunden, Lieferanten oder anderen Stakeholdern entgegenwirken, spekulative Kursbewegungen begrenzen oder Angriffe von Wettbewerbern abwehren sollen.

In besonderen Fällen können die wirtschaftlichen Folgen eines Aufschubs so gravierend sein, dass eine oder mehrere Parteien beschließen, die Transaktion abzubrechen.[722] Scheitert das Vorhaben, können die bis zu diesem

---

722 Sofern dieses Risiko absehbar ist, tragen die Parteien ihm häufig bereits im Verhandlungsstadium Rechnung, indem sie die Vornahme bestimmter Maßnahmen vertraglich an die Einhaltung von Fristen koppeln, deren Versäumung

Zeitpunkt angefallenen Kosten der Transaktionsplanung und -vorbereitung für die beteiligten Unternehmen nutzlose Aufwendungen darstellen. Wird das Vorhaben fortgeführt, können die wirtschaftlichen Nachteile so erheblich sein, dass es keine Werte generiert, sondern vernichtet, im Ergebnis also zu einem Verlustgeschäft wird.

Die durch einen erzwungenen Maßnahmenaufschub drohenden Nachteile lassen sich mit den Mitteln des Prozessmanagements nur bedingt vermeiden oder kompensieren. Eine wirksame Vermeidung setzt zum einen die Planbarkeit der Störung, zum anderen das Bestehen sinnvoller Alternativen voraus. Vollzugsverbote bereiten hier in doppelter Hinsicht Schwierigkeiten. Zum einen gehören sie wegen ihrer oft auch für Fachleute nur schwer einzuschätzenden Dauer (Stichwort: „Phase II") zu den weniger planbaren Störungen des Zeitmanagements.[723] Zum anderen sind Verzögerungen häufig nicht zu vermeiden, weil es an wirtschaftlich sinnvollen Alternativabläufen fehlt. Für den Fall der Ersetzung einer verbotswidrigen Maßnahme durch eine andere Maßnahme mit gleicher oder ähnlicher Wirkung laufen die Parteien in vielen Rechtsordnungen Gefahr, ebenfalls den Verbotstatbestand zu erfüllen; zumindest fehlt es insoweit an Rechtssicherheit. Und auch die Aufholung einer Verzögerung im Wege einer späteren Erhöhung der Prozessgeschwindigkeit ist nach überzeugender, differenzierter Sichtweise nur in bestimmten Fällen erfolgversprechend, zumal für die hierzu erforderliche Intensivierung der Folgemaßnahmen dann ausreichende Ressourcen verfügbar sein müssen. Am ehesten dürfte es möglich sein, während des Aufschubs ggf. brachliegende Kapazitäten zu einer intensiveren und damit effektiveren Integrationsplanung zu nutzen.[724]

– ggf. unter Hinzutreten weiterer Umstände – zur Unwirksamkeit des zugrunde liegenden Vertrages führt oder bestimmte Parteien zum Rücktritt ermächtigt. Ein vertragliches Rücktrittsrecht hatte sich z.B. die *Lufthansa* bei der Übernahme der defizitären *Austrian Airlines* vorbehalten, sollte die Kommission das Vorhaben nicht bis zum 31. Juli 2009 genehmigen. Nachdem die anfängliche Untersuchung der Kommission ergeben hatte, dass das Vorhaben im Hinblick auf einige Strecken wettbewerbsrechtliche Bedenken aufwarf, eröffnete sie am 1. Juli 2009 das Hauptverfahren (Phase II), was die Transaktion in den Augen von Beobachtern zeitweise in Gefahr brachte; dazu Frankfurter Allgemeine Zeitung vom 3. Juli 2009, 17 („Kartellwächter wollen AUA-Übernahme genauer prüfen / Spannungen zwischen Behörde und Managern wachsen").

723 Vgl. Lucks in: Hölters, Handb Unternehmenskauf (2015), Rn. 9.200.

724 Vgl. Ashkenas/DeMonaco/Francis, 76 (1) Harvard Business Review 165, 168 f. (1998).

Die Betrachtungen des 2. Kapitels haben klargemacht, dass es eine Frage des Einzelfalls ist, welche Maßnahmen im unternehmerischen Interesse idealerweise zu einem bestimmten Zeitpunkt vorgenommen werden sollten. Es lässt sich daher auch nicht verallgemeinern, wie sich ein Vollzugsverbot auf die unternehmerischen Interessen auswirkt. So kann sich der erzwungene Aufschub ein- und derselben Maßnahme in einem Fall als gravierend und in einem anderen Fall als völlig unkritisch herausstellen; dies gilt selbst für den Aufschub des Closings. Für die Erörterungen der folgenden Kapitel deutet sich damit bereits an, dass den Möglichkeiten der Feinsteuerung des Vollzugsverbots große Bedeutung zukommt.

Kapitel 3 – Unionsverfassungsrechtliche Grundlagen

Im 1. Kapitel wurde die Entscheidung des Unionsgesetzgebers für ein System präventiver Fusionskontrolle historisch und teleologisch beleuchtet und einer rechtsökonomischen Analyse unterzogen. Die der Entscheidung zugrundeliegende Annahme, dass präventive Systeme der Fusionskontrolle, die sich im Kern durch ein automatisches und vorläufiges Vollzugsverbot auszeichnen, im Hinblick auf die Zielsetzung der Vermeidung von Entflechtungen und Schadensregulierungen besonders wirksam sind, konnte mit theoretischen Überlegungen untermauert werden. Im 2. Kapitel wurden die Mechanik und die wirtschaftliche Bedeutung verbotsbedingter Verzögerungen des Zusammenschlussprozesses untersucht.

In der Gesamtschau offenbaren beide Kapitel ein Spannungsfeld zwischen dem wettbewerbspolitischen Interesse an einer möglichst wirksamen (ergo präventiven) Fusionskontrolle einerseits und dem unternehmerischen Interesse an einem verzögerungsfreien (ergo nicht durch Vollzugsverbote beeinträchtigten) Zusammenschlussprozess andererseits. Im nun folgenden, 3. Kapitel soll gezeigt werden, dass dieses Spannungsfeld eine primärrechtliche, sozusagen „unionsverfassungsrechtliche“ Dimension hat. Ziel ist es, die Problematik des Vollzugsverbots in den Kontext der primärrechtlichen Rahmenbedingungen einzuordnen.

A. *Überblick über die primärrechtlichen Rahmenbedingungen*

Die Vorschriften der FKVO sollen das Funktionieren des Europäischen Binnenmarkts (Art. 3 Abs. 3 S. 1 EUV) gewährleisten, indem sie diesen vor nachteiligen Strukturveränderungen schützen.[725] Durch ihre Verknüpfung mit dem Binnenmarktkonzept weisen diese Vorschriften Bezüge zu den Grundfreiheiten (Art. 26 Abs. 2 AEUV i.V.m. Art. 28 ff., 45 ff. AEUV), welche den Binnenmarkt konstituieren und insbesondere vor mitgliedstaatlichen Beschränkungen bewahren, und zu den Unionsgrundrechten (Art. 6 EUV), welche Individualrechtspositionen der Marktteilnehmer und anderer Personen vor Eingriffen der Union und der Mitgliedstaaten schützen (Art. 51 Abs. 1 S. 1 GRC), auf. Da Art. 7 FKVO eine unionsrechtliche Bestimmung ist, steht der Eingriff in die Grundrechte im Vordergrund. Er wird im Folgenden unter Berücksichtigung von Verhältnismäßigkeits- und Rechtssicherheitsüberlegungen näher untersucht. Dagegen werden die Grundfreiheiten von der Betrachtung ausgeklammert.[726]

725 Vgl. den 2. und 3. Erwägungsgrund zur FKVO.

726 Zwar ist allgemein anerkannt, dass die Grundfreiheiten nicht nur die Mitgliedstaaten, sondern auch die Unionsorgane binden; vgl. Zuleeg/Kadelbach in: Schulze/Zuleeg/Kadelbach, Europarecht (2015), § 10 Rn. 44. Daher muss sich sowohl die Regelung des Art. 7 FKVO als solche als auch ihre Anwendung im Einzelfall durch die Kommission an den Grundfreiheiten messen lassen. Denkbar sind insbesondere Beschränkungen der Niederlassungsfreiheit (Art. 49 AEUV) und der Kapitalverkehrsfreiheit (Art. 63 AEUV), wenn z.B. ein Unternehmen in einem Mitgliedstaat die Kontrolle nach Art. 3 Abs. 1 FKVO über ein Unternehmen in einem anderen Mitgliedstaat übernehmen will und das Vollzugsverbot des Art. 7 Abs. 1 FKVO die Umsetzung des Vorhabens verzögert. Allerdings erscheint fraglich, ob das zur Eröffnung des Anwendungsbereichs der Grundfreiheiten erforderliche grenzüberschreitende Element in den Fällen des Art. 7 Abs. 1 FKVO durchweg vorliegt. Außerdem dürfte die Rechtfertigung der mit dem Vollzugsverbot verbundenen Beschränkungen bei den Grundfreiheiten und den Grundrechten in ihrer Struktur und ihrem Ergebnis weitgehend gleichlaufen; vgl. wiederum Zuleeg/Kadelbach, ebenda. Auf eine nähere Befassung mit den Grundfreiheiten wird hier daher verzichtet.

B. Vollzugsverbot und Grundrechte

I. Europäische Grundrechtslehren

Die Unionsgrundrechte sind seit dem Inkrafttreten des Änderungsvertrags von Lissabon im Wesentlichen in Art. 6 Abs. 1 EUV i.V.m. der GRC niedergelegt. Daneben sind die Grundrechte, wie sie sich aus der EMRK und den gemeinsamen Verfassungsüberlieferungen der Mitgliedstaaten ergeben, entsprechend der Lage vor dem Inkrafttreten des Lissabon-Vertrags als allgemeine Grundsätze Teil des Unionsrechts (Art. 6 Abs. 3 EUV). Der Schutz durch die GRC und die allgemeinen Rechtsgrundsätze läuft im Überschneidungsbereich parallel.[727]

1. Grundrechtsträgerschaft von Unternehmen

Träger der Unionsgrundrechte können in Abhängigkeit von dem jeweils einschlägigen Grundrecht nicht nur natürliche, sondern auch juristische Personen und Personenvereinigungen sein. Eine Grundrechtsträgerschaft von juristischen Personen und Personenvereinigungen hatte der EuGH schon vor dem Inkrafttreten der GRC implizit angenommen, wenn es nach dem Wesen des betreffenden Grundrechts möglich war, dieses auf juristische Personen und Personenvereinigungen anzuwenden.[728] Diese Linie wurde vom EuG mittlerweile für die GRC fortgesetzt.[729] Ist das betreffende Grundrecht seinem Wesen nach auf juristische Personen und Personenvereinigungen anzuwenden und auch nicht ausschließlich Unionsbürgern vorbehalten, können sich selbst solche juristischen Personen und Personenvereinigungen darauf berufen, die weder ihren Sitz noch ihre Hauptverwaltung noch ihre Hauptniederlassung innerhalb der Union haben.[730] Die typischen Wirtschaftsgrundrechte, z.B. die Vereinigungsfrei-

---

727 Streinz, Europarecht (2016), Rn. 766.

728 Z.B. EuGH, Urteil vom 17. Dezember 1970, Rs. 11/70, *Internationale Handelsgesellschaft*, ECLI:EU:C:1970:114, Rn. 4; vom 26. Juni 1980, Rs. 136/79, *National Panasonic/Kommission*, ECLI:EU:C:1980:169, Rn. 19; vgl. im Übrigen Ladenburger/Vondung in: Stern/Sachs, Europäische Grundrechte-Charta (2016), Fn. 2 zu Art. 51 Rn. 3.

729 Z.B. EuG, Urteil vom 29. Januar 2013, Rs. T-496/10, *Bank Mellat/Rat*, ECLI:EU:T:2013:39, Rn. 36; EuG, Urteil vom 5. Februar 2013, Rs. T-494/10, *Bank Saderat Iran/Rat*, ECLI:EU:T:2013:59, Rn. 34.

730 Jarass, Charta der Grundrechte (2021), Art. 51 Rn. 59.

heit (Art. 12 Abs. 1 GRC), die unternehmerische Freiheit (Art. 16 GRC) und das Eigentumsrecht (Art. 17 Abs. 1 GRC), gelten daher sowohl für in der EU ansässige als auch nicht in der EU ansässige Unternehmen,[731] und zwar grundsätzlich unabhängig von deren Rechtsform.[732]

Angesichts der verschiedenen Zusammenschlusstatbestände des Art. 3 FKVO kann es dazu kommen, dass im Hinblick auf ein konkretes Grundrecht einzelnen beteiligten Unternehmen die Trägerschaft zukommt, anderen nicht. Im Ergebnis können so für verschiedene Beteiligte ein- und desselben Zusammenschlusses unterschiedliche Grundrechte einschlägig sein.

2. Adressatenstellung der Unionsorgane; Schutzebenen

Adressaten der Unionsgrundrechte sind jedenfalls die Unionsorgane (Art. 13 Abs. 1 Unterabs. 2 EUV).[733] Die Grundrechte schützen ihre Träger auf zwei Ebenen vor deren Eingriffen:[734]

- auf der Rechtsetzungsebene bei der Ausgestaltung der Rechtslage in formeller und materieller Hinsicht (Stichwort: „Eingriff durch Gesetz“) und
- auf der Rechtsanwendungsebene, wo die Grundrechte die Unionsorgane bei der Ermessensausübung dirigieren (Stichwort: „Eingriff aufgrund Gesetzes“).

Dabei ist das Vollzugsverbot der FKVO grundsätzlich dem formellen Fusionskontrollrecht zuzuordnen.[735] Da es automatischen Charakter hat, d.h. nicht erst im Einzelfall behördlich angeordnet werden muss und aus sich heraus zur schwebenden Unwirksamkeit verbotswidrig abgeschlossener Rechtsgeschäfte führt,[736] steht für die Zwecke dieser Untersuchung die Rechtsetzungsebene im Vordergrund. Daneben sind Grundrechtseingriffe „aufgrund Gesetzes“, d.h. auf der Rechtsanwendungsebene, denkbar. Dies

731 Jarass, ebenda, Art. 12 Rn. 13; Art. 16 Rn. 12; Art. 17 Rn. 16.
732 Jarass, ebenda, Art. 51 Rn. 54 ff.
733 Für den Anwendungsbereich der GRC ergibt sich dies aus Art. 51 Abs. 1 S. 1 GRC.
734 Weiss in: Terhechte, Internationales Kartell- und Fusionskontrollverfahrensrecht (2008), Rn. 6.3.
735 Dazu oben Kapitel 1 B.I.2.a.
736 Dazu oben Kapitel 1 B.I.2.b.

betrifft z.B. Entscheidungen der Kommission über eine (Nicht-) Freistellung vom Vollzugsverbot (Art. 7 Abs. 3 FKVO) oder im Falle eines Verstoßes gegen das Vollzugsverbot die Anordnung einstweiliger Maßnahmen (Art. 8 Abs. 5 Buchst. a FKVO) sowie die Festsetzung von Zwangsgeldern (Art. 15 Abs. 1 Buchst. d FKVO) und Geldbußen (Art. 14 Abs. 2 Buchst. b FKVO). Die Beachtlichkeit der Grundrechte bei der Anwendung der FKVO wird in deren 36. Erwägungsgrund ausdrücklich betont.

3. Schutzbereich, Eingriff und Rechtfertigung

Die unionsrechtliche Grundrechtslehre ähnelt in ihrer Struktur der hergebrachten deutschen Dogmatik.[737] So lassen sich mit dem persönlichen und dem sachlichen Schutzbereich die Grundrechtsträger und das geschützte Verhalten umschreiben.[738] Auch eine unionsrechtliche Eingriffsdogmatik hat sich ansatzweise entwickelt. Danach ist jedenfalls von einem Eingriff in ein Unionsgrundrecht auszugehen, wenn das Rechtshandeln oder das Unterlassen eines Grundrechtsadressaten das geschützte Verhalten unmittelbar und mehr als unerheblich beeinträchtigt, d.h. mit Nachteilen verbindet, erschwert oder unmöglich macht.[739] Die Unionsgerichte halten sich bei der Abgrenzung des Schutzbereichs der einzelnen Grundrechte bislang eher zurück. So befassen sie sich in der Regel nur kurz mit Schutzbereichs- und Eingriffsfragen und steuern zügig auf die Frage der Rechtfertigung zu,[740] wo sich – wiederum vergleichbar mit der deutschen Dogmatik – in der Sache eine Unterscheidung von „Schranken" und „Schranken-Schranken" entwickelt hat.

II. Standpunkte in der Literatur und Praxis

Das verfassungsrechtliche Spannungsverhältnis zwischen Fusionskontrolle und unternehmerischen Interessen wird in der bestehenden Literatur vor allem im Hinblick auf die materielle Fusionskontrolle und das ihr

737 Instruktiv dazu Jarass, Charta der Grundrechte (2021), Art. 52 Rn. 1 ff.

738 Jarass, ebenda, Rn. 5, 9.

739 Jarass, ebenda, Rn. 12 f.; strittig ist dies für mittelbare oder rein faktische Beeinträchtigungen.

740 Längerfristig bleibt abzuwarten, ob die Unionsgerichte das Inkrafttreten der GRC zum Anlass nehmen werden, der europäischen Grundrechtslehre auf der Schutzbereichs- und Eingriffsebene genauere Konturen zu verleihen.

innewohnende Untersagungsrisiko behandelt. Der verfassungsrechtliche Bezugsrahmen der formellen Fusionskontrolle, insbesondere des Vollzugsverbots und des mit ihm verbundenen Verzögerungsrisikos,[741] werden nur vereinzelt thematisiert. So stellt GREIFFENBERG fest, dass eine „am Übermaßverbot ausgerichtete Fusionskontrolle […] nur bei schwerwiegenden Nachteilen, die mit einem Zusammenschluss verbunden sind, eingerichtet werden" dürfe. Dagegen habe die „weitergehende Frage, ob allein schon durch die Fusionskontrolle die Eigentumsrechte an sich unbillig beschränkt" würden, „in der deutschen Diskussion […] keine wesentliche Rolle gespielt."[742]

In der Tat wird der Frage, unter welchen Voraussetzungen die Schaffung und die Durchführung einer präventiven Fusionskontrolle verfassungsrechtlichen Vorgaben, insbesondere den Grundrechten und dem Verhältnismäßigkeitsprinzip, gerecht wird, in der Literatur und Praxis nur wenig Aufmerksamkeit zuteil. Am ehesten finden sich Aussagen hierzu bei deutschsprachigen Autoren und insoweit vor allem im Hinblick auf die Fusionskontrolle nach §§ 35 ff. GWB. Beispielhaft sei hier die Kommentierung von KUHN zu § 41 GWB genannt, der sich dafür ausspricht, die deutsche Fusionskontrolle aus grundrechtlichen Überlegungen heraus „für die Unternehmen möglichst schonend auf zum Schutz des Wettbewerbs notwendige Maßnahmen zu begrenzen".[743] Als Aspekt dieser Begrenzung schlägt er eine „unternehmensfreundliche enge Auslegung des Vollzugsverbots" des § 41 Abs. 1 S. 1 GWB vor.

Praktisch kaum nachweisbar ist eine Diskussion zu den verfassungsrechtlichen Rahmenvorgaben für eine präventive Fusionskontrolle auf der Ebene der Union. Ein Grund hierfür dürfte sein, dass die Idee der Begrenzung bzw. Präzisierung wettbewerbsrechtlicher Bestimmungen durch verfassungsrechtliche Erwägungen in der europäischen Rechtspraxis von vielen immer noch als eine „querelle allemande"[744] betrachtet wird. Dem entspricht es, dass die Thematik vor allem von deutschsprachigen Juristen aufgeworfen wird. So beschäftigen sich REYSEN/JASPERS mit der grundrechtlichen Relevanz kartellrechtlicher Verhaltensvorgaben, namentlich des Vollzugs- (Art. 7 Abs. 1 FKVO) und Kartellverbots (Art. 101 AEUV),

---

741 Zum „Untersagungs"- und „Verzögerungsrisiko" oben Einleitung.

742 GREIFFENBERG in: Schulte, Handb FusK (2020), Rn. 57.

743 KUHN in: FK-KartR (81. EL 2014), § 41 GWB Rn. 12; ähnlich WERNER/SACHSE, WuW 2009, 1138, 1148. Zum grundrechtlichen Bezugsrahmen des Vollzugsverbots des § 41 Abs. 1 GWB näher HOLZWARTH, Vollzugsverbot (2014), 52 ff.

744 RENGELING, DVBl. 2004, 453.

für den Zusammenschlussprozess und rücken die unternehmerischen Maßnahmen der Transaktions- und Integrationsplanung in den Schutzbereich des Eigentumsrechts (Art. 17 Abs. 1 GRC):

> „Die Transaktions- und Integrationsplanung liegt im Spannungsfeld zwischen Eigentumsrecht und kartellrechtlichen Verhaltensvorgaben. Zum Eigentumsrecht gehört das Recht, [eine] Vermögensposition effektiv zu veräußern oder erwerben zu können."[745]

Ähnlich wie Kuhn werfen sie daher „die Frage nach der verfassungsrechtlich gebotenen Reduktion des Anwendungsbereichs des Vollzugs- und Kartellverbotes"[746] auf, beantworten diese für das Vollzugsverbot aber rasch negativ:

> „Für das Fusionskontrollrecht löst die FKVO diesen Konflikt gesetzlich auf: Die Ausnahmen vom fusionskontrollrechtlichen Vollzugsverbot sind in Art. 7 Abs. 2 und 3 FKVO klar geregelt. Insoweit besteht kein Spielraum, aber auch nicht die Notwendigkeit einer weitergehenden Privilegierung."[747]

Ähnlich knapp argumentiert Rudowicz, der einen Zielkonflikt zwischen dem Wettbewerbsschutz und den Zusammenschlussinteressen erkennt[748] und dem Vollzugsverbot der FKVO nach kurzer Prüfung – wohl im Hinblick auf das Eigentumsrecht nach Art. 17 GRC – die Verhältnismäßigkeit attestiert.[749] Vereinzelt wurde das unionsverfassungsrechtliche Spannungsfeld zwischen präventiver Fusionskontrolle und grundrechtlich geschützten Interessen auch in der Praxis angesprochen. Nach den Schlussanträgen der Generalanwältin Kokott im Fall *Bertelsmann*

> „[…] beinhalten […] die unternehmerische Freiheit der beteiligten Unternehmen wie auch die Eigentumsrechte ihrer Anteilseigner (Art. 16 und 17 der Charta der Grundrechte) ohne Zweifel das Recht, Unternehmenszusammenschlüsse zu verwirklichen […]."[750]

---

745 Reysen/Jaspers, WuW 2006, 602, 603.
746 Reysen/Jaspers, ebenda, 604.
747 Reysen/Jaspers, ebenda, 609.
748 Rudowicz, Gun-Jumping (2016), 56.
749 Rudowicz, ebenda, Rn. 154 ff.
750 Schlussanträge der Generalanwältin Kokott vom 13. Dezember 2007, Rs. C-413/06 P, *Bertelsmann u.a.*, ECLI:EU:C:2007:790, Rn. 214; ähnlich schon Dittert, WuW 2004, 148, 153.

Zwar argumentiert Kokott im Kontext der materiellen Fusionskontrolle, nämlich hinsichtlich der Anforderungen der Art. 2 Abs. 2, 3 und Art. 8 Abs. 2, 3 FKVO an Genehmigungs- bzw. Untersagungsentscheidungen. Dennoch deutet sie an, was im Folgenden genauer herausgearbeitet werden soll: Wenn die „Verwirklichung" eines Zusammenschlusses von EU-weiter Bedeutung (Art. 1, 3 FKVO) unter den Schutz der unternehmerischen Freiheit (Art. 16 GRC) der beteiligten Unternehmen und der Eigentumsrechte (Art. 17 GRC) ihrer Anteilseigner fällt, greift der Gesetzgeber mit dem automatischen, wenn auch vorläufigen, Vollzugsverbot des Art. 7 Abs. 1 FKVO insoweit in diese Rechte ein, als Maßnahmen des Zusammenschlussprozesses Vollzugsmaßnahmen im Sinne der Verbotsnorm sind. Die Gesamtregelung des Art. 7 FKVO muss deshalb nach den europäischen Grundrechtslehren und den in der GRC (insbesondere deren Art. 52 Abs. 1) ausdrücklich normierten Grenzen einer Rechtfertigungsprüfung standhalten, um Geltung beanspruchen zu können.

III. Vereinbarkeit des Art. 7 FKVO mit Grundrechten

Im Folgenden werden die Eckpunkte dieser Prüfung skizziert. Um der Bestimmung des Inhalts des Vollzugsverbots im 5. Kapitel nicht vorzugreifen, wird dabei – wie schon im 2. Kapitel – vom Vollzugsverbot in seiner unstreitigen Kernfunktion als „Verbot der Bewirkung einer dauerhaften Kontrolländerung" im Sinne des Art. 3 Abs. 1 FKVO ausgegangen und die Frage der Verbotswidrigkeit von Maßnahmen unterhalb der Schwelle zur dauerhaften Kontrolländerung sowie die Mechanik des Verweisungsregimes der FKVO[751] ausgeklammert.

1. Schutzbereich

Die Regelung des Art. 7 FKVO berührt die Schutzbereiche der unternehmerischen Freiheit (Art. 16 GRC), des Eigentumsrechts (Art. 17 Abs. 1 GRC), der Vereinigungsfreiheit (Art. 12 Abs. 1 GRC) und des Rechts auf eine gute Verwaltung (Art. 41 Abs. 1 GRC).

---

751 Vgl. insoweit die Entscheidung vom 11. Februar 2011, COMP/M.5659, *SC Johnson/Sara Lee*, Rn. 35 f. und 39, in der die Kommission u.a. das Argument der beteiligten Unternehmen, die Vorschrift des Art. 22 FKVO führe zu einer insgesamt unverhältnismäßig langen Wartefrist, verwarf.

a. Unternehmerische Freiheit (Art. 16 GRC)

Nach Art. 16 GRC wird die unternehmerische Freiheit „nach dem Unionsrecht und den einzelstaatlichen Rechtsvorschriften und Gepflogenheiten anerkannt." Die Bestimmung steht in einem engen Zusammenhang mit der Berufsfreiheit (Art. 15 GRC) und dem Eigentumsrecht (Art. 17 GRC). In den Erläuterungen des Präsidiums des Europäischen Konvents zur GRC[752] wird sie zum einen auf die bestehende Rechtsprechung des EuGH zur Ausübung einer Wirtschafts- und Geschäftstätigkeit sowie zur Vertragsfreiheit und zum anderen auf die Anerkennung des freien Wettbewerbs in Art. 119 Abs. 1 und 3 AEUV gestützt.[753] Eine exakte Bestimmung des persönlich-sachlichen Schutzbereichs ist schwierig, da sich die Unionsgerichte bislang mit dessen Konturierung zurückgehalten haben.[754]

Die Rechtsprechung lässt darauf schließen, dass das Grundrecht der unternehmerischen Freiheit einen weitreichenden Schutz der wirtschaftlichen Betätigung selbstständiger Personen – einschließlich gesellschaftsrechtlich oder in anderer Form verfasster Unternehmen[755] – gewährleistet. Erfasst werden die Aufnahme und die Beendigung der Betätigung sowie alle Aspekte ihrer Durchführung.[756] Dies schließt das Recht ein, ein Unternehmen zu gründen,[757] stillzulegen oder zu veräußern („Dispositionsfreiheit"[758]) oder sich zur Fortführung der wirtschaftlichen Betätigung mit anderen Unternehmen zusammenzuschließen.[759] Dabei kommt es auf die Erlaubtheit des Zusammenschlusses auf der Schutzbereichsebene nicht

752 ABl. C 303/17 vom 14. Dezember 2007 (aktualisierte Fassung).

753 Die Formulierung der Präsidiumserläuterungen aufgreifend EuGH, Urteil vom 22. Januar 2013, Rs. C-283/11, *Sky Österreich*, ECLI:EU:C:2013:28, Rn. 42.

754 Vgl. Nowak in: Heselhaus/Nowak, Handbuch der Europäischen Grundrechte (2020), § 35 Rn. 40; Gundel, ZHR 180 (2016), 323, 325 ff.

755 Vgl. oben Kapitel 3 B.I.1. Abweichend vom Unternehmensbegriff des EU-Wettbewerbsrechts wird für die Zwecke des Art. 16 GRC teilweise eine Gewinnerzielungsabsicht verlangt; so z.B. Blanke in: Stern/Sachs, Europäische Grundrechte-Charta (2016), Art. 16 Rn. 6; Bernsdorff in: Meyer/Hölscheidt, Charta der Grundrechte der Europäischen Union (2019), Art. 16 Rn. 11; a.A. Jarass, Charta der Grundrechte (2021), Art. 16 Rn. 8, der eine Leistungserbringung gegen Entgelt genügen lassen will.

756 Jarass, ebenda, Rn. 10.

757 Frenz, Handb EuR, Europäische Grundrechte (2009), Rn. 2693.

758 Gundel, ZHR 180 (2016), 323, 350.

759 Jarass, Charta der Grundrechte (2021), Art. 16 Rn. 10 unter Verweis auf die Schlussanträge im Fall *Bertelsmann u.a.* (oben Fn. 750); Brückner, Der Treuhänder in der Europäischen Fusionskontrolle (2012), 139 f.

an.[760] Vielmehr müssen sich Beschränkungen, die den Grundrechtsträgern z.B. durch Vorschriften der Wettbewerbsaufsicht auferlegt werden, am Grundrecht der unternehmerischen Freiheit nach Art. 16 GRC messen lassen.[761]

b. Eigentumsrecht (Art. 17 Abs. 1 GRC)

Das Eigentumsrecht nach Art. 17 GRC entspricht, abgesehen von einigen Abweichungen in der Formulierung, dem Recht auf Schutz des Eigentums nach Art. 1 des Zusatzprotokolls Nr. 1 zur EMRK. In den Präsidiumserläuterungen[762] wird die Vorschrift des Art. 17 GRC ausdrücklich auf die Gewährleistungen der EMRK, die gemeinsamen Verfassungstraditionen der Mitgliedstaaten und die Rechtsprechung des EuGH zum Eigentumsrecht gestützt. Der Schutzbereich ist normgeprägt, da er vom Gesetzgeber ausgestaltet werden muss.[763]

Nach Art. 17 Abs. 1 S. 1 GRC hat „[j]ede Person [...] das Recht, ihr rechtmäßig erworbenes Eigentum zu besitzen, zu nutzen, darüber zu verfügen und es zu vererben." Grundrechtsträger sind nach der Rechtsprechung des EuGH nicht nur natürliche, sondern auch juristische Personen und Personenvereinigungen, insbesondere Unternehmen.[764] Konstitutives Merkmal des Eigentums ist die umfassende Verfügungsbefugnis des Eigentümers über seine Rechtsposition. Der Eigentumsbegriff des Art. 17 Abs. 1 GRC umfasst daher neben dem „klassischen" Eigentum an beweglichen und unbeweglichen Sachen sämtliche rechtmäßig erworbenen vermögenswerten Rechte, darunter das Anteilseigentum.[765] Geschützt werden aber nur bereits *erworbene* Positionen. Dagegen kann aus Art. 17 Abs. 1 GRC kein Recht auf Eigentumserwerb abgeleitet werden;[766] ebenso wenig ge-

---

760 Bernsdorff in: Meyer/Hölscheidt, Charta der Grundrechte der Europäischen Union (2019), Art. 16 Rn. 11.

761 Bernsdorff, ebenda, Rn. 15; Weiss in: Terhechte, Internationales Kartell- und Fusionskontrollverfahrensrecht (2008), Rn. 6.24.

762 Oben Fn. 752.

763 Bernsdorff in: Meyer/Hölscheidt, Charta der Grundrechte der Europäischen Union (2019), Art. 17 Rn. 13; Calliess in: Calliess/Ruffert, EUV/AEUV (2016), Art. 17 GRC Rn. 4.

764 Nachweise bei Jarass, Charta der Grundrechte (2021), Art. 17 Rn. 16.

765 Bernsdorff, ebenda, Rn. 13 (jeweils mit Rechtsprechungsnachweisen).

766 Insoweit unzutreffend Reysen/Jaspers, WuW 2006, 602, 603, die zum Eigentumsrecht das Recht zählen, eine „Vermögensposition effektiv veräußern oder erwerben zu können."

schützt sind Erwartungen, Hoffnungen oder Gewinnchancen, an deren Bestand kein Vertrauenstatbestand anknüpfen kann.[767]

Der Schutz des Art. 17 Abs. 1 S. 1 GRC bezieht sich ausdrücklich nur auf *rechtmäßig* erworbene Eigentumspositionen. Damit dürfte gemeint sein, dass es nach dem jeweils anwendbaren Recht zu einem wirksamen Erwerb der betreffenden Rechtsposition gekommen sein muss.[768] Relevant wird der Rechtmäßigkeitsvorbehalt des Art. 17 Abs. 1 S. 1 GRC im EU-Fusionskontrollrecht insbesondere in Entflechtungssituationen nach Art. 8 Abs. 4 FKVO.[769] Aber auch in Zusammenschlusssituationen kann es darauf ankommen, z.B. wenn ein Veräußerer das Eigentum am Veräußerungsobjekt im Kontext eines früheren Zusammenschlusses aus welchen Gründen auch immer nicht wirksam erworben hatte. Dann ist für sie hinsichtlich des aktuellen Zusammenschlusses nicht der Schutzbereich des Eigentumsrechts (Art. 17 Abs. 1 GRC), wohl aber der unternehmerischen Freiheit (Art. 16 GRC), eröffnet.

c. Vereinigungsfreiheit (Art. 12 Abs. 1 GRC)

Nach Art. 12 Abs. 1 GRC hat jede Person „das Recht, sich insbesondere im politischen, gewerkschaftlichen und zivilgesellschaftlichen Bereich auf allen Ebenen […] frei mit anderen zusammenzuschließen […].“ Erfasst sind jedenfalls die Gründung sowie der Beitritt zu einer Vereinigung.[770] Unter einer Vereinigung wird in Anlehnung an Art. 11 EMRK[771] jeder Zusammenschluss einer Personenmehrheit zu einem gemeinsamen Zweck

---

767 Bernsdorff, ebenda (mit Rechtsprechungsnachweisen).

768 Bernsdorff, ebenda, Rn. 15; Jarass, ebenda, Rn. 8.

769 Hier hängt die Eröffnung des Schutzbereichs des Art. 17 GRC für das zu entflechtende Unternehmen von der Wirksamkeit des ursprünglichen Erwerbsgeschäfts ab. War es unwirksam, greift hinsichtlich der Entflechtung nicht Art. 17, wohl aber Art. 16 GRC ein. War es hingegen wirksam, greift die Entflechtung in das Eigentumsrecht des zu entflechtenden Unternehmens nach Art. 17 GRC ein; dazu im Einzelnen Sabir, Die Auflösung von Unternehmenszusammenschlüssen (2013), 332 ff.

770 Ruffert in: Calliess/Ruffert, EUV/AEUV (2016), Art. 12 GRC Rn. 11; Jarass, Charta der Grundrechte (2021), Art. 12 Rn. 17; strittig ist der Schutz der Betätigung einer Vereinigung.

771 Vgl. wiederum die Präsidiumserläuterungen (oben Fn. 752): „Die Bestimmungen des Absatzes 1 dieses Artikels 12 haben die gleiche Bedeutung wie die Bestimmungen der EMRK […].“

mit einem Mindestmaß an zeitlicher und organisatorischer Stabilität verstanden.[772]

Grundrechtsträger sind die sich vereinigenden natürlichen oder juristischen Personen, aber auch die Vereinigung selbst.[773] Der Hinweis auf den „zivilgesellschaftlichen Bereich“ deutet darauf hin, dass auch wirtschaftlichen Angelegenheiten dienende Vereinigungen vom Schutzbereich erfasst sein sollen.[774] Nach wohl überwiegender Literaturmeinung sollen daher auch z.B. als Gesellschaften verfasste Unternehmen unter den Vereinigungsbegriff des Art. 12 Abs. 1 GRC fallen.[775] Diskutiert wurde dies vor allem hinsichtlich Art. 11 EMRK,[776] wobei die Gegenauffassung kaum zu überzeugen vermag.[777] Erst recht muss dies für Art. 12 Abs. 1 GRC gelten, wo nunmehr ausdrücklich auf den „zivilgesellschaftlichen Bereich“ Bezug genommen wird.

d. Recht auf eine gute Verwaltung (Art. 41 Abs. 1 GRC)

Nach Art. 41 Abs. 1 GRC hat „[j]ede Person [...] ein Recht darauf, dass ihre Angelegenheiten von den Organen, Einrichtungen und sonstigen Stellen der Union unparteiisch, gerecht und innerhalb einer angemessenen Frist behandelt werden.“ In den Präsidiumserläuterungen[778] wird die Bestimmung des Art. 41 GRC insgesamt sowie in Bezug auf die einzelnen Gewährleistungsinhalte in Abs. 1 und 2 auf die Rechtsprechung der Unionsgerichte gestützt. Die Vorschrift stellt sich im Wesentlichen als Kodifi-

---

772 Jarass, Charta der Grundrechte (2021), Art. 12 Rn. 21; Bernsdorff in: Meyer/Hölscheidt, Charta der Grundrechte der Europäischen Union (2019), Art. 12 Rn. 13.

773 Bernsdorff, ebenda, Rn. 19.

774 Bernsdorff, ebenda, Rn. 15.

775 Ruffert, in: Calliess/Ruffert, EUV/AEUV (2016), Art. 12 GRC Rn. 11; speziell zur Fusionskontrolle Sabir, Die Auflösung von Unternehmenszusammenschlüssen (2013), 335, die für bestimmte Fälle der Entflechtung von Zusammenschlüssen von EU-weiter Bedeutung im Sinne der Art. 1, 3 FKVO durch die Kommission das Recht des Erwerbers aus Art. 12 Abs. 1 GRC betroffen sieht, „Teil einer Vereinigung zu bleiben“.

776 Dazu Marauhn, RabelsZ 1999, 537, 550 ff.

777 Ausführlich Marauhn, ebenda; Bröhmer in: Dörr/Grote/Marauhn, EMRK/GG (2013), Kap. 19 Rn. 47. Die wohl h.M. geht daher von einer Geltung der Vereinigungsfreiheit des Art. 11 EMRK für erwerbswirtschaftliche Vereinigungen (Unternehmen) aus; Nachweise hierzu bei Marauhn, ebenda, Fn. 91 und 95.

778 Oben Fn. 752.

zierung der von den Unionsgerichten entwickelten Prinzipien und Rechte dar, die durch die Rechtsprechung im allgemeinen Rechtsgrundsatz der „guten Verwaltung“ anerkannt und zusammengefasst wurden.[779]

Das Recht auf eine gute Verwaltung steht auch juristischen Personen und Personenvereinigungen, z.B. Unternehmen, zu.[780] Wie auf die Wirtschaftsgrundrechte können sich auch nicht in der EU ansässige Unternehmen darauf berufen.[781] Wegen der Formulierung „ihre Angelegenheiten“ muss das Verfahren Angelegenheiten betreffen, die einen spezifischen – nicht unbedingt nachteiligen – Bezug zum Grundrechtsträger aufweisen. Der Grundrechtsträger muss als möglicher Adressat einer Entscheidung oder zumindest in der Sache berührt sein.[782]

Adressaten sind nach Art. 41 Abs. 1 GRC alle „Stellen der Union“, darunter die in Art. 13 Abs. 1 Unterabs. 2 EUV aufgeführten Organe. Diese sind auf der Rechtsanwendungsebene bei jeder Art von Verwaltungshandeln an Art. 41 GRC gebunden.[783] Darüber hinaus bindet die Vorschrift den Unionsgesetzgeber, wenn dieser das Verfahren der genannten Stellen regelt;[784] die Norm hat daher auch Bedeutung auf der Rechtsetzungsebene.

Nach dem Leitgedanken, dass „eine langsame Verwaltung eine schlechte Verwaltung ist“,[785] gehört es zu den Gewährleistungen des Art. 41 Abs. 1 GRC, dass die Grundrechtsadressaten Angelegenheiten der Grundrechtsträger innerhalb angemessener Frist behandeln. Die zügige Behandlung von Verwaltungsangelegenheiten stellt einen wesentlichen Aspekt des Rechts auf eine gute Verwaltung dar, den der EuGH bereits vor dem Inkrafttreten der GRC allgemeinen Rechtsgrundsätzen entnommen hatte.[786]

---

779 Vgl. EuGH, Urteil vom 8. Mai 2014, Rs. C-604/12, „*H.N.*“, ECLI:EU:C:2014:302, Rn. 49; EuG, Urteil vom 7. Juni 2013, Rs. T-267/07, *Italien/Kommission*, ECLI:EU:T:2013:305, Rn. 61.

780 Ruffert in: Calliess/Ruffert, EUV/AEUV (2016), Art. 41 GRC Rn. 6; Jarass, Charta der Grundrechte (2021), Art. 41 Rn. 12.

781 Ruffert, ebenda, Rn. 5.

782 Jarass, Charta der Grundrechte (2021), Art. 41 Rn. 13.

783 Vgl. zum Begriff der „Verwaltung“ Jarass, ebenda, Rn. 8; Galetta/Grzeszick in: Stern/Sachs, Europäische Grundrechte-Charta (2016), Art. 41 Rn. 23 ff.; die Durchführung eines Fusionskontrollverfahrens nach der FKVO stellt unzweifelhaft ein Verwaltungshandeln in diesem Sinne dar.

784 Jarass, ebenda, Rn. 4.

785 Schlussanträge des Generalanwalts Jacobs vom 22. März 2001, Rs. C-270/99 P, „*Z*“/*Parlament*, ECLI:EU:C:2001:180, Rn. 40.

786 Nachweise bei Ruffert, in: Calliess/Ruffert, EUV/AEUV (2016), Art. 41 GRC Rn. 12; Jarass, Charta der Grundrechte (2021), Art. 41 Rn. 17.

Ob eine Frist angemessen ist oder nicht, ist nach der Rechtsprechung anhand der Umstände des Einzelfalls zu ermitteln; maßgebliche Gesichtspunkte sind nach ständiger Rechtsprechung[787] vor allem die Bedeutung der Sache, ihre Komplexität, die Dauer bereits abgeschlossener Verfahrensabschnitte und das bisherige Verhalten der Beteiligten. Eine überlange Verfahrensdauer als solche führt allerdings noch nicht zur Nichtigkeit der getroffenen Maßnahmen. Diese tritt nur ein, wenn durch die Verzögerung der Grundsatz der Rechtssicherheit oder die Verteidigungsrechte des Betroffenen verletzt werden.[788]

In der Praxis besonders relevant ist die Zügigkeit von Verwaltungshandeln, welches für unternehmerische Investitionsentscheidungen bedeutsam ist; hier ist zu verlangen, dass die zuständigen Stellen ihre Maßnahmen so rechtzeitig treffen, dass die Betroffenen ihr wirtschaftliches Verhalten in zumutbarer Weise danach ausrichten können.[789] Wie im 2. Kapitel gesehen, besteht wegen des langfristigen Investitionscharakters von Unternehmenszusammenschlüssen gerade in der Fusionskontrolle ein hohes Bedürfnis nach Zügigkeit und Rechtssicherheit.

e. Gesamtschau und Konkurrenzen

Zusammenschlüsse von Unternehmen stehen in der EU unter einem weitreichenden Grundrechtsschutz. Geschützt ist der Zusammenschluss als Organisationsform einschließlich der dem Erreichen dieser Organisation dienenden Maßnahmen des Zusammenschlussprozesses.

Die sachlich einschlägigen Grundrechte unterscheiden sich in ihrer persönlichen Reichweite. Während der Schutz der unternehmerischen Freiheit nach Art. 16 GRC für alle Zusammenschlussformen des Art. 3 FKVO und die daran im fusionskontrollrechtlichen Sinne beteiligten Personen[790]

---

787 Z.B. EuGH, Urteil vom 15. Juli 2004, Rs. C-501/00, *Spanien/Kommission*, ECLI:EU:C:2004:438, Rn. 53; in jüngerer Zeit z.B. EuG, Urteil vom 7. Juni 2013, Rs. T-267/07, *Italien/Kommission*, ECLI:EU:T:2013:305, Rn. 62.

788 Vgl. Schlussanträge des Generalanwalts Jacobs vom 22. März 2001 (oben Fn. 785), Rn. 45; Jarass, Charta der Grundrechte (2021), Art. 41 Rn. 5.

789 Galetta/Grzeszick, in: Stern/Sachs, Europäische Grundrechte-Charta (2016), Art. 41 Rn. 50.

790 Natürliche und juristische Personen können nach Art. 3 Abs. 1 Buchst. b FKVO einen Kontrollerwerbstatbestand bewirken, wenn sie bereits vor dem Zusammenschluss mindestens ein Unternehmen kontrollieren; vgl. Konsolidierte Mitteilung der Kommission zu Zuständigkeitsfragen (oben Fn. 95), Rn. 12.

bzw. Unternehmen greift, kann sich der Veräußerer in den Fällen des Kontrollerwerbs nach Art. 3 Abs. 1 Buchst. b FKVO durch Asset oder Share Deal zudem auf das Eigentumsrecht nach Art. 17 Abs. 1 GRC berufen. Gleiches gilt bei Fusionen nach Art. 3 Abs. 1 Buchst. a FKVO für die fusionierenden Unternehmen und im Falle der Gründung eines Gemeinschaftsunternehmens nach Art. 3 Abs. 1 Buchst. b i.V.m. Abs. 4 FKVO für die die gemeinsame Kontrolle erwerbenden Unternehmen, soweit mit diesen Vorgängen eine Verfügung über zuvor rechtmäßig erworbenes Eigentum verbunden ist. Dagegen fällt der Kontrollerwerb nach Art. 3 Abs. 1 Buchst b FKVO durch Asset oder Share Deal für den Erwerber nicht unter Art. 17 GRC, aber sehr wohl unter Art. 16 GRC.

Sofern man mit der wohl überwiegenden Meinung den Schutz des Art. 12 Abs. 1 GRC im „zivilgesellschaftlichen Bereich“ auf wirtschaftliche Sachverhalte erstreckt, können sich fusionierende Unternehmen (Art. 3 Abs. 1 Buchst. a FKVO) sowie Personen und Unternehmen, die an einem Kontrollerwerb durch Anteils- oder Vermögenserwerb (Art. 3 Abs. 1 Buchst b FKVO) oder der Gründung eines Gemeinschaftsunternehmens (Art. 3 Abs. 1 Buchst. b i.V.m. Abs. 4 FKVO) beteiligt sind, außerdem auf die Vereinigungsfreiheit berufen.[791]Anders kann die Geltung des Art. 12 Abs. 1 GRC im Einzelfall hinsichtlich des Kontrollerwerbs nach Art. 3 Abs. 1 Buchst. b FKVO durch Vertrag oder in sonstiger Weise, z.B. durch Betriebspacht- oder Betriebsüberlassungsvertrag,[792] zu beurteilen sein, wenn zwar ein Zusammenschlusstatbestand im Sinne der FKVO vorliegt, es aber an der für die Vereinigungsfreiheit typischen Entstehung einer „intersubjektiven und subjektschaffenden Organisation“ fehlt.[793] Die Unionsrechtslage ähnelt insoweit der Lage nach dem Grundgesetz, wo für Zusammenschlüsse im Sinne des GWB regelmäßig der Schutzbereich der Vereinigungsfreiheit nach Art. 9 Abs. 1 GG, der Berufsfreiheit nach Art. 12 Abs. 1 GG und – für den Veräußerer – des Eigentumsrechts nach Art. 14 Abs. 1 GG als eröffnet angesehen wird.[794]

Schließlich haben die Beteiligten eines nach Art. 1, 3 FKVO kontrollpflichtigen Zusammenschlusses nach Art. 41 Abs. 1 GRC ein Recht darauf, dass das Verfahren von der Kommission innerhalb einer angemessenen

---

791 Wie gesehen, gilt die Vereinigungsfreiheit dann in persönlicher Hinsicht auch für die Vereinigung, d.h. das Gemeinschaftsunternehmen selbst.

792 Vgl. oben Fn. 580 und 581.

793 Vgl. zum deutschen Recht Scholz in: Maunz/Dürig, Grundgesetz (81. EL 2017), Art. 9 GG Rn. 63.

794 Dazu näher Scholz, ebenda (81. EL 2017), Art. 9 GG Rn. 63, 152 f. und ebenda (93. EL 2020), Art. 12 GG Rn. 195 f.; Holzwarth, Vollzugsverbot (2014), 52 ff.

Frist abgeschlossen wird. Die Bedeutung eines möglichst zügigen Verfahrensabschlusses wird dabei durch zwei Umstände verstärkt: das in Zusammenschlusssituationen typischerweise hohe Rechtssicherheitsbedürfnis und das nach Art. 7 Abs. 1 FKVO grundsätzlich während des gesamten Verfahrens geltende Vollzugsverbot.

Die unternehmerische Freiheit nach Art. 16 GRC und das Eigentumsrecht nach Art. 17 Abs. 1 GRC kommen im Überschneidungsbereich parallel zur Anwendung (Idealkonkurrenz).[795] Entsprechendes dürfte für das jeweilige Verhältnis beider Grundrechte zur Vereinigungsfreiheit nach Art. 12 Abs. 1 GRC gelten. Als Verfahrensgrundrecht beansprucht das Recht auf eine gute Verwaltung nach Art. 41 Abs. 1 GRC ebenfalls parallele Geltung.

2. Eingriff

Die durch ein Vollzugsverbot entstehenden Schwierigkeiten beim Prozessmanagement, insbesondere beim Zeitmanagement, und die möglichen Nachteile für die Zusammenschlusszielerreichung wurden im 2. Kapitel erörtert. Das automatische Vollzugsverbot des Art. 7 Abs. 1 FKVO und die Anordnung der schwebenden Unwirksamkeit verbotswidrig abgeschlossener Rechtsgeschäfte in Art. 7 Abs. 4 Unterabs. 1 FKVO wirken aus sich heraus, d.h. unmittelbar, auf das Prozessmanagement ein und können zu einer erheblichen Erschwerung und Verteuerung der betroffenen Zusammenschlüsse führen. Mit den genannten Regelungen greift der Unionsgesetzgeber deshalb in die nach Art. 12 Abs. 1, Art. 16 und Art. 17 Abs. 1 GRC geschützten Grundrechtspositionen der beteiligten Unternehmen ein.[796] Soweit Art. 17 Abs. 1 GRC betroffen ist, liegt keine Enteignung im Sinne des S. 2, sondern eine Nutzungsregelung im Sinne des S. 3 vor, da das Vollzugsverbot das Eigentum nicht vollständig und dauerhaft entzieht, sondern nur vorübergehende Verfügungsbeschränkungen enthält.[797]

795 Jarass, Charta der Grundrechte (2021), Art. 17 Rn. 4.

796 So – zumindest hinsichtlich Art. 17 GRC – auch Rudowicz, Gun-Jumping (2016), 155.

797 Vgl. zur Abgrenzung zwischen Enteignungen und Nutzungsregelungen allgemein Calliess in: Calliess/Ruffert, EUV/AEUV (2016), Art. 17 GRC Rn. 11 ff.; zur Einordnung eines Erlaubnisvorbehalts als Nutzungsregelung Schlussanträge der Generalanwältin Kokott vom 19. April 2012, Rs. C-416/10, *Križan u.a.*, ECLI:EU:C:2012:218, Rn. 182; aufgegriffen vom EuGH, Urteil vom 15. Januar 2013 in selber Rs., ECLI:EU:C:2013:8, Rn. 112.

3. Rechtfertigung

Für die Rechtfertigung des Eingriffs in Art. 12 Abs. 1 GRC und Art. 16 GRC gelten die Regeln des Art. 52 Abs. 1 GRC.[798] Hinsichtlich des Eingriffs in Art. 17 Abs. 1 GRC ist, wie gesehen, Art. 17 Abs. 1 S. 3 GRC maßgeblich;[799] zusätzlich dürfte hier Art. 52 Abs. 1 GRC zu beachten sein.[800] Im Einzelnen gelten danach die folgenden Voraussetzungen:

a. Gesetzesvorbehalt, Bestimmtheitsgebot und Wesensgehaltsgarantie

Als Bestandteil einer Verordnung wahren die Bestimmungen des Art. 7 Abs. 1, Abs. 4 Unterabs. 1 FKVO den Gesetzesvorbehalt der Art. 17 Abs. 1 S. 3, 52 Abs. 1 S. 1 GRC. Sie verstoßen auch nicht gegen die in Art. 52 Abs. 1 S. 1 GRC enthaltene, den Kernbereich der Grundrechte schützende Wesensgehaltsgarantie, da die den beteiligten Unternehmen auferlegten Beschränkungen nur einen abgegrenzten Teilbereich der unternehmerischen Freiheit bzw. des Eigentumsrechts betreffen und – wichtig für die wirtschaftliche Vereinigungsfreiheit, deren sachlicher Schutzbereich breiter betroffen ist – nur vorläufigen Charakter haben.

---

798 Hinsichtlich der auch in Art. 11 EMRK anerkannten Vereinigungsfreiheit ist nach Art. 52 Abs. 3 GRC prinzipiell auf einen Gleichlauf mit den in Art. 11 Abs. 2 und Art. 16 EMRK geregelten Schranken zu achten; siehe Bernsdorff in: Meyer/Hölscheidt, Charta der Grundrechte der Europäischen Union (2019), Art. 12 Rn. 18. Für wirtschaftliche Vereinigungen dürften sich indes keine erheblichen Unterschiede ergeben. Für die unternehmerische Freiheit (Art. 16 GRC) ist die dogmatische Einordnung und Funktion der Bezugnahme auf das „Unionsrecht" und die „einzelstaatlichen Rechtsvorschriften und Gepflogenheiten" nicht abschließend geklärt; nach wohl h.M. enthält Art. 16 GRC keine über den Gehalt des Art. 52 Abs. 1 GRC hinausgehende Schranke; vgl. Rengeling/Szczekalla, Grundrechte in der Europäischen Union (2004), Rn. 797; Frenz, Handb EuR, Europäische Grundrechte (2009), Rn. 2754; Jarass, Charta der Grundrechte (2021), Art. 16 Rn. 20; Ruffert in: Calliess/Ruffert, EUV/AEUV (2016), Art. 16 GRC Rn. 5.

799 Da auch das Eigentumsrecht in der EMRK anerkannt wird, ist nach Art. 52 Abs. 3 GRC auch hier prinzipiell auf einen Gleichlauf mit der EMRK, konkret mit der Vorschrift des Art. 1 Abs. 2 des Zusatzprotokolls Nr. 1 zur EMRK, zu achten. Da sich Letztere und Art. 17 Abs. 1 S. 3 GRC in der Sache entsprechen, kommt es auf diesen Abgleich im Ergebnis allerdings nicht an; vgl. Jarass, Charta der Grundrechte (2021), Art. 17 Rn. 29.

800 Jarass, ebenda, Rn. 26; relevant ist dies z.B. hinsichtlich der Wesensgehaltsgarantie.

Das unionsrechtliche Bestimmtheitsgebot, das der EuGH dem allgemeinen Grundsatz der Rechtssicherheit zurechnet, verlangt nach ständiger Rechtsprechung,

> „[…] dass eine Regelung klar und deutlich ist, damit die Betroffenen ihre Rechte und Pflichten unzweideutig erkennen und somit ihre Vorkehrungen treffen können […]“[801]

Das Bestimmtheitsgebot hat besondere Bedeutung, wenn dem Rechtsunterworfenen, wie im Fall des Art. 7 Abs. 1 i.V.m. Art. 14 Abs. 2 Buchst. b FKVO, besondere Sanktionen drohen.[802] Allerdings soll den Anforderungen genügt sein, wenn die betreffende Regelung

> „[…] bei sorgfältiger Prüfung den Sinn und die Auswirkungen der Anwendung ihrer an Gewerbetreibende des fraglichen Bereichs gerichteten Bestimmungen erkennen [lässt].“[803]

Das Vollzugsverbot bereitet in mehrfacher Hinsicht Auslegungsschwierigkeiten, so z.B. hinsichtlich seines persönlichen Anwendungsbereichs (Stichwort: „Adressatenkreis“) und Verbotsinhalts (Stichwort: „Vollzugsbegriff“). Wie im Besonderen Teil zu zeigen sein wird, sind diese Schwierigkeiten indes nicht so tiefgreifend, dass anhand der anerkannten Auslegungsmethoden des EuGH keine hinreichende Konkretisierung möglich wäre. Im Hinblick auf den Vollzugsbegriff kommt hinzu, dass Gegenstand der vorliegenden Betrachtung nur das Vollzugsverbot in seiner Kernfunktion als Verbot der Bewirkung einer Kontrolländerung im Sinne des Art. 3 Abs. 1 FKVO ist; insoweit bestehen keine erheblichen Auslegungsschwierigkeiten.[804]

---

801 EuGH, Urteil vom 10. Januar 2006, Rs. C-344/04, *IATA u.a.*, ECLI:EU:C:2006:10, Rn. 68.

802 Dies gilt besonders für strafrechtliche Sanktionen, nach der Rechtsprechung aber auch für Geldbußen; vgl. EuG, Urteil vom 27. September 2006, Rs. T-43/02, *Jungbunzlauer/Kommission*, ECLI:EU:T:2006:270, Rn. 72.

803 EuGH, Urteil vom 17. Juli 1997, Rs. C-354/95, *National Farmers‘ Union u.a.*, ECLI:EU:C:1997:379, Rn. 58.

804 Vgl. zur Bestimmtheit der Legalausnahme nach Art. 7 *Abs. 2* FKVO EuG, Urteil vom 26. Oktober 2017, Rs. T-704/14, *Marine Harvest/Kommission*, ECLI:EU:T:2017:753, Rn. 376 ff.

b. Verhältnismäßigkeit

Um gerechtfertigt zu sein, müssen die Bestimmungen des Art. 7 Abs. 1, Abs. 4 Unterabs. 1 FKVO nach Art. 17 Abs. 1 S. 3, 52 Abs. 1 S. 1 GRC einem von der Union anerkannten, gemeinwohlorientierten Ziel oder dem Schutz der Rechte und Freiheiten anderer dienen und den Grundsatz der Verhältnismäßigkeit wahren. Letzterer verlangt nach der Rechtsprechung, dass

> „[...] die Handlungen der Unionsorgane nicht die Grenzen dessen überschreiten dürfen, was zur Erreichung der mit der fraglichen Regelung zulässigerweise verfolgten Ziele geeignet und erforderlich ist, wobei zu beachten ist, dass dann, wenn mehrere geeignete Maßnahmen zur Auswahl stehen, die am wenigsten belastende zu wählen ist und die verursachten Nachteile nicht außer Verhältnis zu den angestrebten Zielen stehen dürfen.“[805]

Entsprechendes gilt unter dem Gesichtspunkt des Eigentumsrechts anerkanntermaßen für die Rechtfertigung von Nutzungsregelungen nach Art. 17 Abs. 1 S. 3 GRC[806] und dürfte auch für Eingriffe in die Vereinigungsfreiheit nach Art. 12 Abs. 1 GRC zu verlangen sein, sofern man wirtschaftliche Sachverhalte in deren Schutzbereich einschließt.[807]

aa. Gemeinwohlorientierte Zielsetzung

Die Regelung des Art. 7 Abs. 1, Abs. 4 Unterabs. 1 FKVO dient dem von der Union anerkannten, gemeinwohlorientierten Ziel des Wettbewerbsschutzes.[808] Der freie Wettbewerb im Binnenmarkt und sein Schutz vor

805 EuGH, Urteil vom 22. Januar 2013, Rs. C-283/11, *Sky Österreich*, ECLI:EU:C:2013:28, Rn. 50. Nach ständiger Rechtsprechung kann insbesondere die unternehmerische Freiheit „[...] einer Vielzahl von Eingriffen der öffentlichen Gewalt unterworfen werden, die im allgemeinen Interesse die Ausübung der wirtschaftlichen Tätigkeit beschränken können“ (EuGH, ebenda, Rn. 46).

806 Vgl. EuGH, Urteil vom 15. Januar 2013, Rs. C-416/10, *Križan u.a.*, ECLI:EU:C:2013:8, Rn. 113; instruktiv JARASS, Charta der Grundrechte (2021), Art. 17 Rn. 33 ff.

807 Dazu oben Kapitel 3 B.III.1.c.

808 Daneben könnte man argumentieren, dass das Vollzugsverbot den Erfordernissen des Schutzes der Rechte und Freiheiten anderer (Art. 52 Abs. 1 S. 2 GRC) diene. Dogmatisch ließe sich dies z.B. konstruieren, wenn man mit einer Auffassung in der Literatur von der Existenz einer individualschützenden – selbststän-

Verfälschungen sind seit dem Änderungsvertrag von Lissabon insbesondere in der Präambel zum AEUV, in den Art. 119 f. AEUV sowie im Protokoll Nr. 27 über den Binnenmarkt und den Wettbewerb als Zielsetzung der Union erwähnt. Ausweislich ihres 2. bis 7. Erwägungsgrunds dient die FKVO in Ergänzung der Art. 101 und 102 AEUV dem Schutz des Wettbewerbs im Binnenmarkt vor Verfälschungen. Im Hinblick auf diese Oberzielsetzung ist der 34. Erwägungsgrund zu verstehen, nach dem das Vollzugsverbot eine „wirksame Überwachung" gewährleisten soll.

bb. Geeignetheit

Die Vorschrift des Art. 7 FKVO ist zur Erreichung dieses Ziels sowohl theoretisch-konzeptionell als auch in ihrer konkreten Ausgestaltung geeignet. Zur Geeignetheit genügt ein Beitrag zur Zielerreichung.[809] Wie im 1. Kapitel gesehen, treten viele Rückabwicklungsschwierigkeiten typischerweise mit dem Übergang der wirtschaftlichen Leitungsmacht, d.h. der dauerhaften Kontrolländerung im Sinne des Art. 3 Abs. 1 FKVO, ein. In konzeptioneller Hinsicht besteht der Beitrag des Vollzugsverbots zum Wettbewerbsschutz – in seiner hier untersuchten Funktion als Verbot der Bewirkung einer Kontrolländerung – in der Verhinderung nachträglich schwer zu behebender Marktstrukturveränderungen (Stichwort: „Entflechtungsvermeidung") und damit in der Absicherung der späteren Sachentscheidung.[810]

---

digen oder als Teil des Art. 16 GRC unselbstständigen – „Wettbewerbsfreiheit" ausginge, auf die sich andere Marktteilnehmer berufen könnten; vgl. Frenz, Handb EuR, Europäische Grundrechte (2009), Rn. 2716 f. Folgt man dieser Auffassung, ist nach Art. 52 Abs. 1 S. 2 Var. 2 GRC eine Abwägung zwischen den grundrechtlichen Positionen der am Zusammenschluss beteiligten Unternehmen und der Wettbewerbsfreiheit der anderen Marktteilnehmer vorzunehmen; vgl. Bernsdorff in: Meyer/Hölscheidt, Charta der Grundrechte der Europäischen Union (2019), Art. 16 Rn. 15; zur Problematik der Grundrechtskollision im Unionsrecht allgemein Borowsky, ebenda, Art. 52 Rn. 22. Die Abwägung mit grundrechtlich geschützten Positionen anderer Marktteilnehmer dürfte indes auch nicht zu anderen Ergebnissen führen; der Gesichtspunkt wird deshalb nachfolgend ausgeklammert.

809 Jarass, Charta der Grundrechte (2021), Art. 52 Rn. 37 unter Verweis auf EuGH, Urteil vom 5. Oktober 1994, Rs. C-280/93, *Deutschland/Rat*, ECLI:EU:C:1994:367, Rn. 86.

810 Zum Regelungszweck des Art. 7 Abs. 1 FKVO zusammenfassend oben Kapitel 1 B.I.1.c.

Wie bereits gesehen, weist das Modell der FKVO sowohl die konstituierenden als auch viele begleittypische Merkmale des präventiven „Grundmodells“ auf. Sein Kernelement, der Erlaubnisvorbehalt des Art. 7 Abs. 1 FKVO, wird durch die Verpflichtung der beteiligten Unternehmen zur vorherigen Anmeldung des Zusammenschlusses bei der Kommission, Mechanismen zur Verfahrensbeschleunigung und die harte Sanktionierung von Verfahrensverstößen ergänzt, wodurch eine hohe Wirksamkeit erreicht wird.[811] Die in der FKVO gleichsam angelegten Durchbrechungen des Präventionsprinzips[812] stellen die Geeignetheit nicht in Frage, weil sie lediglich eng abgegrenzte Ausnahmefälle betreffen und diesbezüglich weiterhin Vorkehrungen zum Wettbewerbsschutz bestehen.[813]

Die Geeignetheit der Regelung zum Wettbewerbsschutz wird schließlich auch nicht durch die Kopplung des Vollzugsverbots in Art. 7 Abs. 1 FKVO an die Umsatzschwellen des Art. 1 Abs. 1 und 2 FKVO beeinträchtigt. Zwar sind die Umsatzschwellen des Art. 1 Abs. 2 und 3 FKVO mit einer erheblichen Unschärfe behaftet,[814] wenn es darum geht, schädliche von unschädlichen Fällen zu trennen. So lässt sich aus der Erfüllung der Umsatzschwellen nicht ableiten, dass der Zusammenschluss zu einer erheblichen Behinderung wirksamen Wettbewerbs im Sinne des Art. 2 Abs. 3 FKVO führen wird.[815] Wesentliche Gründe für die Unschärfe sind:

- das alleinige Abstellen des Art. 1 FKVO auf Umsätze, wohingegen die materielle Prüfung nach Art. 2 Abs. 1 FKVO eine Vielzahl von Umständen berücksichtigen muss;[816]
- die fehlende Marktbezogenheit des Umsatzkriteriums;

---

811 Vgl. oben Kapitel 1 A.III.1 und Kapitel 1 B.I.1.b.

812 Dazu oben Kapitel 1 A.III.2.

813 So wandelt sich das Vollzugsverbot des Art. 7 Abs. 1 FKVO in den Fällen des Art. 7 Abs. 2 Buchst. a, b Alt. 1 FKVO in ein „Verbot der Stimmrechtsausübung“ um; dazu oben Kapitel 1 B.II.1.d.bb.(1). Eine Freistellung nach Art. 7 Abs. 3 FKVO darf die Kommission nur gewähren, wenn der betreffende Zusammenschluss voraussichtlich den Wettbewerb nicht gefährden wird.

814 Vgl. auch Rudowicz, Gun-Jumping (2016), 36.

815 Dies wird auch durch die Statistik der Kommission zur Fusionskontrolle (oben Fn. 109) belegt, nach der sogar die ganz überwiegende Zahl der Zusammenschlüsse ohne Bedingungen oder Auflagen freigegeben wird; vgl. dazu auch oben Kapitel 1 B.I.2.a.

816 Dabei kommt dem Umsatzkriterium am ehesten eine Indizwirkung für „die wirtschaftliche Macht und die
Finanzkraft der beteiligten Unternehmen“ im Sinne des Art. 2 Abs. 1 Buchst. b FKVO zu.

- der absolute Charakter der Umsatzschwellen, der keine Aussage über die relative Stärke der beteiligten Unternehmen zulässt und dessen Indizcharakter je nach Branche sehr unterschiedlich ausfallen kann;
- die Abhängigkeit der Umsatzschwellen von äußeren Einflüssen wie der Inflationsrate und Wechselkursschwankungen[817] sowie der Vergrößerung des Binnenmarkts durch beitrittsbedingte Erweiterungen des Unionsgebiets.

Allerdings gehört es zu den zwingenden Bestandteilen jedes präventiven Fusionskontrollsystems, dass die Vorhaben, die der Kontrolle unterliegen sollen, zunächst abstrakt in Form sogenannter „Aufgreifkriterien" definiert werden müssen.[818] Dabei sind die Aufgreifkriterien notwendigerweise weiter gefasst als der materielle Verbotsmaßstab. Der so entstehende „Verbotsüberschuss"[819] beeinträchtigt nicht die Eignung des Fusionskontrollsystems zum Wettbewerbsschutz, sofern die schädlichen Fälle aufgegriffen werden, also nicht anderweitig ein erhebliches „Verbotsdefizit"[820] vorliegt. Dies gewährleisten die Umsatzschwellen der FKVO, da Unternehmen, die die Schwellenwerte des Art. 1 Abs. 2 bzw. 3 FKVO erfüllen, weltweit und innerhalb der EU über bedeutende Aktivitäten und damit typischerweise eine erhebliche wirtschaftliche Macht und Finanzkraft[821] verfügen – beides wichtige Indikatoren für eine mögliche Beeinträchtigung wirksamen Wettbewerbs nach Art. 2 Abs. 1 (Buchst. b) FKVO und damit für eine Verbotsentscheidung nach Art. 2 Abs. 3 FKVO.[822]

---

817 Vgl. Kommission, Grünbuch über die Revision der Fusionskontrollverordnung, KOM(96) 19 endg., Rn. 68.

818 Dazu oben Kapitel 1 A.II.2.b.

819 Dazu oben Kapitel 1 B.I.2.d; auch als „Fehlertyp 1" bezeichnet, vgl. Blumenthal, The Rhetoric of Gun-Jumping (2005), 3 f.; Rudowicz, Gun-Jumping (2016), 36 ff.

820 Auch als „Fehlertyp 2" bezeichnet, vgl. Blumenthal, ebenda; Rudowicz, ebenda.

821 Anders als die Marktstellung sind diese Kriterien nicht – jedenfalls nicht unmittelbar – marktbezogen; für sie ist der Gesamtumsatz daher durchaus ein Indiz.

822 Die Unschärfe der Umsatzschwellen wird in der Literatur vor allem für die Fallgruppe der „multinationalen Zusammenschlüsse" – und insoweit unter völkerrechtlichen Gesichtspunkten – diskutiert; vgl. Broberg, The European Commission's Jurisdiction to Scrutinise Mergers (2013), 249 ff.; Meyer, Die extraterritoriale Anwendbarkeit der EG-Fusionskontrollverordnung (2004), 123 f.; dazu näher unten Kapitel 4 C.III.4.

cc. Erforderlichkeit

Nach der Rechtsprechung des EuGH ist

> „[...] ein vorheriges Genehmigungsverfahren nur erforderlich, wenn eine nachträgliche Kontrolle zu spät käme, um deren tatsächliche Wirksamkeit sicherzustellen und damit das verfolgte Ziel zu erreichen.“[823]

Die Erforderlichkeit der Regelung des Art. 7 Abs. 1, 4 Unterabs. 1 FKVO – in ihrer hier untersuchten Funktion des Aufschubs einer dauerhaften Kontrolländerung – ergibt sich aus der mangelnden Verfügbarkeit weniger belastender, aber gleich wirksamer Verfahrensmodelle. Zwar würden verschiedene Gestaltungsformen die Grundrechtsträger geringer belasten.

- Dies gilt erstens für solche Verfahrensmodelle, in denen die Rechtmäßigkeit des Vollzugs ausschließlich von der materiellen Legalität des Vorhabens abhängt, namentlich für das „Grundmodell“ der repressiven Fusionskontrolle (Stichwort: „Verbotsvorbehalt“) und für das Modell mit „schlichter“ vorheriger Anzeigepflicht.[824] Im Vergleich hierzu besteht für die Beteiligten eines materiell legalen Zusammenschlusses im System der FKVO eine Mehrbelastung, da sie gezwungen sind, mit dem Vollzug bis zum Vorliegen der Genehmigungsentscheidung zuzuwarten.
- Zweitens existieren Modelle, in denen der Vollzug zwar aus formellen Gründen – und damit losgelöst von der materiellen Rechtslage – aufgeschoben wird, aber nur für einen vergleichsweise kurzen Zeitraum. Dies gilt namentlich für Systeme mit Anzeigevorbehalt.[825] Dort herrscht, wie gesehen, ein vorläufiges Vollzugsverbot, das jedoch regelmäßig mit der Anzeige („einfacher“ Anzeigevorbehalt) oder dem Ablauf einer vom Zeitpunkt der Anzeige an gerechneten Frist („verlängerter“ Anzeigevorbehalt), und damit vor Erhalt der Genehmigung,

---

823 EuGH, Urteil vom 22. Januar 2002, Rs. C-390/99, *Canal Satélite Digital*, ECLI:EU:C:2002:34, Rn. 39 (zur Verhältnismäßigkeit einer Beeinträchtigung der Dienstleistungsfreiheit).

824 Zu beiden Modellen allgemein oben Kapitel 1 A.II.3.

825 Vgl. ebenda.

erlischt. Von diesem Zeitpunkt an kann das Vorhaben dann jedenfalls in formell legaler Weise vollzogen werden.[826]

- Für die beteiligten Unternehmen prinzipiell schonender sind drittens auch Systeme, in denen keine rechtliche Verpflichtung, aber eine freiwillige Möglichkeit zur vorherigen Genehmigungseinholung besteht (Stichworte: „Verbotsvorbehalt mit Anmeldeoption"; „fakultativ-präventive Fusionskontrolle"). In solchen Systemen löst die Anmeldung regelmäßig kein besonderes Vollzugsverbot aus.[827] Für die Rechtmäßigkeit des Vollzugs gelten hier im Grundsatz dieselben Regeln wie beim repressiven „Grundmodell".
- Viertens zeichnen sich Modelle durch eine geringere Eingriffsintensität aus, in denen kein formelles, automatisches Vollzugsverbot besteht, der mit der Prüfung des Falls betraute Hoheitsträger aber die Möglichkeit hat, die beteiligten Unternehmen im Einzelfall zur Aussetzung des Vollzugs zu verpflichten (Stichwort: „Verbotsvorbehalt mit einstweiliger Aussetzungsanordnung"[828]). In einem solchen Modell können die an einem materiell legalen Zusammenschluss beteiligten Unternehmen diesen grundsätzlich vollziehen, wenn nicht ausnahmsweise eine Aussetzungsanordnung vorliegt.
- Fünftens setzt eine Entlastung der beteiligten Unternehmen keine Abkehr vom Prinzip des Erlaubnisvorbehalts voraus. Einen wesentlichen Belastungsfaktor stellt der „Verbotsüberschuss" dar, der durch die Kopplung des Vollzugsverbots des Art. 7 Abs. 1 FKVO an die Aufgreifkriterien des Art. 1 Abs. 2, 3 FKVO entsteht. Der „Verbotsüberschuss" als solcher ist dem Prinzip des Erlaubnisvorbehalts immanent,[829] lässt sich aber in seinem Umfang durch quantitative oder qualitative Anpassungen reduzieren. In quantitativer Hinsicht sind weitere Ausnahmetatbestände vom Vollzugsverbot denkbar. Potenzial für eine qualitative Reduzierung des Überschusses liegt in der inhaltlichen Annäherung der Aufgreifkriterien als Voraussetzung für die Geltung des Vollzugsverbots an die Eingreifkriterien, im Fall der FKVO also an den materiellen Prüfungsmaßstab des Art. 2 FKVO. Zu denken ist hier vor allem an eine Ersetzung oder Ergänzung der Umsatzschwellen des Art. 1

826 Zur vergleichsweise geringen Eingriffsintensität eines Anzeigevorbehalts auch allgemein Pietzner, JA 1973, 197, 199 f.; vgl. auch EuGH, Urteil vom 21. Oktober 2004, Rs. C-445/03, *Kommission/Luxemburg*, ECLI:EU:C:2004:655, Rn. 31.

827 Dazu oben Kapitel 1 A.II.3.

828 Vgl. ebenda.

829 Vgl. auch Rudowicz, Gun-Jumping (2016), 36.

Abs. 2, 3 FKVO durch Marktanteilsschwellen.[830] Dabei ist weitgehend anerkannt, dass Marktanteilsschwellen ein höherer Indizwert für die materiellrechtliche Problematik zukommt als Umsatzschwellen.[831]

Allerdings ist die gesetzgeberische Zielsetzung, Entflechtungen von vornherein zu vermeiden,[832] in den genannten Modellen weniger gut gewährleistet als nach der Konzeption der FKVO. Diese Modelle sind daher kein gleich wirksames Mittel. Im Einzelnen:

- Die Defizite des repressiven „Grundmodells“ bei der Entflechtungsvermeidung wurden bereits im 1. Kapitel aufgezeigt und analysiert. Die früher praktizierte, allein auf Abschreckung basierende Repressivkontrolle konnte den Vollzug materiell illegaler Vorhaben oft nicht verhindern.[833] Die theoretische Betrachtung hat gezeigt, dass repressive Modelle regelmäßig keine optimale Abschreckungswirkung erzielen.[834] Als wesentliche Faktoren wurden die Begrenztheit möglicher Sanktionen nach Art und Höhe, Unsicherheiten bei der Beurteilung der Sach- und Rechtslage und die Begrenztheit des Erkennungs- und Verfolgungsrisikos erkannt.[835] Seit der Einführung präventiver Kontrollmechanismen in Europa und den USA sind Entflechtungen denn auch erkennbar seltener geworden. Grund hierfür ist die für präventive Konzeptionen typische Kombination aus Abschreckung und Anreizbildung.[836]
- Für Systeme mit einstweiliger Aussetzungsanordnung und Systeme mit Anzeigevorbehalt ergibt sich das im Vergleich zur FKVO erhöhte Schadens- und Entflechtungsrisiko ceteris paribus aus der geringeren Reichweite des Vollzugsverbots. Bei einstweiligen Aussetzungsanordnungen

---

830 Diese sind im internationalen Vergleich keineswegs unüblich. Innerhalb der EU sind sie z.B. im spanischen und portugiesischen Fusionskontrollrecht vorgesehen; vgl. Körber in: Immenga/Mestmäcker, WettbR/Bd. 3 (2020), Einl. FKVO Rn. 152 und 157.

831 Vgl. Broberg, The European Commission's Jurisdiction to Scrutinise Mergers (2013), 263 ff.

832 Dazu ausführlich oben Kapitel 1 B.I.1.

833 Vgl. ebenda.

834 Dies gilt auch für Abwandlungen des repressiven „Grundmodells“, z.B. das Modell mit „schlichter“ vorheriger Anzeigepflicht. Generell dürften die Wirksamkeitsdefizite umso größer sein, je stärker ein System auf Abschreckung und je weniger es auf positive Anreize setzt.

835 Dazu oben Kapitel 1 B.I.1.b.cc.(2).

836 Dazu oben Kapitel 1 B.I.1.b.cc.(3).

besteht die Gefahr, dass das Vollzugsverbot im Einzelfall nicht rasch genug erlassen wird, um dem Vollzug vorzugreifen. Bei einem Anzeigevorbehalt können wegen des frühen Erlöschens des Vollzugsverbots die oben erörterten Anreize entstehen, den Zusammenschluss noch vor dem Erhalt der Genehmigung zu vollziehen, um den Hoheitsträger vor „vollendete Tatsachen" zu stellen.

- Keine optimale Entflechtungsvermeidung gewährleisten auch Modelle, die eine freiwillige Anmeldung vorsehen. Zwar beruhen auch sie auf einer Kombination aus Abschreckung und Anreizbildung. Allerdings können sich die Unternehmen hier aufgrund des fehlenden Vollzugsverbots gegen die erwartete Entflechtung einerseits und drohende Sanktionen andererseits in einem einheitlichen Verfahren mit einheitlicher, materiellrechtlicher Begründung wehren, was in der Realität den gegenläufigen Anreiz setzt, „die Sache zu versuchen" und den Zusammenschluss ohne vorherige Anmeldung oder zumindest vor der Genehmigungserteilung zu vollziehen.[837]
- Ähnliche Überlegungen gelten für präventive Systeme mit Erlaubnisvorbehalt, bei denen materielle Aspekte – namentlich in Form von Marktanteilsschwellen – im Rahmen der Aufgreifkriterien Berücksichtigung finden. Zwar sind Marktanteilsschwellen aufgrund ihrer größeren Nähe zum materiellen Prüfungsmaßstab des Art. 2 FKVO geeignet, den aus grundrechtlicher Sicht kritischen „Verbotsüberschuss" zu reduzieren. Allerdings ist die Erfüllung einer Marktanteilsschwelle erheblich schwieriger zu beurteilen als die einer Umsatzschwelle. Während die beteiligten Unternehmen regelmäßig in der Lage sind, die nach Art. 1 Abs. 2, 3 i.V.m. Art. 5 FKVO relevanten Umsätze zu ermitteln, stellen materielle Betrachtungen die Unternehmen und ihre Berater vor komplexere Herausforderungen. Letztere beginnen bei der Abgrenzung des sachlich und räumlich relevanten Markts. Kleine Wertungsunterschiede, z.B. hinsichtlich der Austauschbarkeit zweier Produkte aus Abnehmer- oder Anbietersicht, können hier große Auswirkungen auf die Marktabgrenzung und damit auf die Marktanteile der beteiligten Unternehmen und anderer Marktteilnehmer haben.[838] Hinzu

837 Vgl. ebenda.

838 Vgl. Broberg, The European Commission's Jurisdiction to Scrutinise Mergers (2013), 264. Das gilt, obwohl mit der Bekanntmachung der Kommission über die Definition des relevanten Marktes im Sinne des Wettbewerbsrechts der Gemeinschaft, ABl. C 372/5 vom 9. Dezember 1997, allgemeine Leitlinien zur Marktabgrenzung bestehen. Die mit der Marktabgrenzung verbundenen Probleme sind auch den Unionsorganen bekannt; vgl. Abschnitt 6 der „Form CO"

kommt, dass die beteiligten Unternehmen das Gesamtmarktvolumen ermitteln müssen, um ihre eigenen Marktanteile einschätzen zu können. Auf der Basis der unternehmensintern und öffentlich verfügbaren Informationen ist dies häufig schwierig oder unmöglich.[839] Müssen die beteiligten Unternehmen wegen des Bestehens einer Marktanteilsschwelle dennoch ihren Marktanteil beurteilen, um ihre Pflichten zu kennen, kann das Ergebnis mit Unsicherheiten behaftet sein. Diese Unsicherheiten ähneln denjenigen, die bei der Beurteilung der materiellen Legalität eines Zusammenschlusses in repressiven Systemen der Fusionskontrolle auftreten, und dürften ähnliche Konsequenzen haben. Besteht in Vollzugsfragen keine Sicherheit, besteht die Gefahr der Nichtbeachtung des Vollzugsverbots, wodurch eine spätere Entflechtung erforderlich werden kann. Die Nichtbeachtung kann unbewusst, aber auch bewusst erfolgen. Die bewusste Umgehung des Vollzugsverbots stellt ein realistisches Szenario dar, da für die Unternehmen aufgrund des Argumentationsspielraums bei der Marktabgrenzung Anreize bestehen, den Vollzug des Zusammenschlusses als „verteidigbar" einzustufen und sich gegen eine Entflechtung und drohende Bußgelder mit einer einheitlichen, materiellrechtlichen Begründung zur Wehr zu setzen.[840] Auch die Einführung von Marktanteilsschwellen stellt damit keine gleich wirksame Alternative zum System der Umsatzschwellen dar.[841]

(Anlage 1 zur FKVO-DVO), in dem vorgesehen ist, dass die Anmelder bei der Darstellung des sachlich und räumlich relevanten Markts „neben der von ihnen für sachdienlich erachteten Abgrenzung auch alle plausiblen alternativen sachlich und räumlich relevanten Märkte nennen" müssen.

839 Vgl. Broberg, ebenda.

840 Marktanteilsschwellen relativieren also auch den für die Wirksamkeit präventiver Systeme wichtigen Aspekt der Trennung von materieller Beurteilung und Sanktion (oben Kapitel 1 B.I.1.b.cc.(3)(b)).

841 Deutlich rät das ICN von Marktanteilsschwellen ab; vgl. ICN, Recommended Practices for Merger Notification Procedures (2018), 6: „Mandatory notification thresholds should be based exclusively on objectively quantifiable criteria. Examples of objectively quantifiable criteria are assets and sales (or turnover). Examples of criteria that are not objectively quantifiable are market share and potential transaction-related effects. Market share-based tests and other criteria that are inherently subjective and fact-intensive may be appropriate for later stages of the merger control process (e.g., determining the scope of information requests or the ultimate legality of the transaction), but such tests are not appropriate for use in making the initial determination as to whether a transaction requires notification." Vgl. im Übrigen Kommission, Grünbuch über die Revision der Fusionskontrollverordnung, KOM(96) 19 endg., Rn. 31:

dd. Angemessenheit

Das Kriterium der Angemessenheit verlangt, dass die mit der Regelung des Art. 7 Abs. 1, Abs. 4 Unterabs. 1 FKVO für die Grundrechtsträger einhergehenden Nachteile nicht außer Verhältnis zu den angestrebten Zielen stehen. Der EuGH fordert diesbezüglich, eine

> „[…] ausgewogene Gewichtung des Interesses der Union […] auf der einen und der in […] der Charta verankerten Grundrechte auf der anderen Seite vorzunehmen“,[842] d.h. „[…] anhand sämtlicher Umstände des jeweiligen Einzelfalls festzustellen, ob das rechte Gleichgewicht zwischen diesen Interessen gewahrt worden ist.“[843]

Dabei gilt: Je bedeutsamer die mit einer Regelung verfolgten Ziele, desto geringer die Anforderungen an die Rechtfertigung und desto höher die den Grundrechtsträgern auferlegbaren Belastungen.[844] Nachteile können ggf. durch Vorteile kompensiert werden.[845] Bei der Abwägung können z.B. das Ausmaß der Belastungen mindernde Ausnahmeregelungen[846] und Gesichtspunkte der Rechtssicherheit und des Vertrauensschutzes[847] Berücksichtigung finden. Vorläufige Beeinträchtigungen wiegen grundsätzlich geringer als dauerhafte.[848]

Bei der Beurteilung der Angemessenheit der Regelung des Art. 7 Abs. 1, Abs. 4 Unterabs. 1 FKVO ist zunächst nochmals die hohe Bedeutung des vom Unionsgesetzgeber verfolgten Ziels des Wettbewerbsschutzes im Binnenmarkt hervorzuheben. Diese ist zu den Belastungen für die am Zusammenschluss beteiligten Unternehmen ins Verhältnis zu setzen. Dabei

---

> „Idealerweise sollte also die gemeinschaftsweite [heute: EU-weite] Bedeutung eines Zusammenschlusses anhand seiner Auswirkungen auf den Markt definiert werden. Aus Gründen der Praktikabilität und der Rechtssicherheit verwendet die Fusionskontrollverordnung jedoch quantitative Kriterien für die Definition von Vorhaben mit grenzüberschreitenden Auswirkungen.“

842 EuGH, Urteil vom 9. November 2010, verb. Rs. C-92/09 und C-93/09, *Schecke u.a.*, ECLI:EU:C:2010:662, Rn. 80.

843 EuGH, Urteil vom 12. Juni 2003, Rs. C-112/00, *Schmidberger*, ECLI:EU:C:2003:333, Rn. 81.

844 Jarass, Charta der Grundrechte (2021), Art. 16 Rn. 26 und Art. 17 Rn. 37.

845 Jarass, ebenda, Art. 17 Rn. 37; vgl. EuGH, Urteil vom 19. Juni 1980, verb. Rs. 41/79, 121/79 und 796/79, *Testa u.a.*, ECLI:EU:C:1980:163, Rn. 20.

846 Jarass, ebenda, Art. 17 Rn. 38 und Art. 52 Rn. 42; vgl. EuGH, ebenda, Rn. 21.

847 Jarass, ebenda, Art. 52 Rn. 42.

848 Jarass, ebenda, Art. 17 Rn. 37; vgl. EuGH, Urteil vom 13. Dezember 1979, Rs. 44/79, *Hauer*, ECLI:EU:C:1979:290, Rn. 28.

kann grob zwischen Belastungen durch die Regelungstechnik als solche, Belastungen auf der Rechtsfolgenseite und wirtschaftlichen Belastungen unterschieden werden.

- In regelungstechnischer Hinsicht wirkt der automatische und abstrakte Charakter[849] des Vollzugsverbots belastend. Das Vollzugsverbot der FKVO wird, anders als in Systemen mit einstweiliger Aussetzungsanordnung, nicht im Einzelfall aufgrund einer konkreten Gefahr erlassen, sondern trifft, wie im Einzelnen noch zu zeigen sein wird,[850] vorbehaltlich der Ausnahmen der Art. 7 Abs. 2 und 3 FKVO automatisch jeden Zusammenschluss im sachlichen Anwendungsbereich der Verordnung. Durch seine Kopplung an das Konzept des „Zusammenschlusses von EU-weiter Bedeutung", und damit im Kern an die Umsatzschwellen des Art. 1 Abs. 2, 3 FKVO, hat das Vollzugsverbot im Verhältnis zur endgültigen Verbotsentscheidung nach Art. 2 FKVO einen abstrakten Maßstab. Es erfasst auch viele genehmigungsfähige Zusammenschlüsse und bewirkt damit, um auf die vorzitierte Formulierung Pietzners zurückzugreifen, einen vorläufigen „Verbotsüberschuss". Besonders klar wird dieser Überschuss, wenn man die fortlaufende Statistik der Kommission zur Fusionskontrolle[851] heranzieht, nach der die weitaus überwiegende Anzahl der angemeldeten Zusammenschlüsse am Ende ohne Bedingungen oder Auflagen freigegeben wird.[852]
- Auf der Rechtsfolgenseite belasten vor allem die zivilrechtliche Nichtigkeitsregelung des Art. 7 Abs. 4 Unterabs. 1 FKVO – vorbehaltlich der in Abs. 4 Unterabs. 2 geregelten Ausnahmen – und die Befugnis zur Festsetzung von Geldbußen in Höhe von bis zu 10% des konzernweiten Jahresumsatzes durch die Kommission nach Art. 14 Abs. 2 Buchst. b FKVO die beteiligten Unternehmen.[853]
- In wirtschaftlicher Hinsicht kann es durch den gebotenen Aufschub der Kontrolländerung zu Risiken – und damit zu Belastungen – für das Zusammenschlussmangagement und die Zusammenschlusszielerreichung kommen. Diese Risiken wurden, ohne der Bestimmung des

---

849 Dazu oben Kapitel 1 B.I.2.b und d.

850 Zum sachlichen Anwendungsbereich des Vollzugsverbots im Einzelnen unten Kapitel 4 A.

851 Oben Fn. 109.

852 Vgl. oben Kapitel 1 B.I.2.a.; Rudowicz, Gun-Jumping (2016), 44.

853 Vgl. zum Vollzugsverbot des Art. 41 Abs. 1 S. 1 GWB Holzwarth, Vollzugsverbot (2014), 55. Dagegen ist die Möglichkeit einer Entflechtung, wie oben gesehen, unabhängig vom Vorliegen eines Verstoßes gegen das Vollzugsverbot.

Vollzugsbegriffs des Art. 7 FKVO im Einzelnen vorzugreifen, im 2. Kapitel erörtert. Die Betrachtung hat ein erhebliches Schadenspotenzial offenbart. Ebenso wurde deutlich, dass sich die durch einen Maßnahmenaufschub drohenden Gefahren nicht in jedem Fall realisieren; dies gilt schon deshalb, weil das Vollzugsverbot nicht immer zu Änderungen des Ablaufplans zwingt oder für Verzögerungen kausal wird. Mithin stellt sich die Frage, ob der Unionsgesetzgeber mit der Ausgestaltung des Art. 7 FKVO für solche Fälle angemessene Vorkehrungen getroffen hat, in denen das Vollzugsverbot konkrete Belastungen für das Zusammenschlussmangagement und die Zusammenschlusszielerreichung mit sich bringt.

Diese – auch im Gesetzgebungsprozess diskutierten[854] – Belastungen sind selbst im Verhältnis zur hochrangigen Zielsetzung des Wettbewerbsschutzes erheblich. Der durch die präventive Regelungstechnik und ihre konkrete Ausgestaltung – Kopplung des Vollzugsverbots an die Umsatzschwellen des Art. 1 Abs. 2, 3 FKVO – entstehende „Verbotsüberschuss" steht jedoch nicht außer Verhältnis zum Nutzen der Aufgreifschwellen als wettbewerbsrechtlicher „Vorfilter". So stellen die unionsbezogenen Schwellen-

854 Vgl. Europolitique, Ausgabe Nr. 87 vom 31. Oktober 1973, 3 („Divergences de vues des syndicats et des employeurs sur le projet de la Commission Européenne de contrôle à priori des concentrations") = Historische Archive der Europäischen Kommission, Dokument BAC 71/1988, Nr. 10, 98: „Il s'avère, en revanche, que c'est précisément cette notification préalable qui soulève la plus importante opposition des représentants des employeurs. Ces derniers estiment que cette procédure présente de trop nombreux inconvénients parmi lesquels celui de trop retarder la réalisation de la transaction et par conséquent de faire courir le risque que le projet lui-même puisse être remis en question par un des partenaires qui aurait changé d'avis entretemps." Forderungen nach einem zügigen Verfahren zur Wahrung der Angemessenheit der Präventivkontrolle wurden im Gesetzgebungsverfahren insbesondere vom Wirtschafts- und Sozialausschuss erhoben; siehe dazu den bereits in Kapitel 1 B.I.1.a.cc.(1) mit dazugehöriger Fn. 188 zitierten Bericht über die Anhörung des Wirtschafts- und Sozialausschusses vom 28. Februar 1974, 21; ähnlich bereits der Vorentwurf vom 6. Dezember 1973 („Avant-Projet d'Avis de la section de l'industrie, du commerce, de l'artisanat et des services sur la ‚Proposition d'un règlement (CEE) du Conseil sur le contrôle des concentrations'), KOM(73) 1210 endg., 4 = Historische Archive der Europäischen Kommission, Dokument BAC 71/1988, Nr. 10, 12: „Des arguments sont invoqués en faveur des deux systèmes. La section estime que la balance est favorable à un système de notification préalable; néanmoins, la Commission doit prendre des mesures appropriées pour assurer un examen rapide et adéquat de chaque cas afin de réduire au minimum la période d'incertitude inévitable."

werte auch durch ihre beträchtliche Höhe – die FKVO gilt nur für „Großfusionen“ umsatzstarker Unternehmen – einen signifikanten Bezug zum Unionsgebiet und damit zum Binnenmarkt her und erfüllen die Empfehlungen des ICN.[855] Hinzu kommt, dass stets mindestens zwei beteiligte Unternehmen Umsätze in der EU generieren müssen; hierdurch werden Zusammenschlüsse ausgesondert, bei denen nur ein Unternehmen im Binnenmarkt tätig ist und deshalb ein geringes Risiko für den Eintritt schädlicher horizontaler oder vertikaler Effekte besteht. Unternehmen, die die Schwellenwerte erfüllen, verfügen sowohl weltweit als auch innerhalb der EU über eine erhebliche wirtschaftliche Macht und Finanzkraft – beides Indikatoren, welche bei der materiellrechtlichen Prüfung nach Art. 2 Abs. 1 Buchst. b FKVO zu berücksichtigen sind. Ein abstraktes Überprüfungsbedürfnis ist damit gegeben.

Im Übrigen wird die Angemessenheit dadurch gewährleistet, dass der Unionsgesetzgeber dem unternehmerischen Interesse an einem möglichst verzögerungsfreien Zusammenschlussprozess durch verschiedene Milderungen Rechnung getragen hat,[856] wobei man mit den zeitlichen Begrenzungen des Vollzugsverbots, den Ausnahme- bzw. Freistellungstatbeständen und der im Vergleich mit repressiven Verfahrensmodellen erhöhten Rechtssicherheit für die beteiligten Unternehmen drei die Belastungen mildernde Aspekte unterscheiden kann.

- In zeitlicher Hinsicht ist zunächst wegen des vorläufigen Charakters[857] des Vollzugsverbots eine vergleichsweise geringe Eingriffsintensität festzustellen. Weiter hat der Unionsgesetzgeber für die das Vollzugsverbot beendenden Entscheidungen Beschleunigungsmechanismen vorgesehen.[858] Ein erster solcher Mechanismus besteht in der Aufteilung des Verfahrens in zwei Phasen, wobei Phase II nach Art. 6 Abs. 1 Buchst. c FKVO nur eingeleitet werden darf, wenn die Ermittlungen bis dahin über die Erfüllung der Aufgreifkriterien hinaus konkrete Anhaltspunkte („ernsthafte Bedenken“) für eine drohende Wettbewerbsbeeinträch-

855 Oben Fn. 841, dort 1.

856 Vgl. auch Wessely in: MK-EuWettbR (2020), Art. 7 FKVO Rn. 5 ff.; König in: Schröter/Jakob/Klotz/Mederer, EuWettbR (2014), Art. 7 FKVO Rn. 2; Kellerbauer in: Berg/Mäsch, Deutsches und Europäisches Kartellrecht (2018), Art. 7 FKVO Rn. 2; Rudowicz, Gun-Jumping (2016), 156 ff.

857 Dazu oben Kapitel 1 B.I.2.c.

858 Vgl. bereits Miersch, Kommentar zur EG-Verordnung Nr. 4064/89 (1991), 116.

tigung ergeben haben.[859] Weitere, den Interessen der beteiligten Unternehmen Rechnung tragende Beschleunigungsmechanismen liegen in den Verpflichtungen der Kommission, unmittelbar nach dem Eingang der Anmeldung mit deren Prüfung zu beginnen (Art. 6 Abs. 1 S. 1 FKVO) und Genehmigungsentscheidungen jedenfalls in Phase II umgehend zu erlassen, sobald offenkundig ist, dass ernsthafte Bedenken ausgeräumt sind (Art. 10 Abs. 2 FKVO),[860] in der Anordnung und kurzen Bemessung von Ausschlussfristen für die Entscheidungen in Phase I (Art. 10 Abs. 1 FKVO) und Phase II (Art. 10 Abs. 2 und 3 FKVO)[861] sowie in der Rechtsfolge der Genehmigungsfiktion nach Art. 10 Abs. 6 FKVO für den Fall, dass keine fristgemäße Entscheidung erlassen wird.[862] Die Beschleunigungsmechanismen zeigen in der Praxis Wirkung. So offenbart die Statistik der Kommission,[863] dass seit der Einführung der FKVO im Jahr 1990 bis einschließlich 2020 über 90% der angemeldeten Fälle in den zeitlichen Grenzen der Phase I genehmigt wurden. Beschleunigend wirken schließlich auch die Möglichkeiten, Zusammenschlüsse früh bei der Kommission anzumelden[864] und dabei ggf. das vereinfachte Formblatt CO zu nutzen.

---

859 Durch die Konstruktion wird der abstrakte Charakter des Vollzugsverbots (oben Kapitel 1 B.I.2.d) in Phase II deutlich abgemildert. Damit entspricht der Unionsgesetzgeber den Empfehlungen des ICN; vgl. ICN, Recommended Practices for Merger Notification Procedures (oben Fn. 841), 11: „Merger review systems should incorporate procedures that provide for expedited review and clearance of notified transactions that do not raise material competitive concerns."

860 Vgl. ICN, Recommended Practices for Merger Notification Procedures (oben Fn. 841), 13, wonach „[t]he existence of specified waiting periods should not preclude competition agencies from granting early termination once they determine that a proposed transaction does not raise material competitive concerns. Accordingly, jurisdictions should have procedures that enable the competition agency to grant early termination of applicable waiting periods."

861 Vgl. ICN, Recommended Practices for Merger Notification Procedures (oben Fn. 841), 11, wonach „[i]nitial review periods should expire within six weeks or less, and extended review periods should be completed or capable of completion within six months or less following the submission of the initial notification(s)."

862 Dazu oben Kapitel 1 A.III.2; Koch in: MK-EuWettbR (2020), Grundlagen der europäischen Fusionskontrolle Rn. 102.

863 Oben Fn. 109.

864 Vgl. Wessely in: MK-EuWettbR (2020), Art. 7 FKVO Rn. 8; dazu auch ICN, Recommended Practices for Merger Notification Procedures (oben Fn. 841), 8: „Parties should be permitted to notify proposed mergers upon certification of a good faith intent to consummate the proposed transaction. […] This will

– Eine weitere Milderung können die Belastungen, die aus dem automatischen und – vor allem in Phase I – abstrakten Charakter des Vollzugsverbots resultieren, im Einzelfall durch die nach Art. 7 Abs. 2 und 3 FKVO vorgesehenen Ausnahmen vom Vollzugsverbot erfahren. Die Legalausnahme des Art. 7 Abs. 2 Buchst. a, b Alt. 1 FKVO[865] trägt u.a. dem besonderen Zeitdruck bei öffentlichen Übernahmen Rechnung.[866] Eine ganz erhebliche Milderung der Belastungen durch das Vollzugsverbot bewirkt die Vorschrift des Art. 7 Abs. 3 FKVO, die es der Kommission im Einzelfall erlaubt, die beteiligten Unternehmen ganz oder teilweise vom allgemeinen Vollzugsverbot des Art. 7 Abs. 1 FKVO oder nach Art. 7 Abs. 2 Buchst. a, b Alt. 2 FKVO[867] vom „Verbot der Stimmrechtsausübung“ freizustellen. Mit dieser Freistellungsmöglichkeit hat der Unionsgesetzgeber der Kommission ein Instrument der Feinsteuerung an die Hand gegeben, das im Einzelfall bestehende Härten auffangen kann. Mit dem Erfordernis einer Abwägung im Einzelfall (Art. 7 Abs. 3 S. 3 FKVO) und der Möglichkeit zur bedingten Vollzugsaussetzung (Art. 7 Abs. 3 S. 4 FKVO) wurden zusätzliche Verhältnismäßigkeitsaspekte in Art. 7 Abs. 3 FKVO verankert.[868] Hinzu kommt die im 36. Erwägungsgrund zur FKVO hervorgehobene, allgemeine Verpflichtung der Kommission, bei der Auslegung und Anwendung der Verordnung – also auch in den Fällen des Art. 7 Abs. 3 FKVO – die GRC und damit den Verhältnismäßigkeitsgrundsatz (Art. 52 Abs. 1 S. 2 GRC) zu wahren. Der Antragszwang und die Begründungspflicht, welche den beteiligten Unternehmen in Art. 7 Abs. 3 S. 1, 2 FKVO auferlegt werden, stellen sich vor diesem Hintergrund als zumutbare Bürden dar, zumal die Antragstellung und die Freistellungsentscheidung nach Art. 7 Abs. 3 S. 5 FKVO „jederzeit“, d.h. sowohl in Phase I als auch in Phase II, ja sogar „vor der Anmeldung oder nach Abschluss des Rechtsgeschäfts“, erfolgen können. Materiellrechtlich unbedenkliche Fälle können daher mit einem gewissen Aufwand, der aus der Durchführung eines Freistellungsverfahrens resultiert, vor dem Erhalt der abschließenden Genehmigung vollzogen werden. Hierdurch kann

---

allow parties to make filings at the time they deem most efficient and facilitate coordination of multi-jurisdictional filings.“

865 Dazu oben Kapitel 1 B.II.1.

866 Vgl. Wessely, in: MK-EuWettbR (2020), Art. 7 FKVO Rn. 6.

867 Dazu oben Kapitel 1 B.II.2.

868 Vgl. Koch in: MK-EuWettbR (2020), Grundlagen der europäischen Fusionskontrolle Rn. 135 mit dazugehöriger Fn. 380.

der mit dem abstrakten Charakter des Vollzugsverbots einhergehende „Verbotsüberschuss“ im Einzelfall weiter reduziert werden.

- Im Rahmen der Abwägung ist schließlich das erhöhte Maß an Rechtssicherheit zu berücksichtigen, welches die FKVO im Vergleich zu repressiven Modellen der Fusionskontrolle vermittelt.[869] Wie bereits festgestellt, besteht in der Fusionskontrolle wegen des dauerhaften Investitionscharakters von Zusammenschlüssen ein besonders ausgeprägtes Bedürfnis nach Rechtssicherheit.[870] Dieses Bedürfnis wurde vom Gesetzgeber erkannt und bei der Verfahrenskonzeption berücksichtigt.[871] Die FKVO kommt dem Rechtssicherheitsbedürfnis bereits dadurch entgegen, dass über jedes angemeldete Zusammenschlussvorhaben eine förmliche Entscheidung ergehen muss,[872] welche zudem endgültigen Charakter hat,[873] so dass die Gefahr einer Entflechtung entfällt. Zusätzliche Rechtssicherheit bieten die im Zuge der ersten FKVO-Revision zum 1. März 1998 eingefügten Vorschriften der Art. 6 Abs. 1 Buchst. b Unterabs. 2 und Art. 8 Abs. 1 Unterabs. 2, Abs. 2 Unterabs. 3 FKVO, nach denen mit der fusionskontrollrechtlichen Genehmigung auch die mit der Durchführung des Zusammenschlusses unmittelbar verbundenen und für diese notwendigen Einschränkungen (sogenannte „Nebenabreden“) als genehmigt gelten.[874] Dabei stehen die Gesichtspunkte der Rechtssicherheit und der Verfahrensbeschleunigung in einem engen

869 Vgl. bereits Miersch, Kommentar zur EG-Verordnung Nr. 4064/89 (1991), 116.

870 Vgl. oben Kapitel 1 B.I.1.b.cc.(3)(a). Vgl. auch EuG, Urteil vom 24. März 1994, Rs. T-3/93, *Air France/Kommission*, ECLI:EU:T:1994:36, Rn. 48: „Da ein Zusammenschluß nur mit Mühe rückgängig gemacht werden kann, ist seine Durchführung mit einer Rechtsunsicherheit der beteiligten Unternehmen nicht vereinbar.“

871 Vgl. nochmals die Begründung des Wettbewerbskommissar Borschette aus dem Jahr 1974 für die von der Kommission von Beginn an favorisierte Präventivkontrolle (oben Kapitel 1 B.I.1.a.cc.(1)).

872 Vgl. Koch in: MK-EuWettbR (2020), Grundlagen der europäischen Fusionskontrolle Rn. 100.

873 Dazu oben Kapitel 1 A.III.1.a.

874 Vgl. zur Vorschrift des Art. 6 Abs. 1 Buchst. b Unterabs. 2 FKVO EuG, Urteil vom 20. November 2002, Rs. T-251/00, *Lagardère u.a./Kommission*, ECLI:EU:T:2002:278, Rn. 103, wonach „[...] der Gemeinschaftsgesetzgeber mit der Einfügung der streitigen Vorschrift [...] ein Entscheidungssystem einführen wollte, das es den an einem Zusammenschluss im Sinne von Artikel 3 dieser Verordnung Beteiligten ermöglicht, als Ausgleich für die durch die Artikel 4 und 7 dieser Verordnung eingeführte strenge Regelung, die Anmeldepflicht und die aufschiebende Wirkung dieser Verpflichtung Rechtssicherheit [...] zu erhalten [...].“

Zusammenhang. In ihrem Zusammenspiel ermöglichen sie den Unternehmen die Erlangung „schneller Rechtssicherheit".[875]

4. Ergebnis

Die Vollzugsregelung des Art. 7 Abs. 1 bis 4 FKVO ist mit der unternehmerischen Freiheit (Art. 16 GRC), dem Eigentumsrecht (Art. 17 Abs. 1 GRC), der Vereinigungsfreiheit (Art. 12 Abs. 1 GRC) und dem Recht auf eine gute Verwaltung (Art. 41 Abs. 1 GRC) jedenfalls insoweit vereinbar, als sie die Bewirkung einer Kontrolländerung im Sinne des Art. 3 FKVO verbietet. Insoweit hat der Unionsgesetzgeber das wettbewerbspolitische Interesse an einer möglichst wirksamen und damit präventiven Fusionskontrolle einerseits und das unternehmerische Interesse an einem möglichst verzögerungsfreien Zusammenschlussprozess andererseits angemessen gewichtet. Die durch verbotsbedingte Verzögerungen bzw. die Nichtigkeit verbotswidriger Rechtsgeschäfte entstehenden Belastungen werden durch die Legalausnahme für öffentliche Übernahmen und, soweit diese nicht eingreift, das „schnelle Rechtssicherheit" vermittelnde Verfahren bei jederzeit bestehender Freistellungsmöglichkeit kompensiert. Die gesetzgeberische Lösung ermöglicht eine flexible Vollzugsregelung im Einzelfall.

Im 1. Kapitel wurde gezeigt, dass ein hohes Maß an Rechtssicherheit und die Einführung von Beschleunigungsmechanismen der Wirksamkeit der Kontrolle dienen. Diese Feststellung kann nunmehr dahingehend erweitert werden, dass beide Gesichtspunkte – Rechtssicherheit und Verfahrensbeschleunigung – zudem die Rechtfertigung des mit dem Vollzugsverbot einhergehenden Grundrechtseingriffs gewährleisten.[876]

---

875 Vgl. EuGH, Urteil vom 25. September 2003, Rs. C-170/02 P, *Schlüsselverlag J.S. Moser u.a./Kommission*, ECLI:EU:C:2003:501, Rn. 33 f.; vom 22. Juni 2004, Rs. C-42/01, *Portugal/Kommission*, ECLI:EU:C:2004:379, Rn. 51 und 53; vom 18. Dezember 2007, Rs. C-202/06 P, *Cementbouw Handel & Industrie/Kommission*, ECLI:EU:C:2007:814, Rn. 36 f.; Körber in: Immenga/Mestmäcker, WettbR/Bd. 3 (2020), Art. 10 FKVO Rn. 1; Kuhn in: FK-KartR (90. EL 2018), Art. 10 FKVO Rn. 3; Hirsbrunner/König in: Schröter/Jakob/Klotz/Mederer, EuWettbR (2014), Art. 10 FKVO Rn. 1.

876 Vgl. Ohlhoff in: MK-EuWettbR (2020), Art. 10 FKVO Rn. 6, der zutreffend anmerkt, dass der Beschleunigungsgrundsatz nicht nur Voraussetzung einer *funktionierenden*, sondern auch einer *zumutbaren* Präventivkontrolle ist.

IV. Auslegung und Anwendung des Art. 7 FKVO im Einzelfall

Vorstehend wurde gezeigt, dass die Bestimmung des Art. 7 FKVO als solche ausgewogen und grundrechtskonform ist. Wie eingangs erwähnt, gelten die Grundrechte indes nicht nur auf der Rechtsetzungs-, sondern auch auf der Rechtsanwendungsebene. So haben die Kommission als die nach Art. 21 Abs. 2 FKVO für den Erlass von Entscheidungen nach der FKVO zuständige Stelle, die Unionsgerichte bei deren Überprüfung und die Zivilgerichte, wenn sie z.B. über die Nichtigkeit verbotswidriger Rechtsgeschäfte nach Art. 7 Abs. 4 FKVO entscheiden müssen, bei der Auslegung und Anwendung der Verordnung die Unionsgrundrechte zu wahren. Dies wird im 36. Erwägungsgrund zur FKVO sogar ausdrücklich hervorgehoben.

Im Einzelfall könnte der Entscheider, um die Grundrechtskonformität seines Handelns sicherzustellen, gezwungen sein, die Vorschrift des Art. 7 Abs. 1 FKVO – z.B. hinsichtlich des Verbotsinhalts (Vollzugsbegriffs) oder der Verbotsadressaten oder bei sogenannten „reinen Auslandszusammenschlüssen“ – einschränkend auszulegen. Damit ist nochmals die Frage nach der „verfassungsrechtlich gebotenen Reduktion“ des Vollzugsverbots aufgeworfen. Auf eventuelle Fallgestaltungen wird an entsprechender Stelle im Besonderen Teil eingegangen.

Besonderer Teil

Kapitel 4 – Anwendungsbereich des Vollzugsverbots

A. *Sachlich-zeitlicher Anwendungsbereich des Vollzugsverbots*

Mit dem sachlichen Anwendungsbereich des Vollzugsverbots ist die Frage angesprochen, für welche Arten von Zusammenschlüssen die Vorschrift des Art. 7 FKVO gilt. Der sachliche Anwendungsbereich des Vollzugsverbots ist in Art. 7 Abs. 1 i.V.m. Art. 22 Abs. 4 Unterabs. 1 S. 2 FKVO geregelt. Wie zu zeigen sein wird, bestehen enge Zusammenhänge zwischen dem sachlichen Anwendungsbereich und den Fragen der zeitlichen Geltung des Vollzugsverbots, d.h. seines Eintritts und Erlöschens im Einzelfall. Beide Themenkreise werden deshalb nachfolgend gemeinsam als „sachlich-zeitlicher" Anwendungsbereich erörtert.

Vom sachlich-zeitlichen Anwendungsbereich zu unterscheiden ist der Inhalt des Vollzugsverbots, d.h. die Frage, welche Maßnahmen als „Vollzug" des betreffenden Zusammenschlusses zu werten sind. Der Inhalt des Vollzugsverbots wird im 5. Kapitel behandelt.

I. Grundsatz

Nach Art. 7 Abs. 1 FKVO gilt das Vollzugsverbot für alle Zusammenschlüsse (im Sinne des Art. 3 FKVO) von EU-weiter[877] Bedeutung im Sinne des Art. 1 FKVO sowie für Zusammenschlüsse ohne EU-weite Bedeutung, die nach Art. 4 Abs. 5 FKVO vor der Anmeldung an die Kommission verwiesen werden. Art. 22 Abs. 4 Unterabs. 1 S. 2 FKVO dehnt den sachlichen Anwendungsbereich des Vollzugsverbots auf Zusammenschlüsse ohne EU-weite Bedeutung aus, die nach Art. 22 FKVO nach der Anmeldung an die Kommission verwiesen werden.[878] In ihrem Zusammenspiel stellen diese Vorschriften einen Gleichlauf zu dem in Art. 1 Abs. 1 FKVO definierten sachlichen Anwendungsbereich der Verordnung „als solcher" her. Damit

---

877 Zu den veralteten Begrifflichkeiten der FKVO oben Fn. 131.

878 Zu den dort formulierten Einschränkungen („soweit") unten Kapitel 4 A.II.2.b.bb.(1)(c).

gilt das Vollzugsverbot heute[879] für alle unter die FKVO fallenden Zusammenschlüsse.[880]

II. Einzelheiten nach Fallgruppen

Jenseits dieses Grundsatzes wirft der sachlich-zeitliche Anwendungsbereich des Vollzugsverbots Unklarheiten und fallgruppenspezifische Besonderheiten auf, die im Folgenden näher beleuchtet werden. Sie betreffen insbesondere das Verhältnis des Vollzugsverbots zu den innerstaatlichen Vollzugsregelungen der Mitgliedstaaten und seine Dauer im Einzelfall.

Zunächst wird der „originäre“ sachliche Anwendungsbereich der FKVO, d.h. die Fallgruppe der Zusammenschlüsse von EU-weiter Bedeutung im Sinne der Art. 1 und 3 FKVO, behandelt (1.). Sodann werden die bei Zuständigkeitsverweisungen (2.) sowie bei Zusammenschlüssen im Rüstungssektor (3.) geltenden Besonderheiten aufgezeigt. Schließlich wird der – durch eine Entscheidung des BGH zum deutschen Recht besonders aktuellen – Frage nachgegangen, ob das Vollzugsverbot der FKVO bei *Anmeldung* eines objektiv *nicht* in den sachlichen Anwendungsbereich der FKVO fallenden Vorhabens bei der Kommission eingreift (4.).

1. Zusammenschlüsse von EU-weiter Bedeutung (Art. 1 und 3 FKVO)

Nach Art. 7 Abs. 1 FKVO gilt das Vollzugsverbot grundsätzlich für alle Zusammenschlüsse von EU-weiter Bedeutung im Sinne der Art. 1 und 3 FKVO.

a. Eintritt des Vollzugsverbots

Nach Art. 7 Abs. 1 FKVO darf ein Zusammenschluss von EU-weiter Bedeutung

> „[...] weder vor der Anmeldung noch so lange vollzogen werden, bis er aufgrund einer Entscheidung gemäß Artikel 6 Absatz 1 Buchstabe b) oder Artikel 8 Absätze 1 oder 2 oder einer Vermutung gemäß

879 Zur Rechtslage vor dem 1. März 1998 unten Kapitel 4 A.II.2.b.aa.

880 Wie hier Wessely in: MK-EuWettbR (2020), Art. 7 FKVO Rn. 12.

Artikel 10 Absatz 6 für vereinbar mit dem Gemeinsamen Markt [Binnenmarkt[881]] erklärt worden ist.“

Die Formulierung „weder vor der Anmeldung noch“ stellt klar, dass das Vollzugsverbot bereits vor der Anmeldung des Zusammenschlusses gilt. Entscheidend für die Verbotswidrigkeit ist, dass der Vollzug erfolgt, bevor die Genehmigung erteilt wurde oder nach Art. 10 Abs. 6 FKVO als erteilt gilt.[882] Ob eine Anmeldung vor dem Vollzug vorgenommen wurde, später nachgeholt wird oder gänzlich ausbleibt, ist grundsätzlich unerheblich.[883]

Das Vollzugsverbot steht damit jederzeit vor der Genehmigungserteilung sozusagen abstrakt „im Raum“. Dagegen gilt es hinsichtlich des Einzelfalls erst, wenn zumindest ein Zusammenschluss*vorhaben*[884] von EU-weiter Bedeutung im Sinne der Art. 1 und 3 FKVO vorliegt. Diese Konkretisierung im Einzelfall ist in der Literatur und Praxis gemeint, wenn vom „Beginn“ bzw. „Eintritt“ des Vollzugsverbots die Rede ist.[885] Solange noch kein solches Vorhaben besteht, gilt auch noch nicht das Vollzugsverbot, weshalb dann etwa der Erwerb einer nicht kontrollbegründenden Minderheitsbeteiligung vollzogen werden kann.[886]

In der Praxis entwickeln sich viele Vorhaben erst mit der Zeit zu einem Zusammenschlussvorhaben von EU-weiter Bedeutung. Dies ist zum einen der Fall, wenn ein Vorhaben – z.B. infolge einer Planänderung – mit einem Mal die Merkmale des Art. 3 Abs. 1 bis 4 FKVO und die Umsatzschwellen des Art. 1 Abs. 2 oder 3 FKVO (im Folgenden zusammen: „Positivvoraussetzungen“) erfüllt. Zum anderen kann es vorkommen, dass – z.B. durch Stimmrechtsausübung zur Bestimmung des Wettbewerbsverhaltens oder Überschreiten der Veräußerungsfrist entgegen Art. 3 Abs. 5 Buchst. a FKVO – eine bis dato gegebene Privilegierung nach Art. 3 Abs. 5

881 Zu den veralteten Begrifflichkeiten der FKVO oben Fn. 131.

882 Entgegen dem Wortlaut des Art. 7 Abs. 1 FKVO handelt es sich dabei nach deutschem Rechtsverständnis nicht um eine „Vermutung“, sondern eine Fiktion; vgl. bereits oben Fn. 127.

883 Vgl. bereits oben Kapitel 1 A.III.1.b.aa (dort auch zu den Ausnahmen).

884 Zum Begriff oben Kapitel 1 A.I.1.

885 Vgl. Wessely in: MK-EuWettbR (2020), Art. 7 FKVO Rn. 32, der auf den Eintritt der Anmeldefähigkeit des Vorhabens abstellt; ähnlich Reysen/Jaspers, WuW 2006, 602, 606, die von einem übergeordneten zeitlichen Anwendungsbereich der FKVO ausgehen, dessen Eröffnung im Einzelfall Bedingung für die Anwendbarkeit des Art. 7 Abs. 1 FKVO – und damit den Eintritt des Vollzugsverbots – sein soll. Diesen zeitlichen Anwendungsbereich sehen auch Reysen/Jaspers als eröffnet an, wenn ein im Sinne des Art. 4 Abs. 1 Unterabs. 2 FKVO anmeldefähiges Zusammenschlussvorhabens vorliegt.

886 Vgl. Wessely in: MK-EuWettbR (2020), Art. 7 FKVO Rn. 34.

FKVO (im Folgenden: „Negativvoraussetzung“) wegfällt. In solchen Fällen erlangt die FKVO mit dem Eintritt der Positivvoraussetzungen bzw. Wegfall einer Negativvoraussetzung Geltung und das Vorhaben ist gemäß Art. 4 Abs. 1 FKVO bei der Kommission anzumelden.

Mit der sachlichen und zeitlichen Eröffnung des Anwendungsbereichs der FKVO liegen auch die Geltungsvoraussetzungen des Art. 7 Abs. 1 FKVO vor und das automatische Vollzugsverbot setzt ein.[887] Von diesem Zeitpunkt an ist die Vornahme von Vollzugshandlungen verbotswidrig und, soweit sie durch Rechtsgeschäft erfolgt, in der Regel zivilrechtlich unwirksam (Art. 7 Abs. 4 FKVO). Verstöße können gemäß Art. 14 Abs. 2 Buchst. b FKVO mit Bußgeldern geahndet werden. Dagegen findet Art. 7 Abs. 1 FKVO auf Vollzugshandlungen, die vor Eintritt der Positivvoraussetzungen bzw. Wegfall einer Negativvoraussetzung erfolgt sind, keine Anwendung. Für den Fall des Eintritts der Positivvoraussetzungen ergibt sich dies bereits aus kompetenzrechtlichen Erwägungen, weil es bis dahin regelmäßig an dem erforderlichen Binnenmarktbezug[888] – und damit an der Verbandskompetenz der EU – gefehlt haben wird.[889] Zwar lässt sich

---

887 Lettl, WM 2006, 253, 262; Bechtold/Bosch/Brinker, EU-KartR (2014), Art. 3 FKVO Rn. 34; Körber in: Immenga/Mestmäcker, WettbR/Bd. 3 (2020), Art. 3 FKVO Rn. 181 und 186; Riesenkampff/Steinbarth in: Loewenheim u.a., KartR (2020), Art. 3 FKVO Rn. 88 (jeweils zum Wegfall der Privilegierung nach Art. 3 Abs. 5 FKVO). Für den erstmaligen Eintritt der Positivvoraussetzungen der Art. 1 und 3 Abs. 1 bis 4 FKVO kann insoweit nichts anderes gelten. Nur scheinbar eine Gegenansicht vertritt Kuhn in: FK-KartR (98. EL 2020), Art. 3 FKVO Rn. 215. Danach soll mit dem Wegfall der Privilegierung nach Art. 3 Abs. 5 Buchst a FKVO zwar der Zusammenschluss und seine Anmeldepflichtigkeit, nicht aber das Vollzugsverbot aufleben. Ansonsten müsste in Fällen, in denen der Kontrollerwerb während der Dauer der Privilegierung bereits stattgefunden hätte, ein teilweises, nur das Stimmrecht betreffendes Vollzugsverbot angenommen werden; hierfür fehle es aber an einer Rechtsgrundlage. Bei näherer Betrachtung bezieht sich das Argument von Kuhn indes weniger auf die Geltung als auf den Inhalt des Vollzugsverbots, nämlich die Frage des „weiteren Vollzugs“ nach Kontrolländerung. Die Frage lautet nicht, ob das Vollzugsverbot mit der Prognoseänderung bzw. dem Wegfall der Privilegierung ex nunc Geltung erlangt; dies ist nach dem Wortlaut der FKVO und der Zwecksetzung des Vollzugsverbots kaum zu bestreiten. Vielmehr bestehen Zweifel, ob das Vollzugsverbot in Fällen, in denen der Kontrollerwerb bereits stattgefunden hat, nicht ins Leere läuft, weil nach der Kontrolländerung möglicherweise kein Verstoß mehr denkbar ist. Diese Frage wird im 5. Kapitel ausführlich behandelt.

888 Dieses Erfordernis ergibt sich aus Art. 83 und 308 EGV 1997 (nunmehr Art. 103 und 357 AEUV) als Rechtsgrundlage für den Erlass der FKVO.

889 Der Fall ist insoweit vergleichbar mit dem der Verweisung eines die Umsatzschwellen des Art. 1 Abs. 2 und 3 FKVO nicht erfüllenden Zusammenschlusses

dieses Argument nicht ohne Weiteres auf die Fälle des Wegfalls einer Negativvoraussetzung übertragen, da diese Fälle vom Gesetzgeber nicht aus Kompetenzgründen vom Anwendungsbereich der FKVO ausgenommen wurden. Allerdings entspricht es auch insoweit h.M., dass die FKVO und ihr Vollzugsverbot nicht rückwirkend, sondern ex nunc eintreten, so dass z.B. der Erwerb von Anteilen durch ein Finanzinstitut nach Art. 3 Abs. 5 Buchst. a FKVO bei späterem „Verstoß" gegen die Privilegierungsvoraussetzungen nicht nachträglich als Verstoß gegen Art. 7 Abs. 1 FKVO gewertet werden kann.[890] Dieser Ansicht ist zuzustimmen. Art. 3 FKVO definiert den Zusammenschlussbegriff unter Zuhilfenahme bestimmter Positivvoraussetzungen, aus denen sich ergibt, wann ein Zusammenschluss bewirkt wird, und bestimmter Negativvoraussetzungen, aus denen sich ergibt, wann ein Zusammenschluss nicht bewirkt wird. Der Eintritt einer entscheidenden Positivvoraussetzung muss gleich behandelt werden wie der Wegfall einer entscheidenden Negativvoraussetzung. Im Ergebnis richtet sich die wettbewerbsrechtliche Legalität von Verhaltensweisen, die bereits vor Eintritt der Positivvoraussetzungen bzw. Wegfall einer Negativvoraussetzung erfolgt sind, nach mitgliedstaatlichem Recht.

Nicht in allen Fällen geht einem Zusammenschluss ein entsprechendes Vorhaben voraus. Dies gilt insbesondere in den Fällen des „passiven

---

nach Art. 22 FKVO an die Kommission, für den der Unionsgesetzgeber in Art. 22 Abs. 4 Unterabs. 1 S. 2 FKVO eine ausdrückliche Regelung getroffen hat: Das Vollzugsverbot findet hier Anwendung, *soweit* der Zusammenschluss zum relevanten Zeitpunkt noch nicht vollzogen wurde. Diese Regelung ist Ausdruck eines allgemeinen Rechtsgedankens, der auch für andere Fälle des Zuständigkeitswechsels innerhalb des European Competition Network (ECN) gilt. Dazu im Einzelnen unten Kapitel 4 A.II.2.

890 Vgl. Lettl, WM 2006, 253, 262; Wessely/Wegner in: MK-EuWettbR (2020), Art. 3 FKVO Rn. 184 und 191; Körber in: Immenga/Mestmäcker, WettbR/Bd. 3 (2020), Art. 3 FKVO Rn. 181; Kuhn in: FK-KartR (98. EL 2020), Art. 3 FKVO Rn. 215; Bechtold/Bosch/Brinker, EU-KartR (2014), Art. 3 FKVO Rn. 34 und 39. Nicht klar und einheitlich beantwortet wird die Frage, ob bereits die Verhaltensweise, welche den Wegfall der Privilegierung bewirkt, also beispielsweise das Verstreichenlassen der Veräußerungsfrist oder die unbeschränkte Stimmrechtsausübung, gegen das Vollzugsverbot verstößt. Soweit dies in der Literatur abgelehnt wird, liegt dies oft weniger daran, dass das Vollzugsverbot als „noch nicht anwendbar" angesehen wird, als an dem jeweiligen Verständnis des Verbotsinhalts (vgl. bereits Fn. 887). So sehen etwa Bechtold/Bosch/Brinker in der Stimmrechtsausübung einen Verstoß, verneinen einen solchen aber für das Verstreichenlassen der Veräußerungsfrist, weil sie passive Verhaltensweisen nicht als Vollzug im Sinne des Art. 7 Abs. 1 FKVO ansehen. Fragen des Verbotsinhalts werden nachfolgend im 5. Kapitel behandelt.

Kontrollerwerbs“, in denen eine Person bzw. ein Unternehmen ohne aktives Zutun, z.B. durch Hoheitsakt, Erbschaft, Anwachsung von Anteilen, Veränderung der Anwesenheitsquoten bei Hauptversammlungen oder Aufhebung von Stimmrechtsbeschränkungen, die Kontrolle im Sinne von Art. 3 Abs. 1 FKVO über ein anderes Unternehmen erwirbt.[891] In solchen Fällen erlangt die FKVO – und mit ihr das Vollzugsverbot des Art. 7 – erst in dem Moment Geltung, in dem der Zusammenschlusstatbestand des Art. 3 Abs. 1 FKVO bewirkt wird. Wie im 5. Kapitel gezeigt wird, ist in solchen Fällen prinzipiell anzunehmen, dass die Vorschrift des Art. 7 Abs. 1 FKVO bereits die Tatbestandserfüllung im Sinne des Art. 3 Abs. 1 FKVO erfasst.[892] Entsprechendes dürfte in den Fällen des Art. 3 Abs. 5 Buchst. a und c FKVO gelten, wenn die erworbenen Stimmrechte nicht vorschriftsgemäß ausgeübt werden und hierdurch die Privilegierung entfällt.[893] Eine zeitliche Umgehung des Vollzugsverbots im Wege des „Vollzugs vor Eintritt des Vollzugsverbots“ erscheint damit außerhalb des Verweisungsregimes praktisch ausgeschlossen.

b. Erlöschen des Vollzugsverbots

aa. Wegfall einer notwendigen Positivvoraussetzung nach Art. 1 oder Art. 3 Abs. 1 bis 4 FKVO bzw. Eintritt einer Negativvoraussetzung nach Art. 3 Abs. 5 FKVO

Analog zu den gerade erörterten Fällen entfällt das Vollzugsverbot der FKVO ex nunc in dem Moment, in dem das Vorhaben den Zusammenschlussbegriff des Art. 3 oder die Umsatzschwellen des Art. 1 Abs. 2 und 3 FKVO nicht mehr erfüllt oder die Voraussetzungen für eine Privilegierung nach Art. 3 Abs. 5 FKVO eintreten. Nach der Rechtsprechung des EuGH und der Kommissionspraxis gilt dies allerdings nur, sofern in diesem Zeit-

---

891 Vgl. Wessely/Wegner in: MK-EuWettbR (2020), Art. 3 FKVO Rn. 67, 79; Wessely, ebenda, Art. 7 FKVO Rn. 25; Cook/Kerse, EC Merger Control (2009), Rn. 5-027.

892 Dazu sowie zu den Besonderheiten beim passiven Kontrollerwerb unten Kapitel 5 D.II.4.b.bb.(1)(b).

893 A.A. eventuell Körber in: Immenga/Mestmäcker, WettbR/Bd. 3 (2020), Art. 3 FKVO Rn. 181, der darauf hinweist, dass eine Stimmrechtsausübung „von diesem Zeitpunkt an“ (gemeint ist der Wegfall der Privilegierung) der Freistellung nach Art. 7 Abs. 2 Buchst. b, Abs. 3 FKVO bzw. der Genehmigung des Zusammenschlusses bedürfe.

punkt der „Stichtag“ für die Feststellung der Kommissionszuständigkeit noch nicht eingetreten ist.[894]

Daneben gibt es eine Reihe weiterer Ereignisse, die das Vollzugsverbot der FKVO zum Erlöschen bringen; die wichtigsten werden im Folgenden vorgestellt.

bb. Genehmigungsentscheidung der Kommission

Wie bereits abstrakt aufgezeigt wurde,[895] entfällt in Systemen mit Erlaubnisvorbehalt mit der Genehmigung die formelle Illegalität des Vorhabens und der Zusammenschluss darf vollzogen werden. Der Wegfall der formellen Illegalität ist gleichbedeutend mit dem Erlöschen des vorläufigen Vollzugsverbots, dessen Funktion darin besteht, für die Dauer des Verfahrens eine wirksame Kontrolle zu gewährleisten. Für die FKVO ergibt sich der Wegfall des Vollzugsverbots aus Art. 7 Abs. 1, wonach ein Zusammenschluss nicht vollzogen werden darf,

---

894 In der FKVO ist nicht ausdrücklich geregelt, welcher Zeitpunkt („Stichtag“) für die Feststellung der Geltung der FKVO – und damit der Kommissionszuständigkeit nach Art. 21 Abs. 2 FKVO – maßgeblich ist. Diese Frage wurde immer wieder aufgeworfen, um die Sachentscheidungskompetenz der Kommission in Zweifel zu ziehen, und im Fall *Cementbouw Handel & Industrie/Kommission* an den EuGH herangetragen. Der EuGH ließ sie im Ergebnis offen, betonte aber, dass die Kommissionszuständigkeit aus Gründen der Rechtssicherheit zu einem bestimmten Zeitpunkt für die gesamte weitere Verfahrensdauer feststehen müsse. Dieser Zeitpunkt müsse in engem Zusammenhang mit der Anmeldung stehen (EuGH, Urteil vom 18. Dezember 2007, Rs. C-202/06 P, *Cementbouw Handel & Industrie/Kommission*, ECLI:EU:C:2007:814, Rn. 43). Anders als die vollständige Aufgabe des Zusammenschlusses, die zum Verlust der Kommissionszuständigkeit führe, könnten teilweise Änderungen des Vorhabens, die nach dem relevanten Zeitpunkt vorgenommen würden, keinen Einfluss auf die zuvor festgestellte Zuständigkeit der Kommission mehr haben (ebenda, Rn. 40 f.). Die Kommission geht in Anlehnung an die Schlussanträge der Generalanwältin Kokott in derselben Rechtssache (ECLI:EU:C:2007:255, Rn. 46 mit Fn. 37) davon aus, dass sich der für ihre Zuständigkeit relevante Stichtag grundsätzlich nach dem zuerst eintretenden der folgenden Ereignisse bestimmt: Abschluss eines rechtsgültigen Vertrages; Veröffentlichung eines Übernahmeangebots; Erwerb einer die Kontrolle begründenden Beteiligung; erste Anmeldung des Vorhabens bei der Kommission oder einer mitgliedstaatlichen Behörde; vgl. Konsolidierte Mitteilung der Kommission zu Zuständigkeitsfragen (oben Fn. 95), Rn. 156; dazu auch Körber in: Immenga/Mestmäcker, WettbR/Bd. 3 (2020), Art. 1 FKVO Rn. 52 ff.; Bechtold/Bosch/Brinker, EU-KartR (2014), Art. 1 FKVO Rn. 4.

895 Dazu oben Kapitel 1 A.II.2.b.

„[...] bis er aufgrund einer Entscheidung gemäß Artikel 6 Absatz 1 Buchstabe b) oder Artikel 8 Absätze 1 oder 2 [...] für vereinbar mit dem Gemeinsamen Markt [Binnenmarkt] erklärt worden ist.“

Entscheidend für das Erlöschen des Vollzugsverbots ist die Wirksamkeit der Genehmigungsentscheidung. Das Vollzugsverbot entfällt in dem Moment, in dem die Vereinbarkeit des Zusammenschlusses mit dem Binnenmarkt – vorbehaltlich eines späteren Widerrufs oder einer gerichtlichen Aufhebung – wirksam festgestellt ist. An die Stelle des Vollzugsverbots tritt die der Genehmigung innewohnende Vollzugserlaubnis.

Die FKVO kennt drei Grundtypen von Genehmigungsentscheidungen, die teilweise zu unterschiedlichen Zeitpunkten wirksam werden. Jeder Entscheidungstyp kann sowohl im Vorverfahren (Phase I) als auch im Hauptverfahren (Phase II) auftreten, wobei das Vollzugsverbot mit der Entscheidung nach Art. 6 Abs. 1 Buchst. c FKVO über die Einleitung von Phase II zunächst unverändert fort gilt.[896] Die drei Entscheidungstypen sind:

- die uneingeschränkte Genehmigung (Art. 6 Abs. 1 Buchst. b bzw. Art. 8 Abs. 1 FKVO);
- die Genehmigung nach Änderung des Vorhabens (Art. 6 Abs. 1 Buchst. b i.V.m. Abs. 2 Unterabs. 1 bzw. Art. 8 Abs. 1 i.V.m. Abs. 2 Unterabs. 1 FKVO);
- die Genehmigung unter einer Bedingung oder Auflage (Art. 6 Abs. 1 Buchst. b i.V.m. Abs. 2 Unterabs. 2 bzw. Art. 8 Abs. 1 i.V.m. Abs. 2 Unterabs. 2 FKVO).[897]

Um den genauen Zeitpunkt zu ermitteln, in dem das Vollzugsverbot erlischt, ist für jeden Typus zu ermitteln, wann die Entscheidung Wirksamkeit erlangt.

---

896 Vgl. Körber, RIW 1998, 910, 911.

897 Die zweite und die dritte Fallgruppe können zusammentreffen, da die Kommission die Umsetzung von Änderungen durch Auflagen oder Bedingungen sicherstellen kann.

(1) Uneingeschränkte Genehmigung (Art. 6 Abs. 1 Buchst. b, Art. 8 Abs. 1 FKVO)

Genehmigt die Kommission einen Zusammenschluss ohne Einschränkungen in Phase I (Art. 6 Abs. 1 Buchst. b FKVO) oder Phase II (Art. 8 Abs. 1 FKVO), erlischt das Vollzugsverbot, wenn es nicht bereits zuvor aus einem anderen Grund geendet hat, mit der Bekanntgabe der Genehmigungsentscheidung nach Art. 297 Abs. 2 Unterabs. 3 AEUV. Dies folgt aus dem Beschlusscharakter der Genehmigungsentscheidung nach Art. 288 Abs. 4 AEUV.[898] Der Zusammenschluss darf dann in der genehmigten Form vollzogen werden. Wie bereits erläutert,[899] ändert die Genehmigung jedoch nichts am Vorliegen eines bereits vollendeten Verstoßes gegen das Vollzugsverbot.

(2) Genehmigung nach Änderung (Art. 6 Abs. 1 Buchst. b i.V.m. Abs. 2 Unterabs. 1 bzw. Art. 8 Abs. 1 i.V.m. Abs. 2 Unterabs. 1 FKVO)

Gleiches gilt für die bedingungs- und auflagenfreie Genehmigung nach Änderung des Vorhabens in Phase I (Art. 6 Abs. 2 Unterabs. 1 FKVO)[900] bzw. Phase II (Art. 8 Abs. 2 Unterabs. 1 FKVO). Auch hier darf der Zusammenschluss mit der Bekanntgabe der Genehmigungsentscheidung nach Art. 288 Abs. 4 i.V.m. Art. 297 Abs. 2 Unterabs. 3 AEUV in der genehmigten Form vollzogen werden, wobei sich die Genehmigung auf das geänderte Vorhaben bezieht.

---

898 Von der förmlichen Bekanntgabe an die Adressaten nach Art. 297 Abs. 2 Unterabs. 3 AEUV, die zur Wirksamkeit der Entscheidung führt, ist die „Mitteilung“ der Entscheidung an die in Art. 6 Abs. 5 bzw. Art. 8 Abs. 8 FKVO genannten Kreise zu unterscheiden; dazu von Koppenfels in: MK-EuWettbR (2020), Art. 6 FKVO Rn. 58 f.

899 Dazu oben Kapitel 1 A.III.1.b.cc und Kapitel 1 B.I.1.b.cc.(3)(b).

900 Die fehlende Nennung des Art. 6 *Abs. 2* FKVO im Kanon des Art. 7 Abs. 1 FKVO steht dem nicht entgegen, da nach dem Wortlaut des Art. 6 Abs. 2 Unterabs. 1 FKVO auch Genehmigungen nach Änderung des Vorhabens Entscheidungen „gemäß Absatz 1 Buchstabe b)“ sind.

(3) Genehmigung unter einer Bedingung oder Auflage (Art. 6 Abs. 1 Buchst. b i.V.m. Abs. 2 Unterabs. 2 bzw. Art. 8 Abs. 1 i.V.m. Abs. 2 Unterabs. 2 FKVO)

Näherer Betrachtung bedarf das Erlöschen des Vollzugsverbots in Fällen, in denen die Kommission eine Genehmigungsentscheidung in Phase I oder II unter einer Bedingung oder Auflage erteilt. Die FKVO definiert nicht, was unter einer „Bedingung“ oder „Auflage“ zu verstehen ist. Obwohl diese Institute auch in anderen Vorschriften des Unionsrechts vorgesehen[901] und aus der Verwaltungspraxis heute nicht mehr wegzudenken sind, besteht auf europäischer Ebene bislang keine allgemein gültige primär- oder sekundärrechtliche Definition.[902] Allerdings ist der wesentliche Unterschied zwischen beiden Instituten in der FKVO angelegt:

- Im Falle eines Verstoßes gegen eine Auflage kann die Kommission deren Erfüllung nach Art. 15 Abs. 1 Buchst. c FKVO mit Zwangsgeldern erzwingen und die Genehmigungsentscheidung gemäß Art. 6 Abs. 3 Buchst. b bzw. Art. 8 Abs. 6 Buchst. b FKVO widerrufen. Erst der Widerruf führt zurück in das (nach Art. 6 Abs. 4 bzw. Art. 8 Abs. 7 Buchst. b FKVO nunmehr unbefristete) Vor- bzw. Hauptverfahren. Daraus folgt, dass die Wirksamkeit der Genehmigungsentscheidung zunächst unberührt bleibt, wenn gegen eine Auflage verstoßen wird.[903]
- Anders im Falle des Verstoßes gegen eine Bedingung: Hier ist der unmittelbare Erlass einer Entflechtungsentscheidung nach Art. 8 Abs. 4 Buchst. b FKVO bzw. der unmittelbare Eintritt in ein unbefristetes Hauptverfahren nach Art. 8 Abs. 7 Buchst. a FKVO vorgesehen. Das macht nur Sinn, wenn die Bedingung unmittelbar auf die Wirksamkeit der Genehmigungsentscheidung einwirkt und den Widerruf der Genehmigung entbehrlich macht. Rechtstechnisch lässt sich dies entsprechend der deutschen verwaltungsrechtlichen Dogmatik[904] konstruieren, indem die Bedingung entweder weiterhin den Eintritt der (inneren) Wirksamkeit der Genehmigung hemmt („aufschiebende“ Bedin-

901 Vgl. die Nachweise bei Bleckmann, NVwZ 2004, 11, 12 („Ausdruck eines allgemeinen Rechtsgrundsatzes“); Vogt, Die Entscheidung als Handlungsform des Europäischen Gemeinschaftsrechts (2005), 85; Von Danwitz, Europäisches Verwaltungsrecht (2008), 384.

902 Vogt, ebenda; Von Danwitz, ebenda.

903 Allgemeine Meinung, vgl. Leibenath, Die Rechtsprobleme der Zusagenpraxis in der europäischen Fusionskontrolle (2000), 41.

904 Vgl. Maurer/Waldhoff, Allgemeines Verwaltungsrecht (2020), § 12 Rn. 6.

gung) oder die zunächst eingetretene Wirksamkeit der Genehmigung wieder entfallen lässt („auflösende“ Bedingung).[905]

Danach kann wie folgt differenziert werden:

- Da sich die Anordnung einer Auflage nicht unmittelbar auf die Wirksamkeit der Genehmigung auswirkt, entfällt das Vollzugsverbot hier wie bei uneingeschränkter Genehmigung mit der Bekanntgabe der Genehmigungsentscheidung nach Art. 288 Abs. 4 i.V.m. Art. 297 Abs. 2 Unterabs. 3 AEUV.
- Gleiches gilt bei Anordnung einer auflösenden Bedingung, weil der Bedingungseintritt hier die Wirksamkeit nicht anfänglich hemmt, sondern später ggf. entfallen lässt.
- Anders ist dies bei Anordnung einer aufschiebenden Bedingung. Solange die Bedingung nicht eingetreten ist, fehlt der Genehmigung hier die (innere) Wirksamkeit mit der Folge, dass die Berechtigung zum Vollzug zunächst nicht verbindlich wird und das vorläufige Vollzugsverbot des Art. 7 Abs. 1 FKVO auch nach der Bekanntgabe der Genehmigung fortbesteht. Es erlischt erst im Zeitpunkt des Bedingungseintritts.

Dieses Verständnis spiegelt sich auch in der neueren Kommissionspraxis wider. Nachdem die Kommission anfangs kaum zwischen Bedingungen und Auflagen unterschieden hatte,[906] formuliert sie heute solche Abhilfemaßnahmen als Bedingungen, die, wie z.B. Veräußerungszusagen, das Vorhaben so modifizieren, dass strukturelle Bedenken ausgeräumt werden, während sie ggf. erforderliche Umsetzungsmaßnahmen, wie z.B. die Bestellung von Treuhändern, zum Gegenstand von Auflagen macht.[907] Dabei stellen sich die Bedingungen, insbesondere solche zur Absicherung von Veräußerungszusagen für die Zeit nach der Bekanntgabe der Geneh-

---

905 Insoweit kann auch im Europarecht von der „inneren Wirksamkeit“ eines Rechtsakts gesprochen werden; vgl. von Danwitz, Europäisches Verwaltungsrecht (2008), 381. Überhaupt besteht in der deutschen europarechtlichen Literatur weitgehend Einigkeit darüber, dass die unionsrechtlichen Institute der „Bedingung“ und der „Auflage“, wenngleich weniger ausdifferenziert, im Wesentlichen dem deutschen Rechtsverständnis entsprechen; dazu von Danwitz, ebenda, 384; Vogt, Die Entscheidung als Handlungsform des Europäischen Gemeinschaftsrechts (2005), 85; Fuchs, WuW 1996, 269, 279.

906 Dazu Leibenath, Die Rechtsprobleme der Zusagenpraxis in der europäischen Fusionskontrolle (2000), 41 ff.

907 Mitteilung der Kommission über nach der Verordnung (EG) Nr. 139/2004 des Rates und der Verordnung (EG) Nr. 802/2004 der Kommission zulässige Abhilfemaßnahmen, ABl. C 267/1 vom 22. Oktober 2008, Rn. 19.

migung,[908] regelmäßig als auflösende Bedingungen dar.[909] Denn die Kommission geht in solchen Fällen davon aus, dass der Vollzug des Vorhabens nach der Bekanntgabe der Genehmigung ohne eine Freistellung nach Art. 7 Abs. 3 FKVO erlaubt ist. Dies zeigen zum einen die Erfahrungen aus der Praxis, da die Kommission den Vollzug eines Zusammenschlusses nach der Bekanntgabe einer bedingten Genehmigungsentscheidung in der Regel ohne eine Freistellung nach Art. 7 Abs. 3 FKVO für zulässig erachtet.[910] Zum anderen ergibt sich dies aus der Mitteilung der Kommission über zulässige Abhilfemaßnahmen.[911]

Allerdings ordnet die Kommission in Ausnahmefällen auch aufschiebende Bedingungen an. Dies ist insbesondere bei sogenannten „up-front buyer"-Zusagen der Fall,[912] bei denen die Kommission die Genehmigung unter der Bedingung erteilt, dass der Zusammenschluss erst vollzogen wird, wenn die Unternehmen mit einem von der Kommission genehmigten Erwerber eine verbindliche Veräußerungsvereinbarung geschlossen haben.[913] Hier wird die innere Wirksamkeit der Entscheidung aufgeschoben mit der Folge, dass das vorläufige Vollzugsverbot des Art. 7 Abs. 1 FKVO mit Bedingungseintritt erlischt. Tritt die aufschiebende Bedingung dagegen nicht ein, hängt die Fortgeltung des Vollzugsverbots vom Inhalt der Genehmigungsentscheidung ab. Hat die Kommission darin festgestellt, dass der Zusammenschluss bei Nichteinhaltung der Bedingung nicht mit dem Binnenmarkt vereinbar ist, steht dies nach Art. 8 Abs. 4 Buchst. b

---

908 Kommission, ebenda, Rn. 50.

909 BECHTOLD/BOSCH/BRINKER, EU-KartR (2014), Art. 8 FKVO Rn. 11; VON KOPPENFELS in: MK-EuWettbR (2020), Art. 8 FKVO Rn. 89 (dort Fn. 211); FUCHS, WuW 1996, 269, 280. Dasselbe meinen dürfte MÄGER in: Mäger, EuKartR (2011), Kap. 8 Rn. 241, der allerdings von einer „aufschiebenden" Bedingung spricht.

910 Dazu SCHÜTZ in: KK-KartR (2013), Art. 6 FKVO Rn. 46.

911 Nach Rn. 52 der Mitteilung (oben Fn. 907) soll in den Fällen, in denen die Kommission eine Veräußerungszusage für die Zeit nach der Bekanntgabe der Genehmigung akzeptiert, kein Grund bestehen, „den Vollzug des angemeldeten Zusammenschlusses nach Erlass der Entscheidung der Kommission auszusetzen". Vgl. auch Rn. 20 der Mitteilung, wonach die Genehmigungsentscheidung bei Nichterfüllung einer Veräußerungszusage „nicht *mehr* anwendbar" sein soll (Hervorhebung vom Verfasser). Anders, aber nicht überzeugend SCHÜTZ in: KK-KartR (2013), Art. 6 FKVO Rn. 46, der die Möglichkeit einer auflösenden Bedingung ausblendet und meint, die Kommission ordne in der Regel eine „Auflage" an, wenn sie von einer „Bedingung" spreche.

912 So auch VON KOPPENFELS in: MK-EuWettbR (2020), Art. 8 FKVO Rn. 89 (dort Fn. 211); WAGEMANN in: Wiedemann, Handb KartR (2020), § 17 Rn. 130.

913 Vgl. Mitteilung der Kommission über zulässige Abhilfemaßnahmen (oben Fn. 907), Rn. 53 ff.

FKVO einer Untersagung gleich.[914] Hat die Kommission keine solche Feststellung getroffen, tritt der Fall in ein unbefristetes Hauptverfahren nach Art. 8 Abs. 7 Buchst. a FKVO ein, während dessen das Vollzugsverbot des Art. 7 Abs. 1 FKVO fort gilt.

cc. Ablauf der Untersagungsfrist (Art. 10 Abs. 6 FKVO)

Die Vorschrift des Art. 10 Abs. 6 FKVO[915] fingiert für den Fall, dass die Kommission innerhalb der Fristen des Art. 10 Abs. 1 FKVO (Phase I) bzw. Art. 10 Abs. 3 FKVO (Phase II) keine Entscheidung nach Art. 6 Abs. 1 Buchst. b oder c bzw. Art. 8 Abs. 1 bis 3 FKVO erlassen hat und der Zusammenschluss im Zeitpunkt des Fristablaufs auch nicht nach Art. 9 FKVO an die Behörden der Mitgliedstaaten verwiesen wurde,[916] den Erlass einer uneingeschränkten Genehmigungsentscheidung durch die Kommission. Dementsprechend ordnet Art. 7 Abs. 1 FKVO für solche Fälle das Erlöschen des Vollzugsverbots an. Letzteres endet dann ex nunc mit dem Ablauf der Untersagungsfrist.

dd. Untersagungsentscheidung der Kommission (Art. 8 Abs. 3 FKVO)

Anders als im Genehmigungsfall darf ein Zusammenschluss im Untersagungsfall auch weiterhin nicht vollzogen werden. Der Vollzug ist dann sogar erst recht verboten, schließlich hat die Kommission in der Untersagungsentscheidung nach Art. 8 Abs. 3 FKVO ausdrücklich die Unvereinbarkeit des Zusammenschlusses mit dem Binnenmarkt erklärt. Insoweit bestehen keinerlei Zweifel. Unklar ist lediglich die Rechtsgrundlage des auf die Untersagung folgenden Vollzugsverbots. Letzteres könnte sich auch weiterhin aus Art. 7 Abs. 1 FKVO oder aber direkt aus der Untersagungsentscheidung der Kommission ergeben. Da die Entscheidung dieser Frage, soweit ersichtlich, keine praktische Relevanz hat, wird sie hier nur kurz behandelt.

---

914 Zu den Konsequenzen einer Untersagung für das Vollzugsverbot sogleich unten Kapitel 4 A.II.1.b.dd.

915 Dazu allgemein oben Kapitel 1 A.III.2.

916 Dies schließt Fälle mit ein, in denen die Verweisung durch Fiktion nach Art. 9 Abs. 5 FKVO vor der Genehmigungsfiktion des Art. 10 Abs. 6 FKVO eingetreten ist; dazu Körber in: Immenga/Mestmäcker, WettbR/Bd. 3 (2020), Art. 9 FKVO Rn. 75 ff.

Wie bereits angedeutet,[917] sprechen die besseren Gründe für die zweite Auffassung. Zwar deutet die Formulierung „für unvereinbar [...] erklärt“ (engl.: „declaring that the concentration is incompatible”; franz.: “déclarant la concentration incompatible“) in Art. 8 Abs. 3 FKVO auf eine rein deklaratorische, die bestehende Rechtslage bezeugende, Entscheidung hin. Auch könnte man aus dem Wortlaut des Art. 7 Abs. 1 FKVO, wonach ein Zusammenschluss nicht vollzogen werden darf, „bis er aufgrund einer Entscheidung [...] für vereinbar mit dem Gemeinsamen Markt [Binnenmarkt] erklärt worden ist“, folgern, dass sich das Vollzugsverbot im Untersagungsfall weiterhin aus Art. 7 Abs. 1 FKVO ergebe.[918] Allerdings sprechen die verschiedenen Bußgeldtatbestände für Verstöße gegen Art. 7 FKVO einerseits und Art. 8 Abs. 3 FKVO andererseits in Art. 14 Abs. 2 Buchst. b und c FKVO dafür, dass das Vollzugsverbot auch mit einer Untersagungsentscheidung endet; anderenfalls wäre der Tatbestand des Art. 14 Abs. 2 Buchst. c Var. 1 FKVO überflüssig. Auch hat das Vollzugsverbot seinen Zweck, eine wirksame Kontrolle zu gewährleisten,[919] mit der Untersagungsentscheidung erfüllt. Schließlich erscheint die Annahme einer geänderten Rechtsgrundlage auch insoweit konsequent, als das Vollzugsverbot mit der Untersagungsentscheidung wesentliche seiner bisherigen Merkmale, namentlich seinen formellen und abstrakten Charakter,[920] verliert. So besteht das Verbot ab diesem Zeitpunkt nicht mehr wegen des abstrakten bzw. (ab Phase II) konkreten Gefahrenpotenzials des Zusammenschlusses, sondern aufgrund des Ergebnisses einer endgültigen, an materiellrechtlichen Gesichtspunkten orientierten Einzelfallprüfung.

Nach hier vertretener Auffassung hat das Vollzugsverbot des Art. 7 Abs. 1 FKVO mithin stets vorläufigen Charakter. Aus der Untersagungsentscheidung folgt ein eigenständiges, vorbehaltlich des Widerrufs bzw. der Aufhebung der Entscheidung endgültiges „Vollzugsverbot“, das auf einer Überprüfung des Vorhabens auf seine Vereinbarkeit mit dem Eingreifkriterium des Art. 2 FKVO beruht und das vorläufige, formell-abstrakte Verbot des Art. 7 Abs. 1 FKVO ablöst. Diese Auffassung wird von der wohl h.M. in der Literatur geteilt.[921]

---

917 Dazu oben Kapitel 1 B.I.2.c.

918 In diesem Sinne Bechtold/Bosch/Brinker, EU-KartR (2014), Art. 8 FKVO Rn. 17.

919 Dazu oben Kapitel 1 B.I.1.c.

920 Dazu oben Kapitel 1 B.I.2.a und d.

921 Wie hier Körber in: Immenga/Mestmäcker, WettbR/Bd. 3 (2020), Art. 7 FKVO Rn. 1; Schütz in: KK-KartR (2013), Art. 7 FKVO Rn. 4; weniger klar Maass in: Langen/Bunte, EuKartR (2018), Art. 7 FKVO Rn. 7.

Der relevante Zeitpunkt für die Ersetzung des vorläufigen Vollzugsverbots durch das endgültige „Vollzugsverbot“ ist das Wirksamwerden der Untersagungsentscheidung. Da Letztere als förmlicher Beschluss im Sinne des Art. 288 Abs. 4 AEUV ergeht, erfolgt die Ersetzung mit der Bekanntgabe der Entscheidung gemäß Art. 297 Abs. 2 Unterabs. 3 AEUV.

Ist im Rahmen des untersagten Zusammenschlusses bereits eine Kontrolländerung im Sinne des Art. 3 Abs. 1 FKVO eingetreten, kann die Kommission den Zusammenschluss nach Art. 8 Abs. 4 FKVO entflechten oder einstweilige Anordnungen nach Art. 8 Abs. 5 Buchst. c FKVO erlassen. Verbleibt nach der Untersagung dagegen nur eine nicht kontrollierende Minderheitsbeteiligung, gelten diesbezüglich nach der Rechtsprechung des EuG im Fall *Aer Lingus/Kommission* die Vorschriften des innerstaatlichen Wettbewerbsrechts der Mitgliedstaaten.[922]

ee. Freistellungsentscheidung der Kommission (Art. 7 Abs. 3 FKVO)

Ferner erlischt das Vollzugsverbot ex nunc mit dem Wirksamwerden einer Entscheidung der Kommission über die Freistellung vom Vollzugsverbot nach Art. 7 Abs. 3 FKVO.[923]

c. Wiederaufleben des Vollzugsverbots

Vom erstmaligen Eintritt des Vollzugsverbots ist sein Wiederaufleben nach zwischenzeitlichem Erlöschen zu unterscheiden. Die wichtigsten Fälle sind:

aa. Widerruf einer Genehmigungsentscheidung (Art. 6 Abs. 3 bzw. Art. 8 Abs. 6 FKVO)

Mit dem Widerruf einer Genehmigungsentscheidung wird automatisch diejenige Verfahrensstufe wiedereröffnet, in welcher die Genehmigungsentscheidung getroffen wurde. Nach Art. 6 Abs. 4 bzw. Art. 8 Abs. 7 Buchst. b FKVO kann die Kommission nunmehr eine Sachentscheidung treffen, ohne an die in Art. 10 Abs. 1 bzw. Abs. 3 genannten Fristen ge-

922 Dazu unten Kapitel 5 D.I.2.b.bb.(2).
923 Zur Freistellung vom Vollzugsverbot ausführlich oben Kapitel 1 B.II.2.

bunden zu sein. Relevanter Zeitpunkt ist auch hier die Bekanntgabe der Entscheidung, also des Widerrufs, nach Art. 288 Abs. 4 i.V.m. Art. 297 Abs. 2 Unterabs. 3 AEUV. In diesem Zeitpunkt lebt das Vollzugsverbot des Art. 7 Abs. 1 FKVO wieder auf,[924] wenn nicht gleichzeitig mit dem Widerruf eine Freistellungsentscheidung nach Art. 7 Abs. 3 FKVO erlassen wird.[925] Das Wiederaufleben des Vollzugsverbots wirkt ex nunc, so dass zwischenzeitlich vorgenommene Vollzugshandlungen rechtmäßig, insbesondere zivilrechtlich wirksam, bleiben.[926]

bb. Gerichtliche Aufhebung einer Genehmigungs-, Untersagungs- oder Freistellungsentscheidung (Art. 264 Abs. 1 AEUV)

Genehmigungs-, Untersagungs- und Freistellungsentscheidungen ist gemeinsam, dass sie das Vollzugsverbot des Art. 7 Abs. 1 FKVO zum Erlöschen bringen. Wird eine solche Entscheidung infolge einer Klage nach Art. 263 i.V.m. 264 Abs. 1 AEUV für nichtig erklärt,[927] führt die Gestaltungswirkung des Urteils die Rechtslage herbei, die vor dem Erlass der Entscheidung bestanden hatte.[928] Die Nichtigerklärung einer Entscheidung, mit der die Kommission eine Freistellung vom Vollzugsverbot nach Art. 7 Abs. 3 FKVO erteilt hat, führt daher grundsätzlich zum Wiederaufleben des Vollzugsverbots nach Art. 7 Abs. 1 FKVO. Gleiches gilt, wenn es sich bei der Entscheidung um eine Genehmigungs- oder Untersagungsentscheidung handelt; hier wird nach Art. 10 Abs. 5 FKVO das Verfahren in Phase I zurückversetzt.

---

924 Wie hier SCHÜTZ in: KK-KartR (2013), Art. 6 FKVO Rn. 53; KÖRBER in: Immenga/Mestmäcker, WettbR/Bd. 3 (2020), Art. 6 FKVO Rn. 95 und Art. 8 FKVO Rn. 220; BAUER/HERBERS in: Loewenheim u.a., KartR (2020), Art. 6 FKVO Rn. 99.

925 So geschehen im Fall COMP/M.1397, *Sanofi/Synthélabo*; dazu SCHÜTZ in: KK-KartR (2013), Art. 6 Rn. 47 und 53.

926 Wie hier KRIMPHOVE, Europäische Fusionskontrolle (1992), 320; BAUER/HERBERS in: Loewenheim u.a., KartR (2020), Art. 6 FKVO Rn. 99.

927 Zur selbstständigen Anfechtbarkeit von Freistellungsentscheidungen im Sinne des Art. 7 Abs. 3 FKVO KÖRBER, RIW 1998, 910, 911; MOTYKA, EuZW 2007, 463, 464; selbstständig anfechtbar ist auch die nach Art. 10 Abs. 6 FKVO fingierte Genehmigung; dazu KÖRBER, ebenda, 910; KÖRBER in: Immenga/Mestmäcker, WettbR/Bd. 3 (2020), Art. 10 FKVO Rn. 43 sowie Art. 16 FKVO Rn. 39; MOTYKA, ebenda, 463.

928 EuGH, Urteil vom 31. März 1971, Rs. 22/70, *Kommission/Rat*, ECLI:EU:C:1971:32, Rn. 59.

cc. Eintritt einer auflösenden Bedingung (Art. 6 Abs. 1 Buchst. b i.V.m. Abs. 2 Unterabs. 2 bzw. Art. 8 Abs. 1 i.V.m. Abs. 2 Unterabs. 2 FKVO)

Hat die Kommission eine Genehmigungsentscheidung in Phase I oder Phase II unter einer auflösenden Bedingung erteilt und tritt diese Bedingung ein, wird also beispielsweise eine Veräußerungszusage nicht (innerhalb der hierfür gesetzten Frist) erfüllt, wird die Genehmigungsentscheidung im Moment des Fristablaufs unwirksam.[929] Ab diesem Zeitpunkt ist jeder Vollzug verboten, wobei nach dem Rechtsgrund wie folgt unterschieden werden kann:

- Hat die Kommission in der Genehmigungsentscheidung festgestellt, dass der Zusammenschluss bei Eintritt der Bedingung nicht mit dem Binnenmarkt vereinbar ist, steht dies nach Art. 8 Abs. 4 Buchst. b FKVO einer Untersagung gleich; nach hier vertretener Auffassung ergibt sich das „Vollzugsverbot" dann direkt aus der Entscheidung.[930]
- Hat die Kommission keine solche Feststellung getroffen, lebt im Moment des Fristablaufs das Vollzugsverbot des Art. 7 Abs. 1 FKVO wieder auf[931] und der Fall tritt in ein unbefristetes Hauptverfahren nach Art. 8 Abs. 7 Buchst. a FKVO ein. Die Fortgeltung des Vollzugsverbots richtet sich dann nach dem weiteren Verfahrensgang.

In jedem Fall bleiben Vollzugshandlungen, die zwischen der Bekanntgabe der auflösend bedingten Genehmigungsentscheidung und dem Bedingungseintritt erfolgt sind, formell rechtmäßig und wirksam; das Wiederaufleben des Vollzugsverbots hat also auch hier keine Rückwirkung.[932]

---

929 Wie hier Bauer/Herbers in: Loewenheim u.a., KartR (2020), Art. 6 FKVO Rn. 65.

930 Dazu oben Kapitel 4 A.II.1.b.dd.

931 Wie hier Körber in: Immenga/Mestmäcker, WettbR/Bd. 3 (2020), Art. 6 FKVO Rn. 71.

932 Wie hier Krimphove, Europäische Fusionskontrolle (1992), 320 f.; Fuchs, WuW 1996, 269, 280.

d. Verhältnis der Vollzugsregelung der FKVO zu den innerstaatlichen Vollzugsregelungen der Mitgliedstaaten

Ist der sachliche Anwendungsbereich der FKVO eröffnet, gilt vorbehaltlich der Ausnahmen des Art. 7 Abs. 2 und 3 FKVO[933] das Vollzugsverbot des Art. 7 Abs. 1 FKVO. Da auch die nationalen Rechtsordnungen Vollzugsverbote kennen, stellt sich die Frage nach dessen Verhältnis zu den innerstaatlichen Vollzugsregelungen der Mitgliedstaaten. Insoweit ist zwischen wettbewerbsrechtlichen und außerwettbewerblichen Vollzugsregelungen zu unterscheiden.

aa. Begriffsbestimmung: „Vollzugsregelung"

Unter einer „Vollzugsregelung" wird im Folgenden jede hoheitliche Regelung verstanden, die die Rechtmäßigkeit des Vollzugs eines Zusammenschlusses betrifft. Das Spektrum solcher Bestimmungen ist breit und reicht von der vollständigen Vollzugserlaubnis über vollzugsbeschränkende Regelungen bis hin zu Vollzugsverboten.[934]

bb. Wettbewerbsrechtliche Vollzugsregelungen der Mitgliedstaaten (Art. 21 Abs. 3 Unterabs. 1 FKVO)

Nach Art. 21 Abs. 3 Unterabs. 1 FKVO gilt das mitgliedstaatliche Wettbewerbsrecht der Mitgliedstaaten nicht für Zusammenschlüsse von EU-weiter Bedeutung im Sinne der Art. 1 und 3 FKVO. Der Begriff des „innerstaatlichen Wettbewerbsrechts" im Sinne der FKVO umfasst nach h.M.[935] das gesamte formelle und materielle Wettbewerbsrecht und damit auch alle – vorläufigen wie endgültigen – innerstaatlichen Vollzugsregelungen. Für einen Zusammenschluss im Sinne der Art. 1 und 3 FKVO gilt damit

---

933 Dazu oben Kapitel 1 B.II.

934 Vgl. zu den verschiedenen Gestaltungsformen oben Kapitel 1 A.II.

935 Jungermann in: FK-KartR (78. EL 2013), Art. 21 FKVO Rn. 21; Körber in: Immenga/Mestmäcker, WettbR/Bd. 3 (2020), Art. 21 FKVO Rn. 20; Westermann in: Loewenheim u.a., KartR (2020), Art. 21 FKVO Rn. 7; Saxe, One-Stop-Shop-Prinzip (2006), 45 f. (jeweils mit Nachweisen zur Gegenansicht). Von einem weiten Begriff des „innerstaatlichen Wettbewerbsrechts" geht auch die Kommission in ihrer Mitteilung über die Verweisung von Fusionssachen, ABl. C 56/2 vom 5. März 2005, Fn. 52 zu Rn. 65, aus.

der Grundsatz, dass sich die Rechtmäßigkeit von Vollzugshandlungen im Verhältnis zwischen europäischem und mitgliedstaatlichem Wettbewerbsrecht allein nach den Bestimmungen des EU-Wettbewerbsrechts richtet.[936]

cc. Außerwettbewerbsrechtliche Vollzugsregelungen der Mitgliedstaaten (Art. 21 Abs. 4 FKVO)

Anders gestaltet sich die Rechtslage in Bezug auf innerstaatliche Bestimmungen, die den Vollzug eines Zusammenschlusses von EU-weiter Bedeutung regeln, d.h. zulassen, einschränken oder verbieten, ohne wettbewerbsrechtlicher Natur zu sein.

(1) Einführung in die Vorschrift des Art. 21 Abs. 4 FKVO

Wie Art. 21 Abs. 4 Unterabs. 1 FKVO klarstellt, sind die Mitgliedstaaten nicht daran gehindert,

> „[...] geeignete Maßnahmen zum Schutz anderer berechtigter Interessen als derjenigen treffen, welche in dieser Verordnung berücksichtigt werden, sofern diese Interessen mit den allgemeinen Grundsätzen und den übrigen Bestimmungen des Gemeinschaftsrechts [Unionsrechts] vereinbar sind."

Angesprochen sind damit sämtliche Vorschriften des primären und sekundären Unionsrechts, insbesondere die Grundfreiheiten (Art. 26 Abs. 2 EUV i.V.m. Art. 28 ff., 45 ff. AEUV), das allgemeine Diskriminierungsverbot (Art. 18 Abs. 1 AEUV), die Unionsgrundrechte (Art. 6 Abs. 1 EUV i.V.m. der GRC, Art. 6 Abs. 3 EUV), das Beihilfenverbot (Art. 107 AEUV) und die allgemeinen Rechtsgrundsätze der Verhältnismäßigkeit und der Rechtssicherheit.

Um nicht nur materiell, sondern auch formell mit dem Unionsrecht vereinbar zu sein, bedürfen solche mitgliedstaatlichen Maßnahmen nach Art. 21 Abs. 4 Unterabs. 3 S. 1 FKVO der vorherigen Prüfung und Anerkennung durch die Kommission. Entgegen dem Wortlaut des Art. 21 Abs. 4 FKVO prüft die Kommission dabei nicht nur die grundsätzliche

---

936 Hierzu zählen a priori auch die Vorschriften der Art. 101 und 102 AEUV. Das Verhältnis dieser Vorschriften zum Vollzugsverbot der FKVO wird im 5. Kapitel in Zusammenhang mit dem Verbotsinhalt behandelt.

Berechtigung des mit der Regelung verfolgten Interesses, sondern die Übereinstimmung der betreffenden Maßnahme mit dem Unionsrecht. Zu einer gewissen Erleichterung führt die Praxis der Kommission, „allgemeine" Mitteilungen zu akzeptieren, mit denen die Mitgliedstaaten außerwettbewerbliche Interessen in Bezug auf bestimmte innerstaatliche Rechtsnormen geltend machen, die in Zukunft (auch) auf Zusammenschlüsse von EU-weiter Bedeutung Anwendung finden sollen.[937] Gänzlich vom Anerkennungsvorbehalt ausgenommen sind nach Art. 21 Abs. 4 Unterabs. 2 FKVO Maßnahmen zum Schutz der öffentlichen Sicherheit, der Medienvielfalt und der Aufsichtsregeln, die die Mitgliedstaaten prinzipiell selbst auf ihre Übereinstimmung mit dem Unionsrecht zu überprüfen haben.[938] Außerdem verneint die Kommission ein Mitteilungs- und Anerkennungserfordernis in Bezug auf mitgliedstaatliche Maßnahmen, die der dauerhaf-

---

937 So hat die Kommission nach Mitteilung der Regierung des Vereinigten Königreichs bestimmte öffentliche Interessen im Bereich der Wasserversorgung unabhängig von einem konkreten Zusammenschlussvorhaben, jedoch in Bezug auf konkrete Bestimmungen des Water Industry Act 1991, anerkannt; dazu Kommission, Entscheidung vom 29. März 1995, ABl. C 94/2 vom 14. April 1995. In ihrer Entscheidung verlangte die Kommission trotzdem, über jeden einzelnen Anwendungsfall dieser Vorschriften vorab informiert zu werden, um die Rechtmäßigkeit der vorgesehenen Maßnahmen prüfen zu können (ebenda, Rn. 6). Die Entscheidung bildete die Grundlage für die Anwendung der Art. 32 ff. Water Industry Act 1991 im Fall IV/M.567, *Lyonnaise des Eaux/Northumbrian Water*; dazu Kommission, Entscheidung vom 21. Dezember 1995, ABl. C 11/3 vom 16. Januar 1996 (WuW/E EV 2309, Rn. 7 f.).

938 Körber in: Immenga/Mestmäcker, WettbR/Bd. 3 (2020), Art. 21 FKVO Rn. 30. Die Vorschrift des Art. 21 Abs. 4 Unterabs. 2 FKVO fingiert also nur die grundsätzliche Berechtigung der dort genannten Interessen, nicht aber das Vorliegen der sonstigen Voraussetzungen des Unterabs. 1, insbesondere nicht die Vereinbarkeit mit dem übrigen Unionsrecht; vgl. Kommission, Entscheidung vom 14. März 1994, IV/M.423, *Newspaper Publishing*, ABl. C 85/1 vom 22. März 1994 (WuW/E EV 2185), Rn. 22 ff.; vom 26. September 2006, COMP/M.4197 (in Zusammenhang mit dem Verfahren COMP/M.4110), *E.ON/Endesa*, Rn. 23; Berlin, Contrôle des concentrations (2009), Rn. 265. Zur Wahrung der praktischen Wirksamkeit des Art. 21 Abs. 4 FKVO verlangt die Kommission die Anwendung des Unterabs. 3 allerdings auch in Fällen, in denen die Einordnung eines Interesses in die Fallgruppen des Unterabs. 2 zweifelhaft erscheint; dazu Kommission, Entscheidung vom 20. Juli 1999, IV/M.1724 (in Zusammenhang mit dem Verfahren IV/M.1616), *BSCH/Champalimaud* (WuW/E EU-V 382), Rn. 65 ff.; zustimmend Dittert in: Schröter/Jakob/Klotz/Mederer, EuWettbR (2014), Art. 21 FKVO Rn. 52.

ten Regulierung einer bestimmten Branche dienen und keinen direkten Bezug zu einem Zusammenschluss aufweisen.[939]

(2) Bedeutung für vorläufige mitgliedstaatliche Vollzugsregelungen

(a) Anwendbarkeit des Art. 21 Abs. 4 FKVO

Die Vorschrift des Art. 21 Abs. 4 FKVO unterscheidet prinzipiell nicht zwischen endgültigen und vorläufigen Maßnahmen. Sind die unionsrechtlichen Voraussetzungen erfüllt, können die Mitgliedstaaten einen Zusammenschluss daher nicht nur abschließend untersagen oder seinen Vollzug von Bedingungen oder Auflagen abhängig machen,[940] sondern auch vorläufig beschränken oder verbieten. Zu vorläufigen Vollzugsbeschränkungen kommt es in der Praxis typischerweise dort, wo die Mitgliedstaaten Zusammenschlüsse aus nicht wettbewerblichen Gründen einem präventiven Kontrollverfahren unterwerfen. Die denkbaren Verfahrenskonzeptionen entsprechen denen der Wettbewerbsaufsicht.[941]

(b) Formelle Unionsrechtskonformität

Nicht abschließend geklärt ist, ob *vorläufige* vollzugsbeschränkende Maßnahmen, die keinem der in Art. 21 Abs. 4 Unterabs. 2 FKVO genannten Interessen dienen, in gleicher Weise vom Anerkennungsvorbehalt des Art. 21 Abs. 4 Unterabs. 3 FKVO erfasst sind wie endgültige Maßnahmen. Dagegen könnte die hohe Dringlichkeit sprechen, durch die sich vorläufige Maßnahmen typischerweise auszeichnen, während die Vorschrift des Art. 21 Abs. 4 Unterabs. 3 S. 2 FKVO der Kommission eine Frist von immerhin 25 Tagen für die Legitimitätsprüfung setzt. Wie bereits angedeutet, haben die Mitgliedstaaten jedoch die Möglichkeit, das betreffende Regime vorab auf seine Vereinbarkeit mit dem Unionsrecht überprüfen zu lassen. Auf diese Weise dürfte sich nicht nur die Rechtmäßigkeit gesetzlicher Vollzugsregelungen, sondern auch die grundsätzliche Legitimität eines

939 Kommission, Entscheidung vom 27. Januar 1999 nach Art. 21 Abs. 3 FKVO 1997, IV/M.1346, *EdF/London Electricity*, Rn. 11 ff.

940 Kommission, Erklärungen für das Ratsprotokoll vom 19. Dezember 1989, abgedruckt in Bull. EG, Beilage 2/1990, 23 (24).

941 Vgl. oben Kapitel 1 A.II.

Systems klären lassen, das für den Einzelfall die Möglichkeit einstweiliger vollzugsbeschränkender Anordnungen vorsieht.

Eine klare Kommissionspraxis hat sich in dieser Frage bislang nicht herausgebildet. Zwar legen bestimmte Ausführungen der Kommission den Schluss nahe, dass sie grundsätzlich auch bei vorläufigen Maßnahmen von einer Anerkennungspflicht ausgeht.[942] Allerdings hat sie das Fehlen einer vorherigen Anerkennung in der Vergangenheit, soweit ersichtlich, nur in Bezug auf endgültige vollzugsbeschränkende Maßnahmen gerügt. Charakteristisch war insoweit das Vorgehen im Fall *Endesa*. Zu dem Verfahren war es gekommen, nachdem die spanische Regierung die geplante Übernahme des spanischen Stromversorgers *Endesa* durch die deutsche *E.ON* zum Anlass genommen hatte, die Wirksamkeit des Erwerbs bestimmter Unternehmensbeteiligungen und Vermögenswerte im Energiesektor – offiziell zur Gewährleistung der Versorgungssicherheit – von der vorherigen Erlaubnis durch die Nationale Energiekommission (Comisión Nacional de Energía; kurz: „CNE“) abhängig zu machen.[943] Nachdem die (EU-) Kommission den Zusammenschluss nach Art. 6 Abs. 1 Buchst. b FKVO genehmigt hatte,[944] erlaubte die CNE das Vorhaben nur unter einer Vielzahl von Auflagen. Die Kommission sah sowohl in dem Erlaubnisvorbehalt selbst als auch in den – ihrer Art nach endgültigen – Entscheidungen der CNE Verstöße gegen europäisches Recht. Während sie gegen die Entscheidungen der CNE auf der Grundlage des Art. 21 Abs. 4 FKVO vorging[945]

942 So hat die Kommission in ihrer Entscheidung *BSCH/Champalimaud* (oben Fn. 938) den vorläufigen Charakter bestimmter Maßnahmen („e.g. injunctions, suspension of voting rights […]“) auf der Verhältnismäßigkeitsebene diskutiert (ebenda, Rn. 32 f.), nachdem sie die von den portugiesischen Behörden verfolgten Interessen als grundsätzlich anerkennungspflichtig bewertet hatte (ebenda, Rn. 30 f.).

943 § 1 Abs. 2 i.V.m. § 3 der 14. Funktion der CNE gemäß Titel 3.1 der 11. Zusatzbestimmung des Gesetzes 34/1998 (Ley 34/1998 del sector de hidrocarburos) vom 7. Oktober 1998, BOE Nr. 241 vom 8. Oktober 1998, 33517, in der Fassung des königlichen Gesetzesdekrets (Real Decreto-Ley) 4/2006 vom 24. Februar 2006, BOE Nr. 50 vom 28. Februar 2006, 8016.

944 Kommission, Entscheidung vom 25. April 2006, COMP/M.4110, *E.ON/Endesa*.

945 Hierzu ist zu sagen, dass die Kommission bei mitgliedstaatlichen Verstößen gegen die Voraussetzungen des Art. 21 Abs. 4 Unterabs. 1 FKVO oder die Mitteilungs- bzw. Wartepflicht des Art. 21 Abs. 4 Unterabs. 3 FKVO nach h.M. nicht darauf beschränkt ist, ein Vertragsverletzungsverfahren nach Art. 258 AEUV (ex-Art. 226 EGV 1997) einzuleiten; stattdessen kann sie auf Grundlage des Art. 21 Abs. 4 Unterabs. 3 FKVO eigene Entscheidungen erlassen. Auf diese Weise hatte sie schon in früheren Verfahren die Unvereinbarkeit bestimmter Interessen mit dem Unionsrecht festgestellt (Kommission, Entscheidung vom 22. November

und u.a. das Fehlen einer vorherigen Anerkennung rügte,[946] griff sie den Erlaubnisvorbehalt als solchen – und damit das vorläufige Vollzugsverbot des spanischen Systems – unmittelbar im Wege des Vertragsverletzungsverfahrens an.[947]

(c) Materielle Unionsrechtskonformität

In materieller Hinsicht haben die Kommission und der EuGH vorläufige vollzugsbeschränkende Maßnahmen bislang vor allem an der Kapitalverkehrsfreiheit (Art. 63 AEUV, ex-Art. 56 EGV 1997) und/oder der Niederlassungsfreiheit (Art. 49 AEUV, ex-Art. 43 EGV 1997), verbunden mit den allgemeinen Rechtsgrundsätzen der Verhältnismäßigkeit und der Rechtssicherheit, gemessen.[948] Inhaltlich stehen diese Urteile in einer Linie mit Entscheidungen, die der Gerichtshof zu präventiven Kontrolltechniken in anderen Bereichen, insbesondere auf dem Gebiet des grenzüberschreitenden Grundstücks- und Devisenverkehrs, getroffen hat.[949] Dabei nimmt

---

2000, COMP/M.2171, *Secil/Holderbank/Cimpor*; bestätigt durch EuGH, Urteil vom 22. Juni 2004, C-42/01, *Portugal/Kommission*, ECLI:EU:C:2004:379) oder gar die unverzügliche Aussetzung bestimmter mitgliedstaatlicher Maßnahmen angeordnet (Kommission, Entscheidung vom 20. Juli 1999, IV/M.1724, *BSCH/Champalimaud*).

946 Kommission, Entscheidung vom 26. September 2006, COMP/M.4197, *E.ON/Endesa*, Rn. 34; vom 20. Dezember 2006, COMP/M.4197, *E.ON/Endesa*, Rn. 53. Erst nachdem die spanische Regierung den ihr auferlegten Verpflichtungen nicht nachgekommen war, leitete die Kommission ein Vertragsverletzungsverfahren nach Art. 226 ff. EGV 1997 (nunmehr Art. 258 ff. AEUV) ein, das zur Verurteilung Spaniens führte; dazu Urteil vom 6. März 2008, Rs. C-196/07, *Kommission/Spanien* ECLI:EU:C:2008:146.

947 Dazu EuGH, Urteil vom 17. Juli 2008, Rs. C-207/07, *Kommission/Spanien*, ECLI:EU:C:2008:428.

948 Siehe insbesondere EuGH, Urteile vom 4. Juni 2002, Rs. C-367/98, *Kommission/Portugal*, ECLI:EU:C:2002:326 („*Golden Shares I*"; Erlaubnisvorbehalt); Rs. C-483/99, *Kommission/Frankreich*, ECLI:EU:C:2002:327 („*Golden Shares II*"; Erlaubnisvorbehalt bzw. Widerspruchsmodell); Rs. C-503/99, *Kommission/Belgien*, ECLI:EU:C:2002:328 („*Golden Shares III*"; Widerspruchsmodell); vom 13. Mai 2003, Rs. C-463/00, *Kommission/Spanien*, ECLI:EU:C:2003:272 („*Golden Shares IV*"; Erlaubnisvorbehalt); vom 17. Juli 2008, Rs. C-207/07, *Kommission/Spanien*, ECLI:EU:C:2008:428 („*Endesa*"; Erlaubnisvorbehalt).

949 Vgl. zur Devisenausfuhr EuGH, Urteil vom 23. Februar 1995, verb. Rs. C-358/93 und C-416/93, *Bordessa u.a.*, ECLI:EU:C:1995:54 („schlichte" vorherige Anzeige bzw. Erlaubnisvorbehalt); vom 14. Dezember 1995, verb. Rs. C-163/94, C-165/94 und C-250/94, *Sanz de Lera u.a.*, ECLI:EU:C:1995:451 („schlichte"

der EuGH zumindest bei Systemen mit Anzeige-[950] bzw. Erlaubnisvorbehalt[951], aber auch bei Widerspruchsmodellen[952] ohne Weiteres eine Beschränkung der Kapitalverkehrs- bzw. Niederlassungsfreiheit an, weil solche Regelungen geeignet seien, in anderen Mitgliedstaaten niedergelassene Investoren vom Erwerb von Anteilen bzw. Vermögenswerten der betreffenden Unternehmen abzuhalten oder einen solchen Erwerb zu erschweren. Bei der Begründung misst er der Vollzugsregelung unter dem Aspekt der aufschiebenden Wirkung besondere Bedeutung zu.[953]

Für die Rechtfertigung der mit solchen Systemen verbundenen Beschränkungen hat der Gerichtshof hohe Hürden aufgestellt. Eine Rechtfertigung kommt wie immer auf der Basis geschriebener (Art. 52 bzw. 65 AEUV, ex-Art. 46 bzw. 58 EGV 1997) oder ungeschriebener Gründe in Betracht. Um mit den materiellen Bestimmungen des Unionsrechts vereinbar zu sein, muss ein mitgliedstaatlicher Erlaubnisvorbehalt nach ständiger Rechtsprechung nicht nur einem zwingenden öffentlichen Interesse dienen, sondern in einem angemessenem Verhältnis zum verfolgten Ziel stehen und auf objektiven, nicht diskriminierenden und den betroffenen Unternehmen im Voraus bekannten Kriterien beruhen; zudem muss der Rechtsweg eröffnet sein.[954] Dabei sieht der Gerichtshof ein System nachträglicher Anzeige unter Verhältnismäßigkeitsgesichtspunkten als das prinzipiell mildere Mittel an.[955]

Die vorstehend beschriebenen Grundsätze wendet der EuGH in seiner Entscheidungspraxis konsequent an. Für die Zwecke der vorliegenden

---

vorherige Anzeige bzw. Erlaubnisvorbehalt); zum Grundstückserwerb EuGH, Urteil vom 1. Juni 1999, Rs. C-302/97, *Konle*, ECLI:EU:C:1999:271 (Erlaubnisvorbehalt); vom 5. März 2002, verb. C-515/99, C-519/99, C-524/99 und C-526/99 bis C-540/99, *Reisch u.a.*, ECLI:EU:C:2002:135 (Anzeige- bzw. Erlaubnisvorbehalt).

950 Vgl. das Urteil *Reisch u.a.* (oben Fn. 949), Rn. 32, zur präventiven Kontrolle von Grunderwerbsgeschäften.

951 Urteile „*Golden Shares I*“ (oben Fn. 948), Rn. 45 f.; „*Golden Shares II*“ (oben Fn. 948), Rn. 41 f.; „*Golden Shares IV*“ (oben Fn. 948), Rn. 57; „*Endesa*“ (oben Fn. 948), Rn. 38 f.

952 Urteile „*Golden Shares II*“ (oben Fn. 948), Rn. 41 f. und „*Golden Shares III*“ (oben Fn. 948), Rn. 39 ff.

953 Vgl. das Urteil „*Endesa*“ (oben Fn. 948), Rn. 38 und die Urteile *Sanz de Lera u.a.* (oben Fn. 949), Rn. 24 und *Bordessa u.a.* (oben Fn. 949), Rn. 24, zur präventiven Kontrolle der Devisenausfuhr.

954 Urteile „*Golden Shares I*“ (oben Fn. 948), Rn. 50; „*Golden Shares II*“ (oben Fn. 948), Rn. 46; „*Golden Shares IV*“ (oben Fn. 948), Rn. 69; „*Endesa*“ (oben Fn. 948), Rn. 48 (jeweils m.w.N.).

955 Siehe die oben (Fn. 954) zitierten Urteile, ebenda.

Untersuchung sind unter den vorzitierten Rechtssachen insbesondere die Urteile *„Golden Shares III"* und *„Endesa"* von Interesse, weil der Gerichtshof hier – jeweils unter dem Gesichtspunkt der Verhältnismäßigkeit – Ausführungen zur Vollzugsregelung gemacht hat. So wurde das belgische Widerspruchsmodell im Fall *„Golden Shares III"* u.a. deshalb als verhältnismäßig und unionsrechtskonform angesehen, weil die Kontrolle hier – anders als in Systemen mit Erlaubnisvorbehalt – „in jedem Einzelfall von einem Tätigwerden der Regierungsbehörden" abhänge und somit „vom Grundsatz der Beachtung der Entscheidungsfreiheit des Unternehmens" ausgehe.[956] Im Fall *„Endesa"* war der EuGH schon von der Geeignetheit des Systems vorheriger Erlaubnis zur Erreichung des vorgetragenen Ziels, nämlich der Gewährleistung der Energieversorgungssicherheit, nicht überzeugt. Zum einen begründe der bloße Erwerb der betreffenden Beteiligungen bzw. Vermögenswerte keine tatsächliche und hinreichend schwere Bedrohung für die Sicherheit der Energieversorgung.[957] Zum anderen sei die Zielerreichung in Fällen, in denen sich eine tatsächliche und hinreichend schwere Bedrohung erst nach der Erteilung der Erlaubnis ergeben sollte, in einem System vorheriger Erlaubnis nicht gewährleistet; daran könne auch die Möglichkeit, die Erlaubnis mit Bedingungen zu verknüpfen, nichts ändern.[958] Ferner habe die spanische Regierung nicht dargelegt, dass das verfolgte Ziel nicht auch durch weniger restriktive Maßnahmen, insbesondere durch ein System nachträglicher und andauernder Kontrolle, wie in den einschlägigen europäischen Richtlinien vorgesehen, erreicht werden könnte.[959]

Entgegen einer in der Literatur vertretenen Ansicht[960] kann aus der Judikatur des EuGH jedoch nicht gefolgert werden, dass es den Mitgliedstaaten generell verwehrt wäre, den Erwerb von Unternehmensbeteiligungen bzw. -aktiva von einem innerstaatlichen Erlaubnisvorbehalt abhängig zu machen. Vielmehr zeigt die Rechtsprechung, dass die Bewertung solcher Systeme immer im Hinblick auf die konkret verfolgte Zielsetzung

---

956 Urteil *„Golden Shares III"* (oben Fn. 948), Rn. 49. In seiner Entscheidung verwies der EuGH außerdem auf das strenge Fristenkorsett, den begrenzten Anwendungsbereich und den hohen Bestimmtheitsgrad des Regimes sowie die wirksamen Möglichkeiten der gerichtlichen Nachprüfung (ebenda, Rn. 49 bis 51).

957 Urteil *„Endesa"* (oben Fn. 948), Rn. 51.

958 Ebenda, Rn. 52 f.

959 Ebenda, Rn. 57. Darüber hinaus rügte der EuGH die unangemessene Ausgestaltung der materiellen Entscheidungskriterien (ebenda, Rn. 55 f.).

960 Nohlen/Repasi, EWS 2008, 424, 425.

vorzunehmen ist.[961] Außerdem ist zu beachten, dass der EuGH in den vorstehend zitierten Entscheidungen immer auch Fragen der materiellen Ausgestaltung in seine Abwägung eingestellt hat, was nicht selten wesentlichen Anteil an der negativen Gesamtbewertung des Systems hatte. Vor diesem Hintergrund erscheint es durchaus denkbar, dass ein mitgliedstaatlicher Erlaubnisvorbehalt den hohen Anforderungen des Unionsrechts standhält und neben den wettbewerbsrechtlichen Erlaubnisvorbehalt der FKVO tritt.

(d) Lösung von Anwendungskonflikten

Ist die mitgliedstaatliche Vollzugsregelung mit den Bestimmungen des Unionsrechts vereinbar, setzt sie sich gegen das Vollzugsverbot der FKVO jedenfalls dann durch, wenn sie im Einzelfall *strengere* Anforderungen an die beteiligten Unternehmen stellt. Praktisch wird dies relevant, wenn das betreffende Verhalten nicht unter den Vollzugsbegriff der FKVO fällt, die Voraussetzungen des Art. 7 Abs. 2 Buchst. a, b Alt. 1 FKVO gegeben sind, eine Freistellungsentscheidung nach Art. 7 Abs. 2 Buchst. a, b Alt. 2 bzw. Abs. 3 FKVO vorliegt oder der Zusammenschluss von der Kommission genehmigt wurde. Umgekehrt kann ein Mitgliedstaat die im Einzelfall nach der FKVO bestehende Vollzugsregelung nicht durch *weniger strenge* innerstaatliche Vorgaben neutralisieren.[962] Wie noch gezeigt wird, können die Mitgliedstaaten die beteiligten Unternehmen jedoch in bestimmten

---

961 Besonders klar wird dies im Urteil *Konle* (oben Fn. 949), Rn. 45, zur präventiven Kontrolle von Grundstücks- und Devisentransfers.

962 Vgl. Kommission, Erklärungen für das Ratsprotokoll vom 19. Dezember 1989, abgedruckt in Bull. EG, Beilage 2/1990, 23, 24, wonach Art. 21 Abs. 4 FKVO den Mitgliedstaaten nicht die Befugnis zur Genehmigung eines von der Kommission untersagten Zusammenschlusses einräumt. Hieraus dürfte der allgemeine Grundsatz abzuleiten sein, dass die Mitgliedstaaten Zusammenschlüsse „strenger", nicht aber „großzügiger" behandeln dürfen als die Kommission; vgl. Käseberg in: Langen/Bunte, EuKartR (2018), Art. 21 FKVO Rn. 17. Für vorläufige Vollzugsregelungen kann insoweit nichts anderes gelten. Unklar bleibt, ob die Mitgliedstaaten schon keine „großzügigeren" Regelungen treffen, also beispielsweise vom innerstaatlichen Vollzugsverbot freistellen dürfen, oder ob solche Regelungen nur nicht geeignet sind, den europäischen Vollzugsregelungen ihre Wirksamkeit zu nehmen. Letzterer Ansicht zuneigend Bechtold/Bosch/Brinker/Hirsbrunner, EG-KartR, 2. Auflage (2009), Art. 21 FKVO Rn. 13; Ausführungen in der 3. Auflage (2014) weggefallen.

Fällen in den Grenzen des Art. 346 Abs. 1 Buchst. b AEUV vom Vollzugsverbot des Art. 7 Abs. 1 FKVO freistellen.

2. Besonderheiten im Kontext des Verweisungsregimes

Besondere Fragen wirft die Dauer des Vollzugsverbots auf, wenn man die Verweisungsmöglichkeiten nach der FKVO in die Betrachtung einbezieht.

a. Einführung in das Verweisungsregime der FKVO

Der in Art. 1 Abs. 1 FKVO definierte, „originäre" Anwendungsbereich der FKVO wird durch das System der Zuständigkeitsverweisungen, das der Feinsteuerung der Kompetenzverteilung im European Competition Network (ECN) dient, modifiziert. Zuständigkeitsverweisungen kommen sowohl vor als auch nach der Anmeldung des Zusammenschlusses und jeweils in zwei Richtungen in Betracht:

- als aufdrängende Verweisungen, durch die die Kommission entgegen dem Grundsatz des Art. 1 Abs. 1 FKVO[963] auch für Zusammenschlüsse im Sinne des Art. 3 FKVO ohne EU-weite Bedeutung im Sinne des Art. 1 Abs. 2 bzw. 3 FKVO ausschließlich zuständig wird (Art. 4 Abs. 5 vor bzw. Art. 22 FKVO nach Anmeldung);
- als abdrängende Verweisungen, durch die die mitgliedstaatlichen Behörden die ausschließliche[964] Zuständigkeit für Zusammenschlüsse mit EU-weiter Bedeutung im Sinne der Art. 1 und 3 FKVO erlangen (Art. 4 Abs. 4 vor bzw. Art. 9 FKVO nach Anmeldung).

963 Beachte den genauen Wortlaut der Vorschrift: „Unbeschadet des Artikels 4 Absatz 5 und des Artikels 22 […]".

964 EuG, Urteil vom 3. April 2003, Rs. T-119/02, *Philips*, ECLI:EU:T:2003:101, Rn. 376.

Hinsichtlich solcher Verweisungen gelten nach aktueller Rechtslage[965] die folgenden Regeln:

- Eine Verweisung vor Anmeldung kann nur auf Antrag der (im Falle des Art. 4 Abs. 5 FKVO: hypothetisch) zur Anmeldung bei der Kommission befugten Personen oder Unternehmen, eine Verweisung nach Anmeldung nur auf Antrag eines oder mehrerer Mitgliedstaaten erfolgen.
- Abdrängende Zuständigkeitsverweisungen sind nicht nur als Voll-, sondern auch als Teilverweisungen dergestalt möglich, dass die Teile eines Zusammenschlusses, die gesonderte nationale Märkte betreffen, unter Wahrung der Unionszuständigkeit im Übrigen an den bzw. die betreffenden Mitgliedstaat(en) verwiesen werden (Art. 4 Abs. 4 Unterabs. 1 und 3 bzw. Art. 9 Abs. 3 Unterabs. 1 Buchst. b und Unterabs. 3 FKVO).[966] In solchen Fällen kommt es zu einer Parallelzuständigkeit der Kommission und einzelner mitgliedstaatlicher Behörden und damit zu einer Abweichung vom Prinzip der „einzigen Anlaufstelle" (engl.: „one-stop shop").
- Aufdrängende Zuständigkeitserweisungen sind nach aktueller Rechtslage ebenfalls als Teilverweisungen denkbar, wegen des in Art. 4 Abs. 5 Unterabs. 3 und 4 FKVO verankerten, absolut wirkenden Vetorechts der Mitgliedstaaten[967] aber nur in den Fällen des Art. 22 FKVO.[968]
- Die Verweisungsvorschriften werden jeweils durch Bestimmungen zum anwendbaren Recht ergänzt, die den originären Anwendungsbereich der FKVO in den Fällen aufdrängender Verweisungen erweitern (Art. 4 Abs. 5 Unterabs. 5 S. 1, 2 und Art. 22 Abs. 3 Unterabs. 1, 3 FKVO) und in den Fällen abdrängender Verweisungen beschränken (Art. 4 Abs. 4 Unterabs. 5 S. 1 und Art. 9 Abs. 3 Unterabs. 1 Buchst. b

---

965 Vgl. die Überlegungen der Kommission, das Verweisungsregime zu reformieren; dazu Kommission, Weißbuch „Eine wirksamere EU-Fusionskontrolle" vom 9. Juli 2014 (oben Fn. 29), Rn. 59 ff.

966 Vgl. im Einzelnen Mitteilung der Kommission über die Verweisung von Fusionssachen, ABl. C 56/2 vom 5. März 2005, Rn. 12 und Rn. 49 (dort Fn. 40); Körber in: Immenga/Mestmäcker, WettbR/Bd. 3 (2020), Art. 4 FKVO Rn. 91 sowie Art. 9 FKVO Rn. 46 ff. und 62 ff.

967 Dazu Körber in: Immenga/Mestmäcker, WettbR/Bd. 3 (2020), Art. 4 FKVO Rn. 102.

968 Die Kommission erwog in ihrem Weißbuch „Eine wirksamere EU-Fusionskontrolle" vom 9. Juli 2014 (oben Fn. 29), Rn. 69 ff., und dem dazugehörigen Arbeitspapier (oben Fn. 76), Rn. 142 ff., Teilverweisungen auch in den Fällen des Art. 22 FKVO abzuschaffen.

FKVO).[969] Eine Erweiterung des Anwendungsbereichs der FKVO ist dabei grundsätzlich gleichbedeutend mit einer Beschränkung des Anwendungsbereichs der innerstaatlichen Wettbewerbsvorschriften – und umgekehrt.[970]

b. Verweisungen nach Art. 22 FKVO

Nach Art. 22 Abs. 4 Unterabs. 1 S. 2 FKVO findet Art. 7 FKVO im Falle einer Verweisung nach Art. 22 FKVO

> „[...] Anwendung, soweit der Zusammenschluss zu dem Zeitpunkt, zu dem die Kommission den beteiligten Unternehmen mitteilt, dass ein Antrag eingegangen ist, noch nicht vollzogen worden ist".

Die Regelung geht auf die erste FKVO-Revision zum 1. März 1998 zurück und ist vor dem Hintergrund der bis dahin geltenden Rechtslage zu sehen.

aa. Rückblick: Rechtslage vor dem 1. März 1998

Die Möglichkeit, Zusammenschlüsse ohne gemeinschaftsweite Bedeutung an die Kommission zu verweisen, war bereits in Art. 22 Abs. 3 bis 5 FKVO 1989 vorgesehen. Der Zweck dieser auf Betreiben der niederländischen Regierung in die FKVO aufgenommenen Bestimmung[971] bestand ursprünglich darin, Mitgliedstaaten ohne eigenes nationales Fusionskontrollsystem die Möglichkeit einzuräumen, Zusammenschlüsse, die in die mitgliedstaatliche Kontrollsphäre fielen, dort aber wegen des Fehlens nationaler

969 Vgl. EuG, Urteil vom 3. April 2003, Rs. T-119/02, *Philips*, ECLI:EU:T:2003:101, Rn. 376 ff.

970 Zu beachten ist, dass es in den Fällen abdrängender Zuständigkeitsverweisungen immer bei der teilweisen Anwendbarkeit der FKVO bleibt. Soweit ein Fall an die Mitgliedstaaten verwiesen wurde, haben diese nämlich ihre Kontrolle nach Maßgabe der Bestimmungen des Art. 9 Abs. 6 bis 9 FKVO durchzuführen. Für Verweisungen vor Anmeldung ordnet Art. 4 Abs. 4 Unterabs. 5 S. 2 FKVO die entsprechende Geltung dieser Bestimmungen an. Beachte in diesem Zusammenhang auch Art. 21 Abs. 3 Unterabs. 2 FKVO, der auch für abdrängende Verweisungen vor Anmeldung gilt; dazu SCHILD in: MK-EuWettbR (2020), Art. 21 FKVO Rn. 25.

971 Daher sogenannte „niederländische Klausel".

Regelungen nicht kontrolliert werden konnten, auf Antrag wenigstens durch die Kommission prüfen zu lassen.[972]

Allerdings galt das Vollzugsverbot des Art. 7 FKVO 1989 nach dem eindeutigen Verordnungswortlaut nicht für Zusammenschlüsse, für die der Anwendungsbereich der Verordnung auf dem „Umweg" des Art. 22 FKVO eröffnet war. Denn zum einen hatte der Unionsgesetzgeber die Geltung des Vollzugsverbots in Art. 7 Abs. 1 FKVO 1989 ausdrücklich vom Vorliegen eines „Zusammenschluß[es] im Sinne des Artikels 1" abhängig gemacht. Zum anderen hatte er in Art. 22 Abs. 4 S. 1 FKVO 1989 ausdrücklich nur die Anwendbarkeit der Art. 5, 6, 8 und 10 bis 20 FKVO 1989 angeordnet. In den Fällen des Art. 22 FKVO mussten die Vorschriften des Art. 7 FKVO 1989 daher nicht nur vor, sondern auch nach der Verweisung unangewendet bleiben.[973]

Die wohl h.M. löste das Problem zunächst, indem sie von der Fortgeltung der im betreffenden Mitgliedstaat herrschenden innerstaatlichen Vollzugsregelung ausging. War der Vollzug danach erlaubt, konnte der betreffende Mitgliedstaat mit seinem Antrag auch keinen Vollzugsaufschub bewirken.[974] In Betracht kam in solchen Fällen lediglich eine nachträgliche Entflechtungsanordnung durch die Kommission nach Art. 8 Abs. 4 FKVO 1989, die jedoch frühestens mit der Untersagungsentscheidung in der Sache ergehen konnte. Verfügte der Antrag stellende Mitgliedstaat hingegen selbst über ein System präventiver Fusionskontrolle, ging die wohl h.M. von der Fortgeltung des innerstaatlichen Vollzugsverbots bis zur Sachentscheidung durch die Kommission aus.[975] Diese Rechtslage wurde gemeinhin als unbefriedigend empfunden, zumal die Verweisungsmöglichkeit gerade für Fälle geschaffen worden war, in denen kein nationales Fusionskontrollrecht und damit auch kein spezielles Vollzugsverbot bestand. Im Zuge der ersten FKVO-Revision zum 1. März 1998 wurde

---

972 Diese Funktion hat die Vorschrift mittlerweile eingebüßt, da heute nur noch Luxemburg über keine eigene Fusionskontrolle verfügt; instruktiv dazu De Stefano/Motta/Zuehlke, (2011) 2 JECLAP 537 ff. Zur Anwendungspraxis heute Schreitter/Urban, NZKart 2020, 637 ff.

973 Niewiarra in: FS Lieberknecht (1997), 431, 448.

974 Niewiarra, ebenda.

975 Niewiarra ebenda. Hierzu ist zu sagen, dass die FKVO 1989 keine dem heutigen Art. 22 Abs. 3 Unterabs. 3 FKVO 2004 entsprechende Bestimmung enthielt und Art. 21 Abs. 2 Unterabs. 1 FKVO 1989 (nunmehr Art. 21 Abs. 3 Unterabs. 1 FKVO 2004) schon damals nur für Zusammenschlüsse von gemeinschaftsweiter Bedeutung galt. Soweit ersichtlich, ist ein solcher Fall in der Praxis nie vorgekommen.

deshalb die Vorschrift des Art. 22 Abs. 4 S. 2 FKVO 1997, nunmehr nach Änderung Art. 22 Abs. 4 Unterabs. 1 S. 2 FKVO 2004, eingeführt.

Bis zum Inkrafttreten der Neuregelung war es in vier Zusammenschlussfällen zu Verweisungen nach Art. 22 FKVO 1989 gekommen. Allen Fällen war gemeinsam, dass die verweisenden Mitgliedstaaten zum Zeitpunkt der Antragstellung nach Art. 22 Abs. 3 FKVO 1989 über kein nationales Fusionskontrollsystem verfügten. Zwar sind Verweisungen unter diesen Vorzeichen heute kaum noch denkbar, da mittlerweile alle Mitgliedstaaten bis auf Luxemburg über ein eigenes Fusionskontrollrecht verfügen. Allerdings stellen diese Altfälle aus heutiger Sicht seltene Zeugnisse repressiver Fusionskontrolltätigkeit der Kommission dar, auf die noch zurückzukommen sein wird. Nachfolgend wird deshalb ein kurzer Überblick gegeben.

(1) British Airways/Dan Air (Fall M.278)

Dem Verfahren lag der Erwerb der Linienflugaktivitäten der *Dan Air* durch *British Airways* zu Grunde. Am 8. November 1992 hatte *British Airways* die Kontrolle über das Akquisitionsobjekt erworben. Nachdem die belgische Regierung von dem Vorgang erfahren hatte, beantragte sie am 30. November 1992 nach Art. 22 Abs. 3 FKVO 1989 die Verweisung an die Kommission, da sie eine Beeinträchtigung des Wettbewerbs auf belgischem Gebiet befürchtete. Der Fall wurde von der Kommission geprüft und mit Entscheidung vom 17. Februar 1993[976] in Bezug auf das belgische Staatsgebiet genehmigt, so dass sich die Frage einer Entflechtung nicht stellte. Während der Prüfung des Falles hatte die Kommission deutlich gemacht, dass der Zusammenschlussprozess im Verfahren nach Art. 22 FKVO 1989 nicht auszusetzen sei.[977]

(2) RTL/Veronica/Endemol (Fall M.553)

Gegenstand des Verfahrens war die Gründung eines Gemeinschaftsunternehmens zur Bündelung und Ausstrahlung von Fernseh- und Radioprogrammen in den Niederlanden und anderen Mitgliedstaaten. Auf Antrag

---

976 ABl. C 68/5 vom 11. März 1993.

977 Pressemitteilung IP/92/1048 der Kommission vom 15. Dezember 1992 („Vorläufige Schlussfolgerungen in dem Verfahren British Airways/Dan Air“).

der niederländischen Regierung vom 21. April 1995[978] übernahm die Kommission die Prüfung des Falles nach Art. 22 Abs. 3 FKVO 1989. Nachdem das Gemeinschaftsunternehmen gegründet, die Vermögenswerte übertragen und der Sendebetrieb aufgenommen worden war, stellte die Kommission mit Entscheidung vom 20. September 1995 in Bezug auf das niederländische Staatsgebiet die Unvereinbarkeit des Zusammenschlusses mit dem Gemeinsamen Markt fest, erkannte gleichzeitig aber die formelle Rechtmäßigkeit des erfolgten Vollzugs an.[979] Im Hinblick auf die entstandene Situation kündigte die Kommission die Anordnung geeigneter Maßnahmen nach Art. 8 Abs. 4 FKVO 1989 an und forderte die Parteien auf, eigene Vorschläge zu unterbreiten.[980] Nachdem es auf den betreffenden Märkten zu strukturellen Veränderungen gekommen war, gab die Kommission das Vorhaben mit Abänderungsentscheidung vom 17. Juli 1996[981] unter Bedingungen und Auflagen frei und verzichtete auf Anordnungen nach Art. 8 Abs. 4 FKVO 1989.

(3) Kesko/Tuko (Fall M.784)

Zum dem Verfahren kam es, nachdem die Kommission auf Antrag der finnischen Regierung vom 26. Juni 1996[982] mit dem Zusammenschluss der Einzelhandelsunternehmen *Kesko* und *Tuko* befasst worden war. Bereits am 27. Mai 1996 hatte *Kesko* 56,3% des Aktienkapitals und 59,3% der Stimmrechte an *Tuko* und damit die Kontrolle über das Akquisitionsobjekt erworben. Mit Entscheidung vom 20. November 1996 stellte die Kommission in Bezug auf das finnische Staatsgebiet die Unvereinbarkeit des Zusammenschlusses mit dem Gemeinsamen Markt fest und kündigte die Anordnung geeigneter Maßnahmen nach Art. 8 Abs. 4 FKVO 1989 an,[983] die sie am 19. Februar 1997 in Form einer Verpflichtung von *Kesko*

---

978 ABl. C 112/4 vom 4. Mai 1995.

979 Kommission, Entscheidung vom 20. September 1995, IV/M.553, *RTL/Veronica/Endemol*, ABl. L 134/32 vom 5. Juni 1996, Rn. 6.

980 Kommission, ebenda, Rn. 116.

981 ABl. L 294/14 vom 19. November 1996.

982 ABl. C 193/4 vom 4. Juli 1996.

983 Kommission, Entscheidung vom 20. November 1996, IV/M.784, *Kesko/Tuko*, ABl. L 110/53 vom 26. April 1997, Rn. 173.

zur Abspaltung des *Tuko*-Geschäfts mit Verbrauchsgütern des täglichen Bedarfs erließ.[984]

(4) Blokker/Toys „R“ Us (Fall M.890)

Das Verfahren betraf die Übernahme des niederländischen Spielwarengeschäfts von *Toys „R“ Us* durch das Einzelhandelsunternehmen *Blokker*. Die Zusammenschlussvereinbarung war am 24. Dezember 1996 unterzeichnet und das Vorhaben mit Schreiben vom 13. Januar 1997 bei den niederländischen Behörden angemeldet worden. Diese beantragten am 23. Januar 1997[985] nach Art. 22 FKVO 1989 die Verweisung des Falles an die Kommission. Am 3. Februar 1997 übernahm *Blokker* die bisherigen *Toys „R“ Us*-Filialen und deren Betrieb. Mit Entscheidung vom 21. Februar 1997[986] nahm die Kommission die Verweisung an und eröffnete das Hauptverfahren (Phase II), welches sie am 26. Juni 1997 mit einer kombinierten Untersagungs- und Entflechtungsentscheidung nach Art. 8 Abs. 3 und 4 FKVO 1989[987] abschloss. Wie schon in den vorstehend genannten Fällen ging die Kommission auch in dieser Sache von der formellen Rechtmäßigkeit des erfolgten Vollzugs aus.[988]

bb. Aktuelle Rechtslage (Art. 22 Abs. 4 Unterabs. 1 S. 2 FKVO)

Die mit der ersten FKVO-Revision eingeführte Vollzugsregelung findet ihre – sprachlich nicht ganz geglückte – Verankerung in der Vorschrift des Art. 22 Abs. 4 Unterabs. 1 S. 2 FKVO (ex-Art. 22 Abs. 4 S. 2 FKVO 1997). Das Verständnis der Norm wird durch einen Blick in die Entstehungsgeschichte erleichtert. In ihrem Grünbuch „Fusionskontrolle der Gemeinschaft“ vom Januar 1996 hatte die Kommission zunächst Folgendes angedacht:

---

984 Kommission, Entscheidung vom 19. Februar 1997, IV/M.784, *Kesko/Tuko*, ABl. L 174/47 vom 2. Juli 1997.
985 ABl. C 32/6 vom 1. Februar 1997.
986 ABl. C 71/12 vom 7. März 1997.
987 ABl. L 316/1 vom 25. November 1998.
988 Pressemitteilung IP/97/570 der Kommission vom 26. Juni 1997 („Commission orders Blokker to divest Dutch Toys „R“ Us operations“).

> „Es könnte festgelegt werden, daß der Vollzug des betreffenden Zusammenschlusses mit dem Eingang des Antrags nach Artikel 22 ausgesetzt würde, vorausgesetzt, daß er [zu diesem Zeitpunkt] nicht bereits vollzogen wurde.“[989]

Der Zeitpunkt des Antragseingangs bei der Kommission wurde im Verordnungstext später durch den Zeitpunkt der Mitteilung des Antragseingangs an die beteiligten Unternehmen, d.h. der Unterrichtung im Sinne des Art. 22 Abs. 2 Unterabs. 1 FKVO, ersetzt.[990] Außerdem wurde die im Grünbuch enthaltene Formulierung „vorausgesetzt, daß“ (engl.: „provided that“; franz.: „à condition que“) dahingehend präzisiert, dass Art. 7 FKVO Anwendung findet, „soweit“ (engl.: „to the extent that“; franz.: „pour autant que“) der Zusammenschluss zu diesem Zeitpunkt nicht bereits vollzogen wurde.[991] Die Vorschrift des Art. 22 Abs. 4 Unterabs. 1 S. 2 FKVO hat demnach einen doppelten Regelungsinhalt: Auf der einen Seite bestimmt sie den Zeitpunkt, zu dem Art. 7 FKVO in den Fällen des Art. 22 FKVO Anwendung findet, nämlich mit der Mitteilung des Antragseingangs an die beteiligten Unternehmen.[992] Auf der anderen Seite enthält sie eine wichtige Einschränkung: Art. 7 FKVO soll in den Fällen des Art. 22 FKVO nur Anwendung finden, soweit der Zusammenschluss zu diesem Zeitpunkt noch nicht vollzogen wurde. Klarer würde dies etwa durch die folgende Formulierung:

> „Artikel 7 findet von dem Zeitpunkt an, zu dem die Kommission den beteiligten Unternehmen nach Absatz 2 Unterabsatz 1 mitteilt, dass ein Antrag nach Absatz 1 eingegangen ist, insoweit Anwendung, als der Zusammenschluss zu diesem Zeitpunkt noch nicht vollzogen worden ist.“

---

989 KOM(96) 19 endg., Rn. 97; der Klammerzusatz war in der englischen („to that date“) und französischen („avant cette date“), nicht aber in der deutschen Fassung enthalten.

990 Die unterschiedlichen Begrifflichkeiten in Art. 22 Abs. 2 Unterabs. 1 („unterrichtet“) und Abs. 4 Unterabs. 1 S. 2 FKVO („mitteilt“) sind offenbar auf ein Redaktionsversehen zurückzuführen; vgl. insoweit die englische und französische Fassung, in der jeweils das Verb „to inform“ bzw. „informer“ Verwendung findet.

991 In der deutschen Fassung der FKVO 1997 hieß es zunächst „sofern“. Der Normtext wurde jedoch mit Inkrafttreten der FKVO 2004 an die englische und französische Fassung angepasst („soweit“).

992 Vgl. Kommission, Entscheidung vom 17. November 2010, *Syngenta/Monsanto's Sunflower Seed Business*, Rn. 5.

Die Vorschrift des Art. 22 Abs. 4 Unterabs. 1 S. 2 FKVO hat heute an praktischer Relevanz eingebüßt, da mittlerweile in den meisten mitgliedstaatlichen Rechtsordnungen automatische Vollzugsverbote vorgesehen sind. Anders ist dies weiterhin in Luxemburg, das über kein eigenes Fusionskontrollsystem verfügt, sowie in Italien,[993] wo die Kontrolle in der Vollzugsfrage der Logik des „Anordnungsmodells"[994] folgt. Darüber hinaus ist es denkbar, dass nationale Vollzugsverbote weniger streng angewandt werden oder der Vollzug aufgrund von Ausnahmen im Einzelfall nach nationalem Recht erlaubt ist. Die verschiedenen Probleme, die die Vorschrift aufwirft, sind damit also nicht hinfällig geworden. Sie betreffen vor allem den Eintritt (1) und das Erlöschen (2) des Vollzugsverbots sowie sein Verhältnis zu den wettbewerbsrechtlichen Vollzugsregelungen der Mitgliedstaaten (3).[995]

(1) Eintritt des Vollzugsverbots

(a) Eintrittszeitpunkt

Wie soeben erläutert, wird Art. 7 FKVO in den Fällen des Art. 22 FKVO zu dem Zeitpunkt anwendbar, zu dem die Kommission die beteiligten Unternehmen nach Art. 22 Abs. 2 Unterabs. 1 FKVO darüber unterrichtet, dass ein mitgliedstaatlicher Verweisungsantrag eingegangen ist. Aus Gründen der Rechtssicherheit ist für den Eintritt des Vollzugsverbots der Zugang der Mitteilung bei den beteiligten Unternehmen zu fordern. Da die beteiligten Unternehmen vorher regelmäßig keine Kenntnis von der konkret anstehenden Verweisung haben, kann von ihnen grundsätzlich auch nicht erwartet werden, ihr Verhalten den Anforderungen des EU-Rechts anzupassen.

Fraglich ist, was gilt, wenn die beteiligten Unternehmen im Einzelfall bereits auf anderem Wege vom Eingang eines Verweisungsantrags erfahren haben. Hier wird man die Geltung des Vollzugsverbots der FKVO mit dem klaren Wortlaut des Art. 22 Abs. 4 Unterabs. 1 S. 2 FKVO und der

---

993 Dazu Körber in: Immenga/Mestmäcker, WettbR/Bd. 3 (2020), Einl. FKVO Rn. 143.

994 Dazu oben Kapitel 1 A.II.3 („Verbotsvorbehalt mit einstweiliger Aussetzungsanordnung").

995 Zum räumlichen Anwendungsbereich des Vollzugsverbots in den Fällen des Art. 22 FKVO unten Kapitel 4 C.IV.

Vorschrift des Art. 22 Abs. 1 Unterabs. 2 FKVO, in der der Gesetzgeber das Problem anderweitiger Kenntnisnahme ausdrücklich geregelt hat, verneinen müssen.[996] Erst recht muss die Kenntnis der beteiligten Unternehmen von mitgliedstaatlichen Verweisungs*plänen* vor Antragstellung durch den oder die betreffenden Mitgliedstaaten unschädlich sein.

(b) Eintrittsvoraussetzungen

Art. 22 Abs. 4 Unterabs. 1 S. 2 FKVO lässt keinen Zweifel daran, dass das Vollzugsverbot der FKVO bereits gelten soll, während die Kommission den Verweisungsantrag prüft. Hieraus folgt, dass es für den Eintritt des Vollzugsverbots nicht auf den Ausgang der späteren Entscheidung der Kommission über die Annahme oder Nichtannahme des Verweisungsantrags nach Art. 22 Abs. 3 Unterabs. 1 FKVO ankommt.[997] Umgekehrt erscheint jedoch fraglich, ob jede Mitteilung über einen eingegangenen Verweisungsantrag ausreicht, um das Vollzugsverbot der FKVO auszulösen, oder ob hier nicht bestimmte formelle oder materielle Anforderungen an den Gegenstand der Mitteilung, also an den Verweisungsantrag, zu stellen sind.

Der Vorschrift des Art. 22 Abs. 4 Unterabs. 1 S. 2 FKVO sind keine solchen Einschränkungen zu entnehmen. Die Formulierung „ein Antrag" (engl.: „a request"; franz.: „une demande") scheint dafür zu sprechen, dass jeder den beteiligten Unternehmen mitgeteilte mitgliedstaatliche Verweisungsantrag das Vollzugsverbot der FKVO auslöst. Allerdings muss beachtet werden, dass Art. 22 Abs. 4 Unterabs. 1 S. 2 FKVO nicht auf irgendeine Mitteilung, sondern auf die nach Art. 22 Abs. 2 Unterabs. 1 FKVO erforderliche Unterrichtung Bezug nimmt.[998] Dort wiederum ist festgeschrieben, dass die Kommission die beteiligten Unternehmen unverzüglich von einem „nach Absatz 1" (engl.: „pursuant to paragraph 1"; franz.: „conformément au paragraphe 1") gestellten Antrag unterrichtet. Dies wiederum scheint ein Beleg dafür zu sein, dass nur ein die formellen

996 Hieraus erwächst in der Praxis auch kein nennenswertes Missbrauchspotenzial, da die Kommission den Eingang des Verweisungsantrags den beteiligten Unternehmen „unverzüglich" mitteilen muss.

997 Wie hier Schütz in: KK-KartR (2013), Art. 22 FKVO Rn. 7.

998 Zur uneinheitlichen Terminologie innerhalb der deutschen Sprachfassung bereits oben Fn. 990.

Verweisungsvoraussetzungen[999] erfüllender Antrag der Mitteilungspflicht unterliegt und die Wirkungen der Mitteilung auslösen kann.

Die Lösung des Problems folgt aus dem für die Mitteilung und die Verweisungsentscheidung vorgesehenen Zeitplan. Dass ein „nach Absatz 1" gestellter Antrag nicht notwendigerweise alle Verweisungsvoraussetzungen erfüllen muss, ergibt sich bereits daraus, dass der Kommission in Art. 22 Abs. 2 Unterabs. 2 i.V.m. Abs. 3 Unterabs. 1 FKVO eine Frist von 25 Arbeitstagen zur Prüfung und Entscheidung eingeräumt wird, während die Mitteilung nach Art. 22 Abs. 2 Unterabs. 1 FKVO „unverzüglich" zu erfolgen hat. Insoweit kann auch nicht argumentiert werden, dass die 25-Tage-Frist nur für die Prüfung der materiellen Verweisungsvoraussetzungen[1000] gelte; denn auch die Prüfung der formellen Voraussetzungen kann im Einzelfall Probleme aufwerfen, die mit einer Verpflichtung der Kommission zur „unverzüglichen" Mitteilung kollidieren würden.[1001] Im Ergebnis erscheint es daher sachgerecht, nach Eingang eines Verweisungsantrags bei der Kommission grundsätzlich unabhängig vom Vorliegen der formellen und materiellen Verweisungsvoraussetzungen eine Mitteilungspflicht[1002] und nach erfolgter Mitteilung den Eintritt des Vollzugsverbots der FKVO anzunehmen. Die Grenze dürfte jeweils erreicht sein, wenn eine notwendige Verweisungsvoraussetzung offensichtlich nicht vorliegt, z.B. wenn ein mitgliedstaatlicher Verweisungsantrag eindeutig verfristet ist.

---

999 Insbesondere: Antrag eines oder mehrerer Mitgliedstaaten (Art. 22 Abs. 1 Unterabs. 1 FKVO); Einhaltung der Antragsfrist (Art. 22 Abs. 1 Unterabs. 2 FKVO); dazu Schild in: MK-EuWettbR (2020), Art. 22 FKVO Rn. 26 ff.

1000 Insbesondere: Vorliegen eines Zusammenschlusses im Sinne des Art. 3 FKVO ohne EU-weite Bedeutung im Sinne des Art. 1 Abs. 2 bzw. 3 FKVO (Art. 22 Abs. 1 Unterabs. 1 FKVO), Beeinträchtigung des Handels zwischen den Mitgliedstaaten und Drohen erheblicher Wettbewerbsbeeinträchtigungen im Hoheitsgebiet des oder der Antrag stellenden Mitgliedstaaten (Art. 22 Abs. 3 Unterabs. 1 S. 1 FKVO); dazu Schild in: MK-EuWettbR (2020), Art. 22 FKVO Rn. 55 ff.

1001 So kann die Wahrung der Antragsfrist davon abhängen, wann der Zusammenschluss dem Antrag stellenden Mitgliedstaat „zur Kenntnis gebracht" wurde. Dies ist nicht immer einfach festzustellen.

1002 Vgl. Schmidt, (2004) 41 C.M.L.Rev. 1555, 1561 („of any request received").

(c) Gegenständliche Beschränkung („soweit")

Die in Art. 22 Abs. 4 Unterabs. 1 S. 2 FKVO formulierte Beschränkung („soweit") hat einen zeitlichen und einen gegenständlichen Aspekt. In zeitlicher Hinsicht stellt sie eine Kodifizierung des allgemeinen Prinzips dar, dass der Eintritt des Vollzugsverbots der FKVO mit Wirkung ex nunc erfolgt, also keine Rückwirkung hat.[1003] In gegenständlicher Hinsicht zeigt die Formulierung „soweit" (engl.: „to the extent that"; franz.: „pour autant que"), dass ein Zusammenschluss zum Zeitpunkt des Eintritts des Vollzugsverbots schon gewissermaßen „teilweise" vollzogen sein kann.[1004] Da eine Rückwirkung ausgeschlossen ist, soll der Eintritt des Vollzugsverbots zumindest den weiteren Vollzug unterbinden und so – im Rahmen des noch Möglichen – eine wirksame Kontrolle gewährleisten.

Die Bedeutung der Beschränkung für die Praxis hängt davon ab, welchen Inhalt man dem Vollzugsverbot zuschreibt:

- Versteht man unter „Vollzug" im Sinne des Art. 7 FKVO ausschließlich das Bewirken einer Kontrolländerung im Sinne des Art. 3 FKVO, hat die Beschränkung in Art. 22 Abs. 4 Unterabs. 1 S. 2 FKVO nur Bedeutung für zusammenhängende Transaktionen, bei denen mehrere Kontrolländerungen, die grundsätzlich jeweils eigenständige Zusammenschlüsse im Sinne des Art. 3 FKVO bilden würden, rechtlich oder tatsächlich so miteinander verbunden sind, dass sie als einziger Zusammenschluss behandelt werden. Plant z.B. das Unternehmen A, durch drei verknüpfte Erwerbsvorgänge die Kontrolle über die Unternehmen A, B und C zu übernehmen und wurde die Kontrolle über B zum Zeitpunkt der Mitteilung des Verweisungsantrags nach Art. 22 Abs. 2 Unterabs. 1 FKVO bereits erworben, fällt nur noch der geplante Kontrollerwerb über A und C unter das Vollzugsverbot der FKVO.[1005]
- Geht man hingegen davon aus, dass der Vollzugsbegriff des Art. 7 FKVO auch Maßnahmen erfasst, die der Kontrolländerung im Sinne des Art. 3 FKVO vorangehen oder dieser nachfolgen, hat die Beschrän-

---

1003 Dieses Prinzip folgt aus der bis zum Eintritt des Vollzugsverbots bestehenden originären Zuständigkeit der Mitgliedstaaten. Vgl. Schütz in: KK-KartR (2013), Art. 22 FKVO Rn. 7.

1004 Vgl. Bright/Persson, (2003) E.C.L.R 490, 494; Schütz in: KK-KartR (2013), Art. 22 FKVO Rn. 7.

1005 Beispiel in Anlehnung an Wessely in: MK-EuWettbR (2020), Art. 7 FKVO Rn. 22; vgl. auch Konsolidierte Mitteilung der Kommission zu Zuständigkeitsfragen (oben Fn. 95), Rn. 44.

kung Folgen für alle Arten von Transaktionen. Der Eintritt des Vollzugsverbots führt dann zur Rechtswidrigkeit auch solcher Handlungen und damit zu einem noch tiefgreifenderen Eingriff in den Zusammenschlussprozess.[1006]

Die Frage nach dem Inhalt des Vollzugsverbots wird im 5. Kapitel ausführlich behandelt. Unabhängig vom zugrunde gelegten Vollzugsbegriff kann hier bereits die folgende Abgrenzung vorgenommen werden:

- Mit dem Zugang der Mitteilung gemäß Art. 22 Abs. 2 Unterabs. 1 FKVO bei den beteiligten Unternehmen sind alle weiteren Vollzugsmaßnahmen nach Art. 22 Abs. 4 Unterabs. 1 S. 2 i.V.m. Art. 7 Abs. 1 FKVO verboten. Die Rechtsfolgen eines Verstoßes richten sich nach den allgemeinen Regeln.[1007]
- Vollzugsmaßnahmen, die in diesem Zeitpunkt bereits abgeschlossen sind, werden wegen der ex-nunc-Wirkung des Eintritts nicht vom Vollzugsverbot der FKVO erfasst. Ihre Rechtmäßigkeit richtet sich ausschließlich nach mitgliedstaatlichem Wettbewerbsrecht.[1008] Die Befugnis der Kommission, im Untersagungsfall Entflechtungsmaßnahmen nach Art. 8 Abs. 4 FKVO zu ergreifen, bleibt hiervon unberührt.[1009]

(2) Erlöschen des Vollzugsverbots

Weist die Kommission den Verweisungsantrag fristgerecht zurück, tritt die Verweisung nicht ein. Art. 22 Abs. 4 Unterabs. 1 S. 2 FKVO trifft für diesen Fall keine Regelung. Logische Konsequenz der Vorverlagerung des unionsrechtlichen Vollzugsverbots auf den Zeitpunkt der Mitteilung des Verweisungsantrags ist nunmehr sein sofortiges Erlöschen.[1010] Damit die

---

1006 Die Figur des „weiteren“ Vollzugs für die Fälle des Art. 22 FKVO ablehnend Wessely in: MK-EuWettbR (2020), Art. 7 FKVO Rn. 21, der deshalb zu dem Ergebnis kommt, dass das Vollzugsverbot des Art. 7 FKVO in den Fällen des Art. 22 FKVO ins Leere läuft, wenn die Kontrolländerung im Zeitpunkt des Eintritts des Vollzugsverbots bereits eingetreten ist.

1007 Vgl. oben Kapitel 1 A.III.1.b.cc.

1008 Vgl. Kommission, Entscheidung vom 23. September 2008, COMP/M.4980, *ABF/GBI Business*, Rn. 13; vom 17. November 2010, *Syngenta/Monsanto's Sunflower Seed Business*, Rn. 4 f.

1009 Westermann in: Loewenheim u.a., KartR (2020), Art. 22 FKVO Rn. 12.

1010 So auch Schütz in: KK-KartR (2013), Art. 22 FKVO Rn. 7; Körber in: Immenga/Mestmäcker, WettbR/Bd. 3 (2020), Art. 22 FKVO Rn. 57 a.E.

Abschreckungswirkung des Art. 7 Abs. 1 FKVO im Vorfeld gewährleistet ist, muss für Verstöße im Zeitraum bis zur Kommissionsentscheidung eine Bußgeldverhängung nach Art. 14 Abs. 2 Buchst. b FKVO möglich bleiben. Das Erlöschen hat daher Wirkung ex nunc.

(3) Verhältnis zu den wettbewerbsrechtlichen Vollzugsregelungen der Mitgliedstaaten

Wie oben gezeigt, bestimmt sich die Rechtmäßigkeit des Vollzugs eines Zusammenschlusses von EU-weiter Bedeutung im Sinne des Art. 1 FKVO ausschließlich nach Unionsrecht. Dies ergibt sich aus Art. 21 Abs. 3 Unterabs. 1 FKVO. Da Zusammenschlüsse, die nach Art. 22 FKVO an die Kommission verwiesen werden, keine EU-weite Bedeutung haben, geht Art. 21 Abs. 3 Unterabs. 1 FKVO in diesen Fällen ins Leere. An seine Stelle tritt Art. 22 Abs. 3 Unterabs. 3 FKVO.[1011] Danach findet das innerstaatliche Wettbewerbsrecht der Mitgliedstaaten, die einen Verweisungsantrag gestellt oder sich ihm angeschlossen haben, auf den Zusammenschluss keine Anwendung. Die Stellung des Abs. 3 Unterabs. 3 im Normengefüge des Art. 22 FKVO lässt keinen Zweifel daran, dass der Eintritt der Verdrängungswirkung prinzipiell das Wirksamwerden der Verweisung nach Art. 22 Abs. 3 Unterabs. 1 FKVO voraussetzt. Im Umkehrschluss bedeutet dies, dass vor dem Eintritt der Verweisung, abgesehen von der Fristhemmung nach Art. 22 Abs. 2 Unterabs. 3 FKVO, die innerstaatlichen wettbewerbsrechtlichen Vorschriften der Mitgliedstaaten gelten.[1012] Da der Begriff des „innerstaatlichen Wettbewerbsrechts“ auch die wettbewerbsrechtlichen Vollzugsregelungen der Mitgliedstaaten umfasst, führt eine erste Auslegung zu dem Ergebnis, dass die innerstaatlichen Vollzugsregelungen bis zum Eintritt der Verweisungswirkungen nach Art. 22 Abs. 3 Unterabs. 1 S. 1 bzw. 2 FKVO und damit in einem Zeitraum fortgelten, in dem nach Art. 22 Abs. 4 Unterabs. 1 S. 2 FKVO auch Art. 7 FKVO bereits Geltung erlangt hat. Damit sind auf den Zusammenschluss – bezogen auf das Hoheitsgebiet der teilnehmenden Mitgliedstaaten[1013] – zeitweise

1011 Vgl. oben Kapitel 4 A.II.2.a.

1012 Allgemeine Meinung, vgl. Schild in: MK-EuWettbR (2020), Art. 22 FKVO Rn. 73 f.; Körber in: Immenga/Mestmäcker, WettbR/Bd. 3 (2020), Art. 22 FKVO Rn. 52.

1013 Vgl. insoweit die aktuellen Reformüberlegungen der Kommission (dazu bereits oben Fn. 968), Teilverweisungen in den Fällen des Art. 22 FKVO abzuschaffen. Sollten diese umgesetzt werden, entfiele die Unterscheidung zwisowohl Art. 7 FKVO als auch die innerstaatlichen Vollzugsregelungen dieser Staaten anwendbar.

Die gleichzeitige Anwendbarkeit der unionsrechtlichen und der mitgliedstaatlichen Vollzugsregelungen stellt in der Konzeption der FKVO einen Fremdkörper dar, der nach hier vertretener Auffassung aber im System des Art. 22 FKVO angelegt und auch nicht weiter korrekturbedürftig ist. Zum Verständnis der Thematik ist zunächst ein Blick auf die Natur des Vorrangs der FKVO, wie er neben Art. 21 Abs. 3 Unterabs. 1 und Art. 22 Abs. 3 Unterabs. 3 FKVO auch in Art. 4 Abs. 5 Unterabs. 5 S. 2 FKVO in Erscheinung tritt, hilfreich. Dieser Vorrang stellt sich vor dem Hintergrund der hergebrachten Kategorien von „Geltungs"- und „Anwendungsvorrang"[1014] des Unionsrechts als eine Art „qualifizierter Anwendungsvorrang" dar. Dabei ist er grundsätzlich als Anwendungsvorrang einzuordnen, da es in den Fällen der Nichterfüllung der Aufgreifkriterien ersichtlich bei der Anwendbarkeit der innerstaatlichen Wettbewerbsvorschriften bleiben soll.[1015] Anders als der allgemeine Anwendungsvorrang des Unionsrechts[1016] greift der Vorrang des Art. 21 Abs. 3 Unterabs. 1 FKVO jedoch nicht erst im Falle eines Rechtsfolgenkonflikts ein, sondern setzt bereits an den Anwendungsvoraussetzungen an.

> „Art. 21 Abs. 2 Unterabsatz 1 der Fusionskontrollverordnung [Art. 21 Abs. 3 Unterabs. 1 FKVO 2004] verwirklicht den Grundsatz des Vorrangs des Gemeinschaftsrechts [Unionsrechts] für den Bereich der Fusionskontrolle in einer anderen, neuen Qualität: Für den An-

---

schen an der Verweisung teilnehmenden und nicht teilnehmenden Mitgliedstaaten.

1014 Instruktiv hierzu Ehlers in: Schulze/Zuleeg/Kadelbach, Europarecht (2015), § 11 Rn. 48 ff.

1015 Umkehrschluss zu Art. 21 Abs. 3 Unterabs. 1 FKVO, der die Sperrwirkung ausdrücklich vom Vorliegen der Aufgreifkriterien der Art. 1 und 3 FKVO abhängig macht; vgl. auch den 8. Erwägungsgrund zur FKVO sowie Rn. 2 der Mitteilung der Kommission über die Verweisung von Fusionssachen, ABl. C 56/2 vom 5. März 2005. Ein Geltungsvorrang würde hingegen zur Nichtigkeit der betreffenden mitgliedstaatlichen Bestimmungen führen; vgl. Saxe, One-Stop-Shop-Prinzip (2006), 47 f.

1016 Die auf der Grundlage des Art. 83 Abs. 2 Buchst. e EGV (nunmehr Art. 103 Abs. 2 Buchst. e AEUV) erlassene Vorschrift des Art. 21 Abs. 3 FKVO weicht von denjenigen Grundsätzen ab, die in Ermangelung einer solchen Regelung für das Verhältnis des europäischen zum mitgliedstaatlichen Wettbewerbsrecht gelten würden; vgl. insoweit EuGH, Urteil vom 13. Februar 1969, Rs. 14/68, *Walt Wilhelm u.a.*, ECLI:EU:C:1969:4; dazu ausführlich Jung, Subsidiarität im Recht der Wettbewerbsbeschränkungen (1995), 104 ff.

wendungsbereich der Fusionskontrollverordnung ist bereits die parallele Anwendung nationalen Kartellrechts grundsätzlich ausgeschlossen, ohne daß es im Einzelfall auf einen Anwendungskonflikt ankommt.“[1017]

In der Literatur ist daher auch von einem „Anwendbarkeitsvorrang“ die Rede.[1018]

Nach dem vorläufigen Auslegungsergebnis greift dieser Anwendbarkeitsvorrang im Zeitraum zwischen dem Zugang der Mitteilung der Kommission über den Eingang eines mitgliedstaatlichen Verweisungsantrags und dem Wirksamwerden der Verweisung nicht ein. Aus diesem Grund ist die nach Art. 7 Abs. 1 bis 3 FKVO im Einzelfall bestehende Vollzugsregelung neben den innerstaatlichen Vollzugsregelungen der (de lege lata: teilnehmenden[1019]) Mitgliedstaaten anwendbar. Etwaige Rechtsanwendungskonflikte sind nach den allgemeinen Regeln, d.h. über den allgemeinen Anwendbarkeitsvorrang des Unionsrechts, aufzulösen. Danach darf die Anwendung mitgliedstaatlichen Rechts im Einzelfall nicht dazu führen, dass die einheitliche Anwendung des Unionsrechts und die volle Wirksamkeit der zu seinem Vollzug ergangenen Maßnahmen auf dem Binnenmarkt beeinträchtigt werden.[1020] Dies ist durch eine „modifizierte Zweischrankentheorie“,[1021] wie sie auch im Verhältnis zu den *außer*wettbewerblichen Vollzugsregelungen der Mitgliedstaaten gilt,[1022] gewährleistet. Danach setzt sich eine mitgliedstaatliche Vollzugsregelung gegen die Vollzugsregelung des Art. 22 Abs. 4 Unterabs. 1 S. 2 i.V.m. Art. 7 Abs. 1 bis 3 FKVO durch, wenn sie im Einzelfall *strengere* Anforderungen an die beteiligten Unternehmen stellt, z.B., weil das betreffende Verhalten nicht unter den Vollzugsbegriff der FKVO fällt oder die Voraussetzungen des Art. 7 Abs. 2 Buchst. a, b Alt. 1 FKVO gegeben sind. Umgekehrt setzt sich die unionsrechtliche Vollzugsregelung im Einzelfall stets gegen eine *weniger strenge* innerstaatliche Regelung durch. Beantragt beispielsweise die italienische Behörde die Verweisung eines Falls an die Kommission und besteht

---

1017 Held in: Schwerpunkte des Kartellrechts 1989/90 (1991), 55, 57 (Klammerzusatz vom Verfasser).

1018 Walz, Der Vorrang des europäischen vor dem nationalen Kartellrecht (1994), 179 f.

1019 Vgl. oben Fn. 968 und 1013.

1020 EuGH, Urteil vom 13. Februar 1969 (vgl. oben Fn. 1016), 13 (dort Rn. 4) und 15 (dort Rn. 9).

1021 Jung, Subsidiarität im Recht der Wettbewerbsbeschränkungen (1995), 130 f.

1022 Dazu oben Kapitel 4 A.II.1.d.cc.

nach italienischem Recht im konkreten Fall kein Vollzugsverbot, müssen die Unternehmen Art. 7 FKVO beachten.

Ein Korrekturbedürfnis dergestalt, dass auch hier der Anwendbarkeitsvorrang der FKVO gelten müsste, ist nicht erkennbar. Die Wirksamkeit des Unionsrechts wird durch den allgemeinen Anwendungsvorrang hinreichend gesichert. Auch erfordert das Prinzip der „einzigen Anlaufstelle" (engl.: „one-stop shop") keine abweichende Lösung; da für den in Frage stehenden Zeitraum zwischen der Mitteilung der Kommission über den Eingang eines mitgliedstaatlichen Verweisungsantrags und dem Wirksamwerden der Verweisung noch nicht feststeht, welche Behörde innerhalb der EU am Ende für die Fallprüfung zuständig sein wird, erscheint es zweckmäßig, mitgliedstaatliche Vollzugsregelungen, die im Einzelfall strengere Anforderungen an den Vollzug stellen, während der Schwebezeit weiterhin anzuwenden. Mit dem Verweisungseintritt gilt (de lege lata: in Bezug auf das Territorium des oder der an der Verweisung teilnehmenden Mitgliedstaaten) nur noch das Vollzugsverbot der FKVO.[1023]

Vom Ganzen prinzipiell unberührt bleiben die Vollzugsregelungen anderer Mitgliedstaaten, die – wie nach derzeitiger Rechtslage möglich – nicht an der Verweisung teilnehmen. Deren Vollzugsregelungen können nach dem völkerrechtlichen Auswirkungsprinzip[1024] freilich auch Maßnahmen untersagen, die in teilnehmenden Mitgliedstaaten getroffen werden. Umgekehrt ist das Vollzugsverbot der FKVO in nicht teilnehmenden Mitgliedstaaten jedenfalls insoweit zu beachten, als das Vorhaben Auswirkungen auf das Gebiet eines teilnehmenden Mitgliedstaats haben kann.[1025] Dabei dürfte das völkerrechtliche Auswirkungsprinzip vom Grundsatz der loyalen Zusammenarbeit (Art. 4 Abs. 3 EUV) überlagert werden.[1026]

c. Verweisungen nach Art. 4 Abs. 5 FKVO

Wie Art. 22 FKVO regelt auch Art. 4 Abs. 5 FKVO den Fall einer Zuständigkeitsverweisung an die Kommission („aufdrängende Verweisung"). Im Gegensatz zu Art. 22 FKVO betrifft die Vorschrift jedoch Verweisungen *vor* Anmeldung. Die Antragsberechtigung liegt dementsprechend nicht bei

---

1023 Vgl. Maass in: Langen/Bunte, EuKartR (2018), Art. 7 FKVO Rn. 6.
1024 Dazu näher unten Kapitel 4 C.III.3.b.
1025 So im Ergebnis auch Wessely in: MK-EuWettbR (2020), Art. 7 FKVO Rn. 23.
1026 Dazu näher unten Kapitel 4 C.IV.

den Mitgliedstaaten, sondern den beteiligten Unternehmen.[1027] Wie für die Fälle des Art. 22 FKVO existiert auch für aufdrängende Verweisungen *vor* Anmeldung eine ausdrückliche Vollzugsregelung. Diese ist unmittelbar in Art. 7 Abs. 1 FKVO enthalten. Danach gilt das Vollzugsverbot der FKVO für jeden

> „[...] Zusammenschluss, der von der Kommission gemäß Artikel 4 Absatz 5 geprüft werden soll [...]".

Die Regelung hat eine sachliche und eine zeitliche Dimension. In sachlicher Hinsicht stellt sie klar, dass das Vollzugsverbot auch für Verweisungsfälle nach Art. 4 Abs. 5 FKVO – und damit für bestimmte Zusammenschlüsse ohne EU-weite Bedeutung im Sinne des Art. 1 FKVO – gilt. Hierzu hätte es freilich nicht der Aufnahme einer ausdrücklichen Regelung in Art. 7 Abs. 1 FKVO bedurft, denn das Fehlen der EU-weiten Bedeutung wird in den Fällen des Art. 4 Abs. 5 FKVO bereits durch die Vorschrift des Art. 4 Abs. 5 Unterabs. 5 S. 1 FKVO überwunden. Durch die Klarstellung erübrigt sich in sachlicher Hinsicht also nur die Frage, ob ein Zusammenschluss, dessen EU-weite Bedeutung nach Art. 4 Abs. 5 Unterabs. 5 S. 1 FKVO vermutet wird, auch im Rahmen des Art. 7 Abs. 1 FKVO einen „Zusammenschluss von gemeinschaftsweiter [EU-weiter[1028]] Bedeutung im Sinne des Artikels 1" darstellt. Die eigentliche Bedeutung der Vorschrift liegt in ihrer zeitlichen Dimension.

aa. Eintritt des Vollzugsverbots

(1) Eintrittszeitpunkt

Die Verweisungsregelung des Art. 4 Abs. 5 FKVO wurde mit der zweiten FKVO-Revision zum 1. Mai 2004 in die FKVO aufgenommen. Gleichzeitig erhielt Art. 7 Abs. 1 FKVO sein heutiges Erscheinungsbild. Der deutsche Verordnungswortlaut („Zusammenschluss, der [...] geprüft werden soll") deutet darauf hin, dass das Vollzugsverbot der FKVO in den Fällen des

---

1027 Dazu oben Kapitel 4 A.II.2.a. Vgl. auch insoweit die Reformüberlegungen der Kommission im Weißbuch „Eine wirksamere EU-Fusionskontrolle" vom 9. Juli 2014 (oben Fn. 29), Rn. 65 ff., und im Arbeitspapier (oben Fn. 76), Rn. 132 ff. Die folgenden Ausführungen beziehen sich auf die bestehende Rechtslage.

1028 Zu den veralteten Begrifflichkeiten der FKVO oben Fn. 131.

Art. 4 Abs. 5 FKVO – ähnlich wie in den Fällen des Art. 22 FKVO – bereits eingreift, bevor die Verweisung wirksam wird, d.h. bevor die 15-tägige Widerspruchsfrist für die Mitgliedstaaten nach Art. 4 Abs. 5 Unterabs. 3, 5 FKVO i.V.m. Art. 7 ff., 24 FKVO-DVO widerspruchslos abläuft.[1029] Zwar ist diese Auslegung für andere Sprachfassungen (engl.: „which is to be examined"; franz.: „qui doit être examinée") nicht eindeutig. So können das engl. „to be" und das franz. „devoir" in der verwendeten Form sowohl zur Beschreibung möglicher als auch zur Beschreibung sicherer künftiger Ereignisse verwendet werden.[1030] Da erst mit dem Wirksamwerden der Verweisung feststeht, dass der Zusammenschluss von der Kommission geprüft wird, wäre eine Auslegung, nach der auch das Vollzugsverbot in diesem Zeitpunkt eintritt, mit dem Wortlaut der englischen und der französischen Sprachfassung vereinbar.[1031]

Trotz dieser sprachlichen Unsicherheiten wird in der Literatur – vergleichbar mit den Fällen des Art. 22 FKVO – von einer Vorverlagerung der Geltung des Vollzugsverbots in den Zeitraum vor Eintritt der Verweisungswirkungen ausgegangen. Sofern im Einzelfall großzügigere mitgliedstaatliche Vollzugsregelungen gelten, könnten die die Verweisung an die Kommission beantragenden Unternehmen den Zusammenschluss ansonsten in den Grenzen dieser Regelungen vollziehen und die Kommission „vor vollendete Tatsachen stellen". Wie in der Literatur angemerkt wird, würde einem solchen Verhalten ein gewisser Widerspruch anhaften:

> "Moreover, there is a degree of inconsistency in submitting a request that the Commission exercise jurisdiction under the EUMR and subse-

---

1029 Die charakteristische Formulierung mit dem Wörtchen „soll" wurde während des Gesetzgebungsverfahrens in den Verordnungstext aufgenommen. Anders noch Art. 7 Abs. 1 in der deutschen Fassung des Kommissionsvorschlags für eine Verordnung des Rates über die Kontrolle von Unternehmenszusammenschlüssen, KOM(2002) 711 endg., ABl. C 20/19 vom 28. Januar 2003: „Zusammenschlüsse von gemeinschaftsweiter Bedeutung im Sinne des Artikels 1 oder Zusammenschlüsse, *die von der Kommission gemäß Artikel 4 Absatz 5 geprüft werden*, dürfen weder vor der Anmeldung noch so lange vollzogen werden [...]" (Hervorhebung vom Verfasser).

1030 Vgl. Le Petit Robert (2015), 726: „Être conduit nécessairement à [...]"; „la vraisemblance, la probabilité, l'hypothèse"; Oxford Dictionary of English (2010), 142: "used to indicate that something is due or destined to happen"; "used to express obligation or necessity"; "used to express possibility".

1031 Vgl. Wessely in: MK-EuWettbR (2020), Art. 7 FKVO Rn. 16.

> quently taking actions that would be unlawful under that very instrument."[1032]

Es erscheint daher spätestens mit der Einreichung des Verweisungsantrags gerechtfertigt,

> „[…] dass die Parteien, die ihren Zusammenschluss der Geltung des Gemeinschaftsrechts [Unionsrechts] unterstellen wollen, auch ein vorläufiges gemeinschaftsrechtliches [unionsrechtliches] Vollzugsverbot zu respektieren haben."[1033]

Während die Vorverlagerung des unionsrechtlichen Vollzugsverbots in den Fällen des Art. 4 Abs. 5 FKVO also weitgehend außer Zweifel steht, bleibt sein genauer Eintrittszeitpunkt offen. Geht man davon aus, dass das Vollzugsverbot nicht eintreten kann, bevor eine Verweisung von den beteiligten Unternehmen überhaupt erwogen wird, bleiben für den Eintrittszeitpunkt realistischerweise drei Lösungsansätze:

- Eintritt in dem Moment, in dem die beteiligten Unternehmen erstmals erwägen, einen Verweisungsantrag im Sinne des Art. 4 Abs. 5 Unterabs. 1 FKVO zu stellen (im Folgenden: „erster Ansatz");
- Eintritt in dem Moment, in dem die beteiligten Unternehmen den Entschluss fassen, einen Verweisungsantrag im Sinne des Art. 4 Abs. 5 Unterabs. 1 FKVO zu stellen (im Folgenden: „zweiter Ansatz");
- Eintritt in dem Moment, in dem die beteiligten Unternehmen einen Verweisungsantrag im Sinne des Art. 4 Abs. 5 Unterabs. 1 FKVO bei der Kommission einreichen (im Folgenden: „dritter Ansatz").

Grundsätzlich erscheint jeder der genannten Ansätze mit dem Wortlaut des Art. 7 Abs. 1 FKVO vereinbar. Zwar existieren bei strenger grammatischer Auslegung durchaus Argumente für und wider die eine oder andere Variante. So scheint die Formulierung „der […] geprüft werden soll" (engl.: „which is to be examined"; franz.: „qui doit être examinée") einen höheren Konkretisierungsgrad nahezulegen als er nach dem ersten Ansatz („erstmaliges Erwägen") vorliegt. Umgekehrt fragt sich, ob der Unionsgesetzgeber, sollte er vom dritten Ansatz ausgegangen sein, eine

---

1032 Rosenthal/Thomas, European Merger Control (2010), Kap. E Rn. 41 (dort Fn. 1556).

1033 Wessely in: MK-EuWettbR (2020), Art. 7 FKVO Rn. 17. Wie in Kapitel 1 B.II.2.c.ee gezeigt, bedeutet dies aber nicht, dass die beteiligten Unternehmen in den Fällen des Art. 4 Abs. 5 FKVO keine Freistellung vom Vollzugsverbot nach Art. 7 Abs. 3 FKVO beantragen könnten.

derart unbestimmte Formulierung getroffen hätte. In diesem Fall hätte es nahe gelegen, Art. 7 Abs. 1 FKVO etwa so zu formulieren, dass das Vollzugsverbot auch für Zusammenschlüsse gilt, „für die die Parteien eine Verweisung nach Art. 4 Abs. 5 beantragt haben".[1034] Hierfür spricht nicht zuletzt der Vergleich mit Art. 22 Abs. 4 Unterabs. 1 S. 2 FKVO, der für die Fälle einer Verweisung nach Anmeldung den Eintrittszeitpunkt des Vollzugsverbots exakt beschreibt. Allerdings führen solche am Wortlaut orientierten Überlegungen zu keinem eindeutigen Ergebnis.

Der Zweck des Vollzugsverbots, Entflechtungen zu vermeiden und die praktische Wirksamkeit der späteren Sachentscheidung zu gewährleisten,[1035] spricht für einen möglichst frühen Eintrittszeitpunkt – und damit idealerweise für eine Lösung im Sinne des ersten Ansatzes. Denn nach dem zweiten bzw. dritten Ansatz bestünde die Gefahr, dass die Unternehmen den Eintritt des unionsrechtlichen Vollzugsverbots durch eine Verzögerung der Entschlussfassung bzw. der Antragstellung hemmen und den Zusammenschluss in Übereinstimmung mit dem mitgliedstaatlichen Recht noch ganz oder teilweise vollziehen könnten. Die Kommission stünde wiederum „vor vollendeten Tatsachen".

Diese Umgehungsgefahr wird in der bestehenden Literatur zum Vollzugsverbot gesehen und hingenommen. Soweit ersichtlich, neigen alle Autoren dem dritten Ansatz zu, gehen also vom Eintritt des unionsrechtlichen Vollzugsverbots im Zeitpunkt der Einreichung des Verweisungsantrags nach Art. 4 Abs. 5 Unterabs. 1 FKVO aus.[1036] Begründet wird dies vor allem mit den Erfordernissen der Praxis und mit Rechtssicherheitserwägungen.[1037]

Dieser Auffassung ist im Ergebnis zuzustimmen. Das unionsrechtliche Vollzugsverbot tritt in den Fällen des Art. 4 Abs. 5 FKVO im Zeitpunkt der Einreichung des Verweisungsantrags nach Art. 4 Abs. 5 Unterabs. 1 FKVO bei der Kommission ein. Der entscheidende Grund dafür liegt nach hier vertretener Auffassung jedoch in der Konzeption des Verweisungsregimes: Nach Art. 4 Abs. 5 Unterabs. 1 FKVO kommt eine Verweisung nur in Betracht, wenn die beteiligten Unternehmen das Vorhaben noch bei keiner zuständigen mitgliedstaatlichen Behörde angemeldet haben. Ansonsten

---

1034 Vgl. Wessely, ebenda, Rn. 16.

1035 Dazu oben Kapitel 1 B.I.1.c.

1036 Schütz in: KK-KartR (2013), Art. 7 FKVO Rn. 11 a.E.; Wessely in: MK-EuWettbR (2020), Art. 7 FKVO Rn. 17; zustimmend Körber in: Immenga/Mestmäcker, WettbR/Bd. 3 (2020), Art. 7 FKVO Rn. 5 sowie Rosenthal/Thomas, European Merger Control (2010), Kap. E Rn. 41 mit Fn. 1556.

1037 Wessely, ebenda, Rn. 16 a.E.; Rosenthal/Thomas, ebenda.

ist die Vorschrift nicht anwendbar,[1038] d.h. die 15-Tage-Frist des Art. 4 Abs. 5 Unterabs. 3 FKVO i.V.m. Art. 7 ff., 24 FKVO-DVO beginnt nicht zu laufen und die Verweisung durch Fristablauf kann nicht eintreten.[1039] Wenn die Verweisung in den Fällen des Art. 4 Abs. 5 FKVO bereits an der Anmeldung in einem Mitgliedstaat scheitert, hat dies im präventiven System der FKVO erst recht für den Vollzug in einem Mitgliedstaat zu gelten. Anders als im Rahmen des Art. 22 FKVO scheidet eine Verweisung nach Art. 4 Abs. 5 FKVO daher nach überzeugender Ansicht aus, wenn der Zusammenschluss im Zeitpunkt der Antragstellung auch nur in einem Mitgliedstaat vollzogen wurde.[1040]

Diese Lösung ist nicht nur mit dem Wortlaut des Art. 4 Abs. 5 und des Art. 7 Abs. 1 FKVO vereinbar. Sie vermeidet auch die in der Literatur gegen den ersten und zweiten Ansatz vorgebrachten praktischen und rechtsstaatlichen Bedenken und wird dabei in vollem Umfang der Intention des Unionsgesetzgebers beim Erlass der FKVO 2004 gerecht, die – sprachlich etwas unvollkommen – in der Formulierung „der […] geprüft werden soll“ ihren Ausdruck gefunden hat: Ein Zusammenschluss, der durch Verweisung nach Art. 4 Abs. 5 FKVO in die Zuständigkeit der Kommission fällt, darf auch vorher zu keinem Zeitpunkt vollzogen worden sein. Die Wirksamkeit der Sachentscheidung der Kommission soll möglichst umfassend gewährleistet, Entflechtungen sollen vermieden werden. Dies ist nach der hier vertretenen Ansicht sowohl im Zeitraum vor der Antragstellung nach Art. 4 Abs. 5 Unterabs. 1 FKVO als auch danach gewährleistet – wenn auch auf unterschiedliche Weise: Ab Einreichung des Antrags gilt nach Art. 7 Abs. 1 FKVO das unionsrechtliche Vollzugsverbot. Dagegen verstößt der Vollzug vor Antragstellung nicht gegen Art. 7 Abs. 1 FKVO. Weil aber die Verweisung nach Art. 4 Abs. 5 FKVO nur eintreten kann, wenn der betreffende Zusammenschluss vor Antragstellung noch in keinem Mitgliedstaat vollzogen wurde, hindert der Vollzug des Vorhabens vor Stellung des Verweisungsantrags die Verweisung als solche. Es liegt vor Antragstellung im Interesse der beteiligten Unternehmen, die sich die Möglichkeit einer Verweisung an die Kommission offen halten möchten, mit dem Vollzug zumindest bis zu dem Zeitpunkt zuzuwarten, zu dem klar ist,

---

1038 Mitteilung der Kommission über die Verweisung von Fusionssachen, ABl. C 56/2 vom 5. März 2005, Rn. 67 und 69.

1039 In diesem Sinne auch Körber, WuW 2007, 330, 338: „Wenn die gesetzlichen Voraussetzungen für die Vermutung des Art. 4 Abs. 5 Unterabs. 5 nicht vorliegen, fällt der Zusammenschluss nicht in die Zuständigkeit der Kommission. Es gilt das innerstaatliche Recht.“

1040 Wie hier Wagemann in: Wiedemann, Handb KartR (2020), § 17 Rn. 180.

dass ein solcher Antrag nicht gestellt wird. Wird der Zusammenschluss vor Antragstellung vollzogen, ist dies aus unionsrechtlicher Sicht gleichgültig, da der Zusammenschluss vorbehaltlich einer späteren Verweisung an die Kommission nach Art. 22 FKVO nunmehr endgültig nicht der FKVO unterliegt. Wird der Zusammenschluss dagegen vor Antragstellung nicht vollzogen, erfüllt dies faktisch die Zwecke des Vollzugsverbots, obwohl Letzteres de iure gar nicht anwendbar war.

(2) Eintrittsvoraussetzungen

Anders als bei aufdrängenden Verweisungen *nach* Anmeldung gemäß Art. 22 FKVO hängt der Eintritt der Verweisungswirkungen bei Verweisungen *vor* Anmeldung nach Art. 4 Abs. 5 FKVO nicht von der Annahme des Verweisungsantrags durch die Kommission ab. Nach Art. 4 Abs. 5 Unterabs. 2 FKVO leitet die Kommission den Verweisungsantrag nach Erhalt unverzüglich an alle Mitgliedstaaten weiter. Eine Prüfung der Verweisungsvoraussetzungen durch die Kommission ist in der FKVO nicht vorgesehen.[1041] Die Verweisung wird nach Art. 4 Abs. 5 Unterabs. 5 FKVO wirksam, wenn die 15-tägige Widerspruchsfrist des Art. 4 Abs. 5 Unterabs. 3 FKVO i.V.m. Art. 7 ff., 24 FKVO-DVO abgelaufen ist, ohne dass auch nur ein Mitgliedstaat der Verweisung widersprochen hat. Damit die Frist überhaupt zu laufen beginnt, müssen jedoch die Voraussetzungen für die Anwendbarkeit des Art. 4 Abs. 5 Unterabs. 1 FKVO vorliegen. Dazu gehört nach hier vertretener Auffassung nicht nur, dass der Zusammenschluss im Zeitpunkt der Antragstellung noch in keinem Mitgliedstaat angemeldet wurde, sondern auch, dass er im selben Zeitpunkt in keinem Mitgliedstaat vollzogen wurde. Ist Letzteres der Fall, treten die Verweisungswirkungen nicht ein, d.h. es bleibt bei der ausschließlichen Zuständigkeit der mitgliedstaatlichen Behörden und der ausschließlichen Anwendbarkeit des mitgliedstaatlichen Wettbewerbsrechts. In diesem Fall ist kein Grund ersichtlich, warum mit Antragstellung das Vollzugsverbot des Art. 7 Abs. 1 FKVO eintreten sollte.

1041 Dazu Schroeder in: MK-EuWettbR (2020), Art. 4 FKVO Rn. 148.

(3) Keine zeitlich-gegenständliche Beschränkung

Im Gegensatz zu Art. 22 Abs. 4 Unterabs. 1 S. 2 FKVO („soweit"), der die Hypothese einer aufdrängenden Verweisung *nach* Anmeldung betrifft, enthält die FKVO für aufdrängende Verweisungen *vor* Anmeldung keine spezielle Regelung für den Fall, dass ein Zusammenschluss bei Eintritt des unionsrechtlichen Vollzugsverbots bereits teilweise vollzogen wurde. Die Einordnung dieses Befunds hängt davon ab, ob man in den Fällen des Art. 4 Abs. 5 FKVO eine Verweisungsmöglichkeit auch für Zusammenschlüsse annimmt, die im Zeitpunkt der Einreichung des Verweisungsantrags nach Art. 4 Abs. 5 Unterabs. 1 FKVO bereits teilweise vollzogen wurden. Lehnt man diese Möglichkeit, wie hier vertreten wird, ab, erklärt sich das Fehlen einer speziellen Regelung mit dem fehlenden Regelungsbedürfnis, denn dann kann auch das unionsrechtliche Vollzugsverbot nicht eintreten. Die hier vertretene Auffassung führt also nicht nur zu sachgerechten Ergebnissen; sie könnte auch erklären, warum der Gesetzgeber in Art. 7 Abs. 1 FKVO, anders als in Art. 22 Abs. 4 Unterabs. 1 S. 2 FKVO, keine zeitlich-gegenständliche Beschränkung des Vollzugsverbots vorgesehen hat.[1042]

bb. Erlöschen des Vollzugsverbots

Ist das unionsrechtliche Vollzugsverbot mit der Stellung des Verweisungsantrags nach Art. 4 Abs. 5 Unterabs. 1 FKVO eingetreten und lehnt kein Mitgliedstaat innerhalb der 15-Tage-Frist des Art. 4 Abs. 5 Unterabs. 3 FKVO i.V.m. Art. 7 ff., 24 FKVO-DVO die Verweisung ab, gilt das Vollzugsverbot fort, bis es nach den allgemeinen Regeln,[1043] im Normalfall also mit Wirksamwerden der Genehmigungsentscheidung, erlischt.

1042 Nimmt man dagegen auch für bereits teilweise vollzogene Zusammenschlüsse eine Verweisungsmöglichkeit nach Art. 4 Abs. 5 FKVO an, liegt es nahe, den Rechtsgedanken des Art. 22 Abs. 4 Unterabs. 1 S. 2 FKVO auf diese Fälle zu übertragen und mit Eintritt des unionsrechtlichen Vollzugsverbots, d.h. mit Einreichung des Verweisungsantrags bei der Kommission, „jegliche weiteren Vollzugshandlungen in sämtlichen Mitgliedstaaten für unzulässig" zu erachten (Wessely in: MK-EuWettbR (2020), Art. 7 FKVO Rn. 18 a.E). Wie in den Fällen des Art. 22 FKVO kann der Eintritt des Vollzugsverbots dann zumindest den weiteren Vollzug unterbinden.

1043 Dazu oben Kapitel 4 A.II.1.bC.I.2.

Lehnt mindestens ein Mitgliedstaat den Verweisungsantrag fristgerecht nach Art. 4 Abs. 5 Unterabs. 4 FKVO ab, schlägt die Verweisung fehl und das zu diesem Zeitpunkt geltende Vollzugsverbot erlischt. Damit die Abschreckungswirkung des Art. 7 Abs. 1 FKVO im Vorfeld gewährleistet ist, muss für Verstöße im Zeitraum bis zur Ablehnung eine Bußgeldverhängung nach Art. 14 Abs. 2 Buchst. b FKVO möglich bleiben. Das Erlöschen wirkt damit ex nunc.

cc. Verhältnis zu den wettbewerbsrechtlichen Vollzugsregelungen der Mitgliedstaaten

Im Zeitraum zwischen der Stellung des Verweisungsantrags nach Art. 4 Abs. 5 Unterabs. 1 FKVO und dem Ablauf der Widerspruchsfrist nach Art. 4 Abs. 5 Unterabs. 3 FKVO i.V.m. Art. 7 ff., 24 FKVO-DVO gelten noch uneingeschränkt die innerstaatlichen wettbewerbsrechtlichen Vorschriften der Mitgliedstaaten. Dies folgt im Umkehrschluss aus der Bezugnahme des Art. 4 Abs. 5 Unterabs. 5 S. 2 FKVO auf den vorangehenden S. 1, wonach das innerstaatliche Wettbewerbsrecht der Mitgliedstaaten „[i]n diesem Fall“ (engl.: „In such situations“; franz.: „Dans ce cas“), d.h. mit Ablauf der Widerspruchsfrist, unanwendbar wird. Wie oben gesehen, umfasst der Begriff des „innerstaatlichen Wettbewerbsrechts“ im Sinne der FKVO auch die wettbewerbsrechtlichen Vollzugsregelungen der Mitgliedstaaten. Da das Vollzugsverbot des Art. 7 Abs. 1 FKVO in den Fällen des Art. 4 Abs. 5 FKVO bereits mit der Einreichung des Verweisungsantrags nach Art. 4 Abs. 5 Unterabs. 1 FKVO eintritt, die wettbewerbsrechtlichen Vollzugsregelungen der Mitgliedstaaten aber erst mit Ablauf der Widerspruchsfrist unanwendbar werden, gelten bis zum Fristablauf nach Art. 4 Abs. 5 Unterabs. 3 FKVO nach dem Verordnungstext sowohl die wettbewerbsrechtlichen Vollzugsregelungen der Mitgliedstaaten als auch das unionsrechtliche Vollzugsverbot des Art. 7 Abs. 1 FKVO. Damit ist dieselbe Situation wie in den Fällen des Art. 22 FKVO im Zeitraum zwischen der Mitteilung des Antragseingangs an die beteiligten Unternehmen (Art. 22 Abs. 2 Unterabs. 1 FKVO) und dem Eintritt der Verweisungswirkungen (Art. 22 Abs. 3 Unterabs. 1 FKVO) gegeben. Insoweit wird auf die oben gemachten Ausführungen verwiesen.

d. Verweisungen nach Art. 9 FKVO

Die sogenannte „deutsche Klausel“ des Art. 9 FKVO regelt den Fall der Verweisung eines Vorhabens an die zuständigen Behörden eines oder mehrerer Mitgliedstaaten („abdrängende Verweisung“) *nach* Anmeldung bei der Kommission.[1044] Die Antragsberechtigung liegt, wie in den Fällen des Art. 22 FKVO, bei den Mitgliedstaaten. Die Verweisung wird in den Fällen einer ausdrücklichen Entscheidung durch die Kommission mit deren Bekanntgabe nach Art. 9 Abs. 3 Unterabs. 1 Buchst. b FKVO i.V.m. Art. 288 Abs. 4, Art. 297 Abs. 2 Unterabs. 3 AEUV, in den Fällen des Art. 9 Abs. 5 FKVO mit dem Ablauf der Frist des Art. 9 Abs. 4 Buchst. b FKVO i.V.m. Art. 7 ff., 24 FKVO-DVO ex nunc wirksam.

Aus Art. 9 Abs. 3 Unterabs. 1 Buchst. b FKVO ergibt sich, dass ab diesem Zeitpunkt das innerstaatliche Wettbewerbsrecht des oder der betroffenen Mitgliedstaaten anzuwenden ist.[1045] Hierzu zählt, wie im Rahmen des Art. 21 Abs. 3 Unterabs. 1 FKVO,[1046] neben dem materiellen auch das formelle Wettbewerbsrecht, namentlich das nationale Fusionskontrollverfahrensrecht.[1047] Das würde an sich bedeuten, dass mit der Bekanntgabe der Entscheidung im Sinne des Art. 9 Abs. 3 Unterabs. 1 Buchst. b FKVO bzw. dem Eintritt der Vermutung des Art. 9 Abs. 5 FKVO im Verweisungsumfang die innerstaatlichen wettbewerbsrechtlichen Vollzugsregelungen des bzw. der betroffenen Mitgliedstaaten Anwendung finden. Da die beteiligten Unternehmen aber nicht Adressaten der Verweisungsentscheidung nach Art. 9 FKVO sind, ist aus Gründen der Rechtssicherheit der Zugang der Mitteilung nach Art. 9 Abs. 1 Hs. 2 FKVO bei den beteiligten Unternehmen zu fordern. Verweist die Kommission ein Vorhaben also z.B. vollständig an das Bundeskartellamt, gilt ab dem Zeitpunkt des Zugangs der Mitteilung an die beteiligten Unternehmen vorbehaltlich einer Ausnahme nach Art. 41 Abs. 1a und 2 GWB das Vollzugsverbot des § 41 Abs. 1

1044 Vgl. oben Kapitel 4 A.II.2.a.

1045 Dagegen bleiben die innerstaatlichen Wettbewerbsvorschriften der nicht von der Verweisung betroffenen Mitgliedstaaten wie in den Fällen des zu Art. 4 Abs. 4 FKVO (dazu unten Fn. 1056) unanwendbar.

1046 Dazu oben Kapitel 4 A.II.1.d.bb.

1047 So auch Seitz, One-stop shop und Subsidiarität (2002), 127; Schütz in: KK-KartR (2013), Art. 9 FKVO Rn. 25; Westermann in: Loewenheim u.a., KartR (2020), Art. 9 FKVO Rn. 27; differenzierend Wagemann in: Wiedemann, Handb KartR (2020), § 17 Rn. 161.

GWB.[1048] Gleichzeitig endet die Anwendbarkeit der FKVO[1049] und die im Einzelfall nach Art. 7 Abs. 1 bis 3 FKVO geltende Vollzugsregelung erlischt.[1050] Im Falle einer vollständigen Verweisung an die Behörden eines Mitgliedstaats ohne automatisches Vollzugsverbot – etwa Italien[1051] – kann der Zusammenschluss daher mit dem Zugang der Mitteilung grundsätzlich vollzogen werden.

Wird ein Fall nur teilweise an die mitgliedstaatliche Ebene verwiesen (vgl. Art. 9 Abs. 3 Unterabs. 1 Buchst. b und Unterabs. 3 FKVO), gilt die FKVO – und mit ihr die Vorschrift des Art. 7 – in Ansehung des nicht verwiesenen Teils fort. Umgekehrt gelten für den verwiesenen Teil die innerstaatlichen Wettbewerbsvorschriften des bzw. der betroffenen Mitgliedstaaten – und mit ihnen die innerstaatlichen Vollzugsregelungen.[1052] Wird eine Verweisungsentscheidung der Kommission im Sinne des Art. 9 FKVO gerichtlich aufgehoben, erlöschen die wettbewerbsrechtlichen Vollzugsregelungen der Mitgliedstaaten und die im Verweisungszeitpunkt geltende

---

1048 Janicki in: Schwerpunkte des Kartellrechts 1992/93 (1994), 63, 75; Röhling, Europäische Fusionskontrolle und Subsidiaritätsprinzip (2002), 231 f.; Westermann in: Loewenheim u.a., KartR (2020), Art. 9 FKVO Rn. 27; Wagemann in: Wiedemann, Handb KartR (2020), § 17 Rn. 161. Für den Fall, dass die Kommission zuvor nach Art. 7 Abs. 3 FKVO (ex-Art. 7 Abs. 4 FKVO 1997) eine Freistellung vom unionsrechtlichen Vollzugsverbot erteilt hat, vertritt Röhling (ebenda) die Auffassung, dass entweder die Freistellung durch die Kommission „weiter Gültigkeit haben" oder das Bundeskartellamt eine „inhaltlich identische" Freistellung (dort: „Befreiung") nach § 41 Abs. 2 GWB erteilen müsse.

1049 Seitz, One-stop shop und Subsidiarität (2002), 127.

1050 Dem steht auch nicht der Wortlaut des Art. 7 Abs. 1 FKVO entgegen, wonach das unionsrechtliche Vollzugsverbot für jeden „Zusammenschluss von gemeinschaftsweiter [heute: EU-weiter] Bedeutung im Sinne des Artikels 1" gilt. Zwar handelt es sich auch in den Fällen des Art. 9 FKVO um Zusammenschlüsse von EU-weiter Bedeutung. Die Unanwendbarkeit des Art. 7 FKVO folgt aber aus der Unanwendbarkeit der FKVO als solcher, die mit Ausnahme der Regelungen der Art. 9 Abs. 6 bis 9 FKVO mit dem Wirksamwerden der Verweisung eintritt. Auch in Art. 1 Abs. 1 FKVO, der den Anwendungsbereich der FKVO als solcher definiert, sind nur dessen mögliche Erweiterungen („Unbeschadet des Artikels 4 Absatz 5 und des Artikels 22 […]"), nicht aber mögliche Beschränkungen (wie in den Fällen des Art. 4 Abs. 4 und des Art. 9 FKVO) geregelt.

1051 Vgl. oben Kapitel 4 A.II.2.b.bb. Dagegen scheidet eine Verweisung an die luxemburgischen Behörden aus, da Luxemburg über kein eigenes Fusionskontrollsystem verfügt.

1052 So auch Mäger in: Mäger, EuKartR (2011), Kap. 8 Rn. 329.

unionsrechtliche Vollzugsregelung nach Art. 7 Abs. 1 bis 3 FKVO lebt wieder auf.[1053]

e. Verweisungen nach Art. 4 Abs. 4 FKVO

Art. 4 Abs. 4 FKVO regelt den Fall der Verweisung eines Zusammenschlusses von EU-weiter Bedeutung im Sinne der Art. 1 und 3 FKVO an die zuständigen Behörden eines oder mehrerer Mitgliedstaaten („abdrängende Verweisung") *vor* Anmeldung des Vorhabens bei der Kommission.[1054] Die Antragsberechtigung liegt, wie in den Fällen des Art. 4 Abs. 5 FKVO, nicht bei den Mitgliedstaaten, sondern den beteiligten Unternehmen. Die Verweisung wird in den Fällen einer ausdrücklichen Entscheidung durch die Kommission mit deren Bekanntgabe nach Art. 4 Abs. 4 Unterabs. 3 FKVO i.V.m. Art. 288 Abs. 4, Art. 297 Abs. 2 Unterabs. 3 AEUV, in den Fällen des Art. 4 Abs. 4 Unterabs. 4 S. 3 FKVO mit dem Ablauf der Frist des Art. 4 Abs. 4 Unterabs. 4 S. 1 FKVO i.V.m. Art. 7 ff., 24 FKVO-DVO ex nunc wirksam.

Nach Art. 4 Abs. 4 Unterabs. 5 S. 2 FKVO finden von diesem Zeitpunkt an die Wettbewerbsvorschriften des oder der betroffenen Mitgliedstaaten – und damit die innerstaatlichen wettbewerbsrechtlichen Vollzugsregelungen[1055] – Anwendung.[1056] Gleichzeitig endet die Anwendbarkeit der

---

1053 Vgl. oben Kapitel 4 A.II.1.c.bb.

1054 Dazu oben Kapitel 4 A.II.2.a. Vgl. auch insoweit die Reformüberlegungen der Kommission im Weißbuch „Eine wirksamere EU-Fusionskontrolle" vom 9. Juli 2014 (oben Fn. 29), Rn. 65 ff. und im Arbeitspapier (oben Fn. 76), Rn. 161 ff. Die folgenden Ausführungen beziehen sich auf die bestehende Rechtslage.

1055 So auch WESSELY in: MK-EuWettbR (2020), Art. 7 FKVO Rn. 19; ROSENTHAL/ THOMAS, European Merger Control (2010), Kap. E Rn. 42. Zu beachten ist, dass die von RÖHLING zu den Fällen des Art. 9 FKVO vertretene Auffassung, wonach eine vor Verweisung erwirkte Freistellung vom unionsrechtlichen Vollzugsverbot nach Art. 7 Abs. 3 FKVO (ex-Art. 7 Abs. 4 FKVO 1997) sich später auf die innerstaatliche Vollzugsregelung auswirken muss (dazu oben Fn. 1048), in den Fällen des Art. 4 Abs. 4 FKVO praktisch kaum relevant werden dürfte. Denn nach Auffassung der Kommission wäre ein vor Anmeldung nach Art. 7 Abs. 3 FKVO gestellter Freistellungsantrag nicht mit der Absicht vereinbar, einen Antrag auf Verweisung nach Art. 4 Abs. 4 FKVO zu stellen (Mitteilung der Kommission über die Verweisung von Fusionssachen, ABl. C 56/2 vom 5. März 2005, dort Fn. 51).

1056 Dagegen bleiben die innerstaatlichen Wettbewerbsvorschriften der nicht von der Verweisung betroffenen Mitgliedstaaten unanwendbar; vgl. Mitteilung

FKVO[1057] und die im Einzelfall nach Art. 7 Abs. 1 bis 3 FKVO geltende Vollzugsregelung erlischt.[1058] Im Falle einer vollständigen Verweisung an die Behörden eines Mitgliedstaats ohne automatisches Vollzugsverbot – etwa Italien[1059] – kann der Zusammenschluss daher wie in den Fällen des Art. 9 FKVO vorbehaltlich des Eingreifens drittstaatlicher Vollzugsverbote mit der Bekanntgabe vollzogen werden.

Wird ein Fall nur teilweise an die mitgliedstaatliche Ebene verwiesen, gilt die FKVO – und mit ihr die Vorschrift des Art. 7 – in Ansehung des nicht verwiesenen Teils fort.[1060] Umgekehrt werden die innerstaatlichen Wettbewerbsvorschriften des oder der betroffenen Mitgliedstaaten – und mit ihnen die innerstaatlichen Vollzugsregelungen – für den verwiesenen Teil anwendbar.[1061] Dies widerspricht zwar dem Wortlaut des Art. 4 Abs. 4 Unterabs. 5 S. 1 FKVO, der diese Rechtsfolge nur bei „Verweisung des gesamten Falles" anordnet. Allerdings ist die letztgenannte Regelung nach allgemeiner Auffassung sprachlich missglückt.[1062] Gemeint ist, dass die *Anmeldung bei der Kommission* nur im Falle einer Verweisung des gesamten Falles unterbleiben kann. Dies zeigt nicht zuletzt Art. 4 Abs. 4 Unterabs. 3 FKVO, der die Möglichkeit der Teilverweisung und deren Rechtsfolge – Anwendung des mitgliedstaatlichen Wettbewerbsrechts – nennt, ohne Letztere auf Vollverweisungsfälle zu beschränken. Es wäre im Übrigen auch kein Grund ersichtlich, warum Teilverweisungen vor und nach Anmeldung hier unterschiedlich behandelt werden sollten.

Wird eine Verweisungsentscheidung der Kommission im Sinne des Art. 4 Abs. 4 FKVO gerichtlich aufgehoben, gilt das zu Art. 9 FKVO Gesag-

---

der Kommission über die Verweisung von Fusionssachen, ABl. C 56/2 vom 5. März 2005, dort Fn. 40 a.E.

1057 Seitz, One-stop shop und Subsidiarität (2002), 127.

1058 So auch Wessely in: MK-EuWettbR (2020), Art. 7 FKVO Rn. 19; Körber in: Immenga/Mestmäcker, WettbR/Bd. 3 (2020), Art. 7 FKVO Rn. 5 a.E.; Rosenthal/Thomas, European Merger Control (2010), Kap. E Rn. 42. Dem steht auch nicht der Wortlaut des Art. 7 Abs. 1 FKVO entgegen; insoweit gelten die oben in Fn. 1050 gemachten Ausführungen entsprechend.

1059 Vgl. bereits oben Kapitel 4 A.II.2.b.bb. Dagegen scheidet eine Verweisung an die luxemburgischen Behörden aus, da Luxemburg über kein eigenes Fusionskontrollsystem verfügt.

1060 Mitteilung der Kommission über die Verweisung von Fusionssachen, ABl. C 56/2 vom 5. März 2005, dort Fn. 40.

1061 Mitteilung der Kommission über die Verweisung von Fusionssachen, ABl. C 56/2 vom 5. März 2005, dort Fn. 40. Speziell zu den innerstaatlichen Vollzugsregelungen wie hier Mäger in: Mäger, EuKartR (2011), Kap. 8 Rn. 329.

1062 Vgl. Schroeder in: MK-EuWettbR (2020), Art. 4 FKVO Rn. 124.

te entsprechend, d.h. die wettbewerbsrechtlichen Vollzugsregelungen der Mitgliedstaaten erlöschen und die im Zeitpunkt der Verweisung geltende unionsrechtliche Vollzugsregelung nach Art. 7 Abs. 1 bis 3 FKVO lebt wieder auf.

3. Besonderheiten im Rüstungssektor (Art. 346 Abs. 1 Buchst. b AEUV)

Die Vorschrift des Art. 346 Abs. 1 Buchst. b AEUV (ex-Art. 296 Abs. 1 Buchst. b EGV 1997) eröffnet den Mitgliedstaaten in engen Grenzen die Möglichkeit, Zusammenschlüsse zumindest teilweise der Anwendbarkeit der FKVO zu entziehen. Vor dem Hintergrund des Untersuchungsanliegens stellt sich die Frage, ob und ggf. unter welchen Voraussetzungen ein Mitgliedstaat das Vollzugsverbot des Art. 7 Abs. 1 FKVO „aus den Angeln heben" könnte. Ein solches Vorgehen käme einer „Freistellung" vom Vollzugsverbot jenseits der Hypothesen des Art. 7 Abs. 3 FKVO gleich. Erteilt würde diese „Freistellung" nicht durch die Kommission, sondern durch einen oder mehrere Mitgliedstaaten.

Nach Art. 346 Abs. 1 Buchst. b AEUV kann jeder Mitgliedstaat

> „die Maßnahmen ergreifen, die seines Erachtens für die Wahrung seiner wesentlichen Sicherheitsinteressen erforderlich sind, soweit sie die Erzeugung von Waffen, Munition und Kriegsmaterial oder den Handel damit betreffen",

vorausgesetzt, dass diese Maßnahmen

> „auf dem Binnenmarkt die Wettbewerbsbedingungen hinsichtlich der nicht eigens für militärische Zwecke bestimmten Waren nicht beeinträchtigen".

Die Vorschrift betrifft den Rüstungssektor, nimmt ihn aber nicht generell vom Anwendungsbereich des Unionsrechts aus.[1063] Vielmehr eröffnet sie den Mitgliedstaaten die Möglichkeit, sich über ihre primär- und sekundärrechtlichen Pflichten, ggf. also auch über die Bestimmungen der FKVO,[1064] hinwegzusetzen. Beruft sich ein Mitgliedstaat auf die Rege-

---

1063 Karpenstein in: Schwarze, EU-Kommentar (2019), Art. 346 AEUV Rn. 2; Jaeckel in: Grabitz/Hilf/Nettesheim, Das Recht der Europäischen Union (46. EL 2011), Art. 346 AEUV Rn. 3.

1064 Vgl. den 19. Erwägungsgrund zur FKVO (28. Erwägungsgrund zur FKVO 1989); dazu auch Kommission, Erklärungen für das Ratsprotokoll vom 19. Delung,[1065] kann dies dazu führen, dass von der Anwendung der betreffenden Bestimmungen abgesehen werden muss.

Von der Vorgängerregelung des Art. 346 Abs. 1 Buchst. b AEUV wurde mehrfach auch in Zusammenschlussfällen Gebrauch gemacht. Rechtstechnisch gingen die Mitgliedstaaten dabei ursprünglich wie folgt vor: Sie wiesen die nach Art. 4 Abs. 2 FKVO zur Anmeldung befugten Personen bzw. Unternehmen an, die rein militärischen Aspekte des betreffenden Zusammenschlusses nicht bei der Kommission anzumelden. Die Kommission akzeptierte dieses Vorgehen in einer Reihe von Fällen[1066] und wandte die FKVO nur auf die angemeldeten Aspekte an, nachdem ihr die betreffenden Mitgliedstaaten die Gründe für ihr Vorgehen erläutert und dadurch eine Überprüfung der Voraussetzungen ermöglicht hatten. Nach gängiger Praxis konnten die Mitgliedstaaten damit den militärischen Teil eines Zusammenschlusses der Zuständigkeit der Kommission und der Anwendbarkeit der FKVO entziehen.[1067]

Seit dem Jahr 2004 verfährt die Kommission strenger. Die deutsche Bundesregierung hatte den Stahlkonzern *ThyssenKrupp*, die Werft *HDW* und den Finanzinvestor *One Equity Partners* angewiesen, den militärischen Teil der geplanten Übernahme der *HDW* durch *ThyssenKrupp* nicht anzumelden und zu diesem Teil des Zusammenschlusses auch keine Angaben zu

---

zember 1989, abgedruckt in Bull. EG, Beilage 2/90, 23, 25: „Die in diesem Artikel enthaltene Einschränkung [...] müßte beachtet werden."

1065 Der betreffende Mitgliedstaat hat nach ständiger Rechtsprechung den Nachweis zu führen, dass die von ihm getroffenen Maßnahmen die tatbestandlichen Grenzen nicht überschreiten; dazu EuGH, Urteil vom 16. September 1999, Rs. C-414/97, *Kommission/Spanien*, ECLI:EU:C:1999:417, Rn. 22; Urteil vom 15. Dezember 2009, Rs. C-409/05, *Kommission/Griechenland*, ECLI:EU:C:2009:782, Rn. 54; Urteil vom 4. März 2010, Rs. C-38/06, *Kommission/Portugal*, ECLI:EU:C:2010:108, Rn. 66. Dabei kommt ihm wegen des Wortlauts des Art. 346 Abs. 1 Buchst. b Hs. 1 AEUV („seines Erachtens") allerdings eine Einschätzungsprärogative zu; dazu EuG, Urteil vom 30. September 2003, Rs. T-26/01, *Fiocchi munizioni*, ECLI:EU:T:2003:248, Rn. 58. Grenzen setzt insoweit die Missbrauchskontrolle nach Art. 348 S. 2, 3 AEUV (ex-Art. 298 Abs. 2 EGV 1997).

1066 So z.B. Kommission, Entscheidung vom 24. November 1994, IV/M.528, *British Aerospace/VSEL*, Rn. 1 und 9 ff.; vom 7. Dezember 1994, IV/M.529, *GEC/VSEL*, Rn. 1 und 9 ff.; vom 15. Mai 1996, IV/M.724, *GEC/Thomson-CSF* (II), Rn. 1 und 10 ff.; vom 23. September 1996, IV/M.820, *British Aerospace/Lagardère*, Rn. 2 und 11 ff.; vom 28. August 1998, IV/M.1258, *GEC Marconi/Alenia*, Rn. 2 und 14 ff.; vom 28. April 1999, IV/M.1309, *Matra/Aérospatiale*, Rn. 2 und 15 ff.

1067 Körber in: Immenga/Mestmäcker, WettbR/Bd. 3 (2020), Art. 21 FKVO Rn. 40 f.; Schild in: MK-EuWettbR (2020), Art. 21 FKVO Rn. 36 ff.

machen.[1068] Die Kommission vertrat nunmehr die Auffassung, eine solche Anweisung könne nur gerechtfertigt sein, wenn bereits die Anmeldung als solche wesentliche Sicherheitsinteressen berühre.[1069] Die Bundesregierung erklärte sich schließlich ohne Anerkennung einer Rechtspflicht dazu bereit, die beteiligten Unternehmen zu ermächtigen, auch Angaben zum militärischen Teil des Zusammenschlusses zu machen.[1070] Am Ende wurde der Zusammenschluss einschließlich seines militärischen Teils genehmigt.

Folgt man der geänderten Rechtsauffassung der Kommission, können die Mitgliedstaaten die Anmeldung des militärischen Teils eines Zusammenschlusses und die Anwendbarkeit der Vorschriften der FKVO heute in der Mehrzahl der Fälle nicht mehr verhindern. Eine Gefährdung wesentlicher Sicherheitsinteressen eines Mitgliedstaates durch die Anmeldung als solche wird nur selten vorliegen, weil die Mitglieder und Bediensteten der Kommission nach Art. 17 Abs. 2 FKVO und Art. 339 AEUV (ex-Art. 287 EGV 1997) zur Wahrung des Berufsgeheimnisses verpflichtet sind.[1071] In der Literatur wird deshalb davon ausgegangen, dass Art. 346 Abs. 1 Buchst. b AEUV den Mitgliedstaaten im Grunde nur noch die Möglichkeit eröffnet, eine (Teil-) Untersagung durch die Kommission zu verhindern.[1072] Allerdings stellt sich die Frage, ob die Mitgliedstaaten die beteiligten Unternehmen bei Vorliegen der Voraussetzungen des Art. 346 Abs. 1 Buchst. b AEUV, wenn schon nicht von der Anmeldepflicht, so doch zumindest vom Vollzugsverbot „freistellen“ können.

Bei genauerer Betrachtung zeigt sich, dass der von der Kommission eingeschlagene Weg den Mitgliedstaaten einen weiteren Handlungsspielraum belässt als dies zunächst scheinen mag. Die Kommission ist im Fall *ThyssenKrupp/HDW* zu einer differenzierten Betrachtungsweise übergegangen, die dem Tatbestandsmerkmal der Erforderlichkeit in Art. 346 Abs. 1 Buchst. b AEUV stärkeres Gewicht zumisst. Danach können die

---

1068 Vgl. Kommission, Entscheidung vom 10. Dezember 2004, COMP/M.3596, *ThyssenKrupp/HDW*, Rn. 2.

1069 Dazu Käseberg in: Langen/Bunte, EuKartR (2018), Art. 21 FKVO Rn. 19.

1070 Vgl. Kommission, Entscheidung vom 10. Dezember 2004, COMP/M.3596, *ThyssenKrupp/HDW*, Rn. 3.

1071 Dittert in: Schröter/Jakob/Klotz/Mederer, EuWettbR (2014), Art. 21 FKVO Rn. 58; Lübking/Dittert in: Drauz/Jones, EU Competition Law, Vol. II, Mergers and Acquisitions (2012), Rn. 2.349.

1072 Käseberg in: Langen/Bunte, EuKartR (2018), Art. 21 FKVO Rn. 19; zurückhaltender Körber in: Immenga/Mestmäcker, WettbR/Bd. 3 (2020), Art. 21 FKVO Rn. 42 („jedenfalls“ Berufung auf Art. 346 Abs. 1 Buchst. b AEUV zur Abwendung einer Untersagung möglich).

Mitgliedstaaten nur solche Maßnahmen treffen, die erforderlich sind, um ihre wesentlichen Sicherheitsinteressen zu wahren. Diesen Voraussetzungen mögen Weisungen an die beteiligten Unternehmen, sich über die Anmeldepflicht des Art. 4 Abs. 1 FKVO hinwegzusetzen, in der Regel nicht genügen. In Bezug auf die sonstigen Regelungen der FKVO ist die Erforderlichkeit mitgliedstaatlicher Maßnahmen aber jeweils gesondert zu prüfen. Dies muss auch für das Vollzugsverbot gelten.

Auf Grundlage der von der Kommission vertretenen Auffassung erscheint es deshalb im Einzelfall möglich, dass ein Mitgliedstaat die Anwendung des Art. 7 Abs. 1 FKVO – und damit die Geltung des darin enthaltenen Vollzugsverbots – auf den nichtmilitärischen Teil eines Zusammenschlusses beschränkt. Dies setzt voraus, dass das Vollzugsverbot seine wesentlichen Sicherheitsinteressen berührt und durch den Vollzug keine Beeinträchtigung der Wettbewerbsbedingungen für nicht eigens für militärische Zwecke bestimmte Waren zu erwarten ist. Eine Beeinträchtigung wesentlicher Sicherheitsinteressen erscheint insbesondere denkbar, wenn sich die dem Vollzugsverbot innewohnende Verzögerungsgefahr realisiert und die hieraus für die beteiligten Unternehmen folgenden Nachteile[1073] auf wesentliche Sicherheitsinteressen der betreffenden Mitgliedstaaten durchschlagen, z.B., weil die Gefahr des Scheiterns eines sicherheitspolitisch gewollten Zusammenschlusses steigt.

4. Sonderproblem: Vollzugsverbot „kraft Anmeldung“?

Erfüllt ein Vorhaben die Voraussetzungen des Art. 3 FKVO oder die Umsatzschwellen des Art. 1 FKVO nicht und liegt auch kein Fall des Art. 4 Abs. 5 oder des Art. 22 FKVO vor, bleibt es bei der originären Anwendbarkeit der mitgliedstaatlichen Wettbewerbsbestimmungen und bei der ausschließlichen Zuständigkeit der Mitgliedstaaten.[1074] Wird ein solches Vorhaben dennoch bei der Kommission angemeldet, hat diese durch Entscheidung nach Art. 6 Abs. 1 Buchst. a FKVO festzustellen, dass es nicht in den Anwendungsbereich der Verordnung fällt. In diesen – in der Praxis seltenen[1075] – Fällen wirft die Bestimmung der geltenden Vollzugsre-

---

1073 Dazu oben Kapitel 2.

1074 Vgl. den 8. Erwägungsgrund zur FKVO sowie Mitteilung der Kommission über die Verweisung von Fusionssachen, ABl. C 56/2 vom 5. März 2005, Rn. 2.

1075 Förmliche Entscheidungen nach Art. 6 Abs. 1 Buchst. a FKVO sind in den letzten Jahren selten geworden, kommen aber immer noch vor; vgl. die fortgelung Fragen auf, die am Grundverständnis der wettbewerbsrechtlichen Kompetenzordnung innerhalb der EU rühren und daher Anlass zu näherer Betrachtung geben.

a. Problemstellung

Die Unsicherheiten betreffen die Rechtslage zwischen der Anmeldung bei der Kommission und der Entscheidung nach Art. 6 Abs. 1 Buchst. a FKVO. Eine am Verordnungswortlaut orientierte Auslegung führt in solchen Fällen zu dem Ergebnis, dass die Kommission zwar förmlich mit der Prüfung des Falles befasst ist, das Vollzugsverbot der FKVO jedoch nicht eingreift. Stattdessen scheinen während des gesamten Zeitraums die wettbewerbsrechtlichen Vollzugsregelungen der Mitgliedstaaten zu gelten. Grund hierfür ist, dass sowohl die Geltung des Vollzugsverbots nach Art. 7 Abs. 1 FKVO als auch der Eintritt der Sperrwirkung zu Lasten der mitgliedstaatlichen Vollzugsregelungen nach Art. 21 Abs. 3 Unterabs. 1 FKVO vorbehaltlich der hier ausgeklammerten Verweisungshypothesen an das Vorliegen eines Zusammenschlusses von EU-weiter Bedeutung im Sinne der Art. 1 und 3 FKVO gebunden ist; besondere Vorschriften für die Fälle des Art. 6 Abs. 1 Buchst. a FKVO fehlen.

Fraglich ist, ob während der Prüfung durch die Kommission nicht unabhängig von der – ja gerade festzustellenden – Erfüllung der Aufgreifkriterien das unionsrechtliche Vollzugsverbot gelten müsste. Dies könnte aus systematischen oder teleologischen Erwägungen geboten sein. Anlass zu derartigen Überlegungen gibt nicht zuletzt die BGH-Entscheidung in der Sache *Faber/Basalt* zur Parallelproblematik im GWB.[1076] Danach soll das Vollzugsverbot des § 41 Abs. 1 GWB unabhängig von der Erfüllung der

---

laufende Statistik der Kommission zur Fusionskontrolle (oben Fn. 109). Ein jüngeres Beispiel bildet die Entscheidung der Kommission vom 25. Juli 2014, COMP/M.7253, *Groupe Lagardère/SNCF Participations/JV*, ABl. C 407/3 vom 14. November 2014. Die Seltenheit solcher Entscheidungen ist darauf zurückzuführen, dass Zuständigkeitsfragen regelmäßig in informellen Vorgesprächen mit der Kommission geklärt werden, so dass es in den meisten Fällen gar nicht mehr zu einer Anmeldung nach der FKVO kommt. Vgl. Zum Ganzen Kommission, Best Practices on the conduct of EC merger control proceedings (oben Fn. 470), Rn. 24 f.; Bechtold/Bosch/Brinker, EU-KartR (2014), Art. 4 FKVO Rn. 6.

1076 BGH, Beschluss vom 14. Oktober 2008, KVR 30/08, *Faber/Basalt*, abgedruckt in WuW/DE-R 2507 ff.

Aufgreifkriterien des GWB für alle beim Bundeskartellamt angemeldeten Zusammenschlussvorhaben gelten.

Methodisch ließe sich die vorübergehende Geltung des unionsrechtlichen Vollzugsverbots „kraft Anmeldung" durch extensive Auslegung des Art. 7 Abs. 1 FKVO oder Rechtsfortbildung erreichen.[1077] Um dem Vollzugsverbot effektive Geltung zu verschaffen, müsste dann auch die Anwendbarkeit bestimmter, das Vollzugsverbot ergänzender Instrumente wie der Bußgeldnorm des Art. 14 Abs. 2 Buchst. b FKVO gewährleistet sein. Als Folgeproblem wäre das Verhältnis des Art. 7 FKVO zu den mitgliedstaatlichen Vollzugsregelungen zu klären.

b. Mögliche Argumente

Für die Geltung des unionsrechtlichen Vollzugsverbots „kraft Anmeldung" lassen sich im Wesentlichen vier Argumente anführen, die im Folgenden vorgestellt und auf ihre Stichhaltigkeit untersucht werden sollen.

aa. Einheit des Vorverfahrens

Erstens könnte mit der einheitlichen Ausgestaltung des Vorverfahrens argumentiert werden. Nach Art. 6 Abs. 1 FKVO prüft die Kommission die Erfüllung der Aufgreifkriterien und die dort angesprochenen Wettbewerbsbedenken zwar nacheinander, aber in einem einheitlichen Vorverfahren (Phase I), dessen Beginn allein vom Eingang einer Anmeldung bei der Kommission abhängt und an dessen Ende unterschiedliche Entscheidungsmöglichkeiten stehen. Dieser Verfahrenseinheit könnte es widersprechen, die vorläufige Vollzugsregelung in Abhängigkeit vom späteren Verfahrensausgang in manchen Fällen der Vorschrift des Art. 7 FKVO, in anderen Fällen den Bestimmungen mitgliedstaatlichen Wettbewerbsordnungen zu entnehmen.

1077 Die Grenze zwischen Auslegung und Rechtsfortbildung ist in der Rechtsprechung des EuGH fließend, was neben dem starken Einfluss der französischen Methodenlehre vor allem der Mehrsprachigkeit des EU-Rechts geschuldet ist, welche die Berücksichtigung des Wortlauts als „Grenze der Auslegung" erschwert; dazu WALTER, Rechtsfortbildung durch den EuGH (2009), 54 ff.

bb. Gleichlauf der Zuständigkeiten und des anwendbaren Rechts

Zweitens könnte der für die FKVO typische Gleichlauf der Zuständigkeiten und des anwendbaren Rechts für die vorübergehende Geltung des unionsrechtlichen Vollzugsverbots auch in Fällen sprechen, in denen ein die Aufgreifkriterien der FKVO nicht erfüllendes Vorhaben bei der Kommission angemeldet wird. Zum Verständnis dieses Arguments ist die in der FKVO angelegte Abgrenzung der europäischen von der mitgliedstaatlichen Kontrollsphäre näher zu betrachten. Diese hat eine „Rechtsanwendungs"- und eine „Zuständigkeitskomponente":[1078]

- Die Rechtsanwendungskomponente wird von Art. 21 Abs. 3 Unterabs. 1 FKVO gebildet. Danach ist es den Mitgliedstaaten vorbehaltlich der Fälle des Art. 21 Abs. 3 Unterabs. 2 FKVO untersagt, ihr innerstaatliches Wettbewerbsrecht auf Zusammenschlüsse von EU-weiter Bedeutung anzuwenden. Für solche Vorhaben gilt allein das formelle und materielle Wettbewerbsrecht der EU. Für Vorhaben, die keinen Zusammenschlusstatbestand im Sinne des Art. 3 FKVO erfüllen oder keine EU-weite Bedeutung im Sinne des Art. 1 Abs. 2 oder 3 FKVO haben, bleibt es dagegen bei der alleinigen Anwendbarkeit der mitgliedstaatlichen Wettbewerbsbestimmungen. Im Bereich der Fusionskontrolle gilt damit der Grundsatz der alternativen Anwendbarkeit von europäischem und mitgliedstaatlichem Wettbewerbsrecht.[1079]
- Die Zuständigkeitskomponente der Abgrenzung wird durch die Vorschrift des Art. 21 Abs. 2 FKVO gebildet. Vorbehaltlich einer Nachprüfung durch die Unionsgerichte wird darin die ausschließliche Organzuständigkeit der Kommission für den Erlass der in der FKVO vorgesehenen Entscheidungen festgeschrieben. Implizit wird damit auch die ausschließliche Verbandszuständigkeit der EU geregelt.

Prägend für das so geschaffene System ist der Gleichlauf der Zuständigkeiten und des anwendbaren Rechts. Die Eröffnung des Anwendungsbereichs der FKVO korrespondiert mit der ausschließlichen Kommissionszuständigkeit, die Geltung der mitgliedstaatlichen Wettbewerbsvorschriften mit der ausschließlichen Zuständigkeit der nationalen Behörden.[1080] Wenn die Kommission mit dem Eingang einer Anmeldung umfassend für die Fall-

---

1078 Saxe, One-Stop-Shop-Prinzip (2006), 42.

1079 Meessen/Kersting in: Loewenheim u.a., KartR (2020), Einf. Rn. 93; Jungermann in: FK-KartR (78. EL 2013), Art. 21 FKVO Rn. 16.

1080 Jung, Subsidiarität im Recht der Wettbewerbsbeschränkungen (1995), 79.

prüfung zuständig wäre, müssten während der Prüfung auch die formellen und materiellen Bestimmungen des EU-Wettbewerbsrechts – und damit die Vorschrift des Art. 7 FKVO – gelten.

cc. Regelungszweck des Art. 7 Abs. 1 FKVO

Drittens könnte der Regelungszweck des Art. 7 Abs. 1 FKVO die Geltung des unionsrechtlichen Vollzugsverbots über die in der FKVO genannten Tatbestände hinaus in allen Fällen gebieten, in denen ein Vorhaben bei der Kommission angemeldet wird. Der Regelungszweck des Art. 7 Abs. 1 FKVO wurde bereits ausführlich untersucht.[1081] Das Vollzugsverbot soll die praktische Wirksamkeit der späteren Sachentscheidung gewährleisten, indem es die Marktstrukturen vor Veränderungen schützt, die durch nachfolgende Entflechtungsmaßnahmen oft nicht, nur unvollständig oder nur mit erheblichem Aufwand ausgeräumt werden können.

Vor diesem Hintergrund bestehen auf den ersten Blick gute Gründe, den sachlichen Anwendungsbereich des Vollzugsverbots über die in der FKVO genannten Fälle hinaus auf alle bei der Kommission angemeldeten Vorhaben auszudehnen. Hierfür spricht zum einen, dass die zur Begründung der Regelung herangezogene „Entflechtungsproblematik" in ihrem Auftreten unabhängig von der Frage ist, ob das betreffende Vorhaben die Aufgreifkriterien der FKVO erfüllt oder nicht. Zum anderen zeigt die Praxis, dass die Prüfung der Genehmigungspflichtigkeit im Einzelfall erhebliche Schwierigkeiten und Unsicherheiten aufwerfen kann. Die Situation ähnelt in dieser Hinsicht der materiellen Prüfung, die ja gerade vom Vollzugsverbot flankiert wird. Für den BGH waren diese Argumente in der Sache *Faber/Basalt* Grund, im deutschen Recht von der Anwendbarkeit des § 41 Abs. 1 GWB auf ein beim Bundeskartellamt angemeldetes Vorhaben auszugehen, auch wenn dieses keinen Zusammenschlusstatbestand erfüllte:

> „Könnten angemeldete Vorhaben unter Berufung darauf vollzogen werden, dass die Voraussetzungen des Zusammenschlusstatbestands nicht erfüllt seien, müsste damit gerechnet werden, dass – entgegen der allgemeinen Zielsetzung des Gesetzes – in vielen Fällen aufgrund des vorweggenommenen Vollzugs strukturelle Verschlechterungen der Wettbewerbsbedingungen einträten, die auch durch eine spätere Ent-

1081 Dazu oben Kapitel 1 B.I.1.

flechtung nicht mehr rückgängig gemacht werden könnten. Es ist gerade das Wesen des vorläufigen Vollzugsverbots, dass das angemeldete Vorhaben ungeachtet der Frage, ob es letztlich untersagt werden kann oder nicht, während des laufenden Fusionskontrollverfahrens grundsätzlich nicht vollzogen werden darf. Für die Anwendung dieses vorläufigen Verbots kann nicht eine Frage maßgebend sein, die in dem laufenden Verfahren, für deren Dauer das Vollzugsverbot gilt, erst geklärt werden soll."[1082]

dd. Freiwillige Unterwerfung unter die Zuständigkeit der Kommission

Viertens könnte man argumentieren, dass derjenige, der ein Vorhaben – und sei es nur vorsorglich – bei der Kommission anmelde, sich auch den Regeln unterwerfen wolle oder gar müsse, die für diese Kontrolle vorgesehen sind. Die beteiligten Unternehmen hätten deshalb das vorläufige Vollzugsverbot nach Art. 7 Abs. 1 FKVO zu respektieren.[1083]

c. Bewertung

Bei genauerer Betrachtung vermag keines der genannten Argumente zu überzeugen. So darf die in Art. 6 Abs. 1 FKVO zutage tretende „Verfahrenseinheit" nicht darüber hinwegtäuschen, dass es sich bei der Prüfung der Voraussetzungen der Art. 1 und 3 FKVO durch die Kommission um eine Vorfrage zur eigentlichen wettbewerbsrechtlichen Prüfung handelt. Diese Vorfrage kann die Kommission jederzeit und unabhängig vom Vorliegen oder Nichtvorliegen einer Anmeldung untersuchen. Die durch Art. 21 Abs. 2 FKVO geschaffene Zuständigkeitsverteilung wirkt aus sich heraus. Ebenso wenig wie die Kommission ihre Zuständigkeit im Einzelfall durch positive Entscheidung feststellen muss, bedarf es zur Zuständigkeit der mitgliedstaatlichen Behörden einer Entscheidung nach Art. 6 Abs. 1 Buchst. a FKVO. Die letztgenannte Vorschrift ist lediglich Ausfluss der Notwendigkeit, dass die Zuständigkeit in Zweifelsfällen von einer zentralen Stelle rechtsverbindlich festgestellt werden muss.

1082 BGH, Beschluss vom 14. Oktober 2008 (oben Fn. 1076), Rn. 16.

1083 Vgl. insoweit die zur Stellung eines Verweisungsantrags nach Art. 4 Abs. 5 FKVO vertretenen Literaturansichten (oben Fn. 1032 und 1033).

Dieselben Erwägungen sprechen gegen das „Gleichlaufargument", das darauf abzielt, von der Zuständigkeit der Kommission auf die Anwendbarkeit des Verfahrensrechts der FKVO zu schließen. Hinzu kommt, dass nicht geklärt ist, wofür die Kommission in den genannten Fällen im Einzelnen zuständig ist. Zweifellos kann und muss sie alle bei ihr eingegangenen Anmeldungen auf die Erfüllung der Aufgreifkriterien hin überprüfen. Dies ergibt sich bereits aus Art. 6 Abs. 1 S. 1 FKVO. Daneben ergibt sich aus Art. 21 Abs. 2 FKVO, der gerade nicht auf die Erfüllung der Aufgreifkriterien abstellt, die – sogar ausschließliche – Zuständigkeit der Kommission zum Erlass verbindlicher Entscheidungen nach Art. 6 Abs. 1 Buchst. a FKVO. Dagegen erscheint es fraglich, ob der Kommission nach der FKVO wirklich eine umfassende Zuständigkeit „zur Prüfung des Falles" zukommt.[1084]

Im Übrigen geben die eingangs vorgestellten Argumente Anlass, an eine Grundentscheidung des Unionsgesetzgebers zu erinnern, die sich in den Aufgreifkriterien der FKVO manifestiert und nicht nur das Ergebnis eines „stumpfen" Kompromisses im Rat,[1085] sondern auch einer Abwägung ist, die seit dem Inkrafttreten der ersten FKVO mehrfach überprüft wurde. Wie bereits im 3. Kapitel gezeigt wurde, hatte der Unionsgesetzgeber die Ziele des Wettbewerbsschutzes bei der Ausgestaltung der Aufgreifkriterien mit anderen Belangen in Ausgleich zu bringen.[1086] Insbesondere hatte er die Grundsätze der Subsidiarität und der Verhältnismäßigkeit (ex-Art. 5 Abs. 2 und 3 EGV 1997) zu beachten.[1087] Für den Erlass der FKVO be-

---

1084 In diese Richtung deuten der 16. und 17. Erwägungsgrund zur FKVO; vgl. auch Von Koppenfels in: MK-EuWettbR (2020), Art. 6 FKVO Rn. 23, der aus der Regelung des Art. 21 Abs. 2 FKVO den Schluss zieht, dass die Kommission „bis zum Zeitpunkt der Entscheidung gem. Abs. 1 lit. a [...] zur Prüfung des Falles ausschließlich zuständig" sei; kritisch dazu Körber in: Immenga/Mestmäcker, WettbR/Bd. 3 (2020), Art. 6 FKVO Rn. 28.

1085 Brittan, Competition Policy and Merger Control in the Single European Market (1991), 53; ähnlich kritisch Bourgeois, Yearbook of European Law (1990) 10 (1), 103, 108.

1086 Ergab sich das Ziel des Wettbewerbsschutzes im Gemeinsamen Markt bzw. Binnenmarkt bei Erlass der FKVO 1989/2004 noch direkt aus dem Vertrag (ex-Art. 3 Abs. 1 Buchst. g EWGV), ist es heute an anderen Stellen in den Verträgen, insbesondere in der Präambel zum AEUV, in Art. 119 f. AEUV und im Protokoll (Nr. 27) über den Binnenmarkt und den Wettbewerb, ABl. C 83/309 vom 30. März 2010, enthalten.

1087 Vgl. hierzu den 6. und 8. Erwägungsgrund zur FKVO. Hinsichtlich des Subsidiaritätsprinzips hat sich die Rechtslage insofern geändert, als für die Festlegung der für das Funktionieren des Binnenmarkts erforderlichen Wettbewerbsregeln nach Art. 3 Abs. 1 Buchst. b AEUV mittlerweile eine ausschließdeutete dies, dass bestimmte Arten von Vorhaben auf Grund abstrakter Merkmale, die aus wettbewerbspolitischer Sicht ein Überprüfungsbedürfnis durch eine zentrale Stelle innerhalb der EU begründen, einer Kontrollpflicht durch die Kommission unterstellt wurden. Gleichzeitig sollte jede Befassung der Kommission mit Fällen, die entweder schon unter abstrakten Gesichtspunkten nicht die erforderliche wettbewerbspolitische Relevanz aufweisen oder aber ebenso gut durch die mitgliedstaatlichen Behörden geprüft werden könnten, vermieden werden.[1088] Aus der Abwägung folgt damit nicht nur eine Positivdefinition der genehmigungspflichtigen Vorhaben, sondern auch eine Negativdefinition derjenigen Vorhaben, die der Kontrolle durch die Kommission selbst dann entzogen sind, wenn ausnahmsweise ein konkretes Prüfungsbedürfnis gerade durch die Kommission bestehen sollte. Dies ergibt sich unmittelbar aus der Entscheidung für einen abstrakten Maßstab.[1089] Gegen die oben angeführten teleologischen Argumente ist daher einzuwenden, dass das Unionsrecht nur die Rückabwicklung der in seinen Anwendungsbereich fallenden, nicht hingegen solcher Vorhaben zu gewährleisten hat, die nach der getroffenen Abwägung in den Anwendungsbereich der mitgliedstaatlichen Vorschriften fallen.

Auch die bis zur Entscheidung durch die Kommission nach Art. 6 Abs. 1 Buchst. a FKVO bestehende Rechtsunsicherheit in Bezug auf die geltende Vollzugsregelung ist im System mit Erlaubnisvorbehalt angelegt und bedarf keiner Korrektur. Sie ist Ausfluss der allgemeinen Unsicherheit über die Genehmigungspflichtigkeit des betreffenden Vorhabens. Wie im 1. Kapitel dargestellt, vermittelt der Erlaubnisvorbehalt den beteiligten Unternehmen Rechtssicherheit in Bezug auf die materielle Beurteilung.[1090] Die Ermittlung der Genehmigungspflichtigkeit, von der nach der Systematik der FKVO sowohl die Anmeldepflicht als auch das Vollzugsverbot abhängen, ist dagegen Sache der beteiligten Unternehmen.[1091] Zwar kann im Einzelfall auch die formelle Beurteilung eines Vorhabens Schwierigkeiten bereiten.[1092] Das Risiko, dass eine nach Art. 4 Abs. 1 FKVO erforderliche

---

liche Unionszuständigkeit besteht. Anstelle des Subsidiaritätsprinzips hätte der Gesetzgeber heute die Erforderlichkeit i zu prüfen.

1088 Vgl. hierzu den allgemeinen Hinweis von Baron, WuW 2009, 908, 910 auf die Kompetenzordnung innerhalb der EU.

1089 Für Feinsteuerungsmöglichkeiten sorgen die Vorschriften des Art. 22 und des Art. 4 Abs. 5 FKVO.

1090 Dazu insbesondere oben Kapitel 1 B.I.1.b.cc.(3)(a).

1091 Dazu oben Kapitel 1 B.I.2.d; vgl. zum deutschen Recht Baron, WuW 2009, 908, 910.

1092 Dazu Schütz in: KK-KartR (2013), Art. 4 FKVO Rn. 10.

Anmeldung pflichtwidrig unterlassen und/oder ein genehmigungspflichtiger Zusammenschluss ohne Genehmigung vollzogen wird, hat der Unionsgesetzgeber in Art. 14 Abs. 2 Buchst. a und b FKVO aber den beteiligten Unternehmen zugewiesen. Dieses Risiko wird ihnen weder durch die Vorschrift des Art. 6 Abs. 1 Buchst. a FKVO noch durch die Möglichkeit, vor der Anmeldung eines Vorhabens eine informelle Einschätzung der Kommission zu erlangen, abgenommen.[1093] Als einzige Möglichkeit bleibt nur die „vorsorgliche“ Anmeldung des Vorhabens bei der Kommission.

Hinsichtlich einer solchen Anmeldung kann nicht angeführt werden, dass sich ein Unternehmen, das einen die Aufgreifkriterien der Art. 1 und 3 FKVO nicht erfüllenden Zusammenschluss bei der Kommission anmeldet, „freiwillig“ der Zuständigkeit der Kommission unterwerfe. Wie das EuG in der Rechtssache *Gencor/Kommission* klargestellt hat, wird

> „[d]ie Verletzung der Pflicht zur Anmeldung und zum Aufschub des Vollzugs für jeden gemeinschaftsweiten [heute: EU-weiten] Zusammenschluß nach den Artikeln 4 und 7 […] gemäß Artikel 14 mit hohen Geldbußen geahndet. Aus der Anmeldung oder dem Aufschub des Vollzugs der Vereinbarung über den Zusammenschluß läßt sich daher keine wie immer geartete freiwillige Unterwerfung der Klägerin unter die Zuständigkeit der Kommission ableiten.“[1094]

Der Anmeldung eines Vorhabens bei der Kommission unter dem – ausgesprochenen oder stillschweigenden – Vorbehalt der Nichtbeachtung des Vollzugsverbots kann schließlich auch nicht der Vorwurf „widersprüchlichen Verhaltens“ entgegengehalten werden. Denn anders als in den Fällen des Art. 4 Abs. 5 FKVO[1095] streben die beteiligten Unternehmen mit ihrer Anmeldung in den Fällen des Art. 6 Abs. 1 Buchst a FKVO nicht unbe-

---

1093 Zur Einordnung von Art. 6 Abs. 1 Buchst. a FKVO bereits oben.

1094 EuG, Urteil vom 25. März 1999, Rs. T-102/96, *Gencor/Kommission*, ECLI:EU:T:1999:65, Rn. 76. Die Entscheidung betraf einen Fall, in dem die Aufgreifkriterien nach Art. 1 und 3 FKVO objektiv erfüllt waren, sich wegen des schwachen Unionsbezugs des Vorhabens als solchem aber die Frage der extraterritorialen Wirkung der FKVO stellte. Dieser Fall unterscheidet sich von der hier erörterten Hypothese der Anmeldung eines die Aufgreifkriterien nach Art. 1 und 3 FKVO *nicht* erfüllenden Vorhabens bei der Kommission. Die Ausführungen des Gerichts zur Frage der freiwilligen Unterwerfung unter die Unionszuständigkeit dürften sich aber auf die hier interessierende Hypothese übertragen lassen.

1095 Dazu oben Kapitel 4 A.II.2.c.

dingt die Geltung der FKVO an.[1096] In den meisten Fällen wird die Anmeldung irrtümlich oder vorsorglich erfolgen. Es ist aber nicht ersichtlich, warum durch einen Irrtum oder das Streben nach Rechtssicherheit eine wettbewerbliche Gefährdungslage entstehen könnte, die die Geltung des unionsrechtlichen Vollzugsverbots erforderte.[1097] Dies zeigt nicht zuletzt der Vergleich mit fakultativ-präventiven Systemen der Fusionskontrolle, in denen die Anmeldung regelmäßig kein automatisches Vollzugsverbot auslöst.[1098]

d. Ergebnis

Erfüllt ein Vorhaben die Voraussetzungen des Art. 3 Abs. 1 bis 4 FKVO oder die Umsatzschwellen des Art. 1 FKVO nicht und liegt auch kein Verweisungsfall nach Art. 4 Abs. 5 oder Art. 22 FKVO vor, bleibt es bei der originären Anwendbarkeit der mitgliedstaatlichen Wettbewerbsbestimmungen und bei der ausschließlichen Zuständigkeit der nationalen Behörden. Die Kopplung des Vollzugsverbots nach Art. 7 Abs. 1 FKVO sowie des Eintritts der Sperrwirkung nach Art. 21 Abs. 3 Unterabs. 1 FKVO an das Vorliegen eines Zusammenschlusses von EU-weiter Bedeutung im Sinne des Art. 1 FKVO ist systemimmanent und bedarf auch in den Fällen der Anmeldung eines nicht genehmigungspflichtigen Vorhabens bei der Kommission keiner Korrektur. Wird ein Vorhaben, welches die Voraussetzungen des Art. 3 FKVO oder die Umsatzschwellen des Art. 1 FKVO nicht erfüllt, bei der Kommission angemeldet, folgt aus der Feststellung der Kommission nach Art. 6 Abs. 1 Buchst. a FKVO nur, was objektiv schon immer galt, nämlich, dass (i.) zu keiner Zeit ein Vollzugsverbot nach Art. 7 Abs. 1 FKVO bestand und (ii.) die Sperrwirkung des Art. 21 Abs. 3 FKVO nicht eingreifen konnte, so dass von Beginn an die Vollzugsregelungen der Mitgliedstaaten anzuwenden waren.[1099]

1096 Vgl. zur Rechtslage nach dem GWB Bechtold/Bosch, GWB (2018), § 41 Rn. 3.

1097 Vgl. zur Rechtslage nach dem GWB Baron, WuW 2009, 908, 911.

1098 Dazu oben Kapitel 1 A.II.3.

1099 Wie hier im Ergebnis Körber in: Immenga/Mestmäcker, WettbR/Bd. 3 (2020), Art. 6 FKVO Rn. 28 und Art. 7 FKVO Rn. 4; Baron, WuW 2009, 908, 910; Jungermann in: FK-KartR (78. EL 2013), Art. 21 FKVO Rn. 20.

B. Persönlicher Anwendungsbereich des Vollzugsverbots

Der persönliche Anwendungsbereich des Vollzugsverbots beschreibt den Kreis der Normadressaten, der gegen Art. 7 Abs. 1 FKVO verstoßen kann und daher ggf. einer Ausnahme nach Art. 7 Abs. 2 oder 3 FKVO bedarf. Relevant werden kann die Adressateneigenschaft im Sinne des Art. 7 Abs. 1 FKVO bei der Verhängung von Bußgeldern nach Art. 14 Abs. 2 Buchst. b FKVO und in zivilrechtlichen Streitigkeiten, z.B. im Rahmen von Beseitigungs-, Unterlassungs- oder Schadensersatzklagen, die nach deutschem Recht gemäß § 823 Abs. 2 BGB i.V.m. Art. 7 Abs. 1 FKVO denkbar sind.[1100]

Nachfolgend wird der Frage nachgegangen, ob die Adressateneigenschaft unabhängig vom Vollzugsverständnis – sozusagen „im Vorhinein" – begrenzt ist. Die Frage der Anwendbarkeit des Vollzugsverbots auf drittstaatliche Unternehmen wird als Aspekt des räumlichen Anwendungsbereichs im Abschnitt C. dieses Kapitels, die Frage der Anwendbarkeit des Vollzugsverbots auf Fälle des sogenannten „passiven"[1101] Kontrollerwerbs im 5. Kapitel behandelt.

Art. 7 Abs. 1 FKVO enthält zwar Regelungen zum sachlichen Anwendungsbereich („Ein Zusammenschluss"), zur Dauer („weder vor der Anmeldung noch so lange") und zum Inhalt („vollzogen") des Vollzugsverbots. Anders als z.B. die frühere Vorschrift des Art. 66 § 1 S. 1 Hs. 1 EGKSV,[1102] der erste FKVO-Vorschlag der Kommission vom 20. Juli 1973[1103] oder das Kartellverbot des Art. 101 AEUV enthält Art. 7 Abs. 1 FKVO dagegen keine Regelung zu den Verbotsadressaten. Die offene Tatbestandsformulierung deutet auf den ersten Blick auf ein Allgemeindelikt hin, bei dem die Tathandlung deliktsprägend wirkt und das jedermann begeht, der einen Zusammenschluss vollzieht.

Bei genauerer Betrachtung, die auch die weiteren Absätze des Art. 7 FKVO und die sonstigen Vorschriften der FKVO einbezieht, bestehen

---

1100 Dazu oben Kapitel 1 B.III.3.

1101 Dies sind Fälle, in denen die Kontrolle über ein anderes Unternehmen im Sinne von Art. 3 Abs. 1 FKVO ohne aktives Zutun, z.B. durch Hoheitsakt, Erbschaft, Anwachsung von Anteilen, Veränderung der Anwesenheitsquoten bei Hauptversammlungen oder Aufhebung von Stimmrechtsbeschränkungen, erworben wird.

1102 Dazu oben Kapitel 1 B.I.1.a.aa.

1103 Oben Fn. 173. Danach richtete sich das Vollzugsverbot in Art. 7 Abs. 1 ausdrücklich an „Die Unternehmen" und in Art. 7 Abs. 2 an „die beteiligten Unternehmen"; dazu auch unten Fn. 1105.

indes Zweifel, ob der Adressatenkreis des Art. 7 FKVO nicht doch einer Eingrenzung bedarf. So nehmen Art. 7 Abs. 1 und 2 FKVO durch die Verwendung die Begriffe „Zusammenschluss“ bzw. „Kontrolle“ Bezug auf Art. 3 FKVO.[1104] In Art. 3 Abs. 1 Buchst. b FKVO ist geregelt, wer formell an einem Zusammenschluss beteiligt sein kann, nämlich „Unternehmen“ und „Personen, die bereits mindestens ein Unternehmen kontrollieren“. In der Rechtspraxis werden beide Gruppen meist unscharf zusammen als „beteiligte Unternehmen“ bezeichnet. Der Zusammenhang zwischen Art. 3 und Art. 7 FKVO spricht dafür, dass gegen das Vollzugsverbot nur verstoßen kann, wer selbst „Unternehmen“ ist oder als natürliche oder juristische Person ein Unternehmen kontrolliert und auf eine der in Art. 3 FKVO beschriebenen Arten am Zusammenschluss beteiligt ist.[1105]

In dieselbe Richtung weist die Vorschrift des Art. 14 Abs. 2 (Buchst. b) FKVO. Danach kann die Kommission (nur) „gegen die in Artikel 3 Absatz 1 Buchstabe b) bezeichneten Personen oder die beteiligten Unternehmen“ Geldbußen verhängen, wenn diese Personen oder Unternehmen einen Zusammenschluss vorsätzlich oder fahrlässig unter Verstoß gegen Art. 7

1104 Dagegen dürfte dem Ausdruck „beteiligte Unternehmen“ in Art. 7 Abs. 3 S. 3 FKVO im Hinblick auf den Adressatenkreis des Vollzugsverbots keine Bedeutung zukommen. Wie in Kapitel 1 B.II.2.b gezeigt wurde, regelt diese Bestimmung die materiellen Voraussetzungen für eine Freistellung vom Vollzugsverbot, d.h. die Gesamtabwägung zwischen den Interessen der am Zusammenschluss beteiligten Unternehmen, Dritter und des Wettbewerbsschutzes. Umgekehrt wird man daraus auch nicht auf die Adressateneigenschaft Dritter schließen können. Vgl. auch Wessely in: MK-EuWettbR (2020), Art. 7 FKVO Rn. 27.

1105 Interessant ist insoweit, dass ausweislich der vorbereitenden Materialien zur FKVO im Jahr 1974 angeregt wurde, das Vollzugsverbot nach Art. 7 des Kommissionsvorschlags vom 20. Juli 1973 an die Vorschrift des Art. 2 anzupassen, die damals den Zusammenschlusstatbestand definierte. Während in Art. 2 ein Zusammenschluss dahingehend definiert war, dass „eine Person, ein Unternehmen oder eine Gruppe von Personen oder Unternehmen die Kontrolle über ein oder mehrere Unternehmen erwirbt“, richtete sich das Vollzugsverbot nach Art. 7 ausschließlich an die (beteiligten) „Unternehmen“. Dazu Wright, Note for Mr. P.M. Schmitt vom 6. Mai 1974, Proposed Merger Control Regulation, 5 = Historische Archive der Europäischen Kommission, Dokument BAC 71/1988, Nr. 8, 76 ff. (80): „Since Article 2 envisages the possibility that a concentration transaction may be carried out by a person or group of persons, as well as by an undertaking or group of undertakings, the obligations in Article 7 ought to be binding on such persons as well as on the undertakings to which the Article at present solely refers (cp Art. 66 (4) ECSC Treaty).“ Die FKVO 1989 schuf dann die bis heute vorliegende Situation, dass der Adressatenkreis in Art. 7 FKVO überhaupt nicht geregelt ist.

FKVO vollziehen. Angesichts der hohen Bedeutung, die der Bußgeldandrohung im präventiven Modell der FKVO zukommt (Stichwort: „ergänzende Abschreckung"),[1106] ist es kaum vorstellbar, dass der Unionsgesetzgeber den Adressatenkreis des Art. 7 Abs. 1 FKVO weiter fassen wollte als den Kreis der möglichen Bußgeldadressaten. Vielmehr scheint es, als habe er die Regelung des Art. 14 Abs. 2 FKVO bewusst parallel zum jeweiligen Adressatenkreis der einzelnen Bußgeldtatbestände der Buchst. a bis d gefasst. Dies ergibt auch ein Vergleich mit Art. 14 Abs. 1 FKVO, der zusätzlich Unternehmensvereinigungen nennt, an die z.B. Auskunftsverlangen nach Art. 11 FKVO gestellt oder bei denen Nachprüfungen nach Art. 13 FKVO vorgenommen werden können. Aus der Gesamtschau ergibt sich, dass das Vollzugsverbot sich nicht gegen Personen oder Unternehmen richten soll, die ihrerseits nicht mit Bußgeldern belegt werden könnten.[1107] Dem entspricht es, dass auch die Kommission in ihrer bisherigen Praxis immer nur Geldbußen gegen beteiligte Unternehmen verhängt hat.[1108]

Nach hier vertretener Auffassung, die der wohl h.M. in der Literatur entspricht,[1109] bindet die Vorschrift des Art. 7 Abs. 1 FKVO daher nur (i.) Unternehmen und natürliche oder juristische Personen, die mindestens ein Unternehmen kontrollieren und (ii.) auf eine der in Art. 3 FKVO beschriebenen Arten am Zusammenschluss beteiligt sind. Dies sind in den Fällen des Art. 3 Abs. 1 Buchst. a FKVO die Fusionspartner und in den Fällen des Art. 3 Abs. 1 Buchst. b FKVO neben dem erwerbenden und dem erworbenen Unternehmen der Veräußerer. Dessen Adressatenstellung ist in der Literatur strittig;[1110] jedoch ist die Erstreckung des Vollzugsverbots auf ihn wegen seines Einflusses auf den Zusammenschlussvorgang ein Gebot der praktischen Wirksamkeit des Vollzugsverbots.[1111] Dagegen kann auch nicht eingewandt werden, dass der Veräußerer kein beteiligtes

---

1106 Dazu oben Kapitel 1 A.II.2.b und Kapitel 1 A.III.1.b.cc.

1107 So grundsätzlich auch Wessely in: MK-EuWettbR (2020), Art. 7 FKVO Rn. 28 f.

1108 Fälle IV/M.920, *Samsung/AST*; IV/M.969, *A.P. Møller*; COMP/M.4994, *Electrabel/Compagnie Nationale du Rhône*; COMP/M.7184, *Marine Harvest/Morpol*; COMP/M.7499, *Altice/PT Portugal*; COMP/M.8179, *Canon/Toshiba Medical Systems Corporation*. Dazu unten Kapitel 5.

1109 Vgl. Maass in: Langen/Bunte, EuKartR (2018), Art. 7 FKVO Rn. 5; Kellerbauer in: Berg/Mäsch, Deutsches und Europäisches Kartellrecht (2018), Art. 7 FKVO Rn. 5; Körber in: Immenga/Mestmäcker, WettbR/Bd. 3 (2020), Art. 7 FKVO Rn. 6.

1110 Ablehnend Wessely in: MK-EuWettbR (2020), Art. 7 FKVO Rn. 28 f.

1111 Körber, ebenda; Rudowicz, Gun-Jumping (2016), 149.

Unternehmen sei, weil seine Umsätze bei der Berechnung nach Art. 1 FKVO unbeachtlich seien. Letzteres ist zwar richtig, doch ist der Begriff der „beteiligten Unternehmen“ in Art. 1 und Art. 3 FKVO nicht deckungsgleich.[1112] Während der Veräußerer für die Umsatzberechnung nach Art. 1 FKVO keine Rolle spielt, ist er zweifellos am Zusammenschlussvorgang im Sinne des Art. 3 FKVO beteiligt. Im Übrigen kann gegen die Adressatenstellung des Veräußerers auch nicht geltend gemacht werden, dass dieser regelmäßig nicht wissen könne, ob der Zusammenschluss in den sachlichen Anwendungsbereich der der FKVO falle. Denn insoweit wird der Veräußerer durch die Voraussetzung schuldhaften Handelns in Art. 14 Abs. 2 FKVO hinreichend vor Sanktionen geschützt.[1113]

Personen und Unternehmen, die nicht im Sinne des Art. 3 FKVO am Zusammenschluss beteiligt sind, können nach hier vertretener Auffassung hingegen nicht gegen das Vollzugsverbot des Art. 7 Abs. 1 FKVO verstoßen.[1114] Dies gilt z.B. für Kreditgeber und Berater sowie für Unternehmensvereinigungen, sofern sie nicht ausnahmsweise selbst als Unternehmen oder Personen im Sinne des Art. 3 Abs. 1 Buchst. b FKVO am Zusammenschluss beteiligt sind.[1115] Anders als im deutschen Recht (§ 41 Abs. 1 S. 1 GWB) enthält Art. 7 Abs. 1 FKVO auch keine eigenständige Untersagung der „Mitwirkung“ an Vollzugshandlungen eines Adressaten.

Für den Begriff des „Unternehmens“ kann vollständig auf die vom EuGH zu Art. 101 und 102 AEUV entwickelten Grundsätze zurückgegriffen werden.[1116] Im Hinblick auf eine mögliche Bußgeldverhängung ist außerdem die Rechtsprechung des EuGH zum Vorliegen einer „wirtschaftlichen Einheit“ zu beachten.[1117] Diese kann dazu führen, dass Geldbußen

---

1112 Vgl. Konsolidierte Mitteilung der Kommission zu Zuständigkeitsfragen (oben Fn. 95), Rn. 131. Dies übersehen Wessely in: MK-EuWettbR (2020), Art. 7 FKVO Rn. 28 und Rudowicz, Gun-Jumping (2016), 149.

1113 Die Adressatenstellung im Hinblick auf Art. 7 FKVO ist damit von der des Art. 4 Abs. 1 FKVO entkoppelt; zutreffend ist allerdings die Feststellung Kellerbauers in: Berg/Mäsch, Deutsches und Europäisches Kartellrecht (2018), Art. 7 FKVO Rn. 5, dass jedenfalls die zur Anmeldung verpflichteten Parteien auch Adressaten des Vollzugsverbots sind.

1114 Insoweit wieder gleicher Auffassung Wessely, ebenda, Rn. 30.

1115 Wie z.B. Banken in den sogenannten „Warehousing“-Konstellationen; dazu näher unten Kapitel 5.

1116 Dazu im Einzelnen Hengst in: Langen/Bunte, EuKartR (2018), Art. 101 AEUV Rn. 5 ff.

1117 Dazu Hengst, ebenda, Rn. 36 ff.

nach Art. 14 FKVO auch z.B. gegen eine Konzernobergesellschaft verhängt werden.[1118]

C. Räumlicher Anwendungsbereich des Vollzugsverbots

Im folgenden Abschnitt wird der räumliche Anwendungsbereich des Vollzugsverbots der FKVO nach aktueller Rechtslage[1119] betrachtet. Er beschreibt die geographische Reichweite des Verbots und der zu seiner Durchsetzung vorgesehenen Befugnisse. Der Themenkreis ist stark völkerrechtlich geprägt. Die EU ist zwar kein Staat, hat als Völkerrechtssubjekt nach Art. 47 EUV bei der Ausübung der ihr übertragenen Befugnisse jedoch die allgemeinen Regeln des Völkerrechts zu beachten.[1120] Vor dem Hintergrund des völkerrechtlichen Territorialitätsprinzips werden nachfolgend zwei Teilaspekte des räumlichen Anwendungsbereichs unterschieden, die zunächst begrifflich voneinander abgegrenzt werden sollen.

I. Begriffsbestimmung: „Durchsetzungs"- und „Anordnungsbereich"

Der eine Aspekt betrifft das Gebiet, auf welchem ein Unionsrechtsakt wie das Vollzugsverbot der FKVO dergestalt Geltung beansprucht, dass er dort in Übereinstimmung mit den Regeln des Völkerrechts ggf. mit Zwang durchgesetzt werden kann. Dieses Gebiet wird im Folgenden als räumlicher „Durchsetzungsbereich" bezeichnet.[1121] Der räumliche Durchsetzungsbereich des Vollzugsverbots umfasst das Gebiet, auf dem die innerhalb der EU zuständigen Stellen angesichts eines Verstoßes gegen Art. 7

1118 Schütz in: KK-KartR (2013), Art. 14 FKVO Rn. 26.

1119 Vgl. insoweit die Überlegungen der Kommission im Weißbuch „Eine wirksamere EU-Fusionskontrolle" vom 9. Juli 2014 (oben Fn. 29), Rn. 77.

1120 Vgl. Dörr in: Grabitz/Hilf/Nettesheim, Das Recht der Europäischen Union (70. EL 2020), Art. 47 EUV Rn. 40 f.

1121 Begriff nach Meng in: Von der Groeben/Thiesing/Ehlermann, Kommentar zum EU-/EG-Vertrag (1997), Extraterritoriale Anwendung des EU-Rechts, Rn. 11. In der Literatur hat sich bislang keine einheitliche Terminologie herausgebildet. Der „Durchsetzungsbereich" wird häufig als „Geltungsbereich", der „Anordnungsbereich" als „Anwendungsbereich" bezeichnet; vgl. z.B. Meessen/Funke in: Loewenheim u.a., KartR (2020), IntKartR Rn. 10 ff.; Wagner-von Papp/Wurmnest in: MK-EuWettbR (2020), Grundlagen Rn. 1326.

Abs. 1 FKVO Zwangsmaßnahmen, insbesondere Vollstreckungsmaßnahmen nach Art. 299 AEUV, vornehmen können.

Der zweite Aspekt betrifft das Gebiet, auf welchem die Sachverhalte (Personen, Sachen, Rechte oder Vorgänge), an die ein Unionsrechtsakt anknüpft, belegen sein oder die Rechtsfolgen eines Unionsrechtsakts eintreten können. Es geht dabei um die Grenzen der Befugnis der EU, mit Rechtsakten an Sachverhalte anzuknüpfen, die außerhalb des eigenen Territoriums liegen, oder Rechtsverhältnisse mit einem Befolgungsanspruch außerhalb des eigenen Territoriums zu regeln. In der Literatur werden diese Grenzen auch unter dem Stichwort der „extraterritorialen Wirkung" von Rechtsakten behandelt. Dieser Aspekt des räumlichen Anwendungsbereichs wird nachfolgend als räumlicher „Anordnungsbereich" bezeichnet.[1122] Der räumliche Anordnungsbereich des Vollzugsverbots umfasst das Gebiet, auf dem sich die Tatbestandsmerkmale des Art. 7 Abs. 1 FKVO befinden oder die Rechtsfolgen eintreten können.

II. Durchsetzungsbereich

Die FKVO selbst enthält keine Regelung zu ihrem Durchsetzungsbereich.[1123] Letzterer ist den Vorschriften des Art. 52 EUV und Art. 355 AEUV zu entnehmen. Diese berücksichtigen das völkerrechtliche Territorialitätsprinzip, das Staaten die Durchsetzung souveräner Hoheitsgewalt grundsätzlich nur auf ihrem eigenen Territorium gestattet,[1124] für den Staatenverbund „EU". Zwar definieren Art. 52 EUV und Art. 355 AEUV unmittelbar nur den Durchsetzungsbereich der Verträge, d.h. des EUV und des AEUV. Jedoch ist allgemein anerkannt, dass sie bei Fehlen einer speziellen Regelung auch für das Sekundärrecht gelten.[1125] Der Durchset-

---

1122 Begriff nach Meng (oben Fn. 1121), ebenda.

1123 Insbesondere stellen die Art. 1 und 2 FKVO, die auf die EU-weite Bedeutung bzw. die Vereinbarkeit eines Zusammenschlusses mit dem Binnenmarkt abstellen, keine Bestimmungen im genannten Sinne dar. Sie stellen zwar einen räumlichen Bezug der formellen bzw. materiellen Fusionskontrolle zur EU her, regeln aber nicht die Frage, auf welchem Gebiet die Vorschriften der FKVO durchsetzbar sind. Vgl. Wagemann in: Wiedemann, Handb KartR (2020), § 15 Rn. 22.

1124 Vgl. StIGH, Entscheidung vom 7. September 1927, *Lotus*, P.C.I.J. (ser. A) No. 10 (Sept. 7), 18.

1125 Dörr in: Grabitz/Hilf/Nettesheim, Das Recht der Europäischen Union (70. EL 2020), Art. 52 EUV Rn. 3; Jaeckel, ebenda, Art. 355 AEUV Rn. 2.

zungsbereich der FKVO – und damit auch des Vollzugsverbots – umfasst daher das gesamte Unionsgebiet, das sich mit den in Art. 52 EUV i.V.m. Art. 355 AEUV geregelten Besonderheiten von den Staatsgebieten der Mitgliedstaaten ableitet.

Zu einer substantiellen Erweiterung dieses Bereichs kann es durch das EWRA kommen. Denn sind die Aufgreifkriterien der FKVO erfüllt, nimmt die Kommission die Fusionskontrolle nach Art. 57 Abs. 2 Buchst. a EWRA grundsätzlich auch für die nicht der EU angehörenden EWR-Mitgliedstaaten Island, Norwegen und Liechtenstein wahr. Dann wendet die Kommission nach Art. 60 EWRA i.V.m. Anhang XIV und Art. 3 Abs. 1 Nr. 1 Protokoll Nr. 21 zum EWRA[1126] die FKVO – einschließlich des Vollzugsverbots nach Art. 7 – auch für die Hoheitsgebiete dieser Staaten an. In diesen – in der Praxis die Regel darstellenden – Fällen umfasst der räumliche Durchsetzungsbereich des Vollzugsverbots den gesamten EWR.

Aufgrund des völkerrechtlichen Territorialitätsprinzips ist die zwangsweise Durchsetzung von Unionsrechtsakten außerhalb des Unions- bzw. EWR-Gebiets grundsätzlich nur mit der Zustimmung des oder der betroffenen Drittstaaten möglich.[1127] So wäre es regelmäßig unzulässig, ein nach Art. 15 FKVO festgesetztes Zwangsgeld oder eine nach Art. 14 Abs. 2 Buchst. b FKVO festgesetzte Geldbuße wegen eines Verstoßes gegen das Vollzugsverbot in einem Nicht-EWR-Staat zu vollstrecken. Dennoch bereitet die Vollstreckung solcher Entscheidungen in der Praxis kaum Schwierigkeiten, und zwar selbst dann nicht, wenn sie sich gegen außerhalb der EU bzw. des EWR ansässige Zusammenschlussbeteiligte richtet. Denn nach Art. 299 AEUV bzw. Art. 110 EWRA i.V.m. dem jeweiligen mitgliedstaatlichen Zivilprozessrecht kann die Zwangsvollstreckung in das innerhalb der EU bzw. dem EWR belegene Vermögen der beteiligten Unternehmen betrieben werden. Dies ermöglicht nicht nur die Pfändung von Sach-

---

1126 In der Fassung des Beschlusses des Gemeinsamen EWR-Ausschusses Nr. 79/2004 vom 8. Juni 2004, ABl. L 219/24 vom 19. Juni 2004.

1127 Zu einer weiteren, wenn auch nur sektorspezifischen Ausdehnung führt das Abkommen zwischen der Europäischen Gemeinschaft und der Schweizerischen Eidgenossenschaft über den Luftverkehr (ABl. L 114/73 vom 30. April 2002 mit Anhang in der Fassung des Beschlusses Nr. 1/2012 des Luftverkehrsausschusses Union/Schweiz zur Ersetzung des Anhangs des Abkommens, ABl. L 128/14 vom 16. Mai 2012). Nach dessen Art. 11 Abs. 1 und Art. 34 wendet die Kommission die FKVO einschließlich der darin enthaltenen Vollzugsregelungen bei Zusammenschlüssen im Luftverkehrssektor auch für das Territorium der Schweiz an. Nach Stoll in: MK-EuWettbR (2020), Grundlagen Rn. 1865 soll diese Zuständigkeit die Vornahme hoheitlicher Maßnahmen auf schweizerischem Territorium einschließen.

werten, sondern auch von gegenwärtigen oder künftigen Forderungen gegen in der EU bzw. dem EWR ansässige Kunden. Unternehmen mit Sitz in Drittstaaten können sich der Erfüllung ihrer Verpflichtungen aus Bußgeld- oder Zwangsgeldentscheidungen daher nur entziehen, indem sie ihre Geschäftstätigkeit in der EU bzw. dem EWR einschließlich aller Verkäufe an dort ansässige Kunden einstellen.[1128] Von den Vollstreckungsmöglichkeiten innerhalb der EU bzw. des EWR geht deshalb auch auf nicht in der EU ansässige Unternehmen eine erhebliche Persuasionswirkung zur Einhaltung des Vollzugsverbots aus.[1129]

III. Anordnungsbereich (extraterritoriale Wirkung)

Von der Frage der zwangsweisen Durchsetzung ist die Thematik der extraterritorialen Wirkung von Unionsrechtsakten durch tatbestandsmäßige Anknüpfung an Personen, Sachen, Rechte oder Vorgänge außerhalb des Unionsgebiets[1130] (im Folgenden: „Auslandsanknüpfung“) oder Regelung eines Rechtsverhältnisses mit Befolgungsanspruch außerhalb des Unionsgebiets (im Folgenden: „Auslandsregelung“) zu unterscheiden.[1131] Mittlerweile ist für viele Bestimmungen der FKVO anerkannt, dass von ihnen extraterritoriale Wirkungen ausgehen können, wenn auch im Einzelnen noch Streit über die Grenzen dieser Wirkungen bzw. deren richtige dogmatische Begründung herrscht.[1132] Dabei wird zwischen der formellen und materiellen Fusionskontrolle und innerhalb der formellen Fusionskontrolle weiter zwischen der Anmeldepflicht und dem Vollzugsverbot unterschieden.[1133] Dem Untersuchungszweck entsprechend wird nachfolgend nur auf Fragen des Vollzugsverbots eingegangen.

1128 Meessen/Funke in: Loewenheim u.a., KartR (2020), IntKartR Rn. 60.

1129 Vgl. Meng in: Von der Groeben/Thiesing/Ehlermann, Kommentar zum EU-/EG-Vertrag (1997), Extraterritoriale Anwendung des EU-Rechts Rn. 10; ders., Extraterritoriale Jurisdiktion im öffentlichen Wirtschaftsrecht (1994), 82 ff.

1130 Soweit im Folgenden vom „Unionsgebiet“ die Rede ist, umfasst dieses in den Fällen des Art. 57 Abs. 2 Buchst. a EWRA den gesamten EWR.

1131 Begriffe nach Meng in: Von der Groeben/Thiesing/Ehlermann, Kommentar zum EU-/EG-Vertrag (1997), Extraterritoriale Anwendung des EU-Rechts Rn. 9; ders., Extraterritoriale Jurisdiktion im öffentlichen Wirtschaftsrecht (1994), 73 ff.

1132 Dazu allgemein Rehbinder in: Immenga/Mestmäcker, WettbR/Bd. 1 (2019), IntWbR Rn. 52 ff.; Meessen/Funke in: Loewenheim u.a., KartR (2020), IntKartR Rn. 84 ff. (jeweils m.w.N.).

1133 Zum formellen Charakter des Vollzugsverbots oben Kapitel 1 B.I.2.a.

1. Auslandsanknüpfungen und -regelungen durch Art. 7 FKVO

Art. 7 Abs. 1 FKVO verbietet den Vollzug eines Zusammenschlusses von EU-weiter[1134] Bedeutung im Sinne des Art. 1 FKVO vor Erhalt der Genehmigung durch die Kommission.[1135] Die EU-weite Bedeutung ist in Art. 1 Abs. 2 und 3 FKVO durch die Erfüllung weltweiter und unionsbezogener Umsatzschwellen definiert. Durch die unionsbezogene Umsatzschwelle wird ein Zusammenhang zwischen dem Zusammenschluss und dem Unionsgebiet hergestellt.

Infolge der fortschreitenden Globalisierung der Weltwirtschaft treten in der Praxis immer häufiger Zusammenschlüsse auf, die die Umsatzschwellen des Art. 1 Abs. 2 oder 3 FKVO erfüllen und damit den nach der FKVO erforderlichen Bezug zum Unionsgebiet aufweisen, sich aber nicht auf dieses Gebiet begrenzen lassen, weil sie auch Anknüpfungspunkte zu Drittstaaten aufweisen. Dies kann unterschiedliche Gründe haben. So können an einem Zusammenschluss Unternehmen aus Drittstaaten beteiligt sein. Europäische oder drittstaatliche Beteiligte können über Tochtergesellschaften, Niederlassungen, Vermögensgegenstände oder Geschäftstätigkeiten in Drittstaaten verfügen. Zusammenschlüsse können in Drittstaaten vereinbart oder Vollzugsmaßnahmen in Drittstaaten vorgenommen werden. Innerhalb oder außerhalb der EU getroffene Zusammenschlussvereinbarungen oder Vollzugsmaßnahmen können Sachen oder Rechte in Drittstaaten betreffen oder sonst Auswirkungen auf Drittstaaten haben. Zusammenschlüsse mit Anknüpfungspunkten sowohl zur EU als auch zu Drittstaaten werden im Folgenden als „multinationale Zusammenschlüsse" bezeichnet.

Das Vollzugsverbot des Art. 7 Abs. 1 FKVO knüpft bei multinationalen Zusammenschlüssen über die Tatbestandsmerkmale „Zusammenschluss" und „Vollzug" an Sachverhalte an, die ganz oder teilweise außerhalb des Unionsgebiets belegen sein können. Hierin liegt eine Auslandsanknüpfung im oben definierten Sinne. Sofern die Umsatzschwellen des Art. 1 FKVO im konkreten Fall erfüllt sind, kommt es für die Geltung des Vollzugsverbots nach dem Verordnungswortlaut nicht auf darüber hinaus bestehende Drittstaatenbezüge an. So knüpft die FKVO weder an den Sitz oder das Hauptgeschäft[1136] noch an sonstige Merkmale wie an den

---

1134 Zu den veralteten Begrifflichkeiten der FKVO oben Fn. 131.

1135 Die Hypothesen des Verweisungsregimes und die gesetzlichen Ausnahmen vom Vollzugsverbot sollen hier ausgeklammert bleiben.

1136 Vgl. insoweit den 10. Erwägungsgrund zur FKVO, nach dem es für das Konzept der EU-weiten Bedeutung ausdrücklich keine Rolle spielen soll, ob die

Produktionsstandort[1137] oder den Vollzugsort[1138] innerhalb der EU an. Der gesetzgeberischen Konstruktion liegt die Annahme zugrunde, dass Zusammenschlüsse mit Drittstaatenbezug die strukturellen Wettbewerbsbedingungen im Binnenmarkt in gleicher Weise berühren können wie rein innereuropäische Zusammenschlüsse. Wie im EU-Wettbewerbsrecht allgemein fehlt in der FKVO bislang eine spezielle Kollisionsnorm,[1139] die die Anwendung der Verordnung im Ganzen oder einzelner ihrer Vorschriften auf multinationale Zusammenschlüsse regeln würde. Bei wortgetreuer Anwendung der FKVO sind drittstaatliche Unternehmen deshalb in gleicher Weise Adressaten des Vollzugsverbots wie solche mit Sitz in der EU; Vollzugsmaßnahmen werden auch dann vom Verbot des Art. 7 Abs. 1 FKVO erfasst, wenn sie ganz oder teilweise in Drittstaaten vorgenommen werden oder Auswirkungen auf Drittstaaten haben. Bei multinationalen Zusammenschlüssen trifft Art. 7 Abs. 1 i.V.m. Art. 1 Abs. 2 und 3 FKVO daher auch eine Auslandsregelung im oben genannten Sinne.

2. Problemstellung

Weil die extraterritorialen Wirkungen, die in Form von Auslandsanknüpfungen und Auslandsregelungen von der Vorschrift des Art. 7 Abs. 1 FKVO ausgehen, in die Belange betroffener Drittstaaten und beteiligter Unternehmen eingreifen können, ist in der Literatur die Frage nach der Notwendigkeit einer völker- oder unionsverfassungsrechtlichen Begrenzung dieser Wirkungen – und damit einer beschränkten Geltung des Vollzugsverbots des Art. 7 Abs. 1 FKVO für multinationale Zusammenschlüsse

---

beteiligten Unternehmen ihren Sitz oder ihr Hauptgeschäft innerhalb oder außerhalb der Union haben, sofern sie in erheblichem Umfang in der Union tätig sind.

1137 Zur Unbeachtlichkeit der Lokalisation der Produktionsstätten ausdrücklich EuG, Urteil vom 25. März 1999, Rs. T-102/96, *Gencor/Kommission*, ECLI:EU:T:1999:65, Rn. 85.

1138 Vgl. Koch in: MK-EuWettbR (2020), Art. 1 FKVO Rn. 50; Körber in: Immenga/Mestmäcker, WettbR/Bd. 3 (2020), Art. 7 FKVO Rn. 7.

1139 Anders als in vielen einzelstaatlichen Rechtsordnungen wie der deutschen (§ 185 Abs. 2 GWB), österreichischen (§ 24 Abs. 2 KartG), schweizerischen (Art. 2 Abs. 2 KG) oder US-amerikanischen (16 CFR §§ 802.50, 802.51), ist die Frage extraterritorialer Wirkungen im EU-Wettbewerbsrecht bislang nicht ausdrücklich geregelt. Für die EU-Fusionskontrolle wird im Rahmen der Konsultation „Eine wirksamere EU-Fusionskontrolle“ die Aufnahme einer ausdrücklichen Regelung in die FKVO diskutiert; dazu sogleich.

– gestellt geworden. Wegen des automatischen Charakters des Vollzugsverbots betrifft die Thematik vor allem die Rechtsetzungsebene, kann aber auch auf die Rechtsanwendungsebene durchschlagen, z.B. wenn die Kommission im Einzelfall eine (vollständige oder teilweise) Freistellung nach Art. 7 Abs. 3 FKVO ablehnt[1140] oder nach einem Verstoß gegen das Vollzugsverbot einstweilige Maßnahmen nach Art. 8 Abs. 5 Buchst. a FKVO, Zwangsgelder nach Art. 15 Abs. 1 Buchst. d FKVO oder Geldbußen nach Art. 14 Abs. 2 Buchst. b FKVO gegen drittstaatliche Unternehmen festsetzt oder vollstreckt.

Erwogen wird eine Begrenzung des Vollzugsverbots insbesondere für zwei Fallgestaltungen.

a. Vollzugsverbot für „Auslandsteile" eines Zusammenschlusses

Bei multinationalen Zusammenschlüssen kann es vorkommen, dass sich der Vollzug eines Zusammenschlussteils nicht auf den Wettbewerb im Binnenmarkt auswirken würde. Besteht ein Zusammenschluss z.B. aus dem Erwerb der Kontrolle über ein US-amerikanisches und ein deutsches Unternehmen und ist das US-Unternehmen ausschließlich in den USA tätig, könnte der nach Art. 7 Abs. 1 i.V.m. Art. 1 FKVO vorgesehene Vollzugsaufschub für die betroffenen Drittstaaten bzw. beteiligten Unternehmen eine völker- bzw. primärrechtswidrige Belastung darstellen. Deshalb könnte eine Begrenzung des Anordnungsbereichs des Vollzugsverbots auf den verbleibenden Teil („EU-Teil") geboten sein. Die Kommission hat diese Sichtweise im Fall *SC Johnson/Sara Lee* zurückgewiesen:

> „It is an inherent feature of the EU merger review system that the standstill obligation affects the whole concentration, as envisaged by the parties concerned and notified to the Commission and not only the part of that transaction which concerns the EEA markets. This is in conformity with the basis on which the Commission can claim jurisdiction under international law, and other major jurisdictions with similar systems apply it in a comparable way. Therefore, the application of the standstill obligation to the whole transaction cannot be seen as an inappropriate assertion of extra-territorial jurisdiction."[1141]

1140 Vgl. Kommission, Entscheidung vom 11. Februar 2011, COMP/M.5969, *SC Johnson/Sara Lee*.

1141 Kommission, ebenda, Rn. 40.

b. Vollzugsverbot bei „reinen Auslandszusammenschlüssen“

In besonderen Fallgestaltungen ist es denkbar, dass sich die Anknüpfungspunkte eines Zusammenschlusses zum Unionsgebiet insgesamt in der Erfüllung der Umsatzschwellen durch die beteiligten Unternehmen erschöpfen. Solche Fälle werden in der Literatur auch als „reine Auslandszusammenschlüsse“ bezeichnet.[1142] Dabei geht es um Zusammenschlüsse, die in Drittstaaten zwischen Unternehmen aus Drittstaaten vereinbart und vollzogen werden und bei denen es praktisch ausgeschlossen erscheint, dass sie spürbare Auswirkungen auf das Unionsgebiet haben. Ein typisches Beispiel stellt die Gründung eines ausschließlich drittstaatenbezogenen Gemeinschaftsunternehmens in einem Drittstaat dar. Hier kann es aufgrund des räumlich begrenzten Betätigungsfelds des Gemeinschaftsunternehmens sein, dass Auswirkungen auf das Unionsgebiet selbst in Form sogenannter „Gruppen-“ oder „Spillover“-Effekte nach Art. 2 Abs. 4 und 5 FKVO praktisch ausscheiden.

Hintergrund ist, dass es bei der Neugründung eines Gemeinschaftsunternehmens nach Art. 1 i.V.m. Art. 5 FKVO i.V.m. der Konsolidierten Mitteilung der Kommission zu Zuständigkeitsfragen[1143] für die Umsatzberechnung ausschließlich auf die Mutterunternehmen ankommen soll. Wenn die hiernach relevanten EU-Umsätze von Unternehmensbereichen erzielt werden, die nicht an der Zusammenlegung teilnehmen, und andere Märkte betreffen als die Aktivitäten des Gemeinschaftsunternehmens, kann es sein, dass der Zusammenschluss als solcher keine Auswirkungen auf den Binnenmarkt hat. Auch in solchen Fällen ist die Rechtslage nach dem derzeitigen Verordnungstext eindeutig: Die Gründung eines Vollfunktionsgemeinschaftsunternehmens erfüllt nach Art. 3 Abs. 4 FKVO einen Zusammenschlusstatbestand. Übersteigen die Umsätze der beteiligten Unternehmen die Schwellenwerte des Art. 1 Abs. 2 oder 3 FKVO, fällt der Zusammenschluss in den Anwendungsbereich der FKVO und die beteiligten Unternehmen dürfen ihn nach Art. 7 Abs. 1 FKVO nicht ohne Genehmigung vollziehen.

Das ausschließliche Abstellen auf die Kriterien des Art. 1 FKVO könnte in solchen Fällen zu einem überschießenden Anordnungsbereich des Voll-

---

1142 Wagemann in: Wiedemann, Handb KartR (2020), § 15 Rn. 24.

1143 Oben Fn. 95 (dort Rn. 139).

zugsverbots führen und de lege lata im Rahmen einer völker-[1144] oder primärrechtskonformen Auslegung zu berichtigen sein. Darüber hinaus wurden Bestrebungen der Kommission bekannt, die Problematik der extraterritorialen Wirkungen für den in der Praxis häufigsten Fall eines „reinen Auslandszusammenschlusses", die Gründung eines drittstaatenbezogenen Gemeinschaftsunternehmens, ausdrücklich zu regeln. So schlug die Kommission in ihrem Weißbuch „Eine wirksamere EU-Fusionskontrolle" vom 9. Juli 2014 vor, die FKVO dergestalt zu ändern, dass

> „[...] die Gründung eines Vollfunktionsgemeinschaftsunternehmens, das vollständig außerhalb des EWR niedergelassen und tätig ist (und keine Auswirkungen auf die Märkte im EWR hat), nicht in ihren Anwendungsbereich fallen würde. Ein solches Gemeinschaftsunternehmen müsste daher nicht bei der Kommission angemeldet werden, selbst wenn die Umsatzschwellen des Artikels 1 überschritten sind."[1145]

Nach einer kurzen Einführung in den völkerrechtlichen Rahmen (3.) wird untersucht, ob die nach dem Verordnungswortlaut gegebene extraterritoriale Wirkung des Art. 7 Abs. 1 FKVO auch für die äußerste Fallgruppe der „reinen Auslandszusammenschlüsse" mit dem Völkerrecht (4.) und dem Unionsverfassungsrecht[1146] (5.) vereinbar ist oder diesbezüglich de lege lata einer einschränkenden Auslegung bedarf. So kann geklärt werden, ob die Überlegungen der Kommission einer zwingenden völker- oder unionsverfassungsrechtlichen Vorgabe entsprechen oder als Akt freiwilliger Selbstbeschränkung zu verstehen sind. Das gefundene Ergebnis wird auch eine Antwort auf die Frage nach der Gebotenheit einer Beschränkung des Vollzugsverbots auf den „EU-Teil" multinationaler Zusammenschlüsse geben.

1144 Vgl. EuGH, Urteil vom 24. November 1992, Rs. C-286/90, *Poulsen u.a.*, ECLI:EU:C:1992:453, Rn. 9; vom 3. September 2008, verb. Rs. C-402/05 P und C-415/05 P, *Kadi u. a./Rat u. Kommission*, ECLI:EU:C:2008:461, Rn. 291.

1145 Kommission, Weißbuch „Eine wirksamere EU-Fusionskontrolle" vom 9. Juli 2014 (oben Fn. 29), Rn. 77. Nach dem am selben Tag veröffentlichten Arbeitspapier (oben Fn. 76, dort Rn. 180) soll dies durch eine Ergänzung des Art. 1 FKVO erfolgen, nach der solche Vorgänge vom Anwendungsbereich (gemeint ist der nach hier verwendeter Terminologie der Anordnungsbereich) der FKVO – und damit auch des Vollzugsverbots – ausgenommen würden.

1146 Vgl. zur Vereinbarkeit des Vollzugsverbots mit den Unionsgrundrechten allgemein oben Kapitel 3 B.III.

3. Völkerrechtlicher Rahmen

Die Befugnis der Staaten bzw. supranationalen Organisationen wie der EU zur extraterritorialen Rechtsetzung bzw. Rechtsanwendung ist durch die allgemeinen Regeln des Völkerrechts, d.h. durch das Völkergewohnheitsrecht im Sinne des Art. 38 Abs. 1 Buchst. b und die Allgemeinen Rechtsgrundsätze im Sinne des Art. 38 Abs. 1 Buchst. c des Statuts des Internationalen Gerichtshofs, begrenzt. Regelungsdichte und Rechtsklarheit dieser Bestimmungen sind, verglichen mit nationalen Standards, gering.[1147] Aus den allgemeinen Regeln des Völkerrechts ergibt sich nur eine äußerste Grenze für die Jurisdiktionsausübung durch Staaten bzw. supranationale Organisationen wie die EU.[1148] Innerhalb dieser Grenze können die Staaten bzw. die EU durch Kollisionsnormen optimale Regelungen für Sachverhalte mit Drittstaatenbezug treffen. Kollisionsnormen sind regelmäßig in Bestimmungen des innerstaatlichen bzw. EU-Rechts enthalten, können aber auch in völkerrechtlichen Verträgen mit Drittstaaten verkörpert sein.[1149] Daneben haben sich bestimmte internationale Gepflogenheiten entwickelt, die der Völkerrechtscourtoisie (engl.: „comity of nations") zuzuordnen und damit rechtlich unverbindlich sind.

Im Folgenden wird die Vereinbarkeit des Art. 7 Abs. 1 FKVO mit den allgemeinen Regeln des Völkerrechts untersucht. Kollisionsrechtliche Bestimmungen und Aspekte der Völkerrechtscourtoisie bleiben ausgeblendet, wobei im Grenzbereich wohl nicht trennscharf zwischen Völkergewohnheitsrecht und Comity-Gesichtspunkten unterschieden werden kann.

Aus der Staatenpraxis lässt sich eine klare Tendenz ablesen, Zusammenschlüsse, die die eigenen Belange beeinträchtigen könnten, einer präventiven Kontrolle zu unterwerfen. Dabei kann sich die Ausgestaltung, z.B. im Hinblick auf die Aufgreif- oder Eingreifkriterien, den Umfang der beizubringenden Informationen oder die Vollzugsregelung, unterscheiden. Mit der Regelung des Art. 7 FKVO hat sich der Unionsgesetzgeber für ein überwiegend, wenn auch nicht strikt präventives Modell der Fusionskontrolle entschieden.[1150] Das Verbot des Art. 7 Abs. 1 FKVO kann in Konflikt

---

1147 Vgl. Meng in: Von der Groeben/Thiesing/Ehlermann, Kommentar zum EU-/EG-Vertrag (1997), Extraterritoriale Anwendung des EU-Rechts, Rn. 62.

1148 Vgl. Wagner-von Papp/Wurmnest in: MK-EuWettbR (2020), Grundlagen Rn. 1327.

1149 Vgl. Meng, ebenda, Rn. 15.

1150 Dazu oben Kapitel 1 A.III.

zu den Anforderungen einer drittstaatlichen Vollzugsregelung treten, wobei im Kern die folgenden Konstellationen unterschieden werden können:

- *Zusammentreffen mit drittstaatlicher Vollzugspflicht:* Denkbar, wenngleich in der Praxis selten, sind Fälle, in denen das Vollzugsverbot der FKVO mit einer Vollzugspflicht in einem Drittstaat zusammentrifft. Auf solche „Zwangsfusionen“, die unter dem Gesichtspunkt der „foreign state compulsion“ zu beurteilen sind, wird im Rahmen dieser Betrachtung nicht näher eingegangen.[1151]
- *Zusammentreffen mit drittstaatlicher Vollzugsfreiheit:* Weitaus häufiger entstehen Konflikte durch das Zusammentreffen des vorläufigen Vollzugsverbots der FKVO mit einer in einem Drittstaat eingeräumten Vollzugsfreiheit.[1152] Die nach drittstaatlichem Recht bestehende Vollzugsfreiheit kann unterschiedliche Gründe haben. So können Zusammenschlüsse in dem betreffenden Drittstaat generell keinem oder einem weniger strengen Vollzugsverbot unterliegen.[1153] Daneben ist es denkbar, dass in dem Drittstaat zwar ein strenges vorläufiges Vollzugsverbot gilt, dieses aber im konkreten Fall durch eine Genehmigungsentscheidung aufgehoben wurde.

Die völkerrechtliche Zulässigkeit extraterritorialer Wirkungen durch nationale bzw. (im Fall der EU) supranationale Rechtsakte ist heute im Grundsatz anerkannt,[1154] wenn auch in ihren Grenzen umstritten. Soweit in der Literatur und Praxis zur FKVO eine Befassung mit dem Thema erfolgt ist, stand bislang die materielle Untersagungsbefugnis der Kommission im Vordergrund. Zu den extraterritorialen Wirkungen formeller Bestimmungen wie der Anmeldepflicht oder des Vollzugsverbots existieren dagegen nur wenige Beiträge.[1155] Für das Vollzugsverbot geht es um die Frage, ob das Vorliegen eines Zusammenschlusses von EU-weiter Bedeutung im Sinne der Art. 1 und 3 FKVO nach den allgemeinen Regeln des Völkerrechts stets, d.h. selbst bei „reinen Auslandszusammenschlüssen“,

---

1151 Dazu näher Meng in: Von der Groeben/Thiesing/Ehlermann, Kommentar zum EU-/EG-Vertrag (1997), Extraterritoriale Anwendung des EU-Rechts Rn. 54 ff.

1152 Vgl. Meng, ebenda, Rn. 57; Meyer, Die extraterritoriale Anwendbarkeit der EG-Fusionskontrollverordnung (2004), 112.

1153 Zu den möglichen Abstufungen ausführlich oben Kapitel 1 A.II.

1154 Vgl. wiederum StIGH, Entscheidung vom 7. September 1927 (oben Fn. 1124), 19.

1155 Zu nennen ist hier insbesondere die Abhandlung von Meyer, Die extraterritoriale Anwendbarkeit der EG-Fusionskontrollverordnung (2004).

ein hinreichendes Kriterium für den Eintritt des automatischen Vollzugsverbots nach Art. 7 Abs. 1 FKVO darstellt, und falls nein, welche weiteren Voraussetzungen hierzu vorliegen müssen.

a. Erfordernis einer sinnvollen Anknüpfung

Nach allgemeiner Meinung in der völkerrechtlichen Literatur und Praxis können Staaten und supranationale Organisationen wie die EU Sachverhalte mit Drittstaatenbezug nur zum Gegenstand eigener Rechtsetzung oder Rechtsanwendung machen, solange und soweit eine hinreichende Beziehung zum eigenen Territorium gegeben ist.[1156] Die Intensität dieser Beziehung, für die im Schrifttum unterschiedliche Formeln bestehen und für die nachfolgend der Begriff der „sinnvollen Anknüpfung" verwendet wird, ist nicht abschließend geklärt. Fest steht, dass bei der Beurteilung der Sinnhaftigkeit einer Anknüpfung der Regelungsgegenstand und die Regelungsziele zu berücksichtigen sind.[1157]

Einige Anknüpfungen sind völkergewohnheitsrechtlich anerkannt und daher stets erlaubt. Dies gilt neben dem bereits genannten Territorialitätsprinzip für das aktive Personalitätsprinzip, das aus der Sicht des Regelungsstaats auf die inländische Nationalität bzw. den inländischen Sitz der handelnden Unternehmen abstellt und es dem Regelungsstaat erlaubt, Verhaltensweisen inländischer Unternehmen im Ausland zum Gegenstand eigener Rechtsetzung oder Rechtsanwendung zu machen, sowie für das Schutzprinzip, das extraterritoriale Wirkungen zur Gewährleistung der Sicherheit und des Bestands des Regelungsstaates ermöglicht, im Wettbewerbsrecht aber kaum eine Rolle spielt.[1158] Weitere Anknüpfungen sind grundsätzlich oder in ihren Grenzen umstritten geblieben. Dazu gehört auch das Auswirkungsprinzip, welches darauf abstellt, ob ein in einem Drittstaat veranlasstes Verhalten Wirkungen im Regelungsstaat hat. Die

---

1156 Verdross/Simma, Universelles Völkerrecht (1984), § 1183; weitere Nachweise bei Meng in: Von der Groeben/Thiesing/Ehlermann, Kommentar zum EU-/EG-Vertrag (1997), Extraterritoriale Anwendung des EU-Rechts Rn. 32 f.

1157 Verdross/Simma, ebenda; Meng, ebenda, Rn. 33 und 50; Wagner-von Papp/Wurmnest in: MK-EuWettbR (2020), Grundlagen Rn. 1342.

1158 Zu den anerkannten Anknüpfungen im Einzelnen Meng, ebenda, Rn. 38 ff.; Wiedemann in: Wiedemann, Handb KartR (2020), § 5 Rn. 4 ff.; Weiss, NZKart 2016, 202, 203 ff.

Staatenpraxis der letzten Jahre weist jedoch in Richtung einer Anerkennung des Auswirkungsprinzips.[1159]

b. Anknüpfung nach dem Auswirkungsprinzip

Wie bereits gesehen, stellt das in Art. 1 Abs. 2 und 3 FKVO enthaltene, unionsbezogene Umsatzkriterium einen Zusammenhang zwischen dem zu kontrollierenden Zusammenschluss und dem Unionsgebiet her. Hierin kann eine implizite Anknüpfung nach dem Auswirkungsprinzip gesehen werden, zumal für die innerhalb der EU erzielten Umsätze nach dem 10. Erwägungsgrund weder ein Sitz noch Verkaufsstellen oder sonstige Einrichtungen auf dem Unionsgebiet erforderlich sind. Zu beachten ist freilich, dass die EU in den meisten Fällen, in denen die Vorschrift des Art. 7 Abs. 1 FKVO zu Auslandsanknüpfungen oder Auslandsregelungen führt, auf völkergewohnheitsrechtlich anerkannte Anknüpfungen verweisen könnte, ohne dabei auf das Auswirkungsprinzip zurückgreifen zu müssen.[1160] So wäre der Erlass eines Unionsrechtsakts, der Vollzugsmaßnahmen innerhalb der EU durch drittstaatliche Unternehmen regelt, grundsätzlich vom Territorialitätsprinzip und der Erlass eines Unionsrechtsakts, der die Gründung eines Vollfunktionsgemeinschaftsunternehmens in einem Drittstaat durch Mutterunternehmen mit Sitz innerhalb der EU regelt, grundsätzlich vom aktiven Personalitätsprinzip gedeckt. Nicht möglich sind diese Anknüpfungen indes bei „reinen Auslandszusammenschlüssen“, deren Bezüge zum Unionsgebiet sich in der Erfüllung der unionsbezogenen Umsatzschwellen durch die beteiligten Unternehmen erschöpft.

Die in der fusionskontrollrechtlichen Praxis dominante Anknüpfung ist das Auswirkungsprinzip.[1161] Sie ist angesichts der Zielsetzungen des EU-Wettbewerbsrechts die sachgerechte Lösung und dürfte heute als prinzipiell zulässig, wenn auch begrenzungsbedürftig, anzusehen sein.[1162]

1159 Rehbinder in: Immenga/Mestmäcker, WettbR/Bd. 1 (2019), IntWbR Rn. 16; Meng, ebenda, Rn. 46; Wagner-von Papp/Wurmnest in: MK-EuWettbR (2020), Grundlagen Rn. 1337 f.

1160 Vgl. Meng in: Von der Groeben/Thiesing/Ehlermann, Kommentar zum EU-/EG-Vertrag (1997), Extraterritoriale Anwendung des EU-Rechts Rn. 75, 77 a.E.

1161 Vgl. Meng, ebenda, Rn. 45; Wagner-von Papp/Wurmnest in: MK-EuWettbR (2020), Grundlagen Rn. 1337 f.; Weiss, NZKart 2016, 265, 266 ff.

1162 Rehbinder, ebenda, Rn. 16 ff.; Meng, ebenda, Rn. 49, 79; Weiss, NZKart 2016, 202, 207; Wiedemann in: Wiedemann, Handb KartR (2020), § 5 Rn. 7;

Auch die Praxis der Unionsorgane weist trotz Unterschieden im Detail in Richtung einer Anerkennung des Auswirkungsprinzips.[1163] So folgt die Kommission regelmäßig dem Auswirkungsprinzip.[1164] Der EuGH hat sich bislang nicht ausdrücklich hierzu bekannt, das Auswirkungsprinzip aber auch nicht explizit verworfen. Im sogenannten „*Zellstoff*"-Urteil[1165] stellte er, ausgehend vom Territorialitätsprinzip, auf die „Durchführung" der Maßnahme – im konkreten Fall ging es um die Anwendung des Kartellverbots nach Art. 85 EWGV – im Gemeinsamen Markt (heute: Binnenmarkt) ab, wobei sich bei genauerer Betrachtung kaum Unterschiede zum Auswirkungsprinzip ergeben, weil Lieferungen aus Drittstaaten in den Gemeinsamen Markt als genügend angesehen wurden.[1166] Das EuG hat in der Rechtssache *Gencor/Kommission*,[1167] in der es um eine fusionskontrollrechtliche Untersagungsentscheidung der Kommission ging, und in der Rechtssache *Intel/Kommission*,[1168] der eine Bußgeldentscheidung nach Art. 82 EGV 1997 (nunmehr Art. 102 AEUV) zugrunde lag, das qualifizierte Auswirkungsprinzip neben dem Durchführungsprinzip anerkannt.

Im Folgenden werden zunächst der Inhalt und die Schranken des völkerrechtlichen Auswirkungsprinzips nach der Rechtsprechung des EuG und der h.M. in der Literatur in Grundzügen dargestellt (c.). Sodann wird untersucht, ob die Regelung des Art. 7 Abs. 1 (i.V.m. Art. 1) FKVO

Wagner-von Papp in: Tietje, Internationales Wirtschaftsrecht (2015), § 11 Rn. 8 ff.; ders./Wurmnest in: MK-EuWettbR (2020), Grundlagen Rn. 1343 f. und 1352.

1163 Zur Entwicklung Meng, ebenda, Rn. 81 ff.; Rehbinder ebenda, Rn. 6 ff.

1164 Nachweise bei Rehbinder in: Immenga/Mestmäcker, WettbR/Bd. 1 (2019), IntWbR Rn. 11 und Wiedemann in: Wiedemann, Handb KartR (2020), § 5 Rn. 15. In der Genehmigungsentscheidung vom 30. Juni 1993 im Fall IV/M.346, *JCSAT/SAJAC* stellte die Kommission in Rn. 11 fest, dass „the concentration has presently no effect in the Community". Gleichzeitig sah sie sich offenbar als zuständig an, da sie eine Genehmigung nach Art. 6 Abs. 1 Buchst. b FKVO erließ, anstatt eine Entscheidung nach Art. 6 Abs. 1 Buchst. a FKVO zu treffen; kritisch hierzu Broberg, The European Commission's Jurisdiction to Scrutinise Mergers (2013), 250.

1165 EuGH, Urteil vom 27. September 1988, verb. Rs. 89/85, 104/85, 114/85, 116/85, 117/85, 125-129/85, *Ahlström u.a./Kommission*, ECLI:EU:C:1988:447.

1166 EuGH, ebenda, Rn. 17 f.

1167 EuG, Urteil vom 25. März 1999, Rs. T-102/96, *Gencor/Kommission*, ECLI:EU:T:1999:65, Rn. 87.

1168 EuG, Urteil vom 12. Juni 2014, Rs. T-286/09, *Intel/Kommission*, ECLI:EU:T:2014:547, Rn. 233 und 244; dazu Wurmnest/Lund, NZKart 2015, 73 ff.; gegen dieses Urteil ist beim EuGH unter dem Aktenzeichen C-413/14 P ein Rechtsmittelverfahren anhängig.

auch bei „reinen Auslandszusammenschlüssen" dem Auswirkungsprinzip genügt (4.).

c. Inhalt und Schranken des Auswirkungsprinzips

Die Anknüpfung an das Auswirkungsprinzip ist nach der Staatenpraxis und der h.M. im Schrifttum nicht grenzenlos gewährleistet. Eine erste Einschränkung des Prinzips folgt aus dem Kriterium der „sinnvollen Anknüpfung" selbst.[1169] Wie bereits erwähnt, sind bei der Beurteilung der Sinnhaftigkeit der Regelungsgegenstand und die Regelungsziele zu berücksichtigen. Im EU-Fusionskontrollrecht ist heute im Grundsatz geklärt, unter welchen Voraussetzungen die FKVO unter dem Gesichtspunkt des Auswirkungsprinzips extraterritoriale Anwendung findet. So hat das EuG in der Rechtssache *Gencor/Kommission* bei der Prüfung der Vereinbarkeit der angefochtenen Entscheidung mit dem Völkerrecht auf die Auswirkungen des Zusammenschlusses in der EU abgestellt und zugleich Mindestanforderungen an die Art und Intensität der erforderlichen Auswirkungen formuliert:

> „Ist aber vorherzusehen, daß ein geplanter Zusammenschluß in der Gemeinschaft [Union] eine unmittelbare und wesentliche Auswirkung haben wird, so ist die Anwendung der Verordnung völkerrechtlich gerechtfertigt. [...] Es ist daher zu prüfen, ob die drei Kriterien der unmittelbaren, wesentlichen und vorhersehbaren Wirkung im vorliegenden Fall erfüllt sind."[1170]

Mit der Forderung nach einer unmittelbaren, wesentlichen und vorhersehbaren Wirkung (engl.: immediate, substantial and foreseeable effect) innerhalb der EU, die in der Rechtssache *Intel/Kommission* bekräftigt wurde,[1171] hat sich das EuG eng an die amerikanische Doktrin angelehnt.[1172] Die vom EuG verwendete Formel ist heute auch im überwiegenden Schrifttum als Einschränkungskriterium – jedenfalls für die materielle Fusionskontrolle

---

1169 Meng in: Von der Groeben/Thiesing/Ehlermann, Kommentar zum EU-/EG-Vertrag (1997), Extraterritoriale Anwendung des EU-Rechts Rn. 50; Rehbinder in: Immenga/Mestmäcker, WettbR/Bd. 1 (2019), IntWbR Rn. 21, 34 ff.

1170 EuG, Urteil vom 25. März 1999 (oben Fn. 1167), Rn. 90 bis 92.

1171 EuG, Urteil vom 12. Juni 2014 (oben Fn. 1168), Rn. 243.

1172 Dazu Broberg, The European Commission's Jurisdiction to Scrutinise Mergers (2013), 247 (dort Fn. 38); Wagner-von Papp/Wurmnest in: MK-EuWettbR (2020), Grundlagen Rn. 1348.

– anerkannt.[1173] Die Kommission hat in ihrer vorzitierten Entscheidung im Fall *SC Johnson/Sara Lee*, mit der sie einen Antrag auf Freistellung vom Vollzugsverbot nach Art. 7 Abs. 3 FKVO zurückwies, die Geltung des Vollzugsverbots ausdrücklich auf die *Gencor*-Rechtsprechung des EuG gestützt.[1174] In der Literatur werden noch weitere Konzepte für die Einschränkung des Auswirkungsprinzips diskutiert, darunter insbesondere das völkerrechtliche Einmischungsverbot sowie die Konzepte der Interessenabwägung, der Verhältnismäßigkeit und des Rechtsmissbrauchs. Im Folgenden werden die wesentlichen Gesichtspunkte aufgezeigt, die bei der Beurteilung der Völkerrechtskonformität des Vollzugsverbots nach Art. 7 Abs. 1 FKVO von Bedeutung sind. So soll eine Einschätzung getroffen werden, ob die Anknüpfung an die Kriterien des Art. 1 FKVO auch bei „reinen Auslandszusammenschlüssen“ den Anforderungen des Völkerrechts gerecht wird.

4. Vereinbarkeit der aktuellen Regelung mit den allgemeinen Regeln des Völkerrechts

In der Literatur wird die Völkerrechtskonformität der aktuellen Regelung bisweilen aus der Anerkennung der materiellen Untersagungsbefugnis und der Hilfsfunktion des Vollzugsverbots abgeleitet.[1175] Da eine „abgeleitete Rechtfertigung“ im Völkerrecht nicht vorgesehen ist, entbindet dieser Gesichtspunkt indes nicht von der Notwendigkeit, die Vereinbarkeit des Vollzugsverbots mit dem Völkerrecht zu prüfen.[1176] Hierzu ist die Regelung des Art. 7 FKVO in ihrem Gesamtzusammenhang zu würdigen,

---

1173 Rehbinder in: Immenga/Mestmäcker, WettbR/Bd. 1 (2019), IntWbR Rn. 21 f., 34 ff.; Meessen/Funke in: Loewenheim u.a., KartR (2020), IntKartR Rn. 71, 97; Meng in: Von der Groeben/Thiesing/Ehlermann, Kommentar zum EU-/EG-Vertrag (1997), Extraterritoriale Anwendung des EU-Rechts Rn. 49.; Fiebig, (1998) E.C.L.R. 323, 325.

1174 Kommission, Entscheidung vom 11. Februar 2011 (oben Fn. 1140), Rn. 40. Hinsichtlich dieser Entscheidung ist zu beachten, dass die Kommission zuvor wegen ernsthafter Zweifel an der Vereinbarkeit des Zusammenschlusses mit dem Binnenmarkt nach Art. 6 Abs. 1 Buchst. c FKVO das Hauptverfahren (Phase II) eröffnet hatte. Zum Zeitpunkt der Entscheidung war das Risiko negativer Folgen für den EWR also durchaus konkret.

1175 Bourgeois, Yearbook of European Law (1990) 10 (1), 103, 129; Frenz, Handb EuR, EuKartR (2015), Rn. 421.

1176 Fiebig, (1998) E.C.L.R. 323, 329; Meyer, Die extraterritoriale Anwendbarkeit der EG-Fusionskontrollverordnung (2004), 138 f.

wobei das Verweisungsregime der FKVO, das zu einer Verlängerung des Wartezeitraums führen kann, vorliegend ausgeblendet bleibt.[1177]

a. Unmittelbare, wesentliche und vorhersehbare Wirkungen

Nach der vom EuG in den Rechtssachen *Gencor/Kommission* und *Intel/Kommission* verwendeten Formel ist die Anwendung der FKVO völkerrechtskonform, wenn vorhersehbar ist, dass der betreffende Zusammenschluss in der Union unmittelbare und wesentliche Auswirkungen haben wird. Diesen Kriterien ist regelmäßig Genüge getan, wenn die Untersagungsvoraussetzungen nach Art. 2 Abs. 3 FKVO vorliegen, d.h. wenn mit einer für die Untersagung hinreichenden Wahrscheinlichkeit zu erwarten ist, dass der Zusammenschluss zu einer erheblichen Behinderung wirksamen Wettbewerbs im Binnenmarkt führen würde.[1178]

Anders als die Untersagungsbefugnis ist das vorläufige Vollzugsverbot der FKVO ausschließlich an die Aufgreifkriterien der Art. 1 und 3 FKVO gekoppelt. Es greift automatisch, also ohne einen weiteren Rechtsanwendungsakt, ein, wenn ein Zusammenschlussvorhaben im Sinne des Art. 3 FKVO die Umsatzschwellen des Art. 1 Abs. 2 oder 3 FKVO erfüllt. Weitere, insbesondere materielle, Voraussetzungen müssen nicht vorliegen. Im Hinblick auf „reine Auslandszusammenschlüsse“ ist fraglich, ob die Erfüllung der Aufgreifkriterien in ihrer aktuellen Form als Voraussetzung für den Eintritt des Vollzugsverbots nach Art. 7 Abs. 1 FKVO den Mindestanforderungen des Völkerrechts gerecht wird.

Greift man für die Beurteilung auf die Formel des EuG zurück, erscheinen die Umsatzschwellen des Art. 1 Abs. 2 bzw. 3 FKVO zunächst durchaus geeignet, unmittelbare und wesentliche Auswirkungen in der EU zu gewährleisten. Zum einen stellt Art. 5 Abs. 1 Unterabs. 2 FKVO bei der geographischen Zurechnung der Umsätze auf den Aufenthaltsort des direkten Abnehmers in der EU ab.[1179] Zum anderen haben die unionsbezogenen Umsatzschwellen im Vergleich zu vielen einzelstaatlichen Fusionskontrollordnungen eine beträchtliche Höhe. So setzt die Anwendbarkeit

---

1177 Vgl. insoweit die Kommissionsentscheidung vom 11. Februar 2011 (oben Fn. 1140), Rn. 35 f. und 39, in der die Kommission u.a. das Argument der beteiligten Unternehmen, die Vorschrift des Art. 22 FKVO führe zu einer insgesamt unverhältnismäßig langen Wartefrist, verwarf.

1178 Fiebig, (1998) E.C.L.R. 323, 328; Immenga in: FS Zäch (1999), 347, 351.

1179 Vgl. Konsolidierte Mitteilung der Kommission zu Zuständigkeitsfragen (oben Fn. 95), Rn. 195 ff.

der FKVO in den Fällen des Art. 1 Abs. 2 FKVO einen EU-weiten Gesamtumsatz von mindestens zwei beteiligten Unternehmen von jeweils mehr als 250 Mio. Euro voraus. In den Fällen des Art. 1 Abs. 3 FKVO muss der Gesamtumsatz von mindestens zwei beteiligten Unternehmen in der EU jeweils 100 Mio. EUR überschreiten; zudem muss der Gesamtumsatz aller beteiligten Unternehmen in mindestens drei Mitgliedstaaten 100 Mio. Euro übersteigen. Damit besteht ein unmittelbarer und erheblicher Nexus zur EU.

Fraglich bleibt indes, ob mit der Erfüllung der Umsatzschwellen stets ein hinreichender Bezug des Zusammenschlusses *als solchem* zur EU gegeben ist. Denn während das Auswirkungsprinzip nach der Vorhersehbarkeit qualifizierter Auswirkungen eines Vorhabens im Regelungsstaat (hier: der EU) fragt, stellen die Umsatzschwellen des Art. 1 Abs. 2 und 3 FKVO genau genommen keinen Bezug zwischen dem Zusammenschluss und der EU her, sondern messen den bisherigen Tätigkeitsumfang der beteiligten Unternehmen einschließlich der nach Art. 5 Abs. 4 FKVO mit diesen verbundenen Unternehmen im Binnenmarkt.

> „[I]nstead of catching concentrations likely to impede competition, the Merger Regulation catches concentrations involving undertakings generating significant turnovers."[1180]

Aus völkerrechtlicher Sicht könnte problematisch sein, dass der am Gesamtumsatz gemessene Tätigkeitsumfang der beteiligten Unternehmen in der EU nicht zwingend darauf schließen lässt, dass sich der betreffende Zusammenschluss in einfacher oder qualifizierter Form auf den Binnenmarkt auswirken wird. Erst recht lässt sich, wie im 3. Kapitel gesehen,[1181] aus der Erfüllung der Umsatzschwellen nicht ableiten, dass der betreffende Zusammenschluss zu einer erheblichen Behinderung wirksamen Wettbewerbs im Sinne des Art. 2 Abs. 3 FKVO führen, d.h. wettbewerbs*schädliche* Wirkungen haben wird. Letzteres wird durch die fortlaufende Statistik der Kommission zur Fusionskontrolle[1182] bestätigt, nach der die ganz überwiegende Zahl der Zusammenschlüsse ohne Bedingungen oder Auflagen freigegeben wird.[1183] Damit ist die Frage aufgeworfen, welche Anforde-

---

1180 Broberg, The European Commission's Jurisdiction to Scrutinise Mergers (2013), 260; vgl. auch Meyer, Die extraterritoriale Anwendbarkeit der EG-Fusionskontrollverordnung (2004), 115 und 123 f.

1181 Oben Kapitel 3 B.III.3.b.bb; vgl. auch Broberg, ebenda, 260 f.; Meyer, ebenda, 122 ff.

1182 Oben Fn. 109.

1183 Vgl. oben Kapitel 1 B.I.2.a.

rungen das völkerrechtliche Auswirkungsprinzip an die Vorhersehbarkeit des Wirkungseintritts stellt und ob die Regelung des Art. 7 i.V.m. Art. 1 FKVO diesen Anforderungen für „reine Auslandszusammenschlüsse" gerecht wird.

Im Völkerrecht ist kein spezifisches Verbot präventivschützender Maßnahmen nachweisbar; im Gegenteil tendiert die Staatenpraxis der letzten Jahren gerade in der Fusionskontrolle vermehrt zu präventiven Modellen, die mit gewissen Unterschieden auch auf multinationale Zusammenschlüsse angewandt werden. Auch in der völkerrechtlichen Literatur ist eine Tendenz dahingehend zu erkennen, dass aktuelle Wirkungen im Regelungsstaat (hier: der EU) im Bereich präventiven Verwaltungshandelns nicht gefordert werden; stattdessen sollen *potenzielle* Wirkungen genügen.[1184] Hierin liegt eine Anerkennung des typischen Prognosecharakters präventiver Regelungstätigkeit, wie er auch in der Fusionskontrolle in Erscheinung tritt. In der Literatur ist eine Tendenz erkennbar, präventive Regelungs- und Verwaltungstätigkeiten nach den Regeln des allgemeinen Völkerrechts bzw. der Comity einer Interessenabwägung zu unterziehen, die nicht nur neben das Erfordernis qualifizierter Auswirkungen tritt, sondern dieses inhaltlich konkretisiert[1185] und so den Grad der Vorhersehbarkeit bestimmt, welchen das Völkerrecht an den Eintritt unmittelbarer und erheblicher Inlandswirkungen stellt.

b. Interessenabwägung (Verhältnismäßigkeit)

Das Erfordernis einer Interessenabwägung wird in der Literatur kontrovers diskutiert. Dieses Konzept, dessen Berücksichtigung in der Praxis der Kommission und der Unionsgerichte bislang kaum nachweisbar ist,[1186]

1184 Vgl. m.w.N. Rehbinder in: Immenga/Mestmäcker, WettbR/Bd. 1 (2019), IntWbR Rn. 38; Meng, Extraterritoriale Jurisdiktion im öffentlichen Wirtschaftsrecht (1994), 535 f.; Wagner-von Papp in: Tietje, Internationales Wirtschaftsrecht (2015), § 11 Rn. 52. Mit dem Abstellen auf die Vorhersehbarkeit wurde dies in den Rechtssachen *Gencor/Kommission* (oben Fn. 1167) und *Intel/Kommission* (oben Fn. 1168; dort insbesondere Rn. 251 f.) auch vom EuG anerkannt.

1185 Meyer, Die extraterritoriale Anwendbarkeit der EG-Fusionskontrollverordnung (2004), 61 f.

1186 Soweit ersichtlich, haben die Unionsgerichte das Erfordernis einer völkergewohnheitsrechtlichen Interessenabwägung bei multinationalen Zusammenschlüssen bislang offen gelassen; vgl. die Urteile des EuGH in der Sache *Ahlström u.a./Kommission* (oben Fn. 1165), Rn. 20 und des EuG in *Gencor/Kom-*

steht in enger Beziehung zu anderen, teils ihrerseits umstrittenen Konzepten des Völkerrechts, insbesondere zu den Konzepten der sinnvollen Anknüpfung, der Verhältnismäßigkeit und des Rechtsmissbrauchs. Unsicherheiten bestehen vor allem hinsichtlich der Existenz und dogmatischen Verortung der Abwägungspflicht, seiner völkerrechtlichen Verbindlichkeit und seines Verhältnisses zum Verhältnismäßigkeitsprinzip.[1187]

Diesen Fragen kann hier nicht weiter nachgegangen werden. Nachfolgend wird in Anlehnung an MENG[1188] eine Interessenabwägung anhand des Prinzips der Verhältnismäßigkeit skizziert. Dabei wird eine typisierte Fallgestaltung zugrunde gelegt, in der die Anknüpfungspunkte des Zusammenschlusses zur EU sich in der Erfüllung der Umsatzschwellen des Art. 1 Abs. 2 oder 3 FKVO erschöpfen („reiner Auslandszusammenschluss") und ansonsten alle Anknüpfungspunkte zu einem einzigen Drittstaat weisen, dort also (i.) die beteiligten Unternehmen ihren Sitz, ihre Hauptverwaltung und ihre Produktionsstätten haben, (ii.) der Zusammenschluss vereinbart und vollzogen wird und (iii.) auch die Auswirkungen eintreten. Inhaltlich wird teilweise auf Überlegungen zurückgegriffen, die im 3. Kapitel bei der Prüfung der Rechtfertigung des mit dem Vollzugsverbot verbundenen Eingriffs in die Grundrechte der beteiligten Unternehmen angestellt wurden.[1189] Ob die Abwägung einer völkerrechtlichen Pflicht entspricht oder der Comity zuzuordnen ist, kann dann, wie zu zeigen sein wird, offen bleiben.

aa. Geeignetheit zur Zweckerreichung

Die Geeignetheit einer Regelung zu der vom Regelungsstaat (hier: der EU) verfolgten Zwecksetzung ist „Grundvoraussetzung einer Berechtigung

mission (oben Fn. 1167), Rn. 102 ff. Für den Fall, dass eine solche Völkerrechtsnorm bestehen sollte, gehen die Unionsgerichte in den genannten Urteilen davon aus, dass jedenfalls eine Untersagungsentscheidung der Kommission nur in Betracht komme, wenn der betroffene Drittstaat den Vollzug des Zusammenschlusses vorschreibe (sogenannte „Zwangsfusionen", dazu bereits oben). In der Praxis der Kommission ist eine Interessenabwägung ebenfalls nicht nachweisbar; vgl. MEESSEN/FUNKE in: Loewenheim u.a., KartR (2020), IntKartR Rn. 114 ff.

1187 Instruktiv hierzu WAGNER-VON PAPP/WURMNEST in: MK-EuWettbR (2020), Grundlagen Rn. 1360 ff.

1188 MENG, Extraterritoriale Jurisdiktion im öffentlichen Wirtschaftsrecht (1994), 603 ff.

1189 Oben Kapitel 3 B.III.3.b.

zum Eingriff in eine fremde Jurisdiktionssphäre, weil ansonsten deren Einschränkung keinen Sinn hätte."[1190] Das Vollzugsverbot soll die Schwierigkeiten, die bei der Entflechtung von Zusammenschlüssen und der Regulierung zwischenzeitlich aufgetretener Schäden auftreten, von vornherein vermeiden und damit den Wettbewerb im Binnenmarkt wirksam schützen.[1191] Für die Geeignetheit zum Wettbewerbsschutz kann auf die Ausführungen des 3. Kapitels verwiesen werden.[1192]

bb. Erforderlichkeit

Das Kriterium der Erforderlichkeit verlangt, dass der Eingriff in die fremde Ordnungssphäre „notwendig ist, daß also das geringste zur Erreichung des Regelungszwecks geeignete Mittel gewählt wird."[1193] Es ist erfüllt, wenn keine Gestaltungsalternativen bestehen, die die Interessen souveräner Drittstaaten, die ebenfalls Anknüpfungspunkte zu dem betreffenden Zusammenschluss vorweisen können, weniger stark beeinträchtigen und dabei einen ebenso wirksamen Wettbewerbsschutz gewährleisten wie die Regelung des Art. 7 FKVO.

Zur staatlichen Souveränität gehört das Recht zur freien Gestaltung der eigenen Wirtschaftsordnung.[1194] Hiervon ist das Recht umfasst, den der eigenen Territorial- oder Personalhoheit unterworfenen Subjekten Handlungsspielräume zu belassen, also beispielsweise keine[1195] oder „nur" eine

---

1190 Meng, Extraterritoriale Jurisdiktion im öffentlichen Wirtschaftsrecht (1994), 613.

1191 Dazu oben Kapitel 1 B.I.1.c.

1192 Dazu oben Kapitel 3 B.III.3.b.bb. Die Geeignetheit stünde in Frage, wenn mit den Umsatzschwellen ein erhebliches „Verbotsdefizit" („Fehlertyp 2", vgl. oben Fn. 820) verbunden wäre. Dagegen ist der hier in Rede stehende „Verbotsüberschuss" („Fehlertyp 1", vgl. oben Fn. 819) unter Erforderlichkeits- bzw. Angemessenheitsgesichtspunkten relevant. Die Geeignetheit bejahend auch Meyer, Die extraterritoriale Anwendbarkeit der EG-Fusionskontrollverordnung (2004), 140 f.

1193 Meng, Extraterritoriale Jurisdiktion im öffentlichen Wirtschaftsrecht (1994), 614.

1194 Meng, ebenda, 50 ff.; Tietje in: Tietje, Internationales Wirtschaftsrecht (2015), § 1 Rn. 100.

1195 Vgl. Kommission, Entscheidung vom 11. Februar 2011 (oben Fn. 1140), Rn. 14, 38, 40 und 43. Hier lehnte die Kommission eine Freistellung vom Vollzugsverbot nach Art. 7 Abs. 3 FKVO ab, nachdem der Antragsteller u.a. argumentiert hatte, dass eine ablehnende Entscheidung der Wettbewerbspolitik von Malaysia, keine Fusionskontrolle vorzusehen, zuwiderliefe.

repressive Fusionskontrolle vorzusehen.[1196] Dieses Recht wird beeinträchtigt, wenn ein anderer Staat bzw. die EU die Rechtsunterworfenen in deren Freiheit einschränkt und so von außen in die Wirtschaftsordnung „hineinregiert".[1197]

Ein Konflikt zwischen dem Vollzugsverbot der FKVO und drittstaatlichen Interessen tritt ein, wenn die drittstaatlichen Interessen auf den Vollzug des Zusammenschlusses gerichtet sind. Die beiden Fallgruppen „Vollzugspflicht" und „Vollzugsfreiheit" wurden schon genannt.[1198] Dabei ist zu beachten, dass die Tatsache, dass ein Drittstaat die beteiligten Unternehmen nicht zum Vollzug verpflichtet, nicht den automatischen Schluss zulässt, dass der betreffende Staat kein völkerrechtlich geschütztes Interesse am Vollzug habe.[1199] Zum einen kann die Vollzugsfreiheit als solche im Interesse des Drittstaats liegen. Zum anderen kann der Drittstaat aus rechtsstaatlichen Gründen gezwungen sein, die Entscheidungsfreiheit der beteiligten Unternehmen zu achten. Auch in diesem Fall kann ein staatliches Interesse am Vollzug bestehen und durch das Vollzugsverbot der FKVO beeinträchtigt werden.[1200]

Zur Beantwortung der Frage, ob die Beeinträchtigung erforderlich ist, kann grundsätzlich wieder auf die Überlegungen des 3. Kapitels zurückgegriffen werden. Danach kommen auch bezüglich „reiner Auslandszusammenschlüsse" als mildere Mittel in Betracht:

- alternative Verfahrenstechniken, die sich durch großzügigere Vollzugsregelungen auszeichnen, namentlich das repressive „Grundmodell" der

---

1196 Meyer, Die extraterritoriale Anwendbarkeit der EG-Fusionskontrollverordnung (2004), 107 f.

1197 Meng, Extraterritoriale Jurisdiktion im öffentlichen Wirtschaftsrecht (1994), 71 f.; Meyer, ebenda.

1198 Oben Kapitel 4 C.III.3.

1199 Demgegenüber ließ das EuG in der Rechtssache *Gencor/Kommission* (oben Fn. 1094, dort Rn. 103) die Frage eines Verstoßes gegen das Interventionsverbot dahinstehen, weil Südafrika den Zusammenschluss nicht geboten, sondern lediglich erlaubt habe, indem es dessen wettbewerbspolitische Unbedenklichkeit festgestellt habe.

1200 Beispiel: Die im Staat X ansässigen Unternehmen Y und Z wollen fusionieren. Die Regierung von X hat ein Interesse am Vollzug des Zusammenschlusses, weil dieser zur Bildung eines „internationalen Champions" führen würde, kann die Unternehmen hierzu aber nicht zwingen. Nachdem die zuständige Wettbewerbsbehörde in X den Zusammenschluss freigegeben hat, eröffnet die Kommission nach Art. 6 Abs. 2 Buchst. c FKVO das Hauptverfahren, womit das Vollzugsverbot der FKVO fortgilt.

Fusionskontrolle und verschiedene gemischt präventiv-repressive Modelle, in denen kein oder nur ein verkürztes Vollzugsverbot gilt;
- die grundsätzliche Beibehaltung des Erlaubnisvorbehalts der FKVO bei gleichzeitiger Verringerung des „Verbotsüberschusses" der Regelung durch Berücksichtigung materieller Aspekte im Rahmen der Aufgreifkriterien, insbesondere Ersetzung oder Ergänzung der Umsatzschwellen des Art. 1 Abs. 2, 3 FKVO durch Marktanteilsschwellen.

Allerdings wurde oben gezeigt, dass diese Gestaltungen jeweils mit Wirksamkeitsdefiziten bei der Schadens- und Entflechtungsvermeidung verbunden sind. Dies gilt nicht nur für die Ablösung des Erlaubnisvorbehalts durch andere Verfahrenstechniken, sondern auch für die Einbeziehung materieller Aspekte im Rahmen der Aufgreifkriterien, weil deren Anwendung mit höheren Unsicherheiten verbunden wäre, die das Umgehungsrisiko erhöhen würden. Dagegen ist die Erfüllung von Umsatzschwellen ein objektives und verhältnismäßig leicht zu überprüfendes Kriterium,[1201] das im Ergebnis der Wirksamkeit der Fusionskontrolle dient.

Das bei Anwendung alternativer Verfahrenstechniken oder der Einführung von Marktanteilsschwellen erhöhte Entflechtungsrisiko ist bei multinationalen Zusammenschlüssen besonders kritisch. Je mehr potenzielle Entflechtungsgegenstände außerhalb der EWR belegen sind, desto höher sind die Schwierigkeiten für die Kommission, eine Entflechtung durchzusetzen.[1202] Bei den „reinen Auslandszusammenschlüssen" dürfte eine Entflechtung daher trotz der sich aus der Möglichkeit einer Zwangsgeldfestsetzung (Art. 15 Abs. 1 Buchst. d FKVO) und anschließenden Forderungspfändung ergebenden Persuasionswirkung[1203] schwierig sein.

Zwar könnte man argumentieren, dass sich die Fallgruppe der „reinen Auslandszusammenschlüsse" ja gerade dadurch auszeichne, dass spürbare Wirkungen im Binnenmarkt – und damit auch Untersagungen und Entflechtungen – praktisch ausgeschlossen sind. Vorkehrungen, die der Entflechtungsvermeidung dienen, wären demnach nicht erforderlich. Allerdings greift dieses Argument nur durch, wenn bei der – völkerrechtlich prinzipiell anerkannten – ex ante-Betrachtung eine Abschichtung „reiner

1201 Vgl. in diesem Zusammenhang nochmals die Empfehlungen des ICN (oben Fn. 841), 3 sowie Körber in: Immenga/Mestmäcker, WettbR/Bd. 3 (2020), Art. 1 FKVO Rn. 61.

1202 Vgl. Meyer, Die extraterritoriale Anwendbarkeit der EG-Fusionskontrollverordnung (2004), 157; zum Durchsetzungsbereich des EU-Wettbewerbsrechts oben Kapitel 4 C.II.

1203 Dazu oben Kapitel 4 C.II.

Auslandszusammenschlüsse“ von sonstigen multinationalen Zusammenschlüssen, bei denen Binnenmarktwirkungen denkbar sind, ohne eine Beeinträchtigung der Kontrollwirksamkeit möglich wäre.

Da eine Ablösung des Erlaubnisvorbehalts nicht in Frage kommt, ist damit die Frage der Schaffung von Ausnahmetatbeständen vom Anwendungsbereich der FKVO oder vom Vollzugsverbot angesprochen. Um Wirksamkeitsdefizite zu vermeiden, müssten diese Ausnahmen an leicht nachprüfbare Kriterien anknüpfen. Eine Anknüpfung an materiellrechtliche Gesichtspunkte scheidet deshalb unter Erforderlichkeitsgesichtspunkten aus.[1204] Daneben sind keine Kriterien ersichtlich, anhand derer „reine Auslandszusammenschlüsse“, die keine Auswirkungen in der EU erwarten lassen, leicht und zweifelsfrei herausgefiltert werden könnten. Die Regelung des Art. 7 i.V.m. Art. 1 FKVO stellt damit das geringste zur Zweckerreichung geeignete Mittel dar; sie ist zum Wettbewerbsschutz erforderlich.[1205]

cc. Angemessenheit

Während die im deutschen und europäischen Recht bekannten Konzepte der Geeignetheit und Erforderlichkeit trotz Unterschieden in der Begründung und der dogmatischen Verortung völkerrechtlich prinzipiell anerkannte Begrenzungen der Ordnungshoheit darstellen,[1206] ist dies für das Kriterium der Angemessenheit zweifelhaft. Da das Angemessenheitskriterium auf eine Gewichtung widerstreitender Interessen angelegt ist, erscheint es mit dem völkerrechtlichen Prinzip der souveränen Gleichheit der Staaten schwer zu vereinbaren. Ob die Interessenabwägung dennoch einer völkerrechtlichen Pflicht entspricht[1207] oder der Comity zuzuordnen ist, kann hier nicht geklärt werden und wird im Folgenden offengelassen.

1204 Vgl. wiederum die Empfehlungen des ICN (oben Fn. 841), 3 sowie Meyer, Die extraterritoriale Anwendbarkeit der EG-Fusionskontrollverordnung (2004), 144 f.

1205 So auch Rehbinder in: Immenga/Mestmäcker, WettbR/Bd. 1 (2019), IntWbR Rn. 59; Meyer, Die extraterritoriale Anwendbarkeit der EG-Fusionskontrollverordnung (2004), 164; vgl. zur Erforderlichkeit der Anmeldepflicht Rehbinder in: Immenga/Mestmäcker, WettbR/Bd. 1 (2019), IntWbR Rn. 58; Koch in: MK-EuWettbR (2020), Art. 1 FKVO Rn. 60.

1206 Meng, Extraterritoriale Jurisdiktion im öffentlichen Wirtschaftsrecht (1994), 603 ff.

1207 Instruktiv dazu Meng, ebenda, 616 ff.

Die extraterritoriale Wirkung des Vollzugsverbots liegt im Spannungsfeld zwischen der Ordnungshoheit der EU einerseits und des betroffenen Drittstaats andererseits. Wie im vorangegangenen Abschnitt erläutert, gehört die Ausgestaltung der eigenen Wirtschaftsordnung zur staatlichen Souveränität. Die Entscheidung der EU-Mitgliedstaaten für ein System der „offenen Marktwirtschaft mit freiem Wettbewerb“ (Art. 119 Abs. 2 AEUV) bedingt Mechanismen zum Schutz des Wettbewerbs vor Verfälschungen. Der Wettbewerbsschutz im Binnenmarkt, dem das Vollzugsverbot dient, hat für die EU fundamentale Bedeutung.[1208]

Umgekehrt kann der betroffene Drittstaat ein ähnlich bedeutendes Interesse am Vollzug des Zusammenschlusses haben. Anders als die beteiligten Unternehmen, die mit dem Vorhaben am Ende eine Gesamtwertsteigerung bezwecken,[1209] haben drittstaatliche Vollzugsinteressen üblicherweise einen politischen Hintergrund. Sie können z.B. arbeits-, wettbewerbs- oder sicherheitspolitischer Natur sein oder auf die Daseinsvorsorge zielen.

Um angemessen zu sein, muss die Regelung des Art. 7 Abs. 1 i.V.m. Art. 1 Abs. 2, 3 FKVO unter Berücksichtigung ihres Zwecks in einem ausgewogenen Verhältnis zu dem Eingriff in die drittstaatlichen Interessen stehen. Dem Untersuchungszweck entsprechend muss dies gerade auch für „reine Auslandszusammenschlüsse“ gelten.

Da auch die drittstaatlichen Vollzugsinteressen zumindest mittelbar auf den Unternehmenserfolg gerichtet sind, besteht ein erhebliches Maß an Übereinstimmung mit den unternehmerischen Interessen. Dementsprechend laufen viele Belastungen, welche sich durch das Vollzugsverbot für Drittstaaten ergeben können, parallel zu den Belastungen für die beteiligten Unternehmen. Danach stehen insbesondere folgende Belastungen im Raum:[1210]

- in regelungstechnischer Hinsicht der „Verbotsüberschuss“, der durch die Kopplung des Vollzugsverbots an die Umsatzschwellen des Art. 1 Abs. 2, 3 FKVO entsteht und bewirkt, dass das Vollzugsverbot den Vollzug vieler Zusammenschlüsse hemmt, die objektiv mit dem Binnenmarkt vereinbar sind;
- auf der Rechtsfolgenseite die Nichtigkeitsregelung des Art. 7 Abs. 4 Unterabs. 1 FKVO und die Befugnis der Kommission zur Festsetzung von

1208 Dazu oben Kapitel 3 B.III.3.b.aa.
1209 Dazu oben Kapitel 2 B.I.2.
1210 Ausführlich dazu oben Kapitel 3 B.III.3.b.dd.

Geldbußen (Art. 14 Abs. 2 Buchst. b FKVO[1211]) und Zwangsgeldern (Art. 15 Abs. 1 Buchst. d FKVO), von denen wegen der Möglichkeit einer Forderungspfändung eine Persuasionswirkung auf die beteiligten Unternehmen ausgeht, sich an das Vollzugsverbot zu halten und damit den Interessen des Drittstaats zuwiderzuhandeln;
- in wirtschaftlicher Hinsicht die durch das Vollzugsverbot möglichen Verzögerungen und ggf. erforderlichen Anpassungen des Zusammenschlussprozesses, die die Transaktionskosten erhöhen und damit die Ressourcen des Unternehmens und dessen künftige Erfolgschancen belasten und im Extremfall zum Scheitern des im drittstaatlichen Interesse liegenden Zusammenschlusses führen können.

Der „Verbotsüberschuss" des Art. 7 Abs. 1 FKVO manifestiert sich gerade in der hier untersuchten Fallgruppe der „reinen Auslandszusammenschlüsse", die sich durch ihre fehlenden Binnenmarktwirkungen auszeichnet. Dennoch erscheint das automatische Vollzugsverbot auch im Hinblick auf diese Fallgruppe angemessen. Entscheidend sind die bereits im 3. Kapitel dargelegten Gesichtspunkte, die hier unter dem Blickwinkel der Beeinträchtigung staatlicher Interessen bei „reinen Auslandszusammenschlüsse" zu würdigen sind.

Zu den Parametern des Interessenausgleichs gehören zunächst die Umsatzschwellen des Art. 1 Abs. 2, 3 FKVO. Der Kritik an deren politischem Charakter[1212] und Unschärfe im Hinblick auf Binnenmarktwirkungen stehen die folgenden Gesichtspunkte gegenüber:

- *Höhe der Umsatzschwellen:* Die EU-bezogenen Umsatzschwellen des Art. 1 Abs. 2, 3 FKVO liegen unter Berücksichtigung der Größe des Binnenmarkts deutlich über den Umsatzschwellen anderer Rechtsordnungen. Dies gilt selbsterklärend für die Mitgliedstaaten der EU, deren Zuständigkeitsbereich unterhalb dieser Umsatzschwellen liegt, aber auch im Vergleich mit anderen Rechtsordnungen.[1213] Da die FKVO

1211 Zur Völkerrechtskonformität der Anwendung dieser Befugnisnorm im Einzelfall Meyer, Die extraterritoriale Anwendbarkeit der EG-Fusionskontrollverordnung (2004), 177 ff.

1212 Vgl. Brittan, Competition Policy and Merger Control in the Single European Market (1991), 53; Bourgeois, Yearbook of European Law (1990) 10 (1), 103, 108.

1213 Meyer, Die extraterritoriale Anwendbarkeit der EG-Fusionskontrollverordnung (2004), 168 ff. Damit wird auch den Anforderungen des ICN (oben Fn. 841, dort 1) entsprochen: „In establishing merger notification thresholds, each jurisdiction should seek to screen out transactions that are unlikely to result

von vornherein nur für „Großfusionen" umsatzstarker Unternehmen gilt, die tendenziell ein größeres Schadenspotenzial aufweisen als Zusammenschlüsse kleinerer Partner, besteht im Modell der FKVO ceteris paribus ein geringeres Bedürfnis für eine besondere Regelung extraterritorialer Wirkungen als in anderen Rechtsordnungen.

- *Doppelte Binnenmarktumsatzschwelle:* Das Vollzugsverbot greift wegen Art. 1 Abs. 2, 3 FKVO auch im Hinblick auf „reine Auslandszusammenschlüsse" nur ein, wenn zwei oder mehr am Zusammenschluss beteiligte Unternehmen „jeweils" über Umsätze in der EU verfügen. Hierdurch werden Zusammenschlüsse ausgesondert, bei denen nur ein beteiligtes Unternehmen im Binnenmarkt tätig ist und deshalb ein geringes Risiko für den Eintritt schädlicher horizontaler oder vertikaler Effekte besteht.
- *Indiz für wirtschaftliche Macht und Finanzkraft:* Unternehmen, die die Schwellenwerte des Art. 1 Abs. 2 oder 3 FKVO erfüllen, verfügen sowohl weltweit als auch innerhalb der EU über eine erhebliche wirtschaftliche Macht und Finanzkraft. Sie erfüllen damit zwei Kriterien, welche bei der materiellrechtlichen Prüfung nach Art. 2 Abs. 1 Buchst. b FKVO zu Lasten der beteiligten Unternehmen zu berücksichtigen sind.[1214]

Die genannten Aspekte begründen im Zusammenspiel ein abstraktes Überprüfungsbedürfnis seitens der EU, welches sich bei „reinen Auslandszusammenschlüssen" freilich als unbegründet herausstellt. Nimmt man eine Abwägung der Interessen vor, muss indes berücksichtigt werden, dass es *den* eindeutigen „reinen Auslandszusammenschluss" nicht gibt. Auch im Fall der Gründung eines drittstaatenbezogenen Gemeinschaftsunternehmens sind Rückwirkungen auf den Binnenmarkt in Form von Gruppen- oder Spill-Over-Effekten nicht von vornherein auszuschließen.[1215] In solchen Fällen ergibt die Prüfung zwar schnell, aber eben nicht ohne eine

in appreciable competitive effects within its territory. [...] Merger notification thresholds should therefore incorporate *appropriate standards of materiality as to the level of ‚local nexus'* required, such as *material sales* or assets levels within the territory of the jurisdiction concerned." (Hervorhebungen vom Verfasser). Vgl. auch Weiss, NZKart 2016, 265, 270, der darauf hinweist, dass das Völkerrecht hinsichtlich der Höhe der Umsatzschwellen einen breiten Spielraum belasse.

1214 Vgl. Meyer, ebenda, 140 f.

1215 Vgl. Körber in: Immenga/Mestmäcker, WettbR/Bd. 3 (2020), Art. 1 FKVO Rn. 60 und Art. 2 FKVO Rn. 616.

konkrete Betrachtung, dass Auswirkungen auf den Binnenmarkt ausscheiden.

Entscheidend für die Angemessenheit ist letztlich, dass die Belastungen durch das Vollzugsverbot der FKVO auch in diesen Fällen durch Vorkehrungen abgemildert werden,[1216] die nicht nur den Unternehmen, sondern in erheblichem Umfang auch betroffenen Mitgliedstaaten zugutekommen, insbesondere:

- die zusätzlichen zeitlichen Begrenzungen des prinzipiell schon vorläufigen Vollzugsverbots durch eine Vielzahl von Beschleunigungsmechanismen und
- die Legalausnahmen vom Vollzugsverbot für bestimmte Fälle sowie die Möglichkeit für die Unternehmen, auf Antrag eine Freistellung vom Vollzugsverbot zu erlangen.

Die erste Gruppe von Vorkehrungen gewährleistet, dass der überwiegende Teil der vom Vollzugsverbot erfassten Zusammenschlüsse in Phase I und damit regelmäßig binnen 25 Arbeitstagen genehmigt wird. Dies gilt erst recht für „reine Auslandszusammenschlüsse“, die mangels Binnenmarktwirkungen keine erheblichen Bedenken im Sinne des Art. 6 Abs. 1 Buchst. c FKVO aufwerfen.[1217] Sofern ein solcher Zusammenschluss im drittstaatlichen Interesse liegt, kann er ohne größere Verzögerungen vollzogen werden. Problematisch sind damit lediglich Zusammenschlüsse, bei denen das drittstaatliche Interesse auf einen Vollzug binnen kürzester Zeit, d.h. in weniger als 25 Arbeitstagen, gerichtet ist. Denkbar ist dies z.B. bei Sanierungsfusionen, um die auf dem Spiel stehenden Arbeitsplätze zu sichern.

In solchen Fällen können die Vorkehrungen der zweiten Gruppe die Belastungen für den am Vollzug interessierten Drittstaat weiter mildern. Handelt es sich um eine öffentliche oder „schleichende“ Übernahme im Sinne des Art. 7 Abs. 2 FKVO, kann der Zusammenschluss grundsätzlich vollzogen werden. Ist zur Verwirklichung des drittstaatlichen Interesses die Ausübung der Stimmrechte durch das erwerbende Unternehmen erforderlich, kann die Kommission dies im Wege einer Freistellung nach Abs. 2 Buchst. b erlauben. Daneben besteht nach Abs. 3 generell die Möglichkeit einer Freistellung der beteiligten Unternehmen vom Vollzugsver-

---

1216 Vgl. oben Kapitel 3 B.III.3.b.dd.

1217 Vgl. dagegen nochmals die Entscheidung der Kommission vom 11. Februar 2011 (oben Fn. 1140 und 1174).

bot, die dann mittelbar auch dem am Vollzug interessierten Drittstaat nutzt.

Zweifel an diesem mittelbaren Nutzen, die infolge der Ausgestaltung des Freistellungsverfahrens in Abs. 3 entstehen können, sind letztlich unbegründet. Zwar ist die Freistellungsregelung in zwei wesentlichen Punkten auf unternehmerische Interessen zugeschnitten:

- *Antragsberechtigung:* Obwohl sie in Abs. 3 nicht ausdrücklich geregelt ist, dürfte sie nur den beteiligten Unternehmen zukommen.[1218]
- *Freistellungsvoraussetzungen:* Generell muss die Kommission Freistellungsentscheidungen nach Abs. 3 S. 3 „unter besonderer Berücksichtigung der möglichen Auswirkungen des Aufschubs des Vollzugs auf ein oder mehrere an dem Zusammenschluss beteiligte Unternehmen" treffen.[1219] Werden die unternehmerischen Interessen im Einzelfall nicht oder nur geringfügig durch das Vollzugsverbot beeinträchtigt oder stellen die Unternehmen einfach keinen Freistellungsantrag, scheint die Wirkung der Vorschrift für den Drittstaat leerzulaufen.

Allerdings wird eine Beeinträchtigung drittstaatlicher Interessen ganz überwiegend mit einer Beeinträchtigung der Erwerberinteressen einhergehen. Im Hinblick auf Abs. 3 S. 3 ist festzustellen, dass die Kommission bei ihrer Entscheidung zwar die Auswirkungen des Vollzugsaufschubs für die beteiligten Unternehmen zu berücksichtigen hat; sie ist aber nicht daran gehindert, bei fehlenden Auswirkungen auf die Unternehmen eine Freistellung zu erteilen, wenn diese wegen der Beeinträchtigung drittstaatlicher Interessen geboten erscheint.[1220] Nötigenfalls kann der betroffene Drittstaat den seiner Territorialhoheit unterliegenden Anmelder zu einer Antragstellung bewegen. Wegen des extremen Ausnahmecharakters solcher Situationen sowie der bei „reinen Auslandszusammenschlüssen" durchweg kurzen Verfahrensdauer erscheint eine hiernach verbleibende Interessenbeeinträchtigung im Einzelfall unerheblich.

c. Ergebnis

Die in Art. 7 Abs. 1 FKVO angelegten extraterritorialen Wirkungen des Vollzugsverbots sind mit dem allgemeinen Völkerrecht vereinbar und be-

---

1218 Vgl. den 34. Erwägungsgrund zur FKVO sowie oben Kapitel 1 B.II.2.a.
1219 Dazu oben Kapitel 1 B.II.2.b.
1220 Bourgeois, Yearbook of European Law (1990) 10 (1), 103, 129.

dürfen de lege lata keiner Einschränkung im Wege der völkerrechtskonformen Auslegung.[1221] Dies ergibt sich daraus, dass eine inhaltliche Konkretisierung des Kriteriums der Vorhersehbarkeit letztlich nur anhand einer Interessenabwägung gelingt, der die Regelung des Art. 7 Abs. 1 FKVO im Kontext der Gesamtverordnung selbst im Fall eines „reinen Auslandszusammenschlusses" gerecht wird. Mit ihren Überlegungen, die Gründung eines drittstaatenbezogenen Gemeinschaftsunternehmens unter bestimmten Voraussetzungen vom Anwendungsbereich der FKVO auszunehmen, entspräche die Kommission mithin keiner zwingenden Regel des Völkerrechts. Solche Überlegungen führen vielmehr – ähnlich wie im deutschen Fusionskontrollrecht[1222] – zu einer freiwilligen Selbstbeschränkung, die unter Comity- und kollisionsrechtlichen Gesichtspunkten zu begrüßen ist.

Damit ist auch die eingangs aufgeworfene Frage nach der völkerrechtlichen Notwendigkeit einer Beschränkung des Vollzugsverbots auf den „EU-Teil" multinationaler Zusammenschlüsse beantwortet. Denn wenn die Geltung des Vollzugsverbots selbst für „reine Auslandszusammenschlüsse" völkerrechtlich gerechtfertigt ist, muss dies erst recht für multinationale Zusammenschlüsse gelten, die sich in Teilen auf den Binnenmarkt auswirken. Hinzu kommt, dass die Teilbarkeit eines Zusammenschlusses in einen „Auslandsteil" und einen „EU-Teil" schwer zu überprüfen ist.[1223]

1221 So im Ergebnis auch Rehbinder in: Immenga/Mestmäcker, WettbR/Bd. 1 (2019), IntWbR Rn. 59; Mestmäcker/Schweitzer, EuWettbR (2014), § 7 Rn. 117; Meyer, Die extraterritoriale Anwendbarkeit der EG-Fusionskontrollverordnung (2004), 174 ff.; Weiss, NZKart 2016, 265, 270; für Einschränkungen im Einzelfall Broberg, The European Commission's Jurisdiction to Scrutinise Mergers (2013), 259; Wiedemann in: Wiedemann, Handb KartR (2020), § 5 Rn. 16; Immenga in: FS Zäch (1999), 347, 355 f.; Rudolf in: FK-KartR (93. EL 2019), Allg. Teil C – Räumlicher Anwendungsbereich Rn. 29 f.; Kuhlmann, Drittstaatsbezogene Unternehmenszusammenschlüsse im EWG-Kartellrecht (1990), 169.

1222 Vgl. den vom Bundeskartellamt in Ausfüllung des § 130 Abs. 2 GWB für den Fall der Gründung eines Gemeinschaftsunternehmens gewählten Ansatz, die Genehmigungspflichtigkeit nach dem GWB zu verneinen, wenn das Gemeinschaftsunternehmen weder aktuell noch potenziell auf einem Inlandsmarkt tätig ist und die Mutterunternehmen auf dem sachlich relevanten Markt des Gemeinschaftsunternehmens bzw. diesen vor- oder nachgelagerten Märkten keine Wettbewerber sind (Merkblatt Inlandsauswirkungen vom 30. September 2014, oben Fn. 1139, Rn. 14 ff.).

1223 Vgl. Kommission, Entscheidung vom 11. Februar 2011, COMP/M.5659, *SC Johnson/Sara Lee*, Rn. 54 ff.; Maass in: Langen/Bunte, EuKartR (2018), Art. 7 FKVO Rn. 12; kritisch zu einer Einschränkung letztlich auch Ablasser-Neuhuber in: Loewenheim u.a., KartR (2020), Art. 7 FKVO Rn. 10; Koch in:

Zwischen den beteiligten Unternehmen ohne Befassung der Kommission vereinbarte „hold separate"- oder „carve out"-Maßnahmen sind daher nicht geeignet, Verstöße gegen das Vollzugsverbot der FKVO zu verhindern. Auch in diesen Fällen ist vielmehr die (Teil-) Freistellung vom Vollzugsverbot das gebotene Mittel.[1224]

5. Vereinbarkeit der aktuellen Regelung mit Unionsverfassungsrecht

Bereits im 3. Kapitel wurde die Vereinbarkeit des Art. 7 FKVO mit den Unionsgrundrechten geprüft. Dabei wurde festgestellt, dass sich auch solche Unternehmen auf die einschlägigen Wirtschaftsgrundrechte berufen können, die weder ihren Sitz noch ihre Hauptverwaltung noch ihre Hauptniederlassung innerhalb der Union haben. Die Grundrechtskonformität der Regelung wurde im Grundsatz bejaht. Offen blieb, ob in bestimmten Einzelfällen, u.a. bei „reinen Auslandszusammenschlüssen", eine einschränkende Auslegung erforderlich sein kann, um die Grundrechtskonformität des Vollzugsverbots zu gewährleisten.

Das Erfordernis einer Einschränkung des Vollzugsverbots bei „reinen Auslandszusammenschlüssen" wird in der Literatur fast ausschließlich unter völkerrechtlichen Gesichtspunkten erörtert. Nur vereinzelt werden auch verfassungsrechtliche Erwägungen vorgenommen. So weist Schütz darauf hin, dass man für Einschränkungen des Vollzugsverbots bei multinationalen Zusammenschlüssen „nicht das Völkerrecht bemühen" müsse, sondern ein Rückgriff auf den unionsrechtlichen Grundsatz der Verhältnismäßigkeit genüge.[1225]

MK-EuWettbR (2020), Art. 1 FKVO Rn. 57; für eine räumliche Einschränkung des Vollzugsverbots im Einzelfall Rudolf in: FK-KartR (93. EL 2019), Allg. Teil C – Räumlicher Anwendungsbereich Rn. 31.

1224 Vgl. beispielhaft Kommission, Entscheidung vom 11. April 2006, COMP/M.4151, *Orica/Dyno*, mit der eine Freistellung unter dem Gesichtspunkt fehlender Auswirkungen auf den EWR erteilt wurde, und die vorzitierte Entscheidung im Fall COMP/M.5659, *SC Johnson/Sara Lee* (oben Fn. 1223), mit der die Kommission einen Freistellungsantrag zurückwies. Im Fall IV/M.623, *Kimberly-Clark/Scott*, erteilte die Kommission den beteiligten Unternehmen eine Teilfreistellung der von ihr zuvor nach Art. 7 Abs. 2 FKVO 1989 verordneten Vollzugsaussetzung; vgl. Pressemitteilung der Kommission vom 12. Dezember 1995 („Commission grants partial derogation from suspension on completion of merger between Kimberly-Clark and Scott Paper").

1225 Schütz in: KK-KartR (2013), Art. 1 FKVO Rn. 61; vgl. auch Meessen/Funke in: Loewenheim u.a., KartR (2020), IntKartR Rn. 122; Rehbinder in: Immen-

In der Tat haben die mit der Anwendung der FKVO betrauten Stellen, insbesondere also die Kommission, die Unions- und ggf. die mitgliedstaatlichen Gerichte, bei der Auslegung und Anwendung der FKVO die Unionsgrundrechte und den Verhältnismäßigkeitsgrundsatz zu wahren.[1226] Eine unionsverfassungsrechtliche Einschränkung des Anwendungsbereichs des Vollzugsverbots würde aber voraussetzen, dass für die beteiligten Unternehmen im Einzelfall selbst das Gebrauchmachen von der Freistellungsmöglichkeit nach Art. 7 Abs. 3 FKVO durch Stellung eines begründeten Antrags und Durchlaufen des hierfür vorgesehenen Verfahrens, eine unangemessene Anforderung darstellen würde. Solche Fälle sind nicht ersichtlich. Die „Frage nach der verfassungsrechtlich gebotenen Reduktion"[1227] des Anwendungsbereichs des Vollzugsverbots ist daher auch für „reine Auslandszusammenschlüsse" negativ zu beantworten. Erst recht ist damit aus den Grundrechten keine Begrenzung des Vollzugsverbots auf den „EU-Teil" multinationaler Zusammenschlüsse abzuleiten.

IV. Sonderproblem: Verweisungen nach Art. 22 FKVO

Besondere Fragen wirft die räumliche Geltung des Vollzugsverbots nach aktueller Rechtslage[1228] auf, wenn ein nicht in den originären Anwendungsbereich der FKVO fallendes Vorhaben nach Art. 22 FKVO auf Antrag eines oder mehrerer Mitgliedstaaten an die Kommission verwiesen wird. In solchen Fällen gilt das Vollzugsverbot der FKVO grundsätzlich in Bezug auf das Territorium des oder der an der Verweisung teilnehmenden Mitgliedstaaten.[1229] Sein Anordnungsbereich erstreckt sich aber auch auf das Gebiet anderer Mitgliedstaaten. Dies gilt jedenfalls in den Grenzen des völkerrechtlichen Auswirkungsprinzips.[1230]

Wie bereits im Abschnitt A. dieses Kapitels angedeutet wurde, dürfte das völkerrechtliche Auswirkungsprinzip in den Fällen des Art. 22 FKVO vom Grundsatz der loyalen Zusammenarbeit (Art. 4 Abs. 3 EUV) überlagert

---

ga/Mestmäcker, WettbR/Bd. 1 (2019), IntWbR Rn. 4; Kuhlmann, Drittstaatsbezogene Unternehmenszusammenschlüsse im EWG-Kartellrecht (1990), 169.

1226 Vgl. den 36. Erwägungsgrund zur FKVO.

1227 Reysen/Jaspers, WuW 2006, 602, 604. Vgl. oben Kapitel 3 B.II.

1228 Das Problem entfiele, sollten die aktuellen Reformüberlegungen der Kommission (vgl. oben Fn. 968) umgesetzt werden, Teilverweisungen in den Fällen des Art. 22 FKVO abzuschaffen.

1229 Dazu oben Kapitel 4 A.II.2.b.bb.(3).

1230 Vgl. Wessely in: MK-EuWettbR (2020), Art. 7 FKVO Rn. 23 a.E.

werden. Für die „grenzüberschreitende Wirkung" des Vollzugsverbots innerhalb der EU dürfte daher tendenziell ein großzügigerer Maßstab gelten als für seine extraterritoriale Wirkung in Drittstaaten.[1231] Bei weiter Auslegung des Auswirkungsprinzips ergeben sich für die Praxis freilich kaum Unterschiede. Fraglich bleibt, ob die Kommission das Vollzugsverbot der FKVO in solchen Fällen auf dem Gebiet eines anderen Mitgliedstaats durchsetzen, z.B. ein nach Art. 15 FKVO festgesetztes Zwangsgeld oder eine nach Art. 14 Abs. 2 Buchst. b FKVO festgesetzte Geldbuße in einem nicht an der Verweisung teilnehmenden Mitgliedstaat vollstrecken kann. Dies wird zu bejahen sein, da die Kommission hier in Ausübung einer Unionszuständigkeit tätig wird.

Kapitel 5 – Inhaltliche Reichweite des Vollzugsverbots

Nachdem der Anwendungsbereich und die Dauer des Vollzugsverbots behandelt wurden, soll nun der Verbotsinhalt näher beleuchtet werden. Dabei geht es um die Frage, welche konkreten Maßnahmen des Zusammenschlussprozesses einen Vollzug im Sinne des Art. 7 Abs. 1 FKVO darstellen und daher vorbehaltlich des Eingreifens einer Ausnahme nach Art. 7 Abs. 2 und 3 FKVO bis zum Abschluss des Fusionskontrollverfahrens untersagt bleiben.

A. Begriffsbestimmung: „gun jumping" und „premerger coordination"

Aus dem Bestreben heraus, die in der EU schwach konturierten Verhaltensvorgaben für den Zusammenschlussprozess im Lichte der US-Praxis zu präzisieren, haben in den letzten Jahren mehrere Begrifflichkeiten aus der US-Praxis in die Debatte zum EU-Recht Einzug gehalten. Zu nennen sind hier vor allem die Begriffe „gun jumping" und „premerger coordination".

Der Begriff „gun jumping" beschreibt in seiner ursprünglichen Bedeutung das Loslaufen eines Läufers vor dem Startschuss.[1232] Darüber hinaus hat er sich im Englischen als Metapher für „Frühstarts" in anderen Berei-

---

1231 Vgl. auch Dittert in: Schröter/Jakob/Klotz/Mederer, EuWettbR (2014), Art. 22 FKVO Rn. 20 und 26.

1232 Gottschalk, RIW 2005, 905; Linsmeier/Balssen, BB 2008, 741, 742.

chen, wie z.B. im US-Wertpapier- und Wettbewerbsrecht, eingebürgert, dort aber keinen eindeutigen Bedeutungsgehalt erfahren.[1233] Insofern überrascht es nicht, dass der Begriff auch in der europäischen Diskussion unterschiedlich weit verstanden wird.[1234] Im weiteren Sinne werden hier unter „gun jumping" alle im Zusammenhang mit einem Unternehmenszusammenschluss denkbaren Verstöße gegen das EU-Wettbewerbsrecht, also gegen fusionskontrollrechtliche oder allgemein-kartellrechtliche Normen, verstanden.[1235] Im engeren Sinne beschreibt der Begriff „gun jumping" nur Verstöße gegen speziell fusionskontrollrechtliche Bestimmungen wie die Anmeldepflicht oder das Vollzugsverbot.[1236] Vielfach wird er noch enger abgegrenzt und bezeichnet nur Verstöße gegen das Vollzugsverbot.[1237] Nach dem wohl engsten Begriffsverständnis stellen nicht einmal alle Verstöße gegen das Vollzugsverbot Fälle von „gun jumping" dar, sondern nur solche, in denen der Zusammenschluss nach ordnungsgemäßer Anmeldung vor Erhalt der Genehmigung rechtswidrig vollzogen wird.[1238] Nach diesem Verständnis gelten also nur isolierte Verstöße gegen das Vollzugsverbot, nicht aber Fälle, in denen zugleich ein Verstoß gegen die Anmeldepflicht vorliegt, als „gun jumping". Um diesen Unterschied hervorzuheben, bezeichnen manche Autoren isolierte Verstöße gegen das Vollzugsverbot als „klassisches gun jumping"[1239] oder „substantive gun

---

1233 Vgl. Modrall/Ciullo, (2003) E.C.L.R. 424; Gottschalk, ebenda.

1234 Vgl. Modrall/Ciullo, ebenda; Gottschalk, ebenda; Purps/Beaumunier, NZKart 2017, 224 f.; Rudowicz, Gun-Jumping (2016), 29 ff.

1235 In diesem Sinne z.B. Linsmeier/Balssen, BB 2008, 741, 742; Körber in: Immenga/Mestmäcker, WettbR/Bd. 3 (2020), Art. 7 FKVO Rn. 14.

1236 In diesem Sinne z.B. Baches Opi/Boitos, (2019) 10 JECLAP 269 ff.; Sideri, (2020) 41 E.C.L.R. 571.

1237 In diesem Sinne z.B. Polley/Kuhn, CFL 2012, 117, 125 (dort Fn. 103); Whish/Bailey, Competition Law (2018), 878; Carloni, (2014) 5 JECLAP 693; Ortiz Blanco, EU Competition Procedure (2013), Rn. 16.06; Puel, Concurrences 4/2010, 69, 70; Dreher/Kulka, Wettbewerbs- und Kartellrecht (2018), Rn. 1489.

1238 In diesem Sinne z.B. Baron/Trebing, BB 2016, 131, 132; Deporteere/Lelart, (2010) 33 World Competition 103, 104; Rudowicz, Gun-Jumping (2016), 30 f.; ebenso wohl Levy/Cook, European Merger Control Law (Rel. 14-10/2017), § 17.03[1]. Rudowicz (ebenda, 29 f.) scheint unter „gun jumping" sogar nur „faktische Vollzugsmaßnahmen und wettbewerbswidrige Interaktionen vor der Freigabe und dem formalen Vollzug" zu verstehen; hiernach wäre ein Closing ohne Genehmigung kein „gun jumping".

1239 Linsmeier/Balssen, BB 2008, 741, 742; in Anlehnung daran Birmanns in: FK-KartR (93. EL 2019), Art. 7 FKVO Rn. 12; Benedikt-Buckenleib/Haag, NZKart 2021, 21.

jumping“[1240] und Doppelverstöße gegen die Anmeldepflicht und das Vollzugsverbot als „nicht klassisches gun jumping“[1241] oder „procedural gun jumping“.[1242]

Unter „premerger coordination“ werden in Anlehnung an die amerikanische Literatur[1243] und Praxis koordinierte Verhaltensweisen zwischen den beteiligten Unternehmen im Vorfeld des Closings bzw. der fusionskontrollrechtlichen Genehmigung verstanden. Durch die Betonung des Koordinationselements weist dieser Begriff eine inhaltliche Nähe zum Kartellverbot auf. In der europarechtlichen Literatur werden die Begriffe „gun jumping“ und „premerger coordination“ dennoch oftmals synonym verwendet.[1244] HOLZWARTH stellt fest, dass nach dem Verständnis mancher Autoren „wettbewerbsbeschränkende Vereinbarungen im Vorfeld einer M&A-Transaktion [...] unter den Begriff des gun-jumping“ fielen, obwohl diese begriffstechnisch „besser unter der Rubrik ‚premerger coordination‘ aufgehoben“ wären.[1245]

Bei kritischer Betrachtung stellen die Begriffe „gun jumping“ und „premerger coordination“ in der europäischen Diskussion Fremdkörper dar, die mehr zur Verwirrung als zur Klärung offener Fragen beigetragen haben. Verstöße gegen das Vollzugsverbot und solche gegen das Kartellverbot sind trotz eines möglicherweise bestehenden Schnittbereichs thematisch auseinanderzuhalten.[1246] Im Folgenden wird deshalb auf beide Begrifflichkeiten verzichtet.

B. *Grundproblem: Wann ist ein „Zusammenschluss [...] vollzogen“?*

Ausweislich seiner Überschrift regelt Art. 7 FKVO den „Aufschub von Zusammenschlüssen“ (engl.: „suspension of concentrations“; franz.: „suspension de la concentration“). Art. 7 Abs. 1 FKVO ist als Verbotsnorm formuliert. Danach darf ein in den sachlichen Anwendungsbereich des Vollzugsverbots fallender Zusammenschluss nicht „vollzogen“ (engl.: „implemented“; franz.: „réalisée“) werden, bis er aufgrund einer Genehmi-

---

1240 BACHES OPI/BOITOS, (2019) 10 JECLAP 269 ff.

1241 LINSMEIER/BALSSEN, ebenda; BENEDIKT-BUCKENLEIB/HAAG, ebenda.

1242 BACHES OPI/BOITOS, ebenda.

1243 Vgl. VIGDOR, Premerger Coordination (2006), 1 ff.

1244 So z.B. von ROSENTHAL/THOMAS, European Merger Control (2010), Kap. E Rn. 38.

1245 HOLZWARTH, Vollzugsverbot (2014), 127 f.

1246 So auch HOLZWARTH, ebenda, 128.

gung oder Genehmigungsfiktion nach Art. 10 Abs. 6 FKVO für vereinbar mit dem Binnenmarkt erklärt worden ist.

Das Grundproblem bei der Bestimmung des Verbotsinhalts des Art. 7 Abs. 1 FKVO liegt darin, dass sich dieser im Verordnungstext nur in den zwei Wörtern „Zusammenschluss“ und „vollzogen“ ausdrückt. Während der Zusammenschlussbegriff der FKVO in deren Art. 3 definiert wird, fehlt es für den Begriff des „Vollzugs“ sowohl im Normteil als auch in den Erwägungsgründen an einer Definition. Offenbar hat es der Unionsgesetzgeber bewusst der Praxis – und damit letztlich dem EuGH – überlassen, dem unbestimmten Rechtsbegriff „Vollzug“ Konturen zu verleihen. Dem Rechtssicherheitsbedürfnis der Unternehmen hat auch die Kommission bislang in keiner ihrer zahlreichen Mitteilungen, Bekanntmachungen und Leitlinien Rechnung getragen. Hierin liegt angesichts der erheblichen negativen Folgen eines Verstoßes gegen das Vollzugsverbot ein Problem, mit der die Praxis seit Jahrzehnten hadert.[1247]

C. *Einzelprobleme des Vollzugsverbots*

Obwohl im Detail komplex, kreist die Diskussion zum Inhalt des Vollzugsverbots im Kern um wenige, grundsätzliche Aspekte des Vollzugsbegriffs. Diese werden zunächst in die Untersuchung eingeführt. Dabei wird teilweise auf Begriffe zurückgegriffen, die in der bestehenden wettbewerbsrechtlichen Literatur Verbreitung gefunden haben.

I. „Umfassender“ („rechtlicher“) Vollzug

Unter „rechtlichem“ oder „juristischem“ Vollzug[1248] wird in der wettbewerbsrechtlichen Literatur die Erfüllung eines Zusammenschlusstatbestands im Sinne des Art. 3 FKVO, also die Bewirkung einer dauerhaften Kontrolländerung im Wege der Fusion (Art. 3 Abs. 1 Buchst. a FKVO) oder des Kontrollerwerbs (Art. 3 Abs. 1 Buchst. b FKVO), verstanden. Dass

---

1247 Vgl. dazu die durchaus (selbst-)kritischen Anmerkungen von Anttilainen aus dem Jahr 2017 (oben Fn. 3).

1248 Vgl. Wessely in: MK-EuWettbR (2020), Art. 7 FKVO Rn. 49 und 51; in Anlehnung daran Bosch/Marquier, EWS 2010, 113, 114; Holzwarth, Vollzugsverbot (2014), 98; Rosenthal/Thomas, European Merger Control (2010), Kap. E Rn. 44 („de jure implementation“).

die – jedenfalls aktive – Erfüllung eines Zusammenschlusstatbestands einen Vollzug im Sinne des Art. 7 FKVO darstellt, wird in der Literatur und Praxis heute nicht mehr bestritten.

Da für die Bewirkung eines Zusammenschlusstatbestands nach Art. 3 Abs. 2 FKVO der Kontrollerwerb aufgrund tatsächlicher Umstände genügt, sind mit dem Begriff des „rechtlichen" Vollzugs Missverständnisse vorprogrammiert. Danach wäre der *faktische Kontrollerwerb*[1249] ein Fall des *rechtlichen Vollzugs*. Um Missverständnisse zu vermeiden, wird die Bewirkung einer Kontrolländerung (auf rechtlicher oder faktischer Grundlage) im Folgenden als „umfassender" Vollzug bezeichnet und auf den Begriff des „rechtlichen" Vollzugs verzichtet.

II. „Teilweiser" Vollzug

Unter den Stichworten des „teilweisen" Vollzugs bzw. „Teilvollzugs" (engl.: „partial" implementation) wird in der Literatur[1250] und Praxis[1251] die Frage diskutiert, ob und ggf. unter welchen Voraussetzungen Maßnahmen, die nicht unmittelbar einen Zusammenschlusstatbestand im Sinne des Art. 3 Abs. 1 FKVO erfüllen, als Vollzug im Sinne des Art. 7 FKVO qualifiziert werden können. Dabei geht es sozusagen um Maßnahmen „unterhalb der Schwelle zur dauerhaften Kontrolländerung".[1252] Im Rahmen

---

1249 Vgl. die Konsolidierte Mitteilung der Kommission zu Zuständigkeitsfragen (oben Fn. 95), Rn. 16 ff.

1250 Vgl. Wessely in: MK-EuWettbR (2020), Art. 7 FKVO Rn. 38 ff.; Körber in: Immenga/Mestmäcker, WettbR/Bd. 3 (2020), Art. 7 FKVO Rn. 10; Mäger in: Mäger, EuKartR (2011), Kap. 8 Rn. 63, 156 und 320; Rose/Bailey, Bellamy & Child, European Union Law of Competition (2013), Rn. 8.127; Modrall/Ciullo, (2003) E.C.L.R. 424, 425; Levy/Cook, European Merger Control Law (Rel. 14-10/2017), § 17.03[1].

1251 Vgl. EuGH, Urteil vom 31. Mai 2018, Rs. C-633/16, *Ernst & Young/Konkurrencerådet*, ECLI:EU:C:2018:371, Rn. 47 ff. und 59 ff.; EuG, Beschluss vom 18. März 2008, Rs. T-411/07 R, *Aer Lingus/Kommission*, ECLI:EU:T:2008:80, Rn. 73, 85 und 94; Urteil vom 6. Juli 2010, Rs. T-411/07, *Aer Lingus/Kommission*, ECLI:EU:T:2010:281, Rn. 52 ff. und 84; Pressemitteilung IP/97/1062 der Kommission vom 1. Dezember 1997 („Kommission warnt Bertelsmann und Kirch vor Verstoß gegen die europäische Fusionskontrolle").

1252 Eine Paralleldiskussion zum „teilweisen" Vollzug wird auch zu § 41 Abs. 1 Satz 1 GWB geführt. Wegen des Bestehens von Zusammenschlusstatbeständen teils weit (vgl. § 37 Abs. 1 Nr. 4 GWB) unterhalb der Kontrollschwelle ist die dortige Diskussion indes deutlich weniger praxisrelevant als die zu Art. 7 Abs. 1 FKVO.

der Teilvollzugsdiskussion haben sich im Wesentlichen zwei Fallgruppen herausgebildet, die im Folgenden näher untersucht werden sollen:

1. Sukzessiver Erwerb von Kontrollmitteln im Sinne des Art. 3 Abs. 2 FKVO

Einerseits handelt es sich dabei um Fälle des sukzessiven Erwerbs von Kontrollmitteln im Sinne des Art. 3 Abs. 2 FKVO, also von Anteilen, Vermögenswerten, vertraglichen oder sonstigen Rechten oder faktischen Kontrollmitteln. Diesen Fällen ist gemeinsam, dass die dauerhafte Änderung der Kontrolle über ein Unternehmen oder einen Unternehmensteil in mehreren Schritten verwirklicht wird, wobei die Kontrolländerung erst mit dem letzten Schritt einsetzt. Die häufigste Unterfallgruppe ist der sukzessive Erwerb von Anteilen an einem Unternehmen, bei dem erst mit dem letzten Erwerbsvorgang auch die Kontrolle im Sinne des Art. 3 FKVO übergeht. Eine weitere Unterfallgruppe ist der sukzessive Erwerb von Vermögenswerten, die erst in ihrer Gesamtheit ein Unternehmen oder einen Unternehmensteil ausmachen, so dass auch erst ab einem bestimmten Erwerbsvorgang von einer Kontrolländerung über ein Unternehmen oder einen Unternehmensteil gesprochen werden kann. In der Praxis verbreitet ist schließlich auch die sukzessive Einräumung vertraglicher Rechte, die in ihrer Gesamtheit die Kontrolle über ein Unternehmen oder einen Unternehmensteil begründen. In allen Fällen stellt sich die Frage, ob und ggf. unter welchen Voraussetzungen die Schritte unterhalb der Schwelle zur dauerhaften Kontrolländerung einen Vollzug im Sinne des Art. 7 FKVO darstellen und damit bis zur Genehmigungserteilung verboten sind. Die Fallgruppe des sukzessiven Erwerbs von Kontrollmitteln steht in einem engen Zusammenhang zum einen mit dem von der Kommission entwickelten, vom EuG im *Cementbouw*-Urteil[1253] für die FKVO 1997 anerkannten und vom Gesetzgeber im 20. Erwägungsgrund der FKVO 2004 verankerten Konzept des „einzigen" Zusammenschlusses und zum anderen mit der Ausnahmevorschrift des Art. 7 Abs. 2 FKVO.

1253 EuG, Urteil vom 23. Februar 2006, Rs. T-282/02, *Cementbouw/Kommission* (unten Fn. 1287), Rn. 102 ff.

2. Vorwegnahme der wesentlichen wettbewerblichen Auswirkungen eines Vorhabens

Andererseits geht es bei der Teilvollzugsdiskussion um Maßnahmen, mit denen weder die Kontrolländerung selbst herbeigeführt noch Kontrollmittel unterhalb der Schwelle zur Kontrolländerung erworben werden, mit denen aber wirtschaftliche Aspekte des Vorhabens umgesetzt und damit die wesentlichen wettbewerblichen Auswirkungen des Vorhabens vorweggenommen werden. In der Literatur ist in diesem Zusammenhang von „faktischem“ Vollzug oder „faktischen“ Vollzugsmaßnahmen die Rede, wobei häufig unklar bleibt, ob das Adjektiv „faktisch“ den tatsächlichen Charakter der Maßnahme kennzeichnet (und damit der Abgrenzung von rechtsgeschäftlichen Maßnahmen dient) oder die Nichterfüllung eines Zusammenschlusstatbestands im Sinne des Art. 3 FKVO betont (und damit der Abgrenzung von den Fällen des sogenannten „rechtlichen“ Vollzugs dient, die hier als „umfassender“ Vollzug bezeichnet werden). Um Missverständnisse zu vermeiden, wird für Vollzugshandlungen, die als solche keinen Zusammenschlusstatbestand erfüllen, im Folgenden der Begriff des „teilweisen“ Vollzugs verwendet. Auf den in der Literatur verbreiteten Begriff des „faktischen“ Vollzugs wird verzichtet.

III. „Weiterer“ Vollzug

Mit dem Begriff des „weiteren“ Vollzugs[1254] ist die Frage angesprochen, ob und ggf. unter welchen Voraussetzungen Verhaltensweisen im Anschluss an den „umfassenden“ Vollzug eines Zusammenschlusses, also an eine dauerhafte Kontrolländerung im Sinne des Art. 3 FKVO, gegen das Vollzugsverbot verstoßen können. Beim „weiteren“ Vollzug handelt es sich gewissermaßen um das „Spiegelbild“ des „teilweisen“ Vollzugs.

IV. „Passiver“ Vollzug

Bislang ungeklärt ist, ob ein Verstoß gegen das Vollzugsverbot ein aktives Mitwirken seiner Adressaten voraussetzt oder ob ein Verstoß auch passiv begangen werden kann. Sofern Letzteres bejaht wird, kann von „passivem“

1254 Vgl. Wessely in: MK-EuWettbR (2020), Art. 7 FKVO Rn. 21.

Vollzug gesprochen werden.[1255] Diskutiert wird die Tatbestandsmäßigkeit des „passiven“ Vollzugs insbesondere für Fälle, in denen eine Person bzw. ein Unternehmen ohne aktives Zutun, z.B. durch Hoheitsakt, Erbschaft, Anwachsung von Anteilen, Veränderung der Anwesenheitsquoten bei Hauptversammlungen oder Aufhebung von Stimmrechtsbeschränkungen, die Kontrolle im Sinne von Art. 3 Abs. 1 FKVO über ein anderes Unternehmen erwirbt. Wird ein „passiver“ Kontrollerwerb als „passiver“ Vollzug im Sinne des Art. 7 Abs. 1 FKVO eingestuft, stellt sich die weitergehende Frage, ob der Verstoß dieselben Rechtsfolgen haben kann wie bei „aktivem“ Vollzug.

V. Verhältnis zum Kartellverbot (Art. 101 AEUV)

Wie im 2. Kapitel gezeigt wurde, lässt sich ein Zusammenschluss bei prozessualer Betrachtung als Abfolge von Einzelmaßnahmen begreifen, die von den beteiligten Unternehmen zur Zusammenschlusszielerreichung ergriffen werden. Die Vorschrift des Art. 7 Abs. 1 FKVO greift in diesen Prozess ein, indem sie den Vollzug von Zusammenschlüssen vor der Erteilung der fusionskontrollrechtlichen Genehmigung verbietet. Da unternehmerisches Verhalten wettbewerbsrechtlich grundsätzlich am Maßstab des Kartellverbots (Art. 101 AEUV) zu beurteilen ist, stellt sich die Frage nach dem Verhältnis zwischen Vollzugs- und Kartellverbot.[1256]

D. Vollzugskonzept des Art. 7 FKVO

Nachdem die wesentlichen Aspekte der Diskussion zum Verbotsinhalt aufgezeigt wurden, soll dieser im Folgenden konkretisiert werden. Da es bislang an einer umfassenden Auswertung der Entscheidungspraxis und einer systematischen Analyse der in der Literatur vertretenen Standpunkte

---

1255 Vgl. Wessely, ebenda, Art. 7 FKVO Rn. 25; Körber in: Immenga/Mestmäcker, WettbR/Bd. 3 (2020), Art. 7 FKVO Rn. 9; zum deutschen Recht m.w.N. Thomas in: Immenga/Mestmäcker, WettbR/Bd. 3 (2020), § 41 GWB Rn. 73.

1256 Daneben kommt grundsätzlich auch die Anwendung des Missbrauchsverbots nach Art. 102 AEUV in Betracht; vgl. Rose/Bailey, Bellamy & Child, European Union Law of Competition (2013), Rn. 8.127. Da dieses aber eine marktbeherrschende Stellung voraussetzt, an der es in der Realität in den meisten Fällen fehlt, hat es für den Zusammenschlussprozess nur untergeordnete Bedeutung. Es wird daher im Folgenden ausgeklammert.

fehlt, liegt ein erster Schwerpunkt auf der Behebung dieser beiden Defizite (I.). Der so ermittelte Diskussionsstand wird anschließend einer kritischen Bewertung unterzogen und durch eigene Überlegungen zu einem umfassenden Vollzugskonzept fortentwickelt (II.).

I. Entscheidungspraxis und Diskussionsstand

Da die präventive Fusionskontrolle nach Art. 66 EGKSV in gewisser Weise als „Vorbild“ für die FKVO diente, wird in einem ersten Schritt der Diskussionsstand zum Vollzugsverbot dieses zum 23. Juli 2002 ausgelaufenen Systems beleuchtet (1.). Anschließend werden die bestehenden Auffassungen zum Verbotsinhalt des Art. 7 Abs. 1 FKVO ausführlich dargestellt (2.).

1. Rückblick: Entscheidungspraxis und (letzter) Diskussionsstand zu Art. 66 § 1 EGKSV

a. Überblick über den Normtext

Wie grundsätzlich im 1. Kapitel dargestellt,[1257] verfügte die EGKS als eine der ersten Rechtsordnungen überhaupt bereits seit den 1950er Jahren über ein präventives Fusionskontrollsystem. Die Rechtsgrundlage hierfür befand sich in Art. 66 EGKSV.

In Art. 66 § 1 S. 1 Hs. 1 EGKSV war geregelt, dass „jedes Vorgehen“ (franz.: „toute opération“), das „unmittelbar oder mittelbar seiner Natur nach und infolge der Tätigkeit einer Person oder eines Unternehmens, einer Gruppe von Personen oder Unternehmen zu einem Zusammenschluß“ (franz.: „ayant elle-même pour effet direct ou indirect [...] du fait d'une personne ou d'une entreprise, d'un groupe de personnes ou d'entreprises, une concentration“) unter Beteiligung mindestens eines Montanunternehmens führte, prinzipiell der „vorherigen Genehmigung“ (franz.: „autorisation préalable“) der Hohen Behörde (Kommission) unterlag. Nach Art. 66 § 1 S. 1 Hs. 2 EGKSV war es dabei „unerheblich, ob das Vorgehen [...] in einer Fusion, einem Erwerb von Aktien oder Vermögenswerten, einer Darlehensverpflichtung, einem Vertrag oder einer anderen Art der Kontrolle“ bestand. Verstöße gegen das Erfordernis der vorherigen Genehmigung waren nach Art. 66 § 6 S. 1 EGKSV bußgeldbewehrt. War

1257 Dazu oben Kapitel 1 B.I.1.a.aa.

der Zusammenschluss genehmigungsfähig, hatte die Hohe Behörde (Kommission) die Genehmigung nach Art. 66 § 5 Abs. 1 S. 1 EGKSV von der Zahlung der Geldbuße abhängig zu machen.

Erfüllte ein Zusammenschluss die Untersagungsvoraussetzungen des Art. 66 § 2 EGKSV, hatte die Hohe Behörde (Kommission) nach Art. 66 § 5 Abs. 2 S. 1 EGKSV dessen Unzulässigkeit festzustellen und eine Entflechtung vorzunehmen. Nach Art. 66 § 5 Abs. 3 EGKSV konnte sie außerdem jederzeit die erforderlichen einstweiligen Maßnahmen „zum Schutze der Interessen von Konkurrenzunternehmen und Dritten" sowie „zur Verhinderung jeder Handlung" erlassen, „durch welche die Ausführung ihrer Entscheidung behindert werden könnte."

b. Begriffsverständnis in der Literatur

In der Literatur zu Art. 66 EGKSV wurde darauf hingewiesen, dass die Vorschrift zwischen dem Zusammenschluss *als Vorgang* und dem Zusammenschluss *als Zustand* unterscheide.[1258] Diese Unterscheidung wurde am Wortlaut festgemacht. Gegenstand des Vollzugsverbots war demnach der Zusammenschluss als Vorgang, Gegenstand der materiellen Beurteilung und Sachentscheidung der Zusammenschluss als Zustand. Dazu KRAWIELICKI:

> „Eine Analyse des Art. 66 ergibt, daß hierbei zwei Begriffe zu unterscheiden sind:
> der Zusammenschluss als *Zustand* der gemeinsamen Kontrolle mehrerer Unternehmen (in § 5 Abs. 2 als *concentration illicite* bezeichnet) und gewisse *Vorgänge* rechtsgeschäftlicher Art, deren Eigenart erkennbar darin besteht, daß sie einen solchen Zustand herbeiführen (in § 1 als *opération* bezeichnet).
> In § 5 Abs. 2 wendet sich das Gesetz, ohne damit einen Vorwurf auszusprechen oder finanzielle Sanktionen (Geldbußen) anzudrohen, gegen den *Zustand* des Zusammenschlusses. [...]
> In § 1 wendet sich der Plan gegen bestimmte *Vorgänge*, und zwar gegen solche, die ihrer Natur nach geeignet sind, zu einem Zustand unzulässigen Zusammenschlusses zu führen (*toute opération ayant par elle-même pour effet ... une concentration*). Diese Vorgänge sind infolge-

1258 KRAWIELICKI, Das Monopolverbot im Schumannplan (1952), 56 f.; KERN, Das Recht der Unternehmenszusammenschlüsse in der Montanunion (1955), 148.

> dessen einer *Vorzensur* der Hohen Behörde unterworfen; sie dürfen erst vollzogen werden, nachdem die Erlaubnis (*autorisation préabable*) vorliegt. Zuwiderhandlungen sind ein Verstoß gegen die Ordnung des Planes und führen zu finanziellen Sanktionen; vgl. § 6 Abs. 1 zweiter Fall. Leider kommt dieser Unterschied von Vorgang (§ 1 Abs. 1) und Zustand (§ 5 Abs. 2) im Sprachgebrauch des Art. 66 nicht in der erforderlichen Schärfe zum Ausdruck."[1259]

Damit war die Genehmigung Rechtmäßigkeitsvoraussetzung des Zusammenschlussvorgangs (Vollzugs).[1260] Die Kontrolle konnte nach dem oben zitierten Vertragstext im Wege einer Fusion, eines Anteils- oder Vermögenserwerbs, einer Darlehensverpflichtung, eines Vertrags oder in sonstiger Weise erlangt werden. Entscheidend war, dass dem betreffenden Rechtsgeschäft oder Realakt „unmittelbar oder mittelbar seiner Natur nach" kontrollierende Wirkung zukam. Dann lag ohne vorherige Genehmigung ein Verstoß gegen das Vollzugsverbot vor.

Die Bedeutung der Tatbestandsmerkmale „seiner Natur nach" und „unmittelbar oder mittelbar" war nicht abschließend geklärt. Teilweise wurden bereits Vorbereitungsmaßnahmen als genehmigungspflichtig und somit vom Vollzugsverbot erfasst angesehen.

> „Der Pflicht zur Einholung einer Genehmigung unterliegt bereits die Vorbereitung eines Zusammenschlusses."[1261]
> „Jeder Rechtsakt, der zu einem Zusammenschluß beiträgt, gehört dazu. Der Auftrag eines Unternehmens an eine Bank zum Ankauf von Aktienpaketen, um die Majorität in einer Aktiengesellschaft zu erlangen, wäre bereits ein Vorgehen, das der Genehmigung bedarf."[1262]

Vorgänge, die ihrer „Natur nach" nicht zu einem Zusammenschluss führten, unterlagen dagegen nicht der vorherigen Genehmigungspflicht und damit auch nicht dem Vollzugsverbot. Das Herausfallen bestimmter Vorgänge aus dem Tatbestand des Art. 66 § 1 EGKSV konnte aber nicht nur mit dem Merkmal „seiner Natur nach", sondern – ggf. in Kombination mit diesem Merkmal – auch damit begründet werden, dass es an der „Tä-

---

1259 Krawielicki, ebenda, 56 (Hervorhebungen im Original). Kritisch hinsichtlich des Umstands, dass Krawielicki nur den materiell illegalen Zusammenschluss unter den Begriff des „Zusammenschlusses als Zustand" fasste, zu Recht Kern, ebenda, 149 (dort Fn. 2).

1260 Mestmäcker in: FS Coing/II (1982), 373, 379.

1261 Jerusalem, Das Recht der Montanunion (1954), 156.

1262 Jerusalem, ebenda, 157 f.

tigkeit einer Person oder eines Unternehmens, einer Gruppe von Personen oder Unternehmen" fehlte. Letztlich blieb die Literatur hier eine exakte Abschichtung schuldig.

> „In der Regel wird eine „concentration" durch eine „opération" im Sinne des § 1 herbeigeführt. Sie kann jedoch auch durch Vorgänge begründet werden, die außerhalb des in § 1 bestimmten Tatbestandes liegen, wie beispielsweise durch Erbgang, Eheschließung in Gütergemeinschaft oder solche Handlungen, die eine Konzentration nicht ihrer Natur nach, sondern erst durch Hinzutreten anderer Umstände bewirken. Ein Beispiel für die zuletztgenannten Fälle wäre die kapitalmäßige Beteiligung eines Unternehmens an einem anderen, welche jedoch zu einer Begründung der Kontrolle nicht ausreicht, sondern diese Wirkung erst später durch Zersplitterung des restlichen Aktienbesitzes oder eine im Laufe der Zeit eintretende faktische Abstimmung der Geschäftspolitik beider Unternehmen herbeiführt. Hier ist weder der Erwerb der Beteiligung noch die im Laufe längerer Zeit sich entwickelnde faktische Geschäftsabstimmung als genehmigungspflichtiges Vorgehen anzusehen, so daß auch […] eine Ordnungsstrafe nicht verhängt werden kann."[1263]
>
> „Keine opération im Sinne des § 1 sind ferner Vorgänge, die auf Gesetz beruhen (zwei Unternehmen kommen durch Erbgang unter gemeinsame Kontrolle), oder die auf Rechtsgeschäften beruhen, deren vermögensrechtliche Auswirkungen nur als gesetzliche Nebenwirkung betrachtet werden müssen (durch Heirat fällt dem Ehemann, Inhaber des Unternehmens A, die Verwaltung des im eingebrachten Gut der Ehefrau befindlichen Unternehmens B zu; ebenso, wenn die Ehegatten Gütergemeinschaft vereinbart haben […]."[1264]

Für die Fälle des Kontrollerwerbs durch Erbgang wurde die fehlende Tatbestandsmäßigkeit in Anwendung des Merkmals „seiner Natur nach" auch damit begründet, dass eine vorherige Erlaubniseinholung gar nicht möglich sei.

1263 KERN, Das Recht der Unternehmenszusammenschlüsse in der Montanunion (1955), 148 f.; ähnlich KRAWIELICKI, Das Monopolverbot im Schumannplan (1952), 57 f.; JERUSALEM, ebenda, 158. Zusammenschlusszustände, die nicht durch einen Zusammenschlussvorgang bewirkt wurden, unterlagen nicht der präventiven, wohl aber der repressiven Kontrolle nach § 5 Abs. 2 (KERN, ebenda, 149; KRAWIELICKI, ebenda, 57).

1264 KRAWIELICKI, ebenda, 58.

„Hier könnte bei der Eigenart des Vorganges eine vorherige Erlaubnis im Sinne des § 1 nicht eingeholt werden, es lag keine opération im Sinne dieser Bestimmung vor.“[1265]

c. Begriffsverständnis der Hohen Behörde (Kommission)

Die präventive Fusionskontrolle nach dem EGKSV warf in der Praxis keine größeren Schwierigkeiten auf.[1266] Soweit ersichtlich, hat die Hohe Behörde erstmals im Jahr 1958 einen Verstoß gegen das Prinzip der „vorherigen Genehmigung“ nach Art. 66 § 1 S. 1 EGKSV festgestellt und die Genehmigung in Anwendung des Art. 66 § 5 Abs. 1 EGKSV von der Zahlung einer Geldbuße abhängig gemacht. Sie nahm diesen Fall im November 1958 zum Anlass für eine Mitteilung im Amtsblatt, mit der sie darauf hinwies, dass die Genehmigung grundsätzlich erteilt sein müsse, bevor ein Vorgehen im Sinne des Art. 66 § 1 EGKSV erfolgen könne.[1267] Damit forderte die Hohe Behörde der Sache nach die Einhaltung des vorläufigen Vollzugsverbots. Letzteres spielte danach in weiteren Fällen eine Rolle. Vier dieser Fälle sind besonders gut dokumentiert und werden kurz zusammengefasst.

aa. ARBED/HADIR

Eine mit Blick auf das Vollzugsverbot des Art. 66 § 1 EGKSV interessante Entscheidung traf die Hohe Behörde im Jahr 1965 in der Zusammenschlusssache *ARBED/HADIR*.[1268] Am 17. November 1965 hatte das luxemburgische Stahlunternehmen *Aciéries Réunies de Burbach-Eich-Dudelange* (*ARBED*) bei der Hohen Behörde nach Art. 66 § 1 EGKSV die Genehmigung zum Erwerb der Aktienmehrheit am Stahlproduzenten *Hauts Fourneaux et Aciéries de Differdange-Saint-Ingbert-Rumelange* (*HADIR*) beantragt. Dabei hatte es um eine Entscheidung vor dem 1. Januar 1966 gebeten,

---

1265 Krawielicki, ebenda, 57.

1266 Vgl. die Einschätzung des Wettbewerbskommissars Borschette im Bericht über die Beratungen des Wirtschafts- und Sozialausschusses, zitiert in Kapitel 1 B.I.1.a.cc.(1) mit dazugehöriger Fn. 180.

1267 Hohe Behörde, Mitteilung über die Anwendung von Artikel 66 des Vertrages, ABl. vom 14. November 1958, 490.

1268 Dazu Hohe Behörde, 14. Gesamtbericht über die Tätigkeit der Europäischen Gemeinschaft für Kohle und Stahl (1966), Rn. 208.

da der Erwerb aus steuerrechtlichen Gründen vorher vollzogen werden sollte. Obwohl im Vertrag nicht ausdrücklich vorgesehen, erteilte die Hohe Behörde der Sache nach eine Einzelfreistellung vom Vollzugsverbot des Art. 66 § 1 EGKSV, indem sie den Beteiligten am 16. Dezember 1965 mitteilte, dass sie den Kontrollerwerb voraussichtlich unter Bedingungen genehmigen und einen vorzeitigen Aktienerwerb nicht nach Art. 66 § 5 Abs. 1 i.V.m. § 6 Spiegelstrich 2 EGKSV mit Bußgeldern ahnden werde. Gleichzeitig wies sie darauf hin, dass sich aus diesem Vorgehen die Verpflichtung ergebe, den in der nachfolgenden Genehmigung enthaltenen Bedingungen nachzukommen. In der Literatur wurde das Vorgehen der Behörde begrüßt, da es die Möglichkeit eröffnete, einen Zusammenschluss aus wirtschaftlichen Überlegungen heraus im Einzelfall rasch zu vollziehen.[1269] Die in Aussicht gestellte Genehmigung wurde am 2. März 1966 erteilt.[1270]

bb. Guest Keen & Nettlefolds/Miles Druce

Zu einem Verstoß gegen das Vollzugsverbot des Art. 66 § 1 EGKSV kam es im Jahr 1973 in Zusammenhang mit der Übernahme des britischen Montanunternehmens *Miles Druce* durch *Guest Keen & Nettlefolds*. Der Erwerber hatte durch Börsengeschäfte Ende Mai und Anfang Juni 1973 seinen Anteil an *Miles Druce* von 7,1% auf 39,9% erhöht und die Absicht bekundet, ein öffentliches Übernahmeangebot für die restlichen Aktien abzugeben. Mit Blick auf die Restanteile hatte er am 18. Juni 1973 bei der Kommission die vorherige Genehmigung nach Art. 66 § 1 EGKSV beantragt und vorsorglich angeboten, einige der bereits erworbenen Anteile „in trust to bankers" zu überantworten. Im Anschluss daran gab er 10% der Anteile an Banken ab und verpflichtete sich zusätzlich, beim Akquisitionsobjekt während eines Zeitraums von sechs Monaten keine Hauptversammlung einzuberufen.

Einen Antrag des Akquisitionsobjekts vom 27. Juni 1973 auf Erlass weitergehender, vorläufiger Maßnahmen nach Art. 66 § 5 Abs. 3 EGKSV wies die Kommission mit Entscheidung vom 18. Juli 1973 zurück, woraufhin

1269 Vgl. Feuring, Zusammenschlußkontrolle in der Europäischen Gemeinschaft für Kohle und Stahl (1980), 71.

1270 Dazu Hohe Behörde, 15. Gesamtbericht über die Tätigkeit der Europäischen Gemeinschaft für Kohle und Stahl (1967), Rn. 224.

dieses am 17. August 1973 zwei Klagen nach Art. 33 bzw. 35 EGKSV[1271] erhob, die es am 31. August 1973 um mehrere Anträge auf vorläufigen Rechtsschutz nach Art. 39 EGKSV[1272] ergänzte. Letztere waren darauf gerichtet, den Erwerber ebenso wie jede für dessen Rechnung handelnde Mittelsperson zu verpflichten, (i.) keine weiteren Aktien der *Miles Druce* zu erwerben, (ii.) keinen Gebrauch von den bereits erworbenen Stimmrechten zu machen, (iii.) keine Hauptversammlung zu veranlassen sowie (iv.) im Falle einer solchen keinen Gegenstand zur Beschlussfassung vorzuschlagen. Die Anträge wurden u.a. damit begründet, dass ein Verstoß gegen Art. 66 § 1 EGKSV vorliege. Der Präsident des EuGH wies die Anträge als unbegründet zurück,[1273] da die durch den Erwerber eingegangenen Verpflichtungen derzeit ausreichten, den Status quo zu sichern. Zur Rechtslage führte er aus, dass die Kommission, falls der Status quo in Zukunft gefährdet sein sollte, „auf ordnungsgemäße Anzeige binnen kurzer Frist eine Sachentscheidung nach Artikel 66 zu treffen oder zumindest die in Artikel 66 § 5 Absatz 3 vorgesehenen vorläufigen Maßnahmen zu ergreifen" habe. In einem weiteren Rechtsschutzverfahren gelang es dem Antragsteller schließlich, beim EuGH eine vorläufige Anordnung gegen die Kommission zu erwirken, nach der diese für das Inkrafttreten ihrer Sachentscheidung eine Frist zu setzen und bis zu deren Ablauf sicherzustellen hatte, dass die Verhältnisse unverändert blieben.[1274]

Die Kommission gab den Zusammenschluss am 14. März 1974 frei.[1275] In ihrer Entscheidung stellte sie fest, dass der Erwerber angesichts der Verteilung des *Miles-Druce*-Kapitals und der Anwesenheitsverhältnisse bei den Hauptversammlungen mit einem Anteil von 29,9% der Stimmrechte bereits (faktisch) die Kontrolle über das Akquisitionsobjekt erworben und somit gegen Art. 66 § 1 EGKSV verstoßen habe. Allerdings verzichtete sie auf die Verhängung einer Geldbuße nach Art. 66 § 5 Abs. 1 i.V.m. § 6 Spiegelstrich 2 EGKSV, weil *Guest Keen & Nettlefolds* im konkreten Fall „kein fehlerhaftes Verhalten entgegengehalten werden" könne. Zur Begründung wies sie darauf hin, dass der Erwerber, der noch wenig mit den relevanten Bestimmungen vertraut gewesen sei, nicht angenommen habe, dass

1271 Verb. Rs. 160 und 161/73.

1272 Verb. Rs. 160 und 161/73 R.

1273 EuGH, Beschluss vom 11. Oktober 1973, verb. Rs. 160 und 161/73 R, *Miles Druce/Kommission*, ECLI:EU:C:1973:106.

1274 EuGH, Beschluss vom 16. März 1974, verb. Rs. 160, 161 und 170/73 R II, *Miles Druce/Kommission*, ECLI:EU:C:1974:20.

1275 Kommission, Entscheidung vom 14. März 1974, *Guest Keen & Nettlefolds/Miles Druce*, ABl. L 132/28 vom 15. Mai 1974.

durch den Erwerb von 39,9% der Anteile ein Zusammenschluss im Sinne des Art. 66 EGKSV erfolgt sei und er unmittelbar danach die vorstehend dargestellten Schritte (unverzügliche Anmeldung, Übertragung eines Anteilspakets von 10% an Mittelspersonen, Verpflichtung zur Nichtausübung der mit den restlichen 29,9% der Aktien verbundenen Stimmrechte) unternommen habe. Der Beschluss des EuGH hatte zur Folge, dass die Kommission in späteren Fällen nicht länger zögerte, den Status quo in Anwendung des Art. 66 § 5 Abs. 3 EGKSV schon während des Prüfverfahrens vorläufig festzuschreiben.

cc. Schneider/Denain Nord-Est Longwy/de Wendel/Marine-Firminy

Ein Beispiel hierfür ist der Fall *Marine-Firminy* aus den Jahren 1973 bis 1975.[1276] Anfang November 1973 hatte sich das französische Unternehmen *Schneider* mit einem Anteil von 34% am Aktienkapital von *Marine-Firminy* beteiligt und damit wegen der Streuung der Restanteile und der Teilnahmequoten an den Hauptversammlungen faktisch die Kontrolle im Sinne des Art. 66 § 1 EGKSV erworben. Der Vorgang war am 16. November 1973 bei der Kommission angemeldet worden. Auf Antrag von *Marine-Firminy* traf die Kommission mit Entscheidung vom 5. April 1974 nach Art. 66 § 5 Abs. 3 EGKSV einstweilige Maßnahmen zur Gewährleistung der Unabhängigkeit von *Marine-Firminy*, die es *Schneider* untersagten, bis zum Erlass der finalen Entscheidung über die Genehmigung weitere Anteile am Akquisitionsobjekt zu erwerben und das Stimmrecht über die bereits erworbenen Anteile auszuüben. Soweit ersichtlich, erließ die Kommission aber auch in diesem Fall keine Geldbuße.

Als bald darauf zwei weitere Unternehmen, *Denain Nord-Est Longwy* und die *de Wendel*-Gruppe, durch ein öffentliches Übernahmeangebot (*Denain*) bzw. den Erwerb von 19,4% des Aktienkapitals am freien Markt (de Wendel) Interesse an einer Übernahme von *Marine-Firminy* zeigten und diese Vorhaben nach Art. 66 § 1 EGKSV bei der Kommission anmeldeten, sah *Schneider* seine Interessen gefährdet und beantragte die Aufhebung der einstweiligen Maßnahmen vom 5. April 1974. Stattdessen erließ die Kommission am 21. Dezember 1974 zur Wahrung des Status quo zwei weitere Entscheidungen über einstweilige Maßnahmen nach Art. 66 § 5 Abs. 3 EGKSV, mit denen sie den neu hinzugetretenen Unternehmen aufgab,

---

1276 Dazu Kommission, IV. Bericht über die Wettbewerbspolitik 1974 (1975), Rn. 142 sowie Bull. EG 4/1974, Rn. 2110.

das Übernahmeangebot auszusetzen (*Denain*) bzw. weitere Börsenkäufe zu unterlassen (*de Wendel*). Die einstweiligen Maßnahmen gegen *Schneider* und *de Wendel* wurden mit der Genehmigung des mittlerweile geänderten Vorhabens am 5. März 1975,[1277] die Maßnahmen gegen *Denain* durch gesonderte Entscheidung vom selben Tage[1278] wieder aufgehoben.

dd. British Steel/Dunford Hadfields/Johnson & Firth Brown

Der zweite Fall, in dem die Kommission die vom EuGH im Verfahren *Miles Druce/Kommission* aufgestellten Grundsätze anwandte, war die geplante Übernahme des britischen Stahlunternehmens *Johnson & Firth Brown* durch *British Steel* bzw. *Dunford Hadfields* im Jahr 1974.[1279] Nachdem *British Steel* bei der Kommission die Absicht zur Abgabe eines Übernahmeangebots für *Johnson & Firth Brown* bekundet und versichert hatte, die mit dem Aktienerwerb verbundenen Stimmrechte bis zur Genehmigung durch die Kommission ruhen zu lassen, beantragte der Vorstand des Akquisitionsobjekts einstweilige Maßnahmen im Sinne des Art. 66 § 5 Abs. 3 FKVO mit dem Ziel, *British Steel* zu verpflichten, vor der Genehmigungsentscheidung keinerlei maßgebliche Beteiligung zu erwerben. Daraufhin traf die Kommission mit Entscheidung vom 20. November 1974 entsprechende Anordnungen.

Als das Stahlunternehmen *Dunford Hadfields* sich als zweiter Übernahmeinteressent meldete und diesmal *British Steel* die Kommission um einstweilige Maßnahmen ersuchte, ergriff diese am 27. November 1974 zur Wahrung des Status quo und aus Gründen der Gleichbehandlung entsprechende Anordnungen gegenüber *Dunford Hadfields*. Mit Entscheidung vom 5. Dezember 1974[1280] genehmigte sie dann den Kontrollerwerb durch *British Steel* unter Auflagen und hob die einstweiligen Maßnahmen gegen *Dunford Hadfields* auf. In diesem Zusammenhang wies sie darauf hin, dass *Dunford Hadfields* nunmehr die Möglichkeit zur Abgabe eines eigenen

---

1277 Kommission, Entscheidung vom 5. März 1975, *Compagnie Lorraine Industrielle et Financière (de Wendel)/Marine-Firminy*, ABl. L 196/27 vom 26. Juli 1975.

1278 Vgl. Kommission, V. Bericht über die Wettbewerbspolitik 1975 (1976), Rn. 79.

1279 Dazu Kommission, IV. Bericht über die Wettbewerbspolitik 1974 (1975), Rn. 143.

1280 Dazu Kommission, IV. Bericht über die Wettbewerbspolitik 1974 (1975), Rn. 125 ff. sowie Bull. EG 12/1974, 2128.

Übernahmeangebots gegeben sei, dessen Realisierung aber nach wie vor der (vorherigen) Genehmigung bedürfte.[1281]

d. Zusammenfassung und Beurteilung

aa. Grundsätzliches

Wie später die FKVO, beruhte das Modell des Art. 66 EGKSV auf einem Erlaubnisvorbehalt. Dieser war allerdings stärker prozessorientiert formuliert, was die Beurteilung der Frage, welche Maßnahmen unter das Vollzugsverbot des Art. 66 § 1 S. 1 EGKSV fielen und welche nicht, zumindest auf den ersten Blick erleichterte. Während sich der Prozessbezug der FKVO fast schon in den Begriffen „vollzogen“ in Art. 7 Abs. 1 und „bewirkt“ in Art. 3 Abs. 1 erschöpft, vermittelte die Formulierung „Vorgehen, das unmittelbar oder mittelbar seiner Natur nach und infolge der Tätigkeit einer Person oder eines Unternehmens, einer Gruppe von Personen oder Unternehmen zu einem Zusammenschluß [...] führt“, mehr Anhaltspunkte für die grammatische Auslegung.

bb. „Umfassender“ Vollzug

Der Begriff des Zusammenschlusses, auf den sich das Vollzugsverbot des Art. 66 § 1 EGKSV bezog, war, wie heute in Art. 3 FKVO, kontrollbezogen. In der Praxis hat die Hohe Behörde (Kommission), soweit ersichtlich, auch nur den Kontrollerwerb als solchen als Verstoß gegen das Vollzugsverbot bewertet. Hierfür genügte es, wenn ein Unternehmen eine Minderheitsbeteiligung an einem anderen Unternehmen erwarb, wenn diese das erwerbende Unternehmen aufgrund der Umstände des Einzelfalls, insbesondere wegen der Streuung der Restanteile und der Teilnahmequoten an den Hauptversammlungen, faktisch in die Lage versetzte, bestimmenden Einfluss auf das Zielunternehmen auszuüben.

Bemerkenswert ist, dass die Kommission nach einer ersten, wenig dokumentierten Bußgeldverhängung im Jahr 1958 in den Fällen Guest Keen & Nettlefolds/Miles Druce und *Schneider/Denain Nord-Est Longwy/de Wendel/Marine-Firminy* trotz festgestellter Verstöße gegen das Vollzugsverbot

---

1281 Kommission, IV. Bericht über die Wettbewerbspolitik 1974 (1975), Rn. 143 a.E.

keine Geldbußen festsetzte. Wie sogleich zu sehen sein wird, ähnelt dieses Vorgehen – auch in seiner Begründung – der frühen Praxis zu Art. 7 Abs. 1 FKVO.

cc. „Teilweiser“ Vollzug

Aus der untersuchten Entscheidungspraxis ergeben sich keine Anhaltspunkte, dass die Hohe Behörde (Kommission) Maßnahmen unterhalb der Schwelle zum Kontrollerwerb als tatbestandlich im Sinne des Art. 66 § 1 S. 1 EGKSV, und damit als verbotenen Vollzug, wertete. In der Literatur wurde die Auffassung vertreten, dass das Tatbestandsmerkmal „seiner Natur nach“ Vorgänge vom Erlaubnisvorbehalt ausschloss, bei denen der Kontrollerwerb erst „durch Hinzutreten anderer Umstände“ bewirkt wurde. Jedoch gab es Stimmen in der Literatur, die bereits die „Vorbereitung eines Zusammenschlusses“ sowie jeden „Rechtsakt, der zu einem Zusammenschluß beiträgt“, als erfasst ansahen. Diese konnten sich darauf stützen, dass nach Art. 66 § 1 S. 1 Hs. 1 EGKSV ausdrücklich auch „mittelbar“ zu einem Zusammenschluss führende Vorgänge von der Genehmigungspflicht erfasst waren.

dd. „Weiterer“ Vollzug

Auffällig ist die auf die Vorgaben des EuGH im Fall *Guest Keen & Nettlefolds/Miles Druce* zurückzuführende Praxis der Kommission, durch Entscheidungen im Einzelfall nach Art. 66 § 5 Abs. 3 EGKSV konkrete Anordnungen zur Wahrung des Status quo festzuschreiben. Interessant ist insbesondere die von der Kommission im Fall *Schneider/Denain Nord-Est Longwy/de Wendel/Marine-Firminy* nach Eintritt des Kontrollerwerbs getroffene Entscheidung, dem Erwerber den Erwerb weiterer Anteile und die Ausübung der Stimmrechte über die bereits erworbenen Anteile hinaus zu untersagen; so scheint die erste Anordnung auf ein Verbot des „weiteren Vollzugs“ des Zusammenschlusses und die zweite Anordnung auf eine der Vorschrift des Art. 7 Abs. 2 FKVO ähnliche Regelung hinauszulaufen. Allerdings ginge es wohl zu weit, hieraus Schlussfolgerungen für die Auslegung des Art. 7 FKVO zu ziehen. Insbesondere geht aus den Quellen nicht hervor, ob die Kommission den weiteren Vollzug bereits als vom „gesetzlichen“ Vollzugsverbot des Art. 66 § 1 S. 1 EGKSV umfasst ansah oder eine darüber hinausgehende Regelung treffen wollte.

ee. „Passiver“ Vollzug

Fälle, in denen die Kontrolle ohne aktives Zutun des Erwerbers erworben wurde, waren nach wohl h.M. in der Literatur nicht tatbestandsmäßig im Sinne des Art. 66 § 1 S. 1 EGKSV. Dies wurde insbesondere für den Kontrollerwerb aufgrund Gesetzes (Beispiel: Erbfall) sowie für Fälle vertreten, in denen die Kontrolle als „gesetzliche Nebenwirkung“ eines Rechtsgeschäfts anzusehen war (Beispiel: Eheschließung in Gütergemeinschaft). Als weiteres Beispiel wurde der Kontrollerwerb „durch Zersplitterung des restlichen Aktienbesitzes“ genannt. Begründet wurde die fehlende Tatbestandsmäßigkeit solcher Vorgänge damit, dass sie, soweit sie überhaupt auf einer „Tätigkeit“ im Sinne des Art. 66 § 1 S. 1 EGKSV beruhten, nicht ihrer „Natur nach“ zum Kontrollerwerb führten. Im Grunde wurde damit der Zurechnungszusammenhang verneint. Für die Fallgruppe des Kontrollerwerbs durch Erbgang wurde dies auch mit der Unmöglichkeit der Einholung einer vorherigen Genehmigung begründet.

2. Entscheidungspraxis und Diskussionsstand zu Art. 7 FKVO

Nachfolgend wird der aktuelle Diskussionsstand zum Inhalt des Vollzugsverbots der FKVO ausführlich dargestellt. Zunächst werden die Standpunkte, die die Kommission (a.), die Unionsgerichte (b.) und die nationalen Gerichte (c.) öffentlich vertreten haben, zusammengefasst. Anschließend werden die in der Literatur vertretenen Auffassungen beleuchtet (d.).

a. Begriffsverständnis der Kommission

Hinweise auf das Vollzugsverständnis der Kommission ergeben sich zum einen aus der Verwaltungspraxis (aa.), zum anderen aus allgemeinen Empfehlungen und Stellungnahmen (bb.).

aa. Verwaltungspraxis

Die Frage nach dem Vollzugsbegriff des Art. 7 FKVO wird in der Verwaltungspraxis der Kommission vor allem in zwei Fällen relevant:

- im Freistellungsverfahren nach Art. 7 Abs. 3 FKVO,[1282] wenn es darum geht, ob wegen einer verbotswidrigen Verhaltensweise eine Freistellung gewährt wird, und
- im Bußgeldverfahren nach Art. 14 Abs. 2 Buchst. b FKVO, weil die Festsetzung einer Geldbuße einen Verstoß gegen das Vollzugsverbot voraussetzt.

Wie schon erwähnt wurde,[1283] hat die Kommission vom Inkrafttreten der FKVO im Jahr 1990 bis einschließlich 2020 in 129 Fällen Freistellungen vom Vollzugsverbot erteilt, die mangels Erwähnung in Art. 20 FKVO zwar nicht im Amtsblatt, mittlerweile aber zumindest im Internet veröffentlicht werden.[1284] Bußgeldentscheidungen nach Art. 14 Abs. 2 Buchst. b werden außer im Internet nach Art. 20 FKVO zusammenfassend im Amtsblatt veröffentlicht.

Neben Freistellungs- und Bußgeldentscheidungen können in begrenztem Umfang auch Entscheidungen nach Art. 6 und 8 FKVO Einblicke in die Kommissionspraxis geben. Im Folgenden werden die Standpunkte, die die Kommission in ihrer Verwaltungspraxis zum Vollzugsbegriff eingenommen hat, getrennt nach Genehmigungs- und Bußgeldverfahren (1), Freistellungsverfahren (2) und Entflechtungsverfahren (3) nachgezeichnet.

(1) Genehmigungs- und Bußgeldverfahren

Hinweise auf das Begriffsverständnis der Kommission enthalten vor allem die förmlichen Entscheidungen und sonstigen Verlautbarungen, welche die Kommission in Zusammenhang mit allgemeinen Genehmigungsverfahren oder speziellen Bußgeldverfahren getroffen hat.

Nachfolgend werden die Fälle, die Rückschlüsse auf das Vollzugsverständnis der Kommission zulassen, in chronologischer Reihenfolge nach dem Zeitraum, in dem die Kommission ihre Ermittlungen führte, zusammengefasst. Von der Zusammenfassung ausgenommen und lediglich der Vollständigkeit halber erwähnt werden vorab Fälle, in denen

1282 Vgl. oben Kapitel 1 B.II.2.
1283 Dazu oben Kapitel 1 B.II.2.c.bb.
1284 Dies gilt bislang aber nur für die in Anwendung des Art. 7 Abs. 3 FKVO 2004 ergangenen Entscheidungen; diese sind abrufbar unter https://ec.europa.eu/competition/elojade/isef/index.cfm (zuletzt abgerufen am 22. April 2021).

- nach öffentlich verfügbaren Informationen ein Verstoß gegen das Vollzugsverbot vor- oder zumindest naheliegt, jedoch nichts über Ermittlungsmaßnahmen der Kommission bekannt ist („Fallgruppe 1“);
- die Kommission nachweislich wegen eines vermuteten Verstoßes gegen das Vollzugsverbot Ermittlungen aufgenommen hat, öffentlich aber keine näheren Informationen zum Sachverhalt und zum Ermittlungsergebnis verfügbar sind („Fallgruppe 2“).

Beispielhaft für die Fallgruppe 1 sind die Fälle *CAI/Platinum* und *Haniel/Cementbouw/CVK*.

- Dem Fall *CAI/Platinum* (M.1580) lag die Übernahme des Softwareentwicklers *Platinum* durch den Wettbewerber *Computer Associates International* (*CAI*) zugrunde. *CAI* hatte sich bereits für den Zeitraum vor der Genehmigung des Zusammenschlusses durch die Kommission kaufvertraglich Zustimmungserfordernisse einräumen lassen, nach denen *Platinum* nicht ohne das Einverständnis von *CAI* von seinen Standard-Vertragsbedingungen abweichen, Festpreise gewähren oder Rabatte von mehr als 20% gewähren durfte. Zur Absicherung wurden Angestellte von *CAI* an *Platinum* entsandt. Die Maßnahmen wurden vom Department of Justice als Erwerb faktischer Kontrolle und damit als Verstoß gegen das Vollzugsverbot nach Sec. 7A Clayton Act gewertet. Zusätzlich wurde wegen der Preisvorgaben und dem zur Umsetzung der Zustimmungserfordernisse erforderlichen Informationsaustausch ein Verstoß gegen das Kartellverbot nach Sec. 1 Sherman Act festgestellt.[1285] Dagegen ging die Europäische Kommission, die den Zusammenschluss ebenfalls zu prüfen hatte, weder in ihrer Genehmigungsentscheidung vom 28. Juni 1999 noch sonst öffentlich auf die Frage der Vereinbarkeit der Maßnahmen mit Art. 7 Abs. 1 FKVO ein, obwohl die Vorgänge schon während des Kommissionsverfahrens öffentlich bekannt waren. Dies wurde in der Literatur mit Erstaunen aufgenommen.[1286]
- Im Fall *Haniel/Cementbouw/CVK* (M.2650) ging es um den im Jahr 1999 eingetretenen, vorab nicht bei der Kommission angemeldeten Erwerb der Kontrolle über die niederländische Genossenschaft von

1285 Fall *United States v. Computer Associates International, Inc. and Platinum Technology International, Inc.*; dazu Linsmeier/Balssen, BB 2008, 741, 744 f.; Wessely in: MK-EuWettbR (2020), Art. 7 FKVO Rn. 58.

1286 Vgl. Modrall/Ciullo, (2003) E.C.L.R. 424, 426 (dort Fn. 21); Gottschalk, RIW 2005, 905, 909; Reysen/Jaspers, WuW 2006, 602, 607; Linsmeier/Balssen, BB 2008, 741, 746.

Kalksandsteinherstellern *CVK* durch die deutsche *Haniel* und die niederländische *Cementbouw*. Nachdem die Kommission auf den Zusammenschluss aufmerksam geworden und die Anmeldung nachgeholt worden war, gab sie den Zusammenschluss unter strengen Auflagen frei,[1287] ohne den Verstoß gegen Art. 4 Abs. 1 und 7 Abs. 1 FKVO 1997 näher zu thematisieren. In der Literatur wird gemutmaßt, dass durch die strengen Auflagen eine Bußgeldfestsetzung wegen Verstoßes gegen das Vollzugsverbot vermieden werden sollte.[1288]

Exemplarisch für die Fallgruppe 2 kann der Fall *Continental Teves/ADC Automotive Distance Control* (M.1772) genannt werden. Hier hatte die Kommission in ihrer Genehmigungsentscheidung angekündigt, wegen des Verdachts des vorzeitigen Vollzugs die Eröffnung eines Bußgeldverfahrens nach Art. 14 FKVO 1997 zu prüfen.[1289] Ein solches Verfahren wurde, soweit ersichtlich, nicht eröffnet. Zu den Gründen ist nichts weiter öffentlich bekannt.

Blendet man die Fallgruppen 1 und 2 aus der Betrachtung aus, bleibt ein gutes Dutzend Fälle, das Rückschlüsse auf das Vollzugsverständnis der Kommission erlaubt.

(a) Torras/Sarrió (M.166)

Gegenstand des Verfahrens war die mit Vertrag vom 7. Februar 1991 vereinbarte Übernahme bestimmter Vermögensgegenstände des spanischen Papierherstellers *Sarrió* durch den mehrheitlich von der kuwaitischen Staatsholding *KIO* kontrollierten Wettbewerber *Torras*. Als der Vorgang am 22. Januar 1992[1290] angemeldet wurde, war die Vereinbarung nach Kommissionsangaben bereits in Kraft gesetzt („put into effect") worden.[1291] Die Kommission genehmigte den Zusammenschluss am 24. Fe-

1287 Kommission, Entscheidung vom 26. Juni 2002, COMP/M.2650, *Haniel/Cementbouw/CVK*, ABl. L 282/1 vom 30. Oktober 2003; Nichtigkeitsklage zurückgewiesen durch EuG, Urteil vom 23. Februar 2006, Rs. T-282/02, *Cementbouw/Kommission*, ECLI:EU:T:2006:64; bestätigt durch EuGH, Urteil vom 18. Dezember 2007, Rs. C-202/06 P, *Cementbouw/Kommission*, ECLI:EU:C:2007:814.

1288 Modrall/Ciullo, (2003) E.C.L.R. 424, 426 (dort Fn. 20).

1289 Kommission, Entscheidung 10. Januar 2000, IV/M.1772, *Continental Teves/ADC Automotive Distance Control*, Rn. 8.

1290 ABl. C 21/26 vom 28. Januar 1992.

1291 Näheres lässt sich der Entscheidung nicht entnehmen.

bruar 1992 nach Art. 6 Abs. 1 Buchst. b FKVO 1989,[1292] stellte in ihrer Entscheidung aber zugleich einen Verstoß gegen Art. 7 Abs. 1 FKVO 1989 (Vollzug vor Anmeldung) fest.[1293] Gleichwohl verzichtete sie in diesem frühen Anwendungsfall noch auf die Festsetzung einer Geldbuße nach Art. 14 Abs. 2 Buchst. b FKVO 1989. Zur Begründung führte sie aus, dass sie „angesichts der Probleme bei der Umsatzberechnung von Holdinggesellschaften wie der KIO und der Frage, wie die Verordnung auf eine solche Organisation anzuwenden sei“, der Auffassung sei, „dass die in Art. 14 Abs. 2 Buchst. b FKVO vorgesehenen Bußgelder ausnahmsweise nicht verhängt werden sollten.“[1294]

(b) Telefónica/Sogecable/Cablevisión (M.709)

Mit Vertrag vom 26. Juli 1995 waren die spanische Telefongesellschaft *Telefónica* und das Pay-TV-Unternehmen *Sogecable* (*Canal Plus*) übereingekommen, gemeinsam die Kontrolle über den Telekommunikationsdienstleister Cablevisión zu übernehmen. Bereits kurze Zeit später waren mehrere lokale Unternehmen unter dem Namen „*Cablevisión*“ gegründet und

---

1292 Kommission, Entscheidung vom 24. Februar 1992, IV/M.166, *Torras/Sarrió* (WuW/E EV 1817).

1293 Kommission, ebenda, Rn. 2. Auf die den Anzeichen nach ebenfalls verletzte Vorschrift des Art. 4 Abs. 1 FKVO 1989 (Nichtanmeldung binnen Wochenfrist) ging die Kommission mit keinem Wort ein.

1294 Kommission, ebenda, Rn. 3. Ganz ähnlich begründete die Kommission ihren Verzicht auf eine Bußgeldfestsetzung wenige Monate später im Fall IV/M.157, *Air France/Sabena*. Hier hatten die Beteiligten gegen die Wochenfrist des Art. 4 Abs. 1 FKVO 1989, soweit ersichtlich aber nicht gegen das Vollzugsverbot des Art. 7 Abs. 1 FKVO 1989, verstoßen, indem sie eine am 10. April 1992 vertraglich vereinbarte Beteiligung der *Air France* an der staatlichen belgischen Fluglinie *Sabena* erst am 7. September 1992 angemeldet hatten. In ihrer Genehmigungsentscheidung vom 5. Oktober 1992 (WuW/E EV 1948), Rn. 21, stellte die Kommission zwar einen Verstoß gegen die Anmeldepflicht fest, hielt es aber „nicht für erforderlich“, eine Geldbuße nach Art. 14 Abs. 1 Buchst. a FKVO 1989 zu verhängen, weil „die Bewertung des Zusammenschlusses kompliziert war und das Vereinbarungsprotokoll der Kommission in gutem Glauben auf der Grundlage von Art. 85 des EG-Vertrages [nunmehr Art. 101 AEUV] vorgelegt worden war.“ Die Verzichtsgründe, die die Kommission in beiden Fällen nannte, erinnern an die zu Art. 66 § 1 EGKSV ergangene Kommissionsentscheidung vom 14. März 1974, *Guest Keen & Nettlefolds/Miles Druce*, ABl. L 132/28 vom 15. Mai 1974 (dazu oben Kapitel 5 D.I.1.c.bb).

tausende Haushalte an deren Programm angeschlossen worden.[1295] Am 26. Oktober 1995 hatten die Erwerber das Vorhaben bei den spanischen Behörden angezeigt und die Kommission hierüber in Kenntnis gesetzt. Mit Schreiben vom 6. Februar 1996 hatte die Kommission eine Anmeldung nach Art. 4 Abs. 1 FKVO 1989 verlangt und die beteiligten Unternehmen daran erinnert, dass sie in der Sache Geldbußen verhängen und nötigenfalls auch Zwangsgelder festsetzen könne.[1296]

Nachdem die spanischen Wettbewerbsbehörden die Transaktion nach innerstaatlichem Recht unter Bedingungen genehmigt hatten, übersandte die Kommission den beteiligten Unternehmen am 29. März 1996 eine Mitteilung über die Beschwerdepunkte wegen Verstoßes gegen Art. 4 Abs. 1 (Nichtanmeldung binnen Wochenfrist) und Art. 7 Abs. 1 FKVO 1989 (Vollzug vor Anmeldung), in der sie erneut auf ihre Befugnis zur Ergreifung vorläufiger Maßnahmen und zur Festsetzung von Zwangsgeldern hinwies.[1297] Daraufhin meldeten die Erwerber den Zusammenschluss am 31. Mai 1996, vervollständigt am 19. Juni 1996,[1298] bei der Kommission an, die mit Entscheidung vom 19. Juli 1996[1299] das Hauptverfahren einleitete. Als Anfang November 1996 eine Untersagungsentscheidung unmittelbar bevorstand, gaben die Beteiligten das Vorhaben auf, nahmen ihre Anmeldung zurück und lösten das Gemeinschaftsunternehmen auf.[1300] Obwohl zunächst aus Brüssel verlautet war, dass unabhängig von der Rücknahme eine millionenschwere Geldbuße auf die Betreiber zukommen könnte,[1301] wurde das Verfahren schließlich ohne Festsetzung einer solchen eingestellt.

1295 Vgl. Horizont 31/1995 vom 4. August 1995, 10 („Proteste um Spaniens Kabel – Telefonica und Canal plus vermarkten künftig Kabelfernsehen"); Horizont 9/1996 vom 1. März 1996, 42 („EU schaltet sich in Spanien ein – Kabelprojekt von Europäischer Kommission auf Eis gelegt").

1296 Vgl. insoweit EuG, Beschluss vom 12. Juli 1996, T-52/96 R, *Sogecable/Kommission*, Rn. 3 bis 5; Horizont 9/1996 vom 1. März 1996, 42.

1297 Vgl. EuG, Beschluss vom 12. Juli 1996 (oben Fn. 1296), Rn. 7 f.

1298 ABl. C 189/8 vom 29. Juni 1996.

1299 ABl. C 228/5 vom 7. August 1996; dazu auch Pressemitteilung IP/96/677 der Kommission vom 22. Juli 1996 („Commission to open in-depth investigation into Cablevision").

1300 Handelsblatt vom 8. November 1996, 27 („Van Miert will Cablevision stoppen"); Horizont 48/1996 vom 29. November 1996, 69 („Cablevision löst sich selbst auf – Spanisches Kabelkonsortium stand wegen Wettbewerbsverzerrung in der öffentlichen Kritik – EU hatte Verbot vorbereitet").

1301 Horizont 48/1996 vom 29. November 1996, 69.

(c) Bertelsmann/Kirch/Premiere (M.993)

Besondere Beachtung hat in der Literatur der Fall *Bertelsmann/Kirch/Premiere* gefunden. Das Vorhaben zog das Interesse der Wettbewerbshüter auf sich, nachdem im Sommer 1997 Pläne publik geworden waren, wonach die deutschen Medienunternehmen *Bertelsmann* und *Kirch* eine Zusammenlegung ihrer digitalen Pay-TV-Aktivitäten vorbereiteten. Kern des Vorhabens war die Aufstockung der von *Bertelsmann* und *Kirch* indirekt[1302] am Bezahlsender *Premiere* gehaltenen Anteile auf jeweils 50%. Der bis dahin mit Premiere konkurrierende *Kirch*-Sender *DF1* sollte aufgelöst und sein Programm ab Januar 1998 unter dem Dach von *Premiere* fortgesetzt werden. Als gemeinsamer technischer Standard sollte der bislang zum Empfang von *DF1* eingesetzte Decoder „D-Box" die von Premiere eingesetzte „Media-Box" ersetzen.[1303]

Anfang November 1997 hatten die Parteien in Kooperation mit dem Netzbetreiber *Deutsche Telekom* begonnen, die Digitalprogramme von *Premiere* und *DF1* auf Basis der „D-Box"-Technologie in das deutsche Kabelnetz einzuspeisen. *Premiere* war dazu übergegangen, sein Abonnement sowohl für den Satelliten- als auch für Kabelempfang zusammen mit der „D-Box" anzubieten. In Zeitungsannoncen waren die Programme von *Premiere* und *DF1* auf Basis der „D-Box"-Technologie gemeinsam beworben worden. Durch Presseberichte und Beschwerden anderer Unternehmen auf den Plan gerufen, forderte die Kommission die beteiligten Unternehmen auf, den Zusammenschluss nach Art. 4 Abs. 1 FKVO 1989 anzumelden. Zugleich wurden Untersuchungen im Hinblick auf einen möglichen Verstoß gegen Art. 7 Abs. 1 FKVO 1989 (Vollzug vor Anmeldung) eingeleitet.[1304] Am 7. November 1997 unterzeichneten die Parteien den abschließenden Vertrag über die Gründung der neuen Unternehmensgruppe.[1305]

1302 *Bertelsmann*: 37,5% durch *CLT-UFA*; *Kirch*: 25% durch *Taurus*.

1303 Handelsblatt vom 24. Juni 1997, 1 („Konkurrenten legen Decoder-Streit bei – Neuordnung beim TV-Sender Premiere"); vom 29. August 1997, 11 („DF1 unter Dach von Premiere"); vom 1. September 1997, 21 („Bertelsmann und die Kirch-Gruppe besiegeln endgültig ihre Zusammenarbeit beim Bezahl-Fernsehen").

1304 Pressemitteilung IP/97/953 der Kommission vom 5. November 1997 („Karel Van Miert kommentiert Sachstand Kirch/Bertelsmann"); dazu auch Handelsblatt vom 6. November 1997, 19 („Digital-TV-Konsortium vorerst gestoppt"); vom 10. November 1997, 15 („EU: Beweise gefordert").

1305 Handelsblatt vom 10. November 1997, 15 („Kirch und CLT-UFA unterschreiben Vertrag").

Der Zusammenschluss wurde am 1. Dezember 1997 bei der Kommission angemeldet.[1306] Etwa zeitgleich unterrichtete die Kommission *Bertelsmann* und *Kirch* darüber, dass sie „die Verwendung und Vermarktung von Kirchs d-box durch Premiere unter den gegebenen Umständen“ als „Teilvollzug des beabsichtigten Zusammenschlusses beider Unternehmen“ und daher als Verstoß gegen Art. 7 Abs. 1 FKVO 1989 betrachte. Zur Begründung führte die Kommission aus, dass die Verwendung und Vermarktung der „D-Box“ *Kirchs* durch *Premiere*

- ein „wesentlicher Bestandteil“ des Zusammenschlusses, ja das „unmittelbare Ergebnis“ der Einigung zwischen *Bertelsmann* und *Kirch* sei und damit in einem „untrennbaren Zusammenhang“ mit dem Zusammenschluss stehe,
- „eine der wesentlichen wettbewerblichen Auswirkungen“ des Zusammenschlusses sei, welche „die Wettbewerbsbedingungen entscheidend gestalten“ würde und
- im Falle ihrer Vorwegnahme „in ganz erheblichem Umfang vollendete Tatsachen zu schaffen“ drohe.

Sie forderte *Bertelsmann* und *Kirch* auf, das Verhalten unverzüglich einzustellen und „geeignete Maßnahmen zu ergreifen, um die bereits erzielten wettbewerblichen Auswirkungen zu beseitigen“, insbesondere „den durch ihre Werbung beim Verbraucher erweckten Eindruck zu korrigieren, daß die D-Box bereits der definitive digitale Standard für den deutschen Markt sei.“[1307] Daraufhin lenkten die Parteien ein, verpflichteten sich zur Einstellung aller Marketingmaßnahmen für das digitale Programm von *Premiere* sowie zur Beendigung des Absatzes der „D-Box“ und deren Auslieferung an den Handel. Entsprechende Schritte wurden am 13. Dezember 1997 eingeleitet. Im Einzelnen handelte es sich um folgende Sofortmaßnahmen:

- unverzüglicher Stopp der Entgegennahme und Bearbeitung aller auf Direktvertriebsmaßnahmen zurückgehenden Abonnement-Anträge;

1306 ABl. C 374/5 vom 10. Dezember 1997.

1307 Pressemitteilung IP/97/1062 der Kommission vom 1. Dezember 1997 („Kommission warnt Bertelsmann und Kirch vor Verstoß gegen die europäische Fusionskontrolle“); dazu auch Handelsblatt vom 1. Dezember 1997, 20 („Auf Konfrontationskurs“).

- unverzüglicher Stopp des Abschlusses von *Premiere-Digital*-Abonnements mit bisherigen *DF1*-Kunden und der Freischaltung solcher Abonnements;
- unverzüglicher Stopp sämtlicher Werbemaßnahmen für *Premiere Digital.*

Im Hinblick auf die seit November 1997 auf Basis der „D-Box“-Technologie verkauften *Premiere-Digital*-Abonnements und eine geringere Anzahl im Handel vorrätiger, aber noch nicht verkaufter „D-Boxen“ erklärte sich die Kommission bereit, für die Dauer des Fusionskontrollverfahrens die Freischaltung und den Sendebetrieb des digitalen Programms von *Premiere* zu tolerieren. Das Zugeständnis wurde damit begründet, dass den bestehenden Abonnenten von *Premiere Digital* „die Möglichkeit zum Empfang des von ihnen gutgläubig erworbenen digitalen Programmabonnements nicht genommen werden“ solle.[1308] Am 15. Dezember 1997 beschloss die Kommission, das nach Art. 7 Abs. 1 FKVO 1989 befristete Vollzugsverbot nach Abs. 2 bis zum Erlass einer endgültigen Entscheidung zu verlängern.[1309] Das weitere Verfahren[1310] führte am 27. Mai 1998 zur Untersagung[1311] der Transaktion. Bußgelder wegen vorzeitigen Vollzugs wurden nicht verhängt.

(d) Compagnie Nationale de Navigation/Sogelfa/CIM (M.1021)

Durch Rechtsgeschäft vom 17. Juli 1997 hatte die französische *Compagnie Générale des Eaux* ihre indirekt an der *Compagnie Industrielle Maritime* (*CIM*) gehaltenen Geschäftsanteile an das Schifffahrtsunternehmen *Compagnie Nationale de Navigation* und das Beteiligungsunternehmen *Sogelfa* übertragen. Nach der Veräußerung hielten *Compagnie Nationale de Navigation* und *Sogelfa* jeweils 37% der Anteile an *CIM*.

1308 Pressemitteilung IP/97/1119 der Kommission vom 15. Dezember 1997 („Bertelsmann und Kirch stellen weitere Vermarktung des D-Box Decoders durch Premiere mit sofortiger Wirkung ein“); dazu auch Handelsblatt vom 4. Dezember 1997, 16 („Bangemann will rasche Klärung im Fall Bertelsmann“); vom 16. Dezember 1997, 1 („Bertelsmann und Kirch stoppen Dekoder-Verkauf“).

1309 Kommission, ebenda.

1310 Einleitung des Hauptverfahrens am 22. Januar 1998, ABl. C 32/6 vom 30. Januar 1998.

1311 Kommission, Entscheidung vom 27. Mai 1998, IV/M.993, *Bertelsmann/Kirch/Premiere*, ABl. L 53/1 vom 27. Februar 1999.

Der Zusammenschluss wurde am 17. Oktober 1997 bei der Kommission angemeldet,[1312] die den Vorgang als gemeinsamen Kontrollerwerb einstufte und am 1. Dezember 1997 teilweise nach Art. 6 Abs. 1 Buchst. b FKVO 1989 freigab. Im Übrigen wurde die Sache nach Art. 9 Abs. 3 Unterabs. 1 Buchst. b FKVO 1989 an die französischen Behörden verwiesen. In ihrer Teilgenehmigungsentscheidung wies die Kommission darauf hin, dass sie wegen Verstoßes gegen das Vollzugsverbot (Vollzug vor Anmeldung) die Anwendung des Art. 14 FKVO 1989 in Erwägung ziehen werde.[1313] Auch in dieser Sache kam es jedoch zu keiner Bußgeldfestsetzung.

(e) Samsung/AST (M.920)

In der Sache *Samsung/AST* setzte die Kommission erstmals Geldbußen wegen eines Verstoßes gegen das Vollzugsverbot, aber auch wegen verspäteter Anmeldung, fest. Das südkoreanische Elektronikunternehmen *Samsung* hatte zwischen Februar 1995 und Dezember 1996 kontinuierlich an Einfluss auf den in finanziellen Schwierigkeiten befindlichen US-amerikanischen Computerhersteller *AST* gewonnen.[1314] Ab Januar 1997 hatten die Parteien dann über einen Erwerb des gesamten AST-Eigenkapitals durch *Samsung* verhandelt. Nach Abschluss der Gespräche hatte *Samsung* am 14. April 1997 ein öffentliches Übernahmeangebot für sämtliche *AST*-Stammaktien vorgelegt.[1315] Der Zusammenschluss war am 22. April, vervollständigt am 28. April 1997, bei der Kommission angemeldet worden.[1316] Kurz vor der Anmeldung, am 16. April 1997, hatte *Samsung* die Kommission auf die Möglichkeit eines Verstoßes gegen die Anmeldepflicht des Art. 4 Abs. 1 FKVO 1989 aufmerksam gemacht.[1317]

Der Zusammenschluss wurde am 26. Mai 1997 nach Art. 6 Abs. 1 Buchst. b FKVO 1989 genehmigt. Allerdings ging die Kommission davon aus, dass die Koreaner spätestens im Januar 1996 die Kontrolle über *AST* erworben hatten, als sie erstmals von der Möglichkeit Gebrauch gemacht

---

1312 ABl. C 327/18 vom 29. Oktober 1997.

1313 Kommission, Entscheidung vom 1. Dezember 1997, IV/M.1021, *Compagnie Nationale de Navigation/Sogelfa/CIM*, Rn. 9 (unveröffentlicht); zitiert nach Wagemann in: Wiedemann, Handb KartR (2020), § 17 Rn. 204.

1314 Kommission, Entscheidung vom 18. Februar 1998, IV/M.920, *Samsung/AST*, ABl. L 225/12 vom 26. August 1999, Rn. 7 Buchst. a bis d.

1315 Kommission, ebenda, Rn. 7 Buchst. e.

1316 ABl. C 140/7 vom 7. Mai 1997.

1317 Kommission, Entscheidung vom 18. Februar 1998 (oben Fn. 1314), Rn. 5.

hatten, die Mehrheit der Mitglieder im *AST*-Verwaltungsrat zu benennen. In ihrer Genehmigungsentscheidung wies sie deshalb darauf hin, dass sie die Anwendung des Art. 14 FKVO 1989 erwägen werde.[1318] Mit Entscheidung vom 18. Februar 1998[1319] verhängte die Kommission schließlich ein Bußgeld in Höhe von insgesamt 33.000 ECU gegen *Samsung*. Der Betrag setzte sich aus folgenden Einzelposten zusammen:

- 5.000 ECU nach Art. 14 Abs. 1 Buchst. a FKVO 1989 wegen Verstoßes gegen Art. 4 Abs. 1 FKVO 1989 (Nichtanmeldung binnen Wochenfrist) und
- 28.000 ECU nach Art. 14 Abs. 2 Buchst. b FKVO 1989 wegen Verstoßes gegen Art. 7 Abs. 1 FKVO 1989 (Vollzug vor Anmeldung).

Bei der Bußgeldzumessung berücksichtigte die Kommission u.a., dass die „Nichtanmeldung und der Vollzug ohne Genehmigung der Kommission [...] sich über einen erheblichen Zeitraum“ erstreckten. In ihrer Entscheidung legte die Kommission einen Zeitraum von 14 Monaten, gerechnet vom Kontrollerwerb im Januar 1996 bis zur erstmaligen Unterrichtung der Kommission über die Zuwiderhandlung im April 1997, zugrunde. Damit erkannte sie den Verstößen gegen die Anmeldepflicht und das Vollzugsverbot nach unionsrechtlicher Terminologie[1320] den Charakter einer „dauerhaften Zuwiderhandlung“ zu.

(f) A.P. Møller (M.969)

Nur ein Jahr nach der Bußgeldfestsetzung in der Sache *Samsung/AST* sah sich die Kommission im Fall *A.P. Møller* zum zweiten Mal zur Sanktionierung von Verstößen gegen die Anmeldepflicht und das Vollzugsverbot veranlasst. Zu dem Verfahren war es gekommen, nachdem die Kommission im Fall M.951, *Cable & Wireless/Mærsk Data/Nautec*,[1321] die Auffassung vertreten hatte, das dänische Unternehmen *Mærsk Data* sei für die Zwecke der

---

1318 Kommission, Entscheidung vom 26. Mai 1997, IV/M.920, *Samsung/AST*, Rn. 5.

1319 Siehe oben (Fn. 1314); dazu Pressemitteilung IP/98/166 der Kommission vom 18. Februar 1998; Competition Policy Newsletter 2/1998, 71 f.; XXVIII. Bericht über die Wettbewerbspolitik 1998 (1999), Rn. 180.

1320 Vgl. Art. 1 Abs. 2 S. 2 der Verordnung Nr. 2988/74; Art. 25 Abs. 2 S. 2 der Verordnung Nr. 1/2003.

1321 Anmeldung vom 3. Juni 1997, vervollständigt am 9. Juni 1997, ABl. C 185/3 vom 18. Juni 1997.

Umsatzberechnung nach Art. 5 FKVO 1989 als Teil der Unternehmensgruppe *A.P. Møller* zu behandeln.[1322] Von dieser Bewertung alarmiert, hatte *A.P. Møller* mehrere bereits abgeschlossene Kontrollerwerbe erneut auf deren gemeinschaftsweite Bedeutung im Sinne des Art. 1 Abs. 2 FKVO 1989 überprüft, was zur nachträglichen Anmeldung folgender Zusammenschlüsse bei der Kommission führte:[1323]

- Fall M.988, *Mærsk/DFDS Travel*;[1324]
- Fall M.1005, *Mærsk Data/Den Danske Bank - DM Data*;[1325]
- Fall M.1009, *Georg Fischer/DISA*.[1326]

Diese nachgemeldeten Vorgänge wurden von der Kommission nach Art. 6 Abs. 1 Buchst. b FKVO 1989 genehmigt. In ihren Entscheidungen wies die Kommission jeweils darauf hin, dass sie die Anwendung des Art. 14 FKVO erwägen werde.[1327] Mit Entscheidung vom 10. Februar 1999[1328] im Fall M.969, *A.P. Møller*, das sich auf die Anmelde- und Durchführungsverstöße in den drei vorstehend genannten Fällen bezog, verhängte die Kommission ein Bußgeld in Höhe von insgesamt 219.000 EUR gegen *A.P. Møller*. Wie schon in der Sache *Samsung/AST* setzte sich der Betrag aus zwei Einzelposten zusammen:

- 45.000 EUR nach Art. 14 Abs. 1 Buchst. a FKVO 1989 wegen der Verstöße gegen Art. 4 Abs. 1 FKVO 1989 (Nichtanmeldung binnen Wochenfrist) und

1322 Kommission, Entscheidung vom 10. Juli 1997, IV/M.951, *Cable & Wireless/Mærsk Data/Nautec*, Rn. 4 und 14 f.

1323 Vgl. zum Ganzen Kommission, Entscheidung vom 10. Februar 1999, IV/M.969, *A.P. Møller*, ABl. L 183/29 vom 16. Juli 1999, Rn. 1, 7 und 9.

1324 Vereinbarung vom 8. Januar 1997, wirksam zum 1. Januar 1997 (das in der deutschen Textfassung veröffentlichte Datum „1.1.1998" ist falsch; siehe stattdessen die allein maßgebliche dänische Fassung); erstmalige Unterrichtung der Kommission am 11. Juli 1997; förmliche Anmeldung am 6. Oktober 1997, ABl. C 312/14 vom 14. Oktober 1997.

1325 Vereinbarung vom 16. April 1997, wirksam zum 15. April 1997; erstmalige Unterrichtung der Kommission am 4. August 1997; förmliche Anmeldung am 1. Dezember 1997, ABl. C 376/10 vom 11. Dezember 1997.

1326 Vereinbarung vom 2. Oktober 1995, wirksam zum 1. Januar 1996; erstmalige Unterrichtung der Kommission am 12. September 1997; förmliche Anmeldung am 9. Februar 1998, ABl. C 49/11 vom 14. Februar 1998.

1327 Kommission, Entscheidung vom 4. November 1997, IV/M.988, *Mærsk /DFDS Travel*, Rn. 7; vom 15. Januar 1998, IV/M.1005, *Mærsk Data/Den Danske Bank - DM Data*, Rn. 6; vom 10. März 1998, IV/M.1009, *Georg Fischer/DISA*, Rn. 5.

1328 ABl. L 183/29 vom 16. Juli 1999.

- 174.000 EUR nach Art. 14 Abs. 2 Buchst. b FKVO 1989 wegen der Verstöße gegen Art. 7 Abs. 1 FKVO 1989 (Vollzug vor Anmeldung).

Wie zuvor im Fall *Samsung/AST* erkannte die Kommission den Verstößen gegen die Anmeldepflicht und das Vollzugsverbot wiederum implizit den Charakter einer dauerhaften Zuwiderhandlung zu, indem sie bei der Bußgeldzumessung die Dauer der Zuwiderhandlung, gerechnet vom Zeitpunkt der Wirksamkeit des Kontrollerwerbs bis zur erstmaligen Unterrichtung der Kommission über den jeweiligen Verstoß, berücksichtigte. Für die drei Zusammenschlüsse, die Gegenstand der Entscheidung waren, ergab sich hieraus eine Dauer von insgesamt 29 Monaten. In ihrer Entscheidung stellte sie fest, dass *A.P. Møller* im Anschluss an die Unterrichtung der Kommission für die Anmeldung „mehr Zeit, als angemessenerweise erwartet werden konnte", benötigt habe. Insofern stellte sie klar, dass die Nichtberücksichtigung des Zeitraums zwischen der erstmaligen Unterrichtung und der Anmeldung ausnahmsweise in Ausübung ihres Ermessens geschah, da die Kommission diesen Aspekt erstmals in einer Entscheidung behandle. Dies lässt den Schluss zu, dass die Kommission der Rechtsauffassung war, dass der Verstoß de iure erst mit der Anmeldung beendet sei.

(g) Skanska/Scancem (M.1157)

Am 2. Oktober 1995 hatten der schwedische Konzern *Skanska* und der norwegische Konzern *Aker* ihre Zement- und Baustoffaktivitäten im Unternehmen *Scancem* zusammengelegt.[1329] Nach Abschluss der Transaktion, die nicht bei der Kommission angemeldet worden war, hatten *Skanska* und *Aker* zunächst je ein Drittel der *Scancem*-Anteile gehalten. Die Kommission hatte bereits damals die Begründung gemeinsamer faktischer Kontrolle über *Scancem* vermutet und das Unternehmen unter besondere Beobachtung gestellt, um die Einleitung eines förmlichen Verfahrens zu prüfen. Am 8. Oktober 1997 hatte *Aker* seinen Einfluss auf *Scancem* dann auf 41,2% der Stimmrechte erhöht. Daraufhin hatte *Skanska* seine Anteile an *Scancem* durch Börsengeschäfte bis zum 14. Oktober 1997 schrittweise auf 39,16% des Kapitals und 48,06% der Stimmrechte ausgebaut. Den

1329 Vgl. zum Sachverhalt im Einzelnen Kommission, Entscheidung vom 11. November 1998, IV/M.1157, *Skanska/Scancem*, ABl. L 183/1 vom 16. Juli 1999, Rn. 6 ff.

letztgenannten Vorgang hatte *Skanska* am 3. April 1998, vervollständigt am 12. Juni 1998, bei der Kommission angemeldet.[1330]

Daraufhin führte die Kommission am 23. und 24. April 1998 Durchsuchungen in den Geschäftsräumen von *Skanska* und *Scancem* durch, um die Genehmigungspflichtigkeit der Vorgänge aus dem Jahr 1995 zu klären.[1331] Mit Entscheidung vom 14. Juli 1998 leitete sie wegen der Abläufe im Oktober 1997 das Hauptverfahren ein.[1332] In einer als Genehmigung unter Bedingungen und Auflagen „verschleierten" Untersagungsentscheidung ging die Kommission vom Erwerb der alleinigen (faktischen) Kontrolle *Skanskas* über *Scancem* zum 14. Oktober 1997 aus und gab den Vorgang am 11. November 1998 unter der Voraussetzung frei, dass *Skanska* seine Stimmrechte auf 33,33% – also das Niveau vor der Aufstockung vom Oktober 1997 – zurückführen würde.[1333] In ihrer Entscheidung betonte die Kommission, dass sie damit sämtliche Wettbewerbsbedenken, auch bezüglich der Vorgänge aus dem Jahr 1995, als ausgeräumt betrachte.[1334] Gleichzeitig wies sie aber darauf hin, dass sie wegen der Vorgänge im Oktober 1997 – die Kommission ging wohl von Verstößen gegen Art. 4 Abs. 1 FKVO 1989 (Nichtanmeldung binnen Wochenfrist) und Art. 7 Abs. 1 FKVO 1989 (Vollzug vor Anmeldung) aus – die Anwendung des Art. 14 FKVO 1989[1335] erwägen werde.[1336] Nachdem *Scancem* in Ausführung der Auflagen an den deutschen Baustoffkonzern *Heidelberger Zement* veräußert worden war,[1337] wurden insoweit jedoch keine Bußgelder festgesetzt.

1330 ABl. C 197/6 vom 23. Juni 1998.

1331 Kommission, Entscheidung vom 11. November 1998 (oben Fn. 1329), Rn. 11.

1332 ABl. C 228/4 vom 21. Juli 1998; dazu Pressemitteilung IP/98/668 der Kommission vom 14. Juli 1998 („The Commission opens detailed investigation into Skanska's acquisition of Scancem").

1333 Kommission, Entscheidung vom 11. November 1998 (oben Fn. 1329); dazu Bull. EG 11/1998, Tz. 1.2.42.

1334 Kommission, ebenda, Rn. 217; dazu Pressemitteilung IP/98/982 der Kommission vom 11. November 1998 („The Commission approves Skanska's acquisition of Scancem following commitments").

1335 Aus Art. 2 Hs. 1 der Änderungsverordnung Nr. 1310/97 vom 30. Juni 1997 (oben Fn. 134) ergibt sich, dass auf einen Zusammenschluss, der vor dem 1. März 1998 durch einen Erwerb im Sinne des Art. 4 Abs. 1 FKVO 1989 „zustande gekommen" ist, die FKVO 1989 anzuwenden ist.

1336 Kommission, Entscheidung vom 11. November 1998 (Fn. 1329), Rn. 21.

1337 Dazu Kommission, Entscheidung vom 12. Juli 1999, IV/M.1562, *Heidelberger Zement/Scancem*.

(h) Hutchison/RCPM/ECT (JV.55)

Das zur chinesischen *Hutchison-Whampoa*-Gruppe gehörende Hafendienstleistungsunternehmen *Hutchison Netherlands* und die von der Rotterdamer Hafenbehörde kontrollierte Holdinggesellschaft *RCPM* hatten durch Aktienkaufvereinbarung vom 29. Oktober 1999 jeweils 35% der Anteile an der neu gegründeten Holdinggesellschaft *ECT Beheer* und dadurch mittelbar an deren hundertprozentiger Tochtergesellschaft *ECT*, einem in den Niederlanden ansässigen Anbieter von Stauerleistungen, erworben.

Der Vorgang wurde am 3. November 1999 zunächst unter der Verordnung Nr. 17/62 als Vereinbarung nach Art. 81 EGV 1997 (nunmehr Art. 101 AEUV) bei der Kommission angemeldet. Die Kommission stufte den Sachverhalt als abgeschlossenen Kontrollerwerb im Sinne des Art. 3 Abs. 1 Buchst. b FKVO 1997 ein und eröffnete gegen die Beteiligten ein Bußgeldverfahren nach Art. 14 Abs. 1 Buchst. a und Abs. 2 Buchst. b FKVO 1997 wegen Verstoßes gegen Art. 4 Abs. 1 (Nichtanmeldung binnen Wochenfrist) und Art. 7 Abs. 1 FKVO 1997 (Vollzug vor Anmeldung).[1338] Daraufhin wurde das Vorhaben am 31. Januar 2001 als Zusammenschluss im Sinne des Art. 3 FKVO 1997 bei der Kommission angemeldet.[1339]

Die Kommission gab das Vorhaben nach intensiver Prüfung am 3. Juli 2001 unter Bedingungen und Auflagen nach Art. 8 Abs. 2 FKVO 1997 frei.[1340] Zugleich beschloss sie, wegen der festgestellten Verstöße gegen die Anmeldepflicht und das Vollzugsverbot keine Bußgelder zu verhängen. Ähnlich wie schon zuvor in den Fällen *Torras/Sarrió* und *Air France/Sabena*[1341] führte sie zur Begründung an, dass die Beteiligten ihr Vorhaben „nicht verheimlicht und es sogar als Kooperationsvertrag angemeldet" hätten, dass sie „während der gesamten Untersuchung mit der Kommission zusammenarbeiteten" und „es einer komplizierten sachlichen und rechtlichen Analyse bedürfte, um festzustellen, dass das von den Parteien angemeldete Vorhaben den Fusionstatbestand erfüllte."[1342]

1338 Fall COMP/JV.52, *ECT – Port of Rotterdam*; Mitteilung der Beschwerdepunkte am 24. Oktober 2000; dazu Entscheidung der Kommission vom 3. Juli 2001, COMP/JV.55, *Hutchison/RCPM/ECT*, ABl. L 223/1 vom 5. September 2003, Rn. 7 sowie die Zusammenfassung in WuW 2001, 844.

1339 ABl. C 39/7 vom 7. Februar 2001.

1340 Kommission, Entscheidung vom 3. Juli 2001 (oben Fn. 1338).

1341 Oben Fn. 1294.

1342 Kommission, Pressemitteilung IP/01/940 vom 3. Juli 2001 („EU-Kommission genehmigt Übernahme von ECT durch Hutchison und die Rotterdamer Ha-

(i) Lagardère/Natexis/VUP (M.2978)

Im September 2002 hatte sich das französische Unternehmen *Lagardère* um den Erwerb von Teilen des Buchverlagswesens des Medienunternehmens *Vivendi Universal* beworben, die von dessen Tochtergesellschaft *Vivendi Universal Publishing* (*VUP*) gehalten wurden.[1343] In ersten Kontakten hatte *Vivendi Universal* von *Lagardère* die Übernahme der Zielvermögenswerte binnen kürzester Frist gegen ebenso kurzfristige Kaufpreiszahlung verlangt. Da die Übernahme nach Art. 1, 3 FKVO 1997 in den Anwendungsbereich der FKVO fiel, stand einem solchen Vorgehen das Vollzugsverbot des Art. 7 Abs. 1 FKVO 1997 entgegen. Daher wandte sich *Lagardère* an die französische Bank *Natexis*, mit der ein sogenanntes „Warehousing", d.h. das vorübergehende „Parken" des Zielunternehmens bei einem Dritten (*Natexis*),[1344] vereinbart wurde. In einem ersten Schritt, der nach Einschätzung von *Lagardère* und *Natexis* vom Ausnahmetatbestand des Art. 3 Abs. 5 Buchst. a FKVO erfasst war und daher nicht in den sachlichen Anwendungsbereich der FKVO – und somit auch nicht unter deren Vollzugsverbot – fiel, sollte *Natexis* die Zielvermögenswerte von *VUP* erwerben. *Natexis* sollte diese allerdings nur vorübergehend halten und, sobald die Übernahme durch *Lagardère* seitens der Kommission genehmigt sei, in einem zweiten Schritt an *Lagardère* weiterveräußern. *Lagardère* verpflichtete sich gegenüber *Natexis*, die mit diesen Geschäften verbundenen Risiken vollumfänglich zu tragen und *Natexis* von allen Schäden freizustellen. Nachdem *Lagardère* und *Natexis* die Kommission informell über die wesentlichen Bedingungen des ersten Erwerbsvorgangs informiert hatten, stimmte diese der Konstruktion zu.[1345]

---

fenbehörde mit Auflagen"); dazu auch EuG, Urteil vom 12. Dezember 2012, Rs. T-332/09, *Electrabel/Kommission*, ECLI:EU:T:2012:672, Rn. 259.

1343 Zum Geschehnisablauf im Einzelnen Kommission, Entscheidung vom 7. Januar 2004 (unten Fn. 1346), Rn. 5 ff.; EuGH, Urteil vom 6. November 2012 (unten Fn. 1641), Rn. 12.

1344 Instruktiv zu solchen Konstruktionen Bueren/Weck, BB 2014, 67 ff.

1345 Vgl. Pressemitteilung *Lagardère* vom 23. Oktober 2002 („Vivendi Universal Publishing"): „L'intervention de Natexis Banques Populaires s'inscrit dans le cadre de l'article 3.5.a du règlement communautaire N° 4064/89 relatif au contrôle des concentrations, qui permet à un établissement financier d'acquérir une entreprise en vue de sa revente sans devoir obtenir l'autorisation de la Commission européenne (une telle opération n'étant pas considérée comme une concentration). Les modalités de ce processus ont été présentées en détail à la Commission européenne qui les a approuvées. A l'occasion de la revente par Natexis Banques Populaires à Lagardère, les Autorités de la Concurrence

Am 3. Dezember 2002 wurde das Vorhaben in zwei Verträgen geregelt. In einem ersten Vertrag verpflichtete sich ein von *Natexis* kontrolliertes Transaktionsvehikel vorvertraglich, auf Verlangen von *VUP* mit *VUP* einen Vertrag über den Erwerb der Zielvermögenswerte zu schließen. In einer zweiten Vereinbarung räumten die das Vehikel kontrollierenden *Natexis*-Gesellschaften *Lagardère* das Recht ein, nach Genehmigung der zuständigen Wettbewerbsbehörden alle Anteile an dem (dann die Zielvermögenswerte haltenden) Vehikel zu erwerben. Nach den Bestimmungen dieses Vertrags bezahlte *Lagardère* noch am selben Tag den Kaufpreis an eine *Natexis*-Gesellschaft, die im Falle der Inanspruchnahme des Vehikels aus dem Vorvertrag für die Entschädigung von *VUP* Sorge trug.

Nachdem *VUP* das Transaktionsvehikel aus dem Vorvertrag in Anspruch genommen hatte, schlossen beide am 20. Dezember 2002 einen Vertrag über den Erwerb der Zielvermögenswerte, die umgehend an das Transaktionsvehikel übertragen wurden. Am 14. April 2003 meldete *Lagardère* den geplanten Erwerb des Transaktionsvehikels von *Natexis* nach Art. 4 Abs. 1 FKVO 1997 bei der Kommission an. Die Kommission gab dieses Vorhaben mit Entscheidung vom 7. Januar 2004[1346] in Phase II nach Art. 8 Abs. 2 FKVO 1997 unter der Bedingung frei, dass *Lagardère* einen Teil der Zielvermögenswerte an einen Dritten abgeben würde. Die Genehmigungsentscheidung, die sich nur mit dem zweiten Erwerbsschritt, nicht aber mit dem vorangegangenen „Warehousing“ befasste, wurde vom französischen Verlag *Éditions Odile Jacob* vor dem EuG und dem EuGH erfolglos angegriffen.[1347]

---

exerceront dans des conditions tout à fait normales leur contrôle sur cette opération.“

1346 Kommission, Entscheidung vom 7. Januar 2004, COMP/M.2978, *Lagardère/Natexis/VUP*; Zusammenfassung in ABl. L 125/54 vom 28. April 2004; dazu Pressemitteilung IP/04/15 vom 7. Januar 2004 („EU-Kommission genehmigt Übernahme eines Teils des Verlagsgeschäfts von Editis (ex-VUP) durch Lagardère“); Anttilainen-Mochnacz, (2008) E.C.L.R. 238, 242. Wie noch zu zeigen sein wird, hat die Kommission bei der Beurteilung von „Warehousing“-Konstruktionen mit der Veröffentlichung der Konsolidierten Mitteilung zu Zuständigkeitsfragen (oben Fn. 95) eine Kehrtwende eingeschlagen; dazu unten Kapitel 5 D.I.2.a.bb.(4).

1347 Dazu unten Kapitel 5 D.I.2.b.cc.

(j) RTL/M6 (M.3330)

Gegenstand des Verfahrens *RTL/M6* war die vom französischen Unternehmen *Suez Lyonnaise des Eaux* am 2. und 3. Februar 2004 vorgenommene Veräußerung von 29,2% ihrer Beteiligung am französischen Fernsehsender *M6* an mehrere Investoren. Bis dahin war *Suez* mit einem Anteil von 37,6% nach der *Bertelsmann*-Tochter *RTL* (48,4%) der zweitgrößte Gesellschafter von *M6* gewesen. Nach der Veräußerung blieb *Suez* eine Beteiligung von unter 5%.

Obwohl weder als Verkäufer noch als Käufer an dem Vorgang beteiligt, meldete *RTL* diesen am 13. Februar 2004 als Zusammenschluss im Sinne von Art. 3 FKVO 1997 bei der Kommission an.[1348] Die Kommission qualifizierte die bisherige Situation als gemeinsame Kontrolle von *RTL* und *Suez* über *M6* und sah durch den Teilausstieg von *Suez* einen Wechsel zu alleiniger faktischer Kontrolle durch *RTL* („passive acquisition of sole control by RTL“[1349]) verwirklicht. Im Einklang mit früheren Entscheidungen[1350] qualifizierte sie damit einen „passiven“ Kontrollerwerb als tatbestandsmäßig im Sinne des Art. 3 FKVO. Wie schon im Fall *Skanska/Scancem* stellte sie zur Begründung der dauerhaften Kontrolländerung auf die Teilnahmequoten bei den Aktionärsversammlungen ab: Wenngleich die Stimmberechtigung von *RTL* aus regulatorischen Gründen auf 34% begrenzt war, hielt die Kommission es aus verschiedenen Gründen für „almost certain“, dass *RTL* auf den Aktionärstreffen von *M6* künftig über eine Stimmenmehrheit verfügen werde.[1351] Den damit verbundenen Zusammenschluss genehmigte sie am 12. März 2004 nach Art. 6 Abs. 1 Buchst. b FKVO 1997. Weder aus der Genehmigungsentscheidung noch aus der dazu erlassenen Pressemitteilung[1352] ist ersichtlich, ob die Kommission wegen der im Zeitpunkt der Genehmigung bereits abgeschlossenen

---

1348 ABl. C 49/7 vom 25. Februar 2004.

1349 Kommission, Entscheidung vom 12. März 2004, COMP/M.3330, *RTL/M6*, Rn. 7.

1350 Vgl. den Fall IV/M. 452, *Avesta (II)*, in dem es ebenfalls um eine dauerhafte Kontrolländerung im Sinne des Art. 3 FKVO infolge des Ausscheidens eines Gesellschafters ging. Anders als im Fall *RTL/M6* wartete der ausscheidende Gesellschafter im Fall *Avesta (II)* aber offenbar die Genehmigung der Kommission ab, weshalb ein Verstoß gegen das Vollzugsverbot von vornherein ausscheidet; zum Sachverhalt im Einzelnen Kommission, Entscheidung vom 9. Juni 1994, IV/M.452, *Avesta (II)*, Rn. 3 ff.

1351 Kommission, ebenda, Rn. 8 ff.

1352 Pressemitteilung IP/04/337 vom 15. März 2004 („Kommission genehmigt Erwerb der alleinigen Kontrolle über M6 durch RTL“).

Veräußerung das Vollzugsverbot des Art. 7 Abs. 1 FKVO 1997 formal als verletzt ansah. Jedenfalls verhängte sie keine Geldbuße nach Art. 14 Abs. 2 Buchst. b FKVO 1997.

(k) Yara/Kemira GrowHow (M.4730)

Am 24. Mai 2007 hatte das norwegische Unternehmen *Yara* vom finnischen Staat 30,05% des Aktienkapitals am finnischen Düngemittelhersteller *Kemira GrowHow* erworben. Am 18. Juli 2007 folgte ein öffentliches Übernahmeangebot für die restlichen Anteile. Der Zusammenschluss wurde am 2. August 2007 bei der Kommission angemeldet[1353] und von dieser am 21. September 2007 nach Art. 6 Abs. 2 FKVO genehmigt. In ihrer Entscheidung ging die Kommission angesichts der Teilnahmequoten bei den drei vorangegangenen Hauptversammlungen davon aus, dass *Yara* bereits zum 24. Mai 2007 die faktische Kontrolle über das Akquisitionsobjekt erworben hatte (Vollzug vor Anmeldung).[1354] Die Ausnahmevorschrift des Art. 7 Abs. 2 FKVO sei nicht einschlägig, weil der 30,05%-Anteil von einem einzigen Veräußerer übernommen worden sei.[1355] Da ein Verstoß gegen die Vorschriften der Art. 4 Abs. 1 und 7 Abs. 1 FKVO nicht ausgeschlossen werden könne, sei in einem separaten Verfahren die Verhängung einer Geldbuße nach Art. 14 Abs. 2 FKVO zu untersuchen.[1356] Aus im Einzelnen nicht bekannten Gründen machte die Kommission am Ende von ihrem nach Art. 14 Abs. 2 FKVO bestehenden Ermessen Gebrauch, auf eine Geldbuße zu verzichten.[1357]

1353 ABl. C 186/62 vom 9. August 2007.

1354 Kommission, Entscheidung vom 21. September 2007, COMP/M.4730, *Yara/Kemira GrowHow*, Rn. 6.

1355 Vgl. zum Erfordernis mehrerer Erwerbsvorgänge und Veräußerer oben Kapitel 1 B.II.1.c.bb.(2).

1356 Kommission, Entscheidung vom 21. September 2007, COMP/M.4730, *Yara/Kemira GrowHow*, Rn. 7.

1357 Dazu Kommission, Entscheidung vom 23. Juli 2014, COMP/M.7184, *Marine Harvest/Morpol*, Rn. 109 ff.

(l) Ineos/Kerling (M.4734)

Zu einer weiteren[1358] Durchsuchung u.a. wegen des Verdachts eines Verstoßes gegen Art. 7 Abs. 1 FKVO kam es im Dezember 2007 im Fall *Ineos/Kerling*. Dabei ging es um die mit Vertrag vom 19. Mai 2007 vereinbarte Übernahme sämtlicher Aktienanteile am Kunststoffproduzenten *Kerling* durch den Chemiekonzern *Ineos*. Das Vorhaben war am 19. Juli 2007 bei der Kommission angemeldet[1359] und von dieser am 7. September 2007 wegen ernsthafter Wettbewerbsbedenken in das Hauptverfahren (Phase II) überführt worden.[1360]

Während des Hauptverfahrens hatte die Kommission Hinweise erhalten, die Erwerberin habe durch Personalernennungen und Weisungen bereits Einfluss auf das Management der Zielgesellschaft genommen und mit dieser sensible Informationen ausgetauscht; auf Grundlage dieser Informationen hielt die Kommission einen Verstoß gegen Art. 7 Abs. 1 FKVO (Vollzug nach Anmeldung, aber vor Genehmigung) und/oder Art. 81 EGV 1997 (nunmehr Art. 101 AEUV) für möglich.[1361] Wörtlich hieß es hierzu in einer Pressemitteilung der Kommission:

> „The Commission has reasons to believe that the companies concerned may have violated Article 7(1) of [the] Merger Regulation whereby a proposed concentration between undertakings cannot be implemented prior to the Commission's clearance decision. The information exchanged between undertakings prior to any clearance decision may at the same time be contrary to EC treaty rules on cartels and restrictive business practices (Article 81)."[1362]

Um den Sachverhalt aufzuklären, führte die Kommission am 12. und 13. Dezember 2007 Nachprüfungen in den Geschäftsräumen von

---

1358 Vgl. den vorangegangenen Fall M.1157, *Skanska/Scancem* (dazu oben Kapitel 5 D.I.2.a.aa.(1)(g)) sowie den nachfolgenden Fall *Caterpillar/MWM* (Kommission, Entscheidung vom 19. Oktober 2011, COMP/M.6106, *Caterpillar/MWM*, Rn. 14; vgl. Baches Opi/Boitos, (2019) 10 JECLAP 269, 275).

1359 ABl. C 174/40 vom 27. Juli 2007.

1360 ABl. C 217/3 vom 15. September 2007.

1361 Bonova/Corriveau/Kloc-Evison/Sepúlveda García, Competition Policy Newsletter 1/2008, 61, 64.

1362 MEMO/07/573 der Kommission vom 13. Dezember 2007 („Commission has carried out inspections in the S PVC sector").

Ineos und *Kerling* im Vereinigten Königreich durch.[1363] Dabei wurde aber nur entlastendes Material gefunden.[1364] Das Vorhaben wurde mit Entscheidung vom 30. Januar 2008[1365] genehmigt. Zugleich bestätigte die Kommission, dass sie die Ermittlungen nicht weiter verfolgen werde.[1366] Unmittelbar im Anschluss an die fusionskontrollrechtliche Genehmigung wurden die Aktien übertragen.[1367]

(m) Electrabel/Compagnie Nationale du Rhône (M.4994)

In der Sache M.4994 setzte die Kommission zum dritten Mal ein Bußgeld wegen Verstoßes gegen das Vollzugsverbot fest. Das belgische Energieunternehmen *Electrabel*, Mitglied der französischen *Suez*-Gruppe, hatte durch Übernahme zweier Aktienpakete am 24. Juni und 23. Dezember 2003 49,95% des Kapitals und 47,92% der Stimmrechte an der französischen Aktiengesellschaft *Compagnie Nationale du Rhône* (*CNR*) erworben, ohne den Vorgang in Brüssel zu notifizieren.[1368] Im Jahr 2006 war die Beteiligung weiter auf 49,98% des Kapitals und 47,97% der Stimmrechte erhöht worden. Am 9. August 2007 hatte *Electrabel* die Kommission konsultiert, um deren Meinung hinsichtlich des Erwerbs alleiniger Kontrolle über *CNR* einzuholen. Daraufhin hatte die Kommission die Kontrollverhältnisse überprüft und war zu dem Schluss gelangt, dass *Electrabel* auf Grund der Gegebenheiten bereits faktisch die alleinige Kontrolle über *CNR* ausübte. Der Kontrollerwerb war dann am 26. März 2008 förmlich bei der Kom-

1363 Kommission, ebenda; Pressemitteilung *Ineos* vom 12. Dezember 2007 („European Commission inspection"), im Internet abrufbar unter https://www.ineos.com/news/ineos-group/european-commission-inspection (zuletzt abgerufen am 22. April 2021).

1364 Bonova/Corriveau/Kloc-Evison/Sepúlveda García, (oben Fn. 1361), ebenda.

1365 Zusammenfassung in ABl. C 219/18 vom 28. August 2008.

1366 Vgl. Pressemitteilung *Ineos* vom 30. Januar 2008 („European Commission Gives Clearance for INEOS acquisition of Hydro Polymers").

1367 Dazu Pressemitteilung *Ineos* vom 1. Februar 2008 („INEOS Completes purchase of Hydro Polymers from Norsk Hydro").

1368 Zum Ablauf der Geschehnisse im Einzelnen Kommission, Entscheidung vom 10. Juni 2009, COMP/M.4994, *Electrabel/Compagnie Nationale du Rhône*, Rn. 1 ff. und 22 ff.

mission angemeldet[1369] und von dieser am 29. April 2008 genehmigt[1370] worden. In ihrer Genehmigungsentscheidung hatte die Kommission die rechtlichen und faktischen Umstände näher erläutert, die sie zur Annahme faktischer alleiniger Kontrolle *Electrabels* über *CNR* geführt hatten, den genauen Zeitpunkt des Kontrollwechsels aber zunächst offen gelassen,[1371] da dies für die Prüfung der Wettbewerbsverhältnisse ohne Bedeutung war. Im nachfolgenden Bußgeldverfahren konkretisierte sie ihren Standpunkt dahingehend, dass die faktische alleinige Kontrolle mit dem Erwerb des zweiten Aktienpakets am 23. Dezember 2003 auf *Electrabel* übergegangen sei. Durch Entscheidung vom 10. Juni 2009[1372] verhängte die Kommission gegen *Electrabel* ein Bußgeld in Höhe von

- 20 Mio. EUR nach Art. 14 Abs. 2 Buchst. b FKVO 1997[1373] wegen Verstoßes gegen Art. 7 Abs. 1 FKVO 1997 (Vollzug vor Anmeldung).

In den Entscheidungsgründen führte die Kommission detailliert aus, warum sie von einem Kontrollwechsel am 23. Dezember 2003 ausging.[1374] Sie begründete dies vor allem mit der herausgehobenen Stellung, die *Electrabel* ab dem 23. Dezember 2003 als größter Aktionär und einziger industrieller Anteilseigner innehatte, der weiten Streuung der restlichen Anteile und der Teilnahmequoten an den Aktionärsversammlungen, in Anbetracht derer *Electrabel* fortan von stabilen Mehrheiten ausgehen konnte. Anders als in den Verfahren *Samsung/AST* und *A.P. Møller*, in denen die Kommission getrennte Geldbußen wegen verspäteter Anmeldung und vorweggenommenen Vollzugs verhängt hatte, wurde die Entscheidung im Fall *Electrabel* ausschließlich auf die Vorschrift des Art. 14 Abs. 2 Buchst. b FKVO 1997, also auf einen Verstoß gegen das Vollzugsverbot des Art. 7 Abs. 1 FKVO 1997, gestützt. Dies dürfte damit zusammenhängen, dass der Verstoß ge-

1369 ABl. C 85/11 vom 4. April 2008.

1370 Kommission, Entscheidung vom 29. April 2008, COMP/M.4994, *Electrabel/Compagnie Nationale du Rhône*.

1371 Kommission, ebenda, Rn. 18.

1372 Kommission, Entscheidung vom 10. Juni 2009 (oben Fn. 1368); Zusammenfassung in ABl. C 279/9 vom 19. November 2009; dazu Pressemitteilung IP/09/895 der Kommission vom 10. Juni 2009; Alomar/Moonen/Navea/Redondo, Competition Policy Newsletter 3/2009, 58 ff.; York von Wartenburg/Titze, GWR 2014, 364 ff.; Benedikt-Buckenleib/Haag, NZKart 2021, 21, 24.

1373 Die Bußgeldentscheidung war wegen der Übergangsregelung des Art. 26 Abs. 2 FKVO 2004 nach altem Recht zu treffen; vgl. Kommission, Entscheidung vom 10. Juni 2009 (oben Fn. 1368), Rn. 6 f. und 175 ff.

1374 Kommission, ebenda, Rn. 40 ff.

gen die Anmeldepflicht des Art. 4 Abs. 1 FKVO 1997, der nach Art. 14 Abs. 2 Buchst. a FKVO 1997 bußgeldbewehrt war, nach Art. 1 Buchst. a der Verordnung (EWG) Nr. 2988/74[1375] bereits verjährt war. *Electrabel* erhob am 20. August 2009 Nichtigkeitsklage gegen die Entscheidung der Kommission.[1376] Die Klage wurde vom EuG mit Urteil vom 12. Dezember 2012 zurückgewiesen.[1377] Ein hiergegen eingelegtes Rechtsmittel zum EuGH blieb erfolglos.[1378]

Die Kommission betonte in ihrer von den Unionsgerichten bestätigten Entscheidung die prinzipielle Schwere eines Verstoßes gegen das Vollzugsverbot. Die Zuwiderhandlung untergrabe die Wirksamkeit der Bestimmungen der FKVO[1379] und verletze ihrem Wesen nach den Grundsatz der ex-ante-Kontrolle.[1380] Durch den Vollzug ohne vorherige Genehmigung entziehe sich das betreffende Unternehmen einseitig der vorherigen Pflichtkontrolle und schwäche so die EU-Rechtsordnung.[1381] Der im Vergleich zu den früheren Fällen deutlich erhöhte Bußgeldbetrag wurde u.a. mit der bereits bestehenden Entscheidungspraxis und der Notwendigkeit der Erzielung von Abschreckungseffekten begründet.[1382] Wie zuvor in den Fällen *Samsung/AST* und *A.P. Møller* behandelte sie den Verstoß gegen das Vollzugsverbot als dauerhafte Zuwiderhandlung. Wie in diesen Fällen ging sie davon aus, dass der Verstoß im Moment des Kontrollerwerbs, vorliegend am 23. Dezember 2003, begonnen habe. Gleichzeitig stellte sie ihre Rechtsauffassung zum Ende eines Verstoßes gegen das Vollzugsverbot klar:

> „Was das Ende der Zuwiderhandlung angeht, so stellt die Kommission fest, dass, nachdem ein Zusammenschlussvorhaben vollzogen wurde und solange wie der Vollzug fortdauert, ein Verstoß gegen Artikel 7

1375 Verordnung (EWG) Nr. 2988/74 des Rates vom 26. November 1974 über die Verfolgungs- und Vollstreckungsverjährung im Verkehrs- und Wettbewerbsrecht der Europäischen Wirtschaftsgemeinschaft, ABl. L 319/1 vom 29. November 1974, in ihrer aktuellen Fassung.

1376 ABl. 267/71 vom 7. November 2009.

1377 EuG, Urteil vom 12. Dezember 2012, Rs. T-332/09, *Electrabel/Kommission*, ECLI:EU:T:2012:672. Dazu näher unten Kapitel 5 D.I.2.b.dd.(1).

1378 EuGH, Urteil vom 3. Juli 2014, Rs. C-84/13 P, *Electrabel/Kommission*, ECLI:EU:C:2014:2040. Dazu näher unten Kapitel 5 D.I.2.b.dd.(2).

1379 Kommission, Entscheidung vom 10. Juni 2009 (oben Fn. 1368), Rn. 188.

1380 Kommission, ebenda, Rn. 193.

1381 Kommission, ebenda, Rn. 190.

1382 Kommission, ebenda, Rn. 205 f. und 226.

erst dann beendet sein kann, wenn die Kommission den Zusammenschluss genehmigt oder gegebenenfalls eine Befreiung erteilt."[1383]

Wie in den Fällen *Samsung/AST* und *A.P. Møller* sah die Kommission dennoch „im Rahmen ihres Ermessens und unbeschadet ihrer grundsätzlichen Haltung hierzu"[1384] davon ab, den Zeitraum zwischen der erstmaligen Unterrichtung der Kommission am 9. August 2007 und der Anmeldung am 26. März 2008 im Rahmen der Bußgeldzumessung zu berücksichtigen. Im Ergebnis gelangte sie so zu einer Dauer von drei Jahren, sieben Monaten und 17 Tagen.

Die Entscheidung im Fall *Electrabel* wurde in der Literatur und Praxis – auch wegen begleitender Äußerungen der damaligen Wettbewerbskommissarin Kroes[1385] – als Signal gewertet, dass sich die Kommission bei Verstößen gegen das Vollzugsverbot künftig nicht mehr mit moderaten Geldbußen zufriedengeben werde.[1386] Diese Erwartung erfüllte sich im Fall *Marine Harvest/Morpol*.[1387]

(n) Volkswagen/MAN (M.6267)

Gegenstand des Falles war der Erwerb der Kontrolle über den Nutzfahrzeughersteller *MAN* durch *Volkswagen*. *Volkswagen* hatte am 6. und 9. Mai 2011 seine Stimmrechte an *MAN* von 29,9% auf 30,47% und seinen Aktienanteil von 28,7% auf 29,2% aufgestockt.[1388] Angesichts der Anwesenheitsverhältnisse verfügte *Volkswagen* bei den Aktionärstreffen weiterhin über keine Präsenzmehrheit,[1389] so dass mit der Erhöhung allein wohl

---

1383 Kommission, ebenda, Rn. 211.

1384 Kommission, ebenda, Rn. 215.

1385 Pressemitteilung IP/09/895 der Kommission vom 10. Juni 2009 („Fusionskontrolle: Kommission verhängt Geldbuße von 20 Millionen Euro gegen Electrabel wegen des Erwerbs der Kontrolle über Compagnie Nationale du Rhône ohne Genehmigung der Kommission").

1386 Alomar/Moonen/Navea/Redondo, Competition Policy Newsletter 3/2009, 58, 59; Depoortere/Lelart, (2010) 33 World Competition 103, 105; Walter, (2013) 4 JECLAP 226, 228; Holzwarth, Vollzugsverbot (2014), 94.

1387 Dazu sogleich.

1388 Vgl. zum Sachverhalt, soweit im Folgenden nichts anderes angegeben wird, Kommission, Entscheidung vom 26. September 2011, COMP/M.6267, *Volkswagen/MAN*, Rn. 4.

1389 Börsenzeitung vom 28. Juni 2011, 9 („EU-Kartellwächter kassieren Pläne von VW").

noch kein faktischer Kontrollerwerb verbunden war.[1390] Allerdings war *Volkswagen* infolge der Aufstockung nach den Vorschriften des WpÜG verpflichtet, ein öffentliches Übernahmeangebot für die restlichen Anteile abzugeben. Das Angebot wurde am 31. Mai 2011 veröffentlicht. Nachdem Pläne bekannt geworden waren, nach denen *Volkswagen* die Anzahl der eigenen Vertreter im *MAN*-Aufsichtsrat noch vor der Anmeldung des anstehenden Kontrollerwerbs bei der Kommission von zwei auf fünf (von acht) erhöhen und damit die Mehrheit in diesem Gremium stellen könnte, machte die Kommission klar, dass sie ein solches Vorgehen als Verstoß gegen das Vollzugsverbot betrachten würde. In der Wirtschaftspresse wurde eine Kommissionssprecherin hierzu mit dem folgenden Satz zitiert:

> „Man kann nicht die Kontrolle über ein Unternehmen ausüben, bevor die EU die Genehmigung erteilt hat."[1391]

Infolge der Intervention der Kommission wurden der Aktionärsversammlung am 27. Juni 2011 neben einem *Audi*-Manager zwei von *Volkswagen* formal unabhängige Kandidaten zur Wahl gestellt.[1392] Der aus Sicht der Kommission drohende Verstoß gegen das Vollzugsverbot konnte damit vermieden werden. Durch das öffentliche Übernahmeangebot, das am 29. Juni 2011 endete, erwarb *Volkswagen* 55,9% der Stimmrechte und 53,7% des Aktienkapitals von *MAN*. Dieser – offenbar von Art. 7 Abs. 2 Buchst. a, b Alt. 1 FKVO[1393] gedeckte – Kontrollerwerb wurde von der Kommission am 26. September 2010 nachträglich genehmigt.

(o) Marine Harvest/Morpol (M.7184)

Zur vierten Festsetzung einer Geldbuße wegen eines Verstoßes gegen das Vollzugsverbot der FKVO kam es im Jahr 2014 bei der Übernahme des norwegischen Lachsproduzenten *Morpol* durch den ebenfalls in Norwegen ansässigen Fisch- und Meeresfrüchteproduzenten *Marine Harvest*. Marine Harvest hatte am 14. Dezember 2012 mit der von einer natürlichen Person kontrollierten Gesellschaft *Friendmall* und deren hundertprozentiger Tochtergesellschaft *Bazmonta* einen Kaufvertrag über 48,5% der Anteile an

1390 Vgl. RUDOWICZ, Gun-Jumping (2016), 167.
1391 Börsenzeitung vom 28. Juni 2011, 1 („EU bremst Piëch bei MAN aus").
1392 Börsenzeitung, ebenda.
1393 Dazu oben Kapitel 1 B.II.1.

Morpol geschlossen.[1394] Die Anteile wurden mit Closing am 18. Dezember 2012 an *Marine Harvest* übertragen. Am 21. Dezember 2012 sandte *Marine Harvest* der Kommission einen Case Team Allocation Request und kündigte damit die Anmeldung des Vorhabens nach Art. 4 Abs. 1 FKVO an. Gleichzeitig informierte *Marine Harvest* die Kommission darüber, dass es bereits 48,5% der Anteile erworben habe, die damit verbundenen Stimmrechte aber nicht ausgeübt würden. Am 15. Januar 2013 unterbreitete *Marine Harvest* ein öffentliches Übernahmeangebot (Pflichtangebot) für die verbleibenden 51,5% der Anteile, dessen Annahme dem Aktionärskreis am 18. Februar 2013 durch den Vorstand von *Morpol* empfohlen wurde. Die Beteiligung an Morpol wurde in Abwicklung dieses Angebots bis 12. März 2013 um 38,6% auf 87,1% aufgestockt. Nachdem die Kommission seit Januar 2013 wegen eines möglichen Verstoßes gegen die Anmeldepflicht des Art. 4 Abs. 1 FKVO und das Vollzugsverbot des Art. 7 Abs. 1 FKVO ermittelt hatte, sandte sie *Marine Harvest* am 31. März 2013 eine Mitteilung über die Beschwerdepunkte.[1395] Nach Einreichung eines ersten Entwurfs der Anmeldung am 5. März 2013 wurde das Vorhaben am 9. August 2013 offiziell bei der Kommission angemeldet[1396] und von dieser mit Entscheidung vom 30. September 2013 nach Art. 6 Abs. 1 Buchst. b i.V.m. Art. 6 Abs. 2 FKVO unter Bedingungen und Auflagen genehmigt.[1397] In ihrer Genehmigungsentscheidung stellte die Kommission nach vorläufiger Bewertung fest, dass *Marine Harvest* bereits mit der Übernahme des ersten Anteilspakets am 18. Dezember 2012 faktisch die alleinige Kontrolle über *Morpol* erlangt und somit gegen die Anmeldepflicht des Art. 4 Abs. 1 FKVO und das Vollzugsverbot des Art. 7 Abs. 1 FKVO verstoßen habe.[1398] Wie in den vorangegangenen Fällen kündigte sie weitere Ermittlungen im Rahmen eines gesonderten Bußgeldverfahrens an, welches sie unter der Fallnummer M.7184 eröffnete. Am 23. Juli 2014, nur wenige Tage nach dem EuGH-Urteil im Fall *Electrabel*, verhängte die Kommission gegen *Ma-*

1394 Zum Ablauf der Geschehnisse im Einzelnen Kommission, Entscheidung vom 23. Juli 2014, COMP/M.7184, *Marine Harvest/Morpol*, Rn. 3 ff. und 10 ff.

1395 Pressemitteilung IP/14/350 der Kommission vom 31. März 2013 („Fusionskontrolle: Kommission unterrichtet Marine Harvest über ihre Einwände gegen vorzeitige Übernahme von Morpol").

1396 ABl. C 238/4 vom 17. August 2013.

1397 Kommission, Entscheidung vom 30. September 2013, COMP/M.6850, *Marine Harvest/Morpol*; dazu Pressemitteilung IP/13/896 der Kommission vom selben Tag („Fusionskontrolle: Kommission genehmigt Übernahme von Lachsverarbeiter Morpol durch Lachszüchter Marine Harvest unter Auflagen").

1398 Kommission, ebenda, Rn. 8 f.

rine Harvest eine Geldbuße in Höhe von 20 Mio. EUR.[1399] Der Betrag setzte sich, anders als im Fall *Electrabel* und wie in den früheren Verfahren gegen *Samsung/AST* und *A.P. Møller*, wieder aus zwei Einzelposten zusammen:

- 10 Mio. EUR nach Art. 14 Abs. 2 Buchst. a FKVO wegen Verstoßes gegen Art. 4 Abs. 1 FKVO (Nichtanmeldung vor Vollzug) und
- 10 Mio. EUR nach Art. 14 Abs. 2 Buchst. b FKVO wegen Verstoßes gegen Art. 7 Abs. 1 FKVO (Vollzug vor Anmeldung).

In ihrer Begründung führte die Kommission aus, dass die die veräußernden Unternehmen kontrollierende natürliche Person vor der Übertragung des ersten Anteilspakets an *Marine Harvest* am 18. Dezember 2012 wegen der breiten Streuung der restlichen Anteile und der Teilnahmequoten an den Aktionärsversammlungen mittelbar die faktische und alleinige Kontrolle über *Morpol* innegehabt habe.[1400] Diese Kontrolle habe *Marine Harvest* mit dem Closing am 18. Dezember 2012 erworben[1401] und damit den Zusammenschlusstatbestand des Art. 3 Abs. 1 Buchst. b FKVO erfüllt.[1402] Da der Zusammenschluss zu diesem Zeitpunkt weder angemeldet noch genehmigt gewesen sei, liege ein Verstoß gegen die Anmeldepflicht des Art. 4 Abs. 1 FKVO und gegen das Vollzugsverbot des Art. 7 Abs. 1 FKVO vor.[1403]

Aus der Begründung der Entscheidung ergibt sich, dass *Marine Harvest* den Eintritt einer dauerhaften Kontrolländerung und damit die Erfüllung eines Zusammenschlusstatbestands nach Art. 3 FKVO am 18. Dezember 2012 bestritt. Das Unternehmen argumentierte, dass es nach dem Kaufvertrag bis zum Erhalt der Genehmigung durch die Kommission nicht berechtigt gewesen sei, die mit den übernommenen Anteilen verbundenen Stimmrechte auszuüben.[1404] Die Kommission wies dieses Vorbringen

---

1399 Kommission, Entscheidung vom 23. Juli 2014 (oben Fn. 1394); Zusammenfassung in ABl. C 455/5 vom 18. Dezember 2014; dazu Pressemitteilung IP/14/862 der Kommission vom 23. Juli 2014 („Fusionskontrolle: Kommission verhängt Geldbuße von 20 Mio. EUR gegen Marine Harvest wegen Übernahme von Morpol ohne vorherige Freigabe nach den EU-Fusionskontrollvorschriften"); Kadar/Mauger, Competition Merger Brief 1/2014, 1 ff.; Carloni, (2014) 5 JECLAP 693 ff.; Steger, DB 2014, 1857 f.; York von Wartenburg/Titze, GWR 2014, 364 ff.; Benedikt-Buckenleib/Haag, NZKart 2021, 21, 24 f.

1400 Kommission, ebenda, Rn. 48 ff.

1401 Kommission, ebenda, Rn. 65 ff.

1402 Kommission, ebenda, Rn. 84.

1403 Kommission, ebenda, Rn. 85 f.

1404 Vgl. Kommission, ebenda, Rn. 69.

zurück.[1405] Dem Kaufvertrag sei keine Verpflichtung zu entnehmen, die Stimmrechte bis zum Genehmigungserhalt nicht auszuüben. Da *Marine Harvest* die Stimmrechte somit jederzeit nach dem 18. Dezember 2012 hätte ausüben können, seien die Voraussetzungen des Art. 3 Abs. 2 FKVO erfüllt gewesen, wonach die *Möglichkeit* zur Ausübung bestimmenden Einflusses genüge.[1406] Dass die Stimmrechte nicht ausgeübt wurden – in der Tat hatte *Marine Harvest* bis zur Genehmigung weder an Vorstandstreffen noch an Aktionärsversammlungen teilgenommen – sei nur im Rahmen des Art. 7 Abs. 2 FKVO sowie bei der Bußgeldzumessung berücksichtigungsfähig. Zur Unerheblichkeit der Nichtausübung der Stimmrechte für den Eintritt des Kontrollerwerbs nach Art. 3 FKVO verwies die Kommission u.a. auf den Fall *Yara/Kemira GrowHow*.[1407]

Weiter vertrat *Marine Harvest* die Auffassung, dass zumindest die Voraussetzungen des Ausnahmetatbestands des Art. 7 Abs. 2 FKVO erfüllt gewesen seien.[1408] Der Erwerb des ersten Anteilspakets am 18. Dezember 2012 und der Erwerb weiterer Anteile infolge des öffentlichen Übernahmeangebots vom 15. Januar 2013 seien rechtlich, wirtschaftlich und zeitlich untrennbar miteinander verbunden gewesen. Der erste Erwerbsvorgang sei mithin integraler Bestandteil eines einzigen Zusammenschlusses.[1409] Da der zweite Erwerbsvorgang im Wege eines öffentlichen Übernahmeangebots stattgefunden habe, müsse die Ausnahme des Art. 7 Abs. 2 FKVO für den Zusammenschluss als solchen gelten, der insgesamt die Merkmale einer „schleichenden und öffentlichen" Übernahme aufweise. Auch die sonstigen Voraussetzungen des Art. 7 Abs. 2 FKVO seien erfüllt gewesen. Durch den Versand des Case Team Allocation Request an die Kommission am 21. Dezember 2012, die Durchführung informeller Vorgespräche, verbunden mit der Einreichung des ersten Entwurfs der Anmeldung am 5. März 2013, der förmlichen Anmeldung am 9. August 2013 und der Nichtausübung der mit den erworbenen Anteilen verbunde-

1405 Kommission, ebenda, Rn. 71 ff.

1406 Vgl. insoweit die Konsolidierte Mitteilung der Kommission zu Zuständigkeitsfragen (oben Fn. 95), Rn. 16.

1407 Kommission, Entscheidung vom 23. Juli 2014 (oben Fn. 1394), Rn. 81.

1408 Vgl. Kommission, ebenda, Rn. 92 ff.

1409 Für die Verklammerung beider Vorgänge nahm Marine Harvest insbesondere Bezug auf den 20. Erwägungsgrund zur FKVO, den Abschnitt über „Zusammenhängende Transaktionen" der Konsolidierten Mitteilung der Kommission zu Zuständigkeitsfragen (oben Fn. 95, dort Rn. 36 ff.) sowie Ausschnitte des Urteils des EuG vom 23. Februar 2006, Rs. T-282/02, *Cementbouw/Kommission* (oben Fn. 1287, dort Rn. 105 ff.).

nen Stimmrechte sei *Marine Harvest* den Anforderungen des Art. 7 Abs. 2 Buchst. a, b Alt. 1 FKVO[1410] nachgekommen. Ein ähnliches Vorgehen habe die Kommission im Fall *Yara/Kemira GrowHow* gebilligt.

Die Kommission wies dieses Vorbringen in ihrer Entscheidung zurück. Zur Begründung führte sie in erster Linie aus, dass die Kontrolle im Sinne des Art. 3 FKVO, anders als in Art. 7 Abs. 2 FKVO vorgesehen, nicht „von mehreren Veräußerern", sondern, vermittelt durch die Gesellschaften *Friendmall* und *Bazmonta*, von einer natürlichen Person erworben worden sei.[1411] Die Rechtsauffassung, dass Art. 7 Abs. 2 FKVO im Falle des Erwerbs von nur einem Veräußerer nicht eingreife, hatte die Kommission, wie gesehen, bereits im Fall *Yara/Kemira GrowHow* vertreten.[1412] Zur Begründung verwies sie auf den Wortlaut der Vorschrift und deren Zweck, der darin bestehe, in Situationen für Rechtssicherheit zu sorgen und die Liquidität der Aktienmärkte zu schützen, in denen die Feststellung schwerfalle, mit welchem der von mehreren Anteilseignern erworbenen Anteile oder Anteilspakete die faktische Kontrolle über ein Unternehmen erworben werde. Solche Schwierigkeiten hätten sich im vorliegenden Fall nicht gestellt. Da alle Anteile von demselben Veräußerer erworben worden seien, komme es im Übrigen auch nicht auf das Vorliegen der weiteren Voraussetzungen des Art. 7 Abs. 2 FKVO, die Unverzüglichkeit der Anmeldung und die Nichtausübung der Stimmrechte, an.

Die Kommission setzte sich dann mit dem Vorbringen von *Marine Harvest* zur Verklammerung beider Erwerbsvorgänge zu einem einzigen Zusammenschluss auseinander.[1413] Die von *Marine Harvest* in Bezug genommenen Stellen der Konsolidierten Mitteilung zu Zuständigkeitsfragen[1414] zielten vor allem auf Situationen ab, in denen die Kontrolle entweder sukzessive erworben werde oder mehrere Erwerbsvorgänge jeweils einen Kontrollerwerbstatbestand darstellten. Im vorliegenden Fall sei die Kontrolle jedoch mit einem einzigen Schritt, dem Erwerb des ersten Anteilspakets am 18. Dezember 2012, erworben worden. Das Vorbringen von *Marine Harvest* zum Vorliegen eines einzigen Zusammenschlusses sei daher hinsichtlich der Übernahme von Morpol deplatziert. Ebenso irrelevant sei die Bezugnahme auf das Urteil des EuG in der Rechtssache *Cement-*

1410 Dazu oben Kapitel 1 B.II.1.

1411 Kommission, Entscheidung vom 23. Juli 2014 (oben Fn. 1394), Rn. 100 ff. und 117.

1412 Dazu oben Kapitel 5 D.I.2.a.aa.(1)(k).

1413 Kommission, Entscheidung vom 23. Juli 2014 (oben Fn. 1394), Rn. 105 und 113 ff.

1414 Vgl. oben Fn. 1409.

bouw/Kommission.[1415] Die Entscheidung der Kommission, im vorliegenden Fall, anders als bei der Übernahme von *Kemira GrowHow* durch *Yara*, eine Geldbuße zu verhängen, sei vom pflichtgemäßen Ermessen der Kommission nach Art. 14 Abs. 2 FKVO („kann“) gedeckt.[1416]

Die Bußgeldhöhe begründete die Kommission für die Verstöße gegen die Anmeldepflicht und das Vollzugsverbot weitgehend einheitlich. Lediglich in der Frage der Dauer des Verstoßes stellte sie – erstmals – Unterschiede heraus. Zur Begründung stellte sie fest, dass die Verstöße gegen die Anmeldepflicht und das Vollzugsverbot auf ein- und demselben Verhalten, nämlich „the implementation of a concentration with Union dimension before notification and clearance“, beruhten. Anders als im Fall *Electrabel*, in dem der Verstoß gegen die Anmeldepflicht bereits verjährt gewesen war, verhängte sie, wie zuvor in den Fällen *Samsung/AST* und *A.P. Møller*, wegen beider Verstöße jeweils eigenständige Geldbußen. Wie im Fall *Electrabel* betonte sie die grundsätzliche Schwere des Verstoßes gegen das Vollzugsverbot und begründete die Bußgeldhöhe u.a. mit Abschreckungszwecken.[1417] Aufschlussreich sind die Ausführungen der Kommission zur Dauer eines Verstoßes gegen die Anmeldepflicht einerseits und das Vollzugsverbot andererseits:

> „First, the Commission notes that an infringement of Article 4(1) of the Merger Regulation is an instantaneous infringement, which is committed by failing to notify a concentration. Such infringement has been committed on the date of implementation of the concentration (18 December 2012).
> Second, the infringement of Article 7(1) of the Merger Regulation is a continuous infringement which remains on-going for as long as the transaction is not cleared by the Commission. In the following, the Commission will outline the criteria it considers relevant for the assessment of the duration of such infringement.“[1418]

Hinsichtlich des Vollzugsverbots entspricht die – nunmehr ausdrückliche – Annahme einer dauerhaften Zuwiderhandlung („continuous infringement“) der Auffassung der Kommission in den früheren Fällen *Samsung/*

1415 Vgl. oben Fn. 1409.

1416 Kommission, Entscheidung vom 23. Juli 2014 (oben Fn. 1394), Rn. 108 ff.

1417 Kommission, Entscheidung vom 23. Juli 2014 (oben Fn. 1394), Rn. 135 f. bzw. 206 f.

1418 Kommission, ebenda, Rn. 165 f.

AST, *A.P. Møller* und *Electrabel*.[1419] Wie in diesen Fällen datierte die Kommission den Beginn des Verstoßes auf den Tag des Kontrollerwerbs, vorliegend auf den 18. Dezember 2012. Anders als in ihren früheren Entscheidungen berücksichtigte sie bei der Festsetzung der Geldbuße auch den Zeitraum zwischen der erstmaligen Unterrichtung durch die beteiligten Unternehmen und der Erteilung der Genehmigung:

> „Marine Harvest has submitted a Case Team Allocation Request on 21 December 2012. The transaction was formally notified on 9 August 2013 and authorized on 30 September 2013. The Commission considers the latter as the date of the end of the infringement of Article 7(1), as it was only with the clearance of the proposed transaction that the unlawful behaviour put in practice by Marine Harvest came to an end.“[1420]

Die zugrunde gelegte Dauer des Verstoßes betrug demnach neun Monate und zwölf Tage. Die Kommission begründete die Berücksichtigung des vollen Zeitraums der informellen Vorgespräche und des anschließenden Genehmigungsverfahrens (Phase I) im Wesentlichen mit den folgenden Ermessenserwägungen:[1421] Da es sich um den Vollzug eines materiellrechtlich problematischen Falls gehandelt habe, müsse die Geldbuße eine größtmögliche Abschreckung erzeugen. Da die Transaktion seit Oktober 2012 geplant und längere Vorgespräche aufgrund der erkennbaren materiellrechtlichen Schwierigkeiten vorhersehbar gewesen seien, hätte *Marine Harvest* die Kommission früher kontaktieren können. Während der Vorgespräche und im anschließenden Genehmigungsverfahren (Phase I) habe sich *Marine Harvest* dann, insbesondere bei der Informationsbeschaffung, nicht kooperativ gezeigt und die Abläufe verzögert. Dabei berücksichtigte

---

1419 Anders für die Anmeldepflicht. Da die Kommission in den Fällen *Samsung/AST* und *A.P. Møller* nicht zwischen dem Vollzugsverbot und der Anmeldepflicht unterschieden hatte, war sie dort auch hinsichtlich der Anmeldepflicht von einem Dauerdelikt ausgegangen und hatte dies bei der Bußgeldbemessung berücksichtigt. Vgl. Kommission, Entscheidung vom 18. Februar 1998, IV/M.920, *Samsung/AST*, Rn. 27: „Die Nichtanmeldung und der Vollzug erstreckten sich über einen erheblichen Zeitraum […].“ Ähnlich Kommission, Entscheidung vom 10. Februar 1999, IV/M.969, *A.P. Møller*, Rn. 20: „Wie bereits erwähnt, erstreckten sich diese Zuwiderhandlungen in Form der unterlassenen Anmeldung und der entsprechenden Durchführung der Vorhaben ohne Zustimmung der Kommission in drei Fällen über einen erheblichen Zeitraum.“

1420 Kommission, Entscheidung vom 23. Juli 2014 (oben Fn. 1394), Rn. 168.

1421 Kommission, ebenda, Rn. 171 ff.

die Kommission, dass *Marine Harvest* spätestens ab dem 12. Februar 2013 Kenntnis des möglichen Verstoßes gegen das Vollzugsverbot gehabt habe und nach eigenem Bekunden von der Geltung des Art. 7 Abs. 2 FKVO ausgegangen sei, der eine unverzügliche Anmeldung des Zusammenschlusses verlange.

In der Literatur wurde die Verhängung einer weiteren Millionen-Geldbuße im Fall *Marine Harvest* als Bestätigung des im Fall *Electrabel* eingeschlagenen Wegs der Kommission verstanden, Verstöße gegen das Vollzugsverbot nicht mehr zu tolerieren.[1422]

Marine Harvest legte am 3. Oktober 2014 Nichtigkeitsklage gegen die Entscheidung der Kommission vom 23. Juli 2014 ein,[1423] die vom EuG mit Urteil vom 26. Oktober 2017 abgewiesen wurde.[1424] Das hiergegen von *Marine Harvest*, die zwischenzeitlich in *Mowi* umfirmierte, eingelegte Rechtsmittel wurde vom EuGH mit Urteil vom 4. März 2020[1425] zurückgewiesen.

(p) Altice/PT Portugal (M.7993)

Die fünfte und bislang höchste Geldbuße wegen eines Verstoßes gegen Art. 7 Abs. 1 FKVO wurde im Jahr 2018 gegen das niederländische Kabel- und Telekommunikationsunternehmen *Altice* verhängt. Anlass für die Sanktion war der Erwerb des portugiesischen Telekommunikationsanbieters *PT Portugal* durch *Altice* vom brasilianischen *Oi*-Konzern.[1426] *Altice* und *Oi* waren im Oktober 2014 in Verhandlungen eingetreten und hatten am 9. Dezember 2014 einen Übernahmevertrag geschlossen. Am 18. Dezember 2014 trat *Altice* erstmals in informelle Gespräche mit der Kommission ein. Die Übernahme wurde am 25. Februar 2015 bei der Kommission offiziell zur Fusionskontrolle angemeldet.[1427] Am 20. April 2015 genehmigte die Kommission den Zusammenschluss nach Art. 6 Abs. 1 Buchst. b

---

1422 Vgl. KADAR/MAUGER, Competition Merger Brief 1/2014, 1, 4; CARLONI, (2014) 5 JECLAP 693, 695 f.

1423 ABl. C 409/61 vom 17. November 2014 (Rs. T-704/14).

1424 EuG, Urteil vom 26. Oktober 2017, Rs. T-704/14, *Marine Harvest/Kommission*, ECLI:EU:T:2017:753. Dazu unten Kapitel 5 D.I.2.b.ee.(1).

1425 EuGH, Urteil vom 4. März 2020, Rs. C-10/18 P, *Mowi/Kommission*, ECLI:EU:C:2020:149. Dazu unten Kapitel 5 D.I.2.b.ee.(2).

1426 Zum Ablauf der Geschehnisse im Einzelnen Kommission, Entscheidung vom 24. April 2018, COMP/M.7993, *Altice/PT Portugal*, Rn. 1 ff.

1427 ABl. C 77/10 vom 5. März 2015.

i.V.m. Art. 6 Abs. 2 FKVO unter Bedingungen und Auflagen; zugleich wies sie einen Antrag der portugiesischen Regierung vom 5. März 2015 auf Verweisung des Falles nach Portugal nach Art. 9 Abs. 2 Buchst. a und b FKVO in Anwendung von Art. 9 Abs. 3 FKVO ab.[1428] Die verkauften Geschäftsanteile wurden mit Closing vom 2. Juni 2015 auf *Altice* übertragen.

Zwischenzeitlich hatte die Kommission aus der Presse erfahren, dass Mitglieder des Top-Managements von *Altice PT Portugal* vor Erteilung der fusionskontrollrechtlichen Genehmigung Besuche abgestattet hatten. Ab dem 13. April 2015 übersandte die Kommission *Altice* daher mehrere Auskunftsverlangen nach Art. 11 Abs. 2 bzw. 3 FKVO, um mehr über diese Kontakte zwischen *Altice* und *PT Portugal* zu erfahren. Dabei forderte die Kommission auch eine Vielzahl von Dokumenten bei *Altice* an. Mit Schreiben vom 11. März 2016 teilte die Kommission Altice mit, dass sie ein förmliches Verfahren wegen eines möglichen Verstoßes gegen die Anmeldepflicht und das Vollzugsverbot der FKVO eingeleitet habe. Es folgten weitere Auskunftsersuchen, mit denen die Kommission u.a. auch Informationen und Dokumente zur Due-Diligence-Prüfung und zu bestimmten Marketingaktionen anfragte.

Kurz nachdem die französische Wettbewerbsbehörde in einem anderen, zeitgleich laufenden Verfahren wegen eines Verstoßes gegen das Vollzugsverbot des französischen Fusionskontrollrechts[1429] ein Bußgeld in Höhe von 80 Mio. EUR gegen *Altice* verhängt hatte, übersandte die Kommission *Altice* am 17. Mai 2017 wegen der Vorgänge rund um die Übernahme von *PT Portugal* Beschwerdepunkte wegen Verstoßes gegen Art. 4 Abs. 1 und Art. 7 Abs. 1 FKVO.[1430] Darin vertrat sie die vorläufige Auffassung, dass *Altice* die Übernahme schon vor der Genehmigung des Zusammenschlusses und in Teilen sogar schon vor der Anmeldung vollzogen habe. Mit Ent-

1428 Kommission, Entscheidungen vom 20. April 2015, COMP/M.7499, *Altice/PT Portugal*; dazu Pressemitteilung IP/15/4805 vom selben Tag („Fusionskontrolle: Kommission gibt grünes Licht für Übernahme von PT Portugal durch Altice mit Auflagen und lehnt Antrag auf Verweisung an die portugiesische Wettbewerbsbehörde ab“). Vgl. zur Geltung des Art. 7 Abs. 1 FKVO in solchen Fällen oben Kapitel 4 A.II.2.d.

1429 Autorité de la Concurrence, Entscheidung vom 8. November 2016, 16-D-24, *Altice/SFR & OTL*, im Internet abrufbar unter https://www.autoritedelaconcurrence.fr/sites/default/files/commitments//16d24.pdf (zuletzt abgerufen am 22. April 2021), mittlerweile bestandskräftig; dazu auch Purps/Beaumunier, NZKart 2017, 224 ff.; Honoré/Vatin, (2017) 8 JECLAP 314 ff.

1430 Kommission, Pressemitteilung IP/17/1368 vom 18. Mai 2017 („Fusionskontrolle: Altice hat mit vorzeitiger Übernahme von PT Portugal möglicherweise gegen EU-Vorschriften verstoßen“).

scheidung vom 24. April 2018[1431] verhängte die Kommission gegen *Altice* wegen des besagten Doppelverstoßes eine Rekordgeldbuße in Höhe von insgesamt 124,5 Mio. EUR. Der Betrag setzte sich, wie schon in den vorangegangenen Fällen *Samsung/AST*, *A.P. Møller* und *Marine Harvest/Morpol*, aus zwei Einzelposten zusammen:

- 62,25 Mio. EUR nach Art. 14 Abs. 2 Buchst. a FKVO wegen Verstoßes gegen Art. 4 Abs. 1 FKVO (Nichtanmeldung vor Vollzug) und
- 62,25 Mio. EUR nach Art. 14 Abs. 2 Buchst. b FKVO wegen Verstoßes gegen Art. 7 Abs. 1 FKVO (Vollzug vor Anmeldung bzw. Genehmigung).

In ihrer Entscheidung hob die Kommission zunächst die Bedeutung der Anmeldepflicht und des Vollzugsverbots sowie des Zusammenspiels beider Vorschriften für den Wettbewerbsschutz, konkret für den Erhalt der Marktstruktur bis zur Entscheidung über die Vereinbarkeit des Zusammenschlusses mit dem Binnenmarkt, hervor.[1432] Ein Verstoß gegen das Vollzugsverbot könne auf verschiedene Arten begangen werden, u.a. („among them") (i.) durch den Erwerb, vor Anmeldung bzw. Genehmigung, der rechtlichen oder faktischen Möglichkeit, bestimmenden Einfluss auf die Tätigkeit eines anderen Unternehmens auszuüben oder (ii.) durch die Ausübung, vor Anmeldung bzw. Genehmigung, eines solchen bestimmenden Einflusses.[1433] Die Kommission stellte damit klar, dass ein Vollzug im Sinne des Art. 7 FKVO nicht nur durch den Erwerb, sondern auch durch die Ausübung der Kontrolle erfolgen kann.

Im vorliegenden Fall stellte die Kommission weiter fest, dass *Altice* auf beide Arten gegen Art. 7 Abs. 1 FKVO verstoßen habe, indem es (i.) mit dem Signing des Übernahmevertrags, und somit noch vor der Anmeldung des Zusammenschlusses, die Kontrolle über *PT Portugal* erworben und (ii.)

1431 Oben Fn. 1426; dazu auch Kommission, Pressemitteilung IP/18/3522 vom 24. April 2018 („Fusionskontrolle: Kommission verhängt Geldbuße von 125 Mio. EUR gegen Altice wegen Verstoß gegen EU Vorschriften und Kontrolle von PT Portugal vor Genehmigung der Übernahme durch die Kommission"); Ashall/D'Elia/Staicu/Van Cutsem, Competition Merger Brief 1/2018, 13 ff.; Wessely in: MK-EuWettbR (2020), Art. 7 FKVO Rn. 44, 55, 59, 65 ff. und 79 ff.; Benedikt-Buckenleib/Haag, NZKart 2021, 21, 25 f.

1432 Kommission, Entscheidung vom 24. April 2018 (oben Fn. 1426), Rn. 37 ff.; dazu bereits oben Kapitel 1 A.III.1.a.

1433 Kommission, ebenda, Rn. 42 f.

diese Kontrolle vor der Genehmigung auch ausgeübt habe.[1434] Sodann setzte sich die Kommission mit den einzelnen Aspekten des Verstoßes auseinander.[1435]

Den Grund für den Kontrollerwerb im Zeitpunkt des Signings sah die Kommission in den Bestimmungen des Übernahmevertrags zur Geschäftsführung bei *PT Portugal* im Zeitraum zwischen Signing und Closing. *Altice* und *Oi* hatten sich darin auf Regeln für die Geschäftsführung bei *PT Portugal* bis zum Closing verständigt. Der Vertrag enthielt in Ziffer 6.1(a) die positive Verpflichtung für *Oi*, sicherzustellen, dass die Geschäfte von *PT Portugal* im Rahmen des normalen und üblichen Geschäftsbetriebs und in Übereinstimmung mit der bisherigen Praxis geführt würden.[1436] In Ziffer 6.1(b) war die negative Verpflichtung für *Oi* enthalten, bestimmte Maßnahmen zu unterlassen, darunter die Eingehung von Verpflichtungen bzw. der Erwerb von Vermögenswerten oberhalb bestimmter Beträge, die Einstellung neuer Geschäftsführer oder leitender Angestellter oder die Änderung der Preispolitik, der Standard-Angebotspreise oder der Geschäftsbedingungen.[1437] Sowohl die positive als auch die negative Verpflichtung konnte durch vorherige Zustimmung von *Altice* im Einzelfall überwunden werden.

Die Kommission bewertete die genannten Klauseln des Übernahmevertrags als insgesamt – und bezogen auf den Zeitpunkt des Signings – kontrollbegründend im Sinne des Art. 3 FKVO.[1438] Dabei stellte sie – u.a. mit Verweis auf die Nebenabreden-Bekanntmachung[1439] – klar, dass sie die Praxis der „conduct of business"-Klauseln[1440] für den Zeitraum zwischen Signing und Closing grundsätzlich anerkenne; allerdings seien die Klauseln im vorliegenden Fall – anders als in der Nebenabreden-Bekanntmachung gefordert – über das zur Erhaltung des Werts des Zielunternehmens erforderliche Maß hinausgegangen.

1434 Vgl. die Zusammenfassungen in Rn. 46 ff. und Rn. 479 ff. der Kommissionsentscheidung.

1435 Kommission, ebenda, Rn. 58 ff.

1436 Kommission, ebenda, Rn. 47 und 60.

1437 Kommission, ebenda, Rn. 47 und 61 ff.

1438 Kommission, ebenda, Rn. 67 ff.

1439 Bekanntmachung der Kommission über Einschränkungen des Wettbewerbs, die mit der Durchführung von Unternehmenszusammenschlüssen unmittelbar verbunden und für diese notwendig sind, ABl. C 56/24 vom 5. März 2005, Rn. 14; dazu näher unten Kapitel 5 D.I.2.a.bb.(1).

1440 Dazu allgemein oben Kapitel 2 C.II.3.c.

> "The Commission recognises that it is both common and appropriate for clauses aimed at protecting the value of an acquired business between the signing of a purchase agreement and closing to be included in sale and purchase agreements. Consequently, as noted by Altice, the Ancillary Restraints Notice envisages that agreements to abstain from material changes to a target's business until closing can be considered directly related and necessary to the implementation of a concentration. Indeed, such clauses restricting the seller from acting in a manner inconsistent with the outcome of the merger or from making major changes to the business can be reasonably justified to ensure the value of the business acquired is preserved, in general and as compared to the agreed purchase price. Such clauses can take a variety of different forms including prohibitions on certain actions, with or without a veto right, or a positive obligation to continue to run the target business in a certain manner.
> However, such an agreement between the seller and the buyer which grants the buyer the possibility to exercise decisive influence over a target prior to clearance is only justified if strictly limited to that which is necessary to ensure that the value of the target is maintained. It follows that an agreement that [awards] the purchaser the possibility to exercise decisive influence over a target on matters that are not necessary for the preservation of the value of the target, for example because they pertain to the ordinary course of the target's business operations or the target's commercial policy, is not justified.
> As a result of the commercial matters covered by the provisions of the Transaction Agreement and the low level of the monetary thresholds set in those provisions, the Transaction Agreement gave Altice a legal right to intervene in the Target's business beyond that which was necessary to guarantee maintenance of the value of the Target between the Signing Date and the Closing Date, and gave Altice the possibility to exercise decisive influence over the Target."[1441]

Konkret sah die Kommission jeweils für sich genommen („individually and collectively") in der Möglichkeit der Einflussnahme (bis hin zum finalen Vetorecht) auf die folgenden Aspekte eine Überschreitung der Erforderlichkeit und einen Kontrollerwerb im Sinne des Art. 3 FKVO: (i.) Ernennung des Führungspersonals von *PT Portugal*; (ii.) Entscheidungen über Preispolitik und Geschäftsbedingungen von *PT Portugal*; (iii.) Ent-

1441 Kommission, ebenda, Rn. 70 bis 72; ähnlich ebenda, Rn. 50 und 481.

scheidungen über Eingehung, Beendigung oder Änderung einer großen Zahl von Verträgen von *PT Portugal*.[1442] Wichtige Faktoren für die fehlende Erforderlichkeit der Einflussnahmemöglichkeit auf die Verträge waren aus Sicht der Kommission die Vielzahl der betroffenen Verträge und die niedrig angesetzten Wertgrenzen, ab denen der Zustimmungsvorbehalt galt.[1443]

Der von der Kommission festgestellte Kontrollerwerb vor Genehmigungserteilung hätte bereits für sich genommen einen Verstoß gegen das Vollzugsverbot begründet. Wie schon erwähnt, erkannte die Kommission im anschließenden Verhalten der beteiligten Unternehmen bis zur Genehmigung zusätzlich eine Ausübung der Kontrolle durch *Altice* und darin einen weiteren Verstoß gegen das Vollzugsverbot.[1444] Die Ausübung der Kontrolle stützte die Kommission darauf, dass *Altice* vor der Genehmigungserteilung, teilweise sogar schon vor der Anmeldung, (i.) mehrfach tatsächlichen Einfluss auf Geschäftsentscheidungen von *PT Portugal* genommen und (ii.) mit *PT Portugal* mehrfach wettbewerblich sensible Informationen ausgetauscht habe.

Zur Feststellung einer tatsächlichen Einflussnahme auf Geschäftsentscheidungen von *PT Portugal* stützte sich die Kommission auf insgesamt sieben Fälle, in denen es um eine Marketingkampagne, Vertragsschlüsse mit Anbietern und Abnehmern und den Verkauf von Anteilen an einer anderen Gesellschaft ging und in denen *PT Portugal* nach Ansicht der Kommission jeweils die Zustimmung von *Altice* gesucht und den Vorgaben von *Altice* zugestimmt bzw. diese umgesetzt hatte.[1445]Dabei waren nach Einschätzung der Kommission teilweise nicht einmal die (aus Sicht der Kommission ohnehin zu niedrig) angesetzten Wertgrenzen erreicht worden.

> "[Some] of the instances [...] did not even reach the materiality thresholds provided by the Transaction Agreement. Even assuming, therefore, that the materiality thresholds provided by the Transaction Agreement were appropriate, (which the Commission considers is not

1442 Kommission, ebenda, Rn. 73 ff.

1443 Kommission, ebenda, Rn. 89 ff. Die genauen EUR-Beträge sind in der öffentlichen Version der Bußgeldentscheidung als Geschäftsgeheimnisse gekennzeichnet und daher nicht bekannt.

1444 Kommission, ebenda, Rn. 178 ff.

1445 Kommission, ebenda, Rn. 180 ff.

the case [...]) these instances fell outside the provisions and, therefore, were not material even by reference to the Parties' own standards."[1446]

Einen Austausch wettbewerblich sensibler Informationen nahm die Kommission im Zusammenhang mit mehreren Treffen zwischen dem Top-Management von *Altice* und Vertretern von *PT Portugal* im Februar und März 2015 sowie März 2016[1447] und im Rahmen sonstiger bilateraler Kontakte,[1448] u.a. zu Preisen und Key-Performance-Indikatoren, an. Bemerkenswert an den Ausführungen der Kommission zum Informationsaustausch ist, dass hier die materiellen Kriterien anklingen, die die Kommission sonst bei der Prüfung der Vereinbarkeit eines Informationsaustauschs zwischen Wettbewerbern mit Art. 101 Abs. 1 AEUV anwendet[1449] und die dem formell-abstrakten[1450] Maßstab des Art. 7 Abs. 1 FKVO eigentlich fremd sind. Die Kommission nahm hierzu in Fußnoten sogar Bezug auf die Horizontal-Leitlinien.[1451] Wie schon im Hinblick auf die „conduct of business"-Klauseln betonte sie auch bezüglich des Informationsaustauschs, dass im Zusammenschlusskontext Privilegierungen[1452] möglich seien, die sie im vorliegenden Fall aber nicht als gegeben ansah.

"[The] Commission considers that exchanges of business-related information between a potential acquirer and a vendor could be considered as, if properly conducted, a normal part of the acquisition process, if the nature and purpose of such exchanges are directly related to the potential acquirer's need to assess the value of the business. Such situations generally arise as part of a due diligence process. However, the Commission notes that in the present case this exchange of information took place before the Clearance Decision and long after the due

1446 Kommission, ebenda, Rn. 479.
1447 Kommission, ebenda, Rn. 380 ff.
1448 Kommission, ebenda, Rn. 449 ff.
1449 Z.B. Bestehen eines Wettbewerbsverhältnisses zwischen den am Austausch beteiligten Unternehmen; strategischer und unternehmensspezifischer Charakter sowie hohe Granularität und Aktualität der ausgetauschten Informationen; Häufigkeit des Informationsaustauchs.
1450 Dazu oben Kapitel 1 B.I.2.a und Kapitel 1 B.I.2.d.
1451 Kommission, ebenda, Fn. 78, 215, 222 und 249; Horizontal-Leitlinien der Kommission (Leitlinien zur Anwendbarkeit von Artikel 101 des Vertrags über die Arbeitsweise der Europäischen Union auf Vereinbarungen über horizontale Zusammenarbeit, ABl. C 11/1 vom 14. Januar 2011), Rn. 55 ff.
1452 Dogmatisch dürfte es sich um einen Anwendungsfall der Immanenztheorie handeln; vgl. dazu unten Kapitel 5 D.I.2.d.cc.(5)(b)(aa).

diligence phase had been completed and was not by any means justified for the purposes of evaluating the business of PT Portugal."[1453]
"Furthermore, the exchange of information took place in the absence of any type of confidentiality arrangement, be it a clean team-type of structure or any other measure aimed at limiting the number of individuals who would have access to the information and/or the circulation and dissemination of PT Portugal's confidential information within Altice prior to the Closing Date."[1454]

Den Brückenschlag zum Vollzugsverbot stellte die Kommission dadurch her, dass sie in dem (unausgesprochen: gegen Art. 101 AEUV verstoßenden) Informationsaustausch eine Ausübung der Kontrolle über *PT Portugal* – oder zumindest ein zusätzliches Indiz dafür – sah.

> "[The] Commission thus takes the view that by requesting and receiving for and the receipt of such sensitive and granular information which went beyond what was necessary for the purposes of the Transaction by Altice, a competitor of PT Portugal in multiple markets, outside any clean team agreements and after the due diligence phase, Altice acted as if it already controlled PT Portugal and [...] therefore was entitled to ask for and receive such information, which contributes to the Commission's finding that Altice exercised decisive influence over aspects of the Target's business."[1455]

Im Hinblick auf das Vollzugsverbot stellte die Kommission weiter fest, dass der Informationsaustausch und die durch diesen bewirkten Veränderungen der Wettbewerbsverhältnisse und wettbewerblichen Schäden nur schwer wieder rückgängig gemacht werden könnten.

> "Furthermore, the fact that such sensitive and granular information was shared by the Target with one of its competitors makes it difficult for the Commission to restore the prior competitive situation because once the information exchanged, the harm to competition has already been done. This aspect is further aggravated by the fact that the Commission raised concerns as regards the compatibility of the Transaction with the internal market."[1456]

1453 Kommission, ebenda, Rn. 437.
1454 Kommission, ebenda, Rn. 438.
1455 Kommission, ebenda, Rn. 423; ähnlich ebenda, Rn. 448, 470 und 482.
1456 Kommission, ebenda, Rn. 472; ähnlich ebenda, Rn. 424.

Das Vorbringen von *Altice*, man habe die Informationen nicht dazu genutzt, (i.) bestimmenden Einfluss auf *PT Portugal* auszuüben oder (ii.) die Unsicherheit auf den betroffenen Märkten zu reduzieren oder (iii.) sonst irgendwie den Wettbewerb zwischen den beteiligten Unternehmen zu beschränken, wies die Kommission zurück. Was Punkt (i.) anbelangt, erinnerte sie daran, dass für einen Verstoß gegen Art. 7 Abs. 1 FKVO der Erwerb der Möglichkeit genüge, bestimmenden Einfluss auf das Zielunternehmen auszuüben.[1457] Im Hinblick auf die Punkte (ii.) und (iii.) stellte sie fest, dass die Anwendung von Art. 7 Abs. 1 FKVO durch die Kommission nicht den Nachweis tatsächlicher Auswirkungen des Vollzugs auf den Wettbewerb voraussetze.[1458]

Die Bußgeldhöhe begründete die Kommission für die Verstöße gegen die Anmeldepflicht und das Vollzugsverbot weitgehend einheitlich.[1459]Wie im Fall *Marine Harvest/Morpol* stellte sie jedoch in der Frage der Dauer des Verstoßes Unterschiede heraus, weil es sich bei Verstößen gegen die Anmeldepflicht um eine einmalige und bei Verstößen gegen das Vollzugsverbot um dauerhafte Zuwiderhandlungen handle; *Altice* habe mit der Unterlassung der Anmeldung am 9. Dezember 2014 (Zeitpunkt des Signings des Übernahmevertrags und des Kontrollerwerbs) gegen die Anmeldepflicht und mit dem Vollzug vor Anmeldung bzw. Genehmigung zwischen dem 9. April 2014 und dem 20. April 2015 (Zeitpunkt der Genehmigungsentscheidung) gegen das Vollzugsverbot verstoßen; die Dauer des Verstoßes gegen das Vollzugsverbot betrug somit vier Monate und elf Tage.[1460] Beide Verstöße lagen im unverjährten Zeitraum, wobei die Kommission sich ausdrücklich zu den Verjährungsfristen äußerte und in Anwendung der Verordnung (EWG) Nr. 2988/74[1461] für Verstöße gegen die Anmeldepflicht drei Jahre und für Verstöße gegen das Vollzugsverbot fünf Jahre zugrunde legte.[1462] Wie in den Fällen *Electrabel* und *Marine Harvest/Morpol* betonte sie die grundsätzliche Schwere des Verstoßes gegen das Vollzugsverbot[1463] und verhängte wegen jedes Verstoßes eine eigenständige Geldbuße.

1457 Kommission, ebenda, Rn. 440.
1458 Kommission, ebenda, Rn. 447.
1459 Kommission, ebenda, Rn. 561 ff. (vgl. ausdrücklich Rn. 564).
1460 Kommission, ebenda, Rn. 565 und 597 ff.
1461 Oben Fn. 1375.
1462 Kommission, ebenda, Rn. 566 f.
1463 Kommission, ebenda, Rn. 573 und 577.

Altice hat gegen die Entscheidung am 5. Juli 2018 eine Nichtigkeitsklage zum EuG erhoben,[1464] über die bei Drucklegung der vorliegenden Arbeit noch nicht entschieden war.

(q) Canon/Toshiba Medical Systems Corporation (M.8179)

Die sechste und bislang letzte Geldbuße wegen Verstoßes gegen Art. 7 Abs. 1 FKVO verhängte die Kommission im Juni 2019 gegen den japanischen Hersteller von Bildgebungs- und optischen Produkten *Canon*. Es war zugleich die erste Geldbuße, die die Kommission wegen eines „teilweisen" Vollzugs verhängte. Der Fall betraf die Übernahme des japanischen Medizintechnikunternehmens *Toshiba Medical Systems Corporation* (*TMSC*), einer hundertprozentigen Tochtergesellschaft des Elektronik- und Technologieunternehmens *Toshiba*, durch *Canon*. Der Bußgeldverhängung lag vereinfacht der folgende Sachverhalt zugrunde:[1465]

TMSC durchlief im Geschäftsjahr 2015/16 eine finanzielle Krise. Um eine Überschuldung abzuwenden, beschloss die Muttergesellschaft *Toshiba* die kurzfristige Veräußerung von *TMSC*. Um eine Veräußerung noch während des laufenden Geschäftsjahres zu ermöglichen, änderte *TMSC* mit der Zustimmung von *Toshiba* ihre bestehenden Anteile in ca. 134 Mio. stimmberechtigte sog. „Class C"-Anteile und schuf drei zusätzliche Arten von Anteilen, namentlich 20 ebenfalls stimmberechtigte, mit 95% des Aktienkapitals von *TMSC* verbundene „Class A"-Anteile, einen nicht stimmberechtigten, aber mit bestimmten Vetorechten und 5% des Aktienkapitals von *TMSC* verbundenen „Class B"-Anteil sowie 100 „Share Options". Auf Initiative von *Toshiba* und *Canon* sowie deren Rechtsberatern wurde am 8. März 2016 durch drei natürliche Personen die Gesellschaft *MS Holding* als „Special Purpose Vehicle" gegründet. Die Anteile an *MS Holding* lagen zu jeweils einem Drittel bei diesen natürlichen Personen.

1464 Rs. T-425/18, *Altice Europe/Kommission*. Dazu Pressemitteilung *Altice* vom 24. April 2018 („Altice N.V. Will File an Appeal Against The European Commission's Decision"), im Internet abrufbar unter https://altice.net/sites/default/files/pdf/20180424-alt-pr-altice-NV-File-Appeal-Against-European-Commission-Decision.pdf (zuletzt abgerufen am 22. April 2021).

1465 Vgl. im Einzelnen Kommission, Entscheidung vom 27. Juni 2019, COMP M.8179, *Canon/Toshiba Medical Systems Corporation*, Rn. 6 ff.

Am 17. März 2016 kam es zum Abschluss zweier Verträge, die sogleich durchgeführt wurden:

- Zum einen schlossen *Canon* und *Toshiba* ein „Shares and Other Securities Transfer Agreement", nach dem *Canon* für einen symbolischen Betrag den stimmrechtslosen, aber mit 5% des Aktienkapitals von *TMSC* verbundenen „Class B"-Anteil und gegen Zahlung des vollen Kaufpreises in Höhe von 5,3 Mrd. EUR die 100 „Share Options" erwarb. Die „Share Options" räumten *Canon* unter der aufschiebenden Bedingung der Erlangung der fusionskontrollrechtlichen Genehmigungen das Recht ein, alle „Class C"-Anteile an *TMSC* zu erwerben. Bis zur Ausübung der „Share Options" waren die mit den „Class C"-Anteilen verbundenen Stimmrechte ausgesetzt.
- Zum anderen wurden aufgrund eines „Excluded Share Transfer Agreements" zwischen *Toshiba* und *MS Holding* die „Class A"-Anteile, und damit vorläufig alle Stimmrechte und 95% des Aktienkapitals von *TMSC*, für einen symbolischen Betrag an *MS Holding* übertragen. Für den Fall der Ausübung der Optionen an den „Class C"-Anteilen durch *Canon* war vorgesehen, dass *Canon* die (dann wieder stimmberechtigten) „Class C"-Anteile erwerben und *TMSC* die „Class A"-Anteile von *MS Holding* und den „Class B"-Anteil von *Canon* erwerben und einziehen würde.

Es handelte sich also um eine zweistufige Transaktion, bei der in einem ersten – von den beteiligten Unternehmen als fusionskontrollfrei eingestuften – Schritt eine Anteilsklasse, der „Class B"-Anteil, vorübergehend an den endgültigen Erwerber der Kontrolle (*Canon*), und eine weitere Anteilsklasse, die „Class A"-Anteile, vorübergehend an einen Dritten (*MS Holding*) übertragen wurden, der diese in einem zweiten Schritt nach Einholung der Genehmigung durch den endgültigen Erwerber an das Zielunternehmen zurückübertragen musste, sodass letztlich alle Anteile vom endgültigen Erwerber kontrolliert wurden.

Nach Durchführung des ersten Schrittes und dem üblichen Pränotifizierungsverfahren meldete *Canon* die Übernahme aller Anteile und den Erwerb alleiniger Kontrolle an *TMSC* von *Toshiba* am 12. August 2016 bei der Kommission an. Die Kommission genehmigte den Zusammenschluss am 19. September 2016 ohne Bedingungen und Auflagen, woraufhin *Canon* (nach Erlangung aller sonstigen erforderlichen Genehmigungen) im Dezember 2016 die Optionsrechte ausübte und damit die wieder stimmberechtigten Class C"-Anteile und folglich die alleinige Kontrolle an *TMSC* erwarb. Gleichzeitig erwarb *TMSC*, wie vorgesehen, den „Class B"-Anteil und die 20 verbliebenen „Class A“-Anteile von *MS Holding* und zog diese ein.

Schon kurz nach Beginn des eigentlichen Fusionskontrollverfahren hatte die Kommission aufgrund eines anonymen Hinweises unter der Fallnummer M.8179 Ermittlungen gegen *Canon* wegen des Verdachts des Verstoßes gegen die Anmeldepflicht und das Vollzugsverbot der FKVO eingeleitet. Am 6. Juli 2017 übersandte die Kommission *Canon* eine Mitteilung der Beschwerdepunkte, in der die Kommission die vorläufige Ansicht vertrat, dass *Canon* mit der Durchführung des ersten Schrittes gegen Art. 4 Abs. 1 FKVO (Nichtanmeldung vor Vollzug) und Art. 7 Abs. 1 FKVO (Vollzug vor Anmeldung) verstoßen habe. Am 30. November 2018 wurden diese Beschwerdepunkte seitens der Kommission ergänzt. Am 27. Juni 2019 erließ die Kommission dann eine Entscheidung nach Art. 14 Abs. 2 FKVO, mit der sie gegen *Canon* eine Geldbuße in Höhe von insgesamt 28 Mio. EUR verhängte.[1466] Der Betrag setzte sich, ähnlich wie in den Fällen *Samsung/AST*, *A.P. Møller*, *Marine Harvest/Morpol* und *Altice/PT Portugal* aus zwei Einzelposten zusammen:

- 14 Mio. EUR nach Art. 14 Abs. 2 Buchst. a FKVO wegen Verstoßes gegen Art. 4 Abs. 1 FKVO (Nichtanmeldung vor Vollzug) und
- 14 Mio. EUR nach Art. 14 Abs. 2 Buchst. b FKVO wegen Verstoßes gegen Art. 7 Abs. 1 FKVO (Vollzug vor Anmeldung).

Die Verstöße begründete die Kommission wie folgt:[1467] Zunächst stellte sie fest, dass der erste und zweite Schritt der Transaktion unselbstständige Teile eines „einzigen“ Zusammenschluss im Sinne der *Cementbouw*-Rechtsprechung des EuG, des 20. Erwägungsgrundes zur FKVO und Rn. 35 der Konsolidierten Mitteilung zu Zuständigkeitsfragen darstellten.[1468] Sodann untersuchte sie, ob durch die Bewirkung des ersten Schritts ein Vollzug dieses Zusammenschlusses vorlag.[1469] Da der EuGH kurz zuvor sein Ur-

---

1466 Kommission, ebenda; dazu Pressemitteilung IP/19/3429 vom selben Tag („Fusionskontrolle: Kommission verhängt Geldbuße von 28 Mio. EUR gegen Canon wegen teilweiser Durchführung des Erwerbs von Toshiba Medical Systems Corporation vor dessen Anmeldung und Genehmigung nach der Fusionskontrollverordnung“); Stammwitz, GWR 2019, 433 ff.; Körber in: Immenga/Mestmäcker, WettbR/Bd. 3 (2020), Art. 7 FKVO Rn. 13; Benedikt-Buckenleib/Haag, NZKart 2021, 21, 25 f.; kritisch Mecklenburg, WuW 2021, 206, 208 ff. sowie Ricard, NZKart 2021, 230, 231 ff.

1467 Kommission, ebenda, Rn. 99 ff.

1468 Kommission, ebenda, Rn. 101 ff. Vgl. allgemein unten Kapitel 5 D.I.2.a.bb.(4).

1469 Kommission, ebenda, Rn. 143 ff.

teil im Fall *Ernst & Young//Konkurrenceradet* zum Inhalt des Vollzugsverbots[1470] gefällt hatte, prüfte die Kommission den Vollzug am Maßstab der *Ernst & Young*-Formel des EuGH. Sie stellt fest, dass *Canon* mit der Bewirkung des ersten Schrittes zwar nicht die Kontrolle über *TMSC* erworben habe. Jedoch habe der erste Schritt einem unmittelbaren funktionellen Zusammenhang mit dem im zweiten Schritt geplanten dauerhaften Kontrollerwerb im Sinne des Art. 3 Abs. 1 FKVO durch *Canon* gestanden und einen erforderlichen Beitrag hierzu geleistet. Im Ergebnis bejahte sie einen teilweisen Vollzug („partial implementation") des Zusammenschlusses.[1471]

Wie in früheren Fällen begründete die Kommission die Verstöße gegen die Anmeldepflicht und das Vollzugsverbot weitgehend einheitlich, behandelte den Verstoß gegen die Anmeldepflicht aber als einmalige und den Verstoß gegen das Vollzugsverbot als dauerhafte Zuwiderhandlung, die sie jeweils in Anwendung der Verordnung (EWG) Nr. 2988/74[1472] als unverjährt einstufte.

Canon hat gegen die Entscheidung am 27. Juni 2019 eine Nichtigkeitsklage zum EuG erhoben,[1473] über die bei Drucklegung der vorliegenden Arbeit noch nicht entschieden war.

(2) Freistellungsverfahren

Wie eingangs erwähnt, hat die Kommission inzwischen eine Reihe von Freistellungsentscheidungen, die in Anwendung des Art. 7 Abs. 3 FKVO[1474] erlassen wurden, im Internet veröffentlicht. Da für eine Freistellung nach der Normstruktur des Art. 7 FKVO eigentlich nur Bedarf besteht, wenn ein Verhalten gegen das Vollzugsverbot verstößt, sollten auch diese Entscheidungen Rückschlüsse auf das Vollzugsverständnis der Kommission zulassen.

Bei genauerer Betrachtung sind solche Rückschlüsse allerdings nur unter Vorbehalt möglich. Zwar leuchtet es ein, dass ein Verhalten keiner Freistellung nach Art. 7 Abs. 3 FKVO bedarf, wenn es schon nicht verbotswidrig im Sinne des Art. 7 Abs. 1 FKVO ist. Allerdings lassen die ausgewerteten Entscheidungen eine klare Zurückhaltung der Kommission

---

1470 Dazu sogleich unten Kapitel 5 D.I.2.b.ff.

1471 Kommission, ebenda, Rn. 99 f., 143, 164 ff., 190.

1472 Oben Fn. 1375.

1473 Klage vom 9. September 2019, Rs. T-609/19, *Canon/Kommission*.

1474 Zu dieser Vorschrift ausführlich oben Kapitel 1 B.II.2.

erkennen, wenn es darum geht, die von den beteiligten Unternehmen geplanten Maßnahmen als verbotswidrig einzustufen. So hat die Kommission in einer Entscheidung[1475] bereits die Anwendbarkeit der FKVO offengelassen. Zwar hat sie solche Vorbehalte, soweit ersichtlich, nie hinsichtlich des Vollzugs erklärt. Umgekehrt hat sie geplante Maßnahmen aber auch nur in wenigen Fällen ausdrücklich als Vollzug qualifiziert;[1476] in einem Fall hat sie darauf verwiesen, dass die Parteien es für möglich hielten, dass in der betreffenden Maßnahme ein Vollzug liege.[1477] Eine Pflicht zur definitiven Einordnung wäre wohl auch nicht praxisgerecht. Entscheidungen über die Freistellung vom Vollzugsverbot ergehen innerhalb des engen Fristenplans des Art. 10 FKVO unter hohem Zeitdruck. Vor diesem Hintergrund liegt es nahe, dass die Kommission in vielen Entscheidungen eine abschließende Qualifikation des betreffenden Verhaltens als „Vollzug“ weder vornehmen konnte noch musste und sich daher gegen entsprechende Rückschlüsse verwahren würde. Dies würde bedeuten, dass die Kommission in der Praxis Verhaltensweisen im Interesse des Antragstellers sozusagen „hilfsweise“ freistellt.[1478]

Vor dem Hintergrund des Untersuchungszwecks sind vorliegend vor allem Fälle relevant, in denen die Kommission in ihrer Freistellungsentscheidung Maßnahmen ausdrücklich als Vollzugsmaßnahmen qualifiziert hat. Solche Fälle sind, wie schon erwähnt, selten. Weiter sind Entscheidungen von Interesse, in denen die Kommission eine Freistellung für *konkrete Maßnahmen* erteilt oder abgelehnt hat. Unter Berücksichtigung des oben erklärten, generellen Vorbehalts erlauben solche Entscheidungen am ehesten Rückschlüsse auf das Vollzugsverständnis der Kommission, vor allem, wenn die betreffenden Maßnahmen in den „Schlussfolgerungen“ (engl./franz.: „Conclusion“) am Ende der jeweiligen Entscheidung klar beschrieben sind oder dort auf eine solche Beschreibung im Begründungsteil Bezug genommen wird.

1475 Entscheidung vom 14. September 2004, COMP/M.3275, *Shell España/CESPA/SIS JV*, Rn. 6.

1476 Vgl. Kommission, Entscheidung vom 2. März 2005, COMP/M.3754, *Strabag/Dywidag*, Rn. 24 f.: „Diese Freistellung ist antragsgemäß beschränkt auf die Vollzugsmaßnahme der Mitwirkung an der Geschäftsführung der Dywidag Holding, der Dywidag SFI, der Walter Heilit und der DIG und berechtigt nicht zur dinglichen Übertragung der Anteilsrechte an diesen Unternehmen.“ Vgl. auch Kommission, Entscheidung vom 19. Dezember 2013, COMP/M.7120, *Ecom Agroindustrial Corporation/Armajaro Trading*, Rn. 35 a.E.

1477 Kommission, Entscheidung vom 14. September 2004 (oben Fn. 1475), Rn. 11.

1478 Vgl. auch Rudowicz, Gun-Jumping (2016), 173.

Leider mangelt es vielen Entscheidungen gerade in diesem Punkt an Klarheit. Zwar wird in den Schlussfolgerungen stets mit der einleitenden Formulierung „Aus den genannten Gründen" (engl.: „Based on the above [considerations]"; franz.: „Pour ces motifs") auf die vorangegangene Begründung – und damit auch auf die dort ggf. genannten Maßnahmen – Bezug genommen. Häufig wird dann aber eine „derogation from the obligations imposed by Article 7(1) of the Merger Regulation" erteilt, was die Frage aufwirft, ob es sich um eine vollständige Freistellung oder eine auf zuvor erwähnte Maßnahmen begrenzte Teilfreistellung handelt. Wesentlich klarer wird der Umfang auch nicht, wenn die Kommission, wie in manchen Fällen, die Freistellung „in accordance with [the] [...] application"[1479] gewährt. Hier ist fraglich, ob auch eine antragsgemäße *Begrenzung* abgedeckt sein soll. Deutlich wird eine Begrenzung dagegen, wenn die Kommission in den Schlussfolgerungen ausdrücklich Formulierungen wie „in accordance with and to the extent specified in [the] [...] derogation request"[1480] oder „in accordance with the foregoing terms and conditions"[1481] verwendet.

Die genannten Unsicherheiten setzen sich fort, soweit es um die nach Art. 7 Abs. 3 S. 4 FKVO zulässigen „Bedingungen und Auflagen" geht. Hier fällt mitunter schon die Beurteilung schwer, ob bestimmte Feststellungen der Kommission im Sinne einer Inhaltsbestimmung den Freistellungsumfang definieren oder als Bedingung oder Auflage einzustufen sind. Um diese Unsicherheiten deutlich zu machen, werden solche Feststellungen in der folgenden Übersicht als „ergänzende Feststellungen" gekennzeichnet. Unklarheiten ergeben sich auch hinsichtlich der Unterscheidung zwischen Bedingungen und Auflagen. So hat die Kommission dieselben Nebenbestimmungen in manchen Fällen als „Bedingungen", in anderen als „Auflagen" bezeichnet. Obwohl die Bezeichnungen durchaus

---

1479 Freistellungsentscheidungen in den Fällen COMP/M.5384, *BNP Paribas/Fortis* (unten Fn. 1511), Rn. 42; COMP/M.6137, *Citigroup/Maltby Acquisitions Limited* (unten Fn. 1514), Rn. 43; ähnlich im Fall COMP/M.3754, *Strabag/Dywidag* (unten Fn. 1504), Rn. 25 („antragsgemäß beschränkt").

1480 Freistellungsentscheidung im Fall COMP/M.4151, *Orica/Dyno* (unten Fn. 1507), Rn. 61.

1481 Freistellungsentscheidungen in den Fällen COMP/M.5267, *Sun Capital/SCS Group* (unten Fn. 1510), Rn. 26; COMP/M.4763, *Cerberus/Torex* (unten Fn. 1508), Rn. 29; COMP/M.3450, *Macquarie Bank Limited/Crown Castle UK Holdings Limited* (unten Fn. 1499), Rn. 21.

im Sinne der deutschen (und europäischen[1482]) Dogmatik zu verstehen sein könnten, verbleiben auch hier Zweifel.

Für die vorliegende Untersuchung wurden die (insgesamt 40) bis Ende 2018 im Internet zugänglichen Freistellungsentscheidungen ausgewertet. Im Folgenden werden diese hinsichtlich des Freistellungsumfangs und der Bedingungen und Auflagen, also hinsichtlich ihres „verfügenden Teils", jeweils stichwortartig zusammengefasst.[1483] Dabei wird der besseren Übersichtlichkeit halber zwischen der Neugründung eines Gemeinschaftsunternehmens (a) und dem Erwerb der Kontrolle über ein bestehendes Unternehmen (b) unterschieden.

(a) Neugründung eines Gemeinschaftsunternehmens

Zwei von der Kommission veröffentlichte Freistellungsentscheidungen betrafen die Neugründung eines Gemeinschaftsunternehmens. Da die Kommission in diesen Fällen jeweils konkrete Maßnahmen vom Vollzugsverbot freistellte, sind diese Entscheidungen – unter dem oben angebrachten Vorbehalt – für die Zwecke dieses Kapitels interessant.

- *Shell España/CESPA/SIS JV* (M.3275):[1484] Freistellung gewährt für (i.) Abschluss von Versicherungsschutz; (ii.) Einholung luftfahrtrechtlicher Genehmigungen; (iii.) Zahlung einer Gebühr für die Abgabe eines Angebots zur Erbringung von „into-plane"-Dienstleistungen; (iv.) Leistung einer diesbezüglichen Einlage; (v.) Abschluss von Verwaltungsverträgen; (vi.) Abschluss von Mietverträgen. Freistellung als nicht „strictly necessary" implizit verweigert für Aufnahme des operativen Geschäfts.
- *William Hill/Codere/JV* (M.4472):[1485] Freistellung gewährt für (i.) gesellschaftsrechtliche Gründung eines Gemeinschaftsunternehmens als künftiger Inhaber von Wettkonzessionen; (ii.) Aufnahme vorläufiger Kontakte und vorläufiger Verhandlungen mit möglichen künftigen Wettbürobetreibern sowie Technologieanbietern; (iii.) Implementierung der erforderlichen IT-Infrastruktur in Übereinstimmungen mit den spezifischen technischen Bedingungen der Vergaberegeln; (iv).

1482 Vgl. oben Kapitel 4 A.II.1.b.bb.(3).

1483 Zu den Freistellungsvoraussetzungen allgemein oben Kapitel 1 B.II.2.

1484 Kommission, Entscheidung vom 14. September 2004, COMP/M.3275, *Shell España/CESPA/SIS JV*.

1485 Kommission, Entscheidung vom 28. November 2006, COMP/M.4472, *William Hill/Codere/JV*.

Eingehen einer Leistungsgarantie und Zahlung der Konzessionsgebühr an die zuständige Behörde; (v.) Unterzeichnung der Konzessionsvereinbarung mit der zuständigen Behörde.

(b) Erwerb der Kontrolle über ein bestehendes Unternehmen

Die übrigen Entscheidungen betrafen Fälle des Erwerbs der Kontrolle über bereits bestehende Unternehmen. In einem dieser Fälle wurde die Freistellung, die für den Erwerb der Kontrolle am Zielunternehmen außerhalb des EWR beantragt worden war, insgesamt abgelehnt.

- *SC Johnson/Sara Lee* (M.5659).[1486]

In anderen Fällen wurden Freistellungen vom Vollzugsverbot ohne klare Inhaltsbegrenzung und ohne Bedingungen oder Auflagen erteilt. Diese Fälle sind für die Zwecke des vorliegenden Kapitels ohne Erkenntnisgewinn.

- *Apax/Candover/The Telegraph Group* (M.3471);[1487]
- *3i/The Telegraph Group* (M.3488);[1488]
- *Fiat/Magneti Marelli* (M.3590);[1489]
- *IPM/ERG Nuove Centrali/ISAB Energy Services* (M.4712);[1490]
- *Fiat/Teksid* (M.4840);[1491]
- *Eon/Endesa Europa/Viesgo* (M.5170);[1492]
- *Enel/Acciona/Endesa* (M.5171);[1493]

1486 Kommission, Entscheidung vom 11. Februar 2011, COMP/M.5659, *SC Johnson/Sara Lee*.

1487 Kommission, Entscheidung vom 19. Mai 2004, COMP/M.3471, *Apax/Candover/The Telegraph Group*.

1488 Kommission, Entscheidung vom 9. Juni 2004, COMP/M.3488, *3i/The Telegraph Group*.

1489 Kommission, Entscheidung vom 1. Oktober 2004, COMP/M.3590, *Fiat/Magneti Marelli*.

1490 Kommission, Entscheidung vom 26. Juni 2007, COMP/M.4712, *IPM/ERG Nuove Centrali/ISAB Energy Services*.

1491 Kommission, Entscheidung vom 24. Juli 2007, COMP/M.4840, *Fiat/Teksid*.

1492 Kommission, Entscheidung vom 28. April 2008, COMP/M.5170, *Eon/Endesa Europa/Viesgo*.

1493 Kommission, Entscheidung vom 28. April 2008, COMP/M.5171, *Enel/Acciona/Endesa*.

- *Santander/Bradford & Bingley Assets* (M.5363);[1494]
- *3i Group/H.I.G. Capital/Volnay B.V.* (M.5590);[1495]
- *Otto/Primondo Assets* (M.5721);[1496]
- *SFPI/Dexia* (M.6812).[1497]

Schließlich liegen verschiedene Entscheidungen vor, in denen die Kommission konkrete Maßnahmen vom Vollzugsverbot freistellte und/oder Bedingungen oder Auflagen erließ. Diese Fälle sind – wiederum unter dem eingangs formulierten Vorbehalt – für die vorliegenden Zwecke relevant.

- *Macquarie Bank Limited/Crown Castle UK Holdings Limited* (M.3450):[1498] Freistellung gewährt für (i.) Gründung eines Erwerbsvehikels („Newco") durch den Erwerber; (ii.) Erwerb aller Anteile und damit der Kontrolle am Zielunternehmen durch Newco; (iii.) Ausübung der Stimmrechte an Newco zur Annahme der Satzung und Kapitalstruktur von Newco und zur Besetzung des Leitungsgremiums von Newco und dessen Tochtergesellschaften einschließlich des Zielunternehmens; (iv.) Ausübung der Stimmrechte am Zielunternehmen und Führung der Geschäfte beim Zielunternehmen hinsichtlich einer Sicherheitsleistung durch das Zielunternehmen; (v.) Vornahme anderer erforderlicher Maßnahmen (nur) nach Zustimmung der Kommission.[1499] Die Einhaltung des letzten Punkts war zugleich Bedingung für die Wirksamkeit der Entscheidung insgesamt.
- *Danish Crown/HK/Sokołów* (M.3522):[1500] Freistellung gewährt für (i.) Erwerb einer kontrollierenden Beteiligung am Zielunternehmen; (ii.) Beauftragung eines Brokers zur Vorbereitung eines öffentlichen Übernahmeangebots für die Restanteile; (iii.) Abgabe eines öffentli-

1494 Kommission, Entscheidung vom 28. September 2008, COMP/M.5363, *Santander/Bradford & Bingley Assets.*

1495 Kommission, Entscheidung vom 27. Juli 2009, COMP/M.5590, *3i Group/H.I.G. Capital/Volnay B.V.*

1496 Kommission, Entscheidung vom 22. Dezember 2009, COMP/M.5721, *Otto/Primondo Assets* (vollständige Freistellung vom Vollzugsverbot für einen eigenständig die Voraussetzungen des Art. 3 FKVO erfüllenden Teilabschnitt eines einheitlichen Zusammenschlusses).

1497 Kommission, Entscheidung vom 17. Dezember 2012, COMP/M.6812, *SFPI/Dexia.*

1498 Kommission, ebenda, Rn. 19.

1499 Kommission, Entscheidung vom 28. Mai 2004, COMP/M.3450, *Macquarie Bank Limited/Crown Castle UK Holdings Limited.*

1500 Kommission, Entscheidung vom 12. August 2004, COMP/M.3522, *Danish Crown/HK/Sokołów.*

chen Übernahmeangebots für die Restanteile; (iv.) Erwerb von Restanteilen aufgrund des öffentlichen Übernahmeangebots; (v.) Vornahme aller weiteren Maßnahmen, die erforderlich sind, um diese Schritte umzusetzen. Bedingungen oder Auflagen: (i.) Vornahme der weiteren Maßnahmen im Einzelfall nur nach Abstimmung mit der Kommission; (ii.) keine abgestimmte („in concert") Ausübung der Stimmrechte aus den erworbenen Anteilen zur Besetzung des Leitungsgremiums des Zielunternehmens oder zur Anberaumung einer Hauptversammlung.

- *Intek/Gim* (M.3682):[1501] Freistellung gewährt für (i.) Erwerb einer kontrollierenden Beteiligung am Zielunternehmen; (ii.) Ernennung der Direktoren und des Vizepräsidenten des Verwaltungsrats des Zielunternehmens zum Zweck der Durchführung der Restrukturierungsvereinbarungen. Bedingungen oder Auflagen: (i.) Gebrauchmachen von Stimm- oder sonstigen Rechten aus den erworbenen Anteilen ausschließlich zu dem vorstehend genannten Zweck; (ii.) Vornahme anderer Maßnahmen nur nach Zustimmung der Kommission.
- *AXA Private Equity/ Camaïeu* (M.3707):[1502] Freistellung gewährt für (i.) Erwerb einer kontrollierenden Beteiligung am Zielunternehmen; (ii.) Verlagerung des Firmensitzes und Verschiebung des Geschäftsjahrs des Zielunternehmens; (iii.) Ernennung der Gesellschaftsorgane zu dem Zweck, dass diese Finanzierungsvereinbarungen abschließen können; (iv.) Ausschüttung von Dividenden an den Erwerber zu dem Zweck, den finanzierenden Banken Sicherheit zu leisten. Bedingungen oder Auflagen: Gebrauchmachen von Stimmrechten aus den erworbenen Anteilen ausschließlich zu den vorstehend unter (ii.) bis (iv.) genannten Zwecken.
- *Orkla/Elkem* (M.3709):[1503] Freistellung gewährt für die Übertragung eines die Kontrolle vermittelnden Aktienpakets auf das Konto des Erwerbers bei der Norwegischen Aktienregisterbehörde. Bedingung: Kein Gebrauchmachen von Stimm- oder sonstigen Rechten aus den erworbenen Anteilen.

1501 Kommission, Entscheidung vom 28. Januar 2005, COMP/M.3682, *Intek/Gim*.

1502 Kommission, Entscheidung vom 27. Januar 2005, COMP/M.3707, *AXA Private Equity/ Camaïeu*.

1503 Kommission, Entscheidung vom 20. Januar 2005, COMP/M.3709, *Orkla/Elkem*.

- *Strabag/Dywidag (M.3754):*[1504] Freistellung gewährt für die Mitwirkung an der Geschäftsführung des Zielunternehmens. Keine Bedingungen oder Auflagen.
- *MatlinPatterson/Matussière & Forest* (M.3832):[1505] Freistellung gewährt für Erwerb der Kontrolle am Zielunternehmen gemäß vorläufigem Übernahmeangebot. Bedingung: Gebrauchmachen von Stimm- oder sonstigen Rechten am Zielunternehmen ausschließlich zu den im Freistellungsantrag genannten Zwecken, d.h. zur Abgabe eines verbindlichen, unbedingten Übernahmeangebots.
- *Carlyle/Otor* (M.3870):[1506] Freistellung gewährt für Erwerb der Kontrolle am Zielunternehmen für den Fall, dass die von den Unternehmensgründern bestellten Verwalter zu einem bestimmten Termin zurücktreten. Bedingung: Entscheidungen des Erwerbers hinsichtlich des Zielunternehmens dienen ausschließlich der Erledigung laufender Geschäftsangelegenheiten, der Erhaltung des vollen Wertes der Investition oder der Besetzung vakanter Führungspositionen.
- *Orica/Dyno* (M.4151):[1507] Freistellung gewährt für (i.) Übernahme von Liefer- und Serviceverträgen mit bestimmten Kunden; (ii.) Erwerb der Kontrolle an einzelnen, außerhalb des EWR sitzenden Geschäftseinheiten des Zielunternehmens. Bedingungen: (i.) Abschirmung der im Zuge der Freistellung erworbenen Einheiten vom EWR-Geschäft des Veräußerers, so dass keine den EWR betreffenden Informationen von den (noch) vom Veräußerer gehaltenen Einheiten an die bereits übergegangenen Einheiten übermittelt werden; (ii.) keine Änderung der Struktur der im Zuge der Freistellung erworbenen Einheiten, Entlassung von Führungskräften oder Vornahme sonstiger Maßnahmen, die die Wiederherstellung des Status quo ante behindern würden, wobei die Ausübung eines Vorkaufsrechts durch einen Joint-Venture-Partner keinen Verstoß gegen die Bedingung darstellt. Auflagen für den Fall des Erlasses einer Untersagungsentscheidung nach Art. 8 Abs. 3 FKVO: (i.) Erwerber ergreift alle vernünftigerweise praktikablen Schritte, die im Zuge der Freistellung erworbenen Einheiten an den Verkäufer zu-

---

1504 Kommission, Entscheidung vom 2. März 2005, COMP/M.3754, *Strabag/Dywidag.*

1505 Kommission, Entscheidung vom 31. Mai 2005, COMP/M.3832, *MatlinPatterson/Matussière & Forest.*

1506 Kommission, Entscheidung vom 27. Juni 2005, COMP/M.3870, *Carlyle/Otor.*

1507 Kommission, Entscheidung vom 11. April 2006, COMP/M.4151, *Orica/Dyno.*

rück zu übertragen; (ii.) Erwerber bietet den Kunden, deren Verträge übernommen wurden, Rückübertragung auf den Verkäufer an.

- *Cerberus/Torex* (M.4763):[1508] Freistellung gewährt für Maßnahmen, die vernünftigerweise erforderlich sind, um nach der Unterzeichnung des Unternehmenskaufvertrags das Fortbestehen des Zielunternehmens als laufendes Unternehmen (engl.: „going concern“) sicherzustellen, im Einzelnen (i.) Besetzung vakanter Führungspositionen; (ii.) Zuführung von Kapital; (iii.) Unterrichtung von Schlüsselkunden über den Gesellschafterwechsel und die Pläne des Erwerbers; (iv.) Vornahme von Kostenreduzierungsmaßnahmen, soweit diese erforderlich sind, um das Fortbestehen des Zielunternehmens als laufendes Unternehmen sicherzustellen. Ergänzende Feststellungen: (i.) Tagesgeschäft fällt in die Verantwortung der Unternehmensführung des Zielunternehmens; (ii.) Vornahme anderer erforderlicher Maßnahmen (nur) nach Zustimmung der Kommission. Bedingungen: (i.) Ernennung eines durch die Kommission zu billigenden, unabhängigen Beobachters, der die unabhängige Führung des Zielunternehmens und der anderen Unternehmen des Erwerber sowie die Einhaltung der Modalitäten der Freigabeentscheidung überwacht; (ii.) Ernennung einer Führungskraft des Zielunternehmens zum „hold separate“-Manager, der die Unabhängigkeit der Unternehmensführung sicherstellt; (iii.) Gebrauchmachen von Stimm- oder sonstigen Rechten am Zielunternehmen ausschließlich zu den vorstehend genannten Zwecken.
- *STX/Aker Yards* (M.4956):[1509] Freistellung gewährt vom Verbot der Stimmrechtsausübung nach Art. 7 Abs. 2 Buchst. b Alt. 1 FKVO. Bedingungen: (i.) Ausübung der Stimmrechte nur im Rahmen einer bestimmten, aktuell anberaumten Hauptversammlung und nur zur Erhaltung des vollen Werts der Investition, namentlich zur Verhinderung der Einsetzung neuer Personen im Leitungsgremium des Zielunternehmens oder der Enthebung derzeitiger Gremienmitglieder oder zur Wahl oder Bestätigung derzeitiger Gremienmitglieder; (ii.) Kontaktaufnahme mit der Nominierungsausschuss nur zum Zweck, derzeitige Gremienmitglieder vom Rücktritt abzuhalten oder Listen mit Kandidatenvorschlägen zu erhalten; (iii.) dagegen keine Stimmrechtsausübung

1508 Kommission, Entscheidung vom 12. Juni 2007, COMP/M.4763, *Cerberus/Torex*.

1509 Kommission, Entscheidung vom 19. März 2008, COMP/M.4956, *STX/Aker Yards*.

zur Wahl eigener Vertreter oder sonstiger neuer Mitglieder in das Leitungsgremium.

- *Sun Capital/SCS Group* (M.5267):[1510] Freistellung gewährt für Maßnahmen, die strikt erforderlich sind, um nach der Unterzeichnung des Unternehmenskaufvertrags das Fortbestehen des Zielunternehmens als laufendes Unternehmen (engl.: „going concern") sicherzustellen, im Einzelnen (i.) Besetzung des Vorstands mit einem Vertreter des Erwerbers, der nicht die Mehrheit im Vorstand stellen, keine Führungsposition in einer anderen, im Möbeleinzelhandel tätigen Portfoliogesellschaft des Erwerbers innehaben und mit Ausnahme üblicher Rechte zum Schutz von Minderheitsgesellschaftern über keine Vetorechte verfügen durfte; (ii.) Zuführung von Kapital zu genau festgelegten Zwecken; (iii.) Kommunikation und Verhandlungen mit Lieferanten, Vermietern, Gläubigern, Kreditvermittlern, anderen Geschäftspartnern und sonstigen Stakeholdern zur Sicherstellung des Fortbestehens des Zielunternehmens als laufendes Unternehmen. Ergänzende Feststellungen: (i.) Tagesgeschäft fällt in die Verantwortung der Unternehmensführung des Zielunternehmens; (ii.) Vornahme anderer Maßnahmen nur nach Zustimmung der Kommission. Bedingungen: (i.) Ernennung eines durch die Kommission zu billigenden, unabhängigen Beobachters, der die unabhängige Führung des Zielunternehmens und der anderen Unternehmen des Erwerbers sowie die Einhaltung der Modalitäten der Freigabeentscheidung überwacht; (ii.) Gebrauchmachen von Stimm- oder sonstigen Rechten am Zielunternehmen ausschließlich zu den vorstehend genannten Zwecken.
- *BNP Paribas/Fortis* (M.5384);[1511] Freistellung gewährt für Erwerb der Kontrolle am Zielunternehmen durch Einsetzung eines mit Vertretern des Erwerbers und des Zielunternehmens besetzten Lenkungsausschusses zur Überwachung der finanziellen Risikosituation des Zielunternehmens, zur Ergreifung aller wegen der Finanzkrise erforderlichen Maßnahmen hinsichtlich des Managements und der Geschäftstätigkeit des Zielunternehmens und zur Billigung möglicher Versetzungen von Mitarbeitern des Erwerbers auf Schlüsselpositionen des Zielunternehmens. Ergänzende Feststellungen: (i.) Minimierung des Austauschs wettbewerblich sensibler Informationen auf ein strikt erforderliches

1510 Kommission, Entscheidung vom 2. Juli 2008, COMP/M.5267, *Sun Capital/SCS Group.*

1511 Kommission, Entscheidung vom 27. Oktober 2008, COMP/M.5384, *BNP Paribas/Fortis.*

Maß, insbesondere kein Austausch spezifischer Informationen bezüglich identifizierter Kunden des Zielunternehmens; (ii.) Minimierung der Anzahl der in diese Vorgänge involvierten Mitarbeiter des Erwerbers auf ein strikt erforderliches Maß.

- *Fiat/Chrysler* (M.5518):[1512] Freistellung gewährt für Erwerb der Kontrolle am Zielunternehmen. Bedingung: Vollständige Anmeldung des Zusammenschlusses bei der Kommission innerhalb von 10 Arbeitstagen nach dem Closing.
- *Lotte Group/Artenius UK* (M.5760):[1513] Freistellung gewährt für Erwerb der Kontrolle am Zielunternehmen. Bedingung: Vollständige Anmeldung des Zusammenschlusses bei der Kommission spätestens innerhalb von 5 Arbeitstagen nach der Annahme (engl.: „adoption") der Freistellungsentscheidung.
- *Citigroup/Maltby Acquisitions Limited* (M.6137):[1514] Freistellung gewährt für (i.) Erwerb der Kontrolle am Zielunternehmen und (ii.) finanzielle Restrukturierung.
- *Sun Capital/Polestar UK Print Limited* (M.6215):[1515] Freistellung gewährt für (i.) Erwerb der Kontrolle am Zielunternehmen und (ii.) finanzielle Restrukturierung. Auflage: Vollständige Anmeldung des Zusammenschlusses bei der Kommission spätestens innerhalb von 5 Arbeitstagen nach der Annahme der Freistellungsentscheidung.
- *Sofiprotéol/Actifs Doux* (M.6696):[1516] Freistellung gewährt für Erwerb der Kontrolle am Zielunternehmen. Bedingungen: (i.) Keine Vornahme von Maßnahmen, die die Struktur der Transaktion verändern oder die abschließende Entscheidung der Kommission präjudizieren, beispielsweise Abspaltung von Vermögenswerten des Zielunternehmens, irreversible operative Durchführung der Transaktion, Abschluss von Verträgen, welche die Weiterveräußerung der Vermögenswerte des Zielunternehmens an Dritte hindern oder erschweren könnten, (ii.) Einschränkung des Zugangs zu vertraulichen, wettbewerblich sensiblen Informationen des Zielunternehmens; (iii.) Erhaltung des vollen

---

1512 Kommission, Entscheidung vom 29. Mai 2009, COMP/M.5518, *Fiat/Chrysler*.

1513 Kommission, Entscheidung vom 8. Februar 2010, COMP/M.5760, *Lotte Group/Artenius UK*.

1514 Kommission, Entscheidung vom 1. Februar 2011, COMP/M.6137, *Citigroup/Maltby Acquisitions Limited*.

1515 Kommission, Entscheidung vom 15. April 2011, COMP/M.6215, *Sun Capital/Polestar UK Print Limited*.

1516 Kommission, Entscheidung vom 25. Juli 2012, COMP/M.6696, *Sofiprotéol/Actifs Doux*.

wirtschaftlichen und wettbewerblichen Werts des Zielunternehmens; (iv.) Ernennung eines durch die Kommission zu billigenden, unabhängigen Beobachters, der die Einhaltung der Modalitäten der Freigabeentscheidung überwacht; (v.) Anmeldung des Zusammenschlusses bei der Kommission spätestens innerhalb eines Monats nach der Entscheidung des zuständigen Gerichts über den Zessionsplan.

- *Ecom Agroindustrial Corporation/Armajaro Trading* (M.7120):[1517] Freistellung gewährt für Maßnahmen, die vernünftigerweise erforderlich sind, um das Fortbestehen des Zielunternehmens als laufendes Unternehmen zu gewährleisten, im Einzelnen (i.) Besetzung der beiden „most senior management positions"; (ii.) Zuführung von Kapital; (iii.) Unterrichtung von Schlüsselkunden über den Gesellschafterwechsel und die Pläne des Erwerbers; (iv.) Vornahme bestimmter, der Kommission mitgeteilter Kostenreduzierungsmaßnahmen. Ergänzende Feststellungen: Erwerber „verpflichtete" sich (engl.: „committed"), keine anderen Vollzugsmaßnahmen vorzunehmen. Bedingungen: (i.) Ernennung einer Führungskraft des Zielunternehmens zum „hold separate"-Manager, der die Unabhängigkeit der Unternehmensführung sicherstellt; (ii.) Gebrauchmachen von Stimm- oder sonstigen Rechten am Zielunternehmen ausschließlich zu den vorstehend genannten Zwecken.
- *Gerdau Europe/Ascometal* (M.7273):[1518] Freistellung gewährt unter der Bedingung der Anmeldung des Zusammenschlusses bei der Kommission spätestens innerhalb von sechs Wochen nach Erhalt des Zuschlags durch das zuständige Gericht.
- *Parcom/Pon/Imtech Marine* (M.7771):[1519] Freistellung gewährt unter den folgenden Bedingungen: (i.) Anmeldung des Zusammenschlusses bei der Kommission bis spätestens 15. September 2015; (ii.) Vornahme ausschließlich solcher Maßnahmen, die erforderlich sind, um eine weitere Verschlechterung der Vermögenswerte des Zielunternehmens zu verhindern, namentlich: Erteilung von Garantien, Vornahme von Vorauszahlungen, Zuführung zusätzlichen Kapitals, Kommunikation und Verhandlungen mit Lieferanten, Abnehmern und anderen Stakeholdern des Zielunternehmens zur Sicherstellung des Fortbestehens des

1517 Kommission, Entscheidung vom 19. Dezember 2013, COMP/M.7120, *Ecom Agroindustrial Corporation/Armajaro Trading.*

1518 Kommission, Entscheidung vom 13. Mai 2014, COMP/M.7273, *Gerdau Europe/Ascometal.*

1519 Kommission, Entscheidung vom 4. September 2015, COMP/M.7771, *Parcom/Pon/Imtech Marine.*

Zielunternehmens als laufendes Unternehmen; (iii.) Ernennung eines „hold separate"-Managers; (iv.) keine Ausübung von Stimmrechten zu anderen als den vorstehend genannten Zwecken.

- *Pillarstone/Famar* (M.8385):[1520] Freistellung gewährt unter den folgenden Bedingungen: (i.) Anmeldung des Zusammenschlusses bei der Kommission spätestens innerhalb eines Monats nach der Annahme der Freistellungsentscheidung; (ii.) Vornahme ausschließlich solcher Maßnahmen, die erforderlich sind, um die Überlebensfähigkeit des Zielunternehmens wiederherzustellen.
- *Banco Santander S.A./Banco Popular Group S.A.* (M.8553):[1521] Freistellung gewährt für die folgenden Maßnahmen: (i.) Ernennung von Geschäftsführern beim Zielunternehmen; (ii.) Sicherstellung der Compliance mit diversen regulatorischen Vorgaben, Angleichung an entsprechende Standards von *Santander* und Unterstützung im Außenauftritt gegenüber den Behörden; (iii.) Management von Finanz-, Markt- und Geschäftsrisiken; (iv.) vorübergehende Entsendung von Mitarbeitern zum Zielunternehmen; (v.) sonstige Maßnahmen nicht wirtschaftlicher Natur zur Sicherstellung der finanziellen Stabilität des Zielunternehmens. Bedingungen: (i.) unverzügliche Anmeldung des Zusammenschlusses bei der Kommission; (ii.) Beschränkung aller Maßnahmen auf das zur Wiederherstellung der Überlebensfähigkeit des Zielunternehmens notwendige Maß; (iii.) Sicherstellung, dass das Zielunternehmen operationell nicht in die Erwerbergruppe integriert und deren Einfluss auf das Zielunternehmen auf das nötige Minimum begrenzt wird.
- *Lufthansa/Certain Air Berlin Assets* (M.8633):[1522] Freistellung gewährt für die folgenden Maßnahmen: (i.) Eintritt von *Lufthansa* anstelle von *Air Berlin* in bestehende Flugzeugleasingverträge mit Oberleasinggebern; Abschluss neuer Flugzeugleasingverträge zwischen *Lufthansa* als Leasingnehmer und den Zielunternehmen als Leasinggebern; Übermittlung von Flugplänen durch *Lufthansa* an ein Zielunternehmen zur Ermöglichung der Durchführung eines Leasingvertrags; Offenlegung des Geschäftsplans von *Lufthansa* an das Luftfahrtbundesamt zwecks Erlangung einer Betriebsgenehmigung für ein Zielunternehmen. Be-

1520 Kommission, Entscheidung vom 27. Februar 2017, COMP/M.8385, *Pillarstone/Famar.*

1521 Kommission, Entscheidung vom 7. Juni 2017, COMP/M.8553, *Banco Santander S.A./Banco Popular Group S.A.*

1522 Kommission, Entscheidung vom 27. Oktober 2017, COMP/M.8633, *Lufthansa/Certain Air Berlin Assets.*

achtlich ist der Umstand, dass *Lufthansa* keine dieser Maßnahmen als Vollzugsmaßnahme einstufte und nur vorsichtshalber eine Freistellung vom Vollzugsverbot beantragte.[1523] Die Kommission stufte die beantragten Maßnahmen dagegen ausdrücklich als Vollzugsmaßnahmen ein.[1524] In einer Fußnote erwähnte sie indes, dass geplante Verhandlungen mit Drittanbietern (z.B. von Wartungsleistungen) und Datenübertragungen an die *Lufthansa*-Tochter *Eurowings* keinen Vollzug darstellten und daher nicht weiter erörtert würden.[1525]

- *BayWa/Clean Energy Trading* (M.8758):[1526] Freistellung gewährt unter der Bedingung der Anmeldung des Zusammenschlusses bei der Kommission spätestens innerhalb eines Monats nach der Annahme der Freistellungsentscheidung.
- *Ryanair/Laudamotion* (M.8869):[1527] Freistellung gewährt für die Bewirkung des ersten Teils einer zweistufigen Transaktion, die die Kommission als „einzigen“ Zusammenschluss im Sinne des Art. 3 FKVO einstufte. Beachtlich ist die Feststellung der Kommission, dass die Bewirkung der ersten Stufe wegen der Verbundenheit der Vorgänge einen teilweisen Vollzug („partial implementation“) darstelle.[1528]
- *PIAG/MTIB/ABATEC* (M.8990):[1529] Freistellung gewährt unter der Bedingung der Anmeldung des Zusammenschlusses bei der Kommission spätestens innerhalb eines Monats nach der Annahme der Freistellungsentscheidung. In der Entscheidung qualifizierte die Kommission die

1523 Vgl. Kommission, ebenda, Rn. 9.

1524 Kommission, ebenda, Rn. 12.

1525 Kommission, ebenda, Fn. 4 zu Rn. 8.

1526 Kommission, Entscheidung vom 7. Dezember 2017, COMP/M.8758, *BayWa/Clean Energy Trading.*

1527 Kommission, Entscheidungen vom 23. März und 8. Mai 2018, COMP/M.8869, *Ryanair/Laudamotion.*

1528 Kommission, Entscheidung vom 23. März 2018, *Ryanair/Laudamotion*, Rn. 21 (“In the Commission's view, carrying out Step One of the Transaction before the notification of the Transaction or before it has been declared compatible with the internal market by the Commission pursuant to the Merger Regulation would amount to a partial implementation of a concentration, given that Step One and Step Two constitute a single concentration. Moreover, the measures as set out in paragraph (6) are substantial in themselves and intrinsically linked to the constitution of the concentration.”); vgl. auch Entscheidung vom 8. Mai 2018, *Ryanair/Laudamotion*, Rn. 23.

1529 Kommission, Entscheidung vom 29. Juni 2018, COMP/M.8990, *PIAG/MTIB/ABATEC.*

Vornahme von Restrukturierungsmaßnahmen im Anschluss an die dauerhafte Kontrolländerung ausdrücklich als Vollzug.[1530]

(3) Entflechtungsverfahren

Rückschlüsse auf das Vollzugsverständnis der Kommission lassen schließlich auch bestimmte Entscheidungen zu, welche die Kommission im Hinblick auf Entflechtungen nach Art. 8 Abs. 4 FKVO getroffen hat.

(a) Anordnung der Entflechtung in bislang vier Fällen

Da auch die Vorschrift des Art. 8 Abs. 4 FKVO an einen „vollzogen[en]" Zusammenschluss anknüpfen, ist die Kommissionspraxis in diesem Bereich gleichsam von Interesse.[1531]

Von ihrer Entflechtungsbefugnis nach Art. 8 Abs. 4 Buchst. a FKVO hat die Kommission bislang im Wesentlichen[1532] in vier Fällen Gebrauch gemacht. Die Verfahren *Kesko/Tuko* (M.784)[1533] und *Blokker/Toys „R" Us* (M.890)[1534] betrafen Zusammenschlüsse ohne gemeinschaftsweite Bedeutung im Sinne des Art. 1 Abs. 2 FKVO 1989, die im Anschluss an ihren – nach mitgliedstaatlichem Recht nicht zu beanstandenden – Vollzug von den finnischen bzw. niederländischen Behörden nach Art. 22 FKVO 1989 an die Kommission verwiesen worden waren. Die beiden anderen Verfahren, *Schneider/Legrand* (M.2283) und *Tetra Laval/Sidel* (M.2416),[1535] waren Anwendungsfälle des Art. 7 Abs. 3 FKVO 1997 (nunmehr Art. 7 Abs. 2 FKVO 2004), in denen der Vollzug wegen eines öffentlichen Übernahmeangebots formell rechtmäßig erfolgt war. In allen Entscheidungen hatte die Kommission zunächst festzustellen, dass ein „Vollzug" im Sinne des

1530 Kommission, ebenda, Rn. 16 (vgl. zu den einzelnen Maßnahmen ebenda, Rn. 9 und 15).

1531 Vgl. bereits oben Kapitel 1 A.III.1.b.dd.

1532 In einem weiteren Fall (M.9076 – *Novelis/Aleris*) wurde eine Entflechtungsanordnung wegen Verstoßes gegen die Bedingungen einer Genehmigungsentscheidung nach Art. 8 Abs. 4 Buchst. b FKVO angeordnet.

1533 Dazu bereits oben Kapitel 4 A.II.2.b.aa.(3).

1534 Dazu bereits oben Kapitel 4 A.II.2.b.aa.(4).

1535 Dazu bereits oben Kapitel 1 B.II mit dazugehöriger Fn. 406.

Art. 8 Abs. 4 FKVO vorlag. Dabei stellte sie in einem Fall ausdrücklich,[1536] in den übrigen Fällen zumindest implizit[1537] auf den Eintritt der Kontrolländerung im Sinne des Art. 3 FKVO ab.

(b) Ablehnung der Entflechtung im Fall Ryanair/Aer Lingus (M.4439)

Das irische Luftfahrtunternehmen *Ryanair* hatte in einem ersten Schritt eine Beteiligung von 16,03% am Wettbewerber *Aer Lingus* erworben.[1538] Am 5. Oktober 2006 steigerte es die Beteiligung auf 19,21% und kündigte ein öffentliches Übernahmeangebot für den Erwerb des gesamten Kapitals von *Aer Lingus* an. Die Angebotsabgabe erfolgte am 23. Oktober 2006. Am 30. Oktober 2006 meldete *Ryanair* den mit dem öffentlichen Übernahmeangebot verfolgten Kontrollerwerb bei der Kommission an.[1539] Bis zum 28. November 2006 erhöhte *Ryanair* seinen Anteil an *Aer Lingus* weiter auf 25,17%. Am 19. Dezember teilte *Ryanair* der Kommission mit, dass die Zukäufe Teil des angemeldeten Kontrollerwerbs seien. Einen Tag später eröffnete die Kommission nach Art. 6 Abs. 1 Buchst. c FKVO das Hauptverfahren (Phase II). In ihrer Entscheidung stellte sie fest, dass die Erwerbsvorgänge vor und nach der Abgabe des öffentlichen Übernahmeangebots Bestandteile eines „einzigen“ Zusammenschlusses im Sinne des Art. 3 FKVO seien. Im Laufe des Hauptverfahrens sagte *Ryanair* der Kommission zu, die mit den bereits erworbenen Aktien verbundenen Stimmrechte nicht auszuüben, legte aber Wert auf die Feststellung, dass die bislang erworbenen Anteile keine Kontrolle über *Aer Lingus* vermittelten. Mit Entscheidung vom 27. Juni 2007 untersagte die Kommission das Vorhaben nach Art. 8 Abs. 3 FKVO. Dabei bezeichnete sie die verschiedenen Erwerbsschritte als „einzigen Zusammenschluss im Sinne von Artikel 3

1536 Kommission, Entscheidung vom 19. Februar 1997, IV/M.784, *Kesko/Tuko*, ABl. L 174/47 vom 2. Juli 1997, Rn. 2.

1537 Kommission, Entscheidung vom 26. Juni 1997, IV/M.890, *Blokker/Toys „R“ Us*, ABl. L 316/1 vom 25. November 1998, Rn. 118; vom 30. Januar 2002, COMP/M.2283, *Schneider/Legrand* (oben Fn. 406), Rn. 9; vom 30. Januar 2002, COMP/M.2416, *Tetra Laval/Sidel* (oben 406), Rn. 8. Vgl. auch die Verbotsentscheidung vom 20. September 1995, IV/M.553, *RTL/Veronica/Endemol* (oben Fn. 979), Rn. 116, auf die keine Entflechtung folgte (dazu bereits oben Kapitel 4 A.II.2.b.aa.(2)).

1538 Vgl. zum Sachverhalt, soweit im Folgenden nichts anderes angegeben wird, EuG, Urteil vom 6. Juli 2010, Rs. T-411/07, *Aer Lingus/Kommission*, ECLI:EU:T:2010:281, Rn. 5 ff.

1539 ABl. C 274/45 vom 10. November 2006.

der Fusionskontrollverordnung".[1540] Die Untersagungsentscheidung wurde von *Ryanair* letztlich erfolglos angefochten.[1541]

Während des Hauptverfahrens hatte *Aer Lingus* sich an die Kommission gewandt und diese ersucht, gegen *Ryanair* ein Entflechtungsverfahren nach Art. 8 Abs. 4 FKVO hinsichtlich der bereits erworbenen Anteile durchzuführen und einstweilige Maßnahmen nach Art. 8 Abs. 5 FKVO anzuordnen, um zu verhindern, dass *Ryanair* die mit diesen Anteilen verbundenen Stimmrechte ausübte. Hilfsweise sollte die Kommission erklären, dass die mitgliedstaatlichen Wettbewerbsbehörden nicht nach Art. 21 Abs. 3 FKVO daran gehindert seien, ihre Zuständigkeit bezüglich dieser Beteiligungen auszuüben. Die Kommission teilte *Aer Lingus* am 27. Juni 2007 mit, dass sie für die gewünschten Maßnahmen unzuständig sei und dass es den Mitgliedstaaten nicht verwehrt sei, die Vorschriften des innerstaatlichen Wettbewerbsrechts auf diese Beteiligungen anzuwenden. Im August 2007 steigerte *Ryanair* seine Beteiligung an *Aer Lingus* weiter auf 29,3%. Am 17. August 2007 forderte *Aer Lingus* die Kommission nach Art. 232 EGV 1997 (nunmehr Art. 265 AEUV) auf, Maßnahmen nach Art. 8 Abs. 4 und 5 FKVO zu ergreifen oder formell ihre Unzuständigkeit festzustellen und hinsichtlich der Minderheitsbeteiligung von *Ryanair* zu Art. 21 Abs. 3 FKVO Stellung zu nehmen. Zur Begründung brachte *Aer Lingus* vor, dass der Erwerb der Minderheitsbeteiligung einen teilweisen Vollzug („partial implementation") darstelle, auf den Art. 8 Abs. 4 FKVO Anwendung finde, und die Entflechtung erforderlich sei, um wirksamen Wettbewerb wiederherzustellen.

Die Kommission wies das Ersuchen von *Aer Lingus* mit Entscheidung vom 11. Oktober 2007 zurück. In ihrer Begründung orientierte sie sich stark am Wortlaut der FKVO.[1542] Art. 3 Abs. 1 Buchst. b FKVO definiere einen Zusammenschluss als dauerhafte Kontrolländerung. Nach Art. 8 Abs. 4 FKVO könne die Kommission den beteiligten Unternehmen die Entflechtung eines Zusammenschlusses aufgeben, wenn dieser bereits vollzogen und für unvereinbar mit dem Gemeinsamen Markt (heute: Binnenmarkt) erklärt worden sei. Da *Ryanair* weder die rechtliche noch die faktische Kontrolle an *Aer Lingus* erworben habe, könnten die bishe-

---

1540 Kommission, Entscheidung vom 27. Juni 2007, COMP/M.4439, *Ryanair/Aer Lingus*, Rn. 12.

1541 EuG, Urteil vom 6. Juli 2010, Rs. T-342/07, *Ryanair/Kommission*, ECLI:EU:T:2010:280.

1542 Kommission, Entscheidung vom 11. Oktober 2007, COMP/M.4439, *Ryanair/Aer Lingus*, Rn. 7 ff. (Zitate nach EuG, Urteil vom 6. Juli 2010, Rs. T-411/07, *Aer Lingus/Kommission*, ECLI:EU:T:2010:281, Rn. 26).

rigen Erwerbsvorgänge „nicht als Bestandteile eines vollzogenen Zusammenschlusses angesehen werden." Ausdrücklich wies die Kommission das Vorbringen eines teilweisen Vollzugs zurück. Dieses Konzept lasse sich kaum mit dem Wortlaut des Art. 8 Abs. 4 FKVO vereinbaren. Da der Kontrollerwerb als „das ausschlaggebende Merkmal" eines Zusammenschlusses im Sinne des Art. 3 FKVO fehle, könne „nicht von einem Zusammenschluss, der ‚bereits vollzogen wurde', gesprochen werden". Von Ryanair könne deshalb „nicht verlangt werden, ‚den Zusammenschluss rückgängig zu machen'". Entscheidungen nach Art. 8 Abs. 4 FKVO dienten dazu, den negativen Auswirkungen auf den Wettbewerb zu begegnen, „die sich aus dem Vollzug eines Zusammenschlusses nach der Definition in Art. 3 dieser Verordnung ergeben könn[t]en." Im vorliegenden Fall seien solche Auswirkungen ausgeschlossen, da *Ryanair* bislang weder die Kontrolle über *Aer Lingus* erworben habe noch diese künftig erwerben könne. Der vorliegende Fall unterscheide sich in diesem Punkt von früheren Anwendungsfällen des Art. 8 Abs. 4 FKVO, z.B. von den Fällen *Tetra Laval/Sidel* und *Schneider/Legrand*, in denen die Kontrolländerung zum Zeitpunkt der Entflechtung bereits vorgelegen habe. Schließlich wies die Kommission auch die Forderungen von *Aer Lingus* nach der Vornahme einstweiliger Maßnahmen nach Art. 8 Abs. 5 (Buchst. c) FKVO und nach einer Auslegung des Art. 21 Abs. 3 FKVO zurück. Da bei der Beschreibung der Eingriffsvoraussetzungen des Art. 8 Abs. 5 (Buchst. c) FKVO dieselben Begrifflichkeiten verwendet würden wie in Art. 8 Abs. 4 FKVO, würden für beide Befugnisnormen dieselben Erwägungen gelten.[1543] Die Forderung nach einer Auslegung des Art. 21 Abs. 3 FKVO sei zurückzuweisen, da die Kommission nicht ermächtigt sei, an die Mitgliedstaaten gerichtete Bestimmungen auszulegen.[1544]

Aer Lingus legte gegen diese Entscheidung am 19. November 2007 Nichtigkeitsklage ein. Mit gesondertem Schriftsatz vom selben Tag beantragte das Unternehmen beim EuG vorläufigen Rechtsschutz nach Art. 242 f. EGV 1997 (nunmehr Art. 278 f. AEUV).

In beiden Verfahren war unstreitig, dass die erworbene Minderheitsbeteiligung *Ryanair* weder die rechtliche noch die faktische Kontrolle über *Aer Lingus* vermittelte. *Aer Lingus*[1545] stellte vor dem EuG zunächst die Annahme der Kommission in Frage, im vorliegenden Fall könne es mangels

1543 Kommission, ebenda, Rn. 15 ff.

1544 Kommission, ebenda, Rn. 18 ff.

1545 Zum Vorbringen von *Aer Lingus* im Einzelnen EuG, Beschluss vom 18. März 2008, Rs. T-411/07 R, *Aer Lingus/Kommission*, ECLI:EU:T:2008:80,

einer Kontrolländerung nicht zu negativen Auswirkungen auf den Wettbewerb kommen. Dies widerspreche den Tatsachen, wirtschaftstheoretischen Erkenntnissen und den Entscheidungen der Kommission in den Fällen *Schneider/Legrand* und *Tetra Laval/Sidel.* Außerdem habe die Kommission, indem sie *Ryanair* im Verwaltungsverfahren die Zusage abgerungen habe, die mit den erworbenen Anteilen verbundenen Stimmrechte nicht auszuüben, offensichtlich selbst negative Auswirkungen auf den Wettbewerb befürchtet. Weiter brachte Aer Lingus vor, dass es sich bei dem Vorhaben, dessen Entflechtung begehrt werde, um dasselbe Vorhaben handele, das die Kommission am 27. Juni 2007 als einzigen Zusammenschluss im Sinne des Art. 3 FKVO behandelt und untersagt habe. Die betreffende Beteiligung sei im Rahmen dieses Zusammenschlusses erworben worden. Das Wort „vollzogen" in Art. 8 Abs. 4 FKVO sei von der Kommission zu Unrecht mit „Kontrolle begründet" im Sinne von Art. 3 Abs. 2 FKVO gleichgesetzt worden. Vielmehr könnten auch Maßnahmen unterhalb der Schwelle zur dauerhaften Kontrolländerung einen (teilweisen) „Vollzug" im Sinne des Art. 8 Abs. 4 FKVO begründen. Dies sei von der Kommission hinsichtlich Art. 7 Abs. 1 FKVO anerkannt worden und müsse aus Gründen der Kohärenz auch für Art. 8 FKVO gelten. Die Rückabwicklung eines teilweisen Vollzugs entspreche im Übrigen dem Leitprinzip des Art. 8 Abs. 4 FKVO, das in der Wiederherstellung des Status quo ante liege. Damit seien vorliegend nicht nur die Voraussetzungen des Art. 3 FKVO, sondern auch des Art. 8 Abs. 4 FKVO erfüllt. Entsprechendes gelte für Art. 8 Abs. 5 FKVO. Für die Fehlerhaftigkeit der Rechtsauffassung der Kommission zum Vollzugsbegriff der Art. 8 Abs. 4, 5 FKVO spreche im Übrigen die Regelungslücke, die bei Zugrundelegung der Kommissionsauffassung entstünde, da die Kontrolle des Zusammenschlusses den Mitgliedstaaten nach Art. 21 Abs. 3 FKVO entzogen sei.

Die Kommission[1546] bekräftigte vor dem EuG ihren Standpunkt aus der Entscheidung vom 11. Oktober 2007. Die FKVO gelte nicht für den Erwerb von Minderheitsbeteiligungen, die keine Kontrolle im Sinne von Art. 3 Abs. 2 FKVO vermittelten. Die Figur des „einzigen" Zusammenschlusses diene der Vermeidung doppelter Anmeldungen und sichere das Prinzip der „einzigen Anlaufstelle" (engl.: „one-stop shop"), gewähre der

---

Rn. 60 ff.; Urteil vom 6. Juli 2010, Rs. T-411/07, *Aer Lingus/Kommission*, ECLI:EU:T:2010:281, Rn. 44 ff.

1546 Zum Vorbringen der Kommission im Einzelnen EuG, Beschluss vom 18. März 2008 (oben Fn. 1545), Rn. 77 ff.; Urteil vom 6. Juli 2010, Rs. T-411/07 (oben Fn. 1545), Rn. 56.

Kommission aber keine Zuständigkeit für Eingriffe in nicht kontrollierende Minderheitsbeteiligungen. Die Entflechtung bloßer Minderheitsbeteiligungen widerspräche dem allgemeinen Zweck der FKVO, dauerhafte Kontrolländerungen im Sinne des Art. 3 FKVO einer Kontrolle zu unterwerfen. Die Hinweise von *Aer Lingus* auf die Entscheidungen der Kommission in den Fällen *Schneider/Legrand* und *Tetra Laval/Sidel* gingen fehl, weil in den genannten Fällen die Kontrolle bereits erworben gewesen sei. Was die Kohärenz angehe, habe sie in der Frage, ob das Vollzugsverbot des Art. 7 FKVO dem Erwerb von Minderheitsbeteiligungen entgegenstehe, nie einen amtlichen Standpunkt geäußert. Sie habe nur bei informellen Gesprächen mit den Unternehmen die Politik verfolgt, den Erwerber aufzufordern, die Ausübung von Stimmrechten insgesamt, d.h. auch insoweit, als sie auf reinen Minderheitsbeteiligungen beruhten, bis zur Sachentscheidung zu unterlassen.[1547] Das EuG wies den Antrag auf vorläufigen Rechtsschutz mit Beschluss vom 18. März 2008[1548] und die Klage im Verfahren zur Hauptsache mit Urteil vom 6. Juli 2010[1549] ab. Auf beide Entscheidungen wird noch zurückzukommen sein.[1550]

bb. Empfehlungen und Stellungnahmen

Trotz des Bedürfnisses der Unternehmen nach Rechtssicherheit hat die Kommission bislang keine ihrer fusionskontrollrechtlichen Mitteilungen, Bekanntmachungen und Leitlinien, die prinzipiell unverbindliche Empfehlungen bzw. Stellungnahmen im Sinne des Art. 288 Abs. 4 AEUV sind,[1551] zum Anlass genommen, den Inhalt des Vollzugsverbots der FKVO zu erläutern. Dennoch enthalten diese Texte Hinweise, die für die Bestimmung des Vollzugsbegriffs des Art. 7 FKVO bedeutsam erscheinen.

1547 Vgl. EuG, Beschluss vom 18. März 2008 (oben Fn. 1545), Rn. 94.

1548 EuG, Beschluss vom 18. März 2008, Rs. T-411/07 R, *Aer Lingus/Kommission*, ECLI:EU:T:2008:80.

1549 EuG, Urteil vom 6. Juli 2010, Rs. T-411/07, *Aer Lingus/Kommission*, ECLI:EU:T:2010:281.

1550 Dazu unten Kapitel 5 D.I.2.b.bb.

1551 Zur Frage der Selbstbindung der Kommission Konsolidierte Mitteilung der Kommission zu Zuständigkeitsfragen (Fn. 95), Rn. 1; Bardong/Käseberg/Maass in: Langen/Bunte, EuKartR (2018), Einl. FKVO Rn. 21.

(1) Zur Qualifikation von Maßnahmen vor Kontrolländerung als „Nebenabreden"

Einen solchen Hinweis enthält die Nebenabreden-Bekanntmachung,[1552] die sich auf die Bestimmungen der Art. 6 Abs. 1 Buchst. b Unterabs. 2 und Art. 8 Abs. 1 Unterabs. 2, Abs. 2 Unterabs. 3 FKVO bezieht. Nach diesen Vorschriften gelten durch eine Entscheidung, mit der ein Zusammenschluss für vereinbar mit dem Binnenmarkt erklärt wird, auch die mit seiner Durchführung unmittelbar verbundenen und für diese notwendigen Einschränkungen (sprachlich im Deutschen etwas unglücklich als „Nebenabreden" bezeichnet;[1553] treffender erscheint der englische Ausdruck „ancillary restraints") als genehmigt. In Rn. 14 der Nebenabreden-Bekanntmachung qualifiziert die Kommission Vereinbarungen, bis zur Vollendung eines Zusammenschlusses keine wesentlichen Änderungen am Geschäft vorzunehmen (in der Praxis als „conduct of business"-Klauseln bezeichnet),[1554] als mit der Durchführung des betreffenden Zusammenschlusses unmittelbar verbunden und für diese notwendig.[1555] Da es sich um Maßnahmen handelt, die im Vorfeld der Genehmigung getroffen werden und sich auch im Vorfeld der Genehmigung auswirken, dürfte daraus der Schluss zu ziehen sein, dass es sich nicht um verbotene Vollzugsmaßnahmen handeln kann. Allerdings bezieht die Kommission dieses Konzept ausdrücklich nicht auf andere Maßnahmen. Stattdessen stellt sie in derselben Randnummer fest, dass

> „[v]ertragliche Abmachungen im Rahmen stufenweise durchgeführter Zusammenschlüsse […], soweit sie sich auf Vorgänge vor Begründung des Kontrolltatbestands im Sinne von Artikel 3 Absätze 1 und 2 der Fusionskontrollverordnung beziehen, normalerweise nicht als mit der

---

1552 Oben Fn. 1439.

1553 Unglücklich deshalb, weil Gegenstand der Immanenzausnahme unzweifelhaft nicht nur „Abreden" im Sinne von Vereinbarungen, sondern auch abgestimmte Verhaltensweisen im Sinne des Art. 101 Abs. 1 AEUV sein können. Zu beachten ist auch, dass der Begriff der „Nebenabrede" letztlich das *Ergebnis* einer Beurteilung bezeichnet; vgl. MOLLE, Zur Beurteilung „begleitender" Wettbewerbsverbote im Rahmen von Art. 81 Abs. 1 EG und § 1 GWB (2005), 20 f.; STIRNIMANN, Nebenabreden in der europäischen Fusionskontrolle (2000), 72 („zugleich Aufgreif- und Eingreiftatbestand").

1554 Dazu allgemein oben Kapitel 2 C.II.3.c.

1555 Vgl. dazu auch Kommission, Entscheidung vom 24. April 2018, COMP/M.7993, *Altice/PT Portugal*, Rn. 50 und 70; dazu ausführlich oben Kapitel 5 D.I.2.a.aa.(1)(p).

Durchführung des Zusammenschlusses unmittelbar verbundene und für diese notwendige Einschränkungen angesehen werden [können]."

(2) Zum Konzept des „faktischen" Kontrollerwerbs

Weitere Hinweise lassen sich der Konsolidierten Mitteilung zu Zuständigkeitsfragen[1556] entnehmen. Diese enthält in Rn. 7 ff. ausführliche Erläuterungen zu den Zusammenschlusstatbeständen des Art. 3 Abs. 1 Buchst. a und b FKVO und deren gemeinsamem Tatbestandsmerkmal der dauerhaften Kontrolländerung. Die Erläuterungen erstrecken sich auch auf die bisweilen schwer zu beurteilende Frage, wann ein Unternehmen *faktisch* die Kontrolle über ein anderes Unternehmen erwirbt. Da die Kommission, wie gesehen, jedenfalls die (aktive) Bewirkung eines Zusammenschlusstatbestands als Vollzug beurteilt, verdeutlichen die Ausführungen, wann ein Zusammenschluss nach der Kommission jedenfalls vollzogen wird.

(3) Zum Konzept des „passiven" Kontrollerwerbs

In Rn. 21 ihrer Konsolidierten Mitteilung äußert sich die Kommission zur Thematik des „passiven" Kontrollerwerbs. Sie legt dar, dass ein Kontrollerwerb im Sinne des Art. 3 FKVO auch dann vorliegen könne, „wenn dieser nicht das erklärte Ziel der Parteien" sei oder „der Erwerber nur eine passive Rolle" spiele und der Erwerb stattdessen „durch Handlungen Dritter ausgelöst" werde. Dies sei durch die Formulierung „in sonstiger Weise" in Art. 3 Abs. 1 Buchst. b FKVO abgedeckt. Beispielhaft nennt die Kommission Kontrolländerungen in „Folge einer Erbschaft oder des Ausscheidens eines Gesellschafters". Hinsichtlich des zweiten Falls nimmt sie ausdrücklich Bezug auf die oben erwähnten Entscheidungen *Avesta (II)*[1557] und *RTL/M6*. Wie schon die Entscheidung im Fall *RTL/M6* lassen diese Ausführungen letztlich jedoch keinen Rückschluss auf das Vollzugsverständnis der Kommission im Rahmen des Art. 7 FKVO zu. Es könnte nämlich durchaus sein, dass die Kommission in solchen Fällen zwar die Bewirkung eines Zusammenschlusstatbestands, mangels aktiven Tuns aber keinen Vollzug annimmt.

1556 Oben Fn. 95.
1557 Oben Fn. 1350.

(4) Zum Konzept des „einzigen" Zusammenschlusses

Ausführlich setzt sich die Kommission in der Konsolidierten Mitteilung auch mit dem von ihr entwickelten, vom EuG im *Cementbouw*-Urteil[1558] für die FKVO 1997 anerkannten und vom Unionsgesetzgeber im 20. Erwägungsgrund zur FKVO 2004 verankerten Konzept des „einzigen" Zusammenschlusses[1559] auseinander. In Rn. 30 ff. werden zunächst mehrstufige Transaktionen behandelt, bei denen die Dauerhaftigkeit des Vorgangs auf der ersten Stufe in Frage steht. Dabei geht es um Fälle, in denen

- mehrere Unternehmen in einem ersten Schritt ein anderes Unternehmen erwerben, um dieses in einem zweiten Schritt nach einem im Voraus vereinbarten Plan untereinander aufzuteilen („Pooling"),
- ein Unternehmen in einem ersten Schritt ein anderes Unternehmen erwirbt, um dieses in einem zweiten Schritt nach einem im Voraus vereinbarten Plan teilweise an ein drittes Unternehmen weiterzuveräußern („Spinning"),
- mehrere Unternehmen in einem ersten Schritt ein anderes Unternehmen erwerben, um dieses in einem zweiten Schritt nach einem im Voraus vereinbarten Plan einem von ihnen zu alleiniger Kontrolle zu übertragen, oder
- ein Unternehmen, typischerweise eine Bank, in einem ersten Schritt ein anderes Unternehmen erwirbt und dieses in einem zweiten Schritt an ein drittes Unternehmen als endgültigen Erwerber überträgt („Warehousing").[1560]

1558 EuG, Urteil vom 23. Februar 2006, Rs. T-282/02, *Cementbouw/Kommission* (oben Fn. 1287), Rn. 102 ff.

1559 Instruktiv zum Ganzen Mäger in: Mäger, EuKartR (2011), Kap. 8 Rn. 56 ff.; Wessely/Wegner in: MK-EuWettbR (2020), Art. 3 FKVO Rn. 84 ff.; Montag in: FS Baudenbacher (2007), 503 ff. Vgl. auch den gescheiterten Vorschlag der Kommission, das Konzept in den Normteil der FKVO aufzunehmen; dazu Kommission, Grünbuch über die Revision der Verordnung (EWG) Nr. 4064/89 des Rates vom 11. Dezember 2001, KOM(2001) 745 endg., Rn. 125 ff.; dies., Vorschlag für eine Verordnung des Rates über die Kontrolle von Unternehmenszusammenschlüssen, KOM(2002) 711 endg., ABl. C 20/19 vom 28. Januar 2003, Art. 3 Abs. 4 und 16. Erwägungsgrund; dies., Vorschlagsbegründung, ABl. C 20/4 vom 28. Januar 2003, Rn. 42 ff.

1560 Vgl. zu den genannten Konzepten näher Anttilainen-Mochnacz, (2008) E.C.L.R. 238; Körber in: Immenga/Mestmäcker, WettbR/Bd. 3 (2020), Art. 3 FKVO Rn. 65 ff.; speziell zum „Warehousing" instruktiv Bueren/Weck, BB 2014, 67 ff.

Hinsichtlich der „Pooling"- und „Spinning"-Fälle wirft die Kommission in der Konsolidierten Mitteilung zunächst selbst die Frage auf,

> „[…] ob die erste Transaktion als eigener Zusammenschluss zu werten ist, bei dem (im Falle eines einzigen Erwerbers) die alleinige Kontrolle oder (bei mehreren Erwerbern) die gemeinsame Kontrolle über das gesamte Zielunternehmen erworben wird, oder ob nur die Transaktionen im zweiten Schritt Zusammenschlüsse darstellen, bei denen jedes der erwerbenden Unternehmen seinen Teil am Zielunternehmen erwirbt."

Sie beantwortet diese Frage dahingehend, dass die erste Transaktion unter zwei Voraussetzungen keinen Zusammenschluss darstelle: Zum einen müsse die spätere Aufteilung rechtsverbindlich vereinbart sein; zum anderen dürfe kein Zweifel bestehen, dass der zweite Schritt innerhalb kurzer Zeit nach dem ersten Erwerbsvorgang folgen werde, wobei die Vermögensaufteilung „normalerweise spätestens nach einem Jahr abgeschlossen sein" sollte. Seien diese Bedingungen nicht erfüllt, werde die Kommission die erste Transaktion als separaten Zusammenschluss mit dem gesamten Zielunternehmen ansehen. Entsprechendes soll für die dritte Fallgruppe gelten, in der mehrere Unternehmen in einem ersten Schritt ein anderes Unternehmen erwerben, um dieses in einem zweiten Schritt einem von ihnen zu alleiniger Kontrolle zu übertragen. Anders als noch in einem Entwurf aus dem Jahr 2006[1561] trifft die Kommission in ihrer endgültigen Mitteilung keine Hinweise zu den Vorgaben des Vollzugsverbots im

---

1561 Kommission, Draft Commission Consolidated Jurisdictional Notice under Council Regulation (EC) No. 139/2004 on the control of concentrations between undertakings, im Internet abrufbar unter https://ec.europa.eu/competition/mergers/legislation/jn.pdf_(zuletzt abgerufen am 22. April 2021). Dort hieß es in Rn. 29: „As regards regulatory uncertainties, the second condition will normally require that the first acquisition can only proceed if merger-control clearance for all concentrations resulting from the splitup of the assets has been obtained." Und weiter in Fn. 34: „This is in line with the requirements of the stand-still provision in Article 7(1) of the Merger Regulation. The first acquisition can only be implemented once it is clear that it does not result in a concentration as it will not occur on a lasting basis. This will only be the case if all the concentrations resulting from the division of the acquired assets have obtained any obligatory merger-control clearance and it can therefore be foreseen that they will proceed within a short time-frame after the implementation of the first acquisition, in accordance with the agreements between the parties. Nevertheless, all concentrations resulting from the division of the assets can be notified simultaneously."

Hinblick auf die erste Transaktion. Auch enthält die Mitteilung keine Hinweise dazu, was gelten soll, wenn sich erst nach dem Vollzug der ersten Transaktion herausstellt, dass die zweite Transaktion nicht oder jedenfalls nicht kurzfristig durchgeführt werden kann.[1562]

Eine echte Kehrtwende[1563] vollzieht die Kommission in der Konsolidierten Mitteilung bei der Beurteilung von „Warehousing"-Konstruktionen. Nachdem sie eine solche im Fall *Lagardère/Natexis/VUP*[1564] noch inoffiziell gebilligt hatte, stellt sie sich in der Konsolidierten Mitteilung auf den Standpunkt, dass der Zwischenerwerb in solchen Fällen Teil eines „einzigen" Zusammenschlusses sei.

> „In einem [...] Szenario wird ein Unternehmen auf der Grundlage einer Vereinbarung über den künftigen Weiterverkauf an den endgültigen Erwerber vorübergehend bei einem Käufer, häufig einer Bank, ‚geparkt'. Der zwischengeschaltete Käufer erwirbt im Allgemeinen Aktien ‚im Namen' des endgültigen Erwerbers, der häufig den größten Teil des wirtschaftlichen Risikos trägt und auch spezifische Rechte erhalten kann. [...] Nach Annahme dieser Mitteilung wird die Kommission den Kontrollerwerb durch den endgültigen Erwerber, wie er in den Vereinbarungen zwischen den Parteien vorgesehen ist, prüfen. Die Kommission wird die Transaktion, durch die der zwischengeschaltete Käufer unter solchen Umständen die Kontrolle erwirbt, als ersten Schritt eines einzigen Zusammenschlusses ansehen, zu dem auch der dauerhafte Erwerb der Kontrolle durch den endgültigen Käufer gehört."[1565]

In Rn. 114 schränkt sie für solche Fälle außerdem die Anwendbarkeit des Art. 3 Abs. 5 FKVO ein, auf den sich die beteiligten Unternehmen im Fall *Lagardère/Natexis/VUP* – damals noch mit Billigung der Kommission – berufen hatten, um die Nichtgeltung der Anmeldepflicht und des Vollzugsverbots für den Zwischenerwerb geltend zu machen:

> „Die Ausnahmen nach Artikel 3 Absatz 5 FKVO haben einen sehr begrenzten Anwendungsbereich. Sie sind zum einen nur anwendbar, wenn die Transaktion andernfalls ein eigenständiger Zusammen-

---

1562 Vgl. Anttilainen-Mochnacz, (2008) E.C.L.R. 238, 240.

1563 Vgl. Anttilainen-Mochnacz, ebenda, 242 („180 degree turn in the Commission's policy").

1564 Dazu oben Kapitel 5 D.I.2.a.aa.(1)(i).

1565 Konsolidierte Mitteilung der Kommission zu Zuständigkeitsfragen (oben Fn. 95), Rn. 35; dazu auch Anttilainen-Mochnacz, (2008) E.C.L.R. 238, 240.

> schluss wäre, nicht jedoch, wenn die Transaktion Teil eines umfassenderen einzigen Zusammenschlusses ist in Fällen, in denen der endgültige Erwerber der Kontrolle nicht unter Artikel 3 Absatz 5 fällt (vgl. z.B. Nummer 35). Zum anderen gelten die Ausnahmen nach Artikel 3 Absatz 5 Buchstabe a nur für Kontrollerwerbe durch den Kauf von Anteilen, nicht durch den Kauf von Vermögenswerten."[1566]

In ihrem das Weißbuch vom 9. Juli 2014[1567] begleitenden Arbeitspapier[1568] schlug die Kommission vor, diese Grundsätze in der FKVO zu verankern.

In Rn. 38 ff. der Konsolidierten Mitteilung wird das Konzept des „einzigen" Zusammenschlusses allgemein beleuchtet. Dabei geht die Kommission davon aus, dass sich die Anforderungen des 20. Erwägungsgrundes einerseits und der (auf der Grundlage der FKVO 1997 ergangenen, zeitlich aber auf den Erlass der FKVO 2004 folgenden) *Cementbouw*-Rechtsprechung des EuG andererseits trotz gewisser Formulierungsunterschiede inhaltlich entsprechen.[1569] Die Grundvoraussetzung für das Vorliegen eines „einzigen" Zusammenschlusses besteht nach Auffassung der Kommission darin, dass die Kontrolle von dem- bzw. denselben Unternehmen erworben wird. Deshalb sollen z.B. die folgenden Vorgänge keiner Verklammerung zugänglich sein:[1570]

- Spaltungen von Gemeinschaftsunternehmen und Aufteilung der Unternehmensteile zwischen den bisherigen Mutterunternehmen;
- Austausch von Vermögenswerten durch Swap-Geschäfte.[1571]

Als Hauptkriterium für das Vorliegen eines „einzigen" Zusammenschlusses wird sodann die rechtliche oder wirtschaftliche Abhängigkeit der Erwerbsvorgänge genannt. Diese soll gegeben sein, wenn die Erwerbsvorgänge nach dem von den Beteiligten verfolgten Zweck entweder rechtlich gegenseitig bedingt sind oder wirtschaftlich derart zusammengehören, dass

1566 Kommission, ebenda, Rn. 114; dazu auch Anttilainen-Mochnacz, (2008) E.C.L.R. 238, 241 f.
1567 Oben Fn. 29.
1568 Oben Fn. 76, dort Rn. 198.
1569 Kommission, ebenda, Rn. 39.
1570 Kommission, ebenda, Rn. 41.
1571 Vgl. demgegenüber noch Grünbuch (oben Fn. 1559), Rn. 133 und Verordnungsvorschlag (oben Fn. 1559), 16. Erwägungsgrund.

jeder Erwerbsvorgang vom Abschluss des anderen abhängt.[1572] Beispielhaft werden unter dieser Voraussetzung folgende Fälle für verklammerungsfähig gehalten:[1573]

- Erwerb der Kontrolle über ein Unternehmen oder einen Unternehmensteil im Wege mehrerer Erwerbsvorgänge; dabei soll es keine Rolle spielen, ob es sich um einen sukzessiven Erwerb von Anteilsrechten oder Vermögenswerten handelt;[1574]
- Erwerb der Kontrolle über mehrere Unternehmen oder Unternehmensteile im Wege paralleler oder sukzessiver Erwerbsvorgänge; dies soll auch den Erwerb unterschiedlicher Arten der Kontrolle, z.B. gemeinsamer Kontrolle über einen Unternehmensteil und alleiniger Kontrolle über einen anderen, umfassen;[1575]
- Erwerb alleiniger Kontrolle über ein oder mehrere Unternehmen oder Unternehmensteile und anschließende Weiterveräußerung einer Beteiligung an Dritte, wodurch gemeinsame Kontrolle entsteht.

Im Hinblick auf das Vollzugsverbot (Stichwort: „teilweiser“ Vollzug) ist der Umstand wichtig, dass sich mit dem Konzept des „einzigen“ Zusammenschlusses nicht nur Erwerbsvorgänge miteinander verklammern lassen, die für sich genommen jeweils einen Zusammenschlusstatbestand im Sinne des Art. 3 FKVO erfüllen, sondern auch solche, die isoliert betrachtet keinen Zusammenschlusstatbestand erfüllen, weil sie für sich genommen keine dauerhafte Änderung der Kontrolle über ein Unternehmen oder einen Unternehmensteil bewirken.[1576] Dagegen soll eine Verklammerung von Erwerbsvorgängen ausscheiden, von denen der eine ein bestimmtes Unternehmen oder einen bestimmten Unternehmensteil betrifft und hierüber Kontrolle begründet, während sich der andere auf ein anderes Unternehmen oder einen anderen Unternehmensteil bezieht und darüber keine Kontrolle vermittelt.[1577]

1572 Konsolidierte Mitteilung der Kommission zu Zuständigkeitsfragen (oben Fn. 95), Rn. 43.

1573 Kommission, ebenda, Rn. 44 ff.

1574 Kommission, ebenda, Rn. 45.

1575 Kommission, ebenda, Rn. 42; vgl. bereits Grünbuch (oben Fn. 1559), Rn. 131 f. und Verordnungsvorschlag (oben Fn. 1559), 16. Erwägungsgrund.

1576 Konsolidierte Mitteilung der Kommission zu Zuständigkeitsfragen (oben Fn. 95), Rn. 44 ff.

1577 Konsolidierte Mitteilung der Kommission zu Zuständigkeitsfragen (oben Fn. 95), Rn. 44; vgl. demgegenüber noch Grünbuch (oben Fn. 1559), Rn. 131 f.

Liegt ein „einziger“ Zusammenschluss vor, ist dieser nach Auffassung der Kommission von ihr in einem einheitlichen Verfahren zu prüfen.[1578] Während die Kommission die verschiedenen Erwerbsvorgänge, die sie zu einem „einzigen“ Zusammenschluss verklammert, als „Teile“ des betreffenden Zusammenschlusses charakterisiert, äußert sie sich in der Konsolidierten Mitteilung nicht zu der Frage, ob und ggf. unter welchen (möglicherweise weiteren) Voraussetzungen die Durchführung eines solchen „Teils“ gegen das Vollzugsverbot verstößt. Ambivalent sind letztlich auch die Ausführungen der Kommission in der Entscheidung nach Art. 7 Abs. 3 FKVO im Fall *SCJ/Sara Lee*:

> „As to the argument that the Parties could have structured the operation in such a way that SCJ could have acquired certain business activities outside the EEA without being subject to EU merger control and the standstill obligation, it is up to the undertakings concerned to decide which transactions to carry out. However, according to the case law of the General Court, even several formally distinct legal transactions may be considered a single concentration, provided that those transactions are interdependent in such a way that none of them would be carried out without the others and that the result consists in conferring on one or more undertakings direct or indirect control over the activities of one or more other undertakings. In such a case, those transactions would as a whole be considered a concentration and will be subject to the standstill obligation laid down in Article 7(1) of the Merger Regulation.“[1579]

(5) Verwendung der Begriffe „Vollzug“ und „vollzogen“ in anderem Kontext

Soweit in den Mitteilungen, Bekanntmachungen und Leitlinien auf den „Vollzug“ eines Zusammenschlusses oder einen „vollzogenen“ Zusammenschluss abgestellt wird, scheint die Kommission regelmäßig die Kontrolländerung im Sinne des Art. 3 FKVO im Blick zu haben. Dies gilt z.B. für Rn. 30, 33, 46 und 120 der Konsolidierten Mitteilung zu Zuständigkeitsfragen. Ambivalent ist insoweit die Formulierung in Rn. 123, wo

1578 Konsolidierte Mitteilung der Kommission zu Zuständigkeitsfragen (oben Fn. 95), Rn. 40.

1579 Kommission, Entscheidung vom 11. Februar 2011, COMP/M.5659, *SC Johnson/Sara Lee*, Rn. 42.

die Kommission zu den verfahrensrechtlichen Folgen der Änderung eines Vorhabens nach Genehmigungserteilung Stellung nimmt und dabei Änderungen, die mit einem Wechsel des Zusammenschlusstatbestandes einhergehen, von solchen Änderungen unterscheidet, „die dazu führen, dass der Vollzug der Transaktion keine Änderung der Kontrolle im Sinne der Fusionskontrollverordnung bewirkt" (engl.: „by which the transaction is implemented without effects on the relevant control situation under the Merger Regulation").[1580]

Schon im 1. Kapitel wurde gezeigt, dass das Konzept des „Vollzugs" eines Zusammenschlusses verfahrenstechnisch eng mit dem Eintritt der zu kontrollierenden Marktstrukturveränderung verbunden ist. Keinen Erkenntnisgewinn bietet deshalb der Hinweis der Kommission in Fn. 5 der Leitlinien zur Bewertung nichthorizontaler Zusammenschlüsse,[1581] dass „eine Fusion, die ohne vorherige Anmeldung durchgeführt worden ist, unter Zugrundelegung der Wettbewerbsbedingungen, die ohne die vollzogene Fusion fortbestanden hätten", zu bewerten sei.

Mitunter verwendet die Kommission die Begriffe „vollzogen" (engl.: „implemented"; franz.: „réalisé[e]") bzw. „Vollzug" (engl.: „implementation"; franz.: „réalisation") in ihren fusionskontrollrechtlichen Mitteilungen in einem anderen Kontext. Dies könnte Rückschlüsse auf ihr Begriffsverständnis zu Art. 7 FKVO erlauben und sei deshalb an zwei Beispielen verdeutlicht:

- Nach Rn. 116 der Mitteilung über zulässige Abhilfemaßnahmen[1582] soll eine *Veräußerungszusage* „erst mit Erfüllung des Rechtsgeschäfts vollzogen" (engl.: „only be implemented once the transaction is closed"; franz.: „ne sera exécutée qu'une fois l'opération clôturée") sein, „d.h. wenn das Eigentum auf den genehmigten Erwerber übergegangen ist und die Vermögenswerte tatsächlich übertragen worden sind."
- Nach Rn. 172 der Konsolidierten Mitteilung sind bei der Umsatzberechnung nach Art. 5 FKVO die Zahlen des Abschlusses des vorangegangenen Geschäftsjahrs entsprechend anzupassen, wenn nach der Ab-

1580 Dagegen kommt die französische Sprachfassung („qui sont sans effet sur la situation du contrôle en question au sens du règlement sur les concentrations") hier ohne Verwendung der Begriffe „réalisée" bzw. „réalisation" („vollzogen" bzw. „Vollzug") aus.

1581 Kommission, Leitlinien zur Bewertung nichthorizontaler Zusammenschlüsse gemäß der Ratsverordnung über die Kontrolle von Unternehmenszusammenschlüssen, ABl. C 265/6 vom 18. Oktober 2008.

1582 Oben Fn. 240, dort Rn. 116.

> schlussprüfung *Übernahmen, Veräußerungen oder Stilllegungen* stattfanden, die im Abschluss noch nicht berücksichtigt wurden. Für den Fall, dass eine Verkaufsvereinbarung geschlossen wurde, „der Abschluss des Verkaufs (d.h. seine rechtliche Umsetzung und die Übertragung des Eigentumsrechts an den erworbenen Aktien oder Vermögenswerten) aber noch nicht erfolgt ist" (engl.: „but the closing of the sale (in other words, its legal implementation and the transfer of the legal title to the shares or assets acquired) has not yet occurred"; franz.: „mais que la vente (autrement dit, sa mise en œuvre juridique et le transfert du titre juridique des actions ou des actifs acquis) n'a pas encore été finalisée"), soll eine Anpassung unterbleiben. Dagegen soll der Umsatz solcher Geschäftsbereiche, „deren Erwerb nach der Erstellung des letz[t]en geprüften Abschlusses, aber vor dem Stichtag für die Ermittlung der Zuständigkeit vollzogen wurde" (engl.: „whose acquisition has been closed subsequent to the preparation of the most recent audited accounts, but before the relevant date for establishing jurisdiction"; franz.: „dont l'acquisition a été clôturée après l'établissement des comptes vérifiés les plus récents mais avant la date de fixation de la compétence"), hinzuzurechnen sein.

Man könnte die Erläuterungen der Kommission in Rn. 116 der Mitteilung über zulässige Abhilfemaßnahmen – insbesondere in der deutschen und englischen Sprachfassung – dergestalt auf Art. 7 FKVO übertragen, dass auch ein Zusammenschluss erst mit der dinglichen Rechtsänderung „vollzogen" (engl.: „implemented") werde. Ebenso könnte man die letzten beiden Sätze in Rn. 172 der Konsolidierten Mitteilung deuten, welche im Zusammenspiel (i.) in der deutschen Sprachfassung einen Zusammenhang zwischen den Begriffen „Übertragung des Eigentumsrechts" und „vollzogen" und (ii.) in der englischen Sprachfassung einen Zusammenhang zwischen den Begriffen „legal implementation" und „closed" herstellen. Da mit der dinglichen Rechtsänderung fusionskontrollrechtlich regelmäßig die Kontrolländerung im Sinne des Art. 3 FKVO einhergeht, spräche dies gegen das Institut des „teilweisen" Vollzugs.

Bemerkenswert ist in diesem Zusammenhang sicherlich, dass die Kommission in ihrer Bußgeldentscheidung vom 23. Juli 2014 im Fall *Marine Harvest/Morpol*[1583] für die Feststellung, dass der Vollzug im Sinne des Art. 7

1583 Dazu oben Kapitel 5 D.I.2.a.aa.(1)(o).

Abs. 1 FKVO mit dem Closing erfolgt sei, ausdrücklich („by analogy") auf Rn. 172 der Konsolidierten Mitteilung verwiesen hat.[1584]

Dennoch dürfte es zu weit gehen, hieraus den Schluss zu ziehen, dass die Kommission nur die mit der dinglichen Rechtsänderung einhergehende Kontrolländerung als Vollzug einstuft. Es darf letztlich nicht übersehen werden, dass die genannten Formulierungen in einem Kontext gewählt wurden, der sich von dem des Art. 7 FKVO unterscheidet. So geht es in Rn. 116 der Mitteilung über zulässige Abhilfemaßnahmen um Veräußerungszusagen, deren Vollzug sich grundsätzlich wettbewerbsfördernd auswirkt, während der Vollzug eines Zusammenschlusses von EU-weiter Bedeutung wegen seiner potenziell wettbewerbsbeschränkenden Wirkungen vorläufig verboten ist. Auch die Bezugnahme auf Rn. 172 der Konsolidierten Mitteilung in der Bußgeldentscheidung vom 23. Juli 2014 kann höchstens dahingehend verstanden werden, dass der konkrete Zusammenschluss, hinsichtlich dessen keine Anzeichen für einen „teilweisen" Vollzug bestanden, mit dem Closing vollzogen wurde. Die Mitteilungen, Bekanntmachungen und Leitlinien der Kommission lassen daher auch in diesem Zusammenhang keine klaren Rückschlüsse auf das Vollzugsverständnis der Kommission zu.[1585]

Hinsichtlich des Konzepts des „teilweisen" Vollzugs gilt dies erst recht vor dem Hintergrund, dass die Kommission in ihrem Arbeitspapier vom 9. Juli 2014[1586] den Vorschlag für eine Ausdehnung der Entflechtungsbefugnis nach Art. 8 Abs. 4 FKVO auf teilweise vollzogene Zusammenschlüsse mit der Herstellung eines Gleichklangs zwischen dieser Befugnis und dem Vollzugsverbot des Art. 7 FKVO begründet. Dies macht nur Sinn, wenn die Kommission im Rahmen des Art. 7 FKVO von der Verbotswidrigkeit eines „teilweisen" Vollzugs ausgeht.

cc. Äußerungen in Gerichtsverfahren

Im Fall *Ryanair/Aer Lingus* hatte die Kommission, wie gesehen, eine Entflechtung nach Art. 8 Abs. 4 FKVO mit dem Argument abgelehnt, dass der Zusammenschluss mangels Kontrolländerung noch nicht „vollzogen"

1584 Kommission, Entscheidung vom 23. Juli 2014, COMP/M.7184, *Marine Harvest/Morpol*, Rn. 85 mit dazugehöriger Fn. 41.

1585 Vgl. auch Linsmeier/Balssen, BB 2008, 741, 743.

1586 Oben Fn. 76 (dort Rn. 190).

gewesen sei. Im nachfolgenden Verfahren vor dem EuG,[1587] in dem *Aer Lingus* die Frage der Kohärenz der Vollzugsbegriffe in Art. 7 und Art. 8 FKVO aufwarf, wiederholte sie dann ihre schon im Verwaltungsverfahren getätigte Feststellung, dass sie in der Frage, ob das Vollzugsverbot dem Erwerb von Minderheitsbeteiligungen entgegenstehe, nie einen amtlichen Standpunkt geäußert habe.[1588]

Dagegen hat die Kommission ihre Zurückhaltung im EuGH-Verfahren *Ernst & Young/Konkurrenceradet*[1589] aufgegeben und sich für die Tatbestandsmäßigkeit „teilweiser" Vollzugshandlungen ausgesprochen. Dazu heißt es in den Schlussanträgen des Generalanwalts:

> „Entsprechend trägt die Kommission unter Verweis auf den 34. Erwägungsgrund der Verordnung Nr. 139/2004 vor, dass es für die Einordnung einer Maßnahme als Vollzug eines Zusammenschlusses im Sinne von Art. 7 Abs. 1 der Verordnung nicht erforderlich sei, dass diese Maßnahme ganz oder teilweise, in rechtlicher oder tatsächlicher Hinsicht Teil des Prozesses sei, der zu einem tatsächlichen Wechsel der Kontrolle führe. Ein teilweiser Vollzug eines Zusammenschlusses könne u. a. bei Maßnahmen vorliegen, die i) vorbereitende Schritte im Rahmen eines Prozesses darstellten, der zu einem Kontrollwechsel führe, oder ii) es dem die Kontrolle erwerbenden Beteiligten ermöglichten, Einfluss auf die Struktur oder das Marktverhalten des Zielunternehmens zu erlangen, oder iii) in anderer Weise die Wirkungen des Zusammenschlusses vorwegnähmen oder die bestehende Wettbewerbslage entscheidend beeinflussten."[1590]

dd. Zusammenfassung und Strukturierung

(1) „Umfassender" Vollzug

In der Frage des „umfassenden" Vollzugs"[1591] ist zunächst festzustellen, dass die Kommission die aktive Bewirkung einer dauerhaften Kontrollän-

---

1587 Rs. T-411/07 R, *Aer Lingus/Kommission*; dazu näher unten Kapitel 5 D.I.2.b.bb.

1588 EuG, Beschluss vom 18. März 2008, Rs. T-411/07 R, *Aer Lingus/Kommission*, ECLI:EU:T:2008:80, Rn. 94.

1589 Dazu sogleich unten Kapitel 5 D.I.2.b.ff.

1590 Schlussanträge des Generalanwalts Wahl vom 18. Januar 2018, Rs. C-633/16, *Ernst & Young/Konkurrenceradet*, ECLI:EU:C:2018:23, Rn. 42.

1591 Zum Begriff oben Kapitel 5 C.I.

derung im Sinne des Art. 3 FKVO vor Erhalt der Genehmigung in ständiger Praxis als Verstoß gegen das Vollzugsverbot ansieht. Als Vollzug qualifiziert sie in solchen Fällen jedenfalls die Maßnahme, die die Kontrolländerung unmittelbar bewirkt, bei mehreren, kumulativ erforderlichen Maßnahmen also die letzte. Diese Maßnahme kann vor dem Hintergrund des Art. 3 Abs. 1 Buchst. b FKVO im dinglichen Erwerb von Anteilsrechten oder Vermögenswerten, in der Unterzeichnung eines die Kontrollverhältnisse unmittelbar ändernden Vertrags oder in jeder sonstigen, die Kontrolle ändernden Maßnahme liegen. Entscheidend ist für die Kommission nicht das „Wie", sondern das „Ob" und das „Wann" der Kontrolländerung. In Zweifelsfällen hat sie zugunsten der Beteiligten entschieden, dass diese „spätestens" zu einem bestimmten Zeitpunkt eingetreten sei.[1592]

Unter Hinweis auf die Definition des Kontrollbegriffs in Art. 3 Abs. 2 FKVO genügt es für einen dauerhaften Kontrollerwerb nach der Konsolidierten Mitteilung,[1593] dass ein Unternehmen die dauerhafte *Möglichkeit* erlangt, einen bestimmenden Einfluss auf die Tätigkeit eines anderen Unternehmens auszuüben. Dagegen ist die tatsächliche Ausübung dieses Einflusses nicht erforderlich. Dieses Verständnis überträgt die Kommission in ihrer Praxis[1594] auf das Vollzugsverbot, so dass für einen Verstoß ebenfalls die Erlangung einer dauerhaften Beeinflussungsmöglichkeit genügt. Soweit die Kommission in ihren Entscheidungen annimmt, dass die Kontrolle „spätestens" zu einem bestimmten Zeitpunkt übergegangen sei, stellt sie zum Beweis bisweilen auf Ausübungsakte, z.B. das Gebrauchmachen von Stimmrechten,[1595] ab.

In Übereinstimmung mit Art. 3 Abs. 2 FKVO, der für die Beurteilung des Eintritts einer dauerhaften Kontrolländerung auf die „tatsächlichen oder rechtlichen" Umstände abstellt, unterscheidet die Kommission für die Zwecke des Vollzugsverbots auch nicht zwischen rechtlicher und faktischer Kontrolle. Für eine Zuwiderhandlung soll der Erwerb faktischer

---

1592 Fälle IV/M.920, *Samsung/AST* und IV/M.1157, *Skanska/Scancem*.

1593 Kommission, Konsolidierte Mitteilung zu Zuständigkeitsfragen (oben Fn. 95), Rn. 16.

1594 Insbesondere Fälle COMP/M.7184, *Marine Harvest/Morpol*; COMP/M.7993, *Altice/PT Portugal*.

1595 Fall IV/M.920, *Samsung/AST*.

Kontrolle genügen.[1596] Mehrere Fälle mit hohen Geldbußen[1597] waren solche, in denen der Erwerb einer Minderheitsbeteiligung mit dem Übergang der faktischen Kontrolle auf den Erwerber einherging. Mit der Annahme eines Verstoßes gegen das Vollzugsverbot bei faktischem Kontrollerwerb folgt die Kommission auch der Praxis zu Art. 66 § 1 EGKSV.[1598]

Nicht klar ist der Standpunkt der Kommission in der Frage, worin in den Fällen der Neugründung eines Gemeinschaftsunternehmens der „umfassende" Vollzug im Sinne des Art. 3 Abs. 1 Buchst. b i.V.m. Abs. 4 FKVO liegt. Auf der einen Seite hat die Kommission eine Freistellung für die gesellschaftsrechtliche Gründung („to incorporate the JV under Italian law") erteilt,[1599] was bedeuten könnte, dass die Kommission die gesellschaftsrechtliche Gründung als gemeinsamen Kontrollerwerb wertete. Allerdings wäre es auch möglich, dass die Kommission keine abschließende Bewertung der Maßnahme nach Art. 7 Abs. 1 FKVO vornehmen und ggf. eine „hilfsweise" Freistellung erteilen wollte.[1600] Auf der anderen Seite hat die Kommission in einer Reihe von Fällen erst das operative Tätigwerden des Gemeinschaftsunternehmens als Verstoß gegen das Vollzugsverbot gewertet.[1601] Sollte nach der Auffassung der Kommission bereits die gesell-

---

1596 Fälle COMP/M.4994, *Electrabel/Compagnie Nationale du Rhône*; COMP/M.7184, *Marine Harvest/Morpol*; vgl. außerdem die Fälle IV/M.920, *Samsung/AST*; IV/M.1157, *Skanska/Scancem*.

1597 Fälle COMP/M.4994, *Electrabel/Compagnie Nationale du Rhône*; COMP/M.7184, *Marine Harvest/Morpol*.

1598 Fälle *Guest Keen & Nettlefolds/Miles Druce* und *Schneider/Denain Nord-Est Longwy/de Wendel/Marine-Firminy*; dort hatte die Kommission jedoch keine Geldbußen verhängt.

1599 Fall COMP/M.4472, *William Hill/Codere/JV*.

1600 Vgl. oben Kapitel 5 D.I.2.a.aa.(2). Dies liegt auch deshalb nahe, weil die Kommission in einem anderen Fall selbst für die einseitige Gründung eines Erwerbsvehikels eine Freistellung erteilt hat (Entscheidung vom 28. Mai 2004, COMP/M.3450, *Macquarie Bank Limited/Crown Castle UK Holdings Limited*). Dass hierin kein Vollzug liegen kann, erscheint indes offensichtlich; dazu unten Kapitel 5 D.II.4.b.bb.(1)(a).

1601 In diese Richtung weisen die Fälle IV/M.709, *Telefónica/Sogecable/Cablevisión*; IV/M.969, *A.P. Møller*. So ergibt sich aus der Genehmigungsentscheidung der Kommission vom 10. März 1998 im Fall IV/M.1009, *Georg Fischer/Disa*, Rn. 5, dass das Gemeinschaftsunternehmen im Oktober 1995 gebildet („formed") und am 1. Januar 1996 operativ tätig wurde. In der nachfolgenden Bußgeldentscheidung vom 10. Februar 1999, IV/M.969, *A.P. Møller*, wurde ein Verstoß zum 1. Januar 1996 zugrunde gelegt. Soweit ersichtlich, war das Gemeinschaftsunternehmen *SIS* im Fall COMP/M.3275, *Shell España/CESPA/SIS JV*, ebenfalls schon gesellschaftsrechtlich gegründet, als eine Freistellung von bestimmten Verhaltensweisen erteilt wurde; dazu Kommission, Entscheidung

schaftsrechtliche Gründung gegen das Vollzugsverbot verstoßen und die Kommission in diesen Fällen in Ausübung ihres Ermessens lediglich von weiteren Schritten gegen die beteiligten Unternehmen abgesehen haben, fiele die Aufnahme des operativen Geschäfts in die Fallgruppe des „weiteren" Vollzugs nach Kontrolländerung.

(2) „Teilweiser" Vollzug

Die förmlichen Entscheidungen der Kommission zur FKVO ließen in der Frage des „teilweisen" Vollzugs, d.h. des Vollzugs unterhalb der Schwelle zur dauerhaften Kontrolländerung,[1602] lange Zeit keine eindeutige Positionierung erkennen. Dies dürfte u.a. daran gelegen haben, dass den zuvor ergangenen Bußgeldentscheidungen[1603] aus Sicht der Kommission ein „umfassender" Vollzug, d.h. die Bewirkung einer dauerhaften Kontrolländerung, zugrunde gelegen hatte. Wenig Aussagekraft hatten auch die inoffiziellen Verlautbarungen der Kommission im Fall *Ineos/Kerling*, in dem die Kommission wegen des Verdachts auf Verstöße gegen das Vollzugsverbot eine Durchsuchung durchführte; hier blieb unklar, ob die Kommission nicht von vornherein einer Kontrolländerung nachging. Aus den schon erörterten Gründen trug schließlich auch die Auswertung der nach Art. 7 Abs. 3 FKVO ergangenen Freistellungsentscheidungen nur begrenzt zur Klärung bei, wenngleich im Freistellungsfall *Ryanair/Laudamotion* im Jahr 2018 die Bewirkung des ersten, für sich genommen nicht kontrollbegründenden Erwerbsvorgangs im Rahmen einer zweistufigen Transaktion wegen der Verbundenheit beider Vorgänge ausdrücklich als „teilweiser" Vollzug eingestuft wurde.

Im Hinblick auf die eingangs[1604] erwähnten Unterfallgruppen des „teilweisen" Vollzugs, also die Fälle des sukzessiven Erwerbs von Kontrollmitteln im Sinne des Art. 3 Abs. 2 FKVO und der Vorwegnahme der wesentlichen wettbewerblichen Auswirkungen eines Vorhabens, ließen sich die

---

vom 14. September 2004 (oben Fn. 1484), Rn. 4. Wie gesehen, lehnte die Kommission in diesem Fall, obwohl beantragt, eine Freistellung für die Aufnahme des operativen Geschäfts implizit ab.

1602 Zum Begriff oben Kapitel 5 C.II.

1603 Fälle IV/M.920, *Samsung/AST*; IV/M.969, *A.P. Møller*; COMP/M.4994, *Electrabel/Compagnie Nationale du Rhône*; COMP/M.7184, *Marine Harvest/Morpol*; COMP/M.7993, *Altice/PT Portugal.*

1604 Oben Kapitel 5 C.II.

offiziellen Verlautbarungen der Kommission lange wie folgt zusammenfassen:

- *Sukzessiver Erwerb von Kontrollmitteln*: Im Fall *Ryanair/Aer Lingus* hatte die Kommission eine Entflechtung nach Art. 8 Abs. 4 FKVO abgelehnt, weil der Zusammenschluss mangels Kontrolländerung nicht „vollzogen" worden sei. Allerdings ging es in dem Fall nur um den Vollzugsbegriff des Art. 8 Abs. 4 FKVO. Im Hinblick auf Art. 7 FKVO betonte die Kommission sowohl in ihrer Entscheidung als auch vor dem EuG,[1605] dass sie in der Frage, ob das Vollzugsverbot dem Erwerb einer Minderheitsbeteiligung entgegenstehe, nie einen amtlichen Standpunkt geäußert habe.
- *Vorwegnahme der wesentlichen wettbewerblichen Auswirkungen:* Hier lagen aus dem Fall *Bertelsmann/Kirch/Premiere* eindeutige, wenn auch inoffizielle, Äußerungen der Kommission vor, nach denen ein „Teilvollzug" jedenfalls vorliegen sollte, wenn die beteiligten Unternehmen, ohne eine dauerhafte Kontrolländerung zu bewirken, durch ihr Verhalten die wesentlichen wettbewerblichen Auswirkungen des Vorhabens vorwegnähmen. Im konkreten Fall hatte die Kommission die „Verwendung und Vermarktung" einer gemeinsamen technischen Plattform als verbotenen „Teilvollzug" qualifiziert, obwohl mit dem Vorgehen von *Bertelsmann* und *Kirch* noch keine Kontrolländerung verbunden war.[1606] Dementsprechend stellte sie zur Begründung auch nicht auf die Kontrollverhältnisse ab. Stattdessen charakterisierte sie die Maßnahmen im Wesentlichen aus drei Gründen als Vollzug, nämlich, weil diese (i.) in einem untrennbaren Zusammenhang mit dem Zusammenschluss stünden, (ii.) dessen wesentliche wettbewerbliche Auswirkungen vorwegnähmen und (iii.) damit vollendete Tatsachen zu schaffen drohten. Darauf scheint ein späteres Arbeitspapier[1607] der Kommission anzuspielen, in dem offenbar davon ausgegangen wird, dass Art. 7 Abs. 1 FKVO (anders als Art. 8 Abs. 4 FKVO) grundsätzlich auch einen „teilweisen" Vollzug erfasst.

Im EuGH-Verfahren in der Sache *Ernst & Young/Konkurrencerådet*[1608] äußerte sich die Kommission dann in einer Weise, aus der man schließen

---

1605 Dazu näher unten Kapitel 5 D.I.2.b.bb.

1606 Vgl. Zeise in: Schulte, Handb FusK (2020), Rn. 1920; Bosch/Marquier, EWS 2010, 113, 116.

1607 Oben Fn. 76 (dort Rn. 190).

1608 Dazu sogleich unten Kapitel 5 D.I.2.b.ff.

konnte, dass sie einen „teilweisen“ Vollzug im Sinne des Art. 7 Abs. 1 FKVO auf beide Arten für möglich hielt. Danach sollte ein Vollzug u.a. bei Maßnahmen vorliegen, die (i.) vorbereitende Schritte im Rahmen eines Prozesses darstellen, der zu einem Kontrollwechsel führt, oder (ii.) es dem die Kontrolle erwerbenden Beteiligten ermöglichen, Einfluss auf die Struktur oder das Marktverhalten des Zielunternehmens zu erlangen, oder (iii.) in anderer Weise die wesentlichen Wirkungen des Zusammenschlusses vorwegnehmen oder die Wettbewerbslage entscheidend beeinflussen.

Im Fall *Canon/Toshiba Medical Systems Corporation* verhängte die Kommission schließlich unter Bezugnahme auf das Urteil des EuGH im Fall *Ernst & Young/Konkurrenceradet*[1609] erstmals ein Bußgeld wegen „teilweisen“ Vollzugs. Als – wenn auch untypische – „Warehousing“-Konstellation gehört dieser Fall zur Fallgruppe des sukzessiven Erwerbs von Kontrollmitteln. Diese Fallgruppe dürfte daher von der Kommission anerkannt worden sein. Dagegen bleibt für die Fallgruppe der Vorwegnahme der wesentlichen wettbewerblichen Auswirkungen abzuwarten, welche Konsequenzen die Kommission aus dem EuGH-Urteil ziehen wird. Vieles spricht dafür, dass sich diese Figur als Vollzugskonzept für die FKVO erledigt hat, da sich die betreffenden Maßnahmen zwar durch ihre gleiche Wirkung, in vielen Fällen aber eben nicht durch einen notwendigen Beitrag zur dauerhaften Kontrolländerung auszeichnen.

(3) „Weiterer“ Vollzug

Im Fall *Samsung/AST* hat die Kommission einen Verstoß gegen das Vollzugsverbot an der mehrheitlichen Besetzung eines Leitungsgremiums des Zielunternehmens mit Vertretern des Erwerbers festgemacht. Im Fall *Volkswagen/MAN* warnte sie vor einem solchen Schritt und kündigte an, diesen vor der Erteilung der Genehmigung als Verstoß gegen das Vollzugsverbot zu werten. Dabei steht außer Zweifel, dass die Kommission schon in der Erlangung der *Möglichkeit*, bestimmenden Einfluss auf die Tätigkeit eines anderen Unternehmens auszuüben, einen „umfassenden“ Vollzug – und damit vorbehaltlich der Art. 7 Abs. 2 oder 3 FKVO einen Verstoß gegen das Vollzugsverbot – sieht.[1610] Auf die Ausübung der Kontrolle kommt es nach Auffassung der Kommission nicht an. Bis zur Bußgeldent-

---

1609 Dazu sogleich unten Kapitel 5 D.I.2.b.ff.

1610 Vgl. Kommission, Entscheidung vom 23. Juli 2014, COMP/M.7184, *Marine Harvest/Morpol*, Rn. 77 ff.

scheidung im Fall *Altice/PT Portugal* war indes offen, ob die Kontrollausübung nach erfolgtem Kontrollerwerb aus Sicht der Kommission einen eigenständigen Verstoß im Sinne eines „weiteren“ Vollzugs[1611] darstellt. Diese Frage hat die Kommission im Fall *Altice/PT Portugal* dahingehend beantwortet, dass sowohl der Erwerb als auch die spätere Ausübung der Kontrolle gegen das Vollzugsverbot verstößt.[1612]

Relativiert werden diese Erkenntnisse letztlich dadurch, dass die Kommission Verstöße gegen das Vollzugsverbot als dauerhafte Zuwiderhandlung („continuous infringement“) begreift. Dabei handelt es sich um ein feststehendes Konzept des EU-Wettbewerbsrechts, das u.a. in Art. 1 Abs. 2 S. 2 der Verordnung Nr. 2988/74 und Art. 25 Abs. 2 S. 2 der Verordnung Nr. 1/2003 Niederschlag gefunden hat. Dauerhafte Zuwiderhandlungen sind, vergleichbar mit einem „Dauerdelikt“ nach deutschem Rechtsverständnis,[1613] dadurch gekennzeichnet, dass der Verbotstatbestand mit einem bestimmten Verhalten erfüllt und anschließend durch Aufrechterhalten des geschaffenen rechtswidrigen Zustands weiter verwirklicht wird.[1614] Übertragen auf das Vollzugsverbot bedeutet dies, dass sein Tatbestand mit der Bewirkung der dauerhaften Kontrolländerung im Sinne eines „umfassenden“ Vollzugs vollendet ist, die Tatbestandsverwirklichung aber durch die anschließende Aufrechterhaltung des rechtswidrigen Zustands dauerhaft geänderter Kontrolle bis zur Beendigung dieses Zustands oder seiner Rechtswidrigkeit ständig fortgesetzt wird. Auf die einzelnen Ausübungsakte kommt es daher für die Feststellung eines Verstoßes gegen das Vollzugsverbot gar nicht an (wohl aber für die Bußgeldzumessung).

(4) „Passiver“ Vollzug

In den Entscheidungen *Avesta (II)*[1615] und *RTL/M6* hat die Kommission Fälle des „passiven“ Kontrollerwerbs, also des Kontrollerwerbs ohne Zutun der die Kontrolle erwerbenden Unternehmen, als Zusammenschlüsse im Sinne des Art. 3 FKVO qualifiziert. Auf diese Praxis nimmt sie in Rn. 21 der Konsolidierten Mitteilung zu Zuständigkeitsfragen Bezug. Da-

1611 Zum Begriff oben Kapitel 5 D.I.1.d.dd.

1612 Vgl. insoweit die kurz darauf ergangene Freistellungsentscheidung im Fall M.8990, *PIAG/MTIB/ABATEC.*

1613 Vgl. Roxin, Strafrecht AT I (2006), § 10 Rn. 105.

1614 Biermann in: Immenga/Mestmäcker, WettbR/Bd. 1 (2019), Art. 25 VO 1/2003 Rn. 8; Schneider in: MK-EuWettbR (2020), Art. 25 VO 1/2003 Rn. 9.

1615 Oben Fn. 1350.

rin stellt sie außerdem klar, dass solche Fälle von der Formulierung „in sonstiger Weise“ in Art. 3 Abs. 1 Buchst. b FKVO abgedeckt sein sollen. Dennoch hat sie im Fall *RTL/M6* keine Geldbuße gegen die die Kontrolle erwerbende Partei festgesetzt, obwohl Letzterer die Kontrolle vor dem Erhalt der Genehmigung, ja sogar vor der Anmeldung zugefallen war. In Ermangelung klarstellender Aussagen bleibt letztlich offen, ob die Festsetzung unterblieb, weil die Kommission in dem „passiven“ Kontrollerwerb vor Genehmigungserhalt keinen Verstoß gegen Art. 7 Abs. 1 FKVO sah und damit möglicherweise das Konzept des „passiven“ Vollzugs[1616] negierte, oder ob sie „nur“ das nach Art. 14 Abs. 2 FKVO erforderliche Verschulden verneinte bzw. von ihrem nach dieser Vorschrift bestehenden Ermessen Gebrauch machte.

In der Entscheidung *Altice/PT Portugal* setzte sich die Kommission mit dem Vorbringen von *Altice* auseinander, *Altice* habe stets nur auf Abstimmungsersuchen des Veräußerers (*Oi*) reagiert. Darin lag im hier verstandenen Sinne jedoch kein passives, sondern höchstens ein reaktives Verhalten. Der Fall ist daher für die Frage des „passiven“ Vollzugs irrelevant.

(5) Verhältnis zum Kartellverbot (Art. 101 AEUV)

Soweit ersichtlich, hat sich die Kommission bislang nicht dezidiert zum Verhältnis der Art. 7 FKVO und Art. 101 AEUV zueinander geäußert. Gewisse Anhaltspunkte könnten dem von der Kommission im Fall *Ineos/Kerling* veröffentlichten, oben zitierten Memorandum zu entnehmen sein. So wäre es möglich, die dort gewählte Formulierung „at the same time“ dahingehend auszulegen, dass ein- und dieselbe Maßnahme sowohl gegen das Vollzugsverbot des Art. 7 FKVO als auch gegen das Kartellverbot des Art. 101 AEUV verstoßen kann.[1617] Damit würden sich die beiden Vorschriften sowohl in ihrem Anwendungsbereich als auch in ihrem Verbotsinhalt überschneiden. Da es sich bei dem Memorandum um keinen verbindlichen Rechtsakt handelt und das Dokument nicht eindeutig formuliert ist, erscheint eine solche Auslegung möglich, aber keineswegs zwingend.

1616 Zum Begriff oben Kapitel 5 D.I.1.d.ee.

1617 Vgl. Bosch/Marquier, EWS 2010, 113, 116; Rosenthal/Thomas, European Merger Control (2010), Kap. E Rn. 39; Jones/Sufrin, EU Competition Law (2014), 1176.

Bemerkenswert ist, dass die Kommission im Fall *Altice/PT Portugal* im „überschießenden“ Austausch wettbewerblich sensibler Informationen zwischen den am Zusammenschluss beteiligten Unternehmen vor der Genehmigungserteilung eine Ausübung der Kontrolle über *PT Portugal* durch *Altice* – oder zumindest ein weiteres Indiz dafür – sah. Dem lag die Überlegung zugrunde, dass ein solcher Austausch an sich erst nach der Genehmigungserteilung (genau genommen sogar erst nach dem Vollzug) zulässig wäre. Dabei wandte die Kommission im Rahmen der Prüfung nach Art. 7 Abs. 1 FKVO die Kriterien an, die für die Prüfung der Vereinbarkeit eines Informationsaustauschs mit Art. 101 AEUV gelten. Damit hat die Kommission auf ihre eigene Art die Grenzen zwischen dem Vollzugsverbot und dem Kartellverbot verwischt.

b. Begriffsverständnis der Unionsgerichte

Der EuGH und das EuG haben sich bislang, soweit ersichtlich, in sechs Fällen zum Verbotsinhalt des Art. 7 Abs. 1 FKVO 1989/1997 geäußert.

aa. Air France/Kommission (T-3/93)

Eine knappe Äußerung des EuG zum Inhalt des Vollzugsverbots findet sich im Urteil vom 24. März 1994 in der Rechtssache *Air France/Kommission*. Gegenstand des Verfahrens war die Feststellung eines Kommissionssprechers vom 30. Oktober 1992, dass der Zusammenschluss zwischen *British Airways* und *Dan Air*[1618] die Umsatzschwellen des Art. 1 Abs. 2 FKVO 1989 nicht erfülle und daher keine gemeinschaftsweite Bedeutung habe. Der Wettbewerber *Air France* hatte hiergegen eine Nichtigkeitsklage eingelegt, welche vom EuG abgewiesen wurde.[1619] Im Rahmen der Zulässigkeitsprüfung stellte das EuG Folgendes fest:

> „Wäre die Kommission hingegen zu dem Ergebnis gelangt, daß der Zusammenschluß eine ‚gemeinschaftsweite Bedeutung‘ habe, so wäre eine Änderung der Marktlage nicht vor Ablauf der Frist in Artikel 7 Absatz 1 der Verordnung […] eingetreten […].“[1620]

1618 Dazu bereits oben Kapitel 4 A.II.2.b.aa.(1).

1619 EuG, Urteil vom 24. März 1994, Rs. T-3/93, *Air France/Kommission*, ECLI:EU:T:1994:36.

1620 EuG, ebenda, Rn. 80.

Das EuG ging also davon aus, dass das Vollzugsverbot den Eintritt von Marktstrukturveränderungen verhindern soll. Dies könnte unmittelbar dadurch geschehen, dass das Vollzugsverbot die Marktstrukturveränderung verbietet. Die Wirkung könnte aber auch auf mittelbarem Weg erzeugt werden, indem das Vollzugsverbot bestimmte Maßnahmen untersagt, ohne die eine Marktstrukturveränderung nicht eintreten kann. Die Feststellungen des EuG im Fall *Air France/Kommission* trugen daher wenig zur Klärung des Vollzugsbegriffs bei.

bb. Aer Lingus/Kommission

Aussagekräftiger war die Begründung des Beschlusses vom 18. März 2008 und des Urteils vom 6. Juli 2010 im Fall *Aer Lingus/Kommission*. In diesem Fall ging es, wie bereits oben erläutert,[1621] in der Hauptsache (Rs. T-411/07) um die Nichtigerklärung der Entscheidung der Kommission vom 11. Oktober 2007, den Antrag von *Aer Lingus* auf Durchführung eines Entflechtungsverfahrens nach Art. 8 Abs. 4 FKVO und Vornahme einstweiliger Maßnahmen nach Art. 8 Abs. 5 FKVO hinsichtlich der Minderheitsbeteiligung an *Aer Lingus* durch *Ryanair* zurückzuweisen. Daneben hatte *Aer Lingus* beim EuG einen Antrag auf vorläufigen Rechtsschutz nach Art. 242 f. EGV 1997 (heute Art. 278 f. AEUV) gestellt (Rs. T-411/07 R). Das EuG wies den Antrag auf vorläufigen Rechtsschutz mit Beschluss vom 18. März 2008[1622] und die Nichtigkeitsklage mit Urteil vom 6. Juli 2010[1623] ab.

1621 Dazu oben Kapitel 5 D.I.2.a.aa.(3)(b).

1622 EuG, Beschluss vom 18. März 2008, Rs. T-411/07 R, *Aer Lingus/Kommission*, ECLI:EU:T:2008:80; vgl. dazu Leupold/Haans, (2008) E.C.L.R. 624 ff.; Depoortere/Lelart, (2010) 33 World Competition 103, 111 ff.; Hennig, ZweR 2011, 443, 463 ff.

1623 EuG, Urteil vom 6. Juli 2010, Rs. T-411/07, *Aer Lingus/Kommission*, ECLI:EU:T:2010:281; vgl. dazu Hennig, ebenda, 465 ff.; Koch, Competition Policy Newsletter 3/2010, 41, 44 f.; Rosenthal/Thomas, European Merger Control (2010), Kap. E Rn. 48 ff.; Mäger in: Mäger, EuKartR (2011), Kap. 8 Rn. 64; Mestmäcker/Schweitzer, EuWettbR (2014), § 24 Rn. 110.

(1) Antrag auf vorläufigen Rechtsschutz (T-411/07 R)

Der Antrag auf vorläufigen Rechtsschutz scheiterte teilweise bereits an der Zulässigkeit, im Übrigen an der Begründetheit. Nach der Auffassung des Präsidenten des EuG hatte *Aer Lingus* insbesondere keinen plausiblen Anspruch auf vorläufigen Rechtsschutz dargelegt.[1624] Das Vorbringen von *Aer Lingus*, die Kommission habe fehlerhaft entschieden, als sie davon ausgegangen sei, dass mangels einer Kontrolländerung keine negativen Auswirkungen auf den Wettbewerb drohten, sei „aus dem Zusammenhang gerissen". Grund für die Entscheidung der Kommission sei nicht das Fehlen negativer Auswirkungen auf den Wettbewerb, sondern das Nichtvorliegen eines vollzogenen Zusammenschlusses gewesen.

Summarisch zu klären sei die Frage, „ob der ‚teilweise Vollzug' oder der Vollzug eines der Teile, die zusammen den einzelnen angemeldeten Zusammenschluss ausmachen, einen ‚Vollzug' dieses Zusammenschlusses darstellen und die Befugnisse der Kommission nach Art. 8 Abs. 4 und 5 auslösen" könne. Hierzu nahm der Präsident des EuG zunächst eine grammatische Auslegung der Begriffe „Vollzug" und „vollzogen" in mehreren Sprachfassungen vor. Insoweit stellte er fest, dass der englische Begriff „implementation" sowohl „the having accomplished some aim", zu Deutsch die „Erreichung eines Ziels", als auch „the carrying into effect", zu Deutsch das „Zurwirkungbringen" bedeuten und daher Unsicherheit bezüglich der Tatbestandsmäßigkeit eines Teilvollzugs stiften könne. Allerdings deuteten die in den Vorschriften konkret verwendeten Perfekt-Präsens-Wendungen (engl.: „has already been implemented"; franz.: „a déjà été réaliseé"; ital.: „è già stata realizzata"; dt.: „bereits vollzogen wurde") auf den ersten Blick darauf hin, dass nur der vollständige Vollzug umfasst sei. Diesen Eindruck bestätige ein Vergleich der französischen Sprachfassung des Art. 8 Abs. 4, 5 FKVO mit den französischen Sprachfassungen anderer Vorschriften des Unionsrechts,[1625] in denen der englische Ausdruck „implementation" („dt.: „Anwendung") eindeutig eher im Sinne einer „mise en œuvre" (engl.: „carrying into effect"; dt.: „Durchführung") als einer „réalisation

---

1624 EuG, Beschluss vom 18. März 2008 (oben Fn. 1622), Rn. 82 ff. Daneben sah der Präsident des EuG auch die Dringlichkeit nicht als glaubhaft gemacht an (ebenda, Rn. 116 ff.).

1625 Konkret stellte der Präsident des EuG auf den dritten Erwägungsgrund der Verordnung (EG) Nr. 794/2004 der Kommission vom 21. April 2004 zur Durchführung der Verordnung (EG) Nr. 659/1999 des Rates über besondere Vorschriften für die Anwendung von Artikel 93 des EG-Vertrags, ABl. L 140/1 vom 30. April 2004, ab.

d'un objectif" (dt.: „Erreichung eines Ziels"; engl.: „the act of accomplishing some aim") verwendet werde. Schließlich deute die Formulierung der Befugnis in Art. 8 Abs. 4 FKVO, den beteiligten Unternehmen aufzugeben, „den Zusammenschluss rückgängig zu machen", darauf hin, dass zunächst einmal ein Zusammenschluss im Sinne einer Kontrolländerung nach Art. 3 FKVO vorliegen müsse.

Weiter wies der Präsident des EuG das auf die einheitliche Auslegung der Vollzugsbegriffe in Art. 7 und 8 FKVO zielende Argument von *Aer Lingus* zurück, die Kommission habe in ihrer Praxis Maßnahmen unterhalb der Schwelle zur dauerhaften Kontrolländerung im Rahmen des Art. 7 Abs. 1 FKVO als Vollzug gewertet. Die Auslegung des Unionsrechts sei Sache des Gerichtshofs und folge nicht aus einer bestimmten Praxis der Kommission. Die Politik der Kommission, die Erwerberseite unabhängig von der Frage, ob eine Kontrollübernahme oder eine bloße Minderheitsbeteiligung vorliege, zur Nichtausübung der Stimmrechte bis zur Sachentscheidung aufzufordern, sei unabhängig vom Vollzugsbegriff des Art. 7 FKVO legitim:

> „Zweitens wäre es, wie die Kommission in der mündlichen Verhandlung betont hat, selbst wenn Art. 7 Abs. 1 der Verordnung so auszulegen wäre, dass er bis zur Prüfung durch die Kommission nur einen Wechsel der Kontrolle und nicht Schritte unterhalb der Schwelle des Wechsels der Kontrolle wie etwa die Ausübung von Stimmrechten aufgrund von Minderheitsbeteiligungen verbietet, angesichts der strengen Fristen, innerhalb deren die Kommission einen angemeldeten Zusammenschluss zu prüfen hat, sowie des Zusammenwirkens von Faktoren, die zur Übernahme der Kontrolle in einem konkreten Fall führen könnten, durchaus legitim, wenn die Kommission die Beteiligten auffordern würde, keinerlei Schritte zu unternehmen, die zu einem Wechsel der Kontrolle führen könnten. Zusätzlich könnten es die Anmelder, auch wenn dies auf den ersten Blick kein Erfordernis nach der Verordnung ist, als vorteilhaft ansehen, einer solchen Aufforderung nachzukommen, um das Verwaltungsverfahren der Kommission zu erleichtern und damit das Risiko zu vermeiden, dass diese es für erforderlich halten könnte, in den Betrieben der Beteiligten Durchsuchungen durchzuführen und festzustellen, ob die von den Anmeldern unternommenen Schritte nicht tatsächlich zu einem Wechsel der Kontrolle geführt haben."[1626]

1626 EuG, Beschluss vom 18. März 2008 (oben Fn. 1622), Rn. 94.

Die von *Aer Lingus* vorgelegten Pressemitteilungen, die belegen sollten, dass die Kommission im Rahmen des Art. 7 FKVO auch Maßnahmen unterhalb der Schwelle zur dauerhaften Kontrolländerung als (Teil-) Vollzug bewerte, seien „bezüglich der Bedeutung des Worts ‚Vollzug' ohne Beweiswert". Zur Argumentation von *Aer Lingus*, die Ablehnung einer Entflechtung stehe im Widerspruch zur Praxis der Kommission in den Fällen *Schneider/Legrand* und *Tetra Laval/Sidel*, verwies der Präsident des EuG darauf, dass in den genannten Fällen jeweils eine Kontrolländerung vorgelegen habe, welche die Befugnis der Kommission zur Anordnung von Entflechtungsmaßnahmen ausgelöst habe.

Bemerkenswert für die Auslegung des Verbotsinhalts des Art. 7 FKVO ist die Begründung des Präsidenten des EuG, mit der er das Vorbringen von *Aer Lingus* zurückwies, dass *Ryanair* in Ermangelung einer Genehmigung Anteile nur erwerben dürfe, wenn die damit verbundenen Stimmrechte nicht ausgeübt würden. Nachdem er den Vollzugsbegriff des Art. 7 FKVO in der oben zitierten Rn. 94 des Beschlusses offengelassen hatte, stellte er in Rn. 98 einen Gleichlauf zwischen den Vollzugsbegriffen der Art. 7 und 8 FKVO her:

> „Zu dem auf Art. 7 gestützten Vorbringen der Antragstellerin, dass Ryanair, weil der geplante Erwerb noch nicht für vereinbar mit dem Gemeinsamen Markt erklärt worden sei, im Rahmen der angemeldeten Transaktion Wertpapiere nur erwerben und ein öffentliches Übernahmeangebot nur weiterverfolgen dürfe, wenn sie die mit den Wertpapieren verbundenen Stimmrechte nicht ausübe, sofern keine Freistellung durch die Kommission vorliege, genügt die Feststellung, dass die vorstehend dargelegte Auslegung des Ausdrucks „Vollzug" *mutatis mutandis* gleichermaßen für das auf Art. 7 der Verordnung gestützte Vorbringen der Antragstellerin gelten muss."[1627]

Schließlich verwarf der Präsident des EuG auch die Argumentation von *Aer Lingus*, dass die von der Kommission vertretene Auslegung des Art. 8 Abs. 4, 5 FKVO i.V.m. der Vorschrift des Art. 21 Abs. 3 FKVO[1628] zu einer Regelungslücke führe. Hierzu stellt er zunächst fest, dass der Erwerb einer nicht kontrollierenden Minderheitsbeteiligung auch außerhalb des Kontexts eines Zusammenschlusses im Sinne des Art. 3 FKVO auftreten könne. Obwohl die FKVO in einem solchen Fall klar unanwendbar sei, würde die fehlende Möglichkeit für die Kommission zur Kontrolle der

1627 EuG, ebenda, Rn. 98.
1628 Vgl. dazu oben Kapitel 4 A.II.1.d.bb.

Minderheitsbeteiligung in diesem Fall eindeutig nicht als Regelungslücke verstanden werden. Des Weiteren fehle es an der von *Aer Lingus* vorgetragenen Sperrwirkung für die Mitgliedstaaten nach Art. 21 Abs. 3 FKVO. Mit der Untersagung des geplanten Zusammenschlusses und der Rücknahme des öffentlichen Übernahmeangebots durch Ryanair liege kein Zusammenschluss im Sinne des Art. 3 FKVO mehr vor. Ein solcher könne wegen der Untersagung auch nicht mehr ins Auge gefasst werden. Wie die Kommission zutreffend vorgetragen habe, hänge die verbleibende Minderheitsbeteiligung nach summarischer Prüfung nicht mehr mit einem Kontrollerwerb zusammen, gehöre damit nicht mehr zu einem „Zusammenschluss" und falle daher auch nicht in den „Anwendungsbereich" der Verordnung. Infolgedessen stehe Art. 21 Abs. 3 FKVO der Anwendung des innerstaatlichen Wettbewerbsrechts durch die nationalen Wettbewerbsbehörden und Gerichte im vorliegenden Fall nicht (mehr) entgegen.

(2) Hauptsacheklage (T-411/07)

Die Nichtigkeitsklage, die *Aer Lingus* gegen die Entscheidung der Kommission vom 11. Oktober 2007 eingelegt hatte, wurde vom EuG als unbegründet abgewiesen. Das EuG begründete sein Urteil in der Hauptsache zunächst mit denselben Argumenten, die der Präsident bereits im Verfahren des vorläufigen Rechtsschutzes als entscheidend erachtet hatte.[1629]

Nach Art. 3 Abs. 1 FKVO werde „ein Zusammenschluss dadurch bewirkt oder vollzogen", dass eine dauerhafte Veränderung der Kontrolle im Wege einer Fusion oder eines Kontrollerwerbs stattfinde. Somit sei „jede Transaktion bzw. jede Gesamtheit von Transaktionen", die eine dauerhafte Kontrolländerung bewirke, ein Zusammenschluss, der „als vollzogen" gelte. Demgegenüber stelle der Erwerb einer Beteiligung, die als solche keine Kontrolle vermittle, „keinen vollzogenen, von dieser Verordnung erfassten Zusammenschluss" dar. Da im vorliegenden Fall weder eine rechtliche noch eine faktische Änderung der Kontrollverhältnisse eingetreten sei, fehle es der Kommission an einer Befugnis, Maßnahmen nach Art. 8 Abs. 4 und 5 FKVO anzuordnen. Hierin liege ein entscheidender Unterschied zu den Fällen, in denen die Kommission bislang Anordnungen nach Art. 8 Abs. 4 FKVO erlassen habe.

1629 EuG, Urteil vom 6. Juli 2010, Rs. T-411/07, *Aer Lingus/Kommission*, ECLI:EU:T:2010:281, Rn. 59 ff.

Anders als im Verfahren des vorläufigen Rechtsschutzes, wo die Thematik von *Aer Lingus* nur gestreift worden war, nahm das EuG in den Urteilsgründen Stellung zur Figur des „einzigen“ Zusammenschlusses,[1630] mit der die Kommission den von *Ryanair* mittels eines öffentlichen Übernahmeangebots geplanten Kontrollerwerb einerseits und die bereits abgeschlossenen, keine Kontrolle verleihenden Anteilerwerbe andererseits verklammert hatte. Nach der Auffassung des EuG änderte die Anwendung dieses Konzepts durch die Kommission nichts an der Beurteilung, dass es an einem vollzogenen Zusammenschluss und damit an einer notwendigen Voraussetzung für ein Vorgehen nach Art. 8 Abs. 4, 5 FKVO gefehlt habe. Das EuG begründete seine Auffassung mit dem Stadium des Verfahrens, in dem die Kommission das Konzept des „einzigen“ Zusammenschlusses angewandt habe. Dies sei während des auf eine Sachentscheidung gerichteten Genehmigungsverfahrens – das EuG verwendete den Begriff des „Prüfverfahrens“ – der Fall gewesen. Während dieses Verfahrens gelte das Vollzugsverbot des Art. 7 Abs. 1 FKVO mit der in Art. 7 Abs. 2 FKVO definierten, automatischen Ausnahme für öffentliche und „schleichende“ Übernahmen. Mache der Erwerber von der Ausnahme Gebrauch, gehe das Untersagungsrisiko auf ihn über mit der Folge, dass er, wie in den Fällen *Schneider/Legrand* und *Tetra Laval/Sidel*, die erworbenen Anteile ggf. wieder veräußern müsse. „In diesem Zusammenhang“ könne der Erwerb einer Beteiligung, die als solche keine Kontrolle im Sinne des Art. 3 FKVO vermittle, in den „Anwendungsbereich“ des Art. 7 FKVO fallen. Das Vorgehen der Kommission sei dahingehend zu verstehen, dass sie das Konzept des „einzigen“ Zusammenschlusses angewandt habe,

> „[…] um die Gefahr zu begrenzen, in eine Situation zu geraten, in der eine Unvereinbarkeitsentscheidung durch eine Entflechtungsentscheidung mit dem Zweck ergänzt werden müsste, den vor der Stellungnahme der Kommission zu seinen Auswirkungen auf den Wettbewerb eingetretenen Kontrollerwerb zu beenden.“[1631]

Die Aufforderung der Kommission an *Ryanair*, die erworbenen Stimmrechte nicht auszuüben, sei als Aufforderung an das Unternehmen zu verstehen,

> „[…] sich nicht in die Situation eines von ihr vollzogenen Zusammenschlusses zu begeben, der im Fall einer Entscheidung über die Unver-

1630 EuG, ebenda, Rn. 79 ff.
1631 EuG, ebenda, Rn. 83.

einbarkeit mit dem Gemeinsamen Markt zu einer auf der Grundlage von Art. 8 Abs. 4 und 5 erlassenen Maßnahme führen müsste."[1632]

Weil sich die Entflechtungsfrage in einem anderen Verfahrensstadium stelle, nämlich erst zu einem Zeitpunkt, in dem die abschließende Sachentscheidung erlassen worden sei, habe die Kommission in ihrer Entscheidung vom 11. Oktober 2007 zu Recht angenommen, dass die Minderheitsbeteiligung nicht als „teilweiser Vollzug" des Zusammenschlusses angesehen und zum Gegenstand einer Maßnahme nach Art. 8 Abs. 4 oder 5 gemacht werden könne.

Hinsichtlich der Vorschrift des Art. 21 Abs. 3 FKVO wies das EuG darauf hin, dass diese Bestimmung der Kommission keine Befugnis zur Vornahme bindender Maßnahmen verleihe. Im Übrigen stehe es den Mitgliedstaaten in Ermangelung eines Zusammenschlusses von gemeinschaftsweiter (heute: EU-weiter) Bedeutung frei, ihr innerstaatliches Wettbewerbsrecht auf die Minderheitsbeteiligung von *Ryanair* an *Aer Lingus* anzuwenden.

cc. Éditions Odile Jacob/Kommission

In dem Verfahren ging es um die gegen die Genehmigungsentscheidung der Kommission vom 7. Januar 2004 im Fall *Lagardère/Natexis/VUP*[1633] gerichtete Nichtigkeitsklage des französischen Verlags *Éditions Odile Jacob*. Da die Kommission in diesem Fall eine „Warehousing"-Konstruktion gebilligt hatte, war mit dem gerichtlichen Verfahren in Teilen der Literatur und Praxis die Erwartung verbunden, die Unionsgerichte würden sich zur Frage der Zulässigkeit einer solchen Struktur am Maßstab des Art. 7 Abs. 1 FKVO äußern. Diese Erwartung wurde letztlich enttäuscht.

(1) Verfahren vor dem EuG (T-279/04)

Éditions Odile Jacob hatte mit seiner Klage vom 8. Juli 2004[1634] im Kern geltend gemacht, dass der erste Erwerbsschritt, d.h. der Zwischenerwerb der Zielvermögenswerte durch *Natexis*, von der Kommission fehlerhaft

---

1632 EuG, ebenda.
1633 Dazu oben Kapitel 5 D.I.2.a.aa.(1)(i).
1634 ABl. C 262/33 vom 23. Oktober 2004.

beurteilt worden sei. Anders als von dieser angenommen, erfülle dieser Vorgang den Zusammenschlusstatbestand des Kontrollerwerbs nach Art. 3 Abs. 1 Buchst. b FKVO 1997 und falle nicht unter die Ausnahmevorschrift des Art. 3 Abs. 5 Buchst. a FKVO 1997. *Éditions Odile Jacob* begründete dies damit, dass *Lagardère* bereits mit der Übertragung der Zielvermögenswerte von *VUP* an *Natexis* allein oder gemeinsam mit *Natexis* die (dauerhafte) Kontrolle über die Zielvermögenswerte erlangt habe. Mit dem Vollzug dieses Schritts vor dessen Anmeldung habe *Lagardère* gegen die Anmeldepflicht und das Vollzugsverbot der FKVO 1997 verstoßen.

Das EuG wies die Klage mit Urteil vom 13. Dezember 2010 ab.[1635] Die Klageabweisung begründete es im Wesentlichen damit, dass *Éditions Odile Jacob* nicht nachgewiesen habe, dass *Lagardère* bereits mit der Übertragung der Zielvermögenswerte an *Natexis* die alleinige oder gemeinsame Kontrolle über diese erworben habe.[1636] Die auf eine Verletzung des Vollzugsverbots zielenden Argumente des Klägers konnte das EuG somit mangels Entscheidungsrelevanz zurückweisen.[1637] Ergänzend fügte es hinzu, dass eine Fehlbeurteilung durch die Kommission in diesem Punkt keine Auswirkungen auf die Rechtmäßigkeit der Genehmigungsentscheidung gehabt hätte. Denn selbst wenn ein Verstoß gegen das Vollzugsverbot des Art. 7 Abs. 1 FKVO 1997 vorgelegen hätte, wäre daraus weder eine Befugnis zur Untersagung des Vorhabens noch zum späteren Widerruf der Genehmigung abzuleiten gewesen. Ein Verstoß hätte demnach nicht zur Nichtigkeit der Genehmigungsentscheidung führen können.[1638]

(2) Verfahren vor dem EuGH (C-551/10 P)

Éditions Odile Jacob legte gegen das Urteil des EuG am 25. November 2010 ein Rechtsmittel zum EuGH ein.[1639] Im Wesentlichen machte der Verlag geltend, das EuG habe mit der getrennten Betrachtung der beiden Erwerbsschritte, anders als vom EuG selbst im Urteil *Cementbouw/Kommis-*

1635 EuG, Urteil vom 13. Dezember 2010, Rs. T-279/04, *Éditions Odile Jacob/Kommission*, ECLI:EU:T:2010:384; vgl. dazu Nourry/Harrison, Competition Law Insight vom 19. Oktober 2010, 7 ff.; Hirsbrunner, EuZW 2011, 549 ff.; Tayar, (2011) 2 JECLAP 39 f.; Bueren/Weck, BB 2014, 67, 73.

1636 EuG, ebenda, Rn. 118 ff. und 163.

1637 EuG, ebenda, Rn. 170 ff.

1638 EuG, ebenda, Rn. 154 ff. und 164.

1639 ABl. C 46/4 vom 12. Februar 2011.

sion[1640] für notwendig erachtet, die wirtschaftliche Realität nicht berücksichtigt. Darüber hinaus habe das Gericht hinsichtlich des ersten Erwerbsschritts unter Verstoß gegen Art. 3 Abs. 3 FKVO 1997 nur den Erwerb rechtlicher, nicht aber faktischer Kontrolle durch *Lagardère* geprüft. Im Übrigen habe es verkannt, dass die Kommission ermessensfehlerhaft gehandelt habe, indem sie zugelassen habe, dass der erste Erwerbsschritt – zum Nachteil anderer Erwerbsinteressenten – ohne Anmeldung kurzfristig vollzogen wurde, und aus diesem Verfahrensverstoß nicht die richtigen Rechtsfolgen gezogen.

Der EuGH wies das Rechtsmittel mit Urteil vom 6. November 2012 zurück.[1641] Die Feststellungen des EuG zur Unerheblichkeit der fusionskontrollrechtlichen Einordnung des ersten Erwerbsschritts für die Rechtmäßigkeit der Genehmigungsentscheidung seien rechtsfehlerfrei.[1642] Da die Klage auf die Nichtigerklärung der Genehmigungsentscheidung gerichtet gewesen sei, hätte selbst die Annahme eines Kontrollerwerbs durch *Lagardère* im Zeitpunkt des ersten Erwerbsschritts nur Verstöße gegen die Anmeldepflicht bzw. das Vollzugsverbot zur Folge haben können, welche keinen Einfluss auf die Rechtmäßigkeit der Genehmigungsentscheidung gehabt hätten. Auch die ggf. nach Art. 7 Abs. 5 FKVO 1997 (Art. 7 Abs. 4 FKVO 2004) bestehende schwebende Unwirksamkeit verbotswidriger Rechtsgeschäfte wäre durch die Genehmigung geheilt worden. Damit sich das Gericht zur Rechtmäßigkeit dieser Entscheidung habe äußern können, sei eine Prüfung, ob *Lagardère* bereits beim ersten Erwerbsschritt Kontrolle erworben habe, nicht erforderlich gewesen.

dd. Electrabel/Kommission

Gegenstand dieses Gerichtsverfahrens[1643] war die Kommissionsentscheidung vom 10. Juni 2009, gegen *Electrabel* nach Art. 14 Abs. 2 Buchst. b

---

1640 EuG, Urteil vom 23. Februar 2006, Rs. T-282/02, *Cementbouw/Kommission* (oben Fn. 1287), Rn. 102 ff.

1641 EuGH, Urteil vom 6. November 2012, Rs. C-551/10 P, *Éditions Odile Jacob/Kommission*, ECLI:EU:C:2012:681; vgl. dazu Meyring, (2013) 4 JECLAP 239 ff.

1642 EuGH, ebenda, Rn. 35 ff.

1643 Vgl. dazu auch Walter, (2013) 4 JECLAP 226 ff.; Carloni, (2014) 5 JECLAP 693 ff.

FKVO 1997 ein Bußgeld in Höhe von 20 Mio. EUR wegen Verstoßes gegen Art. 7 Abs. 1 FKVO 1997 zu verhängen.[1644]

(1) Verfahren vor dem EuG (T-332/09)

Am 20. August 2009 hatte *Electrabel* zunächst Nichtigkeitsklage zum EuG erhoben.[1645] Im Verfahren hatte das Unternehmen einen Haupt- und einen Hilfsantrag gestellt. Der Hauptantrag war auf Nichterklärung der Entscheidung insgesamt, der Hilfsantrag auf Nichtigerklärung der Festsetzung der Geldbuße oder zumindest deren Herabsetzung gerichtet.

Den Hauptantrag hatte *Electrabel* auf zwei verschiedene Klagegründe gestützt. Mit dem zweiten Klagegrund, den das EuG vor dem ersten prüfte, hatte *Electrabel* geltend gemacht, die Kommission habe mit ihrer Feststellung, dass *Electrabel* am 23. Dezember 2003 faktisch die alleinige Kontrolle über *CNR* erworben habe, gegen Art. 7 Abs. 1 und Art. 3 Abs. 3 FKVO 1997 sowie den Grundsatz der Selbstbindung der Verwaltung verstoßen.

Das EuG wies zunächst das Vorbringen der Kommission zurück, *Electrabel* habe im Zusammenhang mit der Anmeldung des Zusammenschlusses eingeräumt, faktisch die alleinige Kontrolle über *CNR* erworben zu haben, und bestreite nunmehr lediglich dessen Dauer.[1646] Hierzu stellte das EuG klar, dass die im Genehmigungsverfahren getätigten Äußerungen der Klägerin im gerichtlichen Verfahren nicht dazu vorgebracht werden könnten, der Klägerin von vornherein die Möglichkeit zu versagen, das Vorliegen eines Verstoßes gegen Art. 7 Abs. 1 FKVO 1997 zu bestreiten, für dessen Vorliegen die Kommission beweispflichtig sei. Hiervon unberührt bleibe, dass solche Äußerungen ggf. im Rahmen der freien richterlichen Beweiswürdigung Berücksichtigung finden könnten. Sodann verwarf das EuG die einzelnen Argumente, mit denen *Electrabel* die Beurteilung des Vorliegens faktischer Kontrolle zum 23. Dezember 2003 durch die Kommission als unvollständig und fehlerhaft gerügt hatte, und damit den zweiten Klagegrund insgesamt.[1647]

1644 Entscheidung vom 10. Juni 2009, COMP/M.4994, *Electrabel/Compagnie Nationale du Rhône*; vgl. die Zusammenfassung oben Kapitel 5 D.I.2.a.aa.(1)(m).

1645 ABl. 267/71 vom 7. November 2009.

1646 EuG, Urteil vom 12. Dezember 2012, Rs. T-332/09, *Electrabel/Kommission*, ECLI:EU:T:2012:672, Rn. 28 ff.

1647 EuG, ebenda, Rn. 38 ff.

Die Kommission war in der angefochtenen Entscheidung an verschiedenen Stellen auf die zunächst unterlassene und später nachgereichte Anmeldung eingegangen. Vor diesem Hintergrund hatte sich *Electrabel* mit dem ersten Klagegrund auf Verstöße der Kommission gegen Art. 7 Abs. 1 FKVO 1997 und Art. 253 EGV 1997 (nunmehr Art. 296 AEUV) berufen, die auf einer unzutreffenden Bewertung und widersprüchlichen Begründung der Zuwiderhandlung beruhten. Während im verfügenden Teil ein Verstoß gegen das Vollzugsverbot des Art. 7 Abs. 1 FKVO 1997 festgestellt worden sei, ermögliche die Begründung nur den Nachweis eines Verstoßes gegen die Anmeldepflicht nach Art. 4 Abs. 1 FKVO 1997.[1648] Zur Untermauerung dieser These trug *Electrabel* u.a. vor, dass die Kommission, hätte sie einen Verstoß gegen das Vollzugsverbot feststellen wollen, den Eintritt eines Verstoßes nicht auf den 23. Dezember 2003, sondern auf den Zeitpunkt der erstmaligen Ausübung der Stimmrechte bei der Hauptversammlung von *CNR* am 29. Juni 2004, hätte datieren müssen.

Das EuG wies auch dieses Vorbringen von *Electrabel* insgesamt zurück.[1649] Die Begründung der Kommissionsentscheidung sei rechtlich hinreichend und nicht widersprüchlich. Der Verstoß gegen das Vollzugsverbot sei an mehreren Stellen rechtlich und tatsächlich dargelegt worden. Der Hinweis der Kommission, dass *Electrabel* sich früher an die Kommission hätte wenden müssen, sei nicht so zu verstehen, dass die Kommission in Wirklichkeit von einem Verstoß gegen die Anmeldepflicht ausgegangen sei. Dies ergebe sich schon aus dem Wortlaut des Art. 7 Abs. 1 FKVO 1997, dem zufolge ein Verstoß gegen das Vollzugsverbot unabhängig von einer Anmeldung vorliegen könne. Ein Widerspruch zum verfügenden Teil folge auch nicht daraus, dass die Kommission in der Begründung den 23. Dezember 2003 als Eintrittsdatum des Verstoßes gegen das Vollzugsverbot zugrunde gelegt habe. Zur Begründung verwies das EuG auf den Zusammenhang zwischen Art. 7 und Art. 3 FKVO 1997. Art. 7 Abs. 1 FKVO verbiete den Vollzug eines Zusammenschlusses vor seiner Anmeldung oder Genehmigung. Art. 3 Abs. 1, 3 FKVO definiere einen Zusammenschluss

> „[…] als Änderung der Kontrolle unter Einräumung der Möglichkeit, einen bestimmenden Einfluss auf die Tätigkeit des betreffenden Unternehmens auszuüben, und somit als Erwerb dieser Kontrolle im formalen Sinn und nicht als wirksame Ausübung dieser Kontrolle."[1650]

1648 Vgl. EuG, ebenda, Rn. 177.
1649 EuG, ebenda, Rn. 179 ff.
1650 EuG, ebenda, Rn. 189.

Den Hilfsantrag auf Nichtigerklärung der Festsetzung der Geldbuße oder Herabsetzung ihrer Höhe hatte *Electrabel* auf zwei weitere Klagegründe, zum einen die Verjährung des Verstoßes und zum anderen die Verletzung des Art. 14 Abs. 2 FKVO 1997 sowie der Grundsätze der Verhältnismäßigkeit, der ordnungsgemäßen Verwaltung und des Vertrauensschutzes, gestützt. Das EuG verwarf auch diese Klagegründe. Um das Verjährungsargument zu untermauern, hatte *Electrabel* u.a. argumentiert, dass es sich bei einem Verstoß gegen das Vollzugsverbot, wenn er denn vorliege, um einen „Einzelverstoß" handle, der „durch eine einzige Handlung, den Vollzug des Zusammenschlusses, begangen" worden sei und dass „nur sein Ergebnis andauere".[1651] Dieser Auffassung erteilte das EuG eine klare Absage. Stattdessen bestätigte es die Rechtsauffassung der Kommission zum Vorliegen einer dauerhaften Zuwiderhandlung:

> „Die Möglichkeit, einen bestimmenden Einfluss auf die Tätigkeit des kontrollierten Unternehmens auszuüben, ist nämlich zwangsläufig dauerhaft, und zwar ab dem Zeitpunkt des Erwerbs der Kontrolle bis zum Ende der Kontrolle. Wie die Kommission zu Recht auf eine schriftliche Frage des Gerichts im Zusammenhang mit der Aufforderung, ihr Vorbringen zur Dauerhaftigkeit des Verstoßes genauer zu erläutern, geltend gemacht hat, übt das Unternehmen, das die Kontrolle erworben hat, diese Kontrolle weiterhin unter Verstoß gegen die Verpflichtung zum Aufschub gemäß Art. 7 Abs. 1 der Verordnung Nr. 4064/89 bis zu dem Zeitpunkt aus, zu dem es den Verstoß durch Erhalt einer Genehmigung der Kommission oder durch Aufgabe der Kontrolle beendet. Somit dauert die Zuwiderhandlung so lange an, wie die Kontrolle, die unter Verstoß gegen Art. 7 Abs. 1 erworben wurde, aufrechterhalten wird und der Zusammenschluss von der Kommission nicht genehmigt wurde. Folglich ist die Kommission zu Recht von einem Andauern der Zuwiderhandlung bis zum Zeitpunkt der Genehmigung des Zusammenschlusses durch die Kommission oder gegebenenfalls bis zu einem früheren, angesichts der konkreten Umstände zu berücksichtigenden Zeitpunkts ausgegangen."[1652]

Im Ergebnis wies das EuG die Nichtigkeitsklage damit insgesamt ab.

1651 Vgl. EuG, ebenda, Rn. 210.
1652 EuG, ebenda, Rn. 212.

(2) Verfahren vor dem EuGH (C-84/13 P)

Electrabel legte gegen das Urteil des EuG am 21. Februar 2013 ein Rechtsmittel zum EuGH ein.[1653] Der EuGH wies das Rechtsmittel mit Urteil vom 3. Juli 2014 teilweise als unzulässig, im Übrigen als unbegründet zurück.[1654] Das Urteil enthält keine Festlegungen zum Vollzugsbegriff. Insbesondere ließ der EuGH die Frage, ob es sich bei einem Verstoß gegen das Vollzugsverbot der FKVO um ein Dauer- oder ein Einzeldelikt handle, offen.[1655]

ee. Marine Harvest (Mowi)/Kommission

(1) Verfahren vor dem EuG (T-704/14)

Gegenstand dieses Verfahrens war die Anfechtung der Entscheidung vom 23. Juli 2014,[1656] mit der die Kommission gegen *Marine Harvest* Bußgelder nach Art. 14 Abs. 2 Buchst. a FKVO wegen Verstoßes gegen die Anmeldepflicht des Art. 4 Abs. 1 FKVO und nach Art. 14 Abs. 2 Buchst. b FKVO wegen Verstoßes gegen das Vollzugsverbot des Art. 7 Abs. 1 FKVO in Höhe von jeweils 10 Mio. EUR verhängt hatte. *Marine Harvest* beantragte beim EuG, die Entscheidung, hilfsweise das Bußgeld, für nichtig zu erklären bzw. das Bußgeld herabzusetzen. Sie brachte fünf Klagegründe vor, von denen im Hinblick auf den Untersuchungszweck vor allem der erste (fehlerhafte Auslegung von Art. 7 Abs. 2 FKVO) und dritte (Verletzung des allgemeinen Rechtsgrundsatzes ne bis in idem) von Interesse sind. Mit Urteil vom 26. Oktober 2017[1657] wies das EuG alle Klagegründe zurück und die Klage insgesamt ab.

Zum ersten Klagegrund (fehlerhafte Anwendung von Art. 7 Abs. 2 FKVO) stellte das EuG zunächst mit Hinweis auf das Urteil in der Rechtssache *Electrabel/Kommission* fest, dass die Kommission wegen der Beteiligungsquote von *Marine Harvest* und der zu erwartenden Mehrheit bei den Hauptversammlungen von *Morpol* zu Recht vom Erwerb faktischer

---

1653 ABl. C 129/6 vom 4. Mai 2013.

1654 EuGH, Urteil vom 3. Juli 2014, Rs. C-84/13 P, *Electrabel/Kommission*, ECLI:EU:C:2014:2040.

1655 EuGH, ebenda, Rn. 61 f.

1656 Vgl. die Zusammenfassung oben Kapitel 5 D.I.2.a.aa.(1)(o).

1657 EuG, Urteil vom 26. Oktober 2017, Rs. T-704/14, *Marine Harvest/Kommission*, ECLI:EU:T:2017:753; dazu auch Thiede/Müller, EuZW 2019, 628, 630.

Kontrolle am 18. Dezember 2012 ausgegangen sei.[1658] Auf die Nichtausübung der Stimmrechte bis zur Genehmigungserteilung komme es nicht an, da nach Art. 3 Abs. 2 FKVO die Möglichkeit der Einflussnahme ausreiche; diese Möglichkeit habe bestanden, Hinderungsgründe – namentlich abweichende Vereinbarungen im Anteilskaufvertrag – seien nicht ersichtlich.[1659] Es liege daher grundsätzlich ein Verstoß gegen Art. 4 Abs. 1 und Art. 7 Abs. 1 FKVO vor, so dass es auf das Vorliegen einer Ausnahme nach Art. 7 Abs. 2 FKVO ankomme.[1660]

Seinem Wortlaut nach sei Art. 7 Abs. 2 FKVO weder in seiner ersten noch in seiner zweiten Variante einschlägig gewesen. Der Kontrollerwerb sei weder im Rahmen eines öffentlichen Übernahmeangebots noch von mehreren Veräußerern im Wege einer Reihe von Rechtsgeschäften mit Wertpapieren erfolgt; vielmehr habe mit dem Closing am 18. Dezember 2012 ein Erwerb von einem einzigen Veräußerer stattgefunden.[1661]

Das EuG gelangte zu dem Zwischenergebnis, dass Art. 7 Abs. 2 FKVO seinem Wortlaut nach nicht einschlägig sei.[1662] Es prüfte weiter, ob die Annahme eines einzigen Zusammenschlusses etwas an diesem Ergebnis ändern würde.[1663] Wie schon im Fusionskontrollverfahren[1664] hatte *Marine Harvest* vor dem EuG geltend gemacht, dass der Erwerb des ersten Anteilspakets am 18. Dezember 2012 und der Erwerb weiterer Anteile infolge des öffentlichen Übernahmeangebots vom 15. Januar 2013 durch eine Bedingung miteinander verbunden und daher so eng miteinander verknüpft gewesen seien, dass der erste Erwerbsvorgang integraler Bestandteil eines einzigen Zusammenschlusses im Sinne des 20. Erwägungsgrunds zur FKVO, der *Cementbouw*-Rechtsprechung des EuG und der konsolidierten Mitteilung der Kommission zu Zuständigkeitsfragen gewesen sei. Weil der Vollzug bei öffentlichen Übernahmeangeboten nach Art. 7 Abs. 2 FKVO privilegiert sei, müsse dies auch für den damit verknüpften, ersten Erwerbsvorgang gelten. Was das Vorliegen der entsprechenden Verknüpfung anging, argumentierte *Marine Harvest*, dass die Existenz einer rechtlichen oder faktischen gegenseitigen Abhängigkeit für die Begründung eines einzigen Zusammenschlusses ausreiche. Die Entscheidung der Kommission, das Konzept des einzigen Zusammenschlusses hier unangewendet

1658 EuG, ebenda, Rn. 51 ff.
1659 EuG, ebenda, Rn. 58 f.
1660 EuG, ebenda, Rn. 63 f.
1661 EuG, ebenda, Rn. 68 ff., insbesondere Rn. 81.
1662 EuG, ebenda, Rn. 83.
1663 EuG, ebenda, Rn. 84 ff.
1664 Dazu oben Kapitel 5 D.I.2.a.aa.(1)(o).

zu lassen, stehe im Widerspruch zur Konsolidierten Mitteilung zu Zuständigkeitsfragen, zur Rechtsprechung des EuG, zur sonstigen Entscheidungspraxis der Kommission sowie zum 20. Erwägungsgrund zur FKVO. Hinzu komme, dass die Kommission bei ihrer Entscheidung den Sinn und Zweck des Art. 7 Abs. 2 FKVO verkannt habe.

Das EuG wies alle genannten Einwände zurück.[1665] Ein Widerspruch zur Konsolidierten Mitteilung zu Zuständigkeitsfragen oder zum *Cementbouw*-Urteil des EuG liege nicht vor,[1666] denn nach der Konsolidierten Mitteilung, die an das *Cementbouw*-Urteil anknüpfe, sei nicht nur eine mehrstufige Transaktion, sondern ein auf mehrere Stufen verteilter Kontrollerwerb Voraussetzung für die Annahme eines einzigen Zusammenschlusses. Ein gestufter Kontrollerwerb habe aber im Fall *Marine Harvest* nicht vorgelegen. Es bestehe auch kein Widerspruch zur Kommissionspraxis im Fall *Ryanair/Aer Lingus* und dem nachfolgenden *Aer Lingus*-Urteil des EuG,[1667] weil es sich in diesem Fall – nach den Plänen von *Ryanair*, der Kontrollerwerb kam bekanntlich nicht zustande – um einen gestuften Kontrollerwerb gehandelt habe;[1668] zudem habe sich das EuG in diesem Fall gar nicht dazu geäußert, ob der Erwerb der Kontrolle durch eine private Transaktion und ein anschließendes öffentliches Übernahmeangebot als einziger Zusammenschluss behandelt werden müsse.[1669] Ebenso sei kein Widerspruch zum 20. Erwägungsgrund zu erkennen; abgesehen davon, dass die Präambel rechtlich nicht verbindlich sei, könne dieser Erwägungsgrund keine erschöpfende Definition der Voraussetzungen enthalten, unter denen zwei Erwerbsvorgänge als einziger Zusammenschluss zu werten seien. Anderenfalls müssten auch verbundene Erwerbsvorgänge, die insgesamt nicht auf das Ziel eines Kontrollerwerbs gerichtet seien, unter die Definition fallen. Dies sei vom Unionsgesetzgeber aber offensichtlich nicht intendiert gewesen. Im Übrigen habe die Kommission bei der Auslegung von Art. 7 Abs. 2 FKVO auch nicht dessen Sinn und Zweck verkannt, da der Fall des Kontrollerwerbs durch einen einzigen Erwerbsschritt von einem einzigen Veräußerer auch vom Zweck nicht erfasst und eine Ausdehnung des Anwendungsbereichs der Legalausnahme über ihren Wortlaut hinaus nicht geboten sei.[1670]

1665 EuG, ebenda, Rn. 105 ff.
1666 EuG, ebenda, Rn. 105 ff. bzw. 122 ff.
1667 EuG, ebenda, Rn. 134 ff.
1668 EuG, ebenda, Rn. 135 f.
1669 EuG, ebenda, Rn. 138.
1670 EuG, ebenda, Rn. 168 ff.

Nach Zurückweisung des ersten und zweiten (hier nicht weiter relevanten) Klagegrunds beschäftigte sich das EuG mit dem dritten Klagegrund, mit dem *Marine Harvest* einen Verstoß gegen den allgemeinen Rechtsgrundsatz ne bis in idem gerügt hatte. Dieser ergebe sich daraus, dass die Kommission *Marine Harvest* zwei Geldbußen für dasselbe Verhalten auferlegt habe, nämlich die Anmeldung nach Vollzug und den Vollzug vor Anmeldung. Da jeder Verstoß gegen die Anmeldepflicht mit einem Verstoß gegen das Vollzugsverbot einhergehe (wenn auch nicht umgekehrt), sei der Verstoß gegen die Anmeldepflicht die speziellere Zuwiderhandlung, was die Kommission daran hindere, bei einem Verstoß gegen die Anmeldepflicht ein weiteres Bußgeld wegen Verstoßes gegen das Vollzugsverbot zu verhängen.[1671]

Das EuG stellte zunächst fest, dass seit der zweiten FKVO-Revision zum 1. Mai 2004 und der damit einhergehenden Abschaffung der Wochenfrist für die Anmeldung (Art. 4 Abs. 1 FKVO 1989/1997)[1672] in der Tat jeder Verstoß gegen die Anmeldepflicht mit einem Verstoß gegen das Vollzugsverbot verbunden sei.[1673] Es erinnerte auch daran, dass mit der zweiten FKVO-Revision beide Verstöße dem Art. 14 Abs. 2 FKVO, und damit demselben Bußgeldrahmen (bis zu 10% des konzernweiten Jahresumsatzes), unterstellt wurden. Ein Unterschied bestehe weiterhin beim Deliktscharakter, da es sich nach dem Urteil des EuG in der Sache *Electrabel/Kommission* bei Verstößen gegen die Anmeldepflicht um eine einmalige Zuwiderhandlung, bei Verstößen gegen das Vollzugsverbot aber um eine dauerhafte Zuwiderhandlung handele.

> „Das gegenwärtig geltende Recht ist also insoweit ungewöhnlich, als es in der Verordnung Nr. 139/2004 zwei Artikel gibt, deren Verletzung mit Geldbußen innerhalb derselben Sanktionsskala geahndet werden kann, wobei ein Verstoß gegen den ersten zwangsläufig einen Verstoß gegen den zweiten mit sich bringt. Es ist jedoch festzustellen, dass es sich um das Recht handelt, das die Kommission anwenden musste, und dass die Klägerin keine Einrede der Rechtswidrigkeit gegen bestimmte Vorschriften der Verordnung Nr. 139/2004 erhebt."[1674]

1671 Vgl. EuG, ebenda, Rn. 292; zur Problematik bereits oben Kapitel 1 A.III.1.b.aa.
1672 Vgl. bereits oben Kapitel 1 A.III.1.b.aa und Kapitel 1 B.II.1.e.
1673 EuG, ebenda, Rn. 297 ff.
1674 EuG, ebenda, Rn. 306.

Anschließend prüfte das EuG, ob der Grundsatz ne bis in idem im vorliegenden Fall verletzt wurde,[1675] was es im Ergebnis verneinte. Zwar sei der Grundsatz ne bis in idem auch auf die Verhängung von Geldbußen, die nicht im strengen Sinne strafrechtlicher Natur seien, anwendbar. Allerdings setze der Grundsatz zwei aufeinanderfolgende Entscheidungen in derselben Sache voraus. Daher komme er nicht in Fällen wie dem vorliegenden zur Anwendung, in denen Sanktionen von einer Behörde in einer Entscheidung verhängt wurden.[1676] Dies werde auch nicht durch die von der Klägerin zitierte Rechtsprechung der Unionsgerichte und des Europäischen Gerichtshofs für Menschenrechte entkräftet.[1677]

Weiter befasste sich das EuG mit dem Vorbringen von *Marine Harvest*, der im Völkerrecht und vielen Mitgliedstaaten anerkannte Grundsatz der unechten Konkurrenz gebiete es, dass bei Erfüllung mehrerer Straftatbestände durch dasselbe Verhalten der vorrangige Straftatbestand alle anderen im Wege der Subsidiarität, Konsumption oder Spezialität verdränge.[1678] Das Gericht stellte zunächst fest, dass es im EU-Wettbewerbsrecht keine besonderen Bestimmungen über das Zusammentreffen mehrerer Zuwiderhandlungen gebe, weshalb das Vorbringen der Klägerin zur unechten Konkurrenz zu prüfen sei. Der Grundsatz setze nach dem klägerischen Vorbringen voraus, dass es einen vorrangigen Tatbestand gebe. Für Verstöße gegen die Anmeldepflicht und das Vollzugsverbot der FKVO sei ein solcher Unterschied unter dem Gesichtspunkt des Bußgeldrahmens nicht erkennbar, da für beide Zuwiderhandlungen nach Art. 14 Abs. 2 FKVO der identische Rahmen gelte.[1679] Was das Vorbringen zur Spezialität angehe, bestünden zwischen Verstößen gegen die Anmeldepflicht (Art. 14 Abs. 2 Buchst. a FKVO) und das Vollzugsverbot (Art. 14 Abs. 2 Buchst. b FKVO) zwei wesentliche Unterschiede, die es ausschlössen, den Verstoß gegen die Anmeldepflicht als das speziellere Gesetz anzusehen:[1680] Wie das EuG in der Sache *Electrabel* festgestellt habe, handele es sich bei Verstößen gegen die Anmeldepflicht um einmalige Zuwiderhandlungen, für die eine dreijährige Verjährungsfrist gelte. Dagegen seien Verstöße gegen das Vollzugsverbot dauerhafte Zuwiderhandlungen, die fünf Jahre

1675 EuG, ebenda, Rn. 307 ff.
1676 EuG, ebenda, Rn. 319.
1677 EuG, ebenda, Rn. 320 ff.
1678 EuG, ebenda, Rn. 345 ff.
1679 EuG, ebenda, Rn. 350.
1680 EuG, ebenda, Rn. 351 ff.

nach Beendigung verjährten. Eine Verdrängung des Verstoßes gegen das Vollzugsverbot hätte daher ein *„abwegiges Ergebnis“*[1681] zur Folge:

> „Wenn nämlich der Argumentation der Klägerin gefolgt würde, könnte ein Unternehmen, das nur gegen das Verbot des Vollzugs eines Zusammenschlusses vor dessen Genehmigung verstieße, wegen einer dauerhaften Zuwiderhandlung, die so lange fortbestünde, wie das Vorhaben nicht für mit dem Binnenmarkt vereinbar erklärt würde, mit Sanktionen belegt werden, während ein Unternehmen, das auch noch die Pflicht zur Anmeldung des Zusammenschlusses vor dessen Vollzug missachtete, lediglich wegen einer einmaligen Zuwiderhandlung mit Sanktionen belegt werden könnte. Das letztere Unternehmen würde folglich sowohl bei der Dauer der Zuwiderhandlung als auch beim Beginn der Verjährungsfrist besser behandelt als das erstere. Die Argumentation der Klägerin greift somit nicht durch.“[1682]

Und schließlich:

> „Die Klägerin verweist lediglich auf den Grundsatz der unechten Konkurrenz, dem zufolge bei einem Verhalten, das offenbar mehrere Straftatbestände erfülle, der vorrangige Straftatbestand alle anderen Tatbestände verdränge [...]. Die Anwendung dieses Grundsatzes setzt jedoch voraus, dass es einen „vorrangigen Straftatbestand“ gibt. Fehlt es wie in der vorliegenden Rechtssache an einem solchen Tatbestand, so handelt es sich bei dem gleichzeitigen Verstoß gegen verschiedene Rechtsvorschriften um einen Fall der Idealkonkurrenz von Zuwiderhandlungen.“[1683]

(2) Verfahren vor dem EuGH (C-10/18 P)

Marine Harvest, die zwischenzeitlich in *Mowi* umfirmierte, legte gegen das Urteil des EuG am 5. Januar 2018 ein Rechtsmittel zum EuGH ein.[1684] *Mowi* beantragte vor dem EuGH die Aufhebung des Urteils des EuG, hilfsweise die Nichtigerklärung oder Herabsetzung des verhängten Bußgelds. Sie stützte das Rechtsmittel auf zwei Rechtsmittelgründe: erstens die fehlerhafte Anwendung von Art. 7 Abs. 2 FKVO und zweitens die Verletzung des

1681 EuG, ebenda, Rn. 357.
1682 EuG, ebenda, Rn. 361.
1683 EuG, ebenda, Rn. 372.
1684 ABl. C 142/22 vom 23. April 2018 (Rs. C-10/18 P).

allgemeinen Rechtsgrundsatzes ne bis in idem, des Anrechnungsprinzips sowie des Grundsatzes, der das Zusammentreffen mehrerer Zuwiderhandlungen regele. Zum ersten Rechtsmittelgrund brachte *Mowi* im Wesentlichen vor, dass das EuG den Begriff des „einzigen" Zusammenschlusses im Sinne des 20. Erwägungsgrunds zur FKVO fehlerhaft ausgelegt und die ratio legis des Art. 7 Abs. 2 FKVO verkannt habe, indem es entschieden hatte, dass Art. 7 Abs. 2 FKVO auf die vorliegende Situation keine Anwendung finde.[1685] Im Hinblick auf den zweiten Rechtsmittelgrund argumentierte *Mowi*, dass das EuG den Grundsatz ne bis in idem fehlerhaft angewandt habe, indem es angenommen habe, dass er nicht greife, wenn das Bußgeld von derselben Behörde in demselben Beschluss verhängt wurde. Dies widerspreche auch der Rechtsprechung des EuGH. Hilfsweise machte *Mowi* einen Verstoß gegen das Anrechnungsprinzip geltend, da das erste Bußgeld bei der Verhängung des zweiten hätte berücksichtigt werden müssen.[1686] Jedenfalls habe das EuG gegen den Grundsatz verstoßen, der das Zusammentreffen mehrerer Zuwiderhandlungen regele, indem es Bußgelder wegen Verstoßes gegen die Anmeldepflicht nach Art. 4 Abs. 1 FKVO und das Vollzugsverbot nach Art. 7 Abs. 1 FKVO verhängt habe, wo ein Verstoß gegen die Anmeldepflicht doch stets auch einen Verstoß gegen das Vollzugsverbot bedeute.[1687]

Mit Urteil vom 4. März 2020[1688] wies der EuGH das Rechtsmittel vollumfänglich zurück, obwohl der Generalanwalt TANCHEV[1689] eine andere Entscheidung empfohlen hatte. Zum ersten Rechtsmittelgrund führte der EuGH aus, dass der seiner Natur nach unverbindliche 20. Erwägungsgrund zur FKVO zwar als Auslegungshilfe für die verbindlichen Bestimmungen der FKVO dienen könne; *Mowi* könne aus dem 20. Erwägungsgrund aber keine Auslegung der verbindlichen Bestimmungen ableiten, die dem Wortlaut dieser Bestimmungen offensichtlich widerspreche.[1690] Im vorliegenden Fall könne *Mowi* den 20. Erwägungsgrund deshalb nicht heranziehen, um den Anwendungsbereich des Art. 7 Abs. 2 FKVO zu

1685 Vgl. im Einzelnen EuGH, Urteil vom 4. März 2020 (unten Fn. 1688), Rn. 16 ff.

1686 Vgl. im Einzelnen EuGH, Urteil vom 4. März 2020 (unten Fn. 1688), Rn. 68 ff.

1687 Vgl. im Einzelnen EuGH, Urteil vom 4. März 2020 (unten Fn. 1688), Rn. 87 ff.

1688 EuGH, Urteil vom 4. März 2020, Rs. C-10/18 P, *Mowi/Kommission*, ECLI:EU:C:2020:149; dazu auch KIEHL, (2020) 11 JECLAP 257 ff.; STEGER, DB 2020, 835 f.; BENEDIKT-BUCKENLEIB/HAAG, NZKart 2021, 21, 27 f.

1689 Vgl. Schlussanträge des Generalanwalts TANCHEV vom 26. September 2019, Rs. C-10/18 P, *Mowi/Kommission*, ECLI:EU:C:2019:795; dazu STEGER, DB 2020, 835, 836.

1690 EuGH, Urteil vom 4. März 2020 (oben Fn. 1688), Rn. 44 f.

erweitern, der seinem Wortlaut nach weder in der ersten Variante (Kontrollerwerb im Wege eines öffentlichen Übernahmeangebots) noch in der zweiten Variante (Kontrollerwerb im Wege einer „schleichenden“ Übernahme von mehreren Veräußerern) einschlägig sei. Art. 7 Abs. 2 FKVO beziehe sich auf das Vollzugsverbot des Art. 7 Abs. 1 FKVO, das für Zusammenschlüsse im Sinne des Art. 3 FKVO gelte.[1691] Wie der EuGH im Urteil in der Rechtssache *Ernst & Young/Konkurrenceradet*[1692] entschieden habe, werde ein Zusammenschluss vollzogen, sobald die beteiligten Unternehmen Handlungen vornähmen, die zu einer dauerhaften Kontrolländerung über das Zielunternehmen beitrügen.[1693] Wenn die dauerhafte Kontrolländerung, wie im vorliegenden Fall, aber bereits vor Abgabe des öffentlichen Übernahmeangebots eingetreten sei, sei das öffentliche Übernahmeangebot nicht für den Kontrollerwerb erforderlich[1694] und damit nicht vom Begriff des Zusammenschlusses umfasst.[1695] Auch habe das EuG nicht den Zweck des Art. 7 Abs. 2 FKVO verkannt,[1696] der als Ausnahmevorschrift eng auszulegen sei.[1697] Das EuG habe letztlich rechtsfehlerfrei entschieden, dass Art. 7 Abs. 2 FKVO im vorliegenden Fall „irrelevant“ sei.

Zum zweiten Rechtsmittelgrund stellte der EuGH fest, dass das EuG rechtsfehlerfrei entschieden habe, dass der Grundsatz ne bis in idem in einem Fall wie dem vorliegenden, in dem das Bußgeld von derselben Behörde in demselben Beschluss verhängt wurde, unanwendbar sei.[1698] Nachdem er das Vorbringen von *Mowi* zum Anrechnungsprinzip aus formalen Gründen zurückgewiesen hatte,[1699] bescheinigte der EuGH dem EuG hinsichtlich des von *Mowi* herangezogenen Grundsatzes, der das Zusammentreffen mehrerer Zuwiderhandlungen regele, rechtsfehlerfreie Feststellungen dahingehend, dass die Vorschriften jeweils eigenständige Ziele verfolgten, eine unterschiedliche Natur (Handlungs- vs. Unterlassungspflicht; einmalige vs. dauerhafte Zuwiderhandlung) hätten, eigenständig bußgeldbewehrt seien (Art. 14 Abs. 2 Buchst. a, b FKVO) und unterschiedlichen Verjährungsfristen unterfielen, so dass eine Verdrängung

1691 EuGH, ebenda, Rn. 47 ff.
1692 Dazu sogleich unten Kapitel 5 D.I.2.b.ff.
1693 EuGH, ebenda, Rn. 48 ff.
1694 EuGH, ebenda, Rn. 52.
1695 EuGH, ebenda, Rn. 54.
1696 EuGH, ebenda, Rn. 56 ff.
1697 EuGH, ebenda, Rn. 58.
1698 EuGH ebenda, Rn. 75 ff., insbesondere Rn. 78.
1699 EuGH ebenda, Rn. 83 ff.

ausscheide.[1700] Hinzu komme, dass die Auslegung von *Mowi* darauf hinausliefe, Art. 14 Abs. 2 Buchst. a FKVO die praktische Wirksamkeit zu nehmen und damit die Gültigkeit der Bestimmung in Frage zu stellen, ohne dass *Mowi* eine entsprechende Einrede erhoben habe.[1701]

ff. Ernst & Young/Konkurrencerådet (C-633/16)

Im Jahr 2016 wurde der EuGH im Wege eines Vorabentscheidungsverfahrens mit dem Problem des „teilweisen" Vollzugs befasst. Dabei ging es vereinfacht um den folgenden Sachverhalt:[1702] Am 18. November 2013 hatte das strukturell eigenständige Wirtschaftsprüfungsunternehmen *KPMG* Dänemark, das durch einen Kooperationsvertrag in das Netzwerk *KPMG* International eingebunden war, einen Fusionsvertrag mit *Ernst & Young* geschlossen. Der Kooperationsvertrag enthielt u.a. Regelungen über die Markennutzung, die Kundenzuteilung und die standardisierte Zusammenarbeit innerhalb des weltweiten *KPMG*-Netzwerks. Wie im Fusionsvertrag vorgesehen, kündigte *KPMG* Dänemark noch am 18. November 2013 den Kooperationsvertrag zum 30. September 2014. Nachdem die Fusionspläne wenig später öffentlich geworden waren, kündigte *KPMG* International an, auf dem dänischen Markt präsent bleiben zu wollen und gründete umgehend – noch während der Laufzeit des Kooperationsvertrags – in Dänemark ein neues Wirtschaftsprüfungsunternehmen. Mehrere Kunden entschlossen sich daraufhin zum Wechsel ihres Wirtschaftsprüfers und wechselten entweder zu der neu gegründeten *KPMG*-Gesellschaft oder anderen Wirtschaftsprüfungsunternehmen.

Der Zusammenschluss, der keine EU-weite Bedeutung im Sinne von Art. 1 FKVO hatte, aber in den Anwendungsbereich der Fusionskontrollbestimmungen des dänischen Wettbewerbsgesetzes fiel, wurde am 13. Dezember 2013 bei der dänischen Wettbewerbs- und Verbraucherbehörde angemeldet und durch Entscheidung des dänischen Wettbewerbsrats (Konkurrencerådet) vom 28. Mai 2014 unter Auflagen genehmigt.

Mit Entscheidung vom 17. Dezember 2014 stellte der Wettbewerbsrat fest, dass *KPMG* Dänemark gegen das Vollzugsverbot nach § 12c Abs. 5 des

---

1700 EuGH, ebenda, Rn. 103 ff.

1701 EuGH, ebenda, Rn. 110; den Versuch von *Mowi*, dies in der Rechtsmittelinstanz nachzuholen, wies der EuGH als unzulässig zurück (ebenda, Rn. 121 ff.).

1702 Dazu im Einzelnen EuGH, Urteil vom 31. Mai 2018, Rs. C-633/16, *Ernst & Young/Konkurrencerådet*, ECLI:EU:C:2018:371, Rn. 10 ff.

dänischen Wettbewerbsgesetzes verstoßen habe, indem *KPMG* Dänemark den Kooperationsvertrag mit *KPMG* International gekündigt habe, bevor der Wettbewerbsrat den Zusammenschluss mit *Ernst & Young* genehmigt hatte. Der Wettbewerbsrat stützte seine Einschätzung insbesondere auf den engen Zusammenhang zwischen der Kündigung und dem Zusammenschluss, auf die Unumkehrbarkeit der Kündigung und deren mögliche Auswirkungen auf den Markt.

Da die Feststellungen des Wettbewerbsrats für die Frage einer etwaigen Geldbuße auch für *Ernst & Young* von Bedeutung war, erhob *Ernst & Young* am 1. Juni 2015 beim dänischen See- und Handelsgericht Nichtigkeitsklage gegen die Entscheidung vom 17. Dezember 2014. Da das dänische Fusionskontrollrecht der FKVO nachempfunden war und sich der Wettbewerbsrat bei seiner Begründung maßgeblich auf die Praxis der Unionsorgane berufen hatte, setzte das Gericht das Verfahren aus und legte dem EuGH mehrere Fragen vor, mit denen es im Kern wissen wollte, (i.) ob Art. 7 Abs. 1 FKVO so auszulegen sei, dass ein Zusammenschluss nur durch einen Vorgang vollzogen werde, der ganz oder teilweise, tatsächlich oder rechtlich zu einer Veränderung der Kontrolle über das Zielunternehmen beitrage, (ii.) ob die Kündigung eines Kooperationsvertrags unter den geschilderten Umständen zum Vollzug eines Zusammenschlusses führe und (iii.) ob hierfür die Frage erheblich sei, ob die Kündigung Auswirkungen auf den Markt habe.[1703]

Ernst & Young machte im Wesentlichen geltend, dass die Fusionskontrollvorschriften, insbesondere das Vollzugsverbot, nur auf diejenigen Maßnahmen Anwendung finden könnten, die Teil eines anzumeldenden Zusammenschlusses seien. Die wettbewerblichen Auswirkungen anderer Maßnahmen seien nach den Art. 101 und 102 AEUV zu beurteilen. Unter Bezugnahme auf das Urteil des EuG in der Sache *Aer Lingus/Kommission* trug *Ernst & Young* vor, dass der Anwendungsbereich des Vollzugsverbots nicht über den Zusammenschlussbegriff hinausgehen könne. Alle Maßnahmen, die dem Vollzugsverbot unterlägen, müssten sich auf die Übernahme der Kontrolle beziehen.[1704] Demgegenüber argumentierte die dänische Regierung, dass das Vollzugsverbot nicht auf Maßnahmen beschränkt werden könne, die als solche zu einem Kontrollwechsel führten, sondern alle Maßnahmen einschließen müsse, die unter den jeweiligen Umstän-

---

1703 Siehe die ursprünglichen Vorlagefragen des dänischen See- und Handelsgerichts in Rn. 27 des Urteils; zur Anpassung durch den EuGH ebenda, Rn. 36.

1704 Vgl. Schlussanträge des Generalanwalts Wahl vom 18. Januar 2018, Rs. C-633/16, *Ernst & Young/Konkurrencerådet*, ECLI:EU:C:2018:23, Rn. 39.

den geeignet seien, die wirksame Vorabprüfung eines Zusammenschlusses zu behindern oder zu erschweren. Allerdings seien interne vorbereitende Schritte vom Anwendungsbereich des Vollzugsverbots auszuschließen, wenn sie für die Genehmigung irrelevant seien und auch sonst keine strukturellen Marktauswirkungen haben könnten.[1705] Die Kommission machte unter Verweis auf den 34. Erwägungsgrund zur FKVO und enger Orientierung an den Vorlagefragen geltend, dass es für die Einordnung einer Maßnahme als Vollzugsmaßnahme *nicht* erforderlich sei, dass diese ganz oder teilweise, in rechtlicher oder tatsächlicher Hinsicht Teil des Prozesses sei, der zu einem Kontrollwechsel führe. Im Sinne eines breiten Vollzugskonzepts brachte sie vor, dass ein „teilweiser" Vollzug u.a. bei Maßnahmen vorliegen könne, die (i.) vorbereitende Schritte im Rahmen eines Prozesses darstellten, der zu einem Kontrollwechsel führe, oder (ii.) es dem Erwerber ermöglichten, Einfluss auf die Struktur oder das Marktverhalten des Zielunternehmens zu erlangen, oder (iii.) in anderer Weise die Wirkungen des Zusammenschlusses vorwegnähmen oder die bestehende Wettbewerbslage entscheidend beeinflussten.[1706]

In seinen Schlussanträgen vom 18. Januar 2018 sprach sich der Generalanwalt Wahl für eine klare Abgrenzung des „Anwendungsbereich[s] der Stillhaltepflicht" (d.h. des Vollzugsverbots) aus.[1707] Er empfahl, dabei auf die Aufstellung einer allgemeingültigen und abschließenden Liste von Kriterien zu verzichten.[1708] Vielmehr sei zur Erhöhung der Rechtssicherheit bei gleichzeitiger Wahrung der Flexibilität eine negative Definition des Vollzugs zu bevorzugen, die jene Maßnahmen bestimme, die vom Vollzugsverbot nicht erfasst würden.[1709] Die vom dänischen Wettbewerbsrat herangezogenen Kriterien seien entweder eine Grundvoraussetzung für die Anwendbarkeit der FKVO (zum Erfordernis eines engen Zusammenhangs mit dem Zusammenschluss),[1710] „nicht relevant" (zum Erfordernis der Unumkehrbarkeit der Maßnahme)[1711] oder „ohne Wert" (zum Erfordernis potenzieller Marktwirkungen)[1712]. Von entscheidender Bedeutung für

---

1705 Vgl. Schlussanträge des Generalanwalts Wahl, ebenda, Rn. 41.
1706 Vgl. Schlussanträge des Generalanwalts Wahl, ebenda, Rn. 42.
1707 Schlussanträge des Generalanwalts Wahl, ebenda, Rn. 5.
1708 Schlussanträge des Generalanwalts Wahl, ebenda, Rn. 44; vgl. zur Problematik der Erstellung solcher Kataloge unten Kapitel 5 D.I.2.d.aa und bb.
1709 Schlussanträge des Generalanwalts Wahl, ebenda, Rn. 45.
1710 Schlussanträge des Generalanwalts Wahl, ebenda, Rn. 48 f.
1711 Schlussanträge des Generalanwalts Wahl, ebenda, Rn. 50 ff.
1712 Schlussanträge des Generalanwalts Wahl, ebenda, Rn. 53 ff.

die Reichweite des Vollzugsverbots sei der Zusammenschlussbegriff der FKVO,[1713] den der Generalanwalt in einem zeitlichen Sinne verstand:

> „Dementsprechend sollten Maßnahmen, die einem Zusammenschluss *vorausgehen*, nicht in den Anwendungsbereich der Stillhaltepflicht fallen."[1714]

Dieses zeitliche Verständnis verknüpfte der Generalanwalt anschließend mit dem Konzept des „einzigen" Zusammenschlusses im Sinne der *Cementbouw*-Rechtsprechung des EuG und des 20. Erwägungsgrunds zur FKVO[1715] sowie der vor allem in der Literatur[1716] verbreiteten Unterscheidung zwischen Vollzugs- und Vorbereitungsmaßnahmen. So gelangte er zu der Einschätzung, dass auch Maßnahmen vor der Bewirkung der dauerhaften Kontrolländerung, soweit sie keine bloßen Vorbereitungsmaßnahmen seien, vom Vollzugsverbot erfasst würden. Dies bedeutete die Anerkennung des Instituts des „teilweisen" Vollzugs.

> „Gleichzeitig muss [...] die Stillhaltepflicht sowohl den teilweisen als auch den vollständigen Vollzug eines Zusammenschlusses erfassen. Zwar kann die Pflicht nicht für rein interne vorbereitende Maßnahmen, die einem Zusammenschluss vorausgehen, gelten, doch müssen Maßnahmen, die mit einem Zusammenschluss einhergehen, darunter fallen. Die Schwierigkeit liegt – wie das Beispiel des vorliegenden Falles zeigt – in der Abgrenzung legitimer vorbereitender Maßnahmen von einem teilweisen Vollzug."[1717]

Zur Abgrenzung vorbereitender Maßnahmen zum (teilweisen) Vollzug des Zusammenschlusses führte der Generalanwalt anschließend aus, dass

> „[...] eine vom Begriff ‚Zusammenschluss' losgelöste Auslegung des Anwendungsbereichs [des Vollzugsverbots] eine Grauzone schaffen würde, in der bestimmte Maßnahmen, die zwar zum Umfeld eines Zusammenschlusses gehören, jedoch als solche und für sich genom-

---

1713 Schlussanträge des Generalanwalts Wahl, ebenda, Rn. 61 f. und 68.

1714 Schlussanträge des Generalanwalts Wahl, ebenda, Rn. 62. Vgl. zur zeitlichen Perspektive des Generalanwalts auch die (etwas diffusen) Ausführungen zu Art. 4 FKVO in Rn. 70 ff. der Schlussanträge.

1715 Schlussanträge des Generalanwalts Wahl, ebenda, Rn. 64 mit dazugehörigen Fußnoten. Dabei ging er auch kurz auf die Ausführungen des EuG in der Sache *Aer Lingus/Kommission* ein, bezeichnete diese aber (zu Recht) als in ihrer „Tragweite [...] einigermaßen unklar" (ebenda, Rn. 67).

1716 Dazu sogleich unten Kapitel 5 D.I.2.d.bb.(5).

1717 Schlussanträge des Generalanwalts Wahl, ebenda, Rn. 63.

> men nicht untrennbar mit dem Kontrollwechsel verbunden sind, von dieser Pflicht erfasst würden. Gäbe es jedoch eine solche Grauzone, die über den Begriff ‚Zusammenschluss' hinausreichte, bedeutete dies, den Umfang der Stillhaltepflicht über den in Art. 1 [FKVO] festgelegten Anwendungsbereich der Verordnung selbst hinaus auszudehnen. Dies wäre unhaltbar."[1718]

Und weiter:

> „Von diesen Unternehmen zu verlangen, sogar bei Maßnahmen, die nicht als solche untrennbar mit dem Wechsel der Kontrolle verbunden sind, abzuwarten, bis eine Genehmigung erteilt ist, ginge zu weit und könnte zu unnötigen Verzögerungen führen."[1719]

Der von der dänischen Regierung ins Spiel gebrachten Unterscheidung zwischen internen und externen Maßnahmen erteilte der Generalanwalt dennoch eine Absage. Die FKVO nehme auf eine dauerhafte Kontrolländerung Bezug, und zwar unabhängig davon, ob die Maßnahme internen oder externen Charakter hätten.[1720] Im Ergebnis stellte er – ganz im Sinne einer „Negativabgrenzung" – fest, dass Art. 7 Abs. 1 FKVO nicht Maßnahmen betreffe, die

> „[...] zwar im Zusammenhang mit dem zu einem Zusammenschluss führenden Prozess getroffen wurden, jedoch den Maßnahmen, die tatsächlich zum Erwerb der Möglichkeit führen, einen bestimmenden Einfluss auf ein Zielunternehmen auszuüben, vorausgehen und sich von diesen trennen lassen."[1721]

Bezogen auf den Ausgangsfall kam der Generalanwalt zu dem Schluss, dass die Kündigung des Kooperationsvertrags trotz ihrer Regelung im Fusionsvertrag (i.) in keiner Weise zum Wechsel der Kontrolle zwischen *Ernst & Young* und *KPMG* Dänemark beigetragen habe, (ii.) daher nicht unauflöslich mit dem Kontrollwechsel verbunden gewesen sei und (iii.) somit keinen teilweisen Vollzug des Zusammenschlusses beider Unternehmen begründet habe.[1722]

1718 Schlussanträge des Generalanwalts Wahl, ebenda, Rn. 68.
1719 Schlussanträge des Generalanwalts Wahl, ebenda, Rn. 69.
1720 Schlussanträge des Generalanwalts Wahl, ebenda, Rn. 76.
1721 Schlussanträge des Generalanwalts Wahl, ebenda, Rn. 78.
1722 Schlussanträge des Generalanwalts Wahl, ebenda, Rn. 85.

In seinem Urteil vom 31. Mai 2018[1723] stellte der EuGH zunächst unter Verweis auf frühere Fälle, in denen es um die Auslegung unionsrechtlicher Bestimmungen in einem eigentlich national-rechtlichen Kontext gegangen war, seine Zuständigkeit fest. In der Sache untersuchte der EuGH dann den Wortlaut des Art. 7 Abs. 1 FKVO, um sogleich festzustellen, dass darin kein Hinweis enthalten sei, unter welchen Voraussetzungen ein Zusammenschluss als vollzogen gilt. Daher sei bei der Auslegung dieser Bestimmung auf deren Zielsetzung und Systematik abzustellen.[1724]

Im Hinblick auf die Zielsetzung des Art. 7 Abs. 1 FKVO nahm der EuGH dann Bezug auf den 5., 6. und 34. Erwägungsgrund zur FKVO:[1725] Danach unterwerfe die FKVO Zusammenschlüsse, die geeignet sind, wirksamen Wettbewerb im Binnenmarkt erheblich zu beeinträchtigen, einer Kontrolle. Um die Wirksamkeit der Kontrolle zu gewährleisten, seien die beteiligten Unternehmen bis zum Erlass der abschließenden Kommissionsentscheidung zur Aussetzung des Vollzugs des Zusammenschlusses verpflichtet. Das Vollzugsverbot sei demgemäß nach Art. 7 Abs. 1 FKVO auf Zusammenschlüsse im Sinne von Art. 3 FKVO beschränkt. Folglich sei zur Bestimmung des Inhalts des Vollzugsverbots der Zusammenschlussbegriff des Art. 3 FKVO heranzuziehen.[1726] Nach kurzer Auseinandersetzung mit dessen Wortlaut stellte der EuGH fest, dass der Vollzug im Sinne von Art. 7 FKVO eintrete, sobald die Unternehmen Handlungen vornähmen, „die zu einer dauerhaften Veränderung der Kontrolle über das Zielunternehmen beitragen" („implement operations contributing to a lasting change in the control of the target undertaking"). Insoweit gehöre auch der „teilweise Vollzug eines Zusammenschlusses zum Anwendungsbereich" des Art. 7 FKVO („any partial implementation of a concentration falls within the scope of that article").[1727] Die Tatbestandsmäßigkeit von Teil-

1723 EuGH, Urteil vom 31. Mai 2018 (oben Fn. 1702), Rn. 28 ff.; dazu auch Herrlinger/Valdini, NZKart 2018, 308; Caspary/Flandrin, (2018) 9 JECLAP 516 ff.; Thiede/Müller, EuZW 2019, 628, 629 f.; Baches Opi/Boitos, (2019) 10 JECLAP 269, 276 ff.; Wilson in: Dauses/Ludwigs, Handbuch des EU-Wirtschaftsrechts (47. EL 2019), Kap. H. I. § 4, Rn. 142; Schnelle/Wyrembek, DB 2019, 2226, 2228 f.; Körber in: Immenga/Mestmäcker, WettbR/Bd. 3 (2020), Art. 7 FKVO Rn. 7; Benedikt-Buckenleib/Haag, NZKart 2021, 21, 27; Gassner/Mohnen, jurisPR-Compl 5/2018 Anm. 4.

1724 EuGH, ebenda, Rn. 37 ff.

1725 EuGH, ebenda, Rn. 41 ff.

1726 EuGH, ebenda, Rn. 44.

1727 EuGH, ebenda, Rn. 46 f.

vollzugshandlungen begründete der EuGH mit dem Effet utile des Art. 7 FKVO:

> „Wäre es den an einem Zusammenschluss Beteiligten nämlich verboten, einen Zusammenschluss mittels eines einzigen Vorgangs zu vollziehen, aber erlaubt, dasselbe Ergebnis mittels aufeinanderfolgender Teilvorgänge zu erreichen, würde dies die praktische Wirksamkeit des in Art. 7 der Verordnung Nr. 139/2004 aufgestellten Verbots verringern […]."[1728]

Die Sichtweise, dass Teilvollzugshandlungen vom Vollzugsverbot umfasst sind, liege auch dem 20. Erwägungsgrund zur FKVO zugrunde, wonach verbundene Erwerbsvorgänge unter bestimmten Voraussetzungen als einziger Zusammenschluss behandelt werden sollten.[1729]

Der EuGH versuchte dann, die vom Vollzugsverbot erfassten Teilvollzugshandlungen (sozusagen die „Beitragshandlungen"), wie vom Generalanwalt vorgeschlagen, im Sinne einer „Negativabgrenzung" näher zu definieren:

> „Jedoch fallen solche Vorgänge nicht unter Art. 7 der Verordnung Nr. 139/2004, wenn sie, obwohl sie im Rahmen eines Zusammenschlusses erfolgen, nicht erforderlich sind, um eine Veränderung der Kontrolle über eines der am Zusammenschluss beteiligten Unternehmen herbeizuführen. Sie weisen nämlich, auch wenn sie den Zusammenschluss vorbereiten oder begleiten mögen, keinen unmittelbaren funktionellen Zusammenhang mit dem Vollzug des Zusammenschlusses auf, so dass sie grundsätzlich nicht die Wirksamkeit der Fusionskontrolle beeinträchtigen können."[1730]

Im Hinblick auf die Relevanz der Marktwirkungen stellte der EuGH klar, dass Maßnahmen, die die genannten Voraussetzungen nicht erfüllen (und damit in die Kategorie der „Vorbereitungs"- oder „Begleitmaßnahmen" fallen), nicht allein wegen ihrer möglichen oder tatsächlichen Wirkungen auf den Markt als Vollzugsmaßnahmen qualifiziert werden können. Denn zum einen gehöre die Prüfung der Auswirkungen zur materiell-rechtlichen Prüfung des Zusammenschlusses. Zum anderen sei nicht auszuschließen, dass ein Vorgang, der keine Auswirkungen auf den Markt habe,

1728 EuGH, ebenda, Rn. 47.
1729 EuGH, ebenda, Rn. 48.
1730 EuGH, ebenda, Rn. 49.

dennoch einen Beitrag zu einer dauerhaften Kontrolländerung leiste und somit als (Teil-) Vollzugsmaßnahme zu qualifizieren sei.[1731]

Im Hinblick auf die Systematik der FKVO betonte der EuGH, dass Maßnahmen, die nach einer Prüfung anhand der genannten Kriterien keine (Teil-) Vollzugsmaßnahmen sind, nicht der wettbewerbsrechtlichen Kontrolle entzogen seien. Aus Art. 21 Abs. 1 FKVO folge, dass auf sie weiterhin die Verordnung Nr. 1/2003 Anwendung findet. Allerdings machte der EuGH deutlich, dass diese Regelung für ein enges Vollzugskonzept spreche, da jede Ausdehnung des Anwendungsbereichs der FKVO mit einer Einschränkung des Anwendungsbereichs der Verordnung Nr. 1/2003 verbunden sei. Im Ergebnis sei Art. 7 Abs. 1 FKVO

> „[...] dahin auszulegen, dass ein Zusammenschluss nur durch einen Vorgang vollzogen wird, der ganz oder teilweise, tatsächlich oder rechtlich zu einer Veränderung der Kontrolle über das Zielunternehmen beiträgt."[1732]

Mit Blick auf den Ausgangsfall stellte der EuGH schließlich fest, dass davon auszugehen sei, dass die Kündigung des Kooperationsvertrags unter den geschilderten Umständen keine (Teil-) Vollzugsmaßnahme darstelle, da sie nicht zu einer dauerhaften Veränderung der Kontrolle über das Zielunternehmen beitrage. Da *Ernst & Young* durch die Kündigung keine Möglichkeit zur Einflussnahme auf *KPMG* Dänemark erhalten habe, sei es unerheblich, dass die Kündigung durch eine Bedingung mit dem Zusammenschluss verbunden gewesen sei und möglicherweise als solche Auswirkungen auf den Markt gehabt habe.[1733]

Der dänische Wettbewerbsrat erkannte anschließend an, dass *Ernst & Young* nicht gegen das Vollzugsverbot nach § 12c Abs. 5 des dänischen Wettbewerbsgesetzes verstoßen hatte. In der Literatur wird die Entscheidung des EuGH als wegweisend für die Konkretisierung des Vollzugsverbots eingestuft und ihr die Bedeutung eines „safe harbour" zugesprochen;[1734] gleichzeitig wird angemerkt, dass im Hinblick auf die genaue Grenze des Zulässigen weiterhin offene Fragen bestünden.[1735]

1731 EuGH, ebenda, Rn. 50 f.
1732 EuGH, ebenda, Rn. 59.
1733 EuGH, ebenda, Rn. 60 ff.
1734 Caspary/Flandrin, (2018) 9 JECLAP 516, 517.
1735 Caspary/Flandrin, ebenda, 518.

gg. Zusammenfassung und Strukturierung

(1) „Umfassender" Vollzug

Die Unionsgerichte lassen in ihrer Entscheidungspraxis keinen Zweifel daran, dass jedenfalls in der aktiven Bewirkung einer dauerhaften Kontrolländerung im Sinne des Art. 3 Abs. 1 FKVO ein Vollzug im Sinne des Art. 7 FKVO liegt. So hat das Urteil des EuGH im Fall *Ernst & Young/Konkurrencerådet* klargemacht, dass jeder Vorgang, der für sich genommen eine Veränderung der Kontrolle bewirkt, einen Vollzug begründet. Zuvor war dies in der Rechtssache *Electrabel/Kommission* bereits vom EuG festgestellt worden. Ebenso hat der EuGH in den Rechtssachen *Ernst & Young/Konkurrencerådet* und *Mowi/Kommission*, wie zuvor schon das EuG in den Rechtssachen *Electrabel/Kommission* und *Marine Harvest/Kommission*, klargemacht, dass der Erwerb *faktischer* Kontrolle im Sinne des Art. 3 Abs. 2 FKVO für den (nach hier verwendeter Terminologie: „umfassenden") Vollzug ausreicht. Weiter betonte der EuGH in den Rechtssachen *Ernst & Young/Konkurrencerådet* und *Mowi/Kommission*, wie zuvor schon das EuG in den Rechtssachen *Aer Lingus/Kommission* und *Marine Harvest/Kommission*, dass für einen „umfassenden" Vollzug die Erlangung der Möglichkeit der bestimmenden Einflussnahme auf die Unternehmenstätigkeit im Sinne des Art. 3 Abs. 3 FKVO ausreicht, so dass deren Ausübung nicht erforderlich ist.

(2) „Teilweiser" Vollzug

Schwer einzuordnen war bis zum Urteil des EuGH im Fall *Ernst & Young/Konkurrencerådet* der Standpunkt der Unionsgerichte zu der Frage, ob Maßnahmen unterhalb der Schwelle zur dauerhaften Kontrolländerung den Tatbestand des Art. 7 Abs. 1 FKVO erfüllen können. So hatte der Präsident des EuG in seinem Beschluss zum vorläufigen Rechtsschutz in Sachen *Aer Lingus/Kommission* einen Gleichlauf zwischen dem Vollzugsbegriff des Art. 8 FKVO, der nach seiner Auffassung ausschließlich im (nach hier verwendeter Terminologie: „umfassenden") Sinne des Art. 3 FKVO zu verstehen war, und dem Vollzugsbegriff des Art. 7 FKVO hergestellt. Danach wäre ein „teilweiser" Vollzug (engl.: „partial" implementation) nicht nur im Rahmen des Art. 8 Abs. 4 und 5 FKVO, sondern auch im Rahmen des Art. 7 FKVO, außertatbestandlich. Anders sah dies nach überwiegendem Literaturverständnis anschließend das EuG im Hauptsacheverfahren.

Die diesbezüglichen Ausführungen des Gerichts sind bis zuletzt unklar geblieben.[1736] Man könnte aus ihnen schließen, dass das EuG zumindest unter bestimmten Umständen Maßnahmen unterhalb der Schwelle zur dauerhaften Kontrolländerung als Vollzug im Sinne des Art. 7 FKVO ansah.[1737] Die wohl überwiegende Auffassung in der Literatur, die die Ausführungen des EuG in diesem Sinne deutet, ist aber nicht zwingend. Letztlich kann die Deutung des *Aer-Lingus*-Urteils nach dem Urteil des EuGH im Fall *Ernst & Young/Konkurrenceradet* auch dahinstehen, da der EuGH das Institut des „teilweisen" Vollzugs hier eindeutig, wenngleich in engen Grenzen, anerkannt hat.

Nach der *Ernst & Young*-Formel des EuGH wird ein Zusammenschluss durch einen Vorgang (eine Maßnahme) im Sinne des Art. 7 FKVO vollzogen, der (die) „ganz oder teilweise, tatsächlich oder rechtlich zu einer Veränderung der Kontrolle über das Zielunternehmen beiträgt." Entscheidendes Kriterium für das Vorliegen einer Vollzugsmaßnahme ist somit das Vorliegen eines Beitrags zur (dauerhaften) Kontrolländerung im Sinne des Art. 3 Abs. 1 FKVO. Der EuGH hat gleichzeitig klargestellt, dass nicht jeder Beitrag zur Kontrolländerung einen (teilweisen) Vollzug des betreffenden Zusammenschlusses darstellt. Vielmehr muss der Beitrag für die Herbeiführung der Kontrolländerung „erforderlich" („necessary") sein und mit der Kontrolländerung in einem „unmittelbaren funktionellen Zusammenhang" („direct functional link") stehen. Auf den ersten Blick scheint dies nahe an der Definition der Nebenabreden („ancillary restraints") in Art. 6 Abs. 1 Buchst. b Unterabs. 2 und Art. 8 Abs. 1 Unterabs. 2, Abs. 2 Unterabs. 3 FKVO („die mit [der] Durchführung [eines Zusammenschlusses] unmittelbar verbundenen und für sie notwendigen Einschränkungen; engl.: „restrictions directly related and necessary to the implementation of the concentration")[1738] zu liegen. Insoweit stellt sich die Frage, ob beide Konzepte deckungsgleich sind oder zumindest eine gemeinsame „Schnitt-

---

1736 Vgl. nochmals Schlussanträge des Generalanwalts Wahl vom 18. Januar 2018, Rs. C-633/16, *Ernst & Young/Konkurrenceradet*, ECLI:EU:C:2018:23, Rn. 66 f.; Rudowicz, Gun-Jumping (2016), 182.

1737 Hierfür spricht die Feststellung des Gerichts im Urteil *Aer Lingus/Kommission*, dass der Erwerb einer nicht kontrollierenden Minderheitsbeteiligung in den „Anwendungsbereich" des Art. 7 FKVO fallen könne. Nachvollziehbar ist auch der Teil der Begründung, in dem das EuG auf das Verfahrensstadium abstellt und betont, dass das präventive Verfahren vor und das repressive Verfahren nach der Sachentscheidung der Kommission einen unterschiedlichen Fokus habe.

1738 Dazu oben Kapitel 5 D.I.2.a.aa.(1)(p) und Kapitel 5 D.I.2.a.bb.(1).

menge" an Maßnahmen aufweisen. Die Antwort auf diese Frage hängt u.a. davon ab, ob man Maßnahmen, die im Vorfeld der Genehmigung getroffen werden und sich im Vorfeld der Genehmigung auswirken, überhaupt als Nebenabreden einstufen will. Wie gesehen, lehnt die Kommission dies ab, lässt hiervon aber für die „conduct of business"-Klauseln eine bedeutende Ausnahme zu. Gerade in dieser Ausnahme zeigt sich, dass es sich bei den „Beitragshandlungen" des EuGH und den Nebenabreden nach Kommissionsverständnis – zumindest diejenigen im Vorfeld der Kontrolländerung – um verschiedene Konzepte handeln muss. Ansonsten fiele die Durchführung der „conduct of business"-Klauseln unter das Vollzugsverbot, was sicherlich keiner – auch nicht der EuGH – befürworten würde. Auf das Verhältnis zwischen Vollzugsmaßnahmen und Nebenabreden wird bei der Entwicklung des eigenen Vollzugskonzepts[1739] zurückzukommen sein.

Indem der EuGH Maßnahmen, die die genannten Voraussetzungen nicht erfüllen, als „vorbereitende" oder „begleitende" Maßnahmen bezeichnet, greift er den in der Literatur[1740] und vom Generalanwalt in dessen Schlussanträgen betonten Gegensatz zwischen „Vollzugs"- und „Vorbereitungsmaßnahmen" auf. Dabei bleibt unklar, ob die Attribute „vorbereitend" und „begleitend" selbst als Beurteilungskriterium dienen, also einen Beitrag zur Unterscheidung zwischen Vollzugs- und sonstigen Maßnahmen leisten, oder nur das Ergebnis einer anhand anderer Kriterien getroffenen Beurteilung ausdrücken sollen.

Die wichtigste Konsequenz des *Ernst & Young*-Urteils dürfte indes darin bestehen, dass der EuGH dem von der Kommission im Fall *Bertelsmann/Kirch/Premiere*[1741] entwickelten Konzept, nach dem ein Teilvollzug durch Maßnahmen begründet wird, die (i.) in einem untrennbaren Zusammenhang mit dem Zusammenschluss stehen, (ii.) dessen wesentliche wettbewerbliche Auswirkungen vorwegnehmen und (iii.) damit vollendete Tatsachen zu schaffen drohen, eine Absage erteilt hat. Denn von solchen Maßnahmen geht gerade nicht notwendigerweise ein Beitrag zur dauerhaften Kontrolländerung aus. Aus diesem Grund dürften z.B. frühzeitige Integrationsmaßnahmen, wie die Verwendung und Vermarktung der „D-Box" *Kirchs* durch *Premiere* im Fall *Bertelsmann/Kirch/Premiere*, soweit in ihnen kein bereits erfolgter Kontrollwechsel zum Ausdruck kommt, nicht unter

---

1739 Dazu unten Kapitel 5 D.II., insbesondere Kapitel 5 D.II.2.b.cc.(1) und Kapitel 5 D.II.5.

1740 Dazu unten Kapitel 5 D.I.2.d.bb.(5).

1741 Dazu oben Kapitel 5 D.I.2.a.aa.(1)(c) und Kapitel 5 D.I.2.a.dd.(2).

das Vollzugsverbot fallen, sondern allein an Art. 101 AEUV zu messen sein. Gleiches dürfte für die Ausübung nicht kontrollierenden Einflusses auf die Geschäftsführung der Zielgesellschaft gelten. Fraglich, im Hinblick auf die Parallelwertung im Rahmen des Kartellverbots[1742] aber zu bejahen sein dürfte das Vorliegen eines notwendigen Beitrags zur Kontrolländerung dagegen in vielen Fällen des Informationsaustauschs sowie der Transaktionsplanung. Solchen und anderen Maßnahmen, die einen – und sei es geringfügigen – Beitrag zur Kontrolländerung leisten, dürfte es allerdings häufig an dem vom EuGH geforderten „unmittelbaren funktionellen Zusammenhang" mit der Kontrolländerung fehlen. Spätestens hier dürften in vielen Fällen z.B. der Abschluss des Unternehmenskauf-, Verschmelzungs- oder Konsortialvertrags, Maßnahmen der Transaktionsplanung oder der Austausch von Informationen vom Vollzugstatbestand abzuscheiden sein.

Als Teilvollzugshandlungen übrig bleiben somit nach der EuGH-Formel im Wesentlichen dingliche Erwerbsakte, und zwar auch dann, wenn sie für sich genommen keine Kontrolländerung im Sinne des Art. 3 Abs. 1 FKVO bewirken, aber Teil eines einzigen Zusammenschlussvorhabens sind, zu dem die Bewirkung einer dauerhaften Kontrolländerung gehört. Für die Beurteilung, ob ein einziger Zusammenschluss vorliegt, wird man den 20. Erwägungsgrund zur FKVO, das *Cementbouw*-Urteil des EuG und die Konsolidierte Mitteilung der Kommission zu Zuständigkeitsfragen heranziehen können, wobei für die Praxis zu beachten ist, dass die Legalausnahme des Art. 7 Abs. 2 FKVO nach Auffassung der Unionsgerichte nicht eingreift, wenn die Kontrolle im ersten Schritt von einem einzigen Veräußerer erlangt wird.

Keine klare Antwort gibt die Rechtsprechung der Unionsgerichte bislang auf die sogenannten „Warehousing"-Konstellationen, in denen ebenfalls ein „einziger" Zusammenschluss angenommen wird.[1743] Hier verbleiben in zwei zentralen Fragen Unsicherheiten:[1744]

- Zum einen bleibt unklar, unter welchen Umständen der erste Erwerbsschritt für den *Zwischenerwerber* (die Bank) und den Veräußerer einen Verstoß gegen das Vollzugsverbot des Art. 7 Abs. 1 FKVO darstellen kann. Entscheidende Gesichtspunkte sind die Dauerhaftigkeit des Kontrollerwerbs (Art. 3 Abs. 1 FKVO) und die Verfügbarkeit der soge-

---

1742 Dazu unten Kapitel 5 D.I.2.d.cc.(5)(b).

1743 Dazu oben Kapitel 5 D.I.2.a.bb.(4).

1744 Vgl. bereits Nourry/Harrison, Competition Law Insight vom 19. Oktober 2010, 7, 8.

nannten „Bankenklausel" (Art. 3 Abs. 5 Buchst. a FKVO) für derartige Konstruktionen. Nach den Verlautbarungen der Kommission in Rn. 35 und 114 der Konsolidierten Mitteilung besteht für den Zwischenerwerber aktuell vor allem dann ein Bußgeldrisiko, wenn die Voraussetzungen für das Vorliegen eines „einzigen" Zusammenschlusses im Einzelfall nicht erfüllt sind und die Anwendbarkeit der Bankenklausel zweifelhaft erscheint, z.B. weil es sich nicht um tatsächlich gehandelte „Wertpapiere" handelt.[1745]
- Zum anderen ist zweifelhaft, ob der *endgültige Erwerber*, sofern die Voraussetzungen für einen „einzigen" Zusammenschluss vorliegen, im Zeitpunkt des Zwischenerwerbs, auch wenn er noch keine Kontrolle über das Zielunternehmen erlangt, einen „teilweisen" Vollzug des gesamten Zusammenschlusses begeht.[1746]

Zumindest in der zweiten Frage könnte das anstehende Urteil des EuG in der Sache *Canon/Kommission*[1747] für mehr Klarheit sorgen.

(3) „Weiterer" Vollzug

Wie die Kommission[1748] verstehen auch das EuG und der EuGH (im Fall *Mowi/Kommission*) den Verstoß gegen das Vollzugsverbot als dauerhafte Zuwiderhandlung, die mit der Bewirkung der Kontrolländerung vollendet, aber erst mit der Aufrechterhaltung des rechtswidrigen Zustands geänderter Kontrolle beendet ist. In diesem – und nur in diesem – Sinne haben die Unionsgerichte die Figur des „weiteren" Vollzugs anerkannt. Im Übrigen machte der EuGH im Fall *Mowi/Kommission* deutlich, dass für einen Vollzug nach Bewirkung der dauerhaften Kontrolländerung bei Zugrundelegung der *Ernst & Young*-Formel kein Raum mehr ist.

Noch klarer als die Kommission, die in ihrer Entscheidungspraxis für die Beendigung der Zuwiderhandlung auf die Genehmigung oder die Erteilung einer Freistellung nach Art. 7 Abs. 3 FKVO abstellte, hat das EuG in seinem Urteil im Fall *Electrabel/Kommission* darauf hingewiesen, dass

---

1745 Vgl. WESSELY/WEGNER in: MK-EuWettbR (2020), Art. 3 FKVO Rn. 173; HIRSBRUNNER, EuZW 2011, 549, 550.

1746 Vgl. NOURRY/HARRISON, Competition Law Insight vom 19. Oktober 2010, 7, 8; HIRSBRUNNER, ebenda, 549; zu einem „Teilvollzug" tendierend MÄGER in: Mäger, EuKartR (2011), Kap. 8 Rn. 324.

1747 Vgl. oben Kapitel 5 D.I.2.a.aa.(1)(q) a.E.

1748 Vgl. oben Kapitel 5 D.I.2.a.dd.(3).

ein Verstoß gegen das Vollzugsverbot entweder mit der Beendigung des Zustands geänderter Kontrolle oder mit der Beendigung seiner Rechtswidrigkeit abgeschlossen ist. Die Rechtsauffassung der Kommission und des EuG ist, wie schon erwähnt, für die Frage der Verjährung relevant.

(4) „Passiver" Vollzug

Die Unionsgerichte haben bislang, soweit ersichtlich, nicht zur Frage des „passiven" Vollzugs Stellung bezogen.

(5) Verhältnis zum Kartellverbot (Art. 101 AEUV)

Ebenso fehlten lange Zeit klare Stellungnahmen der Unionsgerichte zum Verhältnis des Vollzugsverbots zum Kartellverbot. Hier trägt auch die Feststellung des EuG im Fall *Aer Lingus/Kommission*, dass die Art. 81 und 82 EGV 1997 (nunmehr Art. 101 und 102 AEUV) auf das Verhalten der beteiligten Unternehmen nach dem Erwerb der Minderheitsbeteiligung Anwendung finden,[1749] nicht zur Klärung bei, da das Gericht ersichtlich eine Situation im Blick hatte, in der die FKVO gerade nicht (mehr) galt. Im Fall *Ernst & Young/Konkurrencerådet* stellte der EuGH im Hinblick auf Art. 21 Abs. 1 FKVO dann fest, dass Art. 21 Abs. 1 FKVO für Zusammenschlüsse im Sinne des Art. 3 FKVO eine Ausschlusswirkung hinsichtlich der Verordnung Nr. 1/2003 habe, was für ein enges Vollzugskonzept spreche, da jede Ausdehnung des Anwendungsbereichs der FKVO mit einer Einschränkung des Anwendungsbereichs der Verordnung Nr. 1/2003 verbunden sei.

c. Begriffsverständnis der deutschen Gerichte

Streitigkeiten zu den zivilrechtlichen Folgen eines vorzeitigen Vollzugs, insbesondere zur schwebenden Unwirksamkeit verbotswidrig abgeschlossener Rechtsgeschäfte nach Art. 7 Abs. 4 FKVO, fallen in die Zuständigkeit der nationalen Gerichte. Die deutschen Gerichte haben sich bislang,

---

1749 EuG, Beschluss vom 18. März 2008 (oben Fn. 1622), Rn. 103 f. mit Anmerkung von LEUPOLD/HAANS, (2008) E.C.L.R. 624, 627; Urteil vom 6. Juli 2010 (oben Fn. 1629), Rn. 70.

soweit ersichtlich, wenig mit dem Vollzugsverbot der FKVO befasst. Dokumentiert sind zumindest zwei Verfahren, denen jeweils ein ähnlicher Sachverhalt zugrunde lag.

aa. LG Köln (EPG)

In einem Fall hatte das LG Köln über eine negative Feststellungsklage des *Verbands Deutscher Zeitschriftenverleger* (*VDZ*) zu entscheiden, in der es um die Berechtigung der Verwertungsgesellschaft *VG Media* ging, die Rechte an elektronischen Programminformationen von Fernsehsendern wahrzunehmen. *VG Media* war im Jahr 2002 von den Medienkonzernen *Bertelsmann* und *Kirch* als Gemeinschaftsunternehmen gegründet worden. Dieser Vorgang, der den Zusammenschlusstatbestand des Art. 3 Abs. 1 Buchst. b i.V.m. Abs. 2 FKVO 1997 erfüllte, war ordnungsgemäß bei der Kommission angemeldet und von dieser mit Entscheidung vom 21. Mai 2002 nach Art. 6 Abs. 1 Buchst. b FKVO 1997 genehmigt worden.[1750] Die Geschäftstätigkeit von *VG Media* bestand nach der Anmeldung und der Genehmigungsentscheidung der Kommission darin, für Medienunternehmen, insbesondere für Radio- und Fernsehsender, Urheber- und Leistungsschutzrechte an der Kabelweitersendung nach § 20 b UrhG wahrzunehmen und die Einnahmen an die Berechtigten zu verteilen.

Hintergrund des Rechtsstreits war die Praxis vieler Zeitschriftenverlage, die von den Fernsehsendern im Internet bereitgestellten Programminformationen nicht nur für ihre Angebote im Bereich Printmedien, sondern auch für jene im Bereich elektronischer Programmführer (engl.: „Electronic Program Guide“, kurz: „EPG“) zu nutzen. Während die Informationen für den Bereich Printmedien kostenfrei zur Verfügung gestellt wurden, war *VG Media* dazu übergegangen, für den Bereich EPG Entgelte zu erheben. Dabei stützte sie sich auf § 19a UrhG.

In dem Rechtsstreit vor dem LG Köln machte der *VDZ* geltend, dass *VG Media* wegen der Nutzung der Programminformationen durch seine Mitglieder keine Rechte zustünden. Zur Begründung brachte der *VDZ* u.a. vor, dass die Geltendmachung von Rechten nach § 19a UrhG nicht von der bestehenden fusionskontrollrechtlichen Genehmigung gedeckt sei. Sie stelle eine Ausweitung der Geschäftstätigkeit von *VG Media* dar, die einen neuen Zusammenschlusstatbestand im Sinne des Art. 3 FKVO begründe.

1750 Kommission, Entscheidung vom 21. Mai 2002, COMP/M. 2723, *RTL/ProSiebenSat.1/VG Media*.

Da eine Genehmigung für diesen Zusammenschluss nicht vorliege, seien die Wahrnehmungsverträge zwischen den Sendern und *VG Media* hinsichtlich der streitgegenständlichen Programminformationen nach Art. 7 Abs. 1 i.V.m. Abs. 4 Unterabs. 1 FKVO schwebend unwirksam.

Das LG Köln gab der Klage mit Urteil vom 23. Dezember 2009 statt[1751] und folgte dabei im Wesentlichen der fusionskontrollrechtlichen Argumentation des *VDZ*. Die Erweiterung des Geschäftsbetriebs von *VG Media* auf die Wahrnehmung der Rechte nach § 19a UrhG, und damit auf einen neuen sachlichen Markt, stelle einen Zusammenschluss im Sinne der FKVO dar, der von der bestehenden Genehmigung nicht gedeckt sei. Da keine weitere Genehmigung eingeholt worden sei, verstoße die Übertragung der Nutzungsrechte an den Programminformationen von den Fernsehsendern an *VG Media* gegen das Vollzugsverbot des Art. 7 Abs. 1 FKVO und sei deshalb nach Art. 7 Abs. 4 Unterabs. 1 FKVO schwebend unwirksam. Mithin fehle es *VG Media* im Verhältnis zu den Zeitschriftenverlagen zur Geltendmachung von Rechten an den Programminformationen an der Aktivlegitimation. Zur Begründung nahm das LG Köln u.a. Bezug auf Rn. 107 der Konsolidierten Mitteilung zu Zuständigkeitsfragen.[1752]

VG Media legte gegen das erstinstanzliche Urteil erfolgreich Berufung ein. Das OLG Düsseldorf verwarf die Klage des *VDZ* ohne weitere Sachprüfung als unzulässig, da der *VDZ* kein schutzwürdiges Interesse an der Rechtsverfolgung besitze.[1753]

bb. OLG Dresden (Presselounges)

Über einen zweiten, ähnlich gelagerten Fall hatte das OLG Dresden in der Berufungsinstanz nach vorangegangenem Urteil des LG Leipzig zu entscheiden. Dabei ging es um eine auf Unterlassung gerichtete Klage eines anderen EPG-Anbieters. Beklagte war wiederum *VG Media*. Auch in diesem Fall ging es um die Frage der Aktivlegitimation der Verwertungsgesellschaft bei der Wahrnehmung von Rechten an Informationen für EPG auf der Grundlage des § 19a UrhG. Abweichend vom LG Köln vertrat das OLG Dresden die Auffassung, dass die Tätigkeit von *VG Media* durch

1751 LG Köln, Urteil vom 23. Dezember 2009, 28 O (Kart) 479/08, *EPG*, WuW/E DE-R 2868 ff.; vgl. dazu von Graevenitz, BB 2010, 1172 ff.

1752 Oben Fn. 95.

1753 OLG Düsseldorf, VI-U (Kart) 15/10, *EPG*, WuW/E DE-R 3114 ff.; vgl. dazu von Graevenitz, ebenda.

die Genehmigung der Kommission vom 21. Mai 2002 gedeckt sei.[1754] Ein Verstoß gegen das Vollzugsverbot des Art. 7 Abs. 1 FKVO schied demnach aus.

Das Urteil des OLG Dresden wurde vom BGH in der Revisionsinstanz aufgehoben.[1755] Der Grund für die Aufhebung lag nicht in den fusionskontrollrechtlichen Feststellungen des Berufungsgerichts, sondern in der Begründung, mit der das OLG Dresden einen Verstoß gegen das wettbewerbsrechtliche Diskriminierungsverbot verneint hatte.

cc. Zusammenfassung und Strukturierung

In beiden Fällen stand ein „umfassender“ Vollzug, d.h. die Bewirkung einer dauerhaften Kontrolländerung im Sinne des Art. 3 Abs. 1 FKVO, im Raum. Eine solche liegt nach der Auffassung der Kommission u.a. vor, wenn die Muttergesellschaften eines genehmigten Vollfunktionsgemeinschaftsunternehmens später beschließen, dessen Tätigkeitsbereich auf andere sachlich oder räumlich relevante Märkte auszuweiten, und hierzu erhebliche zusätzliche Vermögenswerte oder Rechte auf das Gemeinschaftsunternehmen übertragen.[1756] Beide Gerichte beurteilten die Frage, ob im Vergleich zum bisherigen Tätigkeitsumfang eine Ausdehnung vorlag, anhand der Genehmigungsentscheidung der Kommission. Während das LG Köln eine Ausdehnung und die übrigen Tatbestandsmerkmale als gegeben ansah, sah das OLG Dresden den Vorgang als von der Genehmigung umfasst an. Konsequenterweise gelangte somit nur das LG Köln zur Annahme eines Verstoßes gegen das Vollzugsverbot.

d. Begriffsverständnis der Literatur

Obwohl die Europäischen Gemeinschaften früh über präventive Fusionskontrollmechanismen verfügten und, wie gesehen, bereits in den 1950er und 1990er Jahren Bußgeldentscheidungen wegen des Vollzugs von Zu-

1754 OLG Dresden, Urteil vom 15. Dezember 2009, 14 U 818/09, *Presselounges*, ZUM 2010, 362 ff.

1755 BGH, Urteil vom 27. März 2012, KZR 108/10, *Elektronischer Programmführer*, WuW/E DE-R 3657 ff.

1756 Konsolidierte Mitteilung der Kommission zu Zuständigkeitsfragen (oben Fn. 95), Rn. 107.

sammenschlüssen vor dem Erhalt der Genehmigung erlassen wurden, hat sich eine vertiefte Diskussion zum Verbotsinhalt erst in den frühen 2000er Jahren entwickelt. Als „Anstoß" kann ein Aufsatz von MODRALL/CIULLO aus dem Jahr 2003[1757] angesehen werden, der, wie auch erste Folgebeiträge,[1758] den Schwerpunkt auf Vergleiche mit der US-Literatur und -Praxis und die Frage legte, warum in der EU ein noch geringeres Maß an Rechtsklarheit und eine so zurückhaltende Behördenpraxis zu verzeichnen waren. Neue Impulse gingen ab 2009 von der Bußgeldentscheidung der Kommission im Fall *Electrabel* und den Urteilen des EuG in Sachen *Aer Lingus/Kommission* und *Electrabel/Kommission* aus. Seither ist eine gewisse Emanzipation der EU- von der US-rechtlichen Diskussion zu verzeichnen,[1759] die zu begrüßen ist, da das EU- und das US-Wettbewerbsrecht, wie noch zu zeigen sein wird, keine identischen Anforderungen an die Zusammenschlussprozessgestaltung stellen. Eine vertiefte Befassung der Literatur mit dem EuGH-Urteil im Fall *Ernst & Young/Konkurrencerådet*[1760] steht noch aus. Noch ist nicht ganz klar, wie die Literatur die Ausführungen des EuGH zum „teilweisen" Vollzug verstehen und weiter zu konkretisieren versuchen wird. Bisherige Äußerungen[1761] begrüßen vor allem die stärkere Konturierung des Vollzugsbegriffs des Art. 7 FKVO und weisen auf die Unterschiede zur weiten Auslegung des § 41 Abs. 1 GWB durch den BGH hin. Andere interpretieren das EuGH-Urteil so, dass kaum Unterschiede zur bisherigen Kommissionspraxis bestehen.[1762]

Der derzeitige Literaturbestand zum Vollzugsverbot der FKVO verteilt sich auf teils fallbezogene, teils allgemein das Vollzugsverbot oder bestimmte Aspekte[1763] beleuchtende Zeitschriftenartikel, diverse Handbücher, zahlreiche – vor allem deutschsprachige – Kommentare,[1764] wenige

---

1757 MODRALL/CIULLO, (2003) E.C.L.R. 424 ff.

1758 Vgl. GOTTSCHALK, RIW 2005, 905 ff.; REYSEN/JASPERS, WuW 2006, 602 ff.; LINSMEIER/BALSSEN, BB 2008, 741 ff.

1759 Vgl. BOSCH/MARQUIER, EWS 2010, 113 ff.; DEPOORTERE/LELART, (2010) 33 World Competition 103, 116; HENNIG, ZweR 2011, 443 ff.

1760 Dazu oben Kapitel 5 D.I.2.b.ff und Kapitel 5 D.I.2.b.gg.(2).

1761 Siehe z.B. HERRLINGER/VALDINI, NZKart 2018, 308 ff.; VON GRAEVENITZ, EuZW 2018, 606, 607; GASSNER/MOHNEN, jurisPR-Compl 5/2018 Anm. 4; BENEDIKT-BUCKENLEIB/HAAG, NZKart 2021, 21, 28.

1762 So z.B. BACHES OPI/BOITOS, (2019) 10 JECLAP 269, 279 f.

1763 Vgl. MIELKE/WELLING, BB 2007, 277 ff. zu den sogenannten „conduct of business"-Klauseln.

1764 Hervorzuheben ist insoweit die Kommentierung des Art. 7 FKVO von WESSELY in: MK-EuWettbR (2020).

Lehrbücher und vereinzelte akademische Abhandlungen.[1765] Auffällig ist der hohe Anteil von Praktikerbeiträgen, insbesondere von Kommissionsbeamten und Anwälten, der mit der erheblichen Bedeutung des Vollzugsverbots in der Praxis zu erklären sein dürfte.

aa. Herangehensweise der Literatur

Dementsprechend lässt sich die Herangehensweise der Literatur bei der Bestimmung des Verbotsinhalts als praxisorientiert bezeichnen. Abgesehen von vereinzelten Versuchen, den Vollzugsbegriff auf eine einheitliche Formel zu bringen (1), behilft sie sich überwiegend mit der Bildung von Fallgruppen (2). Daneben sind umfangreiche, beispielhafte Aufzählungen zulässiger und unzulässiger Einzelmaßnahmen anzutreffen (3). Häufig werden diese Herangehensweisen kombiniert, indem der Darstellung z.B. eine abstrakte Definition vorangestellt und diese dann durch Fallgruppen und Maßnahmenkataloge weiter konkretisiert wird.

(1) Versuch einer abstrakten Definition

Der Versuch, den Inhalt des Vollzugsverbots mithilfe einer einheitlichen Formel auszudrücken, wird bislang vor allem im deutschsprachigen Schrifttum unternommen. Typisch sind knappe Formeln wie die folgende, die sich zuletzt eng an der Formel des EuGH im Urteil *Ernst & Young*[1766] orientieren. Plakativ ist insoweit die Formulierung bei HELLMANN/BIRMANNS im Frankfurter Kommentar zum Kartellrecht vor dem *Ernst & Young*-Urteil des EuGH…

> „Abstrakt formuliert fallen hierunter alle rechtlichen oder tatsächlichen Handlungen, die der *Verwirklichung des Zusammenschlussvorhabens* dienen. Erfasst werden mithin insb. Handlungen, welche die

---

1765 Hervorzuheben sind hier die Abhandlung von RUDOWICZ, Gun-Jumping (2016) sowie – jeweils mit Schwerpunktsetzung im nationalen Recht – die Beiträge von KRENN, „Gun Jumping" im österreichischen und europäischen Kartellrecht – Frühstart beim Unternehmenserwerb? (2011) und HOLZWARTH, Vollzugsverbot (2014).

1766 Dazu oben Kapitel 5 D.I.2.b.ff.

> Marktstruktur oder das Wettbewerbsverhalten der neuen Einheit betreffen."[1767]

...und danach:

> „Abstrakt formuliert fallen hierunter alle Handlungen, die ganz oder teilweise, tatsächlich oder rechtlich zu einer Veränderung der Kontrolle über das Zielunternehmen beitragen."[1768]

Die in solchen Formeln zutage tretenden Beurteilungskriterien variieren je nach Autor in ihrer Art, Anzahl und Kombination. Je mehr Einzelaspekte Berücksichtigung finden, desto operationaler erscheinen diese Formeln für die wettbewerbsrechtliche Praxis:

> „Im Lichte des Zwecks der Vorschrift, den Status quo zu erhalten, sind darunter alle Handlungen zu verstehen, die darauf abzielen, den konkreten Zusammenschluss i.S.e. Veränderung der ursprünglich bestehenden Kontrollverhältnisse zu verwirklichen bzw. die auf diese Veränderung tatsächlich hinwirken. Alle Handlungen, die die *Umsetzung des Vorhabens* i.S.e. Kontrollerwerbs rechtlich oder faktisch, vollständig oder nur teilweise bezwecken oder bewirken, diese in Gang setzen oder mit ihnen untrennbar verbunden sind, sind nach Art. 7 Abs. 1 FKVO grds. untersagt."[1769]

(2) Bildung von Fallgruppen

Jenseits solcher Formeln wird vielfach betont, dass das Vorliegen eines Verstoßes gegen das Vollzugsverbot nur im Einzelfall beurteilt werden könne.

> „Da es für die Frage, was eine Vollzugshandlung ist, auch auf die konkrete Gestaltung des Zusammenschlusses und die dafür getroffenen

---

1767 Hellmann/Birmanns in: FK-KartR (80. EL 2014), Art. 7 FKVO Rn. 10. Ähnlich Körber in: Immenga/Mestmäcker, WettbR/Bd. 3 (2020), Art. 7 FKVO Rn. 7; Ablasser-Neuhuber in: Loewenheim u.a., KartR (2020), Art. 7 FKVO Rn. 4; König in: Schröter/Jakob/Klotz/Mederer, EuWettbR (2014), Art. 7 FKVO Rn. 4.

1768 Birmanns in: FK-KartR (93. EL 2019), Art. 7 FKVO Rn. 11.

1769 Kellerbauer in: Berg/Mäsch, Deutsches und Europäisches Kartellrecht (2018), Art. 7 FKVO Rn. 6; ähnlich Reysen/Jaspers, WuW 2006, 602, 605 (jeweils vor dem *Ernst & Young*-Urteil des EuGH).

Vereinbarungen ankommt, ist im Grunde eine Einzelfallbetrachtung geboten, und man tut sich schwer, allgemeine Grundsätze zu formulieren, die über Leerformeln hinausgehen."[1770]

Um dem Systematisierungsbedürfnis der Praxis Rechnung zu tragen, orientiert sich die Literatur an Fallgruppen. Eine Einteilung in Fallgruppen nimmt insbesondere WESSELY vor. Ausgehend vom Zusammenschlusstatbestand des Art. 3 FKVO, dessen Erfüllung unstreitig den „Kernbereich"[1771] des Vollzugsverbots ausmache, und unter Berücksichtigung der Entscheidungspraxis der Kommission unterscheidet er (i.) den Vollzug im juristischen Sinne, (ii.) die vorzeitige Einwirkung auf die Unternehmensführung der Zielgesellschaft, (iii.) Beschränkungen des Zielunternehmens auf „normales Geschäftsverhalten" (engl.: „ordinary course of business"), (iv.) faktische Vollzugsmaßnahmen sowie (v.) die Koordination des Marktverhaltens und den Informationsaustausch.[1772] Seine Typologie wird in anderen Beiträgen aufgegriffen.[1773]

(3) Aufstellung von Maßnahmenkatalogen

Die in vielen Beiträgen zum Vollzugsverbot anzutreffenden Kataloge erlaubter bzw. verbotener Einzelmaßnahmen[1774] dürften sich mit dem Bedürfnis der Unternehmen und ihrer Berater erklären lassen, die Anforderungen des Vollzugsverbots für die Praxis handhabbar zu machen.[1775] Bei genauerer Betrachtung wird indes deutlich, dass die (oft auch nur vordergründige) Prägnanz dieser Listen zu Lasten der Kohärenz des Gesamtkonzepts geht. Sofern eine konkrete Maßnahme nämlich nicht in den Katalogen genannt ist, fällt die Beurteilung ihrer Zulässigkeit schwer, da

---

1770 SCHÜTZ in: KK-KartR (2013), Art. 7 FKVO Rn. 5.

1771 WESSELY in: MK-EuWettbR (2020), Art. 7 FKVO Rn. 38.

1772 WESSELY, ebenda, Rn. 49.

1773 Vgl. (jeweils unter Bezugnahme auf die damals aktuelle Auflage des MK-EuWettbR) z.B. BOSCH/MARQUIER, EWS 2010, 113, 114; HOLZWARTH, Vollzugsverbot (2014), 97 ff.

1774 Siehe z.B. MODRALL/CIULLO, (2003) E.C.L.R. 424, 429 f.; GOTTSCHALK, RIW 2005, 905, 911; LINSMEIER/BALSSEN, BB 2008, 741, 747 f.; BIRMANNS in: FK-KartR (93. EL 2019), Art. 7 FKVO Rn. 13 f.; KÖNIG in: Schröter/Jakob/Klotz/Mederer, EuWettbR (2014), Art. 7 FKVO Rn. 4; SCHÜTZ in: KK-KartR (2013), Art. 7 FKVO Rn. 6; BENEDIKT/BUCKENLEIB/HAAG, NZKart 2021, 89 ff.

1775 Vgl. HOLZWARTH, Vollzugsverbot (2014), 100.

ein die verschiedenen Fallgruppen und Einzelmaßnahmen „übergreifendes Kriterium“[1776] fehlt.

bb. Wesentliche Beurteilungskriterien

Nachfolgend werden die wesentlichen Kriterien, die in der Literatur bei der Beurteilung eines Verstoßes gegen das Vollzugsverbot Anwendung finden, herausgearbeitet. Aufgrund der erst beginnenden Rezeption des EuGH-Urteils im Fall *Ernst & Young/Konkurrenceradet* in der Literatur bezieht sich die Untersuchung noch weitgehend auf den Diskussionsstand vor diesem Urteil. Wie bereits erwähnt, können die Kriterien je nach Autor in ihrer Art, Anzahl und Kombination variieren. Insgesamt wird der Diskussionsstand hierdurch recht unübersichtlich.

(1) Zusammenschlussbezogenheit von Vollzugsmaßnahmen

In vielen Beiträgen wird die Zusammenschlussbezogenheit des Vollzugsbegriffs hervorgehoben. Im Kern wird dabei aus der sprachlichen Verknüpfung der Begriffe „vollzogen“ und „Zusammenschluss“ in Art. 7 Abs. 1 FKVO ein systematischer Zusammenhang mit der Vorschrift des Art. 3 FKVO und, in weiterer Konsequenz, mit dem Erfordernis einer dauerhaften Kontrolländerung hergestellt. Dieser Gedankengang zeigt sich z.B. bei Wessely:

> „Da es um den Vollzug eines Zusammenschlusses geht, und da nach Art. 3 FKVO der Zusammenschluss als Kontrollerwerb definiert ist, erscheint es naheliegend, den Vollzug in der Übertragung der tatsächlichen Kontrolle auf den Erwerber bzw. – allgemeiner – in der effektiven Veränderung der ursprünglich bestehenden Kontrollverhältnisse zu sehen.“[1777]

Für die Beurteilung der Frage, ob ein Vollzug vorliegt, wurde deshalb schon vor dem *Ernst & Young*-Urteil des EuGH eine Orientierung an den

1776 Holzwarth, ebenda, 113.
1777 Wessely in: MK-EuWettbR (2020), Art. 7 FKVO Rn. 38 (Hervorhebungen weggelassen).

Zusammenschlusstatbeständen des Art. 3 FKVO vorgeschlagen.[1778] Seither wird dazu auch auf den EuGH Bezug genommen.[1779] In älteren wie neueren Beiträgen wird häufig auch der Einzelfallcharakter der Beurteilung betont.[1780]

(2) Wettbewerbsbezogenheit von Vollzugsmaßnahmen

Neben der Zusammenschlussbezogenheit wurde in der Literatur stets die wettbewerbsschützende Zwecksetzung des Vollzugsverbots hervorgehoben. Darauf aufbauend wurde der Verbotsinhalt des Art. 7 Abs. 1 FKVO vor dem *Ernst & Young*-Urteil teils strukturbezogen, teils in Anlehnung an die Mitteilung der Kommission im Fall *Bertelsmann/Kirch/Premiere* verhaltensbezogen bestimmt. Oft wurden beide Ansätze miteinander verbunden. So zeichneten sich Vollzugsmaßnahmen nach verbreitetem Verständnis durch ihre (aktuelle oder potenzielle) Beeinflussung der Marktstruktur oder des Wettbewerbsverhaltens der beteiligten Unternehmen aus.[1781]

Wessely regte bis zur 2. Auflage des Münchener Kommentars zum Wettbewerbsrecht an, einige Maßnahmen wegen ihrer „Marktferne" vom Vollzugsverbot auszuklammern;[1782] an anderer Stelle stellte er zur Charakterisierung von Vollzugsmaßnahmen auf deren unmittelbare „Marktwir-

---

1778 Vgl. Maass in: Langen/Bunte, EuKartR (2018), Art. 7 FKVO Rn. 10; Bechtold/Bosch/Brinker, EU-KartR (2014), Art. 7 FKVO Rn. 2; Schütz in: KK-KartR (2013), Art. 7 FKVO Rn. 5; Kellerbauer in: Berg/Mäsch, Deutsches und Europäisches Kartellrecht (2018), Art. 7 FKVO Rn. 6 f.; Rudowicz, Gun-Jumping (2016), 197 ff.; vgl. auch Holzwarth, Vollzugsverbot (2014), 100 f. und 113.

1779 Vgl. Birmanns in: FK-KartR (93. EL 2019), Art. 7 FKVO Rn. 9.

1780 Vgl. Birmanns, ebenda; zuvor bereits Schütz, ebenda; Reysen/Jaspers, WuW 2006, 602, 606; Rosenthal/Thomas, European Merger Control (2010), Kap. E Rn. 45.

1781 Vgl. Reysen/Jaspers, ebenda, 605; König in: Schröter/Jakob/Klotz/Mederer, EuWettbR (2014), Art. 7 FKVO Rn. 4; York von Wartenburg/Titze, GWR 2014, 364, 366; Maass in: Schulte/Just, KartR (2016), Art. 7 FKVO Rn. 5; Rose/Bailey, Bellamy & Child, European Union Law of Competition (2013), Rn. 8.127; zu § 41 Abs. 1 GWB Holzwarth, Vollzugsverbot (2014), 211 f.

1782 Wessely in: MK-EuWettbR (2015), Art. 7 FKVO Rn. 38. In der 3. Auflage weist er nunmehr darauf hin, dass der EuGH im Fall *Ernst & Young/Konkurrencerådet* festgestellt habe, dass ein Verstoß gegen das Vollzugsverbot keine Marktwirkungen voraussetze; dazu Wessely in: MK-EuWettbR (2020), Art. 7 FKVO Rn. 43 a.E.

kungen“ ab.[1783] Eine äußerst verhaltensbezogene Position nahmen Rosenthal/Thomas ein, die den Hauptzweck („core purpose“) des Vollzugsverbots in

> „[…] the prohibition of the alignment of the competitive behavior of the parties pending the Commission's review […]“[1784]

und den Inhalt des Vollzugsverbots darin sahen, dass

> „[…] the undertakings concerned shall continue to act independently on the market and, in principle, must not become aware of any information concerning the other party which may influence its own competitive conduct.“[1785]

Hierdurch wurde das Vollzugsverbot inhaltlich freilich so nahe an das Kartellverbot des Art. 101 Abs. 1 FKVO herangerückt, dass Unterschiede kaum mehr erkennbar waren. Es steht zu vermuten, dass solche Positionen künftig aufgegeben werden, da der EuGH die Wirkungen einer Maßnahme als Vollzugskriterium ausdrücklich verworfen hat.[1786]

(3) Keine Unterscheidung zwischen Rechtsgeschäften und Realakten

Nach allgemeiner Auffassung in der Literatur kann ein Zusammenschluss durch rechtliche oder tatsächliche (faktische) Maßnahmen vollzogen werden.[1787] Vollzugsmaßnahmen im Sinne des Art. 7 FKVO können hiernach sowohl Rechtsgeschäfte als auch Realakte sein. Auch hierzu wird seit dem *Ernst & Young*-Urteil regelmäßig auf den EuGH Bezug genommen.[1788]

1783 Wessely in: MK-EuWettbR (2015), Art. 7 FKVO Rn. 51; ähnlich Maass in: Langen/Bunte, EuKartR (2018), Art. 7 FKVO Rn. 10 („Marktstruktur direkt […] verändern“).

1784 Rosenthal/Thomas, European Merger Control (2010), Kap. E Rn. 51.

1785 Rosenthal/Thomas, ebenda, Rn. 45.

1786 Dazu oben Kapitel 5 D.I.2.b.ff.

1787 Vgl. König in: Schröter/Jakob/Klotz/Mederer, EuWettbR (2014), Art. 7 FKVO Rn. 4; Schütz in: KK-KartR (2013), Art. 7 FKVO Rn. 6; Mäger in: Mäger, EuKartR (2011), Kap. 8 Rn. 320 ff.; Kellerbauer in: Berg/Mäsch, Deutsches und Europäisches Kartellrecht (2018), Art. 7 FKVO Rn. 6; Reysen/Jaspers, WuW 2006, 602, 605; Maass in: Schulte/Just, KartR (2016), Art. 7 FKVO Rn. 5; York von Wartenburg/Titze, GWR 2014, 364, 366.

1788 Vgl. Birmanns in: FK-KartR (93. EL 2019), Art. 7 FKVO Rn. 9; Körber in: Immenga/Mestmäcker, WettbR/Bd. 3 (2020), Art. 7 FKVO Rn. 7 ff.

Wie schon zu Beginn des Kapitels angedeutet, wird das Begriffspaar „rechtlich“ – „faktisch“ in der Literatur zum Vollzugsverbot in unterschiedlichen Zusammenhängen mit jeweils unterschiedlichem Bedeutungsgehalt verwendet. Zur Vermeidung von Missverständnissen wurde für die vorliegende Arbeit die Festlegung getroffen, dass zur Bezeichnung von Vollzugshandlungen, die als solche keinen Zusammenschlusstatbestand erfüllen und somit keinen „umfassenden“ Vollzug bewirken, in der vorliegenden Untersuchung der Begriff des „teilweisen“ Vollzugs verwendet und auf den Begriff des „faktischen“ Vollzugs verzichtet wird. Somit bleibt darauf hinzuweisen, dass der Erwerb *faktischer Kontrolle* über ein anderes Unternehmen im Sinne des Art. 3 Abs. 2 FKVO durch *Rechtsgeschäfte* oder *Realakte* erreicht werden kann und dabei nach der im Schrifttum verbreiteten Terminologie einen Fall des *„rechtlichen“* (nach hier verwendeter Terminologie: „umfassenden“) Vollzugs darstellt.

(4) Unterscheidung zwischen schuldrechtlichen und dinglichen Rechtsgeschäften

Innerhalb der Kategorie rechtsgeschäftlicher Vollzugsmaßnahmen wird in der deutschen Literatur häufig zwischen schuldrechtlichen Verpflichtungs- und dinglichen Verfügungsgeschäften unterschieden.[1789] Dem Trennungsprinzip des deutschen Zivilrechts entsprechend wird dabei angenommen, dass der Abschluss schuldrechtlicher Verträge, insbesondere des die Transaktion im Einzelnen regelnden Verschmelzungs-, Unternehmenskauf- oder Konsortialvertrags,[1790] regelmäßig keinen Vollzug im Sinne des Art. 7 FKVO darstellt. Zur Begründung wird meist auf Art. 4 Abs. 1 Unterabs. 1 FKVO abgestellt, wonach Zusammenschlüsse von EU-weiter Bedeutung „nach Vertragsabschluss [...] und vor ihrem Vollzug bei der Kommission anzumelden“ sind. Dagegen soll die Umsetzung eines solchen Vertrags, d.h. die Ausübung der durch ihn eingeräumten Rechte oder Pflichten, regelmäßig gegen das Vollzugsverbot verstoßen. Dies soll vor allem für das

---

1789 Vgl. Körber, ebenda, Art. 7 FKVO Rn. 8; Birmanns, ebenda, Art. 7 FKVO Rn. 10, 13; König, ebenda; Schütz, ebenda, Art. 7 FKVO Rn. 3; Mäger, ebenda; Reysen/Jaspers, ebenda; Maass in: Langen/Bunte, EuKartR (2018), Art. 7 FKVO Rn. 10; Zeise in: Schulte, Handb FusK (2020), Rn. 1927; Hahn in: Rübenstahl/Hahn/Vormizeele, Kartell Compliance (2019), Kap. 4 Rn. 52; Mäger in: Rotthege/Wassermann, Unternehmenskauf bei der GmbH (2020), Kap. 11 Abschnitt B Rn. 110.

1790 Dazu oben Kapitel 2 B.II.

dingliche Verfügungsgeschäft gelten, welches deshalb nach ganz h.M. in der Literatur während der Geltung des Vollzugsverbots nur unter einer aufschiebenden Bedingung abgeschlossen werden darf.

Das Bestreben, das Trennungsprinzip des deutschen Zivilrechts für das EU-Wettbewerbsrecht nutzbar zu machen und die Trennlinie zwischen vorläufig erlaubten und verbotenen Maßnahmen entlang der Unterscheidung zwischen schuldrechtlichem Verpflichtungs- und dinglichem Verfügungsgeschäft verlaufen zu lassen, ist in der Literatur immer wieder auf Kritik gestoßen. So weist WESSELY darauf hin, dass der Vollzugsbegriff in Art. 7 Abs. 1 FKVO auf den Zusammenschluss im Sinne des Art. 3 FKVO und nicht auf den zugrundeliegenden Vertrag bezogen sei. Daher sei nicht jede Maßnahme zum Vollzug des betreffenden Vertrags zugleich als Vollzugsmaßnahme im Sinne des Art. 7 Abs. 1 FKVO zu werten.[1791] Umgekehrt merkt BOSCH an, dass ein Zusammenschluss selbst nach seinem engen Begriffsverständnis, welches nur den „umfassenden" Vollzug umfasst,[1792] bereits vor dem dinglichen Erwerb der Anteilsrechte bzw. Vermögenswerte vollzogen sein kann. So liege ein Verstoß gegen das Vollzugsverbot auch dann vor, wenn „in anderer als der vertraglich vorgesehenen Weise Kontrolle erworben" werde.[1793] Bei genauerer Hinsicht setzt die Kritik denn auch eher an pauschalen, in dieser Allgemeinheit kaum mehr anzutreffenden Aussagen an und tritt letztlich für eine differenzierende Sichtweise ein, nach der die Unterscheidung des deutschen Zivilrechts zwar kein allgemein gültiges Abgrenzungskriterium für die Definition von Vollzugsmaßnahmen darstellt,[1794] hierzu aber durchaus fruchtbar gemacht werden kann.[1795] Die Kritiker stellen also nicht die Tendenzaussage in Frage, nach der schuldrechtliche Verpflichtungsgeschäfte regelmäßig nicht, dingliche Verfügungsgeschäfte hingegen regelmäßig schon gegen das Vollzugsverbot verstoßen. Vielmehr heben sie den Einzelfallcharakter der Beurteilung hervor, indem sie betonen, dass auch der Abschluss schuldrechtlicher Verpflichtungsgeschäfte gegen das Vollzugsverbot verstoßen könne und daher während der Dauer des Vollzugsverbots entweder zu unterlassen oder – wie bei Verträgen nach ausländischem, nicht durch das Trennungsprinzip geprägtem Recht und bei dinglichen Verfügungsgeschäften

1791 WESSELY in: MK-EuWettbR (2020), Art. 7 FKVO Rn. 45.

1792 Dazu unten Kapitel 5 D.I.2.d.cc.(2)(c).

1793 BECHTOLD/BOSCH/BRINKER, EU-KartR (2014), Art. 7 FKVO Rn. 3; vgl. auch BOSCH/MARQUIER, EWS 2010, 113, 116.

1794 KÖRBER in: Immenga/Mestmäcker, WettbR/Bd. 3 (2020), Art. 7 FKVO Rn. 8; BIRMANNS in: FK-KartR (93. EL 2019), Art. 7 FKVO Rn. 10.

1795 KÖRBER, ebenda.

nach deutschem Recht regelmäßig erforderlich – nur unter einer aufschiebenden Bedingung vorzunehmen sei.[1796]

Beispielhaft werden in der Literatur Fälle genannt, in denen bereits der Abschluss einer schuldrechtlichen Vereinbarung eine dauerhafte Kontrolländerung im Sinne des Art. 3 Abs. 1 und 2 FKVO („durch […] Verträge") bewirkt, wie z.B. bei Beherrschungs-, Betriebsführungs-, Betriebspacht-, Betriebsüberlassungs- oder Stimmbindungsverträgen.[1797]

(5) Realisierender Charakter von Vollzugsmaßnahmen

Eine Konkretisierung des Vollzugsbegriffs wurde in der Literatur schon immer auch durch eine Einteilung der Maßnahmen des Zusammenschlussprozesses in Vorbereitungs- und Umsetzungsmaßnahmen versucht. Während Vorbereitungsmaßnahmen erlaubt sein sollen, werden Umsetzungsmaßnahmen als verbotener Vollzug gewertet.[1798] Dabei war und ist nicht immer klar, ob die Begriffe „Vorbereitung" und „Umsetzung" selbst als Beurteilungskriterium dienen oder nur das Ergebnis einer (anhand anderer Kriterien) getroffenen Beurteilung ausdrücken.

Jedenfalls wird zur Konkretisierung des Konzepts der „Vorbereitungsmaßnahme" immer wieder auf andere Beurteilungskriterien, wie z.B. deren Unverzichtbarkeit für die Durchführung des Zusammenschlusses,[1799] zurückgegriffen. Holzwarth weist darauf hin, dass Vorbereitungsmaßnah-

---

1796 Vgl. Körber, ebenda; Birmanns in: FK-KartR (93. EL 2019), Art. 7 FKVO Rn. 10; Mäger in: Mäger, EuKartR (2011), Kap. 8 Rn. 320; Schütz in: KK-KartR (2013), Art. 3 FKVO Rn. 49 und Art. 7 FKVO Rn. 3.

1797 Vgl. Wessely/Wegner in: MK-EuWettbR (2020), Art. 3 FKVO Rn. 60 ff.; dazu auch Konsolidierte Mitteilung der Kommission zu Zuständigkeitsfragen (oben Fn. 95), Rn. 18.

1798 Vgl. Körber in: Immenga/Mestmäcker, WettbR/Bd. 3 (2020), Art. 7 FKVO Rn. 9; Birmanns in: FK-KartR (93. EL 2019), Art. 7 FKVORn. 12 f.; Mäger in: Mäger, EuKartR (2011), Kap. 8 Rn. 320 ff.; Maass in: Langen/Bunte, EuKartR (2018), Art. 7 FKVO Rn. 13; ders. in: Schulte/Just, KartR (2016), Art. 7 FKVO Rn. 7; Kellerbauer in: Berg/Mäsch, Deutsches und Europäisches Kartellrecht (2018), Art. 7 FKVO Rn. 9; Bechtold/Bosch/Brinker, EU-KartR (2014), Art. 7 FKVO Rn. 7; Bosch/Marquier, EWS 2010, 113, 114 f.; Wessely in: MK-EuWettbR (2020), Art. 7 FKVO Rn. 44, 46, 49 und 77; Rose/Bailey, Bellamy & Child, European Union Law of Competition (2013), Rn. 8.127; Holzwarth, Vollzugsverbot (2014), 105 f.; Mäger in: Rotthege/Wassermann, Unternehmenskauf bei der GmbH (2020), Kap. 11 Abschnitt B Rn. 110.

1799 Maass in: Langen/Bunte, EuKartR (2018), Art. 7 FKVO Rn. 13; Bosch/Marquier, EWS 2010, 113, 114.

men sowohl Rechtsgeschäfte als auch Realakte sein könnten.[1800] BOSCH/MARQUIER teilen Vorbereitungsmaßnahmen in drei Untergruppen ein, namentlich (i.) für den Abschluss des Unternehmenskaufvertrags notwendige Maßnahmen, (ii.) bestimmte Pflichten zwischen Signing und Closing und (iii.) Maßnahmen, die den eigentlichen Vollzug und die künftige Unternehmensstruktur vorbereiten.[1801] Darüber hinaus behilft sich die Literatur mit Maßnahmenkatalogen, die zurück zu dem Problem führen, dass in Ermangelung eines „übergreifenden Kriteriums“ in vielen Fällen offen bleibt, warum eine konkrete Maßnahme „noch“ als Vorbereitungsakt und eine andere „schon“ als Umsetzungsakt betrachtet wird. FAULL/NIKPAY und REYSEN/JASPERS erkennen dieses Defizit und betonen in diesem Zusammenhang wieder die Notwendigkeit einer Einzelfallbetrachtung:

> „[I]t appears that there is a sliding scale with, at one end, legitimate preparatory commercial steps (which are not a violation of the obligation) and, at the other end, the transfer of the legal title and the legal and effective acquisition of control (which are a clear violation). Whether practices such as exchanges of information or coordination measures will constitute early implementation of the transaction depends on the particular circumstances of the case […].“[1802]
>
> „Jenseits der Extreme gibt es vor allem im Bereich der tatsächlichen Integrationsplanung und ihrer Umsetzung einen weiten Graubereich. Dies gilt insbesondere angesichts der Tatsache, dass die Betrachtung der Einzelmaßnahme für sich genommen noch keine klare Aussage darüber zulässt, in wie weit die beteiligten Unternehmen bereits zusammengerückt sind. Gerade diese Frage steht aber im Mittelpunkt des Vollzugsverbots. Die Bewertung einzelner Maßnahmen ist daher häufig nur im Rahmen einer Gesamtschau und auf der Basis einer Einzelfallabwägung möglich.“[1803]

Die Unterscheidung zwischen Vorbereitungs- und Umsetzungsmaßnahmen hat, wie gesehen, auch der EuGH in seinem *Ernst & Young*-Urteil aufgegriffen. Es steht daher zu erwarten, dass das Begriffspaar in der Literatur weiterhin Verwendung finden wird.

1800 HOLZWARTH, Vollzugsverbot (2014), 105.
1801 BOSCH/MARQUIER, EWS 2010, 113, 114 f.
1802 FAULL/NIKPAY, The EU Law of Competition (2014), Rn. 5.397.
1803 REYSEN/JASPERS, WuW 2006, 602, 606.

(6) Unumkehrbarkeit von Vollzugsmaßnahmen

Angesichts der Zwecksetzung des Vollzugsverbots, die mit Entflechtungen verbundenen Schwierigkeiten zu vermeiden und so den Wettbewerb zu schützen,[1804] liegt es an sich nahe, seinen Inhalt teleologisch zu bestimmen und nur solche Maßnahmen als Vollzugsmaßnahmen zu klassifizieren, die im Entflechtungsfall nicht oder nur schwer rückgängig zu machen wären. Vor diesem Hintergrund erstaunt es zunächst, dass die im 1. Kapitel erläuterte „Rückabwicklungsproblematik" in der Literatur nur vereinzelt zur Konkretisierung des Vollzugsbegriffs herangezogen wird. Zwar wird vielfach auf die Wettbewerbsbezogenheit des Vollzugsverbots hingewiesen und die aktuelle oder potenzielle Beeinflussung der Marktstruktur oder des Wettbewerbsverhaltens der beteiligten Unternehmen zum Kriterium erhoben. Dagegen wird nur vereinzelt auf die Unumkehrbarkeit der betreffenden Maßnahmen abgestellt.

Sofern dies geschieht, wird die Unumkehrbarkeit nicht als alleiniges, sondern als eines unter mehreren Kriterien genannt.[1805] So erfasst das Vollzugsverbot der FKVO nach Maass

> „[...] Maßnahmen, die Einfluss auf die strukturellen Bedingungen der Märkte haben, sei es weil sie die Marktstruktur direkt und *unumkehrbar* verändern oder das strategische Geschäftsverhalten des anderen Marktteilnehmers bestimmen."[1806]

Ähnlich äußert sich Wessely, der Einwirkungen des Erwerbers auf bestimmte, strategische Entscheidungen des Zielunternehmens als Verstoß gegen das Vollzugsverbot qualifiziert,

> „[...] zumal solche Maßnahmen zu unmittelbaren Marktwirkungen führen und teilweise *schwer rückgängig zu machen* wären."[1807]

Im Hinblick auf die Verlautbarungen der Kommission im Fall *Bertelsmann/Kirch/Premiere* qualifiziert Körber insbesondere solche Maßnahmen als „faktische" Vollzugsmaßnahmen, die

---

1804 Dazu oben Kapitel 1 B.I.1.c.

1805 Vgl. zum Vollzugsverbot des § 41 Abs. 1 GWB Holzwarth, Vollzugsverbot (2014), 212 f., der sich dafür ausspricht, ausschließlich unumkehrbare Maßnahmen mit dieser Vorschrift zu erfassen.

1806 Maass in: Langen/Bunte, EuKartR (2018), Art. 7 FKVO Rn. 10 (Hervorhebung vom Verfasser).

1807 Wessely in: MK-EuWettbR (2020), Art. 7 FKVO Rn. 57 (Hervorhebungen vom Verfasser); vgl. im Übrigen ebenda, Rn. 43 („unumstößliche Fakten").

„[...] durch Änderung der Marktstrukturen [...] bereits *„vollendete Tatsachen“* schaffen, die im Falle einer Untersagung *nicht mehr reversibel* wären.“[1808]

SCHÜTZ weist im Hinblick auf den Austausch wettbewerblich sensibler Informationen auf das

„[...] *nicht rückgängig zu machende* erlangte Wissen über das zu erwerbende Unternehmen [...]“[1809]

hin. Die Zurückhaltung, die Unumkehrbarkeit von Maßnahmen zum Beurteilungskriterium zu erheben, dürfte mit der Kommissionspraxis zu erklären sein, in der dieses Kriterium bislang nur vereinzelt in Erscheinung getreten ist.[1810] WESSELY stellt fest, dass der abstrakte Gefährdungscharakter des Vollzugsverbots[1811] gegen eine Berücksichtigung der Rückabwicklungsproblematik im Einzelfall spreche, lässt die Geltung des Kriteriums aber letztlich offen.

„Zu überlegen ist, ob die teleologische Auslegung des Vollzugsverbots nicht auch eine begrenzende Funktion dergestalt hat, dass Maßnahmen, die weder zu einer Wettbewerbsgefährdung führen noch unumstößliche Fakten schaffen, nicht vom Vollzugsverbot ausgenommen werden müssten. Aus der Haltung der Kommission in informellen Gesprächen und ihrer Praxis zu Freistellungsanträgen nach Art. 7 lässt sich ableiten, dass diese eine solche materiellrechtliche Einschränkung des Vollzugsverbots nicht teilt. Für die Auffassung der Kommission spricht, dass das Vollzugsverbot als *abstrakter Gefährdungstatbestand* anzusehen ist, deren Anwendung nicht davon abhängt, ob es in jedem Einzelfall tatsächlich zu einer Gefährdung der Schutzgüter kommt.“[1812]

1808 KÖRBER in: Immenga/Mestmäcker, WettbR/Bd. 3 (2020), Art. 7 FKVO Rn. 11 (Hervorhebungen vom Verfasser).

1809 SCHÜTZ in: KK-KartR (2013), Art. 7 FKVO Rn. 6 a.E. (Hervorhebung vom Verfasser).

1810 Vgl. insoweit die Pressemitteilung der Kommission im Fall COMP/M.993, *Bertelsmann/Kirch/Premiere* (oben Kapitel 5 D.I.2.a.aa.(1)(c)), und die Freistellungsentscheidung der Kommission im Fall COMP/M.6696, *Sofiprotéol/Actifs Doux* (oben Kapitel 5 D.I.2.a.aa.(2)(b)).

1811 Dazu bereits oben Kapitel 1 B.I.2.d.

1812 WESSELY in: MK-EuWettbR (2020), Art. 7 FKVO Rn. 43 (Hervorhebungen im Original).

Da der EuGH das Bestehen bzw. Nichtbestehen von Rückabwicklungsschwierigkeiten in seinem *Ernst & Young*-Urteil nicht thematisiert hat, dürfte die Bedeutung dieses Kriteriums bei der Bestimmung des Verbotsinhalts in der Literatur in Zukunft eher abnehmen.

(7) Verfügbarkeit des Kartellverbots als „Auffangtatbestand“

Schließlich wird in der Literatur vorgebracht, dass die konzeptionelle Erfassung von Maßnahmen als verbotener „Vollzug“ auch davon abhänge, inwieweit das Kartellverbot als Auffangtatbestand erachtet werde.[1813] Denn solange und soweit eine Maßnahme bereits nach Art. 101 AEUV verboten ist, könnte ein „zusätzlicher“ Wettbewerbsschutz durch Art. 7 FKVO entbehrlich sein. Zur Erreichung seines Zwecks könnte das Vollzugsverbot also – je nach Reichweite des Kartellverbots – möglicherweise enger gefasst werden, als es auf den ersten Blick nötig erscheint. Die Problematik solcher Überlegungen liegt darin, dass einerseits der Verbotsinhalt abstrakt bestimmt werden muss, sich andererseits aber Lücken im Wettbewerbsschutz erst im Einzelfall zeigen. Es überrascht daher kaum, dass der Ansatz, den durch das Kartellverbot bestehenden Schutz bei der Auslegung des Vollzugsverbots zu berücksichtigen, in der Literatur und Praxis bislang kaum Verbreitung gefunden hat.

cc. Standpunkte zu Einzelaspekten

Hinsichtlich der zu Beginn des Kapitels genannten „Einzelaspekte“ lässt sich der Literaturstand wie folgt zusammenfassen:

(1) „Umfassender“ Vollzug

Im Schrifttum wird nahezu einhellig die Auffassung der Kommission und der Unionsgerichte geteilt, dass ein Zusammenschluss jedenfalls mit der Erfüllung eines der Tatbestände des Art. 3 Abs. 1 FKVO, also mit der Bewirkung einer dauerhaften Kontrolländerung durch Fusion oder Kontroll-

---

1813 Rudowicz, Gun-Jumping (2016), 208 ff.; vgl. zum GWB Holzwarth, Vollzugsverbot (2014), 98.

erwerb, im Sinne des Art. 7 FKVO „vollzogen" wird.[1814] Der Kontrollerwerb wird als „Kernbereich des Vollzugsverbots"[1815] und „the clearest case of gun-jumping"[1816] angesehen. Abgeleitet wird dies bisweilen aus der Formulierung „die Kontrolle im Sinne von Artikel 3 [...] erworben" in Art. 7 Abs. 2 FKVO, die zeige, dass der Kontrollerwerb prinzipiell unter das Vollzugsverbot falle.[1817] In Übereinstimmung mit dem Verordnungswortlaut des Art. 3 Abs. 2 FKVO und der Entscheidungspraxis der Unionsorgane wird weiter angenommen, dass für einen Verstoß die Erlangung der *Möglichkeit* zur Ausübung bestimmenden Einflusses auf die Tätigkeit eines anderes Unternehmens genüge, die *Ausübung* der erlangten Kontrolle also nicht erforderlich sei,[1818] und der Erwerb *faktischer* Kontrolle genüge,[1819] denn

> „[...] the acquirer has a duty to assess the likelihood that it may acquire de facto control through a proposed transaction before the transaction takes place by using a prospective method."[1820]

Einen offenbar abweichenden Ansatz vertrat bis zur 2. Auflage des Kommentars von Loewenheim u.a. Ablasser-Neuhuber, die die in Art. 4 Abs. 1 Unterabs. 1 FKVO genannten Maßnahmen („Vertragsabschluss, Veröffentlichung des Übernahmeangebots oder Erwerb einer die Kontrol-

---

1814 Vgl. Wessely in: MK-EuWettbR (2020), Art. 7 FKVO Rn. 51; Bosch/Marquier, EWS 2010, 113, 115 f.; Linsmeier/Balssen, BB 2008, 741, 743; Bechtold/Bosch/Brinker, EU-KartR (2014), Art. 7 FKVO Rn. 3; Körber in: Immenga/Mestmäcker, WettbR/Bd. 3 (2020), Art. 7 FKVO Rn. 9; Maass in: Langen/Bunte, EuKartR (2018), Art. 7 FKVO Rn. 10; ders. in: Schulte/Just, KartR (2016), Art. 7 FKVO Rn. 5; Birmanns in: FK-KartR (93. EL 2019), Art. 7 FKVO Rn. 9; Kellerbauer in: Berg/Mäsch, Deutsches und Europäisches Kartellrecht (2018), Art. 7 FKVO Rn. 6; Reysen/Jaspers, WuW 2006, 602, 605; Rosenthal/Thomas, European Merger Control (2010), Kap. E Rn. 44 und 46; Zeise in: Schulte, Handb FusK (2020), Rn. 1912; Kling/Thomas, KartR (2016), Rn. 402.

1815 Wessely in: MK-EuWettbR (2020), Art. 7 FKVO Rn. 38.

1816 Modrall/Ciullo, (2003) E.C.L.R. 424, 425; ähnlich Faull/Nikpay, The EU Law of Competition (2014), Rn. 5.397.

1817 Körber in: Immenga/Mestmäcker, WettbR/Bd. 3 (2020), Art. 7 FKVO Rn. 9.

1818 Carloni, (2014) 5 JECLAP 693, 694.

1819 Vgl. Puel, Concurrences 4/2010, 69, 70. Bisweilen wird allerdings kritisiert, dass das Konzept des faktischen Kontrollerwerbs für die Beteiligten mit viel Unsicherheit verbunden sei und daher zu unnötigen Anmeldungen führe; vgl. Holzwarth, Vollzugsverbot (2014), 113.

1820 Alomar/Moonen/Navea/Redondo, Competition Policy Newsletter 3/2009, 58, 59.

le begründenden Beteiligung"[1821]) als „Negativdefinition" heranzog und annahm, dass diese – und damit auch der Erwerb einer die Kontrolle im Sinne des Art. 3 FKVO begründenden Beteiligung – „i.d.R." noch keine Vollzugsmaßnahmen darstellten.[1822] Ähnlich argumentieren COOK/KERSE in der 5. Auflage ihres Lehrbuchs, die das Merkmal des Erwerbs einer kontrollbegründenden Beteiligung innerhalb der Aufzählung des Art. 4 Abs. 1 Unterabs. 1 FKVO zu einer Auffangkategorie erklären:

> „The apparent inconsistency between Arts 4 and 7 is understandable when one appreciates the different types of cases with which Art. 4(1) is intended to deal. The acquisition of a controlling interest is a residuary category. There may well be cases where there is no agreement and no public bid."[1823]

Das Merkmal des Erwerbs einer kontrollbegründenden Beteiligung werde z.B. relevant, wenn ein Gesellschafter durch das Gebrauchmachen von einem Bezugsrecht eine kontrollbegründende Beteiligung erwerbe oder wenn ein Gesellschafter seine bestehende Beteiligung veräußere und hierdurch ein oder mehrere andere Gesellschafter die Kontrolle an der Gesellschaft erlangten. In den Fällen, in denen weder ein Vertrag geschlossen noch ein öffentliches Übernahmeangebot abgegeben werde, müsse Art. 4 Abs. 1 (Unterabs. 1) FKVO der Vorrang gegenüber Art. 7 Abs. 1 FKVO gebühren.[1824] Damit dürfte gemeint sein, dass der Kontrollerwerb in diesen Fällen nicht gegen das Vollzugsverbot verstößt.

Der Ansatz, die in Art. 4 Abs. 1 Unterabs. 1 FKVO genannten Ereignisse als „Negativdefinition" anzusehen und damit den Erwerb einer die Kontrolle begründenden Beteiligung vom Vollzugsbegriff des Art. 7 FKVO auszunehmen, wurde von anderen Autoren zurückgewiesen und wird offenbar auch von ABLASSER-NEUHUBER nicht mehr vertreten.[1825] Er stünde nicht nur im Gegensatz zur h.M. in der Literatur, wonach der Kontrollerwerb den Kernbereich des Vollzugsverbots und den klarsten

---

1821 Dazu bereits oben Kapitel 1 A.III.1.b.aa.

1822 ABLASSER-NEUHUBER in: Loewenheim u.a., KartR, 2. Auflage (2009), Art. 7 FKVO Rn. 2; in der 3. und 4. Auflage (2016 bzw. 2020) wird dies nicht mehr für den Erwerb einer die Kontrolle begründenden Beteiligung, sondern nur noch für den Vertragsabschluss und die Veröffentlichung eines Übernahmeangebots angenommen (dort jeweils Rn. 3); vgl. im Übrigen schon JONES/GONZÁLEZ DÍAZ, The EEC merger regulation (1992), 201 f.

1823 COOK/KERSE, EC Merger Control (2009), Rn. 5-027.

1824 COOK/KERSE, ebenda.

1825 Vgl. oben Fn. 1822.

Verstoß darstellt, sondern auch zur Praxis der Kommission und zur Rechtsprechung der Unionsgerichte. Soweit ersichtlich, findet auch der zurückhaltendere Ansatz von Cook/Kerse in der Literatur und Praxis keine Zustimmung;[1826] er wird aber auch nicht explizit verworfen. Allerdings wird von der wohl h.M. angenommen, dass der Hinweis in Art. 4 Abs. 1 Unterabs. 1 FKVO auf die Ereignisse „Vertragsabschluss, Veröffentlichung des Übernahmeangebots oder Erwerb einer die Kontrolle begründenden Beteiligung" mit der zweiten FKVO-Revision 2004 weitgehend funktionslos geworden ist.[1827] Lediglich für die von Cook/Kerse beispielhaft genannte Fallgruppe des „passiven" Kontrollerwerbs unterstützen auch andere Autoren eine Ausnahme vom Vollzugsverbot, wobei, wie gleich gezeigt wird, aber nicht das Vorliegen einer Vollzugsmaßnahme im Sinne des Art. 7 Abs. 1 FKVO verneint, sondern die Vorschrift des Art. 7 Abs. 2 FKVO analog angewandt wird.

Wie schon erwähnt, wird in der Literatur außerdem vorgebracht, dass es für das Vollzugsverbot keine Rolle spiele, ob der Kontrollerwerb in der vertraglich vorgesehenen Weise – also z.B. durch Übertragung der verkauften Anteilsrechte – erfolge oder durch andere Maßnahmen bereits zu einem früheren Zeitpunkt herbeigeführt werde. Daher könne es auch einen verbotenen Vollzug darstellen, wenn vor der Übertragung der Anteilsrechte durch Einflussnahme auf die Unternehmensleitung des Zielunternehmens die Kontrolle erworben werde.[1828]

Während die einseitige gesellschaftsrechtliche Gründung eines Erwerbsvehikels durch ein am Zusammenschluss beteiligtes Unternehmen in der Literatur gemeinhin als zulässige Vorbereitungsmaßnahme angesehen

---

1826 Zwar bezeichnet auch König in: Schröter/Jakob/Klotz/Mederer, EuWettbR (2014), Art. 4 FKVO Rn. 10 das Merkmal „Erwerb einer die Kontrolle begründenden Beteiligung" in Art. 4 Abs. 1 Unterabs. 1 FKVO als „Auffangkategorie", äußert sich aber nicht zu den Implikationen für das Vollzugsverbot. Entsprechendes gilt für den älteren Beitrag von Albers in: Schwerpunkte des Kartellrechts 1990/91 (1992), 99, 112, der für bestimmte Fälle, darunter solche des „passiven" Kontrollerwerbs, für eine Ausnahme von der Anmeldepflicht nach Art. 4 Abs. 1 FKVO 1989 plädierte, aber nicht explizit zur Frage des Verstoßes gegen das Vollzugsverbot Stellung bezog.

1827 Dazu schon oben Kapitel 1 A.III.1.b.aa; zum möglichen „Restnutzen" der Tatbestandsmerkmale oben Fn. 95.

1828 Bechtold/Bosch/Brinker, EU-KartR (2014), Art. 7 FKVO Rn. 3; Bosch/Marquier, EWS 2010, 113, 116; vgl. auch Mielke/Welling, BB 2007, 277, 279 ff., die für die sogenannten „conduct of business"-Klauseln danach unterscheiden, ob sie einen Kontrollerwerb bewirken oder nicht.

wird,[1829] sind die Auffassungen zu der Frage, welche Maßnahmen bei der Neugründung eines Gemeinschaftsunternehmens gegen das Vollzugsverbot verstoßen, uneinheitlich. Einigkeit besteht noch insoweit, als jedenfalls die Aufnahme des operativen Geschäfts durch das Gemeinschaftsunternehmen einen (nach hier angewandter Terminologie: „umfassenden“) Vollzug darstellen muss. Dagegen besteht keine einheitliche Auffassung zu der Frage, ob schon die gesellschaftsrechtliche Gründung des Gemeinschaftsunternehmens durch mehrere Muttergesellschaften (bzw. die Gründung der Gesellschaft durch ein Mutterunternehmen und anschließende Übernahme von Geschäftsanteilen durch ein anderes Mutterunternehmen) vollzugsverbotswidrig ist. Tendenziell wird dies bislang verneint.[1830] Nach Körber soll zumindest die Übertragung von Vermögenswerten oder Mitarbeitern auf ein gesellschaftsrechtlich gegründetes Gemeinschaftsunternehmen eine Vollzugshandlung sein.[1831] Offen ist, ob in der Literatur künftig die *Ernst & Young*-Formel des EuGH dahingehend angewendet werden wird, dass die Mutterunternehmen mit der gesellschaftsrechtlichen Gründung bereits einen Beitrag zu einer Kontrolländerung leisten. Das würde den Verbotsbereich ausdehnen.

(2) „Teilweiser“ Vollzug

Die Frage, ob das vorläufige Vollzugsverbot auch Maßnahmen erfasst, die als solche keinen Zusammenschlusstatbestand erfüllen, ist so alt wie die präventive Fusionskontrolle selbst. Sie wurde schon vor Inkrafttreten der FKVO im Hinblick auf Art. 66 § 1 EGKSV[1832] und § 24a Abs. 4 GWB 1973[1833] diskutiert. In der Literatur zur FKVO wird sie ganz überwiegend – inzwischen häufig unter Verweis auf das Urteil des EuGH im Fall *Ernst & Young/Konkurrenceradet* – bejaht.[1834] Ungeachtet der grundsätzlichen

---

1829 Vgl. z.B. Mäger in: Mäger, EuKartR (2011), Kap. 8 Rn. 321.

1830 So z.B. von Mäger in: Mäger, EuKartR (2011), Kap. 8 Rn. 321 und wohl auch von Ablasser-Neuhuber in: Loewenheim u.a., KartR (2020), Art. 7 FKVO Rn. 3.

1831 Körber in: Immenga/Mestmäcker, WettbR/Bd. 3 (2020), Art. 7 FKVO Rn. 12.

1832 Dazu oben Kapitel 5 D.I.1.b.

1833 Vgl. einerseits Kleinmann/Bechtold, Kommentar zur Fusionskontrolle nach deutschem und EWG-Kartellrecht (1977), § 24a GWB Rn. 95; andererseits Mestmäcker in: FS Coing/II (1982), 373, 383.

1834 Vgl. Rose/Bailey, Bellamy & Child, European Union Law of Competition (2013), Rn. 8.127; Wessely in: MK-EuWettbR (2020), Art. 7 FKVO Rn. 39;

Anerkennung des „teilweisen" Vollzugs (engl.: „partial" implementation) ist in der Literatur bislang nicht eindeutig geklärt, worin ein „teilweiser" Vollzug im Einzelnen besteht. Wie eingangs erwähnt wurde,[1835] hat die Rezeption des EuGH-Urteils im Fall *Ernst & Young/Konkurrencerådet* erst begonnen. Sie dürfte die Diskussion im Schrifttum künftig entscheidend prägen. Charakteristisch für die bisherige Literatur sind die von Schütz problematisierten,[1836] in Ermangelung klarer Kriterien letztlich aber von ihm selbst verwendeten „Leerformeln", wie etwa die folgende:

> „Vollzugshandlung ist grundsätzlich alles, was den konkreten Zusammenschluss auch nur in einem Teilbereich oder unter bestimmten Aspekten verwirklicht."[1837]

Soweit über solche Versuche hinaus nicht nur Maßnahmenkataloge definiert werden, sondern eine abstrakte Auseinandersetzung mit der Thematik erfolgt, wird für Teilvollzugsmaßnahmen zum einen ein Zusammenhang mit einem Zusammenschluss im Sinne des Art. 3 FKVO, zum anderen eine gewisse wettbewerbliche Relevanz gefordert. Der Zusammenschlussbezug wird teilweise als Kausalzusammenhang beschrieben:

> „Wesentliches Element des Kontrollerwerbs ist die Befugnis zur Bestimmung des Geschäftsverhaltens der Zielgesellschaft. Sämtliche Maßnahmen, mit denen der prospektive Erwerber bereits vor Genehmigung des Zusammenschlusses Einfluss auf die Geschäftsführung der Zielgesellschaft nimmt, den er als außenstehendes Unternehmen normalerweise nicht hätte und ausschließlich aufgrund des vereinbarten Zusammenschlusses wahrnehmen kann, verstoßen daher gegen das Vollzugsverbot."[1838]

Der Zusammenschlussbezug wird in der Literatur immer schon als notwendiges, nicht aber als hinreichendes Kriterium für das Vorliegen eines Verstoßes gegen das Vollzugsverbot angesehen; hinzukommen muss eine gewisse wettbewerbliche Relevanz der betreffenden Maßnahme, die

---

Körber in: Immenga/Mestmäcker, WettbR/Bd. 3 (2020), Art. 7 FKVO Rn. 10; Kellerbauer in: Berg/Mäsch, Deutsches und Europäisches Kartellrecht (2018), Art. 7 FKVO Rn. 6 f.; König in: Schröter/Jakob/Klotz/Mederer, EuWettbR (2014), Art. 7 FKVO Rn. 4; Rosenthal/Thomas, European Merger Control (2010), Kap. E Rn. 48 ff.; Zeise in: Schulte, Handb FusK (2020), Rn. 1919.

1835 Dazu oben Kapitel 5 D.I.2.d.

1836 Schütz in: KK-KartR (2013), Art. 7 FKVO Rn. 5.

1837 Schütz, ebenda, Rn. 6.

1838 Wessely in: MK-EuWettbR (2020), Art. 7 FKVO Rn. 53.

vor dem *Ernst & Young*-Urteil, in dem der EuGH die Wirkungen einer Maßnahme als Vollzugskriterium verworfen hat, regelmäßig in der Beeinflussung der Marktstruktur oder des Wettbewerbsverhaltens der beteiligten Unternehmen gesehen wurde.[1839] Vereinzelt wurde insoweit darauf hingewiesen, dass die Beeinflussung der Marktstruktur oder des Wettbewerbsverhaltens nicht notwendigerweise eine negative sein müsse.[1840] Unterschiede bestanden auch hinsichtlich des Realisierungsgrads der Wettbewerbsbeeinflussung. Bisweilen wurde vertreten, dass eine potenzielle Einflussnahme auf die Marktstruktur bzw. das Wettbewerbsverhalten genüge. So stellte etwa König auf die (objektive) Eignung der Maßnahme zur Beeinflussung des Wettbewerbsgeschehens ab.

> „Ihm [dem Vollzugsverbot] unterfallen deshalb alle Handlungen, die die Umsetzung des Vorhabens bewirken oder diese zumindest in Gang setzen, soweit sie geeignet sind, sich wettbewerblich auszuwirken."[1841]

Ähnlich äußerte sich Maass, der bei seiner Definition aber den Strukturaspekt stärker betonte und explizit auf die Unbeachtlichkeit subjektiver Absichten hinwies.

> „Verboten sind alle Handlungen, denen das Potential innewohnt, die Kontrolle über ein anderes Unternehmen zu erlangen, sei es in rechtlicher Weise oder tatsächlich. Auf Absichten der Beteiligten kann es nicht ankommen."[1842]

Dagegen maß Kellerbauer sogar den subjektiven Absichten der am Zusammenschluss beteiligten Unternehmen Bedeutung zu, wenn er ausführ-

---

1839 Vgl. bereits oben Kapitel 5 D.I.2.d.bb.(2). Der EuGH hat die Existenz von Marktwirkungen in seinem Urteil als nicht ausschlaggebend eingestuft; dazu oben Kapitel 5 D.I.2.b.ff.

1840 Vgl. zum Vollzugsverbot des § 41 Abs. 1 GWB Holzwarth, Vollzugsverbot (2014), 212.

1841 König in: Schröter/Jakob/Klotz/Mederer, EuWettbR (2014), Art. 7 FKVO Rn. 4.

1842 Maass in: Langen/Bunte, EuKartR (2018), Art. 7 FKVO Rn. 10. Berücksichtigt man, dass die Kontrolle nach Art. 3 Abs. 2 FKVO ihrerseits in der *Möglichkeit* der Ausübung eines bestimmenden Einflusses auf die Tätigkeit eines anderen Unternehmens besteht, zeigt sich der sehr weitreichende Charakter dieser Formel. In den auf das Zitat folgenden Ausführungen stellt Maass dann wieder auf die (aktuelle) Beeinflussung der Marktstruktur, ja auf deren direkte und unumkehrbare Veränderung bzw. die Bestimmung des strategischen Geschäftsverhaltens des anderen Unternehmens, ab (vgl. bereits oben Fn. 1806).

te, dass unter dem Vollzug eines Zusammenschlusses alle Handlungen zu verstehen seien, die eine

> „[…] Umsetzung des Vorhabens […] vollständig oder nur teilweise bezwecken oder bewirken".[1843]

Darüber hinaus wird in der Literatur zur Begründung eines unzulässigen „Teilvollzugs" mit der Abgrenzung zwischen Vorbereitungs- und Umsetzungsmaßnahmen operiert.[1844] Nur selten wird auf das Kriterium der Unumkehrbarkeit zurückgegriffen.[1845]

Wie zu Beginn des Kapitels[1846] erläutert, haben sich in der Literatur (und Praxis) über die Jahre zwei Fallgruppen des „teilweisen" Vollzugs herausgebildet, die mit unterschiedlichen Betrachtungsansätzen einhergehen. Auf der einen Seite steht ein eher prozessbezogener Ansatz, der den sukzessiven Erwerb von Kontrollmitteln im Sinne des Art. 3 Abs. 2 FKVO im Blick hat (a). Auf der anderen Seite hat sich ein eher ergebnisbezogener Ansatz entwickelt, der danach fragt, ob die beteiligten Unternehmen die wesentlichen wettbewerblichen Auswirkungen des Zusammenschlusses vorwegnehmen (b). Jenseits dieser beiden Ansätze, die nicht immer klar voneinander abgegrenzt und bisweilen in unglücklicher Weise verschmolzen werden, wird das Konzept des „teilweisen" Vollzugs von manchen Autoren insgesamt abgelehnt (c).

Das *Ernst & Young*-Urteil des EuGH liegt wohl auf der Linie des Ansatzes (a). Es widerspricht ausdrücklich dem Ansatz (c) und nach hiesiger Auslegung auch dem Ansatz (b), wobei abzuwarten bleibt, wie sich die Literatur hierzu im Einzelnen stellen wird.

(a) Sukzessiver Erwerb von Kontrollmitteln im Sinne des Art. 3 Abs. 2 FKVO

Beim sukzessiven Erwerb von Kontrollmitteln, also z.B. von Anteilen, Vermögenswerten oder vertraglichen Rechten,[1847] kommt es häufig vor, dass die Kontrolländerung im Sinne des Art. 3 Abs. 1 FKVO noch nicht

---

1843 Kellerbauer in: Berg/Mäsch, Deutsches und Europäisches Kartellrecht (2018), Art. 7 FKVO Rn. 6. Vgl. bereits oben Fn. 1769 mit dazugehörigem Text.

1844 Vgl. bereits oben Kapitel 5 D.I.2.d.bb.(5).

1845 Dazu sowie zu den wenigen Ausnahmen bereits oben Kapitel 5 D.I.2.d.bb.(6).

1846 Oben Kapitel 5 C.II.

1847 Vgl. oben Kapitel 5 C.II.1.

beim ersten, sondern erst bei einem späteren Erwerbsvorgang eintritt. Für die Lösung der Teilvollzugsfrage beim sukzessiven Anteilserwerb machen mehrere Autoren das im 20. Erwägungsgrund verankerte Konzept des „einzigen" Zusammenschlusses[1848] fruchtbar, mit dem sich mehrere, formal eigenständige Transaktionen zu einem einheitlichen Zusammenschluss im Sinne des Art. 3 FKVO verklammern lassen. WESSELY näherte sich der Thematik bis zur 2. Auflage des Münchener Kommentars zum Wettbewerbsrecht aus der Warte des sachlich-zeitlichen Anwendungsbereichs des Vollzugsverbots, indem er darauf hinwies, dass das Vollzugsverbot grundsätzlich erst „vom Vorliegen eines Zusammenschluss-Vorhabens an" eintrete. Solange noch kein solches Vorhaben bestehe, gelte „auch kein Vollzugsverbot, so dass etwa der Erwerb einer nicht kontrollierenden Minderheitsbeteiligung an einem anderen Unternehmen oder der Kauf von Vermögenswerten unmittelbar vollzogen werden" könne. Dagegen unterlägen dieselben Vorgänge im Rahmen eines „bestehenden Zusammenschluss-Vorhabens [...] dem Vollzugsverbot", welches „somit nicht etwa erst bei Überschreiten der Kontrollschwelle" eingreife.[1849] In der 3. Auflage präzisiert er dies dahingehend, dass er den Eintritt des Vollzugsverbots mit dem Eintritt der Anmeldefähigkeit des Vorhabens gleichsetzt[1850] und annimmt, dass beim sukzessiven Anteilserwerb das Vollzugsverbot bereits für die als solche keine Kontrolle vermittelnden Erwerbsvorgänge gilt, wenn „erstens ein konkreter und durch die Leitungsorgane des Erwerbers beschlossener Plan für den Kontrollerwerb vorliegt und zweitens dieser Plan innerhalb des konkreten Zeitplans zeitnah umgesetzt werden soll."[1851] Diese Auffassung, die z.B. von MÄGER geteilt wird,[1852] beruht auf der prinzipiellen Anerkennung der Figur des „teilweisen" Vollzugs im Rahmen des Art. 7 FKVO. Die Figur des „einzigen" Zusammenschlusses scheint hier der Subsumtion nicht kontrollbegründender Erwerbsvorgänge unter das „Teilvollzugs-Verbot" zu dienen: *Weil* das Vollzugsverbot auch den *Teilvollzug* erfasst, sind Erwerbsvorgänge, die *Teil*

1848 Instruktiv dazu MÄGER in: Mäger, EuKartR (2011), Kap. 8 Rn. 56 ff.; WESSELY/WEGNER in: MK-EuWettbR (2020), Art. 3 FKVO Rn. 84 ff.

1849 WESSELY in: MK-EuWettbR (2015), Art. 7 FKVO Rn. 31.

1850 WESSELY in: MK-EuWettbR (2020), Art. 7 FKVO Rn. 32.

1851 WESSELY in: MK-EuWettbR (2020), Art. 7 FKVO Rn. 34.

1852 MÄGER in: Mäger, EuKartR (2011), Kap. 8 Rn. 63 und 156; vgl. auch BIRMANNS in: FK-KartR (93. EL 2019), Art. 7 FKVO Rn. 17; ZINSMEISTER/HELD in: Schulte, Handb FusK (2020), Rn. 1143; a.A. (jeweils vor dem *Ernst & Young*-Urteil des EuGH) MAASS in: Langen/Bunte, EuKartR (2018), Art. 7 FKVO Rn. 9 und DEPOORTERE/LELART, (2010) 33 World Competition 103, 119.

eines „einzigen“ Zusammenschlusses im Sinne des 20. Erwägungsgrunds sind, verbotswidrig.[1853]

Die Problematik wird komplexer, wenn man, wie einige Autoren, Art. 7 Abs. 2 FKVO in die Betrachtung einbezieht.[1854] Insofern besteht Einigkeit, dass Art. 7 Abs. 2 FKVO mit öffentlichen und „schleichenden“ Übernahmen bestimmte, aber nicht alle Fälle des sukzessiven Erwerbs von Anteilsrechten abdeckt.[1855] Sofern eine öffentliche oder „schleichende“ Übernahme im Sinne des Art. 7 Abs. 2 FKVO vorliegt, nehmen die Befürworter des Teilvollzugs konsequenterweise an, dass die Vorschrift nicht nur den kontrollbegründenden, sondern auch alle vorausgehenden Erwerbsvorgänge vom Vollzugsverbot ausnimmt, sofern diese nach dem Gedanken des 20. Erwägungsgrundes Teil desselben Zusammenschlusses sind und die Verpflichtungen nach Art. 7 Abs. 2 Buchst. a und b FKVO zur unverzüglichen Anmeldung und Nichtausübung der mit den Anteilen verbundenen Stimmrechte eingehalten werden.

Da die Behandlung nicht kontrollierender Minderheitsbeteiligungen im Rahmen des Art. 7 FKVO am Rande Gegenstand des Rechtsstreits *Aer Lingus/Kommission* war, wurde die vorstehend skizzierte Diskussion nach dem Urteil des EuG in dieser Sache[1856] zeitweise durch Interpretationen der Urteilsbegründung überlagert. Letztere wurde in der Literatur überwiegend dahin gedeutet, dass das Gericht die Figur des „teilweisen“ Vollzugs unterhalb der Schwelle zur dauerhaften Kontrolländerung zwar nicht im Rahmen des Art. 8 Abs. 4 und 5, wohl aber im Rahmen des Art. 7 FKVO anerkannt habe.[1857] Allerdings wurde das Urteil in diesem Punkt durchaus auch in dem (entgegengesetzten) Sinne verstanden, dass der Erwerb einer nicht kontrollierenden Minderheitsbeteiligung nicht vom Vollzugsverbot

---

1853 *Dass* ein Teilvollzug im Rahmen des Art. 7 FKVO grundsätzlich beachtlich sein muss, wird in der Literatur überwiegend mit dem Normzweck begründet (vgl. im Einzelnen das in Fn. 1834 zitierte Schrifttum). Für die Praxis hat dies, wie gesehen, der EuGH im Fall *Ernst & Young/Konkurrencerådet* entschieden.

1854 Vgl. Depoortere/Lelart, (2010) 33 World Competition 103, 110 f.

1855 Insbesondere soll sie nicht für privat ausgehandelte, außerbörsliche Transaktionen gelten; vgl. Depoortere/Lelart, (2010) 33 World Competition 103, 111.

1856 Dazu oben Kapitel 5 D.I.2.b.bb.(2) und Kapitel 5 D.I.2.b.gg.(2).

1857 Vgl. Mäger in: Mäger, EuKartR (2011), Kap. 8 Rn. 64; Mestmäcker/Schweitzer, EuWettbR (2014), § 24 Rn. 110; Rosenthal/Thomas, European Merger Control (2010), Kap. E Rn. 49; Hennig, ZWeR 2011, 443, 467 f. Die noch in die Gegenrichtung weisenden Ausführungen des Präsidenten des EuG im Verfahren des vorläufigen Rechtsschutzes (dazu oben Kapitel 5 D.I.2.b.bb.(1)) wurden von der h.M. offenbar als überholt angesehen.

erfasst sei.[1858] Wie schon erwähnt, dürfte sich diese – bisweilen an „Kaffeesatzleserei“ grenzende – Diskussion nach dem Urteil des EuGH im Fall *Ernst & Young/Konkurrenceradet* erledigt haben,[1859] in dem das Konzept des „teilweisen“ Vollzugs im Rahmen des Art. 7 FKVO ausdrücklich anerkannt wurde.

Keine klare Auffassung hat sich in der Literatur bislang zur Bedeutung des Vollzugsverbots in den sogenannten „Pooling“-, „Spinning“- und „Warehousing“-Fällen herausgebildet. In den „Pooling“- und „Spinning“-Fällen, in denen es um den Erwerb eines Unternehmens und seine anschließende Aufteilung geht,[1860] wird der Vollzug des ersten Schritts unter den beiden von der Kommission formulierten Voraussetzungen[1861] als mit Art. 7 Abs. 1 FKVO vereinbar angesehen und die Frage aufgeworfen, ob die daran beteiligten Unternehmen gegen das Vollzugsverbot verstoßen, wenn sich zu einem späteren Zeitpunkt herausstellt, dass entgegen der ursprünglichen Einschätzung doch Zweifel an der kurzfristigen Umsetzung des zweiten Schritts vorliegen.[1862] Auch in den „Warehousing“-Fällen bestehen, wie gesehen,[1863] Unsicherheiten. Sie betreffen zum einen die Frage, unter welchen Umständen der erste Erwerbsschritt für den *Zwischenerwerber* einen Verstoß gegen das Vollzugsverbot des Art. 7 Abs. 1 FKVO darstellt. Zum anderen ist unklar, ob der *endgültige Erwerber*, sofern die Voraussetzungen für einen „einzigen“ Zusammenschluss vorliegen, im Zeitpunkt des Zwischenerwerbs, auch wenn er noch keine Kontrolle über das Zielunternehmen erlangt, einen „teilweisen“ Vollzug des gesamten Zusammenschlusses begeht. Die erste Frage wird in der Literatur, soweit ersichtlich, kaum angesprochen.[1864] Die zweite Frage wird tenden-

---

1858 Andresen, GWR 2010, 408; Maass in: Langen/Bunte, EuKartR (2018), Art. 7 FKVO Rn. 9; besonders deutlich Rudowicz, Gun-Jumping (2016), 186 f.; unentschieden Kling/Thomas, KartR (2016), Rn. 403.

1859 Vgl. Körber in: Immenga/Mestmäcker, WettbR/Bd. 3 (2020), Art. 7 FKVO Rn. 10.

1860 Vgl. oben Kapitel 5 D.I.2.a.bb.(4).

1861 Konsolidierte Mitteilung der Kommission zu Zuständigkeitsfragen (oben Fn. 95), Rn. 31.

1862 Anttilainen-Mochnacz, (2008) E.C.L.R. 238, 240.

1863 Dazu zusammenfassend oben Kapitel 5 D.I.2.a.dd.(2) bzw. Kapitel 5 D.I.2.b.gg.(2).

1864 Nourry/Harrison, Competition Law Insight vom 19. Oktober 2010, 7, 8 weisen darauf hin, dass das EuG diese Frage nicht beantwortet habe.

ziell entsprechend den Fällen des sukzessiven Anteilserwerbs bejaht.[1865] BUEREN/WECK nennen vier Szenarien, in denen ein „Warehousing“ auch nach strenger Lesart auf der Basis der Konsolidierten Mitteilung zulässig sein soll.[1866] Diese Modelle beruhen u.a. auf der Vermeidung direkter Beziehungen zwischen dem Zwischenerwerber und dem Enderwerber (wodurch eine Verklammerung zu einem „einzigen“ Zusammenschluss vermieden werden soll) und auf der Vermeidung des Eintritts faktischer Kontrolle durch den Enderwerber im Moment des Zwischenerwerbs. Sie weisen jeweils spezifische Vor- und Nachteile auf, die sich im Einzelfall auf die wirtschaftliche Sinnhaftigkeit der Konstruktion auswirken können. Teilweise verbleiben fusionskontrollrechtliche Restrisiken.

(b) Vorwegnahme der wesentlichen wettbewerblichen Auswirkungen eines Vorhabens

Das von der Kommission im Fall *Bertelsmann/Kirch/Premiere*[1867] angewandte Konzept des „teilweisen“ Vollzugs durch Vorwegnahme der wesentlichen wettbewerblichen Auswirkungen des Vorhabens wird in der Literatur bislang – Anpassungen nach dem EuGH-Urteil im Fall *Ernst & Young/Konkurrencerådet* bleiben abzuwarten – überwiegend anerkannt. Jenseits bloßer Bezugnahmen auf die Kommissionspraxis[1868] wird dies damit begründet, dass das Vollzugsverbot den Wettbewerbsschutz[1869] bzw. die Wahrung des wettbewerblichen Status quo[1870] bezwecke. Als „Vorwegnahmefälle“ werden in Anlehnung an die Kommission insbesondere

---

1865 So z.B. von MÄGER in: Mäger, EuKartR (2011), Kap. 8 Rn. 324; kritisch ANTTILAINEN-MOCHNACZ, (2008) E.C.L.R. 238, 240 („highly questionable whether such a view is the correct approach“).

1866 BUEREN/WECK, BB 2014, 67, 73 ff.

1867 Dazu oben Kapitel 5 D.I.2.a.aa.(1)(c) und Kapitel 5 D.I.2.a.dd.(2).

1868 Vgl. MAASS in: Langen/Bunte, EuKartR (2018), Art. 7 FKVO Rn. 11; ROSENTHAL/THOMAS, European Merger Control (2010), Kap. E Rn. 39; KELLERBAUER in: Berg/Mäsch, Deutsches und Europäisches Kartellrecht (2018), Art. 7 FKVO Rn. 7; MODRALL/CIULLO, (2003) E.C.L.R. 424, 425 f.; ROSE/BAILEY, Bellamy & Child, European Union Law of Competition (2013), Rn. 8.127; LEVY/COOK, European Merger Control Law (Rel. 14-10/2017), § 17.03[1].

1869 Vgl. oben Kapitel 5 D.I.2.d.bb.(2) und die dort zitierte Literatur.

1870 Vgl. KÖNIG in: Schröter/Jakob/Klotz/Mederer, EuWettbR (2014), Art. 7 FKVO Rn. 4; SCHÜTZ in: KK-KartR (2013), Art. 7 FKVO Rn. 6; KELLERBAUER in: Berg/Mäsch, Deutsches und Europäisches Kartellrecht (2018), Art. 7 FKVO Rn. 6; MIELKE/WELLING, BB 2007, 277, 279.

die Verwendung und Vermarktung einer gemeinsamen technischen Plattform[1871] und die Einflussnahme auf die Unternehmensführung der Zielgesellschaft,[1872] beispielsweise durch Ein- oder Absetzung von Führungskräften, Entsendung von Mitarbeitern, Einführung von Berichts- oder Zustimmungspflichten oder Einzelfallweisungen, eingestuft. Als „übergreifende Kriterien“ sind auch hier der Zusammenhang der betreffenden Maßnahmen mit einem Zusammenschluss im Sinne des Art. 3 FKVO, die Beeinflussung der Marktstruktur oder des Wettbewerbsverhaltens der beteiligten Unternehmen sowie (seltener) die Irreversibilität der Maßnahmen nachweisbar. Zur Zulässigkeit sogenannter „conduct of business“-Klauseln wird regelmäßig auf die Praxis[1873] und die Nebenabreden-Bekanntmachung[1874] der Kommission Bezug genommen.[1875]

Wessely argumentiert primär mit der Zusammenschlussbezogenheit von Vollzugsmaßnahmen und lässt eher beiläufig die beiden anderen Kriterien anklingen. So verstößt die Einflussnahme auf die Geschäftsführung einer Zielgesellschaft seiner Meinung nach gegen das Vollzugsverbot, weil sie „[w]esentliches Element des Kontrollerwerbs“ sei und der Erwerber sie „ausschließlich aufgrund des vereinbarten Zusammenschlusses“, d.h. „kraft seiner zukünftigen Position als Eigentümer (bzw. Inhaber der Kontrolle)“ ausüben könne,[1876] „*zumal* solche Maßnahmen zu unmittelbaren Marktwirkungen führen und teilweise schwer rückgängig zu machen wären.“[1877] Gleichzeitig spricht er sich über die Fälle der sogenannten „conduct of business“-Klauseln hinaus aus praktischen Gründen für gewisse Ausnahmen aus.

> „Grenzfälle sind die Mitsprache des Erwerbers im Falle des freiwilligen Ausscheidens eines Mitglieds des Führungspersonals des Zielunternehmens. Hier ist es häufig sinnvoll, dass der zukünftige Eigentümer des Unternehmens bereits seine Zustimmung zur Ernennung des Nach-

---

1871 So geschehen im Fall *Bertelsmann/Kirch/Premiere*; vgl. insoweit die oben in Kapitel 5 D.I.2.d.bb.(2) und Kapitel 5 D.I.2.d.bb.(6) zitierte Literatur.

1872 Vgl. Wessely in: MK-EuWettbR (2020), Art. 7 FKVO Rn. 53 ff.; Schütz in: KK-KartR (2013), Art. 7 FKVO Rn. 6.

1873 Neuerdings vor allem auf die Entscheidung vom 24. April 2018, COMP/M.7993, *Altice/PT Portugal*.

1874 Dazu oben Kapitel 5 D.I.2.a.bb.(1).

1875 Vgl. Wessely in: MK-EuWettbR (2020), Art. 7 FKVO Rn. 60 f. und 65 ff.; Linsmeier/Balssen, BB 2008, 741, 747; Rose/Bailey, Bellamy & Child, European Union Law of Competition (2013), Rn. 8.127.

1876 Wessely in: MK-EuWettbR (2020), Art. 7 FKVO Rn. 53 f.

1877 Wessely, ebenda, Rn. 57 (Hervorhebung vom Verfasser).

> folgers gibt. Auch will sich teilweise das Zielunternehmen bei der Festlegung der Vergütungskonditionen (für den Nachfolger oder die ausscheidende Person) des Einverständnisses des zukünftigen Eigentümers versichern. Soweit es sich insoweit um Einzelfälle und nicht den Austausch einer größeren Zahl der Mitglieder der Führungsgremien handelt, erscheint es sinnvoll und praxisgerecht, derartige Abstimmungen mit dem prospektiven Erwerber vom Vollzugsverbot auszunehmen."[1878]

Sofern eine konkrete Maßnahme weder unter dem Gesichtspunkt des sukzessiven Erwerbs von Kontrollmitteln noch der Vorwegnahme der wesentlichen wettbewerblichen Auswirkungen als Vollzug qualifiziert werden kann, wird sie in der Literatur regelmäßig als zulässig eingestuft.

(c) Vereinzelt: Generelle Ablehnung „teilweiser" Vollzugsmaßnahmen

Entgegen der h.M. gab es im Schrifttum zumindest vor dem EuGH-Urteil im Fall *Ernst & Young/Konkurrencerådet* auch Stimmen, die die Figur des „teilweisen" Vollzugs in einem Teilbereich oder insgesamt ablehnten. So schlossen manche aus dem Urteil des EuG in Sachen *Aer Lingus/Kommission*, dass der Erwerb einer nicht kontrollbegründenden Minderheitsbeteiligung nicht unter das Vollzugsverbot falle.[1879] Unabhängig von der Rechtsprechung des EuG und über die Fallgruppe des sukzessiven Anteilserwerbs hinaus verneinten Bosch/Marquier[1880] sowie Rudowicz[1881] das Institut des „Teilvollzugs" unterhalb der Schwelle zur dauerhaften Kontrolländerung insgesamt. Ausgehend von der „teilweise ausufernden und vagen Rechtspraxis der Ermittlungsbehörden" stützten sich Bosch/Marquier im Wesentlichen auf zwei Aspekte. Zum einen sei der Vollzugsbegriff im Hinblick auf die Bußgeldbewehrung eines Verstoßes gegen das Vollzugsverbot nur in seinem Zusammenhang mit den Zusammenschlusstatbeständen des Art. 3 FKVO, also mit dem Prinzip der dauerhaf-

1878 Wessely, ebenda, Rn. 54.

1879 Andresen, GWR 2010, 408; ebenso wohl Maass in: Langen/Bunte, EuKartR (2018), Art. 7 FKVO Rn. 9; Koch, Competition Policy Newsletter 3/2010, 41, 45.

1880 Bosch/Marquier, EWS 2010, 113 ff.; daran anknüpfend Bechtold/Bosch/Brinker, EU-KartR (2014), Art. 7 FKVO Rn. 3.

1881 Rudowicz, Gun-Jumping (2016), 195 ff.

ten Kontrolländerung, hinreichend bestimmt.[1882] Zum anderen umfasse die Genehmigungspflicht wegen der präventiven Regelungstechnik der FKVO nur die Zusammenschlusstatbestände des Art. 3 FKVO; nichts anderes könne für das Vollzugsverbot gelten.[1883] Ähnlich argumentierte RUDOWICZ, der unter systematischen Gesichtspunkten vor allem die Abgrenzung zwischen Verhaltens- und Strukturkontrolle[1884] und unter teleologischen Gesichtspunkten das fehlende Erfordernis für ein Teilvollzugsverbot,[1885] die Auffangfunktion des Kartellverbots,[1886] das Bedürfnis nach Rechtssicherheit und das „Prinzip der Belastungsvermeidung"[1887] betonte. Diese Ansicht hat der EuGH verworfen, indem er das Konzept des „teilweisen" Vollzugs ausdrücklich anerkannt hat.

Im praktischen Ergebnis dürfte sich die Auffassung der genannten Autoren indes weniger von der damals h.M. – ja selbst vom *Ernst & Young*-Urteil des EuGH – unterscheiden als es zunächst scheinen mag. So dürften sich oft keine Unterschiede ergeben, wenn man mit BOSCH/MARQUIER annimmt, dass (i.) die Fälle, die in der Literatur unter dem Gesichtspunkt der Vorwegnahme der wesentlichen wettbewerblichen Auswirkungen diskutiert werden, „regelmäßig nichts anderes als [...] der Erwerb der faktischen Kontrolle nach Art. 3 Abs. 2 FKVO"[1888] sind und (ii.) der Kontrollerwerb nicht zwingend in der Weise erfolgen muss, wie er in den Transaktionsdokumenten vereinbart ist.[1889] So wiesen BOSCH/MARQUIER darauf hin, dass ein Verstoß gegen das Vollzugsverbot nicht mit dem „dinglichen Vollzug des angemeldeten Zusammenschlusses" verwechselt werden dürfe.[1890] Bestehe ein Vorhaben z.B. im Erwerb einer 60%-igen Beteiligung am Zielunternehmen, werde aber zuvor durch die Ernennung von Geschäftsführern oder Vorständen die faktische Kontrolle im Sinne des Art. 3 Abs. 2 FKVO erworben, liege auch ein Vollzug im Sinne des Art. 7 FKVO vor. RUDOWICZ wies zusätzlich darauf hin, dass für einen Zusammenschluss im Sinne

---

1882 BOSCH/MARQUIER, ebenda, 115; BECHTOLD/BOSCH/BRINKER, EU-KartR (2014), Art. 7 FKVO Rn. 2.

1883 BOSCH/MARQUIER, ebenda.

1884 RUDOWICZ, Gun-Jumping (2016), 199 ff.

1885 RUDOWICZ, ebenda, 206 ff.

1886 RUDOWICZ, ebenda, 208 ff.

1887 RUDOWICZ, ebenda, 213 f.; damit spielt er auf die Verhältnismäßigkeit an.

1888 BOSCH/MARQUIER, ebenda, 116; vgl. auch RUDOWICZ, Gun-Jumping (2016), 207 f.

1889 BOSCH/MARQUIER, ebenda; BECHTOLD/BOSCH/BRINKER, EU-KartR (2014), Art. 7 FKVO Rn. 3.

1890 BOSCH/MARQUIER, ebenda; vgl. bereits oben Kapitel 5 D.I.2.d.bb.(4).

des Art. 3 Abs. 1 FKVO die Erlangung der Kontrolle über einen Unternehmens*teil* genügt, so dass unter Umständen bereits der Erwerb eines Kundenstamms oder einzelner geistiger Eigentumsrechte oder Produktlinien für einen (nach hier verwendeter Terminologie: „umfassenden") Vollzug genügen kann.[1891]

Ihr enges Vollzugsverständnis verknüpften BOSCH/MARQUIER und RUDOWICZ jeweils mit der Annahme, dass die Anwendung des Vollzugs- und des Kartellverbots auf ein- und dieselbe Maßnahme ausgeschlossen sei.[1892] So gelangten sie zu dem Ergebnis, dass die kontrollbegründende Maßnahme ausschließlich am Vollzugsverbot und alle anderen Maßnahmen des Zusammenschlussprozesses ausschließlich am Kartellverbot zu messen seien.

(3) „Weiterer" Vollzug

Die Figur des „weiteren" Vollzugs nach eingetretener Kontrolländerung wird in der Literatur unter verschiedenen Blickwinkeln behandelt. Ganz allgemein qualifiziert MAASS „die Vornahme faktischer Handlungen zur Durchsetzung erworbener Kontrollrechte" als verbotenen Vollzug.[1893] Für Verweisungsfälle nach Art. 22 FKVO, in denen das Vollzugsverbot der FKVO erst zu einem Zeitpunkt eintritt, in dem die Kontrolle bereits in formell rechtmäßiger Weise erworben worden sein kann,[1894] wendet sich WESSELY gegen die Illegalität eines „weiteren" Vollzugs durch Integrationsmaßnahmen der beteiligten Unternehmen. Anderenfalls drohe „praktisch eine vollständige Lähmung jeglicher Unternehmenstätigkeit".[1895]

Im Übrigen wird der „weitere Vollzug" vor allem unter dem Gesichtspunkt der Stimmrechtsausübung nach eingetretenem Kontrollerwerb thematisiert. Verbreitet wird angenommen, dass die Ausübung von Stimmrechten aus einer zuvor erworbenen Kontrollbeteiligung gegen das Vollzugsverbot verstoße.[1896] Zur Begründung wird auf die Kommissionspraxis

1891 RUDOWICZ, Gun-Jumping (2016), 226.

1892 Vgl. dazu unten Kapitel 5 D.I.2.d.cc.(5).

1893 MAASS in: Langen/Bunte, EuKartR (2018), Art. 7 FKVO Rn. 10; ähnlich ABLASSER-NEUHUBER in: Loewenheim u.a., KartR (2020), Art. 7 FKVO Rn. 4; YORK VON WARTENBURG/TITZE, GWR 2014, 364, 366.

1894 Dazu oben Kapitel 4 A.II.2.b.bb.(1).

1895 WESSELY in: MK-EuWettbR (2020), Art. 7 FKVO Rn. 21.

1896 Vgl. z.B. KELLERBAUER in: Berg/Mäsch, Deutsches und Europäisches Kartellrecht (2018), Art. 7 FKVO Rn. 8, der diese Aussage nicht auf die Fälle öffentin Genehmigungs- und Freistellungsverfahren hingewiesen.[1897] Andere sehen das Problem weniger in der Stimmrechtsausübung als solcher, als in der Möglichkeit hierzu.[1898] Spätestens seit dem Urteil des EuG in der Sache *Aer Lingus/Kommission* wird die Analyse durch die vom EuG bestätigte Kommissionspraxis zur „dauerhaften Zuwiderhandlung" überlagert,[1899] die, wie gesehen, einzelne Maßnahmen in den Hintergrund treten lässt.

(4) „Passiver" Vollzug

Wie bereits im Abschnitt D.I.1 dieses Kapitels gezeigt, bestand das Problem des „passiven" Kontrollerwerbs, also des Kontrollerwerbs ohne Zutun der die Kontrolle erwerbenden Unternehmen, schon im System des Art. 66 EGKSV und wurde schon in den 1950er Jahren in der wettbewerbsrechtlichen Literatur erörtert. Im Fokus der frühen Diskussion standen Fälle des Kontrollerwerbs durch Gesetz (z.B. Erbfall), durch gesetzliche Nebenwirkungen von Rechtsgeschäften (z.B. Eheschließung in Gütergemeinschaft) und durch Zersplitterung von Aktienbesitz. Nach wohl h.M. waren diese Fälle nicht tatbestandsmäßig im Sinne des Art. 66 § 1 S. 1 EGKSV, da sie nicht, wie in der Vorschrift gefordert, auf einer „Tätigkeit" beruhten bzw. nicht ihrer „Natur nach" zum Kontrollerwerb führten.

Damals wie heute ist es in der Literatur allgemeine Auffassung, dass ein „passiver" Kontrollerwerb nicht, jedenfalls nicht ohne Weiteres, gegen das Vollzugsverbot verstoßen kann. Dabei wird nicht die Auffassung der Kommission in Frage gestellt, nach der solche Fälle einen Zusammenschlusstatbestand im Sinne des Art. 3 FKVO erfüllen.[1900] Allerdings wird es zumindest in Fällen, in denen der Kontrollerwerb durch den oder die Erwerber nicht vorherzusehen und zu beeinflussen ist, als „impractical and potentially grossly unfair"[1901] angesehen, eine Verletzung des Art. 7 Abs. 1 FKVO anzunehmen. Das Recht könne einer Person keine Verpflichtung

---

licher bzw. „schleichender" Übernahmen im Sinne des Art. 7 Abs. 2 FKVO beschränkt.

1897 Vgl. Schütz in: KK-KartR (2013), Art. 7 FKVO Rn. 6.

1898 Deutlich insoweit Zeise in: Schulte, Handb FusK (2020), Rn. 1912.

1899 Vgl. z.B. Baches Opi/Boitos, (2019) 10 JECLAP 269, 270.

1900 Vgl. statt vieler Wessely/Wegner in: MK-EuWettbR (2020), Art. 3 FKVO Rn. 67 und 79. Zum Standpunkt der Kommission oben Kapitel 5 D.I.2.a.dd. (4).

1901 Cook/Kerse, EC Merger Control (2009), Rn. 5-027.

auferlegen, wenn sie keine Möglichkeit habe, dieser nachzukommen.[1902] Die Autoren wenden sich also nicht erst gegen die Verhängung von Geldbußen nach Art. 14 Abs. 2 Buchst. b FKVO, die ohne einen Vorsatz- oder Fahrlässigkeitsvorwurf ohnehin nicht möglich wäre, sondern bereits gegen das Vorliegen eines Verstoßes an sich.

Da die entscheidenden Tatbestandsmerkmale des Art. 66 § 1 S. 1 EGKSV nicht in die FKVO übernommen wurden, unterscheiden sich die zu Art. 7 FKVO vertretenen Lösungen von denen zu Art. 66 EGKSV. Bechtold/Bosch/Brinker[1903] halten Verstöße gegen das Vollzugsverbot nur bei aktivem Tun für möglich. Dagegen soll nach Körber[1904] eine „aktive Mitwirkung am Kontrollerwerb […] keine zwingende Voraussetzung für die Anwendung des Vollzugsverbots" sein. Bereits vorgestellt wurde der Lösungsansatz von Cook/Kerse,[1905] die u.a. in den Fällen des „passiven" Kontrollerwerbs einen Verstoß gegen das Vollzugsverbot verneinen und sich dabei auf den Wortlaut des Art. 4 Abs. 1 Unterabs. 1 FKVO stützen. Wessely[1906] hält es für angemessen, die Ausnahmevorschrift des Art. 7 Abs. 2 FKVO[1907] analog anzuwenden; danach würde der „passive" Kontrollerwerb für den oder die Erwerber zunächst keinen Verstoß gegen das Vollzugsverbot des Art. 7 Abs. 1 FKVO begründen, sofern der Vorgang unverzüglich bei der Kommission angemeldet und die Stimmrechte nicht ausgeübt würden.

(5) Verhältnis zum Kartellverbot (Art. 101 AEUV)

In der Literatur ist unstreitig, dass nicht nur das Vollzugsverbot nach Art. 7 FKVO, sondern auch das allgemeine Kartellverbot nach Art. 101 AEUV Verhaltensvorgaben für den Zusammenschlussprozess enthält. Ebenso unstreitig ist, dass beide Vorschriften dem Wettbewerbsschutz dienen, sich in ihrer Funktion also ergänzen. Jenseits dieser Grundannahmen bestehen bei genauerer Hinsicht jedoch Unklarheiten und Meinungsverschiedenheiten.

1902 Wessely in: MK-EuWettbR (2020), Art. 7 FKVO Rn. 26.
1903 Bechtold/Bosch/Brinker, EU-KartR (2014), Art. 3 FKVO Rn. 34 und 37.
1904 Körber in: Immenga/Mestmäcker, WettbR/Bd. 3 (2020), Art. 7 FKVO Rn. 9.
1905 Vgl. oben Kapitel 5 D.I.2.a.dd.(1).
1906 Wessely in: MK-EuWettbR (2020), Art. 7 FKVO Rn. 26; zustimmend Körber in: Immenga/Mestmäcker, WettbR/Bd. 3 (2020), Art. 7 FKVO Rn. 9.
1907 Dazu allgemein oben Kapitel 1 B.II.1.

Ein Problem der bestehenden Diskussion liegt darin, dass das Verhältnis beider Vorschriften zueinander auf verschiedenen Ebenen und unter verschiedenen Gesichtspunkten bestimmt werden kann. Dies wird häufig nicht hinreichend deutlich gemacht, wodurch Stellungnahmen letztlich diffus bleiben, obwohl wichtige Gesichtspunkte benannt werden. Ein Beispiel:

> „In some cases, extensive cooperation could be viewed as partial implementation of the concentration in breach of Article 7(1) of the Merger Regulation [...]. In other cases, such cooperation may be benign or there may even be scope for treating it as an integral part of the concentration itself or as directly related and necessary for the implementation of the concentration. More generally, there may sometimes be wider concerns under Article 101 (or occasionally Article 102) TFEU if the pre-closing cooperation could have the object or effect of appreciably restricting competition between undertakings which remain independent during the period prior to closing.“[1908]

Um die in der Literatur vertretenen Standpunkte besser verständlich und vergleichbar zu machen, werden sie im Folgenden danach strukturiert, auf welcher Ebene sie Aussagen über das Verhältnis beider Vorschriften zueinander treffen. Dabei wird auf Seiten des Vollzugsverbots zwischen dem (sachlichen) Anwendungsbereich und dem Verbotsinhalt unterschieden.[1909]

1908 Rose/Bailey, Bellamy & Child, European Union Law of Competition (2013), Rn. 8.127.

1909 Wie schon erläutert, wird unter dem Begriff des „sachlichen Anwendungsbereichs“ vorliegend die Frage behandelt, für welche Arten von Sachverhalten das Vollzugsverbot prinzipiell Geltung beansprucht; hierbei geht es um die verschiedenen Arten von Zusammenschlüssen, auf die sich das Vollzugsverbot bezieht. Dagegen wird unter dem Stichwort des „Verbotsinhalts“ gefragt, welche konkreten Maßnahmen (im Kontext eines solchen Zusammenschlusses) vom Verbot erfasst werden. Da die Geltung des Kartellverbots keinen Zusammenschluss voraussetzt, hat der „sachliche Anwendungsbereich“ des Vollzugsverbots in der Normstruktur des Kartellverbots kein direktes Gegenstück. Stattdessen müssen für einen Verstoß gegen das Kartellverbot zwei Hauptvoraussetzungen erfüllt sein: Erstens muss eine Vereinbarung oder abgestimmte Verhaltensweise zwischen (unabhängigen) Unternehmen vorliegen; zweitens muss diese eine wettbewerbsbeschränkende Zwecksetzung oder Wirkung haben.

(a) Ebene des Anwendungsbereichs

Vor diesem Hintergrund ergibt sich, dass die meisten Autoren das Verhältnis zwischen dem Vollzugs- und dem Kartellverbot auf der Ebene des Anwendungsbereichs bestimmen. Im Blickpunkt steht dabei einerseits das Merkmal „Zusammenschluss“ in Art. 7 Abs. 1 FKVO (als Bezugspunkt des Merkmals „vollzogen“), andererseits das Merkmal „Vereinbarungen zwischen Unternehmen [...] und aufeinander abgestimmte Verhaltensweisen“ in Art. 101 Abs. 1 AEUV. Im Kern geht es um die Frage, ob beide Vorschriften auf ein- und dieselbe Maßnahme Anwendung finden können oder ob einzelne Maßnahmen nicht von vornherein entweder an dem einen oder an dem anderen Maßstab zu messen sind. Zur Lösung wird überwiegend mit der Unabhängigkeit der beteiligten Unternehmen als Anwendungsvoraussetzung des Art. 101 AEUV (aa), bisweilen auch mit der Vorschrift des Art. 21 Abs. 1 FKVO (bb) argumentiert.

(aa) Die „These von den unabhängigen Unternehmen“

Als Ausgangspunkt dient hier die Überlegung, dass die beteiligten Unternehmen bis zum Eintritt einer dauerhaften Kontrolländerung voneinander unabhängig bleiben. Daraus wird abgeleitet, dass die Unternehmen so lange auch an das Kartellverbot des Art. 101 AEUV gebunden seien, wie diese Unabhängigkeit bestehe.[1910] Diese „These von den unabhängigen Unternehmen“, die in der US-Diskussion eine tragende Rolle spielt,[1911] beruht auf der Erwägung, dass mit der dauerhaften Kontrolländerung eine wirtschaftliche Einheit entsteht, wodurch Koordinierungen zwischen den

1910 Vgl. Wessely in: MK-EuWettbR (2020), Art. 7 FKVO Rn. 47; Birmanns in: FK-KartR (93. EL 2019), Art. 7 FKVO Rn. 16; Linsmeier/Balssen, BB 2008, 741, 743; Puel, Concurrences 4/2010, 69, 71; Bosch/Marquier, EWS 2010, 113, 116; Polley/Kuhn, CFL 2012, 117, 125; Schubert, ZWeR 2013, 54, 55; Rudowicz, Gun-Jumping (2016), 236 ff. Zu der Frage, ob nach einem „umfassenden“ Vollzug unter Verstoß gegen Art. 7 FKVO weiterhin Verstöße gegen das Kartellverbot möglich sind, Rudowicz, ebenda, 241 ff.

1911 Vgl. die Nachweise bei Wagner-von Papp, Marktinformationsverfahren (2004), dort Fn. 1902.

bis dahin unabhängigen Unternehmensteilen unter das Konzernprivileg fallen und Art. 101 AEUV entzogen sind.[1912]

Hiervon ausgehend nimmt die bislang h.M. an, dass das Vollzugs- und das Kartellverbot im Zeitraum zwischen dem Eintritt des Vollzugsverbots, regelmäßig also vom Vorliegen eines Zusammenschlussvorhabens an,[1913] und dessen Erlöschen, regelmäßig also bis zur Genehmigungserteilung,[1914] parallel Anwendung finden.[1915] Unter paralleler Anwendung wird eine „Doppelkontrolle“[1916] dergestalt verstanden, dass ein- und dieselbe Maßnahme[1917] gleichzeitig als Teil des Zusammenschlussprozesses an Art. 7 FKVO und als Vereinbarung oder Verhaltensabstimmung zwischen unabhängigen Unternehmen an Art. 101 AEUV zu messen sein kann. Für den Zeitraum zwischen der fusionskontrollrechtlichen Genehmigungserteilung und der dauerhaften Kontrolländerung, nach hier zugrundegelegter Terminologie also dem „umfassenden“ Vollzug, gehen die Vertreter der „These von den unabhängigen Unternehmen“ konsequenterweise von der prinzipiellen Fortgeltung des Kartellverbots aus.[1918] Begründet wird dies außerdem mit der sachlichen Reichweite der Genehmigungsentscheidung:

1912 Vgl. Bosch/Marquier, EWS 2010, 113, 116; Rudowicz, Gun-Jumping (2016), 236 f.; zum Konzernprivileg allgemein Mäger in: Mäger, EuKartR (2011), Kap. 7.

1913 Dazu oben Kapitel 4 A.II.1.a.

1914 Dazu oben Kapitel 4 A.II.1.b.bb.

1915 Vgl. Modrall/Ciullo, (2003) E.C.L.R. 424, 425; Linsmeier/Balssen, BB 2008, 741, 743; Wessely in: MK-EuWettbR (2015), Art. 7 FKVO Rn. 42 f.; Birmanns in: FK-KartR (93. EL 2019), Art. 7 FKVO Rn. 16; Maass in: Langen/Bunte, EuKartR (2018), Art. 7 FKVO Rn. 11; Polley/Kuhn, CFL 2012, 117, 125 (dort Fn. 103); Schubert, ZWeR 2013, 54, 55; Rosenthal/Thomas, European Merger Control (2010), Kap. E Rn. 39 und 47; Rose/Bailey, Bellamy & Child, European Union Law of Competition (2013), Rn. 8.127; Jones/Sufrin, EU Competition Law (2014), 1176 (dort Fn. 266); Puel, Concurrences 4/2010, 69, 70 ff.; Rudowicz, Gun-Jumping (2016), 236 f.; vgl. auch Holzwarth, Vollzugsverbot (2014), 106 ff.

1916 Birmanns, ebenda. Diese „Doppelkontrolle“ muss von derjenigen nach Art. 2 Abs. 4 FKVO unterschieden werden, welche der materiellen Beurteilung des Zusammenschlusses im Hinblick auf die endgültige Sachentscheidung dient; zu letzterer Bechtold/Bosch/Brinker, EU-KartR (2014), Art. 2 FKVO Rn. 69.

1917 Vgl. Modrall/Ciullo, (2003) E.C.L.R. 424, 425 („the same conduct“).

1918 Vgl. Reysen/Jaspers, WuW 2006, 602, 608; Mielke/Welling, BB 2007, 277, 282; Linsmeier/Balssen, BB 2008, 741, 743; Puel, Concurrences 4/2010, 69, 71; Bosch/Marquier, EWS 2010, 113, 116; Mäger in: Mäger, EuKartR (2011), Kap. 8 Rn. 330; Polley/Kuhn, CFL 2012, 117, 125; Schubert, ZWeR 2013, 54, 55; Birmanns in: FK-KartR (93. EL 2019), Art. 7 FKVO Rn. 16; Rudowicz, Gun-Jumping (2016), 238.

> „Die fusionskontrollrechtliche Freigabe erlaubt die Vornahme bestimmter marktstrukturverändernder Maßnahmen; sie erfasst nicht die Abstimmung des Verhaltens zunächst noch unabhängiger Unternehmen.“[1919]

Da in der Phase nach Erlangung der fusionskontrollrechtlichen Genehmigung besonders weitgehende Maßnahmen erforderlich und auch üblich sind, wird von manchen vorgeschlagen, die Anwendung des Kartellverbots in diesem Zeitraum über die Immanenzausnahme zu begrenzen bzw. eine Lösung über das Aufgreifermessen der Kommission zu suchen.[1920] Allerdings soll das Kartellverbot auch nach der Genehmigung prinzipiell fortgelten, solange nicht endgültig geklärt ist, ob der Zusammenschluss wirklich zustande kommt oder nicht.[1921]

Eine zeitliche Betrachtung stellen auch BOSCH/MARQUIER an.

> „Während das Vollzugsverbot sanktioniert, dass sich zwei Unternehmen bzw. Unternehmensteile vor fusionskontrollrechtlicher Freigabe zu einem Unternehmen zusammengeschlossen haben, findet das Kartellverbot nur Anwendung, wenn (noch) zwei selbstständige Unternehmen existieren und diese eine wettbewerbswidrige Absprache treffen oder ihr Verhalten abstimmen. [...] Während der Zeit, in der die Unternehmen noch unabhängig sind, können koordinierende Maßnahmen bei der Vorbereitung des Zusammenschlusses ein Verstoß gegen das Kartellverbot des Art. 101 AEUV [...] sein.“[1922]

Im Gegensatz zur bislang h.M. schließen sie allerdings, wie schon gesehen, eine parallele Anwendung des Kartell- und des Vollzugsverbots im Sinne einer „Doppelkontrolle“ aus. Nach dieser Ansicht kann eine bestimmte Maßnahme immer nur gegen das Vollzugsverbot oder das Kartellverbot, nicht aber gleichzeitig gegen beide Bestimmungen verstoßen.

1919 REYSEN/JASPERS, ebenda.

1920 Vgl. WESSELY in: MK-EuWettbR (2020), Art. 7 FKVO Rn. 36; POLLEY/KUHN, CFL 2012, 117, 126. In diese Richtung deuten auch die Feststellungen von ROSENTHAL/THOMAS, European Merger Control (2010), Kap. E Rn. 39, wonach „[...] until such time as the transaction is *cleared* by the Commission, the prohibitions under Article 101(1) TFEU [...] apply in full to any contacts between the parties.“ (Hervorhebung vom Verfasser). Kritisch dagegen RUDOWICZ, Gun-Jumping (2016), 238.

1921 WESSELY, ebenda; RUDOWICZ, ebenda; REYSEN/JASPERS, WuW 2006, 602, 608.

1922 BOSCH/MARQUIER, EWS 2010, 113, 116.

„Das Vollzugsverbot sollte in seinem Anwendungsbereich klar vom Kartellverbot abgegrenzt werden. Es verbietet allein den Erwerb oder den Wechsel in der Kontrolle [...]. Koordinierungen zwischen den sich zusammenschließenden Unternehmen sind dagegen keine Verstöße gegen das fusionskontrollrechtliche Vollzugsverbot, sondern allenfalls Verstöße gegen das Kartellverbot des [...] Art. 101 AEUV.“[1923]

(bb) Berücksichtigung des Art. 21 Abs. 1 FKVO

Zu einem zumindest partiellen Ausschlussverhältnis gelangen auch Autoren, die die Vorschrift des Art. 21 Abs. 1 FKVO in ihre Betrachtung einbeziehen, welche das Verhältnis der FKVO zu den sonstigen Vorschriften des EU-Wettbewerbsrechts betrifft und bestimmt, dass „für Zusammenschlüsse“ im Sinne des Art. 3 FKVO „allein“ die FKVO gilt. Diese Auffassung hat durch das Urteil des EuGH im Fall *Ernst & Young/Konkurrencerådet*[1924] zuletzt „Rückenwind“ erhalten.[1925]

So schlossen Reysen/Jaspers und Wessely schon vor dem *Ernst & Young*-Urteil aus Art. 21 Abs. 1 FKVO, dass die parallele Anwendung des Vollzugs- und des Kartellverbots in einem Kernbereich, nämlich für „die (noch) nicht genehmigte Anteilsübertragung“[1926] bzw. für Maßnahmen, die sich „unmittelbar auf den Vollzug des Zusammenschlusses“[1927] beziehen, juristisch ausgeschlossen sei oder zumindest faktisch ins Leere laufe.[1928] Reysen/Jaspers wiesen darauf hin, dass das Kartellverbot als Bestimmung des Primärrechts zwar juristisch nicht durch die Sekundärrechtsnorm des Art. 21 Abs. 1 FKVO verdrängt werden könne. Allerdings schließe Art. 21 Abs. 1 FKVO eine Bußgeldverhängung wegen eines parallel vorliegenden Kartellverstoßes anhand der Verordnung Nr. 1/2003 aus. Verstoße eine Maßnahme sowohl gegen das Kartellverbot als auch gegen das Vollzugsverbot, richte sich die Bußgeldverhängung daher einheitlich

---

1923 Bosch/Marquier, ebenda, 117; ebenso Rudowicz.

1924 Vgl. oben Kapitel 5 D.I.2.b.ff und Kapitel 5 D.I.2.b.gg.(5).

1925 Vgl. den ausdrücklichen Meinungswechsel bei Wessely in: MK-EuWettbR (2020), Art. 7 FKVO Rn. 48.

1926 Wessely in: MK-EuWettbR (2015), Art. 7 FKVO Rn. 43.

1927 Reysen/Jaspers, WuW 2006, 602, 605.

1928 Auf die Vorschrift des Art. 21 FKVO weisen in Zusammenhang mit der Anwendbarkeit des Art. 101 AEUV im Transaktionsvorfeld auch Baron/Trebing, BB 2016, 131, hin, ziehen daraus aber keine direkten Schlüsse.

nach Art. 14 Abs. 2 FKVO.[1929] Dagegen schien Wessely sogar eine juristische Verdrängung des Art. 101 AEUV für möglich zu halten und fügte ergänzend hinzu, dass „jedenfalls hinsichtlich etwaiger Sanktionen [...] ausschließlich die FKVO" gelte.[1930] Einig waren sich die genannten Autoren darin, dass es außerhalb des besagten Kernbereichs bei der „Doppelkontrolle" (mit jeweils unterschiedlichen Verfahrensregelungen) bleiben sollte.[1931]

Ebenfalls mit der Vorschrift des Art. 21 Abs. 1 FKVO argumentierte vor dem *Ernst & Young*-Urteil bereits Rudowicz, der allerdings – im Ergebnis wie Bosch/Marquier – ein völliges Ausschlussverhältnis annahm.[1932] Die Lösung von Bosch/Marquier und Rudowicz zeichnet sich nicht nur durch ihre hohe Rechtsklarheit und Praktikabilität aus: Maßnahmen, die einen Zusammenschlusstatbestand im Sinne des Art. 3 FKVO bewirken, sind ausschließlich an Art. 7 FKVO zu messen und verstoßen gegen das Vollzugsverbot des Abs. 1, sofern kein Ausnahmetatbestand nach Abs. 2 oder 3 gegeben ist. Dagegen sind alle anderen Maßnahmen ausschließlich am Kartellverbot des Art. 101 AEUV und den hierzu erlassenen Gruppenfreistellungsverordnungen zu beurteilen.[1933] Insoweit stimmen diese Autoren wohl auch mit der zwischenzeitlich ergangenen Rechtsprechung des EuGH im Fall *Ernst & Young/Konkurrencerådet* überein. Es überrascht daher nicht, dass auch Wessely mittlerweile zu dieser Ansicht übergegangen ist.[1934]

(b) Ebene des Verbotsinhalts

Der Diskussionsstand zum Verbotsinhalt des Art. 7 Abs. 1 FKVO wurde vorstehend beschrieben. Verglichen mit diesem hat das Kartellverbot, das seit dem Inkrafttreten des EWGV am 1. Januar 1958 inhaltlich unverändert geblieben ist und von den Unionsorganen ständig angewandt wird, über die Jahre eine deutlichere Konturierung erfahren. Dennoch ist auch seine Bedeutung in Zusammenschlusssituationen mit großen Unsicherheiten verbunden.

1929 Reysen/Jaspers, ebenda, 604 f.
1930 Wessely in: MK-EuWettbR (2015), Art. 7 FKVO Rn. 43.
1931 Vgl. Reysen/Jaspers, WuW 2006, 602, 605 und 607 f.
1932 Rudowicz, Gun-Jumping (2016), 240 ff.
1933 Bosch/Marquier, EWS 2010, 113, 117.
1934 Vgl. oben Fn. 1925.

(aa) Grundsätzliche Gemeinsamkeiten und Unterschiede

Immerhin konnten diese Unsicherheiten in den letzten Jahren hinsichtlich des Austauschs wettbewerblich sensibler Informationen reduziert werden. Hier wurden beraterseitig „best practices" etabliert,[1935] wobei unklar ist, ob diese das geltende Recht wirklich „eins zu eins" abbilden oder weiter gehen als nach Art. 101 AEUV nötig.[1936]

Wie bereits gezeigt, wird das Vollzugsverbot über das Kriterium der Wettbewerbsbezogenheit von Vollzugshandlungen inhaltlich oft nahe, manchmal bis zur Unkenntlichkeit, an das Kartellverbot herangerückt.[1937] Untersucht man die Literatur auf mögliche Unterschiede im Verbotsinhalt beider Vorschriften, wird man dennoch fündig. Insbesondere werden zwei Gesichtspunkte hervorgehoben. Zum einen wird darauf hingewiesen, dass nur koordiniertes Verhalten unter das Kartellverbot falle; zum anderen wird betont, dass das Kartellverbot vor allem bei Bestehen eines (aktuellen oder potenziellen) Wettbewerbsverhältnisses zwischen den beteiligten Unternehmen kritisch werde, während dies für das Vollzugsverbot prinzipiell keine Rolle spiele.[1938]

Als mögliche Beispiele für „Doppelverstöße" gegen das Vollzugs- und das Kartellverbot wurden – wiederum vor dem *Ernst & Young*-Urteil des EuGH hinsichtlich des Verbotsinhalts des Art. 7 Abs. 1 FKVO und des Verhältnisses zwischen Art. 7 FKVO und Art. 101 AEUV[1939] und auch vor der Entscheidung der Kommission im Fall *Altice/PT Portugal* hinsichtlich des Verbotsinhalts des Art. 7 Abs. 1 FKVO für den Austausch von Infor-

1935 Vgl. Reysen/Jaspers, WuW 2006, 602 ff.; Besen/Gronemeyer, CCZ 2009, 67 ff. und CCZ 2013, 137 ff.; Puel, Concurrences 4/2010, 69 ff.; Polley/Kuhn, CFL 2012, 117 ff.; Schubert, ZWeR 2013, 54 ff.; Göpfert/Horstkotte/Rottmeier, ZIP 2015, 1269 ff.; Rudowicz, Gun-Jumping (2016), 261 ff.; Wittig, ZGR 2020, 525 ff.; Brinker/Benedikt-Buckenleib in: Jesch/Striegel/Boxberger, Rechtshandbuch Private Equity (2020), § 23 Rn. 404 ff.

1936 Vgl. Schubert, ZWeR 2013, 54, 55 und 70, der in der Beratungspraxis verunsicherungsbedingt eine präventive, potenziell überschießende Einschränkung des Informationsaustauschs befürchtet.

1937 Dazu oben Kapitel 5 D.I.2.d.bb.(2).

1938 Vgl. Bosch/Marquier, EWS 2010, 113, 116; Bechtold/Bosch/Brinker, EU-KartR (2014), Art. 7 FKVO Rn. 3 und 8; Rose/Bailey, Bellamy & Child, European Union Law of Competition (2013), Rn. 8.127; Polley/Kuhn, CFL 2012, 117, 125 (dort Fn. 103); Besen/Gronemeyer, CCZ 2013, 137, 142; Schubert, ZWeR 2013, 54, 55, 59 und 66; Rudowicz, Gun-Jumping (2016), 210 f.

1939 Dazu oben Kapitel 5 D.I.2.b.ff.

mationen[1940] – u.a. Preisabsprachen, Marktaufteilungen und Integrationsmaßnahmen genannt, die zwischen Wettbewerbern vor dem Erhalt der fusionskontrollrechtlichen Genehmigung vorgenommen werden. Uneinheitlich war das Meinungsbild im Hinblick auf den Austausch wettbewerblich sensibler Informationen. Während einige auch hier unter Rückgriff auf das von der Kommission begründete Konzept des „teilweisen" Vollzugs durch Vorwegnahme der wesentlichen wettbewerblichen Auswirkungen eines Vorhabens[1941] einen „Doppelverstoß" für möglich hielten,[1942] wurde der Informationsaustausch von anderen generell nicht als Vollzugsmaßnahme und daher auch nicht als vollzugsverbotswidrig angesehen.[1943] Eine besondere Position unter den Befürwortern von „Doppelverstößen" nahm SCHUBERT ein, der einen Gleichlauf beider Vorschriften annahm.

> „Im Ergebnis dürften sich speziell bei der Frage des Informationsaustauschs aber keine Unterschiede zwischen der Auffassung der Kommission und der Literaturansicht ergeben. [...] Bei der Beurteilung des Informationsaustauschs dürfte [...] ein faktischer Gleichlauf zwischen Kartell- und Vollzugsverbot vorliegen. Auch nach Auffassung der Kommission ist der Anknüpfungspunkt für einen Verstoß in diesem Bereich die vorzeitige Koordinierung durch den Informationsaustausch. Erst dadurch gerieren sich die Unternehmen, als seien sie schon zusammengeschlossen. Wenn der Austausch nicht dem Kartellverbot unterfällt, ist damit gerade festgestellt, dass sich die Parteien nicht koordinieren. Dann fehlt es aber zugleich am Anknüpfungspunkt für den Verstoß gegen das Vollzugsverbot. Es werden auch keine vollendeten Tatsachen geschaffen."[1944]

Er zog daraus den Schluss, dass dem Vollzugsverbot im Bereich des Informationsaustauschs neben dem Kartellverbot keine eigenständige Bedeutung zukomme. Für die Zwecke der Beratungspraxis könne sich „die Prüfung daher auf das Kartellverbot konzentrieren".[1945] Insoweit bleibt ab-

---

1940 Dazu oben Kapitel 5 D.I.2.a.aa.(1)(p).

1941 Vgl. oben Fälle IV/M.993, *Bertelsmann/Kirch/Premiere*, und COMP/M.4734, *Ineos/Kerling*.

1942 So offenbar MAASS in: Langen/Bunte, EuKartR (2018), Art. 7 FKVO Rn. 11; PUEL, Concurrences 4/2010, 69, 70 f.; unklar insoweit GÖPFERT/HORSTKOTTE/ROTTMEIER, ZIP 2015, 1269, 1271.

1943 Dahingehend BOSCH/MARQUIER, EWS 2010, 113, 116.; RUDOWICZ, Gun-Jumping (2016), 236 ff.

1944 SCHUBERT, ZWeR 2013, 54, 64 f.

1945 SCHUBERT, ebenda, 70.

zuwarten, wie das Urteil des EuGH im Fall *Ernst & Young/Konkurrencerådet* und die Entscheidung der Kommission im Fall *Altice/PT Portugal* in der Literatur aufgenommen werden.[1946]

Die Prüfung der Vereinbarkeit eines Informationsaustauschs im Zusammenschlusskontext mit Art. 101 AEUV erfolgt nach der Auffassung von SCHUBERT und anderer Autoren in vier Schritten, wobei sich der erste bis dritte Schritt auf den Grundtatbestand des Kartellverbots (Art. 101 Abs. 1 AEUV) und der vierte Schritt auf die Freistellung (Art. 101 Abs. 3 AEUV) beziehen.

- Danach ist in einem ersten Schritt zu prüfen, ob der betreffende Austausch eine Vereinbarung oder abgestimmte Verhaltensweise darstellt.[1947] Für den *zusammenschlussbedingten* Austausch wird darauf hingewiesen, dass es mangels eines gemeinsamen Willens zur Koordinierung des Marktverhaltens regelmäßig an einer Vereinbarung im Sinne der EuGH-Rechtsprechung zu Art. 101 Abs. 1 AEUV fehle und auch das Vorliegen einer abgestimmten Verhaltensweise in vielen Fällen zweifelhaft erscheine, weil der Informationsaustausch oft nur einseitig sei und damit nicht ohne Weiteres eine geeignete Grundlage für eine praktische Zusammenarbeit am Markt bilde. Da die Verhaltensabstimmung von der Kommission aber regelmäßig unterstellt werde,[1948] wird empfohlen, das Merkmal der „abgestimmten Verhaltensweise" für die Beratungspraxis als gegeben anzusehen.[1949]
- In einem zweiten Schritt soll geprüft werden, ob der Austausch eine Wettbewerbsbeschränkung bezweckt oder bewirkt,[1950] wobei auch für den *zusammenschlussbedingten* Austausch eine Orientierung an den Horizontal-Leitlinien der Kommission empfohlen wird.[1951] Danach ist nur der Austausch unternehmensspezifischer Daten über künftiges Preis- oder Mengenverhalten als bezweckte Wettbewerbsbeschränkung anzu-

---

1946 Vgl. die ersten Reaktionen bei WESSELY in: MK-EuWettbR (2020), Art. 7 FKVO Rn. 44, 55, 59, 65 ff. und 79 ff. (mit Kritik in Rn. 72 und 80); BENEDIKT-BUCKENLEIB/HAAG, NZKart 2021, 21, 26.

1947 Dazu im Einzelnen SCHUBERT, ebenda, 57 f.; POLLEY/KUHN, CFL 2012, 117, 118 ff.; RUDOWICZ, Gun-Jumping (2016), 246 f.

1948 Vgl. Kommission, Horizontal-Leitlinien (oben Fn. 1451), Rn. 60 ff.

1949 SCHUBERT, ZWeR 2013, 54, 58.

1950 SCHUBERT, ebenda, 58 ff. und 66 f.; POLLEY/KUHN, CFL 2012, 117, 122 ff.; RUDOWICZ, Gun-Jumping (2016), 247 ff.; HOLZWARTH, Vollzugsverbot (2014), 109 f.

1951 SCHUBERT, ebenda, 59 ff.; HOLZWARTH, Vollzugsverbot (2014), 111 f.

sehen,[1952] während für andere Arten des Austauschs die Bewirkung einer Wettbewerbsbeschränkung anhand aller Umstände des Einzelfalls, insbesondere der hierzu in den Horizontal-Leitlinien genannten Merkmale des Austauschs selbst und der von ihm betroffenen Märkte,[1953] erforderlich ist. Im Ergebnis soll es in vielen Fällen wegen der Einmaligkeit und Einseitigkeit des Austauschs und der begrenzten Marktabdeckung der beteiligten Unternehmen an einer Wettbewerbsbeschränkung fehlen.[1954]

- Für den Fall, dass die Prüfung im zweiten Schritt das Vorliegen einer Wettbewerbsbeschränkung ergibt, weisen einige Autoren[1955] (wie auch die Kommission[1956]) darauf hin, dass daraus noch nicht zwingend ein Verstoß gegen Art. 101 Abs. 1 AEUV folge. Vielmehr soll dann in einem dritten Schritt nach der vom EuGH anerkannten Immanenzausnahme (im Deutschen auch etwas unglücklich als „Nebenabreden"-Doktrin bezeichnet[1957]), die für die Regelungen in Art. 6 Abs. 1 Buchst. b Unterabs. 2 und Art. 8 Abs. 1 Unterabs. 2, Abs. 2 Unterabs. 3 FKVO Pate stand,[1958] geprüft werden, ob die mit dem betreffenden Austausch einhergehenden Beschränkungen mit der Durchführung des Zusammenschlusses unmittelbar verbunden und für diese (sachlich, personell und zeitlich) notwendig sind. In zeitlicher Hinsicht soll es insbesondere darauf ankommen, ob der Austausch im Moment seiner Vornahme erforderlich ist, um den Zusammenschlussprozess in das nächste Stadium zu überführen.[1959] Je größer das Risiko, dass der

1952 Kommission, Horizontal-Leitlinien (oben Fn. 1451), Rn. 73 f.

1953 Kommission, ebenda, Rn. 75 ff.

1954 Schubert, ZWeR 2013, 54, 62.

1955 Schubert, ebenda, 58 f. und 67 f.; Reysen/Jaspers, WuW 2006, 602, 609 ff.; Wessely in: MK-EuWettbR (2020), Art. 7 FKVO Rn. 81 f.; Polley/Kuhn, CFL 2012, 117, 125; Besen/Gronemeyer, CCZ 2013, 137, 141; Wessely in: MK-EuWettbR (2020), Art. 7 FKVO Rn. 81 ff.; Holzwarth, Vollzugsverbot (2014), 110 f.; kritisch Rudowicz, Gun-Jumping (2016), 250.

1956 Kommission, Entscheidung vom 24. April 2018, COMP/M.7993, *Altice/PT Portugal*, Rn. 437 f. Vgl. dazu bereits oben Kapitel 5 D.I.2.a.aa.(1)(p).

1957 Treffender erscheint der englische Begriff „ancillary restraints"; dazu bereits oben Kapitel 5 D.I.2.a.bb.(1).

1958 Vgl. zur Entwicklung der Nebenabreden-Doktrin außerhalb und innerhalb der FKVO Fiebig in: Baudenbacher, Aktuelle Entwicklungen des Europäischen und Internationalen Wirtschaftsrechts (2004), 51, 56 ff.; zum Verhältnis der Nebenabredenbestimmungen der FKVO zur Immanenzausnahme im Rahmen des Art. 101 AEUV EuG, Urteil vom 20. November 2002, Rs. T-251/00, *Lagardère u.a./Kommission* (oben Fn. 874), Rn. 85 f.

1959 Schubert, ZWeR 2013, 54, 67.

Zusammenschluss noch scheitert, desto restriktiver soll der Austausch zu beurteilen sein.[1960] Für die Due Diligence wird darauf hingewiesen, dass der natürliche Interessengegensatz zwischen dem potenziellen Erwerber (der möglichst genaue Informationen über das Zielunternehmen sammeln will) und dem Zielunternehmen (das vertrauliche Informationen möglichst lange zurückhalten will) meist ohnehin gewährleiste, dass der Informationsaustausch auf das notwendige Maß beschränkt bleibt.[1961] Sofern die Voraussetzungen der unmittelbaren Verbundenheit und der Notwendigkeit zur Durchführung des Zusammenschlusses vorliegen, wird von einer „Nebenabrede" gesprochen[1962] und ein Verstoß gegen Art. 101 Abs. 1 AEUV ausgeschlossen. Regelmäßig notwendig und daher zulässig sein soll nach einer Ansicht der Informationsaustausch zur Vorbereitung der Anmeldung nach Art. 4 FKVO;[1963] richtigerweise dürfte aber auch hier eine strenge Einzelfallabwägung vorzunehmen sein.[1964]

- Liegt dagegen eine wettbewerbsbeschränkende abgestimmte Verhaltensweise vor, die nicht über die Immanenzausnahme gerechtfertigt ist, kommt in einem vierten Schritt nur noch die ausnahmsweise Freistellung der betreffenden Maßnahme in Anwendung der verschiedenen Gruppenfreistellungsverordnungen der Kommission oder im Wege einer Einzelfreistellung unmittelbar nach Art. 101 Abs. 3 AEUV in Frage.[1965]

Obwohl in der Literatur vor allem im Zusammenhang mit dem Austausch von Informationen angewandt, müsste der vierstufige Aufbau auch für die Bewertung sonstiger Maßnahmen des Zusammenschlussprozesses am Maßstab des Kartellverbots gelten.

1960 Reysen/Jaspers, WuW 2006, 602, 610 f.; Schubert, ebenda, 68.

1961 Baron/Trebing, BB 2016, 131.

1962 Der Begriff der „Nebenabrede" bezeichnet damit das *Ergebnis* der Beurteilung; vgl. bereits oben Fn. 1553.

1963 Körber in: Immenga/Mestmäcker, WettbR/Bd. 3 (2020), Art. 7 FKVO Rn. 15, Art. 8 FKVO Rn. 45 und Art. 21 FKVO Rn. 10.

1964 Reysen/Jaspers, WuW 2006, 602, 612 f.

1965 Dazu Polley/Kuhn, CFL 2012, 117, 124; Rudowicz, Gun-Jumping (2016), 252 ff.

(bb) Zur Qualifikation von Maßnahmen vor Kontrolländerung als „Nebenabreden"

Unsicherheiten wirft dabei vor allem der dritte Prüfungsschritt, d.h. die Anwendung der Immanenzausnahme, auf. Denn wie oben im Abschnitt D.I.2.a.bb.(1) erwähnt, qualifiziert die Kommission in ihrer Nebenabreden-Bekanntmachung,[1966] welche sich auf Art. 6 Abs. 1 Buchst. b Unterabs. 2 und Art. 8 Abs. 1 Unterabs. 2, Abs. 2 Unterabs. 3 FKVO bezieht, zwar sogenannte „conduct of business"-Klauseln als mit der Durchführung unmittelbar verbunden und für diese notwendig. Dabei bleibt allerdings offen, ob andere Maßnahmen, die vor der Genehmigung getroffen werden und sich vor der Genehmigung auswirken, als Nebenabreden eingestuft werden können. Zweifel wirft insoweit die Formulierung der Kommission auf, wonach „[v]ertragliche Abmachungen im Rahmen stufenweise durchgeführter Zusammenschlüsse […], soweit sie sich auf Vorgänge vor Begründung des Kontrolltatbestands" im Sinne von Art. 3 FKVO beziehen, „normalerweise nicht" als Nebenabreden angesehen werden können. Dies könnte dafür sprechen, dass Vorfeldmaßnahmen nach der Auffassung der Kommission regelmäßig keine Nebenabreden sein können. Mit dieser Aussage wird in der Literatur unterschiedlich umgegangen. Wie schon erwähnt, wird die Nebenabreden-Doktrin von vielen Autoren auf Vorfeldmaßnahmen angewandt. Anders als nach Art. 6 Abs. 1 Buchst. b Unterabs. 2 und Art. 8 Abs. 1 Unterabs. 2, Abs. 2 Unterabs. 3 FKVO scheint es für die Legitimation der Maßnahmen nach dieser Auffassung nicht auf den Erlass einer *Genehmigungsentscheidung* anzukommen; als „Aufhänger" scheint stattdessen allein das zu diesem Zeitpunkt noch *ungenehmigte Zusammenschlussvorhaben* zu dienen. Klar benannt wird dies von REYSEN/JASPERS:

> „Gibt es eine echte Einigung bezüglich des Vorhabens, besteht ein schützenswertes, weil von der Rechtsordnung grundsätzlich gebilligtes Rechtsgeschäft, das möglicherweise bestimmte vorbereitende Maßnahmen erfordert."[1967]

Dieser Ansatz wird von anderen Autoren – jedenfalls im Ergebnis – geteilt. KÄSEBERG versteht die Hinweise der Kommission so, dass Vorfeldmaßnahmen normalerweise keine Nebenabreden darstellen sollen und hält diese Auffassung für zu eng, zumal die Kommission selbst Ausnah-

1966 Oben Fn. 1552 (dort Rn. 14).
1967 REYSEN/JASPERS, WuW 2006, 602, 610.

men zulasse.[1968] Für eine grundsätzliche Erstreckung des Nebenabreden-Konzepts auf Vorfeldmaßnahmen sprechen sich auch GRABBE und DE CROZALS/HARTOG aus.[1969] DAOÛT merkt an, dass die Hinweise der Kommission ausdrücklich nur für Fälle „stufenweise durchgeführter Zusammenschlüsse" gelten; somit könnten reine „Übergangsvereinbarungen" für den Zeitraum vor der Kontrolländerung ggf. Nebenabreden darstellen.[1970] SCHUBERT spricht sich dafür aus, den zusammenschlussbedingten Informationsaustausch „analog" zu den „conduct of business"-Klauseln als Nebenabrede anzuerkennen.[1971] POLLEY/KUHN halten eine Privilegierung des zusammenschlussbedingten Informationsaustauschs durch die Nebenabreden-Doktrin für rechtlich begründbar.[1972] BESEN/GRONEMEYER sehen eine grundsätzliche Vergleichbarkeit zwischen der Situation eines zusammenschlussbedingten Informationsaustauschs und Situationen, in denen Nebenabreden anerkannt werden, und wollen den Grundgedanken der Nebenabreden-Doktrin bei der Prüfung des Austauschs berücksichtigen:

> „In ihrer klassischen Spielart passt sie [die Nebenabredendoktrin] allerdings nicht unmittelbar auf die Situation eines Informationsaustausches im Vorfeld einer Transaktion, da die kartellrechtsneutrale Hauptabrede (die Transaktion) gerade noch nicht geschlossen ist und noch ein gewisses Risiko besteht, dass die Transaktion scheitern und der Informationsaustausch alleine stehen bleiben könnte. Außerdem könnten auch dogmatische Einwände erhoben werden, einen bereits erfolgten Informationsaustausch nachträglich durch eine später vollzogene Transaktion rückwirkend zu legitimieren. Andererseits besteht unbestreitbar die für die Nebenabredendoktrin typische Interessenlage, in der ein an sich möglicherweise kartellrechtlich bedenkliches Verhalten erforderlich ist, um die Verwirklichung eines kartellrechtsneutralen Hauptzwecks zu ermöglichen. Der tragende Gedanke der

---

1968 KÄSEBERG in: Langen/Bunte, EuKartR (2018), Art. 8 FKVO Rn. 103.

1969 GRABBE, Nebenabreden in der Europäischen Fusionskontrolle (2000), 105 f.; DE CROZALS/HARTOG, EWS 2004, 533, 537.

1970 DAOÛT in: Von der Groeben/Thiesing/Ehlermann, Kommentar zum EU-/EG-Vertrag (1999), Art. 8 FKVO Rn. 49 a.E.; zweifelnd FIEBIG in: Baudenbacher, Aktuelle Entwicklungen des Europäischen und Internationalen Wirtschaftsrechts (2004), 51, 66 f.; vgl. auch LÜCKENBACH, Nebenabreden nach europäischem Fusionskontrollrecht (2003), 47 ff.

1971 SCHUBERT, ZWeR 2013, 54, 59. Ähnlich WESSELY in: MK-EuWettbR (2020), Art. 7 FKVO Rn. 81 („entspr. der Rspr. des EuGH zu nachvertraglichen Wettbewerbsverboten").

1972 POLLEY/KUHN, CFL 2012, 117, 125.

> Nebenabredendoktrin verdient daher auch hier Beachtung, indem bei der Anwendung der einzelnen Beurteilungskriterien des Informationsaustausches jeweils in die Bewertung einbezogen wird, dass eine zu strenge Sichtweise nicht dazu führen darf, Transaktionen zu verhindern oder soweit zu erschweren, dass es zu einem ‚chilling effect' kommen kann."[1973]

Dagegen hält Schütz in Anlehnung an die Verlautbarungen der Kommission Vereinbarungen, „die sich auf einen Zustand vor Verwirklichung des Fusionskontrolltatbestands beziehen", für nicht unmittelbar mit der Durchführung des Zusammenschlusses verbunden.[1974]

Bei einigen Autoren, die die Nebenabreden-Doktrin bei der Prüfung eines Verstoßes gegen das Kartellverbots auf Vorfeldmaßnahmen anwenden wollen, klingt der Vorstoß an, diese Überlegungen auf das Vollzugsverbot zu übertragen und neben „conduct of business"-Klauseln weitere für „den Abschluss des Unternehmenskaufvertrags"[1975] bzw. „die spätere Durchführung des Zusammenschlusses"[1976] notwendige Maßnahmen, wie die Due-Diligence-Prüfung oder notarielle Beurkundungen, vom Vollzugsverbot auszunehmen. Zwar entspricht dies im Ergebnis der h.M.; dennoch ist es beachtlich, dass hier die Notwendigkeit der Maßnahme zum Abgrenzungskriterium zwischen Vollzugs- und Vorbereitungshandlungen erklärt wird.

(c) Zusammenfassung

Nach bislang h.M. ist das Vollzugs- und das Kartellverbot auf dieselben Maßnahmen anwendbar („Doppelkontrolle"). Hiervon wichen einige Autoren bereits vor dem *Ernst & Young*-Urteil des EuGH ab, indem sie annahmen, dass das Vollzugsverbot des Art. 7 FKVO wegen der Vorschrift des Art. 21 Abs. 1 FKVO zumindest in einem Kernbereich ausschließliche Geltung beanspruche. Dieser Kernbereich wurde mit der (unmittelbaren) Bewirkung der Kontrolländerung, nach hiesiger Terminologie also dem „umfassenden" Vollzug, gleichgesetzt.

Während einige Autoren zumindest für die nicht im Kernbereich liegenden Maßnahmen weiter von einer „Doppelkontrolle" ausgingen, scherten andere vollständig aus dem herrschenden Meinungsbild aus und ge-

1973 Besen/Gronemeyer, CCZ 2013, 137, 141.
1974 Schütz in: KK-KartR (2013), Art. 6 FKVO Rn. 23.
1975 Bosch/Marquier, EWS 2010, 113, 114.
1976 Maass in: Langen/Bunte, EuKartR (2018), Art. 7 FKVO Rn. 13.

langten zur Annahme eines gegenseitigen Ausschlussverhältnisses, wonach die für die Kontrolländerung unmittelbar bewirkende Maßnahme ausschließlich am Vollzugsverbot zu messen ist (und automatisch einen Verstoß hiergegen darstellt, sofern keine Ausnahme nach Art. 7 Abs. 2 oder 3 FKVO einschlägig ist), während alle anderen Maßnahmen ausschließlich am Kartellverbot zu beurteilen sind. Ihre Theorie führt dazu, dass Maßnahmen des Zusammenschlussprozesses, die weder das für einen Kartellverstoß erforderliche koordinierende Element noch das aus Sicht dieser Autoren für einen Verstoß gegen das Vollzugsverbot erforderliche unmittelbar kontrolländernde Element aufweisen, keinen wettbewerbsrechtlichen Einschränkungen unterliegen. Insoweit bleibt abzuwarten, wie die Literatur die Ausführungen des EuGH im Fall *Ernst & Young/Konkurrenceradet* zum Verhältnis zwischen Art. 7 FKVO und Art. 101 AEUV aufnehmen wird.

Auch auf der Inhaltsebene ist das Verhältnis zwischen dem Vollzugs- und dem Kartellverbot nicht abschließend geklärt. Während die bislang wohl h.M. annimmt, dass sich beide Bestimmungen im Hinblick auf die Figur des „Teilvollzugs“ durch Vorwegnahme der wesentlichen wettbewerblichen Auswirkungen weitgehend, aber nicht vollständig, entsprechen, geht Schubert zumindest für die Fälle des Informationsaustauschs von einem faktischen Gleichlauf aus – mit der Folge, dass dem Vollzugsverbot für den Informationsaustausch keine eigenständige Bedeutung zukommt. Soweit Maßnahmen des Zusammenschlussprozesses am Maßstab des Kartellverbots gemessen werden, weist die bislang wohl h.M. trotz gewisser Unterschiede im Detail der Immanenzausnahme (Nebenabreden-Doktrin) große Bedeutung zu. Hinsichtlich des Verbotsinhalts bleibt abzuwarten, wie die Literatur das Urteil des EuGH im Fall *Ernst & Young/Konkurrenceradet* und die Entscheidung der Kommission im Fall *Altice/PT Portugal* aufnehmen wird.

II. Bewertung und Fortentwicklung

Unter I. wurde der aktuelle Diskussionsstand zum Inhalt des Vollzugsverbots der FKVO dargestellt. Unter II. sollen die Ergebnisse nun kritisch bewertet und gleichsam fortentwickelt werden. Dabei wird der Vollzugsbegriff des Art. 7 FKVO als autonomes Konzept des EU-Rechts verstanden und unter Verzicht auf rechtsvergleichende Überlegungen allein aus dem EU-Recht hergeleitet (1.). Hierzu werden der Wortlaut (2.), die Systematik (3.) und der Regelungszweck (4.) des Art. 7 Abs. 1 FKVO analysiert und die Ergebnisse zur „*Ernst & Young*“-Formel des EuGH in Bezug gesetzt (5.).

Schließlich werden die Verjährung von Verstößen gegen das Vollzugsverbot (6.) und dessen Verhältnis zu Art. 101 AEUV behandelt (7.).

1. Keine rechtsvergleichende Untersuchung

In der Literatur zu Art. 7 FKVO wird häufig auf Parallelen und Unterschiede zur Rechtslage und Verfolgungspraxis in anderen Rechtsordnungen, insbesondere den USA, hingewiesen.[1977] Dies ist nicht zu beanstanden, sofern es um grundsätzliche Vergleiche geht. Dagegen wäre es methodisch unzulässig, von der Rechtslage oder der Anwendungspraxis in Drittstaaten auf den Verbotsinhalt des Art. 7 Abs. 1 FKVO schließen zu wollen. Dies gilt namentlich für Vergleiche mit dem Vollzugsverbot in Sec. 7A Clayton Act und der dazugehörigen Praxis, zumal dort trotz ähnlicher Zielsetzung[1978] andere tatbestandliche Voraussetzungen[1979] gelten. Die Kommission hat der Berücksichtigung der US-Praxis bei der Auslegung der Art. 4 und 7 FKVO daher zu Recht eine Ablehnung erteilt.[1980] Dementsprechend

---

1977 Vgl. bereits oben Kapitel 5 D.I.2.d mit dazugehörigen Fn. 1757 bis 1759.

1978 Vgl. oben Kapitel 1 B.I.1.a.cc.(1), Kapitel 1 B.I.1.b.bb.(1)(d) und Kapitel 1 B.I.1.b.bb.(2).

1979 In Sec. 7A (a) Clayton Act (vgl. BLECHMANN/PATTERSON, FK-KartR (66. EL 2008), Ausland USA Rn. 162) ist geregelt, dass „[...] no person shall acquire, directly or indirectly, any voting securities or assets of any other person, unless [...] file notification [...] and the waiting period described in subsection (b)(1) of this section has expired [...]". Verboten ist damit der vorzeitige, direkte oder indirekte Erwerb von stimmberechtigten Anteilsrechten oder Vermögenswerten einer anderen Person. Was mit „aquire" gemeint ist, wird in Sec. 7A Clayton Act nicht näher definiert. Allerdings besteht Einigkeit darüber, dass dem Konzept des „beneficial ownership" zentrale Bedeutung zukommt, das mit dem Zusammenschlussbegriff der FKVO offensichtlich nicht deckungsgleich ist; vgl. im Einzelnen BLUMENTHAL, 63 Antitrust L.J. 1, 35 ff. (1994-1995); MORSE, 57 Bus. Law. 1463, 1467 ff. (2001-2002); VIGDOR, Premerger Coordination (2006), 14 ff.

1980 Kommission, Entscheidung vom 18. Februar 1998, IV/M.920, *Samsung/AST*, Rn. 19: „Im Zusammenhang mit diesen politischen Erwägungen hat Samsung mehrfach auf andere Fusionskontrollsysteme hingewiesen, und zwar insbesondere auf die Politik, die die amerikanische Federal Trade Commission nach dem Hart-Scott-Rodino Antitrust Improvements Act von 1976 verfolgt. Die Schlüsse, die Samsung aus der amerikanischen Politik gezogen hat – falls seine Auslegungen korrekt sind – können jedoch nicht auf das gemeinschaftliche Fusionskontrollsystem übertragen werden, da die gesetzlichen Regelungen insbesondere in bezug auf die Anmeldung und die Stillhaltefristen unterschiedlich sind. Darüber hinaus ist unklar, ob die von Samsung unterlassene Anmelwerden drittstaatliche Vollzugsregelungen auch nicht näher in die folgenden Überlegungen einbezogen. Für Darstellungen zum Vollzugsverbot des US-Fusionskontrollrechts wird auf die bestehende Literatur Bezug genommen.[1981]

Keine Berücksichtigung finden nachfolgend auch die innerstaatlichen Vollzugsregelungen der EU-Mitgliedstaaten, wie sie zuletzt insbesondere in Deutschland,[1982] Frankreich[1983] und Österreich[1984] Gegenstand behördlicher bzw. gerichtlicher Entscheidungen waren. Denn zum einen wäre es methodisch zweifelhaft, Art. 7 FKVO im Lichte innerstaatlicher Rechtsvorschriften auszulegen.[1985] Zum anderen sind das Recht und die Praxis zum Vollzugsaufschub bei Zusammenschlüssen in den Mitgliedstaaten auch nicht weiter entwickelt als auf der EU-Ebene.[1986] Vielmehr orientieren sich die Mitgliedstaaten bei der Setzung und Anwendung innerstaatlichen

---

dung nach der amerikanischen Regelung als Ergebnis reiner Fahrlässigkeit angesehen worden wäre. Nach dem Hart-Scott-Rodino Act umfaßt der Begriff ‚Kontrolle' nämlich auch das vertraglich eingeräumte Recht, die Mehrheit der Boardmitglieder zu benennen."

1981 Siehe insbesondere Blumenthal, 63 Antitrust L.J. 1 (1994-1995); ders., The Rhetoric of Gun-Jumping (2005); Morse, 57 Bus. Law. 1463 (2001-2002); Vigdor, Premerger Coordination (2006); aus der deutschsprachigen Literatur Holzwarth, Vollzugsverbot (2014), 114 ff.; Rudowicz, Gun-Jumping (2016), 58 ff.

1982 Fall *Edeka/Kaiser's Tengelmann*; dazu BGH, Beschluss vom 14. November 2017, KVR 57/16, NZKart 2018, 91 ff.; Wagner/Neunzig, WuW 2018, 620 ff.; Klauss/dos Santos-Goncalves, EuZW 2018, 208 f.; Bunte, EWiR 2018, 191 f.; Herrlinger/Valdini, NZKart 2018, 308 ff.; Schnelle/Wyrembek, DB 2019, 2226, 2229 f.; vorausgegangen OLG Düsseldorf, Beschluss vom 26. Oktober 2016, VI-Kart 5/15 (V), NZKart 2017, 38 ff.; dazu Beck, NZKart 2017, 426 ff. Zu beachten ist, dass die Paralleldiskussion zum „teilweisen" Vollzug im Rahmen des § 41 Abs. 1 Satz 1 GWB wegen des Bestehens von Zusammenschlusstatbeständen teils weit (vgl. § 37 Abs. 1 Nr. 4 GWB) unterhalb der Kontrollschwelle weniger praxisrelevant ist als die zu Art. 7 Abs. 1 FKVO.

1983 Fall Fall *Altice/SFR & OTL*; dazu oben Fn. 1429. Dieser Fall ist nicht zu verwechseln mit dem Kommissionsfall M.7993, *Altice/PT Portugal*; dazu Kapitel 5 D.I.2.a.aa.(1)(p).

1984 Fall „*T*"; dazu OGH als Kartellobergericht, Beschluss vom 7. Dezember 2017, 16 Ok 2/17 f., NZKart 2018, 242; Hoffer/Lehr, NZKart 2018, 256 ff.

1985 Vgl. EuG, Urteil vom 26. Oktober 2017, Rs. T-704/14, *Marine Harvest/Kommission*, ECLI:EU:T:2017:753, Rn. 161. Zwar greift der EuGH bei der Interpretation des Unionsrechts bisweilen auch auf rechtsvergleichende Überlegungen zurück; allerdings betrifft dies regelmäßig nur die Auslegung des Primärrechts.

1986 Vgl. zum Vollzugsverbot des § 41 Abs. 1 GWB z.B. Mäger in: MK-GWB (2015), § 41 GWB Rn. 2 ff.

Rechts stark an der FKVO.[1987] Vor diesem Hintergrund wird das Vollzugskonzept des Art. 7 FKVO, wie es auch für den Kontrollbegriff des Art. 3 FKVO anerkannt ist,[1988] im Folgenden autonom, d.h. allein auf der Basis EU-wettbewerbsrechtlicher Überlegungen, entwickelt. Soweit dabei auf Begrifflichkeiten der deutschen Rechtspraxis zurückgegriffen wird, dient dies, wie schon im 1. Kapitel erläutert, allein dem besseren Verständnis und nicht dazu, deutsche Rechtskonzepte auf das EU-Recht zu übertragen. Auch für Darstellungen zum Vollzugsverbot des § 41 GWB wird daher auf die bestehende Literatur[1989] verwiesen.

2. Wortlaut des Art. 7 Abs. 1 FKVO („Zusammenschluss […] vollzogen")

Die Bestimmung des Verbotsinhalts muss an den in Art. 7 FKVO verwendeten Begrifflichkeiten ansetzen. Im Ausgangspunkt wird daher die Bedeutung der Begriffe „vollzogen"[1990] (einschließlich der Parallelbegriffe „vollziehen"[1991] und „Vollzug"[1992]) im allgemeinen und betriebswirtschaftlichen Sprachgebrauch beleuchtet (a.). Sodann wird der Begriff des „Zusammenschlusses" als Bezugspunkt des Vollzugsbegriffs in die Untersuchung einbezogen (b.).

a. Vollzugsbegriff (Art. 7 FKVO)

Nach Art. 7 Abs. 1 FKVO darf ein in den sachlichen Anwendungsbereich des Vollzugsverbots fallender Zusammenschluss nicht „vollzogen" (engl.: „implemented"; franz.: „réalisée") werden, bis er aufgrund einer tatsächlich erlassenen oder nach Art. 10 Abs. 6 FKVO fingierten Genehmigung

---

1987 Vgl. die Einfügung des Abs. 1a in § 41 GWB im Zuge der 8. GWB-Novelle.

1988 Vgl. Konsolidierte Mitteilung der Kommission zu Zuständigkeitsfragen (oben Fn. 95), Rn. 22 f.; Wessely/Wegner in: MK-EuWettbR (2020), Art. 3 FKVO Rn. 4.

1989 Siehe neben der umfangreichen Kommentarliteratur insbesondere Holzwarth, Vollzugsverbot (2014), 59 ff. und 204 ff. Zur jüngeren Entwicklung im Fall *Edeka/Kaiser's Tengelmann* oben Fn. 1982.

1990 Vgl. auch Art. 8 Abs. 4 Buchst. a und b, Abs. 5 Buchst. a bis c, Abs. 7 Buchst. a, Art. 22 Abs. 4 Unterabs. 1 S. 2 sowie den 31. Erwägungsgrund zur FKVO.

1991 Vgl. Art. 14 Abs. 2 Buchst. b und c FKVO.

1992 Vgl. Art. 4 Abs. 1 Unterabs. 1, die amtliche Überschrift zu Art. 7, Art. 7 Abs. 3 S. 3, Art. 8 Abs. 4 Spiegelstrich 1, Art. 14 Abs. 2 Buchst. a und die Erwägungsgründe 31, 33, 34 und 39 zur FKVO.

der Kommission für mit dem Binnenmarkt vereinbar erklärt worden ist. In Ermangelung einer Legaldefinition ist zunächst die vom Gesetzgeber in Art. 7 FKVO verwendete Terminologie näher zu betrachten. Dabei fällt auf, dass unter „Vollzug" (einschließlich der Verbformen „vollziehen" und „vollzogen") ganz Unterschiedliches verstanden werden kann. „Vollziehen" kann im Deutschen „verwirklichen", „in die Tat umsetzen" oder „ausführen" bedeuten.[1993] Ähnliches gilt für die englischen und französischen Parallelbegriffe. So kann das englische „to implement" im Sinne von „to give effect to", „to carry out", „to fulfil", „to complete" oder auch „to perform" zu verstehen sein.[1994] Ein ähnlich breites Bedeutungsspektrum hat der französische Begriff „réaliser", der neben „accomplir", „concrétiser", „effectuer", „exécuter", „achever" auch schlicht „faire" (zu Dt.: „machen") bedeuten kann.[1995]

Zwar ist den genannten Begriffen gemeinsam, dass sie verschiedene Verwirklichungszustände umschreiben. Wer etwas vollzieht, überführt etwas Abstraktes – einen Plan oder ein Projekt – in etwas Konkretes.[1996] Dem entspricht es, dass in der Literatur und Praxis zu Art. 7 FKVO häufig zwischen Vorbereitungs- und Umsetzungsmaßnahmen unterschieden und nur letzteren Vollzugscharakter zugebilligt wird.[1997] Jenseits dieser Grundidee hat der Begriff des „Vollzugs" im allgemeinen Sprachgebrauch aber keinen klaren Sinngehalt.[1998]

Auch im betriebswirtschaftlichen Sprachgebrauch kommt den Begriffen „Vollzug", „implementation", „réalisation" usw. keine einheitliche Bedeutung zu. In der M&A-Literatur wird unter dem „Vollzug" am Häufigsten noch das Closing verstanden.[1999] Wie im 2. Kapitel gezeigt wurde, ist

---

1993 Duden, Das Synonymwörterbuch (2006), 1018. Vgl. bereits oben Kapitel 1 A.I.2.

1994 The Chambers Dictionary (2003), 742. Vgl. insoweit die Erwägungen des Präsidenten des EuG im Verfahren des einstweiligen Rechtsschutzes im Fall *Aer Lingus/Kommission* (dazu oben Kapitel 5 D.I.2.b.bb.(1)).

1995 Le Petit Robert (2015), 2133.

1996 Vgl. Le Petit Robert, ebenda: „Faire exister à titre de réalité concrète (ce qui n'existait que dans l'esprit); faire correspondre une chose, un objet à (une possibilité, une idée, un mot)".

1997 Vgl. zur Literatur oben Kapitel 5 D.I.2.d.bb.(5); zur Praxis z.B. EuGH, Urteil vom 31. Mai 2018, Rs. C-633/16, *Ernst & Young/Konkurrencerådet*, ECLI:EU:C:2018:371, Rn. 49.

1998 So auch Wessely in: MK-EuWettbR (2020), Art. 7 FKVO Rn. 37.

1999 Vgl. statt vieler Engelhardt/von Maltzahn in: Holzapfel/Pöllath, Unternehmenskauf (2017), Rn. 1213; Stamer in: Knott, Unternehmenskauf (2017), Rn. 213.

das Closing als umfassender Abwicklungstermin aber kein notwendiger Bestandteil des Zusammenschlussprozesses. Hinzu kommt, dass mit dem Closing je nach Ausgestaltung im Einzelfall unterschiedliche Maßnahmen verbunden sein können.[2000]

Der Versuch, den Verbotsinhalt des Art. 7 Abs. 1 FKVO anhand einer grammatischen Auslegung des Vollzugsbegriffs zu konkretisieren, führt zu keinem brauchbaren Ergebnis.[2001] Hierzu bedarf es weiterer Überlegungen. Ein unverzichtbarer Ansatzpunkt für die Problemlösung liegt in der Berücksichtigung des Konzepts des „Zusammenschlusses", auf das sich der Vollzugsbegriff in Art. 7 Abs. 1 FKVO, aber auch an anderen Stellen in der FKVO, bezieht.

b. Zusammenschlussbegriff (Art. 3 FKVO)

Die Begriffe „Vollzug", „vollziehen" und „vollzogen" werden in der FKVO in verschiedenen Vorschriften und mehreren Erwägungsgründen gebraucht.[2002] Dabei finden sie nie isoliert, sondern stets i.V.m. dem Begriff des „Zusammenschlusses", Verwendung. Der Vollzugsbegriff ist daher in seinem Bezugspunkt, dem Zusammenschlussbegriff, auszulegen.[2003]

In Art. 7 FKVO wird der Zusammenhang mit dem Begriff des „Zusammenschlusses", der in Art. 3 FKVO legaldefiniert ist, vor allem an zwei Stellen deutlich. Zum einen bezieht sich das Partizip Perfekt „vollzogen" (engl.: „implemented"; franz.: „réalisée") in Art. 7 Abs. 1 FKVO auf das Substantiv „Zusammenschluss" (engl./franz.: „concentration"). Zum anderen wird in Art. 7 Abs. 2 FKVO auf den Erwerb der „Kontrolle im Sinne von Artikel 3", und damit auf das zentrale Merkmal des Zusammenschlussbegriffs der FKVO, Bezug genommen.

Betrachtet man den Wortlaut des Art. 3 Abs. 1 FKVO näher, fällt zunächst auf, dass dort nicht definiert wird, was ein Zusammenschluss „ist" oder wie ein Zusammenschluss „vollzogen" wird. Vielmehr trifft die Vorschrift eine Aussage dazu, wie ein Zusammenschluss „bewirkt" wird, nämlich durch eine dauerhafte Änderung der Kontrolle über ein Unternehmen im Wege der Fusion (Abs. 1 Buchst. a) oder des Kontroll-

2000 Vgl. oben Kapitel 2 B.II.1.a.ff und die dort zitierte Literatur.

2001 Vgl. insoweit wiederum EuGH, Urteil vom 31. Mai 2018, Rs. C-633/16, *Ernst & Young/Konkurrencerådet*, ECLI:EU:C:2018:371, Rn. 37 bis 39.

2002 Vgl. zu den relevanten Stellen oben Fn. 1990 bis 1992.

2003 Vgl. wiederum EuGH, Urteil vom 31. Mai 2018 (oben Fn. 2001), Rn. 43 f.

erwerbs (Abs. 1 Buchst. b) einschließlich der Gründung eines Vollfunktions-Gemeinschaftsunternehmens (Abs. 4). Somit stellt sich die Frage, ob das „Bewirken“ eines Zusammenschlusses nach Art. 3 Abs. 1 FKVO gleichbedeutend mit dessen „Vollzug“ im Sinne des Art. 7 FKVO sein soll. Dagegen scheint zu sprechen, dass der Unionsgesetzgeber in Art. 3 Abs. 1 („bewirkt“) und Art. 7 Abs. 1 FKVO („vollzogen“) verschiedene Begrifflichkeiten verwendet hat.[2004] Wie die nachstehende Tabelle zeigt, handelt es sich dabei auch nicht um ein Versehen innerhalb der deutschen Sprachfassung:[2005]

	Art. 3 Abs. 1 FKVO	Art. 7 Abs. 1 FKVO	Art. 7 Abs. 2 FKVO
Deutsch	„Ein Zusammenschluss wird dadurch *bewirkt*, dass eine dauerhafte Veränderung der *Kontrolle* in der Weise stattfindet, dass [...].“	„Ein Zusammenschluss [...] *vollzogen* werden [...].“	„[...] *Verwirklichung* von Vorgängen [...], bei denen die *Kontrolle* im Sinne von Artikel 3 [...] erworben wird [...].“
Englisch	„A concentration shall be deemed to *arise* where a change of *control* on a lasting basis results from [...].“	„A concentration [...] be *implemented* [...].“	„[...] *implementation* of [...], by which *control* within the meaning of Article 3 is acquired [...].“
Französisch	„Une concentration est réputée *réalisée* lorsqu'un changement durable du *contrôle* résulte [...].“	„Une concentration [...] être *réalisée* [...].“	„[...] *réalisation* d'[...], par lesquelles le *contrôle* au sens de l'article 3 est acquis [...].“
Spanisch	„Se entenderá que *se produce* una concentración cuando tenga lugar un cambio duradero del *control* como consecuencia de [...].“	„Una concentración [...] *ejecutarse* [...],“	„[...] *realizar* una [...], por las que el *control* en el sentido del artículo 3 sea adquirido [...].“

2004 Vgl. das Vorbringen von *Aer Lingus* zum Zusammenhang zwischen Art. 8 Abs. 4 und Art. 3 Abs. 1 FKVO im Verfahren vor dem EuG, wonach die Kommission zu Unrecht die Bedeutung von „vollzogen“ in Art. 8 Abs. 4 FKVO mit „Kontrolle begründet“ im Sinne von Art. 3 Abs. 2 FKVO gleichgesetzt habe, da sich diese Vorschrift nicht auf die „Begründung der Kontrolle“ beziehe, sondern nur das Wort „vollzogen“ verwende; dazu EuG, Beschluss vom 18. März 2008 (oben Fn. 1622), Rn. 73.

2005 Die Sprachfassungen der FKVO sind nach Art. 4 und 5 der Verordnung Nr. 1 zur Regelung der Sprachenfrage für die Europäische Wirtschaftsgemeinschaft (ABl. L 17/385 vom 6. Oktober 1958, in ihrer aktuellen Fassung) gleichermaßen verbindlich; dazu Wichard in: Calliess/Ruffert, EUV/AEUV (2016), Art. 342 AEUV Rn. 17 f.

	Art. 3 Abs. 1 FKVO	Art. 7 Abs. 1 FKVO	Art. 7 Abs. 2 FKVO
Italienisch	„*Si ha* una concentrazione quando si produce una modifica duratura del *controllo* a seguito […].“	„Una concentrazione [...] *essere realizzata* [...].“	„[…] *esecuzione* di […], per effetto delle quali si acquisisce il *controllo*, ai sensi dell'articolo 3 […].“

Tabelle 5: Vergleich ausgesuchter Vorschriften der FKVO in verschiedenen Sprachfassungen.

Von den untersuchten Sprachfassungen verwendet einzig die französische in beiden Bestimmungen dieselben Begrifflichkeiten. Auch die im deutschen Verordnungstext festzustellende Nähe zwischen den Begrifflichkeiten in Art. 7 Abs. 2 („Verwirklichung“) und Art. 3 Abs. 1 FKVO („bewirkt“) kann, wie in der rechten Spalte der Tabelle deutlich wird, über die insgesamt willkürlich anmutende Begriffsvielfalt nicht hinwegtäuschen.

Damit enthält die Vorschrift des Art. 3 Abs. 1 FKVO zwar keine Legaldefinition des Gesamtkonzepts „Vollzug eines Zusammenschlusses“; wohl aber ergeben sich aus ihr Hinweise auf den Zusammenschlussbegriff als Bezugspunkt des Vollzugsbegriffs in Art. 7 Abs. 1 FKVO. Unbestreitbarer Kern dieses Begriffs ist der Eintritt einer dauerhaften Kontrolländerung auf eine der in Art. 3 FKVO bezeichneten Arten.[2006] Jenseits dieser Erkenntnis wirft der Zusammenschlussbegriff der FKVO aber Unsicherheiten auf. So lässt sich ein Zusammenschluss, obwohl in Art. 3 FKVO legaldefiniert, je nach Blickwinkel als Zustand (aa.), Vorgang (bb.) oder auch Summe seiner „integralen Bestandteile“ (cc.) beschreiben. Wie zu zeigen sein wird, geht mit der Wahl des Blickwinkels bereits eine mehr oder minder starke Eingrenzung der Reichweite des Vollzugsverbots, und damit der potenziell verbotenen Maßnahmen, einher.[2007] Zugleich entscheidet der Blickwinkel darüber, inwieweit der Vollzugsbegriff als Korrektiv herangezogen werden muss, um ein Ausufern des Verbots zu vermeiden. Wie schon eingangs des 4. Kapitels erwähnt, geht es bei der Konkretisierung des Zusammenschlussbegriffs streng genommen eher um eine Frage des Anwendungsbereichs des Vollzugsverbots (nämlich in sachlich-gegenständlicher Hinsicht) als um eine solche des Verbotsinhalts. Wegen der

2006 Vgl. auch Konsolidierte Mitteilung der Kommission zu Zuständigkeitsfragen (oben Fn. 95), Rn. 7.

2007 Rudowicz, Gun-Jumping (2016), 196 f. erkennt dies zwar, lehnt die Vorgangsbetrachtung aber umgehend mit Verweis auf Art. 8 Abs. 4 FKVO (dazu sogleich) als „fernliegend und konstruiert“ ab.

engen Verbundenheit beider Fragen erfolgt die Konkretisierung jedoch erst an dieser Stelle.

aa. Zusammenschluss als Zustand

Die „Zustandsbetrachtung" ist typisch für die materiellrechtlichen Vorschriften der FKVO. Wie in Art. 2 Abs. 2 und 3 FKVO und – sprachlich noch klarer – im 6. und 24. Erwägungsgrund zum Ausdruck kommt, fragt die materielle Fusionskontrolle nach den Auswirkungen des Zusammenschlusses auf die Marktstruktur. Als relevante Änderung der Marktstruktur wird in Art. 3 FKVO der Eintritt einer dauerhaften Kontrolländerung im Wege der Fusion (Abs. 1 Buchst. a) oder des Kontrollerwerbs (Abs. 1 Buchst. b) einschließlich der Gründung eines Vollfunktions-Gemeinschaftsunternehmens (Abs. 4) definiert.

> „The Merger Regulation, similar to most merger control regimes, is designed to prevent the negative effects which are associated with changes in the competitive structure of the market. A structural change in the market is defined as a concentration under the Merger Regulation."[2008]

Dass die Kontrolländerung und die Marktstrukturveränderung nach dem gesetzgeberischen Konzept verschiedene Seiten ein- und derselben Medaille sind, wird auch im 20. Erwägungsgrund deutlich. Gegenstand der materiellen Zusammenschlussprüfung ist danach der Zusammenschluss als Zustand dauerhaft geänderter Kontrolle. Insoweit besteht eine Parallele zu der außer Kraft getretenen Vorschrift des Art. 66 § 5 Abs. 2 EGKSV.[2009]

Legt man dieses Zusammenschlusskonzept der Vorschrift des Art. 7 FKVO zugrunde, erscheint es folgerichtig, den Vollzug des Zusammenschlusses (ausschließlich) in der Erfüllung eines Zusammenschlusstatbestands, d.h. in der Bewirkung eines Zustands dauerhaft geänderter Kontrolle und möglicherweise dessen anschließender Aufrechterhaltung, nach hier verwendeter Terminologie also im „umfassenden" und möglicherweise auch im „weiteren" Vollzug, zu sehen. Entscheidend für einen Verstoß gegen das Vollzugsverbot ist dann, ob ein Verbotsadressat[2010] durch sein

---

2008 Fiebig, (1998) E.C.L.R. 323, 327.
2009 Dazu oben Kapitel 5 D.I.1.b.
2010 Dazu oben Kapitel 4 B.

Verhalten eine dauerhafte Kontrolländerung im Sinne des Art. 3 Abs. 1 FKVO bewirkt oder einen so geschaffenen Zustand aufrechterhält.

Nach diesem Verständnis ist der Inhalt des Vollzugsverbots durch den Zusammenschlussbegriff geprägt; dem Vollzugsbegriff kommt daneben keine entscheidende Bedeutung zu. Das Verbot des umfassenden Vollzugs erfasst die Maßnahme, die die Kontrolländerung unmittelbar bewirkt, bei mehreren, kumulativ erforderlichen Maßnahmen also die letzte. Worin diese Maßnahme im Einzelnen besteht, ist sekundär, entscheidend ist ihre unmittelbar kontrolländernde Wirkung. Maßnahmen des Zusammenschlussprozesses, die nicht unmittelbar eine dauerhafte Änderung der Kontrolle bewirken, sondern etwa vorbereiten, sind deshalb mit dem Vollzugsverbot vereinbar. Diese Sichtweise steht auch insoweit mit dem Wortlaut der FKVO im Einklang, als hiernach weder der Versuch des Vollzugs verboten ist[2011] noch, anders als bei Art. 101 Abs. 1 AEUV, das Handeln mit wettbewerbswidriger Zwecksetzung genügt.[2012]

Das dargestellte Vollzugskonzept rückt Verstöße gegen das Vollzugsverbot in die Nähe eines Deliktstypus, der in der deutschen Strafrechtslehre als „Erfolgsdelikt" bezeichnet wird.[2013] Dabei handelt es sich in Abgrenzung von den sogenannten „Tätigkeitsdelikten" um Deliktstatbestände, die verwirklicht werden, wenn der Täter einen von der Tathandlung abtrennbaren (Verletzungs- oder Gefährdungs-) Erfolg verursacht.[2014] Die Tathandlung selbst bedarf dabei keiner näheren Definition und kann in jedem dem Täter zurechenbaren Verhalten, ggf. auch einer Unterlassung, bestehen. Der Tatunwert ergibt sich bei den Erfolgsdelikten allein oder überwiegend aus der Herbeiführung des rechtlich missbilligten Erfolgs.

Auch in der Frage, ob sich der Verstoß gegen das Vollzugsverbot in der Bewirkung der dauerhaften Kontrolländerung erschöpft oder ob die anschließende Aufrechterhaltung des so geschaffenen Zustands weiterhin

---

2011 Ganz h.M., vgl. Schütz in: KK-KartR (2013), Art. 14 FKVO Rn. 20; Körber in: Immenga/Mestmäcker, WettbR/Bd. 3 (2020), Art. 14 FKVO Rn. 6; Fleischmann in: MK-EuWettbR (2020), Art. 14 FKVO Rn. 7; Meyer in: FK-KartR (97. EL 2020), Art. 14 FKVO Rn. 35.

2012 Vgl. nochmals Maass in: Langen/Bunte, EuKartR (2018), Art. 7 FKVO Rn. 10, der für das Vollzugsverbot auf die Unbeachtlichkeit subjektiver Absichten hinweist; dazu bereits oben Kapitel 5 D.I.2.d.cc.(2).

2013 Soweit im Folgenden auf Begriffe und Konzepte des deutschen Strafrechts hingewiesen wird, geschieht dies, um die Problematik des Deliktscharakters des Art. 7 Abs. 1 FKVO zu veranschaulichen. Dagegen werden aus den Begriffen und Konzepten keine Folgen für das EU-Recht abgeleitet. Dies wäre methodisch unzulässig (vgl. bereits oben Kapitel 5 D.II.1 sowie unten Fn. 2016).

2014 Roxin, Strafrecht AT I (2006), § 10 Rn. 102.

gegen das Vollzugsverbot verstößt, bestehen Parallelen zu anerkannten Konzepten des deutschen Strafrechts. So lassen sich Erfolgsdelikte nach deutscher Strafrechtslehre weiter in „Zustands"- und „Dauerdelikte" unterteilen.[2015] Während der Verbotstatbestand bei den Zustandsdelikten mit der Herbeiführung des Erfolgs abschließend erfüllt ist, ist er bei den Dauerdelikten damit zwar vollendet, so dass ebenfalls ein Rechtsverstoß vorliegt, kann aber durch anschließende Aufrechterhaltung des rechtswidrigen Zustands bis zu dessen Beendigung immer weiter erfüllt werden. Ähnliche, wenn auch vermutlich nicht identische Konzepte bestehen in anderen mitgliedstaatlichen Rechtsordnungen[2016] und, wie gesehen, im EU-Wettbewerbsrecht selbst, wo zwischen punktuellen (engl.: „instantaneous infringements") und dauerhaften Zuwiderhandlungen (engl.: „continuous infringements") unterschieden wird.[2017] Den Dauerdelikten nach deutschem Rechtsverständnis und den dauerhaften Zuwiderhandlungen nach EU-Recht ist gemeinsam, dass die Verjährungsfrist erst mit der Beendigung des Verstoßes, d.h. des rechtswidrigen Zustands, zu laufen beginnt.[2018]

bb. Zusammenschluss als Vorgang

In anderen Vorschriften der FKVO wird der Zusammenschluss dagegen erkennbar als (zielgerichteter) Vorgang verstanden. Die „Vorgangsbetrachtung" wird z.B. in Art. 5 Abs. 2 Unterabs. 2 FKVO, Art. 7 Abs. 2 FKVO,[2019] im 20. Erwägungsgrund und in der Konsolidierten Mitteilung zu Zustän-

---

2015 Roxin, ebenda, § 10 Rn. 105 f.

2016 Vgl. EuG, Urteil vom 12. Dezember 2012, Rs. T-332/09, *Electrabel/Kommission* (oben Fn. 1646), Rn. 210. Hier argumentierte *Electrabel* mit der offenbar im französischen Recht anerkannten Unterscheidung zwischen „infractions continues permanentes" und „infractions continues successives". Das EuG verwarf dieses Vorbringen mit der Begründung, dass die Kommission berechtigterweise vorgetragen habe, dass diese Unterscheidung im EU-Wettbewerbsrecht nicht anzuwenden sei (ebenda, Rn. 212 a.E.).

2017 EuG, Urteil vom 12. Dezember 2012, Rs. T-332/09, *Electrabel/Kommission*, ECLI:EU:T:2012:672, Rn. 212 (dazu bereits oben Kapitel 5 D.I.2.b.dd.(1)); Urteil vom 26. Oktober 2017, Rs. T-704/14, *Marine Harvest/Kommission*, ECLI:EU:T:2017:753, Rn. 304 (dazu bereits oben Kapitel 5 D.I.2.b.ee); zum Ganzen auch Baches Opi/Boitos, (2019) 10 JECLAP 269, 270.

2018 Siehe zum EU-Recht Art. 1 Abs. 2 S. 2 der Verordnung Nr. 2988/74 bzw. Art. 25 Abs. 2 S. 2 der Verordnung Nr. 1/2003.

2019 Dazu oben Kapitel 1 B.II.1.

digkeitsfragen[2020] deutlich. Sie erlaubt es, den Zusammenschluss in Annäherung an die durch Jemison/Sitkin[2021] beförderte „process perspective" der M&A-Literatur und -Praxis als „logische Abfolge notwendiger inhaltlicher Tätigkeiten, die in ihrer Gesamtheit zu einer ökonomisch und rechtlich abgeschlossenen Transaktion führen",[2022] zu verstehen und die einzelnen Maßnahmen des Zusammenschlussprozesses zum Betrachtungs- und Beurteilungsgegenstand zu machen. Insoweit besteht eine Parallele zu Art. 66 § 1 EGKSV.[2023]

Überträgt man dieses Zusammenschlussverständnis auf Art. 7 FKVO, bezieht sich das Vollzugsverbot auf den Zusammenschluss als Prozess. Dies bedeutet, dass alle Maßnahmen dieses Prozesses in den Anwendungsbereich des Vollzugsverbots fallen und für jede Maßnahme zu fragen ist, ob es sich um eine verbotene Vollzugs- oder eine erlaubte sonstige Maßnahme handelt. Der Vollzugsbegriff ist hier, anders als bei der Zustandsbetrachtung, das zentrale Merkmal des Verbotsinhalts und ein wichtiges Korrektiv und muss deshalb näher definiert werden. Für das Untersuchungsanliegen ist diese Sichtweise von Bedeutung, weil sie ohne Weiteres eine konzeptionelle Basis für die Anerkennung der Figur des „teilweisen" Vollzugs, d.h. des Vollzugs unterhalb der Schwelle zur dauerhaften Kontrolländerung,[2024] bietet.

Auch hier bestehen Parallelen zu Begriffen und Konzepten des deutschen Strafrechts. So rückt die Prozessperspektive das Vollzugsverbot in die Nähe der „Tätigkeitsdelikte". Als solche werden nach deutscher Dogmatik Deliktstatbestände bezeichnet, bei denen die Tatbestandserfüllung mit der Handlung selbst eintritt, ohne dass es auf die Verursachung eines hiervon abtrennbaren Erfolgs ankäme.[2025] Anders als bei den Erfolgsdelikten trägt die Tathandlung ihren Unwert hier sozusagen „in sich selbst". Eine Ausprägung der Tätigkeitsdelikte stellen nach diesem Rechtsverständnis die „abstrakten Gefährdungsdelikte"[2026] dar, mit denen der Gesetzge-

---

2020 Konsolidierte Mitteilung der Kommission zu Zuständigkeitsfragen (oben Fn. 95), Rn. 7 und 28. In Anlehnung an den 20. Erwägungsgrund kann ein „einziger" Zusammenschluss danach aus mehreren Erwerbsvorgängen bestehen; vgl. ebenda, Rn. 38 ff. sowie EuG, Urteil vom 23. Februar 2006, Rs. T-282/02, *Cementbouw/Kommission* (oben Fn. 1287), Rn. 104.

2021 Vgl. oben Fn. 628.

2022 Lucks/Meckl, Internationale M&A (2002), 54; vgl. oben Kapitel 2 B.

2023 Dazu oben Kapitel 5 D.I.1.b.

2024 Zum Begriff oben Kapitel 5 C.II.

2025 Roxin, Strafrecht AT I (2006), § 10 Rn. 102 f.

2026 Roxin, ebenda, § 11 Rn. 153.

ber typischerweise gefährliche Verhaltensweisen sanktioniert, ohne dass es im Einzelfall zu einem konkreten (Gefährdungs-) Erfolg kommen muss. Die Verhütung konkreter Gefahren ist hier lediglich gesetzgeberisches Motiv. Versteht man das Vollzugsverbot in diesem Sinne, stellt sich die Frage, welche Maßnahmen wegen ihrer typischen Gefährlichkeit verboten sein sollen. Dabei kann es sich auch um solche handeln, die für sich allein keine Kontrolländerung bewirken.

cc. Zusammenschluss als Gesamtheit „integraler Bestandteile"

In der Literatur und Praxis ist im Übrigen anerkannt, dass sich ein Zusammenschluss im Sinne des Art. 3 FKVO sachlich-gegenständlich auch als Gesamtheit seiner „integralen Bestandteile" beschreiben lässt.[2027] Das Konzept der integralen Bestandteile wurde aus dem Bestreben heraus geboren, den Zusammenschluss im Sinne des Art. 3 FKVO als originären Gegenstand der Fusionskontrolle von den sogenannten „Nebenabreden" abzugrenzen, die in Art. 6 Abs. 1 Buchst. b Unterabs. 2 und Art. 8 Abs. 1 Unterabs. 2, Abs. 2 Unterabs. 3 FKVO genannt sind.

2027 Ganz h.M., vgl. Kommission, Nebenabreden-Bekanntmachung (oben Fn. 1439), Rn. 10 und 28; EuG, Urteil vom 20. November 2002, Rs. T-251/00, *Lagardère u.a./Kommission* (oben Fn. 874), Rn. 77 f.; Stirnimann, Nebenabreden in der europäischen Fusionskontrolle (2000), 96 und 113 ff.; Lückenbach, Nebenabreden nach europäischem Fusionskontrollrecht (2003), 42 ff.; Fiebig in: Baudenbacher, Aktuelle Entwicklungen des Europäischen und Internationalen Wirtschaftsrechts (2004), 51, 65 f.; Körber in: Immenga/Mestmäcker, WettbR/Bd. 3 (2020), Art. 8 FKVO Rn. 37; Dittert in: Schröter/Jakob/Klotz/Mederer, EuWettbR (2014), Art. 8 FKVO Rn. 64; Käseberg in: Langen/Bunte, EuKartR (2018), Art. 8 FKVO Rn. 84; Rose/Bailey, Bellamy & Child, European Union Law of Competition (2013), Rn. 8.273; Conte in: Drauz/Jones, EU Competition Law, Mergers & Acquisitions (2012), Rn. 5.8 f.; Rudowicz, Gun-Jumping (2016), 203; kritisch Grabbe, Nebenabreden in der Europäischen Fusionskontrolle (2000), 91 ff.

(1) Konzept der „integralen Bestandteile“

(a) Grundlagen

Die h.M. unterteilt die in Zusammenhang mit Unternehmenszusammenschlüssen zu beurteilenden „Vereinbarungen“[2028] wie folgt:

Auf der einen Seite stehen die „integralen Bestandteile“ des Zusammenschlusses. Dabei handelt es sich nach der deutschen Sprachfassung der aktuellen (dritten) Nebenabreden-Bekanntmachung aus dem Jahr 2005[2029] um alle „für die Verwirklichung des eigentlichen Zwecks des Zusammenschlusses notwendigen Vereinbarungen“. In der englischen Sprachfassung ist von „agreements which carry out the main object of the concentration“, in der französischen von „accords qui exécutent l'objet principal de la concentration“ die Rede.[2030] Beispielhaft werden anschließend „Vereinbarungen über den Verkauf von Unternehmensteilen oder sonstigen Vermögenswerten“ genannt.[2031] In der ersten Nebenabreden-Bekanntmachung aus dem Jahr 1990 wurden die integralen Bestandteile – ähnlich wie heute noch in der englischen und französischen Sprachfassung – als „Hauptgegenstand“ bzw. „Wesenselement“ des Zusammenschlusses bezeichnet und „Vereinbarungen über die Herstellung einer wirtschaftlichen Einheit“ oder die „Herbeiführung der gemeinsamen Kontrolle“ als solche qualifiziert.[2032] In der Literatur werden in Anlehnung an die Kommission alle „genuin strukturverändernden“[2033] Vereinbarungen als integrale Bestandteile angesehen; dabei soll es sich um Vereinbarungen handeln, die die strukturelle Veränderung herbeiführen oder deren Eintritt oder Modalitäten regeln.[2034] Einigkeit besteht in der Literatur und Praxis bezüglich der materiellrechtlichen Behandlung integraler Bestandteile: Sie fallen in den sachlichen Anwendungsbereich der FKVO und bilden zusammen

---

2028 Zur Begriffskritik sogleich.

2029 Oben Fn. 1552.

2030 Kommission, Nebenabreden-Bekanntmachung (oben Fn. 1439), Rn. 10.

2031 Kommission, ebenda.

2032 Bekanntmachung der Kommission über Nebenabreden zu Zusammenschlüssen nach der Verordnung (EWG) Nr. 4064/89 des Rates vom 21. Dezember 1989 über die Kontrolle von Unternehmenszusammenschlüssen, ABl. C 203/5 vom 14. August 1990, Abschnitt II.4.

2033 Grabbe, Nebenabreden in der Europäischen Fusionskontrolle (2000), 92.

2034 Stirnimann, Nebenabreden in der europäischen Fusionskontrolle (2000), 96 und 113 ff.; Körber in: Immenga/Mestmäcker, WettbR/Bd. 3 (2020), Art. 8 FKVO Rn. 37.

mit sonstigen beurteilungsrelevanten Gesichtspunkten den eigentlichen Gegenstand der Kontrolle am Maßstab des Art. 2 FKVO.[2035]

Auf der anderen Seite stehen nach h.M. alle übrigen Vereinbarungen, die, ohne integrale Bestandteile zu sein, in einem Zusammenhang mit dem Zusammenschluss stehen und a priori in den sachlichen Anwendungsbereich des Art. 101 AEUV fallen. Diese wiederum lassen sich in zwei Untergruppen aufteilen, nämlich in Nebenabreden und sonstige Vereinbarungen.

Bei den Nebenabreden handelt es sich um wettbewerbsbeschränkende Vereinbarungen im Sinne des Art. 101 Abs. 1 AEUV, die zwar keine integralen Bestandteile des Zusammenschlusses, aber mit dessen Durchführung unmittelbar verbunden und für diese notwendig sind. Sie gelten nach Art. 6 Abs. 1 Buchst. b Unterabs. 2 und Art. 8 Abs. 1 Unterabs. 2, Abs. 2 Unterabs. 3 FKVO im Falle der Genehmigung des Zusammenschlusses als genehmigt. Dies bedeutet, dass sie keiner eigenständigen Beurteilung im Hinblick auf ihre wettbewerblichen Auswirkungen unterliegen,[2036] sondern bei Erfüllung der beiden Voraussetzungen der unmittelbaren Verbundenheit und Notwendigkeit die (positive) rechtliche Beurteilung des Zusammenschlusses akzessorisch teilen.[2037] Die Regelungen in Art. 6 Abs. 1 Buchst. b Unterabs. 2 und Art. 8 Abs. 1 Unterabs. 2, Abs. 2 Unterabs. 3 FKVO sind damit gleichzeitig Aufgreif- und Eingreiftatbestand.[2038] Wie schon oben gezeigt wurde, ist umstritten, inwieweit Vereinbarungen, die sich auf Vorgänge vor der Kontrolländerung im Sinne des Art. 3 FKVO beziehen, als Nebenabreden im Sinne der Art. 6 und 8 FKVO qualifiziert werden können.[2039] Dagegen sind alle anderen Vereinbarungen – also diejenigen, die weder integrale Bestandteile noch

---

2035 Nebenabreden-Bekanntmachung 1990 (oben Fn. 1439), Abschnitt II.4.; Stirnimann, Nebenabreden in der europäischen Fusionskontrolle (2000), 80 und 82; Lückenbach, Nebenabreden nach europäischem Fusionskontrollrecht (2003), 43; Fiebig in: Baudenbacher, Aktuelle Entwicklungen des Europäischen und Internationalen Wirtschaftsrechts (2004), 51, 65.

2036 Instruktiv dazu Stirnimann, ebenda, 79 ff.

2037 Damit hat der Unionsgesetzgeber die im Rahmen des Art. 85 EWGV (nunmehr Art. 101 AEUV) vom EuGH entwickelte Immanenzausnahme für die Fusionskontrolle in einer eigenständigen Ausprägung kodifiziert; zur Entstehungsgeschichte der Immanenzausnahme im EU-Wettbewerbsrecht näher Fiebig in: Baudenbacher, Aktuelle Entwicklungen des Europäischen und Internationalen Wirtschaftsrechts (2004), 51, 56 ff.

2038 Stirnimann, Nebenabreden in der europäischen Fusionskontrolle (2000), 72.

2039 Zur Kommissionspraxis oben Kapitel 5 D.I.2.a.bb.(1); zu den in der Literatur vertretenen Ansichten oben Kapitel 5 D.I.2.d.cc.(5)(b)(bb).

Nebenabreden sind[2040] – wettbewerbsrechtlich an Art. 101 AEUV und den Gruppenfreistellungsverordnungen zu beurteilen, ohne in den Genuss einer Privilegierung durch die FKVO kommen.[2041]

(b) Konkretisierung

Für Verwirrung sorgt dabei zunächst der Umstand, dass in der Literatur und Praxis sprachlich meist nicht hinreichend zwischen den integralen Bestandteilen selbst und den sich darauf beziehenden Maßnahmen differenziert wird. Will man die „Bestandteilsbetrachtung" für das Vollzugsverbot nutzbar machen, ist daher die folgende Konkretisierung wichtig:

- Integrale Bestandteile sind die Wesenselemente des Zusammenschlusses, die in einem unmittelbaren Zusammenhang mit der dauerhaften Kontrolländerung im Sinne des Art. 3 Abs. 1 FKVO stehen. Ein typischer integraler Bestandteil ist der Übergang eines kontrollbegründenden Anteilspakets, weil es die Einflussnahme auf die Geschäftstätigkeit eines anderen Unternehmens ermöglicht.
- Von den integralen Bestandteilen als solchen zu unterscheiden sind die Maßnahmen des Zusammenschlussprozesses, die sich auf integrale Bestandteile beziehen. Diese können z.B. regelnden, vorbereitenden, bewirkenden oder aufrechterhaltenden Charakter haben. Wenn die Kommission in der Nebenabreden-Bekanntmachung 2005 z.B. „Vereinbarungen über den Verkauf von Unternehmensteilen oder sonstigen Vermögenswerten" als integrale Bestandteile qualifiziert, meint sie damit genau genommen Maßnahmen, die eine Regelung bezüglich eines integralen Bestandteils, nämlich des Eigentumsübergangs an Vermögenswerten, treffen und daher Gegenstand der materiellrechtlichen Prüfung nach Art. 2 FKVO sind.

2040 Körber in: Immenga/Mestmäcker, WettbR/Bd. 3 (2020), Art. 8 FKVO Rn. 45 ff. unterteilt diese nochmals in den Zusammenschluss vorbereitende Vereinbarungen und solche, die nur bei Gelegenheit des Zusammenschlusses vorgenommen werden.

2041 Kommission, Nebenabreden-Bekanntmachung (oben Fn. 1439), Rn. 7; Fiebig in: Baudenbacher, Aktuelle Entwicklungen des Europäischen und Internationalen Wirtschaftsrechts (2004), 51, 66; Käseberg in: Langen/Bunte, EuKartR (2018), Art. 8 FKVO Rn. 86.

Überträgt man diese Sichtweise auf die Vorschrift des Art. 7 FKVO, erscheint es konsequent, den Vollzug in der *Bewirkung eines integralen Bestandteils*[2042] und möglicherweise auch in *dessen anschließender Aufrechterhaltung* zu sehen. Die „Bestandteilsbetrachtung" steht damit gewissermaßen zwischen der Zustands- und der Vorgangsbetrachtung.

Um das Konzept der integralen Bestandteile für die Bestimmung des Verbotsinhalts des Art. 7 Abs. 1 FKVO greifbar zu machen, bedarf es noch einer weiteren Konkretisierung. Dabei besteht im Ausgangspunkt das folgende Problem: Da die Kommission mit der zweiten Nebenabreden-Bekanntmachung im Jahr 2001 dazu übergegangen ist, in ihren Genehmigungsentscheidungen von der Prüfung einzelner Nebenabreden abzusehen und die Bewertung den beteiligten Unternehmen zu überlassen,[2043] ist die Entwicklung des Konzepts der Nebenabreden, und damit auch der integralen Bestandteile, in den letzten Jahren kaum mehr vorangekommen. Dennoch lässt sich das Institut der integralen Bestandteile so klar bestimmen, dass es für die Zwecke der vorliegenden Untersuchung operationalisiert werden kann.

So zeichnen sich die integralen Bestandteile eines Zusammenschlusses dadurch aus, dass sie in einem unmittelbaren Zusammenhang mit der dauerhaften Kontrolländerung im Sinne des Art. 3 Abs. 1 FKVO stehen. Dies ist in der Literatur gemeint, wenn den integralen Bestandteilen ein „genuin strukturverändernder" Charakter attestiert wird. Das Konzept der integralen Bestandteile ist wesentlich enger als das der Nebenabreden. Zwar zeichnen sich die Nebenabreden dadurch aus, dass sie mit der Durchführung eines Zusammenschlusses unmittelbar verbunden und für diese notwendig sind, jedoch genügt hierfür eine wirtschaftliche Verbundenheit.

> „Einschränkungen, die mit der Durchführung des Zusammenschlusses unmittelbar verbunden sind, sind in wirtschaftlicher Hinsicht mit der Unternehmensgründung verbunden und sollen einen reibungslosen Übergang zur neuen Unternehmensstruktur nach dem Zusammenschluss gewährleisten."[2044]

2042 Vgl. im Ansatz auch Rudowicz, Gun-Jumping (2016), 203, der den Gedanken allerdings nicht weiterverfolgt.

2043 Bekanntmachung der Kommission über Einschränkungen des Wettbewerbs, die mit der Durchführung von Unternehmenszusammenschlüssen unmittelbar verbunden und für diese notwendig sind, ABl. C 188/5 vom 4. Juli 2001, Rn. 2; ebenso Nebenabreden-Bekanntmachung 2005 (oben Fn. 1439), Rn. 2 ff.

2044 Nebenabreden-Bekanntmachung 2005 (oben Fn. 1439), Rn. 12.

Auch die Notwendigkeit wird bei den Nebenabreden wirtschaftlich verstanden:

> „Die Bestimmung, wonach Vereinbarungen ‚für die Durchführung des Zusammenschlusses notwendig' sein müssen, bedeutet, dass ohne sie der Zusammenschluss entweder gar nicht oder nur unter deutlich ungewisseren Voraussetzungen, zu wesentlich höheren Kosten, über einen spürbar längeren Zeitraum oder mit erheblich geringeren Erfolgsaussichten durchgeführt werden könnte. Für die Durchführung des Zusammenschlusses notwendige Vereinbarungen zielen in der Regel darauf ab, den übertragenen Vermögenswert zu erhalten, die Versorgungssicherheit nach Auflösung einer bestehenden wirtschaftlichen Einheit zu gewährleisten oder den Start eines neuen Unternehmens zu ermöglichen."[2045]

Demgegenüber bilden die integralen Bestandteile die *Substanz*, sozusagen die *„Bausteine"* der dauerhaften Kontrolländerung. Integraler Bestandteil ist jedenfalls der Übergang eines Anteilspakets oder Vermögenswerts, mit dem unmittelbar eine dauerhafte Kontrolländerung im Sinne des Art. 3 Abs. 1 FKVO einhergeht. Die darauf gerichteten Maßnahmen können – wie schon erwähnt – regelnden, vorbereitenden, bewirkenden oder aufrechterhaltenden Charakter haben, wobei nach dem hier vorgeschlagenen Konzept nur Maßnahmen, die einen integralen Bestandteil bewirken oder aufrechterhalten, als Vollzugsmaßnahmen eingeordnet werden können.

> Beispiel für regelnde Maßnahme: Abschluss eines Unternehmenskaufvertrags.
> Beispiel für vorbereitende Maßnahme: Herbeiführung der Closing-Bedingungen, wie z.B. der fusionskontrollrechtlichen Genehmigungen.
> Beispiel für bewirkende Maßnahme: Übertragung des kontrollbegründenden Anteilspakets.
> Beispiele für aufrechterhaltende Maßnahmen: Nichtveräußerung des kontrollbegründenden Anteilspakets; evtl. auch aktive Maßnahmen, wie z.B. Ausübung von Stimmrechten (dazu unten).

2045 Nebenabreden-Bekanntmachung 2005 (oben Fn. 1439), Rn. 13.

(2) Konzept des „einzigen" Zusammenschlusses

In der Praxis bestehen M&A-Projekte oft aus mehreren Einzeltransaktionen. In manchen Fällen bilden schon einzelne Transaktionen für sich genommen, in anderen Fällen erst mehrere Transaktionen zusammen genommen einen Zusammenschluss im Sinne des Art. 3 FKVO. Letzteres gilt für den sukzessiven Erwerb von Kontrollmitteln im Sinne des Art. 3 Abs. 2 FKVO.[2046] Der häufigste Unterfall ist der sukzessive Erwerb von Anteilen, bei dem oft erst mit dem Erwerb des letzten Anteilspakets die dauerhafte Kontrolle auf den Erwerber übergeht.

Für die Fälle des sukzessiven Erwerbs von Anteilen hat die Kommission das Konzept des „einzigen" Zusammenschlusses entwickelt, das später vom EuG im *Cementbouw*-Urteil[2047] anerkannt, vom Unionsgesetzgeber im 20. Erwägungsgrund zur FKVO 2004 verankert und von der Kommission in Rn. 38 ff. der Konsolidierten Mitteilung zu Zuständigkeitsfragen konkretisiert wurde. Nach diesem Konzept, das bereits vorgestellt wurde,[2048] werden mehrere Erwerbsvorgänge, die eng miteinander verknüpft sind, weil der eine aus rechtlichen oder wirtschaftlichen Gründen nicht ohne den anderen durchgeführt werden würde oder weil sie in Form einer Reihe von innerhalb eines kurzen Zeitraums getätigten Rechtsgeschäften mit Wertpapieren stattfinden, zu einem „einzigen" Zusammenschluss verklammert. Wie bereits gezeigt wurde, gilt das Konzept nicht nur für den sukzessiven Erwerb von Anteilen, sondern auch von Vermögenswerten, die in ihrer Gesamtheit ein Unternehmen oder einen Unternehmensteil bilden.[2049]

Versteht man unter den integralen Bestandteilen eines Zusammenschlusses die „Bausteine" der dauerhaften Kontrolländerung, fällt darunter in den Fällen des sukzessiven Erwerbs von Kontrollmitteln im Sinne des Art. 3 Abs. 2 FKVO[2050] nicht nur der unmittelbar die dauerhafte Kontrolländerung über ein Unternehmen oder einen Unternehmensteil begründende Erwerbsvorgang. Vielmehr können auch vorausgehende Erwerbsvorgänge, mit denen noch keine dauerhafte Kontrolländerung einhergeht, integrale Bestandteile und deren Bewirkung ein („teilweiser") Vollzug

---

2046 Zu dieser Fallgruppe allgemein oben Kapitel 5 C.II.1.

2047 EuG, Urteil vom 23. Februar 2006, Rs. T-282/02, *Cementbouw/Kommission* (oben Fn. 1287), Rn. 102 ff.

2048 Dazu bereits oben Kapitel 5 D.I.2.a.bb.(4).

2049 Dazu oben Kapitel 5 D.I.2.a.bb.(4).

2050 Dazu allgemein oben Kapitel 5 C.II.1.

im Sinne des Art. 7 Abs. 1 FKVO sein. Voraussetzung dürfte allerdings sein, dass das Kontrollmittel *dauerhaft* erworben wird. Nur dann bildet es einen „Baustein" des Zusammenschlusses. Das dürfte in der Regel für den Erwerb von Anteilen oder Vermögenswerten gelten, der Teil eines „einzigen", auf eine dauerhafte Kontrolländerung gerichteten Zusammenschlusses im Sinne des 20. Erwägungsgrundes zur FKVO ist. Hingegen stellt die lediglich *vorübergehende* Einräumung von Rechten, die zwar einen gewissen, aber keinen bestimmenden Einfluss auf die Tätigkeit eines Unternehmens im Sinne des Art. 3 Abs. 2 FKVO vermitteln, nach hier vertretener Auffassung keinen integralen Zusammenschlussbestandteil dar. Bedeutung hat dies für die in der M&A-Praxis verbreiteten „conduct of business"-Klauseln, die u.a. als Informations- Verhaltens-, Weisungs- oder Zustimmungsklauseln ausgestaltet sein können[2051] und denen gemeinsam ist, dass sie dem künftigen Kontrollsubjekt *im Zeitraum zwischen dem Signing und dem Closing* begrenzten Einfluss auf die Tätigkeit des künftigen Kontrollobjekts vermitteln, für den Fall des Scheiterns der Transaktion aber entfallen. Diese Klauseln können, wie die Kommission in der Nebenabreden-Bekanntmachung anmerkt, nach den hierfür geltenden Voraussetzungen aber Nebenabreden zum Zusammenschluss darstellen.

Das in den vorangegangenen Abschnitten vorgestellte Konzept der „integralen Bestandteile" kann daher in Verbindung mit dem Konzept des „einzigen" Zusammenschlusses dahingehend konkretisiert werden, dass bei Vorliegen der Verklammerungsvoraussetzungen jeder dauerhafte *Erwerb von Kontrollmitteln im Sinne des Art. 3 Abs. 2 FKVO* einen integralen Bestandteil des Zusammenschlusses darstellt. Auf der Maßnahmenebene kann man auch hier wieder zwischen regelnden, vorbereitenden, bewirkenden und aufrechterhaltenden Maßnahmen unterscheiden.

> Beispiele für regelnde Maßnahmen: Vereinbarung über den Erwerb der Kontrolle am Zielunternehmen durch zwei sukzessive Erwerbsvorgänge von 25% und 35% der Geschäftsanteile; Vereinbarung über den Erwerb der Kontrolle am Zielunternehmen durch sukzessive Übertragung mehrerer Vermögenswerte, die zusammen das Zielunternehmen bilden.
>
> Beispiel für vorbereitende Maßnahme: Konzerninterne Zusammenfassung der einzelnen Anteilspakete bzw. Vermögenwerte bei einer Gesellschaft der Veräußerergruppe, die die Anteilspakete bzw. Vermögenswerte später sukzessive auf den Erwerber übertragen soll.

2051 Dazu oben Kapitel 2 C.II.3.c.

Beispiel für bewirkende Maßnahme: Dingliche Übertragung der einzelnen Anteilspakete bzw. Vermögenswerte auf den Erwerber.
Beispiele für aufrechterhaltende Maßnahmen: Nichtveräußerung der erworbenen Anteile bzw. Vermögenswerte; evtl. auch Ausübung von Stimmrechten aus den Anteilen.

Im vorangegangenen Abschnitt wurde festgestellt, dass es nach der „Bestandteilsbetrachtung" konsequent erschiene, den Vollzug eines Zusammenschlusses in der Bewirkung eines integralen Bestandteils und möglicherweise außerdem in dessen Aufrechterhaltung zu sehen. Berücksichtigt man dabei das Konzept des „einzigen Zusammenschlusses", hat dies Bedeutung für die Reichweite des Vollzugsverbots beim sukzessiven Erwerb von Kontrollmitteln. Das Vorliegen der Verklammerungsvoraussetzungen vorausgesetzt, bedeutet es nämlich, dass jeder dauerhafte Erwerb von Kontrollmitteln unabhängig davon, ob mit ihm bereits die Kontrolle übergeht, als *integraler Bestandteil eines einzigen Zusammenschlusses* in den Anwendungsbereich des Vollzugsverbots fällt und daher grundsätzlich nicht ohne Genehmigung bewirkt werden darf. Erwirbt beispielsweise ein Unternehmen im Wege dreier sukzessiver Erwerbsvorgänge Anteile an einem anderen Unternehmen und geht erst mit dem Erwerb des dritten Anteilspakets die Kontrolle über, darf nach dieser Sichtweise bereits der erste Erwerbsvorgang nicht ohne Genehmigung bewirkt werden. Außerdem könnte die Nichtveräußerung der erworbenen Kontrollmittel oder das Gebrauchmachen hiervon einen („weiteren") Vollzug darstellen.

Diese Sichtweise hat sich bereits vereinzelt in der Praxis niedergeschlagen. So argumentierte *Marine Harvest* im Bußgeldverfahren[2052] gegenüber der Kommission, dass der erste Erwerbsvorgang untrennbar mit dem zweiten verbunden und damit „integral part of the ‚creeping and public takeover' of Morpol" gewesen sei.[2053] Ähnlich argumentierte *Aer Lingus* im Verfahren vor dem EuG.[2054] Der EuGH erkannte, wie gesehen, im Fall *Ernst & Young/Konkurrenceradet* das Institut des „teilweisen" Vollzugs

2052 Kommission, Entscheidung vom 23. Juli 2014, COMP/M.7184, *Marine Harvest/Morpol*, Rn. 93.

2053 Das Vorbringen zielte darauf ab, die einheitliche Geltung der Legalausnahme des Art. 7 Abs. 2 FKVO für alle Erwerbsvorgänge zu begründen. Es wurde von der Kommission nicht grundsätzlich verworfen, sondern im konkreten Fall als „misplaced" zurückgewiesen, weil schon mit dem ersten Erwerbsvorgang eine Kontrolländerung eingetreten sei. Vgl. ausführlich oben Kapitel 5 D.I.2.a.aa.(1)(o) mit Fußnoten 1408 und 1409.

2054 Vgl. EuG, Beschluss vom 18. März 2008, Rs. T-411/07 R, *Aer Lingus/Kommission*, ECLI:EU:T:2008:80, Rn. 72: „Aus Nr. 12 der Verbotsentscheidung gehe

an und betonte dabei die Bedeutung des 20. Erwägungsgrunds.[2055] Die Synthese der Konzepte der „integralen Bestandteile“ und des „einzigen“ Zusammenschlusses könnte schließlich auch der Urteilsbegründung des EuG im Fall *Aer Lingus/Kommission* ein dogmatisches Fundament verleihen, der zufolge „der Erwerb einer Beteiligung, die als solche nicht die Kontrolle im Sinne von Art. 3 der Fusionskontrollverordnung verleiht, in den Anwendungsbereich von Art. 7 dieser Verordnung fallen“ kann.[2056]

c. Zwischenergebnis: Bedeutung für das Vollzugskonzept

Obwohl in Art. 3 FKVO legaldefiniert, lässt sich unter einem Zusammenschluss je nach Betrachtungswinkel ein Zustand, ein Vorgang oder auch eine Gesamtheit integraler Bestandteile verstehen. Die verschiedenen Blickwinkel konkretisieren den im 4. Kapitel untersuchten sachlichen Anwendungsbereich des Vollzugsverbots in gegenständlicher Hinsicht in unterschiedlicher Weise. Mittelbar verbunden sind damit jeweils auch unterschiedlich starke Eingrenzungen der Maßnahmen, die unter das Verbot des Art. 7 Abs. 1 FKVO fallen können.

Versteht man einen Zusammenschluss nämlich als Zustand dauerhaft geänderter Kontrolle, besteht der Vollzug konsequenterweise in der Bewirkung einer dauerhaften Kontrolländerung im Sinne des Art. 3 Abs. 1 FKVO (Stichwort: „umfassender“ Vollzug“) und möglicherweise in deren Aufrechterhaltung (Stichwort: „weiterer“ Vollzug). Versteht man darunter hingegen einen Vorgang, fallen alle zu diesem Vorgang gehörenden Maßnahmen in den Anwendungsbereich des Vollzugsverbots und es ist für jede einzelne Maßnahme zu ermitteln, ob sie Vollzugscharakter hat. Gewissermaßen dazwischen liegt das Verständnis, dass es sich bei einem Zusammenschluss um eine Gesamtheit integraler Bestandteile handelt. Dem entspricht es dann, die Bewirkung eines integralen Bestandteils und möglicherweise dessen Aufrechterhaltung als Vollzug zu bewerten. Anders als die Zustandsbetrachtung, aber in engeren Grenzen als die Vorgangs-

---

klar hervor, dass die verschiedenen Transaktionen, auf die sie sich beziehe, integraler Bestandteil des verbotenen Zusammenschlusses seien.“

2055 EuGH, Urteil vom 31. Mai 2018, Rs. C-633/16, *Ernst & Young/Konkurrencerådet*, ECLI:EU:C:2018:371, Rn. 48; dazu bereits oben Kapitel 5 D.I.2.b.ff und Kapitel 5 D.I.2.b.gg.(2).

2056 EuG, Urteil vom 6. Juli 2010, Rs. T-411/07, *Aer Lingus/Kommission*, ECLI:EU:T:2010:281, Rn. 83; dazu bereits oben Kapitel 5 D.I.2.b.bb.(2) und Kapitel 5 D.I.2.b.gg.(2).

betrachtung, erlaubt die Bestandteilsbetrachtung die Erfassung von Maßnahmen unterhalb der Schwelle zur dauerhaften Kontrolländerung. Dies ergibt sich daraus, dass die Bewirkung eines integralen Bestandteils, wie z.B. der Erwerb einer Minderheitsbeteiligung im Rahmen eines „einzigen“ Zusammenschlusses, vor der Kontrolländerung nach der Bestandteilsbetrachtung als „teilweiser“ Vollzug eingestuft werden kann.

Wie gezeigt, sind alle vorgestellten Zusammenschlussverständnisse in der FKVO angelegt. Offen bleibt, welches Verständnis speziell der Vorschrift des Art. 7 FKVO zugrunde liegt und was dies im Einzelnen für den Verbotsinhalt bedeutet. Hier führen die bisherigen, eng am Vollzugs- und Zusammenschlussbegriff orientierten Überlegungen nicht weiter. Um den Inhalt des Vollzugsverbots weiter zu konkretisieren, sind der Regelungszusammenhang des Art. 7 FKVO (3.) und der Regelungszweck des Art. 7 Abs. 1 FKVO (4.) genauer zu betrachten.

3. Regelungszusammenhang des Art. 7 FKVO

In systematischer Hinsicht wurde bereits die enge Beziehung zwischen Art. 7 FKVO und Art. 3 FKVO festgestellt, die auch der EuGH im Fall *Ernst & Young/Konkurrenceradet* betont hat. Im Folgenden werden die systematischen Aspekte weiter vertieft. Dabei wird zunächst der innere Regelungszusammenhang des Art. 7 FKVO, d.h. das Verhältnis der einzelnen Absätze des Art. 7 FKVO zueinander (a.), und dann der äußere Regelungszusammenhang, d.h. das Verhältnis des Art. 7 FKVO zu sonstigen Vorschriften der FKVO (b.), behandelt.

a. Innerer Regelungszusammenhang (Regel-Ausnahme-Prinzip)

Betrachtet man die Vorschrift des Art. 7 FKVO in ihrer Gänze, wird deutlich, dass die Normstruktur in den Abs. 1 bis 3 durch ein Regel-Ausnahme-Prinzip geprägt ist. Die Grundnorm des Abs. 1 verbietet den Vollzug eines Zusammenschlusses aus Gründen des Wettbewerbsschutzes generell, solange er nicht von der Kommission genehmigt wurde oder als genehmigt gilt. Die Abs. 2 und 3 sehen hiervon im Interesse der am Zusammenschluss beteiligten Unternehmen sowie Dritter Ausnahmen vor, die sich im Fall des Abs. 2 unmittelbar aus der Verordnung ergeben und im Fall des Abs. 3 im Einzelfall durch die Kommission angeordnet werden können. Das Regel-Ausnahme-Prinzip hat nach hier vertretener Auffassung in zweifacher Hinsicht Konsequenzen für den Inhalt des Vollzugsverbots nach Art. 7 Abs. 1 FKVO.

Zum einen spricht das Regel-Ausnahme-Prinzip gegen eine Berücksichtigung der individuellen Interessen der am Zusammenschluss beteiligten Unternehmen sowie Dritter *im Rahmen des Abs. 1*. So sind die unternehmerischen Interessen in Abs. 1 nicht erwähnt. Auch im Übrigen enthält Abs. 1 keine Tatbestandsmerkmale, die als „Einfallstor" für die Berücksichtigung unternehmerischer Interessen geeignet erscheinen. Eine Berücksichtigung solcher Interessen im Rahmen des Verbotstatbestands des Abs. 1 würde sich stattdessen am Gesamtgefüge des Art. 7 FKVO stoßen: Eine der wenigen klaren „Leitplanken" dieses Artikels ist die Trennung zwischen dem Vollzugsverbot in Abs. 1 und den Ausnahmen in Abs. 2 und 3. Der Vollzug des Zusammenschlusses ist nach Abs. 1 aus den im 1. Kapitel erörterten, wettbewerbspolitischen Gründen generell verboten. Ein Ausgleich mit den unternehmerischen Interessen, also z.B. mit der Zielsetzung der betreffenden Maßnahmen und den im 2. Kapitel behandelten Nachteilen eines Maßnahmenaufschubs wird durch die Ausnahmevorschriften in Abs. 2 und 3 ermöglicht. Dabei stellt insbesondere die Freistellungsmöglichkeit nach Abs. 3 mit ihrem Feinsteuerungspotenzial ein flexibles Instrument dar, durch das Individualinteressen im Einzelfall gezielt Vorrang eingeräumt werden kann.[2057] Diese Vorschrift würde ihre praktische Wirksamkeit[2058] weitgehend verlieren, würde man die unternehmerischen Interessen an einem raschen Vollzug des Zusammenschlusses bereits im Rahmen des Abs. 1 berücksichtigen.[2059]

2057 Vgl. oben Kapitel 3 B.III.3.b.dd.

2058 Vgl. zum Effet utile im EU-Wettbewerbsrecht allgemein Roth, WRP 2013, 257 ff.; zur Berücksichtigung des Effet utile bei der Auslegung von Art. 7 FKVO (wenn auch hinsichtlich eines anderen Aspekts) EuGH, Urteil vom 31. Mai 2018, Rs. C-633/16, *Ernst & Young/Konkurrencerådet*, ECLI:EU:C:2018:371, Rn. 47.

2059 Etwas anderes würde gelten, falls primärrechtliche Vorschriften eine einschränkende Auslegung des Vollzugsbegriffs erzwingen würden. In Betracht kommen vor allem die Unionsgrundrechte, die nach dem 36. Erwägungsgrund zur FKVO bei der Auslegung und Anwendung der FKVO zu berücksichtigen sind. Wie im 2. Kapitel ausgeführt wurde, kann das Vollzugsverbot das Interesse der den Zusammenschluss betreibenden Unternehmen an einem verzögerungsfreien Prozess beeinträchtigen. Im 3. Kapitel wurde gezeigt, dass die Vorschrift des Art. 7 Abs. 1 FKVO insoweit mit den Unionsgrundrechten vereinbar ist, als sie die Bewirkung einer dauerhaften Kontrolländerung im Sinne des Art. 3 Abs. 1 FKVO untersagt. Ein wichtiger Abwägungsgesichtspunkt war der Umstand, dass die Kontrolländerung erfahrungsgemäß das auslösende Ereignis für eine ganze Reihe von Rückabwicklungsschwierigkeiten

Zum anderen spricht das Regel-Ausnahme-Prinzip in Art. 7 FKVO gegen eine konkrete Beurteilung der wettbewerblichen Auswirkungen des Vollzugs im Rahmen des Abs. 1. Nach Abs. 3 S. 3 beschließt die Kommission über Freistellungsanträge „unter besonderer Berücksichtigung [...] der möglichen Gefährdung des Wettbewerbs durch den Zusammenschluss." Daraus folgt zwar nicht, dass die Frage der Wettbewerbsgefährdung im Rahmen des Abs. 1 keine Rolle spielen würde. Allerdings ist die Betrachtung in Abs. 1 *abstrakter* Natur. Wie schon im 1. Kapitel gezeigt wurde, ist der Vollzug nach Abs. 1 pauschal wegen der sich aus der Erfüllung der Aufgreifkriterien ergebenden, potenziellen Gefährlichkeit des Vorhabens für den Wettbewerb verboten.[2060] Eine konkrete Beurteilung der Vollzugsfolgen für den Wettbewerb findet innerhalb des Art. 7 FKVO nur im Rahmen des Abs. 3 statt.

b. Äußerer Regelungszusammenhang

Zur Konkretisierung des Verbotsinhalts ist auch der äußere Regelungszusammenhang des Art. 7 FKVO in die Betrachtung einzubeziehen. Das Verhältnis zwischen Art. 3 und Art. 7 FKVO wurde bereits erörtert. Zu untersuchen bleibt, inwieweit sonstige Vorschriften bzw. Prinzipien der FKVO den Verbotsinhalt des Art. 7 Abs. 1 FKVO beeinflussen.

aa. Art. 4 Abs. 1 Unterabs. 1 FKVO („nach [...] Erwerb einer die Kontrolle begründenden Beteiligung und vor ihrem Vollzug")

Wie gesehen, wird der Vorschrift des Art. 4 Abs. 1 Unterabs. 1 FKVO in Teilen der Literatur Bedeutung für die Bestimmung des Inhalts des Vollzugsverbots zugeschrieben. Grund hierfür ist, dass diese Norm eine Pflicht zur Anmeldung von Zusammenschlüssen *„nach* Vertragsabschluss, Veröffentlichung des Übernahmeangebots oder *Erwerb einer die Kontrolle*

ist. Offen blieb, ob das Vollzugsverbot auch dann mit den Grundrechten vereinbar wäre, wenn man es als „Teilvollzugs-Verbot" versteht, das auch Maßnahmen unterhalb der Schwelle zur dauerhaften Kontrolländerung erfasst. Die Festlegung in dieser Frage dürfte davon abhängen, ob durch die „teilweisen" Vollzugsmaßnahmen Rückabwicklungsschwierigkeiten drohen, die nach Art und Intensität mit denjenigen vergleichbar sind, die typischerweise mit einer Kontrolländerung einhergehen. Hierauf wird später eingegangen.

2060 Vgl. insbesondere oben Kapitel 1 B.I.2.d.

begründenden Beteiligung und vor ihrem Vollzug"[2061] formuliert und somit die Auslegung zulässt, dass der Erwerb einer die Kontrolle begründenden Beteiligung im Sinne des Art. 3 Abs. 1 Buchst. b FKVO nicht nur in den Fällen öffentlicher oder „schleichender" Übernahmen, für die die Bestimmung des Art. 7 Abs. 2 FKVO gilt, vom Vollzugsverbot ausgenommen ist, sondern ganz allgemein keinen Vollzug begründe. Auf dieser Grundlage vertrat ABLASSER-NEUHUBER bis zur 2. Auflage des Kommentars von Loewenheim u.a. die Auffassung, dass der Erwerb einer die Kontrolle begründenden Beteiligung „idR" keinen Vollzug im Sinne des Art. 7 Abs. 1 FKVO darstelle. Zurückhaltender äußern sich bis heute COOK/KERSE,[2062] die das Merkmal des Erwerbs einer die Kontrolle begründenden Beteiligung in Art. 4 Abs. 1 Unterabs. 1 FKVO als Auffangkategorie begreifen und solche Vorgänge nur dann – aber immerhin – vom Vollzugsverbot ausnehmen, wenn keines der beiden anderen Merkmale erfüllt ist, d.h. weder ein Vertrag geschlossen noch ein öffentliches Übernahmeangebot abgegeben wird.

Zur Lösung der Problematik gilt es zunächst zu beachten, dass Art. 4 FKVO unmittelbar nur die Anmeldung und nicht den Vollzug von Zusammenschlüssen regelt. Es erschließt sich daher nicht unmittelbar, warum sie Einfluss auf den Inhalt des Vollzugsverbots haben sollte. Allerdings sind solche Wechselwirkungen auch nicht ausgeschlossen, wie die Regelung des Art. 7 Abs. 2 Buchst. a FKVO zeigt, die nach allgemeiner Auffassung nicht nur die Modalitäten der Ausnahme vom Vollzugsverbot regelt, sondern auch den Eintritt der Anmeldepflicht verzögert. Weiter ist darauf hinzuweisen, dass in der Aufzählung des Art. 4 Abs. 1 Unterabs. 1 FKVO nicht der „Erwerb der Kontrolle über ein anderes Unternehmen", sondern der „Erwerb einer die Kontrolle begründenden Beteiligung" genannt wird. Das Problem der Konkordanz dieser Vorschrift mit dem Vollzugsverbot stellt sich also von vornherein nur im Hinblick auf Fälle, in denen die Kontrolle an einem Unternehmen auf dem Beteiligungsweg erworben wird, nicht aber beispielsweise für Asset Deals. Sodann ist COOK/KERSE aus historischer Sicht Recht zu geben, dass es sich bei der Fallgruppe des „Erwerb[s] einer die Kontrolle begründenden Beteiligung" in Art. 4 Abs. 1 Unterabs. 1 FKVO um eine Auffangkategorie handelt. Denn in Art. 4 Abs. 1 FKVO 1989/1997 war der „Vollzug" zunächst gar nicht genannt. Die Vorschrift lautete bis zur zweiten FKVO-Revision im Jahr 2004 folgendermaßen:

2061 Hervorhebungen vom Verfasser.

2062 Zu beiden Ansichten näher oben Kapitel 5 D.I.2.d.cc.(1).

> „Zusammenschlüsse von gemeinschaftsweiter Bedeutung im Sinne dieser Verordnung sind innerhalb einer Woche nach dem Vertragsabschluß, der Veröffentlichung des Kauf- oder Tauschangebots oder des Erwerbs einer die Kontrolle begründenden Beteiligung bei der Kommission anzumelden. Die Frist beginnt mit der ersten der vorgenannten Handlungen."

Ergänzt wurde sie durch das Vollzugsverbot, das in seiner Ursprungsfassung anordnete, dass Zusammenschlüsse

> „[...] weder vor der Anmeldung noch während der auf die Anmeldung folgenden drei Wochen [...]"

vollzogen werden durften. Da den meisten Zusammenschlüssen damals wie heute ein Vertrag oder ein öffentliches Übernahmeangebot zugrunde liegt, hatte das Merkmal des „Erwerb[s] einer die Kontrolle begründenden Beteiligung" für die Anmeldepflicht schon beim Inkrafttreten der ersten FKVO nur begrenzte Bedeutung.[2063] Offen bleibt, worin diese Bedeutung heute besteht und was daraus für das Vollzugsverbot folgt.

Zur Lösung ist daran zu erinnern, dass die drei Ereignisse „Vertragsabschluss, Veröffentlichung des Übernahmeangebots oder Erwerb einer die Kontrolle begründenden Beteiligung", wie im 1. Kapitel erläutert,[2064] mit der zweiten FKVO-Revision 2004 ihre ursprüngliche Funktion, das Auslösen der Wochenfrist für die Anmeldung, verloren haben. Einzig relevantes Kriterium für das Bestehen einer Anmeldepflicht ist heute der in Art. 4 Abs. 1 Unterabs. 1 FKVO ebenfalls genannte „Vollzug". Zwar werden die drei Ereignisse in der Literatur und Praxis hilfsweise noch zur Bestimmung des Stichtags für die Kommissionszuständigkeit[2065] herangezogen. Allerdings ändert dies nichts daran, dass es sich um ein seiner eigentlichen Funktion beraubtes *Rudiment* handelt. Als solches sollte das Merkmal des „Erwerb[s] einer die Kontrolle begründenden Beteiligung" nicht zur Klärung der Frage herangezogen werden, wie eine der zentralen Vorschriften der FKVO, das Vollzugsverbot, in ihrem Kern auszulegen ist. Der genannten Formulierung in Art. 4 Abs. 1 Unterabs. 1 FKVO sollte daher keine Bedeutung für die Auslegung des Vollzugsverbots beigemessen werden.

2063 Vgl. schon ALBERS in: Schwerpunkte des Kartellrechts 1990/91 (1992), 99, 112.
2064 Dazu oben Kapitel 1 A.III.1.b.aa und Kapitel 1 B.II.1.e.
2065 Vgl. oben Fn. 95.

bb. Art. 22 Abs. 4 Unterabs. 1 S. 2 FKVO („soweit […] noch nicht vollzogen")

Art. 22 Abs. 4 Unterabs. 1 S. 2 FKVO regelt die sachlich-zeitliche Geltung des Vollzugsverbots in Verweisungsfällen nach Art. 22 FKVO, d.h. für Verweisungen von Zusammenschlüssen ohne EU-weite Bedeutung an die Kommission auf Betreiben von Mitgliedstaaten nach erfolgter Anmeldung.[2066] Danach findet Art. 7 Abs. 1 FKVO in solchen Fällen Anwendung,

> „[…] *soweit* der Zusammenschluss zu dem Zeitpunkt, zu dem die Kommission den beteiligten Unternehmen mitteilt, dass ein Antrag eingegangen ist, noch nicht vollzogen worden ist."[2067]

Wie bereits gezeigt wurde, hat die im Wörtchen „soweit" (engl.: „to the extent that"; franz.: „pour autant que") enthaltene Beschränkung einen zeitlichen und einen gegenständlichen Aspekt.[2068] In zeitlicher Hinsicht stellt sie klar, dass das Vollzugsverbot in solchen Fällen ohne Rückwirkung eintritt. In gegenständlicher Hinsicht zeigt sie, dass ein Zusammenschluss zum Zeitpunkt des Eintritts des Vollzugsverbots bereits in gewissem Umfang vollzogen worden sein kann. Fraglich ist, ob darin eine Anerkennung des „teilweisen" Vollzugs in dem zu Beginn dieses Kapitels definierten Sinne liegt, ob daraus also folgt, dass Maßnahmen unterhalb der Schwelle zur dauerhaften Kontrolländerung „Vollzug" im Sinne des Art. 7 FKVO sein können.

Die Erwägungen des 4. Kapitels haben gezeigt, dass das Wörtchen „soweit" in Art. 22 Abs. 4 Unterabs. 1 S. 2 FKVO auch dann Sinn macht, wenn man unter „Vollzug" im Sinne des Art. 7 FKVO ausschließlich das Bewirken einer Kontrolländerung gemäß Art. 3 FKVO (und ggf. deren Aufrechterhaltung) versteht und die Figur des „teilweisen" Vollzugs im hier verstandenen Sinne ablehnt. Dies gilt jedenfalls für Fälle, in denen mehrere Vorhaben, die grundsätzlich eigenständige Zusammenschlüsse im Sinne des Art. 3 FKVO bilden, so miteinander verbunden sind, dass sie fusionskontrollrechtlich als ein „einziger" Zusammenschluss im Sinne des 20. Erwägungsgrunds zur FKVO behandelt werden. Beispielhaft wurde bereits der Fall genannt, dass das Unternehmen A durch drei miteinander verknüpfte Erwerbsvorgänge die Kontrolle an den Unternehmen B,

---

2066 Dazu allgemein oben Kapitel 4 A.II.2.b.
2067 Hervorhebung vom Verfasser.
2068 Dazu oben Kapitel 4 A.II.2.b.bb.(1)(c).

C und D übernimmt und der Kontrollerwerb an B zum Zeitpunkt der Mitteilung des Verweisungsantrags nach Art. 22 Abs. 2 Unterabs. 1 FKVO bereits abgeschlossen ist, wohingegen die Kontrolle an C und D noch nicht erlangt wurde.[2069] In solchen Fällen würde das Vollzugsverbot der FKVO eingreifen, „soweit" der (Gesamt-) Zusammenschluss noch nicht vollzogen wurde, d.h. hinsichtlich des Kontrollerwerbs an C und D. So verstanden, sagt die Regelung des Art. 22 Abs. 4 Unterabs. 1 S. 2 FKVO nichts zum „teilweisen" Vollzug im hier verstandenen Sinne aus. Aus ihr folgt daher nicht, dass Maßnahmen unterhalb der Schwelle zur Kontrolländerung Vollzugsmaßnahmen im Sinne des Art. 7 FKVO sein könnten oder müssten.

cc. Art. 8 Abs. 4 und 5 FKVO („Zusammenschluss [...] vollzogen")

Da die Begriffe „Vollzug", „vollziehen" und „vollzogen" auch an anderer Stelle in der FKVO Verwendung finden,[2070] stellt sich die Frage, ob die dort entwickelten Maßgaben zur Konkretisierung des Verbotsinhalts des Art. 7 FKVO herangezogen werden können. Dies gilt insbesondere für die Festlegungen der Kommission im Fall *Ryanair/Aer Lingus*,[2071] die anschließend vom EuG in der Rechtssache *Aer Lingus/Kommission*[2072] bestätigt wurden. Danach soll ein vollzogener Zusammenschluss für die Zwecke der Art. 8 Abs. 4 und 5 FKVO nur vorliegen, wenn eine dauerhafte Veränderung der Kontrolle nach Art. 3 FKVO stattgefunden hat. Hingegen soll der Erwerb einer nicht kontrollbegründenden Beteiligung keinen Vollzug im Sinne des Art. 8 Abs. 4 und 5 FKVO darstellen, so dass die Kommission in einem solchen Fall auch keine Maßnahmen nach Art. 8 Abs. 4 und 5 FKVO anordnen kann.

Übertragen auf Art. 7 FKVO würde dies bedeuten, dass nur der „umfassende" Vollzug, d.h. die Bewirkung einer dauerhaften Kontrolländerung im Sinne des Art. 3 FKVO, und ggf. deren Aufrechterhaltung, gegen das Vollzugsverbot verstieße. Der „teilweise" Vollzug durch Maßnahmen unterhalb der Schwelle zur dauerhaften Kontrolländerung wäre kein Vollzug im Sinne des Art. 7 Abs. 1 FKVO. Unterstellt man die Festlegungen des

2069 Vgl. auch Konsolidierte Mitteilung der Kommission zu Zuständigkeitsfragen (oben Fn. 95), Rn. 44.
2070 Vgl. nochmals Fn. 1990 bis 1992.
2071 Dazu oben Kapitel 5 D.I.2.a.aa.(3)(b).
2072 Dazu oben Kapitel 5 D.I.2.b.bb.

EuG in der Rechtssache *Aer Lingus/Kommission* zum Vollzugsbegriff der repressiven Fusionskontrolle, d.h. zur Ablehnung des Konzepts des „teilweisen" Vollzugs im Rahmen des Art. 8 Abs. 4 und 5 FKVO, als richtig, spricht der Kohärenzgedanke dafür, dass „Teilvollzugsmaßnahmen" auch nicht durch das vorläufige Vollzugsverbot des Art. 7 Abs. 1 FKVO erfasst sein sollten.[2073]

dd. Grundsatz der präventiven Fusionskontrolle (Erlaubnisvorbehalt)

Wie im 1. Kapitel gezeigt wurde, hat der Unionsgesetzgeber die FKVO nach einem bestimmten Verfahrensprinzip ausgestaltet, das im deutschen Verwaltungsrecht als „Verbot mit Erlaubnisvorbehalt" bezeichnet wird und im Wettbewerbsrecht als System der „präventiven Fusionskontrolle" (engl.: „ex ante control"; franz.: „contrôle à priori") weltweit Verbreitung gefunden hat.[2074] Der Erlaubnisvorbehalt der FKVO drückt sich im Vollzugsverbot des Art. 7 Abs. 1 FKVO aus, nach dem die in den sachlichen Anwendungsbereich der Vorschrift fallenden Zusammenschlüsse nicht ohne Genehmigung vollzogen werden dürfen.[2075]

Charakteristisch für dieses Prinzip ist die Unterscheidung zwischen formeller und materieller Illegalität. Wie schon erläutert, mögen Zusammenschlüsse, die nach Art. 2 Abs. 2 FKVO mit dem Binnenmarkt vereinbar sind, materiell legal sein; formell bleiben sie nach Art. 7 Abs. 1 FKVO bis zur Genehmigung illegal.[2076] Damit einher geht ein Stufenverhältnis zwischen vorläufig-abstrakter Kontrolle nach Art. 7 Abs. 1 FKVO und endgültig-konkreter Kontrolle nach Art. 2 FKVO,[2077] welches das Vollzugsverbot als Hilfsinstrument der materiellen Kontrolle erscheinen lässt.[2078] Dieses Stufenverhältnis und die einheitliche Bezugnahme beider Normen auf

---

2073 In diesem Sinne die Ausführungen des Präsidenten des EuG im Beschluss vom 18. März 2008 in der Sache *Aer Lingus Kommission* (oben Fn. 1622), Rn. 98; Rudowicz, Gun-Jumping (2016), 183 f. Anders, wenn auch nicht eindeutig die Ausführungen des EuG im Hauptsacheurteil; dazu bereits oben Kapitel 5 D.I.2.b.gg.(2).

2074 Zu diesem Prinzip allgemein oben Kapitel 1 A.II.2; zur Einordnung des Modells der FKVO oben Kapitel 1 A.III.

2075 Dazu oben Kapitel 1 A.III.1.a.

2076 Dazu oben Kapitel 1 B.I.2.a.

2077 Vgl. oben Kapitel 1 B.I.2.c.

2078 Vgl. zur Hilfsfunktion des Vollzugsverbots der FKVO schon oben Kapitel 4 C.III.4 mit Fn. 1175; ähnlich zum Vollzugsverbot des GWB Holzwarth, Vollzugsverbot (2014), 211 („Verwirklichungsinstrument des materiellen

den in Art. 3 FKVO definierten Zusammenschlussbegriff sprechen dafür, hinsichtlich des Beurteilungsgegenstands entweder Identität anzunehmen, d.h. den Vorschriften der Art. 2 und 7 FKVO dasselbe Zusammenschlussverständnis zugrunde zu legen, oder sich bezüglich Art. 7 FKVO zumindest eng am Zusammenschlussverständnis des Art. 2 FKVO zu orientieren. Deshalb erscheint die oben dargestellte Vorgangsbetrachtung, nach der der Zusammenschlussprozess als Gesamtheit aller Einzelmaßnahmen in den Anwendungsbereich des Vollzugsverbots fallen soll,[2079] in ihrem Ansatz zu weit. Denn Gegenstand der materiellen Kontrolle am Maßstab des Art. 2 FKVO ist nicht der Zusammenschluss als Prozess, sondern, um die Bestandteils- und Zustandsbetrachtung miteinander zu verknüpfen, der sich aus den integralen Bestandteilen des Zusammenschlusses ergebende Zustand dauerhaft geänderter Kontrolle. Auch insoweit ist es also konsequent, die integralen Bestandteile in den Mittelpunkt des Vollzugskonzepts zu rücken und nur deren Bewirkung (und ggf. deren Aufrechterhaltung) als Vollzugsmaßnahme zu qualifizieren.

c. Zwischenergebnis: Bedeutung für das Vollzugskonzept

Der die FKVO prägende Grundsatz der Präventivkontrolle spricht dafür, bei Art. 7 FKVO dasselbe Zusammenschlussverständnis wie in Art. 2 FKVO zugrunde zu legen oder sich zumindest eng am Zusammenschlussverständnis des Art. 2 FKVO zu orientieren. Es erscheint daher systemgerecht, in jeder Bewirkung eines integralen Bestandteils einen Vollzug im Sinne des Art. 7 FKVO zu sehen. Das im 20. Erwägungsgrund zur FKVO verankerte Konzept des „einzigen" Zusammenschlusses spricht ferner dafür, unter den in der Praxis entwickelten Verklammerungsvoraussetzungen auch die Bewirkung von Erwerbsvorgängen, die für sich genommen noch keine dauerhafte Kontrolländerung mit sich bringen, als vom Vollzugsverbot erfasst anzusehen (Stichwort: „teilweiser" Vollzug). Ungeklärt ist weiterhin, ob sich ein solcher Verstoß in der Bewirkung erschöpft oder ob auch die anschließende Aufrechterhaltung des so geschaffenen Zustands eigenständig rechtswidrig ist (Stichwort: „weiterer" Vollzug).

Mit diesem Zwischenergebnis ist das Potenzial der grammatischen und systematischen Auslegung ausgeschöpft. Zur Überprüfung der gefundenen

---

Rechts"). Auf die Hilfsfunktion des Vollzugsverbots wird sogleich noch unter Zweckgesichtspunkten zurückzukommen sein.

2079 Dazu oben Kapitel 5 D.II.2.b.bb.

Ergebnisse und zur weiteren Konkretisierung des Vollzugskonzepts muss der Regelungszweck des Art. 7 Abs. 1 FKVO in die Betrachtung eingestellt werden. Dabei gilt es zu beachten, dass das in Art. 7 FKVO zutage tretende Regel-Ausnahme-Prinzip für einen abstrakten wettbewerblichen Maßstab spricht, der weder Raum für eine Berücksichtigung von Individualinteressen noch für eine konkrete Beurteilung der betreffenden Maßnahmen als wettbewerbsförderlich, -schädlich oder -neutral lässt; beides ist dem Freistellungsverfahren nach Art. 7 Abs. 3 FKVO vorzubehalten.

4. Regelungszweck des Art. 7 Abs. 1 FKVO

Vorstehend wurde gezeigt, dass das Vollzugskonzept des Art. 7 FKVO durch das Zusammenspiel der Begriffe „Zusammenschluss“ und „Vollzug“ bestimmt wird. Da eine isolierte Auslegung des Vollzugsbegriffs für die Bestimmung des Verbotsinhalts zu keinen brauchbaren Ergebnissen führt, liegt der Schlüssel zum Verbotsinhalt im Zusammenschlussbegriff. Obwohl in Art. 3 FKVO legaldefiniert, sind auf diesen verschiedene Sichtweisen möglich, die den Anwendungsbereich und den Inhalt des Vollzugsverbots unterschiedlich stark eingrenzen. Wie gesehen, sprechen systematische Überlegungen dafür, das Konzept der integralen Bestandteile in den Mittelpunkt zu rücken und deren Bewirkung (und möglicherweise auch deren Aufrechterhaltung) als Vollzugsmaßnahmen im Sinne des Art. 7 FKVO zu qualifizieren. Im Folgenden soll dieser Ansatz anhand teleologischer Erwägungen überprüft und fortentwickelt werden.

Der Regelungszweck des Art. 7 Abs. 1 FKVO wurde ausführlich im 1. Kapitel behandelt.[2080] Dort wurde gezeigt, dass das Vollzugsverbot die Durchsetzbarkeit der späteren Sachentscheidung sichern soll, indem es den Eintritt von Marktstrukturveränderungen und zwischenzeitlichen wettbewerblichen Schäden verhindert, die durch nachfolgende Restitutions- oder Kompensationsmaßnahmen oft nicht, nur unvollständig oder nur mit erheblichem Aufwand behoben werden können. Wie gesehen, besteht die Eigenart dieser Zwecksetzung darin, dass der Gesetzgeber nicht an der Rückabwicklungsproblematik selbst ansetzte, also den Akzent nicht darauf legte, die bei der Entflechtung und Schadensregulierung eintretenden Schwierigkeiten durch eine effektivere Entflechtung und Schadensregulierung auszuräumen. Stattdessen soll das Vollzugsverbot den Eintritt von Marktstrukturveränderungen und wettbewerblichen Schäden

2080 Dazu oben Kapitel 1 B.I.1.

von vornherein verhindern und so die Notwendigkeit für eine spätere Entflechtung und Schadensregulierung beseitigen.[2081] Indirekt soll auf diese Weise verhindert werden, dass sich Rückabwicklungsschwierigkeiten einstellen. Damit lässt sich die Vermeidung von Rückabwicklungsschwierigkeiten als Motiv (Oberziel) und die vorläufige Verhinderung des Eintritts von Marktstrukturveränderungen sowie wettbewerblicher Schäden als Unterziel des Vollzugsverbots beschreiben.[2082] Zu klären ist, ob sich aus den genannten Zielsetzungen Kriterien für das Vorliegen einer Vollzugsmaßnahme ableiten lassen.

a. Oberziel: Vermeidung von Rückabwicklungsschwierigkeiten

aa. Vollzug bei konkret drohenden Rückabwicklungsschwierigkeiten?

Orientiert man sich an dem genannten Oberziel, liegt es an sich nahe, unter dem Vollzug eines Zusammenschlusses alle Maßnahmen zu verstehen, deren Rückabwicklung nach den Umständen des Einzelfalls Schwierigkeiten verursachen würde. Wie bereits erwähnt wurde, ist die Literatur und Praxis damit bislang aber zögerlich.[2083] Als mögliche Erklärung für dieses Zögern nennt Wessely[2084] den abstrakten Gefährdungscharakter des Vollzugsverbots.

Die Tragfähigkeit dieser Erklärung erscheint zunächst fraglich. So beruht der abstrakte Gefährdungscharakter des Vollzugsverbots nach hier zugrunde gelegtem Verständnis[2085] auf der abstrakten Wettbewerbsgefährdung, die aus der Erfüllung der Aufgreifkriterien der FKVO folgt. Der Begriff des abstrakten Gefährdungstatbestands drückt demnach aus, dass mit dem vorläufigen Vollzugsaufschub nach Art. 7 Abs. 1 FKVO noch kein Ur-

---

2081 Soweit in den vorbereitenden Materialien zur FKVO die Verbesserung der Rechtssicherheit als weitere Einzelzielsetzung der präventiven Verfahrensgestaltung genannt wird, konnte gezeigt werden, dass auch diese letztlich der Wirksamkeit der Kontrolle dient, indem sie Anreize zur Einhaltung des Vollzugsverbots setzt.

2082 Dazu bereits oben Kapitel 1 B.I.1.c.

2083 Vgl. zur Literatur oben Kapitel 5 D.I.2.d.bb.(6). Die Kommission hat im Fall *Altice/PT Portugal* zur Begründung der Verstöße gegen das Vollzugsverbot u.a. auf die Unumkehrbarkeit konkreter Maßnahmen abgestellt (vgl. oben Fn. 1456). Dabei dürfte es sich indes nicht um tragende Feststellungen handeln.

2084 Wessely in: MK-EuWettbR (2020), Art. 7 FKVO Rn. 43; dazu bereits oben Kapitel 5 D.I.2.d.bb.(6).

2085 Dazu oben Kapitel 1 B.I.2.d und Kapitel 1 B.I.1.b.

teil über die Vereinbarkeit des Zusammenschlusses mit dem Binnenmarkt verbunden ist. Mit der Gefahr des Eintritts von Rückabwicklungsschwierigkeiten im Entflechtungsfall hat dies erst einmal nichts zu tun.

Damit ist freilich nicht ausgeschlossen, dass das Vollzugsverbot auch hinsichtlich des Eintritts von Rückabwicklungsschwierigkeiten abstrakten Gefährdungscharakter hat, es also nicht auf den prognostizierten Eintritt solcher Schwierigkeiten und deren Nachweis ankommt. Ein abstrakter Gefährdungscharakter in diesem Sinne kann allerdings nicht unterstellt werden; für seine Annahme bedarf es einer eigenständigen Begründung. Eine tragfähige Begründung liegt in dem Umstand, dass das Kriterium der Unumkehrbarkeit im Einzelfall die abschreckende Wirkung, die von einem Verstoß gegen das Vollzugsverbot ausgeht, verringern würde. Im 1. Kapitel[2086] wurde gezeigt, dass die Überlegenheit des präventiven Modells auch damit zusammenhängt, dass sich Verstöße gegen formelle Vollzugsverbote in der Regel einfacher feststellen lassen als solche gegen materiellrechtliche Vorgaben. Die Frage nach der (Un-) Umkehrbarkeit einer Maßnahme kann im Einzelfall schwer zu beantworten sein. Würde man sie zum Vollzugskriterium erheben, fiele ihre Beantwortung nach der Aufgaben- und Risikoverteilung der FKVO in den Verantwortungsbereich der beteiligten Unternehmen.[2087] Damit wären Verstöße praktisch vorprogrammiert. Überlegungen zur (Un-) Umkehrbarkeit konkreter Maßnahmen sollten deshalb im Rahmen des Art. 7 Abs. 1 FKVO keine Rolle spielen, sondern der Kommission bei der Prüfung eines Freistellungsantrags nach Art. 7 Abs. 3 FKVO[2088] vorbehalten sein.[2089]

bb. Vollzug bei abstrakt drohenden Rückabwicklungsschwierigkeiten?

Da der Unionsgesetzgeber mit der Schaffung des Vollzugsverbots erkennbar die Zielsetzung verfolgt hat, Rückabwicklungsschwierigkeiten zu vermeiden, stellt sich die Frage, ob man den Verbotsinhalt dahingehend definieren kann, dass ein Vollzug vorliegt, wenn und sobald Maßnah-

---

2086 Dazu insbesondere oben Kapitel 1 B.I.1.b.cc.(3).

2087 Vgl. oben Kapitel 1 A.II.1 mit Fn. 29 sowie in Zusammenhang mit der Frage der Anmeldung eines nicht in den Anwendungsbereich der FKVO fallenden Vorhabens bei der Kommission oben Kapitel 4 A.II.4.c.

2088 Dazu oben Kapitel 1 B.II.2.b.

2089 So im Ergebnis auch Schlussanträge des Generalanwalts Wahl vom 18. Januar 2018, Rs. C-633/16, *Ernst & Young/Konkurrencerådet*, ECLI:EU:C:2018:23, Rn. 52.

men ergriffen werden, deren Rückabwicklung typischerweise (mithin „abstrakt") Schwierigkeiten aufwirft. Die typischen Schwierigkeiten einer Entflechtung und ihre Ursachen wurden im 1. Kapitel untersucht.[2090] Das Problem dieses Ansatzes besteht darin, dass die abstrakte Eignung einer Maßnahme zur Schaffung „vollendeter Tatsachen" angesichts der erheblichen Sanktionen, die bei Verstößen gegen das Vollzugsverbot drohen, kein hinreichend bestimmtes Verbotskriterium darstellen würde.[2091] Man wird von den beteiligten Unternehmen nicht verlangen können, zu prüfen, ob eine Maßnahme unter anderen als den vorliegenden Umständen Rückabwicklungsschwierigkeiten auslösen würde. Vielmehr wäre es Aufgabe des Gesetzgebers, solche abstrakt gefährlichen Maßnahmen zu definieren.

cc. Zwischenergebnis

Zusammenfassend lässt sich feststellen, dass die Vermeidung von Rückabwicklungsschwierigkeiten zwar als gesetzgeberisches Motiv (Oberziel) hinter der Regelung des Art. 7 Abs. 1 FKVO steht, der Eintritt solcher Schwierigkeiten sich aber nicht als Kriterium für die Konkretisierung des Verbotsinhalts eignet. Zu dessen Bestimmung ist eine Loslösung von der Motivlage erforderlich und auf die Unterzielsetzung des Vollzugsverbots abzustellen. Das so gefundene Kriterium wird dann auf seine Übereinstimmung mit der Motivlage zu überprüfen sein.

b. Unterziel: Vorläufige Verhinderung von Marktstrukturveränderungen

Die vorbereitenden Materialien zur FKVO[2092] weisen auf zwei Teilaspekte der Rückabwicklungsproblematik hin, die im 1. Kapitel[2093] ausführlich erörtert wurden. Wie dort gezeigt wurde, lassen sich im Ausgangspunkt die Marktstruktur als Zustand und die wettbewerblichen Schäden bei den Marktteilnehmern unterscheiden. Mit Blick auf die Marktstruktur kann weiter zwischen deren Veränderung („Strukturproblematik")

2090 Dazu oben Kapitel 1 B.I.1.b.bb.(1)(d).

2091 Vgl. zur Bedeutung des unionsrechtlichen Bestimmtheitsgebots im Hinblick auf Art. 7 Abs. 1 FKVO oben Kapitel 3 B.III.3.a; Bechtold/Bosch/Brinker, EU-KartR (2014), Art. 7 FKVO Rn. 2; Bosch/Marquier, EWS 2010, 113, 115.

2092 Dazu oben Kapitel 1 B.I.1.a.cc.(1).

2093 Dazu oben Kapitel 1 B.I.1.b.

und den Schwierigkeiten ihrer Wiederherstellung („Entflechtungsproblematik“), mit Blick auf die wettbewerblichen Schäden zwischen deren Eintritt („Schadensproblematik“) und den Schwierigkeiten ihrer Regulierung („Schadensregulierungsproblematik“) differenziert werden.

Fest steht, dass das Vollzugsverbot den Eintritt von Strukturveränderungen und wettbewerblichen Schäden vorläufig unterbinden soll.[2094] Vor diesem Hintergrund erscheint es konsequent, unter dem Vollzug eines Zusammenschlusses alle Maßnahmen zu verstehen, deren Vornahme die Marktstruktur verändern oder wettbewerbliche Schäden verursachen würde. Mit Blick auf die Schadensproblematik dürfte bei genauerer Betrachtung allerdings keine eigenständige Zielsetzung vorliegen. Vielmehr ist anzunehmen, dass das Vollzugsverbot vor dem Eintritt wettbewerblicher Schäden *durch Veränderungen der Marktstruktur* schützt. Hinzu kommt, dass die Beurteilung des Vollzugs als wettbewerbsförderlich, -schädlich oder -neutral wegen der Systematik des Art. 7 FKVO und des abstraktem Gefährdungscharakters des Abs. 1 stets einer Kommissionsentscheidung nach Abs. 3 überlassen werden sollte.[2095] Auf eine gesonderte Erörterung der Schadens- und Schadensregulierungsproblematik wird daher verzichtet.

Wie bereits gezeigt wurde,[2096] sind in der Literatur Ansätze nachweisbar, die den Vollzug im Sinne des Art. 7 Abs. 1 FKVO in der Bewirkung einer Marktstrukturveränderung sehen. Teilweise wird schon die objektive Eignung einer Maßnahme zur Strukturveränderung (im Sinne von „verursachen könnte“) für ausreichend erachtet. Ein Teil der Literatur überwindet den strikten Marktstrukturbezug sogar, indem er neben der Beeinflussung der Marktstruktur die des Markt*verhaltens* der beteiligten Unternehmen als vom Vollzugsverbot erfasst ansieht. Dagegen haben andere Autoren und jüngst der EuGH[2097] – dem Generalanwalt Wahl folgend – die Beeinflussung der Marktstruktur als Vollzugskriterium abgelehnt. Nach Auffassung des EuGH sind Maßnahmen des Zusammenschlussprozesses, die sich am Markt auswirken, nicht zwingend Vollzugsmaßnahmen; umgekehrt können Maßnahmen, die keine Marktauswirkungen haben, Vollzugsmaßnahmen sein. Letztere sollen sich entscheidend dadurch auszeichnen, dass sie in einem unmittelbaren funktionellen Zusammenhang mit einer dau-

2094 Dazu oben Kapitel 1 B.I.1.
2095 Dazu oben Kapitel 5 D.II.3.a und Kapitel 5 D.II.3.c.
2096 Dazu oben Kapitel 5 D.I.2.d.bb.(2) und Kapitel 5 D.I.2.d.cc.(2).
2097 Dazu oben Kapitel 5 D.I.2.b.ff.

erhaften Kontrolländerung im Sinne des Art. 3 Abs. 1 FKVO stehen und hierzu einen erforderlichen Beitrag leisten.

Dem steht zunächst das hier entwickelte Konzept gegenüber, wonach der Vollzug im Sinne des Art. 7 Abs. 1 FKVO in der Bewirkung eines integralen Zusammenschlussbestandteils im Sinne des Art. 3 Abs. 1 FKVO liegt. Im Folgenden wird dieses Konzept auf seine Übereinstimmung mit dem gesetzgeberischen Unterziel der Verhinderung von Marktstrukturveränderungen überprüft. Das Verhältnis zur EuGH-Rechtsprechung wird anschließend unter 5. behandelt.

aa. Begriffsbestimmung: Marktstruktur und Marktverhalten

Unter dem Begriff der „Marktstruktur“ werden in der Wettbewerbstheorie in Abgrenzung zum Begriff des „Marktverhaltens“ Wettbewerbsfaktoren zusammengefasst, die grundsätzlich – abgesehen von Zusammenschlusssituationen – nur langfristig veränderbar sind und Einfluss auf den kurzfristigen Verhaltensspielraum der Marktteilnehmer haben.[2098] Strukturmerkmale lassen sich allgemein danach klassifizieren, ob sie sich auf den Markt als solchen, die dort agierenden Unternehmen oder die dort gehandelten Produkte beziehen.[2099] Die Abgrenzung zwischen Marktstruktur und Marktverhalten kann im Grenzbereich schwierig sein.[2100]

Mit der Unterscheidung zwischen Marktstruktur und Marktverhalten korreliert im Wettbewerbsrecht die Differenzierung zwischen Struktur- und Verhaltenskontrolle. Bei der Strukturkontrolle prüfen die zuständigen Hoheitsträger, welche Wettbewerbsbeschränkungen durch die Marktstruktur als Zustand eintreten, bei der Verhaltenskontrolle, welche Wettbewerbsbeschränkungen aus den Maßnahmen der Unternehmen resultieren.[2101] Aufgrund der Wechselwirkungen zwischen Struktur und Verhalten müssen bei der Strukturkontrolle auch Verhaltens- und bei der Verhaltenskontrolle auch Strukturmerkmale berücksichtigt werden.[2102]

Vor diesem Hintergrund ist die FKVO ein Instrument der Strukturkontrolle. Nach Art. 3 Abs. 1 FKVO wird ein Zusammenschluss nur bewirkt,

---

2098 Pohlmann, Der Unternehmensverbund im Europäischen Kartellrecht (1999), 80; Kerber/Schwalbe in: MK-EuWettbR (2020), Grundlagen Rn. 79.

2099 Pohlmann, ebenda, 80 ff.

2100 Vgl. m.w.N. Pohlmann, ebenda, 79 ff.

2101 Pohlmann, ebenda, 83; Thiele in: Kirchhof/Korte/Magen, Öffentliches Wettbewerbsrecht (2014), 122 ff.

2102 Pohlmann, ebenda.

wenn es zu einer dauerhaften Kontrolländerung kommt. Art. 2 Abs. 1 Buchst. a FKVO verpflichtet die Kommission zur Prüfung des Zusammenschlusses „insbesondere im Hinblick auf die Struktur der betroffenen Märkte". Beide Normen grenzen die FKVO zu den Vorschriften der Verhaltenskontrolle (Art. 101 und 102 AEUV) ab.[2103] Art. 2 Abs. 1 Buchst. b FKVO nennt sodann in nicht abschließender Aufzählung[2104] wichtige unternehmens- und marktbezogene Strukturmerkmale, deren Beeinflussung bei der materiellen Prüfung zu berücksichtigen ist. Art. 2 Abs. 2 und 3 FKVO definieren schließlich den materiellen Prüfungsmaßstab. Mit der Einführung des stärker effektbasierten SIEC-Tests, der die Verringerung von Wettbewerbsdruck auch ohne die Entstehung oder Verstärkung einer marktbeherrschenden Stellung erfasst, wurde der auch in den Erwägungsgründen[2105] betonte Strukturbezug der FKVO abgeschwächt, aber nicht aufgegeben.[2106]

bb. Vollzug als Bewirkung oder Aufrechterhaltung eines integralen Bestandteils

Mit der Feststellung des spezifischen Unterziels des Vollzugsverbots, den Eintritt von Marktstrukturveränderungen zu unterbinden, ist keine genaue Definition der relevanten Strukturveränderungen verbunden. Schon unter systematischen Gesichtspunkten ist aber klar, dass das Vollzugsverbot nicht alle denkbaren Veränderungen der Marktstruktur erfassen kann, sondern nur solche, die durch Erfüllung eines Zusammenschlusstatbestands im Sinne des Art. 3 FKVO entstehen oder einen engen Zusammenhang mit der Tatbestandserfüllung aufweisen.[2107]

Sowohl der Marktstrukturbezug als auch der enge Zusammenhang mit den Zusammenschlusstatbeständen der FKVO ist gewährleistet, wenn man auf die im EU-Wettbewerbsrecht anerkannten Konzepte der „integralen

---

2103 Vgl. zu Art. 3 FKVO Wessely/Wegner in: MK-EuWettbR (2020), Art. 3 FKVO Rn. 45; zu Art. 2 FKVO Montag/von Bonin, ebenda, Art. 2 FKVO Rn. 4.

2104 Weitere Merkmale bei Pohlmann, Der Unternehmensverbund im Europäischen Kartellrecht (1999), 80 ff.

2105 Vgl. oben Kapitel 5 D.II.2.b.aa.

2106 Körber in: Immenga/Mestmäcker, WettbR/Bd. 3 (2020), Art. 2 FKVO Rn. 8 ff. und 192 ff.

2107 Vgl. die in Kapitel 5 D.I.2.d.bb.(1) zitierte Literatur sowie EuGH, Urteil vom 31. Mai 2018, Rs. C-633/16, *Ernst & Young/Konkurrencerådet*, ECLI:EU:C:2018:371, Rn. 43 f.

Bestandteile“ und des „einzigen“ Zusammenschlusses zurückgreift. Wie gesehen, zeichnen sich integrale Bestandteile nämlich zum einen durch ihren untrennbaren Zusammenhang mit dem Zusammenschluss im Sinne des Art. 3 FKVO und zum anderen durch ihre die Marktstruktur gestaltende Wirkung aus. Wie schon gezeigt, ist es daher konsequent, den Vollzug eines Zusammenschlusses im Sinne des Art. 7 Abs. 1 FKVO in der Bewirkung (und möglicherweise auch in der Aufrechterhaltung) eines integralen Bestandteils zu sehen. Dieser Ansatz wurde in den vorangegangenen Abschnitten angelegt und soll im Folgenden im Hinblick auf die zu Beginn dieses Kapitels vorgestellten „Einzelaspekte“ des Vollzugsverbots anhand teleologischer Überlegungen überprüft werden.

(1) Bewirkung einer dauerhaften Kontrolländerung („umfassender“ Vollzug)

Die dauerhafte Änderung der Kontrolle über ein Unternehmen ist das zentrale Merkmal und Wesenselement des Fusions- und Kontrollerwerbstatbestands des Art. 3 Abs. 1 FKVO. Sie ist damit integraler Bestandteil jedes Zusammenschlusses im Sinne des Art. 3 FKVO.[2108]

(a) Durch aktives Verhalten

Mit der aktiven Bewirkung einer dauerhaften Kontrolländerung im Sinne des Art. 3 Abs. 1 FKVO wird daher stets ein integraler Bestandteil des Zusammenschlusses verwirklicht. Unter systematischen Gesichtspunkten liegt darin, wie gesehen, ein Vollzug.[2109] Dieses Ergebnis, das die Kommission, die Unionsgerichte und die ganz h.M. in der Literatur teilen,[2110] wird durch teleologische Überlegungen bestätigt. Denn zum einen erfüllt das Verbot der aktiven Bewirkung einer Kontrolländerung die spezifische Unterzielsetzung des Art. 7 Abs. 1 FKVO, Marktstrukturveränderungen zu verhindern.[2111] Gleichzeitig bleibt der abstrakte Gefährdungscharakter des

2108 Vgl. oben Kapitel 5 D.II.2.b.cc.(1)(b).
2109 Dazu oben Kapitel 5 D.II.3.c.
2110 Vgl. oben Kapitel 5 D.I.2.a.dd.(1), Kapitel 5 D.I.2.b.gg.(1) bzw. Kapitel 5 D.I.2.d.cc.(1).
2111 So ist die dauerhafte Kontrolländerung im Wege der Fusion oder des Kontrollerwerbs nach Art. 3 Abs. 1 FKVO schlicht *die* relevante Strukturveränderung; dazu oben Kapitel 5 D.II.2.b.aa.

Vollzugsverbots gewahrt, da das Kriterium der Strukturveränderung als solches wertneutral ist – es sagt nämlich nichts über die Qualität der Veränderung als wettbewerbsförderlich oder -schädlich aus. Zum anderen hält das Verbot der aktiven Bewirkung einer Kontrolländerung einer Überprüfung am gesetzgeberischen Motiv stand. Denn wie im 1. Kapitel gezeigt wurde, realisieren sich Entflechtungsschwierigkeiten häufig in unmittelbarem oder mittelbarem Zusammenhang mit der Kontrolländerung.[2112] Die Verhinderung der aktiven Bewirkung einer dauerhaften Kontrolländerung dient somit auch der Gewährleistung einer wirksamen Überwachung im Sinne des 34. Erwägungsgrundes zur FKVO.

Der „umfassende" Vollzug liegt dabei in der aktiven Vornahme derjenigen Maßnahme, die die Kontrolländerung unmittelbar bewirkt; bei mehreren, hierfür kumulativ erforderlichen Maßnahmen ist dies die „letzte". Diese Maßnahme kann z.B. in der aktiven Bewirkung des dinglichen Erwerbs von Anteilsrechten oder Vermögenswerten, der Unterzeichnung eines die Kontrollverhältnisse unmittelbar ändernden Vertrags[2113] oder der faktischen Ausweitung des Tätigkeitsbereichs eines Gemeinschaftsunternehmens, verbunden mit der Übertragung erheblicher zusätzlicher Rechte oder Vermögenswerte,[2114] liegen. Entscheidend für den „umfassenden" Vollzug ist nicht das „Wie", sondern das „Ob" und das „Wann" der Kontrolländerung. Dabei spielt es, wie die Kommission und die Unionsgerichte zutreffend festgestellt haben, für das Vollzugsverbot weder eine Rolle, ob die Kontrolländerung rechtlicher oder faktischer Natur ist, noch ob die Kontrolle ausgeübt wird, da nach dem Verordnungswortlaut die *Möglichkeit* genügt, bestimmenden Einfluss auf die Tätigkeit eines Unternehmens auszuüben. Die tatsächliche (Nicht-) Ausübung eines bestehenden Einflusses ist deshalb nur im Rahmen der Bußgeldzumessung nach Art. 14 Abs. 3 FKVO und, sofern es um den Gebrauch von Stimmrechten geht, in den Fällen des Art. 7 Abs. 2 FKVO relevant.

Ein „umfassender" Vollzug liegt unter dem Gesichtspunkt des faktischen Kontrollerwerbs in der Praxis häufig beim Erwerb von Minderheitsbeteiligungen vor. Der Kontrollerwerb muss hier nicht in der Weise stattfinden, wie es der Vorstellung der Parteien entspricht. So liegt im

---

2112 Dies gilt z.B. für den Untergang eines beteiligten Unternehmens als Rechtssubjekt (oben Kapitel 1 B.I.1.b.bb.(1)(d)(aa)) und für die Probleme der Erwerbersuche (ebenda, (ff)).

2113 Vgl. den Fall COMP/M.7993, *Altice/PT Portugal* (oben Kapitel 5 D.I.2.a.aa.(1)(p)).

2114 Vgl. oben Kapitel 5 D.I.2.c.

faktischen Kontrollerwerb auch dann ein „umfassender“ Vollzug, wenn der Erwerber die Tatsachen, die die dauerhafte Kontrolländerung begründen, insbesondere die Anwesenheitsquoten bei den Hauptversammlungen des Zielunternehmens, nicht kennt oder daraus unzutreffende rechtliche Schlüsse zieht. Wie gesehen, bejaht die Kommission in solchen Fällen regelmäßig nicht nur den Verstoß gegen Art. 7 Abs. 1 FKVO, sondern nimmt auch Fahrlässigkeit im Sinne des Art. 14 Abs. 2 FKVO an. Für weitere Einzelheiten zu den Kontrollerwerbstatbeständen – und damit zum „umfassenden“ Vollzug – wird auf die Konsolidierte Mitteilung der Kommission zu Zuständigkeitsfragen[2115] und die umfangreiche Literatur[2116] verwiesen.

Ein besonderes Problem kann sich bei der Neugründung eines Gemeinschaftsunternehmens (engl.: „greenfield joint venture“) nach Art. 3 Abs. 1 Buchst. b i.V.m. Abs. 4 FKVO stellen. Anders als die einseitige Gründung eines Erwerbsvehikels durch ein am Zusammenschluss beteiligtes Unternehmen, die als interne Restrukturierungsmaßnahme mit keiner dauerhaften Kontrolländerung einhergeht, ohne Weiteres rückgängig zu machen und daher mit der wohl überwiegenden Meinung in der Literatur zulässig ist,[2117] fragt sich, ob die gesellschaftsrechtliche Gründung eines Gemeinschaftsunternehmens durch mehrere Muttergesellschaften (bzw. die Gründung der Gesellschaft durch ein Mutterunternehmen und anschließende Übernahme von Geschäftsanteilen durch ein anderes Mutterunternehmen) vor Erhalt der Genehmigung gegen das Vollzugsverbot verstößt, solange in die Gesellschaft noch keine Betriebsmittel eingebracht werden und die Gesellschaft noch nicht operativ tätig wird. Die Kommissionspraxis und Literaturmeinungen sind in dieser Frage, wie gesehen, uneinheitlich.[2118] Bei genauerer Hinsicht handelt es sich dabei in erster Linie nicht um eine Frage des Vollzugs eines Zusammenschlusses im Sinne des Art. 7 FKVO, sondern des dem Zusammenschlussbegriff des Art. 3 FKVO vorgelagerten Unternehmensbegriffs. Gegenstand der Kontrolländerung ist nämlich in allen Fallgruppen des Art. 3 FKVO ein „Unternehmen“. Für die Fusionskontrolle gilt der allgemeine Unternehmensbegriff des

---

2115 Oben Fn. 95, dort Rn. 11 ff.

2116 Vgl. neben der Kommentarliteratur zu Art. 3 FKVO z.B. Rudowicz, Gun-Jumping (2016), 219 ff.

2117 Die durch die Kommission im Fall COMP/M.3450, *Macquarie Bank Limited/Crown Castle UK Holdings Limited* gewährte Freistellung für Gründung eines Erwerbsvehikels (dazu oben Kapitel 5 D.I.2.a.aa.(2)) dürfte lediglich klarstellend zu verstehen sein; vgl. insoweit oben Kapitel 5 D.I.2.a.aa.(2)(b).

2118 Dazu oben Kapitel 5 D.I.2.a.dd.(1) und Kapitel 5 D.I.2.d.cc.(1).

EU-Wettbewerbsrechts.[2119] Nach ständiger Rechtsprechung des EuGH ist dieser funktional zu verstehen: Unternehmen ist jede eine wirtschaftliche Tätigkeit ausübende Einheit, und zwar unabhängig von ihrer Rechtsform und Finanzierung.[2120] Es kommt also darauf an, ob die Gesellschaft unternehmerisch handelt, d.h. am Leistungsaustausch teilnimmt.[2121] Als Minimum wird man fordern müssen, dass sie über die für eine solche Tätigkeit erforderlichen Voraussetzungen (insbesondere Mitarbeiter und Betriebsmittel) verfügt, d.h. jederzeit tätig werden könnte. Eine Kontrolländerung über ein Unternehmen – und damit ein „umfassender" Vollzug – liegt daher nach hier vertretener Auffassung in den Fällen der Neugründung eines Gemeinschaftsunternehmens nicht schon mit der gesellschaftsrechtlichen Gründung, sondern erst mit der Einbringung der notwendigen Betriebsmittel (bzw., wenn keine Betriebsmittel eingebracht werden, mit dem operativen Tätigwerden) vor. Dies erscheint auch angesichts der Tatsache, dass die gesellschaftsrechtliche Gründung eines Gemeinschaftsunternehmens in aller Regel keine Rückabwicklungsschwierigkeiten aufwerfen dürfte, angemessen.

(b) Durch passives Verhalten („passiver" Vollzug)

Fraglich ist, ob ein Vollzug im Sinne des Art. 7 Abs. 1 FKVO auch anzunehmen ist, wenn die dauerhafte Kontrolländerung ohne aktives Zutun des erwerbenden Unternehmens eintritt. Für solche Fälle wurde eingangs der Begriff des „passiven" Vollzugs[2122] geprägt. Zur Problemlösung ist es hilfreich, unterschiedliche Tatbestandsebenen zu unterscheiden: Da es vorliegend um einen Unterfall des „umfassenden" Vollzugs geht, ist in einem ersten Schritt zu fragen, ob durch einen passiven Kontrollerwerb überhaupt ein Zusammenschlusstatbestand im Sinne des Art. 3 Abs. 1 FKVO verwirklicht werden kann. Bejaht man dies, stellt sich in einem zweiten Schritt die Frage, ob mit der passiven Erfüllung eines Zusammenschlusstatbestands stets auch gegen das Vollzugsverbot des Art. 7 Abs. 1 FKVO verstoßen wird. Schließlich könnte in einem solchen Fall der Vollzug oder zumindest dessen Rechtswidrigkeit zu verneinen sein.

2119 Körber in: Immenga/Mestmäcker, WettbR/Bd. 3 (2020), Art. 3 FKVO Rn. 7.

2120 Vgl. statt vieler EuGH, Urteil vom 23. April 1991, Rs. C-41/90, *Höfner u.a.*, ECLI:EU:C:1991:161, Rn. 21.

2121 Bechtold/Bosch/Brinker, EU-KartR (2014), Art. 101 AEUV Rn. 11.

2122 Zum Begriff oben Kapitel 5 C.IV.

Was die erste Frage anbelangt, lässt der Wortlaut der deutschen Sprachfassung des Art. 3 Abs. 1 FKVO („bewirkt“) Zweifel aufkommen, ob sich ein Zusammenschlusstatbestand durch passives Verhalten erfüllen lässt. Allerdings sind andere Sprachfassungen, insbesondere die englische („deemed to arise“),[2123] offener formuliert. Somit bleibt die Frage, ob die Annahme eines Zusammenschlusses bei passivem Kontrollerwerb der Zwecksetzung der FKVO als solcher gerecht wird. Dies wird man zu bejahen haben, da es für die potenzielle Wettbewerbsschädlichkeit eines Zusammenschlusses – und damit für das Überprüfungsbedürfnis – keine Rolle spielt, ob sich eine dauerhafte Änderung der Kontrollsituation aus einem Tun oder Unterlassen ergibt. Es ist daher nicht zu beanstanden, wenn die Kommission[2124] in Fällen des passiven Kontrollerwerbs von der Erfüllung eines Zusammenschlusstatbestands ausgeht.

Damit stellt sich die Frage, ob mit dem passiven Kontrollerwerb immer auch ein Vollzug im Sinne des Art. 7 Abs. 1 FKVO einhergeht. Allein aus dem Verordnungswortlaut (dt.: „vollzogen“; engl.: „implemented“; franz.: „réalisée“) lässt sich, anders als beim außer Kraft getretenen Art. 66 § 1 S. 1 EGKSV,[2125] wohl keine Beschränkung auf aktives Handeln herauslesen. Da die entscheidenden Tatbestandsmerkmale des Art. 66 § 1 S. 1 EGKSV nicht in die FKVO übernommen wurden, muss letztlich der Normzweck des Art. 7 Abs. 1 FKVO zur Auslegung herangezogen werden. Weil es für den Eintritt und das Ausmaß der Marktstrukturveränderung und der potenziellen Entflechtungsschwierigkeiten keine Rolle spielt, ob der Kontrollerwerb auf aktive oder passive Weise erfolgt, erscheint es im Ergebnis richtig, mit Körber[2126] anzunehmen, dass die „aktive Mitwirkung am Kontrollerwerb […] keine zwingende Voraussetzung für die Anwendung des Vollzugsverbots“ ist. Damit liegt grundsätzlich auch bei einem passiven Kontrollerwerb ein Vollzug vor. Die entscheidende Frage lautet vielmehr, ob die mit einem Verstoß gegen das Vollzugsverbot üblicherweise verbundenen Rechtsfolgen auch in Fällen des passiven Vollzugs zielführend und verhältnismäßig sind. Da sich der passive Kontrollerwerb in diesen Fällen ohnehin kaum verhindern lässt, wird – dem Rechtssatz „impossibilium nulla est obligatio“[2127] entsprechend – der Vorschlag von Wes-

2123 Vgl. oben Kapitel 5 D.II.2.b.

2124 Vgl. oben Kapitel 5 D.I.2.a.aa.(1)(j) und Kapitel 5 D.I.2.a.dd.(4).

2125 Vgl. oben Kapitel 5 D.I.1.d.ee.

2126 Vgl. oben Kapitel 5 D.I.2.d.cc.(4); dort auch zur Gegenansicht.

2127 Vgl. zu dessen Relevanz im EU-Recht die Schlussanträge der Generalanwältin Trstenjak vom 3. Februar 2011, Rs. C-482/09, *Budějovický Budvar*, ECLI:EU:C:2011:46, Rn. 72; des Generalanwalts Jääskinen vom 21. März

SELY[2128] dem Regelungszweck des Art. 7 Abs. 1 FKVO am ehesten gerecht. Hiernach ist die Legalausnahme des Art. 7 Abs. 2 FKVO[2129] analog anzuwenden, so dass derjenige, der passiv die Kontrolle im Sinne des Art. 3 Abs. 1 FKVO erwirbt, regelmäßig nicht nur schuldlos im Sinne des Art. 14 Abs. 2 Buchst. b FKVO, sondern bereits nicht rechtswidrig handelt, sofern der Vorgang unverzüglich bei der Kommission angemeldet wird und die Stimmrechte vorläufig nicht ausgeübt[2130] werden. Durch die bußgeldbewehrte Pflicht zur unverzüglichen Anmeldung wird der Kommission die Möglichkeit gegeben, den Zusammenschluss so schnell wie möglich im repressiven Verfahren zu prüfen und schädliche Strukturveränderungen ggf. so weit wie möglich rückgängig zu machen; derweil wird durch das „Verbot der Stimmrechtsausübung“ die Gefahr einer zwischenzeitlichen Vertiefung der Entflechtungsproblematik reduziert. Die gefundene Lösung erlaubt somit auch unter den Umständen des „passiven“ Vollzugs noch eine – wenn auch eingeschränkt – wirksame Überwachung im Sinne des 34. Erwägungsgrundes zur FKVO.

(2) Aufrechterhaltung einer dauerhaften Kontrolländerung („weiterer“ Vollzug)

Beim „weiteren“ Vollzug geht es um die Frage, ob und ggf. unter welchen Voraussetzungen Maßnahmen im Anschluss an den „umfassenden“ Vollzug, also an die dauerhafte Kontrolländerung im Sinne des Art. 3 Abs. 1 FKVO, gegen das Vollzugsverbot verstoßen können.[2131]

2013, Rs. C-241/11, *Kommission/Tschechische Republik*, ECLI:EU:C:2013:181, Rn. 56.

2128 Vgl. oben Kapitel 5 D.I.2.d.cc.(4) mit entsprechendem Literaturnachweis.

2129 Dazu oben Kapitel 1 B.II.1.

2130 Erfolgt der passive Kontrollerwerb durch Hinzuerwerb von Anteilen, z.B. im Wege des Erbfalls nach § 1922 BGB, gilt die Stimmrechtsbeschränkung jedenfalls für die hinzu erworbenen „Neuanteile“. Kann der Erwerber die Kontrolle aufgrund der Stimmrechtsbeschränkung für die Neuanteile mit bereits zuvor gehaltenen „Altanteilen“ ausüben, gilt sie nach hier vertretener Ansicht ausnahmsweise auch für die Altanteile; vgl. insoweit oben Kapitel 1 B.II.1.d.bb.(1)(b). Gleiches gilt, wenn der Kontrollerwerb, wie z.B. bei einer Veränderung der Anwesenheitsverhältnisse bei den Hauptversammlungen, ganz ohne einen Hinzuerwerb von Anteilen eintritt; vgl. WESSELY in: MK-EuWettbR (2020), Art. 7 FKVO Rn. 26.

2131 Zum Begriff oben Kapitel 5 C.III.

Wie gesehen, lassen sich insoweit in der Literatur[2132] und Praxis[2133] ein verhaltensbezogener und ein strukturbezogener Ansatz unterscheiden. Nach dem verhaltensbezogenen Ansatz, den die Kommission z.B. im Fall *Altice/PT Portugal* angewandt hat, können bestimmte Verhaltensweisen nach der Kontrolländerung, z.B. die Ausübung von Stimmrechten zur Besetzung der Unternehmensleitung, die Ernennung sonstiger Führungskräfte, die Verlagerung des Firmensitzes, die Verschiebung des Geschäftsjahres, Maßnahmen der finanziellen Restrukturierung oder Kapitalentnahmen, *als solche* gegen das Vollzugsverbot verstoßen. Dagegen kommt es nach dem strukturbezogenen Ansatz nicht auf die einzelne Maßnahme, sondern auf die Aufrechterhaltung des Zustands geänderter Kontrolle an; danach wird so lange gegen das Vollzugsverbot verstoßen, wie der eingetretene Kontrollzustand – der fraglos integraler Bestandteil des Zusammenschlusses ist[2134] – nicht beseitigt oder formell legalisiert wird. Der Verstoß gegen das Vollzugsverbot hat nach dem strukturbezogenen Ansatz folgerichtig den Charakter einer dauerhaften Zuwiderhandlung (engl.: „continuous infringement").

Unter teleologischen Gesichtspunkten überzeugt der strukturbezogene Ansatz. Das Vollzugsverbot soll den Wettbewerb vor irreversiblen Strukturveränderungen schützen. Entflechtungsschwierigkeiten können, wie im 1. Kapitel[2135] gezeigt wurde, unmittelbar durch die Strukturveränderung (Kontrolländerung) entstehen, wie z.B. durch den Untergang eines oder mehrerer beteiligter Unternehmen als Rechtssubjekt. Sie können sich aber auch nach Eintritt der Kontrolländerung mittelbar – infolge des Verhaltens der beteiligten Unternehmen (z.B. Vornahme von Integrationsmaßnahmen oder Widerstand gegen Entflechtungsanordnungen), des Verhaltens anderer Stakeholder (z.B. Abwanderung von Mitarbeitern oder Geschäftspartnern) oder aus den sich weiter ändernden Marktverhältnissen (z.B. technische Entwicklungen; Änderung bei Angebot und Nachfrage; Hinzutreten oder Wegfall eines Wettbewerbers; Wegfall eines alternativen Erwerbsinteressenten) – ergeben. Solange der geänderte Kontrollzustand anhält, besteht die Gefahr, dass ursprünglich vorhandene Bruchlinien, die bei einer späteren Entflechtung hilfreich sein könnten, verschwinden. Dabei ist die Zeitdauer vom Eintritt der Kontrolländerung bis zur Entflechtung ein wichtiger Faktor, da die Schwierigkeiten tendenziell zunehmen,

---

2132 Dazu oben Kapitel 5 D.I.2.d.cc.(3).
2133 Dazu oben Kapitel 5 D.I.2.a.dd.(3) und Kapitel 5 D.I.2.b.gg.(3).
2134 Vgl. oben Kapitel 5 D.II.2.b.cc.(1)(b).
2135 Dazu oben Kapitel 1 B.I.1.b.

je länger die Unternehmen schon zusammengeschlossen sind. Schließlich kann die geänderte Marktstruktur, solange sie besteht, Wettbewerbsschäden verursachen oder vertiefen. Auch diese Gefahr steigt mit zunehmender Dauer der Strukturveränderung ceteris paribus an.

Soweit es um Verhaltensweisen der beteiligten Unternehmen geht, könnte noch daran gedacht werden, die einzelnen Maßnahmen als „weiteren" Vollzug unter das Verbot des Art. 7 Abs. 1 FKVO zu fassen. Dieser verhaltensbezogene Ansatz scheitert indes, soweit es um die Entstehung bzw. Vertiefung von Entflechtungsschwierigkeiten durch äußere Einflüsse geht. In solchen Fällen ist den beteiligten Unternehmen der Vorwurf zu machen, dass sie mit der Bewirkung und Aufrechterhaltung der Kontrolländerung die abstrakte Gefahr der Entstehung weiterer und der Vertiefung bereits angelegter Entflechtungsschwierigkeiten begründen. Hätte das Vollzugsverbot in solchen Fällen lediglich die Verpflichtung zum Inhalt, keine Kontrolländerung zu bewirken, nicht aber, eine (rechtswidrig) bewirkte Kontrolländerung umgehend wieder zu beseitigen, bestünden für die Unternehmen Anreize, nach einem Verstoß gegen das Vollzugsverbot „den Kopf in den Sand zu stecken" und mit der Agenda fortzufahren – mit potenziell negativen Folgen für den Wettbewerb. Nach hier vertretener Auffassung ist zur Gewährleistung einer wirksamen Überwachung im Sinne des 34. Erwägungsgrundes zur FKVO daher die eigenständige rechtliche Missbilligung der Aufrechterhaltung einer rechtswidrig bewirkten Kontrolländerung im Sinne des Art. 3 Abs. 1 FKVO erforderlich. Mit dem Verbot der Aufrechterhaltung des rechtswidrigen Zustands korrespondiert eine Verpflichtung zur sofortigen Beendigung oder Legalisierung[2136] dieses Zustands. Indem die Vorschrift des Art. 7 Abs. 1 FKVO nach eingetretener Kontrolländerung nicht auf konkrete unternehmerische Maßnahmen abzielt, sondern die Aufrechterhaltung des rechtswidrigen Kontrollzustands missbilligt, zeigt sich der Charakter des Vollzugsverbots (i.) als Hilfsinstrument der Strukturkontrolle wie auch (ii.) als abstrakter Gefährdungstatbestand.

Nach rechtswidrig bewirkter Kontrolländerung wird mithin nicht durch einzelne Maßnahmen, sondern durch die Aufrechterhaltung des formell rechtswidrigen Kontrollzustands gegen das Vollzugsverbot verstoßen. Dies setzt voraus, dass der Kontrollzustand in rechtswidriger Weise herbeigeführt wurde. Relevant ist dies z.B. in den Fällen des Art. 22 FKVO, in denen das Vollzugsverbot der FKVO vielfach erst zu einem Zeitpunkt eingreift, in dem die Kontrolle nach mitgliedstaatlichem Recht

2136 Dazu sogleich.

in formell rechtmäßiger Weise erworben wurde. Dann kann die Aufrechterhaltung dieses Zustands auch nicht mit einem Male gegen Art. 7 Abs. 1 FKVO verstoßen. Dagegen dürfte, anders als WESSELY[2137] meint, für die Wahrnehmung der Kontrolle durch konkrete Maßnahmen, insbesondere durch Ausübung von Stimmrechten am Zielunternehmen, eine Freistellung nach Art. 22 Abs. 4 Unterabs. 1 S. 2 FKVO i.V.m. Art. 7 Abs. 3 FKVO erforderlich sein. Dies zeigt ein Vergleich mit den Fällen des Art. 7 Abs. 2 FKVO, in denen durch das (hier: ausdrückliche) „Verbot der Stimmrechtsausübung" die Gefahr einer zwischenzeitlichen Vertiefung der Entflechtungsproblematik reduziert und auf diese Weise ein begrenzter Entflechtungsschutz erhalten bleibt.

Das gefundene Ergebnis, nach dem die Aufrechterhaltung einer rechtswidrig bewirkten dauerhaften Kontrolländerung als „weiterer" Vollzug eigenständig rechtswidrig ist, entspricht der Praxis der Kommission in Bußgeldfällen und dem Urteil des EuG im Fall *Electrabel/Kommission*. Dabei ist zu beachten, dass konkrete unternehmerische Maßnahmen, wie z.B. das Gebrauchmachen von Stimmrechten zur Besetzung der Unternehmensleitung oder die Vornahme von Integrationsmaßnahmen, auch jenseits der Fälle *rechtmäßig* herbeigeführter Kontrolländerungen für das Vollzugsverbot relevant sein können. Sie können z.B. zum Wegfall der Privilegierung nach Art. 7 Abs. 2 FKVO führen oder bei der Bußgeldzumessung nach Art. 14 Abs. 3 FKVO zu berücksichtigen sein.[2138] Weiter ist es natürlich möglich (und ggf. erforderlich), wegen einer spezifischen Maßnahme nach Eintritt der dauerhaften Kontrollveränderung eine begrenzte Einzelfreistellung vom Vollzugsverbot nach Art. 7 Abs. 3 FKVO zu beantragen und zu erlangen. Schließlich kann die Vornahme bestimmter Maßnahmen, wie z.B. die Besetzung von Leitungsgremien, ein Indiz für den Eintritt einer Kontrolländerung sein; umgekehrt kann die Nichtausübung der Stimmrechte nichts am Fortdauern des Verstoßes ändern, solange der rechtswidrige Kontrollzustand bestehen bleibt.

Um den Verstoß gegen das Vollzugsverbot zu beenden und den Lauf der fünfjährigen Verjährungsfrist des Art. 1 Abs. 1 Buchst. b der Verordnung Nr. 2988/74[2139] auszulösen, haben die beteiligten Unternehmen zwei Möglichkeiten: Sie können den Zustand geänderter Kontrolle als solchen beenden oder legalisieren. Der Kontrollzustand als solcher kann, um noch-

2137 Dazu oben Kapitel 5 D.I.2.d.cc.(3) mit dazugehöriger Fn. 1895.

2138 Vgl. Kommission, Entscheidung vom 23. Juli 2014, COMP/M.7184, *Marine Harvest/Morpol*, Rn. 82 und 196 ff. sowie oben Kapitel 5 D.II.4.b.bb.(1)(a).

2139 Oben Fn. 1375; dazu nochmals gesondert unten Kapitel 5 D.II.5.

mals das EuG zu zitieren, „durch Aufgabe der Kontrolle“, also insbesondere durch Veräußerung der erworbenen Anteile oder Vermögenswerte, beendet werden.[2140] Legalisiert werden kann er sowohl durch Erlangung einer (nicht aufschiebend bedingten) Genehmigung nach Art. 6 bzw. 8 FKVO[2141] als auch einer (vollumfänglichen[2142]) Einzelfreistellung[2143] vom Vollzugsverbot nach Art. 7 Abs. 3 FKVO. Dabei hat sowohl die Beendigung des Kontrollzustands als auch dessen Legalisierung Wirkung ex nunc. Der Verstoß gegen Art. 7 Abs. 1 FKVO endet in diesen Fällen, wie das Vollzugsverbot selbst und wie von der Kommission im Fall *Marine Harvest/Morpol*[2144] zutreffend festgestellt, erst mit der Erteilung der Genehmigung bzw. Freistellung. Am Fortdauern des Verstoßes ändert sich also weder durch die Mitteilung der Zuwiderhandlung durch die Unternehmen noch durch die Einreichung der Anmeldung etwas.[2145] Darüber hinaus wird der Verstoß nach hier vertretener Auffassung auch mit einer Untersagung des Zusammenschlusses nach Art. 8 Abs. 3 FKVO beendet, wobei sich die Rechtswidrigkeit des „weiteren“ Vollzugs von diesem Zeitpunkt an aus der Entscheidung selbst ergibt.[2146]

2140 Fraglich ist, ob hierzu eine Aufgabe der Kontrollmittel bis unterhalb der Kontrollschwelle genügt oder ob vielmehr ein Abstoß aller im Rahmen des Zusammenschlusses erworbenen Kontrollmittel erforderlich ist. Angesichts der Regelung in Art. 8 Abs. 4 Spiegelstrich 1 FKVO, nach der die „Veräußerung aller erworbenen Anteile oder Vermögensgegenstände“ der Normalfall sein soll, wird auch im Vorfeld regelmäßig eine vollständige Aufgabe der im Rahmen des Zusammenschlusses erworbenen Kontrollmittel gefordert sein, obwohl sich der Gesetzgeber mit der genannten Formulierung natürlich nicht über den allgemeinen Verhältnismäßigkeitsgrundsatz hinwegsetzen konnte; vgl. Körber in: Immenga/Mestmäcker, WettbR/Bd. 3 (2020), Art. 8 FKVO Rn. 204.

2141 Vgl. oben Kapitel 4 A.II.1.b.bb.

2142 Demgegenüber wäre mit der Erlangung einer Freistellung bestimmter Maßnahmen keine vollständige Legalisierung des Verstoßes für die Zukunft möglich. Eine solche Teilfreistellung hätte aber eine geringere Schwere des Verstoßes zur Folge und wäre mithin für die Bußgeldbemessung nach Art. 14 Abs. 3 FKVO relevant.

2143 Vgl. oben Kapitel 4 A.II.1.b.ee.

2144 Dazu oben Kapitel 5 D.I.2.a.aa.(1)(o).

2145 Wie gesehen, hat die Kommission in früheren Fällen ihr Ermessen dahingehend ausgeübt, dass sie bei der Bußgeldbemessung im Hinblick auf die Dauer des Verstoßes nur den Zeitraum bis zur erstmaligen Unterrichtung über den Verstoß berücksichtigte. Diese Praxis hat sie im Fall *Marine Harvest/Morpol* aufgegeben.

2146 Dazu oben Kapitel 1 B.I.2.c und Kapitel 4 A.II.1.b.dd.

Wie immer ändert der Wegfall des Vollzugsverbots nichts an der Befugnis der Kommission, nach Art. 14 Abs. 2 Buchst. b FKVO für die Vergangenheit Bußgelder zu verhängen. Ohne dieses Abschreckungselement wäre das Verbot des „teilweisen" Vollzugs im präventiven Bereich nicht wirksam gewährleistet.[2147]

(3) Bewirkung eines sonstigen integralen Bestandteils („teilweiser" Vollzug)

Oben wurde aus systematischen Überlegungen die Prämisse aufgestellt, dass der „Vollzug" im Sinne des Art. 7 Abs. 1 FKVO in der Bewirkung eines integralen Zusammenschlussbestandteils liegt. Dies konnte für den „umfassenden" und den „weiteren" Vollzug teleologisch untermauert werden. Nachfolgend wird die teleologische Rechtfertigung für die Verbotswidrigkeit des „teilweisen" Vollzugs untersucht. Die Frage lautet, ob der Regelungszweck des Art. 7 Abs. 1 FKVO es erfordert, auch die Bewirkung integraler Bestandteile unterhalb der Schwelle zur dauerhaften Kontrolländerung als Vollzug einzustufen. Dies wird zunächst für die eingangs[2148] genannten Fallgruppen des sukzessiven Erwerbs von Kontrollmitteln im Sinne des Art. 3 Abs. 2 FKVO (a) und der Vorwegnahme der wesentlichen wettbewerblichen Auswirkungen eines Vorhabens (b) geprüft. Als Sonderproblem wird im Anschluss auf die Geltung des Vollzugsverbots in den „Pooling"-, „Spinning"- und „Warehousing"-Konstellationen eingegangen (c).

(a) Sukzessiver Erwerb von Kontrollmitteln im Sinne des Art. 3 Abs. 2 FKVO

Wie oben gezeigt wurde, sind beim sukzessiven Erwerb von Kontrollmitteln, d.h. von Anteilen, Vermögenswerten, vertraglichen oder sonstigen Rechten oder faktischen Kontrollmitteln, auch Erwerbsvorgänge unterhalb der Schwelle zur Kontrolländerung integrale Bestandteile, wenn sie auf Dauer angelegt sind und zusammen mit anderen Erwerbsvorgängen einen „einzigen" Zusammenschluss im Sinne des 20. Erwägungsgrundes

2147 Dazu oben Kapitel 1 A.II.2.b und Kapitel 1 A.III.1.b.cc.
2148 Dazu oben Kapitel 5 C.II.

zur FKVO bilden.[2149] Dann muss nicht mit jedem einzelnen Erwerbsvorgang, sondern nur mit ihrer Gesamtheit, eine dauerhafte Kontrolländerung verbunden sein. Die Verklammerung setzt nach Auffassung der Kommission, die hier nicht in Zweifel gezogen werden soll, voraus, dass die Erwerbsvorgänge nach dem von den Beteiligten verfolgten Zweck rechtlich gegenseitig bedingt sind oder wirtschaftlich derart zusammenhängen, dass jeder Erwerbsvorgang vom Abschluss des anderen abhängt.[2150]

Auf Dauer angelegt ist regelmäßig der Erwerb von Anteilen oder Vermögenswerten, wenn er im Rahmen eines „einzigen" Zusammenschlusses erfolgt. Er ist dann integraler Bestandteil dieses „einzigen" Zusammenschlusses. Für das vorgeschlagene Vollzugskonzept bedeutet dies, dass in der Bewirkung eines Anteils- oder Vermögenserwerbs im Rahmen eines „einzigen" Zusammenschlusses unabhängig davon ein Vollzug im Sinne des Art. 7 Abs. 1 FKVO liegt, ob mit ihm bereits die Kontrolle über ein Unternehmen oder einen Unternehmensteil übergeht (dann „umfassender" Vollzug) oder nicht (dann „teilweiser" Vollzug). Ebenfalls auf Dauer angelegt sein kann die vertragliche Vereinbarung von Einflussnahmerechten unterhalb der Kontrollschwelle. Dies gilt zumindest dann, wenn sie im Rahmen eines „einzigen" Zusammenschlusses erfolgt und ein bleibender „Baustein" der späteren Kontrolländerung sein soll. Nicht auf Dauer angelegt ist dagegen die Vereinbarung von Einflussnahmerechten, die speziell für die Zeit zwischen Signing und Closing erfolgt[2151] und durch das Closing bzw. dessen endgültiges Scheitern auflösend bedingt ist.[2152] Mangels Dauerhaftigkeit stellen solche Vereinbarungen keine integralen Zusammenschlussbestandteile und ihre Bewirkung auch keinen Vollzug im Sinne des Art. 7 Abs. 1 FKVO dar. Sie sind grundsätzlich am Maßstab des Art. 101 AEUV zu messen[2153] und können unter die Nebenabredenausnahme fallen, wenn die entsprechenden Voraussetzungen vorliegen. Etwas anderes dürfte gelten, wenn und sobald – wie im Fall *Altice/PT Portugal* geschehen[2154] – mit den speziell für die Zeit zwischen Signing und Closing eingeräumten Einflussnahmerechten die Kontrolle übergeht. Insoweit dürfte der Grundsatz gelten, dass eine Kontrolländerung in Zusammenhang mit einem Vorhaben im Sinne des Art. 3 FKVO überhaupt

---

2149 Dazu oben Kapitel 5 D.II.2.b.cc.(2).

2150 Dazu oben Kapitel 5 D.I.2.a.bb.(4).

2151 Dazu oben Kapitel 5 D.II.2.b.cc.(2).

2152 Zu weitgehend daher Baches Opi/Boitos, (2019) 10 JECLAP 269, 279.

2153 Zum Verhältnis zwischen Art. 7 FKVO und Art. 101 AEUV näher unten Kapitel 5 D.II.7.

2154 Dazu oben Kapitel 5 D.I.2.a.aa.(1)(p).

nicht bewirkt werden darf.[2155] Falls doch, liegt ein „umfassender“ Vollzug vor.[2156]

Zu prüfen ist, ob der Regelungszweck des Art. 7 Abs. 1 FKVO es beim sukzessiven Erwerb von Kontrollmitteln im Rahmen eines „einzigen“ Zusammenschlusses erfordert, schon dauerhafte Erwerbsvorgänge unterhalb der Schwelle zur Kontrolländerung als Vollzug einzustufen.

Im Hinblick auf das gesetzgeberische Unterziel der vorläufigen Verhinderung von Marktstrukturveränderungen ist zu beachten, dass solche Vorgänge schon die Marktstruktur beeinflussen können. Das trifft jedenfalls auf Vorgänge zu, durch die ein wettbewerblich erheblicher Einfluss im Sinne des § 37 Abs. 1 Nr. 4 GWB erworben oder nach dem Vorschlag der Kommission vom 9. Juli 2014[2157] eine wettbewerbsrelevante Verbindung begründet wird. Unterhalb dieser Schwellen sind aber auch Fälle denkbar, in denen die Marktstruktur noch nicht beeinflusst wird. Als Extremfall lässt sich der Erwerb einer einzelnen Aktie oder Maschine nennen. Ein Verbot des Erwerbs von Kontrollmitteln unterhalb der Schwelle zur Kontrolländerung lässt sich daher in vielen, aber nicht in allen Fällen mit dem gesetzgeberischen Unterziel rechtfertigen.

Allerdings würde es für die teleologische Rechtfertigung genügen, wenn das „Teilvollzugsverbot“ zur Erreichung des gesetzgeberischen Oberziels, d.h. zur Vermeidung von Rückabwicklungsschwierigkeiten, erforderlich wäre. Dies stünde auch mit der Rechtsprechung des EuGH in der Sache *Ernst & Young/Konkurrenceradet*[2158] im Einklang, nach der ein Vorgang, der keine Auswirkungen auf den Markt hat, durchaus einen Beitrag zu einer dauerhaften Kontrolländerung leisten und somit als (Teil-) Vollzugsmaßnahme zu qualifizieren sein kann.

Insoweit ist zunächst festzustellen, dass die Rückübertragung einer nicht kontrollierenden Beteiligung oder von Vermögenswerten, die noch keine Kontrolle über ein Unternehmen oder einen Unternehmensteil gewähren, an den Veräußerer aus denselben Gründen fehlschlagen kann wie die kontrollierender Anteile bzw. die Kontrolle über ein Unternehmen oder einen Unternehmensteil gewährender Vermögenswerte. Sieht ein Unternehmenskaufvertrag z.B. vor, dass drei Anteilspakete zu je 20% übertra-

---

2155 Vgl. RUDOWICZ, Gun-Jumping (2016), 225. Eine a.A. wäre unter bestimmten Umständen mit dem Argument vertretbar, dass auch die qualifizierte Einflussnahme zunächst nur vorläufig gedacht sei.

2156 Dazu oben Kapitel 5 D.II.4.b.bb.(1).

2157 Kommission, Weißbuch „Eine wirksamere EU-Fusionskontrolle“ vom 9. Juli 2014 (oben Fn. 29), Rn. 45 ff.

2158 Dazu oben Kapitel 5 D.I.2.b.ff.

gen werden und geht die Kontrolle nach Art. 3 Abs. 1 FKVO mit dem Erwerb des dritten Anteilspakets auf den Erwerber über, kann es sein, dass die Rückübertragung des ersten oder zweiten Anteilspakets auf den ursprünglichen Veräußerer nicht mehr in Frage kommt und sich auch kein geeigneter Alternativinteressent findet. Es würde daher auf den ersten Blick helfen, Rückabwicklungsschwierigkeiten zu vermeiden, wenn das Vollzugsverbot schon für die Übertragung des ersten und zweiten Anteilspakets gelten würde.

Allerdings entstehen Zweifel an diesem Vollzugskonzept, wenn man die Entscheidungspraxis der Kommission[2159] und des EuG[2160] im Fall *Ryanair/Aer Lingus* zu Art. 8 FKVO in die Betrachtung einbezieht. Danach soll die Kommission nur zur Anordnung von Entflechtungen im Sinne des Art. 8 Abs. 4 FKVO und einstweiliger Maßnahmen im Sinne des Art. 8 Abs. 5 FKVO befugt sein, wenn im Zeitpunkt der Anordnung dieser Maßnahmen eine dauerhafte Kontrolländerung bewirkt wurde, also ein „umfassend" vollzogener Zusammenschluss vorliegt. Ist dies nicht der Fall, soll die Kommission auf der Grundlage der FKVO keine Handhabe für solche Eingriffe haben. Wenn aber die Rückabwicklung von Maßnahmen unterhalb der Schwelle zur dauerhaften Kontrolländerung seitens der Kommission nur angeordnet werden kann, wenn auch eine dauerhafte Kontrolländerung bewirkt wurde, stellt sich die Frage, worin der legitime Zweck eines eigenständigen Verbots dieser Maßnahmen bestehen soll.[2161] Schließlich drohen im Entflechtungsfall so oder so Schwierigkeiten, so dass es zur Erreichung des gesetzgeberischen Oberziels ausreichen könnte, den „umfassenden" Vollzug zu verbieten und die Beteiligten *hiervon* nach Art. 14 Abs. 2 Buchst. b FKVO abzuschrecken. Hinzu kommt, dass der mit dem Vollzugsverbot einhergehende Eingriff in den Zusammenschlussprozess unter grundrechtlichen Gesichtspunkten ein verhältnismäßiges Mittel zur Zweckerreichung sein muss.[2162] Die Hürden für die Rechtfertigung sind, wie im 3. Kapitel gesehen, wegen der Bußgeldbewehrung hoch. Ein eigenständiges Verbot von Maßnahmen unterhalb der Schwelle zur dauerhaften Kontrolländerung könnte angesichts der Tatsache, dass solche

---

2159 Dazu oben Kapitel 5 D.I.2.a.aa.(3)(b).

2160 Dazu oben Kapitel 5 D.I.2.b.bb.

2161 Vgl. insoweit Rudowicz, Gun-Jumping (2016), 208, der Entflechtungsmaßnahmen unterhalb der Schwelle zur dauerhaften Kontrolländerung aber unter Hinweis auf das Urteil des EuG im Fall *Aer Lingus/Kommission* ohne weitere Diskussion als „weder erforderlich noch zulässig" bezeichnet.

2162 Vgl. auch insoweit die Ansätze bei Rudowicz, Gun-Jumping (2016), 213 f. („Belastungsvermeidung").

Maßnahmen keiner isolierten Entflechtung zugänglich sind, einen unverhältnismäßigen „Entflechtungsschutz auf Vorrat“ darstellen.

Gegen das bloße Verbot des „umfassenden“ Vollzugs könnte zunächst die Unbestimmtheit des Kontrollbegriffs der FKVO – vor allem im Bereich der „faktischen“ Kontrolle – und die damit verbundene Unsicherheit über den Zeitpunkt des Eintritts der Kontrolländerung ins Feld geführt werden. So zeigt die Praxis, dass sich Unternehmen beim sukzessiven Erwerb von Kontrollmitteln infolge falscher rechtlicher oder tatsächlicher Wertungen häufig nicht darüber im Klaren sind, schon einen Zusammenschlusstatbestand zu bewirken. Man könnte argumentieren, dass durch das generelle Verbot des Erwerbs von Kontrollmitteln in Zusammenhang mit einem „einzigen“ Zusammenschluss das Risiko eines versehentlichen Kontrollerwerbs verringert und hierdurch der Wettbewerbsschutz und die Rechtssicherheit für die Unternehmen verbessert werde. Jedoch würde gegenüber einem System, in dem nur die Bewirkung einer dauerhaften Kontrolländerung verbotswidrig ist, der „Verbotsüberschuss“ vergrößert, was höhere Anforderungen an die Rechtfertigung des Eingriffs stellt.[2163] Allein durch die Vermeidung eines frühzeitigen faktischen Kontrollerwerbs und die Verbesserung der Rechtssicherheit scheint eine solche Rechtfertigung kaum möglich, zumal das Risiko eines faktischen Kontrollerwerbs kein spezifisches Risiko mehrstufiger Erwerbsvorgänge ist.

Ein vorläufiges Verbot schon des Erwerbs von Kontrollmitteln unterhalb der Kontrollschwelle lässt sich bei Berücksichtigung der *Aer Lingus*-Rechtsprechung des EuG nur rechtfertigen, wenn (i.) von dem Erwerb zumindest potenzielle Schwierigkeiten für eine spätere Entflechtung ausgehen, die (ii.) nicht identisch mit den Schwierigkeiten sind, die im Falle einer Entflechtung des Zusammenschlusses nach Eintritt der dauerhaften Kontrolländerung ohnehin zu erwarten sind. Sollten die Schwierigkeiten dagegen identisch sein, würde es genügen, den „umfassenden“ Vollzug zu verbieten und zur Abschreckung mit Bußgeldern zu belegen.

Die spezifische Problematik des sukzessiven Erwerbs von Kontrollmitteln und eine tragfähige Begründung für die Erforderlichkeit des Verbots von Erwerbsschritten unterhalb der Schwelle zur dauerhaften Kontrolländerung besteht nach hier vertretener Auffassung in dem Erfahrungssatz, dass sich die Entflechtung eines Zusammenschlusses ceteris paribus umso schwieriger gestaltet, je länger der Zeitraum bis zur Entflechtung andau-

---

2163 Vgl. zum Begriff des „Verbotsüberschusses“ oben Kapitel 1 B.I.2.d; zur grundrechtlichen Rechtfertigung des Verbots des umfassenden Vollzugs oben Kapitel 3 B.III.3.b.

ert.[2164] Wenn ein Zusammenschluss stufenweise verwirklicht wird, liegt zwischen dem ersten und dem kontrolländernden Erwerbsvorgang zwingend eine gewisse Zeitspanne, in der sich die geänderte Marktstruktur verfestigen kann. Damit kann sich die Entflechtung einer mehrstufigen Kontrolländerung schwieriger gestalten als die einer einstufigen. Wenn z.B. im Abstand mehrerer Monate drei Anteilspakete von verschiedenen Veräußerern erworben werden, ist das Risiko, dass der Veräußerer des ersten oder zweiten Pakets für den Rückerwerb nicht mehr in Frage kommt,[2165] höher, als wenn der Erwerb aller Anteilspakete gleichzeitig erfolgt und die Kommission unmittelbar danach gemäß Art. 8 Abs. 4 bzw. 5 FKVO eingreifen kann.[2166] Dieselbe Gefahr besteht, wenn bei einem „einzigen" Zusammenschluss nacheinander mehrere Vermögenswerte von verschiedenen Veräußerern erworben werden, die zusammen ein Unternehmen oder einen Unternehmensteil bilden.

Ein Verbot des dauerhaften Erwerbs von Kontrollmitteln im Sinne des Art. 3 Abs. 2 FKVO ohne Überschreitung der Schwelle zur dauerhaften Kontrolländerung lässt sich somit auch auf der Basis der *Aer Lingus*-Rechtsprechung des EuG mit dem gesetzgeberischen Oberziel in Einklang bringen, sofern man dieses Oberziel nicht nur in der *Vermeidung*, sondern auch in der *Verringerung des Ausmaßes* von Entflechtungsschwierigkeiten sieht.[2167] Im dauerhaften Erwerb von Kontrollmitteln liegt also auch ohne Überschreitung der Kontrollschwelle ein Vollzug im Sinne des Art. 7 Abs. 1 FKVO, wenn er im Rahmen eines „einzigen" Zusammenschlusses im Sinne des 20. Erwägungsgrundes zur FKVO erfolgt. Liegen dann die Voraussetzungen der Legalausnahme nach Art. 7 Abs. 2 FKVO vor, ist ein solcher „Teilvollzug" ausnahmsweise vom Verbot des Art. 7 Abs. 1 FKVO freigestellt.[2168]

2164 Dazu oben Kapitel 1 B.I.1.b.bb.(1)(d)(gg).

2165 Zu den möglichen Gründen ebenda, Unterabschnitt (ff).

2166 Dass der Erwerb von Geschäftsanteilen von mehreren Veräußerern nach Art. 7 Abs. 2 FKVO in bestimmten Fällen vom Vollzugsverbot ausgenommen wird, beruht auf anderen Überlegungen und ändert daher nichts an der Bewertung hinsichtlich des Grundtatbestands nach Art. 7 Abs. 1 FKVO.

2167 Vgl. bereits die Überlegungen oben Kapitel 5 D.I.2.b.gg.(2). Auch wenn die Verringerung des Ausmaßes eintretender Strukturveränderungen in den vorbereitenden Materialien zur FKVO nicht als Regelungszweck des Vollzugsverbots nachweisbar ist, dürfte sie vom gesetzgeberischen Willen für den Fall, dass der Aufschub der Strukturveränderung nicht gelingen sollte, abgedeckt sein (argumentum a maiore ad minus).

2168 Vgl. oben Kapitel 1 B.II.1.d.aa (dort noch offengelassen).

Im Ergebnis steht es mit dem Regelungszweck des Vollzugsverbots im Einklang und ist es für diesen erforderlich, schon den dauerhaften Erwerb von Kontrollmitteln unterhalb der Schwelle zur Kontrolländerung als „teilweisen“ Vollzug einzustufen, wenn er integraler Bestandteil eines „einzigen“ Zusammenschlusses im Sinne des 20. Erwägungsgrunds zur FKVO ist. Dies ergibt sich daraus, dass der mehrstufige gegenüber dem einstufigen Erwerb von Kontrollmitteln wegen der zeitlichen Abläufe im Entflechtungsfall (der nach Auffassung des EuG nur nach einem „umfassenden“ Vollzug eintreten kann) spezifische Schwierigkeiten aufweisen kann. Die Eintrittswahrscheinlichkeit dieser Schwierigkeiten im Einzelfall kann dabei keine Rolle spielen.[2169]

(b) Vorwegnahme der wesentlichen wettbewerblichen Auswirkungen eines Vorhabens

Die Fallgruppe der Vorwegnahme der wesentlichen wettbewerblichen Auswirkungen eines Vorhabens geht auf eine Pressemitteilung der Kommission im Fall *Bertelsmann/Kirch/Premiere* zurück. Zur Erinnerung: Darin hatte die Kommission mitgeteilt, dass sie die Einführung einer einheitlichen Decoder-Plattform, namentlich durch Verwendung und Vermarktung des bis dahin allein von *Kirch* verwendeten Decoders „D-Box“ durch *Premiere*, als „Teilvollzug des beabsichtigten Zusammenschlusses beider Unternehmen“ betrachte.[2170] Offensichtlich ging die Kommission nicht davon aus, dass *Kirch* bereits bestimmenden Einfluss auf die Tätigkeit von *Premiere* ausüben konnte und damit die Kontrolle erworben hatte. In Ermangelung einer Kontrolländerung stellte die Kommission zur Begründung des Verstoßes gegen das Vollzugsverbot darauf ab, dass die Verwendung und Vermarktung der „D-Box“ durch *Premiere*

- ein „wesentlicher Bestandteil“ des Zusammenschlusses, ja das „unmittelbare Ergebnis“ der Einigung zwischen *Bertelsmann* und *Kirch* sei und damit in einem „untrennbaren Zusammenhang“ mit dem Zusammenschluss stehe,
- „eine der wesentlichen wettbewerblichen Auswirkungen“ des Zusammenschlusses sei, welche „die Wettbewerbsbedingungen entscheidend gestalten“ würde und

---

2169 Vgl. oben Kapitel 5 D.II.4.a.aa.
2170 Dazu ausführlich oben Kapitel 5 D.I.2.a.aa.(1)(c).

– im Falle ihrer Vorwegnahme „in ganz erheblichem Umfang vollendete Tatsachen zu schaffen“ drohe.

Diese Formulierungen zeigen, dass die Kommission nicht den Vollzug im technisch-kontrollbezogenen, sondern im wirtschaftlichen Sinne im Blick hatte. Es ging darum, dass die wesentlichen Wirkungen eines Zusammenschlusses am Markt unter Umgehung der Kontrolländerung vorweggenommen wurden. Die Kommission nimmt mit diesem Vollzugskonzept sozusagen „Maßnahmen mit wettbewerblich gleicher Wirkung“ ins Visier.

In den zitierten Äußerungen der Kommission klingen drei Aspekte der Vollzugsthematik an:

– im ersten Spiegelstrich das Konzept der integralen Bestandteile;
– im zweiten Spiegelstrich das gesetzgeberische Unterziel der vorläufigen Verhinderung von Marktstrukturveränderungen;
– im dritten Spiegelstrich das gesetzgeberische Oberziel der Vermeidung von Rückabwicklungsschwierigkeiten.

In der Sache *Ernst & Young/Konkurrencerådet*[2171] hat die Kommission bekräftigt, dass sie es – ohne dass weitere Voraussetzungen gegeben sein müssten – als Vollzug ansehen würde, wenn Unternehmen „in anderer Weise die Wirkungen des Zusammenschlusses vorwegnähmen oder die bestehende Wettbewerbslage entscheidend beeinflussten“.[2172] Derart losgelöst von der Kontrolländerung, stimmt das Vollzugskonzept der Kommission nicht mit dem hier vorgeschlagenen Konzept überein, nach dem der Vollzug in der Bewirkung (und eventuell in der späteren Aufrechterhaltung) eines integralen Zusammenschlussbestandteils liegt. Schließlich sind viele Maßnahmen denkbar, mit denen die (wesentlichen) wettbewerblichen Auswirkungen eines Zusammenschlusses vorweggenommen, aber keine integralen Bestandteile des Zusammenschlusses bewirkt werden. Der Grund liegt darin, dass sich die integralen Bestandteile durch ihren unmittelbaren Zusammenhang mit der dauerhaften Kontrolländerung im Sinne des Art. 3 Abs. 1 FKVO auszeichnen. Ein bloßer wirtschaftlicher Zusammenhang mit dem Zusammenschluss reicht selbst dann nicht aus, wenn er unmittelbar ist. Hierin liegt, wie oben gezeigt wurde,[2173] der Unterschied zwischen den integralen Bestandteilen und den Nebenabreden.

2171 Dazu oben Kapitel 5 D.I.2.b.ff.

2172 Zitat aus den Schlussanträgen des Generalanwalts Wahl vom 18. Januar 2018, Rs. C-633/16, *Ernst & Young/Konkurrencerådet*, ECLI:EU:C:2018:23, Rn. 42.

2173 Dazu oben Kapitel 5 D.II.2.b.cc.(1)(b).

Der Unterschied zwischen dem hier vorgeschlagenen und dem von der Kommission im Fall *Bertelsmann/Kirch/Premiere* angewandten Vollzugskonzept lässt sich gut am Fall *Bertelsmann/Kirch/Premiere* selbst zeigen. So war die Einführung der einheitlichen Decoder-Plattform auf Basis der „D-Box" bei der gebotenen kontrollbezogenen Sichtweise eindeutig kein integraler Bestandteil des Zusammenschlusses. Die beteiligten Unternehmen hatten noch keine Änderung der Kontrolle bei *Premiere* bewirkt, insbesondere keine zusätzlichen Anteile an *Premiere* erworben. Sie setzten „lediglich" wesentliche wirtschaftliche Elemente des Zusammenschlusses in die Tat um. Ihr Verhalten begründete eine technische und vertriebliche Kooperation, die in einem unmittelbaren wirtschaftlichen Zusammenhang mit dem Zusammenschluss stand. Nach dem hier vorgeschlagenen Konzept lag darin mangels Bewirkung (bzw. Aufrechterhaltung) eines integralen Bestandteils kein Vollzug im Sinne des Art. 7 Abs. 1 FKVO. Das Verhalten der beteiligten Unternehmen war EU-kartellrechtlich ausschließlich an Art. 81 EGV 1997 (nunmehr Art. 101 AEUV) zu messen.[2174]

Ein weiteres Beispiel ist der Fall *Ernst & Young/Konkurrencerådet*, in dem der EuGH das Konzept der Vorwegnahme der wesentlichen wettbewerblichen Auswirkungen nach hier vertretener Auffassung verworfen hat. Die streitige Maßnahme lag in der Kündigung des Kooperationsvertrags zwischen *KPMG* Dänemark und *KPMG* International durch *KMPG* Dänemark in Zusammenhang mit dem geplanten Zusammenschluss zwischen *KPMG* Dänemark und *Ernst & Young*. Der EuGH sah darin keinen Vollzug, weil die Kündigung nicht zu einer dauerhaften Veränderung der Kontrolle über *KPMG* Dänemark beigetragen habe. Da die Kündigung *Ernst & Young* keine Möglichkeit zur Einflussnahme auf *KPMG* Dänemark gegeben habe, sei es unerheblich, dass die Kündigung durch eine Bedingung mit dem Zusammenschluss verbunden gewesen sei und möglicherweise Auswirkungen auf den Markt gehabt habe.[2175] Nach dem hier vorgeschlagenen Vollzugskonzept kommt man zum selben Ergebnis, weil mit der Kündigung kein integraler Bestandteil des Zusammenschlusses bewirkt wurde. Zwar mag die Kündigung in wirtschaftlicher Hinsicht mit dem Zusammenschluss unmittelbar verbunden gewesen sein; es fehlte aber an einem unmittelbaren Zusammenhang mit der Kontrolländerung über *KPMG* Dänemark. Bereits hier zeigt sich eine enge inhaltliche Nähe zwi-

2174 Zum Verhältnis zwischen Art. 7 FKVO und Art. 101 AEUV näher unten Kapitel 5 D.II.7.

2175 Dazu oben Kapitel 5 D.I.2.b.ff.

schen der EuGH-Formel im Fall *Ernst & Young/Konkurrencerådet* und dem hier vorgeschlagenen Vollzugskonzept.[2176]

Zu prüfen bleibt, ob der Regelungszweck des Art. 7 Abs. 1 FKVO es erfordert, dieses Ergebnis zu korrigieren, d.h. die Vorwegnahme der wesentlichen wettbewerblichen Auswirkungen eines Vorhabens, die weder mit einem Erwerb von Kontrollmitteln unterhalb der Schwelle zur dauerhaften Kontrolländerung[2177] noch mit einer dauerhaften Kontrolländerung[2178] einhergeht, als („teilweisen") Vollzug im Sinne des Art. 7 Abs. 1 FKVO einzustufen. Dabei ist wieder zwischen der gesetzgeberischen Ober- und Unterzielsetzung zu unterscheiden.

Was das Unterziel – d.h. die vorläufige Verhinderung von Marktstrukturveränderungen – anbelangt, ist festzustellen, dass in den Fällen, in denen in der bisherigen Literatur und Praxis eine Vorwegnahme der wesentlichen wettbewerblichen Auswirkungen angenommen wurde, in der Regel keine Marktstrukturveränderung vorliegt. Vielmehr stellen sich die Vorwegnahmehandlungen regelmäßig als bloßes Marktverhalten[2179] dar, dem allein wegen seiner wirtschaftlichen Verbindung mit dem Zusammenschluss noch keine strukturändernde Wirkung zukommt.

Schwieriger gestaltet sich die Frage, ob die Vermeidung von Rückabwicklungsschwierigkeiten als gesetzgeberisches Oberziel die Erfassung von Vorwegnahmehandlungen als „Teilvollzug" im Sinne des Art. 7 Abs. 1 FKVO erfordert. Dies wäre der Fall, wenn Vorwegnahmehandlungen die Rückabwicklung des Zusammenschlusses zumindest abstrakt (d.h. typischerweise) erschweren oder gar unmöglich machen würden. Wie im 1. Kapitel gezeigt wurde,[2180] ergeben sich Rückabwicklungsschwierigkeiten in der Praxis häufig aus dem Untergang eines oder mehrerer beteiligter Unternehmen, Maßnahmen der Umgestaltung und Integration, dem Verlust von Stakeholderbeziehungen, Änderungen der Marktverhältnisse, der Offenlegung wettbewerblich sensibler Informationen oder dem Fehlen geeigneter Erwerbsinteressenten. Die Probleme werden durch die Zeitdauer und Widerstände seitens der beteiligten Unternehmen intensiviert.

Betrachtet man die Maßnahmen, die in der Literatur und Praxis unter dem Aspekt der Vorwegnahme der wesentlichen wettbewerblichen Aus-

2176 Zum Verhältnis näher unten Kapitel 5 D.II.7.

2177 Dazu der vorstehende Abschnitt – Kapitel 5 D.II.4.b.bb.(3)(a).

2178 Dazu oben Kapitel 5 D.II.4.b.bb.(1).

2179 Vgl. zur Unterscheidung zwischen Marktstruktur und Marktverhalten oben Kapitel 5 D.II.4.b.aa.

2180 Dazu oben Kapitel 1 B.I.1.b.bb.(1)(d).

wirkungen eines Vorhabens diskutiert werden, handelt es sich dabei oft um solche der Umgestaltung und Integration (wie z.B. die Einführung der einheitlichen Decoder-Plattform im Fall *Bertelsmann/Kirch/Premiere*), des Abbruchs von Stakeholderbeziehungen (wie z.B. die Kündigung des Kooperationsvertrags im Fall *Ernst & Young/Konkurrenceradet*) oder der Offenlegung wettbewerblich sensibler Informationen. So lassen sich stillgelegte Vermögenswerte oft nicht reaktivieren, veräußerte Werte oder entlassene Arbeitnehmer nicht zurückholen oder ersetzen, verarbeitete oder vermischte Vermögenswerte nicht trennen und Betriebsabläufe nicht wiederherstellen. Konkret kann z.B. die Wiederaufnahme der Produktion in einem stillgelegten und möglicherweise verkauften Werk, der Wiederaufbau einer stillgelegten und möglicherweise abgebauten und verkauften Produktionsstraße, die Wiederbelebung einer eingestellten Marke, der Entzug einer Lizenz, die Wiedereinstellung entlassener Mitarbeiter, die Rückversetzung von Mitarbeitern auf ihre angestammten Positionen oder die Wiederinbetriebnahme ausrangierter IT-Systeme unmöglich sein.

Vorwegnahmehandlungen können sich also nachteilig auf die Rückabwicklung eines Zusammenschlusses auswirken. Würde man sie vorläufig untersagen, könnte man damit in vielen Fällen zumindest das Ausmaß der Rückabwicklungsschwierigkeiten verringern, was nach hier vertretener Auffassung von der gesetzgeberischen Oberzielsetzung umfasst wäre.[2181]

Gegen die Erfassung von Vorwegnahmehandlungen kann auch nicht argumentiert werden, dass sie nach dem Urteil des EuG im Fall *Ryanair/Aer Lingus* nicht Gegenstand isolierter Entflechtungsmaßnahmen sein können. Dieses Argument wurde bereits im Zusammenhang mit der Fallgruppe des sukzessiven Erwerbs von Kontrollmitteln[2182] erörtert. Wie dort ist davon auszugehen, dass Vorwegnahmehandlungen spezifische Entflechtungsschwierigkeiten auslösen könnten, die über die Schwierigkeiten hinausgehen, die bei der Entflechtung eines „umfassend" vollzogenen Zusammenschlusses ohnehin drohen. Diese spezifischen Schwierigkeiten liegen bei den Vorwegnahmehandlungen darin, dass diese die für eine effektive Entflechtung wesentlichen „Bruchlinien" zwischen den Unternehmen zu verwischen drohen, und zwar umso stärker, je früher mit der wirtschaftlichen Umsetzung begonnen wird.[2183]

Gegen die Tatbestandsmäßigkeit der Vorwegnahme der wesentlichen wettbewerblichen Auswirkungen eines Vorhabens im Rahmen des Art. 7

2181 Vgl. den vorstehenden Abschnitt – Kapitel 5 D.II.4.b.bb.(3)(a).
2182 Oben Kapitel 5 D.II.4.b.bb.(3)(a).
2183 Vgl. oben Kapitel 1 B.I.1.b.bb.(1)(d)(gg).

Abs. 1 FKVO spricht aber, dass sich dieses Konzept durch das Genügenlassen eines wirtschaftlichen Zusammenhangs zwischen der Maßnahme und dem Zusammenschluss zu weit von den systematischen Rahmenvorgaben der FKVO entfernt. Die systematische Auslegung hat ergeben, dass unter Vollzug nur Maßnahmen verstanden werden können, die eine dauerhafte Kontrolländerung im Sinne des Art. 3 Abs. 1 FKVO bewirken oder in einem unmittelbaren Zusammenhang mit dieser stehen. Dies wird durch das Konzept, in dem der Vollzug in jeder Bewirkung eines integralen Zusammenschlussbestandteils liegt, gewährleistet. Wie gezeigt wurde, erlaubt dieses Konzept auch die Erfassung bestimmter Maßnahmen unterhalb der Schwelle zur dauerhaften Kontrolländerung als „teilweisen" Vollzug und reduziert damit zusätzlich das Ausmaß möglicher Rückabwicklungsschwierigkeiten. Es ginge aber zu weit, Maßnahmen, mit denen kein integraler Bestandteil des Zusammenschlusses bewirkt wird, sondern die wirtschaftlichen Ziele des Zusammenschlusses auf andere Weise am Markt umgesetzt werden, unter das Vollzugsverbot zu fassen. Die Kontrolle einer anderweitigen Umsetzung der Zusammenschlussziele hat – genauso wie bei Nichtbestehen eines Zusammenschlussvorhabens – am Maßstab des Art. 101 AEUV zu erfolgen. Würde man einen wirtschaftlichen Zusammenhang zwischen der fraglichen Maßnahme und dem Zusammenschluss genügen lassen, würde die Unterscheidung zwischen integralen Bestandteilen und Nebenabreden aufgehoben. Anders als im Rahmen des Art. 7 Abs. 1 FKVO, wo ein abstrakter Maßstab gilt,[2184] gewährleistet Art. 101 AEUV unter Berücksichtigung des Immanenzgedankens sowie der Vorschriften der FKVO zu Nebenabreden auch angemessene Lösungen im Einzelfall, ohne dass es hierzu einer Kommissionsentscheidung bedürfte.

Im Ergebnis kann festgehalten werden, dass Maßnahmen des Zusammenschlussprozesses, mit denen kein integraler Bestandteil des Zusammenschlusses, d.h. weder eine dauerhafte Kontrolländerung noch ein dauerhafter Erwerb von Kontrollmitteln im Sinne des Art. 3 Abs. 2 FKVO im Rahmen eines „einzigen" Zusammenschlusses, bewirkt wird, sondern nur wesentliche wirtschaftliche Bestandteile verwirklicht oder wesentliche wettbewerbliche Auswirkungen vorweggenommen werden, keinen „Vollzug" im Sinne des Art. 7 Abs. 1 FKVO darstellen.

2184 Dazu oben Kapitel 1 B.I.2.d.

(c) Sonderproblem: „Pooling"-, „Spinning"- und „Warehousing"-Konstellationen

(aa) „Pooling" und „Spinning"

Mehrstufige M&A-Projekte liegen nicht nur beim sukzessiven Erwerb von Kontrollmitteln vor. Typisch sind auch die „Pooling"- und Spinning"-Fälle. Zur Erinnerung:[2185] Beim Pooling erwerben mehrere Unternehmen in einem ersten Schritt ein anderes Unternehmen, um dieses in einem zweiten Schritt planmäßig untereinander aufzuteilen. Beim Spinning erwirbt ein Unternehmen in einem ersten Schritt ein anderes Unternehmen, um dieses in einem zweiten Schritt nach einem im Voraus vereinbarten Plan teilweise an ein drittes Unternehmen weiterzuveräußern. Eine ähnliche Fallgestaltung liegt vor, wenn mehrere Unternehmen in einem ersten Schritt ein anderes Unternehmen erwerben, um dieses in einem zweiten Schritt planmäßig einem von ihnen zur alleinigen Kontrolle zu übertragen. Alle genannten Fallkonstellationen haben gemeinsam, dass nach der Transaktionsplanung der erste Schritt Durchgangscharakter hat und erst im zweiten Schritt eine dauerhafte Änderung der Kontrolle im Sinne des Art. 3 Abs. 1 FKVO bewirkt werden soll. Dass in der Bewirkung der dauerhaften Kontrolländerung im zweiten Schritt, d.h. in der Aufteilung der Vermögenswerte bzw. deren Weiterveräußerung, ein Vollzug im Sinne des Art. 7 Abs. 1 FKVO liegt, steht außer Frage. Fraglich ist vielmehr, ob schon der Bewirkung der Kontrolländerung im ersten Schritt ein Vollzug im Sinne des Art. 7 Abs. 1 FKVO innewohnt.

Die Antwort hängt von der Reichweite des Zusammenschlussbegriffs des Art. 3 FKVO ab. So fiele die Bewirkung des ersten Schritts unter das Vollzugsverbot des Art. 7 Abs. 1 FKVO, wenn dieser entweder ein eigenständiger Zusammenschluss im Sinne des Art. 3 FKVO oder aber ein integraler Bestandteil eines „einzigen" Zusammenschlusses wäre. Wie gesehen, qualifiziert die Kommission die „Spinning"- und „Pooling"-Fälle nicht als „einzigen" Zusammenschluss im Sinne des 20. Erwägungsgrundes zur FKVO, sondern unterscheidet danach, ob kumulativ zwei Voraussetzungen erfüllt sind, nämlich (i.) der zweite Schritt rechtsverbindlich vereinbart ist und (ii.) kein Zweifel besteht, dass der zweite Schritt innerhalb kurzer Zeit – längstens ein Jahr – nach dem ersten erfolgen wird.[2186]

2185 Vgl. oben Kapitel 5 D.I.2.a.bb.(4).

2186 Konsolidierte Mitteilung der Kommission zu Zuständigkeitsfragen (oben Fn. 95), Rn. 31. Entsprechendes soll in den Fällen gelten, in denen mehrere Un-

Dabei handelt es sich um eine Prognose, die die Kommission aus der ex ante-Perspektive trifft. Im Fall der Genehmigungspflichtigkeit der Transaktion im zweiten Schritt liegt die zweite Voraussetzung nach Auffassung der Kommission normalerweise erst vor, wenn die Genehmigung erteilt wurde.[2187] Solange dies nicht der Fall ist, steht die Durchführung der Transaktion im zweiten Schritt nicht zweifelsfrei fest, so dass die Transaktion im ersten Schritt einen eigenständigen, unter das Vollzugsverbot fallenden Zusammenschluss darstellt.[2188] Sobald die Zweifel ausgeräumt sind, fehlt es in Bezug auf die erste Transaktion an der (potenziellen) Dauerhaftigkeit und damit am Zusammenschlusstatbestand; in diesem Moment entfällt auch das Vollzugsverbot. Die erste Transaktion ist dann auch kein integraler Bestandteil eines „einzigen" Zusammenschlusses, sondern ein fusionskontrollrechtliches „Nullum", durch das formell- und materiellrechtlich „hindurchgeschaut" wird. In Bezug auf das Vollzugsverbot hilft das den beteiligten Unternehmen natürlich nicht, da beide Schritte erst vollzogen werden dürfen, wenn der zweite Schritt genehmigt wurde.

Das Konzept der Kommission soll hier, was die Einordnung der Transaktionen im Hinblick auf Art. 3 FKVO (d.h. in ein oder mehrere Zusammenschlussvorhaben) anbelangt, nicht in Zweifel gezogen werden. Es ist jedoch zu klären, ob der Regelungszweck des Vollzugsverbots wirklich den Aufschub der Transaktion im ersten Schritt bis zur Genehmigung der Transaktion im zweiten Schritt erfordert. Wäre dies nicht der Fall, dürfte die Anordnung eines Vollzugsaufschubs einen ungerechtfertigten Grundrechtseingriff darstellen. Die Unterzielsetzung des Art. 7 Abs. 1 FKVO besteht, wie gesehen, in der Verhinderung des Eintritts von Marktstrukturveränderungen, wobei der Zusammenschlussbegriff des Art. 3 Abs. 1 FKVO, an den Art. 7 Abs. 1 FKVO anknüpft, auf dauerhafte Kontrolländerungen abstellt. Vorübergehende Kontrolländerungen begründen keinen Zusammenschluss, so dass ihre Bewirkung – wenn sie nicht Teil eines „einzigen" Zusammenschlusses sind, was die Kommission in den „Pooling"- und Spinning"-Fällen insgesamt ablehnt – auch nicht unter das Vollzugsverbot fällt.

---

ternehmen in einem ersten Schritt ein anderes Unternehmen erwerben, um dieses in einem zweiten Schritt einem von ihnen zur alleinigen Kontrolle zu übertragen (ebenda, Rn. 34).

2187 So noch ausdrücklich der Entwurf der Konsolidierten Mitteilung aus dem Jahr 2006 (oben Fn. 1561), Rn. 29.

2188 Kommission, ebenda, Fn. 34 zu Rn. 29.

In den „Pooling“- und Spinning“-Konstellationen ist die Strukturveränderung im ersten Schritt dauerhaft, wenn der zweite Schritt nicht kurzfristig erfolgt. Ob dies der Fall sein wird, kann zunächst nur prognostiziert werden. Wird die Transaktion im ersten Schritt durchgeführt und unterbleibt der zweite Schritt aus welchen Gründen auch immer, liegt mit einem Mal eine nicht auf ihre Wirkungen geprüfte, dauerhafte Marktstrukturveränderung vor. Der Zweck des Vollzugsverbots rechtfertigt es somit, dieses auf die erste Transaktion anzuwenden, bis das Risiko des „Stehenbleibens“ der Transaktion im ersten Schritt weitestgehend ausgeschlossen werden kann. Einen vollständigen Ausschluss dieses Risikos kann es nicht geben, da die Transaktion im zweiten Schritt selbst bei rechtsverbindlicher Vereinbarung und vorliegender Genehmigung noch scheitern kann. Insoweit erscheint es verhältnismäßig, den beteiligten Unternehmen aufzugeben, mit dem Vollzug der Transaktion im ersten Schritt so lange zu warten, bis die Kommission die Transaktion im zweiten Schritt genehmigt hat.

(bb) „Warehousing“

Praxisrelevant sind darüber hinaus die sogenannten „Warehousing“-Fälle. Zur Erinnerung:[2189] Beim „Warehousing“ erwirbt ein Unternehmen, meist eine Bank, in einem ersten Schritt ein anderes Unternehmen und überträgt dieses in einem zweiten Schritt an ein drittes Unternehmen als endgültigen Erwerber. Wie oben gezeigt wurde, ist die Geltung des Vollzugsverbots in den „Warehousing“-Fällen bislang in entscheidenden Punkten ungeklärt. Fest steht lediglich, dass (i.) die Bewirkung des Kontrollerwerbs im zweiten Schritt den Zusammenschlusstatbestand des Art. 3 Abs. 1 Buchst. b FKVO erfüllt und damit einen „umfassenden“ Vollzug im Sinne des Art. 7 Abs. 1 FKVO darstellt, und (ii.) Art. 7 Abs. 1 FKVO schon die Übertragung an den Zwischenerwerber erfasst, wenn der endgültige Erwerber damit die *mittelbare* Kontrolle über das Zielunternehmen nach Art. 3 Abs. 1 Buchst. b FKVO erlangt.[2190] Offen ist hingegen, ob die Bewirkung des ersten Schritts, d.h. des Zwischenerwerbs durch die Bank, ohne mittelbaren Kontrollerwerb seitens des Enderwerbers einen Vollzug darstellt. Hierzu wäre es erforderlich, dass der Zwischenerwerb einen

2189 Vgl. auch insoweit oben Kapitel 5 D.I.2.a.bb.(4) und Kapitel 5 D.I.2.a.dd.(2).
2190 Vgl. Kommission, Konsolidierte Mitteilung zu Zuständigkeitsfragen (oben Fn. 95), Rn. 13.

eigenständigen Zusammenschluss im Sinne des Art. 3 FKVO oder zumindest einen integralen Bestandteil eines „einzigen" Zusammenschlusses darstellt. Außerdem dürfte die Bankenklausel des Art. 3 Buchst. a FKVO nicht einschlägig sein, weil sonst dem Vollzugsverbot die Grundlage entzogen wäre. Wird im ersten Schritt ein Vollzug angenommen, hängt von der gewählten Sichtweise ab, welche Unternehmen am Vollzug beteiligt sind:[2191] Bei einem eigenständigen Zusammenschluss wären dies nur der Veräußerer und der Zwischenerwerber, bei einem „einzigen" Zusammenschluss auch der Enderwerber.

Würde man die von der Kommission in den „Spinning"- und „Pooling"-Fällen angewandten Maßstäbe auf das „Warehousing" übertragen, hinge die Qualifikation des ersten Schritts, d.h. des Zwischenerwerbs, als Zusammenschluss davon ab, ob (i.) der zweite Schritt rechtsverbindlich vereinbart wurde und (ii.) aus der ex-ante-Sicht kein Zweifel besteht, dass er innerhalb kurzer Zeit nach dem ersten Schritt erfolgen wird. Lägen beide Voraussetzungen vor, wäre der Zwischenerwerb mangels Dauerhaftigkeit fusionskontrollrechtlich irrelevant, bei Fehlen auch nur einer Voraussetzung ein eigenständiger Zusammenschluss. Im letztgenannten Fall fiele die Bewirkung des ersten Schritts unter Art. 7 Abs. 1 FKVO. Bei Genehmigungspflichtigkeit des zweiten Schritts würde der Zwischenerwerb so lange als eigenständiger Zusammenschluss angesehen (mit der Folge, dass sein Vollzug unter Art. 7 Abs. 1 FKVO fiele), bis die Genehmigung der Transaktion im zweiten Schritts vorläge.

Dennoch wäre die Übertragung der „Spinning"- und „Pooling"-Maßstäbe auf „Warehousing"-Fälle für die beteiligten Unternehmen in vielen Fällen akzeptabel, wenn hinsichtlich des Zwischenerwerbs entweder die Bankenklausel des Art. 3 Abs. 5 Buchst. a FKVO eingreifen würde (was mit der Nichtgeltung des Vollzugsverbots einherginge) oder zumindest die Möglichkeit bestünde, den (in der Regel materiellrechtlich unkritischen) Zwischenerwerb bei der Kommission anzumelden und nach Abschluss des (entsprechend kurzen) Genehmigungsverfahren rasch zu vollziehen. In beiden Fällen bliebe der Zweck des „Warehousings", dem Veräußerer eine schnelle Trennung vom Transaktionsobjekt und einen raschen Erhalt des Kaufpreises zu ermöglichen, gewahrt.

Allerdings hat die Kommission in ihrer Konsolidierten Mitteilung zu Zuständigkeitsfragen beiden Optionen eine Absage erteilt, indem sie (i.) beim „Warehousing" – anders als beim „Spinning" und „Pooling" – von einem „einzigen", auf den Kontrollerwerb durch den endgültigen Erwer-

2191 Vgl. oben Kapitel 5 D.I.2.b.gg.(2).

ber gerichteten Zusammenschluss ausgeht und (ii.) weiter annimmt, dass die Bankenklausel des Art. 3 Abs. 5 Buchst. a FKVO nur auf eigenständige Zusammenschlüsse, nicht aber auf unselbstständige Teile eines „einzigen“ Zusammenschlusses, Anwendung findet.[2192] Da der Zwischenerwerb bei Annahme eines „einzigen“ Zusammenschlusses einen integralen Bestandteil dieses Zusammenschlusses darstellt, hat diese Sichtweise a priori zur Folge, dass in der Bewirkung des Zwischenerwerbs ein „teilweiser“ Vollzug liegt, ohne dass die Privilegierung nach Art. 3 Abs. 5 Buchst. a FKVO eingreift oder die Möglichkeit der Beendigung des Vollzugsverbots durch Anmeldung und Genehmigung des Zwischenerwerbs besteht.

Fraglich ist daher, ob die Kommission beim „Warehousing“ mit Recht (i.) beide Erwerbsvorgänge zu einem „einzigen“ Zusammenschluss verklammert und so (ii.) die Anwendbarkeit der Bankenklausel auf den Zwischenerwerb verneint. Falls ja, ist im Hinblick auf das Untersuchungsanliegen weiter zu prüfen, ob (iii.) die Geltung des Vollzugsverbots für den Zwischenerwerb vom Regelungszweck des Art. 7 Abs. 1 FKVO gedeckt ist.

Im Hinblick auf die erste und zweite Frage ist festzustellen, dass die in Rn. 35 der Konsolidierten Mitteilung angeführten Gründe kaum eine unterschiedliche Behandlung von „Spinning- bzw. „Pooling“-Fällen einerseits und „Warehousing“-Fällen andererseits im Hinblick auf die Kriterien des 20. Erwägungsgrunds rechtfertigen können.[2193] Vielmehr scheint es, als diene das Konzept des „einzigen“ Zusammenschlusses der Kommission in den „Warehousing“-Fällen allein als Argument, um das Eingreifen der Bankenklausel abwenden und so der Ausbreitung des „Warehousing“-Konzepts in der Praxis Einhalt gebieten zu können. Ebenfalls erscheint fraglich, ob das Konzept des „einzigen“ Zusammenschlusses, falls es denn auf die „Warehousing“-Fälle passen sollte, die Bankenklausel verdrängen kann. So liegt es nahe, die Bankenklausel, sofern ihre Voraussetzungen im Einzelfall erfüllt sind, in ihrer Teilfunktion als Ausnahme vom Vollzugsverbot weiterhin auf Teilschritte eines „einzigen“ Zusammenschlusses anzuwenden. Dies leitet über zur dritten Frage.

Hierzu ist zunächst festzustellen, dass die Gefahren für den Wettbewerb beim „Warehousing“ ähnlich liegen wie beim „Spinning“ bzw. „Pooling“: So besteht in allen Fallgruppen ein Risiko, dass ein mehrstufig angelegtes M&A-Projekt nach der Bewirkung eines Zwischenschritts noch scheitert. Falls der Zwischenschritt dann bereits vollzogen worden sein sollte, liegt

---

2192 Kommission, Konsolidierte Mitteilung zu Zuständigkeitsfragen (oben Fn. 95), Rn. 35 und 114; vgl. dazu bereits oben Kapitel 5 D.I.2.a.bb.(4).

2193 So auch Wessely/Wegner in: MK-EuWettbR (2020), Art. 3 FKVO Rn. 50 a.E.

eine Situation vor, die es im Rahmen der präventiven Fusionskontrolle eigentlich nicht geben dürfte: Es wäre zu einer potenziell dauerhaften Kontrolländerung gekommen, die nicht vorab auf ihre Übereinstimmung mit dem materiellen Kriterium geprüft wurde.

Wie im 1. Kapitel gezeigt wurde, können schädliche Veränderungen der Marktstruktur nur effektiv vermieden werden, wenn sie einer vorherigen materiellen Kontrolle, und zu deren Absicherung einem vorläufigen Vollzugsverbot, unterworfen werden. Wird die materiellrechtliche Prüfung eines Zwischenschritts bei mehrstufigen M&A-Projekten – aus welchen Gründen auch immer – unterlassen, sind die Marktstrukturen selbst dann nicht mehr optimal geschützt, wenn der Zwischenerwerb unter ein vorläufiges Vollzugsverbot gestellt wird, dessen Erlöschen an die Genehmigung des letzten Schritts gekoppelt wird. Der Grund hierfür liegt in dem stets bestehenden Risiko eines Abbruchs der Transaktion.

Bei Schaffung eines Fusionskontrollsystems kann dieses Risiko vom Gesetzgeber bewusst eingegangen werden. Dann sollte aber darauf geachtet werden, dass das Risiko eines planwidrigen Abbruchs der Transaktion aus der ex-ante-Sicht minimiert wird. In einem solchen Fall besteht zwar kein optimaler, aber noch ein gewisser Wettbewerbsschutz. Diesen Weg hat die Kommission in den „Spinning“- und „Pooling“-Fällen beschritten. Bei Vorliegen der Voraussetzungen eines „einzigen“ Zusammenschlusses im Sinne des 20. Erwägungsgrundes zur FKVO, namentlich der gegenseitigen Bedingtheit des Zwischen- und Enderwerbs, besteht grundsätzlich auch in den „Warehousing“-Fällen ein geringes Risiko des „Stehenbleibens“ der Transaktion beim Zwischenerwerb. Der zentrale Unterschied zwischen der Behandlung der „Spinning- bzw. „Pooling“-Fälle einerseits und der „Warehousing“-Fälle andererseits besteht darin, dass in manchen Warehousing-Fällen eigentlich Raum für eine Anwendung der Bankenklausel wäre, was die Kommission durch die Annahme eines „einzigen“ Zusammenschlusses aber zu unterbinden sucht.

Bei der Lösung des „Warehousing“-Problems sollte beachtet werden, dass ein „Stehenbleiben“ auf der ersten Stufe in den „Warehousing“-Fällen typischerweise weniger problematisch ist als beim „Spinning“ bzw. „Pooling“. Dies jedenfalls dann, wenn es sich beim Ersterwerber um eine Bank handelt, weil die Rückabwicklungsschwierigkeiten und das Folgerisiko des endgültigen Verbleibs des Transaktionsobjekts beim Ersterwerber dann geringer ausfallen. Aus diesem Grund erscheint die Bankenausnahme eigentlich als Mittel der Wahl, um auch „Warehousing“-Fälle zu handhaben. Selbst wenn man mit der Kommission annimmt, dass die „Warehousing“-Fälle im Hinblick auf den Zusammenschlusstatbestand, anders als die

„Spinning“- und „Pooling“-Fälle, als „einziger“ Zusammenschluss behandelt werden sollten, überzeugt die Argumentation der Kommission letztlich insoweit nicht, als das Konzept des „einzigen“ Zusammenschlusses nicht herangezogen werden sollte, um die Bankenklausel auszuhebeln.

Im Ergebnis ist festzuhalten, dass die vorübergehende Übertragung des Zielunternehmens an einen Zwischenerwerber in „Warehousing“-Fällen einen Vollzug im Sinne des Art. 7 Abs. 1 FKVO darstellt, falls nicht im Einzelfall die Voraussetzungen der Bankenausnahme nach Art. 3 Abs. 5 Buchst. a FKVO vorliegen. Dies gilt unabhängig davon, ob man den Zwischenerwerb mit der Kommission als integralen Bestandteil eines „einzigen“, auf den Kontrollerwerb im zweiten Schritt gerichteten Zusammenschluss oder – in Anwendung des für „Spinning“- und „Pooling“-Fälle geltenden Maßstabs – als eigenständigen Zusammenschluss ansieht. Denn nimmt man einen „einzigen“ Zusammenschluss an, erscheint es im Hinblick auf die Zwecke sowohl der Bankenklausel als auch des Vollzugsverbots angemessen, die Bankenklausel zumindest in ihrer Teilfunktion als Legalausnahme vom Vollzugsverbot anzuwenden. Die Bewirkung des Zwischenschritts stellt somit unter den Voraussetzungen des Art. 3 Abs. 5 Buchst. a FKVO – entgegen der Auffassung der Kommission – weder für den Veräußerer noch die Bank oder den endgültigen Erwerber einen Verstoß gegen Art. 7 Abs. 1 FKVO dar. Liegen die Voraussetzungen der Bankenklausel hingegen nicht vor, stellt – insoweit wieder in Übereinstimmung mit der Kommissionsauffassung – das Bewirken des Zwischenschritts vor der Genehmigung des finalen Schritts durch die Kommission einen Vollzug im Sinne des Art. 7 Abs. 1 FKVO dar. Nach hier vertretener Auffassung wird dieser Verstoß durch den Zwischenerwerber und den Veräußerer begangen. Dagegen wäre nach der Kommissionsauffassung wegen des Vorliegens eines „einzigen“ Zusammenschlusses auch der endgültige Erwerber beteiligt.

(4) Aufrechterhaltung eines sonstigen integralen Bestandteils

Wie beim „umfassenden“[2194] verstößt auch beim „teilweisen“ Vollzug die Aufrechterhaltung des rechtswidrig geschaffenen Zustands dauerhaft gegen Art. 7 Abs. 1 FKVO.[2195] Der Verstoß wird also erst beendet, wenn der

2194 Dazu oben Kapitel 5 D.II.4.b.bb.(2).

2195 Um Verwechslungen zu vermeiden, wird hier der Begriff des „weiteren“ Vollzugs vermieden.

eingetretene Zustand als solcher oder seine Rechtswidrigkeit entfällt. Der Grund hierfür ist in den Teilvollzugsfällen darin zu sehen, dass sich die Entflechtungsschwierigkeiten mit fortschreitender Zeit stetig zu verstärken drohen.

Der Zustand eines „teilweise vollzogenen Zusammenschlusses" kann durch die Unternehmen mit Wirkung ex nunc beendet werden, indem sie den Teilvollzug rückgängig machen, also z.B. verbotswidrig erworbene Anteile veräußern oder eine verbotswidrig an einen Dritten veräußerte Anlage zurückerwerben. Eine Legalisierung ist, wie nach einem „umfassenden" Vollzug, erstens durch die Erteilung einer Genehmigung oder Freistellung nach Art. 7 Abs. 3 FKVO durch die Kommission möglich, wobei die bloße Mitteilung des Verstoßes durch die Unternehmen oder die Einreichung der Anmeldung nicht genügen. Zweitens wird der Verstoß nach hier vertretener Auffassung auch mit einer Untersagung des Zusammenschlusses nach Art. 8 Abs. 3 FKVO beendet.[2196] Drittens entfällt die Rechtswidrigkeit auch mit der Aufgabe des Zusammenschlussvorhabens. Dann ist für das Vollzugverbot kein Raum mehr und die fünfjährige Verjährungsfrist des Art. 1 Abs. 1 Buchst. b der Verordnung Nr. 2988/74[2197] beginnt zu laufen. Wie immer ändert der Wegfall des Vollzugsverbots nichts an der Befugnis der Kommission, nach Art. 14 Abs. 2 Buchst. b FKVO für die Vergangenheit Bußgelder zu verhängen. Ohne dieses Abschreckungselement wäre das Verbot des „teilweisen" Vollzugs im präventiven Bereich nicht wirksam gewährleistet.[2198]

(5) Kein Vollzug bei bloßer Regelung oder Vorbereitung eines integralen Bestandteils

Sowohl für die Fallgruppe des „umfassenden" Vollzugs als auch für die verschiedenen Fallgruppen des „teilweisen" Vollzugs gilt der Grundsatz, dass nur Maßnahmen gegen das Vollzugsverbot der FKVO verstoßen können, die einen integralen Zusammenschlussbestandteil *bewirken oder aufrechterhalten*. Keinen Vollzug stellen hingegen Maßnahmen dar, mit denen

2196 Dazu oben Kapitel 1 B.I.2.c und Kapitel 4 A.II.1.b.dd. Nach den insoweit überzeugenden Ausführungen des Präsidenten des EuG im Fall *Aer Lingus/Kommission* (oben Fn. 1622, dort Rn. 101) richtet sich die Frage der Rechtswidrigkeit „teilweiser" Vollzugshandlungen von diesem Zeitpunkt an nach nationalem Recht.

2197 Oben Fn. 1375; dazu sogleich nochmals gesondert.

2198 Vgl. oben allgemein Kapitel 1 A.II.2.b und Kapitel 1 A.III.1.b.cc.

ein integraler Bestandteil lediglich geregelt (Beispiel: Abschluss des schuldrechtlichen Kauf- und Übertragungsvertrags, Verschmelzungsvertrags oder Konsortialvertrags) oder seine Bewirkung nur vorbereitet wird (Beispiel: Einholung erforderlicher Zustimmungen oder Genehmigungen, solange hierdurch nicht bereits unmittelbar und dauerhaft Kontrollmittel erworben werden). Zu beachten ist, dass bei dem hier vorgeschlagenen Konzept die Abgrenzung zwischen Vollzugs- und Vorbereitungshandlungen nur eine begrenzte Bedeutung hat und kaum Schwierigkeiten aufwirft, weil die unmittelbare Bewirkung des Erwerbs von Kontrollmitteln im Sinne des Art. 3 Abs. 2 FKVO vergleichsweise leicht festgestellt werden kann. Auch hier liegt unter Rechtssicherheitsgesichtspunkten ein klarer Vorteil gegenüber dem bislang von der Kommission vertretenen Konzept der Vorwegnahme der wesentlichen wettbewerblichen Auswirkungen, bei dem nie klar war, wo genau die Grenze zwischen Vorbereitung und Vollzug verlaufen soll.

5. Verhältnis zur „Ernst & Young-Formel“ des EuGH

Das Vollzugsverständnis des EuGH wurde bereits erläutert.[2199] Nach der EuGH-Formel im Fall *Ernst & Young/Konkurrenceradet* sind Vollzugsmaßnahmen solche, die in einem unmittelbaren funktionellen Zusammenhang mit einer dauerhaften Kontrolländerung im Sinne des Art. 3 Abs. 1 FKVO stehen und hierzu einen erforderlichen Beitrag leisten. Erforderliche Beiträge in diesem Sinne können nicht nur durch Maßnahmen geleistet werden, die unmittelbar – d.h. ohne weitere Zwischenschritte – eine Kontrolländerung bewirken. Von Art. 7 Abs. 1 FKVO erfasst werden im Sinne eines „Teilvollzugs“ auch Zwischenschritte, wenn sie in unmittelbarem funktionellem Zusammenhang mit der dauerhaften Kontrolländerung stehen und für diese erforderlich sind. Die betreffenden Maßnahmen müssen keine Auswirkungen am Markt haben.

Unter den möglichen Sichtweisen auf den Zusammenschlussbegriff[2200] neigt der EuGH damit auf den ersten Blick der Vorgangsbetrachtung zu, nach der alle Maßnahmen des Zusammenschlussprozesses in den Anwendungsbereich des Vollzugsverbots fallen und für jede Maßnahme zu fragen ist, ob es sich um eine verbotene Vollzugs- oder eine erlaubte sonstige

2199 Dazu oben Kapitel 5 D.I.2.b.ff und Kapitel 5 D.I.2.b.gg.(2).

2200 Zustandsbetrachtung, Vorgangsbetrachtung und – wie hier vorgeschlagen – Bestandteilsbetrachtung; vgl. oben Kapitel 5 D.II.2.b.

Maßnahme handelt. Bei näherer Hinsicht passt die EuGH-Formel indes ebenso gut zu der hier vorgenommenen Bestandteilsbetrachtung, nach der die integralen Bestandteile eines Zusammenschlusses in den Anwendungsbereich des Vollzugsverbots fallen und Maßnahmen, die einen integralen Bestandteil bewirken oder aufrechterhalten, anstatt ihn bloß zu regeln oder vorzubereiten, Vollzugsmaßnahmen sind. Schließlich ist es gerade die Bewirkung eines integralen Bestandteils (im Sinne des Erwerbs von Kontrollmitteln nach Art. 3 Abs. 2 FKVO), der in einem unmittelbaren funktionellen Zusammenhang mit einer dauerhaften Kontrolländerung im Sinne des Art. 3 Abs. 1 FKVO steht und hierzu einen erforderlichen Beitrag leistet. Die ausdrückliche Bezugnahme auf den 20. Erwägungsgrund zur FKVO, und damit das Konzept des „einzelnen" Zusammenschlusses, und die Ausklammerung der rein wirtschaftlichen Umsetzung eines Vorhabens (d.h. ohne kausalen Beitrag zur Kontrolländerung) vom Vollzugsbegriff zeigen die nahe Verwandtschaft der EuGH-Formel zu dem hier vorgeschlagenen Vollzugskonzept.

Es wird sich zeigen, wie die Praxis mit der EuGH-Formel umgehen und ob sie diese in dem hier vorgeschlagenen, engen Sinne anwenden wird. Es steht zu wünschen, dass die Praxis dies tun wird. Anderenfalls besteht das Risiko eines Rückfalls in frühere Zeiten, in der die Abgrenzung zwischen Vollzugs- und sonstigen Maßnahmen mit hohen Unsicherheiten verbunden war.[2201]

6. Verjährung von Verstößen gegen das Vollzugsverbot

Wie es von der Kommission entschieden und vom EuG in den Rechtssachen *Electrabel/Kommission*[2202] und *Marine Harvest/Kommission*[2203] zutreffend bestätigt wurde, verjähren Verstöße gegen das Vollzugsverbot der FKVO als dauerhafte Zuwiderhandlungen nach Art. 1 Abs. 1 Buchst. b der Verordnung Nr. 2988/74[2204] in fünf Jahren ab ihrer Beendigung. Für die Frage, wann ein Verstoß beendet ist, wird auf die vorangegangenen Abschnitte, für die Frage der Verjährung zivilrechtlicher Ansprüche auf die Ausführungen oben in Kapitel 1 B.III verwiesen.

2201 Genau so – und daher abzulehnen – aber Baches Opi/Boitos, (2019) 10 JECLAP 269, 279.
2202 Oben Kapitel 5 D.I.2.b.dd.(1).
2203 Oben Kapitel 5 D.I.2.b.ee.(1).
2204 Oben Fn. 1375.

7. Verhältnis zwischen Art. 7 FKVO und Art. 101 AEUV

Zur Frage nach dem Verhältnis zwischen dem Vollzugsverbot einerseits und dem Kartellverbot andererseits bestehen, wie schon gezeigt wurde, bislang keine offiziellen Verlautbarungen der Kommission oder der Unionsgerichte.[2205] Dagegen wird in der Literatur zwar vielfach auf das Verhältnis beider Vorschriften eingegangen, allerdings regelmäßig nicht in der gebotenen Differenziertheit. Um die in der Literatur geführte Diskussion zu strukturieren, wurde bereits oben eine Unterscheidung zwischen der Ebene des Anwendungsbereichs und der Ebene des Verbotsinhalts eingeführt.[2206] Diese wird auch im Folgenden zugrunde gelegt.

a. Ebene des Anwendungsbereichs

Auf der Ebene des Anwendungsbereichs stellt sich die Frage, ob das Vollzugsverbot und das Kartellverbot im Sinne einer „Doppelkontrolle“ Anwendung auf ein- und dieselbe Maßnahme des Zusammenschlussprozesses finden oder in einem Ausschlussverhältnis zueinanderstehen. Hierzu werden etwas vereinfacht die folgenden Meinungen vertreten:[2207]

- *Parallele Anwendung*: Bis zur Genehmigung bzw. Genehmigungsfiktion sind alle Maßnahmen des Zusammenschlussprozesses sowohl am Kartellverbot als auch am Vollzugsverbot zu messen. Die Anwendbarkeit des Kartellverbots wird überwiegend mit der in diesem Zeitraum bestehenden Unabhängigkeit der beteiligten Unternehmen begründet.
- *Ausschlussverhältnis in einem Kernbereich, sonst parallele Anwendung*: Das Kartellverbot und das Vollzugsverbot sind bis zur Genehmigung bzw. Genehmigungsfiktion grundsätzlich parallel anwendbar (insoweit wie oben). Allerdings besteht wegen Art. 21 Abs. 1 FKVO in einem Kernbereich ein Ausschlussverhältnis mit der Folge, dass Maßnahmen, die dem Kernbereich angehören, ausschließlich in den Anwendungsbereich des Vollzugsverbots fallen.
- *Generelles Ausschlussverhältnis*: Das Vollzugsverbot erfasst ausschließlich die Maßnahme, mit der unmittelbar eine dauerhafte Kontrolländerung

2205 Zur Kommission oben Kapitel 5 D.I.2.a.dd.(5); zu den Unionsgerichten oben Kapitel 5 D.I.2.b.gg.(5).

2206 Dazu oben Kapitel 5 D.I.2.d.cc.(5).

2207 Dazu im Einzelnen oben Kapitel 5 D.I.2.d.cc.(5)(a).

bewirkt wird (nach hier verwendeter Terminologie also den „umfassenden" Vollzug). Diese Maßnahme ist der Anwendung des Art. 101 AEUV entzogen. Umgekehrt fallen alle anderen Maßnahmen des Zusammenschlussprozesses in den ausschließlichen Anwendungsbereich des Kartellverbots.

Nach dem hier entwickelten Vollzugskonzept erfasst das Vollzugsverbot den Zusammenschluss als Gesamtheit seiner integralen Bestandteile (Anwendungsbereichsebene) und verbietet deren Bewirkung (Inhaltsebene). Dabei handelt es sich auf der Anwendungsbereichsebene eher um eine sachlich-gegenständliche als um eine zeitliche Betrachtung. Dies hat Auswirkungen auf das Verhältnis zum Kartellverbot: Da auch Art. 21 Abs. 1 Hs. 1 FKVO eine sachlich-gegenständliche Betrachtung zugrunde liegt, nach der *die integralen Bestandteile des Zusammenschlusses vom Anwendungsbereich der Verordnung Nr. 1/2003 ausgenommen sind,*[2208] liegt es auf der Hand, auf der Ebene des Anwendungsbereichs ein Ausschlussverhältnis dergestalt anzunehmen, dass auf die integralen Bestandteile eines Zusammenschlusses im Sinne des Art. 3 FKVO ausschließlich das Vollzugsverbot und auf alle anderen, in einem mehr oder weniger engen Zusammenhang mit dem Zusammenschluss stehenden Sachverhalte ausschließlich das Kartellverbot nach Art. 101 AEUV i.V.m. der Verordnung Nr. 1/2003 Anwendung findet.

Bevor eine nähere Befassung mit diesem Lösungsansatz erfolgen kann, fragt sich zunächst, ob die Vorschrift des Art. 21 Abs. 1 Hs. 1 FKVO[2209]

2208 EuG, Urteil vom 20. November 2002, Rs. T-251/00, *Lagardère u.a./Kommission* (oben Fn. 874), Rn. 77; die integralen Bestandteile werden dort in Abgrenzung zu den Nebenabreden als Gesamtheit von „Vertragsklauseln" bezeichnet.

2209 Danach gilt die FKVO „allein für Zusammenschlüsse im Sinne des Art. 3" FKVO. Das Wörtchen „allein" soll trotz seiner missverständlichen Stellung im Satz (vgl. Schütz in: KK-KartellR (2013), Art. 21 FKVO Rn. 1; klarer war insoweit die Vorgängervorschrift des Art. 22 Abs. 1 FKVO 1989) ausdrücken, dass andere Vorschriften des EU-Wettbewerbsrechts, abgesehen von den in Art. 21 Abs. 1 Hs. 2 FKVO genannten Ausnahmen und den nach Art. 23 Abs. 1 FKVO erlassenen Durchführungsvorschriften, auf Zusammenschlüsse im Sinne des Art. 3 FKVO unanwendbar sind. Die Verdrängungswirkung des Art. 21 Abs. 1 Hs. 1 FKVO tritt unabhängig davon ein, ob das Vorhaben die Umsatzschwellen des Art. 1 Abs. 2 und 3 FKVO erreicht und damit von EU-weiter Bedeutung ist oder nicht. Die Regelung unterscheidet auch nicht zwischen materiellrechtlichen und verfahrensrechtlichen Bestimmungen des Unionsrechts. Für Zusammenschlüsse im Sinne des Art. 3 FKVO gilt demnach im Verhältnis zum sonstigen EU-Wettbewerbsrecht materiell wie formell ausschließlich die FKVO.

das Kartellverbot des Art. 101 AEUV überhaupt verdrängen kann. Denn während der Ausschluss sekundärrechtlicher Vorschriften, wie der Verordnung Nr. 1/2003, durch Art. 21 Abs. 1 Hs. 1 FKVO vor dem Hintergrund des Spezialitätsgrundsatzes unproblematisch ist,[2210] bestehen gegen einen Ausschluss von Primärrechtsbestimmungen, wie des Art. 101 AEUV, normenhierarchische Bedenken. Zwar ist der gesetzgeberische Wille klar: Im Interesse der Rechtssicherheit soll die Vorschrift des Art. 101 AEUV, obwohl vom EuGH im Fall *Philip Morris* in bestimmten Konstellationen für anwendbar erklärt,[2211] auf Zusammenschlüsse im Sinne des Art. 3 FKVO keine Anwendung finden. Dies ergibt sich auch aus dem 6. Erwägungsgrund zur FKVO, wonach die FKVO „das einzige auf derartige Zusammenschlüsse anwendbare Instrument" sein soll. Ebenso klar dürfte indes sein, dass Vorschriften des Sekundärrechts solche des Primärrechts weder verdrängen noch deren Anwendungsbereich einschränken können.[2212] Die Diskussion zu dieser Frage ist so alt wie die FKVO selbst[2213] und soll hier nicht vertieft werden. Stattdessen wird mit der wohl h.M. davon ausgegangen, dass Art. 21 Abs. 1 Hs. 1 FKVO die Anwendbarkeit des Art. 101 AEUV durch die Kommission auf Zusammenschlüsse im Sinne des Art. 3 FKVO zumindest praktisch ausschließt,[2214] weil mit der Unanwendbarkeit der Verordnung Nr. 1/2003 die erforderlichen Durchführungsbestimmungen fehlen und weder die als Übergangsvorschrift konzipierte Norm des Art. 105 AEUV[2215] noch die FKVO selbst[2216] geeigneten Ersatz bieten. Dieses Ergebnis entspricht dem 6. Erwägungsgrund zur FKVO sowie der Entscheidungspraxis der Kommission, die das Kartellverbot seit dem In-

2210 Vgl. EuGH, Urteil vom 7. September 2017, Rs. C-248/16, *Austria Asphalt*, ECLI:EU:C:2017:643, Rn. 32 f.; vom 31. Mai 2018, Rs. C-633/16, *Ernst & Young/Konkurrenceradet*, ECLI:EU:C:2018:371, Rn. 56 f.

2211 Dazu oben Kapitel 1 B.I.1.a.cc.(1).

2212 Vgl. m.w.N. Schild in: MK-EuWettbR (2020), Art. 21 FKVO Rn. 6.

2213 Vgl. bereits Janicki, WuW 1989, 193, 200 f.; Staudenmayer, WuW 1992, 475 ff.

2214 Vgl. Schild in: MK-EuWettbR (2020), Art. 21 FKVO Rn. 7; Rudowicz, Gun-Jumping (2016), 201 f. und 239.

2215 Vgl. EuGH, Urteil vom 30. April 1986, Rs. 209 bis 213/84, *Lucas Asjes u.a.*, ECLI:EU:C:1986:188, Rn. 58; vom 11. April 1989, Rs. 66/86, *Ahmed Saeed Flugreisen u.a.*, ECLI:EU:C:1989:140, Rn. 32.

2216 Anders, aber schon wegen des unionsrechtlichen Bestimmtheitsgebots abzulehnen Reysen/Jaspers, WuW 2006, 602, 605, die die Bußgeldnorm des Art. 14 Abs. 2 FKVO auf Verstöße gegen das Kartellverbot anwenden wollen, sowie (früher) Wessely in: MK-EuWettbR (2015), Art. 7 FKVO Rn. 43, der meinte, dass wegen Art. 21 Abs. 1 FKVO „jedenfalls hinsichtlich etwaiger Sanktionen [...] ausschließlich die FKVO" gelte.

krafttreten der FKVO im Jahr 1990 nicht mehr auf Zusammenschlüsse im Sinne des Art. 3 FKVO angewandt hat.[2217]

Der hier erwogene Lösungsansatz über die „integralen Bestandteile" weist insoweit eine Ähnlichkeit mit der Lösung von Bosch/Marquier auf, als er ein generelles Ausschlussverhältnis auf der Anwendungsbereichsebene begründet. Dennoch ist er im praktischen Ergebnis strenger, da er von einem weiteren Vollzugsbegriff ausgeht, der nicht nur den „umfassenden" Vollzug, sondern in den Fällen des sukzessiven Erwerbs von Kontrollmitteln im Sinne des Art. 3 Abs. 2 FKVO auch den „teilweisen" Vollzug abdeckt. Der Bereich, in dem Exklusivität besteht, entspricht deshalb im Umfang der verbotenen Maßnahmen eher dem von Wessely und Reysen/Jaspers vor dem *Ernst & Young*-Urteil des EuGH angenommenen „Kernbereich".

Die vorstehend entwickelte Abgrenzung führt bei genauerer Hinsicht allerdings zu dem folgenden Problem: Wie bereits erläutert wurde,[2218] sollte zwischen den integralen Bestandteilen selbst und den auf sie gerichteten Maßnahmen unterschieden werden, die nicht nur bewirkenden oder aufrechterhaltenden (und damit „vollziehenden"), sondern auch regelnden oder vorbereitenden Charakter haben können. Würde nun Art. 21 Abs. 1 Hs. 1 FKVO das Kartellverbot im Hinblick auf die integralen Bestandteile als solche verdrängen, müsste dies wohl auch für alle darauf gerichteten *Maßnahmen* des Zusammenschlussprozesses gelten. Soweit es sich um Vorbereitungsmaßnahmen handelt, würden diese in den Anwendungsbereich des Vollzugsverbots fallen, aber nicht gegen das Verbot verstoßen, und unterlägen keiner weiteren Überprüfung am Kartellverbot. Dies hätte die nicht hinnehmbare Konsequenz, dass wettbewerbsbeschränkende Vereinbarungen oder Verhaltensabstimmungen nur deshalb, weil sie der Vorbereitung des Vollzugs eines Zusammenschlusses dienen, kartellrechtskonform wären.

Es erscheint deshalb unumgänglich, in die Abgrenzung nach Art. 21 Abs. 1 Hs. 1 FKVO das *Ergebnis* der Anwendung des Art. 7 FKVO auf die

---

2217 Vgl. dazu auch Erklärungen für das Ratsprotokoll vom 19. Dezember 1989, abgedruckt in WuW 1989, 240, 243: „Die Kommission erklärt, daß sie normalerweise nicht beabsichtigt, die die Art. 85 und 86 des Vertrags zur Gründung der europäischen Wirtschaftsgemeinschaft [nunmehr Art. 101 und 102 AEUV] auf Zusammenschlüsse im Sinne von Art. 3 anders als im Wege dieser Verordnung anzuwenden." Dagegen wird man die Anwendung des Art. 101 AEUV durch mitgliedstaatliche Gerichte wohl de iure wie de facto für möglich halten müssen; dazu Schild in: MK-EuWettbR (2020), Art. 21 FKVO Rn. 13.

2218 Dazu oben Kapitel 5 D.II.2.b.cc.(1)(b).

betreffenden Maßnahmen einzubeziehen und nur Vollzugsmaßnahmen im Sinne des Art. 7 Abs. 1 FKVO, nicht aber Maßnahmen, mit denen die Bewirkung eines integralen Bestandteils lediglich vorbereitet wird, dem Anwendungsbereich des Art. 101 AEUV zu entziehen. Hierdurch wird zwar die Differenzierung zwischen der Ebene des Anwendungsbereichs und der Ebene des Verbotsinhalts verwässert. Dies erscheint indes hinnehmbar, da die Differenzierung vorliegend in erster Linie das Verständnis der Problematik fördern sollte und wohl vor allem der deutschen Rechtslehre entspringt, weshalb eine strikte Übertragung auf das EU-Recht ohnehin fraglich erschiene.

Im Ergebnis kann somit festgehalten werden, dass alle Maßnahmen, die einen integralen Bestandteil eines Zusammenschlusses im Sinne des Art. 3 FKVO bewirken, nach Art. 21 Abs. 1 Hs. 1 FKVO bis zur Genehmigung an Art. 7 FKVO und im Zuge der Genehmigung an Art. 2 FKVO zu messen sind und eine Anwendung des Art. 101 AEUV sowohl in Konkurrenz zum formellen Vollzugsverbot als auch zum materiellen Kontrollmaßstab der FKVO ausscheidet.

b. Ebene des Verbotsinhalts

Auf der Ebene des Verbotsinhalts sind zunächst die unterschiedlichen Merkmale und Funktionen des Vollzugsverbots und des Kartellverbots hervorzuheben. Wie im 1. Kapitel gezeigt wurde, hat das Vollzugsverbot formellen, vorläufigen und abstrakten Charakter.[2219] Es verbietet den Vollzug des Zusammenschlusses vorbehaltlich des Eingreifens einer Ausnahme nach Art. 7 Abs. 2 oder 3 FKVO bis zur Genehmigung generell. Vollzugsmaßnahmen sind sogar verboten, wenn sie im Einzelfall wettbewerbsfördernde Wirkungen haben sollten. Dabei gilt das Vollzugsverbot, anders als das Kartellverbot, nicht nur für Vereinbarungen und abgestimmte Verhaltensweisen; vielmehr erfasst es auch einseitige Bewirkungshandlungen.

Dagegen hat das Kartellverbot – vergleichbar mit Art. 2 FKVO – materiellen, endgültigen und konkreten Charakter. Vereinbarungen und Verhaltensabstimmungen werden unter den jeweils bestehenden Rahmenbedingungen konkret auf ihre wettbewerbsförderliche, -schädliche bzw. neutrale Zwecksetzung oder Wirkung hin überprüft. Im Gegensatz zur FKVO geschieht dies zunächst durch die Unternehmen selbst; die Behörden werden lediglich repressiv tätig.

2219 Dazu oben Kapitel 1 B.I.2.

c. Übersicht

Die folgende Übersicht soll das vorstehend entwickelte Konzept illustrieren.

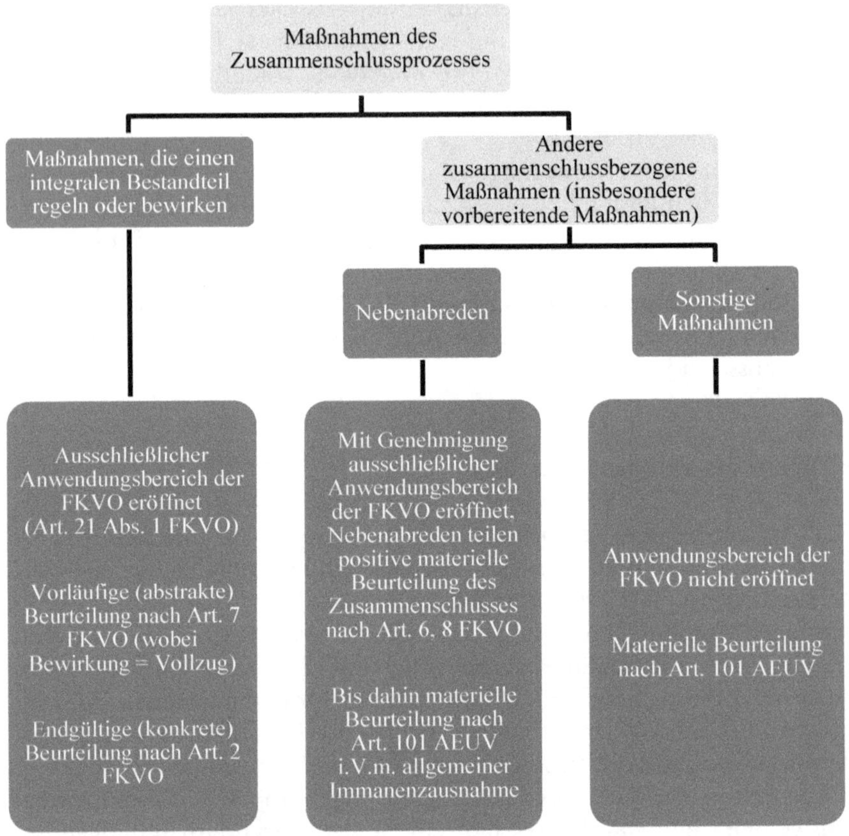

Abbildung 3: Schematische Übersicht des Vollzugskonzepts.

Kapitel 6 – Zusammenfassung in Thesen

Zur präventiven Regelungstechnik in der Fusionskontrolle

1. Fusionskontrollsysteme lassen sich nach dem Zeitpunkt des Eingriffs der staatlichen Kontrolltätigkeit in präventive und repressive Modelle einteilen. Abgrenzungszeitpunkt ist der Vollzug. Bei vor dem Vollzug eingreifender Kontrolle kann von einem präventiven, bei nach dem Vollzug eingreifender Kontrolle von einem repressiven System gesprochen werden. Dabei dienen auf der Zielsetzungsebene alle – also auch repressive – Fusionskontrollsysteme dem Schutz des Wettbewerbs. Das zentrale Erkennungsmerkmal repressiver Fusionskontrollsysteme liegt darin, dass der Wettbewerbsschutz hier allein durch Abschreckung erreicht werden soll. Dagegen bestehen in präventiven Systemen zusätzliche Anreizmechanismen, die eine präventive, dem Vollzug vorgreifliche Kontrolle gewährleisten sollen.
2. Nach dem Zeitpunkt der Kontrolltätigkeit lassen sich ein repressives und ein präventives „Grundmodell" der Fusionskontrolle skizzieren. Das repressive Grundmodell entspricht der im deutschen Verwaltungsrecht als „Erlaubnis mit Verbotsvorbehalt", das präventive Grundmodell der dort als „Verbot mit Erlaubnisvorbehalt" bezeichneten Regelungstechnik. Während die Rechtmäßigkeit des Vollzugs im repressiven Grundmodell allein von der materiellen Legalität des Vorhabens abhängt, ist der Vollzug im präventiven Grundmodell schon aus formellen Gründen illegal, bis das Vorhaben im Einzelfall materiellrechtlich geprüft und genehmigt wurde. Verkörpert wird der Erlaubnisvorbehalt durch ein formelles Vollzugsverbot, welches von der Frage der materiellen Legalität des Vorhabens entkoppelt ist. Dagegen ist das Bestehen einer Anmeldepflicht kein denklogisch zwingendes Merkmal präventiver Fusionskontrollsysteme; die Anmeldung kann auch bloße Obliegenheit der beteiligten Unternehmen sein.
3. Zwischen den beiden Grundmodellen sind verschiedene Mischformen denkbar, denen in Abgrenzung zum präventiven Grundmodell gemeinsam ist, dass die Kontrolle nach der gesetzgeberischen Konzeption beim Vollzug noch nicht abgeschlossen sein muss.
4. Unabhängig davon, ob sie im Rahmen eines repressiven oder als ergänzendes Element eines präventiven Systems zum Einsatz kommt, kann die Abschreckung in der Fusionskontrolle Schwierigkeiten bereiten. Diese Schwierigkeiten können die Wiederherstellung funktionierender Marktstrukturen („Entflechtungsproblematik") und die Be-

hebung zwischenzeitlich eingetretener Schäden („Schadensbehebungsproblematik“) betreffen.

a. Wichtige Gründe für die Entflechtungsproblematik sind: Untergang beteiligter Unternehmen als Rechtssubjekt; Umgestaltung und Integration; Verlust von Stakeholderbeziehungen; Änderung der Marktverhältnisse; Offenlegung sensibler Geschäftsinformationen; Fehlen geeigneter Erwerbsinteressenten; Widerstand durch die beteiligten Unternehmen; Vertiefung durch Zeitablauf.
b. Die Schadensbehebungsproblematik beruht im Wesentlichen auf Schwierigkeiten bei der zivilen Rechtsdurchsetzung, z.B. infolge der Beweislastverteilung.
c. Während die meisten Rückabwicklungsschwierigkeiten erst mit der dinglichen Rechtsänderung eintreten, können einzelne Schwierigkeiten bereits mit dem Bekanntwerden des Vorhabens oder noch früher entstehen.

5. Beiden Problemen lässt sich begegnen, indem man Entflechtungs- bzw. Schadensregulierungsfälle von vornherein vermeidet oder die Entflechtung bzw. Schadensregulierung verbessert. Geht man davon aus, dass die Verbesserungsmöglichkeiten begrenzt sind, bemisst sich die Wirksamkeit eines Fusionskontrollsystems danach, in welchem Umfang es die Notwendigkeit für eine Entflechtung bzw. Schadensregulierung beseitigt. Unter dem Gesichtspunkt der „Entflechtungsvermeidungsstrategie“ erweisen sich präventive und repressive Fusionskontrollsysteme indes als unterschiedlich wirksam:

a. Aus tatsächlichen und rechtlichen Gründen ist eine optimale Abschreckung in der Realität kaum zu erreichen. Die Hauptgründe sind: Begrenztheit der möglichen Sanktionen nach Art und Höhe; Unsicherheiten bei der Beurteilung der Sach- und Rechtslage; Begrenztheit des Erkennungs- und Verfolgungsrisikos.
b. Da das repressive Grundmodell ausschließlich auf Abschreckung setzt, schlägt die suboptimale Abschreckung voll auf die Eignung dieses Modells zur Entflechtungsvermeidung durch und mindert dessen Wirksamkeit.
c. Dagegen wird die suboptimale Abschreckung im präventiven Grundmodell und seinen Abwandlungen zumindest teilweise kompensiert, indem zusätzlich ein Anreiz für die Unternehmen gesetzt wird, den Vollzug ihres Vorhabens bis zur Genehmigung aufzuschieben. Auf diese Weise werden Entflechtungs- und Scha-

densregulierungsfälle – und mittelbar auch die damit verbundenen Probleme – von vornherein vermieden. Der Anreiz für die Unternehmen besteht in der Erlangung „schneller Rechtssicherheit“ durch eine zügige und endgültige Sachentscheidung.

d. Indem sie für die Unternehmen den Anreiz beseitigen, sich gegen eine Auflösung und drohende Sanktionen in einem einheitlichen Verfahren mit einer einheitlichen, materiellrechtlichen Begründung zur Wehr zu setzen, sind Systeme mit Erlaubnisvorbehalt auch Systemen mit freiwilliger Anmeldung überlegen.

Zur Einordnung des Modells der FKVO

1. Vor diesem Hintergrund stellt sich das Modell der FKVO als gemischt präventiv-repressives System der Fusionskontrolle dar. Zwar weist es mit dem Vollzugsverbot das konstituierende und mit der Anmeldepflicht und den Mechanismen zur Verfahrensbeschleunigung, Sanktionierung und Entflechtung viele begleittypische Merkmale des präventiven Grundmodells auf. Allerdings wird der Präventionsgrundsatz durch die Ausnahmen vom Vollzugsverbot nach Art. 7 Abs. 2 und 3 FKVO, die Genehmigungsfiktion des Art. 10 Abs. 6 FKVO und das Verweisungsregime so modifiziert, dass eine präventive, dem Vollzug vorgreifliche Kontrolle nicht lückenlos gewährleistet ist.
2. Im System der FKVO weisen das Vollzugsverbot und die Anmeldepflicht mehrere Berührungspunkte auf. So kann die Frage, ob und ggf. wann eine Anmeldung eingereicht wird, in den Fällen des Art. 7 Abs. 1 i.V.m. Art. 10 Abs. 6 FKVO und des Art. 7 Abs. 2 Buchst. a FKVO die jeweils geltende Vollzugsregelung beeinflussen. Umgekehrt kann sich die Vollzugsregelung in den Fällen des Art. 7 Abs. 2 und 3 FKVO auf die Anmeldepflicht auswirken. Im Übrigen stehen beide Regelungskomplexe aber weitgehend unabhängig nebeneinander. Diese Unabhängigkeit findet auch in den getrennten Bußgeldtatbeständen der Art. 14 Abs. 2 Buchst. a und b FKVO ihren Ausdruck.

Zum Regelungszweck des Art. 7 Abs. 1 FKVO

1. Die Vorschrift des Art. 7 Abs. 1 FKVO steht in der Tradition des Art. 66 EGKSV und in bewusster Abkehr von der Fusionskontrolle nach Art. 85 und 86 EWGV i.V.m. der Verordnung Nr. 17/62. Wesentlich beeinflusst wurde sie durch die negativen Erfahrungen mit Entflechtungen in den USA und Deutschland.

2. Das Vollzugsverbot soll Marktstrukturveränderungen sowie den Eintritt zwischenzeitlicher wettbewerblicher Schäden, wie sie durch den Vollzug von Zusammenschlüssen eintreten und durch nachfolgende Restitutions- oder Kompensationsmaßnahmen oft nicht, nur unvollständig oder nur mit erheblichem Aufwand wieder behoben werden können, einstweilen verhindern. Auf diese Weise soll das Vollzugsverbot die Durchsetzbarkeit der späteren Sachentscheidung und, wie es der Gesetzgeber im 34. Erwägungsgrund zur FKVO ausgedrückt hat, eine wirksame Überwachung, gewährleisten.
3. Die genannten Regelungszwecke lassen sich weiter wie folgt abschichten: Hinter dem Vollzugsverbot steht das gesetzgeberische Motiv (Oberziel), die mit der Entflechtung von Zusammenschlüssen und der Regulierung wettbewerblicher Schäden verbundenen Schwierigkeiten zu überwinden oder in ihrem Ausmaß zu verringern. Das spezifische Unterziel des Vollzugsverbots liegt im Aufschub des Eintritts von Marktstrukturveränderungen und wettbewerblicher Schäden.

Zu den Regelungsmerkmalen des Art. 7 Abs. 1 FKVO

1. Das Vollzugsverbot hat formellen Charakter. Ein Zusammenschluss, der mit dem Binnenmarkt vereinbar ist, mag materiell legal sein; formell ist er bis zur Genehmigung bzw. dem Eintritt der Genehmigungsfiktion illegal. Fragen der formellen und materiellen Illegalität sind im System der FKVO prinzipiell voneinander zu trennen.
2. Das Vollzugsverbot hat automatischen Charakter. Es greift ohne Weiteres ein, wenn sein sachlich-zeitlicher Anwendungsbereich eröffnet ist und muss nicht im Einzelfall durch die Kommission angeordnet werden.
3. Das Vollzugsverbot hat vorläufigen Charakter. Es erlischt mit jeder finalen Entscheidung der Kommission zur Frage der Vereinbarkeit des betreffenden Vorhabens mit dem Binnenmarkt. Dies gilt unabhängig davon, ob der Zusammenschluss genehmigt oder untersagt wird. Im Untersagungsfall ist das Vollzugsverbot nach Art. 7 Abs. 1 FKVO von dem endgültigen „Vollzugsverbot“ zu unterscheiden, das aus der Untersagungsentscheidung nach Art. 8 Abs. 3 FKVO folgt und auf einer Überprüfung des Vorhabens am Maßstab der materiellen Kriterien des Art. 2 FKVO beruht.
4. Das Vollzugsverbot hat abstrakten Charakter. Mit dem Verbot ist jedenfalls in Phase I noch keine konkrete wettbewerbliche Beurteilung des Zusammenschlussvorhabens verbunden. Stattdessen ist der Vollzug

der erfassten Vorhaben ausschließlich wegen der potenziellen Gefährlichkeit für den Wettbewerb, die sich aus der Erfüllung der Aufgreifkriterien ergibt, verboten. Der abstrakte Gefährdungscharakter kann sich im Laufe des Verfahrens abschwächen, z.B. wenn die Kommission im Einzelfall wegen wettbewerblicher Bedenken eine Freistellung nach Art. 7 Abs. 3 FKVO ganz oder teilweise ablehnt oder nach Art. 6 Abs. 1 Buchst. c FKVO Phase II einleitet. In beiden Fällen verdichtet sich die abstrakte Gefahr zu einer konkreten, ohne dass hiermit bereits feststehen würde, dass die Untersagungsvoraussetzungen des Art. 2 Abs. 3 FKVO erfüllt sind.

Zur Vereinbarkeit des Art. 7 FKVO mit den Unionsgrundrechten

1. Das Vollzugsverbot des Art. 7 Abs. 1 FKVO berührt die sachlichen Schutzbereiche der unternehmerischen Freiheit (Art. 16 GRC), des Eigentumsrechts (Art. 17 Abs. 1 GRC), der Vereinigungsfreiheit (Art. 12 Abs. 1 GRC) und des Rechts auf eine gute Verwaltung (Art. 41 Abs. 1 GRC).

    a. Der Schutzbereich der unternehmerischen Freiheit erstreckt sich auf alle Tatbestände des Art. 3 FKVO und die daran beteiligten Unternehmen.
    b. In den Schutzbereich des Eigentumsrechts fällt beim Kontrollerwerb durch Anteils- oder Vermögenserwerb (Art. 3 Abs. 1 Buchst. b FKVO) der Veräußerer, nicht aber der Erwerber. Soweit mit dem Zusammenschluss im konkreten Fall eine Verfügung über rechtmäßig erworbenes Eigentum verbunden ist, können sich außerdem die Partner einer Fusion (Art. 3 Abs. 1 Buchst. a FKVO) und die ein Gemeinschaftsunternehmen gründenden Mutterunternehmen (Art. 3 Abs. 1 Buchst. b i.V.m. Abs. 4 FKVO) auf das Eigentumsrecht berufen.
    c. In den Schutzbereich der Vereinigungsfreiheit fallen die Partner einer Fusion und alle Unternehmen, die an einem Kontrollerwerb durch Anteils- oder Vermögenserwerb oder der Gründung eines Gemeinschaftsunternehmens beteiligt sind; hierzu zählt auch das Gemeinschaftsunternehmen selbst.

2. Mit dem Vollzugsverbot greift der Gesetzgeber in die unternehmerische Freiheit, das Eigentumsrecht und die Vereinigungsfreiheit der

betreffenden Unternehmen ein. Soweit das Eigentumsrecht betroffen ist, liegt eine Nutzungsregelung vor.

3. Für die Rechtfertigung des Vollzugsverbots in seiner Kernfunktion als „Verbot der Bewirkung einer dauerhaften Kontrolländerung“ gilt Folgendes:

   a. Die Erforderlichkeit ergibt sich aus der mangelnden Verfügbarkeit weniger belastender, aber gleich wirksamer Verfahrensmodelle. Zwar würden verschiedene Verfahrensformen die Grundrechtsträger geringer belasten. Jedoch ist die gesetzgeberische Zielsetzung, Entflechtungen zu vermeiden, in den genannten Modellen weniger stark gewährleistet als nach der Konzeption der FKVO.
   b. Die Angemessenheit ergibt sich aus der Wahrung des rechten Gleichgewichts zwischen dem Interesse des Wettbewerbsschutzes im Binnenmarkt und den Interessen der beteiligten Unternehmen, die Belastungen durch die Regelungstechnik als solche und die Rechtsfolgen eines Verstoßes gegen das Vollzugsverbot hinnehmen müssen. So steht der durch die präventive Regelungstechnik gegebene „Verbotsüberschuss“ nicht außer Verhältnis zur Indikationswirkung der Aufgreifschwellen. Entscheidend kommt hinzu, dass der Gesetzgeber dem unternehmerischen Interesse an einem verzögerungsfreien Zusammenschlussprozess durch zeitliche Begrenzungen des Vollzugsverbots, Ausnahmetatbestände und ein hohes Maß an Rechtssicherheit Milderungen vorgesehen hat.

4. Das hohe Maß an Rechtssicherheit und die Mittel zur Verfahrensbeschleunigung dienen also nicht nur der Wirksamkeit der Kontrolle, sondern auch der Rechtfertigung der mit dem Vollzugsverbot verbundenen Grundrechtseingriffe.

Zum sachlich-zeitlichen Anwendungsbereich des Vollzugsverbots

1. Das Vollzugsverbot des Art. 7 Abs. 1 FKVO greift im Einzelfall ein, sobald ein Zusammenschlussvorhaben vorliegt, das die Voraussetzungen der Art. 1 und Art. 3 Abs. 1 bis 4 FKVO erfüllt, ohne grundsätzlich nach Art. 3 Abs. 5 FKVO oder zumindest für das Vollzugsverbot nach Art. 7 Abs. 2 oder 3 FKVO privilegiert zu sein.
2. Werden nach Art. 3 Abs. 5 Buchst. a oder c FKVO fusionskontroll- oder nach Art. 7 Abs. 2 FKVO vollzugsverbotsfrei erworbene Stimmrechte entgegen den Bestimmungen des Art. Abs. 5 Buchst. a bzw. c FKVO

bzw. Art. 7 Abs. 2 Buchst. b FKVO ausgeübt und entfällt dadurch die Privilegierung, liegt schon in der Stimmrechtsausübung als solcher ein Verstoß gegen Art. 7 Abs. 1 FKVO. Ein Verstoß liegt in den Fällen des Art. 7 Abs. 2 FKVO außerdem in dem Moment vor, in dem eine Anmeldung nicht mehr als unverzüglich im Sinne von Buchst. a angesehen werden kann.

3. Geht einem Zusammenschluss ausnahmsweise kein entsprechendes Vorhaben voraus, greift das Vollzugsverbot in dem Moment ein, in dem ein Zusammenschlusstatbestand im Sinne des Art. 3 Abs. 1 FKVO bewirkt wird. Handelt es sich um einen Fall des Kontrollerwerbs ohne aktives Zutun des Erwerbers („passiver Kontrollerwerb"), gilt Art. 7 Abs. 2 FKVO analog.
4. Über die Fälle der Erteilung einer unbedingten Genehmigung oder Freistellung vom Vollzugsverbot hinaus erlischt das Vollzugsverbot ex nunc im Moment des Wegfalls einer Voraussetzung nach Art. 1 oder Art. 3 Abs. 1 bis 4 FKVO, des Eintritts einer Privilegierung nach Art. 3 Abs. 5 FKVO oder der Bekanntgabe einer Untersagungsentscheidung nach Art. 8 Abs. 3 FKVO.
5. Bei Genehmigungen unter Bedingungen oder Auflagen ist im Hinblick auf das Erlöschen des Vollzugsverbots wie folgt zu unterscheiden:

   a. Bei einer Genehmigung unter einer Auflage oder auflösenden Bedingung entfällt das Vollzugsverbot mit der Bekanntgabe der Genehmigungsentscheidung.
   b. Dagegen besteht das Vollzugsverbot bei einer Genehmigung unter einer aufschiebenden Bedingung so lange fort, bis die Bedingung eingetreten ist.

6. In den Fällen des Widerrufs einer Genehmigungsentscheidung, der gerichtlichen Aufhebung einer Genehmigungs-, Untersagungs- oder Freistellungsentscheidung und des Eintritts einer auflösenden Bedingung lebt das Vollzugsverbot ex nunc wieder auf.
7. Das Vollzugsverbot der FKVO verhält sich zu den nationalen Vollzugsregelungen der Mitgliedstaaten wie folgt:

   a. Innerhalb des originären Anwendungsbereichs der FKVO, d.h. für Zusammenschlüsse von EU-weiter Bedeutung im Sinne der Art. 1 und 3 FKVO, geht die Vorschrift des Art. 7 FKVO nach Art. 21 Abs. 3 Unterabs. 1 FKVO den *wettbewerbsrechtlichen* Vollzugsregelungen der Mitgliedstaaten vor.

b. Bei abdrängenden Zuständigkeitsverweisungen nach Art. 4 Abs. 4 und Art. 9 FKVO treten die mitgliedstaatlichen Vollzugsregelungen mit dem Zugang der Verweisungsentscheidung der Kommission bzw. mit Fristablauf an die Stelle der zu diesem Zeitpunkt nach Art. 7 FKVO geltenden Regelung.
c. Bei aufdrängenden Zuständigkeitsverweisungen nach Art. 4 Abs. 5 und Art. 22 FKVO behalten die bis dahin gültigen mitgliedstaatlichen Vollzugsregelungen im Zeitraum zwischen der Einreichung des unternehmerischen Verweisungsantrags (Art. 4 Abs. 5 FKVO) bzw. dem Zugang der Mitteilung der Kommission über den Eingang des mitgliedstaatlichen Verweisungsantrags (Art. 22 FKVO) und dem Wirksamwerden der Verweisung als zweite Schranke neben der bereits anwendbaren Vorschrift des Art. 7 FKVO Gültigkeit.
d. Darüber hinaus können *außerwettbewerbliche* mitgliedstaatliche Vollzugsregelungen nach Maßgabe des Art. 21 Abs. 4 FKVO jederzeit als weitere Schranke neben Art. 7 FKVO treten.

8. Fällt ein Rüstungszusammenschluss in den Anwendungsbereich der FKVO, können die Herkunftsstaaten der beteiligten Unternehmen diese nach Maßgabe des Art. 346 Abs. 1 Buchst. b AEUV vom Vollzugsverbot der FKVO freistellen bzw. die Geltung des Vollzugsverbots auf den nichtmilitärischen Teil des Zusammenschlusses begrenzen. Dies setzt voraus, dass das Vollzugsverbot wesentliche Sicherheitsinteressen dieser Staaten berührt und durch den Vollzug keine Beschränkung des Wettbewerbs für nicht eigens für militärische Zwecke bestimmte Waren zu erwarten ist.
9. Erfüllt ein Vorhaben die Voraussetzungen des Art. 3 Abs. 1 bis 4 FKVO oder die Umsatzschwellen des Art. 1 FKVO nicht und liegt auch kein Verweisungsfall nach Art. 4 Abs. 5 oder Art. 22 FKVO vor, führt auch die Anmeldung dieses Vorhabens bei der Kommission nicht zur Anwendbarkeit des Art. 7 FKVO. Vielmehr bleibt es bei der ausschließlichen Anwendbarkeit der mitgliedstaatlichen Vollzugsregelungen.

Zum persönlichen Anwendungsbereich des Vollzugsverbots

1. Art. 7 Abs. 1 FKVO bindet Unternehmen und natürliche oder juristische Personen, die mindestens ein Unternehmen kontrollieren und auf eine der in Art. 3 FKVO beschriebenen Arten am Zusammenschluss beteiligt sind. Dies sind in den Fällen des Art. 3 Abs. 1 Buchst. a FKVO

die Fusionspartner und in den Fällen des Art. 3 Abs. 1 Buchst. b FKVO neben dem erwerbenden und dem erworbenen Unternehmen der Veräußerer.

2. Personen und Unternehmen, die nicht im Sinne des Art. 3 FKVO am Zusammenschluss beteiligt sind, können – anders als im Rahmen des § 41 Abs. 1 GWB – nicht gegen das Vollzugsverbot verstoßen. Dies gilt z.B. für Kreditgeber und Berater sowie Unternehmensvereinigungen, sofern sie nicht selbst als Unternehmen oder Personen im Sinne des Art. 3 Abs. 1 Buchst. b FKVO am Zusammenschluss beteiligt sind.

Zum räumlichen Anwendungsbereich des Vollzugsverbots

1. Das Vollzugsverbot der FKVO kann im gesamten EWR und im Luftverkehrssektor darüber hinaus in der Schweiz zwangsweise durchgesetzt werden.
2. Die denkbaren extraterritorialen Wirkungen des Art. 7 FKVO sind mit dem allgemeinen Völkerrecht vereinbar und bedürfen weder generell noch im Einzelfall einer Einschränkung im Wege der völkerrechtskonformen Auslegung. Die Überlegungen der Kommission, die Gründung drittstaatenbezogener Gemeinschaftsunternehmen unter bestimmten Voraussetzungen vom Anwendungsbereich der FKVO auszunehmen, sind jedoch unter Comity-Gesichtspunkten zu begrüßen.

Zur inhaltlichen Reichweite des Vollzugsverbots

1. Das Vollzugkonzept des Art. 7 FKVO sollte

   - die Autonomie des EU-Fusionskontrollrechts wahren und daher ohne Rückgriff auf die Vollzugskonzepte anderer Rechtsordnungen und -bereiche auskommen;
   - vom Zusammenschlussbegriff des Art. 3 FKVO ausgehen und deshalb die dauerhafte Kontrolländerung ins Zentrum rücken;
   - die formelle Hilfsfunktion des Vollzugsverbots hinsichtlich der Umsetzung des materiellen Rechts beachten und deshalb im Hinblick auf den Kontrollgegenstand dasselbe Verständnis wie die materielle Fusionskontrolle anlegen;
   - seinen Regelungszweck erfüllen, d.h. zur Vermeidung von Rückabwicklungsschwierigkeiten den Eintritt von Marktstrukturveränderungen verhindern;

- die Systematik des Art. 7 FKVO und dessen abstrakten Gefährdungscharakter beachten und deshalb die Berücksichtigung individueller Interessen und die Beurteilung des Vollzugs als wettbewerbsförderlich, -schädlich oder -neutral stets einer Kommissionsentscheidung nach Art. 7 Abs. 3 FKVO überlassen;
- dabei hinsichtlich der Begriffe „Zusammenschluss“ und „vollzogen“ die Grenzen des Bestimmtheitsgebots wahren.

2. Diese Eckpunkte werden am ehesten durch ein Vollzugskonzept verwirklicht, das

   - auf zwei allgemein anerkannte Konzepte des EU-Wettbewerbsrechts, nämlich das Konzept der „integralen Bestandteile“ und das Konzept des „einzigen“ Zusammenschlusses, zurückgreift und nach dem
   - der Zusammenschluss als Gesamtheit seiner integralen Bestandteile und
   - der Vollzug als Bewirkung oder Aufrechterhaltung eines integralen Bestandteils verstanden wird.

3. Vollzugsmaßnahmen können den Charakter eines Realakts oder (Verpflichtungs- oder Verfügungs-) Rechtsgeschäfts haben. Keine Vollzugsmaßnahmen sind solche, die die Bewirkung eines integralen Bestandteils lediglich regeln oder vorbereiten.
4. Im Wesentlichen können die folgenden Fallgruppen unterschieden werden:

   a. Ein „umfassender“ Vollzug liegt in jedem aktiven Handeln, das unmittelbar eine dauerhafte Kontrolländerung im Sinne des Art. 3 Abs. 1 FKVO bewirkt; bei mehreren, kumulativ erforderlichen Maßnahmen betrifft dies die letzte. Dabei spielt es grundsätzlich keine Rolle, ob der bewirkte Kontrollerwerb rechtlicher oder faktischer Natur ist, ob er den Vorstellungen der Parteien entspricht oder nicht und ob die erworbene Kontrolle tatsächlich ausgeübt wird oder nicht. Allerdings kann die Nichtausübung der Kontrolle im Rahmen des Art. 7 Abs. 2 oder Art. 14 Abs. 3 FKVO relevant werden. Bei der Gründung eines Gemeinschaftsunternehmens im Sinne des Art. 3 Abs. 4 FKVO liegt der „umfassende“ Vollzug in der Einbringung der zur Aufnahme der Geschäftstätigkeit notwendigen Betriebsmittel bzw. der Aufnahme des operativen Geschäfts.

b. Ein „umfassender“ Vollzug liegt auch in den Fällen des passiven Kontrollerwerbs vor. Allerdings ist hier Art. 7 Abs. 2 FKVO analog anzuwenden, so dass es an einem Verstoß gegen das Vollzugsverbot fehlt, wenn der Erwerber den Kontrollerwerb unverzüglich bei der Kommission anmeldet und die Kontrolle einstweilen nicht bzw. nur unter Beachtung des Buchst. b ausübt.

c. Ein „teilweiser“ Vollzug liegt in jeder aktiven Bewirkung eines dauerhaften Erwerbs von Kontrollmitteln im Sinne des Art. 3 Abs. 2 FKVO im Rahmen eines „einzigen“, auf eine dauerhafte Kontrolländerung im Sinne des Art. 3 Abs. 1 FKVO gerichteten Zusammenschlusses.

d. Dagegen stellen Maßnahmen des Zusammenschlussprozesses, mit denen kein integraler Bestandteil des Zusammenschlusses, d.h. weder eine dauerhafte Kontrolländerung noch ein dauerhafter Erwerb von Kontrollmitteln im Sinne des Art. 3 Abs. 2 FKVO im Rahmen eines „einzigen“ Zusammenschlusses, bewirkt wird, sondern nur wesentliche wirtschaftliche Bestandteile verwirklicht oder wesentliche wettbewerbliche Auswirkungen vorweggenommen werden, keinen Vollzug im Sinne des Art. 7 Abs. 1 FKVO dar.

e. Mangels Dauerhaftigkeit liegt daher keine Bewirkung eines integralen Bestandteils und auch kein („teilweiser“) Vollzug vor, wenn ein Erwerber im Zeitraum zwischen Signing und Closing begrenzten Einfluss auf die Tätigkeit des Zielunternehmens, aber keine Kontrolle erwirbt und die Vereinbarung so zu verstehen ist, dass die Rechte im Fall des Scheiterns der Transaktion wieder entfallen. Solche Vereinbarungen sind stattdessen an Art. 101 AEUV zu messen und können als zulässige Nebenabreden zum Zusammenschluss einzustufen sein.

f. Schließlich liegt in der Aufrechterhaltung des durch einen „umfassenden“ oder „teilweisen“ Vollzug rechtswidrig geschaffenen Zustands ein „weiterer“ Vollzug. Der Verstoß endet mit Wirkung ex nunc, wenn der Zustand als solcher oder seine Rechtswidrigkeit entfällt. Der Zustand entfällt z.B. bei Veräußerung verbotswidrig erworbener Geschäftsanteile oder beim Rückerwerb verbotswidrig an einen Dritten veräußerter Vermögenswerte. Eine Legalisierung (am Maßstab des Art. 7 FKVO) tritt durch den Erhalt einer Genehmigung oder Freistellung nach Art. 7 Abs. 3 FKVO und in Fällen des „teilweisen“ Vollzugs außerdem durch Aufgabe des Zusammenschlussvorhabens ein.

Zum Verhältnis zwischen Art. 7 FKVO und Art. 101 AEUV

Vollzugsmaßnahmen im Sinne des Art. 7 Abs. 1 FKVO sind nach Art. 21 Abs. 1 Hs. 1 FKVO bis zur Genehmigung des Zusammenschlusses praktisch der Anwendung des Art. 101 AEUV entzogen. Daraus ergibt sich ein Ausschlussverhältnis dergestalt, dass ein- und dieselbe Maßnahme des Zusammenschlussprozesses entweder unter Art. 7 FKVO oder unter Art. 101 AEUV, nicht aber unter beide Vorschriften fallen kann.

Zur Legalausnahme vom Vollzugsverbot nach Art. 7 Abs. 2 FKVO

1. Bei Vorliegen der Voraussetzungen des Art. 7 Abs. 2 FKVO ist sowohl der „umfassende“ als auch der „teilweise“ Vollzug, d.h. der sukzessive Erwerb von Kontrollmitteln im Sinne des Art. 3 Abs. 2 FKVO im Rahmen eines „einzigen“ Zusammenschlusses, vom Vollzugsverbot ausgenommen.
2. Die Ausnahmevorschrift greift nur ein, wenn die Kontrolle von mehreren Veräußerern erworben wird. Daran fehlt es, wenn an allen Erwerbsvorgängen bis zur Bewirkung der dauerhaften Kontrolländerung im Sinne des Art. 3 Abs. 1 FKVO ausschließlich derselbe Veräußerer beteiligt ist. Dies gilt insbesondere dann, wenn die dauerhafte Kontrolländerung bereits mit dem ersten Erwerbsvorgang bewirkt wird.
3. Greift die Ausnahmevorschrift ein, betrifft das „Verbot der Stimmrechtsausübung“ nach Art. 7 Abs. 2 Buchst. b FKVO alle Anteile, die im Rahmen eines „einzigen“ Zusammenschlusses (hinzu) erworben wurden und nicht nur diejenigen (hinzu) erworbenen Anteile, die rechnerisch zum Überschreiten der Kontrollschwelle führen.

Zu den zivilrechtlichen Folgen von Verstößen gegen das Vollzugsverbot

1. Art. 7 Abs. 4 FKVO trifft eine unvollständige Teilregelung der zivilrechtlichen Folgen eines Verstoßes gegen das Vollzugsverbot. Die weiteren Folgen sind dem jeweils anwendbaren nationalen Recht zu entnehmen. Dies gilt auch für die Reichweite der Unwirksamkeit, also deren mögliche Erstreckung auf andere Rechtsgeschäfte.
2. Die von den mitgliedstaatlichen Gerichten anzuwendenden Kollisionsnormen finden sich, soweit das Schuldvertragsstatut betroffen ist, in der Rom-I-VO. Soweit das Sachenrechtsstatut betroffen ist, haben deut-

sche Gerichte auf Art. 43 ff. EGBGB und, soweit das Gesellschaftsstatut betroffen ist, mangels Kodifizierung auf die hierzu entwickelte Lehre und Rechtsprechung zurückzugreifen.

3. Soweit auf ein schuldrechtliches Verpflichtungsgeschäft deutsches Recht zur Anwendung gelangt und das Geschäft gegen Art. 7 Abs. 1 FKVO verstößt, ergibt sich seine schwebende Unwirksamkeit aus Art. 7 Abs. 4 Unterabs. 1 FKVO. Diese Vorschrift ist ein anderweitiges Verbotsgesetz im Sinne des § 134 BGB, das „nur“ die schwebende Unwirksamkeit verlangt. Das rechtliche Schicksal des Restvertrags und die weiteren zivilrechtlichen Folgen richten sich nach den allgemeinen Regeln; im Zweifel ist der Restvertrag analog § 139 BGB insgesamt schwebend unwirksam.
4. Hinsichtlich dinglicher Verfügungsgeschäfte haben deutsche Gerichte das anwendbare Recht wie folgt zu bestimmen: Die Wirksamkeit einer Verschmelzung oder Gründung eines Gemeinschaftsunternehmens richtet sich nach dem Gesellschaftsstatut. Gleiches gilt bei Unternehmensakquisitionen in Form eines Share Deals in der Regel für die dingliche Übertragung der verkauften Anteile. Bei Asset Deals ist nach der Natur der Vermögensgegenstände zu unterscheiden: Während die dingliche Übertragung körperlicher Gegenstände unter das Sachenrechtsstatut fällt und damit nach Art. 43 Abs. 1 EGBGB grundsätzlich das Recht des Staates anwendbar ist, in dem die Sache belegen ist, richtet sich die Wirksamkeit einer Forderungsabtretung nach Art. 14 Abs. 1 Rom-I-VO grundsätzlich nach dem Recht, das auf den Vertrag zwischen dem Zedenten und dem Zessionar anwendbar ist. Für die dingliche Übertragung von Immaterialgüterrechten gilt das Recht desjenigen Staates, für dessen Territorium der Schutz beansprucht wird. Soweit nach diesen Regeln deutsches Recht zur Anwendung kommt und das Verfügungsgeschäft gegen Art. 7 Abs. 1 FKVO verstößt, ergibt sich die schwebende Unwirksamkeit aus Art. 7 Abs. 4 Unterabs. 1 FKVO. Sofern das schuldrechtliche Verpflichtungsgeschäft wirksam bleibt, gilt für die weiteren Folgen das Schuldvertragsstatut (Art. 12 Abs. 1 Buchst. c Rom-I-VO), bei Anwendbarkeit deutschen Rechts das Leistungsstörungsrecht des BGB.
5. Zivilrechtliche Ansprüche Dritter wegen Verletzung des Vollzugsverbots der FKVO und ihre Durchsetzung richten sich mangels einer entsprechenden Regelung im EU-Recht nach dem jeweils anwendbaren nationalen Zivilrecht. Für mitgliedstaatliche Gerichte gilt insoweit Art. 6 Abs. 3 Buchst. a Rom-II-VO. Soweit hiernach deutsches Recht zur Anwendung gelangt, besteht unter den Voraussetzungen des § 823

Abs. 2 BGB i.V.m. Art. 7 Abs. 1 FKVO ein Anspruch auf Schadensersatz. Dabei ist entsprechend den Urteilen des EuGH in den Fällen *Courage* und *Manfredi* die Einhaltung des unionsrechtlichen Effektivitäts- und Äquivalenzgebots zu fordern.

Literaturverzeichnis

Albers, Michael: Auslegungsfragen und praktische Anwendung der europäischen Fusionskontrolle, in: Schwerpunkte des Kartellrechts 1990/1991, FIW-Schriftenreihe, Heft 146, 99 ff., Köln 1992.

Albrecht, Stefan: Erfolgreiche Zusammenschlußstrategien: Eine empirische Untersuchung deutscher Unternehmen, Wiesbaden 1994.

Alomar, Bruno/Moonen, Sophie/Navea, Gorka/Redondo, Philippe: Electrabel/CNR: the importance of the standstill obligation in merger proceedings, Competition Policy Newsletter 3/2009, 58 ff.

Andresen, Ole: Zusammenschluss von Ryanair und Air Lingus ist unvereinbar mit dem Gemeinsamen Markt – Bloße Minderheitsbeteiligung ist regelmäßig kein Zusammenschluss im Sinne der FKVO, GWR 2010, 408 f.

Anttilainen-Mochnacz, Hanna: Two-step Transaction Structures in the Context of the EC Merger Regulation: To Have or to Hold? (2008) E.C.L.R. 238 ff.

Ashall, Sara/D'Elia, Pierantonio/Staicu, Andreea/Van Cutsem, Simon: Altice/PT Portugal: Altice fined for jumping the gun on EU merger, Competition Merger Brief 1/2018, 13 ff.

Ashkenas, Ronald/DeMonaco, Lawrence/Francis, Suzanne: Making the Deal Real: How GE Capital Integrates Acquisitions, 76 (1) Harvard Business Review 165 ff. (1998).

Austmann, Andreas: Integration der Zielgesellschaft nach Übernahme, ZGR 2009, 277 ff.

Baer, William: Reflections on Twenty Years of Merger Enforcement Under the Hart-Scott-Rodino Act, 65 Antitrust L.J. 825 ff. (1997).

Baron, Michael: Vollzugsverbot ohne Fusionskontrolle? – Eine missglückte Fortbildung des GWB, WuW 2009, 908 ff.

Bechtold, Rainer/Bosch, Wolfgang/Brinker, Ingo: EU-Kartellrecht – Kommentar, 3. Auflage, München 2014 (zitiert: Bechtold/Bosch/Brinker, EU-KartR (2014)).

Bechtold, Rainer/Bosch, Wolfgang/Brinker, Ingo/Hirsbrunner, Simon: EG-Kartellrecht – Kommentar, 2. Auflage, München 2009 (zitiert: Bechtold/Bosch/Brinker/Hirsbrunner, EG-KartR, 2. Auflage (2009)).

Bechtold, Rainer/Bosch, Wolfgang: GWB – Gesetz gegen Wettbewerbsbeschränkungen – Kommentar, 9. Auflage, München 2018 (zitiert: Bechtold/Bosch, GWB (2018)).

Baches Opi, Sergio/Boitos, Adela: Gun Jumping in the European Union: An Analysis in Light of Ernst & Young, (2019) 10 JECLAP 269 ff.

Baron, Michael/Trebing, Christina: Umgang mit Kartellrechtsrisiken in M&A-Transaktionen – aktuelle Fragestellungen und Entwicklungen, BB 2016, 131 ff.

Beck, Donata: Zum Verstoß gegen das Vollzugsverbot durch Teilvollzug, NZKart 2017, 426 ff.

Beisel, Wilhelm/Klumpp, Hans-Hermann/Beisel, Daniel/Schindler, Darius: Der Unternehmenskauf, Gesamtdarstellung der zivil- und steuerrechtlichen Vorgänge einschließlich gesellschafts-, arbeits- und kartellrechtlicher Fragen bei der Übertragung eines Unternehmens, 7. Auflage, München 2016.

Bekier, Matthias/Shelton, Michael: Keeping your sales force after the merger, McKinsey Quarterly 4/2002, 106 ff.

Benedikt-Buckenleib, Iris/Haag, Kathrin: Gun Jumping – Do you know it when you see it? Eine Bestandsaufnahme – Teil 1, NZKart 2021, 21 ff.

Benedikt-Buckenleib, Iris/Haag, Kathrin: Gun Jumping – Do you know it when you see it? Eine Bestandsaufnahme – Teil 2, NZKart 2021, 89 ff.

Berg, Werner/Mäsch, Gerald (Herausg.): Deutsches und Europäisches Kartellrecht – Kommentar, 3. Auflage, Köln 2018.

Berg, Werner/Nachtsheim, Sabine/Kronberger, Sylvia: Zusammenschlüsse zwischen multinationalen Unternehmen und Fusionskontrolle, RIW 2003, 15 ff.

Berlin, Dominique: Contrôle des concentrations, collection Commentaires J. Mégret, 3ème édition, Brüssel 2009.

Besen, Marc/Gronemeyer, Achim: Informationsaustausch im Rahmen von Unternehmenskäufen – Kartellrechtliche Entwicklungen und Best Practice, CCZ 2013, 137 ff.

Besen, Marc/Gronemeyer, Achim: Kartellrechtliche Risiken bei Unternehmenskäufen, Informationsaustausch und Clean Team, CCZ 2009, 67 ff.

Biberacher, Johannes: Synergiemanagement und Synergiecontrolling, München 2003.

Blaise, Jean-Bernard: Le statut juridique des ententes économiques dans le droit français et le droit des Communautés Européennes, Paris 1964.

Bleckmann, Albert: Zur Auflage im europäischen Beihilferecht, NVwZ 2004, 11 ff.

Blumenthal, William: Market Imperfections and Overenforcement in Hart-Scott-Rodino Second Request Negotiations, 36 Antitrust Bull. 745 ff. (1991).

Blumenthal, William: The Scope of Permissible Coordination Between Merging Entities Prior to Consummation, 63 Antitrust L.J. 1 ff. (1994-1995).

Blumenthal, William: The Rhetoric of Gun-Jumping, Remarks before the Association of Corporate Counsel, Annual Antitrust Seminar of Greater New York Chapter: Key Developments in Antitrust for Corporate Counsel, New York, 10. November 2005, im Internet abrufbar unter https://www.ftc.gov/sites/default/files/documents/public_statements/rhetoric-gun-jumping/20051110gunjumping.pdf (zuletzt abgerufen am 22. April 2021).

Bonova, Lucia/Corriveau, Denis/Kloc-Evison, Kamila/Sepúlveda García, Enrique: Ineos/Kerling: Raising the standard for geographic market definition? Competition Policy Newsletter 1/2008, 61 ff.

Bosch, Wolfgang/Marquier, Julia: Fusionskontrolle: Neuere Entwicklungen zum Vollzugsverbot und Gun Jumping: Ausweitung der Gefahrenzone? EWS 2010, 113 ff.

Bourgeois, Jacques: EEC Control Over International Mergers, Yearbook of European Law (1990) 10 (1), 103 ff.

Bower, Joseph: Not All M&As Are Alike – and That Matters, 79 (3) Harvard Business Review 92 ff. (2001).

Bragado, Julio: Setting the Correct Speed For Postmerger Integration, Determining the appropriate speed for each step in the integration process is a critical determinant of acquisition success, M&A Europe 3-4/1992, 24 ff.

Bright, Chris/Persson, Mikael: Article 22 of the EC Merger Regulation: An Opportunity Not to be Missed? (2003) E.C.L.R. 490 ff.

Brittan, Leon: Competition Policy and Merger Control in the Single European Market, Cambridge 1991.

Broberg, Morten: The European Commission's Jurisdiction to Scrutinise Mergers, 4th edition, Alphen aan den Rijn 2013.

Brockhaus Enzyklopädie, Band 8, EMAS-FASY, 21. Auflage, Mannheim 2006.

Brückner, Jonas: Der Treuhänder in der europäischen Fusionskontrolle, Köln 2012.

Brunet, François/Canivet, Guy: Le nouveau droit communautaire de la concurrence, Paris 2008.

Bunte, Hermann-Josef: Zum Vollzugsverbot in der Fusionskontrolle („Edeka/Kaiser's Tengelmann"), EWiR 2018, 191 f.

Bürger, Christian/Lehmann, Sascha: Fusionskontrolle beim Erwerb eines Unternehmens in der Krise, BB 2011, 2243 ff.

Busche, Jan/Röhling, Andreas (Herausg.): Kölner Kommentar zum Kartellrecht, Band 4 – VO Nr. 1/2003 – FKVO, Köln 2013 (zitiert: *Bearbeiter* in: KK-KartR (2013)).

Calliess, Christian/Ruffert, Matthias (Herausg.): EUV/AEUV, Das Verfassungsrecht der Europäischen Union mit Europäischer Grundrechtecharta, Kommentar, 5. Auflage, München 2016.

Carloni, Francesco: Electrabel v Commission & COMP M.7184 Marine Harvest/Morpol: Gun-jumping and Violation of the Merger Standstill Obligation in Europe, (2014) 5 JECLAP 693 ff.

Caspari, Manfred/Schwarz, Dieter: Europäische Fusionskontrolle – Ein Historienspiel, in: Andreae, Clemens-August/Kirchhoff, Jochen/Pfeiffer, Gerd (Herausg.): Wettbewerb als Herausforderung und Chance, Festschrift für Werner Benisch, 383 ff., Köln 1989.

Caspary, Tobias/Flandrin, Julie: Ernst & Young: First Guidance on Gun-jumping at EU Level, (2018) 9 JECLAP 516 ff.

Chambers Dictionary (The), 9th edition, Edinburgh 2003.

Coenenberg, Adolf/Schultze, Wolfgang: Unternehmensbewertung: Konzeptionen und Perspektiven, DBW 2002, 597 ff.

Cook, John/Kerse, Christopher: EC Merger Control, 5th edition, London 2009.

Crozals de, Dorothee/Hartog, Johanna: Die neue Nebenabreden-Bekanntmachung der Europäischen Kommission, EWS 2004, 533 ff.

Dauses, Manfred/Ludwigs, Markus: Handbuch des EU-Wirtschaftsrechts, Loseblattsammlung, Stand des Gesamtwerks: 50. Ergänzungslieferung, München 2020.

De Noble, Alex/Gustafson, Loran/Hergert, Michael: Planning for Post-merger Integration – Eight Lessons for Merger Success, 21 (4) Long Range Planning 82 ff. (1988).

De Stefano, Gianni/Motta, Rita/Zuehlke, Susanne: Merger Referrals in Practice – Analysis of the Cases under Article 22 of the Merger Regulation, (2011) 2 JECLAP 537 ff.

Decocq, André/Decocq, Georges: Droit de la concurrence: Droit interne et droit de l'Union européenne, 3ème édition, Paris 2008.

Department of Justice, Antitrust Division Policy Guide to Merger Remedies, Washington D.C. 2011, im Internet abrufbar unter https://www.justice.gov/sites/default/files/atr/legacy/2011/06/17/272350.pdf (zuletzt abgerufen am 22. April 2021).

Depoortere, Frederic/Lelart, Stephane: The Standstill Obligation in the ECMR, (2010) 33 World Competition 103 ff.

Dicken, André: Erfolg von Unternehmensfusionen aus aktueller Sicht, BFuP 2000, 358 ff.

Dittert, Daniel: Die Reform des Verfahrens in der neuen EG-Fusionskontrollverordnung, WuW 2004, 148 ff.

Drauz, Götz/Jones, Christopher: EU Competition Law, Volume II, Mergers & Acquisitions, Deventer 2012.

Drauz, Götz/Schroeder, Dirk: Praxis der europäischen Fusionskontrolle, 3. Auflage, Köln 1995.

Dreher, Meinrad/Kulka, Michael: Wettbewerbs- und Kartellrecht, 10. Auflage, Heidelberg 2018.

Duden (Begr.): Das Fremdwörterbuch, Band 5, 9. Auflage, Mannheim 2010.

Duden (Begr.): Das Synonymwörterbuch, Ein Wörterbuch sinnverwandter Wörter, Band 8, 4. Auflage, Mannheim 2006.

Ehlers, Dirk/Pünder, Hermann (Herausg.): Allgemeines Verwaltungsrecht, 15. Auflage, Berlin 2016.

Elzinga, Kenneth: The Antimerger Law: Pyrrhic Victories? 12 J.L. & Econ. 43 ff. (1969).

Faull, Jonathan/Nikpay, Ali: The EU Law of Competition, 3rd edition, Oxford 2014.

Federal Trade Commission: A study of the Commission's divestiture process – Prepared by the Staff of the Bureau of Competition of the Federal Trade Commission, Washington D.C. 1999, im Internet abrufbar unter https://www.ftc.gov/reports/study-commissions-divestiture-process (zuletzt abgerufen am 22. April 2021).

Federal Trade Commission: Negotiating Merger Remedies, Statement of the Bureau of Competition of the Federal Trade Commission, Washington D.C. 2012, im Internet abrufbar unter https://www.ftc.gov/sites/default/files/attachments/negotiating-merger-remedies/ merger-remediesstmt.pdf (zuletzt abgerufen am 22. April 2021).

Federal Trade Commission: The FTC's Merger Remedies 2006-2012 – A report of the Bureaus of Competition and Economics, Washington D.C. 2017, im Internet abrufbar unter https://www.ftc.gov/system/files/documents/reports/ftcs-merger-remedies-2006-2012-report-bureaus-competition-economics/p143100_ftc_merger_remedies_2006-2012.pdf (zuletzt abgerufen am 22. April 2021).

Feldman, Mark/Spratt, Michael: Speedmanagement für Fusionen: Schnell entscheiden, handeln, integrieren – Über Frösche, Hasenfüße und Hasardeure, Wiesbaden 2000.

Feuring, Wolfgang: Zusammenschlusskontrolle in der Europäischen Gemeinschaft für Kohle und Stahl, Eine Analyse der Entscheidungen der Hohen Behörde und der EG-Kommission gemäß Art. 66 EGKS-Vertrag, Köln 1980.

Fiebig, Andre: International Law Limits on the Extraterritorial Application of the European Merger Control Regulation and Suggestions for Reform, (1998) E.C.L.R. 323 ff.

Fiebig, Dietmar: Die Behandlung von Nebenabreden (ancillary restraints) in der EU-Fusionskontrolle, in: Baudenbacher, Carl (Herausg.), Aktuelle Entwicklungen des Europäischen und Internationalen Wirtschaftsrechts, Band VI, 51 ff., Basel 2004.

Fikentscher, Wolfgang: Unternehmenskonzentration und Meldepflicht nach den Wettbewerbsregeln des EWG-Vertrages, DB 1966, 689 ff.

Focsaneanu, Lazar: Une décision inquiétante de la Cour de Justice des C.E., RTDE 1980, 284 ff.

Fotis, Panagiotis/Polemis, Michael/Zevgolis, Nikolaos: Stock Price Performance as an Argument for Derogation from Suspension of Concentrations: Reality or Myth? (2009) E.C.L.R. 216 ff.

Fountoukakos, Kyriakos: "Unscrambling the eggs": dissolution orders under Article 8(4) of the Merger Regulation, Competition Policy Newsletter 1/2004, 63 ff.

Frankus, Hans: Fusionskontrolle bei Konglomeraten, Berlin 1972.

Frenz, Walter: Handbuch Europarecht, Band 4, Europäische Grundrechte, Berlin 2009 (zitiert: Frenz, Handb EuR, Europäische Grundrechte (2009)).

Frenz, Walter: Handbuch Europarecht, Band 2, Europäisches Kartellrecht, 2. Auflage, Berlin 2015 (zitiert: Frenz, Handb EuR, EuKartR (2015)).

Friauf, Karl: Das Verbot mit Erlaubnisvorbehalt, JuS 1962, 442 ff.

Frison-Roche, Marie-Anne/Payet, Marie-Stéphane: Droit de la concurrence, Paris 2006.

Fuchs, Andreas: Zusagen, Auflagen und Bedingungen in der europäischen Fusionskontrolle, WuW 1996, 269 ff.

Funk, Joachim/Sigle, Hermann: Negative Synergieeffekte bei Unternehmenszusammenschlüssen, dargestellt am Beispiel von Gemeinschaftsunternehmen, in: Federmann, Rudolf (Herausg.): Betriebswirtschaftslehre, Unternehmenspolitik und Unternehmensbesteuerung, Gerhard Mann zum 65. Geburtstag, 143 ff., Berlin 1993.

Gaßner, Katrin/Mohnen, Philipp: „Gun jumping“ im Fusionskontrollrecht der Europäischen Union – EuGH äußert sich erstmalig zur Reichweite des Vollzugsverbots („Ernst & Young“), jurisPR-Compl 5/2018 Anm. 4.

Gerpott, Thorsten/Schreiber, Kerstin: Integrationsgestaltungsgeschwindigkeit nach Unternehmensakquisitionen, Die Unternehmung 1994, 99 ff.

Gerpott, Torsten: Integrationsgestaltung und Erfolg von Unternehmensakquisitionen, Stuttgart 1993.

Göpfert, Burkhard/Horstkotte, Christian/Rottmeier, Daniela: Integrations-Vorbereitungen in kartellrechtlichen „Clean-Teams“ – arbeitsrechtliche Herausforderungen, ZIP 2015, 1269 ff.

Göthel, Stephan (Herausg.): Grenzüberschreitende M&A-Transaktionen – Unternehmenskäufe, Umstrukturierungen, Joint Ventures, SE, 4. Auflage, Köln 2015.

Gottschalk, Eckart: Gun-Jumping: Zum Fusionsvollzug trotz Vollzugsverbot, RIW 2005, 905 ff.

Grabbe, Hartwig: Nebenabreden in der Europäischen Fusionskontrolle, Baden-Baden 2000.

Grabitz, Eberhard (Herausg.): Kommentar zum EWG-Vertrag, Loseblattsammlung, Stand des Gesamtwerks: 4. Ergänzungslieferung, München 1990.

Grabitz, Eberhard/Hilf, Meinhard/Nettesheim, Martin (Herausg.): Das Recht der Europäischen Union, Loseblattsammlung, Stand des Gesamtwerks: 71. Ergänzungslieferung, München 2020.

Graevenitz, Albrecht von: Anmerkung zu EuGH, Urteil vom 31.5.2018 – C-633/16 (Ernst & Young /P/S/Konkurrencerådet), EuZW 2018, 606 ff.

Gromitsaris, Athanasios: Die Unterscheidung zwischen präventivem Verbot mit Erlaubnisvorbehalt und repressivem Verbot mit Befreiungsvorbehalt, DÖV 1997, 401 ff.

Dörr, Oliver/Grote, Rainer/Marauhn, Thilo (Herausg.): EMRK/GG, Konkordanzkommentar zum europäischen und deutschen Grundrechtsschutz, Band I, 2. Auflage, Tübingen 2013.

Gundel, Jörg: Der Schutz der unternehmerischen Freiheit durch die EU-Grundrechtecharta, ZHR 180 (2016), 323 ff.

Gut-Villa, Cornelia: Human Resource Management bei Mergers & Acquisitions, Bern 1997.

Hau, Wolfgang/Poseck, Roman: Beck'scher Online-Kommentar BGB, EU-VO Gesetzliche Schuldverhältnisse (Rom II) – VO (EG) 864/2007, 56. Edition, 1. November 2020.

Haspeslagh, Philippe/Jemison, David: Akquisitionsmanagement, Wertschöpfung durch strategische Neuausrichtung des Unternehmens, Frankfurt am Main 1992.

Hatton, Catriona/Comtois, Yves/Hamilton, Andrea: Gun Jumping in Merger Control, New York 2019.

Hawk, Barry: European/American Antitrust and Trade Law, Annual Proceedings of the Fordham Corporate Law Institute 1988, New York 1989.

Hefermehl, Wolfgang: Beurteilungen von Fusionen und Konzernbildungen nach Art. 85 und 86 des EWG-Vertrags, in: Hübner, Heinz/Dietz, Rolf (Herausg.): Festschrift für Hans Carl Nipperdey zum 70. Geburtstag, Band 2, 771 ff., München 1965.

Held, Stefan: Kompetenzabgrenzung in der Fusionskontrolle nach deutschem und Gemeinschaftsrecht, in: Schwerpunkte des Kartellrechts 1989/90, FIW-Schriftenreihe, Heft 140, 55 ff., Köln 1991.

Hennig, Thomas Tobias: Come fly with me – Der Fall Ryanair/Aer Lingus, ZweR 2011, 443 ff.

Henning, Saxe: Die Ausnahmen vom One-Stop-Shop-Prinzip in der europäischen Fusionskontrolle und ihre Auswirkungen auf das nationale Fusionskontrollrecht am Beispiel Deutschlands, Aachen 2006.

Heselhaus, Sebastian/Nowak, Carsten (Herausg.): Handbuch der Europäischen Grundrechte, 2. Auflage, München 2020.

Hirsbrunner, Simon: Neue Entwicklungen der europäischen Fusionskontrolle im Jahr 2010, EuZW 2011, 549 ff.

Hitzler, Gerhard: Systeme der Fusionskontrolle – Ein Vergleich der Fusionskontrolle nach französischem und europäischem Recht mit der Fusionskontrolle nach dem Gesetz gegen Wettbewerbsbeschränkungen, München 1979.

Hoffer, Raoul/Lehr, Leo: Zum Durchführungsverbot in Österreich – Welcher Zeitpunkt ist maßgeblich? NZKart 2018, 256 ff.

Hölters, Wolfgang (Herausg.): Handbuch Unternehmenskauf, 8. Auflage, Köln 2015.

Holzapfel, Hans-Joachim/Pöllath, Reinhard: Unternehmenskauf in Recht und Praxis – Rechtliche und steuerliche Aspekte, 15. Auflage, Köln 2017.

Holzwarth, Johannes: Das Vollzugsverbot als Bestandteil eines effizienten Fusionskontrollverfahrens – Die Regeln des GWB aus rechtsökonomischer und -vergleichender Sicht, Baden-Baden 2014 (zitiert: Holzwarth, Vollzugsverbot (2014)).

Homburg, Christian/Bucerius, Matthias: Is Speed of Integration Really a Success Factor of Mergers and Acquisitions? An Analysis of the Role of Internal and External Relatedness, 27 Strat. Mgmt. J. 347 ff. (2006).

Honoré, Pierre/Vatin, Guillaume: The French Competition Authority's Altice Decision: Record Fine for the First 'Genuine' Gun Jumping Case in Europe, (2017) 8 JECLAP 314 ff.

Hunt, John: Changing Pattern of Acquisition Behaviour in Takeovers and the Consequences for Acquisition Processes, 11 Strat. Mgmt. J. 69 ff. (1990).

Immenga, Ulrich/Mestmäcker, Ernst-Joachim/Körber, Torsten/Schweitzer, Heike/Zimmer, Daniel (Herausg.): Wettbewerbsrecht, Band 3, Fusionskontrolle, 6. Auflage, München 2020 (zitiert: Bearbeiter in: Immenga/Mestmäcker, WettbR/Bd. 3 (2020)).

Immenga, Ulrich: Zur extraterritorialen Anwendung der europäischen Fusionskontrolle, in: Forstmoser, Peter/von der Crone, Hans/Weber, Rolf/Zobl, Dieter: Der Einfluss des europäischen Rechts auf die Schweiz, Festschrift für Professor Roger Zäch zum 60. Geburtstag, 347 ff., Zürich 1999.

International Competition Network, Merger Working Group, Analytical Framework Subgroup, Merger Remedies Review Project, Report for the fourth ICN annual conference, Bonn 2005, im Internet abrufbar unter https://www.internationalcompetitionnetwork.org/wp-content/uploads/2018/05/MWG_RemediesReviewReport.pdf (zuletzt abgerufen am 22. April 2021).

International Competition Network, Recommended Practices for Merger Notification Procedures, 2018, im Internet abrufbar unter https://www.internationalcompetitionnetwork.org/wp-content/uploads/2018/09/MWG_NPRecPractices2018.pdf (zuletzt abgerufen am 22. April 2021).

Jaeger, Wolfgang/Kokott, Juliane/Pohlmann, Petra/Schroeder, Dirk (Herausg.): Frankfurter Kommentar zum Kartellrecht, Loseblattsammlung, Stand des Gesamtwerks: 98. Ergänzungslieferung, Köln 2021 (zitiert: Bearbeiter in: FK-KartR).

Janicki, Thomas: Perspektiven der Fusionskontrolle im gemeinsamen Binnenmarkt, WuW 1989, 193 ff.

Janicki, Thomas: EG-Fusionskontrolle auf dem Weg zur praktischen Umsetzung, WuW 1990, 195 ff.

Janicki, Thomas: Inhalt und Praxis der Rückverweisungsvorschriften in Art. 9 EG-Fusionskontrollverordnung, in: Schwerpunkte des Kartellrechts 1992/93, FIW-Schriftenreihe, Heft 153, 63 ff., Köln 1994.

Jansen, Stephan: Management von Unternehmenszusammenschlüssen – Theorien, Thesen, Tests und Tools, Stuttgart 2004.

Jarass, Hans: Charta der Grundrechte der Europäischen Union – unter Einbeziehung der vom EuGH entwickelten Grundrechte, der Grundrechtsregelungen der Verträge und der EMRK, 4. Auflage, München 2021.

Jemison, David/Sitkin, Sim: Corporate Acquistions: A Process Perspective, 11 Acad. Manage. Rev. 145 ff. (1986).

Jesch, Thomas/Striegel, Andreas/Boxberger, Lutz: Rechtshandbuch Private Equity, 2. Auflage, München 2020.

Jerusalem, Franz: Das Recht der Montanunion, Berlin 1954.

Jones, Alison/Sufrin, Brenda: EU Competition Law, 5th edition, Oxford 2014.

Jones, Christopher/Gonzáles Díaz, Enrique: The EEC merger regulation, London 1992.

Jonk, Gillis/Vallerien, Sven: Not So Fast, Executive Agenda 2/2005, 5 ff.

Jung, Christian: Subsidiarität im Recht der Wettbewerbsbeschränkungen – Die Aktionsmöglichkeiten nationaler Kartellbehörden in der Europäischen Union, Heidelberg 1995.

Kadar, Massimiliano/Mauger, Jean-Christophe: Harvesting salmon, jumping guns: the Marine Harvest early implementation case, Competition Merger Brief 1/2014, 1 ff.

Kern, Peter: Das Recht der Unternehmenszusammenschlüsse in der Montanunion, Berlin 1955.

Kieser, Alfred/Ebers, Mark (Herausg.): Organisationstheorien, 6. Auflage, Stuttgart 2006.

Kirchhof, Gregor/Korte, Stefan/Magen, Stefan (Herausg.): Öffentliches Wettbewerbsrecht, Heidelberg 2014.

Kiehl, Philippe: Mowi v Commission: Gun Jumping – Don't Wag the Merger Control Dog, (2020) 11 JECLAP 257 ff.

Klaue, Siegfried/Lampe, Heinz von/Markert, Kurt/Petry, Horst/Reiniger, Klaus: Zur Problematik der Fusionskontrolle, Arbeitsunterlage für die Tagung des Arbeitskreises Kartellrecht im Bundeskartellamt Berlin vom 8./9. Oktober 1970, Frankfurt am Main 1971.

Klauß, Ingo/dos Santos-Goncalves, David-Julien: Anmerkung zu BGH KVR 57/16, EuZW 2018, 208 f.

Kleinmann, Werner/Bechtold, Rainer: Kommentar zur Fusionskontrolle nach deutschem und EWG-Kartellrecht, Frankfurt am Main 1977.

Kling, Michael/Thomas, Stefan: Kartellrecht, 2. Auflage, München 2016 (zitiert: Kling/Thomas, KartR (2016)).

Knott, Hermann (Herausg.): Unternehmenskauf, 5. Auflage, Köln 2017.

Koch, Axel: Eingriffe in die Struktur beherrschender Unternehmen – Eine Untersuchung zum europäischen und US-amerikanischen Wettbewerbsrecht, Frankfurt am Main 2008.

Kommission: Das Problem der Unternehmenskonzentration im gemeinsamen Markt, Reihe Wettbewerb, Nr. 3, Brüssel 1966.

Kommission: Mitteilung zum Programm für eine Industrie- und Technologiepolitik vom 7. Mai 1973, Bull EG Beilage 7/73.

Kommission: Contrôle des concentrations dans le marché commun, Memorandum, Brüssel, 13. März 1974.

Kommission: IV. Bericht über die Wettbewerbspolitik 1974, Brüssel 1975.

Kommission: V. Bericht über die Wettbewerbspolitik 1975, Brüssel 1976.

Kommission: IX. Bericht über die Wettbewerbspolitik 1979, Brüssel 1980.

Kommission: XI. Bericht über die Wettbewerbspolitik 1981, Brüssel 1982.

Kommission, Best Practices on the conduct of EC merger control proceedings, Brüssel 2004, im Internet abrufbar unter https://ec.europa.eu/competition/mergers/legislation/proceedings.pdf (zuletzt abgerufen am 22. April 2021).

Kommission: Merger Remedies Study, Brüssel 2005, im Internet abrufbar unter https://ec.europa.eu/competition/mergers/legislation/remedies_study.pdf (zuletzt abgerufen am 22. April 2021).

Korah, Valentine: The Control of Mergers under the EEC Competition Law, (1987) E.C.L.R. 239 ff.

Korah, Valentine: Commission has power to grant interim relief, 5 E.L. Rev. 135 ff. (1980).

Körber, Torsten: Gerichtlicher Rechtsschutz in der europäischen Fusionskontrolle, RIW 1998, 910 ff.

Körber, Torsten: Verweisungen nach Art. 4 Abs. 4 und Abs. 5 FKVO 139/2004 – Erste praktische Erfahrungen und offene Fragen, WuW 2007, 330 ff.

Krawielicki, Robert: Das Monopolverbot im Schumannplan, Tübingen 1952.

Krenn, Stefan: „Gun Jumping" im österreichischen und europäischen Kartellrecht – Frühstart beim Unternehmenserwerb? München 2011.

Krimphove, Dieter: Europäische Fusionskontrolle, Köln 1992.

Kuhlmann, Ulrich: Drittstaatsbezogene Unternehmenszusammenschlüsse im EWG-Kartellrecht, Frankfurt am Main 1990.

Kühnen, Jürgen/Kizil, Baran: Vollzugsverbot und Zivilrechtsschutz. Kann bei einem Verstoß gegen das Vollzugsverbot aus § 33 Abs. 1 Satz 1, Abs. 3 Satz 1 GWB geklagt werden? ZWeR 2010, 268 ff.

Küting, Karlheinz: Zur Bedeutung und Analyse von Verbundeffekten im Rahmen der Unternehmensbewertung, BFuP 1981, 175 ff.

Langen, Eugen/Bunte Hermann-Josef: Kartellrecht, Band 1, 13. Auflage, Köln 2018 (zitiert: Bearbeiter in: Langen/Bunte, DKartR (2018)).

Langen, Eugen/Bunte Hermann-Josef: Kartellrecht, Band 2, 13. Auflage, Köln 2018 (zitiert: Bearbeiter in: Langen/Bunte, EuKartR (2018)).

Lappe, Thomas/Schmitt, Alexander: Risikoverteilung beim Unternehmenskauf durch Stichtagsregelungen, DB 2007, 153 ff.

Petit Robert (Le): Dictionnaire alphabétique et analogique de la langue française: Robert, Paul (Begr.), Paris 2015.

Lechner, Hubert: Negative Synergien bei Unternehmenszusammenschlüssen – Systematisierung und Operationalisierung, München 2007.

Leibenath, Christoph: Die Rechtsprobleme der Zusagenpraxis in der europäischen Fusionskontrolle, Baden-Baden 2000.

Lettl, Tobias: Der Anwendungsbereich des Fusionskontrollrechts auf den Anteilserwerb durch Finanzinstitute und Versicherungen, WM 2006, 253 ff.

Letwin, William: Law and economic policy in America: the evolution of the Sherman antitrust act, New York 1965.

Leupold, Henning/Haans, Joost: Minority Shareholdings and Merger Control after Ryanair/Aer Lingus : "No worries, mate?", (2008) E.C.L.R. 624 ff.

Levy, Nicholas/Cook, Christopher: European merger control law – A guide to the merger regulation, Loseblattsammlung, Stand des Gesamtwerks: Release 14, New York 2017.

Linsmeier, Petra/Balssen, Jan: Die Kommission macht Ernst: Erstmals Durchsuchungen wegen Gun Jumping, BB 2008, 741 ff.

Loewenheim, Ulrich/Meessen, Karl/Riesenkampf, Alexander (Herausg.): Kartellrecht – Europäisches und Deutsches Recht – Kommentar, 2. Auflage, München 2009 (zitiert: *Bearbeiter* in: Loewenheim u.a., KartR, 2. Auflage (2009)).

Loewenheim, Ulrich/Meessen, Karl/Riesenkampf, Alexander/Kersting, Christian/Meyer-Lindemann, Hans Jürgen (Herausg.): Kartellrecht – Europäisches und Deutsches Recht – Kommentar, 4. Auflage, München 2020 (zitiert: *Bearbeiter* in: Loewenheim u.a., KartR (2020)).

Lückenbach, Andreas: Nebenabreden nach europäischem Fusionskontrollrecht – Dogmatische Grundlagen und Kommissionspraxis, München 2003.

Lucks, Kai/Meckel, Reinhard: Internationale Mergers & Acquisitions, Der prozessorientierte Ansatz, Berlin 2002 (zitiert: Lucks/Meckl, Internationale M&A (2002)).

Mäger, Thorsten (Herausg.): Europäisches Kartellrecht, Baden-Baden 2011 (zitiert: Bearbeiter in: Mäger, EuKartR (2011)).

Marauhn, Thilo: Die wirtschaftliche Vereinigungsfreiheit zwischen menschenrechtlicher Gewährleistung und privatrechtlicher Ausgestaltung – Zur Bedeutung von Art. 11 EMRK für das kollektive Arbeitsrecht und das Gesellschaftsrecht, RabelsZ 1999, 537 ff.

Maunz, Theodor/Dürig, Günter (Begr.): Grundgesetz, Loseblattsammlung, Stand des Gesamtwerks: 92. Ergänzungslieferung, München 2020.

Maurer, Hartmut/Waldhoff, Christian: Allgemeines Verwaltungsrecht, 20. Auflage, München 2020.

Mecklenburg, Heiner: Rückkehr des Warehousing? – Eine Neubewertung im Spannungsfeld zwischen EU-Kommission i. S. Canon/Toshiba Medical Systems Corporation und EuGH i. S. Ernst & Young, WuW 2021, 206 ff.

Meng, Werner: Extraterritoriale Jurisdiktion im öffentlichen Wirtschaftsrecht, Berlin 1994.

Mestmäcker, Ernst-Joachim/Schweitzer, Heike: Europäisches Wettbewerbsrecht, 3. Auflage, München 2014 (zitiert: Mestmäcker/Schweitzer, EuWettbR (2014)).

Mestmäcker, Ernst-Joachim: Die Prävention in der Fusionskontrolle, in: Horn, Norbert (Herausg.): Europäisches Rechtsdenken in Geschichte und Gegenwart, Festschrift für Helmut Coing zum 70. Geburtstag, Band 2, 373 ff., München 1982.

Meyer, Ingrid: Die extraterritoriale Anwendbarkeit der EG-Fusionskontrollverordnung, Frankfurt am Main 2004.

Meyer, Jürgen/Hölscheidt, Sven (Herausg.): Charta der Grundrechte der Europäischen Union, 5. Auflage, Baden-Baden 2019.

Meyring, Bernd: Éditions Odile Jacob: No Guidance on Warehousing Structures, (2013) 4 JECLAP 239 ff.

Mielke, Werner/Welling, Inken: Kartellrechtliche Zulässigkeit von Conduct of Business-Klauseln in Unternehmenskaufverträgen, BB 2007, 277 ff.

Miersch, Michael: Kommentar zur EG-Verordnung Nr. 4064/89 über die Kontrolle von Unternehmenszusammenschlüssen, Neuwied 1991.

Modrall, James/Ciullo, Stefano: Gun-Jumping and EU Merger Control, (2003) E.C.L.R. 424 ff.

Molle, Alexander: Zur Beurteilung „begleitender" Wettbewerbsverbote im Rahmen von Art. 81 Abs. 1 EG und § 1 GWB, Heidelberg 2005.

Monopolkommission: Hauptgutachten III (1978/1979), Fusionskontrolle bleibt vorrangig, Baden-Baden 1980.

Monopolkommission: Hauptgutachten IV (1980/1981), Fortschritte bei der Konzentrationserfassung, Baden-Baden 1982.

Monopolkommission: Hauptgutachten V (1982/1983), Ökonomische Kriterien für die Rechtsanwendung, Baden-Baden 1984.

Monopolkommission: Sondergutachten 17, Konzeption einer europäischen Fusionskontrolle Baden-Baden 1989.

Montag, Frank: Die Anwendung des Zusammenschlussbegriffes der FKVO bei mehreren miteinander verknüpften Transaktionen, in: Monti, Mario/Liechtenstein, Nikolaus von und zu/Vesterdorf, Bo/Westbrook, Jay/Wildhaber, Luzius (Herausg.), Wirtschaftsrecht und Justiz in Zeiten der Globalisierung, Festschrift für Carl Baudenbacher, 533 ff., Heidelberg 2007.

Montag, Frank/Wolfsgruber, Maria: Neueste Entwicklungen in der Europäischen Fusionskontrolle, in: Baudenbacher, Carl (Herausg.), Neueste Entwicklungen im europäischen und internationalen Kartellrecht – Zehntes St. Galler Internationales Kartellrechtsforum 2003, 289 ff., Basel 2003.

Morse, Howard: Mergers and Acquisitions: Antitrust Limitations on Conduct Before Closing, 57 Bus. Law. 1463 ff. (2001-2002).

Möschel, Wernhard: Die Auflösung vollzogener Unternehmenszusammenschlüsse nach dem GWB im Spannungsverhältnis zum Bürgerlichen Recht und zum Gesellschaftsrecht, Heidelberg 1982.

Möschel, Wernhard: Entflechtungen im Recht der Wettbewerbsbeschränkungen – Eine vergleichende rechtspolitische Studie, Tübingen 1979.

Möschel, Wernhard: Ex ante-Kontrolle versus ex post-Kontrolle im Recht der Wettbewerbsbeschränkungen, in: Jahrbuch für die Ordnung von Wirtschaft und Gesellschaft, Band 52, 63 ff., Stuttgart 2001 (zitiert: Möschel in: ORDO 52 (2001)).

Motyka, Mariusz: Aktuelle Fragen des Konkurrentenschutzes in der Europäischen Fusionskontrolle, EuZW 2007, 463 ff.

Müller-Henneberg, Hans/Schwartz, Gustav (Herausg.): Gesetz gegen Wettbewerbsbeschränkungen und Europäisches Kartellrecht – Gemeinschaftskommentar, 2. Auflage, Köln 1963 (zitiert: Bearbeiter in: GK-GWB/EuKartR (1963)).

Müller-Henneberg, Hans/Schwartz, Gustav/Benisch, Werner (Begr./Herausg.): Gesetz gegen Wettbewerbsbeschränkungen und Europäisches Kartellrecht – Gemeinschaftskommentar, 4. Auflage, 13. Lieferung, §§ 24-24c, Köln 1990 (zitiert: Bearbeiter in: GK-GWB/EuKartR (1990)).

Hirsch, Günter/Montag, Frank/Säcker, Franz Jürgen (Herausg.): Münchener Kommentar zum Europäischen und Deutschen Wettbewerbsrecht (Kartellrecht), Band 1, Europäisches Wettbewerbsrecht, 2. Auflage, München 2015 (zitiert: Bearbeiter in: MK-EuWettbR (2015)).

Niemeier, Wilhelm: Durchsuchung bei angemeldeter Fusion – Einzelfall oder Trendwende? WuW 2008, 255 ff.

Niemeyer, Hans-Jörg: Die europäische Fusionskontrollverordnung, Heidelberg 1991.

Niewiarra, Manfred: Rechtsfragen der sog. Holländischen Klausel, in: Niederleithinger, Ernst/Werner, Rosemarie/Wiedemann, Gerhard (Herausg.): Festschrift für Otfried Lieberknecht zum 70. Geburtstag, 431 ff., München 1997.

Nohlen, Nicolas/Repasi, René: Niederlassungs- und Kapitalverkehrsfreiheit: Spanien durfte den grenzüberschreitenden Erwerb von Unternehmensbeteiligungen und bestimmten Anlagen von Unternehmen des Energiesektors nicht von einer vorherigen Genehmigung durch die Strom- und Gaslieferungsbehörde abhängig machen, EWS 2008, 424 ff.

Nourry, Alex/Harrison, Dan: A strong signal, The General Court rules on the legality of warehoursing under the EU Merger Regulation, Competition Law Insight vom 19. Oktober 2010, 7 ff.

Oehler, Wolfgang: Entflechtung und Kontrahierungszwang – Methoden und Erfahrungen im amerikanischen Recht der Wettbewerbsbeschränkungen, Baden-Baden 1976.

Organisation für wirtschaftliche Zusammenarbeit und Entwicklung, Remedies in Merger Cases, Paris 2012, im Internet abrufbar unter https://www.oecd.org/daf/competition/RemediesinMergerCases2011.pdf (zuletzt abgerufen am 22. April 2021).

Ortiz Blanco, Luis: EU Competition Procedure, 3rd edition, Oxford 2013.

Oxford Dictionary of English, 3rd edition, Oxford 2010.

Palandt, Otto (Begr.): Bürgerliches Gesetzbuch, 80. Auflage, München 2021.

Papandropoulos, Penelope/Tajana, Alessandro: The Merger Remedies Study – In Divestiture We Trust? (2006) E.C.L.R. 443 ff.

Pautler, Paul: The Effects of Mergers and Post-Merger Integration: A review of Business Consulting Literature, 2003, nicht mehr im Internet verfügbar.

Pfunder, Malcom/Plaine, Daniel/Whittemore, Anne: Compliance with Divestiture Orders under Section 7 of the Clayton Act: An Analysis of the Relief Obtained, 17 Antitrust Bull. 19 ff. (1972).

Picot, Arnold/Nordmeyer, Andreas/Pribilla, Peter: Management von Akquisitionen – Akquisitionsplanung und Integrationsmanagement, Kongress-Dokumentation, 53. Deutscher Betriebswirtschafter-Tag 1999, Stuttgart 2000.

Picot, Gerhard (Herausg.): Handbuch Mergers & Acquisitions, 3. Auflage, Stuttgart 2012 (zitiert: Bearbeiter in: Picot, Handb M&A (2012)).

Pietzner, Rainer: Das Verbot mit Erlaubnisvorbehalt, JA 1973, 197 ff.

Pohlmann, Petra: Der Unternehmensverbund im Europäischen Kartellrecht, Berlin 1999.

Polley, Romina/Kuhn, Tilman: Kartellrechtliche Grenzen des Informationsaustauschs zwischen Wettbewerbern bei M&A-Transaktionen und anderen Anlässen, CFL 2012, 117 ff.

Porter, Michael: The competitive advantage of nations, 7th edition, New York 2004.

Posner, Richard: Antitrust law, 2nd edition, Chicago 2001.

PricewaterhouseCoopers, Speed Makes the Difference: A Survey of Mergers and Acquisitions, London 2000.

Puel, Frédéric: Échanges d'informations, droit de la concurrence et préparation d'une operation de concentration, Concurrences 4/2010, 69 ff.

Purps, Stephan/Beaumunier, Mathilde: „Gun Jumping" nach Altice: Im Westen was Neues? NZKart 2017, 224 ff.

Purrucker, Stefan: Probleme der Durchführung der Fusionskontrolle nach dem 2. Gesetz zur Änderung des GWB bei vollzogenen Unternehmenszusammenschlüssen in rechtsvergleichender Sicht – Die Entflechtung als Maßnahme gegen Wettbewerbsbeschränkungen, Kiel 1974.

Rappaport, Alfred: Creating Shareholder Value: The New Standard for Business Performance, New York 1998.

Rengeling, Hans-Werner /Szczekalla, Peter: Grundrechte in der Europäischen Union – Charta der Grundrechte und Allgemeine Rechtsgrundsätze, Köln 2004.

Rengeling, Hans-Werner: Die wirtschaftsbezogenen Grundrechte in der Europäischen Grundrechtecharta, DVBl. 2004, 453 ff.

Reysen, Marc/Jaspers, Michael Bo: Kartellrechtliche Vorgaben für die Transaktions- und Integrationsplanung im M&A-Geschäft – Vollzugsverbot nach Art. 7 FKVO und allgemeines Kartellverbot, WuW 2006, 602 ff.

Ricard, Alisha: Vorfeld- statt Zusammenschlusskontrolle? – Die Entscheidungspraxis der Kommission zum Warehousing, NZKart 2021, 230 ff.

Rogowsky, Robert: The economic effectiveness of section 7 relief, 31 Antitrust Bull. 187 ff. (1986).

Rödder, Thomas/Hötzel, Oliver/Mueller-Thuns, Thomas: Unternehmenskauf, Unternehmensverkauf – Zivilrechtliche und steuerrechtliche Gestaltungspraxis, München 2003.

Röhling, Frank: Europäische Fusionskontrolle und Subsidiaritätsprinzip, Baden-Baden 2002.

Rose, Vivien/Bailey, David: Bellamy & Child – European Union Law of Competition, 7th edition, Oxford 2013.

Rosenthal, Michael/Thomas, Stefan: European merger control, München 2010.

Roth, Wulf-Henning: Effet utile im europäischen Kartellrecht, WRP 2013, 257 ff.

Rotthege, Georg/Wassermann, Bernd (Herausg.): Unternehmenskauf bei der GmbH, 2. Auflage, Heidelberg 2020.

Roxin, Claus: Strafrecht – Allgemeiner Teil, Band 1, Grundlagen – Der Aufbau der Verbrechenslehre, 4. Auflage, München 2006.

Rudowicz, Jan-Christoph/Gun-Jumping – Verstöße gegen Art. 7 FKVO und Art. 101 AEUV durch den vorzeitigen Vollzug anmeldepflichtiger Zusammenschlüsse, Berlin 2016.

Rübenstahl, Markus/Hahn, Andreas/Vormizeele, Philipp Voet van (Herausg.): Kartell Compliance, Heidelberg 2019.

Ryan, Stephen: The revised system of case referral under the Merger Regulation: experiences to date, Competition Policy Newsletter 3/2005, 38 ff.

Sabir, Sabine: Die Auflösung von Unternehmenszusammenschlüssen nach § 41 Abs. 3 GWB unter Berücksichtigung der Auflösung des Erwerbs von Anteilen über die Börse nach der aktuellen Rechtslage und nach Inkrafttreten der 8. GWB-Novelle, Berlin 2013.

Säcker, Franz Jürgen/Meier-Beck, Peter/Bien, Florian/Montag, Frank (Herausg.): Münchener Kommentar zum Wettbewerbsrecht, Band 1, Europäisches Wettbewerbsrecht, 3. Auflage, München 2020 (zitiert: Bearbeiter in: MK-EuWettbR (2020)).

Sauter, Herbert: Ein Nachwort zur europäischen Fusionskontrolle, in: Westermann, Harm Peter/Rosener, Wolfgang (Herausg.): Festschrift für Karlheinz Quack zum 65. Geburtstag am 3. Januar 1991, 657 ff., Berlin 1991.

Schaumberg, Harald (Herausg.): Internationale Joint Ventures: Management – Besteuerung – Vertragsgestaltung, Stuttgart 1999.

Schmidt, Jessica: The New ECMR: “Significant Impediment” or “Significant Improvement”? (2004) 41 C.M.L.Rev. 1555 ff.

Schnelle, Ulrich/Wyrembek, Elisabeth: Die Vermeidung von Verstößen gegen das Vollzugsverbot im Lichte der jüngsten Rspr. von EuGH und BGH, DB 2019, 2226 ff.

Schreitter, Florian von/Urban, Julian: Schlagloch voraus! – Zur geplanten Ausweitung der Verweisungspraxis nach Art. 22 FKVO, NZKart 2020, 637 ff.

Schroeder, Dirk: Fusionskontrolle in Frankreich, RIW 1986, 15 ff.

Schröter, Helmuth/Jacob, Thinam/Klotz, Robert/Mederer, Wolfgang (Herausg.): Europäisches Wettbewerbsrecht – Großkommentar, 2. Auflage, Baden-Baden 2014 (zitiert: *Bearbeiter* in: Schröter/Jakob/Klotz/Mederer, EuWettbR (2014)).

Schubert, Sascha: Informationsaustausch im Rahmen von Zusammenschlussvorhaben, ZWeR 2013, 54 ff.

Schulte, Josef (Herausg.): Handbuch Fusionskontrolle, 3. Auflage, Köln 2020 (zitiert: Bearbeiter in: Schulte, Handb FusK (2020)).

Schulte, Josef/Just, Christoph (Herausg.): Kartellrecht – GWB, Kartellvergaberecht, EU-Kartellrecht, Kommentar, 2. Auflage, Köln 2016 (zitiert: Bearbeiter in: Schulte/Just, KartR (2016)).

Schulte, Norbert/Pohl, Dirk: Joint-Venture-Gesellschaften, 3. Auflage, Köln 2012.

Schulze, Reiner/Zuleeg, Manfred/Kadelbach, Stefan (Herausg.): Europarecht – Handbuch für die deutsche Rechtspraxis, 3. Auflage, Baden-Baden 2015.

Schumann, Wolfgang: Integrationsgeschwindigkeit bei M&A – Voraussetzungen, Wirkungsebenen und Maßnahmen für hohe Integrationsgeschwindigkeit, München 2005.

Schwaab, Markus-Oliver/Frey, Dieter/Hesse, Jörg: Fusionen – Herausforderungen für das Personalmanagement, Heidelberg 2003.

Schwabe, Jürgen: Das sogenannte repressive Verbot, in: Zehetner, Franz (Herausg.): Festschrift für Hans-Ernst Folz, 305 ff., Wien 2003.

Schwarze, Jürgen (Herausg.): EU-Kommentar, 4. Auflage, Baden-Baden 2019.

Seita, Alex/Tamura, Jiro: The Historical Background of Japan's Antimonopoly Law, U. Ill. L. Rev. 115, 165 (1994).

Seitz, Claudia: One-stop shop und Subsidiarität – Eine Untersuchung des Verweisungsverfahrens nach Art. 9 Fusionskontrollverordnung, Köln 2002.

Semler, Johannes/Volhard, Rüdiger: Arbeitshandbuch für Unternehmensübernahmen, Band 1, Unternehmensübernahmen: Vorbereitung, Durchführung, Folgen, ausgewählte Drittländer, München 2001.

Shavell, Steven: The Optimal Structure of Law Enforcement, 36 J.L. & Econ. 255 ff. (1993).

Sideri, Konstantina: EU Merger Control: the novelties in gun-jumping, (2020) E.C.L.R. 571 ff.

Stammwitz, Laura: Auf die Struktur kommt es an – „Warehousing" als Verstoß gegen das Vollzugsverbot in der Fusionskontrolle, GWR 2019, 433 ff.

Staudenmayer, Dirk: Das Verhältnis der Art. 85, 86 EWGV zur EG-Fusionskontrollverordnung, WuW 1992, 475 ff.

Steger, Jens: Verstoß gegen das Vollzugsverbot der Fusionskontrolle – erhebliches Risiko bei M&A-Transaktionen, DB 2014, 1857 f.

Steger, Jens: Fusionskontrolle: Separate Bußgelder sowohl wegen Verstoßes gegen Anmeldepflicht als auch gegen Vollzugsverbot, DB 2020, 835 f.

Stern, Klaus/Sachs, Michael (Herausg.): GRCh – Europäische Grundrechte-Charta, Kommentar, München 2016.

Stirnimann, Isabel: Nebenabreden in der europäischen Fusionskontrolle, Bamberg 2000.

Streinz, Rudolf: Europarecht, 10. Auflage, Heidelberg 2016.

Tayar, David: The Lagardère Judgment of the General Court: Is Warehousing Back on the Scene? (2011) 2 JECLAP 39 ff.

Temple Lang, John: The Powers of the Commission to Order Interim Measures in Competition Cases, 18 C.M.L.Rev. 49 ff. (1981).

Terhechte, Jörg (Herausg.): Internationales Kartell- und Fusionskontrollverfahrensrecht, Bielefeld 2008.

Thiede, Thomas/Müller, Christian: Die Entwicklung der europäischen Fusionskontrolle in den Jahren 2017 und 2018, EuZW 2019, 628 ff.

Tietje, Christian (Herausg.): Internationales Wirtschaftsrecht, 2. Auflage, Berlin 2015.

Titus, John: Stop, Look and Listen: Premerger Notification Under the Hart-Scott-Rodino Antitrust Improvements Act, 28 Duke L.J. 355 ff. (1979).

Trebilcock, Michael/Winter, Ralph/Collins, Paul/Iacobucci, Edward: The law and economics of Canadian competition policy, Toronto 2002.

Veil, Peter: Der Zeitfaktor im Change-Management, Stuttgart 1999.

Verdross, Alfred/Simma, Bruno: Universelles Völkerrecht, 3. Auflage, Berlin 1984.

Vestager, Margrethe: Refining the EU Merger Control System, Rede bei der Studienvereinigung Kartellrecht am 10. März 2016 in Brüssel, im Internet abrufbar unter https://wayback.archive-it.org/12090/20191129204644/https://ec.europa.eu/commission/commissioners/2014-2019/vestager/announcements/refining-eu-merger-control-system_en (zuletzt abgerufen am 22. April 2021).

Vigdor, William: Premerger coordination – The emerging law of gun jumping and information exchange, Chicago 2006.

Vogel, Dieter: M&A – Ideal und Wirklichkeit, Wiesbaden 2002.

Vogt, Matthias: Die Entscheidung als Handlungsform des Europäischen Gemeinschaftsrechts, Tübingen 2005.

Von Danwitz, Thomas: Europäisches Verwaltungsrecht, Berlin 2008.

Von der Groeben, Hans/Thiesing, Jochen/Ehlermann, Claus-Dieter (Herausg.): Kommentar zum EU-/EG-Vertrag, 5. Auflage, Band 5, Artikel 210-248 EGV, Artikel H-S EUV, Baden-Baden 1997.

Von der Groeben, Hans/Thiesing, Jochen/Ehlermann, Claus-Dieter (Herausg.): Kommentar zum EU-/EG-Vertrag, 5. Auflage, Band 2/II, Artikel 88-102 EGV, Baden-Baden 1999.

Von Graevenitz, Albrecht: Erweiterte Gemeinschaftsunternehmen in der fusionskontrollrechtlichen Unwirksamkeitsfalle? BB 2010, 1172 ff.

Von Hoyningen-Huene, Integration nach Unternehmensakquisitionen, Wiesbaden 2004.

Wagner, Achim/Neunzig, Corinna: Das Vollzugsverbot und dessen Durchsetzung nach EDEKA/Kaiser's Tengelmann – Zugleich Bemerkungen zu BGH, Beschluss vom 14.11.2017 – KVR 57/16, WuW 2018, 620 ff.

Wagner-von Papp, Florian: Marktinformationsverfahren: Grenzen der Information im Wettbewerb – Die Herstellung praktischer Konkordanz zwischen legitimen Informationsbedürfnissen und Geheimwettbewerb, Baden-Baden 2004.

Walter, Paul: Electrabel: General Court Upholds €20 Million Fine for Implementing Concentration without Commission Approval, (2013) 4 JECLAP 226 ff.

Walz, Robert: Der Vorrang des europäischen vor dem nationalen Kartellrecht, Baden-Baden 1994.

Weiß, Wolfgang: Begründung und Grenzen internationaler Fusionskontrollzuständigkeiten – Teil 1, NZKart 2016, 202 ff.

Weiß, Wolfgang: Begründung und Grenzen internationaler Fusionskontrollzuständigkeiten – Teil 2, NZKart 2016, 265 ff.

Werner, Philipp/Sachse, Anna: Zur nachträglichen Anmeldung von Zusammenschlüssen nach dem GWB, WuW 2009, 1138 ff.

Whish, Richard/Bailey, David: Competition Law, Ninth Edition, Oxford 2018.

Wiedemann, Gerhard (Herausg.): Handbuch des Kartellrechts, 4. Auflage, München 2020 (zitiert: Wiedemann, Handb KartR (2020)).

Wils, Wouter: Notification, Clearance and Exemption in E.C. Competition Law: An Economic Analysis (1999) 24 E.L.Rev. 139 ff.

Wils, Wouter: The Optimal Enforcement of EC Antitrust Law – Essays in law and economics, Den Haag 2002.

Wittig, Arne: Informationsgewährung und Verschwiegenheitspflicht bei M&A-Transaktionen – Wahrung der wettbewerblichen Schranken für den Informationsaustausch durch Clean Team- und Black Box-Strukturen – Responsio, ZGR 2020, 525 ff.

Wurmnest, Wolfgang/Lund, Nils: Die internationale Reichweite der europäischen Wettbewerbsregeln nach dem Intel-Urteil des EuG, NZKart 2015, 73 ff.

Wyatt, Derrick/Alan, Dashwood: The substantive law of the EEC, London 1987.

York von Wartenburg, Clemens Graf/Titze, Laura: „Gun Jumping" bei Unternehmens- und Beteiligungserwerben im Fokus der EU-Kommission, GWR 2014, 364 ff.

Zerdick, Axel: Die präventive Fusionskontrolle in Japan – Rechtliche Ausgestaltung und praktische Anwendung, Berlin 1970.

Zeyer, Ulrich: Zeitaspekte der Implementierung aktueller Managementkonzepte, zfo 1995, 283 ff.